Translationsqualität

Leipziger Studien zur
angewandten Linguistik und Translatologie

Herausgegeben von Peter A. Schmitt

Band 5

PETER LANG

Frankfurt am Main · Berlin · Bern · Bruxelles · New York · Oxford · Wien

Peter A. Schmitt/Heike E. Jüngst (Hrsg.)

Translationsqualität

PETER LANG
Internationaler Verlag der Wissenschaften

Bibliografische Information der Deutschen Nationalbibliothek
Die Deutsche Nationalbibliothek verzeichnet diese Publikation in
der Deutschen Nationalbibliografie; detaillierte bibliografische
Daten sind im Internet über <http://www.d-nb.de> abrufbar.

Umschlagentwurf:
Peter A. Schmitt und Thomas Richter

Formatierung und Layout:
Lena Klein, Leipzig

Gedruckt auf alterungsbeständigem,
säurefreiem Papier.

ISSN 1862-7056
ISBN 978-3-631-57187-3

© Peter Lang GmbH
Internationaler Verlag der Wissenschaften
Frankfurt am Main 2007
Alle Rechte vorbehalten.

Printed in Germany 1 2 4 5 6 7

Inhalt

Weitere Beiträge auf der CD:

Vorwort

Liebe Leser – dieses Vorwort ist interessanter, als Sie vermutlich kraft Ihrer Textsortenkompetenz erwarten. Wir schlagen daher vor, es nicht zu überspringen. Windkraftanlagen wecken bei den meisten Menschen eher positive Assoziationen, wie Umweltschutz, „grüner Strom", weniger Atomkraft, weniger CO_2-Ausstoß und dergleichen. In der Windenergiebranche (geschweige denn in der Öffentlichkeit) findet man kaum Publikationen über technische Probleme von Windkraftanlagen; vor allem über das Thema „Getriebeschaden" wird fachintern zwar geredet aber selten geschrieben. Jeder Insider weiß das, aber kein Anbieter von Windkraftanlagen wird ohne Not seine Erfahrungen mit Getriebeschäden und deren Ursachen publizieren.

Warum schreiben wir das hier, in einem Vorwort zu einem Tagungsband über Translationsqualität? Weil es in der Übersetzungs- und Dolmetschindustrie ähnlich ist – nur schlimmer. Schlimmer deswegen, weil der Begriff „Übersetzung" in der breiten Öffentlichkeit vermutlich weniger positiv konnotiert ist als Windenergie. Das heißt, das Image von Übersetzungen und Übersetzern (Dolmetscher betrifft das weniger) ist a priori eher suboptimal und sollte mit Mängelmeldungen und Problemberichten nicht zusätzlich belastet werden.

Ähnlich deswegen, weil man über Mails, persönliche Kontakte und Gespräche – z. B. in den Pausen der LICTRA 2006 – geradezu alarmierende Informationen zum Thema Qualität von Übersetzungen und Dolmetschleistungen erhält und dass die Akteure im Bereich der Translationspraxis und -lehre Kenntnis von Praktiken und Problemen haben, die eigentlich dringend offen diskutiert bzw. gelöst werden müssten, um im Interesse aller Beteiligten die Situation zu verbessern.

Als Herausgeber und von Marktabhängigkeiten völlig freie Personen möchten wir hier auf einen Aspekt hinweisen, der einigen Insidern bekannt ist, der gleichwohl in schriftlichen Texten bisher ein Tabu war: Es gibt Übersetzungsbüros, die auf ihren Webseiten ihren Kunden Leistungen in einer Qualität (z. B. „nur erfahrene Fachübersetzer", „nur Muttersprachler") anbieten, die der Kunde bezahlt, aber nicht erhält. So erklärt es sich, dass uns Bedarfsträger von Übersetzungen (auf deren übersetzte Webseiten wir aufmerksam wurden, weil sie von peinlicher Qualität sind) mitteilten, dass sie ihre Website von einem professionellen Übersetzungsbüro haben übersetzen lassen. Dieses Handeln gewisser (durchaus identifizierbarer) Büros ist nicht einfach ein „Verstoß gegen das Berufsethos" – das passende Wort dafür wäre Betrug. Darunter leiden alle „Stakeholder" auf dem Übersetzungsmarkt – die Kunden, die seriösen Anbieter von Übersetzungs- und Dolmetschleistungen, und die Ausbildungsstätten und deren Mitarbeiter, weil damit eine ganze Berufsgruppe diskreditiert wird. Ein solches

Verhalten darf nicht schweigend akzeptiert werden: Es ist zutiefst verwerflich und muss publik gemacht und angeprangert werden.

Im Vorfeld der LICTRA-Tagungsplanung gab es daher von allen Seiten Ermunterung und Zustimmung, dem Thema „Translationsqualität" nochmals (wie schon 1999 in Leipzig auf der TQ 2000) eine internationale Konferenz zu widmen. Auf der Konferenz sollte das Thema aus möglichst vielen Perspektiven betrachtet werden, und die Vorträge sollten sowohl aus der Lehre als auch aus der Praxis kommen.

Schon beim ersten Call for Papers, und erst recht auf der Tagung, wurde deutlich, dass es tatsächlich eine „Freiheit von Forschung und Lehre" gibt insofern, als die Lehrenden an den Hochschulen nicht nur über Erfolge zu berichten bereit waren, sondern offen auch über Probleme redeten, wie etwa über Uneinheitlichkeit der Qualitätsbeurteilung und Notengebung.

Praxisvertreter haben diese Freiheit nicht. Sie sind in ihrem Handeln in eine Firma oder ein Übersetzungsbüro eingebunden und dürfen Interna nicht nach außen tragen. Verständlich, denn weder will man auf dem hart umkämpften Markt auf eventuell vorhandene eigene Schwächen hinweisen, noch will man mit hohem Arbeitsaufwand optimierte Arbeitsprozesse den Wettbewerbern für den Preis eines Kongressbandes quasi schenken.

Insofern sind in diesem Band manche Stimmen aus der Praxis leider nicht vertreten, die sich sehr kompetent zum Thema Translationsqualität hätten äußern können. Wir haben uns daher erlaubt, den Wegfall einiger Beiträge dadurch zu kompensieren, dass wir einige Artikel hier aufgenommen haben, die nicht auf der LICTRA, sondern bereits auf der TQ2000 präsentiert wurden.

Ein wenig werden diese Verluste auch dadurch kompensiert, dass die meisten der in diesem Band vertretenen Translationswissenschaftler und Ausbilder von Übersetzern und Dolmetschern selbst berufspraktische Erfahrung als Übersetzer und/oder Dolmetscher haben und insofern durchaus nicht nur die Lehre und Forschung, sondern auch die Praxis und deren Nöte und besonderen Anforderungen aus eigener Anschauung kennen.

Wir haben in diesem Band sowie auf der zugehörigen CD insgesamt 65 Aufsätze zusammengestellt. Die meisten Beiträge haben direkten Bezug zum Thema Translationsqualität und erscheinen in diesem Band gedruckt und zusätzlich auf der CD als PDF-Dokumente. Auf der CD finden Sie außerdem Beiträge, bei denen ein eher indirekter Zusammenhang mit dem Titel Translationsqualität besteht (insofern als Forschung die wissenschaftliche Einsicht in ein Fach fördert, was sich wiederum positiv auf die Lehre und somit auf die Qualifikation und Kompetenz der Absolventen auswirken sollte). Wir möchten betonen, dass mit der Entscheidung, ob ein Beitrag in diesem Sammelband gedruckt oder als PDF-Dokument publiziert wird, keinerlei Wertung der Qualität verbunden ist.

Insgesamt wird das Thema „Translationsqualität" aus vielen Blickwinkeln betrachtet, und in Verbindung mit den zahlreichen Literaturhinweisen in den einzelnen Bibliographien ist dieser Band, wie wir meinen, eine bisher einzigartige Fundgrube zu diesem Thema.

Den nahe liegenden Gedanken, die Beiträge zur besseren Orientierung in Kategorien zu gruppieren, etwa analog zu den Sektionen der Tagung, haben wir bei näherer Betrachtung verworfen. In vielen Beiträgen zeigt sich der transdisziplinäre Charakter des Übersetzens und Dolmetschens, so dass die Einordnung in „Schubladen" oft eher irritierend als hilfreich gewesen wäre. Wir haben daher sogar auf eine so grobe Einteilung wie „Forschung", „Lehre" und „Praxis" verzichtet (denn manche Beiträge wären auch hier mehrfach zuzuordnen, was ja kein Nachteil ist, sondern im Gegenteil erstrebenswert) und die Beiträge schlicht alphabetisch nach den Autorennamen angeordnet. Mit der Reihenfolge ist also keinerlei Wertung verbunden, weder hinsichtlich der Person noch des Inhalts der Beiträge.

Auch dieser Band kam nur durch das Zusammenwirken vieler Personen und Faktoren zustande. Als Herausgeber danken wir daher nicht nur den Autoren der hier versammelten Beiträge, sondern auch den Mitwirkenden „hinter den Kulissen". Hierzu zählen unsere Kolleginnen und Kollegen vom IALT ebenso wie unsere effizienten und routinierten Sekretärinnen Gabriele Scheel und Sabine Tatzelt sowie unsere hochmotivierten studentischen Hilfskräfte. Besondere Erwähnung verdient hier unsere Diplomandin Lena Klein, die für das Formatieren der Beiträge zuständig war und es trotz vieler Hürden geschafft hat, die reproreife Druckvorlage dieses Bandes termingerecht fertigzustellen. Aber all dieses Engagement hätte nicht ausgereicht, wenn wir nicht die wohlwollende finanzielle Unterstützung der Universität Leipzig und der CIUTI erhalten hätten – auch hierfür an dieser Stelle nochmals unser herzlicher Dank.

Wir würden uns freuen, wenn es gelänge, mit diesem Band innerhalb der Translationswissenschaft und –praxis das Bewusstsein um das facettenreiche Thema Translationsqualität zu schärfen und dazu beizutragen, letzlich das Bild der Übersetzer und Dolmetscher in der Öffentlichkeit zu verbessern.

Informationen zur LICTRA finden Sie auf der permanenten Website www.LICTRA.org. Die nächste LICTRA wird im Jahre 2010 stattfinden, im Kontext der 600-Jahr-Feier der Universität Leipzig sowie in Verbindung mit der Generalversammlung der CIUTI.

Peter A. Schmitt
Heike Elisabeth Jüngst

Charlotte Schubert
Prorektorin Lehre und Studium der Universität Leipzig

Grußwort zur Tagungseröffnung LICTRA 2006

Wie Sie wissen, ist dieser Kongress nicht nur der achte seiner Art hier in Leipzig, was angesichts des 5-Jahresturnus bereits bemerkenswert ist, sondern er markiert auch das nunmehr 50-jährige Bestehen der Übersetzer- und Dolmetscherausbildung hier an der Universität in Leipzig.

Das Rahmenthema „Translationsqualität" schließt nicht nur sinnvoll an die vorhergehenden LICTRA-Themen an, nämlich „Translationsdidaktik" im Jahre 1996 und „Translationskompetenz" im Jahre 2001, sondern es behandelt ein zentrales Problem unserer Zeit, nämlich den Qualitätsbegriff.

Qualität und ihre Bewertungsmaßstäbe sind bekanntlich bei Produktionsgütern ein Problem mit zum Teil erheblichen volkswirtschaftlichen Konsequenzen – man denke nur an die gegenwärtigen Qualitätsprobleme gewisser Auto- oder Mobiltelefonmarken, die zu dramatischen Arbeitsplatzverlusten geführt haben und weiter führen.

Wer nicht im Preis besonders niedrig ist, kann auf dem globalen Markt nur mit überzeugender Qualität bestehen. Überzeugende Qualität bedeutet freilich nicht „maximale Qualität", sondern die maßgeschneiderte Qualität für den jeweiligen Zweck. Das gilt analog auch für Dienstleistungen – wie etwa Dolmetschleistungen – und abstrakte Gegenstände, wie etwa die Qualität einer Universität und ihrer Einrichtungen.

Die unter dem Stichwort „Bologna-Prozess" derzeit laufende Hochschulreform hat bekanntlich nicht nur Befürworter, aber sie kann als Chance genutzt werden, die Qualität universitärer Ausbildung zu verbessern. Ihr Kongress LICTRA 2006 findet just zu einem Zeitpunkt statt, zu dem an der Universität Leipzig im Allgemeinen und am IALT im Besonderen die neuen Bachelorstudiengänge beginnen.

Ich freue mich, Ihnen bei dieser Gelegenheit mitteilen zu können, dass die neuen Studiengänge des IALT von den Akkreditierungsgutachtern (im Bewertungsbericht der zentralen Evaluations- und Akkreditierungsagentur Hannover) ausdrücklich gelobt wurden – ich zitiere: „Die Übersetzungseinrichtungen der Fakultät sind sehr gut und gewährleisten gute Studienbedingungen." Die Forderung, dass die Studiengänge im Einklang mit dem ECTS-System „mehr am Outcome orientiert sein" sollen, ist, so die Gutachter „in der Translationswissenschaft ... gut gelöst." Außerdem wird ausdrücklich gelobt, dass die Translationswissenschaft am IALT „sehr berufsnah konzipiert" ist, „eine enge Anbindung an die Praxis" hat und dass „die Internationalisierung relativ weit vorangetrieben" ist. Positiv vermerkt wird auch der gute Mix von Lehrveranstaltungsformen und die Tatsache, dass die Studiengänge im Bereich Translation „auch viele praktische Übungen umfassen, in denen man das Erlernte anwenden kann."

Dass dies bereits mit den bisherigen Diplomstudiengängen gelang, zeigen die regelmäßigen Umfragen unter den IALT-Absolventen: Sie belegen eine ganz außergewöhnlich hohe berufliche Erfolgsquote. Rund 90 % der in den letzten zehn Jahren hier ausgebildeten Übersetzer und Dolmetscher waren zu keinem Zeitpunkt arbeitslos.

Zur Qualität eines Universitätsinstituts gehört freilich auch seine Forschungsleistung: In dem auf dieser Tagung präsentierten ersten Band der neuen Reihe „Leipziger Studien zur angewandten Linguistik und Translatologie" dokumentiert das IALT in einem Reader einige vielzitierte Meilensteine der sogenannten Leipziger Schule der Übersetzungswissenschaft. Wie weit der Weg ist, denn die Translationswissenschaft in den letzten 50 Jahren zurückgelegt hat, zeigt beispielsweise der ebenfalls hier und heute präsentierte zweite Band dieser Reihe, mit dem Thema „Prozessorientiertes Qualitätsmanagement im Dienstleistungsbereich Übersetzen".

Mit der bereits 1998 erfolgten Aufnahme als Vollmitglied der sehr qualitätsorientierten CIUTI erhielt das IALT ein international anerkanntes und begehrtes Gütesiegel. Dies ist eine Anerkennung und Verpflichtung zugleich. Ich habe jedenfalls den Eindruck, dass dies hier ein guter Ort ist, um sich wissenschaftlich mit dem facettenreichen Begriff „Translationsqualität" zu befassen.

Ich wünsche Ihnen einen Kongress mit Gewinn und Genuss und würde mich freuen, Sie im Jahre 2010 hier in neuen Räumen wieder begrüßen zu können.

Charlotte Schubert

Klaus-Dieter Baumann
Leipzig
Die translatologische Dimension des Fachsprache-Fachdenken-Verhältnisses

1 Einleitung

Die seit dem Ende der 1980er Jahre in interdisziplinären Darstellungen der Fachsprachenforschung aufgezeigte kommunikativ-kognitive Vielschichtigkeit des Verhältnisses von Fachsprache und Fachdenken hat seit einigen Jahren deutlichen Einfluss auf die Erweiterung der Erkenntnisperspektiven der Translatologie genommen (Baumann 2001).

Diese Weiterungen beziehen sich insbesondere auf folgende Aspekte des interlingualen Fachtexttransfers:

1. die Bedeutung der Sachverhalte für die Transferhandlung

2. die Struktur und Funktion der Informationen, die dem Fachtexttransfer zugrunde liegen

3. die kognitiven Beziehungen, die zwischen dem erkennenden und kommunizierenden Subjekt bzw. dem Translator beim Fachtexttransfer bestehen

4. die Umsetzung der Komplexbeziehungen zwischen dem Fachwissen, den strukturell-funktionalen Merkmalen der Fachkommunikation und der Qualität des Fachtexttransfers durch den Translator

5. die interlinguale Mehr-Ebenen-Betrachtung des Fachtexttransfers

6. die interdisziplinäre Bestimmung der Strukturen, Funktionen und Strategien des Fachtexttransfers

7. die Effektivierung translatorischer Strategien des Informationstransfers in der Fachkommunikation durch die Umsetzung neuer Erkenntnisse linguistischer und nichtlinguistischer Disziplinen (Textlinguistik, Kognitionswissenschaft, Soziologie, Informatik usw.)

Dabei zeichnet sich die zu interdisziplinären Problemfeldern übergehende Translatologie durch eine beeindruckende wissenschaftstheoretische Dynamik, eine konsequente forschungspraktische Orientierung und eine ausgeprägte Hinwendung zur Empirie aus (Snell-Hornby/König/Kußmaul /Schmitt 1998).

Die vorliegende Analyse ist darauf gerichtet, die translatologisch relevante Fachsprache-Fachdenken-Beziehung am Beispiel rhetorisch-stilistischer Merkmale der Fachkommunikation in den Natur- und Technikwissenschaften zu demonstrieren (Schmitt 1998). Das setzt voraus, dass nachfolgende linguistische bzw. die Linguistik übergreifende Erkenntniskomplexe berücksichtigt werden:

1. die Beschreibung der konkreten Funktion(en) rhetorisch-stilistischer Elemente und Relationen in Fachtexten der Natur- und Technikwissenschaften (Hoffmann 1976)

2. die Bestimmung der Dialektik von kognitiver und kommunikativer Tätigkeit in den natur- bzw. technikwissenschaftlichen Einzeldisziplinen (Baumann/Kalverkämper 2004)

3. die Analyse von Fachdenkstrategien, die beim Transfer fachgegenstandsbezogener Inhalte natur- und technikwissenschaftlicher Einzeldisziplinen zur Anwendung kommen

4. die Ableitung von Transferstrategien rhetorisch-stilistischer Merkmale in der Fachkommunikation natur- und technikwissenschaftlicher Einzeldisziplinen

5. die Analyse der interkulturellen Determiniertheit rhetorisch-stilistischer Strukturen in der natur- und technikwissenschaftlichen Fachkommunikation (Clyne 1996)

Das in diesen Analysebereichen angelegte Erkenntnispotential eröffnet der Translatologie vielschichtige Zugänge, um den Transfermechanismus rhetorisch-stilistischer Mittel in den Fachsprachen der Natur- und Technikwissenschaften aus einer ganzheitlichen Perspektive charakterisieren zu können (Gloy 1996).

2 Das Herangehen der Fachsprachenforschung, Translatologie, Rhetorik und Stilistik an die Differenziertheit der Fachkommunikation

Aus erkenntnisstrategischer Sicht ist es vor allem die kommunikativ-kognitive Differenziertheit der Fachkommunikation, die einen methodologischen Zugang eröffnet, um die Zusammenhänge zwischen (Fach-)Sprache, (Fach-)Kommunikation und Gesellschaft bzw. (Fach-)Sprache, (Fach-)Denken und interlingualem Fachtexttransfer umfassend zu analysieren. Dafür ist eine Wissenschaftskooperation der Translatologie mit der Fachsprachenforschung sowie anderen linguistischen und nichtlinguistischen Disziplinen unabdingbar.

Bekanntlich hat sich die Rhetorik über zweieinhalbtausend Jahre hinweg als außerordentlich flexibles System von gründlich reflektierten Regeln einer wirkungsorientierten Textproduktion erwiesen, das durchaus auch auf den Bereich des Fachtexttransfers nutzbringend übertragen werden kann. Neuropsychologisch und neurophysiologisch fundierte Analysen der Fachkommunikation haben zweifelsfrei bestätigt, dass die Einbindung rhetorischer Elemente dazu führt, dass auf der Seite des/der Fachtextrezipienten emotionale Qualitäten entstehen, welche die individuelle Wahrnehmung, das Speichern und Behalten bzw. die Verarbeitung von fachlichen Informationen nachhaltig beeinflussen (Jahr 2000). In dieser Hinsicht verfügen Fachsprachenforschung, Translatologie und Rhetorik offensichtlich über einen sich überschneidenden Gegenstandsbereich, der die

strukturellen und funktionalen Wirkungsmechanismen des fachlichen Informationstransfers berührt.

Außer den Kategorien der Rhetorik sind es vor allem die Mittel der Stilistik, die
für einen wirkungsvollen Fachtexttransfer bedeutsam sind (Baumann
1992:47ff.). Aus wissenschaftshistorischer Sicht gehört die Stilistik, welche die
Verwendung sprachlicher Ausdrucksmöglichkeiten regulierend einschränkt, von
der Antike bis zum Zeitalter der Aufklärung im 18. Jahrhunderts zum Gegenstandsbereich der Rhetorik. Die in dieser Periode einsetzende konzeptionelle
Emanzipation der Stilistik von der Rhetorik geht einher mit der Konzentration
auf die Betrachtung der Textkonstituierungsphase elocutio (Elokutionsstilistik).
Für die Analyse der Fachtexte erlangen somit die Ansätze der Stilistik eine
grundlegende methodologisch-methodische Bedeutung. Insbesondere das auf
den Prager bzw. Moskauer Linguistenkreis zurückreichende Konzept der funktionalen Stiltypen kann für sich das wissenschaftliche Verdienst beanspruchen,
die funktional differenzierte Verwendung stilistisch relevanter Mittel in bestimmten Kommunikationssituationen und -bereichen, thematischen Fachwis-
senskontexten sowie Konstellationen von Kommunikationspartnern in den Vordergrund der Stilistik gerückt zu haben (Galperin 1977). Hierbei treffen sich
Translatologie, Fachsprachenforschung und Funktionalstilistik in dem Bemühen, die charakteristische Organisation bzw. den Transfer von Fachsprache in
Fachtextsorten als Ergebnis eines vielschichtigen Zusammenwirkens strukturell-
funktionaler Elemente und Relationen aufzuzeigen.

3 Die kognitive Weiterung der Translatologie

Die seit der Mitte 1980er Jahre einsetzende kognitive Erweiterung der Fachsprachenforschung hat seit den 1990er Jahren auch in der Translatologie zu einer Verlagerung des Forschungsschwerpunktes geführt (Baumann 2001). In
translatologischen Untersuchungen spielen seitdem die äquivalente Realisierung
derjenigen mentalen Strukturen und Prozesse, die dem interlingualen Transfer
von Fachtexten zugrunde liegen, eine stetig größer werdende forschungsstrate-
gische Rolle.

In Fachtextanalysen aus unterschiedlichen Wissenschaften, fachlichen Hand-
lungszusammenhängen und Einzelsprachen konnte nachgewiesen werden, dass
insbesondere durch die Betrachtung des dialektischen Verhältnisses von Fachsprache und Fachdenken die methodologischen Voraussetzungen geschaffen
werden, um die Leistungen der Sprache als Instrument des Denkens differenzierter zu bestimmen (Haken/Haken-Krell 1997). In diesem Untersuchungs-
komplex ist ein gewaltiges Erkenntnispotential angelegt, das die unterschiedlichen Aspekte der sprachlichen Exteriorisierung und Interiorisierung fachwissen-
schaftlicher Kenntnisse und die damit verbundenen Strategien des kommunikativen Transfers von mentalen Abbildern der fachlichen Realität von der Aus-
gangs- in die Zielsprache betrifft. Aus wissenschaftsstrategischer Sicht ergibt
sich daraus die Aufgabe, den konkreten Einfluss zu analysieren, den der jeweili-

ge Gegenstand(sbereich) auf das Fachdenken bzw. die Fachsprache nimmt (Kromrey 2002).

Die Kategorie des Fachdenkens nimmt insbesondere seit der Mitte der 1980er Jahre eine zentrale erkenntnistheoretische Position ein. Sie ist darauf gerichtet, die Besonderheiten des Erkenntnisprozesses in einem fachlich begrenzbaren Bereich der Wirklichkeit systematisch zu erfassen. Fachdenken wird somit als ein besonders komplexer kognitiver Prozess verstanden, der auf einem interpretierenden bzw. Ordnung stiftenden Verarbeiten von Informationen beruht. Im wissenschaftlichen Erkenntnisprozess kommt dem Fachdenken die bestimmende Rolle zu, denn im Ergebnis der Denkprozesse entsteht ein durch analytisch-synthetische Denkoperationen vermitteltes, begrifflich fixiertes kognitives Abbild fachlich begrenzter Bereiche der objektiven Realität. Das sich konstituierende kognitive Abbild fachlicher Sachverhalte und Prozesse besitzt in Abhängigkeit vom jeweiligen Erkenntnisstand einen partiellen Charakter, der durch weiterführende Erkenntnisprozesse vervollkommnet werden kann (Müsseler/Prinz 2002:645 ff.).

Fachtextanalysen haben gezeigt, dass die Strategien des Fachdenkens einen aussichtsreichen Ausgangspunkt für die Betrachtung des Sprachtransfers von begrifflich fixierten Abbildern der Fachinhalte darstellen (Mastronardi 2001). Dieser innovative Analyseansatz führt die gegenwärtige Translatologie zu einer objektspezifischen Umsetzung der kognitiven Wende. Diese ist darauf gerichtet, eine Typologie von Strategien des Fachdenkens zu entwickeln, auf deren Grundlage kommunikative (einschließlich rhetorisch-stilistische) Regularitäten abgeleitet werden können, die bei der äquivalenten Umsetzung von Abbildern der fachspezifischen Realität von der Ausgangs- in die Zielsprache auftreten.

Ein erster Schritt entsprechender Untersuchungen besteht darin, die Vielfalt der einzelnen Wissenschaftsdisziplinen unter dem Aspekt der kognitiven Operationen, Strategien und Verlaufsqualitäten der geistigen Tätigkeit zu beschreiben, mit denen der Fachmann seine fachspezifische Umwelt bewältigt.

In einem zweiten Erkenntnisschritt wird die vielschichtige kommunikative Konstituierung der fachlichen Denkweise aufgezeichnet, die zur Ablösung der Abbildbeziehungen von der konkreten fachlichen Tätigkeitssituation bzw. einer Übertragung kognitiver Leistungen auf neue fachliche Anforderungssituationen führt.

Ein dritter Schwerpunkt ist darauf gerichtet, die gedanklichen Abbilder der Klassen von Inhalten (mit denen in fachspezifischen Tätigkeitszusammenhängen operiert wird) mit deren strukturell-funktionalen Umsetzung im Prozess der Fachkommunikation in eine analytische Verbindung zu bringen.

In einem vierten Untersuchungsabschnitt gilt es schließlich, translatorische Strategien des kommunikativ-kognitiv äquivalenten Transfers von Fachtexten aus der Ausgangs- in die Zielsprache abzuleiten.

Die bisherigen Forschungsresultate weisen darauf hin, dass eine wissenschaftliche Differenzierung der objektiven Realität mit einer Differenzierung der Fachkommunikation einhergeht. Im Hinblick auf den Grad der Einheitlichkeit bzw. Differenziertheit der einzelnen Fachwissenschaften und ihrer Fachsprachen werden im Allgemeinen drei Wissenschaftskomplexe unterschieden: Fachsprachen der Naturwissenschaften (vgl. exakte und biologische Naturwissenschaften)(Pörksen 1986), Fachsprachen der Gesellschaftswissenschaften (Philosophie, Kultur- und Sozialwissenschaften, Politikwissenschaften, Wirtschafts- und Rechtswissenschaften, Sprach- und Kunstwissenschaften, Pädagogik, Ethnologie, Anthropologie u. a.) und Fachsprachen der Technikwissenschaften (Verfahrenstechnik, Medizintechnik, Maschinenbautechnik, Kerntechnik, Biotechnik, Umwelttechnik, Verkehrstechnik, Bergbautechnik u. a.) (Krings 1996). Wissenschaftstheoretische Darstellungen sind seit einigen Jahren darum bemüht, die kognitiven Grundelemente des Fachdenkens in den Natur-, Gesellschafts- und Technikwissenschaften herauszuarbeiten (Lyre 2002). Der Schwerpunkt dieser Arbeiten ist zum einen darauf gerichtet, das methodologische Selbstverständnis der Wissenschaften auszuführen sowie die entsprechenden erkenntnistheoretischen Grundwerte, Normen und Perspektiven zu dokumentieren. Zum anderen wird in einigen Darlegungen gezielt der Frage nachgegangen, wie die einzelwissenschaftlichen Grundbegriffe und Methoden angelegt sein müssen, um die Erkenntnisgewinnung zu optimieren.

4 Die interdisziplinäre Betrachtung rhetorisch-stilistischer Mittel als Zugang zum Fachdenken

Im Weiteren soll die Komplexität der Verwendung rhetorisch-stilistischer Mittel im Bereich der Natur- und Technikwissenschaften aufgezeigt werden. Dabei gehen wir von einem interdisziplinären Analyseansatz aus, der kognitive und kommunikative Merkmale in ihren wechselseitigen Beziehungen betrachtet. Auf der Grundlage repräsentativer Fachtextanalysen lassen sich folgende, in Bezug auf die jeweilige Fachkommunikation deszendent angeordnete Ebenen der Verwendung rhetorisch-stilistischer Mittel in den Kommunikationsbereichen der Natur- und Technikwissenschaften unterscheiden:

A. Die kulturspezifische Ebene

Die Bedeutung kulturspezifischer Kenntnissysteme für den fachlichen Kommunikationsprozess ist lange Zeit unterschätzt worden (Baumann 1994). Beim interlingualen Vergleich der rhetorisch-stilistischen Elemente von Fachtexten aus den drei genannten Wissenschaftskomplexen zeigt sich, dass insbesondere zwischen den Fachtexten aus den Gesellschaftswissenschaften sowie denen der Natur- und Technikwissenschaften signifikante kulturbedingte Unterschiede bestehen. Dabei muss auf die Existenz kulturgeschichtlich geprägter Darstellungsstile verwiesen werden, zu denen im Bereich der Fachkommunikation z. B. der teutonische, gallische, angelsächsische und nipponische Stil zählen (Clyne 1987:211-247). Diese vier Darstellungsstile, die vor allem auf wissenschaftliche

Fachtextanalysen des australischen Linguisten M. Clyne im Bereich der Linguistik und Soziologie zurückgehen, werden im Bereich der Fachkommunikation mit einem bestimmten inhaltlichen und formalen Abstraktionsgrad in Verbindung gebracht. So hebt M. Clyne hervor, dass der teutonische und gallische Stil fachlicher Ausführungen das höchste sprachliche Ausdrucksvermögen erfordern. Demgegenüber werden der angelsächsische und nipponische Wissenschaftsstil als weniger elitär bewertet. Außerdem konnte M. Clyne überzeugend nachweisen, dass in der deutsch- und englischsprachigen Fachkommunikation auf den Gebieten der Linguistik und Soziologie unterschiedliche textuelle Organisationsstrukturen vorkommen. Während sich die deutschsprachige Fachkommunikation durch das Merkmal der reader responsibility (die Pflicht des Lesers, den Fachtext ohne kommunikative Hilfen des Autors zu erschließen) auszeichnet, ist die englischsprachige Fachkommunikation durch den Aspekt der writer responsibility gekennzeichnet. Im letzteren Fall trägt der Autor die kommunikationsstrategische Verantwortung dafür, dass der Leser den Fachtext versteht. Dies kann er durch eine stärkere Einbeziehung rhetorisch-stilistischer Mittel in den Fachtext ermöglichen. Diese kommunikationsstrategischen Unterschiede sind nach Auffassung von M. Clyne auf unterschiedliche kulturelle Traditionen der jeweiligen fachlichen Sprach- und Denkgemeinschaften (scientific community) zurückzuführen. Er stellt in diesem Zusammenhang klar, „dass jede Kulturgruppe ihre eigenen Erwartungen der Kommunikation hat, die einem spezifischen Kulturwertesystem zuzuschreiben sind" (Clyne 1993:3). Auf den großen forschungsstrategischen Stellenwert der kulturspezifischen Ebene von Fachtexten der Natur- bzw. Gesellschaftswissenschaften macht H. Oldenburg aufmerksam. Dazu führt er aus,

> dass im interlingualen Vergleich zwischen Fachtexten aus den Naturwissenschaften, die von den primären kulturellen Systemen der Sprachgemeinschaften wenig beeinflusst werden und von den Gegenständen, die der außersprachlichen und 'außerkulturellen' Realität angehören, determiniert sind, keine oder nur geringe interkulturelle Differenzen bestehen, während die Unterschiede zwischen Fachtexten aus den Gesellschaftswissenschaften, die den primären kulturellen Systemen der Sprachgemeinschaften näher stehen und deren Gegenstände mit eben diesen kulturellen Systemen eng verknüpft sind, deutlich größer ausfallen" (Oldenburg 1992:35-36).

Aus diesen Unterschieden lassen sich konkrete translatorische Transferstrategien ableiten (Grbic/Wolf 1997).

B. Die soziale Ebene

Bei der Untersuchung sozialer Einflüsse auf die Auswahl und Verwendung rhetorisch-stilistischer Mittel in naturwissenschaftlich-technischen Fachtexten sind folgende Erkenntnisse zu berücksichtigen:

- Unterschiedliche Vorwissensbestände des Fachtextautors bzw. des/der Fachtextrezipienten führen dazu, dass sozial relevante Elemente einer partnerbezogenen Redundanz zur Absicherung des Informationstransfers einbezogen werden (z. B. Parenthese, Parallelismus, Nachtrag).

• Die durch Stilelemente vermittelte Expressivität stellt eine wichtige Voraussetzung für einen erfolgreichen Verlauf der Fachkommunikation dar, da sie zu einer gesteigerten Wahrnehmung des Darstellungsgegenstandes durch den/die Fachtextrezipienten führt. Durch die Aktivierung der Aufmerksamkeit des/der Adressaten wird kognitive Energie freigesetzt, die der subjektiven Verarbeitung von Informationen zugute kommt. Die Expressivität graphostilistischer Mittel (visueller Kode) ist dabei ein Element, das die Dekodierung von natur- und technikwissenschaftlichen Fachtexten erleichtert (Riesel/Schendels 1975).

• Fachtextanalysen aus allen drei Wissenschaftskomplexen haben bestätigt, dass bestimmte semantische und syntaktische Stilelemente besonders geeignet sind, bei einem sozial asymmetrischen Verhältnis der Kommunikationspartner den unterschiedlichen Vorwissensstand zu überbrücken. So kann der Fachtextautor mit den Stilfiguren Wiederholung bzw. Synonymie die Versprachlichung fachlicher Sachverhalte so variieren, dass er dadurch einen höheren Behaltenseffekt von Informationen erreicht.

C. Die kognitive Ebene

Die kognitive Ebene der Auswahl und Verwendung rhetorisch-stilistischer Elemente in Fachtexten weist darauf hin, dass einige Stilelemente besonders geeignet sind, Prozesse der Informationsverarbeitung und Informationsspeicherung zu optimieren. L. Fleck hat in diesem Zusammenhang den Begriff des Denkstils eingeführt, den er als "gerichtetes Wahrnehmen, mit entsprechendem gedanklichen und sachlichen Verarbeiten des Wahrgenommenen" definiert (Fleck 1994:130). Aus kognitionslinguistischer Sicht sind Denkstilfiguren (Amplifikation, Syllogismus, Isolog, Antithese, Gleichnis, Allegorie, Ironie, Hysteron-Proteron u. a.) gedanklich-sprachliche Elemente von Informationsverarbeitungsstrategien, deren Verwendung auf bestimmte Einstellungen, Vorwissensbestände, psychische Befindlichkeiten, Bewertungsmaßstäbe bzw. Emotionen des Fachtextautors zurückzuführen ist (Nischik 1991:58ff.). Denkstilfiguren tragen in der natur- und technikwissenschaftlichen Fachkommunikation dazu bei, folgende Funktionen umzusetzen:

• Erhöhung der Eindringlichkeit bei der Fachtextgestaltung (Metapher, Metonymie, Epitheta u. a.)

• Steigerung der Übersichtlichkeit der fachgegenständlichen Darstellung (z. B. Anapher + Parallelismus als deutlich wahrnehmbares gedankliches Ordnungsmuster, Antithese, Frage-Antwort Kombination, rhetorische Frage)

• Streben nach Klarheit durch erläuternde Einschübe und Ergänzungen (Parenthese, Explikation, Nachtrag, Isolierung), nach Präzision (Abbildungen, Tabellen, Formeln) als Hinweis auf ein assoziationsreiches Denken des Autors

• Bemühungen um Rezeptionsförderung (Verbesserung der Verständlichkeit)

Darüber hinaus besitzt das Wechselspiel von Allgemeinem, Besonderem und/oder Einzelnem in Fachtexten eine gedächtnisstützende und erkenntnisfördernde Funktion. Eine Verallgemeinerung von Erkenntnissen ohne die Bezugnahme auf das Besondere oder Einzelne birgt die Gefahr der Fehlinterpretation durch den Rezipienten in sich. Durch das Einfügen eines Beispiels wird dem Rezipienten eine Nachdenkpause geboten. Um dem Rezipienten die Aufnahme eines komplizierten Gedankenkomplexes zu erleichtern, besitzt der Fachtextautor außerdem die Möglichkeit, Sachverhalte mehrfach zu wiederholen. Damit wird ein Gedanke aus der Informationsprogression im Fachtext hervorgehoben (Emphase), was sich z. B. mit den Stilelementen (syndetische/asyndetische/ polysyndetische) Wiederholung bzw. Synonymie erreichen lässt. Fachtextanalysen bestätigen, dass die Auswahl und Verwendung von Denkstilfiguren auf der Grundlage konkreter Sender-Empfänger-Strategien zur Vermittlung fachbezogener Textinhalte erfolgen. Dabei zeigt sich, dass Vielfalt und Anzahl der Denkstilfiguren dann ansteigen, wenn der Fachlichkeitsgrad der Kommunikation zwischen Partnern aufgrund unterschiedlicher Vorwissensbestände relativ niedrig ist (Baumann 1994:122ff.).

D. Die inhaltlich-gegenständliche Ebene

Komparative Analysen von Fachtexten weisen insbesondere auf drei Determinanten hin, welche die Bedeutung der inhaltlich-gegenständlichen Ebene bei der Auswahl und Verwendung rhetorisch-stilistischer Elemente in der Fachkommunikation verdeutlichen:

a) Der Einfluss der Einzelwissenschaft:

Rhetorisch-stilistische Gemeinsamkeiten von verschiedenen Fachtextsorten einer Einzelwissenschaft (z. B. Historiographie, Linguistik, Psychologie) sind offensichtlich bedeutsamer als die Anzahl der übereinstimmenden Merkmale, die zwischen den gleichen Fachtextsorten aus verschiedenen Einzelsprachen bestehen (Baumann 1992:74,198ff.).

Auf den Zusammenhang von Wissenschaft und Stil macht auch S. Skudlik aufmerksam:

> Das undifferenzierte Vorverständnis sieht deutliche Unterschiede zwischen der Sprache der Naturwissenschaften und der Sprache der Geisteswissenschaften. Letztere scheint der Alltagssprache näher zu liegen, scheint sich eher durch eine terminologisch stärker festgelegte Verwendung der gemeinsprachlichen Begriffe und besonders auch durch andere stilistische Gebräuche als Wissenschaftssprache auszuweisen. Bei ersterer dagegen denkt man sofort an einen umfangreichen terminologischen Apparat mit Ausdrücken, die der Laie nie gehört hat, an eine Unzahl von Formeln beziehungsweise die formelhafte Verwendung bestimmter sprachlicher Mittel (Skudlik 1990:221).

b) Das Verhältnis der an der Fachkommunikation Beteiligten zum Gegenstand: Rhetorisch-stilistische Elemente (z. B. Bildtext in den Fachtexten der Architektur, Kraftfahrzeugtechnik) aktivieren im Fachtext wichtige Erkenntnis fördernde Impulse (Rationalität/Emotionalität), welche die Auseinandersetzung des Partners mit dem Kommunikationsgegenstand erleichtern. So können rhetorisch-stilistische Mittel dazu beitragen, dem objektiven Mitteilungsgehalt des Fachtextes einen spezifischen Textsinn zu verleihen.

Zusammenfassend kann festgehalten werden, dass bestimmte fachliche Inhalte in spezifischen Fachtext(sort)en bevorzugt durch ausgewählte Stilelemente realisiert werden. Diese Wechselbeziehungen ermöglichen eine kommunikationsstrategisch gezielte Umsetzung des Informationstransfers.

E. Die funktionale Ebene

Die funktionale Ebene der rhetorisch-stilistischen Elemente in der Fachkommunikation bezieht sich auf deren Verwendungsweise im Fachtext. Im Bereich der Lexik wird diese Ebene der rhetorisch-stilistischen Elemente durch den Funktionsbereich der im Fachtext gebrauchten lexikalischen Stilelemente (Fremdwörter, Phraseologismen u. a.) bzw. durch deren kommunikative Markiertheit (Jargonismen, Dialektismen, Professionalismen usw.) zum Ausdruck gebracht. Allerdings kommen diese Elemente vor allem in Fachtexten der Gesellschaftswissenschaften vor. In naturwissenschaftlich-technischen Darlegungen dominieren dagegen Nomenklaturen, Abkürzungswörter und Formelausdrücke.

Auf der Ebene der Syntax sind es vor allem die funktional bedingte Variation der Satzlänge, die kontrahierten Verbformen bzw. der Grad der funktional bedingten Veränderungen in der Wort- bzw. Satzgliedfolge, welche die funktionale Ebene der rhetorisch-stilistischen Mittel ausmachen. Auf der Textebene wird die funktionale Dimension des rhetorisch-stilistischen Inventars bestimmt durch den Anteil nominaler bzw. verbaler Elemente bei der Fachtextgestaltung (Nominal- bzw. Verbalstil), die jeweilige Form der Satzverflechtung, die Nutzung von Tempus, Modus, Genus Verbi als funktional determinierte, stilistisch relevante Fachtextelemente, die stilistische Ausprägung der gedanklich-sprachlichen Kommunikations- bzw. Komplexverfahren und die funktionalen Besonderheiten der Kommunikationsstrategie des Fachtextautors (Einbau von Beweis–, Anschauungs-, Thesen-, Authentizitätszitaten bzw. Zitaten zum Ausdruck kritisch-ironischer Distanz). In den Fachtexten der Natur- und Technikwissenschaften ist zu bemerken, dass der hohe Präzisionsgrad der inhaltlichen Aussagen und die Kennzeichnung ihrer logischen Folgerichtigkeit dazu führen, dass z. B. der Nominalstil, die kausalen Satzbeziehungstypen und Passivkonstruktionen dominieren (Lauren/Nordman 1996).

F. Die textuelle Ebene

In Fachtextuntersuchungen der drei Wissenschaftskomplexen konnte übereinstimmend das Vorkommen rhetorisch-stilistischer Textgestaltungsprinzipien nachgewiesen werden, welche die Aufnahme und Integration der im Text vermittelten Informationen nachhaltig beeinflussen. Dabei weisen die rhetorisch-stilistischen Textgestaltungsprinzipien eine qualitativ-funktionale Dimension auf, die sich auf die in den konkreten Fachtext einbezogenen obligatorischen bzw. fakultativen Stilelemente bezieht. Die Frequenz, Distribution und Kombination der Stilelemente stellen die quantitativ-strukturelle Seite der rhetorisch-stilistischen Textgestaltungsprinzipien dar. Die Entwicklung verschiedener rhetorisch-stilistischer Textgestaltungsprinzipien beruht vor allem auf folgenden Zusammenhängen:

- Die Gesamtheit aller im konkreten Fachtext verwendeten Stilelemente besitzt strukturelle bzw. funktionale Besonderheiten. Sie machen deutlich, dass es in der Fachkommunikation keine Symmetrie zwischen Form und Inhalt gibt.

- Die Auswahl und der Einsatz rhetorisch-stilistischer Mittel stehen in einem engen Zusammenhang mit der Intention, dem Gegenstand und der Kommunikationsstrategie des Autors. Bei der kommunikativen Umsetzung konkreter Inhalte fügen sie sich zu einem textgebundenen Schema, das bestimmte Kommunikationseffekte sichert.

- Fachtextsorten (Essay, wissenschaftlicher Zeitschriftenartikel u. a.) zeichnen sich durch Regularitäten in der Anordnung und beim Zusammenwirken von Stilmitteln aus. Offensichtlich können in diesen Fachtextsorten ohne größere Schwierigkeiten Gruppierungen von rhetorisch-stilistischen Elementen unter dem Aspekt der Funktionsgleichheit (z. B. Überzeugen des Partners) zu äquivalenten rhetorisch-stilistischen Textgestaltungsprinzipien zusammengefasst werden (z. B. Umsetzung euphemistischer/pessimistischer/zustimmender/kritischer Sichtweise)(Baumann 1992:69-70).

Entsprechende Untersuchungen haben gezeigt, dass bestimmte rhetorisch-stilistische Textgestaltungsprinzipien in natur- un d technikwissenschaftlichen Fachtexten vorherrschen (Gestaltung logischer Folgerichtigkeit von Feststellungen; Auslassen des Persönlichen u. a.).

G. Die syntaktische Ebene

Die komplexe kognitive Struktur des im Kommunikationsprozess zu transferierenden (Fach-)Wissens erfordert zwischen den Kommunikationspartnern eine Perspektivierung ihrer Interaktion, die eine Form-Funktion-Bestimmung der syntaktischen Stilelemente einbezieht. Die syntaktischen Stilelemente konzentrieren sich darauf, Teile des Fachtextes so zu gestalten, dass der individuelle Verarbeitungsaufwand minimiert werden kann, keine Überlastung der begrenzten Speicherkapazitäten des Gedächtnisses eintritt und die nachfolgenden Fachtextinformationen den Erwartungen des/der Rezipienten entsprechen (Redder/Rehbein 1999).

In gesellschaftswissenschaftlichen Fachtexten sind syntaktische Stilfiguren vor allem darauf gerichtet, den Grad der Emotionalität und Expressivität der Fachtextaussagen zu erhöhen. Dies geschieht durch folgende Strategien:

- Sicherung der Zugänglichkeit zu relevanten Informationen im Fachtext durch Hervorhebung (Bewusstseinspräsenz)

- Steigerung der Auffälligkeit relevanter Fachtextinhalte durch Topikalisierungen (Thema-Rhema-Abfolge, Inversion, Emphase)

- Fokussierung von Fachtextinhalten durch Umstrukturierung kommunikativer Handlungen (Übernahme einer Fremdperspektive: Referieren fremder Standpunkte, wörtliche Rede als Zitat, Frage-Antwort-Sequenzen, Kontrastierung und Wiederholung von Aussagen)

- Modifizierung der Einstellung des Fachtextautors (Modus: Konjunktiv, Imperativ)

Folglich bieten syntaktische Stilelemente zahlreiche Potenzen, um das emotionale bzw. gedankliche Engagement des Fachtextproduzenten für bestimmte Inhalte wirkungsvoll zum Ausdruck zu bringen.

H. Die lexikalisch-semantische Ebene

In allen Wissenschaften erfolgt die Abstimmung des begrifflichen Wissens der Kommunikationspartner durch die Terminologie (Budin 1996). Sie sichert zwischen den Beteiligten ein Höchstmaß an begrifflicher Übereinstimmung. Da das terminologische System der Systematik der jeweiligen Wissenschaft folgt und den höchsten Grad begrifflicher Abstraktion verkörpert, ermöglicht es auch eine optimale Verständigung zwischen Fachleuten (Kalverkämper 1988:166). Termini stellen somit die obligatorischen Stilelemente des Fachtextes dar, die in den Naturwissenschaften keine expressive Färbung aufweisen. In natur- und technikwissenschaftlichen Fachtextanalysen konnte durch sprachstatistische Erhebungen nachgewiesen werden, dass der Fachlichkeitsgrad des Textes mit steigender Anzahl der in den terminologischen Gesamtbestand des Fachtextes einbezogenen einzelwissenschaftlichen Termini zunimmt (Baumann 1994:128ff.). Infolge dessen wird es für Nichtfachleute schwieriger, den Fachtext zu verstehen, da sie im Gedächtnis mehrere Wissenskontexte aktivieren müssen.

Im Gegensatz zu den obligatorischen, stilistisch neutralen Elementen von Fachtexten weisen die fakultativen semantischen Stilelemente auf individuelle Anteile am Widerspiegelungsprozess der jeweiligen fachlichen Realität (Rationalität vs. Emotionalität, Metapher, Metonymie u. a.), bei der Begriffsbenennung (Synonymie, Polysemie u. a.) bzw. der Kombinationen spezieller Merkmale hin (Hyperonym – Hyponym).

Eine vergleichende Analyse der lexikalisch-semantischen Stilelemente in den Fachtexten der Gesellschafts-, Natur- und Technikwissenschaften hat ergeben, dass in den gesellschaftswissenschaftlichen Fachtexten der Anteil und die Vielfalt der fakultativen semantischen Stilfiguren deutlich höher ist als in den beiden anderen Wissenschaftskomplexen, wo die innere Logik und die erforderliche Präzision bei der Versprachlichung des Fachinhalts einen sparsameren Gebrauch stilistisch relevanter Elemente nach sich ziehen.

5 Zusammenfassung

Im Ergebnis induktiv-empirischer Untersuchungen von rhetorisch-stilistischen Eigenschaften der Fachtexte aus den Bereichen der Natur- und Technikwissenschaften ist deutlich geworden, dass die Auswahl, Verwendung und Wirkung von Stilelementen durch komplexe kommunikativ-kognitive Determinationsmechanismen beeinflusst werden, in ihrer Gesamtheit zur Konstituierung von Transferstrategien beitragen .

Bibliographie

Baumann, Klaus-Dieter (1992): *Integrative Textlinguistik.* Tübingen: Gunter Narr.

Baumann, Klaus-Dieter (1994): *Fachlichkeit von Texten.* Egelsbach/Frankfurt a. M./ Washington: Hänsel-Hohenhausen.

Baumann, Klaus-Dieter (2001): *Kenntnissysteme im Fachtext.* Frankfurt a.m./München/ London/New York: Hänsel-Hohenhausen.

Baumann, Klaus-Dieter / Kalverkämper, Hartwig (2004) (Hrsg.): *Pluralität in der Fachsprachenforschung.* Tübingen: Gunter Narr.

Budin, Gerhard (1996): *Wissensorganisation und Terminologie.* Tübingen: Gunter Narr.

Clyne, Michael (1987): „Cultural differences in the organization of academic texts." *Journal of Pragmatics* 11, 217-247.

Clyne, Michael (1993): „Pragmatik, Textstruktur und kulturelle Werte. Eine interkulturelle Perspektive." Schröder, Hartmut (1993) (Hrsg.): *Fachtextpragmatik.* Tübingen: Gunter Narr, 3-18.

Clyne, Michael (1996): *Inter-cultural communication at work.* Cambridge: University Press.

Fleck, Ludwik (1994): *Entstehung und Entwicklung einer wissenschaftlichen Tatsache.* Frankfurt a. M.: Suhrkamp.

Galperin, Ilja Romanovic (1977): *Stylistics.* Moscow: Higher School

Gloy, Karen (1996): *Das Verständnis der Natur. Bd. 2: Die Geschichte des ganzheitlichen Denkens.* München: Komet.

Grbic, Nadja / Wolf, Michael (1997) (Hrsg.): *Text – Kultur – Kommunikation . Translation als Forschungsaufgabe.* Tübingen: Stauffenburg.

Haken, Hermann / Haken-Krell, Maria (1997): *Gehirn und Verhalten.* Stuttgart: Deutsche Verlags-Anstalt.

Hoffmann, Lothar (1976): *Kommunikationsmittel Fachsprache. Eine Einführung.* Berlin: Akademie Verlag.

Jahr, Silke (2000): *Emotionen und Emotionsstrukturen in Sachtexten.* Berlin/New York: Walter de Gruyter.

Kalverkämper, Hartwig (1988) (Hrsg.): *Fachsprachen in der Romania.* Tübingen: Gunter Narr.

28   *Klaus-Dieter Baumann*

Krings, Hans P. (1996) (Hrsg.): *Wissenschaftliche Grundlagen der Technischen Kommunikation.* Tübingen: Gunter Narr.

Kromrey, Helmut (2002): *Empirische Sozialforschung.* Opladen: Leske+Budrich.

Lauren, Christer / Nordman, Marianne (1996): *Wissenschaftliche Technolekte.* Frankfurt a. M.: Peter Lang.

Lyre, Holger (2002): *Informationstheorie.* München: Fink.

Mastronardi, Philippe (2001): *Juristisches Denken.* Bern/Stuttgart/Wien: Haupt.

Müssler, Jochen / Prinz, Wolfgang (2002) (Hrsg.): *Allgemeine Psychologie.* Heidelberg/Berlin: Spektrum.

Nischik, Reingard. M. (1991): *Mentalstilistik.* Tübingen: Gunter Narr.

Oldenburg, Hermann (1992): *Angewandte Fachtextlinguistik.* Tübingen: Gunter Narr.

Pörksen, Uwe (1986): *Deutsche Naturwissenschaftssprachen.* Tübingen: Gunter Narr.

Redder, Angelika / Rehbein, Jochen (1999) (Hrsg.): *Grammatik und mentale Prozesse.* Tübingen: Stauffenburg.

Riesel, Elise / Schendels, Evgenija Josifovna (1975): *Deutsche Stilistik.* Moskau: Verlag Hochschule.

Schmitt, Peter A. (1998): *Translation und Technik.* Tübingen: Stauffenburg.

Serebrennikov, B.A. (1975) (Hrsg.): *Allgemeine Sprachwissenschaft.* Bd. 2, Berlin: Akademie Verlag.

Skudlik, Sabine (1990): *Sprachen in den Wissenschaften.* Tübingen: Gunter Narr.

Snell-Hornby, Mary / Hönig, Hans G. / Kußmaul, Paul / Schmitt, Peter A. (1998) (Hrsg.): *Handbuch Translation.* Tübingen: Stauffenburg.

Dorothée Behr
Mannheim
Übersetzung und Qualitätsüberprüfung in vergleichender Umfrageforschung

1 Einleitung

Der vorliegende Beitrag verfolgt das Ziel, einen Überblick über die Besonderheiten der Fragebogenübersetzung in vergleichender Umfrageforschung zu geben. Zunächst wird hierzu kurz in den Gegenstand der vergleichenden Umfrageforschung eingeführt. Vor diesem Hintergrund wird anschließend auf Herangehensweisen und Anforderungen an eine Fragebogenübersetzung eingegangen. Es schließt sich die Methodik der Übersetzung und Qualitätsüberprüfung von Fragebögen an. Ein Praxisbeispiel rundet den Beitrag ab.

In diesem Beitrag können nur einige grundlegende Gedanken vorgestellt werden. Das Literaturverzeichnis jedoch gibt die Möglichkeit zur Vertiefung des Themas.

2 Vergleichende Umfrageforschung

Umfrageforschung kann allgemein definiert werden als die „Erhebung von Informationen über Bevölkerungen auf der Basis von Stichproben mit Hilfe von standardisierten Befragungsinstrumenten (Fragebogen)" (Kaase 1999:11; im Original kursiv). Umfragen können national durchgeführt werden, aber auch international. In besonderem Interesse im Rahmen dieses Beitrags sind *multilinguale* internationale Umfragen, die der Übersetzung von Fragebögen bedürfen.

Das Ziel international vergleichender Umfragen ist es, Daten zu erheben, die anschließend für den Vergleich von Ländern genutzt werden können. Der angestrebte Vergleich setzt allerdings voraus, dass die in den verschiedenen Ländern erhobenen Daten auch tatsächlich vergleichbar sind (Lynn/Japec/Lyberg 2006:10).

Die Forderung nach Vergleichbarkeit der Daten bringt mit sich, dass intensive methodische Forschung betrieben wird, um den Begriff der Vergleichbarkeit bzw. Äquivalenz[1] genauer zu bestimmen und um Methoden und Techniken zu entwickeln, mit denen Vergleichbarkeit in internationalen Erhebungsprogrammen gewährleistet und gemessen werden kann. Ein Bereich, der in diesem Zusammenhang erforscht wird, ist die Fragebogenübersetzung, denn die Qualität der Übersetzungen hat einen entscheidenden Einfluss auf die Gesamtqualität der Umfrage und somit auf die Qualität der erhobenen Daten. Zudem ist es gerade die Übersetzung, die Wissenschaftler verschiedenster Disziplinen immer wieder vor Probleme stellt. So heißt es bei Harkness (2003:36):

---

[1] Johnson gibt einen guten Überblick darüber, was alles unter dem Begriff „Äquivalenz" in vergleichender Umfrageforschung verstanden wird (Johnson 1998).

Translation issues are one of the most frequently mentioned problems in literature
dealing with empirical comparative research, both qualitative and quantitative.

Im Folgenden wird das Gebiet der Fragebogenübersetzung beleuchtet. Dazu
wird zunächst der so genannte 'Ask-the-Same-Question'-Ansatz eingeführt, der
in vergleichender Umfrageforschung am häufigsten angewendet wird, um einen
Fragebogen in einer Zielsprache und Zielkultur zu erstellen (vgl. Harkness
2003:35; Harkness/Van de Vijver/Johnson 2003:21). Welche Anforderungen
werden im Rahmen dieses Ansatzes an die Übersetzung gestellt? Es schließt
sich ein kurzer Diskurs zum Thema Adaptationen an. Adaptationen stellen eine
weitere Art und Weise dar, wie an die Übertragung von Fragebögen in eine andere Sprache herangegangen werden kann.

3 Ask-the-Same-Question-Ansatz

'Ask-the-Same-Question' (ASQ) bedeutet grundsätzlich einmal, dass dieselben
Fragen in Ausgangs- und Zieltext gestellt werden. In diesem Zusammenhang
wird zumeist erwartet, dass die Übersetzung so nah wie möglich am Ausgangstext bleibt. Diese Nähe bezieht sich sowohl auf den semantischen Inhalt als auch
auf strukturelle Besonderheiten des Fragedesigns (s. dazu z. B. Harkness/ Pen-
nell/Schoua-Glusberg 2004:456; Braun/Harkness 2005:101f.). Eine solche
Übersetzung wird als Voraussetzung für Vergleichbarkeit der Messinstrumente
angesehen. Bei aller Nähe soll die Übersetzung jedoch nicht signalisieren, dass
es sich um eine Übersetzung handelt, da dies sich u.U. auf die Messung auswirken könnte.

Die Anwendung eines ASQ-Modells setzt voraus, dass durch eine „reine" Übersetzung, die die intendierte Bedeutung und die Messeigenschaften der Ausgangsfrage wahrt, ein adäquates Messinstrument in der Zielsprache erstellt werden kann (Näheres hierzu bei Harkness/Van de Vijver/Johnson 2003:21ff.). Der
Vorteil dieses Ansatzes im Vergleich zum Adaptierungs-Modell besteht darin,
dass Wissenschaftler Frage mit Frage vergleichen und auf dieser Basis komplexe statistische Verfahren bei der Datenanalyse anwenden können.

Was ist bei Übersetzungen im Rahmen des ASQ-Modells zu beachten? Auf den
ersten Blick mag eine Übersetzung im Rahmen des ASQ-Ansatzes leicht erscheinen, denn die zu übersetzenden Sätze sind zumeist relativ kurz. Manchmal
sind es sogar nur einzelne Wörter als Teil von Antworten, die zu übersetzen
sind. Zudem ist die Sprache relativ einfach gehalten (vgl. Harkness 2003:43).
Vor dem Hintergrund jedoch, dass (a) Fragebögen Messinstrumente sind, mit
deren Hilfe gezielt Informationen zu Konstrukten erhoben werden sollen, und
(b) die einzelnen Fragen als verbaler Reiz fungieren, auf den die Befragten reagieren, ist die Erfassung der intendierten Bedeutung der Ausgangsfrage und die
sorgfältige Übertragung dieser Bedeutung in den Zieltext entscheidend. Dass
dieser Transfer keine wörtliche Eins-zu-Eins-Übertragung sein kann, versteht
sich von selbst.

Einige Herausforderungen bei der Übersetzung sollen nun angesprochen werden. So können Probleme im Hinblick auf die Erfassung der intendierten Bedeutung im Ausgangstext entstehen. Welche Bedeutung ist z. B. bei polysemen Wörtern im Ausgangsfragebogen beabsichtigt, wenn der Ausgangstext keinen Aufschluss darüber gibt? Diese Frage ist dann angebracht, wenn unterschiedliche Interpretationen möglich sind, die in ihrer jeweiligen Übersetzung unterschiedliche Stimuli auf die Befragten ausüben würden (vgl. Harkness/Pennell/Schoua-Glusberg 2004:457)? Wenn Begleitmaterial zur Umfrage oder Diskussionen mit Fachleuten aus dem Umfragebereich keine Lösung des Problems herbeiführen können, ist der Kontakt zu den Fragebogenentwicklern zu suchen, um die intendierte Bedeutung eines Begriffs zu klären. Denn schließlich gilt es, mit dem Fragebogen Informationen zu einem *bestimmten* Konstrukt zu erheben.

Auch wenn der Ausgangstext in seiner messspezifischen Bedeutung klar ist, können Wiedergabeprobleme auftreten. So ist z. B. auf die Konnotation von Wörtern zu achten. Als Beispiel kann folgende Frage aus dem sozialwissenschaftlichen europäischen Umfrageprogramm European Social Survey (ESS) dienen:

> [...] to what extent do you think [country] should allow people of the same race or ethnic group as most [country's] people to come and live here?

Wie sollte „race" übersetzt werden? Die deutschen Übersetzungen im ESS verzichten hier auf die Übersetzung von „race" als „Rasse" aufgrund der starken Konnotation dieses Begriffs. So heißt es in der Übersetzung aus Deutschland:

> Zunächst geht es um die Zuwanderer, die derselben Volksgruppe oder ethnischen Gruppe angehören wie die Mehrheit der Deutschen. Wie vielen von ihnen sollte Deutschland erlauben, hier zu leben?[2]

Die Verwendung der adäquaten Stilschicht ist ebenso dem Bereich der Konnotation zugehörig. Da die Messung, z. B. im Rahmen eines persönlichen Interviews, nur über den Aufbau der Kommunikation zwischen Interviewer und Befragten erfolgen kann, ist es wichtig, dass ein situationsadäquater Stil im Fragebogen verwendet wird.

Ferner ist auf die Unterscheidung fachsprachlich vs. allgemeinsprachlich zu verweisen. Wenn unbekannte Wörter in der Frage oder den Antwortkategorien verwendet werden, können Verständnisprobleme bei den Befragten entstehen, die wiederum zu Messfehlern führen. Dasselbe gilt für Fremdwörter oder nur in bestimmten Bevölkerungsgruppen verwendete Wörter.

Als ein letzter Punkt soll an dieser Stelle aufgeführt werden, dass die Übersetzung so zu formulieren ist, dass sie vom Interviewer – wenn es sich um eine persönliche oder telefonische Befragung handelt – flüssig vorgelesen werden kann. Dies impliziert Natürlichkeit der Sprache. Der Befragte sollte im Normalfall die intendierte Bedeutung der Frage beim ersten Hören erfassen können.

---

[2] Die Fragebögen sind auf folgender Internetseite abrufbar:
http://ess.nsd.uib.no/index.jsp?year=2005&module=questionaires&country=.

Auch wenn sie nur eine Auswahl von Aspekten darstellen, zeigen die obigen Ausführungen, dass es sich bei der Übersetzung von Fragebögen um eine komplexe Angelegenheit handelt. Dies ist bedingt dadurch, dass Fragebögen nicht nur einfach Texte zum Lesen oder Informieren sind, sondern Forschungsinstrumente, mit deren Hilfe gezielt Informationen über Konstrukte erhoben werden sollen. Die Art und Weise, wie die Fragen formuliert und welche Wörter verwendet werden, spielt hierbei eine große Rolle. (Näheres zu Übersetzungsproblemen bei Harkness 2003:46-56; Harkness/Pennell/Schoua-Glusberg 2004:456-460; Näheres zu Formulierungen in Fragebögen im Allgemeinen bei Groves et al. 2004:43; 227ff.)

Die Komplexität der Erstellung von Fragebogenübersetzungen nimmt zu, wenn durch eine ASQ-Übersetzung kein adäquates Messinstrument in der Zielsprache und -kultur erstellt werden kann. In diesen Fällen sind Adaptationen notwendig. Fragen, Antwortkategorien und/oder Skalenitems können z. B. nicht der Realität eines Landes entsprechen, wenn sie übersetzt werden. Oder aber sie bilden ein in einer Kultur vorhandenes Konstrukt nur unzureichend ab, wenn der ASQ-Ansatz gewählt wird (s. dazu z. B. Van de Vijver/Hambleton 1996). Einige Beispiele sollen zur Veranschaulichung dienen.

4 Adaptationen

Im Allgemeinen werden Adaptationen im Rahmen von Umfrageübersetzungen vorgenommen, wenn ein Fragebogen an die jeweilige Zielkultur angepasst werden muss.

Adaptationen können z. B. den länderspezifischen Namen des Parlaments eines Landes betreffen (Assemblée nationale oder Bundestag) und somit faktischer Natur sein. Dies ist dann relevant, wenn nach dem Vertrauen in das Parlament eines Landes gefragt wird. Sie können weiterhin notwendig werden aufgrund länderspezifischer Sitten und Bräuche, die keine Eins-zu-Eins-Übersetzung erlauben (vgl. Harkness/Van de Vijver/Johnson 2003:27f.). Auch eine unterschiedliche geographische Lage kann Adaptationen bedingen, wie folgendes Beispiel von Gough, welches von Brislin zitiert wird, zeigt. Es geht um folgendes Item aus dem California Psychological Inventory (CPI): „Every family owes it to the city to keep its lawn mowed in summer and sidewalks shoveled in winter" (Brislin 1986:151). Das Item entstammt der „socialisation scale" des CPI. Es geht hierbei um die Messung der Integration von Bürgern in die Gesellschaft und um die Erfassung, wie bemüht der Bürger den Pflichten eines 'guten Bürgers' nachgeht, und wie hoch die Akzeptanz gesellschaftlicher Normen, die zum reibungslosen Ablauf des alltäglichen Lebens beitragen, ist. In Ländern beispielsweise, in denen es keinen oder kaum Schnee gibt, muss dieses Item adaptiert werden, um das entsprechende Konstrukt zu messen (Brislin 1986:151).

Im Folgenden soll nicht weiter auf unterschiedliche Arten der Adaptationen eingegangen werden, da hier, je nach Grad der Adaptation, in besonderer Weise auch substantielles Wissen gefordert wird. Dies ist besonders dann der Fall, wenn es um die kulturspezifische Operationalisierung eines Konstruktes geht (Näheres hierzu bei Van de Vijver/Hambleton 1996; Harkness/Van de Vijver/Johnson 2003). Die obigen skizzenhaften Ausführungen sollen vielmehr verdeutlichen, dass es bei der Übersetzung von Fragebögen aufgrund der Eigenschaft des Fragebogens als Messinstrument um viel mehr gehen kann als die inhaltliche Wiedergabe eines Fragebogen-Items oder einer Frage.

5 Wie wird Qualität in der Fragebogenübersetzung gewährleistet?

Es geht nun um die Frage, wie Qualität in Übersetzungen gewährleistet wird. Dabei soll der Einfachheit halber von der Übersetzung im Rahmen eines ASQ-Modells ausgegangen werden. Es wird also impliziert, dass die Fragen aus dem Ausgangsfragebogen in der betreffenden Zielsprache und Zielkultur so wie beabsichtigt funktionieren und eine Übersetzung somit das geeignete Mittel zur Erstellung des zielsprachlichen Fragebogens ist.

In einem ersten Schritt werden Hilfsmittel vorgestellt, die die Übersetzungsaufgabe erleichtern sollen. In einem zweiten Schritt werden drei Verfahren zur Übersetzung bzw. Qualitätsüberprüfung exemplarisch vorgestellt: (1) der Team-Ansatz, der Übersetzung und Qualitätskontrolle fest miteinander verbindet, (2) die Rückübersetzung zum Zweck der Qualitätsüberprüfung und (3) Pretests zum Zweck der Qualitätsüberprüfung. Quantitative, d. h. statistische Verfahren der Qualitätsüberprüfung werden im Rahmen dieses Beitrags nicht behandelt (Näheres hierzu bei Harkness/Pennell/Schoua-Glusberg 2004:469; Harkness 2003:40).

5.1 Hilfsmittel für die Übersetzung

Im Rahmen von Fragebogenübersetzungen existieren Hilfsmittel, die sich förderlich auf die Qualität der Übersetzung und damit die Vergleichbarkeit der Messinstrumente auswirken. Übersetzer profitieren z. B. von Begleitmaterial, das einzelne Aspekte des Fragebogens kommentiert. Im bereits genannten European Social Survey (ESS) dienen Annotationen in Form von Fußnoten dazu, Begriffe oder Phrasen zu erklären bzw. anzugeben, welche Bedeutung in der Übersetzung wiederzugeben ist (Harkness 2007:12). Zwei Beispiele aus dem ESS Runde 2 verdeutlichen den Gebrauch von Annotationen: „Do you consider yourself as belonging to any particular religion or denomination?" Annotation: „Identification is meant, not official membership". Oder: „Would you say that most of the time people try to be helpful or that they are mostly looking out for themselves?" Annotation: „The intended contrast is between self-interest and altruistic helpfulness".[3]

---

[3] Fragebögen sind auf folgender Internetseite abzurufen:
http://ess.nsd.uib.no/index.jsp?year=2005&module=questionaires&country=.

Außerdem ist es unabdingbar, Ansprechpartner zur Verfügung zu haben, die Fragen zur Übersetzung und insbesondere auch zum Ausgangstext beantworten können, wenn Annotationen oder sonstige Hilfsmittel nicht ausreichen. Die „Translation queries" des European Social Survey Runde 3 zeugen von der Nützlichkeit eines solchen Ansprechpartners (vgl. „Translation Queries"). Wie kann nun aber konkret bei der Übersetzung und Qualitätskontrollen vorgegangen werden? Das zeigt der folgende Abschnitt.

5.2 Der Team-Ansatz

Die Ausführungen zum Team-Ansatz beruhen im Wesentlichen auf Harkness/Pennell/Schoua-Glusberg (2004:463ff.) und Harkness (2003:36ff.). Der Team-Ansatz steht allgemein für ein mehrstufiges interaktives Verfahren, das die drei Verfahrensstufen Übersetzung (*translation*), Überprüfung der Übersetzung (*review*) und endgültige Entscheidung (*approval* oder *adjudication*) umfasst. Im Rahmen des Ansatzes arbeiten die jeweiligen Akteure (*translators, reviewers, adjudicators*) der einzelnen Verfahrensstufen eng zusammen. Hinsichtlich der Qualifikation der Akteure gilt, dass die Akteure in ihrer Gesamtheit Sprach- und Kulturwissen, Expertise in der Umfrageforschung und Fragebogenentwicklung sowie relevantes thematisches Wissen zur Studie vereinen sollten. Dieses breite Spektrum an Expertise wird als notwendig erachtet, um eine optimale Übersetzung erstellen zu können.

Team-Übersetzungen im Rahmen des Team-Ansatzes nehmen verschiedene Formen an: Entweder erstellen mehrere Übersetzer unabhängig voneinander parallele Übersetzungen oder aber mehrere Übersetzer teilen sich die Übersetzung auf (Harkness 2003:37f.). Die Übersetzer nehmen anschließend an der Diskussion mit Umfragefachleuten zur Zusammenführung der Übersetzungen in eine Übersetzung teil (*review*). In dieser Diskussion haben sie die Gelegenheit, Entscheidungen zu begründen, Probleme zu benennen, Kenntnisse aus ihrem Bereich einzubringen etc. Diese Diskussion kann bereits die Stufe der endgültigen Entscheidung (*adjudication*) beinhalten, wenn der entsprechende Akteur an der Diskussion teilnimmt. Andernfalls schließt sich die Stufe der Entscheidung an.

Wenn oben von parallelen Übersetzungen gesprochen wurde, so mag dies zunächst befremdend erscheinen. In der Praxis der Fragebogenübersetzung wird die Anfertigung zweier oder mehrerer unabhängig voneinander erstellter Übersetzungen jedoch in unterschiedlichen Disziplinen empfohlen und/oder durchgeführt (z. B. Acquadro et al. 1996:579f.; Harkness 2007; „Methodology"; Scholz/Faaß 2005:11). Parallele Übersetzungen bieten Übersetzungsalternativen, sie decken Probleme und Ambiguitäten im Ausgangstext auf und regen dadurch zur Diskussion an. Anders ausgedrückt könnte man auch sagen: Durch das Einbinden mehrerer Übersetzer können z. B. regionalsprachliche Varianten oder idiosynkratische Interpretationen besser ausgeglichen werden (vgl. Harkness 2003:40). Ziel ist es, dass die Übersetzung so formuliert wird, dass die intendierte Bedeutung der Ausgangsfrage (*intended meaning*) auch in der Übersetzung zum Ausdruck kommt.

Kennzeichnend für den Team-Ansatz ist zusammenfassend, dass verschiedene Fachleute über diverse Stufen hinweg in enger Zusammenarbeit eine Übersetzung erstellen. Idealerweise stellen zwei (mehrere) unabhängig voneinander angefertigte Übersetzungen die Arbeitsgrundlage für anschließende Diskussionen dar.

5.3 Rückübersetzung

Während im Rahmen des Team-Ansatzes die Erstellung der Übersetzung und Qualitätsüberprüfung Hand in Hand laufen, steht beim Verfahren der Rückübersetzung die Qualitätsüberprüfung im Zentrum[4]. Dies geschieht jedoch nicht auf Basis der Übersetzung selbst, wie im Folgenden verdeutlicht wird. Die Methode der Rückübersetzung (*back translation*) beinhaltet, dass der übersetzte Fragebogen in die Ausgangssprache *rück*übersetzt wird. Der Ausgangsfragebogen und der *rück*übersetzte Fragebogen werden miteinander verglichen und aufgrund dieses Vergleiches werden Rückschlüsse über die Qualität der Übersetzung angestellt. Die Mängel dieser Methode werden in der Literatur angeführt (z. B. Hambleton 1993:62f.; Acquadro et al. 1996:581), trotzdem wird die Methode in der Praxis sehr häufig zur Qualitätskontrolle herangezogen, wenn auch nicht notwendigerweise als einzige Methode. Es ist angebracht zu vermerken, dass die Anwendung dieser Methode sehr kontrovers ist. Einerseits wird Rückübersetzung als unverzichtbar für vergleichende Studien angesehen (z. B. Maneesriwongul/Dixon 2004), andererseits wird sie jedoch kritisiert (z. B. Harkness 2003:41f.; Hambleton/Patsula 1998:161; vgl. auch Leplège/Verdier 1995).

Team-Ansatz und Rückübersetzung wurden hier als zwei unabhängige Verfahren vorgestellt. In der Praxis der Fragebogenübersetzung werden beide Verfahren jedoch auch kombiniert und/oder durch weitere Methoden zur Qualitätsüberprüfung ergänzt. Zudem können sie jeweils unterschiedliche Ausprägungen annehmen.

5.4 Pretests

Abschließend soll mit den so genannten *Pretests* noch kurz eine Gruppe von Verfahren zur Qualitätsüberprüfung erwähnt werden, die die Übersetzung in ihrer Eigenschaft als Messinstrument für eine bestimmte Zielgruppe in den Mittelpunkt rückt und die fester Bestandteil der Qualitätsüberprüfung einer Übersetzung sein sollte. Unter Pretest ist allgemein eine der eigentlichen Umfrage vorgeschaltete Befragung zu verstehen, bei der der Fragebogen auf Verständlichkeit und Handhabbarkeit überprüft wird. Zu Prestest-Techniken zählen kognitive Interviews, Fokusgruppen und Interviewer- und Befragtenrunden nach der

---

[4] Von der Anwendung der Rückübersetzung zum Zweck der Erstellung einer Übersetzung wird an dieser Stelle abgesehen (Näheres hierzu bei Harkness/Schoua-Glusberg 1998:97f.).

Probe-Befragung (Näheres hierzu bei Groves et al. 2004:241ff.; Schnell/ Hill/ Esser 1999:324ff.; Harkness/Pennell/Schoua-Glusberg 2004:465f.; Acquadro et al. 1996:582). In Abhängigkeit des Ausgangs des Pretests müssen Änderungen an der Übersetzung vorgenommen werden.

6 Praxisbeispiel: Übersetzung im European Social Survey

Um den Beitrag abzurunden, sei hier abschließend ein Beispiel aus der Praxis angeführt. Es geht um den bereits mehrfach angeführten European Social Survey (ESS), der die sozialen und politischen Einstellungen von Bürgerinnen und Bürgern in über 20 europäischen Ländern untersucht.[5] Beim ESS ist das so genannte TRAPD-Modell in den Übersetzungsrichtlinien verankert. TRAPD steht für *Translation, Review, Adjudication, Pretest* und *Documentation*. Nach den Richtlinien sind zwei Übersetzungen unabhängig voneinander anzufertigen. Diese werden anschließend in Teamdiskussionen, an der die Übersetzer und Fachleuten aus dem Umfragebereich teilnehmen, auf den Stufen der Review/Adjudication zu *einer* Übersetzung zusammengeführt. Hier wird also der zuvor umschriebene Team-Ansatz angewendet.[6] Die Übersetzung wird anschließend im Rahmen eines Pretests mit Vertretern der Zielgruppe auf ihre Verständlichkeit hin überprüft. Hierbei können auch Übersetzungsalternativen getestet werden. Abhängig vom Ausgang des Pretests muss die Übersetzung erneut überarbeitet werden, bevor sie im Rahmen der *Adjudication* abgezeichnet werden kann. Übersetzungsrelevante Dokumentation ist integraler Bestandteil der Fragebogenübersetzung. So können Übersetzer beispielsweise auftretende Fragen dokumentieren. Ebenso können Übersetzungsentscheidungen festgehalten werden, besonders solche, die auf den ersten Blick vielleicht nicht so leicht nachvollziehbar sind. Derartige Aufzeichnungen erleichtern die Gruppendiskussion auf den Stufen der *Review* und/oder *Adjudication*. Die Dokumentation auftretender Probleme kann auch von Fragebogen-Entwicklern verwendet werden, um in der Folge Fragebögen zu erstellen, die besser dazu geeignet sind, in multiple Sprachen und Kulturen übersetzt zu werden. Weiterhin sind Adaptationen festzuhalten (solche, die nicht schon von vornherein durch das ursprüngliche Fragebogen-Design vorgesehen sind) und Änderungen, die zwischen den einzelnen Runden der Umfrage erfolgen. Solche Informationen sind hilfreich für Sekundäranalysen (vgl. Harkness 2007).

7 Schlussbemerkungen

Die vorangegangenen Ausführungen haben gezeigt, dass es sich bei der Übersetzung von Fragebögen um eine komplexe Angelegenheit handelt. Übersetzung und Qualitätsüberprüfung im Rahmen vergleichender Umfrageforschung folgen daher ihren eigenen Regeln. Die methodische Forschung ist ständig bemüht,

---

[5] Näheres unter: http://www.europeansocialsurvey.org/.
[6] Ein besonderes Kooperationsverfahren für Länder, die in dieselbe Sprache übersetzen, ist den Übersetzungsrichtlinien zu entnehmen (Harkness 2007).

Techniken der Übersetzung und Qualitätskontrolle zu verfeinern und zu optimieren, denn sehr viel hängt von der Qualität der übersetzten Fragebögen ab. Der Team-Ansatz ist ein empfohlenes Prozedere für Übersetzung und Qualitätskontrolle (z. B. Harkness/Pennell/Schoua-Glusberg 2004:468). Des Weiteren ist die Übersetzung in Pretests auf ihre Verständlichkeit hin zu überprüfen. Qualitätsüberprüfung ist demnach auf Mehrstufigkeit angelegt. Auch wenn in der vergleichenden Umfrageforschung überwiegend der ASQ-Ansatz Anwendung findet, wurde durch den Diskurs über Adaptationen deutlich, dass Fragebogen-Übersetzungen je nach kulturellem Umfeld auch adaptiert werden müssen.

Es gilt zwar, dass die Frage nach der Vergleichbarkeit bzw. Äquivalenz von Messinstrumenten nach wie vor ein Hauptproblem der international vergleichenden Sozialforschung ist (Kaase 1999:61). Jedoch soll an dieser Stelle auch vermerkt werden, dass auf dem Forschungsgebiet der Fragebogenübersetzung Fortschritte erzielt werden. Der Team-Ansatz als empfohlenes Prozedere für Übersetzung und Qualitätsüberprüfung steht für Fortschritte im methodischen Bereich. Auch die so genannte *advance translation* (vgl. Braun/Harkness 2005:103f.; Harkness/Van de Vijver/Johnson 2003:31), die begleitend zur Entwicklung eines Ausgangsfragebogens eingesetzt werden soll, um Übersetzungsproblemen vorzubeugen, fällt in diesen Bereich. Allerdings mangelt es an empirischer Forschung, die es erlauben würde, einzelne methodische Ansätze (z. B. Rückübersetzung, Team-Ansatz) empirisch fundiert zu bewerten bzw. sie hinsichtlich ihrer Nützlichkeit voneinander abzugrenzen. Die Durchführung empirischer Forschung ist demnach ein großes Forschungsdesideratum im Bereich der Fragebogenübersetzung (siehe hierzu auch Lenderking 2005).

Bibliographie

Acquadro et al. (1996): „Language and Translation Issues." Spilker, Bert (Hrsg.): *Quality of Life and Pharmaoeconomics in Clinical Trials*. Philadelphia/New York: Lippincott-Raven, 575-585.

Braun, Michael / Harkness, Janet A (2005): „Text and Context: Challenges to Comparability in Survey Questions." Hoffmeyer-Zlotnik, Jürgen H. P. / Harkness, Janet A. (Hrsg.): *ZUMA Nachrichten SPEZIAL 11. Methodological Aspects in Cross-National Research*. Mannheim: ZUMA, 95-108.

Brislin, Richard W. (1986): „The Wording and Translation of Research Instruments." Lonner, Walter J. / Berry, John W. (1986) (Hrsg.): *Field Methods in Cross-Cultural Research*. Cross-Cultural Research and Methodology Series 8. Beverly Hills, Cal. (u.a.): Sage, 137-164.

„European Social Survey. Gesellschaft und Demokratie in Europa. Deutsche Teilstudie im Projekt European Social Survey."
http://ess.nsd.uib.no/index.jsp?year=2005&module=questionaires&module=questionaires&co untry=DE (23.05.2007).

„European Social Survey. Source Questionnaire (Round 2, 2004/5) Final Version Amendment 03 21.07.04."
http://ess.nsd.uib.no/index.jsp?year=2005&country=&module=questionaires (05.05.2007)

„European Social Survey – Round 3. Translation queries."
http://www.europeansocialsurvey.org/ (05.05.2007)

Groves, Robert M. et al. (2004): *Survey Methodology*. Hoboken, NJ: Wiley.

Hambleton, Ronald K. (1993): „Translating Achievement Tests for Use in Cross-National Studies." *European Journal of Psychological Assessment* 9(1), 57-68.

Hambleton, Ronald K. / Patsula, Liane (1998): „Adapting Tests for Use in Multiple Languages and Cultures." *Social Indicator Research* 45, 153-171.

Harkness, Janet A. (2003): „Questionnaire Translation." Harkness/Van de Vijver/Mohler (2003): 35-56.

Harkness, Janet A. (2007): „Round 3 ESS Translation Strategies and Procedures."
http://www.europeansocialsurvey.org/index.php?option=com_content&task=view&id=66&It emid=112 (07.06.2007)

Harkness, Janet A. / Pennell, Beth-Ellen / Schoua-Glusberg, Alisú (2004): „Survey Questionnaire Translation and Assessment." Presser, Stanley et al. (2004) (Hrsg.): *Methods for Testing and Evaluating Survey Questionnaires*. Hoboken, NJ: Wiley, 453-473.

Harkness, Janet A. / Schoua-Glusberg, Alicia (1998): „Questionnaires in Translation." Harkness, Janet A. (1998) (Hrsg.): *ZUMA Nachrichten Spezial 3. Cross-Cultural Survey Equivalence*. Mannheim: ZUMA: 87-126.

Harkness, Janet A. / Van de Vijver, Fons J.R. / Johnson, Timothy P. (2003): „Questionnaire Design in Comparative Research." Harkness/Van de Vijver/Mohler (2003): 19-34.

Harkness, Janet A. / Van de Vijver, Fons J. R. / Mohler, Peter Ph. (2003) (Hrsg.): *Cross-Cultural Survey Methods*. Hoboken, NJ: Wiley.

Johnson, Timothy P. (1998): „Approaches to Equivalence in Cross-Cultural and Cross-National Survey Research." Harkness, Janet A. (Hrsg.): *ZUMA Nachrichten Spezial 3. Cross-Cultural Survey Equivalence*. Mannheim: ZUMA, 1-40.

Kaase, Max (1999) (Hrsg.): *Qualitätskriterien der Umfrageforschung: Denkschrift = Quality criteria for survey research*. Deutsche Forschungsgemeinschaft. Berlin: Akad. Verlag.

Lenderking, William R. (2005): „Comments on the ISPOR Task Force Report on Translation and Adaptation of Outcomes Measures: Guidelines and the Need for More Research." *Value in Health* 8(2), 92-93.

Leplège, Alain / Verdier, Angéla (1995): „The Adaptation of Health Status Measures: Methodological Aspects of the Translation Procedure." Shumaker, Sally A. / Berzon, Richard A. (1995) (Hrsg.): *The International Assessment of Health-Related Quality of Life Theory, Translation, Measurement and Analysis*. Oxford/New York: Rapid Communications, 93-101.

Lynn, Peter / Japec, Lilli / Lyberg, Lars (2006): „What's So Special About Cross-National Surveys?" Harkness, Janet A. (2006) (Hrsg.): *ZUMA Nachrichten SPEZIAL 12. Conducting Cross-National and Cross-Cultural Surveys*. Mannheim: ZUMA, 7-20.

Maneesriwongul, Wantana / Dixon, Jane K. (2004): „Instrument Translation Process: a Methods Review." *Journal of Advanced Nursing* 48(2), 175-186.

„Methodology". Mapi Research Institute. http://www.mapi-research.fr/i_02_meth.htm (10.06.2007).

Schnell, Rainer / Hill, Paul B. / Esser, Elke (1999[6]): *Methoden der empirischen Sozialforschung*. München/Wien: Oldenbourg.

Scholz, Evi / Faaß, Timo (2005): *ZUMA-Methodenbericht Nr. 2007/03. ISSP 2005 Germany Work Orientations III ZUMA Report on the German Study*. http://www.gesis.org/Publikationen/Berichte/ZUMA_Methodenberichte/documents/pdfs/200 7/07_03_Scholz.pdf (10.06.2007).

Van de Vijver, Fons / Hambleton, Ronald K. (1996): „Translating Tests. Some Practical Guidelines." *European Psychologist* 1(2), 89-99.

Bernd Bendixen, Horst Rothe
Leipzig

Das Russische Universalwörterbuch (RUW):
Eine neue Generation in der Wörterbuchanlage

In kaum ein Hilfsmittel setzt der Sprachenlerner so viel Hoffnung wie in ein allgemeinsprachliches zweisprachiges Wörterbuch, und kaum etwas lässt auch den erfahrenen Sprachmittler so oft im Stich wie eben dieses zweisprachige Wörterbuch. Jeder wird das bestätigen können – nach Murphys Gesetz ist das, was man gerade sucht, nicht verfügbar, und wenn man es denn doch drin findet, passen die vorgeschlagenen Äquivalente nicht in den Kontext oder es gibt solche gar nicht erst, man findet „Abstraktum zu Folgendem" oder „sinnverwandt zu XY" – und allzu häufig mündet der Weiterverweis in einen Zirkelschluss. Dabei wollte man sich beim Nachschlagen ja gerade vom Wörterbuchautor inspirieren lassen und wurde erneut schwer enttäuscht, sodass man schon den im Studium oft gehörten Satz glaubt, dass nur das einsprachige Wörterbuch die Lösung des Dilemmas ist.

Diese hier nur kurz angerissene Wörterbuchschelte ist sicher so alt wie das ein- oder zweisprachige Wörterbuch selbst. Unter diesem Blickwinkel klingt das Erarbeiten eines „Universalwörterbuchs" in „neuer Generation" schon fast vermessen – und das ist es vielleicht auch, wenn man bedenkt, wie klein die Arbeitsgruppe ist, die am Russischen Universalwörterbuch (siehe Abbildung 1) werkelt.

Das RUW ist noch ein ganzes Stück von seiner Vollendung entfernt; es ist aber auch in Teilen schon recht weit gediehen, sodass sich eine Diskussion über seine Anlage durchaus lohnt, weniger als Herausstellen eines "neuen großen Wurfs" als vielmehr zur Beratung unter Fachkollegen, was noch anders und was zweifelsfrei besser gemacht werden kann – die Autoren sind für jede Anregung dankbar.

In der Gesamtanlage des RUW haben sich die Autoren die Frage vorgelegt, ob unter beizubehaltender allgemeinsprachlicher Grundausrichtung ihres Wörterbuchs manche frühere starre Trennung tatsächlich noch am Platze ist, wenn das Wörter"buch" sich nun nicht mehr als solches, sondern in elektronischem Gewand zeigt – warum soll der Nutzer ein phraseologisches Wörterbuch zu Rate ziehen müssen, um herauszubekommen, dass кричать во всю Ивановскую eine ganz bestimmte Bedeutung hat, die er in einem phraseologischen Wörterbuch auch nur unter кричать oder unter Ивановская finden würde? Warum braucht es zur Darstellung der Aussprageregularitäten ein orthoepisches Wörterbuch des Russischen, wenn die korrekte phonetische Umschrift beim Stichwort angegeben werden, eine etwaige Besonderheit ebenda erläutert und ein Hörmuster geliefert werden kann? Warum müssen die berühmt-berüchtigten falschen Freunde in einem gesonderten Wörterbuch zusammengestellt werden, das zu dem Moment, da sie auftreten, ohnehin niemand konsultiert? Warum sollen Angaben zur Synonymie von кричать einem Synonymiewörterbuch vorbehalten bleiben? Ähnliches träfe für Antonyme zu – warum soll die Verbesserung, улучшение, nicht ihr Antonym, die ухудшение, mit anführen? Und warum soll – gerade unter didaktischem Aspekt – nicht erkennbar sein, dass ухудшение seinerseits eine Ableitung von ухудшить darstellt und dieses wiederum auf худой zurückgeführt werden kann? Hier lassen sich in der Perspektive einmal ganze Baumgraphen darstellen, die Wortbildungsnester oder Wortbildungsreihen des Russischen veranschaulichen, die also beispielsweise die im umgangssprachlichen bis salopp-familiären Russischen schon fast inflationären Diminutivbildungen auf Grundformen zurückführen und so auch durchschaubarer machen.

Vorwort

(zum Bewegen im Material vgl. die "🖼 Benutzungshinweise")

Das vorliegende "Russische Universalwörterbuch" gehört zur 🖼 Projektreihe "Russisch aktuell: erklärt – geübt – beherrscht". Es stellt in diesem Rahmen die lexikologisch-lexikografische Bezugsbasis für alle anderen Teile des Gesamtwerkes dar und wird durch diese anderen Teile in seinem vollen und uneingeschränkten Umfang mit genutzt. Das RUW beschreibt die lexikalischen Einheiten der russischen Sprache der Gegenwart in einer komplexen Form, die sich ansonsten nur ergibt, wenn gleichzeitig auf verschiedenste Wörterbücher unterschiedlichster Ausrichtung zurückgegriffen wird; so weist es nicht nur die deutsche(n) Bedeutung(en) der jeweiligen lexikalischen Einheit aus, sondern dient zudem – man vergleiche hierzu ausführlicher die Sensibilisierungen der nachfolgenden Aufzählung – als

☐ morphologisches Wörterbuch   ☐ Stilwörterbuch
☐ Frequenzwörterbuch   ☐ Antonymwörterbuch
☐ Aussprachewörterbuch   ☐ Paronymwörterbuch
☐ Synonymwörterbuch   ☐ etymologisches Wörterbuch
☐ Neologismenwörterbuch   ☐ phraseologisches Wörterbuch

Abb. 1: Einführungsseite des RUW

Die vorangeschickten Bemerkungen zeigen schon die Breite der Beschreibung, die das RUW einmal liefern will. Um sich in dieser Breite nicht zu verlieren, wollen wir uns im Weiteren auf folgende Fragen konzentrieren:

• zur Entstehung des RUW und zu seiner didaktischen Einbindung
• zum aktuellen Lexikonumfang, zur Lexikonbehandlung und -eingrenzung
• zu den Seiten der Sprachbeschreibung
• zur Präsentation der Lexikoninhalte und den Freiheitsgraden des Nutzers

Das RUW entstand ursprünglich als eine Nebenlinie zu einer elektronischen Version einer Kurzgrammatik des Russischen, dem traditionellen „Leitfaden" der russischen Grammatik, der als Computerversion mit schon vorhandenen elektronischen Lehr- und Lernmitteln zum Russischen verknüpfbar sein sollte.

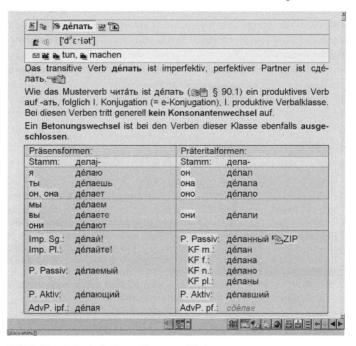

Abb. 2: Morphologische Darstellung zum Verb

Ganz am Anfang – vor vielleicht zwölf Jahren – dachten die Autoren sogar, sich durch das schnelle Programmieren der Formenbildungsmodelle zum russischen Verb Schreibarbeit bei der Formendarstellung irregulärer Verben des Russischen sparen zu können, denn sie konnten auf Erfahrungen aufbauen, die bereits zu einem Formengenerator für die deutschen Verben (Rausch/Rothe 1994) existierten. Als das Programm dann schließlich alle Formen der im Leitfaden auftretenden russischen Verben korrekt bilden konnte und die Anfangsillusion erheblicher Ernüchterung Platz gemacht hatte, war dennoch der Appetit längst so groß geworden, sich nicht aufs Verb zu beschränken, sondern sämtliche Formen sämtlicher flektierbaren Wortarten darstellen zu können und dann auch den kleinen Rest der Inflexibilia mit dazuzunehmen. Mitunter sieht man dem heutigen RUW seine Genesis der ersten Tage noch an, wenn etwa die Menge der angeführten deutschen Entsprechungen auf ein Minimum reduziert ist, Angaben zur Phraseologie oder Synonymie fehlen usw. Doch selbst bei noch sehr morphologiezentrierten Alteinträgen wie beim Verb делать (siehe Abbildung 2) verweist der Lautsprecher für ca. 15 000 Lemmata darauf, dass eine Abhörmöglichkeit besteht (den Luxus von vier Sprechern beim Grundwortschatz von ca. 2 500 Wörterbucheinträgen leisten sich nicht viele Wörterbücher), und auch die Häufigkeitsangaben und die durchgängig verfügbaren Umschriftangaben sind Besonderheiten, die den Status eines „Universalwörterbuchs" untermauern. Verschiedene dieser Angaben sind auch dadurch bedingt, dass das RUW Bezugsbasis für die der Sprachkompetenzentwicklung dienenden Lehrwerke innerhalb des Gesamtprojekts „Russisch aktuell" ist. Alle Texte des Sprachkurses (Bendixen/Hesse/Rothe 2003, 2006) und des Sprechtrainers (Bendixen/Hesse/Rothe 2004, 2006), alle Beispiele und Übungen der Grammatik (Bendixen/Rothe/Voigt 1999, 2003) und der Phonetik (Bendixen/Krüger/Rothe 2006), alle Belege des „Sprechenden Wörterbuchs" (als Bestandteil des Sprechtrainers) sind mit dem RUW verknüpft und erlauben nicht nur das Einblenden einer deutschen Bedeutung, sondern auch direkt den Wechsel ins RUW und das Aufrufen detaillierter Beschreibungen zu einem jeweiligen Lemma. Ja, das RUW nutzt selbst komplette Textdarstellungen in seinen eigenen Erklärungen, die auch tabellarische Übersichten und enzyklopädische Informationen umfassen – an derartigen Verweisen hat das RUW zur Zeit etwas über 42 000.

Das Russische Universalwörterbuch bietet eine Flut von Informationen, die vor allem für den Sprachlerner gedacht sind. Für den Sprachkundigen sind aus dieser Menge von Informationen nur die Benennung von deutschen Äquivalenten und allenfalls noch das Deklinationsparadigma von Interesse, wenn es bei einer Hin-Übersetzung um eine bestimmte Kasusform ginge, bei deren Bildung Unsicherheiten aufgekommen sein könnten. Diese unterschiedliche Interessenlage veranlasste die Autoren auch, zwei sehr stark unterschiedene Grunddarstellungen für ihre Erläuterungen anzubieten – das Erläuterungsfenster und das Expertenfenster, wobei letzteres eine variable Gestaltung durch den Nutzer ermöglicht. Der Zugriff auf diese Darstellungen ist aus einem Suchfenster heraus möglich – wir demonstrieren das einmal an dem Beispiel für „Vater" – отец (siehe Abbildung 3).

Das Suchfenster zeigt, dass viele der in anderen Wörterbüchern in der Tiefe der Absatzdarstellung (häufig mit Zahlen durchnummeriert) verborgenen Teilbedeutungen, die dann auch zu Sonderentsprechungen führen können, weit an die Oberfläche der Darbietung geholt sind. Das gilt auch für relativ feste Fügungen wie etwa отец ребёнка als „Kindesvater". Der Umgang mit Polysemen und Homonymen mag eine weitere Besonderheit des RUW sein, aber es geht uns im RUW nicht nur um Frustminimierung, sondern um den möglichst schnellen Zugriff auf das passende Äquivalent. Eines der Hauptärgernisse vieler Wörterbücher ist bei russischen Verben der Verweis auf den anderen Aspekt und dort angegebene Bedeutungen (die russischen Verben treten großteils paarweise auf); selbst erfahrene Wörterbuchbenutzer übersehen häufig, dass bei einem Verb wie подготовить als erstes der Verweis auf den imperfektiven Partner готовить angeführt wird und natürlich erst einmal dort geprüft werden muss, welche Bedeutungen denn dort benannt sind. Das RUW umschifft solche Klippen, indem deutsche Bedeutungen zwar intern nur an einer Stelle geführt werden, aber im Prinzip von überall her bezogen und überall eingeblendet werden können – in erster Linie von Dubletten und Synonymverweisen, aber auch von fast beliebigen anderen Dateieinträgen. Die nächste Hauptquelle für Frustration des Nutzers ist das Zurechtfinden in der inneren Struktur eines jeweiligen Wörterbuchabsatzes; traditionell werden Teilbedeutungen und Bedeutungsnuancen durch Nummerierungen innerhalb eines Großabsatzes dargestellt, und wie schwer es ist, sich da zurechtzufinden, weiß jeder, der mit Printwörterbüchern hantiert. Das RUW versucht, diesen Entscheidungs- und Ausschlussprozess des Wörterbuchnutzers möglichst weit an die Oberfläche zu heben. In diesem Sinne wird also nicht streng zwischen Homonymen und Polysemen oder auch nur Bedeutungsschattierungen differenziert, sondern ausreichend für das Auseinanderpflücken sind neben Entsprechungsunterschieden auch bereits stilistische Unterschiede einzelner Gebrauchsweisen und Teilbedeutungen und Unterschiede in ihrer auf das Russische bezogenen sprachlichen Aktualität.

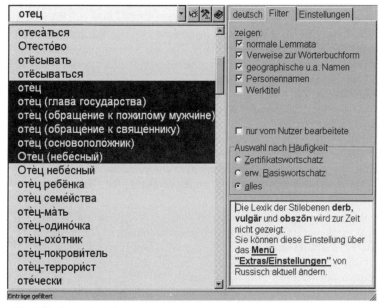

Abb. 3: Stichwort-Suchliste

Das zeigt sich auch am diskutierten Beispiel отец. Sowohl der Langtext (siehe Abbildung 4) als auch der Kurztext entstehen aus stark minimierten internen Lexikonvermerken, die hier neben dem Lemmanamen und der deutschen Bedeutung nur sechs Datenelemente umfassen, von denen drei der Häufigkeitsklassifizierung gewidmet sind. Explizit angegeben sind also nur der Vokativ, der Belebtheitsstatus und der Verweis auf Synonymbeziehungen, die über einen Link dargestellt werden können – keine grammatische Form ist explizit angegeben, die einzelnen Wortformen werden über einen Algorithmus generiert, und die phonetische Umschrift wird über ein Modul zur Herstellung der Lautbilddarstellung gewonnen. Auch die detaillierte algorithmisch erzeugte Kommentierung benötigt (hier) keine weiteren Informationen als Lemmaname, deutsche Entsprechung, Belebtheitsvermerk und Benennung der Vokativform.

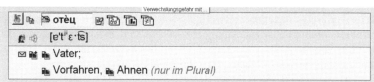

Mit отèц haben wir ein Maskulinum vor uns, das vom Deklinationstyp her zu den "harten" Stämmen der I. Deklination zu zählen ist.

Zu beachten ist die Belebtheit von отèц, die in einem Akkusativ-Genitiv-Ersatz zum Ausdruck kommt – hier im Singular und im Plural, denn bei отèц handelt es sich um ein Maskulinum der I. Deklination.

Beachte bei отèц den Betonungswechsel, also die Akzentverhältnisse nach AT 1. Gleichzeitig ist отèц eines der wenigen Wörter des Russischen, bei denen sich – hier mit òтче – eine alte Vokativform erhalten hat.

	Singular	Plural
N.	отèц	отцы̀
G.	отца̀	отцòв
D.	отцу̀	отца̀м
A.	отца̀	отцòв
I.	отцòм	отца̀ми
P.	об отцè	об отца̀х

Abb. 4: Morphologische Darstellung zum Substantiv

Die Darstellung ein und desselben Stichwortes im Expertenfenster (siehe Abbildung 5) zeigt, wie stark die Reduzierung auf die hier andere Nutzererwartung eingeht – sämtliche vielleicht interessanten Einzelhinweise sind verschwunden, hinter Piktogrammen verborgen, und der Nutzer kann sie sich bei Bedarf abrufen, ebenso wie er sich bei Bedarf Paradigmendarstellung und phonetische Transkription auch als feste Option einstellen kann.

Beide Bildschirme tragen rechts neben dem russischen Stichwort ein Editiersymbol. Das weist darauf hin, dass das RUW von der Beschreibung seiner Lemmata her ein offenes Wörterbuch ist – der Nutzer kann etwa vergessene deutsche Teilbedeutungen nachtragen, er kann auch die morphologische Kategorisierung exakter fassen, ja er kann in Weiterführung dieser Bearbeitungsmöglichkeiten auch nicht berücksichtigte Eintragungen ergänzen. Das macht es erforderlich, dem Nutzer nicht nur entsprechende Eingabemasken zur Verfügung zu stellen, sondern auch dafür zu sorgen, dass eine Formenbildung zu „neuen" Einträgen aufgrund von autodetect-Mechanismen, die eben nicht nur das Erkennen der Wortart erlauben, sondern über die Ermittlung des Deklinations- oder Konjugationstyps oder bestimmter morphologischer Eigenschaften hinaus auch auf wahrscheinlichkeitsgestützte Prognosen beispielsweise zur Betonung zurückgreifen, zu relativ zuverlässigen Ergebnissen führt, auch ohne dass der das Wörterbuch ergänzende Nutzer eine ausgefeilte philologische Vorbildung hat. Für das Russische lassen sich derartige Formenbildungsprognosen recht zuverlässig anstellen; allerdings muss der ausnahmegefährdete ältere Sprachbestand möglichst vollständig erfasst sein, und es muss gesichert werden, dass Eigennamen, also Toponyme und Anthroponyme mit ihren jeweiligen Formenbildungsbesonderheiten, vom Programm zuverlässig erkannt werden, und wo das nicht geht, muss dieser Bestand explizit erfasst sein.

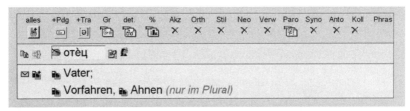

Abb. 5: Kurzfassung zum Substantiv

Um unsinnige Bildungen zu verhindern, wurden Namen – Vornamen, Vatersnamen, Familiennamen, die zudem auch noch Deklinationsbesonderheiten aufweisen, aber auch Ortsnamen – in großer Zahl dem Lexikon zugefügt – in so großer Zahl, dass es sich durchaus anbietet, diese Einträge nur auf Wunsch des Nutzers in der Suchfeldanzeige mit anzuzeigen, ansonsten aber auszusparen. Bei diesen Namen sind natürlich auch die wichtigsten Eigennamen des nichtrussischen Sprachgebiets mit zu berücksichtigen – Paris als Париж sollte schon erfasst sein. Von den gegenwärtig etwa ca. 315 000 Einträgen des RUW sind fast ein Drittel Toponyma (im Moment ca. 90 000 russische, weitere 10 000 internationale harren ihrer Einarbeitung, zur Berücksichtigung der deutschen Ortsnamen ist noch keine Entscheidung gefallen, aber ihre spätere Aufnahme ist wahrscheinlich). Wenn man nur die 85 000 Ortschaften Russlands nimmt, zu denen das RUW knappe Auskunft gibt, und das mit den etwa 25 000 Einträgen des zurzeit umfänglichsten russisch-deutschen geografischen Wörterbuchs von Zikmund (Duden 2000) vergleicht, sieht man den Umfang der Arbeit, das RUW gegen ungewollt gebildete Formen abzusichern. Der Bestand an Vornamen und Familiennamen liegt zurzeit bei ca. 50 000, dagegen nimmt sich die Zahl von 1 600 Abkürzungen vergleichsweise bescheiden aus.

Zur Absicherung gegen ungewollte Fehldarstellungen gehören natürlich auch vorhersehbare Fehler eines Nutzers – ausgehend von der deutschen Orthografie des Aggressors ist eine Fehleingabe als arrpeccop (siehe Abbildung 6) nicht unwahrscheinlich, im Russischen wird aber das -g- nicht gedoppelt. Derartige Fehler lassen sich belehrend korrigieren, wie wir es gerade gesehen haben, sie lassen sich aber auch einfach übergehen und eine Formenanzeige verhindern.

Ihre Eingabe

 arrpéccop

wird in dieser Form vom Programm vorerst zurückgewiesen, weil angenommen wird, dass Sie sich vertippt haben könnten. Bitte prüfen Sie Ihre Eingabe – ein ähnlicher, im Lexikon tatsächlich berücksichtigter Eintrag liegt vor als:

arpéccop
Aggressor

Sollte die Annahme des Programms richtig sein (beachten Sie die russische Schreibung mit nur einem r), wählen Sie bitte diesen bereits genannten, im Lexikon berücksichtigten Eintrag

arpéccop.

Sollte sich das Programm geirrt haben – sollten Sie sicher sein, dass es ein Wort wie ?arrpéccop? wirklich gibt – können Sie sich ansehen, wie das Programm dieses Stichwort behandeln würde; klicken Sie dann bitte hier auf

arrpéccop.

Abb. 6: Hinweis auf Tippfehler

Mit diesen stichpunktartigen Bemerkungen ist schon etwas zum Umfang des Lexikons ausgesagt; dabei mag der Eindruck entstanden sein, die Autoren seien von den Umständen ihrer Wörterbuchanlage getrieben, den einen oder anderen Eintrag aufzunehmen. So ist es sicher nicht, das Fehlerverhinderungskriterium ist nur eines unter vielen und bei weitem nicht das wichtigste – viel weiter vorn rangieren hier Häufigkeitsuntersuchungen, wie sie von Zasorina (1977) oder Žarov (2006) vorgelegt wurden, und ebenso hoch zu bewerten ist der Deckungsgrad zu untersuchten enzyklopädischen Texten oder der Abgleich mit einschlägigen älteren und neueren schwerpunktmäßig einsprachigen Wörterbüchern des Russischen (Oẑegov 2007, Kuznecov 1998, Avanesov 1999, Efremova 2006), die zwischen 53 000 und 160 000 Einträgen umfassen.

Besonderer Erwähnung bedürfen bei der Präzisierung des Lexikonumfangs des Russischen sowohl der sogenannte Tabu-Wortschatz, der ein Sonderfeld des allgemeinsprachlichen Wortschatzes darstellt, als auch der Fachwortschatz. Für beide gilt, dass es eigentlich keinen rechten Grund gibt, sie aus der Anzeige auszuklammern und damit aus dem hypothetischen Lexikonbereich auszuschließen, wenn die Mechanismen zum Auffinden dies ohne nennenswerte Geschwindigkeitseinbuße erlauben. Allerdings ist der russische Tabuwortschatz, also etliche Schimpfwörter und Bezeichnungen aus dem Genital- und Fäkalbereich, so stark geächtet, dass er trotz aller Lockerungen der letzten 15 Jahre auch in aktuellsten allgemeinsprachlichen Nachschlagewerken nicht oder nur eingeschränkt auffindbar ist – vulgärer oder obszöner Wortschatz bleibt nach wie vor den Schmuddellexika vorbehalten. Für den Ausländer ist es aber schon wichtig, gerade vor dem Gebrauch von Wörtern gewarnt zu werden, die er vielleicht nicht selten im Ausland zu hören bekommt. Die Programmautoren ziehen sich aus der Affäre, indem sie eine Warnung voranschicken – wir können uns das einmal bei говно (siehe Abbildung 7) anschauen, hier wird auch erläutert, worin die Gefahren eines unkontrollierten Gebrauchs eindeutig konnotierter Lexik liegen. Inwieweit ein Nutzer jedes Mal getreulich die Warnung wegklickt oder nicht doch die Programmoption nutzt, sich „immer alles ohne Vorwarnung zeigen" zu lassen, muss dann dem Gewissen des Wörterbuchbenutzers überantwortet bleiben.

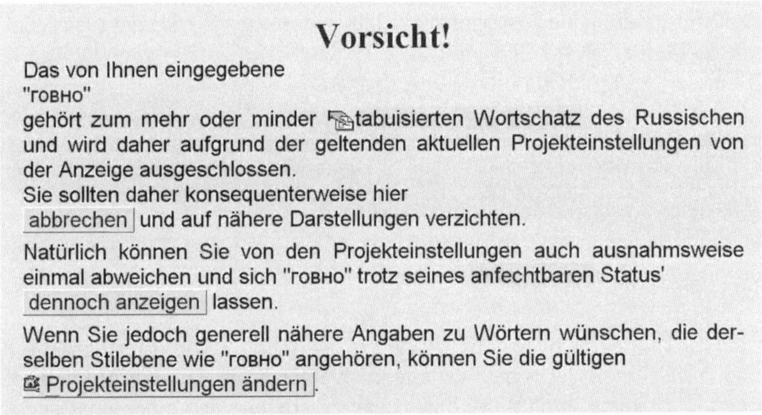

Vorsicht!

Das von Ihnen eingegebene
"говно"
gehört zum mehr oder minder 🕮tabuisierten Wortschatz des Russischen und wird daher aufgrund der geltenden aktuellen Projekteinstellungen von der Anzeige ausgeschlossen.
Sie sollten daher konsequenterweise hier
abbrechen und auf nähere Darstellungen verzichten.
Natürlich können Sie von den Projekteinstellungen auch ausnahmsweise einmal abweichen und sich "говно" trotz seines anfechtbaren Status'
dennoch anzeigen lassen.
Wenn Sie jedoch generell nähere Angaben zu Wörtern wünschen, die derselben Stilebene wie "говно" angehören, können Sie die gültigen
🖳 Projekteinstellungen ändern .

Abb. 7: Warnung bei Tabuwortschatz

Dass der Fachwortschatz hier in der Nähe des Tabuwortschatzes behandelt wird, hat mehr mit der Grundsatzentscheidung zu tun, ob solche Fachtermini überhaupt ins Lexikon gehören – hier ändern sich einfach die Bedingungen für die Beschreibung ebenso wie die für die Darstellung. Das Öffnen der Pforten für den Fachwortschatz kann bedeuten, dass die Menge von Termini im Suchfenster, die übersprungen werden muss, um einen Suchbegriff zu finden, schnell lästig werden kann – ähnlich wie bei Eigennamen ist es also wünschenswert, Termini auch aus der Anzeige ausblenden zu können oder – andersherum – nur Termini eines bestimmten Fachgebiets eingeblendet zu bekommen, denn es ist ja durchaus nicht selten, dass sich die Terminibedeutung und -entsprechung von Fachgebiet zu Fachgebiet unterscheidet. Als steuerndes Element für diese Differenzierung dient die Fachgebietszuordnung; ist ein Wörterbucheintrag als „dem

Fachgebiet XY zuzurechnen" gekennzeichnet, was über entsprechende Picklisten geschieht, die die Stringenz der Klassifikation sichern sollen, wird für die Beschreibung des Terminus eine Maske bereitgestellt, die die aus dem Anlegen von Terminologiedatenbanken bekannten Standardfelder enthalten, also insbesondere Definitionen anführen und gegenüberstellen, Quellenangaben enthalten, Vermerke für firmentypische Besonderheiten zulassen usw. Jedenfalls trifft aber auf denjenigen, der mit Fachtermini umgeht, zu, dass er eigentlich keine Auskunft zum morphologischen Verhalten wünscht – hier wird also wieder das Expertenfenster als Kurzdarstellung genutzt.

Die vielen Aspekte, unter denen sprachliche Einheiten im RUW beleuchtet werden, erfordern zwingend, dass softwareseitig unterstützte Prüfmechanismen vorhanden sind, die gewährleisten, dass beispielsweise Synonym- und Antonymbeziehungen aufeinander rückverweisen, Ableitungsbäume bruchfrei aufgebaut werden können, jegliche Querverweise nicht ins Leere gehen usw. usf. Durch die nun schon über ein Jahrzehnt währende Zusammenarbeit zwischen Translatologen, Philologen und Computerlinguisten unserer Universität ist diese Bedingung weitgehend erfüllt.

Sind so nun mit dem RUW alle Blütenträume zur Wirklichkeit gereift? Bei weitem nicht. Nachdem sich die Gesamtanlage des RUW über die Jahre hinweg herauskristallisiert und als belastbar erwiesen hat, muss nun so manches aus den ersten Jahren den aktuellen Konventionen angepasst werden, und etliches von dem hier als Darstellungsstandard Beschriebenen gehört noch zu den Desiderata, so etwa der Verweis auf Synonyma oder Antonyma, der zur Zeit noch recht rudimentär ist oder interne Features nutzt, die auf Dauer keinen Bestand haben können. Zu diesen Desiderata gehört neben dem Ausbau der Überblicksdarstellungen zu den Wort-Ableitungsbeziehungen auch die geschicktere Einbindung der phraseologischen Einheiten, und sicher wird sich etliches noch während der laufenden studentischen Testphase ergeben.

Bibliographie

Avanesov, R. (1999): *Orfoėpičeskij slovar' russkogo jazyka – proiznošenie, udarenie, grammatičeskie formy.* 9. Auflage, Moskva: Russkij jazyk.

Bendixen, B. / Hesse, G. / Rothe, H. (2003, 2006): *Sprachkurs Russisch*, Wiesbaden: Harrassowitz Verlag.

Bendixen, B. / Hesse, G. / Rothe, H. (2004, 2006): *Sprechtrainer Russisch (mit Sprechendem Wörterbuch).* Wiesbaden: Harrassowitz Verlag.

Bendixen, B. / Krüger, K. / Rothe, H. (2006-1): *Die Phonetik (Hand- und Übungsbuch).* Wiesbaden: Harrassowitz Verlag.

Bendixen, B. / Krüger, K. / Rothe, H. (2006-2): *Die Phonetik (Quickstart).* Wiesbaden: Harrassowitz Verlag.

Bendixen, B. / Rothe, H. / Voigt, W. (1999, 2003): *Leitfaden der russischen Grammatik.* Wiesbaden: Harrassowitz Verlag.

Efremova, T. (2006): *Sovremennyj tolkovyj slovar' russkogo jazyka v 3 tomah.* Moskva: AST.

Kuznecov, S.A. (1998): *Bol'šoj tolkovyj slovar' russkogo jazyka.* Pod redakciej Kuznecova. Sankt Peterburg: Norint.

Ožegov. S.I. (2007): *Slovar' russkogo jazyka, pod red. prof. Skvorcova.* Moskva: Oniks XXI vek.

Rausch, R. / Rothe, H. (1994): *Ein Algorithmus zur Generierung aller Formen der deutschen Verben mit dem Computer.* LDV-Forum (Forum der Gesellschaft für linguistische Datenverarbeitung GLDV) http://www.uni-leipzig.de/~rotheh/verbform.htm.

Sharoff, S. / Babych, B. / Hartley, A. (2006): *Using Comparable Corpora to Solve Problems Difficult for Human Translators* Sydney: COLING/ACL.

Zasorina, L.N. (1977): *Častotnyj slovar' russkogo jazyka.* Moskva: Russkij jazyk.

Zikmund, H. (2000): *Wörterbuch geographischer Namen des Baltikums und der Gemeinschaft Unabhängiger Staaten.* Mannheim/Leipzig/Wien/Zürich: Dudenverlag.

Bernd Benecke
München
Audio-Description: The race between costs and quality

Audio description – the art of translating the image – makes theatre, movies and TV accessible to blind and visually impaired people: An additional narration describes the action, body language, facial expressions, scenery and costumes. The description fits in between the dialogue and does not interfere with important sound and music effects. As not everyone who works in translatology is familiar with the technique, an extensive introduction to the topic will be necessary. In this way, the readers will be able to familiarize themselves with some cultural standards in audio description and with the ensuing problems.

1 Culture-specific conventions in audio description

This technique was developed in the nineteen-seventies and -eighties in the United States. It was introduced in Europe during a 1989 presentation at the Cannes film festival.

Today, we find Audio-Description mainly in the UK, France, Germany, Austria and Spain. But every country has developed its technique in doing Audio-Description on its own – so if we are looking at audio-described films in Europe today we find great differences in how the describing is done and what contents are translated. We discover also different styles and rules.

Some examples: In the UK the English language allows a wide range of extended information in the dialogue gaps, more than in every other European language. The style of English Audio-Description is in many cases (especially in the work of Veronika Hyks at IMS, London) very picturesque, in other cases rather brief. The names of characters are a special case: Everybody is referred to by name from his first appearance, no matter whether the film really gives this information at this point or whether the name of the character is mentioned much later in the film.

In France, we are confronted with the very special habit of always having two narrators doing the description. They change every time there is a scene change in the film. There is no explanation for that – as for many cultural aspects in audio description – it's just that is has always been done this way. Looking at style and content picturesque seems a very low word for what – from my very subjective German view – is more interpretation than description. The looks and the mood of the characters are interpreted without the effort to analyse the way the film conveys this knowledge to the viewer, as it is done in Germany. Spanish conventions are not far away from the French ones, but sometimes give less information – even in the very special (Spanish?) way of fast narrating.

Germany (similar to the USA) established a more neutral style (which is sometimes criticized as dry and fleshless): The first rule is to avoid interpretation, to just tell what the picture shows you.

Sometimes this goes along with a very engaged presentation, especially in children's programmes or comedies (where you might find a more childish or comical style of description). Good examples are the audio descriptions available for the German children's film Bibi Blocksberg and for the New Year's TV classic Dinner for One.

Thus, the differences between audio description conventions in Europe are obvious and therefore the topic of several research projects:

The University college of Antwerp, Belgium started by comparing the different guidelines for audio description and now focuses on content selection in audio description (Vercauteren 2006 and 2007). In Spain, the University of Granada did some research in comparing the audio descriptions of films in different languages (Ballester 2005), the Universidad Autonoma of Barcelona (Lopez 2006) undertook a project on the question if the translation of audio description from one language to another might be cheaper and faster than commissioning original audio description in every language – which leads us to the topic of this article. At the University of Surrey, UK audio description is looked at from a discourse-based perspective (Braun 2007).

2 Cost-efficiency and quality

Such is the situation. Now, broadcasters, DVD-companies and film distributors (especially in the UK and Spain where we find quota for audio description) start talking about making audio description cheaper. The idea is that companies from the UK offer their English descriptions to countries like Spain and Germany by "just" translating them. And it has actually been done: In Germany, four English audio descriptions for cinema releases (including the fifth Harry-Potter-film which is due in the summer of 2007) were translated into German and presented to a German audience – the translation and narration was done by the English company which had produced the English audio description.

This raises the question if it is that simple to translate audio description from one language to another. Is the outcome what the audience expects?

The first translated audio descriptions in Germany got bad ratings by the blind audience. What had happened? The descriptions were some kind of "word by word" translation in the style of English audio descriptions, only in German.

After seeing the movie Poseidon with translated audio description, the blind German audience had some complaints: Used to the habit that faces and costumes are described they noticed that nobody mentioned what the characters looked like, what they wore and how old they were. On the other hand, the translated description gave some kind of summary like "they don't know what to do", "everybody is fearful" – things that seemed obvious to seeing and blind audiences alike und made the blind people which whom I watched this film laugh out loud. Beside that, some people found the English accent of the narrator a little irritating...

The lesson to learn from that: A high-quality translation of audio description asks for the adaptation of cultural specifications. Including this in the translating process – I don't say you should not do it – might take as much time as doing the audio description from zero. But is this kind of translation really cheaper? I doubt it.

So – with the pressure to lower the costs – word-by-word translations of audio description from one language to another will become a common thing – but the quality in audio description might just disappear!

References

Ballester, Ana (2005): "Almodóvar just in words: Audiodescription strategies." *Todo sobre mi madre.* Presentation at conference Media for all, Barcelona.

Benecke, Bernd (2004): *Wenn aus Bildern Worte werden.* 3rd edition. München: Bayerischer Rundfunk.

Benecke, Bernd (2006): *Translating the image: The chances and problems of Audio-Description in Europe.* Presentation at Euroconference 2006, Copenhagen.

Braun, Sabine (2007): *Audio-Description from a discourse perspective: Towards a framework for research.* Presentation at Euroconference 2007, Vienna.

Lopez, Juan Francisco (2006): *Access to news, information and entertainment: Different ways towards Audio-Description.* Presentation at Conference Languages and the Media, Berlin.

Vercauteren, Gert (2006): *Towards a European guideline for Audio-Description.* Presentation at Euroconference 2006, Copenhagen.

Vercauteren, Gert (2007): *Problems with content selection in Audio-Description.* Presentation at Euroconference 2007, Vienna.

Gerhard Budin
Wien
**Entwicklung internationaler Normen
im Bereich der Translationsqualität bei ISO/TC 37**

1 Einleitung: Wo wird internationale Normung durchgeführt und wozu brauchen wir translationsbezogene Normung?

Ziel dieses Beitrages ist es, einen aktuellen Überblick zur Entwicklung von internationalen Normen im Bereich der Translationsqualität zu geben.

Die offizielle internationale Normung wird insbesondere bei der Internationalen Normungsorganisation ISO (International Standards Organisation) mit ihrem Sitz in Genf durchgeführt. Unter den über 250 internationalen Ausschüssen (technical committees – TCs) ist der Ausschuss mit der Bezeichnung „ISO/TC 37 – Terminology and Other Language and Content Resources" u. a. auch für den Bereich der sprachbezogenen Normung zuständig. Im Unterausschuss Nr. 2 (ISO/TC 37/SC 2) ist 2006 auf Initiative zahlreicher Mitgliedsländer der ISO eine neue Arbeitsgruppe Nr. 6 „Translation and Interpretation Processes" eingerichtet worden. Diese Arbeitsgruppe hat es sich zum Ziel gesetzt, auf der Grundlage bereits bestehender nationaler sowie regionaler (etwa europäischer) relevanter Normen (siehe Kapitel 3) nun internationale Normen zu erstellen.

Die Frage nach dem Nutzen von Normung muss immer wieder gestellt werden. Durch wissenschaftliche Studien konnte erneut nachgewiesen werden, dass Normung einen beträchtlichen volkswirtschaftlichen wie auch betriebswirtschaftlichen Nutzen in allen Branchen der Industrie, der Wirtschaft und des Handels hat, der oft unterschätzt wird (Fraunhofer Institut für Systemtechnik und Innovationsforschung 2001). Empirisch konnte gezeigt werden, dass Normung einen Anteil von 25 % am Wirtschaftswachstum hat und dass es für die internationale Konkurrenzfähigkeit von Firmen von entscheidender Bedeutung ist, aktiv an der überbetrieblichen und branchenweiten internationalen Normung mitzuarbeiten (Österreichisches Normungsinstitut 2002).

Die Normung im Bereich der Qualitätssicherung nimmt dabei neben der industrie- und wirtschaftsbranchenbezogenen Normung einen besonderen Stellenwert ein. Als eine Erfolgsgeschichte der Normung kann die heute weithin unter dem Code „ISO 9000" bekannte Normenserie betrachtet werden. Der umfassende, ganzheitlich konzipierte Ansatz der Qualitätssicherung ist heute unter „Total Quality Management" bekannt. In diesem Ansatz der Qualitätssicherung und des Qualitätsmanagements hat sich ein Begriff von Qualität entwickelt, der stark kunden- und somit dienstleistungsorientiert ist: Qualität wird dabei definiert als

Vermögen einer Gesamtheit inhärenter Merkmale eines Produktes, Systems, oder Prozesses zur Erfüllung von Kundenanforderungen oder solcher anderer interessierter Parteien (Kamiske 2000:15).

2 Was ist Translationsqualität?

Schon in den 60er Jahren war das Problem der Qualität im Übersetzungsprozess ein Forschungsthema (z. B. Cary/Jumpelt 1965). 15 Jahre später legte Juliane House ein Modell für die Beurteilung von Translationsqualität vor (House 1981). Die Evaluierung von Übersetzungsleistungen ist schon seit langer Zeit ein fester Bestandteil der professionellen translatorischen Praxis wie auch Gegenstand der translationswissenschaftlichen Forschung[1]. Zu einer sehr guten Synthese unterschiedlicher Ansätze aus Forschung und Praxis gelangt Schopp mit seinem Prozessmodell des translatorischen Handelns, in dem die expliziten Handlungsnormen für translatorische Dienstleistungen einen festen Platz einnehmen (Schopp 2005:241ff).

Der weiter oben skizzierte Qualitätsbegriff des Ansatzes der ISO 9000 führt konsequent zu folgender Definition von Qualitätsmanagement:

> aufeinander abgestimmte Tätigkeit zur Leitung und Lenkung einer Organisation bezüglich Qualität. Dazu gehören die Festlegung der Qualitätspolitik und von Qualitätszielen, die Qualitätsplanung, die Qualitätslenkung, die Qualitätssicherung und schließlich die Qualitätsverbesserung (Kamiske 2000:15).

Damit sollen alle Prozesse in einem Unternehmen erfasst und einer solchen Qualitätsstrategie unterzogen werden. Für alle diese Phasen und Tätigkeitsbereiche wurden unterschiedliche Qualitätstechniken entwickelt.

Der kundenorientierte Ansatz der ISO 9000 stellt Begriffe wie Verlässlichkeit und Vertrauen in die Arbeitsprozesse der Auftragnehmer für die Lieferung eines Produkts oder einer Dienstleistung in den Mittelpunkt. Für die Erstellung von Handlungsnormen für translatorische Dienstleistungen hat sich dies als fruchtbringender Ansatz erwiesen (siehe Kapitel 3).

Fachkommunikation in all ihren Ausprägungen (Wissenschaftskommunikation, berufliche Kommunikation in Wirtschaft, Industrie, Medizin, Kultur, etc.) ist schon seit jeher von zahlreichen Normen geprägt. Die Terminologienormung ist seit Jahrhunderten eines der augenfälligsten Merkmale technisch-naturwissenschaftlich-medizinischer Fachsprachen gewesen. Für die Terminologienormung wurden ebenso wie für die translatorischen Dienstleistungen explizite Handlungsnormen aufgestellt, die auf internationaler Ebene im bereits erwähnten Fachnormenausschuss ISO/TC 37 (der schon 1936 gegründet wurde) zu offiziellen internationalen Normen weiter ausgearbeitet und verabschiedet werden. Die heutige Normung für die unterschiedlichen Bereiche der Fachkommunikation hat zu zahlreichen methodischen Prozessnormen in folgenden Bereichen geführt:

*   Sprachendokumentation, Sprachenidentifizierung und Kodierung von Sprachenzeichen (ISO 639 mit heute 6 Teilen)

---

[1]   Siehe dazu die Überblicksartikel im Kapitel G Evaluierung von Translationsleistungen im Handbuch für Translation von 1998 (op. cit. mit den Beiträgen von Kaindl, Hönig, Didaoui, Nord, Budin, Kurz, Schmitt 1998).

- Technische Dokumentation
- Terminologie, Lexikografie (zahlreiche Normen von ISO TC 37)
- Translation - Übersetzen und Dolmetschen (Gegenstand dieses Aufsatzes)
- Sprachtechnologien, Sprachverarbeitung, Korpuslinguistik (der neue Unterausschuss SC 4 von ISO/TC 37 erstellt gerade eine Reihe einschlägiger Normen).

Die translationsbezogene Qualitätsnormung im Sinne der ISO 9000 und des entsprechenden Qualitätsbegriffes ist sowohl dienstleistungsbezogen, wie auch prozessbezogen und auch ergebnisbezogen. In einem normativen Handlungsmodell müssen die Interessen der Dienstleister, der Kunden (Auftraggeber in Wirtschaft, Industrie, etc.), von Behörden, der Endverbraucher, und unterschiedlicher Interessensvertretungen in ausgewogener Weise abgebildet und aufeinander bezogen werden.

Ein kürzlich neu herausgegebenes Handbuch des DIN (Deutsches Institut für Normung) enthält dutzende von relevanten „Normen für Übersetzer und technische Autoren" (Herzog/Mühlbauer 2007) und gliedert sich in folgende Kapitel:

- Übersetzungspraxis (in erster Linie die DIN EN 15038 von 2006)
- Terminologische Grundlagen (DIN 2330 Begriffe und Benennungen – Allgemeine Grundsätze und weiterführende Normen zur terminologischen Arbeit)
- Technische Grundlagen (Normen zu Maßeinheiten, Formelzeichen, etc.)
- Formale Textgestaltung (Schreibpapier, Gestaltung von Druckmanuskripten, Korrekturzeichen, etc.)
- Zitieren, Schreibweisen, und Codes (Titelangaben von Dokumenten, Zitieren, Ländercodes und Ländernamen, etc.)
- Transliteration (Normen zur Transliteration und Transkription aus unterschiedlichen Schreibsystemen und Alphabeten)

Diese breite Vielfalt an relevanten Normen zeigt, wie stark die heutige berufliche Praxis der mehrsprachigen Kommunikation, in denen das Fachübersetzen und die Technische Dokumentation feste Positionen einnehmen, bereits von Normen und normativen Handlungsanleitungen geprägt ist. Dieser Trend setzt sich eindeutig fort.

3 Historische Entwicklung translationsbezogener Normen
Auf nationaler Ebene war die erste explizit auf translatorische Dienstleistungen bezogene Norm die DIN 2345 Übersetzungsaufträge von 1998. 2 Jahre später folgten Normen für Österreich:

- ÖNORM D 1200: Dienstleistungen – Übersetzen und Dolmetschen. Übersetzungsleistungen. Anforderungen an die Dienstleistung und an die Bereitstellung der Dienstleistung

- ÖNORM D 1201: Dienstleistungen – Übersetzen und Dolmetschen. Übersetzungsleistungen. Übersetzungsverträge
- ÖNORM D 1202: Dienstleistungen – Übersetzen und Dolmetschen – Dolmetschleistungen. Anforderungen an die Dienstleistung und an die Bereitstellung der Dienstleistung

Explizit der DIN 2345 nachempfunden sind eine Reihe von translationsbezogenen Normen für die Volksrepublik China (hier werden die offiziellen englischen Versionen im Wortlaut zitiert):

- GB/T 19363, 1-2003: Specification for Translation Service – Part 1: Translation. Standards Press of China sowie Specification for Translation Service – Part 2: Interpretation
- GB/T 19682.2005, Target text quality requirements for translation services. Standards Press of China.

Nach langwierigen Verhandlungen konnte 2006 beim Europäischen Komitee für Normung (CEN) eine europäische Norm, ebenfalls ganz dem Aspekt der translatorischen Dienstleistungen gewidmet, verabschiedet werden: EN 15038 Übersetzungs-Dienstleistungen – Dienstleistungsanforderungen (offiziell auf Deutsch, Englisch, und Französisch erschienen). Die Anforderungen an die Übersetzungsdienstleister (Translation Service Provider) spielen dabei eine tragende Rolle. Bei den Grundvoraussetzungen stehen Anforderungen an personelle Ressourcen, insbesondere die nachzuweisenden beruflichen Kompetenzen von ÜbersetzerInnen, aber auch von KorrektorInnen und LektorInnen im Mittelpunkt. Das hier verwendete Kompetenzmodell unterscheidet zwischen übersetzerischen Kompetenzen, sprachlichen und textlichen Kompetenzen in Ausgangs- und Zielsprache, Recherchierkompetenz für Informationsgewinnung, kulturelle Kompetenz und fachliche Kompetenzen. Weitere Voraussetzungen sind ausreichende technische Ressourcen (Computerinfrastrukturen, Internetkommunikation, etc.), ein vorhandenes Qualitätsmanagementsystem (eine Anforderung, die für fast alle Übersetzungsdienstleistungsunternehmen neu ist und eine entsprechende Herausforderung darstellt!) sowie der Nachweis eines funktionierenden Projektmanagements. In Bezug auf die Beziehung zwischen dem Kunden und dem Übersetzungsdienstleister werden ebenfalls eine Reihe von Anforderungen gestellt, die einem Prozessmodell für die Erbringung von Übersetzungsdienstleistungen folgt, bei dem das Management von Übersetzungsprojekten im Zentrum steht. Eine Reihe von informativen (also nicht-normativen) Anhängen komplettieren die Norm zum Prozedere und zur Operationalisierung der spezifizierten Anforderungen (etwa: Erfassung von Projektdaten, Technische Vorbereitung für die Übersetzung, Ausgangstextanalyse, Stilrichtlinien, Liste von Mehrdienstleistungen, etc.).

Die Zertifizierung nach dieser Norm erfolgt nach nationalen, und somit recht unterschiedlichen Zertifizierungsregelungen der nationalen Normungsinstitute (wie etwa dem Österreichischen Normungsinstitut, das bereits zahlreiche Zerti-

fizierungen nach dieser Norm nicht nur in Österreich, sondern auch in anderen
Ländern, sogar außerhalb Europas, durchgeführt hat.
Ein deutlich anderer Ansatz ist bisher in den USA verfolgt worden. So wurde
bereits 2001 von ASTM eine Norm für Dolmetschdienstleistungen verabschiedet: Die ASTM Norm F 2089 „Standard Guide for Language Interpretation Services" beinhaltet etwa einen detaillierten Verhaltsenscodex sowie konkrete Ver-
fahrenshinweise für das in den USA stark verbreitete „community interpreting",
insbesondere „health care interpreting", aber auch Anforderungen an die Gestaltung von Dolmetschkabinen, etc.

Für den Übersetzungsbereich wurde nun auch im Jahr 2006 eine Norm verabschiedet: F 1548 „Sttandard Guide to Quality Assurance in Translation". Bei
beiden Normen steht der Prozesscharakter der translatorischen Arbeit und die
Qualitätsanforderungen an diese Prozesse weit mehr im Vordergrund als die
dienstleistungsbezogenen Aspekte, die bei der europäischen Norm (und ihren
nationalen Vorläufern in Deutschland, Spanien, Österreich und anderen Ländern) weit mehr im Mittelpunkt stehen.

4 Integrativer Ansatz zur Translationsqualität und die aktuelle Arbeit in der ISO-Arbeitsgruppe TC 37/SC2/WG 6

Nach der internationalen Bedarfsfeststellung für die Einrichtung einer neuen
Arbeitsgruppe ISO/TC 37/SC 2/WG 6 „Translation and Interpretation Processes" wurden einige Arbeitsvorhaben zum Thema Translationsqualität und translationsbezogene Normung beschlossen, wobei auch Themen wie

* pränormative Forschung & Entwicklung zur Translationsqualität
* Kompetenzmodellierung und Qualitätssicherung durch Lehre/in der Lehre
* Normung im Bereich des multilingualen Sprachressourcenmanagements
* wichtige Anwendungskontexte darstellen.

Als Arbeitsvorhaben im engeren Sinne sind folgende Themen bei der konstituierenden Sitzung der Arbeitsgruppe im August 2006 in Beijing beschlossen worden:

* Spezifikation von Parametern zur Beurteilung von Translationsqualität für
  die Vorbereitung und Begleitung von Übersetzungsprozessen
* Vorbereitung einer Norm zu Dolmetsch-Dienstleistungen

Weitere Vorhaben (die nicht unbedingt zu einer Norm führen) sind:

* Erstellung einer vergleichende Studie aller existierenden translationsbezogenen Normen
* Erstellung einer mehrsprachigen Terminologie des Themenbereichs (aktuelles Beispiel: „interpreting" vs. „interpretation" im Englischen)

Der hier zum Ausdruck gebrachte Trend zur Internationalisierung der translationsbezogenen Normung folgt logisch der raschen Globalisierung translatori-

scher Dienstleistungen: wenn ein Übersetzungsdienstleister mit Sitz in einem europäischen Land eine translatorische Dienstleistung für einen Kunden in Singapur, Argentinien, USA, China, Australien, etc. erbringen soll, ist es unabdingbar, eine einzige, d. h. wirklich internationale Norm dafür zu haben, und sich nicht nach 5 oder mehr nationalen oder regionalen (wie eben einer europäischen) Norm richten zu müssen.

Außerdem ist zu berücksichtigen, dass der Qualitätsbegriff selbst, aber auch die Nornem für das Qualitätsmanagement, für Qualitätsaudits, für die Zertifizierung, etc. ständig weiter entwickelt werden und langfristig zu einer Konvergenz der zur Zeit noch etwas unterschiedlichen Ansätze führen wird.

Neben dem bisherigen Schwerpunkt der translatorischen Normung, nämlich der Dienstleistungsperspektive, sollen auf der interationalen Ebene die Prozessperspektive, eine Spezifikationsorientierung, sowie eine technische Orientierung („translation metrics") ebenso wichtig sein.

Im Bereich der technischen Übersetzungsnormen gibt es schon seit Jahren eine Industrienorm in der Automobilindustrie, die eine solche „translation metrics" spezifiziert: „SAE J2450 Translation Quality Metric", der Society of Automotive Engineers. Damit soll Translationsqualität messbar gemacht werden, unabhängig davon, ob der Übersetzungsprozess maschinell oder human gesteuert abläuft. Dabei soll auch die Verbesserung der Qualität von Texten im Rahmen eines Textoptimierungsverfahrens messbar gemacht werden, aber auch die Kosten-Nutzen-Rechnung, ein Kosteneinsparungspotenzial, oder erhöhte Kundenzufriedenheit sollen durch metrische Verfahren objektiviert und nachvollziehbar werden.

Abbildung 1 soll den Begriff der Translationqualität in ein vierdimensionales Kontextmodell stellen, wobei alle 4 Dimensionen untereinander interagieren oder einander bedingen:

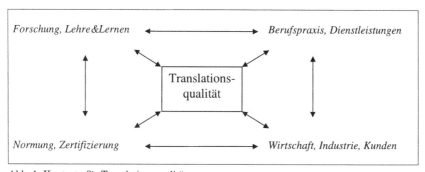

Abb. 1: Kontexte für Translationsqualität

- Forschung, Lehre & Lernen: weitere pränormative Forschung ist notwendig, um die Prozessmodelle des Translationsmanagements zu verfeinern, Messverfahren (Metrik) und technische Spezifikationen zu entwickeln;

die translatorische Aus- und Weiterbildung muss ausführlich alle relevanten Kompetenzen vermitteln und in praxisnaher Form (etwa in Praktika) die Handhabung der translationsbezogenen Normen einüben; beide Bereiche sind Voraussetzungen für erfolgreiche Umsetzung in der beruflichen Praxis und den Dienstleistungen in Wirtschaft und Industrie.

• Berufspraxis, Dienstleistungen: Translationsqualität muss zu einem inhärenten Bestandteil der beruflichen Praxis und aller dort erbrachter Dienstleistungen werden.

• Normung, Zertifizierung: ein ganzheitlicher Ansatz der Translationsqualität ist hier besonders wichtig, um die für eine breite Durchsetzung notwendige Akzeptanz translatorischer Normen bei allen beteiligten Gruppen zu erreichen. Zertifizierung und die entsprechend reibungslose Durchführung von Audits nach den Qualitätsmanagementnormen sind dafür wichtige Voraussetzungen.

• Wirtschaft, Industrie, Kunden: Wirtschaft und Industrie können als Kunden nur dann von der Notwendigkeit der Anwendung translatorischer Normen überzeugt werden, wenn dies eingebettet in industrielle Produktionsprozesse (etwa bei der Produktlokalisierung) oder im Kontext breiterer Dienstleistungsprozesse (z. B. Betriebsberatung) stattfindet.

5 Translation im Kontext: Kompetenzmodellierung und Qualitätssicherung durch Lehre/in der Lehre – das MeLLANGE-Projekt

MeLLANGE ist ein Akronym für „Multilingual eLearning for Language Engineering" und bezeichnet ein EU-Projekt im Leonardo da Vinci II Programm, bei dem es um die Entwicklung und Umsetzung von eLearning-Curricula und entsprechenden Lerninhalten für ein europäisches Master-Studienprogramm für Übersetzungstechnologien geht. Das gegenwärtige Projekt-Konsortium besteht aus den folgenden Partner-Institutionen:

• Université Paris 7
• University of Leeds
• Università di Bologna, Forlí
• Universitat Pompeu Fabra
• Universität des Saarlandes
• Universität Wien
• Université de Genève
• Institute for Translation and Interpreting
• Praetorius
• Olomouc Training Centre, Universität Olmütz

Die Anwendung und Umsetzung relevanter translationsbezogener Normen haben einen großen Stellenwert im Projekt.

Translationsqualität hat im Mellange-Projekt mehrere Aspekte:
- In der Lehre:
    - Qualitätssicherung in der Curriculumsentwicklung zur Spezialisierung „Übersetzungstechnologien" im Rahmen des Bologna-Prozesses
    - Qualitätssicherung bei der Gestaltung von eLearning-Prozessen
    - Qualitätssicherung bei der Erstellung von Lernobjekten
    - Qualitätssicherung in der Kompetenzmodellierung
    - Translatorisches Qualitätsmanagement als eigenes Seminar
- In der Praxis durch Weiterbildung:
    - Qualitätssicherung bei translatorischen Prozessen
    - Qualitätssicherung durch Qualifikationsmodellierung (European Qualification Framework) und ihre Umsetzung in der Praxis
- In der Forschung & Entwicklung:
    - Weiterentwicklung von Fehlertypologien und ihre Umsetzung in eLearning-Umgebungen und Ü-Werkzeugen
    - Translationsqualität im korpusgestützten Übersetzungsmanagement
    - Weiterentwicklung von Testmethoden in der Korpuslinguistik (Bernardini 2006)

Im Rahmen des Projekts wurde ein mehrsprachiger Learner Translator Corpus (LTC) inklusive einer Benutzerschnittstelle für das Korpusmanagement geschaffen. Folgende Texttypen sind vertreten:
- Rechtstexte
- Technische Texte
- Verwaltungstexte
- journalistische Texte

Das LTC enthält Ausgangstexte, Zieltexte (Übersetzungen) von Studierenden ebenso wie von professionellen FachübersetzerInnen (als Referenztexte). Für die Annotation von Übersetzungsfehlern wurde folgende Fehlertypologie entwickelt und verwendet (siehe Abb. 2):

In der Gestaltung des LTC sind folgende Forschungsfragen berückichtigt worden (etwa aus der Sicht der translatorischen Fehlerlinguistik):
- Welche sind die häufigsten Fehler?
- Ausgangs- und Zielsprachen – Verteilungen?
- Fehlerbeispiele
- Weiterentwicklung von Fehlertypologien
- Optimierung und Automatisierung von Fehlerannotationen

- Vergleich der Strategien von ExpertInnen und Studierenden
- Möglichkeiten der Umsetzung in teilautomatisierten Arbeitsabläufen

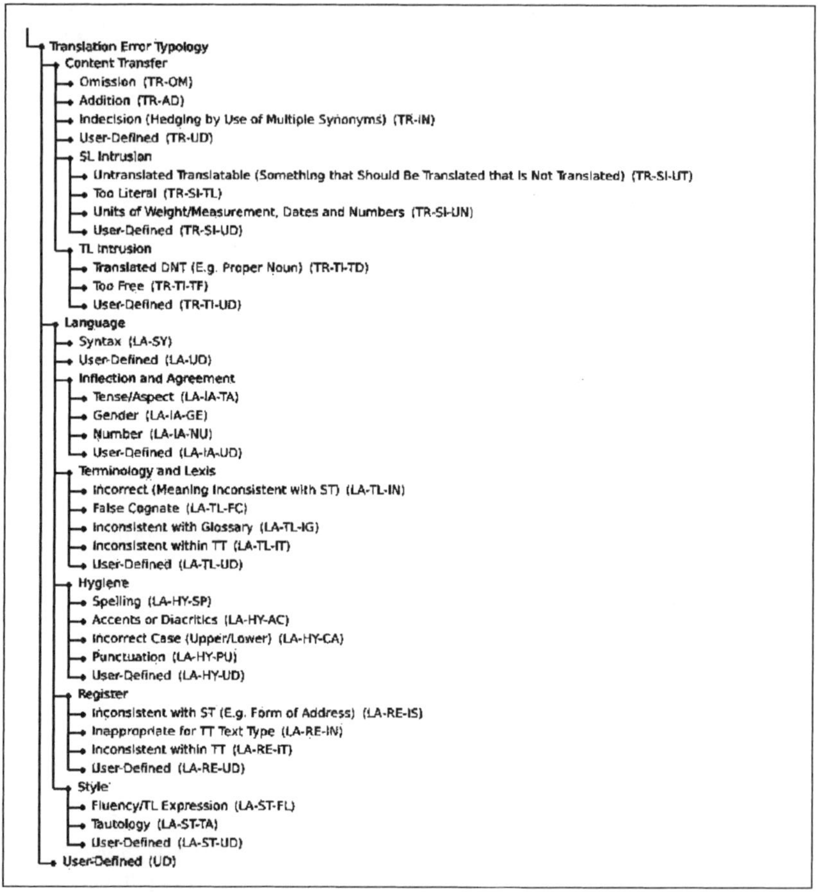

```
└─ Translation Error Typology
   ├─ Content Transfer
   │  ├─ Omission (TR-OM)
   │  ├─ Addition (TR-AD)
   │  ├─ Indecision (Hedging by Use of Multiple Synonyms) (TR-IN)
   │  ├─ User-Defined (TR-UD)
   │  ├─ SL Intrusion
   │  │  ├─ Untranslated Translatable (Something that Should Be Translated that Is Not Translated) (TR-SI-UT)
   │  │  ├─ Too Literal (TR-SI-TL)
   │  │  ├─ Units of Weight/Measurement, Dates and Numbers (TR-SI-UN)
   │  │  └─ User-Defined (TR-SI-UD)
   │  └─ TL Intrusion
   │     ├─ Translated DNT (E.g. Proper Noun) (TR-TI-TD)
   │     ├─ Too Free (TR-TI-TF)
   │     └─ User-Defined (TR-TI-UD)
   ├─ Language
   │  ├─ Syntax (LA-SY)
   │  ├─ User-Defined (LA-UD)
   │  ├─ Inflection and Agreement
   │  │  ├─ Tense/Aspect (LA-IA-TA)
   │  │  ├─ Gender (LA-IA-GE)
   │  │  ├─ Number (LA-IA-NU)
   │  │  └─ User-Defined (LA-IA-UD)
   │  ├─ Terminology and Lexis
   │  │  ├─ Incorrect (Meaning Inconsistent with ST) (LA-TL-IN)
   │  │  ├─ False Cognate (LA-TL-FC)
   │  │  ├─ Inconsistent with Glossary (LA-TL-IG)
   │  │  ├─ Inconsistent within TT (LA-TL-IT)
   │  │  └─ User-Defined (LA-TL-UD)
   │  ├─ Hygiene
   │  │  ├─ Spelling (LA-HY-SP)
   │  │  ├─ Accents or Diacritics (LA-HY-AC)
   │  │  ├─ Incorrect Case (Upper/Lower) (LA-HY-CA)
   │  │  ├─ Punctuation (LA-HY-PU)
   │  │  └─ User-Defined (LA-HY-UD)
   │  ├─ Register
   │  │  ├─ Inconsistent with ST (E.g. Form of Address) (LA-RE-IS)
   │  │  ├─ Inappropriate for TT Text Type (LA-RE-IN)
   │  │  ├─ Inconsistent within TT (LA-RE-IT)
   │  │  └─ User-Defined (LA-RE-UD)
   │  └─ Style
   │     ├─ Fluency/TL Expression (LA-ST-FL)
   │     ├─ Tautology (LA-ST-TA)
   │     └─ User-Defined (LA-ST-UD)
   └─ User-Defined (UD)
```

Abb. 2: MeLLANGE Fehlertypologie (Tony Hartley et al.)

Die Anwendung translatorischer Normen auf die vielfältige Betrachtung von Translationsqualität im Rahmen des MeLLANGE-Projekts lässt mit Recht auf spannende Ergebnisse gegen Ende des Jahres 2007 erwarten.

6 Translation im Kontext: Normung im Bereich des multilingualen Sprachressourcenmanagements

Ein zweites Projekt, das im Rahmen dieses Aufsatzes erwähnt werden soll, ist das LIRICS-Projekt, das im Rahmen des eContent-Programms der EU läuft:

LIRICS steht für „Linguistic Infrastructure for Interoperable Resources and Systems" und verfolgt folgende Ziele:

- Pränormative (computerlinguistische) Forschung zur Erstellung von Normen im Sprachressourcenmanagement
- MLIF – Multilingual Information Framework – integrativer Ansatz technischer Prozess-Spezifikationen (TMX, TBX, XLIFF, etc.)
- Qualitätssicherung in der Normenerstellung durch Rückkopplung zwischen Forschung und Praxis (Industrial Advisory Board + Forschungskonsortium)
- Umsetzung auch in translatorischen Arbeitsumgebungen

Das LIRICS Konsortium besteht aus folgenden Partner-Institutionen:

- INRIA, Nancy (FR)
- DFKI, Saarbrücken, (DE)
- UFSD, University of Sheffield (UK)
- CNR–ILC, Pisa (IT)
- Universät Wien (AT)
- UTiL, Tilburg University (NL)
- MPI, Max Planck-Institut (DE)
- University of Surrey (UK)
- IULA- UPF Universitat Pompeu Fabra, Barcelona (ES)

Eine Reihe namhafter Firmen der europäischen Sprachindustrie sind Mitglied in einer *Industrial Advisory Group*: Morphologic, Systran, Polderland, Trados, Acrolinx, BT Exact, EADS CCR, Esteam, Expert System Language Technology, HP, Morphologic, Ontotext, PEARSON – Longman, Polderland, Q Sphere, Quinary, SDL Multilingual services, Sinequa, Synthema, SYSTRAN, Telefonica Investigación y Desarrollo, TEMIS, THAMUS, XtraMind, etc.

Eine Reihe von sprachtechnologischen Normen wurden im Rahmen des LIRICS-Projekts schon erstellt. Ein neues Arbeitsvorhaben „MLIF – Multilingual Information Framework" zielt nun ab auf die normative Grundlegung eines integrierten, interaktiven Managements multilingualer und multimodaler Ressourcen. Das Resultat soll ein Rahmenwerk sein für mehrere Normen, die miteinander interagieren, so etwa ITS (internationalized tag set des W3C), XLIFF (XML Localisation Interchange File Format), TMX (Translation Memory Exchange Format), TBX (Termbase Exchange Format), und einigen anderen technischen Industrienormen (GMX, etc.)

7 Schlussfolgerungen

Normen für das Sprachressourcenmanagement entstehen aus der Praxis heraus im Kontext anwendungsorientierter Forschung und werden bei der Umsetzung direkt in Arbeitsabläufe integriert. Mehrsprachige Korpora werden zunehmend als „empirische Wissensbasis" sowie als Instrumente für die Qualitätssicherung im Rahmen von Arbeitsabläufen des Übersetzungsmanagements verwendet. Aus- und Weiterbildung für „Language Professionals" ist zunehmend „korpusbasiert", normungsbasiert und qualitätsorientiert.

Editoren werden zunehmend benutzerfreundlich und weniger „technologielastig" (Annotierung, Markup, Konverter, etc.), Kommerzielle Tools und Arbeitsumgebungen übernehmen schrittweise diese Entwicklungen. Die Weiterentwicklung von translationsbezogenen Qualitätsnormen auf internationaler Ebene ist im Zeitalter der Globalisierung unabdingbar – pränormative Forschung ist in diesem Zusammenhang dringend notwendig.

Folgende Grafik soll diesen Zusammenhang noch verdeutlichen:

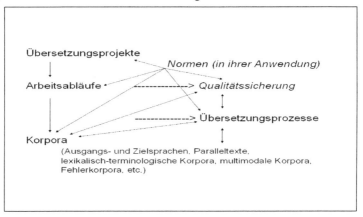

Grafik 3: Die Bedeutung von Korpora soll für Übersetzungsprojekte und für die Anwendung von Normen bei der Qualitätssicherung im Rahmen translatorischer Prozesse hervorgestrichen werden.

Bibliographie

ASTM 2001: *Standard Guide for Language Interpretation Services.*

ASTM 2006: *Standard Guide to Quality Assurance in Translation.*

Bernardini, Silvia (2006). „Corpora for translator education and translation practice – achievements and challenges." *Proceedings of the LR4Trans-III Workshop*, Genua, 17-22.

Budin, Gerhard (1998): „Maschinelle Übersetzungen." Snell-Hornby, Mary / Hönig, Hans / Kußmaul, Paul / Schmitt, Peter (Hrsg.): *Handbuch Translation.* Tübingen: Stauffenburg, 387-391.

Cary, E. / Jumpelt, W. (Hrsg.) (1965): *Quality in Translation.* New York: Macmillan.

CEN (2006); *Übersetzungs-Dienstleistungen – Dienstleistungsanforderungen.* EN 15038 – Euroäische Norm. Brüssel, CEN: 2006.

Didaoui, Mohammed (1998). „Qualitätslektorat." Snell-Hornby, Mary / Hönig, Hans / Kußmaul, Paul / Schmitt, Peter (Hrsg.): *Handbuch Translation*. Tübingen: Stauffenburg, 381-384.

DIN (1998): DIN 2345 *Übersetzungsaufträge.*

Fraunhoferinstitut für Systemtechnik und Innovationsforschung (2001): *Der wirtschaftliche Nutzen der Normung.* (Manuskript)

Herzog, Gottfried / Mühlbauer, Holger (2007) (Hrsg.): *Normen für Übersetzer und technische Autoren.* Berlin: Beuth Verlag.

Hönig, Hans (1998): „Humanübersetzung (therapeutisch vs. diagnostisch)." Snell-Hornby, Mary / Hönig, Hans / Kußmaul, Paul / Schmitt, Peter (Hrsg.): *Handbuch Translation*. Tübingen: Stauffenburg, 378-381.

House, Juliane (1981): *A Model for Translation Quality Assessment*. Tübingen: Gunter Narr Verlag.

Kaindl, Klaus (1998). „Übersetzungskritik." Snell-Hornby, Mary / Hönig, Hans / Kußmaul, Paul / Schmitt, Peter (Hrsg.): *Handbuch Translation*. Tübingen: Stauffenburg, 373-378

Kamiske, Gerd (2000): „Qualitätsmanagement." Hennig, Jörg / Tjarks-Sobhani, Marita (Hrsg.): *Qualitätssicherung von technischer Dokumentation*. Lübeck: Schmidt-Römhild Verlag, 11-25

Kurz, Ingrid (1998): „Dolmetschleistungen." Snell-Hornby, Mary / Hönig, Hans / Kußmaul, Paul / Schmitt, Peter (Hrsg.): *Handbuch Translation*. Tübingen: Stauffenburg, 391-394.

Melby, Alan (2007): *Parameters for Translation Quality* (Entwurf).

Nord, Christiane (1998): „Transparenz der Korrektur." Snell-Hornby, Mary / Hönig, Hans / Kußmaul, Paul / Schmitt, Peter (Hrsg.): *Handbuch Translation*. Tübingen: Stauffenburg, 384-387.

Österreichisches Normungsinstitut. *Der Nutzen der Normung*. Wien, 2002 (Broschüre).

Schmitt, Peter A. (1998): „Qualitätsmanagement." Snell-Hornby, Mary / Hönig, Hans / Kußmaul, Paul / Schmitt, Peter A. (Hrsg.): *Handbuch Translation*. Tübingen: Stauffenburg, 394-399.

Schopp, Jürgen (2005). *„Gut zum Druck"? Typographie und Layout im Übersetzungsprozess.* Tampere: Tampere University Press.

Agnieszka Chmiel
Poznan
Focusing on sense or developing interlingual lexical links?
Verbal fluency development in interpreting trainees

According to the Interpretive Theory of Translation (Seleskovitch/Lederer 1995), considered by Snell-Hornby (2006:30) to be the "cornerstone of interpreting studies", conference interpretation is about grasping the sense of the incoming source language message and rendering the same message in the target language without any lexical interference from the source language. Consequently, conference interpreter training should make students remember the sense and forget the words, i.e. focus on the deverbalized message. However, the author's training experience shows that when students learn how to capture the sense they should also concentrate on developing automatic interlingual lexical links. It is the cognitive connections between particular linguistic units in the source language semantic network and in the target language semantic network that should be established/strengthened in the later fine-tuning stage of training (where the focus shifts from quantity, i.e. the rendition of full content, to quality). We will start by challenging the views of the Paris School and briefly reviewing those that have at least partially disagreed with the deverbalization requirement. The subsequent section will underline the importance of developing interlingual lexical links in the bilingual mental lexicon of a conference interpreter. Two connectionist models of the mental lexicon will be presented and applied to interpreting to show how conference interpreters retrieve words. A small-scale longitudinal study was devised to shed more light on the possible flexibility of the mental lexicon functions (measured by verbal fluency). The study will be described together with its results since they may have potential ramifications for the conference interpreting course design.

1 Challenging the axiom

The interpretive model of conference interpreting devised by the Paris School is undoubtedly the most influential theoretical approach in Interpreting Studies. Seleskovitch and Lederer (1995:3) rightly claim that

> the student interpreter must learn practically to disregard the words he hears in order to pay full attention to the message.

This does not mean that interpreters do not pay attention to the words at all. They do and words are the tools to convey the interpreted message. Seleskovitch and Lederer simply underline the importance of sense and message in interpreting. They also differentiate between interpreting sense and transposing technical terms that are monosemic and have specific counterparts in the target language. According to Lederer (2003:66):

a technical term is one which can be translated by correspondence as opposed to the common lexeme where correspondence is often possible but also often misleading.

According to the theory of sense, teachers should not answer students' questions about how to translate a particular word or phrase. They should rather focus on how to render the same sense in the target language. In this way, the scholars reject the contrastive approach to teaching interpreting (which might be the right approach in the initial stages of training only). They claim that no direct connections should be established between lexical items in both languages and that the deverbalization phase (separation of sense from linguistic forms) helps set the border between the source and the target language. However, the cognitive connections between particular linguistic units in SL and TL are inevitably formed in the course of the interpreting practice. In fact, Seleskovitch and Lederer themselves point out three types of such instances: monoreferential terms (i.e. technical terms that must be extensively studied by the interpreter before the task), established corresponding terms, and deliberate word-choice, i.e. "terms which the speaker has expressly chosen and which the interpreter must render with an equally carefully chosen term" (1995:91). Therefore, some direct relations between L1 and L2 lexical items have to be not only established but also developed.

Additionally, it seems that total deverbalization is rarely possible. As Setton claims (2003:140):

> The input words are so present to the ear and brain in SI as to make it highly unlikely that all their features disappear from its circuits without trace once their conceptual essence is extracted and passed to central cognition.

Priming studies show cross-linguistic influences on target words on both the lexical and conceptual level (see for instance Schacter/Badgaiyan 2001, Dehaene et al. 1998, Grainger/Frenck-Mestre 1998). In fact, the input in consecutive or simultaneous interpreting serves as a prime for subsequent production of the target utterance by the interpreter. In the consecutive mode, notes serve as an additional backup. However, if many language-unspecific symbols are used in the note-taking system, this will be conducive to stronger deverbalization.

Our brains are very plastic and every experience (including linguistic) changes the internal wiring in the brain, thus influencing the mind and the cognitive makeup. In the case of the mental lexicon of a bilingual, connections between particular words or phrases are strengthened each time these words or phrases are experienced together (for instance, when heard as the SL input and produced as the TL output by the interpreter). As Setton mentioned (2003:163):

> connectionist models allow specifically for the network to be trained by the selective weighting of paths and connections. (...) This programming begins during the initial interpreter training, then through the subject's career, with peak programming bouts just before and during assignments.

The study described in the subsequent sections aims at spotting this plasticity by comparing the performance of the same subjects (trainee interpreters) measured by the ease and speed of lexical production.

The fact that some interlingual lexical links between possible translation equivalents are automated adds to the plausibility of simultaneous interpreting. The interpreter can save some mental resources and use them for other efforts (as defined by Gile 1995). Setton (2003) is of the same opinion, claiming that interpreters will fall back on semi-automatic insertion in familiar and unproblematic contexts, thus redirecting some mental energy to more troublesome input. He rightly points out that glossaries developed by interpreters in the course of their preparation for a conference are conducive to developing interlingual lexical links between translation equivalents in a given context or domain. According to Setton (2003:154f.), there are a few categories of such interlingual correspondences in accordance with their functions:

- gap-filling and short-cuts (an equivalent that fills a gap in the TL)
- fashionable and idiomatic terms (developed by professionals over the course of their professional practice)
- overriding or validating cognates (cognates may be true friends in some contexts and false friends in other)

The network of lexical and conceptual links is in a constant flow. Its ever-changing nature is analogous to the metaphor of the human brain as a muscle. The influence of experience and extrinsic stimuli on the brain neurocognitive structure (subject to plasticity, synaptogenesis and neurogenesis) is figuratively comparable to the modification of muscles resulting from external workout. Since the interpreter's mental lexicon is frequently drawn upon in a bilingual context, it is plausible that the activation threshold for particular interlingual lexical links will be lowered and verbal fluency will be improved in the course of the interpreting experience. Moreover, individual experience and personal associations will further change both the language-independent conceptual network and the language-dependent lexical networks. We will now move on to describe the mental lexicon models in order to see how the interpreting practice might correlate with its flexibility.

2 The mental lexicon

The mental lexicon is understood as "a set of words represented in the brain, including their default meanings and implicit phonological, morphological and syntactic properties" (Paradis 2004:241) connected via multidimensional links. It includes word lemmas (meaning and word class) organised into a semantic network (useful for speech production) and word forms (sound structure) organised on the phonological basis (useful for word recognition) (Aitchison 2003:241). Word production begins with semantics and syntax, i.e. lemmas are first activated, while word recognition begins with sounds, i.e. forms become activated first. For the sake of nomenclature clarity, it is worth mentioning that a conceptual network is understood to be equivalent to a conceptual store, defined by Paradis as a language-independent store of the individual's mental representations and knowledge of the world (2004:201).

The perennial question that has absorbed generations of psycholinguists and second language acquisition experts has been whether two vocabularies of a bilingual individual are stored together in a single lexicon or apart. Kroll and Dussias (2004:170) review recent psycholinguistic studies and suggest "a great deal of permeability across language boundaries." They also attract attention to consequences of cross-language interaction, i.e. competition from alternative lexical candidates in word recognition and production. Hence, activation and inhibition gain significance as important processes supporting the mental lexicon.

The majority of current approaches favour the view of a common conceptual store for all languages and separate lexical stores. These lexical stores can have a mixed compound/subordinative (concept mediation) and coordinate (direct lexical links, word association) structure. There are two models of the mental lexicon that elegantly present this mixed nature of individual stores. First, a brief overview of the revised hierarchical model will be presented, followed by the description of the distributed feature model. Both models can help envisage the development of interlingual links due to conference interpretation training and practice.

The revised hierarchical model of the mental lexicon (Kroll/Stewart 1994) reflects consequences of the learning history and assumes that a bilingual will rarely be an individual with two L1s or A languages (to use the categorisation of the interpreters' working languages adopted by AIIC and DG Interpreting). The model assumes the existence of a common conceptual store for the meaning of words and two separate lexical stores with interlingual links. Because conceptual links are stronger between L1 and the conceptual store than between L2 and the conceptual store, L1 words can access their meanings faster than L2 words. The meaning of L2 words will be retrieved via L1 words. Only with growing proficiency of L2 will the conceptual links between L2 and the conceptual store be stronger. There is another asymmetry, namely that in the directionality of lexical links with links from L1 to L2 being weaker than those from L2 to L1. This asymmetry was posited following empirical observations of non-interpreting bilinguals (reviewed by Kroll/Dussias 2004). Fig. 1 presents the revised hierarchical model (after Kroll/Dussias 2004:176).

If applied to conference and trainee interpreters, this model nicely shows the strengthening of interlingual lexical links as a result of prolonged practice. Because L1 and L2 (or A and B language) words are activated concurrently (either for comprehension or production), the lexical links between them will become stronger. Additionally, the conceptual links between L2 words and their meanings will also develop (in fact, conference interpreting is not a

Agnieszka Chmiel

preprequisite to strong conceptual links for L2 words – these links will develop alongside linguistic proficiency). Therefore, the mental lexicon of a conference interpreter may look as depicted in Fig. 2.

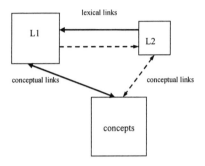

Fig. 1: The revised hierarchical model (after Kroll/Dussias 2004:176).

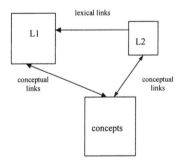

Fig. 2: The revised hierarchical model of a conference interpreter's mental lexicon.

As regards the lexical links between languages, their strengths will depend on the directionality of interpreting. If the interpreter works not only from his/her B language (L2), but also into it, the connections may develop more or less equally. On the other hand, if the interpreter works only from his/her L2 and L3 (i.e. C languages) into A, the linguistic links from other languages to the mother tongue may be stronger than the opposite links (see Fig. 3. However, one should bear in mind that this is an assumption that requires empirical justification (and will be the subject of the author's further research).

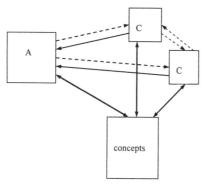

Fig. 3: The mental lexicon of a conference interpreter with an A-C-C language combination.

The other theoretical approach to the mental lexicon worth mentioning in the present discussion is the distributed feature model. The basic assumption of this model is similar to that of the hierarchical model. Empirical research on translation, Stroop effects or semantic priming and some neuroimaging studies suggest a single semantic store supporting meaning representations of words in two languages (Kroll/Dussias 2004). The model was developed by De Groot (1992) who focused on the fact that not all words possess direct single word translation equivalents. Sometimes these equivalents are approximate, and hence interpreters frequently have to resort to compensation of the sense by other means (such as additional words or various syntactic structures). It is precisely because of this orientation that the model is so interesting in the discussion of interlingual lexical links in the conference interpreter's mental lexicon. The distributed feature model depicts relations between translation equivalents in the form of the overlap of semantic features. The more semantic features are common for two words from different languages, the more exact translation equivalents they are. Kroll and Dussias (2004) present evidence showing that the degree of overlap is directly proportionate to the ease and speed of retrieval of the translation equivalent. Concrete words and cognates are easier to retrieve than abstract and non-cognate words since the former have more overlapping features (Heredia/Brown 2004).

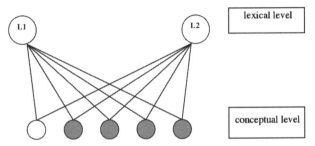

Fig. 4: The distributed feature model (after Kroll/Dussias 2004).

As the language proficiency increases and various denotations and connotations are acquired for individual words, the interconnections between the lexical level and the conceptual level of features gain on density and strength. In fact, the speed and ease of retrieval will depend not only on the degree of overlap of these features, but also on the strength of connections on the lexical level (not considered in the distributed feature model).

The two above mentioned models nicely reflect the flexibility of the verbal network. not only of a bilingual, but also of a conference interpreter and an interpreting trainee. The following section will be devoted to verbal fluency since it was applied as a measure of the mental lexicon flexibility in the study described below.

3 Verbal fluency

Verbal fluency is the lexical accessibility for production. It reflects the speed and ease with which words and sentences are generated (Moser-Mercer et al. 2000:123). Verbal fluency tests measure language functions and are used to evaluate semantic memory (Brucki/Rocha 2004). They have various applications and were first introduced to evaluate the verbal productivity of brain damaged patients. They are usually applied to test frontal lobe lesions and functions (Szatkowska et al. 2000). It is typically measured by the quantity of words produced within a time limit and usually within a restricted category. Subjects are given instructions and the number of words correctly generated within a minute or different time limits are counted (repetitions and inflections are disregarded). Two criteria may be applied:

- phonological criterion – words beginning with a given letter or phoneme
- semantic criterion – items belonging to a specific semantic category (e.g. names of animals, sports, pieces of furniture or clothing) (Szatkowska et al. 2000).

As Brucki and Rocha mentioned (2004:1776), the analysis of words generated by normal subjects provides "valuable insights into the structural organization of semantic categories." Since category (or semantic) fluency requires retrieval of information that is hierarchically organised in semantic memory and since word production is based on the semantic rather than the phonological criterion, the longitudinal study described below will apply just the semantic criterion. Thanks to the spreading activation process, activation of one specimen from a given category or a superordinate for that category will automatically activate closely related semantic neighbours. The stronger the links, the easier the retrieval and the higher the number of generated words.

4 The study

A small-scale longitudinal study was conducted to detect to what extent intensive training influences the trainees' verbal skills and their mental lexicon structure. The study focused on word retrieval and production as one of the essential subskills of successful conference interpreting. The experiment used verbal fluency as a means of testing lexical accessibility for production.

In various studies of conference interpreting as a skill, interpreter trainees, novices and professional interpreters are compared. In order to shed more light on the verbal production skills of interpreters in the making, this experiment has been designed as a longitudinal study. By comparing the same trainees in the middle and final stage of their training, we hoped to find out how the skill develops alongside strengthened connections in the mental lexicon. By using a particular timescale (the interval between the first and second experimental trial), it can be shown how quickly the potential of the mental lexicon develops (as measured by verbal fluency) due to intensive interpreter training.

4.1 Subjects

The study involved 8 interpreter trainees participating in the Conference Interpreting Programme run by the Department of Translation Studies and the Centre for Teaching Translation at the School of English, Adam Mickiewicz University, Poznan, Poland. The Programme is available to M.A. students and lasts two years. Six subjects were females and two subjects were males. Their A language was Polish and their B language was English.

4.2 Procedure

The study encompassed two trials. The first trial (winter trial) was conducted after 40 weeks of training that included approx. 870 hours of introductory classes (such as a course on interpreting strategies, introduction to note-taking, professional ethics) and interpreting classes. These included separate courses of liaison, consecutive and simultaneous interpreting from and into the students' B language focusing on various LSP areas (legal, medical, business, scientific and technical texts). Some of these courses also featured exercises in sight translation. At the time of the first trial, the students had already finished their first year of training and started the last one. The summer trial was conducted at the very end of the training (a few days before the final interpreting exam). The subjects were re-tested after additional 20 weeks of training that included approx. 480 hours of intensive classes of mainly consecutive and simultaneous interpretation.

Each testing trial in one language consisted of three tasks. In the first two tasks, the subjects were asked to produce as many words from a particular category as possible within one minute. The third task included two categories and the subjects were requested to alternate the categories (i.e. name a word from the first category followed by a word from the other category, then return to the first category, etc.) In Polish, the categories were plants (task 1), countries (task 2), sports and clothing (task 3 with two alternating categories). In English, the categories were: animals, boys' names, furniture and fruit. One category in each language (countries, boys' names) were chosen deliberately to be the categories of proper names so that visualization as a search technique could be identified (more on the issue in the discussion of results).

The order of tasks in a particular language (Polish or English) was randomised across the subjects and both test trials. However, the order of individual tasks remained unchanged (two tasks with a single category followed by one task with two alternating categories). Instructions were given in the language of the task.

4.3 Hypothesis

It is hypothesised that there will be a statistically significant difference between the Winter and Summer Trial results. The students' verbal fluency as measured by semantic fluency tasks will be better after 480 hours of intensive conference interpreting practice held over the period of 20 weeks.

4.4 Results

In general, the average results for the Summer Trial are higher that those for the Winter Trial and the difference is statistically significant ($t=2.19$, $p < .02$) (Fig. 5). However, when the results are interpreted individually for each subject, it turns out that 20 weeks of intensive training increased verbal fluency of some students only. Lower results for the Summer Trial have been recorded for three out of eight students (Tab.1). Thus, the evidence is inconclusive. It would be useful to conduct a similar study on a larger population and with an increased interval (for instance, at the very beginning and towards the end of the training programme). The interval may have been too short to witness changes in the structure of the lexicon. Further research involving such tasks as generation of translation equivalents and subliminal priming is also necessary.

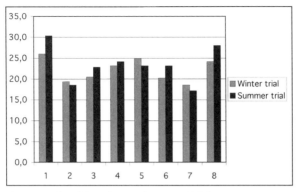

Fig. 5: Results of the Winter and Summer Trial.

	S1	S2	S3	S4	S5	S6	S7	S8
Winter Trial	26.0	19.3	20.5	23.2	24.8	20.2	18.5	24.2
Summer Trial	30.3	18.5	22.8	24.2	23.2	23.2	17.2	28.0

Tab.1: Comparison of results of the Winter and Summer Trial.

The comparison of results for an easy to imagine category (countries and boys' names) with categories (e.g. plants) that are more difficult to visualize (for instance due to the lack of specialist botanical knowledge), shows that visualization was used as a successful search technique (see Fig. 6). The sequences of generated words further substantiated this claim. For instance, when generating boys' names, one subject produced the following sequence: Ross, Chandler, Joey. It will be immediately clear to fans of the American TV series entitled "Friends" that the subject was imagining the characters of that show. Additionally, sequences of countries' names were in line with a mental map of Europe and other continents. The fact that the subjects used visualization as a search technique might have resulted from the students' training in visualization as part of their note-taking course.

Despite inconclusive evidence of the study, the presented assumptions regarding the flexibility of the interpreter's mental lexicon seem intuitively correct in the context of the psychological studies referred to above. Hence, the last section will be devoted to didactic consequences of such flexibility leading to the development of interlingual lexical links.

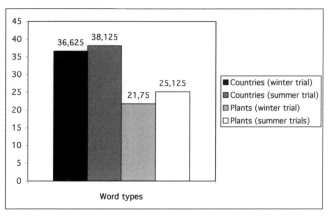

Fig. 6: High-imagery and low-imagery words.

5 Ramifications for training

The acquisition of the conference interpreting skill does not only involve the development of such subtasks as simultaneous listening, analysis and verbal production. Nor is it limited to more efficient application of various memory subsystems (episodic, working, semantic and procedural). The acquisition of the conference interpreting skill also requires the rewiring of the mental lexicon by strengthening or sometimes even building connections between equivalent words and phrases in the interpreter's working languages. Moser-Mercer speaks in the same vain of "having the contents of one's declarative memory structured in a way that supports fast retrieval" (2000:90).

It frequently happens to bilinguals with no interpreting experience that they fully understand the message in one of their languages but, if asked, fail to render it immediately in the other language. Sight translation poses many problems to interpreting trainees in the early stages of their training. Leaving technicalities aside (eye movements, processing of portions of the read text, etc.), trainees cannot easily find the right equivalent because the links may not have been established. Obviously, it all depends on the manner of acquisition. The extensive use of monolingual dictionaries by foreign language learners who want to become interpreters in the future is not recommended. When acquiring new words through their definitions in the same language, only the connections between the lemmas and their concepts are created. Since the mother tongue equivalent is not activated at the time of the acquisition of the word, the interlingual lexical link is not formed.

De Groot (2000:60) suggests specific training procedures to be incorporated in order to facilitate verbal production thanks to the development of direct interlingual lexical links. She claims (2000:58) that training should concentrate on words that are known to be particularly hard to retrieve in the target language (for instance due to non-straightforward mappings between the source and target languages).

To illustrate this with an example: the present author's experience is that Polish trainee interpreters frequently have problems with finding the equivalent of the English word *facilities*. It is very useful to make them aware that depending on the context, this word may be rendered as *zaplecze* or *obiekty*.

De Groot (2000:60) further posits that

> the goal of such a training component should be to strengthen the long-term-memory connections between the representations of translation equivalent terms (thereby at the same time weakening the deleterious effects of translation pitfalls).

Specific exercises, as put forward by de Groot should involve words or categories of words that are notoriously difficult to translate. Thus, it is a good idea to incorporate a few exercises on cognates (both true and false) in the training programme of conference interpreting. Thus, students can have an opportunity to strengthen direct links between true cognates in their working languages and raise their awareness as to the pitfalls to be avoided when interpreting false cognates (more on the issue in Chmiel 2007).

Setton (2003:164) refers to all the exercises that strengthen the interlingual links as to the "initial and ongoing maintenance and cultivation of the lexicon" which "serves to reduce effort and enhance quality." However, it remains to be seen if and to what extent the automation of word retrieval and production is subserved by the procedural since vocabulary (unlike phonology and syntax) is governed by the declarative (i.e. explicit) memory. For the time being, it seems advisable to include the contrastive approach and exercises aiming specifically at the development of interlingual lexical links in the more advanced stages of conference interpreter training.

References

Aitchison, Jean (2003): *Words in the Mind: An Introduction to the Mental Lexicon.* Blackwell: Oxford.

Brucki, S.M.D. / Rocha, M.S.G. (2004): "Category fluency test: effects of age, gender and education on total scores, clustering and switching in Brazilian Portuguese-speaking subjects." *Brazilian Journal of Medical and Biological Research* 37: 1771-1777.

Chmiel, Agnieszka (2007): "How conference interpreters process cognates." Paper delivered at the MuTra Conference in Vienna, Austria.

De Groot, Annette M.B. (1992): "Determinants of word translation." *Journal of Experimental Psychology*: Learning, Memory and Cognition 18, 1001-1018.

De Groot, Annette M.B. (2000): "A complex-skill approach to translation and interpreting." Tirkkonen-Condit, Sonja / Jääskeläinen, Riitta (2000) (eds.): *Tapping and Mapping the Processes of Translation and Interpreting. Outlooks on empirical research.* Amsterdam/ Philadelphia: Benjamins, 53-68.

Dehaene, Stanislas / Naccache, Lionel / Le Clec'H, Gurvan / Koechlin, Etienne / Mueller, Michael / Dehaene-Lambertz, Ghislaine / van de Moortele, Pierre-François / Le Bihan, Denis (1998): "Imaging unconscious semantic priming." *Nature* Vol. 395, 596-600.

Gile, Daniel (1995): *Basic Concepts and Models for Interpreter and Translator Training.* Amsterdam/Philadelphia: Benjamins.

Grainger, Jonathan / Frenck-Mestre, Cheryl (1998): "Masked priming by translation equivalents in proficient bilinguals." *Language and Cognitive Processes* 13, 601-623.

Heredia, Roberto R. / Brown, Jeffrey M. (2004): "Bilingual memory." Bhatia, T. / Ritchie, W. (2004) (eds.). *Handbook of Bilingualism.* Cambridge, MA: Blackwell Publishers, 225-247.

Kroll, Judith F. / Dussias, Paola. (2004): "The comprehension of words and sentences in two languages." Bhatia, T. / Ritchie, W. (2004) (eds.). *Handbook of Bilingualism.* Cambridge, MA: Blackwell Publishers, 169-200.

Kroll, Judith F. / Stewart, E. (1994): "Category interference in translation and picture naming: Evidence for asymmetric connections between bilingual memory representations." *Journal of Memory and Language* 33, 149-174.

Lederer, Marianne (2003): *Translation – The Interpretive Model.* Manchester, St. Jerome.

Moser-Mercer, Barbara (2000): "Simultaneous interpreting. Cognitive potential and limita-tions." *Interpreting* 5:2, 83-94.

Paradis, Michel (2004): *A Neurolinguistic Theory of Bilingualism.* Amsterdam/Philadelphia: Benjamins.

Schacter, Daniel L. / Badgaiyan, Rajendra D. (2001): "Neuroimaging of priming: New perspectives on implicit and explicit memory." *Current Directions in Psychological Science*, 1-4.

Seleskovitch, Danica / Lederer, Marianne (1995): *A Systematic Approach to Teaching Interpretation.* Silver Spring, MD: The Registry of Interpreters for the Deaf.

Setton, Robin (2003): "Words and sense: Revisiting lexical processes in interpreting." *Forum* 1, 139-168.

Snell-Hornby, Mary (2006): *The Turns of Translation Studies.* Amsterdam/Philadelphia: Benjamins.

Szatkowska, Iwona / Grabowska, Anna / Szymańska, Olga (2000) "Phonological and semantic fluencies are mediated by different regions of the prefrontal cortex." *Acta Neurobiologiae Experimentalis* 60, 503-508.

Mohammed Didaoui
Genf

Translation Quality: A Pragmatic and Multidirectional Approach

I can attest that my own books and papers emerge from long gestations and frequent rewritings. The work is both humbling when I behold my shoddy first results and satisfying when I arrive at some decent late results. Mediocre or complacent writers who don't bother to revise, clarify, reorganize, and so on, reduce their own processing load and dump their problems onto the readers, treating them as 'seller's market' whose clients must take the product along with its defects.

(de Beaugrande 1995:VI-34)

1 Introduction

There is an intimate connection between translation and writing. Translation may be looked upon as framed writing, obeying the same rules within a specific framework defined by the original. Actually, a translator is an autonomous text producer and an incarnated writer.

With the advent of the Internet and thanks to the new trends and developments in computer technology and digital advances, including translation memory systems, electronic terminology databases and revision tools, the translation scene is rapidly metamorphosing: unprecedented teletranslation-inspired modes of translation are being introduced, thus opening infinite new horizons with their accompanying loopholes. These modes include off-site translation and the relocation of institutional translators to cheaper localities for the purpose of cost-effectiveness. However, this endeavor runs up against the scarcity of qualified revisers and the lack of reliable standardized terminology.

Revision is essentially an adaptation and verification exercise and an integral part of the translational process. It is, after all, an intralingual translation and an imperative comparative quality control tool, depending on the degree of required quality.

The notion of „quality" is nevertheless fuzzier than ever. Within the context of the „useful quality" concept, many elements come into play: text categories, translators' level and revisers' level, in addition to a number of factors that influence translation and revision management and dictate decisions as to how to correlate translators and revisers in the most effective manner. Moreover, qualitics consisting of techniques and methods aiming at ensuring the quality of products and services with minimal costs and controlling risks is gaining importance within globalization. Quality control takes a number of forms.

Self-translation, as a kind of bilingual parallel adaptational writing, and multilingual scientific writing, that very often substitutes for time-consuming and costly traditional translation procedures, are special cases deserving of consideration.

The purpose of this paper is to analyze the multifaceted translation-revision equation and interplay, develop methods for optimal translation management and efficient translator training, and explore a course of action for solving pending snowballing problems.

2 Revision: A writing perspective

Writing is considered a fundamental component of the work of terminologists, language policy planners, editors and translators. They were grouped, in a seminar on Terminology: Interdisciplinary Approaches, held in Quebec from 2-4 May 2007, under the heading of "écrivants" ("writers").

In addition to the habitual emphasis on the necessity of accurately rendering meaning, it is obvious from remarks made on translations that the end-user scrutinizes language aspects of the final product text (grammar, vocabulary, style, etc.).

In reports of the UN Committee on Conferences, translators of all United Nations' six official languages have been required to do likewise.

Actually, the majority of the recommendations were related to textuality and concentrate on the configuration of the target text as an end-result, and therefore on writing.

It is to be noted that rules governing translation as a text-producing exercise are basically the same as original textualization. This is quite evident from books written by eminent Arab scholars on writing principles and guidelines[1] (see Didaoui 2005) or intended for writers and editors, such as Cheney (1983).

It goes without saying, however, that translators operate within a prescribed framework determined by the source language and have to master translation techniques to shift and transfer from one language to another.

Revision, which is defined by the MS *Encarta* dictionary as "the amendment of a text in order to correct, update, improve or adapt it", starts immediately with self-revision at the very moment of entering the realm of the target text-culture, as the translator processes and enhances an intermediate text. The scope of this transitional phase varies, depending on the translator's qualification and other factors, and the degree and quality of revision itself are contingent upon the translator's professional competence, linguistic expertise and motivation.

Moreover, almost nothing has been published on revision as a second-degree translation. One of the rare publications on the subject, Brian Mossop's *Editing and Revising for Translators* (2001), devotes a substantial space to editing and style, in addition to revision parameters and procedures and degrees of revision. It is clearly stated therein that "a text may fail to conform to society's linguistic

---

[1] A monograph is worth mentioning in this regard. It is *La letter vierge d'Ibn El-Mudabeer* (893), which was edited by Zaki Mubarak in 1930, with a very informative introduction (see Zaki Mubarak [2002]).

rules, or rules for translating, or rules for writing in a particular genre" (Mossop 2001:1).

Under the headings of editing, the following themes are treated, *inter alia* :

- The difficulty of writing
- Enforcing rules
- Quality
- Tasks of editors
- Editing, rewriting and adapting
- Mental editing during translation
- Degrees of editing and editing procedure
- Copy editing rules
- Syntax and idiom
- Punctuation
- Usage
- Tailoring language to readers
- Smoothing
- Readability versus clarity
- Stylistic editing during translation
- Physical structure of a text
- Problems with prose
- Structural editing during translation
- Macro-scale content editing
- Factual errors
- Logical errors
- Content editing during and after translation
- Degrees of consistency
- Pre-arranging consistency
- Over-consistency.

Although these topics are dealt with from a translation angle, they may well serve as a syllabus for training on writing. The word "translation" may even be substituted with "text-producing in the target language".

A wonderful example of interaction between translation and writing was the product of Martin Luther, as he undertook to translate the Scripture into German. Although it

> has been thought for centuries that he was the creator of modern German and that more recent researches have asserted that German took shape progressively starting from the middle of the XIVth century, it is generally recognized that he

largely contributed to the diversification of the German language resources (Bocquet 2000:38).

He therefore encouraged the amalgamation of various German idioms and his work became a turning point in the German Language phonetic evolution', as a transition between the *Middlehochdeutsch* and the *Neuhochdeutsch* (Modern German) (ibid:41). Also, thanks to his writing capability, the reform was put on the right track. He took pleasure in using stereotyped alliterations and he was phonologically interested in German, particularly in proverbs and idioms (ibid).

In translation[2], he concentrated on target language usage and his highest priority was to convey the evangelical message in a 'functional way': he was convinced that "anyone who writes should respect the 'linguistic code' of the language" (Bocquet 2001:84).

Finally, there is an instance where translation, revision and writing overlap. It is self-translation, where the bilingual author produces a text in one language, usually the mother tongue, and re-writes the text in another language, taking into account the value, relevance, significance and accessibility of information for the target reader and culture.

There are three main types of self-translation (Oustinoff 2001:29-34):

- **Naturalization:** it is widespread and consists of adjusting the text to the linguistic norms and requirements of the target language and eliminating any interference by the source language
- **Decentred self-translation**: whereby the target text is literally invaded and impacted by the source text
- **(Re)-creation:** the self-translating author freely introduces changes and actually writes twice

Multilingual writing goes even beyond those limits, as the expert writes freely in different languages on the same subject and refers to many languages on the same topics in order to write in the target language without boundaries. It is translation only because of translingual movement.

3 Translation quality equation: to revise or not to revise

Managing quality in the translation field is tantamount to managing revision assignment for an optimal utilization of available resources in order to achieve cost-effectiveness to the highest possible extent. This has been dictated by increasing budgetary constraints and by reform and restructuring initiatives. Translation, as a recognized creative and intellectual activity, is therefore subject to auditing, while it is difficult to measure in financial terms its actual value and contribution. The situation is compounded further by the fact that the evaluation is usually done by experts with no background knowledge of transla-

---

[2]   His views are contained in the *Sendbrief vom Dolmetschen* and the *Summarien über die Psalmen und Ursachen des Dolmetschens* (see Bocquet 2001:145-219).

tion processes or theories. Translators find themselves in a quandary: they are asked to produce more with less means and their output is scrutinized and sometimes unreasonably criticized.

In order to improve translation managerial efforts, two working groups, one on training and the other one on quality, were set up by the IAMLADP (Inter-Agency Meeting on Language Arrangements, Documentation and Publications) and a Pilot Training Session on Managing Revision in Translation Services was organized in 2005 and followed by another session in 2006.

The purpose of the workshop was to rationalize translation services management through better use of staff resources and client-orientation, on the basis of the key concept of "useful quality" and an optimum cost-quality ratio.

To that effect, texts are classified according to their order of importance as follows (See Prioux 2005):

- **T1 Important and very important:**
  - Legal and statuary instruments
  - Political and diplomatic texts for the use of decision-making bodies
  - Reports to ministerial conferences
  - Press releases
  - Publications
- **T2 Medium importance:**
  - Reports to seminars, workshops and similar (other than high-level) gatherings
- **T3 Not important:**
  - Administrative circulars/notes
  - Information circulars
  - In-session documentation
- Etc.

It should be noted, however, that the quality factor has serious consequences in an institutional environment necessitating accurate parallelism between official languages, and that errors may lead to delays, frictions and misunderstandings between states.

In-session documentation may jump to the T1 level if documents are of legal character or if they have political bearings. It should be noted, in this regard, that errors may be corrected at a later stage, as texts become final in subsequent meetings or as final reports consolidating previous drafts.

Translators are classified by level of reliability:

- **Tr1 Very High reliability:**
  - Highly qualified translators at a senior reviser level
  - Former highly qualified competent staff, regularly employed by the Organization
  - Similarly very experienced external translators, regularly recruited
- **Tr2 Good reliability:**
  - Experienced internal translators
  - Former internal translators/revisers from other organizations, occasionally recruited
  - Experienced external translators working at the Organization
  - Usually, this the level at which translators start self-revising
- **T3 Medium reliability:**
  - Internal translators with minimal experience
  - Internal translators with little experience
  - Internal translators with long seniority and fairly average performance. It may be a signal that they are not in the right place and that they should be deployed elsewhere - otherwise it is a waste of resources
- **T4 Poor reliability:**
  - Internal translators who have not proved to be reliable (they should be dismissed or assigned unimportant jobs)
  - External translators who have not proved to be reliable (collaboration with them should cease)
  - New external collaborators with no particular experience (non-translator experts, etc.)
  - Negligent and non-quality-minded T1 translators

In this regard, the main problem raised is that translation has become a lucrative business and that very qualified translators may perform at a conspicuously low level because of parallel translation activities they undertake and consequent lack of concentration and care. They may even work simultaneously on dual or multiple contracts! T4 translators should not be on staff at all and „reliability" should be discarded altogether because texts are, at the least, important. Tr4 performance denotes low grade "fast-food" translation and could only be accepted for "unimportant texts", which should not exist, unless "important" is used as a euphemism …

The ultimate objective is to attain a maximum harmonization between the importance of texts and the reliability of translators and to assign texts for revision on the basis of the risk level, which is scaled from R0 (No risk, no revision) to R4 (High risk). The concept of reliability is broad and should be clearly refined. Figure 1 and 2 illustrate how those factors intermingle (See Prioux 2005).

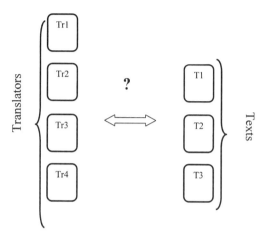

Fig. 1: Harmonization between texts and translators

Besides these matching operations, quality in translation is determined by two main series of criteria related to meaning and form (See Prioux 2005) and the degree of tolerance depends on the kind of useful quality required, with the possibility of accepting functional translation/revision at a lower level, including slight grammatical mistakes, a limited number of typographical errors, literalism and stylistic departures not affecting the meaning.

These proposed reflections and classifications are quite instrumental, but they may boil down to acrobatic managerial feats unless certain conditions are met, notably the availability of adequate resources, training on translation methodology and total grasp of languages and elaborate linguistic knowledge, particularly in the target language, for textualization purposes. This is not always the case.

Offer / Demand	Reliability +++ Tr1	Reliability ++ Tr2	Reliability + Tr3	Reliability - Tr4
Importance +++ T1	VGH R2 Re-reading recommended	GH R3 Revision necessary	MH R3/R4 Revision indispensable	VBH VBH R4 No translation (high risk)
Importance ++ T2	VGH R0/R1 No revision	VGH R1 Ad hoc revision (Checking)	GH R2/R3 Revision recommended	BH R3 (Heavy) Revision necessary (re-translation preferable)
Importance + T3	NH R0 No revision	NH/GH R0 No revision	VGH R1 Ad hoc revision (Checking)	GH R1/R2 Re-reading recommended (R3/R4 and revision; re-translation preferable)

Ill. 2: Optimal harmonization between text importance and translation quality

BH: Bad harmonization

GH: Good harmonization

VBH: Very bad harmonization

VGH: Very good harmonization

NH: No harmonization

R0: Very small risk

R1: Small risk

R2: Medium risk

R3: Significant risk

R4: very significant risk

In fact, other important factors should be taken into account in managing quality:

- **Revision reliability (Rr)**[3]: Once it is has been decided to assign a document to a reviser, the reliability of that reviser is of utmost importance. Revision is still practiced subjectively and haphazardly and there may be revisers who are promoted administratively and not on their professional merits, as their performance does not exceed that of a middle-average translator. Promotion to reviser's level should be at Tr2 and not below.

- **Contractual status**: It has been observed that permanent contracts have led, in some cases, to considerable abuse and that the 2-year starting probationary period rarely has been used to get rid of incompetent elements, even though it is intended to be a testing and probing phase of recruitment.

- **Supporting services**: At the forefront comes the availability of suitable **terminology data bases** and of adequate **reference material**.

- **Motivation:** Many reasons, including career prospects, may give rise to frustration, which affect actual performance.

- **Specialization**: In view of the great variety and complexity of the United Nations documents, expert knowledge of specialized subjects is a great advantage and a determining factor in job assignment. It is also possible to specialize in the translation of specific subjects and thereby become acquainted with those subjects through translating them exclusively, without necessarily being a specialist in the field in question.

- **Time factor and work pressure**: Even if all other conditions are met, allowing sufficient time is essential for certain documents that require attention and care. It is also a prerequisite, as there are translators and revisers who work faster than others, and there are those who are remarkably slow. **Timeliness** is part of the triangular performance paradigm including **efficiency** and **quantity** (see the Epstein report).

- **Complexity**: Relates to the technical and specialized character of the subject and also to the way the document is written. The text may not be important but complex. On the contrary, a text may be important, well-written, clear and straightforward.

- **Quality of the original:** It is an open secret that English original documents are often written by non-native speakers and do not lend themselves easily to translation. The quality level of those texts should be added to the quality equation.

---

[3] Revision does not always guarantee client's satisfaction. For example, Brammertz report on the assassination Lebanese former Prime Minister Rafik Hariri was criticized, as reported by Al-Anwar newspaper, on 21 July 2006, because of omissions, weak style, typographical errors and misspelling, in Arabic, of Lebanese geographical names.

One of the main remedial actions would be to effectively use the competitive examination for translators and therefore preclude incapable elements from filtering out.

Indeed, at a time when "reliability" still has to be clearly defined, language mastery is a crucial aspect, in order to pass judgment on the final form of the text, in addition, of course, to the content.

In the Arabic language sphere, translation has taken mainly two courses since the *Nahda* (Renaissance, late 1800s to early 1900s). One of them was championed by illustrious men of letters, who had a perfect perception of Arabic but translated intuitively and adapted from the original with varying degrees of accuracy. This kind of adaptive deviatory translation is nowadays embarked on by translators with less language authority.

The other course has been followed by institutional translators. Some of them have an excellent knowledge of language, but the great majority of those translators have never been trained on translation. They learned through practice and they resorted to literality for the sake of text parallelism with other official languages of the United Nations. The output has been sometimes a sort of *Araglish*.

A new breed of translation school graduate Arabic translators is progressively entering the market. A number of them are really promising and brilliant as translation technicians, but need extensive and persistent language development in order to reach a caliber comparable to that of their ancestors. Here comes the pivotal role which should be played by the university, as they should be coached and their language skills should be guided, consolidated and translation-oriented.

On the other hand, managerial quality strategies can be supplemented by relatively recent computer tools, which are writing-inspired, among them: *Word 2000 revision tools, Translog, Multitrans,* and *Trados.*

4 Conclusion

Driven by the sweeping wave of globalization and the accompanying new trends it has brought about, attempts have been made to explore and exploit new advances in computer technology for the benefit of translation and in search of efficiency and economy. It is, however, a pity that those endeavors have sometime resulted in faltering and obstructive measures as regards the quality of translation services.

Computer-Aided-Translation (CAT) tools are surely a welcome development for translators, facilitating their tasks and making it even more agreeable, attractive and far-reaching. But it seems that, amidst this computational revolution, the translation profession has become further disfavored. It is true that it has been officially recognized as an "intellectual activity", but financial and other considerations at the macro-level have sometimes contributed to tarnishing its image by not ensuring its proper functioning at the micro-level.

Translation is inevitably affected by global quality management. It is only a link in the document-producing chain and is consequently influenced by any flaw in that chain.

Emerging revision management principles, within the context of overall quality translation management, are certainly giving more insight into the whole translation machinery by trying to establish a quality-targeted approach. Nevertheless, one has the impression that it is like putting the cart before the horse. The core of the issue is to identify, recruit and train translators, applying the highest competence standard that is stipulated in the United Nations Charter for the staff of the Organization at large. The very first step is to secure adequate training at the university level and thorough language acquisition at different educational levels. The United Nations competitive examination for translators should be used as a genuine selective means which does not compromise excellence in any way. Post-recruitment training and follow-up are no less important, and revision is an effective device for institutional knowledge transfer and generation succession. Promotion to the rank of reviser, i.e. quality controller and trainer, should be solely upon merit; otherwise, it becomes destructive and counterproductive.

Translators/revisers belong to the category of writers, as is mentioned in the UN administrative documentation. They should be fully aware of that and should be treated as such. Frankly, they find themselves in a very odd situation. They usually suffer under the bad textual quality of many original English documents and the complexity of the subject matter. They constantly work under tremendous time pressure and have to deal with overlapping and nerve-breaking deadlines.

Finally, managing translation quality is part of a global strategy and therefore many factors have to be taken into consideration. Ensuring the availability of qualified translators, and, especially, capable revisers should be the highest priority. Perhaps it is also high time to look downstream into the quality of texts produced by the United Nations. Moreover, it is absolutely necessary, for better international multilingual communication, to have good writers and transwriters on board.

References

Beaugrande, R. de (1995): *A New Introduction to the Study of Text and Discourse. Cognition, Communication, and Freedom of Access to Knowledge* [divided into seven fascicules for students]. University of Vienna.

Bocquet, Catherine (2000): *L'Art de la Traduction selon Martin Luther, ou Lorsque le Traducteur se Fait Missionnaire*. Arras: Artois Presses.

Cheney, T.A.R. (1983): *Getting the Words Right - How to Rewrite, Edit and Revise*. Cincinnati: Writer's Digest Books.

Didaoui, Mohammed (2005) "Paradoxe défaillance textuelle-créativité-communicabilité en traduction arabe." Forstner, Martin / Lee-Jahnke, Hannelore (Hrsg.): *Regards sur les aspects culturels de la communication*. CIUTI-Forum Paris 2005, Peter Lang, 167-182.

Epstein, P.D. (1994): *Comprehensive Study of the Organization, Management and Staffing Requirements of Conference Services*. Interim report. New York: Epstein and Fass Associates (for more information see http://www.epsteinandfass.com/projects/html/projecthome.html).

Mossop, B. (2001): *Revising and Editing for Translators*. Manchester, UK / Northampton, MA: St. Jerome Publishing.

Oustinoff, Michaël (2001): *Bilinguisme d'Ecriture et Autotraduction. Julien Green, Samuel Beckett, Vladimir Nabokov*. Paris/Montréal/Budapest/Torino: l'Harmattan.

Prioux, René (2005): "La gestion de la révision dans les services de traductions." (Managing revision in translations services). Task Force on Joint Training Ventures of the IAMLADP Working Group on Training. Training session held at the International Telecommunication Union. Geneva.

Zaki, Mubarak, (2002): *L'Art d'écrire chez les Arabes au IIIe siècle de l'Hégire. Etude critique sur la Lettre vierge d'Ibn El-Mudabbeer*. Le Caire: Dar Saadine.

Veerle Duflou
Gent
Norm research in Conference Interpreting:
Some methodological aspects

The object of this paper is to discuss ways to conduct research into norms in conference interpreting (CI). For the purpose of this paper CI will be assimilated with simultaneous conference interpreting, this mode accounting for 85,5% of conference interpreters' (CIrs) working days as a world average (In Belgium the rate is as high as 98%) (AIIC 2005).

1 What are norms?

The concept of translational norms was first described by Anton Popovič and Jiří Levý (see Jettmarová 2005) and it was introduced as an object of research in Translation Studies by Gideon Toury in the late 1970s (see Toury 1999).

Toury defines norms as 'the translation of general values or ideas shared by a group as to what is conventionally right and wrong, adequate and inadequate into performance instructions appropriate for and applicable to particular situations' (ibid.:14)

If we apply this definition to interpreting, norms are guidelines for behaviour that help an interpreter to choose from the range of possible renderings of a speaker's utterance one that is considered right by the interpreting community to which she belongs.

From an interpreting researcher's point of view, norms in this sense are, of course, a highly interesting object of study. If norms are the driving force behind many of the choices an interpreter makes, they can be used to explain an interpreter's strategies, the decisions taken during an interpreting assignment.

Chesterman both broadened and refined Toury's ideas in several of his publications (a.o. Chesterman 1993, 1997, 2006). He refers to Bartsch's definition of language norms to determine when a guideline affecting individual translators' decisions can be considered a norm. In the case of interpreting the three elements of the definition can be paraphrased as follows:

1. *Regularity*: most members of a given interpreting community regularly do X under conditions Y

2. *Negative sanction*: if an interpreter does not comply with the guideline, she may be criticized by other members of her community and such criticism will be looked on as justified by other community members

3. *Belief*: members of a given interpreting community refer to the guideline by expressions like 'An interpreter ought to do X when Y' in order to justify their actions, or demands made of others, or criticism of behaviour

These three conditions offer the advantage of being very clear-cut, but they also elicit some questions.

Firstly: when can we consider a group of interpreters to be an interpreting community?

If we want to find what regularities occur and what beliefs are held in a given group, where do we start, how do we delineate our group of test subjects? The second condition probably is the key to the answer: as members of a given interpreting community we can consider individuals who are in a position to criticize CIrs' behaviour and/or to be criticized for their behaviour as a CIr. This would include CIrs working together more or less regularly, and, possibly, also their users and commissioners.

Delineating a group in the field of CI is fairly simple: for CIrs, team work is the rule: according to the AIIC Code of Professional Ethics

> members of the Association shall not, as a general rule, when interpreting simultaneously in a booth, work either alone or without the availability of a colleague to relieve them should the need arise (AIIC 1994) (art. 7 b).

In practice we find that in most markets there are groups of interpreters who work together more or less regularly, in the same booth or in the same team. For interpreters working in the same booth, it is obvious that they are exposed to their colleagues' work, the connection with other team members may be less direct, but it is nevertheless there: interpreters will use colleagues in other booths as relay, they will listen to the booth of their passive languages when not working, to pick up some terminology, or just out of curiosity, (during the intervention of a Dutch delegate, especially when he uses idiomatic expressions or is difficult to hear, the interpreters in the Dutch booth will often listen to their colleagues with passive Dutch, for instance). The clearest examples of interpreting communities are, of course, the interpreting services of large institutions, like the UN, the EP, the EC.

The criterion for the inclusion of non-CIrs (such as users, commisioners of interpreting services, recruiters, trainers) would then be the nature of their relation with the CIrs concerned. For the purpose of norms research only criticism that can possibly affect CIrs' behaviour is relevant, so a clear insight in the power relations present in a certain configuration is necessary to determine whether or not certain of the categories mentioned above should be included in the CI community to be studied.

My second question concerns the condition of potential negative sanctioning. I wonder if it is not too one-sided and if it should not be complemented by its opposite: the possibility of positive sanctions: rewards, either material (to be recruited more often, get better paid assignments) or symbolic (praise, reputation of excellence among colleagues) (see a.o. Hermans 1999:52). Social pressure in general is a two-sided phenomenon, there usually is a carrot as well as a stick to enforce a certain behaviour, so I would propose to widen the second condition to also include the possibility of reward, one might then call it an *enforcement* condition.

2 Studying norms in CI: where to start?

Although quite a lot has been written about the methodological aspects of norm research in CI since Shlesinger broached the subject in 1989 (Shlesinger 1989), a practical methodological framework has not yet been established. Most authors take Toury's methodological suggestions as a starting point (Harris 1990, Schjoldager 1995a, Schjoldager 1995b, Diriker 1999, Shlesinger 1999, Shlesinger 2000, Garzone 2002), which means that they consider the search for regularities in interpreters' output as the starting point for the description of norms (Toury's "textual sources" (Toury 1995:65), and the analysis of metatexts on interpreting as a complementary source of information (Toury's "extratextual sources", ibid.). As possible sources of metatextual information they suggest books and articles about interpreting, interpreting textbooks, interviews with interpreters, users and commisioners etc.

The practical examples Toury refers to, however, clearly show that he had mainly literary translation and its historical developments in mind when he described possible methods for the study of norms, so one might wonder if the method he advocates is the most adequate one to apply in the case of interpreting and CI in particular.

Shlesinger, Schjoldager and Diriker in particular point out the problems this approach poses for the researcher. The main obstacles they identify are the following:

- the virtual nonexistence of interpreting corpora; research based on a limited corpus makes it difficult to draw a distinction between idiosyncrasies and general norms

- the variety of factors influencing the SI *process* and *product*, which makes it difficult to differentiate between phenomena induced by normative restraints and those caused by cognitive limitations, adverse working conditions etc.

- interpreters may apply different (sets of) norms depending on the context of an interpreting setting; Shlesinger suspects, for instance, that the importance and prestige of an interpreting setting may influence the norms, which would mean that the formulation of a tentative "canonized-noncanonized" scale for interpretation settings would be a prerequisite to correlate observable differences in performance with a range of settings (Shlesinger 1989:113)

- technical, logistical and legal obstacles of recording interpreters

- psychological and methodological: recording/observing may change interpreters' behaviour

Gile (1999) advocates a more pragmatic approach and suggests starting with the gathering and analysis of metatextual data by

- asking interpreters about norms
- reading didactic, descriptive and narrative texts about interpreting
- analyzing user responses
- asking interpreters and non-interpreters to assess target texts and to comment on their fidelity and other characteristics using small corpora

The most comprehensive and promising methodological framework for the study of norms, however, is set out by Andrew Chesterman (2006), and though it is not specifically conceived for norms research in conference interpreting, it is, in my opinion, highly relevant.

I shall now go through the elements of this framework and apply them and comment on them from the view of the CI researcher.

Chesterman proposes a two-step approach, where the first step is aimed at generating hypotheses about norms and the second step at testing these hypotheses.

2.1 Chesterman's methodological framework and its application in CI research

The first step consists of two complementary angles of research:

- on the one hand, to *observe regularities* (that is, to check if the first condition is fulfilled); in our case this means analyzing CIrs' output
- on the other hand to *gather evidence of normative force* (checking conditions 2 and 3).

Evidence of normative force may be extracted from a range of (mainly pre-existing) sources and comes in three forms:

- *Belief statements* (linked to condition 3): can be found in interviews, CIrs' and/or users' answers to questionnaires, articles and books about interpreting etc.
- *Explicit criticism* (linked to condition 2): theoretically this can be found in the reports on individual interpreters that are part of the periodical evaluation procedure in some institutional interpreting services, or elicited by having CIrs comment on recordings, colleagues' performance in general etc. In practice, however, it will be almost impossible to get access to the reports and to convince CIrs to criticize their colleagues in a situation where it is very difficult to guarantee anonymity to all parties concerned. We shouldn't forget that our research is taking place in the context of a more or less closed community, where this kind of research methods would probably be considered unethical.

  This is where the wider version of condition 2 that I proposed before could come in very useful. Why not gather positive feedback as evidence of normative force? This might be more acceptable to the CIrs concerned and easier to obtain. In practice, one can expect that norm-conforming will, in most cases, not elicit explicit expressions of approval or praise; if the norm indeed is a norm, this behaviour is only what members of the community will expect and it will not raise any reaction. On the other hand, there are certain constellations in which approval may well be voiced. This is the case when there are competing norms, or norms competing for superiority in the hierarchy of norms. In these situations it is more probable that supporters of one of the norms will mark explicit approval of CIrs' performance that conforms to the norm they favour. A second possible source of positive feedback are assessment reports written by CIrs who act as evaluators about their colleagues (this is a general practice in SCIC e.g.). If an earlier report contained criticism about non-respect of a certain norm, a follow-up report may mention an improvement in the assessed CIrs performance by explicitly acknowledging the respect of the norm.

- *Norm statements*: can be found in documents and declarations of norm authorities, that is the persons or institutions that are recognized by a community as enforcers of norms. It might not always be obvious who the norm authorities are in a given community of CIrs, though. Those responsible for recruitment, evaluators, trainers, clients are all possible candidates. The recognition is not necessarily explicit, some CIrs may hold a high "moral" authority in their community, which makes their statements on norms very influential.

That is, in my opinion, another reason why a thorough sociological analysis of the community studied is unavoidable: to put not only norm statements, but also belief statements and criticism or praise into context. It is not only important to know *what* is said about norm content, to be really able to assess the value and scope of a given statement, the researcher should also know *who* is speaking (or writing), that is what his/her *function* (trainer; recruiter; evaluator etc.) and/or *position* is (staff interpreter; free-lancer; member of a core group of CIrs working together frequently or, on the contrary, working only occasionally with some of the other CI community members; member of this CI community only, or also of one or more others etc.) in the community. These data may later enable the researcher also to link a norm hypothesis to a subgroup of community members sharing certain characteristics. Furthermore the sociological information will prove useful for follow-up research into the origin and dissemination of the norms discovered.

Several researchers have already suggested applying sociological methods to translation studies. In the field of written translation the methodological frameworks of Latour (Buzelin 2005) and Luhmann (Hermans 1999) have been introduced and Bourdieu's praxeology was discussed in the context of both written translation (Simeoni 1998, Gouanvic 2005, Sela-Sheffy 2005) and community interpreting (Inghilleri 2005a, Inghilleri 2005b, Inghilleri 2006).

Until now, none of these methods have been applied in CI research, so it is difficult to predict which one will be suited best. Probably any of them can be adapted for use in the context of CI, the essential criterium being that the sociological method in question enables a clear description of material and symbolic power relations inside a community.

Probably the most important difference between the methodology proposed by Chesterman and the existing models based on Toury's suggestions is its flexibility concerning the order and importance of the two research angles. According to Chesterman, the analysis of CIrs' output to search for regularities and the study of metatextual sources to find evidence of normative force are equally important, and the order in which the two sets of data are collected is not an issue, as long as they can be linked eventually and serve as a basis for the generation of one or more norm hypotheses.

This approach enables the CI researcher to overcome some of the main problems mentioned above. If the observation of regularities takes place after the search for evidence of normative force, a much more focused analysis of CIrs' output data is possible, based on the indications found in the extratextual sources. The researcher does not have to blindly try and identify regularities, but knows what she is looking for: the presence or absence of specific regularities that may support or refute provisional norm hypotheses that have been generated on the basis of the normative force data.

To summarize, the first step in Chesterman's framework, complemented and adapted for application in norm research in CI, could consist of the following sub-steps:

1. the selection of a CI community to be studied, based on objective data concerning social cohesion, mutual familiarity of community members with each others' performance etc.

2. a sociological description of this community, comprising an analysis of institutionalized and/or informal power relations within the community

3. the collection and analysis of a set of data extracted from different sources to find evidence of normative force

4. the formulation of a provisional hypotheses on the existence of a norm based on these data

5. the analysis of a corpus of CIrs' performances focused on the collection of evidence for these hypotheses in the form of regularities; the corpus can be pre-existing or composed for the purpose of the study. Given the fact that it will probably be limited in size for reasons of feasibility, it is advisable to use or establish a corpus that is as homogeneous as possible

where the type of meeting, its importance and prestige (see Shlesinger 1989) etc. are concerned

The second step consists of (further) testing of the hypothesis generated, based on the gathering and analysis of new data. Chesterman offers several suggestions for test procedures, which I shall again briefly comment on in the light of their relevance for CI research.

The first technique that he proposes, triangulation, has already been applied to some extent in the first step, when comparing and correlating of sets of data from different sources led to the hypothesis that is now being put to the test. The other test procedures proposed are:

- *Norm-breaking*: in the case of CI, this implies that the researcher is a practising CIr. The feasibility of deliberately acting against a hypothetical norm during a real CI assignment is, unfortunately, highly questionable. After an experiment of this kind the researcher in question might risk never to be recruited again and be condemned to devote the rest of his career exclusively to research. Ethical considerations may also be invoked against deliberate norm-breaking in a professional situation, as the service to users and the image of the CIrs' team as a whole might be affected.

  The alternative could consist of eliciting comments on virtual norm-breaking, i.e. asking questions (by means of interviews and/or questionnaires) of the type: "What would you think of a colleague who displayed behaviour X in situation Y? How would you react? How would you assess the professional level of this colleague? Would you want to work with her?"

- *Norm-conforming*: here the same pre-condition applies as for norm-breaking, i.e. it is only practicable if the researcher is a member of the CI community concerned, in which case conforming to the hypothetical norm probably would not elicit any particular reaction if the hypothesis was valid. Here, too, asking questions of the type described above might prove a more fruitful approach.

- *Eliciting belief statements* (by asking CIrs if they think colleagues should behave in way X under condition Y or by openly enquiring if a regularity observed is a norm) can be used to complement/triangulate the answers on questions on cases of virtual norm-breaking and/or norm-conforming discussed above.

- *Eliciting norm statements*: same procedure, but directed at norm authorities

Expanding the data-base in our case implies widening the corpus of CI performances and checking if the regularities found in step 1 also occur in other contexts (different types of meetings, meetings with a different level of importance or prestige etc.).

In my further research I hope to be able to show that the methodological framework proposed by Chesterman for the study of norms, adapted for use in the field of CI as indicated in this paper, can be fruitful when applied in a concrete case study. As Chesterman points out, applying this method might not result in conclusive evidence for the existence of a given norm, but it will lead to a sound and falsifyable norm hypothesis, which would certainly mean a great step ahead in CI research.

References

AIIC (1994): *Code of Professional Ethics*. http://www.aiic.net/ViewPage.cfm/article24.htm (Last consulted 28 September 2006).

AIIC (2005): *2004 Statistical Report*. http://extranet.aiic.net/ViewPage.cfm?article_id=1433 (limited access).

Buzelin, H. (2005): "Unexpected Allies: How Latour's Network Theory Could Complement Bourdieusian Analyses in Translation Studies." *The Translator* 11: 2, 193-218.

Chesterman, A. (1993): "From 'is' to 'ought': Laws, norms and strategies in translation studies." *Target* 5: 1, 1-20

Chesterman, A. (1997): *Memes of Translation: The Spread of Ideas in Translation Theory*. Amsterdam: Benjamins.

Chesterman, A. (2006). *A note on norms and evidence*. (forthcoming)

Diriker, E. (1999): "Problematizing the discourse on interpreting - A quest for norms in simultaneous interpreting." *TexTconTexT* 132, 79-90.

Garzone, G. (2002): "Quality and Norms in Interpretation." Garzone, G. / Viezzi, M. (eds.): *Interpreting in the 21st Century: Challenges and Opportunities*. Amsterdam: Benjamins, 107-121.

Gile, D. (1999): "Norms in Research on Conference Interpreting: A Response to Theo Hermans and Gideon Toury." Schäffner, C. (ed.): *Translation and Norms*. Clevedon: Multilingual Matters, 98-105.

Gouanvic, J. (2005): "A Bourdieusian Theory of Translation, or the Coincidence of Practical Instances: Field, 'Habitus', Capital and 'Illusio'." *The Translator* 11: 2, 147-166.

Harris, B. (1990): "Norms in Interpretation." *Target* 2, 115-19.

Hermans, T. (1999): *Translation in Systems*. Manchester: St. Jerome.

Hermans, T. (1999): "Translation and Normativity." Schäffner, C. (ed.): *Translation and Norms*. Clevedon: Multilingual Matters, 50-71.

Inghilleri, M. (2005)a: "Mediating Zones of Uncertainty." *The Translator* 11: 1, 69-85.

Inghilleri, M. (2005)b: "The Sociology of Bourdieu and the Construction of the 'Object' in Translation and Interpreting Studies." *The Translator* 11: 2, 125-145.

Jettmarová, Z. (2005): "East meets West: On social agency in Translation Studies paradigms." Károly, K. (ed.): *New Trends in Translation Studies*. Budapest: Akademiai Kiado, 95-105.

Schjoldager, A. (1995)a: "Interpreting Research and the 'Manipulation School' of Translation Studies." *Target* 7: 1, 29-45.

Schjoldager, A. (1995)b: "An exploratory study of translational norms in simultaneous interpreting: methodological reflections." Pöchhacker, F. / Shlesinger, M. (eds.): *The Interpreting Studies Reader*. London: Routledge, 300-311.

Sela-Sheffy, R. (2005): "How to be a (recognized) translator." *Target* 17: 1, 1-26.

Shlesinger, M. (1989): "Extending the theory of translation to interpretation: Norms as a case in Point." *Target* 1: 1, 111-15.

Shlesinger, M. (1999): "Norms, Strategies and Constraints: How Do We Tell Them Apart?" Lugrís, A. Á. / Ocampo, A. F. (eds.): *Anovar/anosar estudios de traducción e interpretación*. Vigo: Universidade de Vigo, 65-77.

Shlesinger, M. (2000): "Interpreting as a Cognitive Process: How can we know what really happens?" Tirkkonen-Condit, S. / Jääskeläinen, R. (eds.): *Tapping and mapping the processes of translation and interpreting: outlooks on empirical research*. Amsterdam: Benjamins, 3-15.

Simeoni, D. (1998): "The pivotal status of the translator's habitus." *Target* 10: 1, 1-39.

Toury, G. (1995): Descriptive translation studies and beyond. Amsterdam: Benjamins.

Toury, G. (1999): "A Handful of Paragraphs on 'Translation' and 'Norms'." Schäffner, C. (ed.): *Translation and Norms*. Clevedon: Multilingual Matters, 9-31.

Martina Emsel
Leipzig

Mikrokosmos der Verbbedeutung in Sprache und Übersetzung – ist diese Qualität messbar?

Der Maßstab für die Bewertung der Qualität einer Übersetzung sollte durch transparente qualitative und quantitative Kriterien gekennzeichnet sein. Das wesentliche Problem besteht darin, dass es sich um eine Leistung handelt, deren Ergebnis einerseits formal quantifizierbar ist, sei es nun nach Zeichen- oder Wortzahl, Normzeilen oder Normseiten, teilweise auch hinsichtlich der möglichst genauen Übereinstimmung im Umfang von Ausgangs- und Zieltext bei formatgebundenen mehrsprachigen Ausgaben (z. B. mehrsprachigen Broschüren mit gleicher Illustration). Andererseits zeigt sich ein gewisser Widerspruch bei der „Messbarkeit" der Qualität der Übersetzung schon allein darin, dass eine gute Übersetzung durch einen „Nullwert" gekennzeichnet ist, d. h. das *Nicht*-vorhandensein von Mängeln oder gar Fehlern.[1]

Welchen Umfang oder Wert diese Mängel haben dürfen, damit eine Übersetzung noch als adäquate Leistung im Sinne des Übersetzungsauftrages, als „funktionsfähiger" Text oder bestandene Prüfungsleistung gilt, ergibt sich aus einer komplizierten Interessenabwägung zwischen Aufgabenstellung bzw. Übersetzungsauftrag, Leistungsvermögen der Übersetzenden und Erwartungshaltung der Rezipienten. Ein nicht zu unterschätzender Faktor ist in diesem Fall auch die Kompetenz des Auftragsgebers zur Bewertung von Übersetzungsleistungen.

Im Extremfall kann ein falscher Buchstabe dazu führen, dass ein umfangreicher mehrteiliger Übersetzungsauftrag nicht bezahlt, d. h. der Rechnungsbetrag als Schadensersatzforderung einbehalten wird:

Der Auftraggeber hatte moniert, dass bei der vom Deutschen ins Spanische übersetzten Textvorlage für eine Werbebroschüre ein Schlüsselwort einen Schreibfehler aufwies, der vor der Drucklegung nicht bemerkt (!) worden war und der nun als so gravierend rufschädigend eingeschätzt wurde, dass die Kosten für eine Neuauflage der in diesem Wort korrigierten Broschüre gegen die für weitere Teile der Übersetzung noch ausstehenden Zahlungen aufgerechnet wurde. Betroffen waren letztendlich alle an diesem Projekt Beteiligten.

„Immobilien an der Costa Tropical" hieß in der Übersetzung „Immuebles en la Costa Tropical" (statt *Inmuebles*) – in großen Buchstaben vor einem attraktiven Hintergrund auf der Vorderseite des Faltblattes. Das war zumindest der Auslöser eines Rechtsstreits, dessen Ausgang nicht bekannt ist.

---

[1] Eine qualitativ besonders gute Übersetzung wirkt sich hingegen normalerweise nicht unmittelbar materiell positiv aus: Sie wird gleichermaßen (ohne Unterschied zur weniger guten Übersetzung) nach Tarif oder vereinbartem Honorar abgegolten. Sie zieht im günstigsten Fall weitere Übersetzungsaufträge nach sich.

Wie die im Rahmen eines Forschungsprojekts durchgeführte Umfrage an der Universität Granada (Nobs 2005) ergeben hat, sind die Rezipienten von ausgewiesenen Übersetzungen aber durchaus bereit, bestimmte Mängel zu „verarbeiten", wenn dabei die Erwartungen an den Informationsgehalt noch erfüllt werden. Eine ähnliche graduelle Toleranz ist für die Bewertung von Übersetzungsleistungen im Studium kennzeichnend, da sie den einzelnen Entwicklungsphasen in der Ausbildung angepasst sein muss.

Im Gegenzug ermöglicht die Auswertung von Übersetzungsmängeln, insbesondere bei parallelen Leistungen wie in Testaten oder Prüfungen, Rückschlüsse auf potentielle und tatsächliche systemhafte Fehlerquellen (also etwa objektive Übersetzungsprobleme im engeren Sinne von Ch. Nord, im Gegensatz zu subjektiven Übersetzungsproblemen), die zum Gegenstand einer fundierten Bewertungsargumentation entwickelt werden können und in verallgemeinerbare Übersetzungsmethoden zur Fehlervermeidung einfließen. Das betrifft die sehr komplexen inhaltlichen Verschiebungen genauso wie die bei der Übersetzung in die Muttersprache eher seltenen syntaktischen Defekte oder aber auch die fast überraschend häufigen Fehlleistungen in der Wahl der lexikalischen Mittel. Exemplarisch sollen nachfolgend verbale Strukturen und Verbbedeutungen unter dem Aspekt der Übersetzung näher betrachtet werden. Dabei geht es unter anderem darum, wie die Qualität der Arbeitsmittel (vor allem ein- und zweisprachige Wörterbücher) einzuschätzen ist und welche weiteren Kriterien zur Bewertung von Übersetzungsleistungen herangezogen werden sollten.

Fragt man Studierende im Zusammenhang mit Text- und Bedeutungsanalyse nach der Hierarchie sprachlicher Einheiten im Satz, insbesondere nach dem Verhältnis der Wortarten untereinander, so ist die Antwort sehr häufig, dass das Wichtigste im Satz das Verb sei, denn es bestimme schließlich die Zahl der obligatorischen und potentiellen Mitspieler und darüber hinaus die gesamte Satzstruktur. Diese Einschätzung ließe sich auch problemlos mit zahlreichen Studien untermauern, insbesondere im Kontext von Deutsch als Fremdsprache. Auffallend ist dann aber, dass ungeachtet dieser sicher intensiven Beschäftigung mit einem bestimmten Element der Sprachstrukturen gerade an dieser Stelle häufig Unsicherheiten festzustellen sind, wodurch eine Übersetzung (störend) als solche wahrgenommen wird, oder sogar gravierende Fehlleistungen auftreten.

Die Sprache – und damit natürlich auch das Verb – kann unter sehr verschiedenen Blickwinkeln betrachtet werden. Dabei muss es sich um Sprachen handeln, die auch über eine Kategorie *Verb* verfügen, aber das ist eine von der Verbreitung her große Zahl von Sprachen, und es trifft auch auf das hier betrachtete Sprachenpaar Spanisch und Deutsch zu. Die Forschungs- und Beschreibungsansätze unterscheiden sich graduell hinsichtlich der Rolle der Objektsprache, der Sprachkompetenz der an diesem Prozess Beteiligten, der einbezogenen Textsorten und letztendlich auch in den Zielstellungen.

An erster Stelle steht traditionell die **Linguistik als einzelsprachliche Disziplin**, z. B. die Germanistik als muttersprachliche Disziplin, mit gewissen Modifikationen und unter bestimmten Bedingungen aber durchaus auch die Linguistik einer anderen Sprache. Gegenstand und damit Objektsprache ist eine natürliche Sprache in ihrer ganzen Breite und Vielfalt von Erscheinungsformen. Bezugspunkt ist dabei eine angenommene Standardvariante, d. h. ein maximaler Geltungsbereich der Regeln und Konventionen für mündlichen und schriftlichen Sprachgebrauch. Diese Standardvariante wird unter sehr spezifischen Gesichtspunkten analysiert und sie dient auch als Referenzgröße für die Beschäftigung mit mehr oder weniger stark spezifizierten Sprachvarianten oder variierenden sprachlichen Einzelerscheinungen.

Die empirische Grundlage ist entsprechend breit angelegt und umfasst sowohl schöngeistige Literatur und Fachtexte im engeren Sinn als auch jede andere Form schriftlich fixierter Sprache, des weiteren den stärker in der mündlichen Kommunikation angesiedelten Sprachgebrauch mit seinen regionalen und sozialen Varianten und auch Sonderformen der Kommunikation wie Sprache/Text in der Werbung. Hinzu kommt die diachrone Perspektive.

Die Subspezifizierung ist im „muttersprachlichen" Umfeld ganz allgemein stärker ausgeprägt als außerhalb des jeweiligen Sprachgebiets. Weitere Spezialisierungsrichtungen ergeben sich aus der Fokussierung theoretischer Modelle für sprachübergreifende Betrachtungen mit einem teilweise hohen Abstraktionsgrad (theoretische Linguistik, Verstehenssemantik).

Die Sprachkompetenz der an diesen Prozessen Beteiligten ist gekennzeichnet durch umfassende Sprach- und Kommunikationskompetenz aller Partner für die Textrezeption und für weite Bereiche der Textproduktion.

Bezüglich der Textmerkmale allgemein kann festgestellt werden:

Die Texte sind

- individuelle oder offizielle/formalisierte Texte mit direktem Sender-Empfänger-Bezug
- potentiell kommunikativ relevant für alle Kommunikationspartner
- überwiegend regel- bzw. normkonform

Forschungs- und Beschreibungsansätze sind in ihrer Zielstellung primär deskriptiv, bezogen auf die oben genannten sprachlichen Erscheinungsformen, zur Darstellung von Inventar und Mechanismen der natürlich erworbenen Muttersprache, aber auch präskriptiv zur Optimierung für weite Bereiche der (allgemeinen) Textproduktion, einschließlich der Homogenisierung bei geographisch und politisch stark strukturierten Sprachgemeinschaften (Deutsch, Spanisch, Französisch, Englisch mit unterschiedlich starker Verbindlichkeit und Zentriertheit) und nicht zuletzt auch illustrativ zur Verdeutlichung z. B. von metasprachlichen oder kognitiven Modellen.

Für die Beschäftigung mit Verben bedeutet das, dass aus dem großen Spektrum der Erscheinungsformen relativ klar umrissene Segmente herausgelöst werden, denen man sich in einer detaillierten Betrachtung widmet. Handelt es sich dabei um Primär- oder Simplexverben, die also aus einem verbalen Stamm und ggf. suffigalen Ergänzungen aus der morphosyntaktischen Matrix bestehen, liegt der Schwerpunkt auf den inhaltlichen Aspekten. Das kann zum einen die detaillierte Analyse des Bedeutungsspektrums eines oder einiger weniger ausgewählter Verben sein, wie z. B. die Untersuchungen von Báez San José (2002) zur korpusbasierten Untersuchung zum Verhältnis von Bedeutungsunterschieden und morpholexikalischer Umgebung von Verben.

Ein anderer Aspekt wäre ein durch Archilexem, situative Formel oder explizite Definition umrissenes semantisches Feld, dessen interne Strukturierung und lexikalische Ausprägung dargelegt werden soll (z. B. Bewegungsverben, Verben des Hörbaren oder des Verfügungs-/Besitzwechsels. Hier wird gerade bei den situativen Formeln mit ihren logischen Verknüpfungen eine hohe Komplexität erreicht, die in der Ausweitung auf das gesamte Verbspektrum vorläufig nur ein Desideratum bleiben kann.

Bei der Beschäftigung mit morphologisch komplexen Verben fällt dagegen auf, dass der inhaltliche Aspekt sehr schnell in den Hintergrund gedrängt wird durch die Beschäftigung mit den formalen Modellen, seien es nun Präfigierungen, Suffigierungen oder die Getrennt- bzw. Zusammenschreibung. Das hat – je nach Stand der Dinge – beim Deutschen im Zuge der Rechtschreibreform dazu geführt, dass uns abwechselnd ein hoher Anteil mal von verbalen Komposita, mal von Phraseolexemen bescherte wurde, ohne dass es tatsächlich eine motivierte Sprachentwicklung gegeben hätte. Andererseits werden unter dem Modellaspekt Bildungen beschrieben oder mitunter sogar Verben (alphabetisch) zusammengefasst, die ob ihrer Vielfalt faszinierend sind, weil sie außer einem formalen Element kaum etwas miteinander gemein haben, z. B. die VER-Verben

- *vergessen*, *sich vergnügen* sind opak, denn **gessen*, **gnügen* gibt es nicht
- *verhauen* ist intensivier als *hauen*
- *verbiegen*, *sich verlaufen*, *sich versingen* enthalten eine graduelle qualitative Negation gegenüber den Simplexverben *biegen*, *laufen* und *singen*
- *verkeilen* ist eine denominale Ableitung von *Keil* mit ornativ-instrumentaler Bedeutung
- *verholzen* ist ebenfalls eine denominale Ableitung (von *Holz*), aber dieses Mal mit qualitativ-resultativer Bedeutung

Im Spanischen führt die geringe Zahl von morphologischen Modellen in der Verbbildung dazu, dass sie in Monographien zur Wortbildung meist nur sehr kurz als „Verbalisierung" unter stichpunktartiger Nennung der verbbildenden Suffixe abgehandelt werden, bei Almela Pérez (1999) spielt Verbbildung überhaupt keine Rolle.

Durch die digitalisierte Analyse lemmatisierter Korpora stehen inzwischen umfangreiche Datenmengen zur Verfügung und es ist faszinierend, dadurch für die gewählte Thematik die hochproduktiven Modelle oder hochfrequente Vorkommen den Einzelfällen gegenüber zu stellen – oder sogar sprachlichen Fehlleistungen – die morgen aber schon zu Regel gehören können. Tatsache ist aber auch, dass eine solche Korpusanalyse nur mit einer qualifizierten Fragestellung, praktikablen Selektionskriterien und einen anschließenden Auswertung zu belastbaren Ergebnissen führt.

Welcher Ausschnitt aus dem Verbspektrum gewählt wird, ist eine eher individuelle Entscheidung, die durchaus auch von der Attraktivität des Untersuchungsgegenstandes bestimmt werden kann. Es spielt eine untergeordnete Rolle, welche Bereiche von diesen Untersuchungen nicht erfasst werden können, denn Vollständigkeit wird nicht angestrebt. Auf das Problem der Sprachkompetenz wird von den Autoren, die meist selbst über eine hohe Sprachkompetenz in der Objektsprache als Erst- oder Zweitsprache verfügen, nur peripher Bezug genommen.

Ganz anders stellt sich die Situation bei einer zweiten Perspektive dar:

Unter dem Blickwinkel der **Fremdsprachenvermittlung**, z. B. Deutsch als Fremdsprache – aber auch wieder jeder anderen Sprache – ist der Gegenstand eine natürliche Sprache, die für einen bestimmten Adressatenkreis (so genannte ‚Lerner') eine Fremdsprache ist, und zwar mit dem Hauptaugenmerk auf einer **Standardvariante**.

Dafür gibt es mindestens drei Gründe:

- zum einen ist nur eine kodifizierte Standardvariante effektiv vermittelbar
- zum anderen ist die Verwendung der Standardvariante optimal im Blick auf die möglichen verschiedenen kommunikativen Erfordernisse (ggf. auch mit anderen Nichtmuttersprachlern)
- letztendlich entspricht die Verwendung der Standardvariante durch einen Nichtmuttersprachler der durchschnittlichen Erwartungshaltung der jeweiligen Muttersprachler. Normabweichungen, umgangssprachliches Vokabular, Häufung von Redewendungen und dialektale Färbung haben dagegen meist eine konträre kommunikative Wirkung. (Emsel 2005). Das kann allerdings u. U. auch bei unerwartet perfekter Beherrschung der Fremdsprache zutreffen

Die Sprachkompetenz der an diesen Prozessen Beteiligten ist gekennzeichnet durch umfassende Sprach- und Kommunikationskompetenz auf der Seite der Forschenden und Lehrenden und die zu entwickelnde Kompetenz für die Textrezeption und Textproduktion auf der Seite der Lerner.

Bezüglich der Textmerkmale allgemein kann festgestellt werden: Es handelt sich in der rezeptiven Phase um eine lernerorientierte Textauswahl nach methodischen und inhaltlichen Kriterien, d. h. entweder ausschließlich für DaF formulierte Texte mit direktem Sender-Empfänger-Bezug oder für DaF ausgewählte Texte aus verschiedensten Bereichen mit explizitem (erläutertem) Sender-

Empfänger-Bezug. Die Texte dienen der Vorbereitung auf relevante Kommunikationssituationen und sind als regel- bzw. normkonform anzusehen.

In der produktiven Phase, die ebenso Forschungsgegenstand ist, entstehen individuelle Texte nach einem vorgegebenen Kommunikationsschema, bei denen Regel- und Normkonformität angestrebt wird.

Die Forschungs- und Beschreibungsansätze sind in ihrer Zielstellung primär präskriptiv (je nach Vermittlungssituation auch sprachvergleichend), bezogen insbesondere auf die Standardvariante der zu vermittelnden Sprache. Die Inhalte umfassen dabei die sprecherintendierten Inhalte, d. h. sie sind bezogen auf die vom Lerner zu produzierenden Texte. Anteilig ist die Zielstellung auch deskriptiv für passiven Fremdsprachengebrauch, z. B. für die Fachtextrezeption, also senderintendierte Inhalte mit potentiellem Empfängerbezug.

Diese Perspektive hat natürlich auch ihre Auswirkungen auf die Behandlung des Verbspektrums. Es muss sich zunächst auf ein Minimalinventar beschränken, um das jeweils sehr sprachspezifische morphosyntaktische Inventar zu vermitteln. Dazu gehört als Spezifik des Deutschen auch das Problem der Prädikatklammer in mindestens 60 % der Fälle und mit unterschiedlichen Strukturen in Haupt- und Nebensatz – beides Erscheinungen, die ein deutscher Muttersprachler in der freien Rede durchaus beherrscht, die ihm aber unter bestimmten Umständen fast genau so viel Frust statt Lust bereiten können wie dem Deutsch-Lerner. Es bleibt der kleine Trost, dass man sich in den meisten anderen Sprachen zumindest mit diesem Problem nicht herumschlagen muss.

Bei alledem bleibt vorerst wenig Zeit und „Denk-Raum" für die inhaltlichen Aspekte der Verben: Ob Simplexverb, präfigiertes oder abgeleitetes Verb, ein jedes muss für sich gelernt werden und ist dann meist mit **einer** Entsprechung in der Muttersprache im Gedächtnis verankert, die im Wesentlichen der Hauptbedeutung entspricht. Damit lassen sich die meisten Situationen in der freien Rede auch gut bewältigen, denn der Gesprächspartner erwartet von einem Nicht-Muttersprachler in der Regel Äußerungen in der Standardvariante, eigentlich sogar eher in schriftsprachlicher Qualität. Da wird beim Bericht über eine Drängelei beim Verlassen eines Konzerts dann doch eher erzählt, man sei von allen Seiten *geschoben worden* und nicht etwa *geschubst*. Und für die Aufbesserung des eigenen Budgets am Wochenende hat man *schwer gearbeitet* und war nicht etwa *klejen* – wie der Hallenser sagen würde, von der Schreibweise einmal ganz abgesehen.

Aus dem Sprach- und Verbspektrum steht wieder ein Ausschnitt im Mittelpunkt – dieses Mal die sogenannte Standardvariante ausgehend von einem Basiswortschatz. Was es darüber hinaus in der jeweiligen Sprache gibt, muss sowohl für den Lehrenden als auch für den Lerner ein Thema für die nahe oder fernere Zukunft bleiben.

Auch in der **Translation** ist der Gegenstand eine Sprachkombination, z. B. Deutsch als Arbeitssprache/Arbeitsmittel (A-Sprache) und eine weitere Sprache in der zweisprachig vermittelten Kommunikation in beiden Translationsrichtungen (B-A und A-B). Der wesentliche Unterschied zu den beiden vorab beschriebenen Situationen ist der, dass sowohl die Kommunikationssituation als auch der Kommunikationsgegenstand fast ausschließlich fremdbestimmt sind. In der Praxis wird man meist relativ kurzfristig mit der Tatsache konfrontiert, dass es z. B. in der nächsten Stunde in einer Verhandlung vor Gericht auf Französisch um die Fragen einer Vormundschaft in Verbindung mit einem psychiatrischen Gutachten gehen wird (20 Minuten Einlesezeit) oder dass es in wenigen Tagen bei einer Konferenz auf Spanisch und Deutsch um erneuerbare Energien gehen wird, wobei es Teilnehmer gibt, die zu Tagungsbeginn noch nicht wissen, in welcher Sprache sie überhaupt sprechen werden oder die versuchen, eine viel zu umfangreiche und in Englisch abgefasste Power-Point-Präsentation in der vorgesehenen Redezeit durchzuziehen. Auf welche Verben soll man sich vorbereiten, wenn in der Vorlage keine enthalten sind?

Für die Sprachkompetenz der an diesem Prozess Beteiligten werden umfassende Sprach- und Kommunikationskompetenz sowohl für die Muttersprache als auch mindestens eine Arbeitsfremdsprache sowie Translationskompetenz **vorausgesetzt**. In der Ausbildungsphase wird aus der vorhandenen mehrsprachigen Kompetenz Translationskompetenz entwickelt.

Bezüglich der Textmerkmale allgemein kann festgestellt werden:

- Es handelt sich überwiegend – insbesondere beim Übersetzen – um offizielle/formalisierte Texte.
- Zu übersetzende Texte sind überwiegend nicht für die Translation, sondern primär für die einsprachige Kommunikation produziert. Sie sind damit in der Regel kommunikativ nicht relevant für den Translator, und prinzipiell auch nicht für ihn bestimmt. Aus diesem translationsexternen Sender-Empfänger-Bezug ergibt sich somit ein – wie Gerd Wotjak es bezeichnet – zweifaches Paradoxon der Translation, da der Translator Texte rezipiert und in der Folge produziert, die er außerhalb dieses Prozesses meist weder rezipieren noch produzieren würde. Man kann aber zumindest davon ausgehen, dass die Texte überwiegend regel- bzw. normkonform sind, bzw. als regel- bzw. normkonform anzusehen und zu behandeln sind (vgl. Emsel 2005).
- Die Forschungs- und Beschreibungsansätze sind in ihrer Zielstellung transferbezogen, teilweise sprachvergleichend, meist bezogen auf Standardvarianten mit unterschiedlichen stilistischen und thematischen Schwerpunktsetzungen.

Grundlage für ein translationsbezogenes Herangehen können zwar im Prinzip Beschreibungen zu den Einzelsprachen bilden, aber es ist immer wieder festzustellen, dass translationsrelevante Sprachprobleme für die jeweiligen Einzelsprachen nicht, noch nicht oder mit ganz anderen Prioritäten behandelt wurden.

Das zeigt sich generell bei einer stärkeren Fokussierung von ausgewählten, oft formal abgrenzbaren Erscheinungen in Bezug auf Einzelsprachen gegenüber einem zwingend textbezogenen Ansatz in der Translation bzw. Translatologie. Dazu gehören:

- Funktionalität und Wechselbeziehungen bei Benennungstrukturen in der Translation/Terminologie gegenüber stark morphologisch orientierter Betrachtung der Wortbildung in Einzelsprachen (vgl. Oster 2005, Emsel 2007). Dieser Punkt spielt vor allem für die nominalen lexikalischen Strukturen eine Rolle und soll hier nicht weiter betrachtet werden.

- Wichtiger ist da schon die Modifikation der Satzstrukturen in der Translation gegenüber einer Trennung zwischen der Analyse vorhandener und der Produktion individueller Sätze/Texte bei der einzelsprachigen Betrachtung (Äquivalenz vs. Entsprechung). Terminologisch könnte man hier unterscheiden zwischen kommunikativen Äquivalenten im Vergleich zu potentiellen Entsprechungen (Emsel 1991). Hier stoßen wir wieder auf die zentrale Rolle des Verbs – und das nicht nur aufgrund der bereits erwähnten Prädikatklammer im Deutschen. Diese ist aber zweifellos der Hauptgrund für die Modifikationen bei der Übersetzung Spanisch/ Deutsch in beide Richtungen.

- Vermittlung und Anwendung von Hierarchiemechanismen sprachlicher Strukturen (Syntax vs. Semantik). Bezogen auf eine Einzelsprache (wenn das semantische Verständnis vorausgesetzt wird) und beim Fremdsprachenunterricht (wo es zuerst um die Vermittlung und Festigung von Sprachstrukturen geht) wird das Primat des Verbs bzw. Prädikats betont – sowohl in Bezug auf vorhandene Sätze und Texte als auch auf die Produktion „korrekter" Aussagen oder Texte.

Bei der Translation ist dagegen die Textaussage ein zentrales Kriterium und diese leitet sich zuerst einmal aus der lexikalischen Semantik der Satzkonstituenten und erst in zweiter Linie (bei den meisten Sätzen) aus der Struktur ab. Aufgrund von Polysemie bzw. sprachspezifischer Ausprägung von Bedeutungsspektren der lexikalischen Einheiten und daraus resultierender Diversifikation bei den potentiellen Entsprechungen in einer der beiden Übersetzungsrichtungen kommt den semantischen Hierarchien eine besondere Bedeutung zu. Dabei sind folgende Aspekte zu berücksichtigen:

- Das Verb kann den Satz „regieren", aber nicht aufgrund ererbter Eigenschaften wie ein Monarch, sondern eher wie ein gewähltes Staatoberhaupt, das von den Mitspielern in Hinblick auf eine konkrete Aussageperspektive „gewählt" worden ist.

- Verbbedeutung ist nicht selten nur bedingt und unter Abstraktion von der Textverwendung beschreibbar, da es sich bei der Verwendung von Verben um Indikatoren für prädikative Kategorien handelt, die Handlungen,

Vorgänge oder Zustände in unterschiedliche starkem Maße modifizierend kennzeichnen.

- Die Präzision bzw. das Spektrum der Bedeutung der Verben ist von Sprache zu Sprache unterschiedlich stark lexikalisch und morpholexikalisch ausgeprägt. Die Menge der zur Verfügung stehenden Einheiten ist in ihrer Gesamtheit kaum zu erfassen. Punktuelle Vergleiche (z. B. innerhalb bestimmter semantischer Felder oder für bestimmte morphologische Modelle in Syntax und Lexik) dürfen nicht zu falschen Schlussfolgerungen im Sinne von Wertungen, z. B. zum „Reichtum" der einen im Vergleich zur „Armut" einer anderen Sprache, führen.

- Lexikographische Einträge im Wörterbuch sind bezogen auf die Textverwendung keine verbindlichen Bedeutungsangaben, sondern eher Bedeutungsindikatoren. Damit sind sie auch kein Kriterium für eine „richtige" oder „falsche" Übersetzung.

- Die in semantischen Analysen (die teilweise auf Wörterbucheinträgen basieren) dargestellten Bedeutungsdifferenzierungen stellen eine Abstraktion von der Textverwendung dar und müssen sie teilweise auch darstellen, da nur relativ genau abgrenzbare lexikalisch-semantische Einheiten in einer Merkmalmatrix systematisiert werden können.

Deshalb sollten sprachenpaarbezogen wesentliche Tendenzen herausgearbeitet, beschrieben und vermittelt werden, die einen Kompromiss darstellen zwischen dem Desiderat der detaillierten Einzelbeschreibung für alle Verben bzw. sogar noch deren Bedeutungsvarianten, den mehr oder weniger ausdifferenzierten Wörterbucheinträgen und der Flexibilität in der Textverwendung.

Welche Tendenzen könnten das für das Sprachenpaar Spanisch-Deutsch sein?

1. Regelhaft ist, dass es im Spanischen kein explizites morphologisches Modell gibt um aus intransitiven Verben transitive zu machen, da diese Alternation grundsätzlich ohne morphologische Markierung am Verb möglich ist. Mann muss deshalb für Verbpaare oder –gruppen wie *grüßen/begrüßen*, *malen/anmalen/bemalen* oder *messen/vermessen* keine Entsprechungsmengen suchen, sondern es gibt jeweils nur eine Entsprechung: *saludar, pintar, medir.*

2. Deutsche Simplexverben sind in ihrem Bestand und damit auch semantisch stark ausdifferenziert. Die Verwendung ist abhängig vom Subjekt oder Objekt bzw. Instrument – das Nomen hat das semantische Primat. Bekannt ist das Beispiel *essen* (Mensch) vs. *fressen* (Tier, metaphorisch auch für Mensch) – im Spanischen *comer*. Je nach Qualität des Wörterbuchs können solche Fälle lexikographisch erfasst oder markiert sein.

3. Ein scheinbar analog spezifisches Verb im Spanischen bedeutet nicht zwingend, dass es auch in einer analogen Situation verwendet wird. Wörterbüchern kann man hier nur bedingt vertrauen. So gibt es zwar im Deut-

schen *backen* und im Spanischen *hornear*, aber während das erste für die ‚Herstellung von Kuchen im Ofen' praktisch obligatorisch in der Kollokation *Kuchen backen* ist, handelt es sich bei dem spanischen Verb um einen technischen Terminus, der in der Alltagssprache auf Verwunderung stoßen würde. In der Küche heißt es *hacer pasteles*. Die semantische Spezifizierung durch das Objekt wird als ausreichend angesehen.

4. Mitunter kann es auch kulturspezifische Differenzierungen geben, wie zum Beispiel beim Deutschen *braten/frittieren/ausbacken* (wenig/viel Fett, Schmalz oder Öl) während im Spanischen neben dem allgegenwärtigen *hacer* maximal noch *freír* in Erscheinung tritt, traditionell mit reichlich Olivenöl.

5. Für die zahlreichen Simplizia des Deutschen „revanchiert" sich das Spanische mit Produktivität in der Wortbildung, z. B. mit spezifischen Verben für die Bewegung von Körperteilen:

   mit den Wimpern klimpern – parpadear

   mit dem Kopf wackeln/den Kopf schütteln – cabecear

   mit den Armen schlenkern – bracear

   mit dem Hintern wackeln – culear

   mit den Beinen baumeln – patalear

oder auch für andere Fortbewegungs- oder einfach nur Bewegungsarten.

6. Es kann durchaus vorkommen, dass von mehreren Wörterbuchangaben in einem konkreten Fall keine als Äquivalent (im Deutschen) in Frage kommt, wie zum Beispiel bei *recuperar*, wo sich die zahlreichen Entsprechungen (mit *wieder-*) sehr stark an der internen morpho-lexikalischen Struktur mit dem schon im Lateinischen vorhandenen Präfix *re-* orientieren. In eine neuere Ausgabe hat es immerhin auch das deutsche *bergen* geschafft:

   recuperar. vt

   1. (recobrar) wiedererlangen, zurückgewinnen; MIL zurückerobern; recuperar la rentabilidad ECON die Rentabilität wiedererlangen

   2. (tiempo) nachholen, einholen

   3. (papel, hierro) wieder verwerten

   4. (rescatar) bergen, ausgraben

   5. (asignatura) (im zweiten Anlauf) bestehen; (mi hijo no recuperó la física en el examen de septiembre) mein Sohn ist bei der Physikprüfung auch im zweiten Anlauf im September durchgefallen

   II. vr:

   (recuperarse) sich erholen;

   (el mercado se recupera) der Markt erholt sich

   (Pons lexiface professional 2004)

Wenn das Agens nun aber die Polizei ist und es sich um Diebesgut handelt, wird nichts *wiederbeschafft* oder *wiedergewonnen*, sondern erst einmal einfach *sichergestellt*.

7. Eine fast widersprüchliche Situation zeigt sich bei den verba dicendi, die insbesondere in publizistischen Texten die zur Auflockerung eingebauten Interviewzitate begleiten oder im Spanischen die indirekte Rede überhaupt markieren. Die spanischen Verben entsprechen grundsätzlich erst einmal ganz allgemein dem deutschen *sagen*, darunter auch *confesar*, für das ausschließlich spezifische Entsprechungen angegeben werden wie

confesar [kofe'sar] <e ® ie>

vt

(admitir) gestehen, zugeben

(manifestar algo oculto) preisgeben, verraten

(REL: declarar) beichten; (oír) die Beichte abnehmen +dat

vr:

(confesarse) die Beichte ablegen;

(confesarse culpable) sich (für) schuldig bekennen

Das Verb *decir* selbst, das als erste und dominante Entsprechung für das deutsche *sagen* genannt wird, taucht als redebegleitendes Verb dagegen eher selten auf, denn damit wird betont, dass jemand etwas explizit als eigene Meinung geäußert hat.

Es könnte nun der Eindruck entstehen, dass die Verben aufgrund ihrer Nachrangigkeit in der semantischen Hierarchie keine vollwertigen Übersetzungseinheiten sind, zumal wenn sie ggf. auf prädikative Entsprechungen wie *sein/ser, estar* oder *tun/hacer* in Verbindung mit nominalen Kopula reduziert werden könnten. Es ist aber zu beachten, dass die Verben allgemein nicht nur unverzichtbarer Bestandteil von qualifizierten sprachlichen Äußerungen sind. Sie sorgen durch ihre Strukturierung dafür, dass die inhaltlich dominanten Substantive im richtigen Verhältnis zueinander stehen und verstanden werden. Allerdings ist die Entscheidung zur Verwendung konkreter Verben in der Übersetzung nur sehr eingeschränkt mit dem zweisprachigen Wörterbuch als Arbeitsmittel zuverlässig zu treffen. Noch weitaus weniger kann über einfache binäre Entsprechungslisten eine Übersetzungsleistung angemessen erbracht und bewertet werden. Sie erfordern neben dem qualifizierten Umgang mit einsprachigen Wörterbüchern mit Kontextangabe (z. B. Marsá 1989ff.), Paralleltexten oder digitalisierten Korpora, wie sie über das Internet zugänglich sind, letzten Endes immer ein besonders hohes Maß von aus Sprachkompetenz entwickelter translatorischer Kompetenz.

Bibliographie

Almela Pérez (1999): *Procedimientos de formación de palabras en español*. Barcelona: Ariel.

Báez san José (2002): *Desde el Hablar a la Lengua. Prolegómenos a una teoría de la sintais y la semántica textual y oracional*. Málaga: Agora.

Emsel, Martina (1991): „Übersetzungstechniken als methodische und terminologische Grundlage für zwischensprachliche Beziehungen." *Acta universitatis Carolinae*. Philologica 4-5. Translatologica Pragensia V, 65-72.

Emsel, Martina (2005): „Regionale und soziale Varianz im Translationsprozess – Funktionen und Lösungstrategien (am Beispiel des Sprachenpaares Spanisch/Deutsch)." Muhr, Rudolf (Hrsg): *Standardvariationen und Sprachideologien in verschiedenen Sprachkulturen der Welt. Österreichisches Deutsch*. Sprache der Gegenwart Bd. 4. Frankfurt (M): Peter Lang. 339-358.

Emsel, Martina (2007): „Isotopie als lexikalischer Filter." Emsel, M. / Cuartero Otal, J. (Hrgs.): *Brücken. Übersetzen und Interkulturelle Kommunikation. Festschrift für Gerd Wotjak zum 65. Geburtstag*. Band 2. Frankfurt (M): Peter Lang, 101-107.

Nobs, Marie Louise (2005): *La traducción de folletos turísticos. ¿Qué calidad demandan los turistas*. Granada: Comares.

Oster, Ulrike (2005): *Las relaciones semánticas de términos polilexemáticaos*. Studien zur romanischen Sprachwissenschaft und interkulturellen Kommunikation Bd. 25. Frankfurt (M): Peter Lang.

Pons Lexiface professional Deutsch-Spanisch/Spanisch-Deutsch (2004). Stuttgart: Klett.

Anne-Kathrin D. Ende
Leipzig
Qualitätssicherung in Ausbildung und Praxis

Die Qualität spielt seit jeher eine wichtige Rolle in der Ausbildung von Dolmetschern, wie auch auf dem Markt selbst. Es herrscht ein allgemeiner Konsens
darüber, dass Qualität sehr wichtig ist. Aber wie wird Qualität definiert? Unterscheiden sich die Anforderungen an die Qualität von Dolmetschleistungen aus
der Perspektive der Lehrenden und der späteren Kunden? Welche Anforderungen werden gestellt? Und ist Qualität überhaupt messbar?

Die Definition und Messbarkeit der Qualität einer Verdolmetschung ist sehr
schwierig.

Aus Kundensicht herrschen heterogene Erwartungen an den Dolmetscher, bisherigen Erfahrungen geschuldet, vor.

Die Qualitätsbeurteilung gestaltet sich so schwierig, weil das Dolmetschen eine
Dienstleistung ist, und aufgrund der spezifischen Charakteristika des Dienstleis-
tungsmarktes ist eine Qualitätsmessung mit noch größeren Problemen behaftet
als im Sachgüterbereich.[1] Die überwiegende Immaterialität der Leistungen erschwert die objektive Festlegung von Qualitätskriterien oder macht sie gar unmöglich. Dies führt dazu, dass eine subjektive Qualitätssicht bevorzugt wird
(Haller 1993:19ff.).

Das Dolmetschen kann im betriebswirtschaftlichen Sinne auch als Kontraktgut
bezeichnet werden. Diese sind dadurch gekennzeichnet, dass sie hochwertig,
spezifisch und komplex sind. Die Produktion erfolgt auftragsorientiert, auch unter Mitwirkung des Nachfragers. Kontraktgüter selbst können auch nicht zum
Marketing eingesetzt werden. Es existieren weder Abbildungen noch Muster
oder Proben. Sowohl die Qualität als auch die „Produktion" sind schwer kont-
rollierbar, da der Faktor Mensch dominiert und da die „Produktion" und der
„Verbrauch" zeitlich zusammenfallen.

Des Weiteren besteht zwischen Anbieter und Nachfrager eine Informations-
asymmetrie (Posselt 2000/2001). Diese wird durch die Heterogenität der Anbieter aufgrund des fehlenden Schutzes der Berufsbezeichnung auf dem Dolmetschmarkt noch verstärkt. Dies führt zu folgenden zwei Besonderheiten:

1. **Moral Hazard** bezeichnet die Versuchung des Anbieters, mindere Qualität anzubieten, da der Nachfrager die Aktivitäten des Anbieters nicht
   überwachen und ebenso wenig die Qualität verifizieren kann und Dienstleistungen (im Gegensatz zu materiellen Gütern) nicht umgetauscht werden können (Kaas 1995:27).

---

[1] Eine ausführliche Beschreibung kann an dieser Stelle nicht erfolgen. Nachzulesen in Ende,
Anne-Kathrin, Dolmetschen im Kommunikationsmarkt 2006.

2. **Adverse Selection** sagt aus, dass der Kunde unfähig ist, die Leistung des Anbieters zu beurteilen und sich bei der Auswahl des Anbieters nur am Preis orientiert, was zur Folge haben kann, dass schlechte Qualitäten auf den Markt kommen und gute verdrängen können (Kaas 1995:26)[2].

Ersteres kann durch Signalling oder Screening vermieden werden.

Signalling bedeutet, dass der Dienstleister dem Kunden signalisiert, dass seine erbrachte Leistung hochwertig ist. Dies kann zum Beispiel über einen hohen Preis als Indikator für gute Qualität erfolgen (Posselt 2000/2001). Schon in der Dolmetscherausbildung sollte also Wert auf die Vermittlung von Selbstbewusstsein und Qualitätsbewusstsein gelegt werden.

Der Auftraggeber kann einer Fehlauswahl auch durch **Screening** vorbeugen, indem er sich im Vorfeld Informationen über den Dienstleister beschafft. Dies kann durch Befragung anderer Kunden erfolgen, die bereits im Vorfeld die Leistung in Anspruch genommen haben (Posselt 2000/2001).

Gerade das Phänomen der adversen Selektion ist am Dolmetschmarkt häufig anzutreffen, da ein Konkurrenzvergleich und somit eine Qualitätsbewertung hier schwierig sind und sich dies negativ auf die Preisbereitschaft auswirkt.

Adverser Selektion kann beispielsweise durch Zertifizierungen, Schutz der Berufsbezeichnung, Zugangsbeschränkungen zum Markt, Selbstverpflichtungen und Einhaltungen durch Regelungen seitens der Berufsverbände, aber auch durch eine Sensibilisierung in der Ausbildung begegnet werden. Bei den jungen DolmetscherInnen muss ein Qualitätsbewusstsein geschaffen werden. Dies beinhaltet auch die Vermittlung eines genauen Berufsbildes. Im Studium müssen Qualitätsstandards definiert und eingehalten werden. Die Praxiserfahrungen der Lehrkräfte sind besonders wichtig, um Anforderungen der Praxis und die Qualitätsansprüche zukünftiger Kunden zu vermitteln und aktiv in die Bewertung der Dolmetschleistungen im Unterricht einfließen zu lassen. Ebenso sollte eine enge Zusammenarbeit mit zukünftigen Arbeitgebern (z. B. der Europäischen Union) angestrebt werden, um die dort geforderten Qualitätsansprüche in das Studium einzubinden.

Aber die Qualitätssicherung sollte schon vor der Aufnahme des Studiums beginnen, um nur geeignete Bewerber zuzulassen. Diese selektive Qualitätsbestimmung erfolgt idealerweise mittels eines Eignungstestes für Konferenzdolmetscher. Dieser soll neben der Ermittlung der Eignung auch einen Einblick in den Beruf des Dolmetschers geben, da viele Bewerber nur unzureichende oder gar falsche Vorstellungen über den Beruf haben.

Mit der Einführung des Masterstudienganges Konferenzdolmetschen am Institut für Angewandte Linguistik und Translatologie der Universität Leipzig zum Wintersemester 2007/2008 wird es erstmals einen solchen speziellen Eignungs-

---

[2] Diese Aussage basiert auf der im Jahre 1970 von George Akerlof entwickelten Theorie „The Market of Lemons".

test als Voraussetzung für die Zulassung zum Studium geben. Bei den Diplom-studiengängen gab es einen allgemeinen schriftlichen Eignungstest sowohl für die Übersetzer als auch für die Dolmetscher. Nach Abschluss des Grundstudiums war es den Dozenten lediglich möglich, einzelnen Studenten Empfehlungen für den Dolmetscherberuf auszusprechen, diese waren jedoch nicht verbindlich.

Ein Eignungstest für den Master Konferenzdolmetschen sollte idealerweise alle für den Dolmetscherberuf notwendigen Voraussetzungen prüfen:

1. Sprachliche Fähigkeiten
2. Psychische Eignung
3. Translatorische Fähigkeiten
4. Umgangsformen
5. Wissen
6. Flexibilität
7. Kulturkompetenz
8. Gedächtnis.

Im nachfolgenden werden die genannten Eigenschaften näher erläutert.

1. Die **sprachliche Fähigkeit** umfasst sowohl die muttersprachliche als auch die fremdsprachliche Kompetenz. Überprüft werden sollten hier die Beherrschung eines umfangreichen Sprachschatzes sowie die abwechslungs-reiche Ausdrucksweise auf verschiedenen Stilebenen.

2. Zu den **psychischen Voraussetzungen** zählen Stressresistenz (das Arbeiten unter Zeitdruck, der Umgang mit einem hohen Sprechtempo des Redners, die Verdolmetschung nicht muttersprachlicher Redner oder auch ungeübter Sprecher sowie die Arbeit unter ungewöhnlichen Bedingungen), Frustrationstoleranz sowie eine hohe Konzentration über einen längeren Zeitraum und psychische Belastbarkeit.

3. Die **translatorische Fähigkeit** bezieht sich auf die Dolmetschkompetenz an sich. Dazu zählen das erkennen, übertragen, herausfiltern der Hauptinformationen sowie das Erkennen von Redestrukturen.

4. Ein sicheres, situationsadäquates **Auftreten** ist für den Dolmetscherberuf obligatorisch. Dazu gehört das Beherrschen der grundlegenden Umgangsformen, was häufig gerade in den ersten Semestern noch sehr unzureichend beherrscht wird.

5. Ein sehr gutes **Allgemeinwissen** sowie ein hohes **Fachwissen** in ausgewählten Bereichen und die Bereitschaft, sich immer wieder auch in kurzer Zeit in neue Fachgebiete einzuarbeiten sind grundlegende Voraussetzungen des Berufes.

6. Die **Flexibilität** bezieht sich nicht nur auf die Arbeitszeiten und Reisebereitschaft sondern beinhaltet vielmehr die die Fähigkeit, sich immer wieder auf neue Situationen und Menschen einzustellen sowie die Fähigkeit zur Teamarbeit.

7. Der Dolmetscher agiert in zunehmendem Maße als **Kulturmittler**. Vor allem mit der Arbeitssprache Englisch, die zunehmend zu einer Lingua Franca im Geschäftsleben und in der Wissenschaft wird, ist die Notwendigkeit gegeben, sich in diverse Kulturen einzuarbeiten.

8. Ein sehr gutes Ultrakurzzeit-, Kurzzeit-, aber auch Langzeit**gedächtnis** ist essentiell für den Dolmetscherberuf.

Die umfassende Beurteilung der genannten Kriterien in einem Eignungstest ist aufgrund der Komplexität und der Zeit unmöglich. Es stellt sich somit die Frage nach einer Gewichtung der Kriterien.

Empfehlenswert ist ein zweiteiliger Eignungstest, der sowohl aus einem mündlichen als auch einem schriftlichen Teil besteht. So können verschiedene Anforderungen kombiniert überprüft werden.

In einer **schriftlichen Eignungsfeststellung** können die sprachliche, translatorische und kulturelle Eignung und das Allgemeinwissen getestet werden. Dafür sollen im Folgenden einige Beispiele gegeben werden:[3]

1. Sprachliche und translatorische Kompetenz :
   - Übersetzen eines Textes in die Muttersprache

2. Sprachliche Kompetenz und Allgemeinwissen:
   - Ausfüllen eines Lückentextes zu einem aktuellen Thema

3. Allgemeinwissen und kulturelle Kompetenz:
   - Beantwortung von Fragen zum Kulturkreis der als Kernfach gewählten Sprache
   - Abkürzungen internationaler Organisationen
   - Geschichte
   - Aktuelles Zeitgeschehen.

Die **mündliche Eignungsfeststellung** dient der Feststellung der sprachlichen, translatorischen, psychischen Eignung sowie des Allgemeinwissens:

1. sprachliche und translatorische Kompetenz:
   - Dolmetschen vom Blatt

2. Sprachliche Kompetenz und psychische Eignung (Stressresistenz):
   - Halten einer kurzen Stegreifrede zu einem vorgegebenen allgemeinem Thema

---

[3] Eine tabellarische Übersicht befindet sich im Anhang des Artikels.

3. Sprachliche Kompetenz:
   - Unterhaltung in der gewählten Fremdsprache
4. Sprachliche Kompetenz, Allgemeinwissen und psychische Eignung (Stressresistenz):
   - Lückentext zu einem aktuellen Thema vom Blatt fließend vortragen in der Muttersprache (Satzstrukturen erkennen, Zusammenhänge erfassen, Textverstehen).
5. Sprachliche und translatorische Kompetenz:
   - kurze bilaterale Dolmetschprobe.

Der Test ist bestanden, wenn beide Teile erfolgreich absolviert wurden. Das Bestehen des schriftlichen Teils ist die Voraussetzung zur Teilnahme an der mündlichen Prüfung, die von zwei Prüfern (den beiden Arbeitssprachen entsprechend) abgenommen wird.

Das Ziel der Eignungsfeststellung besteht darin, geeignete Bewerber auszuwählen und somit von Anfang an zur Qualitätssicherung beizutragen. Diese muss ein wichtiger Bestandteil während des ganzen Studiums sein und die Bewertung der im Unterricht erbrachten Leistungen sowie der Prüfungsleistungen sollte stets unter praxisrelevanten Gesichtspunkten erfolgen. Hier wäre es auch denkbar, dem Beispiel anderer Ausbildungseinrichtungen folgend, Vertreter aus der Praxis in die Abschlussprüfungen einzubeziehen.

Es ist die Aufgabe und Pflicht der Lehrenden, den Studenten im Studium ein Qualitätsbewusstsein und vor allem auch ein Preisbewusstsein zu vermitteln und die Ausbildung an die Erfordernisse des Marktes anzupassen.

Bibliographie

Ende, Anne-Kathrin (2006): *Dolmetschen im Kommunikationsmarkt,* Berlin: Frank&Timme.

Haller, Sabine (1993): „Methoden zur Beurteilung der Dienstleistungsqualität – Überblick zum State-of-the-Art." *ZfBF* Heft 1/1993, 9-40.

Kaas, Klaus-Peter (1995): „Marketing zwischen Markt und Hierarchie." *ZfBF Sonderheft 35* (Kontrakte, Geschäftsbeziehungen, Netzwerke – Marketing und Neue Institutionenökonomie), 19-42.

Posselt, Thorsten (WS 2000/2001): Dienstleistungsmanagement (unveröffentlichtes Skript der Vorlesung), Wirtschaftswissenschaftliche Fakultät der Universität Leipzig.

Anhang

Tabellarische Darstellung der Eignungsfeststellung

EIGNUNGSFESTSTELLUNG SCHRIFTLICH

Kompetenz	Test	Zeit	Bemerkung
Sprachliche + translatorische	Übersetzung eines Textes in die Muttersprache	60 min	Übersetzung erfolgt am Computer
Sprachliche Kompetenz + Allgemeinwissen	Ausfüllen eines Lückentextes in der Muttersprache zu einem aktuellen Thema	10 min	
Allgemeinwissen + Kulturelle Kompetenz	Multiple Choice-Test (Abkürzungen, Zeitgeschichte, Kultur)	50 min	Diese beiden Komponenten (10 und 50 Minuten) werden in einem Test geprüft. Dieser erfolgt handschriftlich und ohne Hilfsmittel.

EIGNUNGSFESTSTELLUNG MÜNDLICH

Kompetenz	Test	Zeit	Bemerkung
Sprachliche + Translatorische	a) Dolmetschen vom Blatt in die Muttersprache	5 min	
	b) zusammenfassende-Wiedergabe in der Muttersprache eines mündlich in der Fremdsprache dargebotenen Textes	10 min	
Sprachliche + Psychische	Stehgreifrede	3 min	
Sprachliche + Berufsbild	Gespräch in der Fremdsprache über den Beruf	5 min	
Sprachliche + Allgemeinwissen + Psychische	Flüssiges Vortragen eines Lückentextes (ohne Vorbereitungszeit) zu einem aktuellen Thema in der Muttersprache	5 min	
Sprachliche + Translatorische + Umgangsformen + Flexibilität	Bilaterales Dolmetschen (allgemeines Thema)	10 min	

Dirk Fassbender
Brüssel
Europa vermitteln.
Die Kommunikationspolitik der Europäischen Union

Im Laufe der letzten beiden Jahrzehnte ist die Europäische Union umgestaltet worden. Sie hat zahlreiche Aufgaben übernommen, die sich in vielfältiger Weise auf das Leben der Bürger auswirken. Die Kommunikation der EU mit den Bürgern hat mit dieser Entwicklung allerdings nicht Schritt gehalten. Allzu häufig wird die Frage nach Kosten und Nutzen der Europäischen Union laut. Obwohl alle EU-Institutionen in den letzten Jahren verstärktes Augenmerk auf die Kommunikationsarbeit legen, muss noch mehr getan werden.

Die Kommunikation ist zu sehr eine „Brüsseler Angelegenheit" geblieben. Die Europäische Kommission schlägt daher einen grundlegend neuen Ansatz vor. Entscheidend dabei ist, auf mehr Dialog statt auf einseitige Kommunikation zu setzen, den Bürger und nicht die Institutionen in den Mittelpunkt der Kommunikation zu stellen sowie verstärkt dezentral statt von Brüssel aus tätig zu werden. Die EU möchte eine bürgernahe Kommunikationspolitik entwickeln. Ein zentraler Aspekt dabei ist ein adressatengerechtes und jeweils zielkulturorientiertes Kommunikationsangebot.

Bei der Erfüllung dieser äußerst komplexen Aufgabe benötigt die Europäische Kommission jedoch die aktive Hilfe und Unterstützung der Mitgliedstaaten. Ohne deren Engagement ist eine bürgernahe Vermittlung europäischer Themen praktisch unmöglich.

1 Gesellschaft im Wandel

Jean Monnet sagte einmal: „Die Zukunft der Bürger Europas liegt allein in der Einheit". Damit hat er heute mehr Recht denn je. Europa wächst zwar immer mehr zusammen, das Gefühl der Einheit ist unter seinen Bürgen jedoch kaum verbreitet. Ein Motto der Europäischen Union ist die „Einheit in Vielfalt": fast 500 Millionen Europäer, verteilt auf 27 Mitgliedstaaten, werden von 3500 Fernsehkanälen in 23 Sprachen (plus zahlreiche Regionalsprachen) mit Informationen versorgt. Wir haben in Brüssel ein akkreditiertes Pressecorps von 1.200 Journalisten. Insgesamt sind 25.000 Journalisten mit der EU-Berichterstattung befasst. Neue Kommunikationskanäle eröffnen neue Kommunikationsmöglichkeiten und Informationen werden weltweit in Echtzeit rund um die Uhr verbreitet. Ein wahrhafter „Overkill" – wo findet Brüssel da seinen Platz?

Themen wie die Globalisierung, der Klimaschutz und die Energieversorgung beherrschen die politische Debatte und beunruhigen die Menschen. Zukunftsängste machen sich breit. Weder Klimawandel noch Energieversorgung machen Halt an nationalstaatlichen Grenzen. Der Bürger fragt sich zu Recht: Wer wird für uns besser sorgen: Unsere eigene Regierung zuhause im Alleingang oder die

Europäische Union, die ihre Position als Verhandlungspartner und Vertreter europäischer Interessen auf internationaler Ebene ständig weiter ausbaut und hierdurch an Gewicht und Vertrauenswürdigkeit gewinnt?

Ob Europa eine gute Sache ist und ob die EU-Mitgliedschaft für ein Land gut ist, wird regelmäßig in den Eurobarometer-Umfragen der Europäischen Kommission gefragt und die Ergebnisse stimmen sowohl bedenklich als auch zuversichtlich. Bedenklich, weil Vorteil und Nutzen der Europäischen Union den meisten Bürgern häufig nicht klar erkenntlich zu sein scheinen. Zuversichtlich, weil Umfrageergebnisse aus jüngster Vergangenheit zeigen, dass bei den Bürgern der EU generell das Gefühl herrscht, dass die Dinge auf europäischer Ebene besser laufen als auf nationaler. So waren im Frühjahr 2007 59 % der Bürger der Meinung, dass ihr Land von der Mitgliedschaft in der Europäischen Union Nutzen zieht. Zum 50. Geburtstag der Verträge von Rom haben sich 69 % der Bürger der Europäischen Union optimistisch über deren Zukunft gezeigt. Also erste Anzeichen einer Trendbesserung? Tatsächlich sind wir noch weit davon entfernt, dass der Bürger Europa als „sein Land" empfindet, dass die Mitgliedstaaten Europapolitik als Innenpolitik behandeln, dass, um mit Jürgen Habermas zu reden, eine „Bürgerliche Öffentlichkeit" in Europa entsteht.

2 Institutionelles Spannungsfeld

Auch im politischen Herzen Europas sieht sich die Europa-Kommunikation Spannungen ausgesetzt. Zu viele Interessen prallen aufeinander und müssen miteinander in Einklang gebracht werden: Da sind die im Rat vertretenen Mitgliedstaaten, die allesamt zuhause zwischen bisweilen stark kontrastierenden Interessen von Regierung und Opposition hin und her gerissen werden und in Brüssel von der Natur der Sache her eher einen nationalen als einen europäischen Standpunkt vertreten. Da ist das Europäische Parlament mit seinen zahlreichen politischen Gruppierungen, die eine bunte Palette der unterschiedlichen politischen Ausrichtungen in den 27 Mitgliedstaaten der EU bilden. Da sind auch die nationalen Parlamente, die ein immer stärkeres Mitspracherecht in Brüssel fordern. Und da sind die vielfältigen Interessen und Ansprüche der europäischen Regionen und der organisierten Zivilgesellschaft, vertreten vom Ausschuss der Regionen und dem Europäischen Wirtschafts- und Sozialausschuss. Ganz zu schweigen vom ständigen Druck einer starken Lobby von Industrie, Wirtschaft und Zivilgesellschaft.

Und mitten in diesem weiten Feld unterschiedlicher Interessen und Anliegen befindet sich die Europäische Kommission, zusammengesetzt aus 27 Mitgliedern mit verschiedenem nationalem und politischem Hintergrund. Sie ist gehalten, in einem komplexen Umfeld und nicht weniger komplexen Beschlussverfahren eine klare politische Linie, d. h. **eine** Kommissionspolitik zu verfolgen.

3 Eine europäische Sicht der Dinge?

Die Wirksamkeit jeglicher Kommunikation – und dies gilt auch für die Europa-
Kommunikation – hängt davon ab, inwieweit die Adressaten sich vom Inhalt
und Verständnis der Botschaft her unmittelbar angesprochen fühlen. Im Gegensatz zu den Mitgliedstaaten gibt es in der Europäischen Union noch keine gemeinsame Kultur der Zivilgesellschaft, die auf gemeinsamen Werten und einem
relativ einheitlichen Verständnis derselben beruht. Wie lässt sich also eine gemeinsame europäische öffentliche Sphäre schaffen? Wie lässt sich ein klar er-
kennbares politisches Projekt entwickeln, das von seiner Lesbarkeit her für alle
verständlich ist, auf klaren Zielsetzungen beruht und zu einer öffentlichen Debatte anregt?

Und welches Europa wollen wir? Einheit in Vielfalt, aber auch Wohlstand, So-
lidarität und Sicherheit. Wir wollen starke Regionen, gleichzeitig aber auch globalen Einfluss ausüben – die Rolle Europas in der Welt stärken und ein ernst zu
nehmender „global player" sein. All dies kommt jedoch nicht von ungefähr. Erst
wenn sich die Mitgliedstaaten entschlossen dazu bekennen, dass die Botschaft
Europas über die nationalen Grenzen hinausgeht und versuchen, diese auch ihren Bürgern verständlich zu machen, wenn enge nationale Kommunikationskor-
sette gesprengt und ein weiteres, europafreundlicheres Gewand angelegt wird,
wird sich eine „Europäische Öffentlichkeit" entwickeln können.

4 Die Rolle der Generaldirektion „Kommunikation"

Nach den gescheiterten Referenden in Frankreich und in den Niederlanden hat
auch die Europäische Kommission die Zeichen der Zeit erkannt und beschlossen, der Kommunikation einen vorrangigen Stellenwert einzuräumen. Seit 2005
steht Kommunikation ganz oben auf der Tagesordnung. Mit mehreren aufeinander folgenden Maßnahmen hat die Kommission zunächst ihre eigene Kommunikationsstrategie strukturiert. Angefangen mit dem 50 Maßnahmen umfassenden
„Aktionsplan für eine bessere Kommunikationsarbeit der Kommission"[1], über
den „Beitrag der Kommission in der Zeit der Reflexion und danach – Plan D für
Demokratie, Dialog und Diskussion"[2] bis hin zum „Weißbuch über eine europäische Kommunikationspolitik"[3], hat Margot Wallström, die für Kommunikation
zuständige Kommissarin, alles daran gesetzt, die Kommunikation über Europa
zu einem Schwerpunkt der Kommissionsarbeit zu machen.

Die im März 2006 ins Leben gerufene Generaldirektion Kommunikation hat
eine strategische Rolle bei der Gestaltung einer neuen Kommunikationspolitik
der Europäischen Union übernommen. Ihr fallen dabei zahlreiche Aufgaben zu.
Dazu gehört im strategischen Bereich die Umsetzung der von der Kommission
in ihrem jährlichen Arbeitsprogramm vorgegebenen und mit dem Europäischen

---

[1]   SEK(2005)985 endg.
[2]   KOM(2005)494 endg.
[3]   KOM(2006)53 endg.

Parlament und dem Ministerrat abgestimmten Kommunikationsprioritäten. Ein gutes Beispiel ist das Thema Klimawandel und Energie. Über ein hausinternes Projektteam wird zwischen den zuständigen Generaldirektionen unter Leitung der GD Kommunikation ein Arbeitsplan aufgestellt, den es sowohl über die Brüsseler Institutionen aber auch dezentralisiert mit Hilfe der 35 Vertretungen der Kommission in den Mitgliedstaaten umzusetzen gilt. Hierbei ist es wichtig, alle Akteure auf eine gemeinsame Botschaft einzustimmen, die dann über zahlreiche Multiplikatoren in unterschiedlicher Form, Schattierung und Nuancierung bis hin auf die regionale und lokale Ebene transponiert wird. Zu den Multiplikatoren gehören die zentralen Presse- und Informationsämter der Mitgliedstaaten ebenso wie die Medien, die ca. 430 Informationsbüros[4] der Kommission in den Mitgliedstaaten, zivilgesellschaftliche Organisationen, Mitglieder des Europäischen Parlaments und der Europäischen Kommission, aber auch Regional- und Kommunalpolitiker. Europa muss ein menschliches Gesicht gegeben werden.

Eine gewichtige Rolle in der tagtäglichen Kommunikationsarbeit spielt natürlich auch der Sprecherdienst mit seinen 120 Mitarbeitern, der täglich Pressekonferenzen veranstaltet und Pressekommuniqués veröffentlicht. Weitere Arbeitsinstrumente und Dienstleistungen sind, um nur einige zu nennen, das Meinungsumfrageinstrument Eurobarometer, das Internet (der Europa Server mit seinen zahlreiche Webseiten), Europe by Satellite (*EbS,* ein kostenloser Fernsehdienst für die audiovisuellen Medien), der „EU Events Calendar" sowie die klassischen Veröffentlichungen und Informationsbroschüren.

Die Kommission arbeitet ferner über Rahmenverträge mit professionellen Unternehmen der Kommunikationsbranche in der gesamten Europäischen Union sowie über ihre Delegationen in den Drittländern mit den dort tätigen Medien.

5 Neue Formen der Partnerschaft mit den Mitgliedstaaten

Auch die Mitgliedstaaten sind zu einer verstärkten Zusammenarbeit aufgerufen. Erste erfolgreiche Schritte in diesem Bereich sind zu verzeichnen. Das Instrument der Verwaltungspartnerschaft im Kommunikationsbereich gilt als äußerst vielversprechend. Deutschland hat dabei eine Vorreiterrolle übernommen. Die erste Verwaltungspartnerschaft im Kommunikationsbereich wurde 2005 zwischen der Europäischen Kommission und der Bundesregierung abgeschlossen und hat sich als erfolgreich erwiesen. Zwischenzeitlich folgen zahlreiche Mitgliedstaaten diesem Beispiel. Diese Form der Partnerschaft beruht auf einer Vereinbarung, die zwischen der Vertretung der Kommission und dem Informationsbüro des Europäischen Parlaments im Mitgliedstaat und einem von diesem bezeichneten Träger (im Falle der Bundesrepublik, das Presse- und Informationsamt der Bundesregierung) abgeschlossen wird. Grundlage der Zusammenarbeit bildet ein in gegenseitiger Übereinkunft aufgestellter Kommunikationsplan, der vom Träger im Mitgliedstaat nach eigenem Ermessen umgesetzt wird. Dabei

---

[4] Relais Europe Direct und Call Centre Europe Direct 0080067891011 in 27 Sprachen.

können die vereinbarten Kommunikationsprioritäten im Laufe des Jahres auf Wunsch des Mitgliedstaates und mit Zustimmung der Europäischen Kommission und des Europäischen Parlaments der tagespolitischen Aktualität angepasst werden. Die Kommission leistet einen finanziellen Beitrag, der Mitgliedstaat übernimmt Verwaltungs- und Personalkosten.

6 Eine adressatengerechte und zielkulturorientierte Kommunikation

Die Ratsverordnung Nr. 1 von 1958 hat den Grundstein für eine vielsprachige Kommunikation in der damaligen Europäischen Gemeinschaft für Kohle und Stahl gelegt. Mit inzwischen 27 Mitgliedstaaten, 23 offiziellen Sprachen und 506 theoretischen Sprachkombinationen für Übersetzung und Verdolmetschung spielt die Vielsprachigkeit ein Ressortübergreifende Rolle. Zudem ist sie ein politisch höchst sensibler Bereich und es ist kein Zufall, dass die Europäische Kommission seit der letzten Erweiterung nun auch ein für die Vielsprachigkeit zuständiges Mitglied hat. Zirka 4000 Übersetzer und Dolmetscher arbeiten täglich für die Verständigung in der Europäischen Union, im Jahr 2006 wurden 1,5 Millionen Seiten übersetzt und die Präsenz der Sprachvermittler ist allgegenwärtig. Zum Tagesgeschäft der Generaldirektion Übersetzung (DGT) gehört nicht nur die Übersetzung von Rechtsetzungstexten, Weiß- und Grünbüchern, Arbeitsdokumenten der Dienststellen und Publikationen jeglicher Art, sondern auch die Übersetzung von Inhalten der zahlreichen Internetseiten des Europa-Servers und die Kommunikation mit dem Bürger vor Ort. Hierzu unterhält die DGT Außenstellen in allen 27 Vertretungen der Kommission in den Mitgliedstaaten.

7 Die Zukunft

Europa-Kommunikation und Europäische Vorausschau und Planung bei der Festlegung gemeinsamer Kommunikationsprioritäten müssen zu festen Bestandteilen der Europapolitik in allen Mitgliedsländern der Europäischen Union werden. Die Potenziale, die ein erweitertes Europa und die fortschreitende europäische Integration bieten, müssen konsequenter identifiziert und genutzt werden. Wenn wir Europa näher an die Bürgerinnen und Bürger bringen möchten, dann müssen alle Akteure gemeinsam handeln. Der Dialog mit den Bürgern Europas kann nur dann nachhaltig sein, wenn er konsequent und zielstrebig betrieben wird. Hierzu gehört auch der Respekt anderer Meinungen und Ansichten, Konfrontation und Bereitschaft zur Verständigung sowie gegenseitiges Verständnis, auch wenn bisweilen widersprüchliche Ansichten aufeinander prallen. Hierzu gehört auch die Schaffung von Netzwerken, die Multiplikatoren von Interessengruppen und Zivilgesellschaft, nationalen und europäischen politischen Parteien und Stiftungen eng einbinden.

Europa vermitteln heißt auch mehr Demokratie für den Bürger. Die Europäische Union ist ein politisches Projekt und muss deshalb demokratisch geführt werden. Ehrliche und transparente Kommunikation und ein offener Dialog, auch über die nationalen Grenzen hinweg, sind hierfür unverzichtbar – und hier kommt es auch auf der Qualität und Kompetenz der beteiligten Übersetzer und Dolmetscher an! Eine stärkere Einbindung der Bürger in die europapolitische Entscheidungsfindung ist unverzichtbar und die Grundvoraussetzung dafür, dass dieses historische politische Projekt zukunftsfähig bleibt und von seinen Bürgern mitgetragen wird.

Martin Forstner

Mainz

Paralipomena zur Diskussion über die Qualität von Translationsstudiengängen unter dem Bologna-Regime

1 Bologna und kein Ende

Der Bologna-Prozess[1] zielt nicht nur darauf ab, durch Einführung gestufter Studiengänge das Studium in Europa kompatibel zu machen – worüber hier nicht zu sprechen ist[2] –, sondern auch darauf, die Qualität der Studiengänge zu erhöhen. Diese sei nicht nur zu wahren, sondern solle sogar gesteigert werden dergestalt, dass das Qualifikationsprofil, das am Ende des Studiums erreicht werde, höher sei als bisher. Dies bedeutet, dass die alten Studiengänge nicht einfach beibehalten werden können – auch ist der Versuchung zu widerstehen, sie lediglich durch geschickte Umbenennung Bologna-fähig zu machen.

Bekanntlich lässt sich aber Qualität nicht eindeutig definieren, weshalb sie auch schwer zu operationalisieren ist, was jedoch, wie Nickel (2006:47) kritisch feststellte, die europäischen BildungsministerInnen nicht davon abgehalten habe, Qualität zum zentralen Erfolgsfaktor der *European Higher Education Area* zu erklären.

> Hochschulen sind also zunehmend gefordert, die Qualität in Forschung und Lehre nicht mehr nur als etwas zu betrachten, das von einzelnen WissenschaftlerInnen in emergenten Prozessen hergestellt, sondern von der gesamten Organisation systematisch geprüft und entwickelt wird (Nickel 2006:48),

was eine möglichst genaue Beschreibung des Berufs(um)feldes verlangt, aber auch eine inhaltliche Ausrichtung der Lehrveranstaltungen auf die späteren Tätigkeiten in demselben.

Diese Forderung der Qualität wurde im Verlauf des Bologna-Prozesses befrachtet damit, dass sie Bezug haben solle zur Berufsbefähigung (*employability*) der Studienabgänger, da der angestrebte und nach außen hin identifizierbare Europäische Hochschul- und Forschungsraum nicht nur wissensbasiert und wissensorientiert, sondern auch marktorientiert sein solle, damit Europas Position in der globalen wissensbasierten Wirtschaft (*knowledge-based economy*) gesichert werde[3]. In Analogie zum gemeinsamen Markt für Waren und Dienstleistungen sollen auch die angebotenen Bildungsdienstleistungen in ihrer Struktur vergleichbar gemacht werden. Eine solche ökonomische Ausrichtung tritt in der Diktion der bildungspolitischen Akteure in der Union klar zutage, der ein dezi-

---

[1]   Dazu Reinalda/Kulesza (2005); Wex (2005).

[2]   Dazu Forstner: *The Grand Design* (2007, im Druck). Da inzwischen alle Staaten von Island bis Armenien beteiligt sind, handelt es sich also nicht nur um ein Projekt der Europäischen Union.

[3]   Dazu Forstner (2004:15ff.).

dierter *Aus*bildungsbegriff zugrunde liegt, bei dem nicht die Bildung, sondern die *Aus*bildung im Mittelpunkt steht[4]. Die Marktorientierung zeigt sich darüber hinaus darin, dass die Hochschulen in Wettstreit miteinander treten sollen um die höchste nationale und internationale Reputation, um die besten Studierenden (die in der Regel auch Studiengebühren zu entrichten haben) und um die beste Qualität in Forschung und Lehre.

Unter diesen Aspekten erscheint es angebracht, sich mit der Frage zu befassen, was es mit der Festsetzung, Förderung und Sicherung von Qualität in diesem wissensintensiven Wettbewerbsumfeld wohl auf sich hat, und, damit eng zusammenhängend, wie darin Forschung und Lehre unter dem Bologna-Regime zur besseren Einsetzung der Ressource Wissen positioniert sein werden, und welche organisationalen Lernprozesse dabei auf den Weg zu bringen sind.

Bei der Behandlung dieser Fragen kann man, was die Ökonomisierung, ja sogar „Verbetriebswirtschaftlichung der Bildung" (so Krautz 2006:392), des Europäischen Hochschul- und Forschungsraums ja nahelegt, auf die Begrifflichkeit[5] der Wirtschaftswissenschaften zurückgreifen, indem man die Hochschulen als Unternehmen (was ja seitens der Bildungspolitiker erwartet wird) behandelt, die auf die Mitwirkung verschiedener „Stakeholder"[6] und deren Wissensbestände und Wissenspotentiale angewiesen sind. Dieses Unternehmen Hochschule mit seinem forschenden, lehrenden und prüfenden, aber auch verwaltenden Personal sowie die Studierenden als Ressource, die man gewinnen muss, unterliegen den Einflüssen der Ministerien, aber auch der Vertreter des Berufsfeldes.

Die Interessen und Motive aller Beteiligten sind nicht immer homogen, auch ist ihre Machtbasis unterschiedlich strukturiert, auch ist nicht jeder von allen anstehenden Problemen in gleicher Weise und mit gleicher Intensität betroffen, wenn es, wie im Bologna-Prozess nunmehr geschehen, darum geht, die Studienprogramme und ihre Inhalte dem Dogma der Ökonomisierung und damit der Wettbewerbssteigerung unterzuordnen. Die Prioritäten der Stakeholder sind im Gegenteil recht heterogen, und ihre Dringlichkeit wird unterschiedlich bewertet. Allerdings wollen die Stakeholder ihre eigenen Zielsetzungen möglichst zur Zielsetzung der Hochschule machen und ihre Effektivitäts- und Effizienzkriterien als relevante Kriterien in den Entscheidungsprozess, etwa im Zusammenhang mit der Definierung von Qualitätskriterien, einbringen, wobei sich die Machtmittel und das vorhandene Aggressionspotenzial recht unterschiedlich konkretisieren. Beispielsweise kann der Staat als Stakeholder auf die Hochschulen noch immer stark regulativ (sogar gesetzgebend) einwirken, wohingegen die Studierenden schon weniger rigoros vorgehen können, denn ihnen bleibt bisher

---

[4] Ennuschat (2003:193).
[5] Im Folgenden wird zurückgegriffen vor allem auf Liebl (1996); dort ist die weiterführende Fachliteratur zu finden.
[6] Probst/Raub/Romhardt (2006:103): als Stakeholder einer Organisation bezeichnet man diejenigen Gruppen im Umfeld einer Organisation, welche besondere Interessen und Ansprüche an die Tätigkeit eines Unternehmens richten.

neben der Produktion von Protestpapieren als letzte Konsequenz lediglich ein Wechsel der Hochschule.

Wie für die privatwirtschaftlichen Unternehmen (dazu Liebl 1996:130ff.) gilt auch für die Hochschulen, dass Konflikte mit und zwischen den Stakeholdern als strukturelle Spannungen (*structural strains* bzw. *structural contradictions*) dann auftreten, wenn die Stakeholder einen Widerspruch bzw. eine Diskrepanz zwischen der tatsächlichen Leistung (*performance*) der Hochschulen und deren Versprechungen – etwa bei den angebotenen Lehrinhalten und der Qualität der Lehre – wahrnehmen, wenn also deutlich wird, dass die behauptete Qualität nicht gegeben ist, oder dass die bisherige Leistungserfüllung nicht mehr den gewachsenen oder den neuen Ansprüchen der Berufswelt genügt. Dieses Missbehagen auf Seiten einiger Stakeholder kann dann darin begründet sein, dass sich die Anspruchshaltung oder die Wahrnehmung der Anspruchserfüllung gewandelt hat, dass sie höher geworden ist auf Seiten der Studierenden oder der Berufswelt, während die akademische Lehre dies noch nicht einmal wahrgenommen hat[7]. Das Problem besteht dann darin, das Deutungsmonopol abzulösen, was recht schwierig werden kann, wenn alle Beteiligten ihre Deutungshoheit verteidigen. Einen Ausgleich zu finden, verlangt in einer so komplexen Organisation wie einer Hochschule einen ständigen Prozess an permanenter Mobilisierung und fortschreitender Neuinterpretation der jeweiligen Standpunkte als Antwort auf die Zumutungen der anderen Beteiligten[8].

Bei diesen Aushandlungsprozessen kann es, da die Stakeholder unterschiedlich starke Machtbasen haben, zu Koalitionen in Bezug auf die anstehenden Aufgaben (*issues*) kommen, so etwa dann, wenn es um die von außen auferlegte Entwicklung von Qualitäts- und Qualitätssicherungsmaßnahmen geht, so dass sich etwa Staat und Berufswelt verbünden, wie es zur Zeit als Folge des Bologna-Prozesses mit seiner Marktorientierung geschieht.

---

[7]   Diese Diskrepanz lässt sich damit erklären (vgl. Liebl 1996:134f. mit weiterführender Literatur auch aus der Kognitionspsychologie), dass die Stakeholder bezüglich ihrer Konstruktion der Wirklichkeit Erwartungshaltungen innerhalb eines bestimmten *framing* haben, das sich vom *framing* der anderen Stakeholder mit deren Wahrnehmung unterscheidet, sei es bezüglich des *diagnostic framing* (d. h. der Diagnose des anstehenden Problems und der Aufforderung, die solchermaßen definierte Diskrepanz zwischen Leistungsversprechen und Erfüllung zu beseitigen) oder sei es als *prognostic framing* (d. h. dass für das anstehende und diagnostizierte Problem auch der Lösungsvorschlag gezeigt und deren Implementierung durchgesetzt werden soll). Nicht selten wollen einige Stakeholder neue *framings* installieren, während andere, wie sich gerade im Verfolg des Bologna-Prozesses gezeigt hat, an den alten weiterhin festhalten wollen.

[8]   Dies kann geschehen durch die Überbrückung unterschiedlicher *frames* der Stakeholder (*frame bridging*), oder durch Erweiterungen der vorhandenen *frames*, um andere Stakeholder ins Boot holen zu können (*frame extension*), oder durch *frame transformation*, um verschiedenen Stakeholder die teilweise oder völlige Änderung oder Aufgabe der eigenen Positionen zu ermöglichen (dazu ausführlich Liebl 1996:147ff.).

2 Die Anforderungen der wissensbasierten Wirtschaft

In heutigen Industriegesellschaften sind viele Bereiche stark verwissenschaftlicht, weshalb jene auch als Wissensgesellschaften[9] in Wissensstaaten[10] bezeichnet werden. Die von der Europäischen Union seit 1997 verfolgte Beschäftigungsstrategie (*European Employment Strategy*)[11] bringt deshalb die Hochschul(aus)bildung in Verbindung mit dem Humankapital[12] (*human capital*), das der Einzelne durch Eigeninvestition in seine Bildung schaffen[13] und das ihm dann zugute kommen soll bei den nachgefragten wissensbasierten Tätigkeiten, denn ein hoher Bildungsstand der Bevölkerung ist nachgewiesenermaßen wichtig für die technologische Wettbewerbsfähigkeit und Innovationsfähigkeit einer Volkswirtschaft – daher muss „Bildungsarmut"[14] so weit wie möglich reduziert werden (wenn sie schon nicht völlig vermieden werden kann).

Die wachsenden Qualifikationsanforderungen dieser Verwissenschaftlichung verlangen eine größere Bildungsbeteiligung: Ein abgeschlossenes Studium wird zum prospektiven Normalabschluss[15] werden, denn in allen Bereichen und auf allen Ebenen des Beschäftigungssystems erhöht sich das nachgefragte Wissens- und Qualifikationsniveau. Einige Länder streben daher eine tertiäre Bildung für alle an, und lebenslanges Lernen wird zum allgemeinen Erfordernis (so Pechar 2006:22).

Die bildungspolitischen Protagonisten ziehen in ihrem Eifer aber nicht in Erwägung, dass es dann zu einer Inflation von Hochschul-Zertifikaten und zu einer Überqualifizierung (*over education*) kommen kann, ohne dass damit auch entsprechend höhere Gehälter verbunden sein werden, und noch weniger bedenken sie, dass, wie Jürgen Kaube (Frankfurter Allgemeine Zeitung 22.06.07:33) unterstrich, diese angebliche wissenschaftliche Standortsicherung Deutschlands bestimmt nicht durch die sich eines ungeheuren Zustroms an Studienanfängern

[9] Dazu Paul (2002:207f.); Maisch (2006:18.ff.).
[10] Über das Konzept des *knowledge state*, der einerseits die Bedeutung von Wissen (*knowledge*) und Wissensbasis (*knowledge base*) anerkenne, sowie andererseits die Vernetzung der Wissensbasis mit Gesellschaft, Demokratie und Wirtschaft fördern möchte, s. Campbell (2006:25.).
[11] Dazu Offe (2005:214ff.).
[12] Die OECD (*Organisation for Economic Co-operation and Development*) definierte 1998 wie folgt: Humankapital ist die Gesamtheit von Wissen, Fähigkeiten, Kompetenzen und weiteren Eigenschaften, die das Individuum zu wirtschaftlichem Handeln befähigen (OECD 1998:9; vgl. Healey 2000:19).
[13] Über die Humankapitaltheorie als Fundament der Bildungsökonomie s. Pechar (2006:29ff. und 40ff.).
[14] Dazu Ang er/Plünnecke/Seyda (2007: bes. 40f., 45.).
[15] Ber eits Scott (1998:113): „within broad social groupings Higher Education becomes the norm", doch wollen die wenigsten später auch Wissenschaftler werden (115). Vgl. dazu auch Kaufhold (2006:124): Die Mehrzahl betrachtet ein Studium als Vorbereitung auf eine Tätigkeit außerhalb des Wissenschaftssytems. Das Interesse an einer Hochschulausbildung ist insbesondere angesichts ihrer Bedeutung für den individuellen wirtschaftlichen und gesellschaftlichen Erfolg gestiegen.

erfreuenden *soft sciences* – also die geisteswissenschaftlichen Fächer, aber auch durch die Juristen und Wirtschaftswissenschaftler – erfolgen kann, sondern durch die *hard sciences*, allen voran die innovativen Entwicklungs- und Ingenieurdisziplinen sowie die Lebenswissenschaften (Bio- und Gentechnologie), die der von demographischen Umwälzungen bedrohten deutschen Wissensgesellschaft ihre Wettbewerbtauglichkeit erhalten soll.

In einer auf Wissen basierenden Wirtschaft muss demnach das richtige Wissen durch die Bildung und Ausbildung auf allen Stufen vermittelt werden, d. h. ein Wissen, das nachgefragt, einsetzbar und verwertbar ist.

Die Verwissenschaftlichung zahlreicher Berufe (und die Translatoren mit ihren nachgefragten Fähigkeiten zur sprachenübergreifenden Fachkommunikation sind davon ebenfalls betroffen) hat die Möglichkeiten der Hochschulabsolventen erhöht, ihr Wissen zu kapitalisieren – sofern die Hochschulen tatsächlich nachgefragtes Wissen generieren und vermitteln. Das hat zur Folge, dass das Hochschulstudium nicht nur dazu dient, höhere Bildung zu erwerben und reine, zweckfreie Wissenschaft zu betreiben, wie es von Bildungsidealisten immer vertreten wird[16,] sondern – und die bildungspolitischen Akteure aller Richtungen unterstreichen dies – es dient vor allem der *Aus*bildung für einen Beruf, zu dessen Ausübung auf Wissenschaft beruhende Kenntnisse und Techniken notwendig sind[17]. Das betrifft die Mehrheit der Studierenden, die eben nicht in die Forschung selbst wollen, sondern die nur einen akademischen Beruf anstreben, der allerdings einer wissenschaftlichen Grundlegung bedarf.

3 Qualität – ein mehrdimensionaler Begriff

Wenn es um Qualität[18] geht, so kann man zunächst zwei Ansätze unterscheiden:

1. Qualität wird aus der Perspektive der Verbraucher beurteilt – ob das Produkt für sie brauchbar ist oder nicht. Für die Hochschule könnte das heißen, dass gefragt wird, ob die Studienabgänger als Arzt, Anwalt, Ingenieur oder Übersetzer „brauchbar", d. h. einsetzbar, sind. Die Erwartungen der Verbraucher stehen also im Vordergrund und sind hier maßgebend.

2. Qualität wird aus der Perspektive der Produzenten beurteilt – was in unserem Zusammenhang heißt, dass die Hochschulen selbst fragen, ob sie nach dem besten Stand ihres Wissens und Könnens, also nach „den Re-

---

[16] Ge gen diese Ökonomisierung der Universitäten erhoben sich bereits zahlreiche kritische Stimmen, so etwa Ladenthin (2005) und Hörisch (2006).

[17] I n Deutschland ist es die erklärte Absicht des gesetzgebenden Reformvorhabens, eine deutliche Berufsorientierung mit international anerkannten Abschlüssen zu erreichen (Wex 2005:162). Der Wissenschaftsrat hatte bereits 1993 in seinen Thesen zur Hochschulpolitik, wie sich herausstellt: wegweisend, für eine Zweiteilung des Studiums in ein auf die Wissenschaft begründetes berufsbefähigendes Studium und eine nachfolgende Ausbildung des (rein) wissenschaftlichen Nachwuchses plädiert (Wex 2005:163).

[18] Vgl. dazu Vro eijenstijn (1995) und Forstner (2003).

geln der Kunst", ausbilden. Sie legen fest, was „brauchbar" ist, und sie bestimmen, in welcher Zeit den Studierenden die Inhalte des Faches sowie die notwendigen Techniken und Methoden vermittelt werden, um sie zu befähigen, den jeweiligen akademischen Beruf zu ergreifen und auszuüben. Im Falle der Translationsstudiengänge bedeutet dies, dass sich die Lehrenden als kompetent betrachten festzulegen, worin Qualität im Kontext der Ausbildung bestehe.

Allein diese beiden Ansätze lassen vermuten, dass es sehr wahrscheinlich nicht *die* Qualität gibt, sondern eher *Qualitäten* (im Plural). Qualität wird demnach kein absoluter Begriff sein, vielmehr wird sie extrem kontextabhängig sein, je nach den Zielen und Erwartungen, die sich jeweils aus den Qualitätsvorstellungen der beteiligten Akteure ergeben.

Der einschlägigen Fachliteratur – nicht gerade der translatorischen, so doch der wirtschaftswissenschaftlich orientierten Literatur und dort konzentriert auf das Wissensmanagement – , ist zu entnehmen, dass Staat, Hochschulen, Studierende und Arbeitgeber durchaus voneinander abweichende Vorstellungen über die von ihnen jeweils eingeforderte Qualität haben, was sich aus den unterschiedlichen Interessen der Beteiligten erklärt, sei es derjenigen, die die Hochschulen finanzieren, oder derjenigen, die an der Planung und inhaltlichen Ausarbeitung der Studienpläne und deren Umsetzung in der Lehre mitwirken, sei es derjenigen, die sich einer Ausbildung unterziehen, oder sei es schließlich derjenigen, die diese an den Hochschulen Ausgebildeten später im Berufsleben für Dienstleistungen heranziehen. Dabei verläuft die Interaktion zwischen den genannten Stakeholdern in der Realität vielschichtig und über mehr oder weniger effizient ausgestaltete Kommunikationskreise.

Im Großen und Ganzen ist aber eine bemerkenswerte Entwicklung festzustellen: Während noch vor einigen Generationen die Zuständigkeit, Qualität zu definieren, unangefochten bei den Hochschulen lag, hat sich dies durch den Hochschulreformdiskurs des letzten Jahrzehnts und nunmehr durch den Bologna-Prozess entscheidend geändert. Durch die Betonung der „Employabilität"[19] sind die Hochschulen gezwungen, die Bedürfnisse des Arbeitsmarktes mehr als bisher in ihre Überlegungen einzubeziehen, was wiederum Auswirkungen darauf hat, wie die Qualitätsfestlegungskompetenzen verteilt sind.

4 Divergente Interessen der Akteure

4. 1 Der Staat – trotz Rückzug mehr Kontrolle?

Die Produktion von Wissen und dessen Vermittlung an die Studierenden ist mit hohen Kosten verbunden, weshalb sich auch und gerade in den Industriestaaten

---

[19] Teichler (2005:17): Gemeint ist damit, dass die Universitäten bei der Neugestaltung ihrer Studiengänge die Frage klären sollten, ob und wie sie die berufliche Relevanz des Studiums erhöhen sollen und können. – Unter Employability wird also alles verstanden, was die Chancen einer schnellen und günstigen Beschäftigung der Absolventen beflügelt.

ein rein staatlich finanziertes System diese als notwendig erkannte „Bildung für alle" nicht mehr leisten kann und sie gewissermaßen entstaatlichen möchte, weshalb die Hochschulen dann aufgefordert werden, in Form fantasievoller Einnahmengenerierung anderweitige Finanzierungsmöglichkeiten zu erschließen. Andererseits scheint es aber auch sicher zu sein, dass der Staat weiterhin im Interesse eines steigenden Bildungs- und Ausbildungsniveaus die Hochschulen – zumindest in Europa[20] – weitgehend finanzieren wird, was es mit sich bringt, dass er auch in Sachen Inhalts- und Qualitätsfestlegung mitsprechen möchte, denn kein Staat wird die Bildung und Ausbildung seiner Bürger völlig einer privaten Kontrolle überlassen wollen, geht es doch auch um die Durchsetzung politischer Ziele, weshalb auch inhaltliche Einflussnahme und Kontrolle zur Sicherstellung gesellschaftlich relevanter Ziele und Gewährleistung der Qualifikationen zukünftiger Führungskräfte und akademisch qualifizierter Experten (vgl. Liefner 2001:28f.), durch mehr oder weniger starke staatliche Eingriffe die Regel sein werden.

Zu diesem Zweck bedarf es besonderer Qualitätsmaßstäbe, wobei sich die Bildungspolitiker bei der Beurteilung ihrer Universitäten von rein quantitativen Indikatoren wie der Zahl der Nobelpreisträger, der eingeworbenen Drittmittel, oder der Zahl der erworbenen Patente beeindrucken lassen. Entsprechend werden dann durch vom Staat eingesetzte Kommissionen Titel wie „Exzellenzzentrum" verliehen, was wiederum vorteilhafte finanzielle Folgen hat für diejenigen, die einer solchen Bezeichnung teilhaftig werden.

Der Staat misst die Qualität seiner Hochschulen rein quantitativ auch daran, ob die Regelstudienzeiten eingehalten werden, oder ob die Abbrecherquote bzw. die Durchfallquote niedrig oder hoch ist; er kalkuliert, wie teuer die Ausbildung eines Studenten in den jeweiligen Fächern kommt; er berechnet, wie hoch das Verhältnis Professor/Studenten in einer Lehrveranstaltung ist und wie sie sein soll, ohne zu fragen, ob sich ein günstiges Verhältnis auch wirklich niederschlage in einer guten Lehre, und er schätzt es hoch, wenn viele Studierende in möglichst kurzer Zeit bis zum Abschluss durch ein Studium geführt werden, ohne (jedenfalls bisher) danach zu fragen, ob die Absolventen dann auch einen Arbeitsplatz finden oder sofort in die Arbeitslosigkeit fallen.

Erst neuerdings, unter dem Einfluss des Bologna-Prozesses, fragt der Staat – plötzlich konfrontiert mit dem bisher verdrängten Problem[21] der Überqualifizierung (*over education*) – ob es für die angebotenen Studiengänge denn überhaupt ein Berufsfeld gibt.

---

[20] Auch in den USA werden die Universitäten, selbst die der Ivy League, weitgehend vom Staat mitfinanziert; vgl. dazu Goedegebuure (1993); Liefner (2001:108ff.).

[21] Hochwe rtige Ausbildung bei gleichzeitiger Arbeitslosigkeit kann zur Statusinkonsistenzen, ja sogar Statusdefizienzen und damit sozialem Zündstoff führen (dazu Beck 1985; Kreckel 1985).

In diesem Zusammenhang muss darauf verwiesen werden, dass den zuständigen Ministerien inzwischen eine neue Rolle zugewiesen worden ist insofern, als sie keine Detailsteuerung mehr ausüben sollen, sondern dass sie den Hochschulen, was die finanzielle Seite anlangt, ein Globalbudget als eine Grundfinanzierung zuweisen, über deren genaue Verwendung diese dann selbst zu entscheiden haben. In den letzten Jahren wurde also mehr Verantwortung auf die Hochschulen abgewälzt, indem ihnen großmütig mehr Autonomie übertragen wurde – was freilich eine weiterhin ausgeübte Endkontrolle nicht ausschließt, etwa dergestalt, dass durch Zielvereinbarungen mit den Hochschulen (oder den Instituten oder gar den zu berufenden ProfessorInnen) lediglich die Eckpunkte der erwarteten Leistung festgesetzt werden, im übrigen dann die Hochschulen bzw. deren Leitungskräfte für die inhaltliche Auffüllung und die Umsetzung in Forschung und Lehre zuständig sind.

Diese Zuständigkeitsteilung ist plausibel, da dem Staat verlässliche Informationen über die Leistungsfähigkeit der jeweiligen Lehr- und Forschungseinheiten seiner Hochschulen fehlen, weshalb eine Detailsteuerung als nicht mehr angebracht aufgegeben wird und sich die Ministerien begnügen mit Zielvereinbarungen, während sie sich direkter Eingriffe in die Leistungserstellung durch die Hochschulen enthalten (dazu Liefner 2001:260f.). Die detailliert festzulegenden Leistungsangebote sind dann eine Sache des Einvernehmens zwischen den Fachbereichen (oder gar Instituten) und den Hochschulleitungen, die auch als vermittelnde Instanz zu den Ministerien fungieren.

Dieser staatliche Rückzug ist aber nur halbherzig erfolgt, denn trotz aller Marktrhetorik und Betonung des Wettbewerbs will man im Hochschulbereich keine wirklich marktlichen Lösungen; auch weiterhin verfolgt man einen strikt zentralistischen Lösungsansatz, wie Scholz (2006:449) feststellte, da die Hochschulen ihr Produkt gar nicht selbst bestimmen dürfen, sondern der Zwangsverordnung der Bachelor- und Master-Abschlüsse unterliegen. „Die Fakultäten sollen sich zwar auf dem Markt behaupten, das Produkt wird aber vorgegeben", nämlich gerade durch eine Zentralsteuerung durch die Hochschulleitungen und durch die genannten Ziel- und Leistungsvereinbarungen, die sich in modularisierten Studienprogrammen niederschlagen und die ihrerseits einer Akkreditierung unterworfen werden mit der Begründung, dass dies der Qualitätssicherung diene.

Gerade diese mit solchen Akkreditierungen beauftragten Agenturen beschränken in der Regel die Gestaltungsfreiheit der Fakultäten. Brenner (2007:86) sah sich zu der Feststellung veranlasst, dass sich eine richtiggehende Akkreditierungsindustrie etabliert habe:

> Während in der Öffentlichkeit das Politikerversprechen nachhallt, dass die Universitäten von bürokratischen Fesseln befreit würden, werden sie tatsächlich in einen monströsen Strudel der Selbstbürokratisierung hineingezogen, der sich jeder öffentlichen Kontrolle entzieht. Denn diese Bologna-Maschine wird von Maschinisten bedient, über die in der Öffentlichkeit erstaunlich wenig bekannt ist: den Akkreditierungsagenturen (ibid.:86).

Dem zu begegnen wurden in Deutschland die Akkreditierungsagenturen zwar einem unter staatlicher Aufsicht stehenden Akkreditierungsrat unterstellt, aber die Gängelung dürfte dadurch nicht geringer geworden sein: Es ist zu befürchten, dass durch die Akkreditierungspraxis das Hochschulniveau nicht verbessert, sondern im Gegenteil gefährdet wird (dazu Webler 2007:19), vor allem dann, wenn nun nicht mehr nur einzelne Studiengänge einer Programm-Akkreditierung, sondern ganze Universitäten einer System-Akkreditierung[22] (neudeutsch „Cluster-Akkreditierung") unterworfen werden können.

Die Befürchtungen der Hochschulrektorenkonferenz sind wohl nicht unbegründet, dass der Staat gerade über diesen Akkreditierungsrat letztendlich mehr als vorher Einfluss nehmen werde, insbesondere dann, wenn sich die Programm-Akkreditierung mehr rein formalen Fragen widme als dass sie tatsächlich ein Verfahren zur Qualitätssicherung implementiere (vgl. dazu FAZ 14. Juni 2007:4). Wie Qualitätsansprüche in einem Akkreditierungsverfahren festzulegen sind, bleibt weiterhin unklar, und diejenigen Institute, deren Translationsstudiengänge bereits akkreditiert wurden, werden festgestellt haben, dass vor allem quantitative Indikatoren eine Rolle gespielt haben.

4.2 Der Translationsmarkt – ein vernachlässigter Gesprächspartner?

Der Arbeitsmarkt misst in der Regel die Qualität der Ausbildung daran, ob die Hochschulen die spezifischen Anforderungen an Wissen, Techniken und Methoden in möglichst kurzer Zeit den Studierenden vermitteln, so dass diese dann in der Berufswelt einsetzbar sind.

Da dies aber anscheinend nicht der Fall ist, hält letztere den Hochschulen (vor allem den Universitäten) seit Jahren vor, nicht praxisorientiert auszubilden – ein Vorwurf, der nunmehr durch den Bologna-Prozess noch mehr an Gewicht in der Öffentlichkeit gewonnen hat, da deutlich geworden ist, dass noch immer ein erheblicher Teil der Bevölkerung ein geringes Kompetenzniveau hat, das deshalb den Anforderungen des Wirtschaftslebens nicht mehr gerecht wird; folglich wird die Auffassung vertreten, dass die Bildungspotenziale in Deutschland (und Europa) nicht ausgeschöpft würden.

In diesem Zusammenhang ist darauf zu verweisen, dass schon bisher ein Studienabschluss an deutschen Hochschulen per definitionem „berufsqualifizierend" war (Witte 2005:184), wie es dem deutschen Hochschulrahmengesetz (HRG) zu entnehmen ist (vgl. Bretschneider/Wildt 2005:212ff.), denn nach § 7 HRG bereiten Lehre und Studium den Studenten auf ein berufliches Tätigkeitsfeld vor und vermitteln ihm die dafür erforderlichen fachlichen Kenntnisse, Fähigkeiten und Methoden dem jeweiligen Studiengang entsprechend. Ein solcher

---

[22] Wenn, wie nunmehr geschehen, Hochschulrektorenkonferenz und Hochschulverband diese Form befürworten, so dürften dabei finanzielle Erwägungen eine Rolle gespielt haben, denn dies scheint weniger zu kosten als die Akkreditierung der in die Hunderte gehenden Studiengänge.

berufsqualifizierender Charakter des Abschlusses ist von der Hochschule durch die ständige Beobachtung des Wissenschaftsprozesses einerseits und der Entwicklung und Bedürfnisse der Berufspraxis andererseits zu gewährleisten, was sowohl für forschungsorientierte als auch für anwendungsorientierte Studiengänge gilt, da beide „berufsqualifizierend" sein müssen (Bretschneider/Wildt 2005:212f.).

Gleichwohl scheinen dies viele Fachbereiche noch immer nicht zu wollen (so Webler 2004:28). Wenn also der Bologna-Prozess diese Employabilität einfordert, so ist das an sich kein revolutionäres Ansinnen und auch kein alleiniges Merkmal des neuen Bachelor-Abschlusses. Aber:

> Mit der gesetzlich vorgeschriebenen ‚Berufsqualifizierung' soll nur gewährleistet werden, dass der Bachelor mehr als eine Zwischenprüfung ist, nämlich ein eigenständiger akademischer Grad wie andere Grade auch" (Witte 2005:184).

Die Vertreter des Arbeitsmarktes stellten also unter Verweis auf die bestehende Rechtslage seit Jahren darauf ab, dass ihre Interessen in der Hochschulausbildung, und damit auch bei der Festlegung von Inhalt und Qualität, berücksichtigt werden müssten – was nunmehr unterstrichen wird durch den Bologna-Prozess: Dieser verlangt ausdrücklich die Beteiligung der Berufswelt. In Deutschland wirken daher bei den Akkreditierungsverfahren auch Berufspraktiker mit, nicht, um

> die Curricula für die Hochschulen zu schreiben, sondern den Hochschulen entscheidende Informationen darüber zu vermitteln, was an Kompetenzen und Qualifikationen von den Absolvent/innen erwartet werde (Bretschneider/Wildt 2005: 339).

Was aber ist mit Employabilität gemeint? Zielgröße ist die Entwicklung einer umfassenden beruflichen Handlungskompetenz (*employability skills*) und keineswegs einer einfachen Berufsfertigkeit in dem Sinne,

> dass Bachelor-Absolvent/innen unmittelbar das Aufgabenfeld eines spezifischen Arbeitsplatzes wahrnehmen können. Vielmehr verweist die Idee einer umfassenden beruflichen Handlungskompetenz auf eine „Berufsfähigkeit", die Bereitschaft und Fähigkeit des Einzelnen, sich auf spezifische und sich wandelnde berufliche Anforderungen sachgerecht, wissenschaftsgeleitet und selbständig einstellen zu können. (Ruf 2006:136),

– weshalb dann, wenn möglich, Praktika schon in der translationswissenschaftlichen Ausbildung vorzusehen wären.

In der Regel pflegen Institute, die Translatoren ausbilden, den Kontakt zum Translationsmarkt mehr oder weniger intensiv, wobei in Deutschland das seit Jahrzehnten bestehende „Transforum"[23] eine wertvolle Begegnungsmöglichkeit darstellt. Gleichwohl neigen Hochschullehrer dazu, diese Kontakte nicht als übermäßig wichtig zu erachten und das Thema Marktorientierung zu vernachlässigen, wofür Pym (2002:23), bezogen auf die Ausbildung von Translatoren, erklärend ausführte, dass wir zumeist in einer reinen Ausbildungsumgebung

---

[23] Siehe www.transforum.de

(*training environment*) tätig wären. Dafür gebe es auch Gründe, fährt Pym fort, denn in dieser unserer Ausbildungsumgebung gebe es Notwendigkeiten und Zwänge, die oft völlig verschieden seien von der Berufswelt, in der später unsere Absolventen tätig wären. So hätten wir als Ausbilder oft ein viel engeres Verhältnis zu den Studierenden und zu unseren Kollegen, ja zu unserem Institut und unserer Universität, als zu den Arbeitgebern oder zum Markt. Pym mag etwas überspitzt polemisch formuliert haben, doch beschreibt er die vorherrschende Situation durchaus zutreffend.

Dies alles berücksichtigend kann es durchaus von Vorteil sein, wenn bei den Akkreditierungen der Translationsstudienprogramme jeweils Vertreter aus der Berufswelt hinzugezogen werden – sofern sie tatsächlich die entsprechende professionelle Erfahrung haben: Denn man muss hier unterscheiden zwischen solchen, die tatsächlich Arbeitgeber sind (Sprachendienste, Translationsunternehmen usw.), und solchen, die lediglich die Berufsverbände der Übersetzer oder Dolmetscher vertreten, denn auch hier können die Interessen durchaus divergieren, was wiederum ihre Qualitätsanforderungen beeinflussen wird. Wie man auch zur Tätigkeit der Akkreditierungsagenturen stehen mag, aber allein die Tatsache, dass diese bei der Bildung eines Akkreditierungsteams Personen mit entsprechendem Fachwissen (und auch notwendiger Zeit) brauchen, dürfte keine einfache Aufgabe sein (ganz zu schweigen von dem Problem, wie deren Mitwirkung dann zu gewichten ist).[24]

Andererseits sollte nicht gering geschätzt werden, dass die Bologna-Forderung nach mehr Marktorientierung den ausbildenden Instituten ja auch die Chance bietet, den Translationsmarkt aufzuklären über ihre Vorstellungen einer Ausbildung von Translatoren[25], indem sie zeigen, dass Translatoren einer spezifischen Hochschulausbildung bedürfen, damit sie die Anforderungen der wissensbasierten Wirtschaft auch im Bereich der Translationsdienstleistungen erfüllen können.

---

[24] Man muß nicht unbedingt die negative Haltung Brenners (2007:87) einnehmen, wenn er zur Vorschrift, dass die Gutachtergruppen auch Personen aus dem Wirtschaftsleben umfassen sollen, schreibt, dies werde dazu führen, dass sich eine Funktionärskaste bilden wird, „die gemeinsam mit den Experten der Agenturen und fernab von jeder öffentlichen Wahrnehmung und parlamentarischen Kontrolle die Definitions- und Exekutionsmacht über die deutschen Hochschulen ausübt. Sie werden unterstützt von einer Professorenschaft, die nicht nur ihren hochschulpolitischen, sondern inzwischen auch ihren fachwissenschaftlichen Gestaltungswillen weitgehend aufgegeben hat und sich dem Diktat der Akkreditierungsagenten beugt ....." (ibid.:87f.). – Dem kann man die Hoffnung entgegenhalten, dass nicht überall nur Lobbyisten der Arbeitgeber- und Arbeitnehmerverbände Einfluss nehmen werden, wie Brenner bezüglich des Bologna-Prozesses vermutet.

[25] Worauf Pym (2002:28f.) ebenfalls hinwies: „that the labour market for language service providers is ultimately without an established sense of a unified profession identity. It follows that one of the things we should be doing as trainers is not to supply the existing market, but to help change that market, to improve it, to make it more aware of what it is and what it can do."

4.3 Die Studierenden auf der Suche nach dem passenden Studium

Wenn in der Wissensgesellschaft der Anteil der Bildungsteilnehmer immer größer wird, dann werden diejenigen, die in ihre Ausbildung Lebenszeit und Geld investieren, ihre Interessen und Ansprüche, aber auch ihre Kritik deutlicher als bisher vorbringen, denn als Stakeholder der Hochschulen reagieren sie auf die gesellschaftliche Umfeldentwicklung unter Umständen schnell und sensibel, was dazu führt, dass sie ein Studium gar nicht erst aufnehmen, oder ein anderes Fach als ursprünglich angestrebt wählen, oder während des Studiums das Fach, oder gar die Hochschule, wechseln. Unter diesen Auspizien sind jede Hochschule und jeder Fachbereich gut beraten, durch eine effektive Öffentlichkeitsarbeit in den Medien die jeweiligen Studienprogramme detailliert, und vor allem mit den erreichbaren berufsbezogenen Qualifikationen, darzustellen, was auch für die Translationsstudiengänge wichtig ist.

Die Studienanfänger werden sich vor Aufnahme des Studiums eingehender informieren wollen und, beispielsweise, fragen: Welche Hochschule liegt in diesem Studienfach, z. B. Translationswissenschaft, dank ihrer Qualität in Forschung und Lehre im nationalen und im internationalen Ranking vorne? Welche Hochschule hat in diesem Fach am meisten Profil, garantiert aber auch die Studierbarkeit des Faches in einem akzeptablen Zeitrahmen? Welche Hochschule bietet für die spätere berufliche Karriere das höchste Distinktionspotenzial und damit gesellschaftliche Anerkennung?

Darüber hinaus werden die Studierenden bei der Festlegung ihrer Zielhochschule (*target university*) berücksichtigen, ob diese bei den zukünftigen Arbeitgebern in Ansehen steht, was dann wiederum ihre Bereitschaft beeinflussen wird, gerade an dieser Hochschule ihr Studium aufzunehmen. Dabei spielt auch eine Rolle, ob die Fachbereiche und Institute bereits durch ihre Bezeichnungen attraktiv und vor allem informativ wirken. Dazu gehört auch, dass die wissenschaftliche Disziplin, die sie vertreten, im Namen erscheint[26], wobei ein hinzugefügtes Attribut „angewandt" dazu beitragen könnte, das Fach als für die Ausübung eines akademischen Beruf qualifizierend zu kennzeichnen, denn dies hat

---

[26] So zum Beispiel Institut für Theoretische und Angewandte Translationswissenschaft (Universität Graz); Zentrum für Translationswissenschaft (Universität Wien); Institut für Angewandte Linguistik und Translatologie (Universität Leipzig); Institut für Übersetzen und Dolmetschen (Universität Heidelberg); École de Traduction et d'Interprétation (Universität de Genève); Ecole Supérieure d'Interprètes et de Traducteurs (Université Paris III – Sorbonne Nouvelle); Ecole d'Interprètes Internationaux (Université de Mons-Hainaut); Scuola Superiore di Lingue Moderne per Interpreti e Traduttori (Università degli Studi di Trieste); Ecole de Traducteurs et d'Interprètes de Beyrouth (Université Saint-Joseph); Institute of Translation Studies (Charles University, Prague); Graduate School of Interpretation and Translation (Hankuk University of Foreign Studies).

Signalfunktion[27] für diejenigen, die ein Studium in Erwägung ziehen, aber auch für die potenziellen Arbeitgeber.

Gerade den Hochschulleitungen wird daran gelegen sein, dass die Studiengänge auf Studienanfänger attraktiv wirken, denn von deren Zahl hängt ein Großteil der Mittel ab, die einer Hochschule aus dem Staatshaushalt zukommen (ganz zu schweigen von den Studiengebühren, falls solche das nationale System vorsieht), denn in der wettbewerblich ausgerichteten Hochschullandschaft, wie sie dem Europäischen Forschungs- und Hochschulraum vorschwebt, stehen die Hochschulen untereinander auch in Konkurrenz um die besten Studierenden, die man mit guten Studienprogrammen und guten Hochschullehrern anzieht.

Den Studierenden wird durch die neuen Bachelor- und Master-Studiengänge eine hohe Studienintensität (*workload*) auferlegt. Dies verlangt ein systematisches Studium (was übrigens bisher den medizinischen und naturwissenschaftlichen Fakultäten niemals fremd war) und an die Stelle der bisher unbegrenzten (und deshalb missverständlichen) Freiheit in der Studienorganisation, die insbesondere durch die Vertreter der geisteswissenschaftlichen Fächer so engagiert eingefordert wird, tritt nunmehr in der Massenuniversität ein durchorganisierter Studienablauf, was Hörisch (2006:50f.) in seinem Essay zur Rettung der Alma mater bedauernd feststellen lässt: „Aus der Universität wird tatsächlich eine höhere, eine Hoch-Schule." Die Studenten hätten bereits eine andere Einstellung angenommen und verschulte Studiengänge akzeptiert; sie seien auf Effizienz ausgerichtet, d. h. auf das Einsammeln von absolvierten Modulen und ECTS-Punkten.

Diese geänderte Einstellung der Studierenden wird es mit sich bringen, dass sie eine Kontrolle und unter Umständen notwendige Verbesserung der Qualität der Studienbedingungen einfordern. Sie werden sich dazu äußern wollen, ob die vorgesehenen Betreuungsleistungen, die die neuen Bachelor- und Master-Studiengänge im Interesse einer Studierbarkeit des Faches bedingen, auch gegeben sind. Sie werden den Nachweis einfordern, dass die für das Fach notwendige Ausstattung an Personal, Räumen und Sachmitteln ausreichend ist, um ein ordnungsgemäßes Studium im vorgegebenen Zeitrahmen zu ermöglichen, denn für jedes Modul sind studienbegleitende Prüfungen abzunehmen, was bei sog. Massenfächern zu einer hohen Belastung durch Korrekturarbeiten führen kann, aber auch zu einem enormen Verwaltungsaufwand.

Derartige Mängel sind im Zusammenhang mit der Einführung der neuen Studiengänge unter dem Bologna-Regime nicht selten zu Tage getreten, gerade in den translatorischen Studiengängen für Sprachenkombinationen mit sog. *less widely taught languages* (worunter in Europa nicht nur Lettisch oder Griechisch, sondern auch Arabisch und Chinesisch fallen), für die dann ein oder zwei Lehr-

---

[27] Dazu Klös/Plünnecke (2003:29): Bildungsanbieter bieten durch Diplome und Nachweise Signale, welche die Natur des produzierten Humankapitals in ihrer Nachfrageentscheidung beeinflussen, und erfüllen damit eine Sortierfunktion für die Nachfrager (*signalling*).

kräfte vorgesehen sind. Hier hilft dann auch nicht der Rückgriff auf sog. polyva-
lente Lehrveranstaltungen, die für die Studierenden zur Auffüllung ihrer notwendigen *workload* angeboten werden, sich über mehrere Semester erstreckend
und etikettiert als Einführung in die Translationstheorie oder als sprachenüber-
greifende sog. Sachfächer Wirtschaft, Recht oder Technik usw.

Vielmehr zeigt sich dann, dass für eine Sprache ein Mindestangebot mit entsprechendem Lehrpersonal vorzuhalten ist, ganz gleich, ob für die jeweilige
Translationsausbildung in solchen „Kleinsprachen" nun 10 oder 50 Studierende
immatrikuliert sind. Personalbemessungskonzepte, nach denen die vorzusehen-
den Lehrkräfte allein nach der Zahl der Studierenden zugewiesen werden, sind
absurd (werden aber gleichwohl entgegen aller wohl begründeten Einwände
praktiziert).

Im Verlauf ihres Studiums werden die Studierenden auch mehr als bisher von
den Möglichkeiten der Evaluierung der Lehre Gebrauch machen wollen, wobei
aus ihrer Sicht[28] die Lehrkompetenz[29] des Dozenten auch darin begründet sein
muss, dass er mit dem beruflichen Tätigkeitsfeld vertraut ist. Die Qualität in den
Translationsstudiengängen hat also zu tun hat mit einer praxisbezogenen Ausbildung, doch ist Praxisnähe nicht schon dadurch gegeben, dass in den „Übersetzungsübungen" auch übersetzt wird, vielmehr ist abzustellen auf eine Lehr-
praxis unter möglichst realitätsnahen Bedingungen[30] mit dem Berufsalltag ent-
nommenen Translationsaufträgen (vgl. dazu Lee-Jahnke 2004, aber auch bereits
Schmitt 1987), was wiederum auch geeignet ist zu zeigen, dass die ausbildende
Fakultät oder das Institut (ja sogar die jeweilige Abteilung!) die notwendigen
Kontakte zur Berufswelt pflegt. Das bietet übrigens die Möglichkeit, die Studierenden in deutlicher, oft auch drastischer Weise[31] auf die Berufsrealitäten mit
allen Anforderungen und Verdienstmöglichkeiten hinzuweisen.

---

[28] Vgl. Speciale (2004) und seine Vorschläge für eine praxisorientierte Ausbildung aus der
Sicht der Studierenden.

[29] Webler (2004:12): „Lehrende sollen die Fähigkeit besitzen, die Fachinhalte der Lehre
nicht allein entlang der Logik des Erkenntnisgebäudes der Wissenschaftsdisziplin auszuwählen, sondern aus der beruflichen Praxis abgeleitete Auswahlkriterien entwickeln zu
können, um die für ein berufliches Tätigkeitsfeld erforderlichen fachlichen Kenntnisse zu
vermitteln".

[30] So Brence (2007:63); Risku (2004:77) spricht von authentischen Situationen, in denen die
Lernenden sinnvolle Rollen übernehmen können, und merkt kritisch an: „ Ohne möglichst
authentische Arbeitssituationen lernen Studierende in translationsdidaktischen Institutionen eher die Kultur des Institutes und des Lehr- und Lernbetriebes als die Kultur der
Translation".

[31] P ym (2002:23) betonte, dass wir als Lehrende oft sehr abhängig seien von den Vorstellungen der Studierenden. Beispielsweise bilde man in Spanien an etwa 27 Universitäten Jahr
für Jahr an die 7000 Studenten aus für den Studiengang Übersetzen und Dolmetschen, obwohl der Markt bei weitem nicht so viele aufnehmen könne. Natürlich sage man dies den
Studenten – gleichwohl wollten sie Übersetzen studieren, weil es praktisch sei, denn sie
hielten sich für sprachbegabt, weil man es gerne studiere, weil man davon träume, Dolmetscher bei den Vereinten Nationen zu werden, usw. Diese Illusionen der Studenten teilten

Angesichts einer nicht nur auf Seiten der Berufsausübenden[32], sondern bereits der Studierenden selbst „vermuteten" oder „gefühlten" enormen Kluft zwischen Theorie und Praxis wird dieser Praxisbezug der Lehre immer vehementer eingefordert und als Beitrag zur Förderung der Employabilität gesehen werden, wobei die für die wirtschaftswissenschaftlichen Studiengänge gemachten Ausführungen Rufs (2006: bes. 137ff.) auch für die Translationsstudiengänge mit ihren Zielen der wissenschaftsbasierten akademischen Berufsqualifizierungen bedenkenswert sind: Hier wie dort geht es um das Problem, wie die heutige Lehre (die noch immer dominiert wird von einer starken Inhaltsbezogenheit mit einem Kanon von deklarativem Wissen) erweitert werden kann durch prozedurales und konditionales Wissen. In Darlegung einer konstruktivistischen Lerntheorie konstatiert Ruf[33,] dass die Aufgabe darin bestehe, die wenig anwendungsbezogene, abstrakte und künstlich systematisierte Wissensvermittlung so umzugestalten, dass die Studierenden auf reale Praxissituationen stoßen.

Bei diesem Transfer, wie Ruf (2006:137) es nennt, sind zwei Ausprägungen zu unterscheiden: Einerseits die Übertragung des vorhandenen Wissens auf spezifische Anwendungssituationen (Anwendungsproblem), und andererseits die Verallgemeinerung singulärer Lernerfahrungen im Sinne eines Wissensaufbaus (Integrationsproblem).

> Dies unterstreicht die situative Bedeutung und Verwendungsmöglichkeiten von Wissen und spiegelt den Grundgedanken des „situierten Lernens" wider (ibid.).

Genau dies steht hinter dem Verlangen der Studierenden nach mehr Praxisnähe, denn dadurch werden die abstrahierten Problemlösungen, die sie in den Vorlesungen vorgeführt bekommen, mit realen Translationssituationen verknüpft und auf ihre Brauchbarkeit getestet.

Praxis bedeutet also nicht das einfache Anwenden des theoretischen Wissens, weshalb eine praxisbezogene Ausbildung der Ausbilder (*training of trainers*) voranzugehen hat[34], nicht zuletzt durch Einbeziehung der technologischen Ent-

---

häufig auch deren Eltern, die glaubten, es handele sich um ein einfaches Sprachenstudium, das nicht lange dauere – also gerade das Richtige für die Tochter, denn auch als Hausfrau könne sie später ja Übersetzungen machen.

[32] Bren ce (2005:64) stellte in ihrer 2005 durchgeführten Befragung von AbsolventInnen in Österreich hinsichtlich dieser Kluft fest: „Offenbar wussten die AbsolventInnen nicht, was sie mit der von der Praxis isolierten Theorie anfangen sollten".

[33] Ruf (2006:136): „Studierende sind nicht in der Lage ihr Wissen anzuwenden, da dieses nicht handlungsleitend ist und keine Informationen darüber enthält, in welchen betrieblichen Situationen es von Relevanz ist und welche Konsequenzen sich aus bestimmten Handlungen ergeben". – Vgl. dazu die Unterscheidung von Fachwissen, Handlungswissen, Methodenwissen und Bewertungswissen bei Maisch (2006:49ff.), dessen Darlegungen zum Wissensmanagement an Gymnasien auch für die Hochschulen herangezogen werden sollten.

[34] Dazu Lee-Jahnke (2004: 90).

wicklung computergestützter Hilfen, auf dass die Studierenden im Bereich der Translation eine *computer literacy* erwerben[35].

Die Forderungen der Studierenden hinsichtlich des Inhalts der Lehre und der praxisnahen Art der Vermittlung des Wissens in angemessener Zeit und in didaktisch aufbereiteter Form können und dürfen nicht mehr ignoriert werden. Die ausbildenden Institute werden den Vorstellungen und Vorschlägen der Studierenden in Sachen Qualitätskritik und -verbesserung aufmerksam zuhören müssen, denn die Studentenvertreter werden auch, falls das derzeit praktizierte Akkreditierungsverfahren beibehalten wird, in den Akkreditierungsteams vertreten sein.

4.4 Die Hochschule – Schauplatz interner Auseinandersetzungen

Wenn als Folge des Bologna-Prozesses formal Bachelor- und Master-Studiengänge nach angloamerikanischem Vorbild übernommen werden, so soll dies die globale Wettbewerbsfähigkeit des europäischen Bildungswesens stärken. Macht man sich diese Vorstellung zu eigen, dann sollte man auch akzeptieren, dass in diesem angloamerikanischen System bekanntermaßen nicht allein der erworbene Hochschulabschluss zählt, sondern dass nicht minder bedeutsam der Ruf der Universität ist, an der er erworben wurde, dass es also auf die Position der jeweiligen Hochschule im nationalen (bzw. internationalen) Ranking ankommt, und zwar sowohl hinsichtlich der Qualität der Forschung als auch der Lehre.

Die jeweiligen Hochschulleitungen leben deshalb in ständiger Sorge um das Ansehen ihrer Hochschulen in der Öffentlichkeit als Studien- und Wissenschaftsstandorte, denn

> Wissenschaft wird nicht mehr nur nach wissenschaftsimmanenten Ergebnissen bewertet, sondern zunehmend auch nach medialen, ökonomischen oder politischen Maßstäben (Vec 2006:19),

weshalb sie sich zur Sicherung der zukünftigen Positionierung ihrer jeweiligen Hochschule um eine langfristige Strategie mit einer gezielten Steuerung der Strukturentwicklung bemühen. Für eine leistungsorientierte universitäre *Good Governance* brauchen sie zum einen eine ihnen übertragene und anerkannte Steuerungskompetenz, zum anderen Autorität, die sie sich aber durch ihre Tätigkeit erst erwerben müssen. Letzteres bringt sie aber unter Umständen in Opposition zu ihrer Professorenschaft, so etwa auch und besonders bei der Frage nach dem Verhältnis von Forschung und Lehre und deren Gewichtung – was wiederum von eminenter Bedeutung für das Ranking einer Hochschule ist.

---

[35] Dazu Bren ce (2007:63) unter Verweis auf Gouadec (2004:145); Rogers (2004:182).

4.4.1 Die Interessen der Hochschullehrer – individualistisch und abgehoben?

Das Ziel eines jeden Wissenschaftlers[36] ist es, durch seine Forschungsleistungen Reputation in der Wissenschaftsgemeinschaft (*scientific community*) zu erringen (dazu Brenzikofer/Staffelbach 2003), doch zählt dabei nur *neues* Wissen, wohingegen es für bekanntes Wissen keine Anerkennung gibt, stellte Weingart (2003:22f.) fest, und fuhr fort:

> Die Berühmtheit eines Wissenschaftlers signalisiert also sowohl innerhalb des Systems als auch nach außen, dass es sich um jemanden handelt, der einen wichtigen und von seinen Kollegen als solchen anerkannten Beitrag geleistet hat (Weingart 2003:23).

Diese auf fachlicher Exzellenz beruhende Reputation bringt Glaubwürdigkeit und verschafft Einfluss, weshalb Wissenschaft als gutes Beispiel dienen kann für die Schaffung kulturellen und sozialen Kapitals[37] (im Sinne Pierre Bourdieus[38] versehen mit verwaltender Machtausübung) und dessen Karriere fördernden Einsatz, denn in der Regel messen die Fakultäten (oder die zuständigen Entscheidungsgremien) die Qualität derjenigen, die sie zur Berufung auf eine Professur vorschlagen, daran, wie hoch deren wissenschaftpublizistischer Output und deren Ansehen[39] in der *scientific community* sind, wohingegen deren Fähigkeiten zur akademischen Lehre und zum Engagement in der akademischen Selbstverwaltung[40] bisher kaum zu Buche schlagen.

Wenn nunmehr als eine der Folgen des Bologna-Prozesses neben die Exzellenz der Forschung die der Lehre treten soll, also eine Gleichwertigkeit beider angestrebt wird, dann kann das Ansehen eines Hochschullehrers nicht mehr allein

---

[36] Fr anckh (1998:184) führte treffend aus, dass das Berufsziel der Wissenschaftler die möglichst hohe Reputation sei, doch müssten sie auch darauf achten, dass die Beachtung, die sie fänden, bekannt würde, denn ihre Karriere hänge von der bekannt gewordenen, zur Reputation kapitalisierten Beachtung ab.

[37] Fran ckh (2005:106).

[38] Dazu Schwingel 2003:88ff. unter Bezug auf Bourdieu (1992). – Bourdieu (1988) lässt sich im Zusammenhang mit der Soziologie des intellektuellen Felds über den *homo academicus* der universitären Welt Frankreichs aus (Schwingel 1995:32). – Vgl. dazu auch Delanty (2001:91f. und 93ff.).

[39] Wagner (2004:283): Reputation ist das Ansehen, das ein Wissenschaftler oder eine Wissenschaftlerin in dem engen Fachkreis derjenigen genießt, von denen die einschlägigen Veröffentlichungen in den wichtigen international wahrgenommenen Zeitschriften stammen. – Dass dem dann Auswüchse in Form von Zitationsseilschaften gegenüber stehen, zeigte Fuller (2000:85: „I am cited, therefore I am", the politics of recognition in the modern academy).

[40] I m Zusammenhang mit der Förderung der Juniorprofessoren hat Hubrath (2006:44f.) dargestellt, dass eine solche nicht nur die Forschungs- und Lehrleistungen, sondern auch die Managementleistungen umfassen solle, da dies in Zukunft zu den von der Professorenschaft erwarteten Leistungen gehöre. – Vgl. dazu auch Brenzikofer/Staffelbach (2003:184, 193) über die Verpflichtung zu universitärer Selbstverwaltung, was sich konkretisiere in der Zugehörigkeit zu Gremien und der Abfassung von Arbeitspapieren.

daran gemessen werden, wie erfolgreich er geforscht und wie viele Bücher und Artikel er veröffentlicht hat, wie er also in der Wissenschaftsgemeinschaft sein persönliches soziales Kapital gesteigert hat dank seiner hohen intrinsischen Motivation zum Erwerb von Fachwissen mit hohen Leistungserwartungen an sich selbst (vgl. Jantzen 2006:127), sondern auch daran, ob und wie er sein durch die Forschung erworbenes persönliches Wissen auch erfolgreich an die Studierenden weitergibt, weshalb die „Lehrfähigkeit" (*teachability*) oder „Lehrkompetenz" eines Hochschullehrers auch ein Beurteilungskriterium im Zusammenhang mit guter Forschung sein sollte[41]. Zwar bestand die Aufgabe eines Hochschullehrers schon immer darin, durch die Lehre Forschungsergebnisse zu vermitteln, doch zeigt die Erfahrung, dass, wer gut forscht, nicht notwendigerweise auch gut lehrt, berät, prüft, evaluiert, wissenschaftlichen Nachwuchs fördert und gut verwaltet. Aber all dies gehört heute zum Aufgabenfeld der Professorenschaft, was man in der Sprache der Ökonomie als *multitasking* bezeichnet (Wolff 2003:173). Kurz: Erfolgreiche Forschung garantiert noch nicht die gute Vermittlung[42] der gewonnenen Erkenntnisse – die Förderung und Pflege der Lehrkompetenz[43] ist dringend notwendig.

Es gereicht den Hochschullehrern sicherlich nicht zum Nachteil, wenn sie als Produzenten von Erkenntnissen diese als verwertbares Wissen in Form exzellenter Lehre anbieten. Sie gewinnen dadurch noch mehr Ansehen, zum einen was sie persönlich anlangt, zum anderen was ihre Fakultäten betrifft, an denen sie erfolgreich wirken, denn diese partizipieren ja an der individuell erworbenen Distinktion ihrer Professorenschaft: Das knappe und erstrebenswerte Gut Reputation ist auch für die Profilentwicklung von Universitäten von Nutzen, was durch Wissensbilanzen und Evaluationen den fachlich zuständigen Ministerien, aber auch der Öffentlichkeit gegenüber unterstrichen werden kann (und muss, so

---

[41] Fuller (2000:113): „In short, ‚teachability' will need to be made a criterion of good research." – Diese auf die Art und Weise der Lehre abstellende Lehrfähigkeit darf nicht verwechselt werden mit der Lehrbefähigung, durch die man in der deutschen Hochschulkultur mittels des Verfahrens der Habilitation die Erlaubnis zum Abhalten von Vorlesungen (*venia legendi*) an den Universitäten erwirbt, denn dabei geht es um den Nachweis der Forschung in einem Fach und der umfassenden Kenntnisse in demselben.

[42] „Vermittlungskompetenz meint die Fähigkeit, durch Forschung gewonnene Erkenntnisse auf verschiedenen Wegen und mit unterschiedlichen Zielgruppen zu kommunizieren. Das Spektrum reicht dabei vom Verfassen gut lesbarer wissenschaftlicher Artikel für ein Fachpublikum bis zur Formulierung von Pressemitteilungen für die Medien. Hinzu kommen die Fähigkeiten, Forschungsergebnisse auch mündlich anschaulich zu präsentieren und anschließend kompetent und engagiert in der Diskussion zu vertreten. Schließlich zählt auch der gesamte Bereich der Hochschuldidaktik zur Vermittlungskompetenz" (Hubroth 2006:47).

[43] Bei der Lehrkompetenz geht es darum, „als Lehrende in einem Brückenschlag die Wissensbestände, Methoden und wissenschaftsspezifischen Verhaltensweisen mit den Lernbedürfnissen und –möglichkeiten der Studierenden zu verbinden. Das kann in darbietender Lehre oder in der Anregung bzw. Provokation von Selbststudium im Sinne selbstorganisierten Lernens geschehen" (Webler 2004:25).

etwa in Österreich), weshalb sich für die Hochschulleitungen konkrete Steue-
rungsmöglichkeiten durch Anreizsysteme der extrinsischen Motivation der Lehrenden und durch Leistungsvereinbarungen anbieten[44].

Das alles sollte plausibel klingen, widerspricht aber gleichwohl den bisherigen
Verhältnissen an den deutschen (und all jenen) Universitäten zutiefst, in denen
eine ausgeprägte Asymmetrie im Ansehen von Lehre und Forschung zu konstatieren ist: Die Universitäten fühlten sich bisher in besonderer Weise der Forschung verpflichtet und definieren die Qualität ihrer Professorenschaft an deren
Forschung und weniger an deren erfolgreichen Lehre; das wiederum hat dazu
geführt, dass die derzeitige Unterbewertung der Lehre als wenig Reputation ver-
schaffend noch immer im außer- und inneruniversitären Wettbewerb die Hochschullehrer bestraft, wenn sie sich besser als ihre Konkurrenten auf die Lehre
vorbereiten oder Vorlesungen für Anfänger für wichtig halten. Ihre Prüfungsbe-
lastungen steigen überproportional, während sie weniger Zeit für die Forschungstätigkeit und den Reputationsaufbau haben[45]. So ist es dann verständlich, wenn Sethe (2007:271) fordert, dass sich gute Lehre ebenso wie gute Forschung lohnen müsse.

4.4.2 Die Anliegen der Hochschulleitungen – zu utilitaristisch?

Wie dargelegt, sind bildungspolitische Entwicklungen zu konstatieren, die den
Hochschulen mehr institutionelle Autonomie übertragen und sie aus der direkten
Obhut und Aufsicht des Staates entlassen, doch verlangt dies ein neues Steue-
rungsmodell, das vermehrte korporative Verantwortung für die Gesamtleistun-
gen der Hochschule in Forschung und Lehre auferlegt, was wiederum bei den
Leitungskräften professionelle und effiziente Hochschulmanagement-
Kompetenzen voraussetzt (vgl. Pellert 2006; Mittelstrass 2003:47).

Die Hochschulen sollen zwar wie bisher für optimale interne Arbeitsbedingungen der Lehrenden und Lernenden sorgen, aber durch die deutschen Landeshochschulgesetze wurde ihnen nunmehr deutlich mehr Verantwortung, aber
auch Macht zugewiesen, wobei weniger wichtig die zugestandene Budgetie-
rungshoheit ist, als die Möglichkeit einer flexiblen internen Umverteilung der
Mittel, was es gestattet, auf neue Entwicklungen zu reagieren und gleichzeitig
den Bestand aller für das Profil der Hochschule essentiellen Bereiche zu sichern
(vgl. Liefner 2001:262). Als hinderlich erweist sich dabei die starke innere Dif-

---

[44] Dazu Brenzikofer/Staffelbach (2003:201f.) – Vgl. dazu Wolff (2003:174) über Steuerung
   durch extrinsische Anreizgestaltung, auch durch nichtmonetäre Vereinbarungen.

[45] So Starbatty (2004:368). – Wagner (2004:284): Ein Erfolg in der Forschung wird weltweit
   publiziert und in den entsprechenden Fachkreisen beachtet. Ein Erfolg in der Lehre bleibt
   auf den engen Kreis der Teilnehmenden der Lehrveranstaltung begrenzt. Ein Erfolg in der
   Forschung produziert neue Ressourcen, Forschungsgelder und MitarbeiterInnen, um noch
   bessere Forschung betreiben zu können. Ein Erfolg in der Lehre produziert mehr Arbeits-
   last, mehr TeilnehmerInnen, mehr Hausarbeiten, mehr Klausuren, mehr Diplomarbeiten
   und mehr DoktorantInnen ohne eine Steigerung der Ressourcen zur Bearbeitung der gesteigerten Anforderungen.

ferenzierung der Hochschulen mit ihrer ausgeprägten horizontalen Untergliederung nach Fakultäten (oder Fachbereichen) mit weiterer horizontaler Segmentie-
rung in Lehr- und Forschungseinheiten, wohingegen das Steuerungsmodell eine
vertikal strukturierte Leitung war – nämlich vom Präsidenten/Rektor über die
Dekane in die Institute/Lehrstühle –, die zwar recht schwach war, da weitgehend
auf die Kollegialität[46] und die Einsicht der Professorenschaft angewiesen, weshalb sie zumeist nicht sehr durchsetzungsfähig zu wirken schien.

Heute dagegen sollen die Hochschulen als Unternehmen besonderer Art (Seel
2007:16) geführt werden, straff organisiert, mit Leistungsbilanzen, die auf der
Positivseite die Drittmittelstärke[47], das gute Abschneiden in den dauernd neu
publizierten Rankinglisten, den Erfolg bei Exzellenzwettbewerben, die guten
quantifizierenden Lehrevaluationen und die hohe Zahl institutionalisierter internationaler Kooperationspartner auflisten. Bei diesen Vorgaben aufgrund minis-
terieller Ziel- und Leistungsvereinbarungen, Wissensbilanzen, externer vorge-
setzter Kontrollgremien (Stichwort: Hochschulräte), sowie permanenter Evaluierungen und Akkreditierungen der Studienprogramme reicht das bisherige
Steuerungsmodell in der Gestalt einer zurückgenommenen Leitung mit einer
losen Organisation in Fachbereiche oder Fakultäten nicht mehr aus, denn infolge
der politischen Auflage der Ökonomisierung der Hochschulen mit der doppelten
Zweckbestimmung Wissensbildung und Ausbildung hat sich der Problemlö-
sungsbedarf der Hochschule als Organisation geändert, folglich auch die Füh-
rungs- und Leitungserfordernisse, was wiederum für die universitäre Binnenor-
ganisation starke Leitungen mit einem deutlichen Zugewinn an Kompetenzen
verlangt, wozu aber auch der Mut gehört, die notwendigen Entscheidungen dann
auch zu treffen und durchzusetzen.

Eine solche leistungsorientierte Governance sollte die Hochschulleitungen auf
keinem Fall zu einem simplen Manageralismus verführen und in blinden Verän-
derungsoptimismus verfallen lassen, denn trotz allen „Unternehmertums" haben
die Hochschulen einen ambivalenten Charakter, der darin besteht, dass sie anders als Wirtschaftsunternehmen nicht allein den ökonomischen Erfolg im Auge
haben, sondern dass ihr Zweck der Aufbau, die Entwicklung und die Weitergabe
gesellschaftlich relevanten Wissens ist. Das macht sie aber zu hochkomplexen
Einrichtungen, denen eine einfache Komplexitätsreduktion durch rigorose Ma-

---

[46] Mittelstrass (2003:47): „Kollegialsysteme funktionieren in der Regel nur unter Gut-
Wetter-Bedingungen; in schwerem Wetter führen sie, auf sich allein gestellt, zu Hand-
lungs- und Reaktionsunfähigkeit. Dies gilt in besonderem Maße für die Gruppenuniversi-
tät, die den hochschulpolitischen Willen partikularisiert, nicht in Kategorien der Einheit
der Universität, sondern in interessengesteuerten Kategorien denkt."

[47] Das, was wir heute Drittmittelfinanzierung nennen – und was den Hochschulleitungen und
den Ministerien als besonderes Kennzeichen universitärer Exzellenz gilt – subsumierten
Slaughter/Leslie (1997:209) unter *academic capitalism*: „We called institutional and professional market or marketlike efforts to secure external funds academic capitalism".

144   *Martin Forstner*

nagementkonzepte nur schaden würde (dazu ausführlich Laske/Meister-Scheytt 2006:102-118).

Dieses neue Steuerungsmodell setzt sich auf der Ebene der Fachbereiche bzw. Fakultäten fort, wobei die Hochschulleitungen gut beraten sind, diesen Freiräume zu gewähren und von einer Detailsteuerung abzusehen, denn es sind die Dekane, die die langfristige Entwicklung der Fächer im Auge haben (sollten) und die den Überblick über das Leistungspotenzial ihrer Professorenschaft haben. Die Good Governance einer Hochschule zeichnet sich demnach durch eine optimale Arbeitsteilung zwischen der jeweiligen Hochschulleitung und den Fachbereichs- bzw. Fakultätsleitungen aus insoweit, als die erstere zuständig ist für die Zielvereinbarungen mit den Ministerien, die letzteren für die diese umsetzenden Leistungsvereinbarungen einschließlich der leistungsorientierten Bemessung der sächlichen und personalen Zuweisungen.

Auch hier haben die Landeshochschulgesetze den Dekanen weitreichende Kompetenzen verliehen, doch scheint dies noch nicht zu den erhofften Ergebnissen geführt zu haben, da die Dekane sich weniger als Angehörige der Hochschulleitung denn als Mitglieder der Professorenschaft, der sie ja entstammen und der sie sich weiterhin kollegial verbunden fühlen, betrachten, was dann ihre Entscheidungsfreude merklich mindert, wenn es darum geht, an sich notwendige Prioritäten oder Posterioritäten innerhalb eines Fachbereichs zu setzen. Die Leitung von Fachbereichen/Fakultäten, Instituten und anderen wissenschaftlichen Einrichtungen will gelernt sein. Dies setzt voraus, dass die fachwissenschaftlichen und didaktischen Kompetenzen der Professorenschaft komplettiert worden sind[48] durch außerfachliche Qualifikationen wie Leitungs-, Führungs- und Koordinierungskompetenzen: Nicht mehr die Rolle des traditionellen Fachgelehrten kann bei den Bewertungsprozessen für Leitungsposten den Ausschlag geben, sondern zusätzliche Kenntnisse im Projektmanagement, in der Kommunikation und der Akquise (dazu Hubrath 2006:141).

Auch das Kriterium für den Erfolg ändert sich dadurch auf den Leitungsebenen, denn es ist, so Seel (2007:16), nicht mehr in erster Linie die Qualität der Forschung und Lehre, sondern das „Standing" der Universität im nationalen und internationalen Vergleich, wie es sich in Zahlen errechnen lässt. Für die Rektoren, Präsidenten, Kanzler und Dekane sind die Zahl der Studierenden, der Ruf der Studiengänge und der Erfolg der AbsolventInnen in der Berufswelt wichtige Indikatoren, da sie sich im Ranking ihrer Hochschule niederschlagen können. Zwar sind die Hochschulen keine auf Gewinnerzielung gerichtete Organisationen und ihr gesellschaftlicher Auftrag kann sich nicht in betriebswirtschaftlicher Effizienz erschöpfen mit entsprechenden Kosten-Nutzen-Deklarationen (Kappler/Laske 2001:91, 93), gleichwohl haben sie nicht nur auf Effektivität, sondern

---

[48] Fedrowitz (2006:34) zeigt, wie solche Fortbildung bereits als Fachbereichsmanagement auf der Verwaltungsebene erfolgen kann mit den Karrierebildern Fakultätsreferent, Fakultätsassistent oder Fachbereichsgeschäftsführer.

auch auf Effizienz bei der Vermittlung der Forschungsergebnisse an die Studierenden zu achten, weshalb ihnen an exzellenter Lehre gelegen sein muss. Die bestehende Asymmetrie bei der Bewertung von Forschung und Lehre ist dann nicht mehr hinzunehmen, weshalb die Maßnahmen zur Sicherung der Qualität, wie sie der Bologna-Prozess vorsieht, akzeptiert und umgesetzt werden, etwa, um nur ein Beispiel zu nennen, durch die Einsetzung von Studiendekanen, deren Augenmerk auf die Qualität der Lehre gerichtet ist, wobei sie zu bedenken haben, dass nicht alle Studierenden Wissenschaftler werden wollen, sie vielmehr lediglich den Wunsch haben, für einen Beruf, der einer wissenschaftlichen Basis bedarf, ausgebildet zu werden[49].

Die Hochschulleitungen stehen also vor der Aufgabe, die Bedeutung der Lehre zu stärken, wobei den Hochschullehrern einsichtig zu machen ist, dass diese auch dadurch, dass sie nachgefragtes und verwertbares Wissen in der Lehre erfolgreich anbieten, Ansehen gewinnen können, zum einen was sie persönlich anlangt, zum anderen was ihre Fakultäten und Fachbereiche betrifft, an denen sie wirken. Das ist nicht immer einfach, denn erschwerend wirkt sich dabei aus, dass Wissenschaftler in der Regel überdurchschnittlich individualistisch eingestellt sind und die Bindung (*commitment*) an ihre akademische Einrichtung, an der sie tätig sind, recht lose ist, da sie an ihrer eigenen Reputation in der weltweiten Wissenschaftsgemeinschaft weit mehr interessiert sind, und sie jederzeit zu einem Hochschulwechsel bereit sind, denn, wie Brenzikofer/Staffelbach (2003:184) meinen, ihre Loyalität gegenüber ihrer Universität ist sekundär im Vergleich zur Loyalität gegenüber ihrer wissenschaftlichen Disziplin und deren Werten.

Andererseits ist es für eine Hochschulleitung nicht immer zweckdienlich, auf Konfrontationskurs zur Professorenschaft zu gehen, vielmehr empfiehlt sich eine vermittelnde Vorgehensweise mit einer gezielten und sinnstiftenden Darstellung der Leitbilder, in denen sich die Fakultäten und Institute sowie ihr Lehrkörper wiedererkennen können[50], am besten durch Schaffung einer *corporate*

---

[49] Pechar (2006:123): Eine Hochschulkultur, die sich in kleinen Elitesystemen gut bewährt hat, führt in einem Massenhochschulsystem zu Problemen. In den angelsächsischen Hochschulsystemen, wo der Bruch mit der Kultur schulischen Lernens nicht so scharf wie in den deutschsprachigen Systemen vollzogen wurde, herrschen bessere Voraussetzungen, um große Studentenmassen zum Studienerfolg zu führen. In diesem Sinne sollte der Bologna-Prozess mit Veränderungen in der Lehr- und Lernkultur einhergehen.

[50] Dabei kann durchaus auf die alte Tradition der Kollegialität der Professorenschaft zurückgegriffen werden, wie Hörisch (2006), der in seinem brillanten Essay die alte Alma Mater zu retten versuchte, meinte, als er als ein wenn auch nicht immer verwirklichtes Kennzeichen wie folgt schrieb: „Wirkliche Universitäten sind auch daran zu erkennen, dass die dort Lehrenden sich kennen und sich von dem faszinieren lassen und irritieren lassen, was die anderen gestalten und erforschen" (Hörisch 2006:128). - Dies ist aber leider heute in den Massenuniversitäten nicht einmal mehr auf der Ebene der Fachbereiche zu verwirklichen, wie Verf. erfahren musste.

identity[51], wobei herauszuarbeiten ist, dass alle Beteiligten – Hochschulleitungen und Fachbereichsleitungen sowie die Professorenschaft – ihrer Hochschule gegenüber verpflichtet sind zu einer universitäten Unternehmensführung (*corporate governance*), sie aber auch aneinander gebunden sind durch eine gemeinsame Verantwortung (*corporate compliance*) für die Auswirkungen aller ihrer Entscheidungen. Dazu bedarf es immer der Mitwirkung der Professorenschaft, vor allem dann, wenn, gestützt auf den Bologna-Prozess im Rahmen der Organisationsentwicklung auch die Qualitätssicherungsmaßnahmen des Leitungs- und Entscheidungssystems inneruniversitär verbessert werden sollen, ansonsten ein erfolgreiches Qualitätsmanagement nicht zu betreiben ist, denn dies bedeutet ja auch, dass Überprüfungen in regelmäßigen Abständen, ob die Qualitätsziele erreicht worden sind (Nickel 2006:49), zu erfolgen haben.

In der Vergangenheit hatten in dieser Situation die Hochschulleitungen nur wenige Eingriffsmöglichkeiten und Steuerungsmittel, doch hat sich dies nunmehr durch den Bologna-Prozess geändert. Wir erleben eine interessante Umstrukturierung, was auch im Bereich der Festlegung von Qualität zu einer Verlagerung des Kontrollpotentials von der Professorenschaft zur Hochschulleitung führt.

5 Einheit von Forschung und Lehre –auf ewig sakrosankt?

Das universitäre Selbstverständnis beruht zwar auf der Einheit von Forschung und Lehre, doch hat die Forschung Vorrang, denn ohne vorangegangene Forschung könne nicht gelehrt werden[52], so das gerade im deutschsprachigen Raum verbreitete Dogma (das auch dazu dient, Universitäten von Fachhochschulen abzugrenzen, indem den Universitäten vor allem die Grundlagenforschung obliege, während den Fachhochschulen höchstens die angewandte Forschung zugetraut wird). Daran wird festgehalten[53], nicht nur durch die Professoren, son-

---

[51] Escher (2001:76) betont, dass es bei den Universitäten als Expertenorganisationen wesentlich darauf ankomme, Identity-Prozesse nicht gegen das Ethos ihrer Experten (d. h. der Professoren) und gegen ihre eigene innere korporative, soziale wie institutionelle Wirklichkeit anzustrengen. „Die Universität nur durch ein neues „Marken"-Design zusammen halten zu wollen, reicht nicht hin, solange den Mitgliedern und Teileinrichtungen eine lebendige Idee davon fehlt, was den tieferen Sinn und Zweck der Gesamtveranstaltung Universität ausmacht, was die „Universitas Litterarum" (heute noch) bedeutet". Über alle Gräben und Subidentitäten hinweg müsse man das Gemeinsame der Institution wieder betonen, was im Falle der Universität zu geschehen habe durch transdisziplinäres Forschen, Lehren und Studieren im Sinne von fächerübergreifender universaler Wissenschaft (ibid.).

[52] Weshalb Bretschneider/Wildt (2005:372) zum Forschungsbezug der Lehre noch immer ohne Einschränkungen ausführen: „Das heißt zum einen, dass Hochschullehre aus Forschung – konkret aus aktiver Forschungstätigkeit der Lehrenden – gespeist sein soll. Es heißt zum anderen, dass die Studierenden entweder in den Forschungsprozess einbezogen werden oder Lehr-Lern-Formen realisiert werden, die dem Forschungsprozess nachgebildet sind."

[53] Aus der Unzahl diesbezüglicher Ausführungen sei auf die Kontroverse zwischen Neuweiler (1997) und Huber (1998), ausgetragen im renommierten Fachblatt *Das Hochschulwesen* (Bielefeld) verwiesen. Der ehemalige Vorsitzende des Wissenschaftsrates, Gerhard

dern bisher auch durch die Studierenden, denn deren Status als Inhaber eines universitären Abschlusses oder Grades stieg gerade durch diese tatsächliche – oder vielleicht auch nur vermutete – Wissenschaftlichkeit ihrer Ausbildung, und zwar in allen Berufen, die in der modernen Gesellschaft vom Phänomen der Verwissenschaftlichung betroffen sind, also auch im Berufsfeld der Translatoren.

Aber schon 1986 hatte der deutsche Wissenschaftsrat beobachtet[54], dass nur mehr eine „punktuelle" Verbindung der Lehre eines Hochschulprofessors zu seinem Forschungsbereich bestehe:

> Selbstverständlich muss ein Hochschullehrer die meisten Lehraufgaben in seinem Fachbereich auf Gebieten wahrnehmen, in denen er selbst nicht forscht" (Wissenschaftsrat 1986:36).

Aber dass aus einer solchen Feststellung eine Gleichwertigkeit von universitärer Forschung und Lehre herzuleiten gewesen wäre, sei unwahrscheinlich gewesen, wie Neuweiler (1997:200) feststellte:

> Aber seien wir ehrlich: als eine aus der Forschung abgeleitete Tätigkeit wird die Lehre nie das Prestige der Forschung erreichen.

Natürlich gilt auch weiterhin, dass es keine Exzellenz der Lehre eines Faches ohne Exzellenz der Forschung in demselben[55] geben kann (Tegethoff 2006:55), aber diese Forschung soll sich dann auch auf das jeweilige Fach so auswirken[56], dass sie anschlussfähiges und verwendungsfähiges Wissen für die Lehre zur Verfügung stellt – was etwa in der Medizinischen Fakultät eine Selbstverständlichkeit ist, ohne dass man deshalb in Deutschland darauf verfiele, dieser Disziplin die Universitätswürde abzusprechen. Entscheidend ist, dass die angebotenen Studienformen und -programme der Forschung nahe bleiben, weshalb denn auch Mittelstrass (2003:45) vom „Prinzip Lehre aus Forschung" spricht.

Die Auseinandersetzung um diese Einheit von Forschung und Lehre, und die teilweise wenig nachgiebige Haltung gerade auf Seiten der Geisteswissenschaften hat, wie in Deutschland zu erwarten, die bildungspolitischen Akteure auf

---

Neuweiler, hatte dargelegt, dass es sich bei dieser Einheit von Forschung und Lehre um eine Worthülse handle, denn der Graben zwischen verschulter Lehre und der Lehre am aktuellen Forschungsgegenstand sei immer größer geworden, zum einen, weil die Grundlagenforschung längst nicht mehr allein an den Universitäten, sondern an außeruniversitären Einrichtungen (gerade in den Naturwissenschaften) betrieben werde, zum anderen, weil die Universitäten mit den Fachhochschulen zur Ausbildung für akademische Berufe konkurrieren müssten statt sich allein der Ausbildung zur Forschung widmen zu können. Huber (1998: bes. 8ff.) vertrat hingegen vehement, dass forschendes Lehren unabdingbar sei, auch bereits das forschende Lernen der Studierenden.

[54] Vgl. K aufhold (2006:179).

[55] Braun (1997:71) führt dazu aus, dass der Wissenschaftler autoritativ nur in dem Fachgebiet urteilen dürfe, in dem er bereits Anerkennung kumuliert habe. Auch finde ein ständiger Kampf um die Definitionsvorherrschaft in einem Wissensgebiet statt. – Gerade letzteres zeichnet die noch junge Disziplin Translationswissenschaft aus (– MF).

[56] Vgl. fü r die Translationswissenschaft Forstner (2003:93).

den Plan gerufen, die, nicht zuletzt den Bologna-Prozess nutzend, der Überfüllung an den Universitäten dadurch beizukommen suchen, dass sie reine Lehrprofessuren einführen wollen, was durchaus Fürsprecher findet, so etwa der derzeitige Vorsitzende des Wissenschaftsrates, Peter Strohmeier, der allerdings einräumt, dass dieser Professorentyp mit dem Schwerpunkt Lehre selbstverständlich auch forschen müsse, während der Präsident des Deutschen Hochschullehrerverbandes, Bernhard Kempen, sich vehement dagegen aussprach und die Einheit von Lehre und Forschung verteidigte (vgl. die Auseinandersetzung in Lehre & Forschung 2007:152f.).

Wenn Kaufhold (2006:179) ausführt, dass der Umstand, dass in Lehrveranstaltungen der Massenfächer Medizin, Jurisprudenz oder Naturwissenschaften überwiegend Kenntnisse vermittelt werden, die die Lehrenden nicht selbst erarbeitet haben, bereits darauf hindeute, dass die eigene Beteiligung an der Forschung jedenfalls nicht die einzige Möglichkeit sei, sich Zugang zu und einen Überblick über wissenschaftliche Entwicklungen zu verschaffen, so gilt das inzwischen auch für die Stoffmenge einer Disziplin wie der Translationswissenschaft.

Es steht zu erwarten, dass in den Lehrveranstaltungen (etwa den Einführungsvorlesungen zur Translationstheorie) überwiegend translationswissenschaftliche Erkenntnisse vermittelt werden (müssen), die die Lehrenden nicht alle selbst erarbeitet haben (können), sondern dass sie auf andere Forschungsarbeiten zurückgreifen müssen. Angesichts der Tatsache, dass die Hochschulinstitute, die Translationsstudiengänge anbieten, in der Regel nur über einige wenige zur Forschung hauptamtlich verpflichteten ProfessorInnen und wissenschaftlichen MitarbeiterInnen verfügen, ist klar, dass deren spezielles Forschungsgebiet das Spektrum der Translationswissenschaft nur auszugsweise abdecken wird, während der überwiegende Lehrinhalt lediglich rezeptiv aus der Fachliteratur stammen wird, aber gleichwohl für ihre Lehre aufgearbeitet werden muss. Hinzu kommt, dass sich die Interessen der Forschenden auf bestimmte Sprachenkombinationen beschränken werden, was unter Umständen zu einer eingeschränkten Wahrnehmung des Forschungsstandes führen kann.[57]

Man wird sich also damit abfinden müssen, dass das über Jahrzehnte hinweg behauptete Junktim zwischen Forschung und Lehre in seiner Absolutheit nicht mehr aufrecht zu erhalten ist[58], und zwar in allen Disziplinen, da die wissenschaftliche Lehre an den Hochschulen heute weitgehend der Vermittlung aktueller Fachkenntnisse dient, wobei nicht immer die eigene Forschungstätigkeit des

---

[57] Ent gegen den Erwartungen der Laien sind Translatologen zumeist nicht polyglott, was sich z. B. daran zeigt, dass die deutschsprachige Fachliteratur in der anglophonen Fachwelt kaum zur Kenntnis genommen wird. Dies gilt aber auch für die chinesisch, koreanisch, spanisch oder russisch geschriebene Fachliteratur, weshalb man ernsthaft die Frage stellen muss: Do translatologists need translators?

[58] Dazu ausführlich und mit Nachw eisen Kaufhold (2006:113ff.; 137; 177f.).

Lehrenden gegeben ist (oder sein muss), obwohl dies natürlich wünschenswert wäre.

Vielmehr genügt oft die passive Teilnahme an der wissenschaftlichen Entwicklung, was im Falle der Translationswissenschaft die Aus- und Verwertung der im Laufe der letzten Jahrzehnte exponentiell gestiegenen Erkenntnisse bedeutet, weshalb die Hochschullehrer nicht immer selbst aktiv in allen Bereichen des Übersetzens und Dolmetschens forschend beteiligt sein können und müssen, um darüber in ihren Lehrveranstaltungen zu sprechen und sie kritisch darzulegen. Aber um letzteres zu können, müssen sie sich dank ihrer eigenen Qualifikation ein umfangreiches *Vorratswissen* angeschafft haben, auf dessen Grundlage sie dann konkretes Handlungswissen erzeugen, das sie in die Lage versetzt, die Studierenden auf die wissenschaftsbasierten Tätigkeiten des Übersetzens und Dolmetschens vorzubereiten, und dies kann nur, wer die einschlägigen Methoden und Arbeitsweisen kennt und über die zugrundeliegenden wissenschaftlichen Erkenntnisse jeweils so umfassend informiert ist, dass er sie dann zur Vermeidung wissenschaftlicher Rückständigkeit auf allen Ebenen einzubauen versteht[59], nicht nur in den Seminarveranstaltungen, sondern auch in den sog. „Übersetzungsübungen".

Diese Aufgabe, *anschlussfähiges Wissen* für die Lehre zu generieren, beeinflusst wiederum die Forschungsplanung einer Fakultät oder eines Instituts und führt deshalb zu Prioritätensetzungen hinsichtlich der Themen und Methoden, aber auch des Einsatzes der Ressourcen, denn auch die Translationswissenschaft wird wie jede andere Disziplin in der Wissensgesellschaft stets befragt werden, ob sie die Anforderungen des auf qualifizierte Translatoren angewiesenen Marktes erfüllt und ob bei der Ausbildung der Studierenden deren Employabilität im Sinne eines auf die spätere professionelle Tätigkeit zugeschnittenen Studiums berücksichtigt wird, indem das dafür nachgefragte Wissen produziert und dieses dann effizient als anschlussfähiges und transferfähiges Wissen an die Studierenden vermittelt wird.

6 Profilierung durch Qualitätsverbesserungsmaßnahmen

Eliteuniversitäten, Elitefachbereiche oder sonstige Exzellenzzentren sind Schlagwörter des gegenwärtigen deutschen Hochschulreformdiskurses, wobei zur Beurteilung auch Qualitätsförderungs- und -sicherungsmaßnahmen hinsichtlich der Studieninhalte und der sie begründenden Forschungsleistungen herangezogen werden. Das hängt damit zusammen, dass die Hochschulen – ob selbstverschuldet oder nicht, sei dahingestellt – , seit über einem Jahrzehnt in der Öf-

---

[59] Es trifft hier das zu, was Kaufhold (2006:180) allgemein für die Hochschullehre feststellte: Die Qualifikation des Lehrenden, d. h. sein fachbezogenes Allgemeinwissen, wird damit zum entscheidenden Faktor. Es ist Voraussetzung und Gewährleistung einer den Anforderungen der Wissensgesellschaft entsprechenden Bildungs- und Ausbildungstätigkeit, indem es den Kontakt und Zugang zu den Entwicklungen eines Fachbereichs und seinen in stetem Wandel begriffenen Spezialkenntnissen eröffnet.

fentlichkeit einen Vertrauensschwund bezüglich der Qualität ihrer Wissenspro-
duktion und ihrer effizienten Ausbildung zu beklagen haben, weshalb die Rück-
gewinnung dieses Vertrauens mit Hilfe von Qualitätssicherung zu einer Haupt-
aufgabe geworden ist. Nicht nur die Hochschulen, sondern auch die Fakultäten,
ja sogar die einzelnen Institute akzeptieren deshalb, dass Qualitätssicherung,
und, damit verbunden, Qualitätsmanagement, neben Lehre und Forschung zu
ihren Aufgaben gehören (dazu Bieri 2002:215; Pellert 2002:27f.). Da Qualität,
wie eingangs dargelegt, ein mehrdimensionaler Begriff ist, sind bei der Beurteilung der Studiengängen die unterschiedlichen Interessen der Beteiligten zu berücksichtigen, weshalb sich die Kompetenzen zur Qualitätsfestlegung auf mehrere Personenkreise verteilen werden.

Das gilt auch für die Translationsstudiengänge, weshalb die Institute (oder
Fachbereiche) Vertrauen in die Qualität ihrer Ausbildung dadurch zu stärken
suchen, dass sie sich Prozeduren wie Evaluierung und Akkreditierung unterziehen, auf diese Weise ihre Bereitschaft signalisierend, Qualitätsstandards anerkennen und auch einhalten zu wollen. Bei diesen Evaluierungs- und Akkredi-tie-
rungsverfahren, denen sich in Zukunft jede deutsche Hochschule regelmäßig
wird unterziehen müssen, ist im Zusammenhang mit der Beurteilung der zu er-
reichenden Zielvereinbarungen eines Studiengangs immer von Leistungsindika-
toren die Rede, wobei allerdings oft kein eindeutiger Unterschied zwischen
Qualität und Quantität gemacht wird (dazu Forstner 2003), weshalb diese erst
einmal in Form einer Zielvereinbarung bewertungsbrauchbar zu machen sind
und sie jeweils auf ihre quantitative und qualitative Dimension hin geprüft werden müssen. Im Kontext der Bewertung von Translationsstudiengängen bedeutet
dies, dass Aussagen über die Qualität des Lehrprozesses zur Erreichung des
Studienziels *Translatorische Kompetenz*[60] unter Beteiligung der Berufsorganisationen der Translatoren und der Vertreter des Translationsmarktes hinsichtlich
ihrer qualitativen Dimensionen erst einmal definiert werden müssen – dafür bietet sich das Instrument des Benchmarking[61] an.

Benchmarking hat den Vorteil, dass es sich auf einer Ebene außerhalb einer
Hochschule abspielt, wenn möglich supranational[62], denn auf diese Weise würde verhindert, dass, wie bisher geschehen, bei den Translationsstudiengängen
jeweils eine Hochschule (bzw. deren fachlich zuständiger Lehrkörper) selbstre-
ferentiell die Maßstäbe zur Bestimmung von Qualität festlegt. Vielmehr sollte

---

[60] Dazu Norber g (2003:51-54); vgl. Hansen (2006); Risku (1998).
[61] Böh nert (1999:14): Benchmarking steht für den kontinuierlichen, systematischen Prozess,
    mittels Messung, Vergleich und Analyse geeigneter Benchmarks (Maßzahlen) Strategien,
    Prozesse/ Funktionen, Methoden/Verfahren oder Produkte/Dienstleistungen einer Organi-
    sationseinheit zum Zwecke der Sicherung oder Steigerung des Unternehmenserfolges zu
    verbessern.
[62] I n diesem Zusammenhang könnte die CIUTI (www.ciuti.org) gute Dienste leisten bei der
    Organisierung solcher Benchmarking Projekte , wobei dann jeweils die *successful best
    practices* herausgearbeitet würden.

man Hochschulen mit vergleichbaren Ausbildungsangeboten dazu bringen, gemeinsam die spezifischen Indikatoren samt ihren quantitativen und qualitativen Dimensionen in einem hochschulübergreifenden Benchmarking herauszuarbeiten, was eine Analyse und Festlegung der Anforderungen sowie ein Konzept zu deren Umsetzung und Realisierung als *best practice* verlangt. Dabei geht es nicht darum, alle *best practices* zu finden und zu berücksichtigen, denn dies könnte man nur durch eine vollständige und weltweite Analyse aller einschlägigen Studienprogramme, was nur in den wenigsten Fällen praktikabel wäre (und sicherlich nicht bei den vielgestaltigen Translationsstudiengängen), vielmehr reichte es, wenn man, um realistische Ziele anzupeilen, die *successful best practices* (vgl. Bodmer 2002:6) herausfände.

Auch dies ist schwierig genug, denn um vergleichen zu können, ist es notwendig im Bereich der Translationsstudiengänge *Clusterklassen* (oder Benchmarking Clubs) zu bilden, die auf einem möglichst ähnlichen Leistungserstellungsprozess basieren und die eine ausreichend große Ähnlichkeitsmasse haben, was dann sinnvolle Quervergleiche zwischen den Ausbildungsangeboten der teilnehmenden Hochschulen bzw. Instituten erlaubt: Es kann nicht mehr an den beiden Ausbildungsprofilen „Übersetzen und Dolmetschen" der herkömmlichen Translationsstudiengänge festgehalten werden, da dies nicht der Realität des Translationsmarktes, der keine festen beruflichen Typisierungen mehr kennt, entspricht[63].

Was bisher traditionell als Übersetzen bezeichnet wurde, spaltete sich auf in literarisches Übersetzen, Fachübersetzen (Technik, Wirtschaft, Recht usw.), *technical writing* und Lokalisierung usw. Dieselbe Erscheinung findet man beim Dolmetschen, da sich neben dem Konferenzdolmetschen (in der Regel Konsekutiv- und Simultandolmetschen) neue Sparten wie Mediendolmetschen, Gerichts- und Behördendolmetschen usw. etabliert haben. Eine solche hohe Differenzierung setzt aber voraus, dass die Nachfrageströme für die ausbildenden Institute genau identifizierbar sind, ehe sie sich dann entschließen, responsiv neue Studiengänge zu konzipieren, die die neuen Qualifikationen erkennen lassen, doch auch flexibel genug, dass der Studienabschluss akzeptabel bleibt, um die Bewerbungschancen auf dem Arbeitsmarkt so groß wie möglich zu halten, falls dieser sich, was zu erwarten steht, wieder ändern sollte.

Vor einem Benchmarking muss dies alles geklärt sein, denn ein Benchmarking allein unter dem Titel „Übersetzen" wäre sinnlos, da sich die qualitativen Dimensionen beim Übersetzen literarischer Texte sicherlich stark unterscheiden werden vom Übersetzen technischer Texte. Auch wird das Ergebnis eines Benchmarking für Konferenzdolmetscher zum Einsatz bei den Institutionen der Europäischen Union mit ihrem egalitären Multilingualismus ein anderes sein als das eines Benchmarking für Gerichtsdolmetscher oder für Dolmetscher, die sich

---

[63] Dazu Brence (2007: bes. 53,55,63); Risku (2004:51f.), Mayer (2004:118ff.), Rogers (2004).

im selektiven Multilingualismus des freien Marktes[64] behaupten müssen. In den
jeweiligen Benchmarking Clubs müssen dann neben den ausbildenden Instituten
auch die nationalen und internationalen Berufsorganisationen der Translatoren
mitwirken, aber auch die Vertreter der einschlägigen Marktsegmente, denn alle
diese Richtungen dürften ihre speziellen *successful best practices* haben, doch
muss dies erst einmal festgestellt werden durch ein Benchmarking, das Klarheit
über die quantitativen und qualitativen Dimensionen der jeweiligen spezifischen
Ausbildungsangebote schafft, ansonsten man nicht wüsste, worauf sich eine
Qualitätsstrategie beziehen sollte, welche konkreten internen Maßnahmen durch
die Hochschule zu ergreifen wären und welche Qualitätspolitik nach außen,
nicht zuletzt dem Markt, zu vermitteln wäre.

Jede Hochschule, jede Fakultät, ja jedes Institut muss selbst entscheiden, auf
welchen Gebieten einer nach allen Seiten offenen Diversifizierungspalette es
sich positioniert und profiliert, weshalb es im Interesse der Einsetzbarkeit,
Marktfähigkeit und Anpassungsfähigkeit der zukünftigen Translatoren für jedes
Ausbildungsinstitut unumgänglich ist, für seine Angebote und akademischen
Abschlüsse Tätigkeits- und Qualifikationserwartungen zu formulieren, die nicht
nur für die Bildungspolitiker und die zukünftigen Arbeitgeber plausibel sind,
sondern die auch innerhalb der Hochschulen von der Professorenschaft im Einklang mit den Hochschulleitungen getragen werden und den fachlich zuständigen Ministerien, aber auch den Akkreditierungsagenturen gegenüber zu verteidigen sind.

Bibliographie

Anger, Christina / Plünnecke, Axel / Seyda, Susanne: Bildungsarmut – Auswirkungen, Ursachen, Maßnahmen. In: *Aus Politik und Zeitgeschichte* 28/2007, 39-45.

Beck, Ulrich (1985): Ausbildung ohne Beschäftigung – Zum Funktionswandel des Bildungs-
systems im Systemwandel der Arbeitsgesellschaft. Hradil, Stefan: *Sozialstruktur im Umbruch
– Karl Martin Bolte zum 60. Geburtstag.* Opladen: Leske + Budrich, 305-321

Bieri, Stephan (2000): Wissenschaftspolitische und strategische Bedeutung von Akkreditierung und Evaluation. *Das Hochschulwesen* (Bielefeld) 2000, 212-215.

Bodmer, Christian (2002): Die Methode Benchmarking. Fahrni, Fritz / Völker, Rainer / Bodmer, Christian (Hrsg.): *Erfolgreiches Benchmarking in Forschung und Entwicklung. Beschaf-
fung und Logistik.* München: Hanser, 3-25

Böhnert, Arndt-Alexander (1999): Benchmarking. Charakteristik eines aktuellen Manage-
mentinstruments. Hamburg: Kovac.

Bourdieu, Pierre (1992): *Die verborgenen Mechanismen der Macht.* Hamburg: VSA-Verlag.

---

[64] Dazu Forstner (1999: bes. 81f.).

Bourdieu, Pierre (1988): *Homo academicus*. Frankfurt am Main: Suhrkamp.

Braun, Dietmar (1997): *Die politische Steuerung der Wissenschaft. Ein Beitrag zum „kooperativen Staat".* Frankfurt am Main: Campus.

Brence, Doris (2007): Ausbildungs- und Anforderungsprifil der translatorischen Berufspraxis – eine empirische Studie. *Lebende Sprachen* 2007, 50-64.

Brenner, Peter J. (2007): „Die Bologna-Maschine. Die Universität im Strudel der Bürokratie." *Lehre & Forschung* 2007, 86-88.

Brenzikofer, Barbara / Staffelbach, Bruno (2003): „Reputation von Professoren als Führungsmittel in Universitäten." Titscher, Stefan / Höllinger, Sigurd (Hrsg.): *Hochschulreform in Europa – konkret. Österreichs Universitäten auf dem Weg vom Gesetz zur Realität.* Opladen: Leske + Budrich, 183-208

Bretschneider, Falk / Wildt, Johannes (Hrsg.) (2005): *Handbuch Akkreditierung von Studiengängen. Eine Einführung für Hochschule, Politik und Berufspraxis.* Bielefeld 2005: W. Bertelsmann

Campbell, David F. J. (2006): „Nationale Forschungssysteme im Vergleich. Strukturen, Herausforderungen und Entwicklungsoptionen."*Österreichische Zeitschrift für Politikwissenschaft* 35 (2006), 25-44.

Delanty, Gerard (2001): *Challenging knowledge. The university in the knowledge society.* Buckingham: the Society for research into Higher Education & Open University Press)

Ennuschat, Jörg (2003): „Europäische Impulse zur Entstaatlichung des Bildungswesens." *Wissenschaftsrecht* 36 (2003), 186-203.

Escher, Henning (2001): „Corporate Identity." Hanft, Anke (Hrsg.): *Grundbegriffe des Hochschulmanagements.* Neuwied/Griftel: Luchterhand, 72-77

Fedrowitz, Jutta (2006): „Möglichkeiten der Professionalisierung durch hochschulübergreifende Qualifizierungsangebote." Hubrath, Margarete / Jantzen, Franziska / Mehrtens, Martin (Hrsg.): *Personalentwicklung in der Wissenschaft. Aktuelle Prozesse, Rahmenbedingungen und Perspektiven.* Bielefeld: UniversitätsVerlagWebler, 31-42.

Forstner, Martin (1999): „Die Europäische Union als Problem der Translationsindustrie." Brezovsky, Ernst-Peter / Suppan, Arnold / Vyslonzil, Elisabeth (Hrsg.): *Multikulturalität und Multiethnizität in Mittel-, Ost- und Südosteuropa.* Frankfurt am Main: Peter Lang, 77-89.

Forstner, Martin (2003): „Hidden Qualitative Dimensions of Performance Indicators and their Importance for the Assessment of Translation Education." *VI Seminário de traducao científica em língua portuguesa - 2003.* Lisboa 2003. 89-96.

Forstner, Martin (2004): „Translation als Aufgabe. Zwischen politischer Einflußnahme und wettbewerblicher Marktorientierung – ein chancenloses Denkmodell?" Forstner, Martin / Lee-Jahnke, Hannelore (Hrsg.): *Internationales CIUTI-Forum Marktorientierte Translationsausbildung.* Bern: Peter Lang, 11-58.

Franckh, Georg (1998): *Ökonomie der Aufmerksamkeit. Ein Entwurf.* München: Carl Hanser.

Franckh, Georg (2005): *Mentaler Kapitalismus. Eine politische Ökonomie des Geistes.* München / Wien: Carl Hanser

Fuller, Steve (2000): *The Governance of Science. Ideology and the Future of the Open Society.* Buckingham: The Society for Research into Higher Education & Open University Press.

Goedegebuure, Leo, u.a. (Hrsg.) (1993): *Hochschulpolitik im internationalen Vergleich. Eine länderübergreifende Untersuchung.* Gütersloh: Bertelsmann-Stiftung.

Gouadec, Daniel (2004): „Curriculum Development in the Light of Technological (and Other) Changes." Rega, Lorenza / Magris, Marella (Hrsg.): *Übersetzen in der Fachkommunikation – Comunicazione specialistice e traduzione.* Tübingen: Gunter Narr, 145-160.

Hansen, Gyde (2006): *Erfolgreich Übersetzen. Entdecken und Beheben von Störquellen.* Tübingen: Gunter Narr.

Healey, Thomas (2000): „Investing in Human Capital – the OECD View." Weiß, Manfred / Weißhaupt, Horst (Hrsg.): *Bildungsökonomie und Neue Steuerung.* Frankfurt am Main: Peter Lang, 19-29.

Hörisch, Jochen (2006): Die ungeliebte Universität. Rettet die Alma mater! München: Carl Hanser.

Huber, Ludwig (1998): „Forschendes Lehren und Lernen – eine aktuelle Notwendigkeit." *Das Hochschulwesen* (Bielefeld) 1998, 3-11.

Hubrath, Margarete (2006): „Kompetenzfelder in der Wissenschaft." Hubrath, Margarete / Jantzen, Franziska / Mehrtens, Martin (Hrsg.) (2006): *Personalentwicklung in der Wissenschaft. Aktuelle Prozesse, Rahmenbedingungen und Perspektiven.* Bielefeld: Universitätsverlag Webler. 43-54.

Jantzen, Franziska (2006): „Perspektiven einer Personalentwicklung für Wissenschaftler/innen – Implementierung und Qualitätssicherung." Hubrath, Margarete / Jantzen, Franziska / Mehrtens, Martin (Hrsg.) (2006): *Personalentwicklung in der Wissenschaft. Aktuelle Prozesse, Rahmenbedingungen und Perspektiven.* Bielefeld: UniversitätsVerlagWebler,125-134.

Kappler, Ekkehard / Laske, Stephan (2001): „Die Universität auf dem Weg zu einer lernenden Organisation?" Fischer, Hajo (Hrsg.): *Unternehmensführung im Spannungsfeld zwischen Finanz- und Kulturtechnik: Handlungspielräume und Gestaltungszwänge. Gedenkschrift für Prof. Dr. Dieter Schwiernig.* Hamburg: Kovac, 89-117.

Kaufhold, Ann-Katrin (2006): *Die Lehrfreiheit – ein verlorenes Grundrecht? Zu Eigenständigkeit und Gehalt der Gewährleistung freier Lehre in Art. 5 Abs. 3 GG.* Berlin: Duncker & Humblot.

Krautz, Jochen (2006): „Bildung oder Effizienz? Zur ökonomischen Usurpation von Bildung und Bildungswesen." *Forschung & Lehre* 2006, 392-393.

Kreckel, Reinhard (1985): „Statusinkonsistenz und Statusdefizienz in gesellschaftstheoretischer Perspektive." Hradil, Stefan: *Sozialstruktur im Umbruch – Karl Martin Bolte zum 60. Geburtstag.* Opladen: Leske + Budrichm, 29-49.

Ladenthin, Volker (2005): „Meinung und Interesse – Die Marginalisierung von Wissenschaft in Gesellschaft, Technik und Bildung." Hünermann, Peter / Ladenthin, Volker / Schwan, Gesine (Hrsg.): *Nachhaltige Bildung. Hochschule und Wissenschaft im Zeitalter der Ökonomisierung.* Bielefeld: W. Bertelsmann, 17-37.

Laske, Stephan / Meister-Scheytt, Claudia (2006): „Leistungskompetenz." Pellert, Ada (2006): *Einführung in das Hochschulmanagement. Ein Leitfaden für Theorie und Praxis.* Bonn: Lemmens, 102-118.

Lee-Jahnke, Hannelore (2004): „Qualität – Flexibilität – Effizienz: Die Eckpfeiler einer praxisorientierten Translatorenausbildung." Forstner, Martin / Lee-Jahnke, Hannelore (Hrsg.):

Internationales CIUTI-Forum Marktorientierte Translationsausbildung. Bern: Peter L ang, 59-100.

Liebl, Franz (1996): *Strategische Frühaufklärung. Trends – Issues – Stakeholders.* München/Wien: Oldenbourg.

Liefner, Ingo (2001): *Leistungsorientierte Ressourcensteuerung in Hochschulsystemen. Ein internationaler Vergleich.* Berlin: Duncker & Humblot.

Maisch, Josef (2006): *Wissensmanagement am Gymnasium. Anforderungen der Wissensgesellschaft.* Wiesbaden: Verlag für Sozialwissenschaften.

Mayer, Felix (2004): „Perspektiven der Fachübersetzerausbildung." Rega, Lorenza / Magris, Marella (Hrsg.): *Übersetzen in der Fachkommunikation – Comunicazione specialistice e traduzione.* Tübingen: Gunter Narr, 117-132.

Mittelstrass, Jürgen (2003): „Bausteine zu einer Universitätsreform nach der Universitätsreform." Titscher, Stefan / Höllinger, Sigurd (Hrsg.): *Hochschulreform in Europa – konkret. Österreichs Universitäten auf dem Weg vom Gesetz zur Realität.* Opladen: Leske + Budrich, 41-56.

Neuweiler, Gerhard (1997): „Die Einheit von Forschung und Lehre heute: eine Ideologie." *Das Hochschulwesen* (Bielefeld) 1997, 197-200.

Nickel, Sigrun (2006): „Qualitätsmanagement. Lehr- und Forschungsqualität als Erfolgs- und Wettbewerbsfaktor." Pellert, Ada (Hrsg.): *Einführung in das Hochschul- und Wissenschaftsmanagement. Ein Leitfaden für Theorie und Praxis.* Bonn: Lemmens, 47-63

Norberg, Ulf (2003): *Übersetzen mit dopppeltem Skopos. Eine empirische Prozess- und Produktstudie.* Upsala (Studia Germanistica Upsaliensia 42).

OECD (ed.) (1998): *Human Capital Investment. An International Comparison.* Paris.

Offe, Claus (2005): „Soziale Sicherheit im supranationalen Kontext. Europäische Integration und die Zukunft des ,Europäischen Sozialmodells'." Miller, Max (Hrsg.): *Welten des Kapitalismus. Institutionelle Alternativen in der globalisierten Ökonomie.* Frankfurt am Main / New York: Campus, 189-225.

Paul, Jean-Jacques (2002): „Are Universities Ready to Face the Knolwedge-based Economy?" Enders, Jürgen / Fulton, Oliver (Hrsg.) (2002): *Higher Education in a Globalising World. International Trends and Mutual Observations. A Festschrift in Honour of Ulrich Teichler.* Dordrecht/Boston/London: Kluwer Academic Publishers, 207-220.

Pechar, Hans (2006): *Bildungsökonomie und Bildungspolitik.* Münster/New York/ München/Berlin: Waxmann.

Pellert, Ada (2002): „Hochschule und Qualität." Winter, Martin / Reil, Thomas (Hrsg.): *Qualitätssicherung an Hochschulen: Theorie und Praxis.* Bielefeld, 21-29.

Pellert, Ada (2006): *Einführung in das Hochschulmanagement. Ein Leitfaden für Theorie und Praxis.* Bonn: Lemmens.

Pym, Anthony (2002): „Training language service providers: local knowledge in institutional contexts." Maia, Belinde / Haller, Johann / Ulrych, Margherita (Hrsg.): *Training the Language Services Provider for the New Millennium.* Porto: Faculdade de Letras Universidade do Porto, 21-30

Reinalda, Bob / Kulesza, Ewa (2005*): The Bologna Process – Harmonizing Europe's Higher Education.* Including the Essential Original Texts. Opladen: Barbara Budrich Publishers.

Risku, Hanna (1998): *Translatorische Kompetenz*. Tübingen: Stauffenberg.

Risku, Hanna (2004): *Translationsmanagement. Interkulturelle Fachkommunikation im Informationszeitalter*. Tübingen: Narr.

Rogers, Margaret (2004): „The Future of Translator Training." Rega, Lorenza / Magris, Marella (Hrsg.): *Übersetzen in der Fachkommunikation – Comunicazione specialistice e traduzione*. Tübingen: Gunter Narr, 175-188.

Ruf, Michael (2006): „Praxisphasen als Beitrag zur Employability. Didaktische Funktionsbestimmung betrieblicher Praxisphasen im Rahmen wirtschaftswissenschaftlicher Bachelor-Studiengänge." *Das Hochschulwesen* (Bielefeld) 2006, 135-139.

Scholz, Christian (2006): „Markt oder Nicht-Markt?" *Lehre & Forschung* 2006, 449.

Schwingel, Markus (1995): *Bourdieu zur Einführung*. Hamburg: Junius.

Schwingel, Markus (2003): *Pierre Bourdieu zur Einführung*. Hamburg: Junius.

Scott, Peter (1998): „Massification, Internationalization and Globalization." Scott, Peter (ed.): *The Globalization of Higher Education*. Buckingham: The Society for Research into Higher Education & Open University Press. 108-129.

Seel, Martin (2007): „Vom Verbund zu Firma. Zwei Arten der wissenschaftlichen Konkurrentz." *Forschung & Lehre* 2007, 16f.

Sethe, Rolf (2007): „Kein Medienfeuerwerk." In: Forschung & Lehre 2007, 271f.

Slaughter, Sheila / Leslie, Larry L. (1997): *Academic Capitalism. Politics, Policies, and the Entrepreneurial University*. Baltimore: The John Hopkins University Press.

Schmitt, Peter A. (1987): „Fachtexte für die Übersetzer-Ausbildung: Probleme und Methoden der Textauswahl". Ehnert, Rolf / Schleyer, Walter (1987) (Hrsg.): *Übersetzen im Fremdsprachenunterricht: Beiträge zur Übersetzungswissenschaft – Annäherungen an eine Übersetzungsdidaktik. Materialien Deutsch als Fremdsprache*. Regensburg: DAAD, 111-151.

Speciale, Fabio (2004): „Vorschläge für eine praxisorientierte(re) Ausbildung aus der Sicht der Studierenden." Forstner, Martin / Lee-Jahnke, Hannelore (Hrsg.): *Internationales CIUTI-Forum Marktorientierte Translationsausbildung*. Bern: Peter Lang, 175-182

Starbatty, Joachim (2004): „Sire, geben Sie Gestaltungsfreiheit." Mehr Effizienz und Wettbewerb in den Universitäten setzt wirkliche Autonomie voraus. *Forschung & Lehre* 2004, 367-368.

Tegethoff, Hans Georg (2006): „Von der Evaluation zum Qualitätsmanagement – Ein Weg zur Excellenz in der Lehre." *Das Hochschulwesen* (Bielefeld) 2006, 55-62.

Teichler, Ulrich (2005): „Gestufte Studiengänge und Studienabschlüsse: Studienstrukturen im Bologna-Prozess." Hanft, Anke / Müskens, Isabel (Hrsg.): *Bologna und die Folgen für die Hochschulen*. Bielefeld: UniversitätsVerlagWebler, 6-27.

Titscher, Stefan / Höllinger, Sigurd (Hrsg.) (2003): *Hochschulreform in Europa – konkret. Österreichs Universitäten auf dem Weg vom Gesetz zur Realität*. Opladen: Leske + Budrich.

Vec, Miloš (2006): „Wissenschaftlerinnen und Wissenschaftler im Qualifikationsprozess: Rollenfindung und die Grenzen von Förderung und Kompetenzentwicklung." Hubrath, Margarete / Jantzen, Franziska / Mehrtens, Martin (Hrsg.) (2006): *Personalentwicklung in der Wissenschaft. Aktuelle Prozesse, Rahmenbedingungen und Perspektiven*. Bielefeld: UniversitätsVerlagWebler, 15-26.

Vroeijenstijn, A. I. (1995): *Improvement and accountability: Navigating between Scylla and Charybdis. Guide for external quality assessment in higher education.* London.

Wagner, Wolf (2004): „Wissenschaft und Macht. Eine Stellungnahme." Ernst, Thomas / Bock von Wülfingen, Bettina / Borrmann, Stefan / Gudehus, Christian F. (Hrsg.): *Wissenschaft und Macht.* Münster 2004: Westfälisches Dampfboot, 281-289.

Webler, Wolff-Dietrich (2004): *Lehrkompetenz – über eine komplexe Kombination aus Wissen, Ethik, Handlungsfähigkeit und Praxisentwicklung.* Bielefeld: Universitäts Verlag Webler.

Webler, Wolff-Dietrich (2007): „Geben wir mit der Akkreditierungspraxis das Hochschulniveau unserer Studiengänge preis?" *Das Hochschulwesen* (Bielefeld) 2007, 15-20.

Wex, Peter (2005): *Bachelor und Master. Die Grundlagen des neuen Studiensystems in Deutschland.* Berlin: Duncker Humblot.

Witte, Johanna (2005): „Machen Bachelor und Master die Trennung in Universität und Fachhochschulen obsolet?" Cremer-Renz, Christa / Donner, Hartwig (Hrsg.): *Die innovative Hochschule. Aspekte und Standpunkte.* Bielefeld: UniversitätsVerlagWebler, 181-193.

Wolff, Birgitta (2003): „Multitasking zwischen Kooperation und Wettbewerb – Zur Anreizgestaltung in Universitäten." Titscher, Stefan / Höllinger, Sigurd (Hrsg.): *Hochschulreform in Europa – konkret. Österreichs Universitäten auf dem Weg vom Gesetz zur Realität.* Opladen: Leske + Budrich, 17-182.

Christian Galinski
Wien
Normung, insbesondere Terminologienormung, als Einflussfaktor der Qualität von Übersetzungen

Einleitung

[1]In Bezug auf das Verhältnis von Übersetzen und Normung wird häufig konstatiert, dass man die Sprache nicht 'normen' könne. Dabei ist jede (Hoch-)Sprache an sich schon hochgradig 'standardisiert', sonst könnte sie ihre kommunikativen Funktionen nicht oder nicht ausreichend effizient erfüllen. Bei hoch entwickelten Sprachen, die in der Regel umfangreiche Fachsprachen mit ihren Terminologien umfassen, ist vor allem die Lexik höchst 'produktiv' – sei es durch Eigenschöpfungen, sei es durch Lehnformen aller Art. Bei der Evolution von terminologischen Einheiten kommt es wegen der relativen Armut an Benennungselementen im Vergleich zu den ständig neu entstehenden Begriffsmengen zu einer Vielzahl von Homonymen einerseits und Synonymen andererseits, die die Fachkommunikation in mündlicher und schriftlicher Form empfindlich stören können. Daher stellen harmonisierte Methoden zur Handhabung von terminologischen Daten und terminologischer Phraseologie allein schon eine wesentliche Voraussetzung für die Qualität von Fachübersetzungen dar. Diese Methoden entwickelten sich aus der Praxis heraus hin zur Terminologiewissenschaft.

Der moderne Übersetzer verwendet zunehmend Hilfsmittel aus der Umgebung der Informations- und Kommunikationstechnologien (IKT). Bei dieser Technik muss alles hochgradig genormt sein, wenn sie überhaupt adäquat einsetzbar sein soll. Von der Stromversorgung und der Hardware angefangen über genormte Terminologien bis hin zu kleinsten Details der Sprachdatenverarbeitung ist vieles genormt – wo nicht, gibt es meist unweigerlich Probleme. Übersetzer sollten daher besser Bescheid wissen um die Vorzüge und Beschränkungen der Normung. In Zukunft werden sogar eher mehr als weniger Bereiche der Grundsatznormung, wie Qualitätsmanagement, zunehmend auch für das Übersetzen relevant.

Das technische Komitee ISO/TC 37 (neu seit 2000:) „Terminologie und andere Sprachressourcen" der Internationalen Normungsorganisation (ISO) deckt mit seinen internationalen Normen, die von vielen nationalen Normungsorganisationen ins nationale Normenwerk übernommen werden, viele Aspekte des Übersetzens, von der 'übersetzungsbezogenen Terminographie' bis hin zum Gebrauch von Werkzeugen der Sprachdatenverarbeitung ab. Sie sind wesentliche

---

[1] Dieser Beitrag ist eine punktuell aktualisierte Fassung eines Vortrags auf der TQ2000, Internationale Fachtagung Translationsqualität, in Leipzig 28./29.10.1999.

Voraussetzung für die Einführung von Qualitätsmanagement in den Übersetzungsprozess.

1 Theorie der Normung

Die Europäische Norm EN 45020 definiert (in Übereinstimmung mit dem ISO Guide 2) Normung (auch: Normungsarbeit) wie folgt:

> Tätigkeit zur Erstellung von Festlegungen für die allgemeine und wiederkehrende Anwendung, die auf aktuelle oder absehbare Probleme Bezug haben und das Erzielen eines optimalen Ordnungsgrades in einem gegebenen Zusammenhang anstreben.

Diese Festlegungen beziehen sich auf den 'Stand der Technik' und werden unter Beteiligung der wesentlichen gesellschaftlichen Interessengruppen (d. h. Vertreter aus der Forschung, von Privatwirtschaft, öffentlicher Verwaltung und Konsumenten) ausgearbeitet. Der Interessenausgleich erfolgt über Konsens – daher stellen Normen meistens einen Kompromiss dar, der in der Regel über einen ausgesprochen 'demokratischen' Verfahrensweg erzielt wird.

Angesichts dieser 'pragmatischen' Grundlagen und Verfahren der Normenerstellung, die den jeweiligen Stand der Technik widerspiegelt (ad posteriorem) und selten eine Entwicklung vorausnimmt (a priori), haben Normungstheoretiker schon vor Jahrzehnten erkannt: „Exzessive Normung schadet der Entwicklung" (Wüster 1970). Andererseits kann man nur normen, wenn man weiß, worüber man redet, weshalb allgemein gilt: „Terminologienormung geht der Sachnormung voraus" (nach Wüster 1970). Als weitere Normungstheoretiker neben Eugen Wüster seien hier Henk J. de Vries und Günter Schnegelsberg angeführt.

Normungsaktivitäten haben eine große Bandbreite und sind insgesamt viel weniger homogen, als allgemein erwartet – auch der 'präskriptive Ansatz' ist nicht so dominant, wie anzunehmen. In der Regel herrschen Pragmatik und die Forderung nach Effizienz vor (*„quick and dirty"*). Grundlage der Organisation der Normungsarbeit in der ISO sind die ISO Directives. Diese beziehen sich bei der Terminologienormung auf die Normen von ISO/TC 37[2], insbesondere die internationale Norm ISO 10241:1992 „International terminology standards – Preparation and layout" (Ausarbeitung und Gestaltung von Terminologienormen).

Die Vielfalt von verschiedenen 'Typen' der Normungsarbeit und entsprechend auch von Normen-Textsorten sowohl in der Sachnormung als auch in der Terminologienormung legt die Vermutung nahe, dass im Einzelnen auch Defizite/Mängel in Bezug auf Konsistenz und Kohärenz über den gesamten Bereich der Normung hinweg anzutreffen sind. In der Tat ist ein großes Potential an Verbesserungsmöglichkeiten vorhanden. In den Normungsgremien selbst herrscht zwar ein ständiger 'Kampf' um Vereinheitlichung und Vereinfachung,

---

[2] Die Normungsaktivitäten von ISO/TC 37 haben sich übrigens in den letzten Jahren erfreulich entwickelt; nähere Informationen unter TC 37 „Public Information" am ISO Portal: http://isotc.iso.org/livelink/livelink?func=ll&objId=551447&objAction=browse&sort=name

doch sind die normenausschuss- und normungsinstitutsübergreifenden Quali-
tätskontrollinstrumente nicht optimal ausgebildet. Dabei könnte die Terminologienormung – richtig eingesetzt – maßgeblich zur Qualitätssteigerung der Normung insgesamt führen (s. Galinski 1995; Budin/Galinski 1993).

Dies soll aber keine grundlegende Kritik an der Normung darstellen, die immerhin im Grad der Rechtsverbindlichkeit gleich nach den Gesetzen kommt.
Häufig werden Normen in Gesetzen oder den darauf beruhenden Ausführungs-
bestimmungen oder anderen technischen Regeln auch als gesetzesrelevant bzw.
als Teil des Gesetzes zitiert.

2 Was ist Terminologienormung?

Auf der Leitseite des Deutschen Instituts für Normung e.V. (DIN)[3] wird **Normung** definiert als

> [...] die planmäßige, durch die interessierten Kreise gemeinschaftlich durchge-
> führte Vereinheitlichung von materiellen und immateriellen Gegenständen zum
> Nutzen der Allgemeinheit. (DIN 820 Teil 1).

Normung in Unternehmen, Fachverbänden, nationalen und internationalen
Normungsorganisationen beschäftigt sich also in erster Linie mit Sachnormung,
d. h. mit der Festlegung von Eigenschaften von Gegenständen und Verfahren.

Voraussetzung für die Sachnormung sind die exakte Definition der den Gegenständen und Verfahren entsprechenden Begriffe und die eindeutige Festlegung
der hierfür benutzten Benennungen, um nicht nur während des Normungs-
prozesses eine eindeutige und widerspruchsfreie Kommunikation zwischen den
Fachleuten sicherzustellen. Dieser als **Terminologienormung** bezeichnete Vorgang ist definiert als

> das Festlegen von Terminologie und von Grundsätzen für das Erarbeiten, Bear-
> beiten, Verarbeiten und Darstellen von Terminologie durch autorisierte und dafür
> fachlich, sprachlich und methodisch qualifizierte Gremien mit dem Ziel, termino-
> logische Normen zu schaffen (DIN 2342-1:1992).

Ausgehend von dieser Definition muss man innerhalb der Terminologienormung die terminologische Einzelnormung und die terminologische Grundsatznormung unterscheiden.

2.1 Die terminologische Einzelnormung

Unter terminologischer Einzelnormung versteht man die Festlegung von Begriffen und ihren Benennungen (vgl. DIN 2342-1:1992). Terminologische Einzelnormung findet sich in der Sektion 2 „Begriffe" bzw. in Sektion 3 oder 4
„Definitionen" am Anfang deutscher und in internationalen Sachnormen.

Beispiel aus DIN 1463-1 „Erstellung und Weiterentwicklung von Thesauri",
S. 2:

---

[3] Siehe http://www.din.de.

2.1 Vokabular

Das Vokabular einer Dokumentationssprache ist die Menge der Deskriptoren einer Dokumentationssprache

Zusätzlich finden sich die Resultate der terminologischen Einzelnormung, jeweils für den Arbeitsbereich eines Normenausschusses, in speziellen Terminologienormen, die meist den Untertitel „Begriffe" bzw. „Vocabulary" tragen. In derartigen Normen wird neben der Festlegung von Begriffen und Benennungen häufig auch die Einordnung der einzelnen Begriffe in ein Begriffssystem durch ein Notationensystem verdeutlicht.

Beispiel aus DIN-ISO/IEC 2382-23 „Informationstechnik – Begriffe", S. 10:

23.04.05

Serienbrief

(form letter)

Ein Brief, der Standardtext enthält und auf einem Datenträger *gespeichert ist, und der durch Hinzufügen von Angaben wie Namen und Adressen an einen oder mehrere Empfänger gerichtet werden kann.

2.1.1 Arten von terminologischer Einzelnormung

Die terminologische Einzelnormung umfasst ein breites Spektrum

- von Metaterminologien bis hin zu konkreten Detailterminologien (einschl. 'objektbezogener' Terminologien)
- quantitativ von wenigen Einträgen bis hin zu vielen Tausenden Einträgen in einem gegebenen Sachgebiet
- von systematischen technischen Terminologien, über stark objektbezogene Terminologien (chemische Substanzen, Produkt-Nomenklaturen usw.) bis hin zu (halbsystematischen/deskriptiven) Terminologien (z. B. Vertragsterminologie)
- wortsprachliche Terminologien und nicht-wortsprachliche Terminologien verschiedenster Art
- viele versteckte Definitionen in den Normentexten

All das kommt auf internationaler (vor allem ISO und IEC), regionaler (z. B. CEN und CENELEC), nationaler (z. B. DIN) und bei großen Ländern auch auf Provinzebene oder in Branchen vor. Terminologienormen sind oft zwei- und mehrsprachig – sogar auf nationaler Ebene.

Der methodische Ansatz der Terminologienormung ist im Wesentlichen 'sprachunabhängig' (da begriffsbezogen). Die Terminologienormen werden in der Regel von einem 'Autorenkollektiv' (z. B. einer Gruppe von Experten eines Normenausschusses u. dgl.) erarbeitet. Dadurch, dass ein Normungsinstitut den rechtlichen und organisatorischen Rahmen für die Normungsarbeit bietet, gehen die Verwertungsrechte an den Normungsergebnissen – also auch an genormter Terminologie – in der Regel an die betreffende Normungsorganisation über.

2.1.1.1 Meta-Terminologienormen

Terminologienormen auf der Metaebene betreffen die gesamte Normung oder die Normungsbereiche einer Reihe von Normungsausschüssen, wie z. B.:

* ISO Guide 2: Terminologie der Normung (für die gesamte ISO)
* IEC International Electrotechnical Vocabulary (für die gesamte IEC – Elektrotechnische Kommission)

2.1.1.2 Fachspezifische Terminologieeinzelnormen

Bei einer Analyse der terminologischen Einzelnormen zeigt sich auch hinsichtlich ihres systematischen Charakters die 'Pragmatik' der Normungsarbeit:

Terminologische Einzelnormung:	*Menge:*	*syst.*	*halbsyst.*	*unsyst.*
• ISO/IEC JTC 1/SC 1	groß			x
• ISO/TC 37/SC 1&3	mittel	x		
• ISO/TC 46/SC 3	groß			x
• ISO/TC 69	mittel			x
• ISO/TC 176/SC 1	mittel			x
• ISO/TC 206/SC 6	mittel			x
• CEN/TC 256	mittel			x

Es gibt auch viele rein alphabetisch erstellte und angeordnete – und somit vom Ansatz her unsystematische – terminologische Einzelnormen.

2.1.2 Arten von Begriffsrepräsentation in Terminologienormen

In terminologischen Einzelnormen finden sich eher 'wortorientierte' Repräsentationen ebenso wie eher nicht-wortsprachliche Repräsentationen (und Mischformen).

2.1.2.1 Wortsprachliche Begriffsrepräsentationen

Benennungen (inkl. Abkürzungen) finden sich in:

* Abschnitten für „Begriffe und Benennungen"
* Terminologie-Glossaren
* Terminologie-Wörterbüchern (dictionary)
* Terminologie-Vokabularen
* Klassifikationen/Nomenklaturen

2.1.2.2 Nicht-wortsprachliche Begriffsrepräsentationen
Auch nicht-wortsprachliche Begriffsdarstellungen finden sich zuhauf in Form von:

- Symbolen (z. B. für Einheiten, Maße, Gewichte ...)
- Maßen und Toleranzen
- mathematischen Zeichen und Begriffen (und Formeln)
- Formelzeichen
- chemischen Benennungen und Formeln
- Zeichnungselementen in Bauzeichnungen, technischen Zeichnungen usw.
- graphischen Symbole
- anderen nicht-wortsprachlichen 'Festlegungen'

2.1.2.3 Versteckte Terminologieeinträge
Versteckte Terminologieeinträge (z. B. Definitionen in Normentexten) finden sich in fast allen Normentexten.

2.1.2.4 Fremdsprachliche Äquivalente in nationalen Normen
Fremdsprachliche Äquivalente (z. B. in DIN-Normen) sind nicht 'autoritativ', wenn das Normungsinstitut als Ganzes (per Mandat) nicht mehrsprachig arbeitet.

2.1.3 Die terminologische Grundsatznormung
Im Rahmen der terminologischen Grundsatznormung werden Grundsätze und Richtlinien für die terminologische Einzelnormung festgelegt (vgl. DIN 2342-1:1992). Damit dienen die entsprechenden nationalen und internationalen Grundsatznormen als methodische Anleitungen zur Erarbeitung von Terminologien, nicht nur im Rahmen der Normung selbst. Zu den terminologischen Grundsatznormen rechnet man auch Begriffsnormen wie die DIN 2342-1 oder die ISO 1087, in der die Terminologie der Terminologie, d. h. die für die Terminologiearbeit wichtigen Begriffe und Benennungen, definiert wird.

Die terminologischen Grundsatznormen von ISO/TC 37 stellen als Metanormen für die Terminologiearbeit die Grundlage für die terminologische Einzelnormung auf internationaler und – wegen der häufigen Übernahme ins nationale Normenwerk auch – nationaler Ebene dar.

2.1.4 Prototypischer Ablauf von terminologischer Einzelnormung
Entsprechend

- dem Grad der 'Präskriptivität' oder 'Deskriptivität'
- der Menge zu normender Einträge
- der Natur der Terminologie (z. B. vorwiegend wortsprachlich oder großteils nicht-wortsprachlich)

- den Konventionen des Sachgebietes

- der 'zufälligen' Zusammensetzung des Gremiums

erfolgt die Terminologieerarbeitung eher systematisch oder unsystematisch, in den meisten Fällen (aus [vermeintlich] 'pragmatischen' Gründen) halbsystematisch.

Ablauf Fall 1:

Relativ geringe Terminologieprobleme bei Normentwurf →Sitzung →Auswahl von Termini → Sitzung(en) → Definition der Begriffe → Sitzung(en) → Kapitel „Begriffe und Benennungen" in einer Sachnorm.

Ablauf Fall 2:

Große Terminologieprobleme bei Normentwurf → Sitzung → Einsetzen einer Terminologie-Arbeitsgruppe → Sitzung → Auswahlliste von Termini → Sitzung(en) → Definition der Begriffe → Sitzung(en) → eigener Normteil „Begriffe und Benennungen" oder eigene Terminologienorm.

Ablauf Fall 3:

Terminologieproblem im ganzen Normungsbereich → Sitzung → Einsetzen eines UA oder einer AG → Sitzung(en) → Sammlung von Termini → Sitzung(en) → Aufteilung in Teilbereiche → Sitzung(en) → Terminologiearbeit (z. T. 'Vorausnormung' = pre-standardization) → Sitzung(en) → Ausarbeitung von Terminologienormen

Diese Ablaufbeispiele lassen ahnen, wie (zeit und ressourcenmäßig) aufwendig die terminologische Einzelnormung ist.

3 Terminologienormung auf nationaler, europäischer und internationaler Ebene

3.1 Terminologienormung in Deutschland und Österreich

1917 wurde in Deutschland der Deutsche Normenausschuss e.V. (DNA) mit dem Ziel gegründet, den Stand der Technik zu ermitteln und in nationalen Normen festzulegen. Aus dem DNA ging 1976 das Deutsche Institut für Normung e.V. (DIN) in seiner heutigen Form mit Hauptsitz in Berlin hervor. Das DIN versteht sich als ein Verband, in dem Hersteller, Handel, Verbraucher, Handwerk, Dienstleistungsunternehmen, Wissenschaft, technische Überwachung, Staat und jeder, der ein Interesse an Normung hat, zusammenarbeiten. Die Normungsarbeit wird in über 4000 Arbeitsausschüssen mit etwa 36.000 ehrenamtlichen Mitarbeitern (darunter K.D. Schmitz und P.A. Schmitt, in diesem Band) geleistet. Damit die Normen dem jeweiligen Stand der Technik entsprechen, werden DIN-Normen alle fünf Jahre auf ihre Aktualität hin überprüft und gegebenenfalls überarbeitet.

Auch wenn das DIN bzw. der DNA mit dem Ziel der nationalen Normung gegründet wurde, so gehen doch in den letzten Jahren die rein nationalen Normungsbestrebungen zugunsten der europäischen und internationalen Normung kontinuierlich zurück. Etwa 80 Prozent der Normungsarbeit des DIN konzentriert sich auf die Mitarbeit an europäischen und internationalen Normen, in denen das DIN die Interessen der Bundesrepublik Deutschland vertritt.

Die terminologische Einzelnormung wird in den meisten der fachspezifischen Normenausschüsse selbst durch eigene Terminologie-Unterausschüsse durchgeführt; diese klären die terminologischen Fragestellungen des betreffenden Fachgebiets und veröffentlichen die Ergebnisse als spezielle Terminologienormen mit dem Untertitel „Begriffe" oder in den Sektionen „Begriffe" der einzelnen Sachnormen (s. Beispiele oben).

Im DIN wurde vor ein paar Jahren unter dem Motto „Deutsch als Sprache der Technik" eine spezielle Terminologiestelle eingerichtet, die die in den DIN-Normen enthaltenen Begriffe mit ihren Benennungen, Definitionen und weiteren für die Terminologiearbeit relevanten Informationen in der Terminologie-Daten-bank DIN-TERM erfasst. Da in den DIN-Normen (besonders in den DIN/ISO-Normen) häufig auch fremdsprachige Benennungen und Definitionen auftreten, sind in DIN-TERM auch englische und französische Äquivalente enthalten. Langfristiges Ziel der Arbeitsstelle ist es, alle in DIN-Normen definierten Begriffe in DIN-TERM aufzunehmen, sie innerhalb der Normung zu konsolidieren und die Ergebnisse den Anwendern als Fachwörterbücher und Datenbankdateien in elektronischer Form verfügbar zu machen.

Im DIN arbeitet auch – analog zur ISO – ein eigener Normenausschuss, der für die terminologische Grundsatznormung zuständig ist. Der Normenausschuss Terminologie (NAT)[3] ist damit in Grundsatzfragen der Terminologienormung der Ansprechpartner für die anderen Normenausschüsse. Darüber hinaus sind die im NAT erarbeiteten Festlegungen auch nützlich für alle, die sich außerhalb des Normungsbereiches mit Terminologiearbeit beschäftigen.

Die wesentlichen Arbeiten des NAT konzentrieren sich auf die Themenbereiche[4]: Grundsätze der Begriffs- und Benennungsbildung, Erarbeitung und Gestaltung von Fachwörterbüchern, Computeranwendungen für die Terminologiearbeit und Lexikographie sowie die Terminologie der Terminologiearbeit, der Terminologiepraxis und der Fachübersetzungen.

Folgende deutsche terminologische Grundsatznormen sind bisher erarbeitet und im Beuth-Verlag (Berlin) publiziert worden:

---

[3] Siehe http://www.nat.din.de/de.
[4] Näheres dazu auf der Website http://www.nat.din.de unter dem Punkt „nationale Gremien"; darunter diverse Untergremien wie z. B. NA 105-00-01 AA „Grundlagen der Terminologiearbeit".

- DIN 2330 (1993): Begriffe und Benennungen – Allgemeine Grundsätze
- DIN 2331 (1980): Begriffssysteme und ihre Darstellung
- DIN 2332 (1988): Benennen international übereinstimmender Begriffe
- DIN 2333 (1987): Fachwörterbücher – Stufen der Ausarbeitung
- DIN 2336 (2004): Lexikographische Zeichen für manuell erstellte Fachwörterbücher
- DIN 2339-1 (1987): Ausarbeitung und Gestaltung von Veröffentlichungen mit terminologischen Festlegungen – Stufen der Terminologiearbeit
- DIN 2339-2 (1986): Ausarbeitung und Gestaltung von Veröffentlichungen mit terminologischen Festlegungen – Normen (Entwurf, wird ersetzt durch DIN ISO 10241)
- DIN 2340 (1987): Kurzformen für Benennungen und Namen – Bilden von Abkürzungen und Ersatzkürzungen – Begriffe und Regeln (in Überarbeitung)
- DIN 2341-1 (1986): Format für den maschinellen Austausch terminologischer/lexikographischer Daten (MATER) – Kategorienkatalog (Entwurf, wird ersetzt durch DIN ISO 12200)
- DIN 2342-1 (1992): Begriffe der Terminologielehre – Grundbegriffe (in Überarbeitung)

In Deutschland sind neben dem DIN weitere Organisationen und Verbände für bestimmte Teilgebiete der Technik normend tätig. So erarbeiten der Verband Deutscher Elektrotechniker e.V. (VDE) ebenso wie der Verein Deutscher Ingenieure e.V. (VDI) Sachnormen in ihrem jeweiligen Fachgebiet. Terminologienormung konzentriert sich auf die terminologische Einzelnormung, obwohl einzelne Richtlinien für die Arbeit der Fachgremien auch in den Kontext der terminologischen Grundsatznormung passen.

In Österreich entspricht dem DIN das Österreichische Normungsinstitut ON. Neben der terminologischen Einzelnormung wird im ON auch die terminologische Grundsatznormung betrieben, wobei im Rahmen der nationalen Normung eng mit dem DIN zusammengearbeitet wird. Durch die enge Zusammenarbeit des ON mit dem in Wien ansässigen und lange Zeit auch organisatorisch ins ON eingebundenen Internationalen Informationszentrum für Terminologie INFOTERM ist Österreich wesentlich an der internationalen Terminologienormung beteiligt.

Auch das ON hat eigene terminologische Grundsatznormen publiziert, zu deren wichtigsten folgende ÖNORM gehört:

- A 2704 (1990): Terminologie – allgemeine Grundsätze für Begriffe und Bezeichnungen

3.2 Terminologienormung auf europäischer Ebene

Die Zielsetzung der europäischen Normung ist es, ein einheitliches Normenwerk für den Binnenmarkt in Europa zu schaffen. Im Rahmen der CEN sind die nationalen Normungsorganisationen der EU-Mitgliedsländer sowie Islands, Norwegens und der Schweiz zusammengeschlossen, in der CENELEC die entsprechenden elektrotechnischen Komitees dieser Länder. Nahezu alle ost- und mitteleuropäischen Länder sowie die Türkei und Zypern sind diesen beiden europäischen Normungsorganisationen angegliedert. CEN und CENELEC haben ebenso wie die für die Telekommunikationsbelange zuständige ETSI ihren Sitz in Brüssel.

Die von den europäischen Normungsorganisationen erarbeiteten Festlegungen orientieren sich weitgehend an den internationalen Regelwerken, berücksichtigen aber auch spezifische europäische Besonderheiten.

Die meisten der etwa 1500 europäischen EN und ETS-Normen enthalten terminologische Festlegungen in Englisch, Französisch und Deutsch; etwa 40 von ihnen sind eigene Terminologienormen. Terminologische Grundsatznormen sind im europäischen Regelwerk kaum enthalten.

3.3 Terminologienormung auf internationaler Ebene

Der Anfang der internationalen Normung begann 1906 mit der Gründung der Internationalen Elektrotechnischen Kommission IEC (International Electrotechnical Commission), die sich die internationale Sachnormung im Bereich der Elektrotechnik zum Ziel gesetzt hatte. Bereits 1908 wurde das technische Komitee IEC/TC 1 „Terminology" mit dem Ziel eingerichtet, die terminologischen Aktivitäten der anderen Komitees zu koordinieren und mehrsprachige Äquivalente für die definierten Begriffe festzulegen.

Das von dem IEC/TC 1 betreute Internationale Elektrotechnische Wörterbuch (IEV=International Electrotechnical Vocabulary) enthält die Terminologie, die in den einzelnen technischen Ausschüssen erarbeitet wurde. Dem IEV liegt eine Datenbank zugrunde, die etwa 20.000 Begriffe mit Definitionen und Benennungen in Englisch, Französisch und Russisch und weitere Benennungen in Deutsch, Italienisch, Spanisch, Niederländisch, Schwedisch, Polnisch und seit kurzem auch in Portugiesisch und Japanisch enthält.

Für die übrigen Bereiche der Technik wurde 1926 die International Federation of the National Standardizing Associations (ISA) gegründet, die wegen des Zweiten Weltkriegs 1942 ihre Arbeit einstellte. 1946 wurden die Normungsaktivitäten durch die Gründung der International Organisation for Standardization (ISO) als Nachfolgeorganisation der ISA weitergeführt, die bis heute ihren Sitz in Genf hat.

Innerhalb der ISO arbeiten die nationalen Normungsinstitute von 120 Ländern in etwa 2.700 technischen Komitees, Unterkomitees und Arbeitsgruppen für jeweils spezifische Bereiche der Technik zusammen. Bisher sind etwa 9.000

Sachnormen erarbeitet worden; in den meisten von ihnen sind auch terminologische Festlegungen enthalten. Daneben wurden von der ISO etwa 700 spezielle Terminologienormen mit dem Untertitel „Vocabulary" publiziert. Man schätzt, dass in den ISO-Normen etwa 100.000 Begriffe mit Definitionen und Benennungen in englischer und französischer Sprache enthalten sind.

Die terminologische Grundsatznormung wird in der ISO durch das technische Komitee ISO/TC 37 „Terminology (principles and coordination)" vorgenommen. TC 37 wurde bereits in der ISA im Jahre 1936 gegründet und 1952 in der ISO neu belebt. Die im TC 37 bearbeiteten Themengebiete lassen sich am besten in der folgenden Strukturübersicht erkennen:

TC 37   Terminology (principles and coordination)

SC 1 Principles of terminology

WG 1   Documentation in terminology

WG 2   Vocabulary of terminology

WG 3   Principles, methods and concept systems

SC 2 Layout of vocabularies

WG 1   Code for the representation of names of languages (mit TC 46/SC 4)

WG 2   Descriptive terminology – Principles and methods

WG 3   Alphabetic ordering of multilingual alphanumeric data

WG 4   Code for the representations of names of languages – Alpha-2 code

SC 3 Computer applications

WG 1   Data elements

WG 2   Vocabulary

WG 3   SGML applications

WG 4   Database management

Das technische Komitee ISO/TC 37 arbeitet eng mit Unterkomitee ISO/TC 46/SC 3 „Terminology of information and documentation" sowie mit dem oben erwähnten IEC/TC 1 „Terminology" zusammen.

Folgende internationale terminologische Grundsatznormen der ISO sind zur-zeit verfügbar:

- ISO 639 (1988): Code for the representation of names of languages (in Re¬vi-sion)
- ISO 639-2 (1998): Codes for the representation of names of languages – Alpha-3 codes (Entwurf, kurz vor Fertigstellung)

- ISO 704 (1987): Principles and methods of terminology (Überarbeitung bald fertig gestellt)
- ISO 860 (1996): Terminology work – Harmonization of concepts and terms
- ISO 1087-1 (2000): Terminology work – Vocabulary – Part 1: Theory and appli¬cation
- ISO 1087-2 (2000): Terminology work – Vocabulary – Part 2: Computer ap-plications
- ISO 1951 (1997): Lexicographical symbols and typographical conventions for use in terminography (in Überarbeitung)
- ISO 6156 (1987): Magnetic tape exchange format for terminologi¬cal/lexico-graphical records (MATER) (soll ersetzt werden durch ISO 12200)
- ISO 10241 (1992): International terminology standards – Preparation and lay-out
- ISO 12199 (2000): Alphabetical ordering of multilingual terminological and lexicographical data represented in the Latin alphabet
- ISO 12200 (1999): Terminology – Computer applications – Machine-readable terminology interchange format (MARTIF)
- ISO 12616 (2002): Translation-oriented terminography
- ISO/TR 12618 (1994): Computational aids in terminology – Creation and use of terminological databases and text corpora
- ISO 12620 (2001): Terminology – Computer applications – Data categories (Entwurf, kurz vor Fertigstellung)

3.4 Terminologienormung in Unternehmen, Behörden und Organisationen

Auch in nationalen wie internationalen Unternehmen, Behörden und Organisationen werden terminologische Festlegungen getroffen, um die einheitliche Verwendung von Fachwörtern sicherzustellen. Dies dient nicht nur dazu, die interne Kommunikation zwischen den Mitarbeitern der jeweiligen Institutionen zu verbessern, auch nach außen müssen nutzerfreundliche Dokumentationen, eindeutige Produktbeschreibungen und amtliche Veröffentlichungen eine eindeutige Terminologie verwenden, um gesundheitliche Risiken oder Fehlinterpretationen auszuschließen.

Für die Terminologienormung in Unternehmen lassen sich vielfältige Beispiele anführen. So wird etwa in der Softwareindustrie bei der Lokalisierung der Programme eine einheitliche, manchmal sogar produktspezifische Terminologie vorgeschrieben, die in den Menüs der Programme, in den Hilfesystemen und in den Handbüchern gleichermaßen eindeutig verwendet werden soll. Auch bei Teileinformationssystemen in der Industrie dient eine einheitlich festgelegte

Terminologie dazu, dass gleiche Teile nicht unter verschiedenen Benennungen mehrfach konstruiert, gelagert und beschafft werden. Bei Behörden wie den Sprachendiensten der Ministerien, dem Bundessprachenamt oder den Organisationen der Europäischen Gemeinschaft wird ebenfalls Terminologienormung betrieben. Dies ist besonders wichtig, damit die in Gesetzen, Verordnungen und offiziellen Veröffentlichungen verwendeten Termini einheitlich und exakt definiert verwendet werden.

Neben den Festlegungen im Rahmen der terminologischen Einzelnormung wuden in vielen Unternehmen und Organisationen auch Richtlinien für die eigene Terminologiearbeit erstellt, die der institutionsspezifischen terminologi-schen Grundsatznormung zuzurechnen sind.

4 Neue Tendenzen und Bedarfe in der Terminologienormung

4.1 Ausgebildete Terminologen zur Unterstützung der Fachleute

Die Unterstützung der Terminologienormung durch ausgebildete Terminologen ist schon seit langem eine Forderung von ISO/TC 37. Dabei gibt es zwei Hauptmodelle:

1. Terminologienormende Fachleute verwenden 1–2 Terminologen (als Berater, Coaches, Arbeitsgruppensekretär, Moderator o.dgl.).
2. Mehrere Terminologen arbeiten mit Fachleuten zusammen, kompilieren und editieren Daten, lassen diese durch die Fachleute überarbeiten und organisieren/koordinieren die Terminologiearbeit zentral (nordisches Modell).

4.2 Systeme zur Unterstützung der Verwaltung der Terminologiearbeit

Fachleute lassen sich mit der Möglichkeit einer Effizienzsteigerung durch Systemeinsatz bei der Terminologiearbeit eher 'ködern' als mit verbesserter Methodik. Es gab zwar bereits einige wenige Betaversionen von 'Terminology Committee Management (TCM) Systems' in der Erprobung, haben sich aber nicht durchgesetzt. Die Qualitäts-Minimalerfordernisse an die Terminologie-erarbeitungs-Methodik können in derartige Systems (als Default-Werte) weitgehend eingebaut werden, so dass die Experten zwangsläufig Qualitätsmindeststandards genügen.

4.3 Problempunkte: Mangel an Werkzeugen, Optimierungspotential

4.3.1 Erforderliche Tools

Neben den existierenden Terminologieverwaltungssystemen wären folgende Tools wünschenswert:

1. Erarbeitungs-Tool in herkömmlicher Textverarbeitung (z. B. in Form einer 'einfachen' Template für Terminologienormung, die – ähnlich wie

das „ISO Model Document" für die Sachnormen – zunehmend die Erarbeitung von Terminologien über verteilte, virtuelle Arbeitsgruppen übers Internet erleichtern würde

2. für Internet-basierte Terminologieerarbeitung in Gruppen geeignetes Terminology Committee Management System (was Sitzungszeiten und kosten sparen helfen würde)

3. Verbreitungsformen für genormte Terminologien über das Internet, um Doppelarbeit zu vermeiden

4.3.2 Optimierungspotential

Bei der Terminologienormung werden alte und andere obsolete Daten in der Regel nicht archiviert, sodass sie in der weiteren/späteren Normungsarbeit (bei der Überarbeitung etc.) nicht mehr genutzt werden können. Die terminologienormenden Fachleute arbeiten weitgehend autonom, sie sind durchaus selbstbewusst (hinsichtlich ihrer Kompetenz für die Terminologienormung), aber selten in der Methodik der Terminologienormung bewandert. Zwischen den Normenausschüssen – geschweige denn zwischen Normungsinstituten – fließt kaum Information, was zu Doppelarbeit und terminologischen Inkonsistenzen über die gesamte Normung hinweg führt. Die Verfügbarkeit terminologischer Informationen während der Normungsaktivitäten würde aber zu einer erheblichen Verringerung der Kosten (bei gleichzeitiger Qualitätssteigerung) der Terminologienormung und der Sachnormung auf allen Ebenen führen. Es mangelt ferner an einer zentralen Terminologiedatenbank (TDB) der ISO, aus der den Normenausschüssen bereits vor der (sowohl Terminologie- wie auch Sach-)Normung ein gezielter Auszug von relevanter Terminologie als Dienstleistung zur Erleichterung der Normungsarbeit zur Verfügung gestellt werden könnte (was dann auch zu einer informellen Verbesserung bei der Konsistenz usw. der terminologischen Daten insgesamt führen würde).

5 Professionalität des Übersetzers

Aus den vorangegangenen Abschnitten dürfte klar geworden sein, wie wichtig die Terminologienormung für die Arbeit des Übersetzers ist. Abgesehen davon, dass er sich bei Verwendung genormter Terminologie (wenn ihm nichts Besseres vorliegt bzw. von Rechts wegen oder vom Kunden vorgeschrieben wird) hinsichtlich der Qualität der Übersetzung sicher sein kann, kann er sich über genormte Terminologie schnell in eine neue technische Materie einlesen.

Darüber hinaus erhöhen heutzutage u.a. folgende Kompetenzen die Professionalität des Übersetzers:

- gute Beherrschung von Textverarbeitungssystemen
- Bedienungskenntnisse für graphische und Satzumbruchprogramme
- Software für technische Dokumentation
- Grundfähigkeiten für Editieren, Lektorieren, Umtexten u. dgl.

- Datenübertragung
- Projektmanagement
- Qualitätsmanagement

Davon sind wiederum einige stark von Normen beeinflusst.

Zu den 'übersetzungsnahen' Normungsbereichen – neben der Terminologie-normung – gehören:

a. im Bereich der Information und Dokumentation:
- ISO 2384 Presentation of translations
- ISO 5966 Presentation of sci-tech reports
- ISO 7144 Presentation of theses and similar documents
- ISO 215 Presentation of contributions
- ISO 2145 Numbering of divisions and sub-divisions
- ISO 999 Index of a publication (rules)
- ISO 690 Bibliographic references

und eine Reihe von Normen zur Transliteration und Transkription von Schriften, ferner Ländercodes (ISO 3166), Währungscodes (ISO 4217) usw. sowie die jeweiligen nationalen Pendants. In diesem Zusammenhang sind auch – bei der Verwendung von Nicht-Lateinschriften – hardware- und softwarerelevante Normen zu erwähnen. Mit der Zunahme des Arbeitens über das Internet werden mit Sicherheit weitere technische Normungsbereiche an Bedeutung gewinnen.

b. Graphische Symbole und dergleichen:
- IEC-Publ. 416 General principles for the formation of graphical symbols
- IEC-Publ. 417 Graphical symbols for use on equipment
- ISO 7001 Public information symbols
- ISO 1028 Flowchart symbols
- ISO 3461 General principles for presentation of graphical symbols

sowie die jeweiligen nationalen Pendants. Darüber hinaus gibt es eine Fülle von Normen des DIN und des VDI zu verschiedenen Aspekten der technischen Dokumentation (z. B. DIN 85005 Graphische Symbole für Technische Dokumentation in vielen Teilen).

Eine Norm soll hier besonders herausgehoben werden: DIN EN 15038 „Übersetzungs-Dienstleistungen – Dienstleistungsanforderungen". Diese Europäische Norm löste im August 2006 den bis dahin gültigen Branchenstandard DIN 2345 ab. Nun ist nicht mehr nur der Übersetzungsauftrag genormt; die Anforderungen an einen Übersetzungsdienstleister betreffen jetzt auch auf folgende Bereiche:
- personelle und technische Ressourcen
- Qualitäts- und Projektmanagement

- vertragliche Rahmenbedingungen
- Arbeitsprozesse
- etwaige zusätzliche Dienstleistungen.

Ziel der DIN EN 15038 ist es, bei der Erbringung der Dienstleistung Transparenz zu schaffen und somit Hilfestellung für den Auftraggeber und Auftragnehmer zu bieten. Den Vertragsparteien bleibt es überlassen, die Norm als Vertragsgrundlage zu nutzen.[5]

6 Ausblick

Der heutige (Fach-)Übersetzer arbeitet in einem Arbeitsumfeld, das durch einen rasanten Umbruch gekennzeichnet ist. Der Veränderungsdruck kommt vor allem aus der Richtung technischer Entwicklungen, aber auch ökonomischer Notwendigkeiten. Dies zwingt den Übersetzer, wenn er seine Kompetenz am Markt – und damit seinen Lebensstandard – halten will, zum Erwerb neuer Kompetenzen und Qualifikationen. Diese sind unweigerlich mit Normen verbunden, die der Übersetzer kennen sollte. Die Kenntnis übersetzungsrelevanter Normen erhöht die Kompetenz und Qualifikation des Übersetzers, wobei durch die technische Entwicklung immer mehr eigentlich übersetzungsfremde Normen an Bedeutung gewinnen. Bei der zunehmenden Eingliederung des Übersetzungsprozesses in den Produktionsprozess (einschl. der Eingliederung in den Dienstleistungserstellungsprozess) werden die Qualitätsnormen der ISO-9000-Serie immer wichtiger.

Bibliographie

Die einzelnen im Text erwähnten Normen werden hier nicht wieder aufgeführt.

Arntz, Reiner / Picht, Heribert (2004): *Einführung in die Terminologiearbeit.* Hildesheim: Olms. 5. Auflage.

Budin, Gerhard / Galinski, Christian (1993): *Comprehensive Quality Control in Standards Text Production and Retrieval.* Strehlow, R.A. / Wright, S.E. (1993) (Hrsg.): *Standardizing Terminology for Better Communication: Practice, Applied Theory, and Results.* Philadelphia: ASTM, 65–74.

Galinski, Christian (1992): „Terminology Standardization and Standards Infor¬mation." Minister of Supply and Services (1992) (Hrsg.): *Proceedings from the Inter¬national Symposium on Terminology and Documentation in Specialized Communi¬ca¬tion T&D'91.* Ottawa: Minister of Supply and Services.

---

[5] siehe:
http://www.dincerto.de/de/produkte_und_leistungen/registrierungen/uebersetzungsdienstle ister/index.html.

174 *Christian Galinski*

Galinski, Christian (1995): „Exchange of Standardized Terminologies within the Framework of the Standardized Terminology Exchange Network (STEN)." Wright, S.E. / Strehlow, R.A. (1995) (Hrsg.): *Standardizing and Harmonizing Terminology: Theory and Practice*. Philadelphia: ASTM, 141-154.

Galinski, Christian (1995): „Terminology: Towards Clarity." *ISO Bulletin 26* (1995), No. 1: 3-4.

Galinski, Christian / Budin, Gerhard (1999): „Deskriptive und präskriptive Terminologieerarbeitung." Hoffmann, Lothar / Kalverkämper, Hartwig / Wiegand, Herbert Ernst (1999) (Hrsg.): *Fachsprachen/Languages for Special Purposes. Ein internationales Handbuch zur Fachsprachenforschung und Terminologiewissenschaft/An Inter¬national Handbook of Special-Language and Terminology Research*. Berlin/New York: Walter de Gruyter. Vol. 2, 2183-2207.

Galinski, Christian / Nedobity, Wolfgang (1989): „International Terminology Standardization in ISO." *Infoterm Document* 1-89 rev. (5). Wien: Infoterm.

Manu, Adrian (1995): „Terminology: The facts and figures of international standardization." *ISO Bulletin 26* (1995), No. 6: 3-5.

Schnegelsberg, Günter (1996): „Gegenstände der Normung und Normungsalternativen." *Muttersprache* (1996), Nr. 2: 147-161.

Vries, Henk de (1997): „Standardization – What's in a name?" *Terminology* 4 (1997), No. 1: 55-83.

Wüster, Eugen (1970) „Sachnormung erfordert Sprachnormung." *O+B Organisation und Betrieb* 25 (1970), Nr. 11: 11.

http://www.din.de: *Homepage des Deutschen Instituts für Normung e.V. in Berlin* (Stand: 9.4.1997).

http://www.iec.ch: *Homepage der International Electrotechnical Commission in Genf* (Stand: 9.4.1997).

http://www.iso.ch: *Homepage der International Organisation for Standardization in Genf* (Stand: 9.4.1997).

Ana María García Álvarez
Las Palmas de Gran Canaria

Der translatorische Kommentar als Evaluationsmodell studentischer Übersetzungsprozesse

1 Evaluation: Stand der Diskussion

Viele Übersetzungsdozenten beschränken sich darauf, das *Produkt* der studentischen Übersetzungen zu bewerten, ohne dabei den *Prozess* zu berücksichtigen. Bei einer reinen Evaluation des übersetzten Textes verfügt der Dozent jedoch nur über sehr wenige kognitive Parameter hinsichtlich der studentischen „Blackbox", da sich die Studierenden ihrer eigenen Denkprozesse beim Übersetzen nicht bewusst sind und ihre Übersetzungsstrategien daher oft auch nicht begründen können.

Seit Ende der achtziger Jahre wird jedoch vereinzelt der translatorische Prozess der Studierenden mithilfe der Anwendung von induktiven empirisch-experimentellen Methoden analysiert, zu denen vor allem die Methode des lauten Denkens als vorherrschendes Modell der Übersetzungsdidaktik gehört.

Die bisher erzielten Ergebnisse zeigen u.a., dass die Studierenden ihre Strategien ohne bewusste Reflexion begründen. Diese Tatsache kann z. B. a) an der Art festgestellt werden, in der sie das Dokumentationsmaterial konsultieren, b) an der Tendenz, die Paraphrase als translatorische Lösung zu vermeiden, oder c) an dem bestehenden Missverhältnis zwischen *top-down-* und *bottom-up-*Prozessen in der Textinterpretation (s. dazu z. B. Kußmaul 1995).

Die Methode des lauten Denkens ist jedoch von Kritik nicht verschont geblieben, denn sie ermöglicht lediglich die Nachvollziehung von bewusst verbalisierten Prozessen, wohingegen unbewusste und automatisierte Prozesse nicht erfasst werden können. Außerdem sind auch die laut ausgesprochenen Überlegungen der Versuchspersonen problematisch, da diese in der Regel keine theoretischen Begründungen aufweisen. Stattdessen enthalten die Verbalisierungen der Studenten spekulative Äußerungen wie z. B. „dieses Wort klingt besser als das andere", „mein Gefühl sagt mir, dass die Lösung folgende ist ...", „ich glaube, das sagt man nicht so" usw., was auf die Verwendung translatorischer Strategien hinweist, die sich hauptsächlich auf formelle Aspekte des Textes stützen. Es sind folglich keine Makrostrategien zu beobachten.

Hauptproblem bei der Anwendung dieser Methode stellt die fehlende Argumentationsstruktur der TAPs dar. Wird der Prozess nicht durch den Dozenten zielgerichtet gesteuert, können lediglich Daten über die unterlaufenen Fehler oder die adäquaten translatorischen Lösungen aufgenommen werden, und zwar immer aus der Perspektive der mikrostrategischen Entscheidungen heraus (s. dazu z. B. Risku 1998:207).

Der zweite Kritikpunkt an der Methode des lauten Denkens betrifft deren nahezu unmögliche Anwendbarkeit bei Übersetzungsexamen und die schwierige
Auswertung des Prozesses. Alle mentalen Prozesse der Studierenden mittels
dieser Methode zu bewerten würde für den Dozenten einen unverhältnismäßigen
Arbeits- und Zeitaufwand mit sich bringen. Deshalb sind andere induktive Evaluationsmodelle erforderlich. Eine Möglichkeit stellt z. B. der translatorische
Kommentar dar.

2 Der Übersetzungskommentar als Evaluationsalternative

Die Idee der kommentierten Übersetzung, mit der die Studierenden ihre Entscheidungen rechtfertigen können, wurde bereits von Holz-Mänttäri (1984),
Neubert (1984) und Gabrian (1986) vorgeschlagen. Meines Erachtens ermöglicht der Kommentar, auf Grund der schriftlichen Darlegung der Gedanken, die
Reflexion über bestimmte Strategien, die bei der Methode des lauten Denkens
nicht verbalisiert werden, da diese mündlich und die Ideenentwicklung auf
spontane und dynamische Weise erfolgt. Dabei bleibt die Anwendung bestimmter Strategien außer Acht und die Bewertung von in früheren Prozessphasen
eingesetzten wird oftmals vernachlässigt (Näheres hierzu bei Kußmaul
1995:49). Legt der Student jedoch seine Begründungen schriftlich nieder, verfügt er über mehr Zeit zur Reflexion, was die Bewusstmachung von Aspekten
fördert, die zu einem früheren Zeitpunkt während des spiralförmigen Translationsprozesses Berücksichtigung gefunden haben. Außerdem besteht die Möglichkeit, die Argumentationen in Realzeit aufzuschreiben d. h. während des Prozesses, oder in Endzeit, also nach Abschluss der Übersetzung.

Auch wenn die Idee des schriftlichen Übersetzungskommentars zum Teil bereits
im Übersetzungsunterricht umgesetzt wird, basiert vorliegender Beitrag dazu
auf der Vorstellung einer systematischen Methodologie anhand derer die Argumentationen gesteuert werden. Gemäß meiner Erfahrung mit Kommentaren, vor
allem zu Beginn ihrer Einführung im Unterricht ohne festgelegte Richtlinien
(vor ca. neun Jahren), konzentrieren sich die Studierenden in ihren Argumentationen nicht auf das Wesentliche. Ihre Argumentationen beschränkten sich in
der Regel darauf, sehr oberflächliche Aspekte des Zieltextes zu kommentieren,
die nur wenige Überlegungen zur Makrostrategie und den situationellen, kommunikativen und kognitiven Parametern des Prozesses aufweisen.

Es bestand folglich die Notwendigkeit zur Einführung einer Evaluation mithilfe
bestimmter Richtlinien einzuführen, die zur globalen Betrachtung des translatorischen Prozesses in organisierter Form beitragen sollten. Ziel war die Begründung der angewendeten Strategien während des Translationsprozesses, die Bewusstmachung derselben auf Makro- und Mikroebene des ATs bzw. des ZTs
sowie deren kohärente Anwendung mittels deklarativen und prozeduralen Wissens.

Im Folgenden werden die Richtlinien des translatorischen Kommentars vorgestellt. Dieses Kommentarmodell stellt nur eines von einer Vielzahl möglicher

Modelle zur Auswertung des Übersetzungsprozesses dar, das bei Übersetzungsexamen, Übersetzungen in individueller Heimarbeit oder Gruppenübersetzungen eingesetzt werden kann.

TRANSLATORISCHER KOMMENTAR:

Um Ihre Übersetzung so objektiv wie möglich bewerten zu können, sollen Sie einen deskriptiven Kommentar erstellen, in dem Sie auf die größten Schwierigkeiten eingehen und, ausgehend von den im Anschluss angegebenen und Ihnen am relevantesten erscheinenden Variablen, Ihre Lösungen begründen. Sie müssen nicht unbedingt auf jede einzelne Richtlinie eingehen. Diese Richtlinien stellen nur eine Orientierungshilfe dar und sollen Ihnen dabei helfen, Ihre Entscheidungen zu planen und kohärent zu argumentieren (Zeit für die Erstellung des Kommentars: 1 Stunde):

1. Auftragsanweisungen (übersetzerische und textuelle Normen, usw.).

2. Makrofinalität des ZTs (mögliche Unterschiede bezüglich der des ATs).

3. Ideologische, kulturelle und informative Umstände und/oder Unterschiede zwischen den ZT-Adressaten und denen des ATs.

4. Textuelle Konventionen des ZTs (Normen bezüglich seiner Texttypologie, was zulässig und nicht zulässig ist, Unterschiede zu denen des ATs).

5. Mögliche Defekte des ATs

6. Zeit und Ort der Veröffentlichung des ZTs (mögliche zeitliche bzw. örtliche Unterschiede zu denen des ATs).

7. Mögliche Probleme bei der Produktion und andere Schwierigkeiten im Zusammenhang mit den kommunikativen ZT-Intentionen und mögliche Unterschiede bezüglich der Intentionen des ATs (persuasive, informative, direktive, instruktive, expressive Intentionen).

8. Mögliche Überlegungen, Unterschiede und Veränderungen der ZT-Struktur bezüglich der des ATs (um das Thema zentrierte Struktur, um einen Hauptakt zentrierte Struktur, gemischte Struktur, usw.).

9. Mögliche Überlegungen und Unterschiede zwischen den Textakten bzw. Sprechakten beider Texte (Anwendung der Maximen und festgelegten Konventionen jeder Kultur).

10. Mögliche Ähnlichkeiten bzw. Unterschiede bezüglich der funktionalen Beziehungen der Sätze in beiden Texten (einschließlich mögliche Auslassungen, Erweiterungen, Umschreibungen usw., Probleme im Zusammenhang mit dem bestimmten Grad notwendiger Explizität und Implizität bei der Produktion der Informativität des ZTs unter Berücksichtigung von ökonomischen und Relevanzprinzipien).

11. Lexikalische und terminologische Überlegungen und Probleme: Konzeptuelle pragmatisch-kognitive Ähnlichkeiten und Unterschiede bezüglich der beiden kommunikativen Situationen und der vorhandenen Unterschiede zwischen den Empfängern (Exotisierung, Domestikation, Prototypensemantik, metaphorische, metonymische und imaginistische Projektionen, Scripts, lexikalische Kategorien entsprechend der Übersetzungsanweisungen usw.).

12. Überlegungen und Probleme bezüglich des ZT-Stils (Register, Dialekte, Probleme im Zusammenhang mit field, mode, tenor usw.).

13. Überlegungen und Probleme bezüglich der Kohäsion im Zieltext: Probleme bei Kollokation, Interpunktion, suprasegmentalen Merkmalen, Form- und Bedeutungsbeziehungen zwischen Sätzen, Thema-Rhema-Struktur usw.

14. Kommentar zu Fotos oder anderen nicht verbalen Elementen, Subtexten und typografischen Elementen im ZT (mögliche Unterschiede zu denen des ATs).

15. Mögliche Überlegungen oder Probleme zu Recherchen in Lexika, Enzyklopädien, Paralleltexten, Informanten usw.

16. Mögliche Verhandlungen mit dem Auftraggeber der Übersetzung und anderen Aktanten des Prozesses.

17. Probleme mit der Zeit für die Realisierung der Übersetzung.

18. Andere Überlegungen, die Sie für angebracht halten (z. B. Begründungen basierend auf deklarativen Kenntnissen: Translatologie, interdisziplinäre Theorien, usw.).

Um den Studierenden bei der Darlegung seiner Strategien nicht einzuengen, sollten die Richtlinien lediglich als Orientierungshilfe zur besseren schriftlichen Planung, Organisation und Entwicklung des übersetzerischen Kommentars dienen. Beschließt der Studierende, die festgelegten Richtlinien zum Kommentar nicht einzuhalten und seine eigenen Kriterien anzuwenden, sollte dies von der Lehrperson unbedingt akzeptiert werden, da jeder beim Lernprozess sein individuelles deklaratives und prozedurales Wissen einsetzt.

Durch die Reihenfolge der Richtlinien 1 bis 14 soll der Studierende angeregt werden, interaktiv seine Strategien zu begründen, angefangen bei den Makroprozessen hin zu den Mikroprozessen. Nicht die Reihenfolge der Richtlinien steht beim Kommentar im Vordergrund, sondern die Anregung durch die Vorgaben, wobei auch eine Verknüpfung bestimmter Richtlinien stattfinden kann. Die Erklärung von Vor- und Rückgriffen als Ergebnis des translationsprozessspezifischen Spiralencharakters spielt dabei ebenfalls eine wichtige Rolle. Die Zeitspanne kann entsprechend der beabsichtigten Evaluationsziele vom Dozenten ggf. verändert werden. Das methodologische Ziel vorliegenden Artikels beschränkt sich auf die schematische Beschreibung der Richtlinien für den Kommentar. Sie spiegeln das deklarative Wissen wider, das vom Dozenten im Laufe der Unterrichtsprogression vermittelt wird.

Die Richtlinien 15, 16, 17, 18 enthalten zusätzliche Überlegungen zum Übersetzungsprozess. Sie beziehen sich auf die Richtlinien 1 bis 14 und unterstützen u. U. die dynamisch verlaufende Interaktion der Makro- und Mikroprozesse, auch wenn diese im Kommentar konsekutiv festgelegt sind. Deshalb beginnt die Darstellung des Kommentarschemas bei den höchsten Prozessen (Richtlinie 1) und endet bei den niedrigsten (Richlinie 14). Den Abschluss der Orientierungshilfe bilden die Richtlinien zur dokumentarischen Phase (15), der sozialen Rolle des Übersetzers (16), der Zeit für die Realisierung der Übersetzung (17) und dem interdisziplinären, deklarativen Wissen (18).

3 Praktische Anwendung des Kommentars

Um die evaluatorische Bedeutung des Kommentars zu untermauern, wird im Anschluss die Fallstudie einer deutschen Erasmusstudentin präsentiert, die vier Monate lang meinen Unterricht zur allgemeinsprachlichen Übersetzung besuchte und einen deutschen Text über Gastronomie in ihre Fremdsprache spanisch übersetzte.

Im Zusammenhang mit der translatorischen Situation soll auf die linguistische Kompetenz der Studentin im Spanischen hingewiesen werden, die zum Zeitpunkt der Studie trotz grammatischer Defekte und eingeschränkter semantischer Kenntnisse als akzeptabel bezeichnet werden konnte. Es handelt sich um ihren ersten Übersetzungskommentar nach dreimonatigem regelmäßigen Unterrichtsbesuch, bei dem sie durch die Produktion anderer Übersetzungen die Anwendung theoretischer Richtlinien zum Kommentar erlernt hatte. Trotz Teilnahme an einem Translatologie-Seminar an ihrer Heimatuniversität waren ihr einige der im Kommentar aufgezeigten theoretischen Konzepte unbekannt, wie z. B. Exotisierung und Domestikation, die Prototypensemantik sowie die Sprechakttheorie. Für die Analyse des ATs, die Produktion des ZTs, die Erstellung des Kommentars und die Recherchen standen der Studentin über zwei ganze Tage außerhalb der Unterrichtszeit zur Verfügung.

Der Kommentar der Studentin musste zusammen mit einem Anhang über die verwendeten dokumentarischen Quellen (z. B. Paralleltexte) eingereicht werden. Im Auftrag wurden die kommunikativen Intentionen und die mit der Produktion des ZTs verfolgten Anlässe angegeben, die Zeit, der Adressatentyp, die Texttypologie und das Übersetzungskonzept als *Dokument* im Sinne von Nord (1997).

AUFTRAG: Die spanische Supermarktkette MERCADONA möchte demnächst eine gastronomische Woche für den Verkauf und die Promotion deutscher Produkte in allen Großmärkten Spaniens durchführen. Zu diesem Zweck bekommen Sie als Übersetzer den Auftrag, den AT ins Spanische zu übersetzen, mit dem kommunikativen Zweck, die Verbraucher zu informieren und zu überzeugen, dass sie diese Produkte im Supermarkt kaufen. Ihr ZT wird in der Werbebroschüre von MERCADONA zusammen mit dem AT erscheinen, d. h., es wird die deutsche Version parallel zur spanischen veröffentlicht. Diese Werbung soll in die privaten Briefkästen der Verbraucher verteilt werden. Frist für die Abgabe des Kommentars und der Übersetzung: zwei Tage.

AT:

"Kulinarische Köstlichkeiten aus Deutschland"

Getreu ihrer gastronomischen Tradition haben die meisten deutschen Regionen jeweils ihre typischen Gerichte bewahrt, die auf der ganzen Welt zusammen mit dem Namen der entsprechenden Region, aus der das Rezept stammt, bekannt geworden sind: Lübecker Marzipan, Aachener Printen, Spreegurken, Dresdner

Stollen, Schwarzwälder Schinken, Thüringer Bratwurst, der köstliche Allgäuer Käse, Rügener Camembert und, nicht zuletzt, das berühmte helle Bier aus Berlin, die „Berliner Weiße".

Die deutsche Gastronomie hat die besten Bestandteile aus den Nachbarländern übernommen und sich bewundernswert an die verschiedenen Mikroklimate dieses ausgedehnten Territoriums angepasst. Sie ist vielfältig, gesund, angenehm im Geschmack, sehr nahrhaft und heutzutage von den auserlesensten Lebensmittelmärkten der Welt nicht mehr wegzudenken.

Geographisch gesehen sind in Deutschland im Norden die Kartoffeln, im Süden die Nudeln – auch die Spätzle aus dem Gebiet von Baden-Württemberg sind weltweit bekannt – und im Westen ausgezeichnete Weine und Gemüse, vor allem Spargel, anzusiedeln.

ZT:

Delicias culinarias de Alemania

Según su tradición gastronómica, en las diferentes regiones de Alemania se han conservado los platos típicos que, junto con su región de origen, se han hecho famosos en todo el mundo: De Lubecke viene el mazapán *Lübecker Marzipan*, de Aquisgran los *Aachener Printen*, un dulce navideño con especias; y de Dresden, una pan dulce navideño con frutos secos cubierto con azúcar glass, que se llama *Dresdner Christstollen.*

Una especialidad de la Selva Negra es el *Schwärzwälder Schinken*, un jamón de cerdo ahumado con madera de abeto. En Turingia se producen las famosas salchichas para asar *Thüringer Rostbratwürste*, mientras que en la región de la Algovia (alemán: Allgäu) tenemos los buenísimos quesos *Allgäuer Emmentaler* y *Allgäuer Bergkäse* y de la isla de Rügen procede un tipo de queso camenbert. En Berlín y sus alrededores se comen mucho los *Spreewaldgurken* (pepinillos típicos en vinagre con especias) y se bebe la famosa cerveza de trigo *Berliner Weisse*, que se suele tomar con un añadido de almíbar de frambuesa.

La gastronomía alemana está influenciada por las artes culinarias de sus países vecinos, adaptándose bien a los diferentes microclimas de este gran país. La cocina alemana es variada, sana, sabrosa, muy sustanciosa y no se puede imaginar ningún mecadillo exquisito del mundo sin productos típicos alemanes.

Se suele comer patatas en el norte y pasta en el sur, en Baden-Wurtemberg sobre todo los famosos *Spätzle*, una pasta única como acompañante de carne o como plato único.

En el oeste de Alemania se cultivan verduras como los espárragos de Renania Palatinado y también vinos de alta calidad, como el *Riesling*, el *Müller –Thurgau* o el *Trollinger.*

KOMMENTAR:

Der Originaltext ist ein Werbetext [RICHTLINIE 4]. Er soll den Leser bzw. den Konsumenten [RICHTLINIE 3] dazu verleiten, die angebotenen deutschen Produkte zu kaufen [RICHTLINIE 7]. Er gehört daher der Textsorte „persuasiver Text" [RICHTLINIE 7] an. Da der Originaltext zusammen mit dem Spanischen erscheint, muss aus optischen Gründen die Ausgangstextstruktur auch im Zieltext mehr oder weniger beibehalten werden [RICHTLINIE 8].

Leider hat auch der Ausgangstext Mängel [RICHTLINIE 5], z. B. befinden sich bei der Aufzählung Spreegurken bei den Süßwaren. Im Zieltext habe ich die Spreegurken mit der Berliner Weiße verbunden, um Verwirrung zu vermeiden [RICHTLINIE 10] .

Der erste Satz im letzten Abschnitt „Geographisch gesehen sind in Deutschland..." ist auch im Ausgangstext redundant [RICHTLINIE 10], da die verschiedenen Teile Deutschlands ja erwähnt werden. Die Formulierung ist also überflüssig und kann bei der Übersetzung vernachlässigt werden.

Bei der Aufzählung habe ich die deutschen Bezeichnungen [RICHTLINIE 11] durchweg beibehalten, da erstens praktisch keine Übersetzungen existieren, zweitens wegen der Einheitlich und drittens, weil ich zudem der Meinung bin, dass Exotisierung [RICHTLINIE 11] die Produkte beim Leser möglicherweise interessanter macht. Fast alle Lebensmittel die hier aufgeführt sind, mit Ausnahme des Rügener Camemberts haben eine geschützte Herkunftsbezeichnung, die auch in der EU nicht übersetzt wird. Den unbekanntesten Begriffen habe ich eine Umschreibung bzw. Erklärung oder Beschreibung [RICHTLINIE 10] nach- oder vorgestellt, oder Beispiele genannt, damit sich der gemeine Spanier [RICHTLINIE 10] etwas darunter vorstellen kann, und um der Textgattung (persuasiv) [RICHTLINIEN 4+7] gerecht zu werden. Die Übersetzung des Begriffs „Schwarzwälder Schinken" [RICHTLINIE 11] war am schwierigsten, da zwischen dem deutschen Begriff „Schinken" und dem spanischen „jamón" Welten liegen [RICHTLINIE 3]. Der Hauptunterschied liegt meinen „Nachforschungen" zufolge [RICHTLINIE 15] im Räuchern (besonderes Holz) und darin, ob er aus Schweine- oder Rindfleisch hergestellt wird.

Bei der Berliner Weiße habe ich zum Beispiel den „Schuss" erwähnt, da genau dieser Brauch das Bier von anderen (vornehmlich bayrischen) Weizenbieren unterscheidet [RICHTLINIEN 15+10].

Im letzten Absatz war es aufgrund den Unterschieden in der Prototypensemantik [RICHTLINIE 11+18] (Pasta bzw. Nudeln versus Spätzle) wichtig zu erwähnen, wie und wann Spätzle gegessen werden („una pasta única como acompañante de carne o como plato único"), damit der Leser [RICHTLINIE 3] nicht auf den Gedanken kommt, es könnte sich um etwas Tagliatelleartiges handeln.

Beim deutschem Wein hielt ich es für angebracht, einige Beispiele zu nennen [RICHTLINIE 10], um das Interesse der Leser zu wecken [RICHTLINIE 7]. Riesling und Müller-Thurgau sind die gängisten deutschen Sorten. Beim Lübecker Marzipan [RICHTLINIE 11] hingegen war eine Erklärung [RICHTLINIE 10] nicht notwendig.

Eine Gesamtbewertung von Prozess und Produkt der Studentin kann im vorliegenden Artikel aus Platzgründen nicht erfolgen, weshalb im Folgenden lediglich eine auf der Analyse des Kommentars basierende zusammenfassende Beschreibung einiger mentaler Prozesse der Studentin präsentiert wird. Es ist eine kohärente Reihenfolge in der Argumentationsstruktur festzustellen, in der zuerst auf einige makrostrategische Prozesse und anschließend auf andere, mikrostrategische Vorgänge Bezug genommen wird. Im Rahmen der makrostrategischen Prozesse ist zu beobachten, wie die Studentin im ersten Abschnitt den Texttyp definiert (Richtlinie 4), den Typ des Zielrezipienten angibt (Richtlinie 3), das Motiv für die Produktion des ZTs begründet (Richtlinie 7) und die beabsichtigte kommunikative Intention des Zieltextes bestimmt (Richtlinie 7). Als Beweis für die Bezugnahme auf einige funktionalistische Übersetzungsparameter während der mentalen Prozesse zählen folgende Aspekte: An erster Stelle steht die Idee der *Beibehaltung der Struktur des ATs im ZT* (Richtlinie 8), da die *Übersetzung* wegen der gemeinsamen Veröffentlichung von AT und ZT im Sinne Nords *als dokumentarisch* (Richtlinie 3) anzusehen ist (1997). Außerdem bezieht sich die Studentin im Zusammenhang mit dem funktionalistischen Paradigma auch auf mögliche *Defekte des ATs* (Richtlinie 5).

Die letzte Begründung im ersten Absatz und die erste im zweiten Absatz zeigen, dass die mentalen Prozesse der Studentin in diesem Stadium im Sinne Guilfords als divergent zu bezeichnen sind (1975:40). Die Idee, Information auf einen anderen textuellen Bereich zu übertragen, ebenso wie die Meinung, dass bestimmte Informationen des ATs redundant sein können und deshalb vernachlässigt werden sollten, zeigen gedankliche Verbindungen mit der Produktion der *Informativität des ZTs* (Richtlinie 10) auf, bei der der notwendige Grad an informativer Explizität und Implizität nach den situationellen und kommunikativen Faktoren berücksichtigt wurde.

Im dritten Absatz befinden sich Hinweise auf einige mikrostrategische Aspekte, die sich hauptsächlich auf die Lexik (Richtlinie 11) konzentrieren, wobei jedoch die übersetzerischen Entscheidungen auf soliden translationstheoretischen Grundlagen (Richtlinie 18) beruhen. Im Zusammenhang mit der *Exotisierung* (Richtlinie 11) sind die angeführten makrostrategischen Gründe für die Beibehaltung lexikalisch exotisierter Elemente im ZT zu beachten: a) fehlende konventionalisierte Domestikation in der Zielkultur, b) Vorstellung von Einheit und formeller Kohärenz dieser lexikalischen Elemente im gesamten ZT, was wiederum einen divergenten Denkprozess unter Beweis stellt und c) mögliche persuasive Auswirkungen dieser Exotisierungen beim Zielrezipienten. Die Strategie, *Paraphrasen* (Richtlinie 10) oder Beispiele zu verwenden, um bestimmte unbekannte Konzepte zu erklären, wird unter Berücksichtigung der möglichen kulturellen Unterschiede des *Zielrezipienten* (Richtlinie 3), des *Texttyps* (Richtlinie 4) und der *kommunikativen Intention* (Richtlinie 7) begründet. Die Studentin stellt unter Beweis, dass sie das Konzept „Schwarzwälder Schinken" (Richtlinie 11) in angemessener Weise recherchiert hat (Richtlinie 15) und sich der *möglichen kulturellen und perzeptiven Unterschiede zwischen den Rezipienten des ATs und des ZTs* (Richtlinie 3) vollkommen bewusst ist. Im Falle der „Berliner Weiße" (Richtlinie 11) wurden außerdem die verschiedenen deutschen Bierarten auf Grund von *dokumentarischen Recherchen* (Richtlinie 15) berücksichtigt, d. h., die Strategie, die schließlich im ZT verwendet wurde, ist eine erklärende Erweiterung dieses Konzepts (Richtlinie 10), wie auch beim „Schwarzwälder Schinken".

Schließlich ist auf die Überlegungen zu anderen gastronomischen *Realien* zu verweisen (Richtlinie 11). Die Bezugnahme auf die *Prototypensemantik* (Richtlinie 11) zeigt die Anwendung des *deklarativen Wissens* der Studentin (Richtlinie 18), basierend auf Konzepten der kognitiven Linguistik, indem sie die mut-maßlichen *perzeptiven, sozialen und kulturellen Unterschiede* zwischen den Rezipienten (Richtlinie 3) bezüglich der entsprechenden *Konzepte* für „pasta", „Nudeln" und „Spätzle" (Richtlinie 11) im Spanischen und im Deutschen begründet. Der Vorschlag, Beispiele von deutschen Weinen in den ZT aufzunehmen, die nicht im AT erscheinen, basiert auf der *kommunikativen persuasiven Intention* (Richtlinie 7) und auf der *Verstärkung der Informativität des ZTs* (Richtlinie 10). Dies stellt einen makrostrategischen und funktionalistischen Prozess unter Beweis. Der Hinweis darauf, dass für das Konzept „Lübecker Marzipan" (Richtlinie 11) keine *Erklärung oder Paraphrase* (Richtlinie 10) im ZT erforderlich ist, ist wahrscheinlich auf die Möglichkeit zur Domestikation (Richtlinie 11) von „mazapán" im Spanischen zurückzuführen, ein Ausdruck, der eine phonetische Ähnlichkeit und ein ähnliches Bild wie das deutsche Konzept enthält.

4 Schlussfolgerungen zum Kommentar

Wie man aus der Übersetzung ersehen kann, finden sich auch einige konzeptuelle Überlegungen der Studentin zum Übersetzungsprozess, die im Kommentar nicht begründet worden sind, weil sie wahrscheinlich nicht als wesentlicher Punkt der translatorischen Problematik angesehen wurden, oder weil die dem Kommentar beigefügten dokumentarischen Recherchen die Lösung dieser Mikrostrategien aufzeigen. Mittels der von der Studentin vorgelegten Dokumentation zum ZT ist ersichtlich, wie diese Mikrostrategien im Zusammenhang mit der textuellen Makrostruktur eingesetzt wurden.

Anhand des Fallbeispiels sollte die Möglichkeit zur besseren Evaluation der mentalen Prozesse der Studierenden durch den gelenkten Kommentar aufgezeigt werden. Deshalb halte ich es für unabdingbar, den Übersetzungskommentar als Evaluationsmodell des Übersetzungsprozesses in die Examen und dementsprechend in die Studienpläne der Übersetzerausbildungsstätten aufzunehmen. Außerdem kann der Übersetzungskommentar als Alternative für andere experimentelle induktive Modelle dienen, da er Analyse und Bewertung der mentalen Prozesse der Studierenden wesentlich erleichtert.

Die Evaluation des Prozesses ergänzt die Evaluation des Produkts. Da noch keine geeigneten und zufriedenstellenden Modelle für die Evaluation des Produkts vorliegen, sollte damit begonnen werden, Evaluationsmodelle einzuführen, die es zu einem gewissen Grad ermöglichen, die mentalen Prozesse der Studierenden zu erfassen.

Bibliographie

Austin, John L. (1962): *How to do things with words*. Oxford: Clarendon Press.

Beaugrande, Robert Alain de / Dressler, Wolfgang U. (1981): *Introduction to Text Linguistics*. London/New York: Longman.

Gabrian, B. (1986): „Ziel oder Ziellosigkeit des Übersetzungsunterrichts." *TextconText* 1 (1), 48-62.

García Álvarez, Ana María (2004): *Principios teóricos y metodológicos para la Didáctica del proceso de la Traducción directa. Un modelo cognitivo-funcional*. Dissertation. ProQuest UMI 3122581. ISBN: 0-493-28731-0.

Grice, H. Paul (1978): „Further Notes on Logic and Conversation." Cole, Peter (1978) (Hrsg.): *Syntax and Semantics* IX: Pragmatics. New York: Academic Press, 113-127.

Hatim, Basil / Mason, Ian (1990): *Discourse and the Translator*. London / New York: Longman.

Holz-Mänttäri, Justa (1984): *Translatorisches Handeln. Theorie und Methode*. Helsinki: Suomalainen Tiedeakatemia.

Hönig, Hans G. (19972): *Konstruktives Übersetzen*. Tübingen: Stauffenburg.

Hönig, Hans G. / Kußmaul, Paul (1982): *Strategie der Übersetzung. Ein Lehr-und Arbeitsbuch*. Tübingen: Gunter Narr Verlag.

Hulst, Jacqueline (1995): *De doeltekst centraal. Naar een functioneel model voor vertaalkritiek*. Amsterdam: Perspectieven op taalgebruik. Amsterdam: Thesis Publishers.

Kußmaul, Paul (1995): *Training the Translator*. Amsterdam/Philadelphia: John Benjamins Publishing.

Lakoff, George (1987): *Women, Fire and Dangerous Things. What Categories Reveal about the Mind*. Chicago: University of Chicago Press.

Neubert Albrecht (1984): „Textbound Translation Teaching." Wilss, Wolfgang / Thome, Gisela (1984) (Hrsg.): *Die Theorie des Übersetzens und ihr Aufschlußwert für die Übersetzungs- und Dolmetschdidaktik*. Tübingen: Gunther Narr, 61-70.

Nord, Christiane (1988): *Textanalyse und Übersetzen. Theoretische Grundlagen, Methoden und didaktische Anwendung einer übersetzungsrelevanten Textanalyse*. Heidelberg: Julius Groos Verlag.

Nord, Christiane (1997): *Translating as a Purposeful Activity. Functionalist Approaches Explained. Manchester*: St. Jerome Publishing.

Reiss Katherina / Vermeer, Hans J. (1984): *Grundlegung einer allgemeinen Translationstheorie*. Tübingen: Niemeyer.

Risku, Hanna (1998): *Translatorische Kompetenz. Kognitive Grundlagen des Übersetzens als Expertentätigkeit*. Tübingen: Stauffenburg.

Rosch, Eleanor (1978). „Principles of Categorization." Rosch, Eleanor / Lloyd, Barbara L. (1978) (Hrsg.): *Cognition and Categorization*. Hillsdale, N.J.: Lawrence Erlbaum Associates, 27-48.

Schank, Roger C. / Abelson, Robert P. (1977): *Scripts, Plans, Goals and Understanding. An Inquiry into Human Knowledge Structure*. New Jersey: Lawrence Erlbaum Associats.

Searle, John R. (1969): *Speech acts. An essay in the philology of language*. Cambridge: Cambridge University Press.

Gordon Gerisch / Sabine Bastian
Leipzig
Übersetzungsqualität in europäischen Werbetexten

Zur Einleitung: Werbetexte und Werbesprache

Die Werbesprache stellt im Prozess der zunehmenden Globalisierung ein interessantes Forschungsgebiet sowohl für die Kommunikations- als auch für die Sprach- und Übersetzungswissenschaften dar. Werbetexte zählen zu den weltweit am weitesten verbreiteten Gebrauchstexten und folglich zu den Multiplikatoren sprachlicher Neuerungen. Ihre enorme soziologische und ökonomische Relevanz macht sie zu einem für sprachliche Analysen lohnenswerten Untersuchungsgegenstand. Werbung bildet nicht nur eine wesentliche Komponente der Alltagskultur, sondern trägt auch zu einer spezifischen Beschreibung der Gesellschaft bei. Sie wirkt dabei kulturell innovativ, trendsetzend und dynamisierend und wurde als mediales Element in den letzten Jahren zum Gegenstand eines kontroversen globalen Diskurses.

Werbesprache ist effizient, schlagkräftig, prägnant und richtet sich an der Intention aus, den Rezipienten zu beeinflussen. Sie ist für den Erfolg einer Werbekampagne entscheidend und geht dynamisch und kreativ mit sprachlichen Mitteln um. Jedes Wort eines Werbetextes soll eine persuasive Kraft entwickeln, wobei sich fremdsprachige Elemente als überaus effektiv erweisen. Die Verwendung fremdsprachigen Wortgutes reflektiert nicht nur die Werbestrategie und die Ideologie einer ganzen Marke, sondern auch die kommunikative, kulturelle und sprachliche Situation eines Landes sowie die externe Beeinflussung dieser Faktoren. Daher müssen fremdsprachige Einwirkungen auf die Werberhetorik in einem globalen Rahmen betrachtet werden, der auch den Bereich der Translatologie einschließt. Übersetzungsstrategien bei der Übertragung von Werbetexten sind ein wesentlicher Bestandteil der Diskussion um Fremdsprachiges in Werbetexten allgemein.

Für die Mehrzahl der Werbetexte bleibt die Notwendigkeit bestehen, in die Zielsprachen der einzelnen Absatzmärkte übersetzt zu werden. Wir konzentrieren uns daher auf die Frage, inwieweit Komposition und Translation von Werbetexten marktwirtschaftlichen Zwängen unterliegen und welcher Wert dabei dem sprachlichen Aspekt zuteil wird. Dafür gehen wir genauer auf die Rolle fremdsprachiger Elemente beim Übersetzen von Werbetexten ein. Neben der Analyse typischer Charakteristika von Werbetexten ist die Berücksichtigung exogener und endogener Faktoren für die translatologische Betrachtung von Reklame wichtig, wenn man den Anforderungen an die Qualitätssicherung in der internationalen Werbekommunikation entsprechen will.

Basis unserer Untersuchung ist die Anzeigenwerbung in mehreren europäischen Ländern. Das gesamte Korpus umfasst mehr als 1000 Werbeanzeigen in vor allem französischen, russischen, deutschen und italienischen Zeitschriften. Hier werden allerdings nur einige ausgewählte Beispiele präsentiert, um zu zeigen, welche Auswirkungen die Korrelation von verbalen und visuellen Zeichen, die Einbeziehung kultureller Aspekte und speziell die Verwendung von fremdsprachlichen Elementen unter Beachtung ihrer Funktionalität sowie formaler Anpassungsprozesse auf Übersetzungsstrategien und –qualität haben. Bei der Pilot-Untersuchung von 176 Werbeanzeigen verschiedener Periodika und von 142 Werbespots aus den Jahren 2002 bis 2004 zeigte sich bereits ein relativ aussagekräftiges Bild in Bezug auf Funktion und Wirkung fremdsprachigen Materials vor allem in der französischen Reklame (Gerisch 2004). Im vorliegenden Beitrag geht es vorrangig um Printwerbung. Dabei werden zu Vergleichszwecken auch in Deutschland, Russland, Italien und weiteren Ländern publizierte Anzeigen herangezogen[1].

1 Marketingkonzepte und Übersetzung

Die Übersetzung von Werbetexten ist eine marktwirtschaftliche Notwendigkeit (vgl. Guidère 2000:13). Standardisierung und differenziertes Marketing bilden die Grundlagen für Werbekampagnen und sind entscheidend für deren sprachliche Ausgestaltung. Markt- und länderspezifische Faktoren sind entscheidend dafür, ob Reklame in standardisierter oder differenzierter Form geschaltet wird.[2] Mit einer standardisierten Werbekampagne wird ein weltweit einheitliches Image und Erscheinungsbild des Produktes evoziert. Dabei stimmen in erster Linie die visuellen Zeichen in den einzelnen Zielländern überein. Die verbalen Aussagen beschränken sich oft auf den Produkt- bzw. Markennamen und werden global einheitlich – meist in der international dominierenden englischen Sprache – präsentiert. Die Tendenz zu weltweit uniformen Werbeanzeigen bewirkt auch eine zunehmende Standardisierung der Werbesprache und wirft die Frage auf, inwieweit in Zukunft noch die Notwendigkeit der Übersetzung von Werbetexten besteht. Denn in der modernen, globalisierten Werbekommunikation gelten sprachliche und kulturelle Vielfalt überwiegend als Störfaktoren (vgl. Junker 2001:128).

Befürworter standardisierter Werbeformen führen unter anderem das Argument an, dass sich die globalen Gemeinsamkeiten im Konsumverhalten gegenüber nationalen Eigenheiten durchgesetzt hätten. Durch die Globalisierung der Märkte werden die Unterschiede zwischen den einzelnen Zielgruppen in den industrialisierten Ländern immer geringer[3]. Es ist jedoch fraglich, inwieweit der Ver-

---

[1] Alle Beispiele: siehe CD.

[2] Marktspezifische Faktoren sind z. B. nationale Konkurrenten für ein ausländisches Produkt, die Stellung der Produktgruppe und deren Bedeutung in der anvisierten Zielgruppe. Länderspezifische Faktoren hingegen haben ihren Ursprung in der Natur der jeweiligen Gesellschaft und den Werten und Charakteristika der entsprechenden Kultur.

[3] Standardisierte Werbung impliziert nicht die Ablehnung der Kultur des Ziellandes oder die Zurückweisung einer kulturellen Identität, da sie aufgrund ihrer globalen Uniformität auf einem Nullpunkt von Kultur basiert (Guidère 2000:262).

such, eine interkulturell homogene Werbegesellschaft aufzubauen, zum Erreichen des Werbeziels sinnvoll ist.

Aus psychologischer Sicht streben im Rahmen der *Corporate Identity* die international agierenden Unternehmen einen hohen Grad von Popularität und einheitlichem Image an. Denn jene Werte, die eine Firma mittels eines globalisierten Konzeptes – primär in englischer Sprache – herauszustellen versucht, drohen auf nationalem Niveau erfolglos zu sein, wenn kulturelle Parameter bei der Übersetzung von Werbetexten unzureichend berücksichtigt werden.

Gegen ein standardisiertes Werbekonzept – und somit gleichzeitig Hauptkritikpunkt dieser Strategie – spricht somit die kulturelle Divergenz der einzelnen Länder. Gerade der internationale Einigungsprozess führt zu einer stärkeren Orientierung hin zu kulturellen, sprachlichen und nationalen Identitäten, die beim Übersetzen des Werbetextes in die Zielsprache berücksichtigt werden müssen. Kulturelle Traditionen und Bindungen stehen der globalen ökonomisch-technischen Vereinheitlichung entgegen. Beim differenzierten Marketing werden daher die Werbeaktivitäten und Werbetexte an die kulturellen und sprachlichen Besonderheiten eines jeden Landes adaptiert. Je nach dem Grad der Kulturgebundenheit, das heißt der Intensität der Beziehung eines Produktes zur Kultur, wird auf fremdsprachige Elemente zurückgegriffen. In Werbetexten für stark kulturgebundene Produkte wird auch sprachlich Bezug auf das entsprechende Land genommen. Zahlreiche kulturgebundene Werbekonzepte dulden allein aufgrund des propagierten Produktes keine Fremdwörter. Es wäre für den Werbeerfolg geradezu fatal, wenn sich ein traditioneller französischer Käse durch englische Termini das Etikett des globalen Internationalismus anzuhängen versuchte. Die französischen Unternehmen sind gefordert, einen ausgleichenden Mittelweg zwischen nationalem Auftreten und globalem Agieren zu finden.

Da die Grenzen zwischen beiden Marketingkonzepten der Standardisierung und der Differenzierung fließend sind, kommt zunehmend eine als *métissage* (vgl. Mattelart 1998:83) bezeichnete Kombination beider Strategien zum Einsatz.

2 Werbetexte und Übersetzung, theoretische Grundlagen – exogene und endogene Faktoren

Die Translation von Werbetexten birgt erhebliche übersetzungswissenschaftliche Probleme in sich, die es im Vorfeld einer Übersetzung zu lösen gilt. Die Übersetzungsstrategien hängen in erster Linie von exogenen und endogenen Parametern ab.

2.1 Exogene Faktoren

Exogene Parameter beeinflussen besonders nachhaltig die Übersetzung von Werbetexten. Sie können ökonomischer und kultureller Natur sein. Aus ökonomischer Sicht sind Übersetzungen von Werbetexten eine wirtschaftliche Notwendigkeit, die den Gesetzen des Marktes folgt. Die einzuplanenden Kosten spielen dabei eine wichtige Rolle, denn sie beeinflussen die Übersetzungsquali-

tät und fördern unter Umständen den Trend zu international gleichen Werbeanzeigen. Die Bekanntheit der Marke im Zielland ist für die Translation ebenso
ausschlaggebend wie Image und Selbstverständnis des Unternehmens und Spezifika des Absatzmarktes. Zur kulturellen Dimension zählen im Wesentlichen
juristische und soziokulturelle Faktoren, wobei letztere wiederum Aspekte von
Religion, Traditionen, die Frage der Sprachidentität, des nationalen Selbstver-
ständnisses und Kaufgewohnheiten der Zielgruppe und auch so heterogene Phänomene wie Geschmack und die Sensibilität gegenüber bestimmten Effekten
einschließen. Neben dem Inhalt bestimmen gesetzliche Regelungen als juristische Parameter die Form von Werbetexten.

2.2 Endogene Faktoren

Zu den endogenen Parametern gehören der Aufbau der Werbeanzeige, die iko-
nographische Komponente und die semiotische Spezifik.

2.2.1 Elemente einer Werbeanzeige

Ausschlaggebend für den Werbetext und seine Übersetzungen sind die drei
Hauptelemente einer Anzeige: Marken- und Produktname, Slogan und redak-
tioneller Teil.

Markennamen sind die Bezeichnungen eines Unternehmens oder des Herstellers
eines Produktes (z. B. *Renault, Calvin Klein, Nokia*). Der Markenname bildet
ein Hyperonym zu den einzelnen Produktnamen (z. B. *Renault Espace, Contra-
diction for men, portable 5110*). Ein Markenname soll in erster Linie eine positive Einstellung beim Rezipienten erzeugen. Er verleiht dem Produkt seine Identität und vereint in sich sowohl rationale als auch emotionale Werte. Er ist die
Kombination aus einem Produkt und der Kommunikation über dieses Produkt.
Marken- bzw. Firmennamen vermitteln die Philosophie eines Unternehmens
und avancieren immer mehr zu Prestigesymbolen.

Produktnamen spielen als Eigennamen im Marketing eine wichtige Rolle. Sie
sind nicht nur ein Hervorhebungsmittel gegenüber Konkurrenten, sondern dienen auch dem *global branding*[4], also einer globalen Strategie mit dem Ziel
internationalen Erfolgs. Produktbezeichnungen sind von Marken- und Firmennamen zu unterscheiden. So ist *Daimler-Chrysler* ein Firmenname, *Mercedes-
Benz* eine Marke, und eine Produktbezeichnung könnte Mercedes SLK lauten.
Marken- und Produktname sind die Hauptträger der Werbebotschaft und bilden
daher unabhängig vom sprachlichen und ikonischen Umfeld im Werbetext Invarianten (vgl. Guidère 2000:91).

---

[4]   Den Vorgang, Produkte mit Markennamen zu versehen, beschreibt die Werbeforschung als
    branding, das Ausstatten mit einem *brand name*, also Markennamen. *Branding* ist ein Dif-
    ferenzierungsprozess, der Produkte weniger nach ihrem Nutzen oder Inhalt beurteilt, son-
    dern auf dem Fakt beruht, dass Produkte ohne Markenbezeichnung einfach austauschbar
    wären und dieser Zustand von Markennamen kompensiert bzw. eliminiert wird.

Der Slogan gilt als Visitenkarte einer Marke oder eines Produktes und wirkt imagebildend (vgl. „Renault – créateur d'automobiles" von Renault, „Freude am Fahren" von BMW und „Aus Liebe zum Automobil" von Volkswagen). Im Slogan muss jedes Element maximal bedeutungstragend sein. Fremdsprachige Elemente unterstützen diese Funktion in besonderem Maße. Ob der Adressat den Inhalt der Slogans versteht, ist dabei aber nicht vorrangig. Was für Werbetexter zählt, ist die Signalwirkung des Fremdwortes. Slogans werden oft unverändert in die Zielsprache des übersetzten Werbetextes übernommen, da eine Werbebotschaft ihre Wirksamkeit verlieren kann, sobald sich der Slogan in der Zielsprache zu sehr von dem der Ausgangssprache entfernt.

2.2.2 Das Bild in der Anzeige

Im Kampf um die Aufmerksamkeit des Lesers wird die visuelle Komponente zunehmend zu Lasten der Information ausgebaut. Da Technisierung und Internationalisierung von Kommunikation zu einem Informationsüberfluss in der heutigen Mediengesellschaft geführt haben, unterliegen die Nutzungsgewohnheiten einem forcierten Selektionsprozess, dem sich Medien und Werbung anzupassen haben. Eine Lösung des Problems ist in der entsprechenden Gestaltung der Werbung zu suchen. Dabei fällt insbesondere dem Bild die Aufgabe zu, den Blick des Lesers auf sich zu ziehen und sein Interesse zu wecken. Die zahlreichen Ablenkungen des Empfängers im alltäglichen Leben führen zu einem Aufmerksamkeitswettbewerb der Werbeaussagen. Schlüsselinformationen werden vor allem bildlich dargestellt. Größere Anzeigen werden länger betrachtet als kleine, farbige besser erinnert als schwarz-weiße und auffällige Anzeigenelemente wie Bild und Slogan eher wahrgenommen als ein Fließtext. Die Universalität von Bildern erweist sich oft als problematisch für den Übersetzer, denn kulturelle Unterschiede bewirken eine unterschiedliche Rezeption des Bildes.

2.2.3 Interaktion sprachlicher und visueller Zeichen

Semiotisch bedeutsam für den Übersetzungsprozess ist die Komplexität der Werbetexte. Das ikonische und das sprachliche System interagieren und bedingen sich gegenseitig. Rationale, sachliche Argumente lassen sich besser sprachlich vermitteln. Emotionalität hingegen wird vorrangig visuell erzeugt. Zudem lassen sich sprachliche Werbetextelemente nur durch den visuellen Kontext entschlüsseln und Bilder nur durch eine sprachliche Erklärung interpretieren. Je nach quantitativem Verhältnis von Bild und Text lassen sich textdominante und bilddominante Anzeigen bestimmen. In bilddominanter Werbung vermittelt die visuelle Gestaltung die eigentliche Werbebotschaft und der sprachliche Anteil wird allenfalls auf die Nennung des Produkt- und/oder Firmennamens bzw. auf einen Slogan reduziert. In textdominanter Werbung steht der sprachliche Text im Vordergrund, während das Bild als emotionsevozierendes Element fungiert – vor allem in der Parfum-, Schmuck und Modereklame. Da alle Elemente aufeinander abgestimmt sind, muss bei der Übersetzung von Werbetexten im Zieltext eine neue semiotische Einheit von visuellen und sprachlichen Zeichen geschaffen werden. Die zentrale Frage in der Übersetzung einer Werbeanzeige ist also, wie ein Ausgangstext bei Beachtung der genannten determinierenden Faktoren in einen Zieltext münden kann.

3 Beispieldiskussion

Im Folgenden werden erste Untersuchungsergebnisse vorgestellt, die im Rahmen von Pilotstudien in den Jahren 2004-2006 ermittelt wurden. Dabei konnte drei Hauptgruppen für die Wiedergabe fremdsprachlicher Elemente festgestellt werden, jene, bei denen keine oder nur geringe (systembedingte) Veränderungen stattfanden und jene, die insbesondere aus kulturellen Gründen Änderungen erforderten.

3.1 Übersetzung ohne Veränderungen

Ob ein Werbetext übersetzt wird oder nicht, hängt in erster Linie von der Bekanntheit des beworbenen Produktes oder der Marke ab. Zahlreiche bereits bekannte Markenfirmen entscheiden sich für standardisierte Werbekonzepte und betreiben Imagewerbung. Diese ist textarm und zielt auf die Erinnerung der Marke und deren Prestige. Es ist der Anzeige nicht eindeutig zu entnehmen, welches Produkt beworben wird. Die Produktgruppe wird – wenn überhaupt – nur mit visuellen Mitteln beworben (Beispiele 1-3). Seltener wird sie explizit genannt (Beispiele 4-6). In dem Fall wählt der Hersteller eine sein Prestige unterstreichende fremdsprachliche Produktgruppenbezeichnung, die in den jeweiligen Absatzmärkten nicht verändert wird („occhiali", „jeans", „underwear"). Das ist die kostengünstigste Variante der Übertragung eines Werbetextes auf verschiedene Zielmärkte: Indem sich der Text auf den Marken- und/oder Produktnamen beschränkt, wird weniger ein konkretes Produkt beworben als der Hersteller an sich (Beispiel 7). Derartige Reklame ist international: sie erscheint in Frankreich ebenso wie in Italien, Russland, Deutschland oder Großbritannien. Vor allem die visuellen Zeichen stimmen überein. Die Übersetzung des Markennamens könnte sich problematisch auf den Erfolg der Werbekampagne auswirken und kommt – wie im Falle der deutschen *Maggi 5 Minuten Terrine*, die in der Schweiz *Quick Lunch* und in Frankreich *Bolino* heißt – entsprechend selten vor.

Englischsprachige Marken- und Produktbezeichnungen kommen am umfangreichsten zum Einsatz. Daneben fallen italienischsprachige Markennamen besonders auf, da auch sie oftmals das einzige Werbetextelement einer Zeitschriftenanzeige ausmachen. Das wird an den Anzeigen von *Dolce & Gabbana* (Beispiel 8) ebenso wie bei *Giorgio Armani, Mariella Burani, Gucci, San Marina* und *Sergio Rossi* deutlich. Die Liste von Reklame für italienische Markennamen ließe sich mit *Emporio Armani, Cerruti, Coccinelle, Gianfranco Ferre* etc. weiterführen.

Produktnamen werden wie Markenbezeichnungen meist unverändert in die Zielsprache übernommen und sind damit international identisch. Es findet weder eine morphologische noch phonologische Modifikation in der Zielsprache statt. Produktbezeichnungen präzisieren Markennamen und sind rein theoretisch austauschbar. Da sowohl Marken- als auch Produktnamen von den gesetzlichen Werberegelungen selbst in Ländern wie Russland und Frankreich ausgenommen sind und nicht übersetzt werden müssen, schreiben sie förmlich den Gebrauch fremdsprachiger Ausdrücke vor.

Vom fremdsprachigen Slogan wie dem *Nokia*-Slogan „connecting people" (Beispiele 9-11), der in allen Zielmärkten angewendet wird und dem Nutzer suggeriert, weltweit verbunden zu sein, ist der Schritt zu vollständig fremdsprachiger Werbung nicht groß. Komplett fremdsprachig gestaltete Anzeigen sind meist textarm und englischsprachig (Beispiele 12-14), seltener französisch oder italienisch. Das Prestige der Fremdsprache und die Zielgruppe spielen dabei eine besonders große Rolle. Abgesehen von isoliert vorkommenden Anglizismen ermöglicht selbst in Frankreich die *loi Toubon* prinzipiell, eine Reklame vollkommen in einer Fremdsprache zu verfassen, sofern denn eine Übersetzung der fremdsprachigen Elemente erfolgt. Anzeigen wie die für *Puma Bodywear* (Beispiel 15) mit dem englischen, klein am Bildrand übersetzten Text „I see london. I see france. I see daily underpants," kommen in jüngerer Vergangenheit immer seltener vor. Dennoch gehen neben ausländischen Unternehmen wie den Bekleidungsherstellern *Diesel* (Beispiel 16) und *Gas* (Beispiel 17) auch französische Unternehmen dazu über, gänzlich auf die französische Sprache zu verzichten.

3.2 Nur (sprach-)systembedingte Veränderungen

Wenige Produktnamen werden übersetzt. Selbst eine Transliteration, bei der Marken- bzw. Produktname graphologisch an den Zielmarkt angepasst werden, z. B. an ein anderes Schriftsystem wie das Kyrillische, ist selten. Nach diesem Muster wird das Produkt „hydra extreme" von *Maybelline New York* auch kyrillisch als „хайдра экстрим" von Мэйбеллин Нью Йорк (Beispiel 18) *Maybelline*) präsentiert. Als Beispiel für die Kreativität im Umgang mit Transliterationen dient die russische Reklame für die französischen Zigaretten *Gauloises*. Zur Kenntlichmachung der korrekten französischen – bei den russischsprachigen Rezipienten sicherlich nicht allseits bekannten – Aussprache werden sie in der kyrillisch-phonetischen Misch-Umschrift [ГОЛУА:З] beworben (Beispiel 19). Guidère (2000:96f.) betont zwar, dass es sich bei dieser Form der Transliteration um einen rein formalen Transfer vom Ausgangstext in den Zieltext handelt, da aber auch bei dieser phonologischen bzw. graphischen Anpassung der Übersetzer einschreitet, wird die Transliteration zu den Übersetzungsstrategien gezählt, zumal es das Ziel des Übersetzers ist, die Marken- oder Produktbezeichnung dem Rezipienten in der Zielsprache lesbar und somit zugänglicher zu machen. Allerdings ist ihr Einsatz durchaus ambivalent und schwankt zwischen Adaptation und Nicht-Adaptation an die Zielsprache. Eine Adaptation widerspricht ja in gewisser Weise der ursprünglichen Intention, die Marke weltweit uneingeschränkt wieder erkennbar zu machen.

3.3 Veränderungen aufgrund kultureller Unterschiede

Kulturelle, sprachliche und nationale Identitäten sprechen gegen eine Standardisierung von Reklame. Daher werden beim differenzierten Marketing Produkt und Werbung dem Absatzgebiet und den sprachlichen Besonderheiten des Zielmarktes angepasst. Guidère spricht dabei von einer „Transmutation" (2000:93ff.). Außerdem spielt der Erklärungsbedarf hinsichtlich eines Produktes eine nicht zu unterschätzende Rolle für den Einsatz einer Fremdsprache. Muss das Produkt näher beschrieben werden, sind der Werbetexter und der Übersetzer des Werbetextes angehalten, Rücksicht auf die jeweilige Zielsprache zu nehmen.

Besondere Aufmerksamkeit sollte beim Übersetzen dem Slogan zuteil werden, da dieser auf den Rezipienten einen intensiven Effekt bewirkt. Eine Unterscheidung von drei Übertragungsformen hat sich als zweckmäßig erwiesen (Guidère 2000: 119ff.): die Transposition, bei der keinerlei Modifikation des Slogans im Zieltext erfolgt, die Adaptation, bei der entweder der inhaltliche oder aber der formale Aspekt übernommen wird, und die Re-Kreation eines Slogans.

Die Transposition, also die unveränderte Übernahme des Slogans, ist die am häufigsten verwendete Strategie und kommt vor allem bei angloamerikanischer Marken- und Produktwerbung zum Einsatz. Dabei wird selbst in Frankreich und Russland, wo der Anglizismenanteil gerade im Bereich der Slogans in den letzten Jahrzehnten stark gewachsen ist, trotz gesetzlicher Regelungen teilweise die geforderte Übersetzung des Slogans an den Bildrand verbannt (Beispiel 20). Dies findet sich auch in einer Anzeige von *Rover MG*, in der das französische Äquivalent des Slogans „Life's too short not to" kaum erkennbar in die letzte Zeile des Fließtextes integriert wurde. Das ist auch der Fall in der vollständig englischsprachigen Reklame für *Lee* (Beispiel 21). Selten erfolgt die Präsentation einer französischen Übersetzung in der gleichen Schriftart und –größe wie es in einer Werbung für den Lippenstift *Color Lip Vinyl* von *Estée Lauder* geschieht (Beispiel 22). Hier ist die französische Entsprechung *Vinyle à lèvres* ebenso sichtbar abgebildet wie das englischsprachige Original. Einige Werber verzichten gänzlich auf die obligatorische Übersetzung. Der Gesetzesbruch wird sicherlich in Kauf genommen, weil die aus der Reklame resultierenden Einnahmen die zu erwartende Strafe um ein Vielfaches übertreffen. So markiert *Wella* zwar den Slogan „Beautiful hair needs an expert*" mit dem typischen Sternchen, jedoch findet sich in der Anzeige keine damit markierte französische Entsprechung (Beispiel 23). Um die Vorschrift, englischsprachige Elemente zu übersetzen, die nicht Bestandteil des Marken- oder Produktnamens sind, umgehen zu können, lässt sich die Tendenz beobachten, Slogans und einzelne englischsprachige Elemente als *TM* (Trademark) und *R* beziehungsweise *RM* (Registered Mark), also eingetragene, rechtlich geschützte Bezeichnungen zu deklarieren. Da mit der Übersetzung von Slogans zunehmend spielerisch umgegangen wird, bleibt noch zu prüfen, ob die Wiedergabe von Slogans überhaupt im Kontext der Sicherung von Textqualität (im engeren Sinne) diskutiert werden sollte.

Ein ungeschriebenes Gesetz unter Werbetextern und vielen Übersetzern besagt, ein fremdsprachiges – vor allem angloamerikanisches – Wort einem Äquivalent der Zielsprache vorzuziehen, solange es eine größere Wirkung verspricht. Eine elementare Funktion von Fremdwörtern stellt die Sprachökonomie dar. Oftmals finden sie – vor allem englische, international verständliche Begriffe – aufgrund ihrer Kürze und Prägnanz für bereits in der Zielsprache vorhandene Wörter Verwendung. Zudem verfügt die Gebersprache in der Regel über eine ausgereifte Terminologie. So exportieren die USA als eine der führenden Wirtschaftsnationen eine umfangreiche Palette an Begrifflichkeiten. Die Zahl und Geschwindigkeit technischer Neuerungen zwingen Übersetzer von Werbetexten, zunehmend auf Lehnwörter und Neologismen zurückzugreifen, um den enormen Bedarf an Wörtern, die die neuen Realitäten in den Zieltexten beschreiben, zu kompensieren. Jedoch ist zu beachten, dass Fremdsprachen – allen voran das Englische – einen nicht so großen Erfolg im Hinblick auf die Benennung neuer Realia hätten, wenn bei den Sprechern der Zielsprache nicht auch eine gewisse Empfänglichkeit für das fremdsprachige (anglo-amerikanische) Idiom, eine *adhésion volontaire* bestünde (vgl. Pergnier 1989:122).

Die wichtigsten stilistischen Funktionen von fremdsprachigen Elementen in der Reklame sind die Erzeugung von positiven Assoziationen mit dem Herkunftsland des beworbenen Produktes und – eng damit verbunden – das Prestige einer Sprache. Ein Fremdwort klingt unter Umständen gebildeter, wirkt – da es nicht von allen Bevölkerungsgruppen verstanden wird – gruppenspezifizierend und transponiert e inen dem Herkunftsland entsprechenden Lebensstil. Dabei wird dem Rezipienten eine meist schablonenhafte, irreale Welt suggeriert, die die Vorzüge eines Eleganz, Schönheit, Sportlichkeit, Jugendlichkeit und Modernität verkörpernden Erzeugnisses preist. So gilt Amerika als Sinnbild hohen Lebensstandards, als Freizeitgesellschaft und als Vorreiter auf technischem und naturwissenschaftlichem Gebiet. Den viel zitierten ‚American way of life' und amerikanische Werte vermitteln dabei englischsprachige Termini. Die Reklame für *tommy* von *Tommy Hilfiger* verweist explizit auf die ‚wahre' amerikanische Herkunft des Parfums (the real american fragrance), gefördert durch die Abbildung der amerikanischen Flagge im Hintergrund (Beispiel 24). Der Rückgriff auf nationale kulturelle Bezüge des Ziellandes würde die Werbeabsicht eindeutig behindern. Zahlreiche Eigennamen reflektieren einen geschaffenen quasiparadiesischen Mythos Nordamerikas. In der Kosmetikwerbung tritt das Phänomen der USA als eine nicht versiegende Quelle der Jugendlichkeit am deutlichsten in Erscheinung. Anglizismen wie *look, magic, lifting, life, glamour* und *skin* erweisen sich dabei als besonders effizient. Im Gegensatz zu den Vereinigten Staaten wird das Englandbild in der Reklame durch gediegene Eleganz, eine vornehme, introvertierte Gesellschaft sowie englische Tradition dominiert. Längst vergangene Glanzzeiten des British Empire werden heraufbeschworen. Verglichen mit der Darstellung des amerikanischen Lebensstils erscheinen die Facetten des britischen Alltags in der Werbung als unbedeutend. Das mag unter anderem daran liegen, dass der britische Lebensstil in den Zielländern häufig als verklemmt, prüde und kühl interpretiert wird. Dabei ist es für die Werbung nebensächlich, ob solche Vorstellungen richtig oder falsch sind. Entscheidend ist lediglich,

> dass sie existieren und dass mit Hilfe von Anglizismen als Trägern solcher Bilder ständig das Ansehen der USA und Großbritanniens auf bestimmten Gebieten werbestrategisch ausgenutzt werden kann (Beinke 1990:64).

Vom Prestige einer Sprache ist der Schritt nicht mehr weit zu sprachlichem Snobismus. Fremdwörter werden in der Werbung mitunter verwendet, um dem Rezipienten zu imponieren. Es soll hervorgehoben werden, dass neben dem beworbenen Produkt auch dessen Verbraucher „in" ist und einer bestimmten sozialen Gruppe zugeordnet werden kann. Mittels der Vorgabe, Insider zu sein, „wird über den „beeindruckten" Leser u. U. ein entscheidender psychologischer Sieg errungen" (Schütz 1968:117). Snobistische Motive sind insbesondere dann zu erkennen, wenn neben einen in der Zielsprache existierenden Begriff ein fremdsprachiges Äquivalent tritt und ein

> Höherbewerten der englisch bezeichneten Sache oder Person bei gleichzeitigem Wertmindern der französischen Bezeichnung, soweit diese nicht völlig verdrängt wurde oder wird (Lehnert 1992:675),

bewirken soll.[5] Auch Karaulov (zitiert nach Pfandl 2002:138) nennt menschliche Schwächen wie die geistige Trägheit der Sprecher, deren Konservatismus im Denken, das Streben nach Elitarismus und den Stolz des Fremdsprachenmächtigen gegenüber dem Nichtwissenden (vgl. Pfandl 2002:138) als Gründe für eine bereitwillige Übernahme englischer Termini in die eigene Sprache.

In den untersuchten Texten aus Deutschland, Italien und Russland wird nach dem überproportional verwendeten Englisch am häufigsten auf das Französische zurückgegriffen. Anders als in Frankreich selbst genießt das Französische in der Werbung anderer Länder noch immer den Status einer Prestigesprache. G suggerieren neben Bildung und Geschmack französischen Charme, Chic und Eleganz. Über Gallizismen wird suggeriert, einer exklusiven und kultivierten – und stärker als beim häufiger beherrschten Englisch auch einer intellektuellen – Klasse anzugehören. In Verbindung mit dem Produkt – meist Parfum oder Mode – werden Prestige und Luxus vermittelt. Das Französische dient sozusagen einem „elitären Code" (Hahn 2000:108). Es spricht in Ländern wie Deutschland, Großbritannien und Russland eine auserwählte Zielgruppe an und vermittelt vor allem Eigenschaften wie Schönheit, Wärme, Lebensgefühl und Sinn-

---

[5]   Es wird in diesem Zusammenhang auch oft von einem Wechsel des Kulturmusters, also der Orientierung an einer fremden Kultur, gesprochen (vgl. O'Halloran 2002:155).

lichkeit (Beispiele 25-26), also Attribute, die vorrangig weibliche Rezipienten ansprechen.

Überhaupt korreliert der Einsatz fremdsprachlicher Mittel mit einzelnen Produktgruppen. Werbung für Mode, Parfum, Kosmetik und Technik weist einen besonders hohen Anteil an fremdsprachlichen Elementen und verwendeten Einzelsprachen auf, vor allem von Angloamerikanismen. Englisch steht allgemein für eine globalisierte und globalisierende Sprache. Daher lassen sich Ethnostereotype schlecht durch Englisch bedienen. Diese werden eingesetzt, um eine Beziehung zwischen dem Produkt und einer Kultur herzustellen.

Eines der am häufigsten bedienten Nationalklischees ist das Italiens. Italienische Elemente finden sich vorrangig in Reklame für „typisch" italienische Produkte wie Pasta, Pizza, Kaffee, Mode und Parfum (Beispiel 27). Das Motiv der Italianità drückt in den meisten Fällen einen Zusatznutzen in Form von Prestige, Erotik und Lebensgefühl aus. Technische Kompetenz zählt weniger dazu. Die ist eher eine Stärke deutscher Unternehmen. Deutsch in der Werbung außerhalb des deutschsprachigen Raumes beschränkt sich jedoch vorrangig auf bekannte Markennamen wie BMW, Volkswagen, Bosch und Siemens. Denn die Verwendung des Deutschen ist aufgrund der mit ihm verbundenen Assoziationen nicht immer von Vorteil. In den verschiedenen Ländern divergieren die Einstellungen zur Fremdsprache, den Produkten und den damit verbundenen Konnotationen. Obwohl die hohe Qualität außer Frage steht, wird z. B. in französischer Werbung die deutsche Herkunft eines Produktes u. U. nicht kenntlich gemacht (Beispiel 28), in russischer Reklame dagegen schon. Jedoch erscheinen auch hier deutsche Begriffe bei weitem nicht in der Frequenz wie englische, französische oder italienische Bezeichnungen. Häufiger als deutsche sind japanische Firmen wie *Kenzo, Shiseido* oder *Kasei* vertreten. Jedoch bemühen sich gerade japanische Unternehmen, einen Bezug zur europäischen Kultur durch die englische Sprache aufzubauen, da japanische Produkte z. B. in Frankreich mit geringer Qualität assoziiert werden, also negativ konnotiert sind. Lateinische und griechische Produktnamen sind insbesondere dazu geeignet, ein Produkt zu mystifizieren, indem über die sprachliche Realisation dem Empfänger eine Assoziation mit der Mythologie des alten Griechenland und der Verführungskraft des alten Rom förmlich aufgezwungen wird (*Olympus, Ypsilon, Oméga, Hercules, Opium*). Auch hier muss im Rahmen einer Übersetzung zwischen dem Prestige einer Sprache und kulturellen Einstellungen des Ziellandes abgewogen werden. Reputation, Kompetenz und nationale Einstellungen wirken sich bei der Übersetzung auch sprachlich aus. Dennoch: Bei zunehmender Durchsetzung der Werbesprache mit angloamerikanischen Elementen ist zu hinterfragen, wie effektiv Nationalklischees noch sind.

Ebenso wie Ethnostereotype können auch politische Ereignisse ausschlaggebend sein. So war Ende der 1980er Jahre ein Anstieg russischer Elemente infolge der Öffnung der Sowjetunion nach Westen zu verzeichnen. Seit 2003 ist – sicherlich politisch motiviert – ebenso ein leichter Rückgang englischsprachiger Elemente in französischen Werbetexten zu erkennen.

4 Qualitätssicherung

Die Übersetzungsqualität verlangt vom Übersetzer fundierte Kenntnisse der Werbebranche sowie eine hohe kommunikative, interkulturelle und interdisziplinäre Kompetenz. Er muss Neutralität gegenüber Ausgangstext und Ausgangskultur wahren, gleichzeitig aber unabhängig vom Inhalt der Werbebotschaft die strategischen Werte der Zielsprache kennen. Der Übersetzer tritt gegenüber dem Rezipienten nicht nur als Übermittler des Werbetextes, sondern durch die Schaffung eines neuen Textes vielmehr als Vermittler der Werbebotschaft auf. Dabei muss er abwägen zwischen der Treue gegenüber dem Ausgangstext und Effizienz im Zieltext.

Zur Qualitätssicherung bietet sich daher stets an, Muttersprachler des Ziellandes für Übersetzungen zu wählen. Denn die Werbesprache weist einen besonderen und komprimierten Wortschatz, spezielle Wortbildungsmethoden, zahlreiche superlativische und emotional aufgeladene Wörter sowie ein pragmatisch determiniertes Ausdrucksbedürfnis auf. Die notwendige Kenntnis darüber ist oft nur einem Muttersprachler der Zielsprache eigen. Die Vernachlässigung sprachlicher Besonderheiten und eine eventuelle Nicht-Respektierung kultureller Parameter können selbst eine im Original erfolgreiche Werbekampagne in ihrer übersetzten Version scheitern lassen. Daher ist es Aufgabe des Übersetzers, zwischen einer „schönen", effizienten und – nach Möglichkeit – getreuen Translation des Textes zu wählen.

Werbesprache erweist sich als ein Idiom, dass das Denken und Handeln des Menschen wirkungsreich zu beeinflussen sucht. Sie ist intentional konzipiert, inszeniert und persuasiv gestaltet[6], basiert auf einem kreativen Sprachgebrauch und produziert Überraschungseffekte. Entscheidend für die Wirksamkeit der Werbesprache ist neben dem Aspekt, wie ein Produkt beworben wird, auch die Frage danach, wie der Rezipient angesprochen, erreicht und überzeugt wird. (Januschek 1974:241, 259; vgl. auch Wenjian 2002:51). Januschek geht davon aus, dass der Rezipient eines Werbetextes auf die Sprechhandlungen in der Reklame anders reagiert als in der normalen Kommunikation. Zu Recht: Schließlich lässt der Zwang, ständig neu, modern und dem Zeitgeist verschrieben zu erscheinen, Werbetexter und Übersetzer von Werbetexten Opfer einer Erneuerungsspirale werden, die „zu einem teilweise anarchistischen Umgang mit Sprachnormen und zu neologistisch geprägter Lexik" (Buschmann 1994:223) führt. Der Reklame wird häufig unkorrekter Sprachgebrauch vorgeworfen. Einige Werbetexte enthalten grammatikalische, orthographische und syntaktische Fehler und vermitteln fremdsprachige Elemente. Die Qualität übersetzter Wer-

---

[6]   Janich schlägt vor, den Terminus ‚persuasiv' gegenüber ‚manipulativ' vorzuziehen, da er nicht so negativ konnotiert ist und mehr Spielraum für die Designation der Strategie lässt (vgl. Janich 1999:80).

betexte ist aber – wie gesehen – nicht nur an sprachlichen Fakten zu messen, sondern hängt vor allem von soziokulturellen Faktoren ab. Dass in Deutschland und Österreich deutsch gesprochen wird, ist nicht Grund genug dafür, die gleiche Werbung zu schalten. Für eine erfolgreiche Translation sollte daher der Zieltext keinesfalls lediglich ein simples Imitat des Ausgangstextes darstellen. Eine gelungene Werbetextübersetzung zu schaffen heißt, einen Zieltext zu kreieren, der den gleichen Effekt wie der Ausgangstext bewirkt. Das bedeutet somit also eher Re-Kreation statt Re-Produktion.

Mit zunehmendem technischem Inhalt steigt auch die Genauigkeit der Translation. Dabei wird entweder auf eine Korrespondenz von Wort zu Wort zurückgegriffen, oder der Übersetzer entscheidet sich für eine Vereinfachung des Inhalts. Begriffe wie ‚airbag‘ und ‚ABS‘ sind geläufig. Französische Werbetexter weigern sich trotz der Sprachgesetze, französische Äquivalente für englische Termini in ihre Werbespots einzubauen. So konnte sich das von den Terminologiekommissionen festgelegte Synonym „coussin gonflable“ nicht gegen seinen englischsprachigen Widersacher „airbag“[7] durchsetzen. Der französische Begriff wird nicht als fähig erachtet, technischen Fortschritt zu vermitteln. Die Internationalismen werden in dem Maße zunehmen, wie sich der Rhythmus technischer Neuerungen erhöht.

Scherr (2002:235) argumentiert, dass über die Werbung vermitteltes englisches Wortgut negativen Einfluss auf die Rezipienten habe. Sprachbarrieren seien eher ein Hindernis als eine Möglichkeit zur Identifikation. Um einen möglichst großen weltoffenen Rezipientenkreis zu erreichen, müssten Werber „die weltoffenste Sprache“ (ibid.:235) einsetzen. Und die sei Englisch. Allerdings bleibt zu hinterfragen, wer Englisch als die weltoffenste Sprache postuliert. Und ist es denn nicht doch die Werbung, die das Englische als lingua franca anpreist?

Der Einsatz des Englischen als grenzüberschreitendes Kommunikationsmittel vereinfacht die Situation für die Werbeproduzenten nicht. Der Rückgriff auf englischsprachige Elemente bleibt immer auch mit dem Risiko des Nichtverstehens verbunden. Daraus resultiert eine Wechselwirkung. Einerseits sollen englisch betitelte Waren beim Verbraucher das Gefühl evozieren, über muttersprachlich bezeichnete Produkte zu dominieren. Andererseits stellt sich die berechtigte Frage nach dem Verständnis. Häufig erweist sich die Sprachbarriere als zu groß, als dass das entlehnte Wort einen vollständigen Eingang in den Zielsprachgebrauch findet. Daher ist ein Hauptkritikpunkt in der Fremdwortdiskussion neben der Häufigkeit englischer Elemente auch deren geringe Assimilation an die Zielsprache. Der unverändert übernommene Anglizismus tritt in der französischen Werbesprache am häufigsten auf. Er stellt selten eine Substitution für französische Begriffe dar. Vielmehr ergänzt er die französische Werbesprache. Isoliert auftretende Anglizismen in der Reklame werden selten in die Allgemeinsprache integriert, da sie – sobald sie nicht mehr ihre vorrangige Funkti-

---

[7] (der eine deutsche Erfindung ist)

on erfüllen, Aufmerksamkeit beim Rezipienten zu erzeugen – d urch andere Wörter ersetzt werden können.

Es stellen sich daraus resultierend zahlreiche Fragen, die es im Hinblick auf die Translation von Werbetexten zu beachten gilt.

- Werden die Effekte der fremdsprachlichen Elemente gewahrt?
- Welche Sprache genießt wo welches Prestige?
- Wie können gesetzliche Einschränkungen der Werbesprache in den Übersetzungen kompensiert werden?
- Sollte der Testimonial für das Zielland beibehalten oder eine andere Person gewählt werden?
- Inwiefern beeinflussen gesellschaftlich-politische Umstände die Sprachverwendung?
- Sollte bei Zweifeln an der Qualität des Zieltextes auf eine textärmere Werbung zurückgegriffen werden?

5 Zusammenfassung und Ausblick

Die Übersetzung eines Werbetextes ist aufgrund seiner Vielschichtigkeit ein sehr komplexes Phänomen, dem aus translatologischer Sicht noch nicht genügend Aufmerksamkeit zuteil wurde. Zu den in Bezug auf die Translationsqualität relevanten Problemen gehört die Wiedergabe fremdsprachlicher Elemente in diesen Texten. Im Rahmen einer Pilotstudie (Gerisch 2004) konnten erste Ergebnisse zu diesem Themenkomplex gewonnen werden, die im Rahmen eines Projektes zu Rolle, Verbreitung und Form fremdsprachlicher Elemente in der Werberhetorik sowohl in der Zeitschriften- als auch der Fernsehwerbung weiter zu verfolgen sind. Die um die akustische Komponente erweiterte TV-Reklame schöpft aus einem noch weitaus größerem Reservoir an Möglichkeiten, Fremdsprachliches einzusetzen. Dabei wird insbesondere auch auf die Korrelation von Fachsprachen und fremdsprachlichen Elementen einzugehen sein. Außerdem sind die Zusammenhänge zwischen verschiedenen Zielgruppen und der Verwendung von Fremdsprachen ein wichtiger linguistischer und übersetzungswissenschaftlicher Aspekt, den es – gerade im Hinblick auf die Verbesserung der Qualität von übersetzten Werbetexten - zu untersuchen gilt.

Bibliographie

Bastian, Sabine et al. (2000): „,Nanocapsule de vitramine E pure', ,Double Sérum 38', ,l'élimination des bactéries de la vaisselle'... ? Vom Sinn und Unsinn fachsprachlicher Mittel in der Werbung." Morgenroth, Klaus (Hrsg.): *Hermetik und Manipulation in den Fachsprachen.* Tübingen: Narr, 83-106.

Braselmann, Petra (1999): *Sprachpolitik und Sprachbewusstsein in Frankreich heute.* Tübingen: Narr.

Buschmann, Matthias (1994): „Zur Jugendsprache in der Werbung." *Muttersprache*, 219-231.

Beinke, Christiane (1990): *Der Mythos franglais. Zur Frage der Akzeptanz von Angloamerikanismen im zeitgenössischen Französisch - mit einem kurzen Ausblick auf die Anglizismen-Diskussion in Dänemark.* Frankfurt am Main: Lang.

Calderón, Marietta (1998): „La vita può essere bella, und was nationale Stereotypen in Werbetexten dazu beitragen können." Rainer, Franz (Hrsg.): *Wirtschaftssprache.* Frankfurt/Main: Lang, 203-214.

Gerisch, Gordon (2004): *Fremdsprachige Elemente in französischen Werbetexten. Ein linguistischer Vergleich zur Werbung in Zeitschriften und im Fernsehen.* Magisterarbeit, Universität Leipzig.

Guidère, Mathieu (2000): *Publicité et traduction.* Paris: L'Harmattan.

Hahn, Stephan (2000): *Werbediskurs im interkulturellen Kontext: semiotische Strategien bei der Adaption deutscher und französischer Werbeanzeigen.* Wilhelmsfeld: Gottfried Egert Verlag.

Janich, Nina (1999): *Werbesprache. Ein Arbeitsbuch.* Tübingen: Narr

Janich, Nina (2001): *Werbesprache. Ein Arbeitsbuch.* 2., vollständig überarbeitete und erweiterte Auflage. Tübingen: Narr.

Januschek, Franz (1974): „Werbesprache: erklärt aus ihrer Funktion und ihren Rezeptionsbedingungen." *Sprache im technischen Zeitalter,* 51, 241-160.

Junker, Gerhard H. (2001): „Der Zeitgeist spricht Englisch." Zabel, Hermann (Hrsg.): *Denglisch, nein danke! Zur inflationären Verwendung von Anglizismen und Amerikanismen in der deutschen Gegenwartssprache.* Paderborn: IFB-Verlag. 113-142.

Lehnert, Martin (1992): „Anglophonie und Frankophonie. Kooperation und Konfrontation zweier Weltsprachen." Blank, Claudia (Hrsg.): *Language and Civilization. A Concerted profusion of Essays and Studies in Honour of Otto Hietsch.* Frankfurt/Main et al.: Lang, 656-682.

Mattelart, Arman (1998): *La mondialisation de la communication.* Paris: PUF.

Pergnier, Maurice (1989): *Les anglicismes – danger ou enrichissement pour la langue française?* Paris: PUF.

Pfandl, Heinrich (2002): „Wie gehen die slawischen Sprachen mit Anglizismen um? (Am Beispiel des Russischen, Tschechischen und Slowenischen)." Muhr, Rudolf / Bernhard Kettemann (Hrsg.): *Eurospeak. Der Einfluss des Englischen auf europäische Sprachen zur Jahrtausendwende.* Frankfurt/Main et al.: Lang, 117-154.

Plümer, Nicole (2000): *Anglizismus – Purismus – sprachliche Identität. Eine Untersuchung zu den Anglizismen in der deutschen und französischen Mediensprache.* Frankfurt am Main: Lang.

Scherr, Michael (2002): „Anglizismen in der Sprache der Werbung. Kommentar eines Werbetexters zur Anglizismendiskussion." Muhr, Rudolf / Bernhard Kettemann (Hrsg.): *Eurospeak. Der Einfluss des Englischen auf europäische Sprachen zur Jahrtausendwende.* Frankfurt/Main et al.: Lang, 233-235.

Schmitt, Peter A. et al (1998) (Hrsg.): *Handbuch Translation.* Tübingen: Stauffenburg.

Schütz, Armin (1968): *Die sprachliche Aufnahme und stilistische Wirkung des Anglizismus im Französischen, aufgezeigt an der Reklamesprache 1962-1964.* Meisenheim am Glan: Hain.

Wenjian, Jia (2002): *Werbegeschichte als Kommunikationsgeschichte. Analyse der Anzeigenwerbung im Spiegel von 1947 bis 1990.* Göttingen: Cuviller.

Johanna Gerstner
Leipzig
Probleme beim Korrekturlesen: Praxisperspektiven

Vorbemerkung

Dieser Beitrag ist aus meiner persönlichen Erfahrung als Korrektorin bei einem Leipziger Übersetzungsbüro entstanden. Die hier angeführten Probleme und Beispiele lassen sich nicht unbedingt generalisieren, da die Arbeitsabläufe von Büro zu Büro individuell organisiert sind. Der Beitrag versteht sich als Praxisbericht und schließt nicht aus, dass hier angesprochene Probleme in der übersetzungswissenschaftlichen Literatur bereits behandelt wurden.

1 Einleitung

Als Prototyp für die Fehler, die in der Regel nur von einer anderen Person als dem Übersetzer selbst entdeckt werden, also Fehler, die zum spezifischen Aufgabenbereich eines Korrektors in einem Übersetzungsbüro gehören, soll das folgende Beispiel stehen.

Der Übersetzungsauftrag lautet: Übersetzung des deutschen Textes in die englische Sprache (keine nähere Spezifizierung). In diesem Text geht es u. a. um das Holocaust-Denkmal in Berlin; die Überschrift des Textes lautet:

Umstrittenes Gedenken

Der Übersetzer, ein englischer Muttersprachler, übersetzt die Überschrift mit:

disputed thoughts

Hier liegt die Vermutung nahe, dass er *Gedanken* anstatt *Gedenken* gelesen, und das, was er auf den ersten Blick sah, übersetzt hat ohne noch einmal genau hinzusehen. Solche Fehler werden in der Regel nur von einem Korrektor gefunden, denn die eigenen Fehler findet man bekanntlich nur selten.

Doch was ist eigentlich ein Korrektor? Was tut er und was sind seine Aufgaben?

2 Die Korrektoren im konkreten Fall

Das Übersetzungsbüro, in dem ich meine Beobachtungen gemacht habe, beschäftigt derzeit etwa 70 Übersetzer und 15 Korrektoren. Die Übersetzer arbeiten in drei Büros in Deutschland und Großbritannien sowie freiberuflich von zuhause. Die zentrale „Korrekturabteilung" befindet sich in Leipzig – nicht zuletzt aufgrund der Tatsache, dass dort der Studiengang Diplom-Übersetzen bzw. Diplom-Dolmetschen (seit Oktober 2006 der B.A. Translation) angeboten wird und daher Studenten dieses Studiengangs als potenzielle Korrektoren zur Verfügung stehen.

Die Korrektoren des Büros sind ausschließlich Studenten des Instituts für Angewandte Linguistik und Translatologie (IALT), idealerweise bereits im Hauptstudium.

Es gibt verschiedene Arten des Qualitätslektorates, einige davon werden in der Fachliteratur etwa von Mohammed Didaoui erwähnt (Didaoui 1999:381 ff.). Im vorliegenden Fall führen die Korrektoren die sogenannte *Top-down-Korrektur* durch. Bei der Top-down-Korrektur „wird die Übersetzung eines erfahrenen Übersetzers von einem weniger erfahrenen/qualifizierten Übersetzer überprüft." (Didaoui 1999:382), in diesem Fall also von Studenten der translatologischen Studiengänge am IALT.

Alle Korrektoren des Büros sind deutsche Muttersprachler. Oft wird behauptet, es sei nicht sinnvoll, Texte in der Fremdsprache Korrektur zu lesen. Dass diese Behauptung nur bedingt stimmt, macht das folgende Beispiel einer Übersetzung vom Deutschen ins Englische deutlich:

AT: ÖNORM B 4014-1AC1   1998   Statische Windwirkungen – Berichtigung

ÜS: ÖNORM B 4014-1   AC1   1998   Static Wind Effects – *Report*

Auch hier hat der Übersetzer offensichtlich unaufmerksam gelesen oder schlicht die Bedeutung des Wortes *Berichtigung* nicht erkannt. Diesen Fehler hätte er wahrscheinlich auch bei nochmaligem Durchlesen der Übersetzung nicht bemerkt. Aus sprachlicher Sicht ist der Fehler auch durchaus nachvollziehbar, denn im Deutschen gibt es ja viele von Verben abgeleitete Substantive, die mit dem Suffix -ung enden. Es wäre also durchaus möglich (aus der Sicht einer Person, deren Muttersprache nicht Deutsch ist), das Wort *Berichtigung* vom Verb *berichten* abzuleiten.

Ziel des Korrekturlesens ist also tatsächlich das Entdecken von Fehlern, die dem Übersetzer unterlaufen sind und die er bei nochmaligem Lesen seiner eigenen Übersetzung wohl auch nicht finden würde.

3 Die Arbeit der Korrektoren

Wie sieht also die Arbeit der Korrektoren aus, welche Aufgaben nehmen sie wahr, beziehungsweise sollen sie wahrnehmen?

Grundsätzlich werden im konkreten Fall – vor allem aus Kapazitätsgründen – nicht alle Übersetzungen Korrektur gelesen, sondern hauptsächlich diejenigen von Berufsanfängern, Praktikanten und von den meisten Übersetzern, deren Muttersprache nicht Deutsch ist. Die überprüften Texte werden von den Korrektoren komplett gelesen, d. h. es werden nicht nur Stichproben von einzelnen Seiten oder z. B. von Zahlen und Eigennamen gemacht, sondern es wird die ganze Übersetzung parallel zum ganzen Ausgangstext gelesen, es wird ein AT-ZT-Vergleich vorgenommen.[1]

---

[1] Siehe hierzu auch DIN EN 15038, Punkt 2.10, wo Korrekturlesen definiert ist als „[...] Vergleichen von Ausgangs- [...] und Zieltexten."

Erste Aufgabe des Korrektors ist die Prüfung der Übersetzung auf Vollständigkeit. Auch der erfahrenste Übersetzer hat schon irgendwann einmal Teile eines Textes übersehen, sei es eine Bildunterschrift, den Inhalt einer Klammer etc.

Zur Prüfung auf Vollständigkeit kommt die Prüfung des Textlayouts, vor allem bei Texten, die zur Veröffentlichung gedacht sind, ob gedruckt oder – was immer häufiger vorkommt – in digitaler Form im Internet.

Zu den weiteren Aufgaben des Korrektors gehört die Prüfung der Übersetzung auf Grammatik und Rechtschreibung und auf Tippfehler. Wichtig sind hier vor allem Eigennamen, die bei falscher Schreibweise auch von der Rechtschreibprüfung des Computers nicht entdeckt werden. Doch gerade diese Fehler fallen selbst Kunden ohne entsprechende Fremdsprachenkenntnisse auf und hinterlassen einen entsprechend schlechten Eindruck.

Hinzu kommt die Prüfung des Textes auf sprachliche Einheitlichkeit, vor allem mit Blick auf Termini in Fachtexten.

Die sprachliche Richtigkeit, also das Einhalten von Sprachkonventionen, muss für deutsche Texte unbedingt gewährleistet sein, für fremdsprachige Texte ist es jedoch bei Korrektoren mit Deutsch als Muttersprache nur bedingt möglich. Hierzu gehören auch Textsortenkonventionen.

Ein Beispiel:

> Vertrag über die Bereitstellung einer grundlegenden Dokumentation zur Due Diligence der Gesellschaft [...] mit Sitz in [...]
>
> Firmen-Identifikationsnummer: [...] (*weiter* „Übertragender 1")

Natürlich versteht der Leser die Übersetzung auch, wenn er das Wort *weiter* liest. Doch beachtet man die deutschen Textsortenkonventionen für Verträge, müsste es an dieser Stelle z. B. *nachfolgend* oder *im Folgenden* heißen.

Zu den bereits genannten Aufgaben der Korrektoren kommt außerdem das Prüfen der Übersetzung auf richtigen Inhalt bzw. Sinn. Obwohl es sich bei der Korrektur im vorliegenden Büro nicht um ein Fachlektorat handelt[2], das nur von Fachleuten wie z. B. Medizinern oder Juristen vorgenommen werden kann, ist der Korrektor in der Lage festzustellen – und er muss unbedingt feststellen – ob der Übersetzer den Ausgangstext richtig verstanden hat, denn nur dann kann dieser ja bekanntlich richtig übersetzt werden.

Daher wird auch in den folgenden drei Beispielen für fehlerhafte Übersetzungen vom Deutschen ins Englische wieder deutlich, dass es durchaus sinnvoll ist, Muttersprachler des Ausgangstextes mit der Korrektur zu betrauen:

1) AT: ITB (Internationale Tourismusbörse)

   ÜS: International Tourism *Exchange* (richtig : Intern. Tourism Trade Fair)

2) AT: Staatskapelle

---

2 Zum Fachlektorat siehe auch Didaoui (1999:382) sowie DIN EN 15038, Punkt 2.8 fachliche Prüfung.

ÜS: state *choir* (richtig: state orchestra)

3)   AT: Currywurst mit Darm

ÜS: with *intestines* (richtig: with skin)

Natürlich heißt ITB Internationale Tourismus Börse, und obwohl Börse in anderen Fällen durchaus mit *exchange* zu übersetzen ist, ist es an dieser Stelle ein Fehler, geht es doch um eine Fachmesse, was der Übersetzer wohl nicht wusste, und nicht um einen Markt für Aktien, Anleihen oder Devisen.

Auch die anderen Beispiele zeigen, dass der tatsächliche Inhalt des AT (oder der einer Currywurst) nicht verstanden wurde.

Im Ausnahmefall ist es auch Aufgabe der Korrektoren, für den Übersetzer zu recherchieren, denn in der Praxis wächst der Zeitdruck für Übersetzer mehr und mehr. So gelingt es trotz aller Bemühungen nicht immer, z. B. alle Termini oder Abkürzungen zu finden. In diesem Fall ist der Korrektor derjenige, der sich noch einmal Zeit nehmen und die Recherche des Übersetzers, hoffentlich erfolgreich, zu Ende bringen kann.

Die Korrektur einer Übersetzung wird mit der sogenannten Korrekturauswertung abgeschlossen. Hierbei handelt es sich um das Führen einer Tabelle im Excel-Format, in die der Korrektor die Auftragsnummer, Sprachrichtung, seine Einschätzung des Schwierigkeitsgrades der Übersetzung, sowie die Fehler, die in der Übersetzung vorhanden waren, einträgt. Dies erlaubt es bei regelmäßigem Überprüfen eines Übersetzers, dessen Stärken und Schwächen zu finden, ein gewisses *quality rating* vorzunehmen, was nicht unbedingt zum Nachteil des Übersetzers sein muss, sondern auch helfen kann, dessen besonders starke Fachgebiete oder Textsorten zu finden und künftig Übersetzungsaufträge noch besser unter den einzelnen Übersetzern zu verteilen.

4 Problemfelder beim Korrekturlesen

Es stellen sich in diesem Zusammenhang also mehrere Fragen zum Korrekturlesen.

Frage 1: Wie sollte idealerweise der Kontakt / die Rücksprache zwischen Korrektor und Übersetzer aussehen, falls der Korrektor Fragen in Bezug auf die Übersetzung hat?

Dies ist eigentlich eine banale Frage, doch in der Praxis durchaus von Bedeutung. Ideal ist es natürlich, wenn Übersetzer und Korrektor im gleichen Büro arbeiten und der Korrektor mit Fragen direkt (physisch) zum Übersetzer gehen kann. Schwieriger wird es hingegen schon, wenn der Übersetzer in einem anderen Büro oder sogar von zu Hause arbeitet. Dann stellt sich die Frage: Sollte es einen „heißen Draht" zum Übersetzer geben? Wie oft sollte oder darf dieser genutzt werden? Auch der Zeitfaktor spielt hier eine nicht unerhebliche Rolle, denn Übersetzer in Übersetzungsbüros arbeiten meist unter Zeitdruck. Je häufiger also der Korrektor z. B. anruft oder zum Übersetzer kommt, desto mehr Zeit – und Geld – kostet die Korrektur (Korrektoren werden im vorliegenden Fall nach Stunden bezahlt) und desto häufiger muss der Übersetzer seine eigene Arbeit unterbrechen.

Auf der anderen Seite könnten aber durch bessere Rücksprachemöglichkeiten oder durch häufigeres Rückfragen eventuell Reklamationen vermieden werden. Hierzu gehört auch, dass Absprachen, die zwischen dem Kunden und dem Büro getroffen werden, in ihren wichtigsten inhaltlichen Punkten auch an den Korrektor weitergegeben werden sollten, was nicht immer der Fall ist. Oft wird vergessen, dass der Korrektor seine Arbeit nur dann richtig machen kann, wenn auch er über alle nötigen Informationen bezüglich einer Übersetzung/eines Übersetzungsauftrages verfügt. In der Praxis werden manchmal gerade die Dinge vom Korrektor geändert, die aus bestimmtem Grund so und nicht anders gemacht wurden, weil z. B. der Kunde sich diese spezielle Terminologie gewünscht hat, der Korrektor dies jedoch nicht wusste und die „Abweichung" als Fehler oder als stilistisch nicht einwandfrei gewertet hat. Es wäre also durchaus wünschenswert, den Korrektor direkter in den Auftrag mit einzubeziehen, ihn z. B. auch wissen zu lassen, ob es sich um eine reine Informationsübersetzung handelt (ob also nicht äußerst penibel auf stilistische Fragen oder das Layout geachtet werden muss) oder um einen „langlebigen" Text, also eine Übersetzung, die z. B. veröffentlicht wird.

Wie und ob diese engere Einbeziehung des Korrektors praktisch umsetzbar ist, müsste jedoch noch untersucht bzw. für jeden einzelnen Fall individuell geklärt werden. Hier könnte man ein Formular nutzen, in das standardmäßig die wichtigsten Daten und Informationen zur Übersetzung oder zum Auftrag eingetragen werden - jedoch wirklich nur die wichtigsten, denn das Ausfüllen sollte so wenig Zeit wie möglich in Anspruch nehmen. Solche Formulare existieren bereits ansatzweise, könnten jedoch noch effizienter gestaltet werden und sollten immer auch dem Korrektor zugänglich gemacht werden.

Mein Vorschlag für die Mindestinformationen in einem solchen Formular wäre:

Auftragsnummer
Sprachrichtung
Zweck und Adressaten der Übersetzung
ob für firmeninternen oder -externen Gebrauch
ob zur Veröffentlichung
besondere Absprachen mit dem Kunden

Frage 2: Wie sollten Absprachen der einzelnen Korrektoren untereinander aussehen?

Diese Frage ist wichtig, wenn zwei oder – im Extremfall – noch mehr Korrektoren an einem Text lesen. Das kommt bei langen Texten durchaus vor. Die Korrektoren im vorliegenden Fall arbeiten in der Regel halbtags, neben dem Studium, und können daher eine lange Übersetzung manchmal nicht zuende lesen.

Welche Absprachen sind also zu treffen, wenn der Text an einen anderen Korrektor „weitergereicht" wird?

Ziel ist immer eine Übersetzung, die sowohl qualitativ gut als auch terminologisch und stilistisch einheitlich ist. Sollte vielleicht im Voraus vom Übersetzer eine Terminologieliste erstellt werden oder – falls dies bereits geschehen ist – die existierende an den Korrektor gegeben werden? Dies gibt es bereits hin und wieder, doch leider entsteht eine Terminologieliste in der Regel nicht automatisch – meist aus Zeitmangel. Das Zeitproblem könnte gelöst werden, indem der Korrektor die Liste erstellt und der Übersetzer diese nur noch „autorisieren" muss. Eine solche Terminologieliste könnte dann an einen zweiten Korrektor weitergegeben werden.

Frage 3: In wieweit muss der Korrektor der Arbeit des Übersetzers „vertrauen"?

Es steht außer Frage, dass die Übersetzung das Produkt des Übersetzers bleibt und der Korrektor daran im Idealfall nichts ändert oder auch ändern muss. Doch auf der anderen Seite ist der Korrektor im Normalfall der Letzte, durch dessen Hände der Text geht, bevor dieser an den Kunden geliefert wird. Eine abschließende Autorisierung der Übersetzung durch den Übersetzer gibt es nicht. Welche Dinge sollte der Korrektor grundsätzlich noch einmal nachprüfen? Vielleicht alle Eigennamen, Adressen oder gar Termini? Könnte hierfür eine Art Leitfaden entwickelt werden? Wenn ja, wie sollte der aussehen und wer sollte ihn entwickeln?

Die Erfahrung zeigt, dass insbesondere Gesetzestitel, Eigennamen, Bezeichnungen von Einrichtungen, Institutionen usw. tendenziell eher neu übersetzt werden, anstatt die bereits vorhandene, gängige oder sogar offizielle Übersetzung zu verwenden – vielleicht auch aus Zeitmangel für die Recherche.

Im folgenden Beispiel geht es um das Gemälde „Die niederländischen Sprichwörter" von Pieter Brueghel. Natürlich wird der ZT-Adressat auch die Übersetzung des Titels mit *The Dutch Proverbs* verstehen, doch der Titel des Bildes lautet im Englischen *The Netherlandish Proverbs*. Dies hätte der Übersetzer recherchieren müssen – oder nicht?

Wo also beginnt die Recherchepflicht des Korrektors? Auch hier spielt u. a. der Zeitfaktor eine wichtige Rolle.

Frage 4 ist wohl die Frage, die sich jeder Übersetzer stellt und erst recht jeder, der eine Übersetzung bewerten soll: Was ist ein Übersetzungsfehler?

Korrektoren müssen noch weiter fragen: Wie sind Fehler zu bewerten, ab wann sind Änderungen in der Übersetzung vorzunehmen? Hier gibt es viel Uneinigkeit, woraus sich verschiedene Modelle ergeben.

Natürlich gibt es eindeutige, objektive Fehler, z. B. in Punkto Rechtschreibung oder Grammatik. Aber wie ist es mit nicht ganz so eindeutigen Dingen wie Kollokationen oder Satzbau? Was ist, wenn der verwendete Begriff vielleicht nicht so üblich ist und ein anderer gängiger wäre? Darf so etwas geändert werden, sollte so etwas geändert werden oder ist dies bereits dem Stil des Übersetzers zuzurechnen und somit nicht zu ändern? Überkorrekturen sind unbedingt zu vermeiden.

In älteren Duden stand z. B. unter dem Stichwort *anbetreffen* nur: *was mich anbetrifft...*. Im aktuellen steht schon: *was jdn., etw. anbetrifft.* Hat der Duden, haben die jeweiligen Standardwerke wie der Micro Robert oder das Oxford Advanced Learner's Dictionary immer das letzte Wort? Sprache entwickelt sich weiter.

Ein weiteres Beispiel aus der Praxis zum Thema Kollokation:

> Nutzen der Vereinbarungen, die mit allen Zulieferern, Lieferanten und Dienstleistungsgesellschaften *gemacht* wurden

Natürlich versteht man den Text, auch wenn die Kollokation nicht die richtige ist (eine Vereinbarung *treffen*). Liegt hier also kein Fehler vor? Oder doch?

Und ist das folgende Beispiel ein Fehler?

> Übersetzung: 2.0 kN/m2
>
> nach Korrektur: 2.0 kN/m²

Die Praxis hat gezeigt, dass solche „Kleinigkeiten" von den Korrektoren durchaus unterschiedlich gehandhabt werden.

Bei den folgenden Beispielen hingegen wären sich die meisten Korrektoren wohl einig:

> AT : Le loueur déclare et garantit qu'il est *régulièrement* propriétaire des marques ci-dessus...
>
> ÜS: Der Vermieter erklärt und garantiert, dass er der *regelmäßige* Eigentümer der oben genannten Marken ist... (richtig: der rechtmäßige...)

> AT: „Co-operative" means ...., a co-operative with *excluded liability* organised under the laws of the Netherlands and having ist registered office in ...., the Netherlands.
>
> ÜS: mit ausgeschlossener *Haftpflicht* (richtig: Haftung)

Frage 5: Wäre der Einsatz einer bürointernen Terminologiedatenbank sinnvoll? Wenn ja, wie sollte sie aufgebaut sein, welche Inhalte sollte sie enthalten, wer sollte sie pflegen?

Vielleicht könnte eine solche Datenbank helfen, Zeit zu sparen, denn die Erfahrung zeigt, dass es gerade im Bereich von Lebensläufen, Zeugnissen, Schulabschlüssen und Schulbezeichnungen – um hier nur einige zu nennen – immer wieder die gleichen Wörter und Formulierungen sind, die jedes Mal neu nachgeschlagen werden und wo nur selten Einigkeit herrscht. Gerade Berufsbezeichnungen, Schulabschlüsse und Schularten, die so nur in einem Land existieren, werden sehr unterschiedlich übersetzt. Und auch Wörterbücher sind sich hier ja nicht immer einig. Aber hier könnte eventuell wenigstens firmenintern Einheitlichkeit geschaffen werden. Es ginge also nicht darum, ein neues, allumfassendes Wörterbuch zu schaffen, sondern speziell für die Bedürfnisse dieses einen Büros eine kleine Hilfe zu erarbeiten.

Frage 6: Wo liegen die Kompetenzen des Korrektors, wie weit gehen sie? Was darf ohne Rücksprache mit dem Übersetzer, dem Büroleiter oder anderen Korrektoren geändert werden?

Natürlich ein fehlendes Komma oder ein Tippfehler. Aber was gehört noch zu diesen Kleinigkeiten, was nicht mehr? Wo ist die Grenze? Wohl kaum beim Rechtschreibfehler, aber vielleicht beim Sinn- oder Inhaltsfehler? Auch das wird bislang unterschiedlich gehandhabt und kann mitunter auch zu Konflikten mit dem jeweiligen Übersetzer führen, der sich vielleicht gerade an der Stelle, die der Korrektor ändert, besonders viel Mühe gegeben hat und seine Übersetzung bewusst gewählt hat. Aufschluss darüber, ob es sich (schon) um einen Fehler handelt oder eher nicht, kann manchmal die Diskussion mit anderen Korrektoren und Übersetzern geben – doch auch deren Meinung ist immer subjektiv.

Frage 7: Wie sollten evtl. Änderungen in der Übersetzung vorgenommen werden? Sollte der Korrektor sie direkt einarbeiten, oder – wie bisher üblich – eine Version der Übersetzung mit sichtbaren Korrekturen und eine Reinversion des Textes für den Kunden erstellen? Sollten die Änderungen erst nach Absprache / ohne Absprache mit dem Übersetzer vorgenommen werden?

Vielleicht wäre es besser, dem Übersetzer eine Liste mit nötigen Änderungen zu geben, damit dieser selbst die Änderungen einpflegt oder ggf. erklären kann, warum das genau hier eben *kein* Fehler ist. Vielleicht könnten beide Seiten so dazulernen.

5 Ausblick

Dieser Beitrag sollte einen kleinen Einblick in die Probleme geben, die beim Korrekturlesen auftreten können. Es hat sich gezeigt, dass es noch viele offene Fragen bezüglich des Korrekturlesens gibt. All diese Fragen müssen bedacht werden, auch wenn die Antworten nicht sofort und generell gegeben werden können.

Vielleicht könnte ein kleines Handbuch für Korrektoren eine Hilfe sein. Natürlich müsste solch ein Handbuch für jedes Büro anders aussehen, da sich die Arbeitsweisen von Büro zu Büro zum Teil erheblich unterscheiden.

Für die weitere Forschung zum Thema Korrekturlesen gibt es verschiedene vorstellbare Ansätze, die folgenden Vorschläge seien als Anregung genannt:

Es könnte untersucht werden, ob (für eine spezifische Einsatzumgebung) eine Terminologiedatenbank sinnvoll wäre und wie diese aussehen könnte.

- Eine im Qualitätswesen oft zitierte Definition ist „Qualität ist, was der Kunde will" – denkbar ist daher auch eine Auswertung von Kundenreklamationen, um zu sehen, ob sich der Qualitätsbegriff des Übersetzers /

des Korrektors mit dem des Kunden deckt, oder ob Qualität eben nicht immer das ist, was in der Übersetzerausbildung gelehrt wird. Legen Kunden – in der Regel Laien in Sachen Übersetzung – vielleicht Wert auf Aspekte, die in der Übersetzerausbildung nicht oder ungenügend behandelt werden?

- Eine weitere Möglichkeit bestünde in einer Analyse von Korrekturauswertungen, um zu sehen, welche Fehler gemacht und von Korrektoren auch tatsächlich entdeckt werden, um zu sehen was verbessert wird und eventuell auch, ob es zu Recht oder vielleicht sogar zu Unrecht verbessert, ja „verschlimmbessert" wird.
- Es wäre auch denkbar, einen kurzen Fragebogen zu entwickeln, der vom Kunden auszufüllen ist. Meistens lauten Übersetzungsaufträge ja nur „Bitte übersetzen Sie diesen Text von Sprache A in Sprache B". Auf weitere Fragen, z. B. wofür der Text verwendet werden soll, geben Kunden oft keine eindeutige Antwort oder denken, dass dies der Übersetzer doch nicht zu wissen brauche, er soll ja nur übersetzen. Daher wäre es vielleicht leichter, dem Kunden Fragen zu stellen, die er eindeutig beantworten kann und mit denen der Übersetzer auch etwas anfangen kann, wie z. B. wie viele Personen werden den Text lesen, wie lange werden sie sich damit beschäftigen. Soll der Text lediglich als Information dienen oder gedruckt und veröffentlicht werden?
- Mit so einer Art Fragebogen ließen sich vielleicht Reklamationen vermeiden, denn der Kunde müsste sich schon zu Beginn des Auftrages überlegen, was für ein Produkt er eigentlich möchte. Zudem könnte der Übersetzer mitunter auch Zeit sparen – durch Nachfragen beim Kunden und, z. B. im Fall einer reinen Informationsübersetzung, indem er die zeitintensive Erstellung des Layouts weglassen könnte etc. Diese Informationen könnten dann auch dem Korrektor zugänglich gemacht werden, denn es kommt durchaus vor, dass der Korrektor sich z. B. über ein unzureichendes Layout ärgert und nachbessert, obwohl dies dem Kunden überhaupt nicht wichtig ist. Hier sei noch einmal auf die nötige Rücksprachemöglichkeit zwischen Korrektor und Übersetzer hingewiesen.

Bibliographie

Didaoui, Mohammed (1999): „Qualitätslektorat." Snell-Hornby, Mary / Hönig, Hans G. / Kußmaul, Paul / Schmitt, Peter A. (1999) (Hrsg.): *Handbuch Translation*. Tübingen: Staufenburg Verlag Brigitte Narr GmbH.

DIN EN 15038:2006 Übersetzungs-Dienstleistungen – Dienstleistungsanforderungen; Deutsche Fassung EN 15038:2006

Susanne Göpferich

Graz

Optimizing Reverbalization as a Target-group-centered Empirical Method for Translation Quality Assessment

1 Assessing translation quality within the functionalist paradigm

Both translation theorists and translation practitioners agree that measuring the translation quality of pragmatic texts involves determining the degree to which they are skopos-adequate (cf., e.g., Reiß/Vermeer 1984; Holz-Mänttäri 1984). The question that has not been answered yet, however, is how skopos adequacy can be determined empirically without leaving the functionalist paradigm (House 1997:12, 14). According to Hönig (1998:49), translation quality assessment within the functionalist paradigm is not possible without recourse to methods of readability and comprehensibility research. This paper will focus on such a method for descriptive (non-instructive) texts.

To determine the comprehensibility of both instructive and non-instructive texts numerous methods have been devised. Schriver (1989) provides a review of these methods and classifies them into three categories: "text-focused methods," "expert-judgement-focused methods," and "reader-focused methods".

An example of text-focused methods is the application of readability formulas. These are popular because they can easily and quickly be applied by means of computer programs but do not give us deeper insight into the comprehensibility of the texts to which they are applied because they take into account only certain lexical, syntactical, and stylistic aspects of what makes a text comprehensible or incomprehensible.

An expert-judgement-focused method is the employment of my Karlsruhe comprehensibility concept. It has proved a reliable instrument in pre-optimizing non-instructive texts (cf. Göpferich 2006[2]:154ff.) but cannot replace target-group-centred empirical research into text comprehensibility.

Reader-focused or, to be more precise, target-group-focused methods undoubtedly provide the least speculative and most reliable results on text comprehensibility because this is a relative text quality which depends on the audience, whose comprehension and comprehension problems are central for its evaluation. Schriver (1989:241) emphasizes that an optimal text evaluation method should provide two types of information:

> (1) information about whole-text or global aspects of text quality, and (2) information about how the audience may respond to the text.

The method presented in this article belongs to the category of target-group-focused methods.

Other types of target-group-focused empirical methods employed so far in comprehensibility research are cloze procedures, questions on the texts whose comprehensibility is to be determined, and reproductions of such texts. These methods have the disadvantage, however, that they measure either only aspects of the texts' comprehensibility (e.g., the predictability of words and phrases that fill gaps, the comprehensibility of words or passages relevant for answering the questions asked) or merely their rough overall comprehensibility. Furthermore, some of these methods lead to a confusion of the concepts of comprehensibility and retainability (cf. the research review in Schriver 1989:244ff. and in Göpferich 2006[2]:Chap. 4).

In this article, I will present *optimizing reverbalization using thinking aloud and log files* as a target-group-centered empirical method for determining the comprehensibility (and thus an important aspect of the skopos adequacy) of texts. It takes into account every detail of the texts to be analyzed, is independent of the texts' retainability, and does not only allow the researcher to detect where the texts are incomprehensible, but also where they are hard to understand and where they give rise to misunderstandings or a demand for further information which is not given in the texts.

Since the publication of Ericsson's and Simon's *Protocol Analysis: Verbal Reports as Data* in 1984 (Ericsson/Simon[2]1999), thinking aloud has found its way into the exploration of writing processes and (interlingual) translation processes. To gain deeper insight into these processes, the method of thinking aloud has been combined with the use of the software TRANSLOG developed by Jakobsen and Schou (Jakobsen 1999). This software records (logs) all keystrokes and mouse clicks during writing processes as well as the time intervals between them without the user of this software realizing this.

I have adopted the thinking-aloud method combined with the use of TRANSLOG to investigate the comprehensibility of a popular science text on diabetes. The text is not a translation, but an original; the method of optimizing reverbalization with thinking-aloud and log files, however, can be used to determine the comprehensibility of any pragmatic text within the functionalist paradigm, no matter whether it is a translation or an original text.

The application of thinking-aloud in comprehensibility research is not new either. In the past, however, this method was only used either in reading comprehension research to determine text comprehension during reading processes, or it was used during revision processes (cf. Schriver 1989:249). As translators know from experience, however, text reception is much deeper when a text is not just read for reasons of interest, but in order to translate it into another language or to paraphrase it (cf. also Shreve et al. 1993). Working with texts in this way often makes obstacles to comprehension arise which the reader would never have realized without the additional text processing task. For this reason, in the experiments described in the following reading a text was combined with its optimization. This optimization can be considered a type of intralingual translation. Thinking-aloud during revision processes has the disadvantage that this is no reader-focused, but an expert-judgement-focused method and the subjects have to speculate about the text's comprehensibility for its audience.

In my article, I will give a detailed description of the method I employed and present what it reveals about the comprehensibility of a diabetes text. Subsequently, I will evaluate the experimental design and make suggestions on how it can be improved in future research.

2 The method employed

Five subjects, who belong to the target group of the popular science text on diabetes reproduced in Appendix A[1], were asked to reverbalize this text in TRANSLOG in such a way that the result was optimally comprehensible for its target group. The target group is specified as follows on the website where the text to be optimized appears: "These contributions provide basic information on diabetes mellitus for which no prior knowledge is required." (DDZ 2004; my transl.). During the experiment, the subjects had to think aloud ("level 1 verbalizations" according to Ericsson/Simon 1999:79).

2.1 The subjects

All subjects were female and either students in the degree programme "Translation and Interpreting" at the Department of Translation Studies of the University of Graz, had graduated from this programme, or were lecturers there. Their mother tongue was German; four of them were Austrians and one (YG) came from Switzerland. A short description of the subjects' educational and professional background as well as information on their physical and psychological condition during the experiment as described by themselves can be found in Göpferich (2005:2f.).

Although all subjects belong to the target group of the text to be analyzed, they are not representative of this target group: Their education and training is certainly above that of the average reader (cf. Göpferich 2005:2). This means that whatever is incomprehensible for them will probably also be incomprehensible for the intended readership in general. Since the subjects were asked to optimize the text for the intended readership (and not only for themselves), they may have optimized sections they found comprehensible for themselves, but considered incomprehensible for people with lower education. Their judgement on such elements of the text must be considered to be speculative. To reduce subjectivity, I have taken into account how many of the five subjects judged elements of the text to be optimized incomprehensible or hard to understand. We must not forget, however, that people with a lower educational standard might find additional things incomprehensible that were not criticized or optimized in the experiment. Furthermore, they may not realize that they have not understood certain aspects.

Selecting subjects with higher education and with at least some experience in translation has the advantage that these subjects have a higher metacognitive

---

[1]   On the CD.

competence[2] with regard to the evaluation of their text comprehension (cf. Baker 1985) and apply a wider range of evaluation criteria (Baker 1989:15; cf. also Section 4). Furthermore their meta-linguistic and meta-communicative competence allows them to give a more detailed and precise description of their comprehension problems and optimizing maxims and strategies than persons with no education and training in this field. As a result, their thinking-aloud protocols are more illuminating. Although what these subjects' thinking-aloud protocols reveal about text comprehension may not be representative of the entire target group, it can at least provide questions, which can be used to find out how well subjects with lower educational standards have understood certain passages of the text. Asking such questions is important because empirical studies have shown that subjects with lower education (such as children) do not become aware of certain comprehension problems unless they are explicitly asked for them (cf. the research review by Baker 1985).

2.2 The assignment

Each subject had to reverbalize the text in Appendix A in such a way that it would be tailored to the requirements of its intended readership. Passages that the subjects considered perfect could be copied into the target version. Prior to the actual experiment a trial run with a different text was carried out to acquaint the subjects with the functionality of TRANSLOG (editing functions and TRANSLOG dictionary). Only after all the questions on the software and the test setting had been answered was the actual experiment begun. The assignment was explained to the subjects by the supervisor and also handed out to them in writing (cf. Appendix B[3]). The dictionary entries provided with the source text in TRANSLOG are reproduced in Appendix C[4]. No other material could be used during the experiment.

During the experiment, each subject was sitting in a quiet room together with a supervisor. The subjects wore headsets; their verbalizations were recorded with the freeware AUDACITY and exported in MP3 format. The recordings were transcribed according to the GAT conventions for basic transcripts (Selting et al. 1998) and then proof-read by at least one other person. The complete transcripts of all five subjects can be downloaded as a PDF file from Göpferich (2005).

---

[2] In accordance with Garner (1987:16) I use the term *metacognition* in the sense of Flavell (1976:232): "Metacognition refers to one's knowledge concerning one's own cognitive processes and products or anything related to them, e.g., the learning-relevant properties of information or data." According to Baker an important metacognitive skill in reading is comprehension monitoring. Comprehension monitoring processes can again be classified into comprehension evaluation and comprehension regulation, which "comes into play when the reader has evaluated his or her understanding and found it inadequate." (Baker 1985:155). Subjects evaluate their comprehension using a whole range of criteria to which I will come back in Section 4.

[3] On the CD.

[4] On the CD.

During the experiment the subjects were not put under time pressure (cf. Göpferich 2005:Tab. 2). They were informed that what was analyzed in the experiment was not their competence but the comprehensibility of the diabetes text. After the optimization process, the subjects were asked whether they had any questions for a diabetes specialist which had cropped up during the experiment and which they could not answer using the information in the text and the TRANSLOG dictionary. These retrospective interviews were recorded and transcribed too. They can be found at the end of each of the transcripts in Göpferich (2005).

2.3 The data

The experiment provided the following data: a) the optimized versions of the diabetes text, b) the log files, and c) the thinking-aloud protocols (TAPs) as well as the protocols of the retrospective interviews (RIPs; cf. Göpferich 2005).

2.4 Data analysis

The data were analyzed as follows:

1. Each subject's version was compared to the original text. Passages in which changes had been made were numbered and juxtaposed to their original version in a table. For each change, I determined the comprehensibility dimension in which this change occurred according to the Karlsruhe comprehensibility concept (Göpferich 2006:154ff.), and indicated whether the change really improved the text, made it worse, or represented neither an improvement nor a deterioration.

2. The TAPs were analyzed for comments on why the changes had been made as well as on the maxims the subjects had and the strategies they used in optimizing the text.

3. The TAPs were analyzed for further comments on the quality of the original text which did not result in changes in their optimized versions.

4. The questions which the subjects had on the text, which they could not answer using the material available to them (i.e., the text to be optimized itself and the TRANSLOG dictionary), and which they therefore would have liked to ask a specialist were collected. If we start from the assumption that an optimally comprehensible text does not give rise to questions in the reader's mind that it does not answer, these remaining questions are additional reliable indicators of deficiencies with regard to comprehensibility. This also applies to dictionary look-ups.

5. For each element of the original text that had been subject to criticism or questions in the experiment, I determined how many subjects had criticized it or had questions on it (cf. Appendix D on the CD). The more subjects commented on it, the higher the probability that it may really lead to comprehension problems.

6. An optimized version was written in which the criticism of all subjects was taken into account and which answers the questions they had. In this optimized version, only real improvements suggested by the subjects were considered. If a subject formulated a maxim for a specific section of the text without providing a solution fulfilling this maxim, I tried to provide such a solution by myself. Deteriorations and 'cosmetic' changes were ignored. Linguistic mistakes made in the source text or by the subjects were corrected in the optimized version (cf. Appendix A).

3 Results

In the following, I will give a survey of a selection of items in the original text that either one or more subjects in the experiment considered hard to understand or incomprehensible, as well as of some of the questions the text gave rise to in the subjects' mind without providing an answer. For each of these items, extracts from the TAPs and/or RIPs will be quoted which show that the subject(s) found it difficult and, if applicable, what maxims and strategies they followed to improve the corresponding passage. A distinction is made between a) completely incomprehensible elements of the source text and passages giving rise to questions that are not answered in the text and b) passages which are simply hard to understand. A complete list of all the items criticized by the subjects is given in Appendix D.

3.1 Incomprehensible elements and missing information

The text says that a distinction is made between *two* types of diabetes, but then *three* types are introduced: type 1 diabetes, type 2 diabetes, and gestational diabetes. This makes four of the five subjects wonder whether gestational diabetes is a variant of type 2 diabetes (cf. TAP YG 29–30) or a type of its own. Thinking aloud, YG says,

> wenn i jetzt wüsst, (-) ob (.) der (.) schwangerschaftsdiabetes, (.) ob de::s jetzt (.) typ drei isch ((tippt öfters auf die Tastatur ohne zu schreiben)) odersch, (--) typ=zwei (-) <<sich selbst beim Tippen diktierend> werden generell, im allgemeinen> (-) woteva (--) <<sich selbst beim Tippen diktierend> im allgemeinen zwei typen unterschieden> (TAP YG 82–88).

She solves the problem by adding "im Allgemeinen" (*In general*, a distinction between two types of diabetes is made.) and referring to gestational diabetes as a "Spezialfall", a special type of diabetes. The log file reveals that she first puts down "zwei Typen" (two types of diabetes), then changes this into three types, and uses "zwei Typen" again in her final version. In the retrospective interview (RIP YG 476–482), she says that she would like to ask a specialist about this because she is still not sure which one is the correct version.

To my mind, the real problem in the text here is that the author informs us about what happens in the bodies of patients with type 1 diabetes and type 2 diabetes, but not about what happens in the bodies of women with gestational diabetes. If this information were given, it would be clear that gestational diabetes is neither a variant of type 1 nor of type 2. In contrast to type 1 diabetes, which occurs when the body produces too little or no insulin, and type 2 diabetes, which occurs when the body cannot use the insulin it produces, gestational diabetes is caused when pregnancy hormones and hormones produced by the placenta lead to such an increase in the blood glucose level that the pregnant woman's pancreas can no longer compensate for this by an increased insulin production. Adding this information together with the coherence increasing elements *in general (im Allgemeinen)* and *a special type of diabetes (ein Spezialfall der Zuckerkrankheit)* eliminates this incomprehensibility.

Some of the subjects do not know the (exact) meanings of the following terms used in the text without explanations: *chronisch* (TAP SF 74–78; TAP EK 26–29), *Insulin* (TAP SF 261–289; TAP EK 224–232), *Inselzellen* (cf. TAP YG 159–161; TAP NL 129–134; TAP JS 84–106 and 177–185; TAP EK 66–67 and 265–268), *T-Lymphozyten* (cf. TAP JS 267–283 and 652–655), *Gestation* (cf. RIP SF 534–540; TAP YG 133–134; TAP EK 329–331), *Glukose* (cf. TAP SF 303–312; TAP YG 200–206; TAP NL 232–233 and 243–246; TAP EK 135–162), and *Körperzellen* (cf. TAP JS 312–320). To solve this problem, these terms must either be left away or explained. They should be retained and explained if they are used in doctor-patient conversations (cf. e.g. TAP NL 98–101), but can be deleted if this is rather unlikely and they are not needed again in the text (cf. RIP JS 609–616).

3.2 What makes the text hard to understand

For YG the first sentence does not make clear whether the participle construction "verbunden mit dem Risiko für schwere Begleit- und Folgeerkrankungen" (combined with the risk for serious other diseases which accompany or follow it) describes necessary features of the term *diabetes mellitus* and thus forms part of its definition, or gives just additional information. Thinking aloud, she comments on this:

> <<sich selbst beim Tippen diktierend> erhöhung des blutzuckers, (.) verbunden mit dem risiko> (2.0) MO:MENT (3.0) oke=verbunden mit dem risiko des interess:iert mich hier eigentli net wirklich (5.0) verbunden mit dem risiko (3.0) aber die zuckerkrankheit is:t eigentlich nur eine chronische erhöhung des blutzuckers; (---) UND wenn ma erhöhtn blutzucker::, (.) wenn sich der erhöht (.) dann:: .hh können schwere beglEIT und FOLgeerkrankungen (--) FOLgen (TAP YG 45–52).

In the retrospective interview, she comes back to this comprehension problem saying,

> beim erstn satz hab i mi a bissl gwundert, (--) weil <<den Ausgangstext lesend> zuckerkrankheit (.) ist gekennzeichnet durch chronische erhöhung des blutzuckers verbunden mit dem RIsiko.> (--) is eigentlich (--) a:: (-) <<all> ahso> .h sog ma so- (.) i persönlich versteh des anders. für mi is zucker; zuckerkrankheit chronische erhöhung des blutzuckers (-) und danach (---) also (.) beziehungsweise (.)

durch die erhöhung (--) kommen begleit- und folgeerkrankungen. aber es is net
(3.0) zuckerkrankheit is net (2.5) gleich (-) begleit- (.) und folgeerkrankungen.
(RIP YG 568–578)

The information in the participle construction does not form part of the definition, which should be made clear in the optimized version.

Four of the five subjects (SF, YG, NL, EK) are amazed that the term *Zuckerspiegel* (sugar level) is used in the plural; they have only heard of *der Zuckerspiegel* in the singular and wonder whether there are several sugar levels (cf.
TAP YG 220–223; cf. also TAP SF 320–329). In fact, there is only *one* blood
sugar level, so that the plural is wrong and must be changed into a singular.
Even if there were several blood sugar levels, using the singular would be the
option to be preferred in this context because a distinction between different
sugar levels is not necessary in the text and wondering about the plural requires
memory capacity which will then not be available for processing the central information on diabetes. If a differentiation were relevant, the plural should be
introduced explicitly so that the reader need not wonder about it. YG opts for
the plural because, as she says in the retrospective interview (RIP YG 498–507),
the author of the text is an expert and should know what he is talking about.
This is also the reason why SF uses the plural (cf. TAP SF 326–329). NL and
EK prefer to use the more common singular (cf. TAP NL 264–268; TAP EK
209–210).

The expression „nach Beendigung der Schwangerschaft" causes YG to laugh
when she first reads it (cf. TAP YG 32); later on she reads it with a disgusted
undertone (TAP YG 429–446). She does not comment, however, on what is
wrong with it. NL comments on it explicitly:

> beendigung des klingt mir aber viel zu aktiv (--) natürlich die geburt is das logi-
> sche ende der schwangerschaft aber (.) einfach so beendigen? beenden kamma
> schwangerschaft ja, das ende der schwangerschaft. (4.0) <<sich selbst beim Tip-
> pen diktierend> in der regel verschwindet diese form des diabetes (2.5)> nach be-
> endigung nein, (.) nach ende ((tippt)) (4.0) oder einfach nach der schwangerschaft
> (1.5) oder nach der geburt (10.0) nja ende der schwangerschaft kann auch a tragi-
> scheres (-) resultat sein als geburt (--) wemma des kind verliert (5.0) also kamma
> nicht einfach (.) also wär das vielleicht nicht ganz eindeutig (.) das was damit ge-
> meint is wenn ich geburt schreibe (6.5) <<den optimierten Text lesend> in der re-
> gel verschwindet diese form des diabetes> (-) nach ende der schwangerschaft (-)
> oder nach der schwangerschaft (5.0) oder eben nach der geburt aber des is (-)
> nicht ganz optimal. (3.0) [...] diese form des (2.0) diabetes .h verschwi:ndet
> ((klickt)) in der (2.0) in der regel (.) nach ende (1.5) nja schreib ma nach ende der
> schwangerschaft ((tippt)) (.) <<sich selbst beim Tippen diktierend>
> ( )ngerschaft> schwangerschaft, (1.5) hh oder mit dem ende der schwangerschaft
> (--) nein, verschwindet in der regel nach ende der schwangerschaft, (TAP NL
> 414–443)

Her criticism is justified because the German verb *beenden* possesses the semantic features <controlled by one's will>, <intentionally>, which may lead to
the wrong interpretation that the author does not (also) refer to the end of a

pregnancy marked by the birth of the child but only to an end caused by abortion. Both ends are meant. To make this clear a more general formulation is needed such as *nach der Schwangerschaft* (after the pregnancy).

The author of the original text has a strong tendency to use nominal style, which the subjects seem to find hard to understand. They transform several nominal formulations into verbal ones: "chronische Erhöhung des Blutzuckers" (NL), "Neuerkrankungsrate" (YG), "Untergang der insulinproduzierenden Zellen" (SF, YG, NL, EK), "das Ansprechen der Körperzellen auf Insulin" (SF, NL, EK), "das Alter beim Auftreten des Diabetes" (SF, YG), and "das Risiko für die spätere Entwicklung eines Typ 2 oder Typ 1 Diabetes [sic] " (YG, NL, EK). SF transforms "infolge einer Zerstörung der insulinproduzierenden Zellen" into verbal style saying,

> <<den Ausgangstext lesend> infolge einer zerstörung der insulin produzierenden zellen> ich würde das auflösen mit einem nebensatz. (TAP EF 107–9)

NL also feels that the logical relation between the two sentences "Die Zuckerspiegel im Blut steigen an" (The sugar levels in the blood increase) and "der Körper muss als Energiequelle sein Fettgewebe aufzehren" (the body must fall back on its fatty tissues as a source of power) does not become clear. Thinking aloud, she says,

> das versteh ich jetz nicht ganz <<den Ausgangstext lesend> ohne insulin kann jedoch glukose nicht mehr aus dem blut in die körperzellen (1.5) aufgenommen (--) und verwertet werden. die blutzuckerspiegel im (2.5) die zuckerspiegel im blut steigen an (.) und der körper muss als energiequelle> (5.0) ach so hh anstatt dass die energie aus dem blut gewonnen wird, (4.0) muss der körper sein fettgewebe aufzehren. (TAP NL 233–240; cf. also TAP NL 269–314).

She solves the problem by making explicit that the body cannot use the glucose in the increased blood sugar level and therefore has to fall back on its fatty tissue (and protein reserves, which is not mentioned in the original text) *instead,* which, to my mind, is an excellent solution.

4 Summary of the results

The Table in Appendix D gives an overview of the problematic elements in the source text, of how many subjects had problems with them, of the dimensions in the Karlsruhe comprehensibility concept to which each problem can be attributed, as well as of a few maxims and strategies used by the subjects to solve these problems.

From the criticism summarized in Appendix D we can derive the criteria which the subjects must have applied during their text evaluation process. In her framework for the differentiation of criteria applied to comprehension evaluation, Baker (1985:156ff.) differentiates between the following seven criteria, which she derives from both theoretical and empirical work on the cognitive processes involved in comprehension and comprehension monitoring: "lexical criteria," which refer to comprehensibility at the level of individual words; "syn-

tactic criteria," which refer to grammatical correctness within sentence boundaries; and "semantic criteria" (a more correct term would be *textlinguistic* criteria), which require "consideration of the meanings of individual sentences and
the text as a whole" (Baker 1985:156). Since the last criterion is the most crucial
to effective text comprehension, Baker subdivides it into five subcategories,
which she describes as follows:

> (1) *propositional cohesiveness*, checking that the ideas expressed in adjacent
> propositions can be successfully integrated; (2) *structural cohesiveness*, checking
> that the ideas expressed throughout the text are thematically compatible; (3) *ex-
> ternal consistency*, checking that the ideas in the text are consistent with what one
> already knows; (4) *internal consistency*, checking that the ideas expressed in the
> text are consistent with one another; and (5) *information clarity and complete-
> ness*, checking that the text clearly states all of the information necessary to
> achieve a specific goal. (Baker 1985:156f.)

In the study described here, all seven criteria were applied, which proves the
subjects' high metacognitive competence during comprehension monitoring (cf.
the research review of empirical studies on comprehension monitoring in Baker
1985). Lexical criteria were applied in the following cases in Appendix D: 2, 5,
13, 14, 16, and 19. Syntactic criteria were applied in cases 6 and 17. Textlinguistic criteria were used in the following cases: 18 ("propositional cohesiveness"), 11 and 12 ("structural cohesiveness"), 8, 9, and 10 ("external consistency"), 1, 7, and 15 ("internal consistency"), as well as 3, 4, and 20 ("informa-
tional clarity and completeness"). To every item criticized by the subjects one of
the criteria between which Baker differentiates was applied; no additional criteria were used. This may indicate that Baker's framework comprises all relevant
criteria. The fact that the whole range of criteria in Baker's framework was applied as an indicator of both the subjects' metacognitive and metacommunica-
tive competence (cf. Baker 1989:28, 33f.) and the depth of text processing that
reception for optimizing reverbalization requires. Experiments which require
less text processing depth, such as the application of the plus/minus-method (cf.
Pander Maat 1996:29), provide much less feedback. The optimization task
forces the subjects into deeper text processing; it forces them to "use" the information in the text.

The criticism summarized in Appendix D also shows in detail where the text is
not optimally skopos-adequate. It can be used to produce a version optimized on
an empirical basis. Such a version is juxtaposed to the original version in Appendix A. In this optimized version, all elements criticized have been changed
except for three items which were criticized by only one subject and in an un-
convincing manner: *T-Lymphozyten, Körperzellen,* and the semantic motivation
of *Altersdiabetes.* Ideally, this optimized version should again become the object of optimizing reverbalization, which is an iterative method, until no further
deficiencies can be recognized.

When is a text optimally comprehensible then? – According to the Karlsruhe
comprehensibility concept, ideal comprehensibility depends on six dimension of

a text: simplicity, structure, correctness, motivation, concision, and perceptibility. The subjects' criticism of the diabetes text and their maxims and strategies, of which only a few could be mentioned here, reveal what they consider to be the basic 'ingredients' of comprehensibility. A comparison of these 'ingredients' of comprehensibility with the six dimensions of the Karlsruhe comprehensibility concept reveals that there were no items of criticism that could not be attributed to one of the dimensions of the Karlsruhe concept. This shows that the comprehensibility concept underlying the Karlsruhe model seems to match the intuitive comprehensibility concepts of the subjects in the experiment. Furthermore, the comprehensibility dimensions of the Karlsruhe concept cover all the comprehension evaluation criteria between which Baker differentiates: Although there are no 1:1 correspondences between the six dimensions of the Karlsruhe concept and Baker's seven evaluation criteria, all items criticized in the text can be attributed both to a dimension of the Karlsruhe concept and to one of Baker's evaluation criteria.

5 Critical evaluation of the method employed and conclusions

The method employed has the disadvantage that the only text-external source of information that the subjects could use during the experiment was a TRANS-LOG dictionary. This dictionary only contained those terms which according to my mind might have been problematic for the subjects. As the experiments showed, however, the subjects also consulted the dictionary for other terms which were not contained. Furthermore, the subjects did not only have terminological questions, i.e., questions which can be answered on the lexical level, but also questions that involved more complex knowledge clusters, which they would have liked to ask an expert. Since such an expert was not available during the experiment and since the subjects were not allowed to use other sources of information such as the Internet, we must assume that the optimization depth the subjects aimed at and were able to achieve is lower than it would have been with an expert and other resources of information available. The use of other sources of information may have led to further questions concerning the comprehensibility of the text. The options the subjects had for comprehension regulation (Baker 1985:155) after recognizing a comprehension problem had been limited.

To solve this problem, the research design can be optimized as follows: The subjects are allowed to use the Internet and all electronic as well as conventional resources which they consider to be useful for their task. Online searches are recorded using a screen-recording program (ClearView). To be able to determine what exactly the subjects read on the screen when searching the Internet, for example, a Tobii eye-tracker is used.

On searches in conventional sources notes are taken by a supervisor. With this method, the problems described above can be solved, but it also leads to an enormous increase in the amount of data obtained (1.2 gigabytes of screen records for an experiment of 1.5 hours). The optimized research design is particularly useful in experiments which focus on comprehension regulation after comprehension problems have been recognized, i.e., in experiments concentrating on research processes and knowledge integration as they are necessary during text production and translation processes.

This time-consuming method certainly cannot be applied to documents produced in a commercial environment on a regular basis. However, results from empirical studies carried out by Schriver (1987) show that exposure of writers to the results of so-called protocol-aided revisions like the ones described in this article do not only help these writers to optimize the texts which were tested but also to improve their ability to anticipate their audience's needs in general. As a consequence, optimizing reverbalization and analyzing the data which result from such experiments may be an effective method for training technical writers and other text producers in companies and institutions.

References

Baker, Linda (1985): "How do we know when we don't understand? Standards for evaluating text comprehension." Forrest-Pressley, D.L. / MacKinnon, G.E. / Waller, T. Gary (Eds.): *Metacognition, Cognition, and Human Performance*. Vol. 1 *Theoretical Perspectives*. Orlando etc.: Academic Press, 155-205.

Baker, Linda (1989): "Metacognition, Comprehension Monitoring, and the Adult Reader." *Educational Psychology Review* 1.1, 3-38.

DDZ (Deutsches Diabetes-Zentrum) (2004) (Ed.): "Was ist Diabetes? – Grundlegende Informationen zum Diabetes." DDZ (Ed.): *Informationssystem zum Diabetes mellitus*. Düsseldorf. http://www.diabetes.uni-duesseldorf.de/wasistdiabetes/ (30.07.2005)

Ericsson, K. Anders / Simon, Herbert A. (1999): *Protocol Analysis: Verbal Reports as Data*. Rev. Ed. 3rd Printing. Cambridge (Mass.), London (England): MIT Press.

Flavell, J.H. (1976): "Metacognitive aspects of problem solving." Resnick, L.B. (Ed.): *The Nature of Intelligence*. Hillsdale (N. J.): Lawrence Erlbaum, 231-135.

Garner, Ruth (1987): *Metacognition and Reading Comprehension*. Cognition and Literacy. Norwood (N. J.): Ablex Publishing.

Göpferich, Susanne (2005): *Transkripte zur Optimierung des populärwissenschaftlichen Textes "Definition des Diabetes mellitus" mit lautem Denken und TRANSLOG*. http://www.susanne-goepferich.de/Anhang_Transkripte.pdf (21.07.2007).

Göpferich, Susanne (2006[2]) (2003): *Textproduktion im Zeitalter der Globalisierung: Entwicklung einer Didaktik des Wissenstransfers*. Studien zur Translation 15. Tübingen: Stauffenburg.

Göpferich, Susanne (2006): "Popularization from a cognitive perspective – What thinking aloud and log files reveal about optimizing reverbalization processes." *Fachsprache. International Journal of LSP* 28/3-4, 128-154.

Ursula Gross-Dinter
München
Portfolio für das bilaterale Konsekutivdolmetschen.
Ein Instrument der Verbesserung von
Unterrichts- und Lernqualität

Im vorliegenden Beitrag wird das Projekt eines Portfolios für einen Teilbereich der Dolmetschdidaktik vorgestellt. Erläutert werden die pädagogischen und translationswissenschaftlichen Grundlagen, die Konzeption und die Inhalte des Portfolios sowie die ersten Ergebnisse der Erprobung.

1 Portfolios in der allgemeinen Didaktik

1.1 Begriff und Ursprünge

Der Begriff *Portfolio* bezeichnet zunächst nichts anderes als eine Mappe, in der Dokumente gesammelt und aufbewahrt werden können. In diesem Sinne hat er sich eingebürgert für die Sammlung von Arbeiten, die beispielsweise Maler, Grafiker, Fotografen, Schriftsteller oder Journalisten erstellen und bei Bedarf als Nachweis ihrer Leistungen vorlegen. In der Finanzwirtschaft versteht man unter einem Portfolio einen Wertpapierbestand, in der Politik das Ressort eines Ministers (vgl. Minister „ohne Portefeuille"), in der Unternehmensplanung einen strategischen Geschäftsbereich. Die Verwendung des Konzepts in der Didaktik basiert auf den genannten Definitionen, verweist aber gleichzeitig auf die Prozesshaftigkeit und die Zielsetzungen dieses Instruments. Nach McMillan (1997:231) ist ein Portfolio:

> a purposeful, systematic process of collecting and evaluating student products to document progress towards the attainment of learning targets.

Gesammelt werden können alle Dokumente, die Aufschluss über den Lernweg, die eigenen Erfahrungen, die gewählten Methoden und Strategien sowie die selbst gesetzten Ziele und deren Erreichung geben. Gleichzeitig soll das Portfolio einen Nachweis der Reflexion über den zurückgelegten Weg und die ausgewählten Produkte enthalten. Portfolios sind somit immer gleichzeitig prozess und produktorientiert.

Der Gedanke einer größeren Autonomie des Lernenden, der dem Portfoliokonzept zugrunde liegt, geht auf Prinzipien zurück, die bereits in der Reformpädagogik an der Wende vom 19. zum 20. Jahrhunderts formuliert wurden (z. B. John Dewey, Célestin Freinet, Paulo Freire, Hugo Gaudig, Maria Montessori). Theoretisch verankert sind Portfolios vor allem in der konstruktivistischen Didaktik, deren durch die Erkenntnisse der kognitiven Psychologie untermauerter Grundgedanke der selbständigen Konstruktion von Wissen durch einen aktiven Handlungsprozess des Lernenden als ein Kernprinzip der Portfolioarbeit gelten darf (vgl. z. B. Klenowski 2002:122ff).

Die Verwendung von Portfolios in der Didaktik hat ihren Ursprung in der Kritik an herkömmlichen Beurteilungs- und vor allem Benotungssystemen und dem Bemühen um eine alternative Leistungsevaluation. Ein konkretes Konzept für eine innovative Beurteilung für die Schule wurde erstmals von Vierlinger (1999; vgl. 2002) in den 1970ern vorgelegt. Er bezeichnete seine *Direkte Leistungsvorlage (DLV)* als „Paradigmenwechsel, wenn nicht gar als Kopernikanische Wende in der Leistungsbeurteilung" und schrieb ihr das Potenzial einer „Humanisierung des Schullebens" zu. (ibid:33; vgl. 1999:79)

Zu einem äußerst erfolgreichen Trend entwickelte sich das *Portfolio Assessment* seit Mitte der 1980er in den Vereinigten Staaten von Amerika. Dort werden Portfolios als Mittel der Verbesserung der Unterrichts- und Lernqualität in allen Fachbereichen an Schulen, Hochschulen und in Weiterbildungseinrichtungen eingesetzt.

1.2 Funktionen und Ziele

Portfolios haben in der Regel eine zweifache Funktion: Sie sind ein pädagogisches Instrument und dienen der Dokumentation. Dabei müssen die im jeweiligen Anwendungsbereich zu erreichende Sachnorm (Ziele und Zielbereiche) und die qualitativen und quantitativen Bewertungskriterien klar definiert und transparent dargestellt werden. Portfolios zielen vor allem darauf ab, qualitativ gute Rückmeldungen zu liefern, die wiederum für die Lernplanung genutzt werden können. Gleichzeitig fließen die Ergebnisse zurück in die Unterrichtsplanung; Lehr- und Lernziele sind erkennbar identisch. Portfolios dienen damit auch der Integration von Curriculum und Evaluation. Durch die Auswahl eigener prioritärer Lernziele und damit die Einbringung einer Individualnorm sowie die Ermittlung geeigneter Lernstrategien fördern sie die Methodenkompetenz und stärken die Lernerautonomie und Motivation. Sie stehen damit in der Tradition des von Tough (1971), Knowles (1975) und Little (1991) für den Bereich der Erwachsenenbildung und des von Holec (1979) speziell für das Fremdsprachenlernen begründeten Ansatzes des autonomen oder auch selbstgesteuerten, selbstgeplanten oder selbstorganisierten Lernens. Ihren Wert beziehen sie heute einerseits aus der Anforderung der Entwicklung größerer Autonomie und der Fähigkeit zum lebenslangen Lernen als allgemeinem Erziehungsziel, andererseits aus lernpsychologischen Erkenntnissen über die Unterschiedlichkeit von Lernstilen und die Notwendigkeit individualisierter Lernwege. (Bimmel/Rampillon 2000:178).

Als Instrument der Leistungsfeststellung und -beurteilung dienen sie der ipsativen, formativen und summativen Evaluation von Prozessen und Produkten. Als herausragendes Beispiel des so genannten *authentic assessment* (vgl. u. a. Klenowski 2002:121) bewerten sie einen Leistungsstand und seine Entwicklung stets aufgabenbezogen und in Breite und Tiefe und beziehen außerunterrichtliche Erfahrungen ein. Sie sind dadurch und durch die Orientierung an für alle verbindlichen Normen valide und reliabel. Zentrales Element der Portfolioarbeit ist stets die – retrospektivische und prognostische – Selbstevaluation. Sie kann und muss erlernt und geübt werden (Schneider/North 2000:181) und wird vielfach als das effektivste Lernmittel überhaupt gesehen. (Lee-Jahnke 2001:260) Allerdings erfordert sie auch die entsprechenden Rahmenbedingungen: Den Lernenden müssen regelmäßig Möglichkeiten eingeräumt werden, eine Selbsteinschätzung vorzunehmen; sie müssen sich darauf verlassen können, eine Rückmeldung von den Lehrenden zu erhalten. Die Kriterien selbst müssen im Sinne einer „Qualitätspartnerschaft" (Winter 2002:56) Gegenstand gemeinsamer Reflexion und Diskussion sein. Nach Klenowski (2002:32) ist die Selbstreflexion und damit die Metakognition eine der grundlegenden Zielsetzungen jeder authentischen Evaluation. Portfolioarbeit ist metakognitive Interpretation des Lernprozesses und das Ableiten von Konsequenzen für den weiteren Lernweg. (Häcker/Dumke/Schallies 2002:14)

Zu einer effektiven Portfolioarbeit gehören schließlich die Dokumentation und Präsentation des Erreichten und damit eine stärkere Kommunikation in der Lernergruppe und zwischen Lernenden und Lehrenden.

2 Portfolios in der Dolmetschdidaktik

In der dolmetschdidaktischen Literatur hat die Arbeit mit Portfolios wie überhaupt die Frage der Selbstevaluation und der Lernerautonomie bisher noch wenig systematische Beachtung gefunden. Allerdings weist Sawyer (2001:157f.) in seiner Auseinandersetzung mit der Integration von Curriculum und Leistungsbewertung ausdrücklich auf die Möglichkeit hin, Portfolios auch in diesem Bereich einzusetzen. Als in Frage kommende Bestandteile nennt er einerseits Auflistungen von Kursinhalten, Glossare, Beispielnotate, Recherchetexte, Bibliographien, Video- und Audioaufnahmen von Übungstexten und Dolmetschleistungen, andererseits selbstanalytische Stellungnahmen seitens des Lernenden, der Mitlernenden und der Lehrenden. Er warnt jedoch auch vor den Schwierigkeiten und dem Zeitaufwand, welche die Entwicklung von klaren Standards und Kriterien mit sich bringt, und rät daher, Portfolios zunächst ergänzend zu traditionellen Leistungserhebungen einzusetzen. Ebenso wie Humphrey (2000), die über den Einsatz von Portfolios für die summative Evaluation und als Voraussetzung für den Studienabschluss bei Gebärdensprachdolmetschern berichtet, verweist auch Sawyer auf positive Erfahrungen mit Portfolioseminaren mit angehenden Konferenzdolmetschern. (Sawyer 2001: 325)

Darüber hinaus werden an manchen Ausbildungsinstituten Lerntagebücher oder auch Checklisten mit Kriterien für die Selbsteinschätzung, die Beurteilung durch die Lehrenden oder auch die Mitlernenden verwendet (vgl. z. B. Kautz 2000:406; Schjoldager 1996). Monacelli (2002:190ff.) erläutert die vier Phasen ihres auf dem Konzept des selbstgesteuerten Lernens aufbauenden Trainingsmodells (Analyse fremder Dolmetschleistungen, Erbringung einer eigenen Leistung, Ableitung strategischer Lernziele, Selbst-Monitoring), dessen zentrale

Zielsetzung die Entwicklung eines professionellen translatorischen Bewusstseins und die Fähigkeit der autonomen Gestaltung des Lernprozesses ist. Generell kann gesagt werden, dass einer der Grundgedanken der Portfoliodidaktik, nämlich die prozesshafte Entwicklung von Kompetenzen zu berücksichtigen, diese jeweils handlungsorientiert anhand konkreter Aufgaben zu evaluieren und die für das spätere Berufsleben erforderliche Fähigkeit zur Selbstbeurteilung zu fördern, hervorragend für die Dolmetschdidaktik geeignet ist.

2.1 Qualität als Lehr- und Lernziel

Vor dem Hintergrund der hohen Anforderungen, die an professionelle Dolmetscher gestellt werden, ist es unerlässlich, sich in der Dolmetschdidaktik auf ein zielgerichtetes und methodisch fundiertes Konzept zu stützen. Dieses muss bei der Definition eines umfassenden Lehr- bzw. Lernziels ansetzen, das der im Hinblick auf die spätere Berufsausübung anzustrebenden Qualifikation entspricht. Als oberstes Lehr- und Lernziel kann die Befähigung betrachtet werden, eine Dolmetschdienstleistung hoher Qualität anbieten zu können. Die Auseinandersetzung mit der Frage, was eigentlich Dolmetschqualität sei, muss daher am Anfang der Festlegung von curricularen Inhalten, Leistungsstandards und Evaluationskriterien stehen. Die Ergebnisse der mittlerweile sehr umfangreichen Forschungen zur Dolmetschqualität aus Dolmetscher- und vor allem aus Nutzersicht (vgl. u. a. Kurz 2003, 2005) liefern eine Reihe von Kriterien, wie Vollständigkeit, Klarheit, innere Logik, richtiger Gebrauch von Fachterminologie, grammatische Korrektheit, Flüssigkeit, die bei jeder Evaluation zu berücksichtigen sind. Auch Überlegungen zur Notwendigkeit des situationsadäquaten translatorischen Handelns des Dolmetschers, auf der Grundlage nämlich eines jeweils anderen „kommunikativen Dolmetschauftrags" in wechselnden „kommunikativen Dolmetschsituationen" (Kutz 2005:16f.) bieten sich als sinnvoller Ausgangspunkt an. Dasselbe gilt für umfassende multifaktorielle Qualitätsmodelle, welche das komplexe Bedingungsgefüge vor, während und nach dem Dolmetscheinsatz berücksichtigen. (Kalina 2004:6f.) Als besonders fruchtbar erweist sich das Schema zur Evaluation von Konsekutivdolmetschleistungen von Kutz (2005:20ff.; vgl. 1997), das eine Bewertung nach Gesamteindruck, Inhaltswiedergabe und sprachlicher Realisierung vorsieht. Auch Kautz (2000:410f.) liefert einen umfangreichen Katalog von Kriterien, die im Wesentlichen ebenfalls auf eine Bewertung des kommunikativen Erfolgs und auf inhaltliche und sprachliche Korrektheit und Angemessenheit abstellen. Darüber hinaus bieten die von Viezzi (1996:79ff.) vorgeschlagenen Aspekte der kommunikativen Gleichwertigkeit, der inhaltlichen Genauigkeit, der Situationsangemessenheit und der Brauchbarkeit der Verdolmetschung für den Textrezipienten (*equivalenza, accuratezza, adeguatezza* und *fruibilità*) eine gute Orientierung.

2.2 Anforderungs- und Evaluationsprogression/-degression

Das Augenmerk der o. g. Forschungen und Schemata richtet sich jeweils transversal auf Teilfähigkeiten und –fertigkeiten; über eine Entwicklung bei deren Aneignung und deren Evaluation ist dabei zunächst nichts ausgesagt. Eine auf einer systematischen Progression beim Kompetenzerwerb abzielende Vorgehensweise bedarf daher einer Untergliederung der genannten Lernziele in einzelne Operationen bzw. Lernschritte. Diese Teil- oder Etappenziele müssen klar formuliert und Lehrenden und Lernenden gleichermaßen bekannt sein. Studierende in der Dolmetscherausbildung sollten sich des Fernziels immer bewusst sein, sie sollten es kennen, und es sollte ihnen auch am konkreten Beispiel demonstriert werden. Würde man sie selbst von Beginn an diesem Ziel messen bzw. würden sie selbst an sich diese Maximalkriterien anlegen, würde dies zu Demotivation aufgrund fehlender Erfolgserlebnisse führen. Im Mittelpunkt einer didaktisch sinnvollen curricularen Planung und Unterrichtsgestaltung sollte daher eine klar erkennbare Anforderungsprogression stehen. Die für alle gültige Sachnorm muss anhand nachvollziehbarer Kriterien auf schrittweise zu erreichende Niveaus (Standards) heruntergebrochen werden, also eigentlich eine Degression ermittelt werden. Diese Standards und Kriterien bilden die Grundlage einer transparenten Leistungsevaluation auf jeweils unterschiedlichen Ausbildungsstufen.

2.3 Selbstevaluation, Reflexion und translatorisches Handeln

Von zentraler Bedeutung für die Portfolioarbeit in der Dolmetschdidaktik ist der Aspekt der Selbstevaluation. Dolmetschstudierende sind sich oft ihrer Stärken und Schwächen nicht bewusst; häufig schätzen sie ihr Können pauschal zu positiv oder zu negativ ein. Sollen sie eine konkrete Leistung bewerten, konzentrieren sie sich, besonders wenn es sich um Anfänger handelt, meist auf Details, auf punktuelle Lösungen (oder vielmehr Nicht-Lösungen) von Einzelschwierigkeiten; selten gelingt es ihnen, ein umfassendes und ausgewogenes Urteil zu formulieren. In vielen Fällen wissen sie nicht, worauf sie ihr Augenmerk richten sollen. Fragt man sie hingegen gezielt nach Teilkompetenzen und Kriterien, sind sie sehr viel besser in der Lage, eine treffende Evaluation abzugeben. Offenbar brauchen Lernende also präzise Anhaltspunkte, d. h. klare Qualitätskriterien, auf die sie sich für eine Selbsteinschätzung stützen können. Kutz (1985:230) erwähnt ausdrücklich die Notwendigkeit vorgegebener Kriterien und formuliert als spezifische Fähigkeit des Konsekutiv- und des Simultandolmetschers *„eine Einschätzung von Dolmetschleistungen* auf der Grundlage eines Kriteriensystems *vorzunehmen"* (Hervorh. i. O.). Schließlich ermöglichen allen bekannte und verständliche Kriterien auch eine gezieltere Bewertung durch Mitlernende. Diese wird so als weniger subjektiv empfunden; bei den Studierenden (den Evaluierenden wie den Evaluierten) diesbezüglich bestehende Ängste können abgebaut werden. Die Fähigkeit zur *peer evaluation* fördert ihrerseits die Fähigkeit zur Selbstevaluation. Beide Bewertungshandlungen erfordern die Kenntnis der einschlägigen Metasprache. Diese kann anhand vorgegebener Kriterien eingeübt und anschließend im Rahmen selbständig formulierter Reflexionen angewandt, erweitert und verfeinert werden.

Eine solche Selbstreflexion und Äußerung über die zurückgelegte Wegstrecke, die angewandten Methoden und die weiteren Ziele ist eine Grundvoraussetzung jeden Lernens. Gerade beim Dolmetschen, bei dem zahlreiche Prozesse zunehmend automatisiert werden und somit einer gleichzeitigen Beobachtung nicht zugänglich sind, erscheint eine Bewusstmachung des eigenen Handelns und eine Kommunikation darüber von Anfang an unabdingbar.

Angehende Dolmetscher lernen auf diese Art und Weise, die beim Dolmetschen ablaufenden Prozesse zu durchdringen und die Qualität ihrer Leistung einzuschätzen. Wenn nun strategisches Lernen bedeutet, sich die Fähigkeit anzueignen, erworbenes Wissen auf neue Situationen zu übertragen, dann gilt dies ganz besonders für das Handlungswissen, das der Dolmetscher braucht. Die vielfältigen Settings und Situationen, für die es keine allgemeingültigen und verbindlichen Normen gibt, erfordern jeweils adäquate translatorische Entscheidungen. Reflexion ist somit die Voraussetzung professionellen Handelns und der Übernahme von Verantwortung. Es wird die Basis geschaffen für „ein translatorisches Leitbild [...], das auf Reflexion und Argumentation gestütztes Handeln ermöglicht." (Kadric 2001:223); es entwickelt sich schrittweise Expertenkompetenz. Besonders ausgeprägt gilt dies dort, wo der Dolmetscher unmittelbar in die Interaktion einbezogen ist, also beim bilateralen Konsekutivdolmetschen (Gross-Dinter 2006:37). Bewusstsein und Verantwortungsgefühl bedeuten konkret auch, entscheiden zu können, welche Qualitätskriterien in welcher Situation wie stark zu gewichten sind, ob beispielsweise Texttreue oder sprachliche Korrektheit, Flüssigkeit oder inhaltliche Richtigkeit und Detailtreue Vorrang haben. (Kalina 2002:178).

Besonders wichtig erscheint darüber hinaus, dass angehende professionelle Dolmetscher lernen, über Fragen im Zusammenhang mit ihrer Rollendefinition und ihrer Berufsethik im weitesten Sinne zu reflektieren und auch mit eventuellen Rollenkonflikten umzugehen (vgl. u. a. Gentile/Ozolins/Vasilakakos 1996: 72f.; Kalina 2002:181). Da diese Aspekte sich in der Regel nicht ohne Weiteres an einer im Unterricht erbrachten Leistung oder an einem Kriterienraster festmachen lassen, kann ein Portfolio, das Raum für freies Schreiben über diese Dimension der Dolmetschertätigkeit bietet, einen wichtigen Beitrag zur Entwicklung von Professionalität leisten.

3 Das Portfolio für das bilaterale Konsekutivdolmetschen

Bei der Konzeption des hier vorgestellten Portfolios wurde der Modus des bilateralen Konsekutivdolmetschens zugrunde gelegt, d. h.:

> die Sprachmittlung in Kommunikationsereignissen der direkten mündlichen dialogischen Kommunikation [...] in 'gedolmetschte[n] Gesprächen[n]' mit <u>einem</u> Dolmetscher" (Scherf 1984:29; Hervorh. i. O.).

Dieser kann in unterschiedlichen Kommunikationsereignissen realisiert werden: bei Gesprächen oder Verhandlungen im Geschäftsleben, in der Politik, der Diplomatie, bei Fachgesprächen jedweder Thematik, bei Interviewgesprächen oder beim Community Interpreting. Auch das Gerichtsdolmetschen ist in seinen dialogischen Phasen eine Erscheinungsform des bilateralen Konsekutivdolmetschens.

3.1 Dolmetschwissenschaftliche Quellen der Kompetenzbeschreibungen

Als Kernstück des Portfolios wurde ein Raster mit Kompetenzstandards und -kriterien entwickelt. Für die Beschreibung der auf das bilaterale Konsekutivdolmetschen zutreffenden Qualitätsziele und damit der erforderlichen spezifischen Kompetenz und ihre Evaluation kann einerseits von allgemeingültigen Anforderungen an jede Dolmetschart ausgegangen werden. Andererseits sind einige Besonderheiten dieses Modus zu berücksichtigen, die zusätzliche Fertigkeiten und Fähigkeiten erfordern. Als Quellen für einen Kriterienkatalog bieten sich daher an: die dolmetschwissenschaftliche Qualitätsforschung[1], einige Evaluationsraster aus der dolmetschdidaktischen Literatur, die Ergebnisse der auf der interaktionalen Soziologie, der Gesprächsanalyse und der Textlinguistik fußenden Auswertungen authentischer Korpora sowie mehrere Deskriptoren des Gemeinsamen europäischen Referenzrahmens für Sprachen.

Zu berücksichtigen ist dabei zunächst, dass bilaterales Konsekutivdolmetschen in stärker symmetrischen oder asymmetrischen Kommunikationssituationen realisiert werden kann. Der Dolmetscher hat die jeweiligen institutionellen und funktionalen Rollen und die daraus resultierende Machtkonstellation zu erkennen und berücksichtigen Des Weiteren muss er den Grad der Gemeinsamkeit bzw. des Wissens der Interaktionspartner über die jeweils andere Kultur sowie mögliches Konfliktpotenzial oder sich anbahnende Missverständnisse erkennen und entscheiden, ob er nur „*Über*mittlungsfunktion" hat oder auch „*Ver*mittlungsinstanz" sein darf oder muss (Pöchhacker 2000:6; Hervorh. i. O.).

Zu den grundlegenden Besonderheiten des bilateralen Konsekutivdolmetschens gehört sodann die physische Präsenz der Gesprächsteilnehmer und des Dolmetschers in einer Face-to-face-Sprechsituation. In gedolmetschten Gesprächen entwickeln sich daher interaktive Prozesse nicht nur zwischen den Gesprächspartnern, sondern auch zwischen diesen und dem Dolmetscher. Bilaterales Konsekutivdolmetschen ist somit nicht einfach eine Variante des (monologischen)

---

[1] Auf die sich stärker auf berufsethische Prinzipien, das Dolmetscherverhalten und seine Rollendefinition beziehenden Kriterien, die im Mittelpunkt von Nutzerbefragungen zum Community Interpreting (Pöchhacker 2000:244ff) und Gerichtsdolmetschen (Kadric 2001:111ff.) stehen, kann und braucht an dieser Stelle nicht eingegangen werden, da sie im hier vorgestellten bewusst offenen Kompetenzraster nur mit dem Hinweis auf jeweils situationsadäquates translatorisches Handeln aufscheinen. Sie sollten im Unterricht selbstverständlich thematisiert werden und spielen eine große Rolle bei der Selbstreflexion auch im Rahmen der anderen Arbeitsmaterialien des Portfolios.

unilateralen Konsekutivdolmetschens, das sich allein durch die geringere Länge der jeweils zu dolmetschenden Passagen unterscheiden würde; ausschlaggebend ist vielmehr, dass der Dolmetscher selbst aktiver Bestandteil der Gesprächsdynamik ist; er interagiert mit den Gesprächspartnern in einer triadischen Konstellation, einem „*pas de trois*". (Wadensjö 1998:12; Hervorh. i. O.) Dolmetschen selbst ist so als Interaktion zu beschreiben. Neben der Aufgabe des Texttransfers („talk as text") hat der Dolmetscher auch gesprächskoordinierende Funktionen („talk as activity") (ibid.:44). Seine hierbei zentrale Rolle manifestiert sich vor allem in der im Vergleich zur monolingualen Kommunikation veränderten Organisation des Sprecherwechsels. Im Regelfall fällt ihm nun jeder zweite *Turn* zu. In authentischen Dolmetschkorpora ist zu beobachten, dass sich sowohl Gesprächspartner als auch Dolmetscher problemlos die für den Sprecherwechsel erforderlichen semantisch-pragmatischen, nonverbalen, prosodischen und syntaktischen Signale geben. (Apfelbaum 2004:146f.).

Den durch die eingeschobene Dolmetschsequenz bedrohten Zusammenhang der Textwelten der Gesprächspartner versuchen Dolmetscher offenbar wiederherzustellen, indem sie sich gezielter Operationen bedienen, die Scherf (1984:109ff.) als Auxiliarhandlungen bezeichnet. Diese Handlungen dienen der „Erhöhung des Grades der kommunikativen Explizität bzw. der deskriptiven Explizität" des produzierten Textes und haben die Funktion einer Verdeutlichung der illokutiven Funktion bzw. der Überzeugungen, Einstellungen und Interessen des Sprechers. So wird zum Beispiel die Funktion eines Gesprächsschritts (Frage, Bitte, Begrüßung) benannt, ausdrücklich ein anaphorischer Bezug hergestellt, die Stellung eines Gesprächsschritts im thematischen Verlauf eindeutig charakterisiert (z. B. als grundsätzliche Bemerkung zu einem Thema, als Ankündigung durch eine Kataphter), eine Begründung zu einer eben ausgeführten Handlung geliefert oder eine Äußerung kommentiert oder zusammengefasst.

Schließlich muss der Dolmetscher in der Lage sein, auf wechselnden Translationsbedarf bei teilweisem direktem Verständnis der Gesprächspartner und die dadurch entstehenden Unterbrechungen und Überlappungen zu reagieren. Auch der Dolmetschmodus an sich kann wechseln und Flüsterdolmetschen, Halb-Simultandolmetschen, eine Stegreifübersetzung oder auch die Erläuterung von Bildmaterial erforderlich sein.

3.2 Deskriptoren des Gemeinsamen europäischen Referenzrahmens für Sprachen

Einige Skalen des Gemeinsamen europäischen Referenzrahmens für Sprachen (GeR) und besonders die dort enthaltenen Kriterien für das Verstehen und Sprechen scheinen sich auf den ersten Blick gut für eine Beschreibung von Dolmetschkompetenz zu eignen. Zudem bieten sie den Vorteil, dass alle Deskriptoren aufwendig für verschiedene Niveaustufen kalibriert sind. Allerdings können sie alle bestenfalls als Anhaltspunkte für die Darstellung der Besonderheiten der

Dolmetschtätigkeit dienen, denn bei dieser geht es nicht entweder um Textrezeption oder -produktion, nicht um die Äußerung eigener Mitteilungsintentionen, sondern vielmehr stets um „eine Einheit von rezeptiver und reproduktiver Redetätigkeit" und die Befriedigung der Kommunikationsbedürfnisse von Dritten (Kade 1980:32). Einige ausgewählte Deskriptoren aus dem GeR mussten daher den speziellen Anforderungen der Sprachmittlung angepasst und eigenen Niveaustufen zugeordnet werden.

3.3 Das Kompetenzraster

Aus den angeführten Besonderheiten des Modus bilaterales Konsekutivdolmetschen lässt sich in Erweiterung bisher in der Dolmetschdidaktik verwendeter Evaluationsschemata (vgl. besonders Kutz 2005:20ff.) die folgende Struktur eines Evaluationsrasters ableiten:

* Gesamteindruck / Dolmetschtechnik
* Inhaltliche Wiedergabe
* Sprachliche Realisierung
* Soziolinguistische und interkulturelle Kompetenz
* Interaktionskompetenz.

Alle Teilkompetenzen wurden auf der Grundlage einer systematischen Progression auf jeweils vier Niveaustufen beschrieben. Dabei wurden die folgenden Aspekte berücksichtigt und (teilweise redundant) den einzelnen Kategorien zugeordnet:

* der Schwierigkeitsgrad des Ausgangstextes (inhaltliche und sprachliche Komplexität; Fachlichkeit; Abstraktion; Aktualität des Themas und darüber verfügbares Vorwissen; Grad der Explizität der Mitteilung; Standardisierung der Sprache; Länge der zu dolmetschenden Passagen; Schnelligkeit des Vortrags)
* die Anforderungen an den Zieltext (inhaltliche Vollständigkeit, Korrektheit und Detailgenauigkeit; Nuanciertheit; grammatikalische und lexikalische Korrektheit auch bei kognitiver Belastung; Flüssigkeit der Wiedergabe; zielsprachliche und zielkulturelle Angemessenheit; Fähigkeit der Optimierung des Zieltextes im Hinblick auf Klarheit, Strukturiertheit, Relevanz, Redundanz; Einsatz des Spektrums sprachlicher Mittel im Hinblick auf allgemein- und fachsprachlichen Wortschatz, Kohäsions- und Kohärenzmittel; Verfügbarkeit angemessener Register; Korrektheit und Natürlichkeit der Aussprache; Angemessenheit prosodischer und nichtsprachlicher Mittel)
* der Charakter der Kommunikationssituation (Bedeutung kultur- und rollenbedingter Faktoren; Symmetrie vs. Asymmetrie; Grad der Strukturiertheit und Formalisierung; Einvernehmlichkeit vs. Konfliktträchtigkeit; Notwendigkeit und Zulässigkeit von Dolmetscherinterventionen zur Ver-

ständnissicherung; Bedeutung von Interaktionsmustern und ritualisierten Sprechhandlungen)

- der Charakter der Interaktion (Regelmäßigkeit des Gesprächsverlaufs und des Sprecherwechsels; Notwendigkeit von fremd- oder selbstinitiierten Dolmetscherinterventionen; Wechsel von Translations- und Nicht-Translationsmodus; Wechsel von Dolmetschmodi)

- Anforderungen an das Dolmetscherverhalten (Sicherheit und Professionalität des Auftretens; Körperhaltung, Gestik, Mimik, Blickkontakt; Grad der Selbständigkeit bei Textrezeption und –produktion; Beherrschung von Konfliktsituationen zwischen den Gesprächspartnern und zwischen den Gesprächspartnern und dem Dolmetscher)

- der Einsatz von Dolmetschstrategien und –techniken (Professionalität und Flexibilität von Strategien zur Erreichung der Kommunikationsziele; Überbrückung von Kultur- und Rollenbarrieren; Gewährleistung des Gesprächszusammenhangs; Textbearbeitungsstrategien, z. B. Expansion, Kompression, Restrukturierung; Verfügbarkeit und Professionalität von Strategien zur Überbrückung von Dolmetschschwierigkeiten im Hinblick auf Rückfragetechniken, Einbau von Klärungssequenzen, Korrektur von Dolmetschfehlern; Rückgriff auf fachliches und aktuelles Vorwissen; Abrufbarkeit inhaltlicher und sprachlicher Muster; Höflichkeitsstrategien; Notationstechnik, Wechsel in andere Modi). Bei der Beschreibung der Entwicklung wurde von einer immer stärkeren Prozeduralisierung, d. h. der Entwicklung vom Novizen zum Experten von der kognitiven über die assoziative zur autonomen Phase ausgegangen (bewusster Versuch, angemessen zu handeln; Erkennen und selbständiges Reparieren von Defiziten; Automatisierung adäquater Dolmetschstrategien) (Moser-Mercer 1997:255ff.).

3.4 Bestandteile und Arbeitsmaterialien des Portfolios

Das *Portfolio für das bilaterale Konsekutivdolmetschen* lehnt sich in seinem Aufbau und der Benennung der Bestandteile an das Europäische Sprachenportfolio an. Es enthält einen *Dolmetschpass*, der dokumentarische Funktion hat und in einem *Dolmetschprofil* und einer *Globalskala* einen schnellen Überblick über das erreichte Niveau und somit eine summative Evaluation, im ersten Fall gegliedert nach Teilkompetenzen, im zweiten Fall als Gesamtleistung, ermöglicht. Ein Vordruck *Zeugnisse und Diplome* bietet darüber hinaus Raum für eine Zusammenstellung von traditionellen Leistungsnachweisen mit Bezug auf das bilaterale Konsekutivdolmetschen. Im zweiten Teil, der *Dolmetschbiografie*, kann der Lernende anhand eines *Rasters zur Selbstbeurteilung* mit zusammenfassenden Kompetenzbeschreibungen eine erste Einschätzung seines Leistungsstandes vornehmen. Die *Checklisten* zur Selbsteinschätzung, das Hauptinstrument der ipsativen und formativen Evaluation, enthalten detaillierte Deskriptoren, welche die Dolmetschkompetenz gegliedert nach Teilkompetenzen jeweils auf vier Niveaustufen beschreiben (vgl. die beschriebenen Quellen und Überlegungen). Mit ihrer Hilfe kann der Lernende seine Leistung selbst einschätzen, einen Abgleich mit der Fremdevaluation durch die Lehrenden vornehmen lassen und schließlich selbst prioritäre Lernziele eintragen. Zwei weitere Arbeitsblätter, der *Überblick über meine Erfahrungen im bilateralen Konsekutivdolmetschen* und *Meine Ziele*, bieten Raum für die selbstständige Darstellung von in der Regel wertvollen und motivierenden Erfahrungen, welche der Lernende auch außerhalb der Bildungsinstitution erworben hat, sowie für eine vertiefte Reflexion über die in den Checklisten angegebenen Ziele, deren Bedeutung und die gewählten Lernstrategien. Im dritten Teil des Portfolios, dem *Dossier*, stehen Arbeitsblätter zur *Zusammenstellung meiner persönlichen Arbeiten* zur Verfügung. Hier können die Themen, zu denen der Lernende gedolmetscht hat, aufgelistet und einschlägige Arbeiten wie Glossare oder Begleittexte aufgeführt und gesammelt werden. Eine Broschüre *Informationen und Anregungen für die Arbeit mit dem Portfolio* erläutert in einfacher, verständlicher Sprache die Besonderheiten des bilateralen Konsekutivdolmetschens und die Zielsetzungen der Portfolioarbeit und gibt konkrete Hinweise für die praktische Arbeit mit diesem Instrument. Für Lehrende steht darüber hinaus ein *Raster für Beurteilende* in zwei Fassungen zur Verfügung. Es enthält alle Deskriptoren der Checklisten. Version 1 bietet einen Gesamtüberblick über alle auf einem Niveau angestrebten Teilkompetenzen und stellt damit die Lernziele einer Ausbildungsstufe dar. Version 2 geht von jeweils einer Teilkompetenz aus und bildet diese kontrastiv für alle vier Niveaus ab. Diese Fassung eignet sich daher für die Zuordnung der Leistungen eines einzelnen Lernenden.

3.5 Zielgruppen

Als Zielgruppen für den Einsatz des Dolmetschportfolios bieten sich an:

- Studiengänge für das bilaterale Konsekutivdolmetschen (Vorbereitung auf die staatliche Dolmetscherprüfung, Community Interpreting, Gerichtsdolmetschen)

- Studiengänge für Konferenzdolmetscher, in denen das bilaterale Konsekutivdolmetschen in der Regel ebenfalls gelehrt wird

- Studiengänge für Übersetzer, da diese in ihrer Berufspraxis häufig auch als Dolmetscher in diesem Modus eingesetzt sind

- Aus-/Fortbildungen für Nicht-Translatoren, beispielsweise im Bereich des Community Interpreting. Dort könnte eine gezielte dolmetscherische Qualifizierung von Fachkräften mit entsprechenden Sprachkenntnissen eine mögliche Teillösung zur Deckung des steigenden Bedarfs sein

- Fortbildung / lebenslanges Lernen in allen genannten Bereichen

3.6 Erste Erfahrungen

Das Portfolio wird seit dem Sommersemester 2006 am Sprachen & Dolmetscher Institut München eingesetzt und kann auch anderen Hochschulen und Ausbildungseinrichtungen zur Verfügung gestellt werden. Die Umsetzung eines Portfolios ist ein langwieriger Prozess, so dass derzeit nur vorsichtig über erste Erfahrungen berichtet werden kann. Die bisherigen Erhebungen bestätigen eine gute Brauchbarkeit der Deskriptoren in Bandbreite und Progression seitens der Lehrenden und eine gute Verständlichkeit seitens der Lernenden. Erste Vergleiche zwischen Selbstevaluation und Fremdevaluation haben eine hohe Übereinstimmung (über 75 %) bei der Gesamtheit der Deskriptoren ergeben. Abweichungen bestehen vor allem in der Kategorie *soziolinguistische und interkulturelle Kompetenz*, in der auch die meisten Hinweise auf nicht verstandene oder nicht geübte Deskriptoren kamen. Hier besteht möglicherweise Handlungsbedarf im Hinblick auf die Unterrichtsgestaltung und Thematisierung der enthaltenen Kriterien. Als negativ werteten die Lehrenden vor allem den Umfang des Portfolios und den zusätzlichen Zeitaufwand; positiv bewertet wurden die Transparenz sprachbereichsübergreifender Lernziele und Evaluationskriterien und einer klaren Leistungsprogression, die Bewusstmachung von Dolmetschprozessen sowie die Anregungen für die Übungsgestaltung. Auch in der Einschätzung der Lernenden stehen das Verständnis von Dolmetschprozessen, klare Lernziele, bekannte Beurteilungskriterien und messbare Fortschritte im Vordergrund. Die Möglichkeit, selbstständig Prioritäten setzen und deren Erreichung gezielt überprüfen zu können, stieß ebenfalls auf breite Zustimmung.

[Portfolio und Beurteilungsraster auf der CD.]

Bibliographie

Apfelbaum, Birgit (2004): *Gesprächsdynamik in Dolmetsch-Interaktionen. Eine empirische Untersuchung von Situationen internationaler Fachkommunikation unter besonderer Berücksichtigung der Arbeitssprachen Deutsch, Englisch, Französisch und Spanisch.* Radolfzell: Verlag für Gesprächsforschung.

Gentile, Adolfo / Ozolins, Uldis / Vasilakakos, Mary (1996): *Liaison Interpreting. A Handbook.* Melbourne: Melbourne University Press.

Gross-Dinter, Ursula (2006): „Was beeinflusst den Dolmetscher? Erklärung von Dolmetschprozessen mit situativer Kognition." *MDÜ* 5, 37-40.

Häcker, Thomas / Dumke, Jürgen / Schallies, Michael (2002): „Weiterentwicklung der Lernkultur: Portfolio als Entwicklungsinstrument für selbstbestimmtes Lernen". *Informationsschrift 63 zur Lehrerbildung, Lehrerfortbildung und pädagogischen Weiterbildung.* Wintersemester 2002/2003. Heidelberg: Pädagogische Hochschule, 8-18.

Holec, Henri (1979): *Autonomie et apprentissage des langues étrangères*. Strasbourg: Conseil de l'Europe.

Holz-Mänttäri, Justa (1984): *Translatorisches Handeln – Theorie und Methode*. Helsinki: Suomalainen Tiedeakatemia.

Hönig, Hans G. (1998): „Positions, Power and Practice: Functionalist Approaches and Translation Quality Assessment." Schäffner, Christina (Hrsg.): *Translation and Quality*. Clevedon etc: Multilingual Matters, 6-34.

House, Juliane (1997): *Translation Quality Assessment: A Model Revisited*. Tübingen: Narr.

Humphrey, Janice H. (2000): „Portfolios. One Answer to the Challenge of Assessment and the 'Readyness to Work' Gap." Roy, Cynthia B. (2000) (Hrsg.): *Innovative Practices for Teaching Sign Language Interpreters*. Washington, D.C.: Gallaudet University Press, 153-169.

Jakobsen, Arnt Lykke (1999): „Logging target text production with Translog." Hansen, Gyde (Hrsg.): *Probing the Process in Translation: Methods and Results*. Copenhagen: Samfundslitteratur, 9-20.

Kade, Otto (1980): *Die Sprachmittlung als gesellschaftliche Erscheinung und Gegenstand wissenschaftlicher Untersuchung*. Leipzig: Verlag Enzyklopädie.

Kadric, Mira (2001): *Dolmetschen bei Gericht. Erwartungen, Anforderungen, Kompetenzen*. Wien: WUV Universitätsverlag.

Kalina, Sylvia (2002): „Interpreters as Professionals." *Across Languages and Cultures* 3(2), 169-187.

Kalina, Sylvia (2004) „Zum Qualitätsbegriff beim Dolmetschen." *Lebende Sprachen* 1, 2-8.

Kautz, Ulrich (2000): *Handbuch Didaktik des Übersetzens und Dolmetschens*. München: Iudicium.

Klenowski, Val (2002): *Developing Portfolios for Learning and Assessment. Processes and Principles*. London/New York: RoutledgeFalmer.

Knowles, Malcom S. (1975): *Self-Directed Learning. A Guide for Learners and Teachers*. New York: Association Press.

Kurz, Ingrid (2003): „Quality from the User Perspective." Collados Aís, Angela / Fernández Sánchez, Maria Manuela / Gile, Daniel (2003) (Hrsg.): *La evaluación de la calidad en interpretación: investigación*. Granada: Editorial Comares, 3-22.

Kurz, Ingrid (2005): „Neues aus der dolmetschwissenschaftlichen Forschung: Konferenzdolmetschen – Qualität aus Rezipientensicht." Zybatow, Lew N. (2005) (Hrsg.): *Translatologie – Neue Ideen und Ansätze*. Innsbrucker Ringvorlesungen zur Translationswissenschaft IV. Frankfurt: Peter Lang, 179-194.

Kutz, Wladimir (1985): „Zur Frage der spezifischen Fähigkeiten des Konsekutiv- und des Simultandolmetschers." *Fremdsprachen* 29, 229-232.

Kutz, Wladimir (1997): „Gut für wen? Zur Bewertung von Konsekutivdolmetschleistungen." Fleischmann, Eberhard / Kutz, Wladimir / Schmitt, Peter A. (1997) (Hrsg.): *Translationsdidaktik. Grundfragen der Übersetzungswissenschaft*, 243-254.

Kutz, Wladimir (2005): „Zur Bewertung der Dolmetschqualität in der Ausbildung von Konferenzdolmetschern." *Lebende Sprachen* 1, 14-34.

Lee-Jahnke, Hannelore (2001): „Aspects pédagogiques de l'évaluation en traduction." *Meta* XLVI (2), 258-271.

Little, David (1991): *Learner Autonomy 1: Definition, Issues and Problems.* Dublin: Authentik.

McMillan, James H. (1997): *Classroom Assessment. Principles and Practice for Effective Instruction.* Boston: Allyn/Bacon.

Monacelli, Claudia (2002): „Interpreters for peace." Garzone, Giuliana / Viezzi, Maurizio (2002) (Hrsg.): *Interpreting in the 21st Century. Challenges and Opportunities. Selected Papers from the 1ˢᵗ Forlì Conference on Interpreting Studies, 9-11 November 2000.* Amsterdam/Philadelphia: John Benjamins, 181-193.

Moser-Mercer, Barbara (1997): „The expert-novice paradigm in interpreting research." Fleischmann, Eberhard / Kutz, Wladimir / Schmitt, Peter A. (1997) (Hrsg.): *Translationsdidaktik. Grundfragen der Übersetzungswissenschaft.* Tübingen: Gunter Narr, 255-261.

Pander Maat, Henk (1996): „Identifying and Predicting Reader Problems in Drug Information Texts." Ensink, Titus / Sauer, Christoph (Eds.): *Researching Technical Documents.* Groningen: Rijksuniversiteit, Department of Speech Communication, 17-47.

Pöchhacker, Franz (2000): *Dolmetschen. Konzeptuelle Grundlagen und deskriptive Untersuchungen.* Tübingen: Stauffenburg.

Reiß, Katharina / Vermeer, Hans J. (1984): *Grundlegung einer allgemeinen Translationstheorie.* Tübingen: Niemeyer.

Sawyer, David Burton (2001): *The Integration of Curriculum and Assessment in Interpreter Education: A Case Study.* Inauguraldissertation. Universität Mainz. http://archimed.uni-mainz.de/pub/2001/0097/diss.pdf. (20. 06. 2004)

Scherbaum, Werner (2004): „Definition des Diabetes mellitus." Deutsches Diabetes-Forschungsinstitut (Hrsg.): *Informationssystem zum Diabetes mellitus.* Düsseldorf. http://www.diabetes.uni-duesseldorf.de/tools/priont.html?TextID=1995 (07.08.2005)

Scherf, Willi (1984): *Probleme der Beschreibung des bilateralen Dolmetschens unter Einbeziehung textueller Sichtweisen.* Dissertation. Karl-Marx-Universität Leipzig.

Schjoldager, Anne (1996): „Assessment of Simultaneous Interpreting." Dollerup, Cay / Appel, Vibeke (1996) (Hrsg.): *Teaching Translation and Interpreting 3. New Horizons. Papers from the Third Language International Conference, Elsinore, Denmark 9-11 June 1995.* Amsterdam/Philadelphia: John Benjamins, 187-195.

Schneider, Günther / North, Brian (2000): *Fremdsprachen können – was heißt das? Skalen zur Beschreibung, Beurteilung und Selbsteinschätzung der fremdsprachlichen Kommunikationsfähigkeit.* Chur/Zürich: Rüegger.

Schriver, Karen A. (1987): *Teaching writers to anticipate the reader's needs: Empirically based instruction.* Unpublished doctoral theses in rhetoric. Pittsburgh (PA): Carnegie-Mellon-University.

Schriver, Karen A. (1989): „Evaluating Text Quality: The Continuum from Text-Focused to Reader-Focused Methods." *IEEE Transactions on Professional Communication* 32.4, 238-255.

Selting, Margret et al. (1998): „Gesprächsanalytisches Transkriptionssytem GAT." *Linguistische Berichte* 173, 91-122. Also available as a PDF file: http://www.fbls.uni-hannover.de/sdls/schlobi/schrift/GAT/gat.pdf (30.08.2005).

Shreve, Gregory M. et al. (1993): „Is There a Special Kind of 'Reading' for Translation? An Empirical Investigation of Reading in the Translation Process." *Target* 5.1, 21-41.

Tough, Allen (1971): *The Adult's Learning Projects. A Fresh Approach to Theory and Practice in Adult Learning.* Research in Education Series No. 1. Ontario: The Ontario Institute for Studies in Education.

Vierlinger, Rupert (1999): *Leistung spricht für sich selbst. Direkte Leistungsvorlage (Portfolios) statt Ziffernzensuren und Notenfetischismus.* Heinsberg: Dieck-Verlag.

Vierlinger, Rupert (2002): „Das Konzept der „Direkten Leistungsvorlage." Winter, Felix / von der Groeben, Annemarie / Lenzen, Klaus-Dieter (2002) (Hrsg.): *Leistung sehen, fördern, werten. Neue Wege für die Schule.* Bad Heilbrunn/Obb.: Julius Klinkardt, 28-38.

Viezzi, Maurizio (1996): *Aspetti della qualità in interpretazione.* Triest: Scuola superiore di lingue moderne per interpreti e traduttori.

Wadensjö, Cecilia (1998): *Interpreting as Interaction.* London/New York: Longman.

Winter, Felix (2002): „Chancen für pädagogische Reformen? Oder: Wie es sein könnte mit der Leistungsbewertung." Winter, Felix / von der Groeben, Annemarie / Lenzen, Klaus-Dieter (2000) (Hrsg.): *Leistung sehen, fördern, werten. Neue Wege für die Schule.* Bad Heilbrunn/Obb.: Julius Klinkhardt, 48-58.

Susanne Hagemann
Germersheim
Zur Evaluierung kreativer Übersetzungsleistungen

[1]Unter Evaluierung von Übersetzungsleistungen in translationswissenschaftlichen Studiengängen versteht man traditionell die Identifikation, Kategorisierung, Gewichtung und Addition von Übersetzungsfehlern. Kreative Lösungen werden in der Regel allenfalls mit einem impressionistischen „gut!" am Rand honoriert. Ich halte dieses Verfahren für verbesserungsfähig, und zwar aus pädagogischen wie auch aus didaktischen Gründen. Der im Folgenden vorgestellte Entwurf einer systematischen Kreativitätsbewertung entspringt meinen Erfahrungen in gemeinsprachlichen Übersetzungsübungen Englisch A > Deutsch B am Fachbereich Angewandte Sprach- und Kulturwissenschaft der Universität Mainz in Germersheim. Er hat für das Übersetzen in die Fremdsprache eine besondere Relevanz, dürfte jedoch auch auf den „Idealfall" (?) des Übersetzens in die Muttersprache anwendbar sein.

Ich danke Paul Kußmaul, der mir beigebracht hat, was kreatives Übersetzen ist, und der meine Überlegungen zur Kreativitätsevaluation sehr geduldig und konstruktiv mit mir diskutiert hat. Für Kommentare und Anregungen danke ich außerdem Nina Englert-Kleimeyer, Don Kiraly und Julia Neu. Und nicht zuletzt danke ich meinen anglofonen Studierenden aus Afrika, Asien, Europa und Nordamerika, die mir so viele schöne Beispiele für kreatives Übersetzen geliefert und mich zu weiterführenden Überlegungen angeregt haben. (Die im Folgenden zitierten Beispiele stammen aus einer Grundstudiums-Übersetzungsübung im Wintersemester 2005/06, die Tourismustexte zum Gegenstand hatte.)

1 Evaluierung = Fehlerforschung?
Die Evaluierung von Übersetzungsleistungen Studierender ist ein marginalisiertes, aber wiederkehrendes Thema in der Übersetzungswissenschaft.[2] Einerseits hat etwa ein Standardwerk wie die Routledge *Encyclopedia of Translation Studies* dazu wenig zu sagen (s. Vermeer 1998); andererseits gibt es Ansätze fast wie Sand am Meer (einen Überblick liefern z. B. Hönig 1997, 1998 und Kautz 2002:277-286). Die einen, wie etwa die traditionelle „Fehlertabelle" der Germersheimer Germanistik, stellen die Sprachkompetenz in den Vordergrund.

---

[1] Dieser Beitrag ist eine punktuell aktualisierte Fassung eines Vortrags auf der TQ2000, Internationale Fachtagung Translationsqualität, in Leipzig 28./29.10.1999.
[2] Traditionell ist mit Evaluierung die summative Evaluierung gemeint, also die Beurteilung der Übersetzung als Produkt. Erst in neuerer Zeit wird auch der formativen Evaluierung, der Beurteilung des Übersetzens als Prozess, Aufmerksamkeit geschenkt (s. hierzu z. B. Lee-Jahnke 2005:127-128, 130-131). Ich konzentriere mich hier auf die summative Evaluierung, weil im Germersheimer Diplomstudiengang keine formative Evaluierung zugelassen ist. Welche Prüfungsformen sich in Zukunft im BA und MA durchsetzen werden, bleibt abzuwarten.

Andere, wie etwa Kußmaul (1995:127-148, bes. 130) und Schmitt (1997:317), konzentrieren sich aus funktionalistischer Perspektive auf die Brauchbarkeit des Zieltextes. Wieder andere, wie Kiraly (2000:158-161) oder McAlester (2000), messen die Qualität einer Übersetzung in die Fremdsprache an dem für eine muttersprachliche Korrektur benötigten Zeitaufwand. Noch andere, beispielsweise Nord (1995:196), erwarten in erster Linie, dass die Studierenden adäquate Lösungen für bereits behandelte Probleme finden können. Ohne im Einzelnen auf die Vor- und Nachteile der verschiedenen Ansätze einzugehen, lässt sich festhalten, dass fast alle explizit oder implizit eine gute Übersetzung als (weitgehend) fehlerfreie Übersetzung definieren. Auf die Frage, was als Fehler zählt und wie gravierend ein bestimmter Fehlertyp ist und warum, wird sehr viel Zeit und Energie verwandt – nicht nur in der übersetzungswissenschaftlichen Forschung, sondern auch (vielleicht sogar: vor allem) im Alltag der Lehre.

Aus der Perspektive der Translationspraxis ist eine Evaluierung durch Fehlersuche natürlich auch realistisch und sinnvoll. Rückmeldungen zu realen Übersetzungsaufträgen konzentrieren sich häufig auf tatsächliche oder vermeintliche Fehler, und eine Übersetzung, in der man keine Fehler nachweisen kann, ist in der Praxis eine gute Übersetzung – jedenfalls dann, wenn mit *Fehler* nicht nur philologische, sondern auch translatorische Inadäquatheiten, z. B. im Bereich der Textsorten- und Adressatenspezifika, gemeint sind. Eine Ausbildung im Übersetzen, die praxisorientiert sein will, muss sich die Maßstäbe der Praxis zu eigen machen. Oder nicht? Meine Antwort auf diese Frage lautet Jein. Natürlich müssen die Studierenden darauf vorbereitet werden, was später in der Praxis auf sie zukommt. Aber es hat wenig Sinn, so zu tun, als ob das Studium mit der Praxis identisch sei. Die von Profis benötigten Translations- und Schlüsselkompetenzen sollen die Studierenden ja im Studium erst noch erwerben, und diesem Erwerb ist eine ausschließlich fehlerzentrierte Evaluierung nicht unbedingt förderlich.

Ein Problem bei der fehlerzentrierten Evaluierung sehe ich darin, dass sie im Widerspruch zu der immer wieder vorgetragenen Forderung nach Selbstbewusstsein steht (s. hierzu z. B. Hönig 1995:154). Die angehenden TranslatorInnen sollen Vertrauen zu sich selbst und ihrer eigenen Leistung entwickeln. Zu diesem Zweck lehrt man sie Kompetenzen von der Paralleltextanalyse bis hin zum kreativen Denken, lobt sie in den „regulären" Veranstaltungen für adäquate Lösungen und Lösungsstrategien und ermutigt sie zu selbstständigem, eigenverantwortlichem Arbeiten. In der Klausursituation jedoch werden konstant die Fehler in den Vordergrund gerückt, weil die Note eben von der Fehlerzahl und -gewichtung abhängt. Die fehlerabhängige Note (der in den BA/MA-Studiengängen mit ihren studienbegleitenden Prüfungen noch viel mehr Gewicht zukommen wird als im Diplomstudiengang) teilt den Studierenden mit, dass sie noch viel zu viel falsch machen, noch relativ viel falsch machen oder erfreulich wenig falsch machen – der Fokus liegt auf den begangenen und begehbaren

Fehlern.[3] Mit anderen Worten: Durch die fehlerzentrierte Evaluierung werden die Studierenden als ÜbersetzerInnen positioniert, die potenziell und reell Fehler machen, und eben nicht als potenziell und reell souverän Handelnde. Kognitionssemantisch formuliert, schafft die Fehlerzentrierung den Rahmen „Inkompetenz".

Ein weiteres Problem besteht darin, dass beim gemeinsprachlichen Übersetzen in die B-Sprache zumindest auf Grundstudiumsniveau durch eine fehlerzentrierte Evaluierung in der Regel nicht die Translationskompetenz als solche, sondern die Sprachkompetenz beurteilt wird, denn die reinen Sprachfehler überwiegen bei Weitem die Translationsfehler. Legt man das bekannte Modell Pyms (1992:282-283) zugrunde, so lassen sich im Grundstudium sehr viele „binäre" Fehler feststellen. Dies aber bedeutet, dass das Übersetzen zu einer vorwiegend philologischen Übung wird – was es beispielsweise nach funktionalistischer Auffassung ja gerade nicht sein sollte. Zweifellos müssen beim Übersetzen A > B auch sprachliche Probleme besprochen werden; aber sie sollten nicht den Hauptdaseinszweck der Lehrveranstaltungen bilden (s. hierzu z. B. auch Nord [1994:371, 373]).

Mir liegen keine wissenschaftlich fundierten Erkenntnisse darüber vor, inwieweit die fehlerzentrierte Evaluation für die Studierenden ein frustrierender Prozess ist. Mit Sicherheit kann ich allerdings sagen, dass sie mich als Dozentin stark frustriert. Fehlerzentrierte Korrekturen in Übersetzungsübungen A > B sind besonders im Grundstudium, wo die B-sprachliche Kompetenz oft kein sehr hohes Niveau hat, sehr unerquicklich. Eine solche Korrektur liefert mir nur Anlass, mich über die Unzulänglichkeiten meiner Studierenden zu ärgern, während ich mich viel lieber über ihre guten Übersetzungen freuen und dies eben auch im Rahmen meiner Korrektur zum Ausdruck bringen würde.

Ich plädiere hier nicht für eine Abschaffung der Fehlerevaluierung, möchte sie aber aus den genannten Gründen durch eine „Kreativitätsevaluierung" ergänzen. Bevor ich jedoch darlege, wie dies konkret aussehen könnte, gehe ich kurz auf die Gegebenheiten beim Übersetzen in die Fremdsprache Deutsch ein, wie sie sich bei den anglofonen Studierenden in Germersheim darstellen.

2 Übersetzen Englisch A > Deutsch B

Traditionell war die Zulassungsvoraussetzung für das Studium des Faches Deutsch als Fremdsprache in Germersheim die sogenannte DSH, die deutsche Sprachprüfung für den Hochschulzugang ausländischer Studierender. Da diese Prüfung dezentral ist und die Anforderungen je nach Institution recht unterschiedlich sein können, brachten die Studierenden auch sehr unterschiedliche

---

[3] Nord schlägt für die Bewertung einen Perspektivenwechsel vor: „[Mir] erscheint [...] eine Bewertung nach dem prozentualen Anteil der gelösten Übersetzungsprobleme motivierender als die im allgemeinen übliche Bewertung nach der Menge der nichtgelösten Übersetzungsprobleme (= ‚Übersetzungsfehler')." (1995:196) Auch diese Bewertung ist allerdings fehlerabhängig, wenn sie auch die Fehler nicht in den Vordergrund stellt.

Vorkenntnisse mit. Im Extremfall bekomme ich dann im Grundstudium etwa Folgendes zu lesen:[4]

Beispiel 1 (aus einem Internet-Text über Norddakota, der als Informations- und Werbetext übersetzt werden sollte):

> North Dakota is located in the north of the United States, between Canada and South Dakota. The landscape is mostly dominated by the northern plains, the bad-lands in the south and the Missouri river running right through the heart of the state.

> North Dakota befindet sich in Nord Vereinten Staat zwischen Kanada und Suddakota. Die Landschaft wurde in Flachland dominiert; das Ödland im Sud und die Missouri Fluss fließt durch die Herz von der Staat.

Um bei der fremdsprachlichen Kompetenz ein einheitlich höheres Niveau sicherzustellen, wird mittlerweile nicht mehr die DSH, sondern die zentrale Test-DaF-Prüfung (18 Punkte) verlangt. Auch StudienanfängerInnen mit TestDaF schreiben allerdings in der Regel noch kein annähernd fehlerfreies Deutsch, jedenfalls nicht in der Klausursituation.

Bei den Studierenden mit eher schlechten Deutschkenntnissen tritt zwar nicht konsequent, aber doch häufig das bekannte Phänomen auf, dass sie ihr Heil im wörtlichen Übersetzen suchen, mit vorhersagbar unbefriedigendem Ergebnis. Auf die in diesem Zusammenhang in der übersetzungsdidaktischen Literatur behandelten Lehrmethoden, wie etwa den Einsatz von Paralleltexten, gehe ich hier nicht näher ein. Für die Kreativitätsevaluation ist jedoch das mithilfe solcher Methoden angestrebte Ergebnis relevant: Die Studierenden gewinnen eine höhere Sprach- und Textkompetenz und werden dazu ermutigt, beim Übersetzen auf diese Kompetenz zurückzugreifen. Eine essenzielle Taktik beim Übersetzen in die B-Sprache – ich spreche bewusst von *Taktik*, da *Strategie* und *Verfahren* in der Übersetzungswissenschaft bereits anders besetzt sind – ist ja die Vermeidung von Sprachkompetenz-Fehlern durch Verwendung vertrauter sprachlicher Mittel. Wer bei noch lückenhafter B-sprachlicher Kompetenz wörtlich übersetzt, überschreitet – vor allem auch bei Hinzuziehung des zweisprachigen Wörterbuchs – fast zwangsläufig die Grenzen der eigenen Sprachbeherrschung und macht Fehler; wer zu bekannten Wörtern, Strukturen usw. greift, produziert im Idealfall einen sprachlich weitgehend korrekten Text (womit natürlich noch nichts über dessen inhaltliche und textuelle Qualität gesagt ist). Zwei Beispiele:

Beispiel 2 (aus einem Internet-Text über Englischkurse auf Malta, der zu Werbezwecken übersetzt werden sollte):

> Most schools focus on interactive lessons with study based on topical issues popular with young students. The aim is to encourage students to equate learning English with fun.

---

[4] Bei den zitierten authentischen Übersetzungen verzichte ich generell auf die Verwendung von [sic].

[...] Dadurch wollen die Sprachschulen, dass die Sprachlerner Spaß beim Englischlernen haben.

Beispiel 3:

[...] Es wird erzielt, dass die Studenten ermutigt sind, das Englisch-Lernen dem Spaß gleichzusetzen.

Die Übersetzung in Beispiel 2 ist durchaus noch verbesserungsfähig (*dadurch* bezieht sich grammatisch auf *wollen*, logisch aber auf *Spaß haben;* zudem weist *Spaß beim Englischlernen haben* eine ungünstige Thema-Rhema-Struktur auf); sie ist aber der Übersetzung in Beispiel 3 sprachlich klar überlegen. Letztere dürfte zwar gerade noch verständlich sein, erscheint aber aufgrund verschiedener sprachlicher Defekte unbeholfen und wenig werbewirksam. Zu den Defekten zählen etwa das sehr formelle *erzielt* mit dem bei diesem Verb eher unüblichen Subjekt *es,* die Bezeichnung *Studenten* in Zusammenhang mit Ferienkursen für SchülerInnen, das ebenfalls denotativ unangemessene *ermutigt* (im Gegensatz zu *encourage* hat *ermutigen* stets mit Mut, Vertrauen oder Absichten zu tun), das Zustandspassiv *sind* anstelle des Vorgangspassivs *werden,* die Schreibung des Kompositums *Englisch-Lernen* mit Bindestrich, das kollokativ ungewöhnliche *gleichzusetzen* (auf Englisch *learning English is fun* > *equate learning English with fun;* aber auf Deutsch eben nicht * *Englischlernen ist Spaß,* sondern *Englischlernen macht Spaß*) sowie die Konstruktion mit dem wiederum sehr formell wirkenden bestimmten Artikel anstelle der Präposition *mit.* Ob jeder dieser Defekte in einer Grundstudiumsklausur als Fehler zu werten wäre, mag dahingestellt bleiben. Für meine Zwecke relevant ist, dass ein enger Zusammenhang zwischen der Häufung von Defekten und dem Wörtlichkeitsprinzip besteht. Dies konnte ich anhand eines Textes aus einer anderen Germersheimer Übersetzungsübung feststellen. Wenn die in Beispiel 2 zitierte Studentin[5] nämlich zum wörtlichen Übersetzen gezwungen wird, macht sie nachweislich mehr Fehler, wie folgendes Beispiel zeigt:

Beispiel 4 (aus einem Artikel in einem Nachrichtenmagazin über die Ernährung von Schulkindern; kein Übersetzungsauftrag angegeben):

The kids, 11- and 12-year-olds from the town of Laventie in northern France, finger fleshy chunks of mango with fascination and wince as they suck on lime slices.

Die 11- und 12-jährigen Kinder von der Stadt Laventie im Norden Frankreichs fingern an den fleischigen Mangostücken mit begeisterung herum und zucken zusammen, wenn sie die Zitronenscheiben lecken.

Dieser Text unterscheidet sich von dem Sprachkurs-Text unter anderem dadurch, dass er zum wörtlichen Übersetzen förmlich zwingt, weil er, kognitionssemantisch formuliert, sehr detailliert eine Szene beschreibt, während der

---

[5] Da die Gruppe der anglofonen Studierenden in Germersheim klein ist, verwende ich zur Wahrung der Anonymität konsequent das generische Femininum.

Sprachkurs-Text eher rahmenorientiert ist und daher Spielraum bei der Ausgestaltung der Szenen lässt. Dies macht den Ernährungs-Text für deutsche A-SprachlerInnen leicht, für B-SprachlerInnen mit Sprachkompetenz-Defiziten dagegen relativ schwer. Wer beispielsweise nicht weiß, wie man die durch den Geschmack von Limonen (oder auch den von Zitronen) ausgelöste Mimik auf Deutsch bezeichnet, macht hier fast zwangsläufig Fehler.[6] Eine kreative Übersetzung ist, wie ich im Selbstversuch feststellen konnte, nur mit unverhältnismäßig hohem Zeitaufwand möglich; die übersetzungstaktisch durchaus begabte Studentin fand hier keine Gelegenheit, ihre Stärken zur Geltung zu bringen.

Man kann natürlich die Auffassung vertreten, dass für das Übersetzen in die B-Sprache dieselben Spielregeln gelten müssen wie in die A-Sprache: Das Endprodukt muss sprachlich korrekt sein; Kompetenz in der Zielsprache ist daher eine Conditio sine qua non für eine gute Übersetzung und muss in translatorischen Studiengängen vorrangig gelehrt und bewertet werden. Allerdings möchte ich gegen eine radikale Umsetzung dieser Auffassung zwei Einwände geltend machen. Erstens sollte prinzipiell jede Übersetzung in die B-Sprache einer A-sprachlichen Überprüfung unterzogen werden; und bei einer solchen sind – ich folge hier der bereits erwähnten Argumentation von Kiraly – B-sprachliche Fehler zwar unerwünscht, aber in der Regel nicht gravierend, weil sie meist mit sehr wenig Aufwand korrigierbar sind. Zweitens gilt speziell für die von mir unterrichteten Gruppen, dass Anglofone in der Praxis sehr selten mit Übersetzungen in die B-Sprache Deutsch betraut werden (jedenfalls wenn sie in Deutschland arbeiten; in Ländern wie Indien oder den USA sind die Gegebenheiten anders). Aus diesen beiden Gründen habe ich mich entschieden, in meinen Übersetzungsübungen die Sprachkompetenz zwar zu berücksichtigen, aber den Studierenden Gelegenheit zu geben, Defizite in diesem Bereich durch Übersetzungskompetenz zu kompensieren. Dies versuche ich zum einen durch die Textauswahl, zum anderen durch die Kreativitätsevaluierung zu erreichen.

3 Kreatives Übersetzen A > B

Den Begriff *kreatives Übersetzen* habe ich schon mehrmals verwendet. Aber was ist damit eigentlich konkret gemeint? Kußmaul definiert ein kreatives Produkt wie folgt:

---

[6] Das zweisprachige Wörterbuch ist hier nicht sehr hilfreich. Das in Germersheim viel verwendete *Duden/Oxford Großwörterbuch Englisch* beispielsweise bietet für *wince* tatsächlich in erster Linie „zusammenzucken" an; „das Gesicht verziehen" kommt nicht vor. Für deutsche MuttersprachlerInnen würde von der Definition im einsprachigen englischen Wörterbuch – *wince:* "to suddenly change the expression on your face as a reaction to something painful or upsetting" (DCE) – ein direkter Weg zu einer adäquaten Übersetzung führen; ausländischen Studierenden dagegen hilft das einsprachige deutsche Wörterbuch nicht viel weiter: Im *Langenscheidt Großwörterbuch Deutsch als Fremdsprache* etwa findet sich unter „Gesicht" kein entsprechendes Beispiel; man müsste also aufgrund einer bereits vorhandenen Deutschkompetenz erst einmal auf die Idee kommen, unter „verziehen" nachzuschlagen.

Ein kreatives Produkt [...] ist sowohl neu als auch sinnvoll, realitätsangepaßt oder nützlich, und was sinnvoll usw. ist, wird in einem sozialen System entschieden [...] (2000:12; Hervorhebungen im Original).

Speziell in Bezug auf das Übersetzen schreibt er:

Eine kreative Übersetzung entsteht aufgrund einer obligatorischen Veränderung des Ausgangstexts, und sie stellt etwas mehr oder weniger Neues dar, das zu einer bestimmten Zeit und in einer (Sub-)Kultur von Experten (= von Vertretern eines Paradigmas) im Hinblick auf einen bestimmten Verwendungszweck als mehr oder weniger angemessen akzeptiert wird." (2000:31; Hervorhebung im Original).

Das hier betonte „Mehr-oder-weniger-Prinzip" (2000:28 und passim) hängt mit der Graduierbarkeit der Kreativität zusammen:

Keinerlei Kreativität ist erforderlich, wenn das Muster der Ausgangssprache mit dem gleichen Muster in der Zielsprache übersetzbar ist. Ein gewisses Maß an Kreativität ist erforderlich, wenn in der Zielsprache ein Muster vorhanden ist, das sich vom Muster der Ausgangssprache unterscheidet. Man muß sich an dieses Muster ja erst einmal erinnern bzw. man muß es entdecken. Mehr Kreativität ist erforderlich, wenn in der Zielsprache noch kein Muster vorhanden ist, um die Vorstellungen des Ausgangstexts auszudrücken. Dann muß ein neues Muster geschaffen werden (Kußmaul 2000:29).

Kreativität als graduierbar zu betrachten ist mit Sicherheit sinnvoll, denn wie Kußmaul zu Recht feststellt, „gibt [es] keine absolute Angemessenheit, und noch weniger gibt es absolute Neuigkeit" (2000:28). In einem anderen Punkt weicht mein Kreativitätsbegriff jedoch von dem Kußmauls ab: Nach meiner Auffassung ist auch dann Kreativität im Spiel, wenn ein „Muster der Ausgangssprache" zwar grundsätzlich „mit dem gleichen Muster in der Zielsprache übersetzbar ist", im konkreten Fall jedoch eben nicht mit diesem, sondern mit einem anderen Muster übersetzt wird. Das heißt, eine kreative Übersetzung kann auch aufgrund einer fakultativen Veränderung des Ausgangstextes entstehen.[7]

Beispiel 5 (aus dem bereits zitierten Text über Norddakota):

Roosevelt first came to the badlands in September 1883 on a hunting trip.

Er entdeckte die Badlands im September 1883 auf einem Jagdausflug.

Eine Übersetzung von *first came* mit „kam zum ersten Mal" wäre durchaus möglich gewesen; ich halte das abweichende Muster jedoch trotzdem für kreativ, denn es ist sowohl neu als auch angemessen. Dies gilt unabhängig davon, ob

---

[7] Kußmaul betrachtet, wie es in der Kreativitätsforschung üblich ist, Kreativität in Zusammenhang mit Problemlösen. Beim Übersetzen in die A-Sprache werden wörtlich übersetzbare Stellen von kompetenten ÜbersetzerInnen nicht als zu lösendes Problem wahrgenommen; sie gehören deswegen bisher nicht zum Kernbereich der Kreativität. Beim Übersetzen in die B-Sprache ist dagegen durchaus auch an solchen Stellen ein Problem zu lösen, nämlich, wie bereits erwähnt, die Vermeidung von Sprachkompetenz-Fehlern. B-SprachlerInnen sind somit in einer ähnlichen Situation wie partiell kompetente A-SprachlerInnen, die aus Gründen unzureichender Sprach-, Text-, Fach- oder Kulturkompetenz nicht wissen, ob eine wörtliche Übersetzung angemessen ist.

Deutsch die A- oder die B-Sprache der Übersetzerin ist. Besonders relevant ist der Wechsel des Musters allerdings beim Übersetzen in die B-Sprache, da er hier eine wichtige Fehlervermeidungstaktik darstellen kann. Bei dem zitierten Satz (aus einer Semesterklausur) hatten etliche Studierende, die wörtlicher übersetzten, Probleme mit der deutschen Satzgliedstellung. Durch die Übersetzung „entdeckte" wird die Zahl der Präpositionalgruppen von vier auf zwei reduziert („zum ersten Mal" geht auf in „entdeckte", „in die Badlands" wird zum direkten Objekt) und das Satzmodell somit beträchtlich vereinfacht. Verallgemeinernd lässt sich für das Übersetzen in die B-Sprache folgende Kreativitätsregel formulieren: Wenn neben der wörtlichen eine kreative Übersetzung denkbar ist und wenn die kreative mit höherer Wahrscheinlichkeit fehlerfrei ist als die wörtliche, dann sollte die kreative gewählt werden. (Über die Wahrscheinlichkeit entscheidet die Übersetzerin vor dem Hintergrund ihres individuellen Sprachkompetenz-Bewusstseins – dessen Entwicklung dementsprechend auch Gegenstand der Übersetzungsübungen sein muss.)

Es stellt sich natürlich die Frage, was eigentlich *wörtliche Übersetzung* bzw., in Kußmauls Terminologie, *gleiches Muster* bedeutet. Anders gefragt: Wo fängt Kreativität an? Kußmaul diskutiert das Beispiel einer englischen Partizipialkonstruktion *(Walking along the street he met his old friend Tom)*: Die Übersetzung mit einem deutschen Nebensatz sei „in gewisser Weise kreativ", aber „nicht sehr aufregend" (2000:22). Generell dürfte dies – aus A-sprachlicher Perspektive – für alle Übersetzungen gelten, bei denen „standardisierte" Übersetzungsverfahren zur Anwendung kommen: also etwa die Phänomene, mit denen sich die *stylistique comparée* beschäftigt (s. Malblanc 1977, Vinay/Darbelnet 1968). Ich führe hier exemplarisch die *stylistique comparée* an, weil sie weitgehend sprachenpaarbezogen arbeitet und somit Lösungsvorschläge oder sogar Regeln für sehr konkrete Übersetzungsprobleme anbietet *(Problem* hier im allgemeinen Sinn einer zu lösenden Aufgabe). Die Anwendung dieser Regeln hat eine kreative, aber auch eine mechanische Dimension.

Man könnte nun versuchen, das Verhältnis kreativ/mechanisch für verschiedene Übersetzungsverfahren zu bestimmen: Wäre vielleicht ein höheres Maß an Kreativität gegeben, wenn die Übersetzungsverfahren nicht sprachenpaarbezogen und normativ formuliert werden, sondern (wie es z. B. bei Henschelmann [1993:22–33] geschieht) sprachenunabhängig und deskriptiv? Oder: Wie steht es mit Textsortenkonventionen (Beispiel 6), die sich einerseits mechanisch anwenden lassen, andererseits nichts mit wörtlichem Übersetzen zu tun haben?

Beispiel 6 (aus einem Werbeflyer für den englischen Lakemore Country Park; Übersetzungsauftrag: für einen Flyer für deutschsprachige TouristInnen):

> Facilities offered are correct at time of going to press, but may be subject to change without prior notice.

> Änderungen vorbehalten.

Für die Evaluation von Übersetzungen in die B-Sprache scheint mir jedoch ein anderer Aspekt der Kreativität interessanter: nicht so sehr der Kreativitätsgrad eines bestimmten Übersetzungsverfahrens an sich, sondern der Zusammenhang zwischen Kreativität und Sprachstand. Gerade die Studierenden mit dem schlechtesten Deutsch übersetzen ja – aus Unsicherheit? – tendenziell am häufigsten wörtlich, obwohl sie diejenigen sind, die am schlechtesten beurteilen können, ob die wörtliche Übersetzung sprachlich korrekt und translatorisch adäquat ist oder nicht. Bei solchen Studierenden ist jede kreative Übersetzung eine honorierenswerte Leistung. Da nun aber eine Kopplung der Kreativitätsevaluation an den individuellen Sprachstand (also etwa an die jeweiligen Noten in den Sprachkompetenz-Veranstaltungen) nicht praktikabel ist, bedeutet dies: Die Kreativitätsevaluation ist abhängig vom Niveau der Übersetzungsübung. Was im Grundstudium als kreativ zu bewerten ist, kann im Hauptstudium selbstverständlich sein. So würde ich die in Beispiel 5 und Beispiel 6 zitierten Übersetzungen im Grundstudium als kreativ einstufen; im Hauptstudium würde ich dagegen voraussetzen, dass die Studierenden mit Transpositionen/Modulationen und Textsortenkonventionen umgehen können. Mit dieser Unterscheidung möchte ich natürlich nicht unterstellen, dass Studierende im Grundstudium unweigerlich eine schlechtere Deutschkompetenz haben als Studierende im Hauptstudium – das ist keineswegs der Fall. Es erscheint mir jedoch fair, bis zur Vorprüfung die Beherrschung der translatorischen Grundlagen, zu denen eben auch die kreative Übersetzungstaktik gehört, einzuüben und nach der Vorprüfung diese Grundlagen einzufordern. Für die neuen BA- und MA-Studiengänge ist entsprechend eine Abstufung der Kreativitätsevaluation je nach Modul denkbar.

4 Kreativitätsevaluation

Ziel der Kreativitätsevaluation ist es, Translationskompetenz konstruktiv (also nicht nur fehlerbezogen) in die Bewertung von Translationsleistungen einzubeziehen, um zum einen eine nicht primär oder ausschließlich auf der B-sprachlichen Kompetenz beruhende Beurteilung der Translationskompetenz zu ermöglichen und zum anderen die Studierenden zu ermutigen, von ihrem sprachlichen und translatorischen Potenzial so intensiv wie möglich Gebrauch zu machen. Konkret bedeutet Kreativitätsevaluation, dass für kreative Übersetzungen Pluspunkte vergeben werden, mit denen die durch Fehler entstandenen Minuspunkte (teilweise) ausgeglichen werden können.[8]

Das „Bonussystem" ist in der Übersetzungsdidaktik nicht unumstritten. Schmitt bringt in Zusammenhang mit der Beseitigung von Defekten des Ausgangstextes ein gutes Argument zugunsten eines reinen „Malussystems" vor:

> Theoretisch könnte man für jedes bewältigte Translationsproblem (freilich: was ist das?) gewisse Bonuspunkte vergeben (ähnlich dem Punktesystem im schulischen Bereich); man könnte Fehlleistungen außerdem mit Punktabzug bestrafen. Oder man postuliert, daß eine gelungene, zweckgerechte Übersetzung der „Nor-

---

[8] S. auch Bastin (2000), der ein anderes Modell der Kreativitätsevaluation vorstellt.

malfall" ist, und sanktioniert alle Fehlleistungen mit Malus-Punkten (d. h., es werden nur die Fehler markiert, ggf. gezählt und gewichtet). Die Verwendung von kompensierenden Bonus-Punkten würde indessen bedeuten, daß ein ZT, der wegen Überschreitung der Fehlertoleranzen (z. B. wegen lebensgefährlicher Inhaltsfehler) bereits als „not passed" eingestuft ist, durch Berücksichtigung von Bonus-Punkten (z. B. für Textkohärenzverbesserungen gegenüber dem AT) wieder akzeptabel werden könnte – ein Fall, der m.E. nicht eintreten darf (1997:314).

Allerdings bezieht sich Schmitt hier konkret auf Fachübersetzungen, die m. E. einen anderen Status haben als gemeinsprachliche Übersetzungen. Letztere kommen bekanntlich im wirklichen Leben eher selten vor; ihre Daseinsberechtigung in der Lehre sehe ich in erster Linie darin, dass sie den Erwerb einer grundlegenden Translationskompetenz unabhängig von der zu Beginn des Studiums noch nicht vorhandenen Sachfachkompetenz ermöglichen. In Zusammenhang mit diesem Erwerb von Translationskompetenz (bzw. im Hauptstudium: dem Ausbau der Grundkompetenz, im Gegensatz zur praxisbezogenen Spezialisierung in den Fachübersetzungsübungen) scheint mir eine Kreativitätsevaluierung sehr sinnvoll. Da nach meiner bisherigen Erfahrung beim Übersetzen A > B die Fehler in aller Regel die kreativen Lösungen überwiegen, werden bei entsprechender Gewichtung die Minuspunkte nicht durch die Pluspunkte aufgehoben, so dass eine aufgrund ihrer Fehler unbrauchbare Übersetzung auch dann nicht als brauchbar deklariert werden muss, wenn sie neben den Fehlern einige kreative Lösungen enthält.

Auch die Minuspunkte haben, so paradox dies zunächst klingen mag, ein Kreativitätspotenzial. Sie sind einerseits, negativ betrachtet, „Monitumspunkte" (wobei die Rechtfertigung dieser Funktion weniger in ihrem umstrittenen pädagogischen Nutzen besteht als vielmehr in ihrer Praxisrelevanz); andererseits können sie im Rahmen der Ausbildung auch als „Revisionspunkte" fungieren, das heißt als Hinweis darauf, dass die Übersetzung überarbeitungsbedürftig, also noch nicht fertig ist. Generell gibt eine Überarbeitung den Studierenden die Chance, aus ihren Fehlern aktiv und konstruktiv zu lernen; speziell in Zusammenhang mit der Kreativitätsevaluation können die für kreative Lösungen vergebenen Pluspunkte als Anregung für die Überarbeitung der mit Minuspunkten markierten Stellen dienen – jedenfalls soweit es sich bei diesen nicht um Sprachkompetenzfehler der banalsten Art, z. B. Rechtschreibung oder Genus, handelt. Minuspunkte können somit bei der Überarbeitung in Pluspunkte umgewandelt werden. (Inwieweit dies „nur" für Übungstexte gelten sollte und inwieweit auch für Klausuren, ist eine Frage für sich, auf die ich hier aus Platzgründen nicht näher eingehen kann.)

Wie ist die bereits kurz erwähnte Diskrepanz zwischen der Kreativitätsevaluation und den Anforderungen der Praxis zu beurteilen? Schmitt führt überzeugend aus, dass die translationskompetente Praxis ohnehin mit anderen Maßstäben arbeitet als die Lehre. Eine Note im Bereich 3 (also eine Leistung, die laut Prüfungsordnung „durchschnittlichen Anforderungen entspricht") „bedeutet nicht, daß eine so bewertete Übersetzung einen Kunden in der Praxis zufriedenstellen würde: Legt man die IBM-Qualitätskriterien an, so läge die Grenze der minimalen Qualität zwischen den Noten 1.0 und 1.3" (1997:319). Wenn man aber nur noch die Noten 1 und 5 vergeben wollte, dann „könnte von einem didaktischen oder ‚therapeutischen' Effekt der Klausurbewertung keine Rede mehr sein" (1997:310). Aus didaktischen Gründen muss die Lehre zwangsläufig die Toleranzgrenzen der Praxis überschreiten. Bei der Kreativitätsevaluation geht es nun freilich nicht primär um Toleranzgrenzen, sondern um die Einführung von Qualitätskriterien, die in der Praxis keine allgemeine Gültigkeit haben;[9] auch sie erfüllen jedoch, wie oben dargelegt, einen didaktischen und vor allem auch einen pädagogischen Zweck.

5 Kreativitätskategorien

Die Fehlerevaluation unterscheidet bei Übersetzungslösungen zwischen „richtig/akzeptabel" und „falsch/inakzeptabel". Die zur zweiten Gruppe gehörenden Lösungen werden mithilfe verschiedener Systeme (philologisch, funktionalistisch usw.) detailliert klassifiziert und gewichtet; bei der ersten Gruppe ergibt sich kein Klassifikationsbedarf, da diese Lösungen für die Fehlerevaluation nicht relevant sind. Bei der Kreativitätsevaluation unterteile ich die Gruppe „richtig/akzeptabel" in zwei Untergruppen: „neu und sinnvoll" (= kreativ) und „nicht neu, aber sinnvoll" (= nicht kreativ). Für die Untergruppe „neu und sinnvoll", die in die Evaluation einbezogen wird, ist ein Klassifikations- und ein Gewichtungssystem erforderlich. Ich erörtere zuerst die Frage des Klassifikationssystems; dieses muss entweder aus einem anderen Bereich der Übersetzungswissenschaft übernommen oder neu entwickelt werden, da sich die Übersetzungsdidaktik damit m. W. noch nicht auseinandergesetzt hat.

Ein offensichtlicher Ansatzpunkt für die Entwicklung von Kreativitätskategorien scheint zunächst die Übersetzungsverfahrens-Forschung zu sein. Seit den Tagen der *stylistique comparée* ist eine ganze Reihe neuer Klassifikationsmodelle vorgelegt worden, beispielsweise von Wotjak (1985), Doherty (1989), van Leuven-Zwart (1989/1990), Henschelmann (1993) und Schreiber (1993, 1997). Auf die Diskussion über den übersetzungsdidaktischen Nutzen dieser Ansätze (s. z. B. Schmidt 1992) gehe ich hier nicht ein. Mich interessiert hauptsächlich, inwieweit sich die Klassifikation von Übersetzungsverfahren als Basis für eine Kreativitätsklassifikation eignet. Hierzu zwei Beispiele.

Beispiel 7 (aus dem bereits zitierten Werbeflyer für den Lakemore Country Park):

> We do not accept credit/debit card payment
>
> Kredit- und EC-Karten werden nicht akzeptiert

---

[9] Es kommt natürlich auch in der Praxis durchaus vor, dass kreative Lösungen positiv auffallen und gelobt werden; deutlich häufiger dürften jedoch die (berechtigten oder unberechtigten) Beschwerden über Fehler sein.

Konkret geht es mir hier um die Übersetzung von *debit card* mit „EC-Karten". Nach Henschelmann handelt es sich dabei um eine Spezifizierungs-Modulation, die durch eine „Vermehrung des semantischen Merkmalsbestandes" gekennzeichnet ist (1993:26-27); ähnlich z. B. nach Doherty (1989:176). Die Spezifizierungs-Modulation ist mit der Schreiber'schen Explikation verwandt, bei der „ein bestimmter Sachverhalt [...] im ZS-Text expliziter (bzw. präziser, konkreter) beschrieben [wird] als im AS-Text" (1993:228). Während jedoch bei der Übersetzung „EC-Karten" zweifellos eine Vermehrung des semantischen Merkmalsbestandes vorliegt, kann von einer expliziteren oder präziseren Beschreibung nicht unbedingt die Rede sein. Eher könnte man hier von einer Adaptation sprechen, also einer „kulturell einbürgernden Übersetzung" (Schreiber 1993:260); dieses Übersetzungsverfahren ordnet Schreiber zwar grundsätzlich der „Umfeldübersetzung" zu, also der „Übersetzung im weiteren Sinn" (1993:237), lässt es aber in Einzelfällen auch für die „Textübersetzung" gelten (1993:261–262). Die Adaptation im Sinne Schreibers ist nun allerdings eine sehr breite Kategorie, die über die Kreativität von Beispiel 7 relativ wenig aussagt. Wünschenswert erscheint mir zusätzlich zum Hinweis auf die kulturelle Einbürgerung auch noch eine semantische Beschreibung, allerdings nicht wie bei Henschelmann auf der Grundlage der strukturellen Semantik: Diese liefert zwar eine korrekte Beschreibung der semantischen Beziehung zwischen Ausgangs- und Zieltext, aber was die Übersetzung auf so überzeugende Weise kreativ macht, ist ja nicht in erster Linie die Vermehrung des Merkmalsbestandes als solche. Ihre Brauchbarkeit, d. h. Verständlichkeit, gewinnt die Übersetzung dadurch, dass sie – kognitionssemantisch ausgedrückt – auf einen zielkulturellen Prototyp zurückgreift: Die EC-Karte ist in Deutschland die mit Abstand bekannteste Debitkarte.

Beispiel 8 (aus einem Flyer über das englische Schloss Chatsworth; Übersetzungsauftrag: für einen Flyer für deutschsprachige TouristInnen):

[Überschrift] Welcome from the Duke of Devonshire

Der Herzog von Devonshire begrüßt Sie

Die Übersetzungsverfahren Wortart- und Satzgliedwechsel sind in der einschlägigen Literatur umfassend untersucht (s. z. B. Wotjak 1985:30–31 zu kategorialer Transformation und intraphrastischer strukturell-formaler Transformation, Doherty 1989:174–175 zu Satzgliedwechsel und Rekategorisierung sowie van Leuven-Zwart 1989:166 zu syntaktisch-semantischer Modifikation). Schreiber geht explizit darauf ein, dass eine Wortartänderung häufig zusammen mit anderen Übersetzungsverfahren auftritt (1993:223); in seinem Modell handelt es sich bei der zitierten Übersetzung um eine Kombination aus Transposition (Wortartwechsel), syntaktischer Transformation (Änderung der syntaktischen Konstruktion) und Explikation (Präzisierung „Sie"). Auch bei diesem Beispiel finde ich allerdings die Analyse der angewandten Übersetzungsverfahren wenig ergiebig, da sie nichts darüber aussagt, was die Verfahren für die Textstelle und den Text insgesamt leisten. Die kreative Lösung kann so zwar differenziert beschrieben, aber nicht in einen breiteren Kontext eingeordnet werden. Mit anderen Worten: Anhand einer solchen Analyse kann ich zeigen, was an der Lösung neu ist, aber nicht, warum sie angemessen ist. Interessanter als der Wortart- und Satzgliedwechsel erscheint mir daher hier der Fokuswechsel: weg von der Person des Schlossbesitzers und hin zu den LeserInnen des Flyers. Warum dieser Wechsel angemessen ist, das kann wiederum die kognitive Semantik deutlich machen: Im Zieltext werden die BesucherInnen des Schlosses explizit in die Szene integriert. Der Rahmen „Begrüßung" wird nicht wie in der Überschrift des Ausgangstextes als Grußwort, sondern als persönliche Begegnung ausgestaltet; dies unterstützt die Funktion des Tourismus-Werbeflyers.

Der Übersetzungsverfahrens-Forschung ist natürlich kein Vorwurf daraus zu machen, dass ihre strukturellen Ansätze wenig Aufschluss über die Kreativität geben – sie ist schließlich nicht zu diesem Zweck entwickelt worden. Zwischen Kreativität und kognitiver Semantik besteht offenbar eine wesentlich größere Affinität; dies wird auch in Kußmauls *Kreatives Übersetzen* (2000) deutlich. Die kognitive Semantik kann allerdings auch kein universal geeignetes Modell bereitstellen, wie Beispiel 9 zeigt:

Beispiel 9 (aus dem Lakemore-Flyer; Hervorhebungen im Original):

	Opening Times	
	Wed/Thurs/Fri	10am – 3pm
	Sat/Sun	10am – 5pm
	Closed Mon and Tues	
	Open Bank Holidays	
	School Holidays Open 7 days	
	a week from 10am – 5pm	
Öffnungszeiten		
Mi – Fr	10.00 bis 15.00 Uhr	
Sa und So	10.00 bis 17.00 Uhr	
Mo und Di	geschlossen	
Feiertage	geöffnet	
Schulferien	täglich geöffnet	
	10.00 bis 17.00 Uhr	

Einen geeigneten Ansatz zur Analyse dieses Beispiels liefert die Verständlichkeitsforschung, etwa das Verständlichkeitsmodell von Göpferich (2002:154-188). Der Ausgangstext ist aufgrund seiner Thema-Rhema-Struktur (uneinheitliche Position der Wochentage und Öffnungszeiten) und seiner typografischen Gestaltung (Zentrierung, Fettdruck) unübersichtlich. Der Zieltext behebt diesen Defekt, indem er zum einen die Thema-Rhema-Struktur vereinheitlicht (Wochentage konsequent vor Öffnungszeiten) und zum anderen die typografische Gestaltung optimiert (zwei klar unterscheidbare Spalten, Fettdruck nur für die Überschrift). Dadurch wird die Verständlichkeit im Bereich der Mikroebenenstruktur bzw. der Perzipierbarkeit (der „Leserlichkeit") erhöht (s. Göpferich 2002:81-103, 172, 175 bzw. 108, 186).

Eignet sich die Verständlichkeitsforschung als allgemeiner Rahmen für eine Kreativitätsklassifikation? Grundsätzlich ist es etwa möglich, auch Beispiel 7 und Beispiel 8 anhand des Göpferich'schen Verständlichkeitsmodells zu beschreiben: Bei der Übersetzung „EC-Karten" könnte man von Simplizität sprechen (d. h. hier konkret: von angemessener Wortwahl; s. Göpferich 2002:176-177), bei „Der Herzog von Devonshire begrüßt Sie" von Motivation (d. h. vom Wecken von Interesse; s. Göpferich 2002:169-171). Allerdings kann ich mit der Verständlichkeitsforschung allein bei Beispiel 7 zwar erklären, warum die Übersetzung „EC-Karten" angemessen ist, aber nicht, warum sie neu und somit kreativ ist – für letztere Aufgabe bietet sich, wie gezeigt, die kognitive Semantik an. Die Verständlichkeitsforschung kann ebensowenig wie die Übersetzungsverfahrens-Forschung die Kreativitätsforschung ersetzen. Bei der Entwicklung einer Kreativitätsklassifikation müssen Verständlichkeitsforschung und kognitive Semantik ineinandergreifen.

Lassen sich kreative Übersetzungen generell mithilfe von verständlichkeits- oder kognitionsorientierten Kategorien beschreiben? Um diese Frage zu beantworten, müsste natürlich ein wesentlich größeres Korpus detailliert untersucht werden. Meine derzeit noch spekulative Hypothese lautet: Kognitions-/Verständlichkeitsforschung und Übersetzungsverfahrens-Forschung bilden zwei Pole. Je interessanter eine kreative Lösung auch aus der Perspektive der Übersetzungsrichtung B > A ist (etwa Beispiel 7, Beispiel 8, Beispiel 9), desto relevanter dürften Kognitions- und Verständlichkeitsforschung sein; diejenigen Lösungen dagegen, die hauptsächlich in Zusammenhang mit der Übersetzungsrichtung A > B diskutierenswert sind, lassen sich wahrscheinlich durchaus adäquat als Anwendung von Übersetzungsverfahren darstellen. Der letztere Fall dürfte allerdings eher die Ausnahme als die Regel sein, selbst in einem aus Grundstudiums-Übungen A > B stammenden Korpus. Das oben unter dem Gesichtspunkt Fehlervermeidungstaktik erörterte Beispiel 5 etwa (*Roosevelt first came to the badlands in September 1883 on a hunting trip* „Er entdeckte die Badlands im September 1883 auf einem Jagdausflug") wirft eben nicht nur das B-sprachliche Problem der Satzgliedstellung auf, sondern auch das für A- wie B-SprachlerInnen relevante Problem der Thema-Rhema-Struktur, das der Zieltext auf sehr elegante Weise löst.

6 Kreativitätsgewichtung

Wie sollen kreative Lösungen bei der Evaluation gewichtet werden? Die Gewichtung ist – wie bei der Fehlerevaluation – von den Klassifikationskategorien grundsätzlich unabhängig. Eine Möglichkeit ist das funktionalistische System: Man orientiert sich bei der Kreativitätsgewichtung – analog zur funktionalen Fehlergewichtung – an der „Reichweite" der Kreativität. Das heißt, eine nur auf Wortebene wirksame kreative Übersetzung ist niederer zu gewichten als eine auf Satzebene wirksame und diese wiederum niederer als eine auf Textebene wirksame. Die Übersetzung „EC-Karten" etwa (Beispiel 7) betrifft die Wortebene, der Fokuswechsel in „Der Herzog von Devonshire begrüßt Sie" (Beispiel 8) die Satzebene und die Umstrukturierung des Abschnitts „Öffnungszeiten" (Beispiel 9) zwar nicht die Textebene, aber immerhin ein längeres Textsegment. (Kreative Übersetzungen, die sich auf den ganzen Text auswirken, kommen in meinem Tourismus-Korpus nicht vor.) Dieses System der Kreativitätsgewichtung passt gut zu einer funktionalen Fehlergewichtung. In Bezug auf die Anwendung bin ich allerdings etwas skeptisch. Zwar dürfte die Umstrukturierung in Beispiel 9 tatsächlich mehr für den Text als Ganzes leisten als der Fokuswechsel in Beispiel 8; aber lässt sich dasselbe von Beispiel 8 in seinem Verhältnis zu Beispiel 7 sagen? Ich glaube nicht. Die Gewichtung nach Reichweite ist bei der Kreativität nicht so überzeugend wie bei Kommunikationsstörungen. Ich komme allerdings unten noch einmal auf eine Anwendungsmöglichkeit für das Kriterium Reichweite zurück, und zwar in Zusammenhang mit der Textoptimierung.

Eine andere Möglichkeit der Kreativitätsgewichtung könnte darin bestehen, den Kreativitätsgrad, d. h. das bereits erwähnte Verhältnis kreativ/mechanisch, zugrundezulegen: Je weniger ausgeprägt die mechanische Dimension ist, desto höher wird die kreative Übersetzung gewichtet. Dieses System müsste sich allerdings am Kenntnisstand der Studierenden orientieren, nicht an dem einer universal kompetenten idealen Übersetzerin. Und das bedeutet: Man müsste voraussetzen, dass sich der Übersetzungsprozess in einzelne Regeln zerlegen lässt, welche die Studierenden im Laufe des Studiums allmählich lernen. Hönig weist zu Recht darauf hin, dass dies eine Unmöglichkeit ist (1998:380, 1997:203).

Mit dem Kreativitätsgrad verwandt ist der Schwierigkeitsgrad. Soll man kreative Lösungen schwieriger Übersetzungsprobleme besonders stark gewichten? Ein Beispiel:

Beispiel 10 (aus dem bereits zitierten Text über Englischkurse auf Malta):

   [Zwischenüberschrift] Adult, Business and Special Interest

   Ein passender Kurs für jeden

Für Schwierigkeiten sorgen hier erstens die als Attribut ohne Bezugswort (bzw. mit dem impliziten Bezugswort *courses*) gebrauchten Substantive, zweitens das nicht wörtlich übersetzbare *special interest* und drittens die Logik (die Rede ist nicht von 1. *adult*, 2. *business* und 3. *special interest,* sondern der gesamte Abschnitt ist Kursen für Erwachsene gewidmet, die teils gemeinsprachliches, teils fachsprachliches Englisch vermitteln; und ein konkretes Beispiel für die fachsprachlichen Kurse sind Kurse in Wirtschaftsenglisch). Diese drei Probleme löst die Übersetzerin auf geniale Weise, und die Versuchung ist groß, ihre Genialität durch entsprechende Gewichtung der Lösung zu honorieren. Dies wäre allerdings nur dann praktikabel, wenn der Evaluation eine Klassifikation des Schwierigkeitsgrades einzelner Übersetzungsprobleme zugrundegelegt werden könnte. Eine solche existiert jedoch m.W. noch nicht: Die Übersetzungswissenschaft hat sich bis jetzt vorrangig mit dem Schwierigkeitsgrad von Texten und

Übersetzungsaufträgen befasst (s. z. B. Nord 1998 sowie Kautz 2002:149-151), nicht mit dem konkreter Textstellen im Kontext des Auftrags. Zudem würde eine Gewichtung nach Schwierigkeitsgrad diejenigen Stellen privilegieren, bei denen aus A-sprachlicher Perspektive kreatives Übersetzen obligatorisch ist; dies würde dem Zweck der Kreativitätsevaluation beim Übersetzen A > B widersprechen.

Schließlich kann man sich auch an der Frage der Textoptimierung orientieren: Kreative Lösungen, die den Ausgangstext verbessern, werden höher gewichtet als andere. Auch dieses System ist mit Nachteilen verbunden. Zum einen hat es zur Folge, dass unabhängig vom Schwierigkeitsgrad des Textes bei gut formulierten und gestalteten Ausgangstexten tendenziell weniger Pluspunkte zu gewinnen sind als bei suboptimalen.[10] Zum anderen ist es keineswegs immer offensichtlich, ob eine kreative Übersetzung eine Verbesserung darstellt oder nicht. Bei der Neugestaltung der Thema-Rhema-Struktur und der Typografie in Beispiel 9 dürfte die Sachlage eindeutig sein; aber wie sieht es etwa mit Beispiel 10 aus? Im Sinne Göpferichs ist der Zieltext prägnanter, d. h. ökonomischer, aber vielleicht nicht ganz so anschaulich und daher nicht so motivierend wie der Ausgangstext (s. Göpferich 2002:163-168, 169-171). – Trotz solcher Probleme halte ich dieses Gewichtungssystem für attraktiv: nicht nur deswegen, weil suboptimale Ausgangstexte eine translatorische Realität sind, sondern vor allem auch deswegen, weil das System die zentralen Funktionen der Kreativitätsevaluation unterstützt. Wie erläutert, soll die Kreativitätsevaluation zum einen eine konstruktive Bewertung von Translationskompetenz ermöglichen und zum anderen die Studierenden ermutigen, von ihrem sprachlichen und translatorischen Potenzial souveränen Gebrauch zu machen. Die Optimierung eines mehr oder weniger defekten Textes ist ein sehr deutliches Zeichen von Translationskompetenz und souveränem Handeln, kurz: von Kreativität.

Ich erprobe derzeit ein optimierungsbasiertes Gewichtungssystem, in einer sehr einfachen Form: Ich unterscheide zunächst zwischen 1. kreativen Lösungen, die im Kontext der Zielsprache und -kultur sowie des Übersetzungsauftrags ebenso adäquat sind wie die Ausgangsformulierungen in ihrem jeweiligen Kontext, und 2. kreativen Lösungen, die den Text optimieren. Erstere gehen nur im Grundstudium in die Kreativitätsevaluation ein, Letztere auch im Hauptstudium. Bei der Entscheidung, ob eine Optimierung vorliegt, orientiere ich mich an Göpferichs Verständlichkeitsmodell. Es ist zu beachten, dass zwar für eine Beurteilung der Optimierung der Blick auf den Ausgangstext erforderlich ist, dass aber der Optimierungsprozess als solcher zieltextorientiert ist: Verständlichkeit ist eine Frage der Textproduktions-, nicht speziell der Translationskompetenz. – Die optimierenden Lösungen untergliedere ich noch einmal funktionalistisch nach ihrer Reichweite: a) Eine Optimierung auf Mikroebene betrifft maximal

---

[10] Dieser Nachteil lässt sich teilweise durch einen „funktionsverändernden" Übersetzungsauftrag ausgleichen; s. hierzu unten.

zwei aneinander grenzende Sätze, b) eine Optimierung auf Makroebene mehr
als zwei aneinander grenzende Sätze (zur Definition von Mikro- und Makroebene s. Göpferich 2002:172). Dieses Gewichtungssystem kann natürlich nur auf
Texte angewendet werden, bei denen Verständlichkeit ein Qualitätsmerkmal
darstellt; es ist insofern textsorten- und auftragsspezifisch, dürfte aber doch eine
breite Palette gemeinsprachlicher Texte abdecken.

Wie verhält es sich mit Übersetzungsaufträgen, die eine wörtliche Übersetzung
von vornherein ausschließen? Göpferich ordnet die Optimierung in den Kontext
der Skopostheorie ein:

> [Die] Skopostheorie ist auch auf Textoptimierungen als einer [sic] Art
> ‚intralinguales Übersetzen‘ anwendbar. [...] Was erreicht werden kann, ist ledig-
> lich eine Optimierung für eine bestimmte kommunikative Funktion, die dann vor
> der Optimierung aber thematisiert werden muß (2002:165).

Ich subsumiere daher die obligatorischen nichtwörtlichen Übersetzungen bei
„funktionsveränderten" Zieltexten unter Optimierung. Dies hat den Vorteil, dass
je nach Übersetzungsauftrag auch bei sehr gut formulierten und gestalteten
Ausgangstexten Pluspunkte zu gewinnen sind.

Was die Gewichtungsfaktoren angeht, so gewichte ich die Fehler stärker als die
kreativen Lösungen. Meine Gewichtungsfaktoren bei Fehlern sind 1, 2, 4 und 8
(je nach Korrekturaufwand); die Gewichtungsfaktoren bei kreativen Lösungen
sind ½ (für nichtoptimierende Lösungen), 1 (für mikrooptimierende Lösungen)
und 2 (für makrooptimierende Lösungen). Die Pluspunkte gleichen daher die
Minuspunkte nur zum Teil aus. Diese Form der Kreativitätsevaluation gibt Aufschluss über die Translationskompetenz der Studierenden, die, wie oben dargelegt, besonders beim Übersetzen A > B von der Sprachkompetenz unterschieden
werden muss. Eine hohe Anzahl Pluspunkte zeigt, dass die betreffende Studentin grundsätzlich übersetzen kann, auch wenn sie wegen noch unzureichender
B-sprachlicher Kompetenz eine eher schlechte Note bekommt; eine niedere Anzahl Pluspunkte deutet auch bei einer guten Note (d. h. im Grundstudium in aller
Regel: bei guter B-sprachlicher Kompetenz) auf einen gewissen Nachholbedarf
im translatorischen Bereich hin.

7 Fazit

In den Abschnitten zu Kreativitätskategorien und -gewichtung habe ich mehr
Fragen aufgeworfen als definitiv beantwortet. Das ist unvermeidlich, da sich die
Kreativitätsevaluation derzeit noch in der Entwicklungs- und Erprobungsphase
befindet. Deutlich geworden sind jedoch bereits jetzt die Chancen, die mit der
Kreativitätsevaluation verbunden sind, von einer Positionierung der Studierenden als angehende kompetente ÜbersetzerInnen bis hin zu einer getrennten Beurteilung von Translationskompetenz und Sprachkompetenz. Nicht zuletzt ermöglicht die Kreativitätsevaluation auch eine Aufwertung des traditionell mar-
ginalisierten Übersetzens A > B, bei dem nun nicht mehr primär der Sprach-

stand in der B-Sprache im Vordergrund steht, sondern das zentrale translatorische Wissen und Können.

Bibliographie

Bastin, Georges L. (2000): „Evaluating Beginners' Re-expression and Creativity. A Positive Approach." *The Translator. Studies in Intercultural Communication* 6.2, 231–245.

DCE (2003): *Longman Dictionary of Contemporary English.* Neuauflage. Harlow/Essex: Pearson Education.

Doherty, Monika (1989): „Übersetzungsoperationen." *Fremdsprachen. Zeitschrift für Theorie und Praxis der Sprachmittlung* 33.3, 172-177.

Duden/Oxford (1990): *Duden/Oxford Großwörterbuch Englisch.* Mannheim: Dudenverlag.

Göpferich, Susanne (2002): *Textproduktion im Zeitalter der Globalisierung. Entwicklung einer Didaktik des Wissenstransfers.* Studien zur Translation 15. Tübingen: Stauffenburg.

Henschelmann, Käthe (1993): *Zur Beschreibung und Klassifizierung von Übersetzungsverfahren.* Travaux du centre de traduction littéraire 17. Lausanne: Centre de traduction littéraire, Université de Lausanne.

Hönig, Hans G. (1995): *Konstruktives Übersetzen.* Studien zur Translation 1. Tübingen: Stauffenburg.

Hönig, Hans G. (1997): „Zur Evaluation von Dolmetsch- und Übersetzungsleistungen." Drescher, Horst W. (1997) (Hrsg.): *Transfer. Übersetzen – Dolmetschen – Interkulturalität: 50 Jahre Fachbereich Angewandte Sprach- und Kulturwissenschaft der Johannes Gutenberg-Universität Mainz in Germersheim.* FASK. Publikationen des Fachbereichs Angewandte Sprach- und Kulturwissenschaft der Johannes Gutenberg-Universität Mainz in Germersheim, Reihe A, 23. Frankfurt am Main: Lang, 193-208.

Hönig, Hans G. (1998): „Humanübersetzung (therapeutisch vs. diagnostisch)." Snell-Hornby, Mary et al. (1998) (Hrsg.): *Handbuch Translation.* Stauffenburg Handbücher. Tübingen: Stauffenburg, 378-381.

Kautz, Ulrich (2002[2]): *Handbuch Didaktik des Übersetzens und Dolmetschens.* München: Iudicium.

Kiraly, Don (2000): *A Social Constructivist Approach to Translator Education. Empowerment from Theory to Practice.* Manchester: St. Jerome.

Kußmaul, Paul (1995): *Training the Translator.* Benjamins Translation Library 10. Amsterdam: Benjamins.

Kußmaul, Paul (2000): *Kreatives Übersetzen.* Studien zur Translation 10. Tübingen: Stauffenburg.

Langenscheidt (2003): *Langenscheidt Großwörterbuch Deutsch als Fremdsprache. Das einsprachige Wörterbuch für alle, die Deutsch lernen.* Neubearbeitung. Berlin: Langenscheidt.

Lee-Jahnke, Hannelore (2005): „Unterrichts- und Evaluierungsmethoden zur Förderung des kreativen Übersetzens." *Lebende Sprachen. Zeitschrift für fremde Sprachen in Wissenschaft und Praxis* 50.3, 125-132.

McAlester, Gerard (2000): „The Time Factor. A Practical Evaluation Criterion." Grosman, Meta et al. (2000) (Hrsg.): *Translation into Non-Mother Tongues in Professional Practice and Training.* Studien zur Translation 8. Tübingen: Stauffenburg, 133-139.

Malblanc, Alfred (1977[5]): *Stylistique comparée du français et de l'allemand. Essai de représentation linguistique comparée et étude de traduction.* Bibliothèque de stylistique comparée 2. Paris: Didier.

Nord, Christiane (1994): „Aus Fehlern lernen. Überlegungen zur Beurteilung von Übersetzungsleistungen." Snell-Hornby, Mary / Pöchhacker, Franz / Kaindl, Klaus (1994) (Hrsg.): *Translation Studies. An Interdiscipline.* Benjamins Translation Library 2. Amsterdam: Benjamins, 363-375.

Nord, Christiane (1995[3]): *Textanalyse und Übersetzen. Theoretische Grundlagen, Methode und didaktische Anwendung einer übersetzungsrelevanten Textanalyse.* Heidelberg: Groos.

Nord, Christiane (1998): „Textanalyse: translatorischer Schwierigkeitsgrad." Snell-Hornby, Mary et al. (1998) (Hrsg.): *Handbuch Translation.* Stauffenburg Handbücher. Tübingen: Stauffenburg, 355-357.

Pym, Anthony (1992): „Translation Error Analysis and the Interface with Language Teaching." Dollerup, Cay / Loddegaard, Anne (1992) (Hrsg.): *Teaching Translation and Interpreting. Training, Talent and Experience: Papers from the First* Language International *Conference, Elsinore, Denmark, 31 May – 2 June 1991 (Copenhagen Studies in Translation).* Amsterdam: Benjamins, 279-288.

Schmidt, Heide (1992): „Übersetzungsverfahren – Metamorphose eines traditionellen Begriffs." Salevsky, Heidemarie (1992) (Hrsg.): *Wissenschaftliche Grundlagen der Sprachmittlung. Berliner Beiträge zur Übersetzungswissenschaft.* Frankfurt am Main: Lang, 129-139.

Schmitt, Peter A. (1997): „Evaluierung von Fachübersetzungen." Wotjak, Gerd / Schmidt, Heide (1997) (Hrsg.): *Modelle der Translation – Models of Translation. Festschrift für Albrecht Neubert.* Leipziger Schriften zur Kultur-, Literatur-, Sprach- und Übersetzungswissenschaft 2. Frankfurt am Main: Vervuert, 301-332.

Schreiber, Michael (1993): *Übersetzung und Bearbeitung. Zur Differenzierung und Abgrenzung des Übersetzungsbegriffs.* Tübinger Beiträge zur Linguistik 389. Tübingen: Narr.

Schreiber, Michael (1997): „Übersetzungsverfahren. Klassifikation und didaktische Anwendung." Fleischmann, Eberhard / Kutz, Wladimir / Schmitt, Peter A. (1997) (Hrsg.): *Translationsdidaktik. Grundfragen der Übersetzungswissenschaft.* Tübingen: Narr, 219-226.

van Leuven-Zwart, Kitty M. (1989/1990): „Translation and Original. Similarities and Dissimilarities. " *Target. International Journal of Translation Studies* 1.2, 151-181; 2.1, 69-95.

Vermeer, Hans J. (1998): „Didactics of Translation." Baker, Mona / Malmkjær, Kirsten (1998) (Hrsg.): *Routledge Encyclopedia of Translation Studies.* London: Routledge, 60-63.

Vinay, J.-P. / Darbelnet, J. (1968): *Stylistique comparée du français et de l'anglais. Méthode de traduction.* Neuauflage. Bibliothèque de stylistique comparée 1. Paris: Didier.

Wotjak, Gerd (1985): „Techniken der Übersetzung." *Fremdsprachen. Zeitschrift für Dolmetscher, Übersetzer und Sprachkundige* 29.1, 24-34.

Gertrud Hofer
Winterthur

Behörden- und Gerichtsdolmetschen:
Die Einschätzung von Dolmetschleistungen
durch Auftraggeber und Dolmetscher

1 Ausgangslage

Will in der Schweiz jemand Rechtsanwalt werden, so ist gesetzlich geregelt, welche Anforderungen erfüllt sein müssen; will aber jemand für Behörden und Gerichte dolmetschen, dann genügte bis vor kurzem die Kenntnis von Fremdsprachen, ein guter Leumund und der Besitz des Schweizer Bürgerrechts (oder einer Niederlassungsbewilligung). Ausbildung und Berufsprofil waren kaum ein Auswahlkriterium. Die sprachlichen Aspekte – geschweige denn die Dolmetschkompetenzen – wurden von den Behörden und Gerichten nicht überprüft. Entsprechend sind diese Dolmetscher eine heterogene Gruppe: Sie bieten ihre Dienstleistungen weitgehend ohne Qualifikationen an, und da der Titel nicht geschützt ist, nennen sie sich ohne weiteres Dolmetscher oder Übersetzer (Driesen 2002).

Im Zuge der wachsenden Migrationsströme und der damit verbundenen Sprachenvielfalt entstand im Kanton Zürich die Dolmetscherverordnung vom 26./27. November 2003[1]. Neben formalen Regelungen wie z. B. einheitlichen Tarifen wird „durch Schulung, Selektion und Kontrolle" eine bessere Qualität der Dolmetsch- und Übersetzungsleistungen gefordert. Zuständig für die Umsetzung der neuen Regelungen ist die Fachgruppe Dolmetscherwesen des Kantons Zürich, die aus Vertretern der Gerichte, der Staatsanwaltschaften und der Polizei besteht. Die Vorgaben dieser Fachgruppe führten zur Zusammenarbeit mit dem Institut für Übersetzen und Dolmetschen (IUED) der Zürcher Hochschule für Angewandte Wissenschaften (ZHAW).

Dieser Beitrag stellt das auf Behörden- und Gerichtsdolmetschen ausgerichtete Aus- und Weiterbildungsprogramm des IUED kurz vor (Abschnitte 2 bis 5) und berichtet über eine empirische Studie, die unter den beteiligten Akteuren durchgeführt wurde (Abschnitte 6 und 7). Ein abschließender Abschnitt versucht ein vorläufiges Fazit zu ziehen.

2 Professionalisierung der Dolmetscher

Aufgrund des zunächst nicht reglementierten Berufsprofils sind Zweifel der Vertreter im Justizwesen an der Qualität der Verdolmetschungen nicht unbegründet. Die Befürchtung, dass Dolmetscher insbesondere in weniger verbreite-

---

[1] Vgl. http://www.obergericht-zh.ch.

ten Sprachen ihre Sonderposition wahrnehmen und nach eigenem Gutdünken dolmetschen, ist oft nicht von der Hand zu weisen.

Um die Tätigkeit des Behörden- und Gerichtsdolmetschers zu professionalisieren, werden im Auftrag der Fachgruppe Dolmetscherwesen des Kantons Zürich seit 2003 erste zweitägige Weiterbildungskurse durchgeführt, so genannte Basiskurse (mehr dazu in Hofer 2006). Maßgebend für den Basiskurs sind die in einem Merkblatt vom Januar 2005[2] festgeschriebenen Richtlinien.

3 Selektion

Im Anschluss an den Basiskurs findet eine Prüfung statt, die dazu dienen soll, die Anforderungen der Behörden und Gerichte des Kantons Zürich in Bezug auf professionellere Dolmetschleistungen durchzusetzen. Von vornherein stand aufgrund der Vorgabe der Auftraggeber fest, dass die Einträge im Dolmetscherverzeichnis massiv reduziert werden sollten. Nur wer die Prüfung besteht, wird definitiv ins Verzeichnis der Behörden- und Gerichtsdolmetscher des Kantons Zürich aufgenommen. Bereits im Laufe der ersten Prüfungen zeigte sich, wie deutlich die Qualitätsunterschiede unter den Dolmetschern sind (General 2007). Zwischen 2003 und Juni 2007 haben 719 Teilnehmende den Basiskurs besucht. 685 Kandidaten unterzogen sich der Prüfung, 529 haben die Prüfung bestanden, 156 haben sie nicht bestanden; die Erfolgsquote beträgt somit 73 %.

Ebenfalls seit 2003 müssen diejenigen Dolmetscher, deren Muttersprache nicht Deutsch ist und die keinen Nachweis für Deutschkenntnisse auf der Stufe C2 (gemäß dem Europäischen Referenzrahmen) erbringen können, einen Deutschtest ablegen. Dieser Test ist in Bezug auf Lexik und Syntax auf die Anforderungen der Behörden- und Gerichtsdolmetscher zugeschnitten und bedeutet eine zusätzliche Selektion.

4 Minimale Qualitätsstandards

Mit dem Basiskurs ist es gelungen, die interdisziplinäre Diskussion über in der Schweiz noch kaum erfasste Aspekte des Behörden- und Gerichtsdolmetschens in Gang zu setzen. Sie konzentriert sich insbesondere auf die Dolmetscharten, auf die Strategien beim Dolmetschen und auf die Rolle der Dolmetscher.

Nach der mehrjährigen Erfahrung mit den Basiskursen ziehen die Auftraggeber den Schluss, dass Qualitätsstandards zu begrüßen sind, auch wenn sie minimal sind. Den Vertretern der Auftraggeber aus dem Justizwesen, die aufgrund der Prüfungen über die Aufnahme ins Dolmetscherverzeichnis entscheiden, ist bei den mündlichen Prüfungen (Dolmetschteil) klar geworden, dass Dolmetschen ein komplexer Vorgang ist, bei dem Fachkenntnisse, analytische Fähigkeiten und die Eignung für diese anspruchsvolle Tätigkeit ebenso wichtige Komponenten sind wie die umfassende Kenntnis zweier Sprachen.

---

[2] Vgl. http://www.obergericht-zh.ch.

5 Entwicklung von Anschlussmodulen

Der Bedarf an qualifizierteren Dolmetschern von Auftraggeberseite her und die Nachfrage der Dolmetscher selbst führten zur Konzeption von zwei Anschlussmodulen (Hofer 2006). Die Anschlussmodule bestehen aus einem Aufbaukurs (ca. 60 Lektionen) und einem Zertifikatslehrgang (ca. 200 Lektionen). Weil diese Kurse freiwillig sind und die Teilnehmer Zeit und Geld investieren müssen, sind Häufigkeit dieser Kurse und Anzahl der Teilnehmenden verglichen mit dem Basiskurs weit geringer, immerhin sind die Zahlen leicht steigend (Tabelle 1).

Jahr	Basiskurs		Aufbaukurs		Zertifikatslehrgang	
	Kurse	Teilnehmer.	Kurse	Teilnehmer	Kurse	Teilnehmer
2005	14	308	1	20	.	.
2006	19	323	2	34	1	18
2007	5	88	2	37	1	21
Total	38	719	5	91	2	39

Tabelle 1

Nach der erfolgreich bestandenen Basiskursprüfung haben sich bisher 13 % für den Aufbaukurs und davon 43 % für den Zertifikatslehrgang angemeldet.

6 Empirische Studie

Ausgangspunkt der hier vorgestellten Studie ist die im Alltag gemachte Feststellung, dass Auftraggeber (Gerichte, Staatsanwaltschaften und Polizei) und Dolmetscher verschiedene Auffassungen vom Behörden- und Gerichtsdolmetschen haben, die zeigen, wie wenig das Anforderungsprofil von Dolmetschern geklärt ist. Es wird oft übersehen, dass Dolmetschen eine sehr anspruchsvolle Tätigkeit ist, die mehrere Schritte umfasst: Zuhören, Verstehen, Verarbeiten, Wiedergeben, Output-Kontrolle. Das alles geschieht praktisch gleichzeitig. Überdies müssen die Dolmetscher manchmal über mehrere Stunden arbeiten. Die Frage, ob die Konzentration über eine längere Zeit genügend aufrechterhalten werden kann, wurde in der Wissenschaft mehrfach gestellt (z. B. Colin/Morris 2001:24).

Im Brennpunkt des Interesses dieser Studie stehen der Einsatz der verschiedenen Dolmetscharten, die Verwendung von verschiedenen Strategien und die Rolle der Dolmetscher. Auch in der Fachliteratur werden die Divergenzen in der Einschätzung der Besonderheiten des Dolmetschens für öffentliche Institutionen verschiedentlich bestätigt (Hale 2004, Kadric 2006, Kelly 2001, Pöchhacker 2002). Die Wissenschaft hat das genaue Anforderungsprofil von Behörden- und Gerichtsdolmetschern bisher nicht geklärt (Kalina 2001). Es ist Aufgabe der Hochschulen, die im heutigen sozialen Kontext dringlichen Themen durch die Forschung zu erschließen.

6.1 Ziel der Studie

Das Forschungsziel der empirischen Studie besteht darin, die Sichtweisen der Auftraggeber und der Dolmetscher genauer zu untersuchen, die möglichen

Konfliktstellen zu identifizieren und die Unterschiede zu dokumentieren. Zu den weiteren Zielen gehört die Klärung der Arbeitsweisen, des Rollen- und des Qualitätsverständnisses. Die Ergebnisse der Studie sollen dazu beitragen, dass die Auftraggeber die Anforderungen an die Dolmetscher und die Dolmetschleistungen besser einschätzen können. Und schließlich fließen die Resultate in die Optimierung der Weiterbildungskurse ein.

6.2 Die Akteure

Im Folgenden geht es darum, die verschiedenen Positionen, Anforderungen und Erwartungen der Akteure (Auftraggeber und Dolmetscher) aufgrund der Erfahrungen in der Weiterbildung darzustellen. Die direkten Kontakte im Alltag zwischen Auftraggebern und Dolmetschern beschränken sich auf Formales wie die Anfragen zum Termin. Beide Seiten haben aber bestimmte Vorstellungen und Erwartungen.

6.2.1 Die Auftraggeber

Auf der Suche nach der Wahrheit führen Polizeibeamte, Staatsanwälte und Richter Befragungen, Einvernahmen, Urteile usw. den formalen Vorschriften und Gesetzen gemäß so durch, wie wenn alle Beteiligten eines Verfahrens dieselbe Muttersprache hätten. Ihr Ziel ist eine effiziente Abwicklung der Rechtsgeschäfte. Entsprechend erwarten sie eine zügige Verdolmetschung, eine gute Ausdrucksweise im Deutschen, pünktliches Erscheinen, einwandfreie Umgangsformen. Die Inhalte hingegen stehen selten zur Diskussion, insbesondere nicht bei den in der Schweiz erst seit kurzem gesprochenen Sprachen. Zweifel kommen nur in auffälligen Situationen auf oder wenn z. B. im Protokoll Lücken oder Unstimmigkeiten zu Tage treten.

6.2.2 Die Dolmetscher

Die Dolmetscher wollen ihren Beitrag zur Verständigung leisten, sie wollen ihre Auftraggeber zufrieden stellen und vom Beamten, Staatsanwalt, Richter wieder hinzugezogen werden – und sie wollen mit ihrer Arbeit Geld verdienen. Sie sind in der Regel überzeugt, dass sie dolmetschen können. Sie haben aber wenig Vergleichsmöglichkeiten und sind sich deshalb der Heterogenität der Kenntnisse und Fähigkeiten meist nicht bewusst.

6.3 Fragebogen und Verteilung

In der hier vorgestellten Studie wurden sowohl Auftraggeber als auch Dolmetscher in einer Erhebung mit Fragen zu den folgenden drei Problembereichen konfrontiert:

- Kommunikationsstrategien der Dolmetscher
- Dolmetscharten
- Rolle der Dolmetscher

Die Datenerhebung erfolgte bei den Auftraggebern und bei den Dolmetschern mittels Fragebogen. Die Auftraggeber erhielten den Fragebogen über ihre Vorgesetzten, die von der Justizverwaltung um ihre Mithilfe gebeten wurden. Den einzelnen Fragebogen wurde ein Begleitschreiben beigelegt. Ob alle, die mit Dolmetschern arbeiten, erreicht wurden, bleibt jedoch unklar. Die einzelnen Institutionen (Gerichte des Kantons Zürich, Staatsanwaltschaften und Polizei) sind ungleich groß, auch die Rücklaufquote ist unterschiedlich. Dies führt dazu, dass die Ergebnisse unter den Institutionen nicht direkt vergleichbar sind, aber die Antworten zeigen sicher eine Tendenz auf. Aus den Bezirksgerichten des Kantons Zürich wurden 34 Fragebogen zurückgesandt, aus den Staatsanwaltschaften 14 und aus der Polizei 17.

Die Teilnehmer der Weiterbildungskurse erhielten die Fragebogen während des Unterrichts. Im dreistufigen Ausbildungsprogramm erhielten die Teilnehmenden den Fragebogen zum Teil dreimal (aber ohne zwischenzeitliches Feedback, das die Antworten beeinflussen könnte).

Insgesamt liegen 231 ausgefüllte Fragebogen vor, 165 aus dem Basiskurs, 40 aus dem Aufbaukurs und 35 aus dem Zertifikatslehrgang. Im Folgenden werden zunächst die Ergebnisse aus der Sicht der Auftraggeber, dann diejenigen aus der Sicht der Dolmetscher vorgestellt und erste Überlegungen zu ihrer Interpretation angestellt.

7 Sicht der Auftraggeber

Die Auftraggeber (Gerichte, Staatsanwaltschaften und Polizei) wurden gebeten, die Fragebogen auszufüllen, ohne dass einführende Gespräche über die Dolmetschqualität oder über Qualitätssicherungsbestrebungen stattgefunden hatten.

7.1 Kommunikatonsstrategien

Die Auftraggeber wurden befragt, ob die Dolmetscher ihrer Ansicht nach folgende Kommunikationsstrategien verwenden: Auslassen von nebensächlichen Aussagen, Glätten von wirren Aussagen, Zusammenfassen von längeren Aussagen, Vereinfachen von juristischen Fachausdrücken, Hinzufügen von eigenen Erklärungen. Die Auftraggeber konnten die Häufigkeit mit „immer/meistens", „manchmal" oder „selten/nie" angeben.

Insgesamt ist die Antwort „manchmal" bei allen Auftraggebergruppen und für alle Strategien die häufigste: Der Anteil liegt jeweils zwischen 47 % und 72 %, mit Ausnahme der Antworten der Vertreter der Polizei, die sich bei der Strategie „Auslassen" mit 47 % sowohl für „manchmal" als auch für „selten/nie" entschieden haben (Tabelle 2).

Die Einschätzung dieser Strategien durch Auftraggeber ist im Grunde nur dann zuverlässig, wenn sie diese Sprachen ebenfalls zumindest verstehen. Die Bevorzugung der Auftraggeber von „manchmal" mag auf die Unsicherheit der Auftraggeber hinweisen: Manche Sprachen sind ihnen gar nicht bekannt, und der einzige Hinweis auf diese Strategien ist die Länge der Verdolmetschung, allenfalls eine mehr oder weniger flüssige Sprechweise.

	Gerichte			Staatsanwaltschaften			Polizei		
	immer/ meis- tens	manch- mal	sel- ten/ nie	immer/ meis- tens	manch- mal	sel- ten/ nie	immer/ meis- tens	manch mal	selten/ nie
Auslassen	21 %	61 %	18 %	14 %	57 %	29 %	6 %	47 %	47 %
Glätten	22 %	59 %	19 %	14 %	57 %	29 %	16 %	47 %	37 %
Zusammen- fassen	32 %	59 %	9 %	21 %	50 %	29 %	26 %	58 %	16 %
Vereinfachen (Fachausdrü- cke)	24 %	67 %	9 %	36 %	64 %	0 %	11 %	63 %	26 %
Hinzufügen	6 %	72 %	22 %	14 %	57 %	29 %	19 %	52 %	29 %

Tabelle 2

7.2 Dolmetscharten

Die Frage nach den Dolmetscharten Konsekutivdolmetschen, Flüstern, Stegreifübersetzen konnte in einer dreistufigen Skala bewertet werden: „wichtig" über „weniger wichtig" bis „unwichtig" (Tabelle 3).

Die Frage nach der Konsekutiven wurde anhand der Länge der Sinneinheiten oder Sequenzen in zwei Teilfragen gestellt und zielte auf die Notwendigkeit der Notizentechnik. Diese Fragen wurden uneinheitlich beantwortet. Die befragten Vertreter der Gerichte ziehen eindeutig kurze Aussagen (satzweises Verdolmetschen) vor (92 % gegenüber 53 % der Stimmen für die längeren Sequenzen), ähnlich, wenn auch nicht ganz so eindeutig, ist das Stimmenverhältnis bei den Staatsanwaltschaften (75 % gegenüber 60 %). Nur die Polizei bevorzugt längere Sequenzen (74 % für längere Sequenzen gegenüber 70 %).

Die Tendenz der Uneinheitlichkeit der Meinungen zeigt sich auch in der Handhabung im Alltag. Die Auftraggeber sind geteilter Meinung über den Sinn der längeren Sequenzen. Bisher hat sich aber immer wieder die Meinung durchgesetzt, dass die Dolmetscher mehr können sollten, als satzweise vorzugehen. Folglich bleibt die Einführung in die Konsekutive und in die Notizentechnik bei den Basiskursen bestehen. Bei den Teilnehmern des Basiskurses ist dieser Kursteil umstritten (vgl. 8.2), weil sie in der Praxis Angeschuldigte, Angeklagte oder andere Parteien nach jedem Satz unterbrechen können. Die Vorliebe für kurze Einheiten basiert auf der Befürchtung, dass wichtige Informationen verloren gehen können, anderseits kann die Satz-für-Satz-Technik dazu führen, dass versucht wird Wort für Wort zu dolmetschen, was wiederum zu Abweichungen vom Sinn und/oder zu unverständlichen Äußerungen führen kann.

Flüsterdolmetschen und Stegreifübersetzen sind laut dieser Erhebung bei den Auftraggebern wenig geschätzt; vermutlich wird im Strafverfahren an den Zürcher Gerichten selten „geflüstert", da im Aktenprozess die Plädoyers der Staatsanwälte und der Verteidiger nicht gedolmetscht werden, was aber mit der Flüstertechnik ohne Zeitverlust möglich wäre. Stegreifübersetzen hingegen gehört zu den wesentlichen Anforderungen in den verschiedenen Dolmetschsituationen im Justizwesen (Rechtsmittelbelehrung, Urteilseröffnung, Anklageschriften, Protokolle), zeichnet sich in den Antworten aber nur durch eine mittelmäßige Nennung aus.

	Gerichte			Staatsanwaltschaften			Polizei		
	wichtig	weniger wichtig	unwichtig	wichtig	weniger wichtig	unwichtig	wichtig	weniger wichtig	unwichtig
Längere Sinneinh.	53 %	44 %	3 %	60 %	33 %	7 %	74 %	26 %	0 %
Kurze Sinneinh.	92 %	5 %	3 %	75 %	25 %	0 %	70 %	30 %	0 %
Flüstern	19 %	45 %	36 %	25 %	56 %	19 %	10 %	60 %	30 %
Stegreif	47 %	47 %	6 %	63 %	31 %	6 %	58 %	42 %	0 %

Tabelle 3

7.3 Die Rolle der Dolmetscher

Einer der wichtigsten Punkte in dieser Umfrage ist die Frage nach der Rolle. Folgendes Spektrum von Möglichkeiten wurde angeboten: Kulturmittler, Kommunikator, Helfer der Fremdsprachigen (der Angeschuldigten, Angeklagten usw., deren Aussagen verdolmetscht werden) und Hilfsperson der Behörden und Gerichte.

Die möglichen Antworten waren: „trifft zu", „trifft zum Teil zu", „trifft nicht zu" (Tabelle 4).

Während der Kommunikator für alle die entscheidende Funktion ist, gibt es wenig Akzeptanz für die Rolle als Kulturmittler. Einen hohen Grad an Zustimmung findet wiederum die Funktion der Hilfsperson für Behörden und Gerichte. Dies ist ein erstaunliches Resultat, da im Merkblatt (vgl. Abschnitt 2) explizit Neutralität gefordert wird. Die Rolle des Helfers der Fremdsprachigen ist hingegen deutlich weniger akzeptiert, „trifft nicht zu" ist die häufigste Reaktion auf diese Frage (Gerichte 74 %, Staatsanwaltschaften 73 %, Polizei 60 %).

	Gerichte			Staatsanwaltschaften			Polizei		
	trifft zu	trifft z. T. zu	trifft nicht zu	trifft zu	trifft z. T. zu	trifft nicht zu	trifft zu	trifft z. T. zu	trifft nicht zu
Kulturmittler	8 %	43 %	49 %	12 %	25 %	63 %	24 %	33 %	43 %
Kommunikator	89 %	11 %	0 %	94 %	6 %	0 %	90 %	10 %	0 %
Helfer des Fremdsprachigen	9 %	17 %	74 %	20 %	7 %	73 %	5 %	35 %	60 %
Hilfsperson der Behörden und Gerichte	77 %	14 %	9 %	81 %	0 %	19 %	63 %	16 %	21 %

Tabelle 4

8 Sicht der Dolmetscher

Im Gegensatz zu den Auftraggebern haben sich die Kursteilnehmer intensiv mit den Themen der ihnen in der Erhebung vorgelegten Fragen auseinandergesetzt.

Die Antworten sind daher mitgeprägt vom Spannungsfeld zwischen der theoretischen Auseinandersetzung im Unterricht und der Usanz in der Praxis.

8.1 Kommunikationsstrategien

Die Meinungen zu den fünf problematischen Kommunikationsstrategien sind in den verschiedenen Aus- und Weiterbildungsstufen wie bei den Auftraggebern sehr unterschiedlich (Tabelle 5). Immerhin fällt die Ablehnung (Anwortkategorie „selten/nie") der genannten Kommunikatonsstrategien bei den Dolmetschern klarer aus als bei den Auftraggebern.

In der Anwortkategorie „manchmal" zeigt sich im Aufbaukurs ein deutlicher Anstieg gegenüber dem Basiskurs. Der Grund liegt vermutlich darin, dass die Teilnehmer des Aufbaukurses in den Übungen ihre Verdolmetschungen zum ersten Mal ab Band abhören können und sich im Unterricht über die unterschiedlichen Strategien Rechenschaft geben.

Die hier genannten Aspekte, das Auslassen nebensächlicher Aussagen, das Glätten wirrer Aussagen, das Zusammenfassen längerer Sequenzen, das Vereinfachen juristischer Fachausdrücke und das Hinzufügen eigener Erklärungen sind Handlungsweisen, die von den Dolmetschern selbst (bewusst oder unbewusst) vorgenommen werden oder von den Auftraggebern erwartet, gefordert oder anderseits auch abgelehnt werden. Diese Strategien beeinflussen den Erfolg oder Misserfolg der Kommunikation. Außerdem ist fraglich, wie weit der Forderung nach Neutralität Rechnung getragen wird, wenn Aussagen beim Dolmetschen modifiziert werden. Zwischen den beiden Akteuren sollte über die Anforderungen diskutiert werden *(best practices)*. Im Zuge der Professionalisierung ist ein Anforderungsprofil auszuarbeiten, das die Kompetenzen der Dolmetscher festschreibt.

	Basiskurs			Aufbaukurs			Zertifikatslehrgang		
	immer/ meistens	manchmal	selten/ nie	immer/ meistens	manchmal	selten/ nie	immer/ meistens	manchmal	selten/ nie
Auslassen	19 %	25 %	56 %	30 %	48 %	22 %	14 %	29 %	57 %
Glätten	10 %	28 %	62 %	14 %	43 %	43 %	3 %	29 %	68 %
Zusammenfassen	13 %	33 %	54 %	11 %	57 %	32 %	7 %	41 %	52 %
Vereinfachen (Fachausdrücke)	11 %	58 %	31 %	21 %	50 %	29 %	4 %	54 %	42 %
Hinzufügen	4 %	37 %	59 %	4 %	44 %	52 %	4 %	37 %	59 %

Tabelle 5

8.2 Dolmetscharten

Die Einschätzung der Bedeutung der Dolmetscharten durch die Dolmetscher folgt deutlicher einem zu erwartenden Muster. Den Dolmetscharten wird insgesamt eine große Bedeutung beigemessen (Tabelle 6). Die Resultate unterscheiden sich klar von denen der Auftraggeber, die sich bei den Dolmetscharten häufiger für die Anwortkategorien „weniger wichtig" und „unwichtig" entschieden haben.

Zur Länge der verdolmetschten Einheiten äußern sich die Teilnehmer aller drei Kursstufen positiver als die Auftraggeber, auch wenn die Akzeptanz der kurzen Sequenz gegenüber den längeren Einheiten im Basiskurs um knappe 2 % höher liegt. Die Entscheidung der Teilnehmer im Basiskurs hängt offenbar mit der Dolmetschpraxis zusammen: Die Dolmetscher unterbrechen die Angeschuldigten oder Angeklagten usw. in der Praxis oft nach eigenem Gutdünken.

Wie unter 7.2 festgestellt, betonen die Auftraggeber die Bedeutung der kurzen Aussagen. Auch im Merkblatt wird satzweises Dolmetschen gefordert. Der Grund ist die Präzision der Wiedergabe. Dies mag dann eine Illusion sein, wenn die Fremdsprachigen länger sprechen wollen und unterbrochen werden. Das Argument zugunsten einer Verdolmetschung von kurzen (unterbrochenen) Aussagen verlieren an Gewicht, wenn die Praxis sowie die praxisbasierte Forschung darauf hinweisen, dass auch bei Unterbrechungen nicht unbedingt korrekt und vollständig gedolmetscht wird (Kadric 2006:193). Längere Sequenzen können hingegen eindeutig nur dann korrekt und vollständig wiedergegeben werden, wenn die Dolmetscher ausgebildet sind und die Notizentechnik beherrschen. Für längere Einheiten spricht in erster Linie der Sinnzusammenhang. Wenn die Fremdsprachigen unterbrochen werden, verlieren sie möglicherweise den roten Faden. Gegebenenfalls können die Dolmetscher den Zusammenhang nicht unbedingt erfassen. Wenn aber das Verständnis fehlt, dann greifen sie vermehrt auf die Wort-für-Wort-Technik zurück, die wiederum zu unverständlichen und/oder rudimentären Aussagen führt. In diesem Punkt wünschen sich die Dolmetsch-Ausbilder eine Änderung des Merkblatts.

	Basiskurs			Aufbaukurs			Zertifikatslehrgang		
	wichtig	weniger wichtig	unwichtig	wichtig	weniger wichtig	unwichtig	wichtig	weniger wichtig	unwichtig
Längere Sinneinh.	86 %	12 %	2 %	97 %	3 %	0 %	96 %	4 %	0 %
Kurze Sinneinh.	88 %	11 %	1 %	85 %	15 %	0 %	86 %	14 %	0 %
Flüstern	55 %	39 %	6 %	79 %	21 %	0 %	85 %	15 %	0 %
Stegreif	84 %	14 %	2 %	84 %	16 %	0 %	96 %	4 %	0 %

Tabelle 6

8.3 Die Rolle der Dolmetscher

Übereinstimmung zwischen Auftraggebern und Dolmetschern findet sich in den Antworten zur Rolle nur in der Funktion des Kommunikators (Tabelle 7). Die Kulturmittlung findet sich als Rolle zwar überall bestätigt, wird aber nicht als vordringliche Aufgabe der Dolmetscher empfunden.

In der Beantwortung der Frage, ob sie Hilfspersonen des Gerichts oder Helfer der Fremdsprachigen sind, zeigt sich, dass das berufliche Profil auch bei den

Dolmetschern nicht völlig geklärt ist. Für beide Funktionen finden sich Befürworter, obwohl die Neutralität der Dolmetscher im Merkblatt (vgl. Abschnitt 2) als Forderung deutlich formuliert ist. Immerhin zeigt sich beim Rollenverständnis im Zertifikatslehrgang klar eine Vereinheitlichung zugunsten des neutralen Kommunikators, der weder für die Fremdsprachigen noch für die Auftraggeber Partei ergreift.

	Basiskurs			Aufbaukurs			Zertifikatslehrgang		
	trifft zu	trifft z. T. zu	trifft nicht zu	trifft zu	trifft z. T. zu	trifft nicht zu	trifft zu	trifft z. T. zu	trifft nicht zu
Kulturmittler	32 %	45 %	23 %	43 %	36 %	21 %	36 %	50 %	14 %
Kommunikator	96 %	4 %	0 %	97 %	0 %	3 %	96 %	0 %	4 %
Helfer des Fremdsprachigen	27 %	27 %	46 %	39 %	22 %	39 %	11 %	14 %	75 %
Hilfsperson der Behörden und Gerichte	40 %	23 %	37 %	53 %	19 %	28 %	11 %	21 %	68 %

Tabelle 7

Als Schlussfolgerung ist festzuhalten: Trotz aller Ungewissheiten im Umgang mit empirischen Daten zeigen sich deutliche Trends. Zwischen den Untergruppen der Auftraggeber und auch bei den verschiedenen Ausbildungsstufen der Dolmetscher bestehen markante Unterschiede, ebenso wie zwischen den beiden Gruppen von Akteuren. Diese Divergenzen weisen darauf hin, dass die Behörden- und Gerichtsdolmetscher nicht auf ein klar definiertes Berufsprofil mit breit abgestützten Grundsätzen zurückgreifen können. Die im Einzelnen aufgezeigte Unterschiedlichkeit, zum Teil sogar Unvereinbarkeit der Sichtweisen birgt Konfliktpotenzial und begünstigt die bestehenden Missstände.

9 Fazit

In den Weiterbildungskursen zeigt sich, dass einheitliche Qualitätsvorstellungen im Behörden- und Gerichtsdolmetschen in der Schweiz noch weitgehend fehlen. Die ungeklärten Fragen nach dem interkulturellen Transfer, den Dolmetschstrategien, dem Einsatz der verschiedenen Dolmetscharten, dem berufsethischen Verhalten und der Rolle der Dolmetscher spiegeln sich deutlich in den Dolmetschleistungen sowie in den Resultaten der empirischen Studie wider. Diese Resultate bestätigen, was sich bereits bei der Zusammenarbeit mit den Auftraggebern und in den Fragen von Kursteilnehmern gezeigt hat: Die Ansichten der Auftraggeber und der Dolmetscher sind sehr stark von individueller Erfahrung geprägt. Entsprechend unterschiedlich sind auch die Erwartungen an die Dolmetscher von Seiten der Auftraggeber sowie die „Leitlinien" der Dolmetscher, die sie sich oft nach eigenem Gutdünken zurechtgelegt haben.

Erst mit dem Aufbaukurs setzt ein systematischer Unterricht ein. Der Qualitätsgewinn nach dem Aufbaukurs und nach dem Zertifikatslehrgang ist frappierend in Bezug auf die theoretischen Grundlagen und die Dolmetschfertigkeiten. Die Auftraggeber im Kanton Zürich haben mit der Forderung nach der bestandenen

Basiskursprüfung zwar einen ersten Minimalstandard gesetzt, aber sie könnten die Dolmetschqualität ganz entscheidend beeinflussen, wenn Aufbaukurs und Zertifikatslehrgang als obligatorisch vorausgesetzt würden. Es gilt deshalb die Aufklärungsarbeit bei den Auftraggebern weiterzuführen und vor allem auch die Qualifizierung der Dolmetscher mit den verschiedensten Muttersprachen voranzutreiben und damit die aktuelle Dolmetschpraxis zu verbessern. Die Aus- und Weiterbildung in der deutschsprachigen Schweiz ist umso wichtiger, als es keine von Behörden- oder Gerichtsseite zertifizierten Dolmetscher gibt: Das in diesem Beitrag genannte Zertifikat wird vom IUED ausgestellt. Nur in Zusammenarbeit mit den Auftraggebern ist eine weitere Professionalisierung zu erreichen. Der Kompetenzaufbau hat erst begonnen.

Bibliographie

Colin, Joan / Morris, Ruth (2001): *Interpreters and the Legal Process*. Winchester: Waterside.

Driesen, Christiane J. (2002): „Gerichtsdolmetschen – Praxis und Problematik." Best, Joanna / Kalina, Sylvia (Hrsg.): *Übersetzen und Dolmetschen. Eine Orientierungshilfe*. Tübingen: Francke, 229–306.

General, Claudia (2007): „Quality Control in Court Interpreting." Euroconference 2007. Wien: 30. April–1. Mai, 2007.

Hale, Sandra B. (2004): *The Discourse of Court Interpreting*. Amsterdam/Philadelphia: Benjamins.

Hofer, Gertrud (2006): „Dolmetschen für den öffentlichen Bereich in der Schweiz." *Lebende Sprachen* 3, 98–104.

Kadric, Mira (2006): *Dolmetschen bei Gericht. Erwartungen, Anforderungen, Kompetenzen*. Wien: Facultas.

Kalina, Sylvia (2001): „Zur Professionalisierung beim Dolmetschen – Vorschläge für Forschung und Lehre." Kelletat, Andreas F. (Hrsg.): *Dolmetschen*. Frankfurt am Main: Peter Lang, 51–64.

Kelly, Arlene M. (2000): „Cultural parameters for interpreters in the courtroom." Roberts, Roda P., et al. (Hrsg.): *The Critical Link 2: Interpreters in the Community*. Amsterdam/Philadelphia: Benjamins, 131–148.

Pöchhacker, Franz (2000): *Dolmetschen. Konzeptuelle Grundlagen und deskriptive Untersuchungen*. Tübingen: Stauffenburg.

Vessela Ivanova / Elke Krüger / Encarnación Tabares
Leipzig
Mirjam Reischert / Karin Vilar Sánchez
Granada
**Kontrastive Mikrofunktionsanalyse als Mittel
zur Verbesserung der Translationsqualität von Fachtexten**

1 Einleitung

Die stilistische Angemessenheit stellt nach wie vor ein Problem bei der Übersetzung von Fachtexten dar. Anders als bei der Lokalisierung und Wahl der passenden Termini für fachliche Begriffe (Signifikate), wofür bekanntlich bereits brauchbare Datenbanken zur Verfügung stehen, sind für die angemessene, d. h. textsortenspezifische Verwendung grammatikalischer und sonstiger lexikalischer Formen und Strukturen bislang keine empirisch erstellten und systematisch aufbereiteten Informationen vorhanden, obschon für das Deutsche und das Spanische inzwischen einige sehr interessante kommunikativ ausgerichtete, jedoch sehr allgemein gehaltene Werke auf dem Markt sind. Hingewiesen sei in diesem Zusammenhang auf die *Kommunikative Grammatik* von Engel (1993), die *Grammatik in Feldern* von Buscha et al. (1998), die *Grammatik der deutschen Sprache* von Götze und Hess-Lüttich (1999) für das Deutsche, die *Gramática comunicativa del español* von Matte Bon (1992), die Monografie *Kommunikativ Handeln auf Spanisch und Deutsch* von Nord (2003) für das Spanische und nicht zuletzt auf die *Vergleichende Grammatik Spanisch-Deutsch* von Cartagena und Gauger (1989).

Als Nachschlagewerke in der konkreten Textproduktion, d. h. als schnell zugängliche Datenbanken für kontextgebundene sprachliche Mittel, sind diese Werke jedoch nur bedingt hilfreich, denn das Auffinden der gewünschten Informationen verlangt in den meisten Fällen ein mehr oder weniger langes Einlesen. Außerdem finden wir in den wenigsten Fällen Angaben zur textsortenspezifischen Frequenz der besprochenen Mittel. Die Fachtextproduzenten müssen sich also bezüglich der Wahl zwischen verschiedenen stilistischen Varianten größtenteils immer noch auf ihre Intuition und die Verwendung von Paralleltexten verlassen.

Mit der kürzlich publizierten *Mikrofunktionsanalyse* (Vilar Sánchez 2007) einer konkreten, in der Übersetzerpraxis relevanten Textsorte[1] soll ein Beitrag dazu geleistet werden, diese Situation zu verbessern. Am Beispiel der systematischen

---

[1] Verschiedene Umfragen unter Übersetzern in Deutschland (Schmitt 1990) und in Spanien (Vilar Sánchez/Pree 2004) haben ergeben, dass Verträge einen wichtigen Anteil aller professionell angefertigten Übersetzungen ausmachen. Einer Untersuchung von Ivanova (2007) zufolge gehören dabei die Arbeitsverträge zu den relevanten Vertragstypen.

Analyse spanischer und deutscher Arbeitsverträge zeigen wir im Rahmen eines spanisch-deutschen Forschungsprojektes der Universitäten Granada und Leipzig[2] Lösungswege auf, die über die okkasionelle Verwendung von Paralleltexten und die selektive Beschreibung einiger weniger Funktionen hinausgehen. Es handelt sich um die minutiöse, funktionale Analyse zweier Korpora von jeweils 20 authentischen Arbeitsverträgen (deutsch und spanisch).[3] Die theoretischen Grundlagen dieser Analyse wurden andernorts bereits dargelegt (Vilar Sánchez 2002, 2005). Bei dieser an der Universität Granada entwickelten Methode werden die zu untersuchenden Texte in Mikrofunktionen zerlegt, das heißt, in ihre kleinstmöglichen kommunikativen, semanto-grammatikalischen und pragmatischen Einheiten, um anschließend die sprachlichen Mittel zusammenzustellen, die in einer gegebenen Textsorte zur Materialisierung der verschiedenen Mikrofunktionen[4] verwendet werden.

2 Die Mikrofunktionsanalyse von Arbeitsverträgen

2.1 Juristische Grundlagen

Arbeitsverträge sind Vereinbarungstexte, welche einen bindenden Charakter für die unterzeichnenden Parteien haben. Ein kurzer Abriss zu Vertragstexten (u.a. Begriffserklärung, Funktionen und Formen, übersetzerische Strategien) findet sich in Kupsch-Loserit (1998:228-230), ebenso in Hoffmann (1998:533-539). Der Arbeitsvertrag nach deutschem Recht ist ein Vertrag zur Begründung eines privatrechtlichen Schuldverhältnisses über die entgeltliche Erbringung einer Dienstleistung und damit eine Unterart des in § 611f. BGB geregelten Dienstvertrages (vgl. Dütz 2005:56f.; Simon/Funk-Baker 2002:105f.). Im Unterschied zum freien Dienstverhältnis ist das durch den Arbeitsvertrag begründete Arbeitsverhältnis von der persönlichen Abhängigkeit des Arbeitnehmers vom Arbeitgeber geprägt. Der Arbeitnehmer kann im Wesentlichen nicht selbst seine Tätigkeit gestalten und seine Arbeitszeit bestimmen. Er ist vielmehr in die Arbeitsorganisation des Arbeitgebers eingegliedert und unterliegt typischerweise den Weisungen des Arbeitgebers über Inhalt, Durchführung, Zeit, Dauer und Ort der Tätigkeit.

Auch nach spanischem Recht ist der Arbeitsvertrag ein Vertrag zur Begründung eines privatrechtlichen Schuldverhältnisses über die entgeltliche Erbringung einer Dienstleistung mit den gleichen Charakteristika. Die formale Gestaltung unterscheidet sich jedoch vom deutschen Arbeitsvertrag. Der Arbeitsvertrag in

---

[2] Acción Integrada Hispano-Alemana "Descripción funcional contrastiva de textos especializados en español, alemán y francés, enfocada hacia la traducción. [HA2004-0045] (Universität Granada) bzw. Programm des Projektbezogenen Personenaustauschs (PPP) „Translationsorientierte Beschreibung ausgewählter Textsorten im Sprachenpaar Spanisch-Deutsch (mit Ausweitung auf das Sprachenpaar Französisch-Deutsch" (Universität Leipzig).

[3] Die Verträge gehören zu einem Textkorpus, das von Vessela Ivanova für ihre Dissertation zusammengestellt wurde.

[4] Eine Liste der bisher ausgemachten Mikrofunktionen findet sich in Vilar Sánchez (2006).

Spanien ist im Gegensatz zum deutschen Arbeitsvertrag im Allgemeinen durch ein Arbeitsgesetzbuch *Estatuto de los Trabajadores* geregelt, welches vom spanischen *Código Civil* getrennt ist. Dadurch hat der spanische Gesetzgeber den Arbeitsvertrag vom Dienstvertrag unterschieden.

Obschon Arbeitsverträge freiwillig unterschrieben werden, ist zu bedenken, dass das Machtverhältnis zwischen den Parteien nicht ausgewogen ist, sondern in der Regel zugunsten des Arbeitgebers ausfällt. In diesem Sinne handelt es sich bei Arbeitsverträgen um Aufforderungstexte, in einigen Fällen um regelrechte Unterwerfungstexte, was insbesondere bei den deutschen Arbeitsverträgen, die vom Arbeitgeber aufgesetzt sind, deutlich wird. In den von uns analysierten spanischen Arbeitsverträgen spielt jedoch die Arbeitsbehörde *Instituto Nacional de Empleo (INEM)* in der Regel eine sehr wichtige Rolle als Sender der Vertragstexte. Diese hat *Garantenstellung* gegenüber dem Arbeitnehmer. Textempfänger sind daher beide Vertragsparteien. Die spanischen Arbeitsverträge sind folglich wesentlich normierter als die deutschen. In den meisten Fällen werden von der Arbeitsbehörde ausgestellte Formulare verwendet, die nur noch ausgefüllt und unterschrieben werden müssen. Sprachlich äußert sich diese Situation in einer enormen Uniformität. Im Gegensatz dazu weisen die deutschen Arbeitsverträge eine größere sprachliche Varianz auf, obwohl natürlich auch hier klare Formulierungsmuster zu erkennen sind. Auch wenn deutsche Arbeitsverträge formal freier gestaltet werden können, gilt für sie die gleiche strenge normative Hierarchie (EU-Richtlinien, Grundgesetz, spezielle Gesetze und Rechtsverordnungen, Tarifverträge, etc.).

Es ist ausgesprochen wichtig, die beiden Makrofunktionen der Textsorte (Vereinbarung und Aufforderung) im Auge zu behalten, denn alle Ergebnisse sind im Lichte dieser Funktionen zu verstehen, d. h. sie sind nur gültig für die spezifische Textsorte der Arbeitsverträge. Beide Korpora enthalten unbefristete und befristete Arbeitsverträge.[5]

2.2 Das Programm *Atlas.ti*

Als sehr nützlich erwies sich bei der Durchführung unserer Analysearbeit das Textanalyseprogramm *Atlas.ti* – eine „Wissenswerkbank" für die qualitative Analyse größerer Mengen an Text-, Grafik-, Audio- und Videodaten. Es bietet eine Anzahl hoch spezialisierter Werkzeuge für die Bewältigung aller Aufgaben, die beim systematischen Herangehen an „weiche" Daten (also Materialien, die sich der formalen statistischen Analyse entziehen) anfallen[6]. Aufgrund dieser Charakteristika wurde Atlas.ti unseres Wissens bislang hauptsächlich für soziologische Studien verwendet, bei denen die zu analysierenden Daten aus

---

[5] Im Deutschen haben wir 9 befristete Arbeitsverträge gegenüber 10 unbefristeten und einem mit einer Zeitarbeitsfirma abgeschlossenen Arbeitsvertrag. Im Spanischen dagegen haben wir 12 befristete Arbeitsverträge neben 5 unbefristeten und 3 mit Zeitarbeitsfirmen unterzeichneten Arbeitsverträgen.

[6] Siehe http://www.atlasti.de.

Interviews oder Beobachtungen stammen. In jedem Fall handelte sich um Daten, die einer automatisierten Analyse schwer zugänglich sind, da sie wegen ihrer zahllosen unterschiedlichen Erscheinungsformen nicht automatisch zu erfassen sind. Da genau diese Problematik auch für die onomasiologische Beschreibung der Sprache zutrifft, haben wir in Atlas.ti ein ausgezeichnetes Analyseinstrument für die linguistische, speziell funktionale Analyse von Texten gesehen.

Ein Vorteil von Atlas.ti besteht in der Möglichkeit, dieselbe oder einen Teil einer schon markierten Textstelle mit einem oder mehreren Codes (in unserem Falle Mikrofunktionen) zu belegen, was in traditionellen Textverarbeitungsprogrammen unmöglich oder zumindest sehr kompliziert ist und in jedem Falle eine heillose Unübersichtlichkeit zur Folge hat. Am Ende einer Mikrofunktionsanalyse ist der Text gewöhnlich über und über mit Codes versehen, was bei Atlas.ti aber nicht zu einer verwirrenden Überlagerung, sondern zu einer geordneten Komplexität führt, da man die Textbeispiele für alle Codes einzeln abrufen und sehr deutlich beobachten kann, wie die verschiedenen Mikrofunktionen entweder nebeneinanderstehen oder sich gegenseitig ergänzen. Die verschiedenen Codes können unterschiedlichen Ebenen zugeordnet werden, wodurch eine übersichtliche Hierarchisierung der Daten entsteht. Der Komplexität dieser Hierarchisierung sind keinerlei Grenzen gesetzt.

Atlas.ti ist jedoch nicht nur von großem Nutzen für die Durchführung einer umfangreichen Textanalyse. Es bietet auch große Vorteile für die Nutzung der daraus resultierenden Daten. Die Ergebnisse der Analyse sind vielschichtig, aber der wohl größte Vorteil von Atlas.ti ist der, dass alle Ergebnisse problemlos und in Sekundenschnelle in den konkreten Texten nachvollzogen werden können. Es ist auch möglich, direkt vom Text auszugehen und zu überprüfen, welche Mikrofunktionen in welcher Form realisiert wurden. Quantitative Auswertungen der Daten, d. h. der Codes und Subcodes können sowohl für das gesamte Korpus als auch für einzelne oder eine Gruppe von mehreren ausgesuchten Dokumenten erstellt werden. Die Ergebnisse können in Form von Tabellen oder Diagrammen dargestellt werden. Außerdem ist es möglich, die einzelnen Codes untereinander in Beziehung zu setzen, ebenso wie die sog. *Quotations*, d. h. die markierten und mit Codes versehenen Textstellen, wie auch beide untereinander.

2.3 Die Mikrofunktionsanalyse mit *Atlas.ti*

Die Kategorien, die es bei unserer Textanalyse auszumachen galt, waren naturgemäß die Mikrofunktionen. Da diese zu Beginn der Arbeit logischerweise noch nicht feststanden, haben wir eine Voruntersuchung einiger weniger Verträge durchgeführt, bei der wir induktiv vorgegangen sind, d. h. wir haben die kompletten Texte in Mikrofunktionen zerlegt und anschließend anhand der Resultate entschieden, welche der vorkommenden Mikrofunktionen von der Frequenz und der sprachlichen Realisierungsform her für den Übersetzer von Interesse sind. Als relevant aufgrund ihrer Frequenz betrachten wir eine Mikrofunktion dann, wenn sie in den meisten oder allen Texten eines Korpus im Vergleich zu den anderen gegebenen Mikrofunktionen relativ häufig vorkommt, aber auch dann, wenn sie trotz minimaler absoluter Frequenz in allen Texten eines Korpus obligatorisch vorkommen muss. Innerhalb dieser Gruppe sind dann die Mikrofunktionen von Bedeutung, deren im Text verwendete Realisierungsform(en) ganz oder teilweise von der in der Einzelsprache prototypischen Form abweichen. Sind es doch die Stileigentümlichkeiten fachsprachlicher Texte, die auch den sprachlich versierten Übersetzer leicht zu unangemessenen Formulierungen greifen lassen.

Ein Beispiel hierfür ist die in deutschen Arbeitsverträgen häufiger verwendete Erststellung des Verbs im Bedingungssatz:

Dauert die Arbeitsunfähigkeit länger als in der Bescheinigung angegeben, so ist der Mitarbeiter verpflichtet, unverzüglich eine neue ärztliche Bescheinigung einzureichen

statt der Verwendung einer Konjunktion:

Wenn die Arbeitsunfähigkeit andauert, ...

Die sprachliche Form ist aufgrund möglicher Interferenzen für den Übersetzer aber auch dann von Bedeutung, wenn die Formen interlingual divergieren, z. B. beim Ausdruck der Bedingung im Spanischen, wo ein Gerundium möglich ist:

El presente contrato de duración determinada se celebra para: (...) Sustituir trabajadores (sic) excedentes por cuidado de hijos, *siendo el trabajador que sustituye al excedente, perceptor durante más de un año, de prestaciones por desempleo de nivel contributivo o asistencial*".

Diese Form ist bekanntlich in der deutschen Sprache in dieser Verwendung überhaupt nicht vorgesehen.

Die relevanten Mikrofunktionen der Arbeitsverträge in beiden Sprachen waren laut der Analyse folgende: Aufforderung, Berechtigung, eingeschränkte Erlaubnis, Verbot, Möglichkeit, Unmöglichkeit, Notwendigkeit, Nicht-Notwendigkeit, Verpflichtung, Drohung, Warnung, expliziter Hinweis, Bedingung, Folge, Grund, Konzessivität, Grundlage, Ziel und Deklaration. Die Mikrofunktionen Vereinbarung und Einschränkung haben wir bewusst ausgeschlossen, da aufgrund der Makrofunktion der Textsorte fast alle Propositionen als solche verstanden werden können. In der eigentlichen Untersuchung ging es nun darum, die ausgemachten Mikrofunktionen in den Texten unserer Korpora zu lokalisieren und festzustellen, welche sprachlichen Mittel für deren Materialisierung konkret verwendet wurden.

Die trotz aller technischen Erleichterungen immer noch sehr aufwändige Analysearbeit, die aufgrund des onomasiologischen Ansatzes auch nicht automatisiert werden kann, wurde unter fünf Teilnehmerinnen des Projektes aufgeteilt, wobei es ausgesprochen wichtig war, dass jede nur mit Texten in ihrer Muttersprache arbeitete. Denn obschon die Arbeit in den meisten Fällen problemlos verlief, hatten wir es auch oft mit Zweifelsfällen zu tun, die wir in den Händen einer

Muttersprachlerin besser aufgehoben glaubten, wie z. B. folgende Textstelle aus einem der deutschen Arbeitsverträge:

> Änderungen und Ergänzungen dieses Vertrages bedürfen zu ihrer Wirksamkeit der Schriftform.

Auf den ersten Blick scheint es vielleicht lediglich der Ausdruck einer Notwendigkeit und eines Zieles zu sein, aber nach genauem Hinsehen erkennt man zusätzlich eine versteckte Bedingung:

> Wenn Änderungen und Ergänzungen dieses Vertrages vorgenommen werden sollen, ...

und eine sogenannte *Rechtsfolge*: .

> ..., dann müssen diese Änderungen schriftlich erfolgen.

Die Rechtsfolge ist also in diesem Falle eine Notwendigkeit. Es stellte sich heraus, dass sie in anderen Fällen ein Verbot, eine Berechtigung oder Möglichkeit sein kann.

2.4 Beispiel für die Mikrofunktion *Bedingung*

Wie oben erwähnt, ist Atlas.ti von großem Nutzen für die Durchführung solch einer umfangreichen Textanalyse. So kann der Nutzer direkt vom Text ausgehen und schauen, welche Mikrofunktionen in welcher Form realisiert wurden. Wirklich interessant wird die Arbeit mit dem Programm aber erst dann, wenn er ausgehend von den Codes herausfindet, welche Mikrofunktionen in der Textsorte relevant sind und besonders, welche sprachlichen Formen mehr oder weniger häufig verwendet werden, um diese zu materialisieren. Atlas.ti bietet hierfür die Möglichkeit einer globalen Übersicht. Es ist aber auch möglich, die Resultate für jede einzelne Mikrofunktion in einer anschaulichen Baumgraphik darzustellen.

Im Folgenden geben wir ein Beispiel für die Mikrofunktion Bedingung in deutschen Arbeitsverträgen. Unsere Definition von Bedingung lautet:

> Etwas, von dem etwas Anderes abhängig gemacht wird: (a) etwas, was gefordert und von dessen Erfüllung etwas Anderes abhängig gemacht wird (fällt zusammen mit Notwendigkeit); (b) etwas, was zur Verwirklichung von etwas Anderem als Voraussetzung notwendig gegeben, vorhanden sein muss.

Die Baumgraphiken sind hierarchisch geordnet, d. h., wir gehen von der Mikrofunktion aus, führen anschließend die verschiedenen sprachlichen Kategorien und ggf. auch Unterkategorien auf, durch die diese im vorliegenden Korpus realisiert werden. Zum Schluss werden die konkreten Lexeme aufgeführt, sofern die betreffende Mikrofunktion duch ein solches materialisiert wird, z. B.: (siehe Abbildung 1).

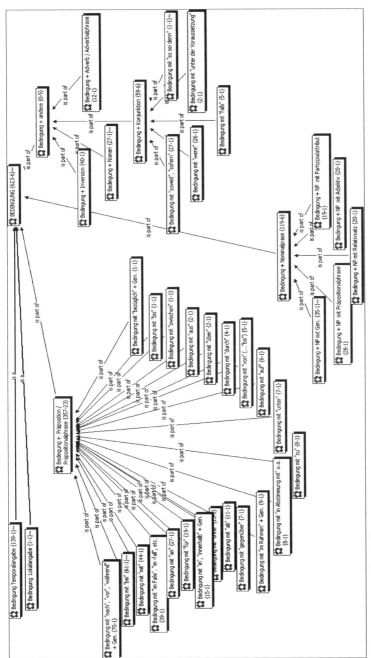

Abb. 1: Baumgraphik „Bedingung"

Vielleicht ist die Interpretation des Nomens und der Nominalphrase als Bedingung in unseren Beispielen nicht direkt nachvollziehbar. Wir erinnern in diesem Zusammenhang daran, dass die Textsorte, in der eine Mikrofunktion realisiert wird, immer von großer Bedeutung ist. D. h. Nomen und Nominalphrasen werden in Arbeitsverträgen verwendet, um Bedingungen auszudrücken, aber nicht automatisch in anderen Textsorten. Wie bereits erwähnt, spielt die Bedingung in Gesetzesregeln laut Wüest (1993:103) eine besondere Rolle, insofern als diese sich üblicherweise „aus nicht mehr als zwei verschiedenen Sprechakten aufbauen", nämlich der *Voraussetzung* und der *Rechtsfolge*. Es sei allerdings so, dass die Voraussetzung inzwischen meist nicht mehr in einem klassischen Bedingungssatz realisiert werde, „sondern lediglich durch das Nominalsyntagma, welches das *Thema* des Satzes bildet, präsupponiert" wird.

Sehr gut belegen lässt sich diese Aussage durch Auszüge aus unserem Korpus. Man vergleiche folgende Abmachungen:

> „Eine *etwaige Unwirksamkeit einzelner Vertragsbestimmungen* berührt nicht die Wirksamkeit der übrigen Vereinbarungen".

oder:

> „Eine *evtl. unwirksame fristlose Kündigung* gilt als ordentliche Kündigung für den nächstzulässigen Kündigungszeitpunkt".

oder:

> „Eine fristlose Kündigung gilt *für den Fall ihrer Unwirksamkeit* zugleich als fristgemäße Kündigung zum nächst zulässigen Termin".

oder:

> „*Sollten einzelne Bestimmungen dieses Vertrages unwirksam sein* oder werden, so berührt dies nicht die Gültigkeit der übrigen Bestimmungen".

mit:

> „Lückenhafte oder *unwirksame Regelungen* sind so zu ergänzen, dass eine andere angemessene Regelung gefunden wird, die wirtschaftlich dem am nächsten kommt, was die Parteien unter Berücksichtigung der mit dem Arbeitsverhältnis folgenden Zwecke gewollt hätten, wenn sie Lückenhaftigkeit oder Unwirksamkeit bedacht hätten".

Zweifellos handelt es sich in all diesen Textbeispielen um dieselbe Bedingung, „wenn einzelne Bestimmungen oder Regelungen unwirksam sind, ...", in den ersten Fällen explizit ausgedrückt, bei der Nominalphrase jedoch nur noch implizit.[1]

3 Schlussbemerkung

Die Ergebnisse der Mikrofunktionsanalyse können sowohl für philologische Studien verschiedenster Art als auch für die Übersetzung fruchtbar gemacht

---

[1]   Die unterschiedlichen Formulierungen desselben Sachverhalts veranschaulichen auch die relativ große Ausdrucksvielfalt in deutschen Arbeitsverträgen. Zur Behandlung der Bedingung in anderen Textsorten siehe Vilar Sánchez 2003, 2004.

werden. Es muss jedoch betont werden, dass sie im Bereich der Übersetzung nicht präskriptiv verstanden werden dürfen, sondern lediglich zwei, wenn auch wesentliche Aufgaben erfüllen können:

(a) Hilfestellung im Rezeptionsprozess. Der Vorteil der Mikrofunktionsanalyse ist hier, dass auf mögliche Realisierungsformen von Mikrofunktionen hingewiesen wird, die sonst eventuell unbeachtet geblieben wären, und dass vielleicht erwogene Formulierungen ausgeschlossen werden, weil sie in der gegebenen Textsorte unüblich sind. Einwenden könnte man natürlich an dieser Stelle, dass die Analyse von Paralleltexten eine ähnliche Hilfestellung bietet. Wie jedoch jeder Übersetzer weiß, handelt es sich hierbei um eine ausgesprochen zeitaufwendige Vorarbeit, die zudem vergleichsweise unsystematisch, wenn nicht intuitiv durchgeführt wird; ganz zu schweigen von der Problematik der Textbeschaffung.

(b) Hilfestellung im Entscheidungsprozess zwischen alternativen Formulierungsmöglichkeiten. Allerdings darf an dieser Stelle nicht vergessen werden, dass der Entscheidungsprozess nie kontextunabhängig erfolgen kann, sondern immer vom lexikalischen, grammatikalischen und textuellen (makrostrukturellen) Kontext aus erfolgen muss. Eine gute Sprachkompetenz ist daher immer noch eine unabdingbare Voraussetzung für die nutzbringende Verwendung der Ergebnisse.

Es wäre zu wünschen, dass zukünftige Forschungsarbeiten die Ergebnisse der Mikrofunktionsanalyse zum Anlass nähmen, die kontextuellen Determinanten bei der konkreten Wahl eines der festgestellten gebräuchlichen sprachlichen Mittel zu bestimmen. Im Bereich der Didaktik sind die Einsatzmöglichkeiten der Mikrofunktionsanalyse noch nicht systematisch erforscht. In der praktischen Arbeit im Deutschunterricht an der Fakultät für Übersetzer und Dolmetscher der Universität Granada hat sich aber in den letzten fünf Jahren schon hinlänglich gezeigt, dass die induktive mikrofunktionelle Textanalyse die Studenten zu einer intensiven Auseinandersetzung mit dem Text anregt, was unweigerlich zu einem tieferen Textverständnis und erfreulicherweise auch zu einem geschärften Bewusstsein für textsortenspezifische stilistische Unterschiede führt. Zweifellos trägt die kontrastive Analyse auch zur Sensibilisierung für kulturelle Differenzen bei, wie etwa der in den Arbeitsverträgen zu beobachtende unterschiedliche Grad an Direktheit bzw. Indirektheit. Es liegt auf der Hand, dass all diese Aspekte zur Verbesserung der Übersetzertätigkeit beitragen.

Bibliographie

„Atlas.ti". http://www.atlasti.de (15.09.2006).

Buscha, Joachim / Freudenberg-Findeisen, Renate / Forstreuter, Eike / Koch, Hermann / Kuntzsch, Lutz (1998): *Grammatik in Feldern*. Ismaning: Verlag für Deutsch.

Cartagena, Nelson / Gauger, Hans-Martin (1989): *Vergleichende Grammatik Spanisch-Deutsch*. Mannheim/Wien/Zürich: Duden.

Dütz, Wilhelm (2005): *Arbeitsrecht*. München: C. H. Beck.

Engel, Ulrich / Tertel, Rozemaria (1993): *Kommunikative Grammatik. Deutsch als Fremdsprache*. München: Iudicum Verlag.

Götze, Lutz / Hess-Lüttich, Ernest (1999): *Grammatik der deutschen Sprache. Sprachsystem und Sprachgebrauch*. München: Bertelsmann Lexikon Verlag.

Hoffmann, Lothar (1998): „Fachtextsorten der Institutionensprachen III: Verträge." Hoffmann et al. (1998) (Hrsg.): *Fachsprachen. Languages for Special Purposes*. Berlin/New York: Walter de Gruyter, 533-539.

Ivanova, Vessela (2007): „Online-Umfrage zur Relevanz der Textsorte ‚Arbeitsvertrag' in der Übersetzungspraxis." *Lebende Sprachen* 4 (im Druck).

Kupsch-Losereit, Sigrid (1998): „Vertragstexte." Snell-Hornby, Mary / Hönig Hans / Kußmaul, Paul / Schmitt, Peter A. (1998) (Hrsg.): *Handbuch Translation*. Tübingen: Stauffenburg Verlag, 228-230.

Matte Bon, Francisco (1992): *Gramática comunicativa del español*. Madrid: Difusión.

Nord, Christiane (2003): *Kommunikativ Handeln auf Spanisch und Deutsch*. Wilhelmsfeld: Gottfried Egert Verlag.

Schmitt, Peter A. (1990): „Was übersetzen Übersetzer? – Eine Umfrage." *Lebende Sprachen* 3, 97-106.

Simon, Heike / Funk-Baker, Gisela (2002): *Einführung in das deutsche Recht und die deutsche Rechtssprache*. München/Paris/Kopenhagen/Athen/Bern: C. H. Beck / Editions Dalloz / DJØF / Ant. N. Sakkoulas / Stämpfli Verlag.

Vilar Sánchez, Karin (2002): „Funktional-pragmatisch fundierte Grammatikerschließung für Übersetzer: Möglichkeiten und erste Resultate." *Jahrbuch Deutsch als Fremdsprache* 28, 69-84.

Vilar Sánchez, Karin (2003): „Wer die Wahl hat, hat (nicht unbedingt) die Qual. Die funktionale Textanalyse als Wegweiser bei der Wahl textadäquater linguistischer Mittel." *Estudios Filológicos Alemanes* 3, 79-98.

Vilar Sánchez, Karin (2004): „Sprachliche Mittel zum Ausdruck der Bedingung in unterschiedlichen Textsorten." *Estudios Filológicos Alemanes* 5, 213-229.

Vilar Sánchez, Karin / Pree, Susanna (2004): „Gramática funcional contrastiva (español-alemán) para traductores y/o intérpretes (enfoque onomasiológico): el proyecto." Ehlers, Christoph / Haidl Dietlmeier, Anton (2004) (Hrsg.): *Deutsch in Spanien: Motivationen und Perspektiven. Actas del III Congreso nacional de la FAGE*. (CD-Rom ISBN: 84-607-5653-X)

Vilar Sánchez, Karin (2005): „Diccionario de sinónimos funcionales". Faber, Pamela / Jiménez Hurtado, Catalina / Wotjak, Gerd (2005) (Hrsg.): *Léxico especializado y comunicación interlingüística*. Granada: Universidad de Granada / Universität Leipzig, 297-322.

Vilar Sánchez, Karin (2006): „Übersetzungsrelevante Textbeschreibung anhand der Mikrofunktionsanalyse." *Lebende Sprachen* 3, 116-126.

Vilar Sánchez, Karin (2007) (Hrsg.): *Mikrofunktionen in Arbeitsverträgen deutsch – spanisch.* Bern/Berlin/Bruxelles/Frankfurt am Main/New York/ Oxford/Wien: Peter Lang.

Wüest, Jakob (1993): „Die Sprache der Gesetze. Ein Beitrag zu einer vergleichenden Pragmatik." Rovere, Giovanni / Wotjak, Gerd (1993) (Hrsg.): *Studien zum romanisch-deutschen Sprachvergleich.* Tübingen: Niemeyer, 104-117.

Linus Jung

Granada

Zum Äquivalenzverständnis Neuberts als Grundlage der Qualitätsbestimmung von Übersetzungen[1]

1 Einleitung

Das Auftragsvolumen der Übersetzungsbranche steigt von Jahr zu Jahr und der Konkurrenzkampf zwischen den einzelnen Übersetzungsagenturen und damit auch einzelnen Übersetzern wird härter. In der Branchenwerbung tritt dann als Schlagwort sehr häufig die Übersetzungsqualität auf, wobei hervorgehoben wird, dass die Übersetzung von einem Muttersprachler erstellt und diese Übersetzung auf Form, sprachliche und inhaltliche Korrektheit überprüft wird, bevor sie an den Kunden geht. Ziel ist es, einen zufriedenen Kunden zu haben, der das nächste Mal gerne wieder vertrauensvoll den Übersetzungsauftrag an die gleiche Agentur oder den gleichen Übersetzer gibt. Hierbei stellt sich aber die Frage, wie denn eine solche qualitative Übersetzung aussehen soll. Es ist nun mein Anliegen zu untersuchen, inwiefern die Leipziger Schule und konkret einer ihrer bekanntesten Vertreter, Albrecht Neubert, zu dieser Fragestellung einen Beitrag geleistet hat. Dabei stütze ich mich auf die von Neubert vorgelegten Studien zum Begriff der „kommunikativen Äquivalenz", der m.E. einen geeigneten Bezugspunkt für die Bestimmung der Übersetzungsqualität darstellen kann, sofern man sich dabei auf die textuelle Beschreibung der Übersetzungsqualität als Resultat beschränkt.

2 Auf dem Weg zur „kommunikativen Äquivalenz"

Bekanntlich stellt die kommunikative Äquivalenz einen zentralen Begriff innerhalb des Forschungsansatzes der Leipziger Schule dar. Über Jahrzehnte hinweg haben die einzelnen Vertreter dieser Schule immer wieder zu diesem Thema geforscht[2] und so wesentlich die junge Disziplin der Übersetzungswissenschaft von Anfang an beeinflusst, auch wenn der Begriff der „Äquivalenz" umstritten ist (vgl. Koller 2000, Snell-Hornby 1986:13-16, Wilss 1977:159). Allerdings wäre in vielen Fällen zu dieser Kritik zu sagen, dass sie eigentlich nicht greift. Denn der Bezugspunkt der kommunikativen Äquivalenz besteht nicht in den

---

[1] Dieser Beitrag wurde im Rahmen des Forschungsprojekts SEJ2006-01829/PSIC, TRAC-CE: evaluacion y gestion de los recursos de accesibilidad para discapacitados sensoriales a traves de la traduccion audiovisual: la audiodescripcion para ciegos. Protocolo para formar a formadores, das vom spanischen Ministerio de Educación y Ciencia finanziert wird, erstellt.

[2] Hierzu kurz nur einige Diskussionsbeiträge der einzelnen Wissenschafler: Jäger (1973, 1989, 1990), Kade (1973, 1980), Neubert (1977, 1985, 1988), Schmidt (1987, 1990) und Wotjak (1997, 2003, 2005); für eine zusammenfassende, allgemeine Darstellung der Leipziger Schule vgl. Bernardo (2007), Wotjak (2002) und Jung (2000a).

involvierten Sprachsystemen, die im Ausgangstext (AT) und Zieltext (ZT) Verwendung finden, sondern beruht auf dem kommunikativen Wert der Aussage, der an textuelle und somit auch sprachliche Strukturen gebunden ist (Jung 2007). Die Fragestellung wird nicht dadurch erhellt, dass man stattdessen von „Adäquatheit" (Wilss 1977, Snell-Hornby 1986) oder „Kongruenz mit dem AT" (Bell 1991) oder „Loyalität zu dem AT" (Nord 1993) spricht, denn auch diese Begriffe müssen sich am Handwerkszeug des Übersetzers messen lassen, und das besteht zum größten Teil aus linguistischen, also eben sprachlichen Mitteln, die zwar von ihrem jeweiligen Sprachsystem abhängen, aber nicht in ihm aufgehen (vgl. Neubert 1991). Sehr treffend sagt Neubert,

> dass der Weg der Einsicht in die Machbarkeit des Übersetzens von der Unübersetzbarkeit des Wortes als unverwechselbarem Element des Systems der Quellensprache über die Rekonstruktion des Textes mit den komplexen und vor allem unter dem Druck des Übersetzens kreativ erweiterbaren Mitteln der Zielsprache letztlich auch wieder zum Wort hinführt. Aber das scheinbar unwiederbringliche Wort des Originals ist dabei nicht mehr Selbstzweck. Seine Bedeutung ist in ein ganz anderes Gewand gekleidet. Das Wort in der Übersetzung ist keine Entsprechung für ein bestimmtes Wort des Originals. Es ist vielmehr ein Wort unter anderen im Zieltext. Es bezieht sich „unter anderem" auch auf ein Originalwort oder auch mehrere. Es tut dies aber nur kraft seiner textuellen Umgebung, so wie ja auch das Originalwort seine Strahlungskraft nur innerhalb seines Kontextes vollbringen konnte. Damit gehen sowohl L_1- wie L_2-Wörter in ihrer textuellen Umgebung auf oder besser: sie kommen erst in ihrer textuellen Umgebung zur Gestaltung. Sie wirken als Textwörter (Neubert 1987:24).

Um vielleicht deutlicher werden zu lassen, worauf sich Neubert bei diesem Zitat bezieht und worin die „kommunikative Äquivalenz" besteht, erscheint es daher angebracht, den Entstehungsprozess des Äquivalenzbegriffs näher zu untersuchen, um zu sehen, inwiefern die „kommunikative Äquivalenz" einen Bezugsrahmen für die Übersetzungsqualität liefern könnte.

2.1 Der Mythos der systemlinguistischen Orientierung

Häufig wird die Leipziger Schule in die Schublade des linguistisch-deskriptiven Beschreibungsansatzes der Übersetzungswissenschaft gesteckt (Snell-Hornby 1988:20; Stolze 1994:44f.), ohne darauf zu achten, dass die Forscher aus Leipzig zwar in den sechziger Jahren Ergebnisse aus systemlinguistischen Betrachtungen in ihren Studien verarbeiteten und auf übersetzungswissenschaftliche Fragestellungen anwendeten, aber die Übersetzung dennoch immer als einen Kommunikationsvorgang betrachteten und bereits früh pragmatische und textuelle Aspekte in ihre Überlegungen einbezogen und nie bei diesem systemlinguistischen Ansatz stehen geblieben sind (vgl. Gerzymisch-Arbogast 2007).

So unterscheidet z. B. Neubert (1965) bei seiner Aufstellung von vier grammatischen und semantischen Übersetzungsregeln die an sich schon zeigen, dass der Übersetzungsprozess dynamisch aufzufassen ist zwischen verschiedenen Ebenen, die einander untergeordnet und auf einander bezogen sind, indem sie sich gegenseitig aufheben. Die einzelnen Ebenen kommen bei der Textanalyse zur

Bedeutungsbestimmung der lexikalischen Einheiten des AT zur Geltung. Die Bedeutungen der im AT benutzten lexikalischen Einheiten schweben nicht in einem beziehungslosen freien Raum, sondern werden besonders vom grammatischen Rahmen des Satzes bedingt, in den sie eingefügt sind. Gleichzeitig erfahren sie aber auch eine Einschränkung in ihrem Bedeutungsumfang durch benachbarte Wörter im Satz und auch durch den gesamten Text, d. h., sie erfahren eine Disambiguierung ihres Bedeutungspotentials (Neubert 1965:86ff.).

Daraus lässt sich ableiten, dass der Bezugspunkt bei der Übersetzung eben nicht die betreffenden linguistischen Systeme sind, sondern die Bedeutungen der im jeweiligen AT verwendeten lexikalischen Einheiten, die in ihrer Gesamtheit die Textbedeutung bilden. Mit dieser Ansicht kommt aber auch zum Ausdruck, dass beim Übersetzen die benutzte Sprache mit ihren kommunikativen Funktionen im Vordergrund steht (Jung 2007). Somit ist eben der Text und nicht das Sprachsystem verantwortlich für die Bedeutungsbestimmung der einzelnen Textbausteine. Im Grunde genommen legt hier Neubert schon im Keime an, was er später so formuliert (Neubert 1982:22f.):

> Kommunizieren erfolgt nur in Texten, und Verstehen bezieht sich auf Texte. Alle anderen sprachlichen Mittel wie die Regeln der Syntax und das Reservoir des Lexikons „dienen" der Textkonstituierung. Sie werden nicht „für sich" verstanden, sondern helfen beim Aufbau der Textbedeutung.

Wenn der Text in seiner Gesamtheit als Ausgangspunkt der übersetzungswissenschaftlichen Diskussion genommen wird, dann ist es nur noch ein kleiner Schritt hin zu einer pragmatisch orientierten Textauffassung, wenn man bedenkt, wie die Wörter in den Text kommen. Denn die Textbedeutung ist nicht einfach ein Konglomerat von Bedeutungen einzelner lexikalischer Einheiten oder Textbausteinen, sondern spiegelt seitens des Sprechers eine intentionierte Auswahl von Wörter und Wendungen wieder. Die lexikalischen Einheiten eines Textes folgen einem Bauplan, den der Empfänger für sich rekonstruiert, wenn er diese sprachlichen Elemente im Rahmen seiner Erfahrungen im Gebrauch des zur Verfügung stehenden Sprachsystems interpretiert. Mit anderen Worten, die Pragmatik eines Textes stützt sich dann auf den kommunikativen Hintergrund „gesellschaftlicher und individueller Bedürfnisse, Intentionen und Zwecke, auf dem Sprecher und Hörer Sprache verwenden" (Neubert 1968:25). Mit dieser Aussage legt Neubert das Fundament für eine funktionale Übersetzungstheorie, indem er zum ersten Mal das Augenmerk auf den Empfänger des ZT richtet. Denn seiner Meinung nach geht es beim Übersetzen nicht darum, sprachliche Strukturen originalgetreu zu reproduzieren, sondern für ihn besteht das Übersetzen wesentlich darin, den vom Sender beabsichtigten Effekt des AT, die intendierte Pragmatik oder den Zweck des AT, durch den ZT, d. h. mit den sprachlichen Mitteln einer anderen Sprache, für einen Empfänger, der die Ausgangssprache (AS) nicht versteht, zu wahren und zu rekonstruieren (Neubert 1968:25f.).

Für die Qualitätsbestimmung einer Übersetzung im Sinne der Leipziger Schule lässt sich Folgendes festhalten: Die Überlegungen zur Qualitätsbestimmung von Übersetzungen nehmen ihren Anfang in der zwischen AT und ZT bestehenden Beziehung, insofern als sie gleiche Bedeutungsgefüge hinsichtlich ihrer Textbausteine aufweisen. Gleichzeitig haben die Bedeutungsgefüge von AT und ZT ihren gemeinsamen Bezugspunkt in ihrem intendierten kommunikativen Effekt. Somit kommt dem Adressaten des ZT bei der Interpretation des ZT eine entscheidende Rolle zu.

2.2 Kommunikative Äquivalenz: vom Wort zum Text

In seinen Studien der sechziger Jahre hat Neubert deutlich gemacht, dass sich das Übersetzen nicht auf systemlinguistische Probleme bezieht, sondern den Sprachgebrauch berücksichtigen muss. Dabei sind vor allem die allgemeinen Bedingungen einer Übersetzung zu beachten, die bei der Suche nach Äquivalenzbeziehungen auf der mikro- und makrotextuellen Ebene zwischen AT und ZT zum Tragen kommen. So gilt zu beachten (1), dass die historisch entstandenen Sprachsysteme zwar unterschiedliche Strukturen aufweisen, jedoch jeweils spezifische Formen darstellen, die Wirklichkeit zu repräsentieren. Trotz dieser offensichtlichen unterschiedlichen Ausdrucksweise dienen sie dennoch im Wesentlichen dazu, gleiche Inhalte widerzuspiegeln. (2) Sprachen reflektieren unterschiedliche historische Erfahrungen von Sprachgemeinschaften und (3) unterschiedliche geographische und klimatische Bedingungen. Somit entsteht (4) nach Neubert (1973a:124).jede sprachliche Äußerung

> in einer besonderen Kommunikationssituation, die spezifischen kommunikativen Bedürfnissen und Interessen entspricht. Diese Kommunikationssituation – und damit verwandelt sich diese bloße Aufzählung in ein echtes Bedingungsgefüge – schlägt sich wiederum in bestimmten sprachlichen Konventionen nieder, die für eine Sprache charakteristisch sind.

Was Neubert hier beschreibt, sind eigentlich die Grundbedingungen eines jeden Übersetzungsvorgangs. Der Übersetzer formuliert nämlich eine Aussage um, indem er sie unter Berücksichtigung ihrer Besonderheiten und ihrer kommunikativen Funktion oder ihrem intendierten Effekt neu in einer anderen Sprache und somit einer neuen Kommunikationssituation reproduziert[3]. Dabei bedient sich der erfahrene Übersetzer bestimmter sprachlicher Konventionen oder ganzer Texttypen, die auch als „historisch entstandene mehr oder weniger fest gewordene Kommunikationsmuster (pattern of communication)" (Neubert 1973a:133) aufgefasst werden können. Der Übersetzer ist demnach dazu angehalten, den kommunikativen Wert des AT im ZT annähernd wiederzugeben. Dafür ist es notwendig, dass er sich bewusst ist, was er beim zielsprachigen Adressaten an Vorkenntnissen und Wissen, die für das Verständnis des AT uner-

---

[3]   Mehrere Studien hat die Leipziger Schule zum Begriff der "kommunikativen Funktion" vorgelegt: Jäger (1973), Jäger/Müller (1982), Kade (1973), Neubert (1977); vgl. auch Jung (2003, 2007).

lässlich sind, im Vergleich zum ausgangssprachigen Adressaten voraussetzen darf und was nicht. Denn erst wenn der zielsprachige Adressat den kommunikativen Wert des ZS-Textes erfasst hat, wird für ihn aus dem AT eine verständliche Äußerung.

Im Folgenden soll kurz zusammengefasst werden, welches Wissen und welche Kenntnisse von einem Adressaten eingebracht werden, um einen Text überhaupt verstehen zu können, und folglich bei der Übersetzung beachtet werden müssen, sofern in der ZS-Kulturgemeinschaft ein anderes Hintergrundwissen vorauszusetzen ist:

a) das grammatische Wissen, worunter Sprachkenntnisse im Bezug auf Phonetik oder Orthographie, Morphologie, Wortbildung und Syntax zu verstehen wären. Ebenso wären damit Sprachkenntnisse gemeint, die einen korrekten Sprachgebrauch widerspiegeln, indem sprachliche Wendungen benutzt werden, die der kommunikativen Situation und den Konventionen der sozialen Interaktion angemessen sind (Jäger 1986:18). Z. B. wäre hier die Kenntnis der korrekten Verbkonjugation (*geben – gibst*) oder der zulässigen Kollokationen anzuführen.

b) das kommunikativ relevante enzyklopädische Wissen, das „everyday knowledge" von Lörscher (1991:58), welches das allgemeine Weltwissen umfasst.

c) das kommunikativ relevante Kulturwissen, das sich vor allem in den sogenannten Realien zeigt, die als interiorisiertes sozialisiertes Wissen fungieren, in dem sich eine kulturelle Lebensauffassung in Symbolen, Sitten und Gebräuchen widerspiegelt, (vgl. Fleischmann 2004; Jiménez Hurtado 2001). Zu denken wäre z. B. an die Farbsymbole von „schwarz", das in den christlichen Kulturen Trauer bedeutet, und „weiß", das Freude und Reinheit darstellen soll, wohingegen sie in fernöstlichen Kulturen genau das Gegenteil bezeichnen (Wotjak 1993:189).

d) die allgemeine Sachkenntnis in Bezug auf das behandelte Thema.

e) das individuelle Wissen (persönliche Lebenserfahrung, speziell erworbenes Wissen an der Arbeitsstelle oder Wissen, das sich auf die Lebenswelt des Adressaten, aber auch Autoren bezieht).

f) die diskursive Textkompetenz des Adressaten bzgl. der thematischen Progression hinsichtlich der semantisch-thematischen Kohärenz mittels von Lexemen, Sätzen und dem Gesamttext innerhalb der Kommunikation.

g) das Wissen, wie die Kommunikationsgemeinschaft zu den behandelten Themen steht und wie sie deren Sachverhalte bewertet (Jäger 1986:20; Jiménez Hurtado 2000:92-115).

Unter Berücksichtigung dieser Verstehensvoraussetzungen hat nun der Sprachmittler das Sprachmaterial auszusuchen, das der kommunikativen Funktion gerecht wird, den vom AT-Verfasser (bzw. Auftraggeber der Übersetzung) intendierten kommunikativen Effekt beim ZS-Adressaten zu evozieren. Doch nun hat er die Qual der Wahl, denn jede Sprache bietet nicht nur eine Möglichkeit, um einen kognitiv-mentalen Bewusstseinsinhalt darzustellen, sondern bekanntlich oft mehr als eine, wenn nicht sogar unzählige (vgl. Jung 2003). Welche sprachliche Variante nun den Zuschlag bekommt, die kommunikative Funktion darzustellen, hängt jedoch von weiteren Faktoren ab, die Neubert (1982) in seiner Anwendung der Textualitätskriterien in Anlehnung an Beaugrande/Dressler (1981) näher untersucht hat. Letztendlich läuft es darauf hinaus, dass die jeweilige kommunikative Situation (Kade 1980:96-102) die Auswahl der Textbausteine bestimmt, denn sie beeinflusst den Gebrauch von bestimmten Kommunikationsschablonen, die den textuellen Erwartungen von Sender und Empfänger entsprechen.

Ein Beispiel soll verdeutlichen, inwiefern der kommunikative Effekt vom Texttyp abhängt bzw. inwiefern er in seiner textuellen Einbettung im AT die Übertragung in eine ZS beeinflusst. Auf jedem Beipackzettel eines Medikaments in Spanien befindet sich der Hinweis „Manténgase fuera del alcance y de la vista de los niños", dessen deutsche Entsprechung „Arzneimittel für Kinder unzugänglich aufbewahren!" ist. Von einer rein kontrastiv systemlinguistischen Analyse aus dürfte der deutsche Satz wohl nicht als Übersetzung des spanischen Hinweises gelten. So taucht „Arzneimittel" im spanischen Text überhaupt nicht auf und „de la vista" wird im deutschen Text nicht erwähnt. Das heißt, nicht einmal auf der Ebene der Semantik stimmen beide Texte in ihrer Bedeutung überein, und es stellt sich die Frage, wie beide Sätze als adäquate Übersetzung des jeweils anderen zu rechtfertigen sind. Die Erklärung wäre, dass beide Texte in Bezug auf ihren intendierten kommunikativen Effekt gleich sind, da sie in der gleichen kommunikativen Situation (Anleitung zum richtigen Gebrauch eines Medikaments) benutzt werden und die jeweils sprachabhängigen Textkonventionen berücksichtigen, denn es handelt sich ja um vorgegebene feststehende Strukturen.

Die Wahl der einzelnen Textbausteine vollzieht sich demnach entsprechend der Funktion des Satzes, der Satzfolge und des Textes, wobei der Texttyp den entscheidenden Rahmen dafür abgibt, beim Empfänger den intendierten Effekt aufgrund der kommunikativen Funktionen der benutzten Textbausteine zu erreichen. Die Kenntnis dieser kommunikativen Bedingungen beim Sprachgebrauch sind eine unerlässliche Voraussetzung dafür, dass die Kommunikation im Sinne des Verfassers des AT beim Adressaten des ZT gewährleistet wird und auf der anderen Seite gleichzeitig sich die Kommunikation in der ZS ohne Regelund/oder Konventionsverstöße sprachlich richtig und textuell adäquat vollzieht (Neubert 1977:21f.).

Dies ist ein Gedanke, der heutzutage innerhalb der „translatorischen Kompetenz" angesiedelt wird und von Neubert in die Diskussion eingeführt wurde, wenn er als eine Voraussetzung der Übersetzung die „translatorische Kompetenz" ansieht, die sich bezieht auf „die Kenntnis der mikro- und makrotextuellen Äquivalenzbeziehungen und die Fähigkeit, sie entsprechend den Bedingungen der funktionellen Äquivalenz von konkreten Texten auszunutzen" (Neubert 1973a:140). Demnach hat die translatorische Kompetenz vieles mit der kommunikativen Kompetenz gemeinsam, denn der Übersetzer hat die Aufgabe, den im AT vermittelten kommunikativen Effekt in einer neuen ganz spezifischen Kommunikationssituation (unter den Bedingungen verschiedener Sprachgemeinschaften) mittels eines ZT zu evozieren (Neubert 1973a:140).

Es dürfte deutlich geworden sein, dass Neubert den Text als kommunikatives Ereignis interpretiert, dessen Strukturen dem intendierten Effekt in einer Kommunikationssituation angemessen ist. In diesem Sinne wird Übersetzen als eine textinduzierte Textproduktion (Neubert 1981:131) definiert, die auf eine textgebundene Äquivalenz (Neubert 1984) abzielt. Diese Art von Äquivalenz ist allerdings keine statische Größe. Der Übersetzer kann sich immer nur schrittweise im konkreten Text der angestrebten kommunikativen Äquivalenz annähern. Bei diesem Prozess wird er auf unteren Textebenen durch das Beachten von grammatischen Strukturen als Bedeutungsträger unterstützt, indem komplexe Strukturen auf Textebene Nicht-Äquivalenzen auf den Einzelzeichenebenen gewissermaßen im Hegelschen Sinne aufheben (Neubert 1988:78), d. h., auch wenn sich einzelne Textteile wie im oben angeführten Beispiel der Beipackzettel in ihrer Textbedeutung voneinander unterscheiden, so sind sie doch auf einer höheren Ebene kommunikativ äquivalent (vgl. Wotjak 1997, Jung 2003, 2004), da sie in ihrer Sprache jeweils als textadäquat empfunden werden, weil man keine andere Ausdrucksweise erwartet, und somit stimmen sie in ihrer kommunikativen Funktion überein. In diesem Sinne sagt Neubert (1999:24) zu Recht:

> Die Nichtäquivalenz zwischen ,Sprachen' verhindert nicht eine Kompatibilität auf der Ebene der ,Texte'. Auf der textuellen Ebene lassen sich die systemhaften Einheiten gewissermaßen als Material für kommunikative Zwecke aufbereiten. Die Texte sind dann die eigentlichen Träger oder Instrumente der Äquivalenz und zwar, weil mit ihnen jeweils spezifische Übersetzungsbedürfnisse befriedigt werden. Dadurch verliert der Äquivalenzbegriff seine unmittelbar jeweils sprachsystembezogene bzw. ausschließlich (system)linguistische Orientierung und Rigorosität. Er versteht sich stattdessen als dynamische (Nida) oder kommunikative (Neubert, Kade) Äquivalenz.

3 Kommunikative Äquivalenz als Qualitätskriterium

In diesen kurzen Ausführungen zur kommunikativen Äquivalenz im Sinne der Leipziger Schule sollte deutlich geworden sein, inwiefern für die Bestimmung einer qualitativ akzeptablen Übersetzung eine besondere Rolle der Vergleich der kommunikativen Funktion des AT mit der des ZT spielt. Indem die kommunikative Funktion in die Beurteilung der bestehenden Beziehung von AT und ZT einbezogen wird, verschwinden die einzelnen Wörter aus dem Blickfeld und der jeweilige kommunikative Wert der Texte rückt in den Vordergrund. Der kommunikative Wert muss sich natürlich auf die einzelnen Textbausteine stützen, setzt aber immer die Kommunikationssituation dabei voraus, ohne die ein Text ein bloßes Wortgeflecht bleibt. Somit kommt dem Sender des AT und dem

Empfänger des ZT eine entscheidende Rolle zu. Denn unter der Berücksichtigung der kommunikativen Situation versucht der Sender das, was er mitteilen will, so sprachlich auszudrücken, dass der imaginierte Empfänger in der Lage ist, ihn auch zu verstehen. Der AT unterliegt demnach einer oder mehreren kommunikativen Funktion(en), die einen bestimmten kommunikativen Wert darstellen und einen bestimmten Effekt beim (intendierten) Empfänger auslösen soll(en). Dabei beachtet der Sender eingeübte Textkonventionen und versucht, sich in die Situation seines imaginären Empfängers (Adressat) zu versetzen und passt die Form seiner Aussage dem zu erwartenden Wissen des Adressaten weitgehend an. Wenn nun beim Adressat des ZT gewisse Wissensdefizite vorauszusetzen sind, so muss dies nicht heißen, dass keine kommunikative Äquivalenz erzielt werden könnte, denn es geht ja nicht um Gleichheit der Textbausteine oder Wörter, sondern um die Gleichwertigkeit von AT und ZT beim Erreichen eines kommunikativen Zieles, worunter auch fallen kann, dass der ZT erklärende Wendungen erhält, um eben den gleichen kommunikativen Effekt erreichen zu können, ein Phänomen, das Hönig/Kußmaul (1982:58-63) unter dem Begriff vom *notwendigen Grad der Differenzierung* abhandeln.

Es lässt sich abschließend sagen, dass die Qualität einer Übersetzung in der vergleichenden Analyse des kommunikativen Wertes von AT und ZT eine Grundlage für ihre Beschreibung und Diskussion findet, wenn man das Übersetzen als einen dynamischen Prozess auffasst, dessen Produkt sich immer erst noch bewähren muss. Treffend sagt hierzu Neubert (1990:32):

> Mit der adäquaten Übersetzung, nicht dem wörtlichen Abklatsch, wird ein neues kommunikatives Ereignis ausgelöst, das sich in der Welt der ZS-Texte zu bewähren hat. Übersetzen ist insofern immer Neuschaffen, jedoch stets auch in Verantwortung gegenüber einem vorausgegangenen kommunikativen Ereignis, dessen konkretes Resultat jedoch nicht direkt in das Korpus der in der Gemeinschaft der ZS-Sprachverwender benutzten Texten eingehen kann.

Bibliographie

Beaugrande, Robert-Alain de / Dressler, Wolfgang Ulrich (1981): *Einführung in die Textlinguistik*. Tubinga: Niemeyer.

Bell, Roger T. (1991): *Translation and Translating: Theory and Practice*. Londres-Nueva York: Longman.

Bernardo, Ana Maria (2007): „Die Leistungen der Leipziger Schule in der deutschsprachigen Übersetzungswissenschaft." Wotjak, Gerd (2007) (Hrsg.): *Quo vadis Translatologie? Ein halbes Jahrhundert universitäre Ausbildung von Dolmetschern und Übersetzern in Leipzig*. Berlin: Frank & Timme, 45-58

Fleischmann, Eberhard (2004): „Zum Begriff der translatorischen Kulturkompetenz und dem Problem ihrer Vermittlung." Fleischmann, Eberhard / Schmitt, Peter A. / Wotjak, Gerd (2004) (Hrsg.): *Translationskompetenz.* Tübingen: Stauffenburg, 323-342.

Gerzymisch-Arbogast, Heidrun (2007): „Am Anfang war die Leipziger Schule..." Wotjak, Gerd (Hrsg.): *Quo vadis Translatologie? Ein halbes Jahrhundert universitäre Ausbildung von Dolmetschern und Übersetzern in Leipzig.* Berlin: Frank & Timme, 59-78.

Hatim, Basil / Mason, Ian (1995): *Teoría de la traducción. Una aproximación al discurso.* Übersetzt von Salvador Peña. Barcelona: Ariel.

Hönig, H. G. / P. Kußmaul (1982): *Strategie der Übersetzung: ein Lehr- und Arbeitsbuch.* Tübingen: Narr.

Jäger, Gert (1973): „Kommunikative und funktionelle Äquivalenz." *Linguistische Arbeitsberichte* 7, 60-74.

Jäger, Gert (1986). „Die sprachliche Bedeutung – das zentrale Problem bei der Translation und ihrer wissenschaftlichen Beschreibung." Jäger, Gert / Neubert, Albrecht (1986) (Hrsg.): *Bedeutung und Translation.* Leipzig: Enzyklopädie, 5-66.

Jäger, Gert (1989): „Möglichkeiten und Grenzen des Äquivalenzbeziehungsmodells bei der Erklärung der Translation." *Linguistische Arbeitsberichte* 67, 32-36.

Jäger, Gert (1990): „Überlegungen zur kommunikativen Äquivalenz." Salevsky, Heidemarie (1990) (Hrsg.): *Übersetzungswissenschaft und Sprachmittlung.* Band II. Berlin: Humboldt-Universität, 272-277.

Jäger, Gert / Müller, Dietrich (1982): „Kommunikative und maximale Äquivalenz." Jäger, Gert / Neubert, Albrecht (1982) (Hrsg.): *Äquivalenz bei der Translation.* Leipzig: Enzyklopädie, 42-57.

Jiménez Hurtado, Catalina (2000): *La estructura del significado en el texto. Análisis semántico para la traducción.* Granada: Comares.

Jiménez Hurtado, Catalina (2001): *Léxico y pragmática.* Frankfurt a.M.: Peter Lang.

Jung, Linus (2000): *La Escuela Traductológica de Leipzig.* Granada: Comares.

Jung, Linus (2003): „Zum Verhältnis von kommunikativer Funktion und kommunikativ-textueller Äquivalenz." Emsel, Martina / Hellfayer, Andreas (2003) (Hrsg.): *Brückenschlag. Beiträge zur Romanistik und Translatologie. Festschrift für Gerd Wotjak zum 60. Geburtstag.* Frankfurt a.M.: Peter Lang, 219-234.

Jung, Linus (2004): „Von der kommunikativen Form zum Text: eine Textanalyse." Fleischmann, Eberhard / Schmitt, Peter A. / Wotjak, Gerd (2004) (Hrsg.): *Translationskompetenz.* Tübingen: Stauffenburg, 103-116.

Jung, Linus (2007): „Kommunikative Funktion und kommunikativer Wert als Grundpfeiler der Übersetzungswissenschaft." Wotjak, Gerd (Hrsg.): *Quo vadis Translatologie? Ein halbes Jahrhundert universitäre Ausbildung von Dolmetschern und Übersetzern in Leipzig.* Berlin: Frank & Timme, 161-174.

Kade, Otto (1973): „Zur Modellierung von Äquivalenzbeziehungen." Neubert, Albrecht / Kade, Otto (1973) (Hrsg.): *Neue Beiträge zu Grundfragen der Übersetzungswissenschaft.* Leipzig: Athenäum, 157-165.

Kade, Otto (1980): *Die Sprachmittlung als gesellschaftliche Erscheinung und Gegenstand wissenschaftlicher Untersuchung.* Leipzig: Enzyklopädie.

Koller, Werner (2000): „Der Begriff der Äquivalenz in der Übersetzungswissenschaft." Fabricius-Hansen, Cathrine / Østbø, Johannes (2000) (Hrsg.): *Übertragung, Annäherung, Angleichung: 7 Beiträge zu Theorie und Praxis des Übersetzens.* Frankfurt a.M.: Lang, 11-29.

Lörscher, Wolfgang (1991): *Translation Performance, Translation Process, and Translation Strategies: A Psycholinguistic Investigation.* Tubinga: Narr.

Neubert, Albrecht (1965): „Regeln des Übersetzens." *Fremdsprachen* 2, 83-89.

Neubert, Albrecht (1968): „Pragmatische Aspekte der Übersetzung." Neubert, Albrecht (1968) (Hrsg.): *Grundfragen der Übersetzungswissenschaft.* Leipzig: Enzyklopädie, 21-33.

Neubert, Albrecht (1973a): „Theorie und Praxis für die Übersetzungswissenschaft." *Linguistische Arbeitsberichte* 7, 120-143.

Neubert, Albrecht (1973b): „Zur Determination des Sprachsystems." *Zeitschrift für Phonetik, Sprachwissenschft und Kommunikationswissenschaft* XXVI, 617-629.

Neubert, Albrecht (1977): „Zur kommunikativen Äquivalenz." *Linguistische Arbeitsberichte* 16, 15-22.

Neubert, Albrecht (1981): „Translation, interpreting and text linguistics." *Studia Linguistica* XXXV, 1-2, 130-145.

Neubert, Albrecht (1982): „Textsemantische Bedingungen für die Translation." Jäger, Gert / Neubert, Albrecht (1982) (Hrsg.): *Äquivalenz bei der Translation.* Leipzig: Enzyklopädie, 22-36.

Neubert, Albrecht (1984): „Text-bound Translation Teaching and the Protype View." *Linguistische Arbeitsberichte* 43, 48-58.

Neubert, Albrecht (1985): „Maximale Äquivalenz auf Textebene?" *Linguistische Arbeitsberichte* 47, 12-24.

Neubert, Albrecht (1988): „Textbezogene Äquivalenz." Arntz, Reiner (1988) (Hrsg.): *Textlinguistik und Fachsprache.* Hildesheim: Olms, 77-86.

Neubert, Albrecht (1990): „Übersetzen als 'Aufhebung' des Ausgangstextes." Arntz, Reiner / Gisela Thome (Hrsg.) (1990): *Übersetzungswissenschaft. Ergebnisse und Perspektiven.* Tübingen: Narr, 31-39.

Neubert, Albrecht (1991): „Die Wörter in der Übersetzung." *Sitzungsberichte der Sächsischen Akademie der Wissenschaften zu Leipzig. Philologisch-historische Klasse,* 131, 4, Berlín: Akademie.

Neubert, Albrecht (1999): „Übersetzungswissenschaft im Widerstreit. Äußere und innere Entwicklung einer Disziplin." Gil, Alberto et al. (1999) (Hrsg.): *Modelle der Translation. Grundlagen der Methodik, Bewertung, Computermodellierung.* Frankfurt a.M.: Peter Lang, 11-32.

Nord, Christiane (1993): *Einführung in das funktionale Übersetzen.* Tubinga-Basel: Francke.

Schmidt, Heide (1987): „Kommentar zum Äquivalenzverständnis." *Fremdsprachen* XXXI, 4, 249-255.

Schmidt, Heide (1990): „Übersetzungsfunktion und Übersetzungszweck." Salevsky, Heidemarie (1990) (Hrsg.): *Übersetzungswissenschaft und Sprachmittlung.* Band II. Berlin: Humboldt-Universität, 103-110.

Snell-Hornby, Mary (1986): „Übersetzen, Sprache und Kultur." Snell-Hornby, Mary (1986) (Hrsg.): *Übersetzungswissenschaft. Eine Neuorientierung.* Tübingen-Basel: Francke, 9-29.

Snell-Hornby, M. (1988): *Translation Studies. An Integrated Approach*. Amsterdam-Philadelphia: John Benjamins.

Stolze, Radegundis (1994): *Übersetzungstheorien: Eine Einführung*. Tübingen: Narr.

Wilss, Wolfram (1977): *Übersetzungswissenschaft. Probleme und Methoden*. Stuttgart: Klett.

Wotjak, Gerd (1993): „Interkulturelles Wissen und zweisprachig vermittelte Kommunikation." *Revista de Filología Alemana* 1, 181-196.

Wotjak, Gerd (1997): „Äquivalenz und kein Ende? Nochmals zur semantischen, kommunikativen und translatorisch-diskursiven Äquivalenz." Wotjak, Gerd / Schmidt, Heide (1997) (Hrsg.): *Modelle der Translation Models of Translation. Festschrift für Albrecht Neubert*. Frankfurt a. M.: Vervuert, 133-170.

Wotjak, Gerd (2002): „Die Leipziger Übersetzungswissenschaftliche Schule – Anmerkungen eines Zeitzeugen." Zybatow, Lew (2002) (Hrsg.): *Translation zwischen Theorie und Praxis*. Frankfurt a.M.: Lang, 87-117.

Wotjak, Gerd (2003): „Sinngebung, Sinndeutung, kommunikativer Sinn, Funktion und Skopos : Sinniges, Widersinniges und Unsinniges im translatorischen Blätterwald?" Nord, Britta / Schmitt, Peter A. (2003) (Hrsg.) : *Traducta Navis. Festschrift zum 60. Geburtstag von Christiane Nord*. Tübingen: Stauffenburg, 271-297.

Wotjak, Gerd (2005): „Le traducteur à la recherche du sens communicatif de l'original." Peeters, Jean (2005) (Hrsg.): *On the Relationships between Translation Theory and Translation Practice*. Frankfurt a. M.: Peter Lang, 53-78.

Heike Elisabeth Jüngst
Leipzig
Übersetzungsunterricht als Erziehung zur Qualitätskontrolle

Es ist in jedem Studiengang so: Um einen Studienabschluss zu erhalten, muss man nicht frei von Fehlern sein. Ganz im Gegenteil wissen wir alle, dass fehlerfreie Klausuren eine absolute Seltenheit sind. Trotzdem entlassen wir auch diejenigen, die sogar Sinnfehler produziert haben, in die Welt, und, noch schlimmer: Wir alle sind auch einst so in die Welt entlassen worden.

Irgendwie scheint das zu funktionieren. Es ist ja auch nicht so, dass das Übersetzerwesen hier eine Ausnahme darstellen würde. Auch angehende Mediziner, Juristen, überhaupt alle, schließen nicht alle mit 1,0 ab. Trotzdem begeben wir uns vertrauensvoll in ihre Hände, und meist geht das gut.

Ein Grund liegt m. E. darin, dass es außerhalb der Klausursituation viel einfacher ist, eine Qualitätskontrolle durchzuführen. Die Anspannung ist geringer, man kann sich die Zeit anders einteilen. Vor allem kann man den fertigen Text oft noch einmal mit einem anderen durchsprechen. Einem Fachmann, einem erfahrenen Kollegen, jemandem, der einfach gut Texte korrigieren kann.[1] Im Idealfall können mehrere Übersetzer oder Übersetzer und ein Lektor etwas gemeinsam erarbeiten, z. B. ein Glossar; bei der Übersetzung selbst warten Translation-Memory-Systeme auf ihren Einsatz. Das wissen auch die Studierenden, die vor der Klausur Angst haben, vor dem ersten großen Auftrag jedoch fast nie.

In der Klausursituation gibt es jedoch keine Wahl. Wir als Dozenten müssen sehen, was der Einzelne leisten kann. Wer völlig abhängig von fremder Hilfe sein wird, ist nicht reif für den Arbeitsmarkt, das ist allen klar, ganz gleich ob ein Diplom- oder ein BA-Titel vor bzw. hinter dem Namen steht. Wie gesagt: der Einzelne muss nicht alles können. Aber er sollte Strategien entwickelt haben, die die Unsicherheiten aus den Klausuren auffangen und die Qualität der Übersetzung sichern. Ein Teil dieser Maßnahmen wird erst im Arbeitsleben wichtig; andere können als Klausurvorbereitung und in der Klausur selbst genutzt werden.

Die Klausursituation hat sich zwar dadurch verbessert, dass Hilfsmittel wie das Internet benutzt werden dürfen – die jeweils passenden Firmenseiten zum Beispiel sind eine unbezahlbare Quelle für Fachvokabular und Phrasen. Vor einigen Jahren musste man die Firmen anschreiben oder anrufen und Kataloge bestellen, um ähnlich gute Quellen zu bekommen. Manche Unsicherheit kann aber auch hier nicht aufgefangen werden, und wer einmal Studierende beobachtet hat, die während der Prüfungsklausuren immer tiefer ins Web geraten und immer weiter weg von einem annehmbaren Zeitmanagement (und ich sehe das jedes Semester), der weiß, dass diese Freiheit bei der Hilfsmittelnutzung auch Risiken hat.

---

[1] Siehe Handbuch Translation: „Qualitätslektorat".

Im wirklichen Leben wäre der Anruf bei der Firma oder dem Auftraggeber manchmal doch die bessere Lösung.

Was ich an Vorschlägen in diesem Beitrag anführen werde, führen viele Kollegen längst durch. Ich kann nicht alles dem passenden Kollegen zuordnen und bitte dafür von vornherein um Verzeihung. Gute Ideen lösen sich oft von ihrem Erzeuger. Hier sollen sie aber zusammengefasst werden – und wer namentlich genannt werden möchte, soll sich bei mir melden.

1 BA und Qualität

Die Angst, dass das kurze BA-Studium die Qualität der Absolventen verringern wird, ist groß und sicher nicht ganz unberechtigt

Das Wissen, das bisher im Rahmen eines acht- bis neunsemestrigen Studienganges vermittelt wurde, kann nicht plötzlich im Rahmen eines sechssemestrigen Bachelorstudienganges vermittelt werden. Ein BA-Abschluss ist zwar berufsqualifizierend; am IALT in Leipzig gehen wir aber davon aus, dass erst der Masterstudiengang auf eine qualifizierte Tätigkeit als Fachübersetzer oder Konferenzdolmetscher vorbereitet. Dieser Abschluss wird nach fünf Jahren erreicht, nicht nach vier Jahren, wie es beim Diplom der Fall war. Dies ist durchaus sinnvoll, denn die Menge des Wissens, das die Studierenden erwerben müssen, hat sich in den letzten dreißig Jahren vervielfacht. In der Übersetzungswissenschaft wird weit mehr Fachliteratur produziert als früher; dazu kommen all die Veränderungen am Arbeitsplatz, die sich seit der Einführung von PC und Internet ergeben haben.

Diese Wissensmenge kann im Unterricht nicht mehr aufgefangen werden. In den neuen Studiengängen am IALT ist daher der Anteil des Selbststudiums in Relation zum Präsenzunterricht sehr groß. Pro Modul stehen 210 Stunden Selbststudium 90 Stunden Unterricht gegenüber (Näheres dazu auch im Beitrag von Schmitt in diesem Band).

Der Nachteil ist, dass wir dieses Selbststudium kaum steuern oder gar kontrollieren können. Wer bei den Hausaufgaben pfuscht und lieber an den See fährt, wird auch zukünftig nicht zu erkennen sein. Es könnte ja auch sein, dass der oder die Betreffende sich erfolglos in stundenlangem Ringen bemüht hat. Und wer zum Schwimmen fährt und dennoch in kürzester Zeit eine gute Übersetzung produziert, dem sei es gegönnt. Jedenfalls zerbrechen wir uns die Köpfe darüber, wie wir diese frei einzuteilende Zeit so füllen, dass alle Studierenden etwa gleich viel Zeit darauf verwenden müssen und dass wir das irgendwie kontrollieren können, ohne auf eingereichte Hausaufgaben zurückgreifen zu müssen. Letzteres ist für LfbAs (Lehrkräfte mit besonderen Aufgaben) mit ihrem hohen Unterrichtsdeputat nicht zu leisten.

Der schwierigste Schritt wird der zu einem Mentalitätswechsel sein, zu einer Anerkennung von beiden Seiten, dass diese Zeit im vorgesehenen Umfang für das Erreichen des Studienziels genutzt werden muss. Es gibt sicher viele Methoden, das zu tun und viele Inhalte, die in dieser Zeit erlernt werden können und sollen, aber hier sollen solche vorgestellt werden, die mit Qualitätssicherung bei Übersetzungen, die die Studierenden daheim anfertigen, zu tun haben. Entsprechend ist die Ausgangssituation folgende: Wir haben eine Übersetzungsübung, normalerweise fachsprachlich orientiert, und die Studierenden haben die Aufgabe, einen Text mit vorgegebenem Skopos zuhause zu übersetzen.

2 Mögliche Freiarbeitsmodelle: Gruppenarbeit

Eine Übungsform besteht darin, die Studierenden aus einer Übungsgruppe zu Kleingruppen zusammenzufassen, die gegenseitig Qualitätskontrolle leisten sollen, noch bevor die Übersetzungen im Unterricht vorgestellt werden. Dabei soll nicht die ganze Gruppe die gleiche Übersetzung vorführen; es soll keine Gemeinschaftsübersetzung produziert werden, sondern verschiedene, aber untereinander bereits diskutierte und vorkontrollierte Übersetzungen. Im Unterricht kann dann gezielt auf Schwerpunkte eingegangen werden wie z. B. Textstellen, bei denen alle Probleme hatten oder bei denen es Streit gab. Übersetzer sind im Berufsleben nicht immer die Einzelkämpfer, als die man sie von außen oft sieht. Je früher man sich damit auseinandersetzt, dass andere Menschen die mühevoll produzierten Übersetzungen bearbeiten und kritisieren werden, desto besser.

In Gruppen kann man auch verschiedene Texte behandeln und Übungen wie die Rückübersetzung durchführen. Rückübersetzungen sind nur dann sinnlos, wenn man erwartet, dabei den unveränderten Ausgangstext zu erhalten. Sonst zeigen sie gnadenlos Lücken und Ungenauigkeiten auf.

Befreundete Studierende arbeiten oft informell in Gruppen zusammen. Hier geht es darum, solche Zusammenarbeiten in eine organisierte Form zu bringen und jedem die gleichen Möglichkeiten zur Zusammenarbeit zu bieten (oder ihn dazu zu zwingen). Dabei haben konstante Arbeitsgruppen ebenso ihre Vor- und Nachteile wie wechselnd zusammengesetzte Arbeitsgruppen. Bei den ersten werden die Gruppenmitglieder mit den Stärken und Schwächen des einzelnen vertraut; die Gefahr hier ist, dass Stärken gestärkt, Schwächen aber nicht behoben werden. Sehr schnell entwickelt sich der eine zum Fachmann für dieses und der andere zum Fachmann für jenes. Bei einem Wechsel entwickelt sich kein Gruppengefühl; die einzelnen vertrauen einander unter Umständen nicht so, wie es in einer konstanten Gruppe der Fall ist. Dafür ist es schwieriger, sich vor einer Schwächebehandlung zu drücken, da sich so schnell keine festen Rollen ausbilden.

Das Aufgabenspektrum kann man als Lehrkraft dadurch erweitern, dass die einzelnen Gruppenmitglieder unterschiedliche Hilfsmittel einsetzen dürfen oder dass sie unterschiedliche Zeitlimits bekommen, innerhalb derer der Text aber jeweils fertig sein muss (dass eine Übersetzung schnell erstellt wird, gehört für viele Auftraggeber zur Qualität). Das sensibilisiert für die tatsächlichen Einsatzmöglichkeiten der Hilfsmittel, da man beim Vergleich in der Gruppe sieht, wer wo die schlimmsten Lücken und die schlechtesten Angewohnheiten beim

Hilfsmitteleinsatz hat. Studierende haben ja schon eine Hilfsmittelbiographie, bevor sie an die Universität kommen. An den meisten Schulen lernt man offensichtlich nicht, wie man mit einem Wörterbuch umgeht.[2] Die Gruppenmitglieder müssen einander vertrauen können. Das ist nicht so einfach, denn in jeder Gruppe gibt es Machtstrukturen. Wenn Probleme auftreten, muss die Lehrkraft Ansprechpartner sein. Auch bei Erwachsenen. Das gehört auch zur Qualitätssicherung, nämlich zu der des Unterrichts.

Ein echtes Problem bei der Umstellung auf den BA mit seiner Eigenbeteiligungsklausel ist, dass es für diese Aufgaben keine Gruppenräume für die Studierenden gibt. In der Bibliothek und in den Computerkabinetten darf nicht geredet werden, in der Cafeteria und der WG-Küche gibt es zu viel Ablenkung. Kleine Arbeitsräume oder Arbeitsräume, die man wie ein Großraumbüro nutzen kann, wären der Qualitätssicherung und der Eingewöhnung an außerhäusliche Arbeitsplätze sehr förderlich.

3 Fakultätsübergreifende Gruppenarbeit

Diese ist besonders schwer zu organisieren, aber Arbeitskollektive, die z. B. aus angehenden Wirtschaftswissenschaftlern und angehenden Fachübersetzern bestehen, hätten sich viel zu geben. Was die einen an wirtschaftswissenschaftlichem Fachwissen anzubieten haben, haben die anderen an Wissen in Bereichen wie Textproduktion und Fachsprache. Projektgebundener Austausch findet selten statt (und wird trotz schöner Worte und gemeinsam genossener Schlüsselqualifikationsstunden auch im BA nicht einfacher sein als bisher). Aber für Studierende aus anderen Fächern ist ja durchaus ein Wahlbereich vorgesehen, in dem Textproduktion etc. vermittelt wird. Die Freiarbeit aus diesen Lehrveranstaltungen könnte man mit der Freiarbeit aus den Übersetzungsübungen verbinden.

Eine Zusammenarbeit mit Fachleuten aus anderen Gebieten sollte immer ein Geben und Nehmen sein. Wir ärgern uns ja auch, wenn wir „schnell mal was auf Englisch" sagen sollen.

4 Organisierte Fehlerverbesserung

Nicht alle Studierenden setzen sich mit den Fehlern, die sie in Klausuren machen, wirklich auseinander. Es kommen nicht einmal alle zur Klausurbesprechung. Oft hat die Auseinandersetzung mit Fehlern den Charakter von „der streicht das an, aber die nicht, und bei dem musst du auf das achten". Es ist verständlich, dass dozentenbezogene Notensicherung im Leben der Studierenden eine wichtige Rolle spielt. Aber das ist nicht der Grund, aus dem Klausuren benotet und korrigiert werden.

---

[2] Viele Studienanfänger wissen nicht einmal, dass man dort unregelmäßige Verbformen geliefert bekommt – ohne Spicker!

Es ist schwer, bei Arbeiten mit vielen Sinnfehlern eine organisierte Fehlerverbesserung zu erreichen. Sinnfehler sind oft auf den Einzeltext bezogen; wer viele Sinnfehler macht, hat wahrscheinlich ein grundsätzliches Problem und könnte im falschen Studiengang sein. Anders sieht es aus, wenn sich bei einzelnen Studierenden haufenweise Zeichensetzungsfehler finden (doch, das kommt vor) oder Grammatikfehler. Klausuren werden oft nur als Ganzes wahrgenommen, die Fehler dann aber als zu spezifisch. Die Studierenden sollten sich mit den Fehlern auseinandersetzen und mit Hilfsmitteln wie Grammatikbüchern an den betreffenden Problemen arbeiten. Auch hier bringt gemeinsame Arbeit eine höhere Zielstrebigkeit. Es reicht nicht aus, einfach ein Buch zur Zeichensetzung zu lesen. Man muss üben; man kann sich die Dinge gegenseitig erklären, da jeder andere Fehler macht.

5 Umgang mit einem fiktiven Auftraggeber

Übersetzungsübungen laufen mit einem fiktiven Auftrag ab, damit die Studierenden den Skopos der Übersetzung bestimmen können und damit überhaupt eine Vergleichsbasis zwischen den einzelnen Übersetzungen vorhanden ist.

Fiktive Gespräche zwischen Übersetzer und Auftraggeber zu üben dient ebenfalls der Qualitätssicherung. Hier muss der Dozent die Rolle des Auftraggebers übernehmen, da die Studierenden keine entsprechenden Erfahrungen haben können und schnell chargieren, also das tun, von dem sie denken, dass ein Auftraggeber es tun könnte. Das kann von der Realität weit entfernt sein. Die Studierenden sollen einerseits lernen, Übersetzungen selbstbewusst zu verteidigen. Andererseits müssen sie auch lernen, dem Auftraggeber mitzuteilen, wenn es bei einer Übersetzung nicht klappt, wenn etwas partout nicht zu finden ist oder wenn sie Hilfestellung oder mehr Zeit brauchen. Sie müssen im Arbeitsleben einem Auftraggeber die Fragen stellen können, die schließlich zu einer erfolgreichen und guten Übersetzung führen werden.

6 Verbesserung eigener Arbeiten

Studentenarbeiten sollten immer als Dateien vorliegen. Nur so kann man die fehlerhafte Fassung neben der korrigierten bequem aufbewahren und nach einigen Wochen für eine weitere Übung nutzen. Die Studierenden sollen jetzt ihre eigenen Arbeiten korrigieren, und zwar Arbeiten, die sie schon korrigiert gesehen haben, die ihnen jetzt aber in der nicht korrigierten Form nochmals vorgelegt werden.

Es ist immer wichtig, dass man den Studierenden vertrauen kann. Sie dürfen sich in diesem Fall nicht mit der korrigierten Fassung vorbereiten. Der Dozent kann eine Datei mit allen nicht korrigierten Studentenarbeiten anlegen und im Unterricht jedem die eigene Arbeit zuteilen. Die Studierenden sollten sich jetzt im Unterricht, allein und ohne Hilfsmittel noch einmal mit den Texten auseinandersetzen.

Heike Elisabeth Jüngst

7 Zweitübersetzung

Sehr hilfreich ist es auch, einen Text vom Anfang des Semesters am Ende des Semesters noch einmal übersetzen zu lassen. Man kann dabei die Bedingungen ändern: Der zweite Durchgang findet unter hohem Zeitdruck statt, mit oder ohne Hilfsmittel. Dann sollen die Studierenden die beiden Fassungen vergleichen. Übung und Routine sind große Hilfen auf dem Weg zur Qualitätssicherung.

Auch hier muss klar sein, dass die Studierenden diese Aufgabe nicht vorbereiten dürfen, weil sie sonst sinnlos ist. Die Studierenden dürfen durchaus wissen, was mit den Arbeiten geschehen wird, müssen aber den Lerneffekt anerkennen und mitspielen. Einen Überraschungseffekt kann man bei allen Übungen ohnehin nur im ersten Semester erzielen, in dem man sie einsetzt.

8 Fazit

Der normale Übersetzungsunterricht bietet Raum für die Erziehung zum Qualitätsbewusstsein. Wichtig ist, dass die Studierenden mitmachen. Der Sinn der einzelnen Übungen muss ihnen klar sein. So kann die Qualität des Unterrichts ebenfalls gesichert werden – von den Studierenden ebenso wie von den Dozenten.

Bibliographie

Crystal, David (1998[2]): *The Cambridge Encyclopedia of Language*. Cambridge: CUP.

Kautz, Ulrich (2000): *Handbuch Didaktik des Übersetzens und Dolmetschens*. München: Goethe-Institut, Iudicium-Verlag.

Snell-Hornby, Mary / Hönig, Hans G. / Kußmaul, Paul / Schmitt, Peter A. (1999[2]) (Hrsg.): *Handbuch Translation*. Tübingen: Stauffenburg.

Magdalena Jurewicz
Poznań
Überlegungen zu theoretischen Grundlagen des Exzerpierens von Erklärungssequenzen aus konsekutiv gedolmetschten Gesprächen

In dem Beitrag versuche ich, an einem Beispiel zu zeigen, welche theoretischen Grundlagen der Gesprächsanalyse[1] bei der Aussonderung sog. Erklärungssequenzen[2] aus dem Verlauf von Gesprächen behilflich sein können. Die präsentierten Erkenntnisse sind Ergebnis meiner Beschäftigung mit dem Thema, welche Indikatoren die Zuschreibung der jeweiligen Sequenz zu der oben genannten Gruppe ermöglichen. Ich bediene mich des Instrumentariums der Gesprächsanalyse[3], um die konsekutiv gedolmetschten Gespräche aus dieser Perspektive zu untersuchen.

Unter dem Begriff *Erklärung* werden hier Begründungen und Korrektive sprachlicher und nichtsprachlicher Handlungen der Kommunikationspartner verstanden, die nicht direkt das Thema des Gesprächs betreffen, Erläuterungen kulturspezifischer Begriffe der Ausgangssprache und das Beseitigen von Verständnisschwierigkeiten, die verursacht werden durch:

a) eine fehlende Äquivalenz der Begriffe in den verwendeten Sprachen (die ihrerseits durch das Aufspüren der Interpretationsunterschiede und die Klärung der Situation zu überbrücken ist)

b) mehrdeutige Begriffe

c) Personal- und Possessivpronomina (die präzisiert werden sollten, wenn die Kommunikation weiterhin störungsfrei verlaufen soll)

d) die fehlerhafte Verwendung der Fremd- oder Muttersprache durch den Dolmetscher und der jeweiligen Muttersprache durch die Kommunikationspartner

Die Erklärungssequenzen sind translationsbezogene interaktive sprachliche Handlungen, die nicht nur Dolmetscher, sondern auch beide Kommunikationspartner in einer kritischen Situation[4] unternehmen, um das falsche Verstehen des konsekutiv gedolmetschten Textes auszuschließen.

---

[1] Vgl. dazu z. B. Deppermann (2004), der Methoden, Konzepte und Befunde der Forschungsrichtungen allgemein darstellt, die mündliche Kommunikation untersuchen.

[2] Vgl. dazu z. B. Knapp/Knapp-Potthoff (1985:458), die von einer Rückfrage (clarification turn) zwischen DolmetscherIn und einer Gesprächspartei schreiben (zitiert nach Pöllabauer 2005:57)

[3] Zu den neuesten Forschungen, die das bilaterale Konsekutivdolmetschen aus der Perspektive der Gesprächsanalyse untersuchen vgl. auch Apfelbaum (2004).

[4] Vgl. Beitrag von Jurewicz (2001).

1 Gesprächstyp

Die globale Strukturierung eines Textes ist ein entscheidender Faktor für das Textverstehen durch den Interpreten. Gesprächstypzuordnung ermöglicht es, die für den Text charakteristischen Schemata anzugeben.[5] Henne/Rehbock verwenden (1982:32f.) eins der ausführlichsten kommunikativ-pragmatischen Kataloginventare gesprochener Texte, also ein solches, zu denen auch konsekutiv gedolmetschte Texte gehören. Seine Tragfähigkeit als Typologie wird von Hundsnurscher (1994) in Frage gestellt, der den Vorschlag einer Taxonomie von Franke (1990) als am weitesten ausgearbeitet darstellt, aber zugleich feststellt:

> Die Zuordnung authentischer Gesprächs(text)exemplare zu diesen rekonstruktiven Mustern bemisst sich danach, wie stark das Textprofil von einem spezifischen Kommunikationszweck geprägt ist (Hundsnurscher 1994:233).

Also der Feinheitsgrad einer Typologie hängt von ihrem Zweck ab (vgl. Hundsnurscher 1994:233). Für unsere Analyse ist das Kataloginventar von Henne/Rehbock ausreichend, denn es umfasst alle in dem konsekutiv gedolmetschten Gespräch identifizierbaren Kategorien, außer der Kategorie der Zahl der verwendeten Sprachen, die ich wie folgt zu ergänzen vorschlage:

Zahl der verwendeten Sprachen:

   a) eine

   b) mehrere – Notwendigkeit einer Translation: Translationsart:

     • simultan gedolmetscht

     • konsekutiv gedolmetscht

Da die von mir untersuchten Gespräche in mehr als einer Sprache geführt und dazu noch gedolmetscht werden, müsste ich also das Kategorieninventar von Henne/Rehbock um den Parameter der Translationsart[6] erweitern. Das wichtigste Merkmal des Konsekutivdolmetschens, das für das Modell des Gesprächsverlaufs relevant ist, ist die Phasenverschiebung oder Aufeinanderfolge der Operationen: Rezeption des AS-Textes und Produktion des ZS-Textes (Żmudzki 1995:19).

2 Weitere Kategorien der Gesprächsanalyse

Authentische Texte der gesprochenen Sprache untersuchend, bediene ich mich weiter der Mittel der Gesprächsanalyse, für die Henne/Rehbock (1982:20) allgemeine Analysekategorien angaben.[7]

---

[5] Eine Vielzahl von Plausibilitätsüberlegungen, die davon zeugen, dass für diese globale Strukturen ein eigenes Kenntnissystem angenommen wird, stellen Heinemann /Viehweger (1991:129-133) dar.

[6] Żmudzki verwendet synonym Begriffe: *Translationsart* (1995: 9) und *Sondersorte der Translation* (ebd.:11).

[7] Mehr zu Organisationsprinzipien von Dialogen kann man bei Fritz (1994) finden, wobei die Kategorien von Henne/Rehbock auch die dort erwähnte lokale Sequenzierung, hierarchische Struktur, Sprecherwechsel berücksichtigen. Zwar werden in diesem Katalog die

2.1. Kategorien der Makroebene

In Bezug auf das Auftreten der Erklärungssequenzen ist es wichtig festzustellen, ob in bestimmten Gesprächsphasen Regularitäten dieses Auftretens zu beobachten sind.

2.2. Kategorien der mittleren Ebene

2.2.1. Sprecherwechsel

Brinker/Sager (1989:63) bezeichnen die Gesprächssequenz, die auf dieser Ebene zu untersuchen wäre, als nach dem Prinzip der konditionalen Relevanz verbundene Folge aus zwei Gesprächsschritten verschiedener Sprecher (sog. adjacency pairs), d. h. als ein Paar unmittelbar aufeinanderfolgender sich kommunikativ-funktional bedingender Schritte wie: Frage – Antwort, Bitte – Versprechen. Das sind zweigliedrige Sequenzen, die jeweils nur aus einem initiierenden und einem respondierenden (reaktiven) Gesprächsschritt bestehen (sog. Paarsequenzen). Der Übergang des Rederechtes (Brinker/Sager 1989:63) an die jeweiligen Gesprächspartner und den Dolmetscher und die Reihenfolge des Sprecherwechsels sind bei dem Aussondern der Erklärungssequenzen von besonderer Bedeutung, weil man bereits am Sprecherwechsel erkennt, welche Abweichungen vom kommunikativen Modell des konsekutiv gedolmetschten Gesprächs es gibt und wo sie konkret auftauchen.

> S1>T>S2>T>S1 (musterhafte Folge der Gesprächsschritte)
>
> S2>T>S2>T>S1 (Erklärungssequenz?)

Wobei S1 und T als Muttersprachler Sprache 1 sprechen; S2 spricht Sprache 2, die der Dolmetscher als die erste Fremdsprache beherrscht.

Die genaue Analyse des Gesprächsschrittwechsels ermöglicht es, solche Abweichungen herauszufiltern. Gemeinsam mit der Analyse des propositionalen Gehalts ermöglicht sie es später, die Ursachen ihrer Entstehung zu untersuchen.

Auf der Gesprächsorganisationsebene war es also wichtig festzustellen, wie der Gesprächsschrittwechsel verläuft, d. h.

- wer einen Gesprächsschritt initiiert (tut das der Dolmetscher, so ist die musterhafte Folge der Gesprächsschritte, die das Kommunikationsmodell der Translation voraussetzt, gestört. Diese Störung kann dann zu Erklärungssequenzen führen.)

---

zyklische Verlaufsstruktur und Kombinatorik von Elementarsequenzen nicht erwähnt, aber die sind in Bezug auf die Untersuchung von Erklärungssequenzen von geringerer Bedeutung, weil Erklärungssequenzen zur Kategorie Gesprächsränder gehören.

- wie auf den erklärenden Gesprächsschritt reagiert wird: ist das eine einfache Paarsequenz, oder sind mehrere Einschübe nötig, um die jeweilige Erklärung effektiv zu gestalten.
- an wen sich die sprechende Person mit der jeweiligen Äußerung wendet.

2.2.2 Propositionaler Gehalt des Gesprächs

Der Begriff „Proposition" ist mit Strategien der Textrezeption verbunden, die vor allem von van Dijk und Kintsch (1983; zitiert nach Heinemann/Viehweger 1991:119) beschrieben wurden. Sie haben ein Modell des Textverstehens gebildet, in dem sie mehrere Ebenen der Verarbeitungsprozesse beim Textverstehen unterschieden haben.

> Unter Propositionen werden konzeptuelle Strukturen verstanden, die elementare Sachverhalte abbilden. Propositionen werden in der Semantiktheorie als Prädikat-Argument-Strukturen bzw. Funktor-Argument-Strukturen beschrieben, in denen das semantische Prädikat, der Funktor, einem Individuum bzw. einer Individuenkonstante eine bestimmte Eigenschaft zuschreibt oder aber zwei Individuen zueinander in Beziehung setzt (Heinemann/Viehweger 1991:119).

Der propositionale Gehalt ist also nicht mit der Be deutung einer Äußerung gleichzusetzen. Die Bedeutung eines Satzes ist nämlich:

> eine Funktion, die Äußerungen des Satzes und Bedingungen der Äußerung (sequenzielle Stellung, Wissensbedingungen und Annahmen der Sprecher) in mögliche Äußerungsbedeutungen (Meinungen) bzw. Verständnisse von Äußerungen abbildet (Gloning 1994:269).

Bei meinen Untersuchungen habe ich die Ebene der atomaren Propositionen als semantischen Grundeinheiten gewählt, um die Abweichungen des propositionalen Gehalts der Redebeiträge des Dolmetschers von dem propositionalen Gehalt der Redebeiträge der beiden Gesprächspartner aufzuzeigen. Solche Abweichungen sind nicht immer als Fehler anzusehen und werden meistens von den Kommunikationspartnern gar nicht rezipiert. Manchmal aber führen sie zur Verfälschung einer Aussage, was im nächsten Schritt korrigiert/geklärt werden muss. Die Analyse des propositionalen Gehalts konsekutiv gedolmetschter Gespräche ermöglicht es, die Abweichungen vom Thema aufzuspüren, die durch eine falsche Verwendung eines Prädikats oder Arguments (oder anderer Bestandteile einer Proposition) vom Dolmetscher bzw. von den Gesprächspartnern verursacht werden können.[8]

Die propositionale Ebene lässt feststellen:

- welche propositionalen Unterschiede zwischen dem jeweiligen Sprecherbeitrag und dem darauf folgenden Dolmetscherbeitrag bestehen, d. h. ob der Dolmetscher die jeweilige Äußerung adäquat übertragen hat. Manche Erklärungen können in dem Dolmetscherbeitrag enthalten sein und auf

---

[8] Vgl. auch den Beitrag von Fritz (1994), wo der Autor die Auffassungen zur Explikation des Begriffs *Thema* u.a. von van Dijk (1977), Hellwig (1984), Carlson (1983) darstellt.

der Gesprächsorganisationsebene nicht in Erscheinung treten. Diese Erklärungen bezeichnen wir als intratextuelle Erklärungen

• welche Wissensdefizite eine Erklärung bzw. Klärung benötigen, d. h. welche Begriffe oder Formulierungen dem Dolmetscher die größten Schwierigkeiten bereiten

• wann der Dolmetscher selbst die notwendigen Erklärungen vornimmt (Selbstkorrektur), ohne seinen Beitrag in die jeweilige Zielsprache zu übertragen

• was von den Gesprächspartnern korrigiert (Fremdkorrektur) wird und wie der Dolmetscher darauf reagiert (fremdinitiierte Selbstkorrektur)

• ob Paarsequenzen der Erklärung eines Begriffs oder Tatbestandes dienen, oder eine Interaktion zwischen dem jeweiligen Sprecher und Dolmetscher ausdrücken, in der der Dolmetscher als Kommunikationspartner und nicht als Sprachmittler betrachtet wird

Weiter war zu untersuchen, ob Erklärungssequenzen Einfluss auf die Entfaltung des Hauptthemas oder der Subthemen haben oder eher als Episoden zu betrachten sind, nach denen man zum Hauptthema zurückkehrt, ob sie also vor allem dem Beseitigen von Missverständnissen dienen.

2.2.3 Funktion der Erklärungssequenzen im Gespräch

Auf der funktionalen (kommunikativ-pragmatischen; vgl. Brinker/Sager 1989) Ebene wird der Handlungscharakter der gesprächskonstitutiven Einheiten (Gesprächsschritt, Gesprächssequenz) beschrieben, indem man sie

auf den Handlungsplan mit seinen verschiedenen Teilzielen bezieht, der dem Gespräch jeweils zugrunde liegt (ebenda: 56).

Für die Bestimmung der kommunikativen Funktion sind nach Isenberg (1977) – außer der syntaktischen Struktur und des propositionalen Inhalts des Textes – noch Intentionsstruktur, Voraussetzungsstruktur und Verweisstruktur wichtig. Nach Isenberg ist die kommunikative Funktion

die Gesamtheit aller textbildungsrelevanten Eigenschaften des Satzes, die nicht auf die semantische, lexikalische, syntaktische und morphologisch-phonologische Struktur reduzierbar sind (1977:58).

Die Voraussetzungsstrukturen markieren die Situationsgebundenheit von Texten; die Verweisstrukturen verweisen auf den sprachlichen Kontext; die Intentionsstrukturen manifestieren sich vor allem in „kommunikativen Prädikaten" (assertieren, z. B. Behauptungen), gesellschaftlich normierten Sprachhandlungen und Sprachhandlungen mit sozialen Konsequenzen.[9]

---

[9] Mehr dazu in Heinemann/Viehweger (1991:52f.)

Indikatoren der jeweiligen Funktion einer Äußerung im Gespräch sind meistens an der Oberfläche des Textes zu finden.[10] Das sind:

1. Explizit Performative Formel (sog. EPF) (Wunderlich 1972)
2. syntaktische Form (z. B. Inversion bei Fragesätzen im Deutschen, Verb in der Imperativform für Imperativsätze, Konjunktiv für Wunschsätze, Bitten, aber auch Illustrationen)
3. Intonation
4. sog. Frageanhängsel
5. Modalwörter (z. B. Hinzufügen des Wortes „wohl" kann eine Feststellung in eine Behauptung verwandeln)
6. Interrogativpronomen

Der Katalog von Isenberg wäre noch durch andere Faktoren des Sprechausdrucks zu erweitern, wie Modulation der Stimme, Lautstärke und Betonung (hier sowohl Haupt- wie Wortgruppenakzent), Tempo und Pausen (Stau-, Spannungs- oder Nachhallpausen tragen viel zur Bedeutung einer Äußerung bei) sowie Artikulation, also von dem Sprecher gewählte Lautung. Im Fall einer Videoaufnahme könnte man auch nichtsprachliches Verhalten berücksichtigen.[11]

Auf der funktionalen Ebene war es wichtig festzustellen:

- welche kommunikative Funktion Paarsequenzen im Kommunikationsverlauf haben
- ob das Paare sind: Frage – Antwort, oder Anweisung – Ausführung der Anweisung. Der Bestimmung der Funktion dienen Indikatoren der illokutiven Kraft und demzufolge der kommunikativen Funktion
- ob die jeweilige Äußerung initiativ, reaktiv oder kontinuativ ist (wobei der kontinuative Charakter einzelner Äußerungen für konsekutiv gedolmetschte Gespräche kennzeichnend ist, weil Gesprächspartner ihre Beiträge oft bewusst in kleinere Abschnitte zerstückeln, um dem Dolmetscher kleinere Passagen zu übertragen zu geben)
- wer gerade spricht (ist das der Dolmetscher, so muss man auf der semantischen Ebene feststellen, ob er „nur dolmetscht" oder als Gesprächspartner das Wort ergreift)

2.2.4 Sprechakttyp

Für die Aussonderung der Erklärungshandlungen, die sich in Erklärungssequenzen äußern (also explizit in der Gesprächsorganisation festzustellen sind) ist es

---

[10] Han g (1976) geht von der Hypothese aus, dass grundsätzlich in jedem Sprechakt die Intention des Sprechers durch syntaktische bzw. prosodische Mittel verdeutlicht wird und dass „nur in wenigen Ausnahmefällen allein die Situation diese Verdeutlichung (übernimmt)" (1976:58).

[11] Vgl. den Beitrag von Klaus Knobloch (2003).

wichtig, gesprächsthemabezogene, kommunikationsbezogene und translationsbezogene Merkmale der Sprechakttypen zu unterscheiden.[12]

Unter den gesprächsthemabezogenen Sprechakttypen werden wir solche verstehen, die beide Gesprächspartner als zum Textthema[13] gehörend bezeichnen
würden.

Kommunikationsbezogene Sprechakttypen sind dagegen solche, die in der Literatur als metakommunikative (metasprachliche, metatextuelle) Sprechakte[14],
side sequences oder vagheitsreduzierende Verfahren bezeichnet worden sind.

Translationsbezogene Sprechakttypen können wir nach Prokop (1995:46) als
Translationsfragen[15] (und auch Antworten darauf) bezeichnen. Sie beziehen sich
auf den translatorischen Prozess.

2.3 Kategorien der Mikroebene

Da die Gespräche in zwei Sprachen geführt werden, schenkte ich den phoneti-
schen, morphologischen und syntaktischen Eigenschaften der beiden Sprachen
insofern Beachtung, als sie Einfluss auf den propositionalen Gehalt der Gespräche hatten. An dieser Stelle möchte ich eine beispielhafte Analyse darstellen.[16]

[Teil 3: siehe CD]

4 Ergebnisse der Analyse aller Transkripte[17]

4.1 Kategorien der Makroebene (siehe 2.1)

In der Gesprächseröffungsphase traten vor allem Erklärungssequenzen (oder
intratextuelle Erklärungen) auf, die sich auf das Wissen von den Gesprächsteilnehmern beziehen. Das sind Sequenzen, in denen sich der Dolmetscher als den
Sprachmittler und seinen Arbeitgeber vorstellt, oder (wenn beide dem anderen
Kommunikationspartner bereits bekannt sind) in denen der Dolmetscher auf
frühere Treffen verweist oder sich einfach z. B. für das späte Kommen entschuldigt.

---

[12] Wobei hier angemerkt werden muss, dass diese Teilung nicht mit dem Problem der Hierarchisierung von Illokutionen gleichzusetzen ist, die Heinemann/Viehweger (1991:58ff.)
beschrieben haben.

[13] Unter dem Begriff Thema verstehen wir mit Schank (1981:51) „intentionales Objekt im
Fokus des Gesprächs".

[14] Vgl. Jurewicz (2001).

[15] Translationsfra gen sind Fragen nach der Bedeutung einer Äußerung in einer anderen Sprache „wo als Antwort nicht die Beschreibung des Designats erfolgt (...), sondern das entsprechende Denotat in der anderen Sprache. Hier kommt es zum Kodewechsel (code switching)" Prokop (1995:46).

[16] Aus Platzgründen wird diese Analyse (3) eines von mir transkribierten Gesprächsfrag-
ments im Anhang (CD) dargestellt.

[17] Gesprä chstyp wird hier nicht berücksicht, alle Angaben zu dem Gesprächstyp der einzelnen Gespräche bei Jurewicz (2001).

Charakteristisch für diese Sequenzen ist, dass der Dolmetscher in ihnen nicht dolmetscht, sondern das sagt, was er von Gesprächsteilnehmern bereits weiß. Das heißt – der Dolmetscher überträgt in diesen Sequenzen nicht, sondern erinnert sich entweder an Anweisungen seines Arbeitgebers oder ergreift die Initiative und erzählt etwas von seinem Arbeitgeber.

In solchen Sequenzen haben wir es also mit dem Sprecherwechsel S2 – T – S2 oder T –S2 – T zu tun, an dem sich S1 nicht beteiligt. Es kann dieser Sequenz eine andere folgen, in der S1 mit T davon spricht, ob und was T dem S2 gesagt hat. Das ist jedoch nicht immer der Fall.

Wenn es um die „Mitte" des Gesprächs geht, lässt sich beobachten, dass Dolmetscher keinen Einfluss auf die Entwicklung der Themen haben, d. h. sie initiieren kein neues Thema. Erklärungssequenzen, die kurze Episoden im Gesamtverlauf der Kommunikation sind, beeinflussen diesen Verlauf nur in dem Sinne, dass das Gespräch dadurch für beide Kommunikationspartner übersichtlicher wird. Nachdem jedoch eine solche Sequenz abgeschlossen wird, kehren die beiden Kommunikationspartner zum Thema zurück. Erklärungssequenzen in unserem Material führen also nicht zum Themawechsel. Sie sind, wie gesagt, eher als Episoden zu betrachten.

Für die Gesprächsbeendigung konsekutiv gedolmetschter Gespräche ließen sich in Bezug auf das Auftreten von Erklärungssequenzen in unserem Material keine Besonderheiten beobachten.

4.2 Kategorien der mittleren Ebene (siehe 2.2)

4.2.1 Propositionaler Gehalt des Gesprächs (siehe 2.2.2)

Propositionaler Gehalt der einzelnen Sequenzen: Der propositionale Gehalt der Erklärungssequenzen kann sich auf Wissensarten, die für die Produktion des Translats durch den Dolmetscher notwendig sind, und allgemein auf den Translationsprozess beziehen.

1. Text:
   - sprachliches Wissen
   - Wissen, das die polnische Sprache betrifft
   - Wissen, das die deutsche Sprache betrifft
   - enzyklopädisches Wissen (bzw. Sachwissen)
   - Interaktionswissen
   - spezifisches Wissen der Verständnissicherung sowie Verhinderung und Beseitigung von Kommunikationskonflikten
   - Wissen von den Gesprächsteilnehmern
2. Translationswissen
3. Gesprächssituation

In unserem Beispiel gehört die Sequenz Nr. 1 zu dem Typ 3, und die Sequenz Nr. 2 zu dem Typ 1.3.2.

4.2.2 Erklärungssequenzentypen nach ihrer illokutiven Rolle und nach dem Sprechakttyp (siehe 2.2.1, 2.2.3 und 2.2.4)

Translationsbezogene Erklärungssequenzen lassen sich besonders gut beobachten, da der Sprecherwechsel in einem konsekutiv gedolmetschten Gespräch gewissen Regeln unterliegt. Einem Ausgangstextproduzentenschritt (S1) folgen der Dolmetscherschritt und der Schritt des Ausgangstextproduzenten (S2). Dann folgt wieder der Dolmetscherschritt. Man kann also schon am bloßen Sprecherwechsel feststellen, wo dieses Modell gestört ist. Wenn der Dolmetscher sich nicht an den nächsten Kommunikationspartner wendet (das erkennt man an der Sprache, die er verwendet), so liegt eine solche Störung vor. Es kann natürlich sein, dass das Modell durch eine Interaktion zwischen dem Dolmetscher und einem der Kommunikationspartner verursacht ist (wenn sie z. B. über die Tonbandaufnahme reden). Deswegen muss man auch die propositionale Analyse heranziehen, um festzustellen, welcher Provenienz die Störung in dem Sprecherwechsel ist.

Die intratextuellen Erklärungen in den jeweiligen Gesprächsschritten der beiden Kommunikationspartner, vor allem aber des Dolmetschers, kann man nur anhand der Analyse des propositionalen Gehalts definieren. Sie ergeben sich aus der Tatsache, dass der Dolmetscher die Verständnisschwierigkeiten bereits in der Produktionsphase des Zielsprachentextes antizipiert und eventuellen Fragen seitens des Empfängers vorzubeugen versucht. Das sind also implizite Frage-Antwort-Paare.

Die Erklärungssequenz kann verschiedene Formen in Bezug auf ihre illokutive Rolle im Gespräch haben. Am häufigsten tritt sie in der Form des adjacency pairs auf: Frage – Antwort (die multipliziert werden kann). Die Antwort beinhaltet dann die eigentliche Erklärung des unverständlichen Wortes oder der unverständlichen Passage. Die andere Form der Erklärungssequenz ist das Paar: Bitte/Anweisung – Ausführen der Bitte/Anweisung. Die Bitte beinhaltet die Frage nach dem unverständlichen Wort oder ist eine Bitte um Wiederholung (wenn die Passage zu lang oder zu unverständlich war). Die Ausführung der Bitte ist dann die eigentliche Erklärung des Wortes oder das Wiederholen (zum Teil in einer vereinfachten oder präziseren also paraphrasierten Form) der unverständlichen Passage. Die dritte Form ist das Paar: Fremdkorrektur – Selbstkorrektur. In diesem Fall begeht der Dolmetscher (meistens in der Fremdsprache) einen Fehler, der vom Muttersprachler korrigiert wird. Der Dolmetscher nimmt diese Korrektur an, indem er sich selbst sofort korrigiert.

In die translationsbezogenen Erklärungssequenzen sind meistens einer der Kommunikationspartner und der Dolmetscher verwickelt. Die Initiative gehört dem Dolmetscher, wenn er unsicher ist und nach voller Übereinstimmung des propositionalen Gehalts in beiden Sprachen strebt. Manchmal übernimmt einer der beiden Kommunikationspartner die Initiative. Das ist der Fall bei Fremdkorrekturen. Bei manchen Störungen im Kommunikationsverlauf sind sich die Gesprächspartner nicht sicher, ob die Störung vom anderen Kommunikationspartner oder vom Dolmetscher verursacht wurde. Dann kommt es zu Paaren: Frage – Antwort (mit Erklärung). In diesen Situationen vergewissert sich der Dolmetscher bei dem Ausgangstextproduzenten, ob er etwas richtig gedolmetscht hat.

Sehr interessant sind solche Sequenzen, in denen das Image des Dolmetschers bedroht[18] ist, das heißt in denen er z. B. ein falsches Wort längere Zeit verwendet hat und dadurch einen ganzen Ausgangstextproduzentenschritt (oder mehrere zerstückelte Schritte) falsch übertragen hat. Er versucht dann, sein Image zu retten, indem er rückwärts in einem Schuldbekenntnis seine Dolmetschleistung bewertet („Ich bin nicht sicher, ob ich das gut übertragen habe.") und dann den Ausgangstextproduzenten um die Erklärung eines schwierigen Begriffs bittet.

In Fällen, in denen der Dolmetscher keinen Ausdruck für den ihm manchmal sogar in der Muttersprache fremden Begriff parat hat, hilft ihm, nach der Beschreibung des Schwierigkeitsgegenstandes, gewöhnlich der Empfänger, indem er das entsprechende Wort sagt. Es kommt also zu einer Sequenz: Beschreibung – Angeben des richtigen Begriffs.

4.3 Kategorien der Mikroebene (siehe 2.3)

Es wurde festgestellt, dass beide Kommunikationspartner eigentlich nur Fehler im propositionalen Gehalt korrigieren oder nach ihrer Klärung streben. Fehler auf der Mikroebene des Gesprächs werden meistens außer Acht gelassen, es sei denn, sie haben Einfluss auf die propositionale Struktur.

5 Fazit

Das Exzerpieren der Erklärungssequenzen kann bei der Bewertung eines Dolmetschereinsatzes helfen, da diese Sequenzen von den Kommunikationspartnern meist als Störung empfunden werden, weil sie zur Verzögerung des Gesprächs führen, obwohl sie oft zur größeren Präzision der Äußerungen des Dolmetschers und beider Interaktanten beitragen.[19] Die Feststellung, in welchen Fällen die Sequenzen wirklich nötig waren und in welchen sie aus der mangelnden Kompetenz des Dolmetschers resultieren, ist aber erst möglich, wenn man die Sequenzen aus dem Gespräch aussondern kann, was in dieser Analyse versuchsweise vorgeführt wurde.

---

[18] Vgl. Holl y (2001).

[19] Knapp -Potthoff (1998:191) schreibt im Zusammenhang damit: „Die Unmittelbarkeit der dyadischen Interaktion wird durch das Dazwischentreten eines Mittlers aufgehoben, der Interaktionsfluss wird gebremst, die Dynamik der Interaktion gestört." (zitiert nach Pöllabauer 2005:57).

Bibliographie:

Apfelbaum, Brigitte (2004): *Gesprächsdynamik in Dolmetsch-Interaktionen.* Radolfzell: Verlag für Gesprächsforschung.

Best J. / Kalina S. (2003): *Übersetzen und Dolmetschen.* Eine Orientierungshilfe. UFB A.Franke Verlag. Tübingen und Basel.

Brinker, K. / Sager, S. (1989): *Linguistische Gesprächsanalyse. Eine Einführung.* Berlin: Erich Schmidt Verlag. Die Reihe: Grundlagen der Germanistik.

Carlson, L. (1983): *Dialogue Games. An approach to discourse analysis.* Dordrecht: Reidel.

Dijk, van T.A. / Kintsch, W. (1983): *Strategies of Discourse Comprehension.* New York/London. Zitiert nach: Heinemann, W. / Viehweger, D. (1991): *Textlinguistik.* Eine Einführung. Tübingen: Max Niemeyer Verlag.

Dijk, van T.A (1977): *Text und context. Explorations in the semantics and pragmatics of discourse.* London: Longman.

Duszak, A. (1998): *Tekst, dyskurs, komunikacja międzykulturowa..* Warszawa: Wydawnictwo Naukowe PWN.

Fritz, G. (1994): „Grundlagen der Dialogorganisation." G. Fritz G. / F. Hundsnurscher (Hrsg.): *Handbuch der Dialoganalyse.* Tübingen: Niemeyer Verlag, 177-201.

Gloning, T. (1994): „Praktische Semantik und linguistische Kommunikationsanalyse." Fritz, G. /. Hundsnurscher F (Hrsg.): *Handbuch der Dialoganalyse.* Tübingen: Niemeyer Verlag, 131-152.

Hang, H.G. (1976): *Die Fragesignale der gesprochenen deutschen Standardsprache.* Göttingen: Alfred Kümmerle.

Hartmann, R. (1980): *Contrastive Textology. Comparative Discourse Analysis in Applied Linguistics.* Heidelberg: Julius Groos Verlag. Zitiert nach: Duszak, A. (1998): *Tekst, dyskurs, komunikacja międzykulturowa.* Warszawa: Wydawnictwo Naukowe PWN.

Heinemann, W. / Viehweger, D. (1991): *Textlinguistik. Eine Einführung.* Tübingen: Max Niemeyer Verlag.

Hellwig, P. (1984): „Titulus oder Über den Zusammenhang von Titeln und Texten." *Zeitschrift für Germanistische Linguistik* 12, 1-20.

Henne, H. / Rehbock, H. (1982): *Einführung in die Gesprächsanalyse.* Berlin/New York: Walter de Gruyter.

Holly, W. (2001): „Beziehungsmanagement und Imagearbeit." *Text- und Gesprächslinguistik.* Bd. 2. Berlin: de Gruyter, 1382-1393.

Holsanova J. / Nekvapil, J. (1995): „'Menschen fünfter Klasse': Reden über Abwesende in der Alltagskommunikation am Beispiel tschechischsprachiger Daten." Czyżewski, M. / Gülich, E. / Hausendorf, H. / Kastner, M. (Hrsg.): *Nationale Selbst- und Fremdbilder im Gespräch. Kommunikative Prozesse nach der Wiedervereinigung Deutschlands und dem Systemwandel in Osteuropa.* Opladen: Westdeutscher Verlag GmbH, 147.

Isenberg, H. (1976): „Einige Grundbegriffe für eine linguistische Texttheorie." F. Danes / D. Viehweger (Hrsg.): *Probleme der Textlinguistik.* Berlin: Akademieverlag, 46-146.

Jurewicz, M. (2001): „Erklärungssequenzen in konsekutiv gedolmetschten Gesprächen." *Glottodidactica* XXIX. Poznań, 5-23.

Jurewicz, M. (2001): *Erklärungssequenzen in deutsch-polnischen Gesprächen. Eine Fallstudie anhand konsekutiv gedolmetschter Texte*. Nicht veröffentlichte Doktorarbeit. Poznań.

Kita, M. (1989): *Wypowiedzi przerwane we współczesnym polskim języku potocznym*. Katowice: Uniwersytet Śląski.

Knapp, K. / Knapp-Potthoff, A. (1985): „Sprachmittlertätigkeit in interkultureller Kommunikation." Rehbein, Jochen (Hrsg.): *Interkulturelle Komunikation*. Tübingen: Narr, 450-465.

Knapp-Potthoff, A. (1998): „Brücken in der interkultureller Kommunikation." *Diagonal* (Zeitschrift der Universität-Gesamthochschule Siegen) 1 / 2, 187-195.

Knobloch, K. (2003*)*: „Sprecherziehung und rhetorische Kommunikation – wichtige Bausteine im Dolmetschstudium." Best I., / Kalina S. (2003): *Übersetzen und Dolmetschen. Eine Orientierungshilfe*, 196-208.

Mason, Ian (Hrsg.) (2001): *Triadic Exchanges. Studies in Dialogue Interpreting*. Manchester, UK: St.Jerome.

Pöllabauer, S. (2005): *I don't understand your English, Miss!* Tübingen: Narr Francke Attemto Verlag.

Prokop, I. (1995): *Erotetische Sprechakte im Deutschen und im Polnischen anhand natürlicher Gespräche*. Poznań: Wydawnictwo Naukowe UAM.

Sami Sauerwein, Fadia (2006): *Dolmetschen bei polizeilichen Vernehmungen und grenzpolizeilichen Einreisebefragungen*. Frankfurt am Main: Peter Lang Europäischer Verlag für Wissenschaften.

Schank, G. (1981): *Untersuchungen zum Ablauf natürlicher Dialoge*. München: Huber.

Schwitalla, J. (1994): „Gesprochene Sprache – dialogisch gesehen." Fritz, G. /. Hundsnurscher F (Hrsg.): *Handbuch der Dialoganalyse*. Tübingen: Niemeyer Verlag, 17-36.

Texte der gesprochenen deutschen Standardsprache. Bd. I und II (1972). Erarbeitet vom Institut für deutsche Sprache. Forschungsstelle Freiburg im Breisgau. Heutiges Deutsch. München: Hueber.

Viehweger (1983): „Sprachhandlungsziele von Aufforderungstexten." Danes, F. / Viehweger, D. (Hrsg.): *Ebenen der Textstruktur* (Ling. Studien 112). Berlin, 152-192.

Wunderlich (1972): „Pragmatik, Sprechsituation, Deixis." Abraham, W. /. Binnich, R.I. (Hrsg.): *Generative Semantik*. Frankfurt am Main, 285-312. Zitiert nach: Prokop, I. (1995): *Erotetische Sprechakte im Deutschen und im Polnischen anhand natürlicher Gespräche*. Poznań: Wydawnictwo Naukowe UAM.

Wunderlich (1976): *Studien zur Sprechakttheorie*. Frankfurt (Main). Zitiert nach: Prokop, I. (1995): *Erotetische Sprechakte im Deutschen und im Polnischen anhand natürlicher Gespräche*. Poznań: Wydawnictwo Naukowe UAM.

Żmudzki, J. (1995): *Konsekutivdolmetschen. Handlungen-Operationen-Strategien*. Wydawnictwo Uniwersytetu im. Marii Curie-Skłodowskiej, Rozprawy Wydziału Humanistycznego, Rozprawy Habilitacyjne LXXXVI Lublin.

Sylvia Kalina / Anna Ippensen
Köln
Dolmetscher unter der Lupe.
Ein Bericht über neue Untersuchungen
zur Dolmetschqualität

1 Der Begriff der Dolmetschqualität

Das auf einer früheren LICTRA-Konferenz vorgestellte Modell der Erfassung von Messgrößen der Dolmetschqualität unter Einbeziehung der verschiedenen Einflussfaktoren (vgl. Kalina 2004) hat sich als eine Basis für das heute für alle Dolmetschbereiche erforderliche Qualitätsmanagement (QM) erwiesen. Es soll daher in ein Qualitätsmanagementsystem, das den Kriterien der Qualitätssicherung (QS) genügt, übergeführt werden. Zentral hierfür ist die Fragestellung, wie die Qualität einer Dolmetschleistung (DL) bestimmt werden kann, d.h. welche Kriterien anzulegen sind und unter welchen Bedingungen eine DL zustande kommt. Nur wenn diese Faktoren berücksichtigt werden, lässt sich QS sinnvoll betreiben.

Neben der Frage, wie Dolmetschen überhaupt funktioniert, hat sich die einschlägige Forschung in den letzten Jahren mit der Frage nach der Bestimmung von Dolmetschqualität befasst. Das Thema der Evaluierung von DL beschäftigt zum einen Dozenten an den Ausbildungsstätten für Konferenzdolmetscher, wo die Bewertung studentischer DL, etwa in Prüfungen oder Tests, oft kontrovers und aus teils subjektiver Perspektive diskutiert wird, zum anderen interessiert die Dolmetschforschung vor allem, ob und mit welchen Methoden die Qualität von DL überhaupt erhebbar ist.

Bereits mit Beginn des Simultandolmetschens (SD) haben Psychologen und Linguisten (vgl. Gerver 1976), später auch als Dozenten tätige Dolmetschpraktiker das Dolmetschen aus der Qualitätsperspektive zu analysieren versucht. Die dolmetschwissenschaftliche Literatur wurde vor allem geprägt durch die Beiträge von Seleskovitch (1976), Kopczynski (1994), Pöchhacker (1994 sowie 2002), Gile (1995), Moser-Mercer (1996), Vuorikoski (2004) und anderen.

Die genannten Autoren stellten als Dolmetschleistung das Dolmetschprodukt ins Zentrum des forscherischen Interesses, setzten allerdings unterschiedliche Schwerpunkte: Moser-Mercer (1996) und Kopczynski (1994) beziehen bereits externe Bedingungen ein, Gile erklärt Qualitätsschwankungen bzw. -verlust mit den Grenzen der Verarbeitungskapazität, und Pöchhacker (1994, 2002) betrachtet Qualität als Wirkung auf die Zielgruppe der Rezipienten im Kontext der Konferenz. DL wurden auch in unterschiedlichen authentischen Settings empirisch untersucht, in jüngerer Zeit für das Konferenzdolmetschen bei internationalen Organisationen exemplarisch von Vuorikoski (2004), für das community interpreting von Wadensjö (1998).

Nach einer ersten Studie von Bühler (1986), die das Instrument der Befragung einsetzte und Dolmetscher als Informanten wählte (zur methodologischen Kritik vgl. Seleskovitch 1986), befassten sich weitere Untersuchungen mit der Erhebung von Rezipientendaten. Wie die Befragung der Dolmetscher selbst zeigte, haben diese nicht unbedingt dieselben Erwartungen an Dolmetschqualität wie Rezipienten; am heterogenen Charakter der Antworten unterschiedlicher Rezipientengruppen zeigte sich außerdem, wie schwierig es ist, auf der Basis von Rezipientendaten allein zu schlüssigen Erkenntnissen über Dolmetschqualität zu gelangen. Die Ergebnisse zahlreicher Befragungen haben das Problem der Bestimmung von Dolmetschqualität denn auch nicht beantworten können. Eine der Schwierigkeiten bei Rezipientenbefragungen besteht darin, dass die Erwartungen der Rezipientengruppen sowohl interkulturell als auch intersubjektiv unterschiedlich sind und somit zu voneinander abweichenden Beurteilungen führen können.

Die genannten und andere Umfragen zur Qualität beim Konferenzdolmetschen betrachten die Kohärenz einer Verdolmetschung als wichtigen Parameter, gehen dabei allerdings von einem Kohärenzbegriff aus, der ganz unterschiedlich definiert wird (vgl. hierzu Ahn 2005).

Wenn für die Qualitätsfrage einzig das Dolmetschprodukt herangezogen wird, ist eine eindeutige Beschreibung einer vom Dolmetscher zu liefernden Dienstleistung und ihrer Qualität problematisch bzw. unmöglich. In dem seinerzeit vorgestellten Modell wurde davon ausgegangen, dass die Qualität von DL zwar auch als Qualität eines Produktes zu betrachten ist, das der Untersuchung zugänglich ist, dass diese Untersuchung aber nur dann zu Ergebnissen führen kann, wenn die Qualität der Prozesse einbezogen wird, d.h. die gesamten in- und externen Abläufe, deren Qualität für das Produkt relevant ist, sind zu berücksichtigen.

Dolmetscher unter der Lupe – hier zunächst Konferenzdolmetscher – sind also nicht allein diejenigen Dolmetscher, die gerade im Dolmetschakt beobachtet werden, sondern auch diejenigen, die Vorbereitungsphasen durchlaufen, sowie alle Personen, die zum Gelingen der Kommunikation im Allgemeinen und der gedolmetschten Kommunikation im Speziellen beitragen. Zwar wird das Simultandolmetschen aufgrund seiner heutigen Verbreitung als der Normalfall des Konferenzdolmetschens (KD) gesehen, doch Untersuchungen beim Konsekutivdolmetschen wären ebenfalls aufschlussreich; bedauerlicherweise ist die Erhebbarkeit einschlägiger Daten hier ein noch größeres Problem als beim SD.

Der hier vorzustellende Ansatz der Qualitätssicherung soll auch auf andere Arten des Dolmetschens anwendbar sein, bei denen eine QS noch dringlicher ist, da sie in der Regel, zumindest in Deutschland, weniger stark professionalisiert oder berufsständisch organisiert sind (Gerichtsdolmetschen, Behördendolmetschen, Dolmetschen im Krankenhaus, Dolmetschen im Migrantenkontext). Auch in diesen Arbeitsfeldern wird eine Nachprüfbarkeit der dolmetscherischen

Leistung immer stärker eingefordert, und es ist wichtig zu klären, welche Akteure welchen Beitrag zum Gelingen der Kommunikation leisten können.

2 Das Prozessmodell als Grundlage der QS

Wird die Dienstleistung Dolmetschen als Prozess betrachtet, umfasst sie alle Aktivitäten und professionellen Abläufe im Rahmen eines Dolmetschauftrags. QS als Bestandteil von QM muss diese Abläufe erfassen. Somit bezieht sich auch QS auf die Dimensionen *pre-, peri-, in-* und *post-process.*

Pre-process (präperformatorische Phase, die der Produktion vorausgeht) bezieht sich auf vor dem Dolmetschen erworbene und vor sowie während der Dolmetschleistung einzusetzende Kompetenzen wie z.B.: (Ver-)Handeln, Vertragsabschluss, Vorbereitungsmethode, Wissenserschließung, Terminologie, Berufsethik, sowie alle das Dolmetschen ermöglichenden Kompetenzen.

Peri-process (periperformatorische Bedingungen) betrifft alle externen Bedingungen während des Einsatzes, wie z.B. technische Ausstattung, Teilnehmer, Sprachenbedarf, Teamstärke und -zusammensetzung, Relaisanteil, Anteil Dolmetschen in die Fremdsprache etc.).

In-process (performanzdeterminierende Faktoren) sind Einflussfaktoren durch das Dolmetschen oder durch die Situation; z.B. Wissen und Präsuppositionen über AT-Produzent, ZT-Rezipienten, AT und seine kognitive Anforderungen, AT-Performanz, Zieltextprogression, Interaktionsentscheidungen, *Feedback.*

Post-process (einschl. Maßnahmen der Qualitätskontrolle) bezieht sich auf die Phase der Aufarbeitung und Nachbereitung, betrifft aber auch Vertraulichkeit im Umgang mit Informationen, Dokumentation, Terminologiearbeit, Selbstkontrolle (Aufnehmen – Abhören), technische Anpassung und Fortbildung (fachlich, Dolmetschkompetenz).

In den einzelnen Phasen sind die verschiedenen qualitätsbestimmenden Faktoren zu erfassen bzw. zu messen.

In der *pre-process*-Phase geht es um folgende Voraussetzungen und Vorarbeiten (jeweils linke Spalte: Faktoren, rechte Spalte: Messverfahren; AT = Ausgangstext, ZT = Zieltext):

Kompetenzen (sprachl., interkult. Wissen)	Studiennachweise
Fertigkeiten (Dolmetschtechnik)	Einzelnachweise
vertragliche Leistungen	Vertragsbedingungen
Aufgabeneingrenzung	Beschreibung im Vertrag
Vorbereitungsaufwand	Erhebung/Beobachtung

Als *peri-process* werden Bedingungen bezeichnet, die die Dolmetschleistung beeinflussen können; sie sind in folgenden Parametern messbar:

Teilnehmer (Zahl, Heterogenität)	Erhebung (mit Profilen)
Arbeitssprachen	Erfassung, auch zeitanteilig

Technische Ausstattung (inkl. Personal)	Beschreibung
Kabinenposition im Saal	Skizze
Teamstärke u. -zusammensetzung	Dokumentation
Arbeitszeiten, Veranstaltungsdauer	Beobachtung
Sprachkombinationen	Erfassung individuell
Relaisdolmetschen (Anteil)	Erfassung sprachanteilig
Verfügbarkeit von relevanten Dokumenten	Erhebung (Umfang, Zeit)
Informationen zum Verfahren	Beobachtung

In-process können Produktdaten gemessen werden:

Intentionen der AT-Produzenten	Produzentenprofil
Bedingungen, Merkmale der AT-Präsentation	Textdarbietungsprofil AT
Erwartungen/Anforderungen d. AT-Adressaten	AT-Adressatenbefragung
Erwartungen/Anforderungen d. ZT-Adressaten	ZT-Adressatenbefragung
Wissen, Annahmen, Erwartungen	Erhebung
zielsprachliche Realisation	Textdarbietungsprofil ZT
Interaktionsintensität der Kommunikation	Beobachtung

Die *post-process*-Phase lässt sich in folgenden Abläufen erfassen:

terminologische Aufarbeitung	Beobachtung, Ergebnisse
Dokumentation	Erhebung
Selbstkontrolle (Aufnahmen)	Beobachtung
Fortbildung	Nachweis
Spezialisierung	Nachweis
Anpassung an technischen Fortschritt	Erfassung

Mit diesem Modell lassen sich zahlreiche Abläufe in den verschiedenen Dimensionen beobachten bzw. quantifizieren, die für die Erreichung von Dolmetschqualität erheblich sind. Dies stellt eine Möglichkeit dar, Forderungen, wie sie im Rahmen von QS- bzw. QM-Systemen gestellt werden, wenigstens ansatzweise zu erfüllen. Wie das Prozessmodell im Rahmen einer QS für Dolmetscher eingesetzt werden kann, wird im Folgenden dargestellt.

3 Dolmetschrelevante Modelle des Qualitätsmanagements

3.1 Merkmale von QM-Modellen

Qualitätsmanagementmodelle sind Instrumente für die Praxis, bei denen Qualität als ganzheitliche Aufgabe eines Unternehmens bzw. einer Organisation verstanden wird. Allerdings stehen hierbei nicht nur die internen Maßstäbe und Ansprüche einer Organisation im Vordergrund, sondern es müssen auch externe Dimensionen wie Kundenerwartungen, Markt/Wettbewerb und gesetzliche Vorgaben berücksichtigt werden (Rugor/Studzinski 2003). Gerade auch für Dolmetscher als Dienstleister ist die Anwendung geeigneter Qualitätsmanagementmodelle bedeutsam, denn sie erfüllen die Forderung nach nachvollziehbaren Qualitätskriterien, sind in sämtlichen Bereichen der Wirtschaft anerkannt, prozessorientiert aufgebaut und anpassungsfähig. Des Weiteren erfordert QM eine Zusammenarbeit aller Interessenspartner sowie eine konsequente Dokumentation von Abläufen, wodurch dem Dolmetscher die Analyse der Faktoren, die seine Leistung beeinflussen, erleichtert wird. Durch die Festlegung eigener Qualitätsziele hält sich der Dolmetscher außerdem stets die Aspekte vor Augen, die er verbessern möchte. Da diese Ziele eindeutig messbar sein sollten, kann er überprüfen, was er erreicht hat und was noch getan werden muss. Schließlich kann dokumentierte Qualität als Kriterium dafür dienen, professionelle und qualitätsbewusste Dolmetscher von weniger professionellen und nicht-professionellen Dolmetschern zu unterscheiden.

Ein Hauptmerkmal aller QM-Systeme ist die Prozessorientierung, also die detaillierte Beobachtung, Dokumentation und Analyse der relevanten Arbeitsabläufe mit dem Ziel, detaillierte Qualitätskriterien bereits im Vorfeld festzulegen (Pfeifer 2001). Zusammen mit den zentralen Prinzipien Zielorientierung – was soll wie erreicht werden? und Kundenorientierung – was erwarten die Interessenspartner? – bildet die Prozessorientierung die Grundlage eines QM-Systems (Rugor/Studzinski 2003).

3.2 Die QM-Modelle nach ISO 9000ff. und EFQM

Systematische Qualitätssicherung, die Einführung von Qualitätsmanagementsystemen und das Streben nach *Total Quality Management* finden sich inzwischen in allen Sektoren der privaten Wirtschaft und zunehmend auch im Gesundheits- und Bildungswesen sowie in der öffentlichen Verwaltung. In all diesen Bereichen wird QM hauptsächlich auf der Basis zweier Modelle betrieben: der Normenreihe DIN EN ISO 9000ff. und dem Modell für Excellence der European Foundation for Quality Management (EFQM).

Bei der ISO-Normenreihe handelt es sich um allgemeine Qualitätsnormen, die im Wesentlichen die Abläufe in einer Organisation regeln. In den Normen werden Mindestanforderungen genannt, die erfüllt werden müssen, sowie Bereiche, die geregelt werden müssen, wobei es den Organisationen selbst überlassen bleibt, wie sie diese Bereiche regeln; die Normen bieten lediglich den Rahmen (Pfitzinger 1995). Mithilfe der Normenreihe (insbesondere des zweiten Teils der Norm ISO 9001) legt eine Organisation Verfahren und Methoden fest, um einzelne Prozesse sowie das Zusammenspiel dieser Prozesse zu planen, zu lenken und zu dokumentieren. Da Prozesse grundsätzlich unter kontrollierten Bedingungen ablaufen müssen, beinhalten die Verfahren auch Methoden und Maßnahmen zu deren Messung, Lenkung, Überwachung und Kontrolle (vgl. Greßler/Göppel 2002, Rugor/Studzinski 2003).

Das EFQM-Modell besteht aus einem Punktesystem mit zwei Kategorien und insgesamt neun Hauptkriterien, sowie einer Reihe von Unterkriterien. Zur Bewertung dieser Kriterien werden Organisationen verschiedene Instrumente zur

Verfügung gestellt, die je nach Bedarf einzeln oder in Kombination mit anderen angewendet werden können. Dadurch ist dieses Modell flexibler, allerdings sind die Anforderungen an ein QM-System nach dem EFQM-Modell weitaus höher (vgl. Pfeifer 2001, Greßler/Göppel 2002).

Beide Modelle, ISO und EFQM, setzen voraus, dass die zur Verfügung gestellten Instrumente entsprechend der individuellen Struktur einer Organisation angewendet werden. Auch spielt bei beiden vorgestellten Modellen die Dokumentation und Analyse der einzelnen Prozesse in der Organisation eine zentrale Rolle. Wie diese Ansätze für die Dolmetschwissenschaft sowie für den Arbeitsalltag des Dolmetschens genutzt werden können, soll im Folgenden veranschaulicht werden.

4 Die Untersuchung von Prozessen und Merkmalen

Dolmetscher werden im Rahmen unseres Forschungsansatzes nicht nur in ihrem Dolmetscheinsatz unter die Lupe genommen, sondern ebenfalls in den anderen Phasen des Gesamtprozesses. Die ersten Studien im Rahmen unseres Projektes widmeten sich dabei der Vorbereitungsarbeit des Dolmetschers.

Die Vorbereitung auf einen Dolmetscheinsatz kann als ein Prozess im Ablauf einer Dienstleitung beschrieben werden, der in weitere Teilprozesse untergliedert werden kann. Im Rahmen der Untersuchungen wurde der Prozess der Vorbereitung auf einen Dolmetscheinsatz zunächst in Teilprozesse nach dem Prozessmodell von Kalina (2005) unterteilt, anschließend wurden kritische Teilprozesse ausgewählt und in ein Qualitätsinstrument integriert, das den Prinzipien anerkannter QM-Modelle folgt. Dolmetscher könnten dieses modellhafte Arbeitsinstrument während ihrer Vorbereitung auf einen Dolmetscheinsatz als Leitlinie, nach dem Einsatz zur Dokumentation der Einsätze und zur Bewertung der eigenen Leistung nutzen (siehe Tabelle 1).

Für diese Zwecke sind im Instrument zwei Spalten vorgesehen, in denen D (Dolmetscher) vermerken kann, ob eine Forderung (F) bzw. ein Wunsch (W) erfüllt (E) oder nicht erfüllt (N/E) wurde.

Eine Forderung der QS, nämlich die gleich bleibende Produktqualität, lässt sich beim Dolmetschen kaum in allen Merkmalen erfüllen. Bereits wenn zwei Dolmetscher unter gleichen Bedingungen denselben Beitrag dolmetschen, ergeben sich verschiedene Profile. Dies ist teils auf die *pre-process*-Faktoren und teils auf unterschiedliche Selbstanforderungen der Dolmetscher zurückzuführen, die nie ganz einheitlich sind und u.a. von individuellen Beurteilungen der jeweiligen Situation abhängen. Handelt es sich um mehrere verschiedene Ausgangstexte, ist eine noch stärkere Divergenz bzw. Streuung zu erwarten, da sowohl die Selbstanforderung des Dolmetschers als auch die Präsentationsparameter des AT Einfluss auf die Qualität des ZT nehmen.

E   N/E

D darf nur Aufträge annehmen, die zeitlich, thematisch, sprachlich usw. erfüllt werden können.	F		
D muss die Interessenspartner über die Besonderheiten der gedolmetschten Kommunikation informieren.	W		
D muss dafür sorgen, dass ihm rechtzeitig geeignetes Vorbereitungsmaterial zur Verfügung gestellt wird.	W		
D muss sich auf der Grundlage des Vorbereitungsmaterials, das ihm zur Verfügung steht, bestmöglich vorbereiten.	F		
Für jeden Dolmetscheinsatz gilt: die Kabine muss mit mindestens 2 Dolmetschern besetzt sein.	F		
D muss mindestens 30 Minuten vor Arbeitsbeginn im Veranstaltungsraum eintreffen.	F		
D muss sich nach jedem Auftrag mit seiner Leistung kritisch auseinandersetzen, indem er selbst überlegt, welche Aspekte verbessert werden können, und Kollegen sowie Rezipienten um Feedback bittet.	F		
D muss seine Leistung mindestens alle 6 Monate anhand von Selbstaufnahmen überprüfen.	W		
D muss sich täglich mit seinen Arbeitssprachen auseinandersetzen (mindestens 30 Minuten pro Sprache).	W		
Anregungen/Verbesserungsvorschläge sowie Beschwerden der Interessenspartner müssen von D dokumentiert und beim nächsten Auftrag berücksichtigt werden.	F		

Tab. 1: Exemplarische Kurzdarstellung des entwickelten Instruments

5 QS-Maßnahmen professioneller Dolmetscher – Ideal und Realität

Nach den aus unseren Befragungen und Beobachtungen vorliegenden Erkenntnissen sind Dolmetscher häufig eher am Überleben von einem Auftrag zum nächsten orientiert als an einer konsistenten QS. Hierzu mag die Notwendigkeit, nach einem Einsatz die gespeicherten Inhalte schnell zu vergessen und Platz im Kopf für neu aufzunehmende Zusammenhänge zu schaffen, beitragen. Dennoch ist die Durchführung von QS-Maßnahmen eine unverzichtbare Forderung an Dolmetscher, die dieser besser selbstverantwortlich nachkommen als sich den von nicht über Dolmetschbedingungen und ihre möglichen Auswirkungen informierter Seite aufgestellten QS-Postulaten unterwerfen zu müssen.

In großen Dolmetscherdiensten wird QS bereits praktiziert. Im Konferenzdolmetscherdienst der Europäischen Union weist das System der Qualitätskontrolle neben den üblichen Messgrößen (Genauigkeit, Treue, Präsentation) auch Faktoren wie z.b. Verhalten (in und außerhalb der Kabine) und Pünktlichkeit auf (vgl. SCIC-Homepage).

6 Übertragbarkeit der QS auf andere Dolmetscharten

In anderen Bereichen, in denen verschiedene Arten des Dolmetschens praktiziert werden (häufig unter dem Begriff *community interpreting* subsumiert), ist die Frage der Qualität der jeweiligen DL bislang noch viel weniger zu beantworten als auf dem Gebiet des Konferenzdolmetschens. Die Kommunikationssituation ist bereits in der monolingualen Situation kompliziert. In der gedolmetschten Situation werden die Schwierigkeiten noch deutlicher, da die Ziele der Kommunikationsbeteiligten, ihre Annahmen, Erwartungen und Wissensbereiche in der Regel noch viel weniger miteinander übereinstimmen.

Selbst die Eingangsqualifikationen für das *community interpreting* sind, zumindest in Deutschland, noch ungeregelt oder werden im Einzelfall festgelegt. Dies gilt insbesondere für das Dolmetschen im Kontext der zweisprachigen gemittelten Kommunikation mit Migranten (Dolmetschen bei Behörden, im medizinischen Bereich), wo bereits die Überprüfung der Sprachkenntnisse eines Dolmetschers eine Hürde darstellt, da für die betreffende Sprache u.U. niemand sonst zur Verfügung steht. Die in diesen Bereichen arbeitenden Dolmetscher haben sehr unterschiedliche Qualifikationsprofile, die vom einschlägigen Hochschulabschluss bis zu lediglich eigenen Angaben über relevante Kenntnisse reichen. Hier kann eine Verbesserung der Situation durch spezialisierte Hochschulausbildungsgänge (vgl. Kalina 2000), aber auch durch Fortbildungsveranstaltungen und fortlaufende Zertifizierung, bewirkt werden. Im Rahmen solcher Maßnahmen ist das Modell des Qualitätsmanagements, wie es hier vorgestellt wurde, geeignet, das Qualitätsbewusstsein bei den beteiligten Dolmetschern zu schärfen und sie anzuleiten, auch selbst Abhilfe zu schaffen, wenn Defizite erkannt werden. Daneben ist es allerdings auch erforderlich, dass die Interessen der Dolmetscher in diesen Bereichen berufsständisch vertreten werden, und auch hierfür bietet das Modell eine Basis. Aus den Faktoren der *peri-* und *in-process*-Phasen des Modells lässt sich außerdem ableiten, dass auch die anderen an der Kommunikation Beteiligten ihren Beitrag zu leisten und *Feedback* anzubieten haben, wenn die Kommunikation gelingen soll. In diesem Bereich erscheint es besonders dringlich, Aufklärungsarbeit bei den Beteiligten über die Bedingungen zu leisten, unter denen der Einsatz von Dolmetschern zum Erfolg der Kommunikation beitragen kann.

Als Fazit kann für die Dienstleistung Konferenzdolmetschen wie für alle Dolmetschdienstleistungen festgehalten werden, dass Qualitätsmanagement alle Akteure einbeziehen muss. Wenn aber die Dolmetscher ihrerseits nicht auf ihre eigene Qualitätssicherung für ihren Anteil am Geschehen verweisen können, wird es für sie schwer sein, die anderen Akteure von der Notwendigkeit zu überzeugen, die Dolmetscherfordernisse stärker zu berücksichtigen.

Bibliographie

Ahn, In-Kyoung (2005): „Pedagogical Considerations of Perspective Coherence Problems in Simultaneous Interpreting as a Result of Linguistic Structure, Illustrated by German-Korean Examples." *Meta* 50-2 Special Edition, 696-712.

Bühler, Hildegund (1986): „Linguistic (semantic) and extra-linguistic (pragmatic) criteria for the evaluation of conference interpretation and interpreters." *Multilingua* 5-4, 231-235.

Gerver, David (1976): „Empirical studies of simultaneous interpretation: a review and a model." Brislin, Richard W. (Hrsg.): *Translation: applications and research*. New York: Gardner Press, 165-207.

Gile, Daniel (1995): *Basic Concepts and Models for Interpreter and Translator Training*. Amsterdam/Philadelphia: Benjamins.

Greßler, Uli / Göppel, Rainer (2002): *Qualitätsmanagement: Eine Einführung*, Troisdorf: Bildungsverlag EINS.

Kalina, Sylvia (1998): *Strategische Prozesse beim Dolmetschen. Theoretische Grundlagen, empirische Untersuchungen, didaktische Konsequenzen*. Language in Performance Bd. 18. Tübingen: Gunter Narr.

Kalina, Sylvia (2002): „Interpreters as Professionals." *Across Languages and Cultures* 3-2, 169-187.

Kalina, Sylvia (2004): „Es gilt das gesprochene Wort ... – Wege der Qualitätsforschung im Dolmetschen." Fleischmann, Eberhard / Schmitt, Peter A. / Wotjak, Gerd (Hrsg.): *Translationskompetenz. Tagungsberichte der LICTRA Leipzig International Conference on Translation Studies, 4.-6.10. 2001*. Tübingen: Stauffenburg, 751-761.

Kalina, Sylvia (2005): „Quality assurance for interpreting processes." *Meta* 50-2 Special Edition, 769-784.

Kopczynski, Andrzej (1994): „Quality in Conference Interpreting: Some Pragmatic Problems." Snell-Hornby, Mary / Pöchhacker, Franz / Kaindl, Klaus (Hrsg.): *Translation Studies - An Interdiscipline. Selected Papers from the Translation Studies Congress, Vienna, 9-12 September 1992*. Amsterdam/Philadelphia, 189-198.

Moser-Mercer, Barbara (1996): „Quality in Interpreting: Some Methodological Issues." *The Interpreters' Newsletter* 7, 43-55.

Pfeifer, Tilo (2001): *Qualitätsmanagement: Strategien, Methoden, Techniken*. München/Wien: Carl Hanser.

Pfitzinger, Elmar (1995): *DIN EN ISO 9000 für Dienstleistungsunternehmen*. Berlin/Wien/Zürich: Beuth.

Pöchhacker, Franz (1994): *Simultandolmetschen als komplexes Handeln*. Language in Performance Bd. 10. Tübingen: Narr.

Pöchhacker, Franz (2002): „Researching interpreting quality: Models and methods." Garzone, Giuliana / Viezzi, Maurizio (Hrsg.): *Interpreting in the 21st Century. Proceedings of the 1st Conference on Interpreting Studies, Forlì, University of Bologna (9-11 November 2000)*. Amsterdam/Philadelphia: Benjamins, 95-106.

Rugor, Regina / Studzinski, Gundula von (2003): *Qualitätsmanagement nach der ISO Norm*. Weinheim/Basel/Berlin: Beltz.

SCIC (Generaldirektion Dolmetschen). „ACI Quality Monitoring."
http://scic.cec.eu.int/aic/quality/serif/report_htm. Zugriff: 2007-01-02.

Seleskovitch, Danica (1976): „Interpretation, a psychological approach to translation." Brislin, Richard W. (Hrsg.): *Translation. Applications and Research.* New York: Gardner Press,
92-116.

Seleskovitch, Danica (1986): „Who should assess an interpreter's performance? – Comment
on Hildegund Bühler." *Multilingua,* 5, 236.

Vuorikoski, Anna-Riitta (2004): *A Voice of its Citizens or a Modern Tower of Babel? The
Quality of Interpreting as a Function of Political Rhetoric in the European Parliament.* Tampere: Tampere University Press.

Wadensjø, Cecilia (1998): *Interpreting as Interaction.* Harlow: Addison Wesley Longman.

Geoffrey Kingscott
Nottingham
Translation quality assessment

[1]The first questions we all need to answer are: Who needs translation quality assessment? And Why?

The answer to these questions is that customers need a way of assessing translation quality. Now that documentation in general, and translation in particular, are becoming important cost factors in industry, customers do need some consistent measurement of the quality of what they are getting. If you are a purchasing officer in industry, and you have to arrange to obtain a million dollars worth of translation – and projects of this size are becoming more and more common – there is no way you can simply take the quality of what you are buying on trust.

But I would also suggest that practitioners of translation need translation quality assessment, otherwise they are going to be ever at the mercy of amateur critics. Nor will the discipline of translation acquire the credibility it needs vis-à-vis customers and users. And most professional practitioners of translation for industry will welcome anything which sorts out the professional practitioners from the ignorant, unqualified and incompetent practitioners of whom there are still too many. And it is good for even the best of translators to have their work tested against some outside criteria.

How do you evaluate the quality of a translation? The traditional answer, if you ask the translation profession, has always been that a translation is evaluated by a second, more experienced translator or reviser, who gives his or her opinion.

But this is hardly an objective method. Because if a text is given to ten professional translators to translate, the actual translations will never be identical, a translator's style being as individual as fingerprints. So too the judgement of one individual reviser may vary from that of another individual reviser.

And the large international companies, the major buyers of translation, are starting to demand more objective methods. In the automobile industry the large manufacturers in the United States have come together to set up working party J2450 to look into this very subject. Kurt Godden's paper in this volume describes this in more detail.

I think those of us in the translation profession also have a responsibility for trying to find ways of evaluating translation quality. It is almost alarming when the initiative is being taken by customers, and not translators.

One cannot say a great deal has been done so far in the translation profession, though there has been some work in translation studies. However, there has

---

[1] Dieser Beitrag ist eine punktuell aktualisierte Fassung eines Vortrags auf der TQ2000, Internationale Fachtagung Translationsqualität, in Leipzig 28./29.10.1999.

been one seminar on this very topic, and that took place in Lisbon on May 28–29, 1998. The seminar was organised by the Instituto Nacional de Administracão with the title Avaliação da qualidade da tradução. But this Leipzig conference is the most important event of its kind so far, and the organisers are to be congratulated on their timely initiative.

I have been researching this subject for some two years (since I was asked to give a paper on the subject at the University of Manchester Institute of Science and Technology), and it seems to me that there are five basic approaches to evaluating translation quality.

The first is the one I have already mentioned, that of subjective assessment by a second person. By its very nature this cannot be an objective method – it very much depends on how good a reviser the second person is, and even on the mood that day of this second person – but at least it is better than nothing.

Everyone who has had translations revised and then sent the revisions back to the original translator knows that the arguments can be interminable. Unless there is a marked difference in experience and seniority accepted by both parties, the first translator will immediately challenge the authority of the second translator. Who is he or she to pontificate? And why should not someone else come along to judge the second translator? Quis custodiet ipsos custodies?

Which brings us to the question of revision. Industrial customers also want to know why it is necessary in translation for every word to be checked by someone senior. "Why not get a better translator who gets it right in the first place?" is the attitude. And what happens if, in this age of specialisation, you have a first translator who is the leading expert in his subject and language direction, and there is no-one else qualified to sit in judgement on his work?

In traditional translation circles, the reviser was always the senior figure. This is the bottom-up approach to revision. But increasingly in industry and translation companies the original translator is the qualified practitioner who is expected to know the subject and produce a near-definitive translation, which is only checked through for completeness (even experienced translators can miss a line or a paragraph as they move through the text), accuracy of figures (translators, finicky about text, are often cavalier with figures, whose importance can be crucial), etc. by a less experienced practitioner. This top-down approach is becoming more widespread, and is certainly a common pattern in my own company. But the reviser in a top-down approach is not qualified to evaluate the actual quality of the translation.

But as the volumes of translation grow, and delivery times become shorter, applying pressure from both ends, and as translation memory and other aids make for greater consistency, new ways of checking will have to be found. These new formula will almost necessarily be based on statistical sampling on the one hand, and some form of automated check routines on the other.

I suggest therefore that, in view of all these factors, subjective assessment by a second person is no longer a suitable basis for objective evaluation of translation quality. It is also impracticable, as there are not enough authority-figures to go round, and they certainly do not want to spend all their time revising work. General Motors can hardly lay down a stipulation that all translation between English and German is to be of a standard found satisfactory by that noted automotive specialist Professor Peter Schmitt of the University of Leipzig!

The second approach to translation quality evaluation is to identify and prescribe the qualifications of the performer of the translation. In this approach, one would stipulate, for example, that only someone with a university postgraduate qualification in translation studies and/or membership of an appropriate professional association (in Germany the Bundesverband der Dolmetscher und Übersetzer [BDÜ], in the UK the Institute of Translation and Interpreting or the Institute of Linguists), or – for (e.g.) pharmaceutical translations – with a pharmaceutical qualification (accompanied by proven fluent source and target language knowledge), should carry out the translation. Such a stipulation does have some benefits, because the disastrous or laughable translations that turn up all too frequently are done by people who are deluded about their own abilities and do not realise just what a difficult and important task translation is. A professionally trained translator does know the pitfalls and will not over-reach himself.

It can also give rise to argument. There will always be the argument of whether the qualifications cited are relevant to the task in hand. One of the main causes of dispute is that dealt with by Professor Wilss in his paper to this conference – whether the subject specialisation is more important than the linguistic qualification. I have heard it argued at a translation conference (opposing the idea that no-one should translate without a postgraduate translation qualification) that no-one should presume to translate a chemistry text unless they have a degree in chemistry.

Ever since I came into the translation profession there have been members of translation associations who have had the dream of restricting exercise of translation to "qualified practitioners", putting the profession on a par with architects or lawyers. Unfortunately for this point of view, in translation for industry, translation practice is changing so quickly, traditional full-text translation is ceasing to be the main paradigm, translation is becoming integrated with other documentation activities upstream and downstream of the translation itself, that the situation is becoming too fluid to be the subject of legislation.

Some people have argued that the changes in translation practice do inval-idate the so-called qualifications, but although this would appear to support my argument, I am not particularly concerned. After all, the medical profession has seen equally dramatic changes (and a shift towards greater specialisation) but we do not invalidate the qualifications of the doctor who took his degree in medicine 20 or 30 years ago.

For me the biggest drawback of the 'qualifications of performer' approach is that it cannot evaluate the end product, the translation, itself. Much translation practice these days revolves round project management, with often whole teams of translators working on a single project. In such circumstances it is end product evaluation which is needed, and that is what we should seek to move to.

A third approach in translation quality evaluation is to apply what I call "constrained procedures". By this I mean that one specifies what procedures must be applied in selecting the translator, carrying out the translation, and checking the end result. If internationally recognised procedures are used, this provides some reassurance to the customer, because many international customers have their own quality assurance procedures which can connect up with those of the translation supplier. There is an International Standards Organisation quality assurance standard for documentation (which includes translation), ISO 9002, and a handful of translation companies, including my own, have qualified for ISO 9002 certification. There is also a German industrial standard, DIN 2345 (Übersetzungsaufträge), specifically dealing with relationships between translation suppliers and their customers, and an Italian one, UNI 10574, on similar lines.

At the 1998 Lisbon seminar on translation quality evaluation, which I mentioned earlier, Valdemar Lopes, of the Instituto Português da Qualidade, gave a paper (Perspectivas de producão de uma normal portuguesa EURODICAUTOM matéria de traducão) stating what criteria would have to be satisfied and what consultations would have to take place before producing a Portuguese standard on translation.

The ISO 9002 procedure cannot evaluate or legislate for the quality of the translation itself. In my opinion and experience 'quality assurance' in this in-stance is something of a misnomer. I would describe ISO 9002 as a consistency-ensuring and responsibility-identifying standard. By requiring that procedures always be followed (and there are inspections to verify this) a certain degree of consistency can be achieved. This is more important in industrial production where ingots or screws or turbine blades must be of identical shape and mass. And everyone who has worked with ISO 9002 can see at every stage the influence of industrial production on which the original quality assurance standards were based. Even the terms used: "Handling, storage and packaging", "Quarantine", "Non-conforming material" betray this origin. The consultant we used to get ISO 9002 certification actually asked us if we had any translation equivalent of calibrating the jigs. As for the responsibility-identifying aspect, every stage has to be signed off by someone, which in itself is not a bad thing, because if anything goes wrong the person responsible can always be identified.

The German standard DIN 2345 takes a somewhat different approach, and is in effect a detailed checklist of what the translation buying company and the translation vendor should put in their contract with each other. The Italian standard is a much more simplified version of this concept.

Another standard which should be mentioned is the Localisation Industry Standards Organisation (LISA) quality standard, which again takes the checklist approach, though I understand that future versions will move more towards creating a basis for metrics.

A fourth approach to translation quality evaluation which I have identified, but which is less easy to describe, is to try to apply what I call the theoretical model of translation. There are scores of books published every year on translation theory, mainly by academics, and every three years all Europe's theoreticians come together in a major conference organised by the European Society of Translation Studies (EST). The traditional theoretical model is that one should look for comprehension of intent and equivalence of response. The comprehension of intent means that the translator must have fully understood the intentions of the author of the source document. By equivalence of response is meant that the translation should have the 'equivalent effect' on the reader of the translation as the original document has on a source language reader. Different languages have different emotional responses, and it is therefore up to the translator to ensure that a warning notice about the side-effects of a medicine, for example, is not dangerously toned down, or irresponsibly exaggerated, in translation. The United States of America is a highly litigious society quick to find fault, and producers of user documentation are very nervous about any possible liability. Consequently in user manuals destined for America warnings need to be stressed, emphasised, SHOUTED at the reader. In British English, on the other hand, and in most European languages, it is sufficient to have them plainly stated.

One theory in translation studies which has attracted much attention in recent years is the so-called Skopos theory, which develops the earlier Reiß-Vermeer thesis in emphasising the purpose of a translation rather than the nature of the source text.

And in my opinion this leads us directly to the fifth and what I consider the most promising approach to translation quality evaluation, that of compliance with specification. Because what I do miss in translation studies – and I do try to follow the arguments – is any mention of the customer. The customer wants a translation for a particular purpose. Again to take an example from pharmaceutical translation – homologation procedures (to get government approval for drugs), information for medical practitioners, instructions for patients, packaging, etc. – all have different purposes, and the purpose determines the way in which the translation is conducted. For example in instructions for patients it is now customary in English to refer to "the doctor" because the patient knows what a doctor is but might misunderstand a term such as "medical practitioner" even though the latter is, pedantically, more correct (since 'doctor' does not differentiate a doctor of medicine from a doctor of philosophy or a doctor of theology). But it would be wrong to refer to a "doctor" in a homologation document.

"Fitness for purpose" is also the most commonly used summary of the aims of quality assurance.

Not every customer will want to provide a specification for every translation, but usually the expectations can be deduced from the type of document. So I and others have argued that the basis for translation quality evaluation must be Purpose-oriented Explicit or Implicit Specification (PEXIS).

An implicit specification would depend on the text type, and it can be said that there are almost as many text types as there are documents. But essentially they do fall into broad categories. I have distinguished six of these: exegesis (where every scrap of meaning in the source text is being teased out), literary works, matching transfers (where the source text and the translation must be strictly equivalent, as in treaties, legal texts, contracts, patents, homologation documents), entertainments (illustrated children's books, for example, or dubbing and subtitling; this category often necessitates some cultural adaptation), instructions (manuals, patient information, etc.) and promotions (advertising and sales material, which again may require cultural adaptation).

Once there is a specification the translation user, possibly in consultation with the translation supplier, can proceed to draw up a series of weighted metrics. The important point to remember here in matching transfers or instructional texts is that the metrics should measure the consequences of the error, rather than the language quality. Translators, even those who write superbly, are notoriously lax with figures, but an error such as "the patient must not eats for two hours ..." is not life-threatening, whereas writing "15 mg" instead of "1.5 mg" is.

A common base for a metric is a scale of 0 to 9 for each error. The "eats" error might rank as "2" or "3" on the scale, but the 15 mg error would rank as an 'X' – i.e., a single mistake which would invalidate the whole of that particular translation. However, in a promotional text the quality of the language is more important, since serious linguistic solecisms create a bad impression on the reader and could lead to loss of business, and then "eats" might rank as a serious "6" or "7" on the scale.

The most serious category of error must always be that of mistranslation, which has been defined by the J2450 working group as "incorrect interpretation of the intention of the original author". The translation user must define from the outset what is an "X" error, i.e. one that is so serious it invalidates the translation. Some mistranslations can be "slightly off the mark" without major consequences. Other error categories can be omission (a continuous block of text in the source language has no counterpart in the target language text), syntactic (wrong construction in the target language, inappropriate word order), terminological (defined as any target language term that violates a client term glossary; or is in clear conflict with de facto standard translation(s) of the source language term in the pharmaceutics field, or is inconsistent with other translations of the source language term in the same document), or misspelling.

The difficult one is "style". Here you have to beware of the IDTISIR syndrome ("I didn't translate it so it's rubbish"). Many translations produced by a professional translator for a company are given to someone in the company who knows, or thinks he knows, the two languages involved, for his opinion on the translation. Every layman who fancies himself as an amateur linguist thinks that, unless the translation matches exactly in style what he would have put, the translation is wrong. The term "IDTISIR syndrome" was coined by one customer who became frustrated that no-one would ever say that a translation was acceptable.

But if something is definitely wrong it will be caught by one of the metric categories, and using metrics forces revisers into being objective. Of course there may be variability in the marking, but a volume of case law quickly builds up, and as experience grows so does the accuracy of the marking. Then quality targets, depending on how critical the quality of the translation is to the company (ten error points per thousand words, say, or even 10 error points per 10,000 words) can be written into translation contracts.

The notion of quality assurance metrics is borrowed from technical writing, where it is fast gaining ground. Proprietary quality assurance systems such as Six Sigma, which is currently becoming very popular in industry in the United States, will lay down precise quality targets. There is no reason the same principles cannot be applied to translation, but only if we can be quite definite we know what a particular translation is for. This means making the customer think about translation, and making the customer more aware of translation problems, and that cannot be a bad thing.

Translations, it must be made clear, no longer belong just to the translators. I have stressed the importance of the customer. But the user is also important. I can foresee in the future that immediate comprehensibility, particularly for instruction manuals, will be a factor to be measured. A text can be beautifully translated by a highly literate translator, perhaps using words such as 'anodyne' or 'curvature' but be quite above the head of the mechanic in the workshop. This is where translation meets up with developments in technical writing, such as the work of Flesch and Gunning in the United States before the Second World War, the Fogg index, comprehensibility testing and reader-oriented writing. There is a school in France today, led by Jean Richaudeau and Louis Timbal-Duclaux, which emphasises clarity of communication as the purpose of technical writing.

More and more original technical documents are being written in a controlled language, where the terminology is restricted and the writing so structured that ambiguity is practically impossible. The controlled language revolution can be expected to continue to grow, because the benefits to both user (comprehensibility) and the documentation manager (modularity, consistency) are evident. And controlled language is far easier to translate than uncontrolled language, and lends itself to increased automation of the translation process (translation memory, machine translation).

Coming from a completely different direction, but with some of the same objects in view, is the campaign for plain language. The Campaign for Plain English has had enormous influence in the United Kingdom, where documents couched in deliberately obscure legalese, or government leaflets written in an opaque style, have practically become a thing of past. In the United States, too, plain English is making great strides, with presidential backing.

We can expect that translators will more and more be expected to take ac-count of comprehensibility to the reader, and that this will form part of specifications for the evaluation of translation quality.

The objective measurement of translation, using some form of metrics, and comparing the translation with the specification for use of the translation, can be applied across the board, to individual full-text translations, to summaries, to adaptations, to team projects, and even to machine translation. The misleading statistics about machine translation that its developers have always liked to use to baffle the unitiated (such as '90% accuracy') can be disregarded and the (fully automatic) machine translation output objectively measured against human translation or computer-assisted translation. After all '90% accuracy' sounds impressive but can mean a mistake in one word in ten, or a mistake in every line, which would be quite unacceptable for human translation.

I think translation quality evaluation is urgently needed, is going to be a major focus of activity in the next decade, and I think that this Leipzig conference will be seen very much as a catalyst.

References

Baker, Mona (1992): *In other words*. London: Routledge.

Bassnett, Susan (1997): "The translation of literature." *The Linguist*, vol. 36, no. 2.

Bell, Roger T. (1991): *Translation and translating, theory and practice*. London: Longman.

EAGLES (Expert Advisory Group on Language Engineering Standards): *EAGLES I final report*. http://www.ilc.pi.cnr.it/EAGLES96/.

EAGLES: *EAGLES II workshop report*. http://www.cst.ku.dk/projects/eagles2.html.

Ebert, Jochen et al. (1997): "Zum Norm-Entwurf DIN 2345 'Übersetzungsvorhaben', eine Debatte." *Mitteilungsblatt*, vol. 43, no. 1.

Embleton, Doug (1992): Chapter "Foreign language publicity material" (includes Embleton's theory of 'the mirror effect' as a way of measuring translation quality). Embleton, Doug / Hagen, Stephen (eds): *Languages in international business*, London: Hodder & Stoughton.

Gouadec, Daniel (1989): *Le traducteur, la traduction et l'entreprise*. Paris: Afnor.

Gutt, Ernst-August (1991): *Translation and relevance, cognition and context*. Ox-ford: Blackwell.

Hatim, Basil / Mason, Ian (1990): *Discourse and the translator*. London: Longman.

Herbulot, Florence (1996): "Quality translations/quality translators." *The Linguist*, vol. 35, no. 2.

Hewson, Lance / Martin, Jacky (1991): *Redefining translation*. London: Routledge.

House, Juliane (1997*): Translation quality assessment, a model revisited*. Tübingen: Gunter Narr.

Kingscott, Geoffrey (1996): Chapter "Providing quality and value." Owens, Rachel (ed.): *The translator's handbook*. 3rd edition. London: Aslib.

Languages Lead Body (1996): *The national standards for interpreting and translating*. London.

Lotfipour-Saedi, K. (1996): "Translation principles vs translator strategies." *Meta*, vol. 41, no. 3.

Magalhães, Francisco José (1996): *Da tradução profissional em Portugal*. Lisbon: Edições Colibri.

Masoud, Mary M.F. (1988): *Translate to communicate*. Elgin: David C. Cook Foundation.

Newmark, Peter (1988): *A textbook of translation*. London: Prentice Hall.

Newmark, Peter (1991): *About translation*. Clevedon: Multilingual Matters.

Newmark, Peter (1992): "Les responsabilités du traducteur." Translated into French by C. Pagnoulle. Pagnoulle, Christine: *Les gens du passage*. University of Liege.

Newmark, Peter (1993): *Paragraphs on translation*. Clevedon: Multilingual Matters.

Permentiers, Jacques / Springael, Erik / Troiano, Franco (1994): *Traduction, adaptation et editing multilingue*. Brussels: TCG Editions.

Rosales Sequeiros, Xosé (1998): "Degrees of acceptability in literary translation." *Babel*, vol. 44, no. 1. Published by John Benjamins BV for the Fédération Inter-nationale des Traduc-teurs.

Snell-Hornby, Mary (1988): *Translation studies, an integrated approach* (particularly the last section, section 4). Amsterdam/Philadelphia: John Benjamins Publishing Company.

Sofer, Morry (1997): Chapter "Translator's self-evaluation." Sofer, Morry: *The translator's handbook*. Rockville: Schreiber Publishing.

Timbal-Duclaux, Louis (19xx): *La qualité des écrits scientifiques et techniques*. 2nd edition. Publication de la Direction des Études et Recherches de l'Électricité de France.

Wedlake, L.J. et al. (1992): *Quality standards and the implementation of technology in trans-lation*. Proceedings of the 14th annual Translating and the Computer conference. London: Aslib.

Zlateva, Palma (1990): Chapter "Translation: text and pre-text 'adequacy' and 'acceptability' in cross-cultural communication." Bassnett, Susan / Lefevre, André (eds): *Translation, his-tory and culture*. London: Pinter Publishers.

Viktorija Osolnik Kunc
Ljubljana
Slowenien – das Land der Kannibalen und Neurotiker[1]
Oder: gibt es so etwas wie Qualitätssicherung
in touristischen Texten?

„Es muss ein wundersames Land sein, dieses Slowenien!"
(Erich Prunč 1993)

1 Translationsqualität

Geleitet durch das Rahmenthema der LICTRA-Konferenz 2006 – der Translationsqualität – drängt sich die Frage auf, wie universal die Qualitätssicherung von Translaten, zum Beispiel durch DIN-Norm und ISO-Normenreihen für Übersetzer, allgemein erreichbar ist.

Die Evaluierung der Translationsleistung (nach Snell-Hornby et al. 1999[2]) muss ein Bestandteil des Translationsauftrages sein; denn die Qualitätskontrolle des Translats muss für den Kunden als Auftraggeber wie auch für den verantwortungsbewussten Übersetzer als Dienstleistenden keine Notwendigkeit, sondern eine Selbstverständlichkeit sein.

In den durch Normen geregelten Fachgebieten wie Wirtschaft, Technik und Wissenschaft, trägt die Evaluierung von Translationsleistungen „zur Rationalisierung, Qualitätssicherung, zum Umweltschutz, zur Sicherheit, zur Verständigung und zur Globalisierung" der Informationsvermittlung bei[2]. Die Sicherung von Qualität ist also unerlässlich – auch im Bereich der Translation –, nicht nur, um die Spreu vom Weizen zu trennen, sondern vor allem, um das Berufsbild der Übersetzer und Dolmetscher und ihre bedeutende, verantwortungsvolle gesell-

---

[1] Der Titel des vorliegenden Beitrages geht auf einen teils gleichnamigen Aufsatz zurück, der im Januar 1993 von Prof. Dr. Erich Prunč aus Graz im Linguistischen Zirkel der Philosophischen Fakultät Ljubljana gehalten wurde. Er soll nach fast anderthalb Jahrzehnten für mich als Slowenin Anlass dazu geben, erneut kritisch auf Probleme der slowenischen Reise- und Wanderliteratur in deutscher Übersetzung einzugehen. Da es zu Prunč' Aufsatz keinen nachweislichen bibliographischen Eintrag gibt, sollen Auszüge aus Prunč' Schmuckstück der satirisch-komischen Übersetzungskritik eines ins Deutsche übersetzten Reiseführers zu Slowenien anstelle von Beispieltexten eine Collage zum vorliegenden Thema darstellen. Während der Kreis der Übersetzungskritiker, vor allem für Übersetzungen aus dem Englischen und da besonders im Bereichen Literatur und Film, in Slowenien langsam wächst, fehlt eine Tradition der Übersetzungskritik von Gebrauchstextsorten bzw. Fachtexten in oder aus anderen Fremdsprachen, darunter auch dem Deutschen. Erich Prunč ist einer der wenigen, die auf dem Gebiet der slowenisch-deutschen Übersetzung ein kompetentes Urteil zum Thema abgeben können. Die Assoziationen der gewählten Auszüge werden für den slowenienunkundigen Leser, wo notwendig, in Anmerkungen erläutert.

[2] Vgl.: http://www.din.de.

schaftliche Rolle zu unterstreichen und damit gute Ausbildungsstätten für Translatoren zu fördern.

Man kennt Evaluierungsmethoden, die im Prozess der Erledigung des Übersetzungsauftrages berücksichtigt werden (z. B. der Einsatz der in der Übersetzerausbildung erlernten Evaluierungskriterien, meist nach therapeutischen oder diagnostischen Ansätzen (nach Hönig 1999[2]) oder die Qualitätskontrolle nach der DIN-Norm), weitere, die in der letzten Phase der Fertigstellung der Übersetzung eingesetzt werden (z. B. das Lektorat) sowie schließlich jene, die nach Fertigstellung bzw. Publikation der Übersetzung angewandt werden (z. B. die Übersetzungskritik), um zur (Auto)Reflektion anzuregen.

In der Fortsetzung soll auf die Frage hingearbeitet werden, inwiefern Qualitätssicherung in Übersetzungen von touristischen Texten stattfindet und welchen Stellenwert das Übersetzen von tourismusbezogenen Texten, wie zum Beispiel Reise- und Wanderliteratur, im Rahmen der Übersetzerausbildung und bei den Auftraggebern hat.

2 Touristische Texte[3]

Man kommt „auf diese[n] Teil der Erdkugel" nur in „guten Stunden", in schlechten macht man lieber einen Bogen um dieses „Reservat der Unabhängigkeit und des blockfreien Zusammenlebens".[4]
(Prunč 1993)

Es ist augenscheinlich eindeutiger von Qualitätssicherung in standardisierten Fachbereichen wie der Technik zu sprechen, als das „Standardisierte" in der Reise- und Wanderliteratur zu suchen. Aber auch wenn touristische Texte häufig auf Reizen und Eindrücken aufbauen und durch ihre textuellen Funktionen der Information, des Appells, der Obligation und des Kontakts die Rezipienten explizit bzw. implizit dazu verleiten wollen, sich vom Beschriebenen überzeugen zu lassen, ist die Qualitätskontrolle hier von großer Bedeutsamkeit.

In deutschen Übersetzungen slowenischer Reiseführer oder -prospekte wurde dieser Aspekt im vergangenen Jahrhundert häufig vernachlässigt (da es an Revisionen oder Kritiken mangelt, erleben einige dieser Produkte noch heute Nachauflagen). Um diesem Manko entgegenzuwirken wurde das Übersetzen von touristischen Texten in den letzten Jahren zum Bestandteil der Ausbildung von

---

[3] Der Terminus *Text* wird an dieser Stelle sehr undifferenziert und verallgemeinernd verwendet.

[4] Das heute selbständige Slowenien, das noch vor mehr als anderthalb Jahrzehnten dem blockfreien jugoslawischen Staatenbund angehörte, kann aufgrund seiner Kleinheit innerhalb von gut zwei Stunden von den Alpen im Norden und Nordenosten des Landes, angrenzend an Österreich und Italien bis an die Adriaküste bzw. Kroatien und Italien durchreist werden.

Übersetzern und Linguisten in Slowenien. Als Teil der translatorischen Kompetenz sind für das erfolgreiche Übersetzen von Reise- und Wanderliteratur besonders die muttersprachliche Kompetenz und die Sensibilisierung für den Zusammenhang von Text und Kultur von Bedeutung, wie dies bei scheinbar unproblematischen Informationen, wie zum Beispiel Angaben zu Unterkunft und Ausstattung, zu Verkehrsmitteln, zu kulturellen Einrichtungen und natürlichen Sehenswürdigkeiten, besonders zum Ausdruck kommt (siehe dazu auch Osolnik Kunc 2007).

Wie schnell das Alltägliche zum heiligen Wunder umgedeutet werden kann, soll anhand eines Auszuges aus Prunč' Aufsatz verdeutlicht werden, wo er zwar in leicht überspitzer Form aber doch nicht so realitätsfern darstellt, was man immer noch in so manch einem übersetzen Reiseführer an Informationen findet:

> *Sie, lieber Leser, sind wahrlich ein Genie im Vergleich zu diesen Hinterwäldlern, die glauben, es sei heute eine technische Errungenschaft, wenn es Ihnen „Der Fernsehempfänger ermöglicht ... sich mehrere verschiedene Programme auszusuchen" und „sich selbstverständlich auch die Ausstrahlung von Satelliten- und anderen TV Programmen durch Kabel" „in einem unausweichlichen Anmarsch befindet".*
> (Prunč 1993)

Der Grund, warum slowenische Ausgangstexte (AT) in ihrer fremdsprachigen Übersetzung häufig ein Schmunzeln, manchmal aber auch noch mehr als das, hervorrufen, liegt im typischen slowenischen Charakter, dem Herz des AT. Der Leib mit Herz als AT erscheint folglich für den Rezipienten manchmal wie ein gespenstisches Konstrukt; ein Leib ohne Herz bedeutet aber den Tod des AT. Und das Dazwischen kann vielleicht durch Qualitätssicherung gerettet werden.

3 Slowenien – das Land auf der Sonnenseite der Alpen

> *Es ist das Land eines verkrüppelten, oder, wie es heißt, „eines eigenwüchsigen Volkes" zusammengeschmolzen auf einen „Schnittpunkt der Slawen mit den Germanen und Romanen", in einem Brennpunkt der römisch-katholischen, protestantischen, orthodoxen, aber auch der moslemischen Region" und „gleichzeitig auch am Kreuzungspunkt aller bestehenden außerpolitischen Richtungen und Gruppierungen der Welt".[5]*
> (Prunč 1993)

Mal abgesehen davon, dass Slowenien noch immer (häufig) mit Slowakien (bzw. der Slowakischen Republik) verwechselt wird, was sich seit der Einfüh-

---

[5] Immer wieder ist in slowenischen Reisetexten davon zu lesen, dass Slowenien den Schnittpunkt, Brennpunkt oder die Kreuzung der Wege, Geschichten, Religionen und Kulturen Europas darstellt. Gemeint ist aber in den meisten Fällen, dass Slowenien durch seine zentrale geographische Lage in Europa nicht nur ein Transitland bzw. ein Bindeglied zwischen Ost und West darstellt, sondern ein Land ist, das durch seine geographische Beschaffenheit und die unterschiedlichen geschichtlichen Einflüsse von allem etwas besitzt.

rung des Euro in Slowenien zu Jahresbeginn 2007 nun ändern soll, wie der slo-
wakische Regierungschef in seiner Rede zum Eurowillkommensgruß in Ljubljana erklärte, bleibt Slowenien das „Land auf der Sonnenseite der Alpen"[6].

Slowenien liegt in Mitteleuropa und ist seit seiner Abspaltung von dem ehema-
ligen jugoslawischen Staatenbund 1991 ein selbständiger und unabhängiger
Staat und seit 2004 ebenfalls Mitgliedstaat der Europäischen Union. Bei einer
Landesfläche von 20 256 km^2 und einer Einwohnerzahl von 2 Millionen nimmt
Slowenien im Verhältnis Fläche/Einwohnerzahl den Weltranglistenplatz 141
(Dönicke 2005:513ff.) ein. Die angrenzenden Länder Sloweniens sind Öster-
reich, Italien, Ungarn und Kroatien (dazu mehr bei Osolnik Kunc 1997).

Slowenien ist zweifelsohne ein interessantes Land, das durch seine Menschen,
seine Geschichte und die mit ihnen verbundenen Ereignisse sehr viel Mut und
Stolz, aber auch Eitelkeit ausstrahlt. Begriffe, die spürbar sind und nicht nur in
der slowenischen Dichtung und schönen Literatur wahrzunehmen sind, sondern
auch in der slowenischen Reise- und Wanderliteratur, die einem bekanntlich
vieles über Land und Leute, Sitten und Gewohnheiten, sowie über Natur- und
Kultursehenswürdigkeiten sagen. Der slowenische Stolz, be stehend aus dem
Selbstbehauptungsdrang und -kampf oder der manchmal schon unerträglichen
Eitelkeit, geht auf die Geschichte Sloweniens als kleinem Volk zurück, die nir-
gends unerwähnt gelassen wird, wie man vor allem in Geschichtsschreibungen,
Reiseliteratur und bei Ausstellungen (vgl. dazu auch Rehder 1999:175f.) fest-
stellen kann. Gerade der Stolz der Slowenen, der vor allem in werbeorientierten
Texten eingebunden wird, wirkt für den germanischen Leser verfremdend.

Ja, Slowenien ist wirklich ein Land, das es nicht geben kann und deshalb wohl auch
nicht mehr gibt. Das mag auch der hoch verehrte und hochlöbliche Verfasser meines
heiß geliebten Reiseführers erkannt haben, wenn er sein letztes Kapitel „Zum Gedenken
an das Land und seine Menschen" betitelte.
(Prunč 1993)

4 Spezielle Aspekte in der slowenisch-deutschen Übersetzung von Reise- und Wanderliteratur

Wie Schmitt (1999^2) betont, muss klargestellt werden, welche allgemeinen und
speziellen Aspekte von Qualitätssicherung in Form von Qualitätsebenen und
-kriterien in einer Übersetzung vom Übersetzer erreicht werden sollten und was
sie darstellen.

Die Qualitätsbeurteilung in Übersetzungen kann durch verschiedene Aspekte
bzw. konkrete Vorgaben spezifiziert werden. Als empfehlenswert sehe ich die

---

[6] Der Slogan entstand vor mehr als zwei Jahrzehnten. Heute noch wird Slowenien in verschiedenen Werbetexten gerne damit identifiziert, auch wenn die slowenische Regierung
eher erfolglos Bemühungen anstrebt durch frische, neue Slogans unverwechselbar auf dem
Markt aufzutreten.

Berücksichtigung der sprachlichen Grundfunktionen im Ausgangstext (AT) und
Zieltext (ZT) nach Möhn/Pelka (1984), die Vielfalt der Interferenzen (siehe dazu Kupsch-Losereit 1999²), die Kundenorientierung und die kulturspezifischen
Aspekte des AT und ZT, auf die an dieser Stelle nicht näher eingegangen werden soll. Eine Prise davon soll lediglich Prunč' (1993) nächster Auszug sein.

> *A propos slowenische Schlachtung. Die Slowenen sind scheinbar wirklich Kannibalen.*
> *Darf ich Ihnen das kurz erklären: Sie kennen einen international unbekannten Beruf,*
> *den der Heimatwerker. Was soll das, werden Sie, aufmerksamer und geneigter Leser*
> *sofort fragen, was hat das denn mit Kannibalismus zu tun. Mitnichten. Wenn Sie nach*
> *Slowenien fahren, werden sie „einen Teil des Heimatwerker" – so heißt es wörtlich,*
> *und ich lüge nicht „auch in Spezialgeschäften des Unternehmens DOM finden. "*[7]
>
> (Prunč 1993)

Als konkrete Standardisierung können speziell für slowenische ATe, Orts- und
Sachnamen (näheres dazu in Grah/Klinar 2005³ und Grah 2002) vorgeschlagen
werden.

Bei dem Einsatz slowenischer Ortsnamen in deutschen Texten ist der zeitliche
Kontext von großer Bedeutung. Die slowenische Hauptstadt Ljubljana wird in
einigen deutschen und vor allem in österreichischen Texten gerne als Laibach
(deutsche Entsprechung) angeführt, was aber aus slowenischer historischer
Perspektive nicht duldbar ist. Es ist unschwer zu erkennen warum, man erinnere
sich nur an die immer noch stattfindenden Bemühungen um die zweisprachigen
Ortstafeln im österreichischen Kärnten. Über Ljubljana spricht man in deutschen Texten mit einem historischen Kontext bis Mitte 19. Jh. als Luwigana, in
Texten mit historischem Kontext ab Mitte 19. Jh. bis 1918 als Laibach und in
Texten mit Gegenwartsbezug als Ljubljana. Deutsche Paralleltexte, in denen
slowenische Ortsnamen unkritisch verwendet werden, müssen in diesem Zusammenhang außer Acht gelassen werden.

Für eine Standardisierung von Sachnamen werden nach Grah (2002) folgende
Bereiche vorgeschlagen: Kirchennamen, Straßennamen, Namen von Zeitungen
und Zeitschriften, Namen von Galerien und Museen, Namen von Berghütten,
Namen politischer Institutionen und Verwaltungsorgane und Namen von Hoch-
schuleinrichtungen. Im Bezug auf Bauwerke schlägt Grah (2002) die Standardisierung von Burgen, Schlösser, Palais; Krankenhäusern und Sakralbauten; Bil-

---

[7]   Mit dem *Heimatwerker* ist der „proizvajalec domače obrti" gemeint, ein Syntagma mit
      Nulläquivalenz im Deutschen. Es handelt sich dabei um eine Person, die meistens von
      Hand Produkte und Erzeugnisse herstellt, die als Nachbildungen des slowenischen Kultur-
      erbes zu sehen sind. Hierzu zählen vor allem kunstvoll angefertigte Holz- und Marmor-
      utensilien oder Kunstwerke der Schmiedekunst, Klöppelspitzen und vieles andere, was Sit-
      te, Brauch und Tradition widerspiegelt. Verkauft wurde das Beschriebene lange Zeit in den
      bereits zu Zeiten Jugoslawiens existierenden Fachgeschäften für Produkte und Erzeugnisse
      des slowenischen Volks-, Kultur- und Naturerbes des Unternehmens DOM, das es heute
      aber kaum mehr gibt.

dungs- und Kultureinrichtungen; Brücken und Brunnen; Türmen und Toren, Denkmälern, Bürgerhäusern und Sonstiges vor, wozu sie z. B. römische Mauerreste, markante Gebäude oder Deckengemälde zählt.

Und was ist das Fazit? Der vorliegende Beitrag will durch Kritik und Spiegelbilder wohlwollend darauf aufmerksam machen, wie wichtig auch die Qualitätssicherung in touristischen Texten ist, die größtenteils sehr kultur- und sprachenspezifisch zu betrachten ist und nur zu einem geringeren Anteil sprachenübergreifend Standardisierungsvorschläge für Qualitätssicherung aufnehmen kann. Für eine Ausarbeitung der Qualitätskriterien bedarf es noch vieler Untersuchungen, die vielleicht in den angeführten Denkanstößen eine Fortsetzung finden. Touristische Texte betreiben nun mal aus wirtschaftlicher Perspektive nicht nur Werbung für ein Land, sondern, und dies ist viel wichtiger, geben ein Urteil über das Land und seine Leute ab, indem sie es im „Spiegelbild" der Übersetzung darstellen. Prunč (1993) stellt in seinem Aufsatz abschließend fest:

> *Hört' die Moral von der Geschicht*
> *und merkt euch was ich sag:*
> *Ein Tropf nur willigt immer ein,*
> *die Qualität beginnt beim „Nein".*

Bibliographie

„DIN Deutsches Institut für Normung e.V." http://www.din.de (27.6.2007).

Dönicke, Kerstin (Redak.) (2005): *Harenberg aktuell 2006. Das Jahrbuch Nr. 1. Daten – Fakten – Hintergründe.* Rheda-Wiedenbrück, Gütersloh: RM-Buch-und-Medien-Vertrieb.

Grah, Käthe (2002): *Slovenska stvarna imena v nemških besedilih. Slowenische Sachnamen in deutschen Texten.* Ljubljana: Znanstveni inštitut Filozofske fakultete.

Grah, Käthe / Klinar, Stanko (2005[3]): *Slovenski toponimi v nemških besedilih.* Ljubljana: Filozofska fakulteta Univerze v Ljubljani, Oddelek za germanistiko.

Hönig, Hans G. (1999[2]): „Humanübersetzung (therapeutisch vs. diagnostisch)." Snell-Hornby, Mary et al. (1999[2]) (Hrsg.) 378–381.

Kaindl, Klaus (1999[2]): „Übersetzungskritik" Snell-Hornby, Mary et al. (1999[2]) (Hrsg.) 373–378.

Kupsch-Losereit, Sigrid (1999[2]): „Interferenzen" Snell-Hornby, Mary et al. (1999[2]) (Hrsg.) 167–170.

Möhn, Dieter / Pelka, Roland (1984): *Fachsprachen. Eine Einführung.* Tübingen: Niemeyer.

Osolnik Kunc, Viktorija (1997): *Krieg in Slowenien. Eine Analyse der Berichterstattung der Ereignisse in Slowenien aus der Sicht der österreichischen Tageszeitungen Die Presse, Kleine Zeitung und Neue Kronenzeitung und der Einsatz semantischer Mittel bei dem Verständnis für die politischen Ereignisse.* Diplomarbeit. Ljubljana: FF, Oddelek za germanske jezike in književnosti, Grah.

Osolnik Kunc, Viktorija (2006): *Fachkommunikative Verständlichkeit in der Verwaltungssprache. Dargestellt am Deutschen und Slowenischen.* Hamburg: Kovač.

Osolnik Kunc, Viktorija (2007): „Ein Plädoyer zum Übersetzen im Rahmen einer Auslandsgermanistik." DAAD (Hrsg.): *Germanistentreffen. Deutschland. Süd-Ost-Europa. Bonn 2006.* Daemisch Mohr: Siegburg 333–349.

Prunč, Erich (1993): *Slowenien – Das Land der Kannibalen und Neurotiker (Das Bild der Slowenen im Spiegel der Übersetzung).* Vortrag im Linguistischen Zirkel der Philosophischen Fakultät, Ljubljana, am 13.1.1993.

Rehder, Petra (1999): *Slowenien.* München: Beck.

Schmitt, Peter A. (1999²): „Qualitätsmanagement." Snell-Hornby, Mary et al. (1999²) (Hrsg.) 394–399.

Smith, Veronica (1999²): „Werbetexte." Snell-Hornby, Mary et al. (1999²) (Hrsg.) 238–242.

Snell-Hornby, Mary / Hönig, Hans G. / Kußmaul, Paul / Schmitt, Peter A. (1999²) (Hrsg.): *Handbuch Translation.* Tübingen: Stauffenburg.

Sigrid Kupsch-Losereit
Heidelberg
Zur Evaluierung von Übersetzungen: Parameter der Bewertung

Ziel der Evaluierung einer Übersetzungsleistung ist die Beurteilung des *Endproduktes*. Dieses Endprodukt kann eine im Unterricht geschriebene Klausur, eine Prüfungsarbeit oder eine für die Arbeitswelt, d. h. im Kontext einer realen und authentischen Aufgabenstellung angefertigte Übersetzung sein. Nun gibt es für die jeweilige Domäne bereits entwickelte, recht unterschiedliche Evaluierungsmethoden und Bewertungskriterien.[1] Man geht dabei jeweils von unterschiedlichen Zwecken, einer unterschiedlichen Modellierung übersetzerischer Leistungen und folglich auch von unterschiedlichen Kriterien für die Qualität einer Übersetzung aus. Offenkundig besteht bezüglich der Bewertung übersetzerischer Leistungen ein Unterschied, ob die Übersetzung in der universitären Lehre im Zusammenhang mit übersetzerischer Kompetenzentwicklung im Unterricht steht oder in der Praxis aus Rezipienten- bzw. Auftraggebersicht den Zweck einer bestimmten kommunikativen Funktion erfüllen muss. Angesichts dieser Lage erscheint es sinnvoll, allgemeine, für alle Bereiche gültige Parameter der Bewertung aufzustellen, die für die Qualität einer Übersetzung entscheidend sind.

Ausgangspunkt der Überlegungen ist die Fehlerbeschreibung (1.) in Übersetzungen aus pädagogischer (persönlichkeits- und subjektorientierter), linguistischer und prozessorientierter Sicht, die in der Lehre bei der Ausarbeitung von Evaluierungsmethoden und für didaktische Vorgehensweisen eine große Rolle spielt.[2] Es zeigt sich, dass die Ergebnisse der klassischen Fehleranalyse für die kommunikative Übersetzung in der Praxis kaum zu gebrauchen sind. Daher möchte ich einen interaktionell-interkulturellen übersetzungstheoretischen Rahmen (2.) skizzieren, der Grundlage ist sowohl für die Beurteilung translatorischer Fehlleistungen als auch der Qualität einer Übersetzung. Auf der Basis dieses übersetzungstheoretischen Konzepts, das auf diskursive Praktiken in zeit- und kontextabhängigen Situationen abzielt, erfolgt die Beschreibung von Parametern zur Bewertung von Übersetzungen (3.). Das Instrumentarium der Evaluierung basiert auf funktional-pragmatischen, kulturtheoretischen sowie textuell-diskursiven Kriterien (4.).

---

[1] Im Themenheft „Evaluation and Translation" von *The Translator* 2000/2: 137-148, 149-168 und 169-182 beschreiben mehrere Artikel die unterschiedlichen Ansätzen, Modelle und Verfahren zur Bewertung und zur Qualität von Übersetzungen.

[2] Die prozessorientierte Evaluierung im Sinne der Standardisierung von Übersetzungsdiensten, z. B. DIN EN 15038 und ISO 9001:2000, bleibt unberücksichtigt.

1 Problematik der Fehlerbeschreibung

In der rein pädagogischen Übersetzung als methodischem Hilfsmittel zur Überprüfung fremdsprachlicher Kenntnisse geht es darum, bestimmte Fehlertypen aufzustellen, nach lernpsychologischen Ursachen auszuwerten und deren Korrelation zum jeweiligen Lernstadium zu ermitteln. Fehler werden als linguistische Beschreibungskategorie betrachtet, die ausschließlich das Richtig oder Falsch des grammatisch-lexikalischen Regelmechanismus' erfasst, nicht das Richtig oder Falsch des produzierten Textes (vgl. Gerzymisch-Arbogast 1997:574 zur Kritik an textlinguistisch orientierten Bewertungen). Der kontrastlinguistische Sprachvergleich macht die Qualität von Übersetzungen fest an „Grammatik, Inhalt, Orthographie " (so noch Lee-Jahnke 2005:128). Formal gleiche und durchaus korrekte Formulierungen in Ausgangstext (AT) und Zieltext (ZT) können jedoch andere Sachverhalte benennen, gegen Sprachkonventionen verstoßen oder unterschiedliche kommunikative Wirkung haben. Sie berücksichtigen weder die Sprech- oder Handlungsabsicht und den Adressaten des Textes noch handlungs- und situationsgebundene unterschiedliche Formulierung und Formtradition im AT und ZT (vgl. Kupsch-Losereit 1986:12f.).

Der prozessorientierte Ansatz im Studium der Translatoren geht häufig von einer summativen Evaluierung der Leistung aus. Dabei werden Arbeitsprozesse und Schemata des translatorischen Handelns (Verarbeitung von Textmerkmalen, Verstehensprozesse, Schwierigkeitsgrad der Übersetzung, inhaltliche Kohärenz der Übersetzung etc.) zugrunde gelegt. Übersetzerische Vorgehensweisen, kognitive Strategien und Übersetzungsprinzipien werden aus der Perspektive des Translators beurteilt. Als eingeschränkt hilfreich hat sich auch die formative Evaluierung herausgestellt, wie sie z. B. an der Universität Genf praktiziert wird mit dem Lastenheft und dem Fragebogen zur Selbstevaluierung der Studierenden, die auftretende Schwierigkeiten und Fehler dokumentieren (vgl. Lee-Jahnke 2005:127-129). Sie sollen die Translationskompetenz der Studierenden und dadurch die Qualität von Übersetzungen verbessern, wobei die Maßstäbe und die Gewichtung für die Fehlerbewertung in allen Details von den Dozenten bereits vorher festgelegt werden. Es geht offenbar eher um eine Beschreibung einzelner translatorischer Fehlleistungen und deren Korrelation zum jeweiligen Lernstadium als um eine objektive Klassifizierung bestimmter Fehlertypen. Eine solche lernorientierte Fehleranalyse setzt also eine Identifizierung von Fehlern immer schon voraus, sucht nach den Ursachen, nicht der Wirkung bzw. den Folgen von Fehlern.

2 Übersetzungstheoretischer Rahmen

Neuere übersetzungstheoretische Arbeiten gehen von der These aus, dass die Funktion der Übersetzung in einem bestimmten situationellen Kontext vorrangig im Hinblick auf den zielsprachlichen Empfänger und die interaktionsrelevante Konstellation des Kulturkontaktes bestimmt wird. Diese theoretische Perspektive wird gestützt durch genuin funktionale und handlungsorientierte translatologische Studien (vgl. bereits Reiß/Vermeer 1991[2] und Snell-Hornby 1994[2]) sowie durch Anregungen aus der Ethnographie und der postkolonialen Forschung, die in der Übersetzungswissenschaft (ÜW) die sog. kulturelle Wende einleiteten, d. h. eine Umorientierung vom Text zu Handlungsabläufen, welche in interkulturellen Situationen und Kontexten erst initiiert werden (vgl. Bachmann-Medick 2004 und Wolf 2003). Übersetzen ist keine rein sprachlich-textuelle Kulturtechnik, sondern ein Handeln, das Kulturorientierung als Filter der Verständigung fordert und sich dynamisch von Zielkultur- und Zielrezipientenseite her definiert.

Damit erfolgt sowohl eine Abkehr von den Kulturkonzepten der Interkulturellen Kommunikation, die Kulturen als abgrenzbare, homogene, determinierte Blöcke von in sich geschlossenen und isolierten kulturellen Systemen betrachtet (zur Kritik an den Kulturkonzepten der Interkulturellen Kommunikation s. Moosmüller 2004:49-54.) als auch eine Umorientierung vom Text zu diskursiven Praktiken in historischen Zusammenhängen und kontextabhängigen Situationen (vgl. Wolf 2003:87).

Die Übersetzung stellt eine neue Beziehung her zwischen sprachlichen Wissensbeständen und situations- und gesellschaftsspezifischen Handlungs- und Denkmustern, zwischen *scenes & frames* des AT und dem durch Bedürfnisse und Erwartungen, Normen, Wertvorstellungen, Konventionen und Zwängen bestimmten Diskurs einer anderen Sprachgemeinschaft (vgl. Kupsch-Losereit 1997:250-253). Sie ist das Resultat eines Vermittlungsprozesses, bei dem die unterschiedlichen Situationen von AT und ZT zielorientiert in Beziehung gesetzt und zeitabhängig aktualisiert werden. Damit wird der AT auf Grund neuer diskursiver Bedingungen rekonstruiert / rehistorisiert / umgedeutet / verändert / übersetzt / neu gelesen / verhandelt (Näheres hierzu Kupsch 2007:207ff.).

In der kultursensitiven Übersetzung werden somit durch den Kontextwechsel permanente Umdeutungen vorgenommen, Diskurse unter konkreten kulturellen Bedingungen aktualisiert und an translatorischen Zielsetzungen ausgerichtet.[3] Aussagen über das textgebundene Übersetzungsresultat und dessen Qualität sind solchermaßen nur zu treffen im Rahmen der situations- und interaktionsrelevanten Konstellation des Kulturkontaktes sowie des Wirkungszusammenhangs zwischen AT, Übersetzungsauftrag und Funktionsgerechtigkeit d. h. der Brauchbarkeit des Translats für den Rezipienten (sofern dieser zum Adressatenkreis gehört).

Translatorisches Handeln muss als kulturell geprägte dialogische Interaktion und Reaktion auf kulturelle Unterschiede gedacht werden, das zudem immer häufiger in Echtzeit stattfindet. Hieraus ergibt sich, dass die Nutzung elektroni-

---

[3] Die Kulturtransferforschung hat den Translator als Vermittlungsinstanz beschrieben, welche die intentionalen und kontextuellen Kräfte der Bedeutungsfixierung im AT ausschaltet und damit einen Transfer kultureller Elemente ermöglicht; grundlegend dazu Lüsebrink (2004) und Bachmann-Medick (2004).

scher Arbeitsmittel in aller Regel Voraussetzung für die skoposadäqua-
te/kundengerechte Qualität einer professionellen Übersetzung ist.

Mit diesem produkt- und resultatorientierten Ansatz sowie dem neuen Paradigma einer offenen Kultur sind bereits die übersetzungstheoretischen Voraussetz-
zungen und – implizit – die daraus gewonnenen Kriterien genannt, welche die
Bewertung einer Übersetzung ermöglichen.

3 Parameter der Bewertung

Die oben vorgestellte kultursensitive funktionale Theorie des Übersetzens hat
den Vorteil, dass sie sich weder nur auf Textverhältnisse (Sprachregeln, Ausdrucksinventare, Inhaltsinvarianz) noch nur auf außersprachliche Praxisbezüge
(Textfunktion, Situation, Adressatenspezifik, politische/wirtschaftliche/sozio-
kulturelle Faktoren) einlässt, sondern das Sprachhandeln den jeweiligen aktuellen diskursiven Bedingungen der Äußerung unterordnet. Eventuelle Kommuni-
kationsprobleme werden an den tatsächlichen Handlungsabläufen in gegebener
interkultureller Situation festgemacht. Kulturelle Differenzen einerseits und
globale Enträumlichkeitsprozesse mit der Aufhebung nationaler Blöcke und
Grenzen andererseits verlangen neue Übersetzungs- und Aushandlungspraktiken
und infolgedessen ein weitergehendes übersetzungswissenschaftliches Analyse-
vokabular.

Die Fragen, die sich der Übersetzer zunächst stellen muss, lauten: bleiben der
Mitteilungszweck und die Funktion des AT erhalten oder wie werden sie verän-
dert? In welchem Umfang entscheidet die Adressatenspezifik und die kulturge-
bundene Fremdwahrnehmung über die Ausdrucksformen (Text-, Satz- und
Wortebene), die sich situativ und partnerbezogen an den Konventionen des
Sprechens und Handelns der Adressaten orientieren. Die Beurteilung einer
Übersetzung hängt folglich zum einen von der Beachtung des vorgegebenen
Übersetzungsziels ab.[4] Sie verdankt sich zum anderen gleichermaßen Kontex-
tualisierungshinweisen, die angeben, wie das Ausgedrückte verstanden werden
kann/soll und empfängerspezifischen Kriterien, die kulturelle Differenzen in den
translatorischen Handlungszusammenhang einbeziehen. Aus den beschriebenen
übersetzungstheoretischen Prämissen ergeben sich Bewertungskriterien, die für
alle Textebenen gelten.

3.1 Funktionsgerechtigkeit

Der Transferzweck wird meist festgelegt durch einen präzise formulierten und
angemessenen Übersetzungsauftrag, wobei die Angemessenheit des Auftrags
darin besteht, dass die Funktion einer sprachlichen Handlung (wozu wird übersetzt?) und die konkrete Bedürfnisschilderung des Auftraggebers/Adressaten
(für wen wird übersetzt?) innerhalb der spezifizierten Situation beschrieben

---

[4] Nach Nord (1994:366), ist ein Übersetzungsfehler „eine ‚Nicht-Erfüllung' des Übersetz-
zungsauftrags in bezug auf bestimmte funktionale Aspekte".

wird. Voraussetzung des Übersetzens ist, dass die Textpragmatik gemäß der Textvorgabe kulturspezifisch mögliche und angemessene Zielvorgaben macht. Die zweckgerichtete Verwendung sprachlicher Mittel und Formen, z. B. einer kulturspezifischen Realisierungsform von Kaufangebot oder Vertragsverpflichtung, erweist sich erst im Text/Diskurs als exakt bestimmbar. Abschließend werden der gesamte Text und auch Übersetzungseinheiten – das können Einzellexeme und Syntagmen sein – auf ihre Funktionsgerechtigkeit geprüft und das Translat dementsprechend beurteilt.

3.2 Kulturspezifische Texterwartungen

Der Rezipient macht zum Textverstehen bereits vor der Lektüre Annahmen über den zu erwartenden Text, die Textsorte und mögliche Inhalte. Daher sollte der Translator so übersetzen, dass er den Erwartungen seiner Leser von dem gelieferten Produkt gerecht wird. Diese Erwartungen, die von Zeiten, Kulturen, Gemeinschaften, abhängig sind, werden auch maßgeblich bestimmt durch die Beziehungen der Partner zueinander, den Einstellungen gegenüber der Ausgangskultur, durch kulturelle, berufliche oder persönliche Konstellationen (sozialpragmatische Faktoren). Die Erfüllung der Texterwartung schlägt sich bei einer guten Übersetzung v. a. in der inhaltlichen und formalen Textstruktur nieder, die eine Verständigung in einem neuen Kontext erst ermöglicht, aber auch in der kulturspezifischen Verbalisierung bestimmter Sprechhandlungen wie z. B. Einladung, Gruß, Informationen geben oder fordern.

Hansen (2007:117-119) kritisiert stichhaltig Auffassungen, welche die „Gebrauchstauglichkeit" eines ZT – d. h. eines ZT, der ausschließlich definierte Erwartungen und festgelegte Anforderungen/Erfordernisse erfüllt – als einziges Qualitätskriterium ansehen[5].

3.3 Textsorte und Gebrauchsnormen

Das textuelle Wissen schließt Kenntnisse ein von kulturspezifischen Textmustern, Vertextungsnormen und -konventionen sowie der unterschiedlichen Gebrauchsnormen.[6] Unterschiede im Textaufbau und der Textgestaltung steuern und beeinflussen das Textverstehen der Rezipienten erheblich. Der Text als Repräsentant einer bestimmten Textsorte gibt an, welche Art von Handlung mit Hilfe des Textes ausgeführt werden soll.[7] Daher spielt die Textsorte als Orientierung eine große Rolle, die unmittelbar eine Interpretation des Textes in einer Kommunikationshandlung und damit die Verständlichkeit erst ermöglicht.

---

[5] Eine extreme Auffassung vertritt z. B. auch Chesterman (1997:152), der nur die Einhaltung der „expected norms" postiv bewertet.

[6] Zu kulturell geprägten Textsortenkonventionen sowie zur Kulturgebundenheit multimedialer Texte vgl. Kupsch-Losereit (2002).

[7] Zu Textsorten und den entsprechenden Handlungsanweisungen vgl. Hajnal (2005:231-233).

Unterschiedliche Gebrauchsnormen, zu denen habituell gebrauchte explizite sprachliche Äußerungen und kommunikativ-angemessene Formeln gehören, manifestieren sich in der Verwendung von Phraseologismen und Sprichwörtern, von Nominalisierungen, von Aktiv- oder Passivformen. So ist die im Chinesischen übliche Benutzung von Sprichwörtern in Fachtexten im Deutschen unangemessen und fehlerhaft.

3.4 Textkohärenz

Die kulturspezifischen Texterwartungen in Bezug auf die Textsorte steuern und beeinflussen die Kohärenzbildung und damit das Textverstehen, denn der französische/chinesische/deutsche Leser versteht den Text jeweils aus seiner eigenen Geschichtlichkeit heraus. Obwohl also Kohärenz keine Eigenschaft des Textes ist, sondern das Ergebnis kognitiver Prozesse des Lesers (s. Resch 1997:272), kann sie inhaltlich und thematisch als semantisches Netzwerk in der Übersetzung nachgewiesen werden. Textkohärenz zeigt sich also nicht nur in Lexik und Syntax (so Gerzymisch-Arbogast 2001:232f), sie findet ihren Niederschlag in der handlungsbezogenen, situationell adäquaten Gestaltung des Zieltextes, der Informationsverteilung, den Normen des Sprachgebrauchs in einer bestimmten Verwendungs- bzw. konkreten Äußerungssituation (vgl. Resch 1997). Textkohärenz ist daher ein wichtiger Parameter zur Bewertung v. a. dann, wenn kulturspezifische Muster und Realia im AT Zusatzinformationen bzw. Erklärungen im ZT benötigen oder Nichtgesagtes/Implizites für praktische Handlungszusammenhänge verbalisiert werden muss, um dem Leser ein kohärentes Textverstehen zu ermöglichen. Der Begriff umfasst somit auch die mit Hilfe kompensatorischer Strategien verständlich gemachten Inhalte des AT, die der Zielkultur fremd/unbekannt sind.

3.5 Textdynamik

Die Textdynamik umfasst neben der Organisation von Informationen im Text, also der Thema-Rhema-Abfolge und der Themenprogression, die textuelle Neuorganisation der Inhalte nach Handlungsablauf, die Argumentationsstruktur, die unterschiedliche Schichtung der Varietäten und die unterschiedliche Abfolge/Verknüpfung von Teiltexten (z. B. in der Makrostruktur von Gerichtsurteilen). Selbst bei standardisierten Textsorten (wissenschaftlicher Aufsatz, Beipackzettel, Vertrag) gibt es große Unterschiede in der Textdynamik, denn häufig werden Redundanzen, Fokussierungen, Gliederungssignale, Umstellungen notwendig, damit der Text kohärent erscheint.

Die Textdynamik bezieht sich aber auch auf das kulturspezifische Handeln und Wissen über die betreffenden Wirklichkeiten und Welten, die durch die Texte expliziert oder implizit aktualisiert werden. Erst eine an kulturspezifischen Praktiken und deren Rückwirkung auf das sprachliche Handeln in interkulturellen Situationen orientierte Übersetzung ist Garant für die Qualität einer professionellen Übersetzung.

3.6 Kontextwechsel

Im Gegensatz zu hermeneutischen Verfahren, die den Kontext und die Intentionen des AT konstruieren, besteht die Strategie des Translators darin, die Intentionszuschreibung des ursprünglichen Kontextes zu vernachlässigen – da dieser für die aufnehmende Kultur meist irrelevant ist – und durch einen Kontextwechsel neue sinnstiftende Relationen herzustellen. Der Kontextwechsel bezieht sich auf Zeit und Ort der Übersetzung, auf die politischen, ideologischen, religiösen, sozialen Umstände und den kulturellen Erfahrungshintergrund. Der ZT muss Ausdrucksformen finden, die sich kontextuell und situativ an anderen Wertvorstellungen, historischen Erfahrungen, Alltagspraktiken, Interaktionsarten, Normalitätserwartungen, prototypischen Vorstellungen, anderem Wissen und anderen Interessen, anderer Sozialisationen orientieren als der Rezipient des AT. Der Empfänger des ZT liest vorderhand den Text aus seiner Perspektive als Originaltext und nicht als Produkt eines sprachlichen Transfers. Daraus resultiert die Forderung nach Beachtung des Kontextwechsels als Bewertungskriterium für die Übersetzung (vgl. Brunette 2000:177-179).

3.7 Verständlichkeit und Interpretierbarkeit

Die Lesbarkeit des ZT ist ein heikles Kriterium der Bewertung. Besonders deutlich wird das, wenn man die vernichtenden Urteile zu diesem Kriterium für literarische Übersetzungen liest: „Judgements about quality are mostly vague, subjective and unsubstantiated" (Vanderschelden 2000:287) oder wenn gesprochen wird von *ad hoc* Urteilen wie etwa „flüssiger Stil", „stilistisch geschickte Formulierung", „stilistisch gelungen", „flüssiger Stil" (Gerzymisch-Arbogast 1997:575; noch schärfer urteilt House 1997:116 und 119). Die eher der klassischen Rhetorik als der ÜW zugehörenden Kriterien der Lesbarkeit wie etwa Klarheit, Genauigkeit und Wirkung, übernimmt Chesterman (1997:150-156) abgewandelt als translatorische Werte für Übersetzungsqualität: clarity, truth, trust and understanding.

Verständlichkeit des ZT beginnt bei der Titelgebung, der Lexik und Idiomatik, den Gliederungssignalen oder der thematischen Progression. Besonders verständnisstörend wirkt ideologische Sprache, so etwa, wenn das sowjetrussische Signifikans *bratskaja pomošč* wörtlich und euphemistisch mit ‚brüderliche Hilfe' und nicht situationsadäquat mit ‚Okkupation der ČSSR' wiedergegeben wird. Verständlichkeit muss hergestellt werden auf Grund veränderter Situationen und Kontexte; so werden z. B. die deiktischen Angaben „cette année" und „ici" im ZT zu einer genauen Jahresangabe (z. B. „2007") und zum Referenzobjekt „Frankreich" bzw. „westliche Demokratien". In der Zielkultur ungekanntes sozio-kulturelles und literarisches Hintergrundwissen wird kompensiert, etwa durch ausführliche Paratexte, erläuternde Ergänzungen, Paraphrasen oder typografische Akzidentien. Angemessene übersetzerische Informationsintegration und Wissensrepräsentation sind daher eine wesentliche Bedingung für Translationsqualität.

3.8 Zielmedium und Medienabhängigkeit

Das Zielmedium umfasst die Bedingungen und Konventionen des Mediums (Textgestalt, grafische Darstellung etc.) sowie eventuelle Einschränkungen auf einen bestimmten Rezipientenkreis. Die nach translatorischen Zielvorgaben zweckgerichtete und adressatenspezifische Verwendung sprachlicher Mittel und Formen ist also auch medienabhängig.

In einer Zeit der Kulturüberlappung, des weltweiten Handels, der internationalen Zusammenarbeit und global vernetzten Informationen hat sich mit dem Übersetzungsmarkt und der rasanten Entwicklung neuer Sprachtechnologien auch Berufsbild und Arbeitsmethode von Translatoren verändert, von denen nunmehr Medienkompetenz erwartet wird. Zunehmend werden Texte als Paralleltexte in verschiedene Sprachen übersetzt, so dass die den Übersetzungsprozess unterstützende Translationstechnologie in der interfachlichen Kommunikation – technische Dokumentation, Webseiten, Musterverträge etc. – unentbehrlich ist (zum vielfältigen Einsatz der Translationstechnologie vgl. Sandrini 2005). Moderne elektronische Arbeitsmittel/Software ermöglicht Textlokalisierung, die Prüfung von kulturspezifischen Standards, Normen und Formaten, von Terminologiekonsistenz Abgleich von Textabschnitten bzw. Textsegmenten (translation memories) und fachsprachlicher Phraseologie, den Zugriff auf Textdatenbanken, mehrsprachige Glossare und Korpora, elektronische Archive, Dokumentensammlungen, Terminologie einzelner Firmen oder Organisationen. Alle diese elektronischen Ressourcen bieten eine unverzichtbare Möglichkeit zur Qualitätskontrolle.

3.9 Sprachliche Konventionen

Die Übersetzung wird als konkrete Äußerung nur innerhalb eines kommunikativen Handlungszusammenhangs wirksam. Sie hat bestimmte Zwecke zu erfüllen, z. B. Wissen übermitteln, Handlungen fordern oder koordinieren, wirtschaftliche Erfolge herbeiführen, zwischenmenschliche Beziehungen aufbauen oder – in fiktionaler Literatur – Realität auf einen neuen Sinn hin überschreiten. Eine Fehlerbewertung, die im Bereich der Regelkompetenz mit dem Begriffspaar richtig-falsch operierte, muss eine hierarchische Umstrukturierung erfahren, um der vorgegebenen Zielsetzung einer kultur-dynamischen und funktional-kommunikativen Übersetzung gerecht zu werden. Das Entscheidende ist, dass die Übersetzung

- ihre Funktion im kommunikativen Handlungszusammenhang auf Textebene (Makro- und Mikrostruktur) erfüllt,

- vom Empfänger des Textes verstanden, als kohärent in sich und mit seiner Situation interpretiert werden kann,

- eine Aktualisierung situativ, kontextuell und kulturspezifisch determinierter Ausdruckskonventionen ermöglicht, indem fremde Elemente in neuen Zusammenhängen angeeignet werden und

• einzelsprachliche Vertextungskonventionen von Sprechakten und Handlungsmustern überschreitet.

Die Bezugsgröße für die Identifizierung eines Fehlers sind letztendlich nicht sprach- und kulturspezifische Normen und Konventionen an sich, sondern die durch Vorgaben und in der konkreten Interaktion erforderlichen sprachlichen Ausdrucksformen auf Textebene. Die Nicht-Einhaltung solcher zielsprachlichen Realisierungen, z. B. in AT-orientierten Texten oder bei dokumentarischem Übersetzen, ist folglich nicht automatisch als Fehler zu bewerten.

4 Schlussbetrachtung

Die genannten Kriterien der Bewertung stellen keine Hierarchie der Parameter oder starre Klassifizierung von Merkmalen auf. Die Bewertungsskala ist in Abhängigkeit zu sehen von der jeweiligen, eingangs erwähnten Domäne (akademische Lehre, publizierte Übersetzungen, Übersetzen für die Praxis), den kulturellen/interaktiven Rahmenbedingungen mit ihren Präsuppositionen, der Funktionszuschreibung, der Textart, dem Medium.

Die von uns eingenommene reduktionistische Sicht auf die Übersetzung als Produkt und eigenständigem Text gelangt zu Bewertungskriterien, die in der jeweiligen Kontakt-/Übersetzungssituation für die Partner situations- und interaktionsrelevant sind. In der Übersetzung wird Verschiedenheit (der Sprachformen, Diskurse, Lebensstile, symbolischen Ausdrucksformen und -möglichkeiten, expliziter und textimpliziter Bezüge) spannungsreich artikuliert und produktiv gemacht. Sie wird nicht assimiliert, sie wird nicht verleugnet, sie wird beobachtet, benannt und dann – wenn nötig – „verhandelt".

Das neue Paradigma einer offenen Kultur, in der Übersetzen verstanden wird als dynamische Verbindung zwischen verschiedenen Sprachen und Kulturkontexten[8], hat überdies entscheidende Auswirkungen auf den Kriterienkatalog der Evaluierung von Übersetzungen. Die pragmatische Kontextualisierung von Sinn und Bedeutung sprachlicher Zeichen hat nämlich jegliche Prämisse der Bedeutungsäquivalenz und der Repräsentation als feste Beziehung zwischen Sprache und Welt erschüttert. Der Parameter Äquivalenz von Lexik, Syntax, Pragmatik und Stilistik (so House 2001:252) taugt nicht mehr zur Bewertung, wenn es beim Übersetzen nicht um die Textualisierung eines AT, sondern um dessen Kontextualisierung bzw. Dekontextualisierung geht. In diesem Prozess werden sozial-pragmatische Faktoren (s.o.), diskurspragmatische Aspekte (Anredeverhalten, Gesprächsführung, Verhandlungsstil, Begrüßungs- und Abschiedsrituale) sowie pragma-semiotische Faktoren (visuelle Signale und Bildelemente) aus ihrem Kontext genommen, in einen anderen verschoben und nicht im gleichen Maß handlungsorientiert interpretiert werden wie im AT.

---

[8] Renn (2002) belegt in empirischen Untersuchungen die Notwendigkeit von Übersetzungen im Sinne einer „Kulturübersetzung".

An die Stelle der bekannten Übersetzungskriterien Original, Treue, Äquivalenz, Adäquatheit, Repräsentation treten neue Leitvorstellungen. Leitvorstellungen, die sprachenpaarspezifisch operationalisiert werden können und sich zur Evaluierung von Übersetzungen eignen, wie etwa: Unterschiede im Sprachhandeln und Weltwissen der AT- und ZT-Adressaten, diskursive Bedingungen der Äußerung, Vermittlung durch Aushandeln, kulturelle und diskursive Differenz und dynamische Beziehung. In einer Zeit der ökonomisch-technischen Homogenisierung einerseits und der gesellschaftlichen Heterogenität und Fragmentierung sowie der Fundamentalisierung von Differenz andererseits muss translatorisches Handeln als ein reziproker Veränderungs- oder Erweiterungsprozess gedacht und bewertet werden.

Bibliographie

Bachmann-Medick, Doris (2004): „Multikultur oder kulturelle Differenzen? Neue Konzepte von Weltliteratur und Übersetzung in postkolonialer Perspektive." Bachmann-Medick, Doris (2004) (Hrsg.): *Kultur als Text. Die anthropologische Wende in der Literaturwissenschaft.* Tübingen/Basel: A. Francke Verlag, 262-296.

Brunette, Louise (2000): „Towards a terminology for translation quality assessment: a comparison of TQA practices." *The Translator* 6 (2), 169-182.

Chesterman, Andrew (1997): „Ethics of translation." Snell-Hornby et al. (1997): 147-157.

Gerzymisch-Arbogast, Heidrun (1997): „Wissenschaftliche Grundlagen für die Evaluierung von Übersetzungsleistungen." Fleischmann, Eberhard et. al. (1997) (Hrsg.): *Translationsdidaktik. Grundfragen der Übersetzungswissenschaft.* Tübingen: Gunter Narr, 573-579.

Gerzymisch-Arbogast, Heidrun (2001): „Equivalence parameters and evaluation." *META: Journal des traducteurs. Translator's journal* 46 (2), 227-242.

Hajnal, Ivo (2005): „Textsortenäquivalenz in mehrsprachigen Unternehmenspublikationen." Zybatow (2005): 221-245.

Hansen, Gyde (2007): „Ein Fehler ist ein Fehler...oder? Der Bewertungsprozess in der Übersetzungsprozessforschung." Wotjak (2007): 115-131.

House, Juliane (1997): *Translation quality assessment. A model revisited.* Tübingen: Gunter Narr.

House, Juliane (2001): „Translation quality assessment: linguistic description versus social evaluation." *Meta: Journal des traducteurs. Translator's journal* 46 (2), 243-257.

Kupsch-Losereit, Sigrid (1986): „Scheint eine schöne Sonne? oder: Was ist ein Übersetzungsfehler?" *LES* 31 (1), 12-16.

Kupsch-Losereit, Sigrid (1997): „Übersetzen als transkultureller Verstehens- und Produktionsprozess." Snell-Hornby et. al. (1997): 248-260.

Kupsch-Losereit, Sigrid (2002): „Die kulturelle Kompetenz des Translators." *LES* 47 (3), 97-101.

Kupsch-Losereit, Sigrid (2007): „Ver-rückte Kulturen: Zur Vermittlung von kultureller Differenz." Wotjak (2007): 205-220.

Lee-Jahnke, Hannelore (2005): „Unterrichts- und Evaluierungsmethoden zur Förderung des kreativen Übersetzens." *LES* 50 (3), 125-132.

Lüsebrink, Hans-Jürgen (2004) (Hrsg.): *Konzepte der Interkulturellen Kommunikation. Theorieansätze und Praxisbezüge in interdisziplinärer Perspektive.* St. Ingbert: Röhrig Universitätsverlag.

Moosmüller, Alois (2004): „Das Kulturkonzept in der Interkulturellen Kommunikation aus ethnologischer Sicht." Lüsebrink (2004): 45-67.

Nord, Christiane (1994): „Aus Fehlern lernen: Überlegungen zur Beurteilung von Übersetzungsleistungen." Snell Hornby, Mary et al. (1994) (Hrsg.): *Translation Studies: An interdiscipline.* Amsterdam: Benjamins, 363-375.

Reiß, Katharina / Vermeer, Hans J. (1991[2]): *Grundlegung einer allgemeinen Translationstheorie.* Tübingen: Niemeyer.

Renn, Joachim et al. (2002) (Hrsg.): *Übersetzung als Medium des Kulturverstehens und sozialer Integration.* Frankfurt/N. Y.: Campus.

Resch, Renate (1997): „Ein kohärentes Translat - was ist das? Die Kulturspezifik der Texterwartungen." Snell-Hornby et al. (1997): 271-281.

Sandrini, Peter (2005): „Translationstechnologie - Überblick und Aussicht." Zybatow (2005): 203-219.

Snell-Hornby, Mary (1994[2]) (Hrsg.): *Übersetzungswissenschaft – eine Neuorientierung. Zur Integration von Theorie und Praxis.* Tübingen: Francke.

Snell-Hornby, Mary et al. (1997) (Hrsg.): *Translation as intercultural communication. Selected papers from the EST Congress - Prague 1995.* Amsterdam: Benjamins.

Vanderschelden, Isabelle (2000): „Quality assessment and literary translation in France." *The Translator* 6 (2), 271-293.

Wolf, Michaela (2003): „‚Cultures' do not hold still for their portraits. Kultureller Transfer als ‚Übersetzen zwischen Kulturen'." Celestini, Federico / Mitterbauer, Helga (2003) (Hrsg.): *'Ver'-rückte Kulturen. Zur Dynamik kultureller Transfers.* Tübingen: Stauffenburg, 85-98.

Wotjak, Gerd (2007) (Hrsg.): *Quo vadis Translatologie? Ein halbes Jahrhundert universitäre Ausbildung von Dolmetschern und Übersetzern in Leipzig. Rückschau, Zwischenbilanz und Perspektiven aus der Außensicht.* Berlin: Frank und Timme.

Zybatow, Lew N. (2005) (Hrsg.): *Translatologie – neue Ideen und Ansätze.* Innsbrucker Ringvorlesungen zur Translationswissenschaft IV. Frankfurt: Peter Lang.

Christopher Kurz
München
Translation Quality Management at SDL International

Opinions and understanding of what constitutes translation quality can differ from one translator to another. Although criteria for translation quality are outlined in standards such as DIN EN 15038 (previously DIN 2345) which is a standard especially designed for the translation industry, concepts of and approaches to translation quality management nevertheless can and do vary significantly between language service providers (LSP), producing equally varying results and satisfaction levels for clients.

SDL International has developed over the years a sophisticated quality management system to ensure translation quality of a very high standard, and proof of its effectiveness can be seen in the long list of global clients in all sectors who trust SDL to deliver quality translations in volume on a daily basis.

Described below are some of the processes employed at SDL International to ensure a consistently high level of translation quality.

1 The pre-translation process

At SDL, the starting point for quality translations is the quality of the translators. Translation services at SDL are provided by a dedicated in-house team of over 700 full-time staff translators, integrated closely with a network of over 10,000 freelance translators. Projects are typically handled by a combination of in-house and freelance translators working together and sharing knowledge and skills. With this balanced team, SDL is able to localize into the full range of languages and subjects required by clients.

All SDL's translators are native speakers of their target languages. Great emphasis is placed on using in-country translators in order to ensure linguistic and cultural integrity, and to reinforce this principle SDL has established an expanding network of wholly-owned in-country 'translation' offices, called SDL Network Offices. All these Network Offices are centred around a Translation Department staffed by permanent SDL in-house translators and managed by a dedicated Translation Manager.

1.1 Recruiting translators

SDL employs a strict selection process for in-house translators and freelance translators. The vetting and hiring process uniform throughout SDL to ensure global consistency of standards.

For candidates who want to work as in-house translators in a SDL Network Office with the status of *SDL employee*, the qualification process begins with off-site translation tests which are designed to test different areas of linguistic skills, and to establish the candidate's level of technical and localization knowledge. The tests are evaluated using a rating system which assesses areas such as accuracy, terminology, style and understanding of source text, in order to provide an objective view of the candidate's ability in the context of the requirements for professional translators working at SDL. As the next step in the process, successful candidates are invited to SDL offices and asked to take timed on-site translation tests. This is followed by an on-site interview. In addition to translation ability as reflected in the translated page, SDL also evaluates the translator's methodology and focuses on how the translator approaches his or her work. In short, the recruitment process is designed to identify translators with outstanding linguistic ability, subject knowledge, technical and organizational skills and the right approach to their work.

For SDL's *freelance translators*, the vetting and hiring process is administered by the central Vendor Management Group, working in close co-operation with the Network Offices which have responsibility for identifying and developing high-calibre freelances based in their territories. This ensures that the process is applied consistently for all freelance candidates, no matter what language.

As the first step to working with SDL, all freelances must take off-site translation tests. Freelances who succeed in the tests are then required to provide detailed information about their experience, availability, knowledge of tools, etc. This data is added to the SDL Freelance Database, which is centrally controlled by the Vendor Management Group, for use by all SDL offices.

1.2 Training of translators

The best way to ensure that specific translation quality processes are observed is to train translators so that they know these processes inside out. For this reason, SDL focuses constantly on training its employees, regardless position and experience. The company has a mentoring system and structure for ongoing training and development. All translators report to a line manager who is responsible for monitoring performance and giving feedback on a daily basis. Development of translators is measured formally through a Continuous Development Analysis (CDA) system, which is used for all staff members. Operated by Translation Managers, the system ensures that the individual translator is being developed consequently and that training, both in terms of applications and processes, is taking place. Individuals and managers are assessed on their compliance with and knowledge of processes and procedures. Objectives are set by managers to ensure that individuals are actively progressing. The CDA system has been designed to itemize all key steps in the translation quality process.

An important element in this system is the SDL Trados certification program that ensures that SDL employees can fully use the whole range of program features that SDL tools (such as SDLX or Trados) offer and can thus benefit from the versatility of these programs.

For SDL's freelance translators, the Vendor Management Group is also responsible for educating new freelances in SDL's translation processes and expectations. Freelances are provided with a comprehensive guide which defines SDl's way of working with external translators, plus an SDL style guide for their language which sets out the company's linguistic parameters. The large team of inhouse translators also spends time ensuring that freelances are properly trained when working together on the same project.

2 The translation process

2.1 Basics

SDL aims to provide its clients with translations which convey the original meaning accurately, and which are linguistically correct, complete and appropriately adapted to national requirements. To achieve this aim, the translation processes have been designed to ensure that there is a constant focus on quality from the asset evaluation at the very start of the project through to final sign-off by the translators. Great emphasis is placed on quality at source, based on the concept of flaw prevention rather than remedy.

2.2 Evaluation and planning

Evaluation of source assets is the first stage of the localization process and serves both to confirm the scope of the project and to plan appropriate resources and methodology for the upcoming work. During evaluation, all available material is reviewed, and key terminology and subject matter information are identified. SDL works closely with the client at this stage to ensure that there is full and correct understanding of the client's requirements. Selection of the right translation resources for specific accounts and projects is based on a thorough understanding of the source contents and assets. Before the project starts, SDL obtains from the client any previously localized material such as approved Translation Memories (TMs), Terminology Termbases and other forms of reference material essential for producing a quality translation.

Another area to focus on with clients before the project starts is the process for query management, which is also important for achieving quality translations. SDL works with its clients to agree an optimum way to document and send queries which are essential to the translators' accurate understanding of the source text.

Selection of translators to work on a specific project is the responsibility of the Translation Manager. A Lead Translator is selected for each language in the project, and each Lead carries primary responsibility for the linguistic quality of their project.

2.3 SDL Lead Translator

The Lead Translator is the individual translator responsible for all linguistic elements for his or her language, and so bears ultimate responsibility for quality on the project. Working closely with the SDL Project Manager, Lead Translators are allocated to a project from start to finish, taking charge of all linguistic quality checks. Lead Translators are responsible for selecting and preparing any additional translators required for the project and then for monitoring the performance of the translation team during the project. The Lead Translator manages the questions-and-answers process for the translation team. Lead Translators are expected to work directly with the language specialists on the clients' side, in particular with regard to query management.

Lead Translators and other members of the translation team are selected on an account basis. Once allocated, they work consistently on the client's account. In this way, they develop an intimate familiarity with the required terminology and style, and their detailed knowledge of the client's products and messages contributes significantly to the creation of translations which are accurate and fully localized for end-users. It is standard practice for Translation Managers to allocate a Lead Translator and a back-up Lead Translator for all accounts to make allowance for holidays, etc. In general terms, SDL's principles when resourcing translators for accounts are always to ensure consistency of selection and to prevent unnecessary dilution of knowledge and risk to quality through involving too many translators in an uncontrolled manner.

SDL also ensures that all project information is formally recorded using the internal enterprise management system. This includes the *project handover* document which the Lead Translator completes and which contains all relevant information for the project e.g. client's linguistic preferences, reference material/websites, TM/termbase usage, deadlines, project managers etc. This document guarantees that all vital information is always at hand and accessible for all members of the project translation team.

2.4 Terminology

It is the responsibility of the Lead Translator in each language to ensure that terminology in glossaries supplied by the client is fully understood and applied correctly and consistently by all members of the translation team throughout the life of the project. The Lead Translator is also responsible for notifying to the client any new terms not in the glossaries, inconsistencies, etc.

If required by a client, SDL is also able to create terminology glossaries designed to define those terms deemed specific to the client's product, or crucial to acceptance of the product in its target markets. The Lead Translator in each language is responsible for the translation of these terms, which are then sent to the client's reviewer for comment and approval.

2.5 Style guidelines

Parallel to their responsibility for terminology, Lead Translators are responsible for understanding and fully implementing any style guidelines specified by the client. Lead Translators must ensure that all the members of the translation team adhere at all times to the appropriate style requirements of the project and accurately reflect national standards and conventions.

2.6 Materials Delivery Sheets (MDSs)

These are internal process checklists created by the SDL Project Manager and Translation Manager at the start of the project and are designed to record the lifespan of the project through to completion. They are customized to include a full list of the process tasks and all quality control checks to be completed before hand-off to the client, and are signed off by the Lead Translators at the end of the project as its validation. Client-specified checks are incorporated into the MDS to reflect the client's requirements during the localization process.

2.7 Translation stage

All translation tasks are performed by SDL's integrated translation team of in-house and freelance translators. All relevant reference material, evaluation reports, and any instructions and guidelines supplied should be read and fully understood by the translators, to avoid any re-working. The Lead Translators work closely with their translation teams, managing queries, distributing information and ensuring consistency on an ongoing basis. In addition, the Lead Translators can also utilize the knowledge of source- and target-language subject matter experts identified by SDL in order to ensure that the intended meaning of the text is accurately conveyed.

SDL translators use SDL Trados to perform their translations. With SDL Trados, they are able to carry out concordance searches of multiple translation memories (TMs) to ensure that the new translation is consistent with prior translations for the client. Translators can look up partial sentences or specific terms in the TM, allowing them to maintain a very high degree of consistency. This consistency is critical for a high quality translation, as the client's translations should contain the same corporate and unified language throughout all documents translated in the same language. Apart from the TM, the translator also uses SDL Trados to access and apply the termbase that contains the client-specific terminology that must be used for the translation. A locally stored MultiTerm termbase or a MultiTerm online termbase (often provided and maintained directly by the client) can be applied to a single file for translation, guaranteeing the correct application of the client's terminology.

After the translators have finished their translations, they must check their work thoroughly before submission for review in line with the principle of quality at source. They must run a list of checks on their translation, for example a spell check, grammar check, both of which are incorporated in SDL Trados, as well as checks for any missing or double spaces, m- or n-spaces. In addition, the translator utilizes other checking tools such as a number check tool that compares the numbers in the source text to the numbers in the target text, and creates a validation log for the translation. Only after completing these steps does the translator print out the translation and carry out a final check on paper. At this point, the translator signs off the MDS (Material Delivery Sheet) checklist, confirming that the necessary checks have been carried out.

2.9 Review stage

This is one of the most important linguistic quality checks carried out by the Translation Department at SDL. Review consists of the editing and proofing of the entire completed translation by the Lead Translator for each language on the project, as a 'second pair of eyes'. During the review stage, the Lead Translators draw on their knowledge of the product which they have built up from the very start of the project, especially in the area of terminology.

The primary objectives of the review are to verify the correctness, completeness and usability of the translation, and to remove any inconsistencies in the translation. The translation is also checked to ensure the coherence of the language as a stand-alone text. Special attention is paid to any late terminology changes or client answers to queries raised during the translation stage. The Lead Translator verifies consistency by checking the translation against the entries in the TM and in the termbase. The Lead Translator also runs the same automated quality checks as the translator, such as the spelling, grammar, space and number checks. The Lead Translator also utilizes the QA-check tool, another feature of SDL Trados. Designed to ensure the correct use of approved terminology, it compares target text terms used in the translation with the target text terms contained in the termbase. For example: If the termbase contains the translation unit (i.e. a pair of words that correspond to each other) *lamp* and *Leuchte* and the translator used the word *Lampe* instead of *Leuchte*, the QA-check will create a report, stating that the word used in the translation (*Lampe*) is wrong because in the termbase the English word *lamp* corresponds to the German word *Leuchte*. The tool is an easy and effective means to check terminology consistency throughout an entire translation job.

Finally, the Lead Translator signs off his or her part of the MDS to confirm completion of all required checks. The Lead Translator also passes feedback on any changes to the original translator for future development and continuous improvement.

3 The post-translation process

The files translated and reviewed by SDL's team are then sent to the client for their own review and sign-off. Any comments or changes made by the client reviewer are inserted into the translation by the Lead Translator and the TM is updated again in SDL Trados.

Once translated and reviewed files have gone through the full translation process described above and have been handed off to the DTP or Engineering Departments in SDL for assembly (formatting or building), the Lead Translator for each language performs a linguistic QA check to ensure that the integrity of language is still intact in all files as they move through the stages of the DTP/Engineering assembly process. During this linguistic QA check process, the Lead Translator completes relevant check items in the associated Material Delivery Sheet (MDS). Any bugs are reported in a database (for UI and help) and as annotations on PDF files (for DTP material, such as user manuals), to be fixed by the project Lead Engineer or Lead DTP Specialist. As the final step in the linguistic QA check process, the Lead Translator performs the Language Sign-Off (LSO) to ensure that all reported linguistic bugs are closed satisfactorily, and signs the MDS, in line with the concept of Lead Translator responsibility for the quality of the translation from the start to the end of the project.

4 Translation QA evaluations

In addition to the quality procedures built into the project translation process described above, SDL operates a separate Quality Evaluation System to measure translation quality in order to ensure the effectiveness of its translation quality processes and translators. The Translation Manager organises regular evaluations of work by all members of the Translation Department to ensure that consistent quality standards are achieved for translation and review. These evaluations are recorded using a standard template, focusing on key areas such as accuracy, terminology and style. Translations are graded according to predefined metrics and the results used to measure translation quality, as well as to provide essential feedback for development.

In conclusion, at SDL International much time and effort has been invested in developing a sophisticated and extensive translation quality management system, which is constantly being validated in order to ensure that the quality expectations of SDL's clients continue to be met in this age of accelerating globalization.

Wladimir Kutz
Leipzig
Wie tickt der Profi?
Zur kognitionspsychologischen Prädisposition
für professionelles Dolmetschen

1 Hypothese

In diesem Beitrag wird der kognitionspsychologische Aspekt der Dolmetsch-kompetenz angesprochen und damit gewissermaßen die Frage nach dem Wurzelwerk, dem unsichtbaren Teil des Baumes gestellt, dessen sichtbarer Teil das Dolmetschen als Produkt darstellt.

Der wichtigste Faktor für die Gewährleistung professioneller Qualität bei der Translation ist zweifellos das Subjekt: der handelnde Mensch und seine beruflichen Fähigkeiten. Das oftmals unterschiedliche Leistungsniveau von Dolmetscherstudenten dürfte z. B. oft durch verschiedenes kognitives Steuerungsvermögen der Studierenden bedingt sein. Im Leipziger Kompetenzmodell der Dolmetschdidaktik wird daher als kognitionspsychologische Prädisposition und als Handlungsbasis für die praktische Dolmetschkompetenz ein entsprechendes Konzept postuliert – ein **dolmetschspezifischer Stil der Informationsverarbeitung.**

Uns geht es dabei um individuell und gruppenbezogen „bevorzugte Arten der Informationsaufnahme und -verarbeitung", um „perzeptive Stile" (Clauß 1986:318). In der Tat offenbart selbst ein oberflächlicher Umgang mit gestandenen Konferenzdolmetschern, dass sich viele Menschen dieser Berufsgruppe durch eine scheinbar selten nachlassende geistige Wachheit, durch bis an die Grenze der Nervosität reichende Schnelligkeit sowie rezeptives Einfühlungsvermögen, hohe Antizipation, Freude am Kontakt, am Parlieren und Schauspielern auszeichnen. Auch die Anzahl der Themen- und Stimmungswechsel kann als überdurchschnittlich häufig bezeichnet werden. Im Übrigen scheinen ähnliche charakterliche Prädispositionen oder Berufsauswirkungen auch in anderen Bereichen zu bestehen, wie eigene Beobachtungen an Lehrern, Richtern, Offizieren, Malern, Handwerksmeistern usw. belegen. Ein Zusammenhang zwischen den wohl einzigartigen Vollzugsbedingungen des Dolmetschens und seinen dafür erforderlichen kognitionspsychologischen Eigenschaften könnte daher allenfalls angenommen werden.

2 Analyse: Forschung kognitiver Stile

Die bisherige Forschung beschreibt eine Anzahl mehr oder minder einheitlich definierter kognitiver „Stile" – oder, genauer ausgedrückt, kognitiver Stilelemente –, über die ein gewisser Konsens besteht. In der unten angegebenen Liste sind diese fett markiert. Neben ihnen sind kognitive Stilelemente zu verzeichnen, deren Status derzeit in geringerem Maße allgemein anerkannt ist:

1. **Feldabhängigkeit** – Pole: feldabhängig/feldunabhängig nach Witkin (1965, 1978): Einzelreize sind schwer/leicht lösbar vom Hintergrund, aus der Masse des Erlebbaren, ein Item wird ausreichend/unzulänglich „aus dem Feld herausgelöst" (Clauß 1986:318)

2. **Äquivalenzspektrum** – Pole: breit/eng nach Gardner/Holzman et al. (1959): Einteilung von Objekten in eine relativ große Anzahl von Gruppen mit jeweils geringem Umfang (engem Äquivalenzspektrum) oder in eine relativ kleine Anzahl von Gruppen mit jeweils großem, weniger differenzierten Umfang (mit breitem Äquivalenzspektrum)

3. Kategorienbreite – Pole: enge/breite Kategorienbreiten nach Bruner (1964): Subjektive Differenziertheit einzelner Kategorien, die kontextfrei betrachtet werden, etwa die Variationsbreite von „groß", Unterscheidungsbreite bei den Schattierungen der Farbe „rot".

4. Prozeduransatz für die Wahrnehmung komplexer Phänomene – Pole: fokussierende/lokale, scannend verarbeitende Wahrnehmung („Kontrolle" nach Gardner/Holzman et al. 1959): Aufmerksamkeitsverteilung, die entweder auf übergreifende Eigenschaften des Stimulus oder auf die ständig auffälligste Detail-Eigenschaften des Informationsangebots überspringt.

5. **Reaktionsstil** – Pole: Impulsive/reflektierende Wahrnehmung und Verarbeitung, nach Kagan (1966) rasche oder überlegte Reaktion auf äußere Reize unter Beanspruchung oder Vernachlässigung des „inneren Handelns" (Nachdenkens). Die impulsive Kognitionsstrategie führt bei Denkaufgaben zu geringerem Zeitverbrauch und größerer Fehlerhäufigkeit als die reflexive Denkstrategie.

6. **Konzeptualisierung** – Pole: konkret/abstrakt nach Schroder et al. (1970): Grade der Abstraktheit bei der Informationsverarbeitung, wobei diese entweder in enger Verbindung mit der Quelle und in starren, unmittelbar anschaulichen Schemata verarbeitet oder aber nach übergreifenden („abstrakteren") Bezugspunkten verarbeitet und eingeordnet, und damit für künftige Zugriffe besser verfügbar macht.

7. **Unsicherheitstoleranz** – Pole: groß/klein nach Witkin (1978): Die Fähigkeit, kognitive Ungewissheit (Ambiguität) zu ertragen, speziell wichtig für die Anpassung an neue Umgebung und für produktives Denken.

8. Kognitive Komplexität/Einfachheit nach Kelly (1955) – Menschliches Verstehen, Interpretieren, Werten und Prognostizieren der Umgebung wird anhand von Persönlichkeits-Konstrukten (eine Art Konzepte bzw. Begriffe mit wertender Komponente) gemessen. Wichtig ist die Anzahl, die Integration untereinander sowie die Stabilität dieser Konstrukte.

9. Freie Assoziationen („erkennende Kontrollen") – Pole: rigid/flexibel nach Holzman (1966): Je weiter die konzeptuelle „Entfernung" der freien verbalen Assoziationen vom Stichwort (z. B. „Haus"), je größer auch die Anzahl der Assoziationen, desto freier (flexibler) sei die Assoziationsfähigkeit des Individuums.

10. Wahrnehmung „irrealer Erfahrung" – Toleranz, faktische Wahrnehmung ungewöhnlicher Schilderungen/Intoleranz. Nach Klein, Gardner, Schlesinger (1962) ist dies Annahme von Erfahrungen (Eindrücken, Meinungen, Handlungen), die den eigenen Vorstellungen nicht entsprechen oder ihnen sogar widersprechen. „Tolerante Personen" beschreiben derlei Geschehnisse nach deren quasi „realen Fakten", ohne die Kategorien der ihnen „gewohnten, erwarteten Situation" zu bemühen. Die „intoleranten Personen" widersetzen sich einer solchen erkennenden Erfahrung, da die Ausgangsdaten ihrem Wissen widerstreben.

11. Aufbewahrung im Gedächtnis – Pole: glättend/zuspitzend nach Holzman und Gardner (1960). Bei den „Glätterern" werden Erinnerungen entspezifiziert und allgemeineren Begriffen zugeordnet. Bei den „Zuspitzern" hingegen findet eine Hervorhebung der Besonderheiten der jeweiligen Situation statt.

Neben Unterschieden, lassen sich in der Beschreibung der kognitiven Stile durch unterschiedliche Forscher bestimmte Gemeinsamkeiten feststellen, z. B. (1) der kognitive Stil bezeichnet eine *strukturelle* Charakteristik der Erkenntnissphäre, ohne direkten inhaltlichen Bezug, (2) der kognitive Stil äußert sich in der *Bevorzugung einer* bestimmten, einer der möglichen Arten intellektuellen Verhaltens, (3) er stellt eine stabile, d. h. *umfassende,* nicht auf Teilbereiche bezogene *Charakteristik* des Menschen dar, (4) der kognitive Stil lässt *keine wertenden Urteile* zu, (5) er besitzt eine *bipolare* Dimension.

Gegenüber der IQ-Theorie und der Testologie sind in der Untersuchung der kognitiven Stile beachtliche Fortschritte erreicht worden. Nunmehr ist eine wertfreie Sicht der intellektuellen Möglichkeiten eines Menschen möglich, es gibt nicht nur *eine* Intelligenz (vgl. Holodnaja 2002:34). Während beim vormaligen Test der Mensch mitunter zu einer Art Objekt „verkam", welches recht starr von außen manipuliert und eingeordnet wurde, tritt das Individuum bei der Untersuchungen der kognitiven Stile als Subjekt auf.

3 Synthese: Ableitung eines dolmetschspezifischen kognitiven Stils

Die obige Darstellung der psychologisch geprägten kognitiven Stile erscheint für unseren Untersuchungsgegenstand – die Dolmetschkompetenz – in quantitativer und qualitativer Hinsicht nicht ausreichend.

Diese Kategorisierung wurde zum einen meist mittels der in der Psychologie üblichen polarisierenden Tests durchgeführt, bei denen Symbole, Zahlen- und Wortgruppen verwendet werden. Dadurch muss ihre breite Gültigkeit für die

Dolmetschwissenschaft in Frage gestellt werden, da nicht erforscht ist, ob diese auf ein überaus komplexes Handeln wie den situierten, d. h. interessengeleiteten und redekulturbestimmten Diskurs übertragbar sind, der beim Dolmetschprozess immer besteht. Bei den die Reaktionen von Probanden polarisierenden und den Gegenstand fragmentierenden Tests werden die Testpersonen durch die angewendeten Testkategorien in gegensätzliche Gruppen eingeteilt, bei denen eine positiv, die andere negativ bewertet wird. Besonders bemerkbar macht sich dieser Versuchsaufbau bei dem am besten erforschten Stilelement, der „Feldabhängigkeit". Die als feldabhängig erkannten Testpersonen werden in der psychologischen Forschung aufgrund der Tatsache, dass sie soziale Stimuli besonders leicht erlernen, als sozial beeinflussbar und wenig selbstständig denkend eingeschätzt, also meist negativ. Auf die Situation eines Dolmetschers übertragen, ist es jedoch geradezu von Vorteil, wenn der zwischen Sprachen, Redestilen, Kulturen und Fachbereichen hinweg vermittelnde Dolmetscher unterschiedliche soziale Normen und Bräuche schnell auffasst, um sich den geltenden kulturellen Gegebenheiten anzupassen und sie ggf. erklären zu können. Zudem hilft gerade die „Feldabhängigkeit" dabei, einen in einem bestimmten Zusammenhang unverständlichen oder unbekannten zielsprachlichen Ausdruck analytisch zu verarbeiten und umzudeuten. Das analytische Denken darf allerdings nicht dazu führen, dass der globale Zusammenhang aus den Augen verloren wird. Bei der erforderlichen Ableitung der dolmetschbezogenen Stilelemente müssen diese Unterschiede zweifellos beachtet werden: Diese generischen Merkmale müssen erst einmal in die Dolmetschtätigkeit eingebettet betrachtet und hierbei in ihrer Wirkungsweise „gedeutet", „spezifiziert" werden: Wie realisieren sich z. B. die Elemente „Feldunabhängigkeit" und „Spektrum-Sicherheit" bei der dolmetschspezifischen Rezeption?

Ferner scheinen in der oben angeführten Darstellung einige aus der Sicht des Dolmetschprozesses wichtige Kategorien zu fehlen. Hier macht sich vor allem das Fehlen eines konkreten Tätigkeitsmodells als Grundlage bemerkbar.

Die somit erforderlichen Umdeutung und Erweiterung des Kategorienbestandes müssen sich aus den Handlungsspezifika des betreffenden Berufs speisen – die als Dolmetschkompetenz bezeichnet wird. Im Fall der Dolmetschkompetenz können sie beim Grobraster der kognitiv gedeuteten Hauptphasen des Dolmetschprozesses beginnen, die unterschiedliche Informationsverarbeitungsmodi bedingen:

REZEPTION → TRANSPOSITION → REPRODUKTION

Den Problemlösungsprozessen als Prozeduren näher sind indessen die so genannten Subphasen dieses Vorganges, wie etwa im Falle der Rezeption:

Antizipation von Situation und Dolmetschdiskurs → semantische Wahrnehmung → Erschließung der kontextuellen Bedeutung → Erkennung des kommunikativen Sinns. In jeder Subphase sind unterschiedliche Informationsverarbeitungsmodi erforderlich, deren Instrumentarium sich durch Aktivierung linguistischer, kognitiver, motivationaler, emotionaler und kulturell-differenzieller Prozesse auszeichnet. Diese Aktivierung ist vermutlich u. a. davon abhängig, was hier als kognitiver Stil bezeichnet wird. Insofern erscheint es erforderlich, das oben angeführte Register der kognitiven Parameter durch folgende Punkte zu ergänzen:

- Sinn für größere ursächliche Zusammenhänge – Interpretationen des expliziten Informationsangebots im Sinne kausaler Kettenschließungen: aus welchem Grunde, mit welchem Ziel, mit welchen erwartbaren Folgen wird eine Äußerung gemacht?

- Sinn für das eigene Ego – vor allem als Sinn für kritischen Abstand zum Geschilderten: Bereitschaft, einen kognitiven Konflikt zu erkennen und ihn ggf. translatorisch auszutragen?

- Assoziations-Fähigkeit – bildhaftes Denken: in Metaphern, Witzen, Entdeckung sich an Details entzündender (kontiguitätischer), stilistisch verfremdender Ähnlichkeiten usw.

- Emotionalisierung/Rationalisierung von Sachverhalten – Evozierung von Gefühlen oder deren bewusste „Ausblendung" im Dolmetschprozess

- Semantisierung als Versprachlichung vorgegebener oder mental entstandener kognitiver Einheiten (Gedanken)

- Flexibilität im Kode- und Register-Wechsel als Teil der intellektuellen Flexibilität

Ergänzt werden auch einige aus anderen Untersuchungen stammende Kategorien, die für die Rezeption, Transposition und Reproduktion im Dolmetschprozess relevant zu sein scheinen:

- Toleranz gegenüber ungewöhnlichen Erlebnissen und Abweichungen von Verhaltensschemata

- Gleichzeitigkeit in der Ausführung mehrerer geistiger Operationen

- Speicherungsweisen verarbeiteter Informationen im Gedächtnis

- Artistizität – rhetorische und schauspielerische Begabung.

Unter Berücksichtigung dieser Überlegungen bietet sich etwa das folgende Gesamtbild **dolmetschrelevanter kognitiver Stilelemente:**

1. Antizipation und Erschließung pragmatischer Zusammenhänge:

    Es ist die hypothetische Vorwegnahme einer bestimmten Kommunikationssituation mit Interessenlagen, Motiven, Zielen, Strategien der Teilnehmer sowie ihre Erschließung vor Ort anhand konkreter Indizien, und zwar unabhängig von deren Erwähnung/Nichterwähnung in den Redetexten.

2. Kognitive Komplexität:

Diese aus der Psychologie weitgehend übernommene Kategorie umfasst den intellektuellen Kategorienapparat des Menschen. Das Individuum sollte sich möglichst zahlreiche Konzepte, also Wissenskonfigurationen und -blöcke mental aneignen und entwickeln. Man kann sich etwa sein Gehirn so vorstellen, dass neue Informationen in unterschiedlichen Aktenschränken, Heftern und Karteikarten gespeichert werden. Diese Wissenseinheiten müssten optimalerweise miteinander logisch verknüpft sein, und zwar zu einem System von Konzepten. Diese sollten außerdem stabil sein – und zwar zunächst als kognitive Strukturen. Es wäre fatal, würde man sich beispielsweise unter dem Stichwort „Nahost-Konflikt" nicht die dem Rednertyp zuzuordnenden Wissensblöcke abrufen. Wir wenden diese interessante psychologische Kategorie vorwiegend auf zwei Bereiche an: Auf die Erfassung und Speicherung des für die Dolmetschtätigkeit erforderlichen Sachwissens (Thematik der Veranstaltung im weiteren Sinn) und auf das Methodenwissen über die dolmetschspezifischen Operationen im Dolmetschprozess nach den Vorstellungen des Leipziger Kompetenzmodells. In beiden Fällen sind kognitiv differenzierte und stabile Wissensbestände entscheidend für jede erfolgreiche Dolmetschleistung.

3. Prozeduransatz für die Wahrnehmung komplexer Phänomene:

Als Unterkategorien können in diesem Stilelement die fokussierende oder die lokal verarbeitende (scannende) Informationsverarbeitung angewendet werden. Die Rezeption im Sinne eines Top-Down-Verfahrens, also einer Deduktion vom Allgemeinen zum Besonderen, bringt nach allgemeiner Erkenntnis günstigere Ergebnisse als das Bottom-Up-Verfahren, eine Deduktion vom Besonderen zum Allgemeinen. Daher erscheint es zweckmäßig, sich eine gemischte Form der Informationsverarbeitung anzutrainieren, bei der jedoch erstere Variante dominiert.

4. Konzeptualisierung:

Sie besteht darin, das Erkennen und Identifizieren des umfassendsten, den Inhalt der ganzen Mitteilung einschließenden Konzeptes, das in Form einer Proposition als indirekt vermittelte Aussage realisiert werden kann. Wie schnell und richtig kann also hinter den Worten der Gedanke mit seinem meist konzeptgebundenen Nukleus erkannt werden, einschließlich der Erkennung involvierter Oberbegriffe und ihrer Entfaltungen? Zur Konzeptualisierung könnte auch das Erkennen des konzeptuellen Substrats zählen, also des kognitiven, entsprachlichten Inhalts einer mündlichen Mitteilung.

5. Feldunabhängigkeit:

Gemeint ist das mühelose Erkennen einer mündlichen Äußerung, einer Passage, eines Gedankens als eigene Sprachhandlungseinheit mit eigener illokutiver oder anderer (z. B. poetischer) Struktur.

6. Äquivalenzspektrum:

Erkennen und Einordnen möglicher Variationen in konkreten Schilderungen von Sachverhalten und Argumentationen in einer Rede – des Normativen im Redestil und des Falleigenen, Individuellen, wodurch besseres Verstehen sowie Erkennen von Defiziten des Originals ermöglicht wird. So
eröffnet sich dem interkulturellen Vermittler die Möglichkeit, die durch ihn
vermittelte Kommunikation glücken zu lassen, indem er soziale und kulturelle Unterschiede zwischen dem Redner und den Hörern ausgleicht.

7. Kategorienbreite:

   Wissen um die Merkmale, Fakten und Vorgänge, die in der gegebenen Situation zwar nicht unbedingt sichtbar sind, die jedoch zum – sagen wir –
   prototypischen, schemagebundenen Wissen gehören und als Hintergrund
   Entscheidungen beeinflussen können. Die in jedem Original kondensiert
   wiedergegebenen, implizierten Teile von Originalinhalten und Kohärenz-
   mitteln müssen vom Dolmetscher bekanntlich häufig „hinzugedacht", assoziiert werden.

8. Semantisierung:

   Sie stellt die Verbalisierung eines kognitiven Inhalts dar, d. h. die Bildung
   einer wohlgeformten sprachlichen Manifestation eines Gedankens oder eines bestimmten Fakts, und zwar im Wechselspiel mit Konzeptualisierung.
   Der semantisierte Inhalt soll dabei den Verstehensvoraussetzungen der Zu-
   hörergruppe entsprechen.

9. Wechsel des Registers und des sprachlichen Kodes:

   Zum einen geht es um die Fähigkeit, einen Sachverhalt oder eine Geschichte in verschiedenen Funktionalstilen einer Sprache, also für verschiedene
   Empfängergruppen darzubieten. Zum anderen ist der Wechsel der Sprache
   – des Sprachkodes – gemeint, und zwar möglichst ohne Interferenzen.

10. Tempo und Qualität:

    Es handelt sich um das Element „Schnelligkeit", jedoch im Gegensatz zu
    „Sprunghaftigkeit mit Logikmängeln". Die in der Psychologie allgemein
    akzeptierte konträre Gegenüberstellung von „schnell" und „gut" muss in
    diesem Fall zu einem gewissen Grad aufgehoben werden.Im Dolmetsch-
    prozess ist „schnell" sowohl als temporale Eigenschaft und Kategorie, als
    auch logisch und kohärent, also als Qualitäts-Kategorie, gefordert. Insofern
    gilt für das Dolmetschen „sowohl schnell als auch logisch". Auch wenn
    hinsichtlich der Logik vielleicht Zugeständnisse im Sinne von „hinreichend
    logisch" der Praxis näher erscheinen, handelt es sich hier keineswegs um
    einen faulen Kompromiss, denn wir müssen uns fragen: Kann man ohne
    Kohärenz im Sinne einer logischen Struktur überhaupt etwas, beispielswei-
    se simultan dolmetschen? Die Eigenschaft „sprunghaft" gilt als oberfläch-
    lich und unbeständig, als negative Eigenschaft. Anderseits wissen alle aus
    eigener Erfahrung, dass Reaktionsschnelligkeit nicht immer auf Kosten
    von Richtigkeit gehen muss. Schnell Gedachtes ist bei weitem nicht unbe-

dingt falsch. Vielmehr zeugt Reaktionsschnelligkeit oftmals von Professionalität. Wir postulieren daher, dass der Konferenzdolmetscher in seinem
Arbeitsbereich eben danach streben soll, diesen Widerspruch möglichst
vollständig aufzulösen. Mit dem ungeklärten Rest kann man vorerst leben.

11. Konvergenz und Divergenz:

Mit Divergenz ist die Unabhängigkeit des eigenen Urteils über den Inhalt
des jeweiligen Originals von diesem Inhalt gemeint. Diese ego- und wis-
sensgestützte Selbstständigkeit im Werten erhöht erfahrungsgemäß die
Verstehens- und die Gedächtnisleistung in der Kommunikationssituation,
in der ohnehin nicht alles ausgesprochen wird und das Gesagte nicht immer
faktologisch richtig ist!

Neben der Bereitschaft zu Divergenz wird vom Dolmetscher aber auch
Konvergenz verlangt – das empathische Einfühlungsvermögen in die Lage,
ja in die Seele der Kommunikationspartner. Hermeneutisch aufgefasste
Konvergenz und Divergenz müssen sich in der Praxis nicht widersprechen,
da das Nachvollziehen der Argumentation und der Lage eines Sprechers
keineswegs ausschließt, dass man seine Ziele und Argumente im Endeffekt
nur für subjektiv verständlich hält.

12. Emotionalisierung/Rationalisierung:

Nicht selten muss der Dolmetscher mit emotionalen und emotional vorgetragenen Mitteilungen fertig werden, zum Beispiel am Bett eines unheilbar
Kranken im Krankenhaus, aber auch bei emotionalen Diskussionen. In verschiedenen Kulturen und innerhalb derselben, in verschiedenen Kommunikationsbereichen, spielen Emotionen unterschiedliche Rollen. Der Dolmetscher muss sich der Emotionalitätsstufe „bedienen", die der Kultur seiner
Zuhörer entspricht. Man denke etwa an Begrüßungen, Gratulationen, Verhandlungen. Der Dolmetscher muss bewusst Gefühle „mobilisieren" und
eine nüchtern vorgetragene Mitteilung emotionaler vortragen oder – im
Gegenteil – eine emotional verbrämte und vorgetragene Rede zu „rationali-
sieren" wissen. Stimmungen, Gefühle oder scheinbare Affekte werden
dann „aufgebaut" oder „ausgeblendet".

13. Metaphorisches und bildliches Denken:

Mit Ablaufbildern, Witzen, Scherzen sowie mithilfe analoger Situationen
kann die Qualität der Verarbeitung und Memorierung verbessert werden
und Abstand zum Gesagten gewonnen werden.

14. Unsicherheitstoleranz:

Gemeint ist das Ertragen kognitiver Ungewissheit, d. h. von Zweideutig-
keit, Verschweigen pragmatisch wichtiger Umstände wie von Zielen oder
Fakten und mangelhafter Sachverhaltsschilderungen. Auch unter Stress
gilt: Man funktioniert coram publico und sofort, ohne dass dem Dolmetscher anzumerken ist, dass er Schwierigkeiten zu überwinden hat.

15. Wahrnehmung ungewohnter bis irrealer Erfahrungen:

Gemeint ist die Toleranz oder äußere Annahme von fremden Eindrücken oder Schilderungen, die den kulturgeprägten Vorstellungen des wahrnehmenden Menschen nicht entsprechen oder ihnen sogar widersprechen.

16. Assoziationen:

Die in den Dienst der Dolmetschkompetenz gestellte Assoziationsfreudigkeit weist gegenüber den Auffassungen in der Psychologie eine Ambiguität auf. Einerseits erscheint dann eine strikte Gegenüberstellung von starr/locker – zugunsten von „locker" – in der so genannten freien Assoziation nicht gerechtfertigt, wird doch das Verstehen im Dolmetschprozess durch die Aktivierung wichtiger, zentraler Schlüsselbegriffe im Bewusstsein des Dolmetschers bedingt. Diese Aktivierung muss offensichtlich textnah („starr") und außerdem massiv sein. Die in anderen Anwendungsfällen effektvolle lockere „Assoziations-Freiheit" wäre also hier kein Trumpf. Andererseits ist erfahrungsgemäß die Freizügigkeit in der Konzeptualisierung, ein Abstand zum „Wort" des Originals hilfreich bei den Hilfsoperationen, die nicht auf möglichst genaue Rezeption und Äquivalenzwahrung ausgerichtet sind. Dies gilt beispielsweise für Gedächtnistechniken.

17. Gleichzeitigkeit:

Hiermit ist das Ausführen mehrerer Operationen zur gleichen Zeit gemeint; eine ganz besonders große Rolle spielt hier der Stressfaktor. Nicht nur beim Simultandolmetschen, sondern auch beim Konsekutivdolmetschen müssen oft zur gleichen Zeit mehrere Tätigkeiten ausgeführt werden: Antizipieren, Verstehen und Notieren oder Lesen eigener Notizen, Umsetzen und Reproduzieren.

18. Art und Weise der Speicherung im Gedächtnis:

Gemeint ist eine „glättende/zuspitzende" Speicherung. Die „Glätterer" ordnen wahrgenommene Informationen allgemeineren Begriffen zu, in denen das Neue später „aufgeht". Die den „Zuspitzern" eigene Wachheit des Verstandes, Hervorhebung, ja Dramatisierung des Fallspezifischen ist sowohl für das Verstehen als auch das Einprägen des Originalinhalts beim Dolmetschen wichtig.

19. Kontrolle der Prosodie:

Die berufsspezifische Anwendung des Mediums Stimme, des wichtigsten Arbeitswerkzeuges des Dolmetschers, unterliegt kognitiven Kontrollen. Ein grundsätzlicher Zusammenhang zwischen Charakter, Intelligenz und psychischem Zustand einerseits sowie Prosodie andererseits gilt bekanntlich als erwiesen. Professionalität in allen Phasen des Dolmetschprozesses setzt Wissen um die Funktionsweise und Fertigkeiten in der Anwendung der prosodischen Parameter voraus. Man denke nur an das Theater- und Filmdolmetschen, wo der Dolmetscher alle handelnden Personen auch stimmlich maßvoll imitieren muss.

20. „Artistizität" (Fähigkeit zu „schauspielern", Rollen zu spielen):

Die Präsentation mündlicher Mitteilungen erfordert manchmal mimisches und gestisches – pantomimisches – Können, das in den Dolmetschübungen nicht einfach geweckt bzw. hergezaubert werden kann. Die menschlichen Emotionen und Regungen (Freude, Trauer, Wut, Hass, Zweifel, Misstrauen, Schmeicheln u. a.) müssen dabei wohldosiert durch sprachliche, prosodische und körpersprachliche Ausdrucksmittel wiedergegeben werden.

4 Praxis: Anwendungen

Eine solche, lediglich der Übersichtlichkeit dienende, auflistende Darstellung widerspricht der Realisierung des kognitiven Stils im Dolmetschprozess. Denn diese Stilmerkmale interagieren, aktivieren und bedingen sich wechselseitig. Grundsätzlich wären Hierarchisierungen oder sogar eine pol-ähnliche Formung aller Merkmale, die nach einem einzigen Merkmal ausgerichtet wären, denkbar.

Die Anwendung der kognitiven Stile in einer kognitionspsychologisch ausgerichteten Konferenzdolmetscherausbildung kann anhand folgender Schritte erfolgen:

1. Bestimmung der konkreten Anwendungsfälle
    1.1. Anwendung auf die Eignungsprüfung für Studienbewerber
    1.2. Anwendung während der regulären Ausbildung
        1.2.1. Kognitionspsychologische Einstimmung zu Beginn der Ausbildung
        1.2.2. Laufende ausbildungsbegleitende Anwendung, bei der jedem didaktischen Schwerpunkt ein kognitionspsychologisches Training vorausgehen kann (z. B. Erfassen der Dolmetschsituation, Antizipation, semantische Erschließung, Dolmetschstrategien, Prosodie usw.)
2. Umsetzung
    2.1. Kriterien und Aufgaben für die Eignungsprüfung sowie Bewertungsmaßstäbe für die Gewichtung der Prüfungsleistungen ausarbeiten
    2.2. Die Wechselwirkung der einzelnen Stilelemente mit den dolmetschspezifischen Handlungstypen beschreiben: Welche Stilelemente sind z. B. förderlich für die kommunikative und redetextuelle Antizipation des Originals, welche hingegen für die semantische Erschließung, für angemessenes Verhalten bei Verstehensproblemen usw.

2.3. Überschaubare Übungsmuster ausarbeiten, die im Bewusstsein des Studierenden die erforderlichen Stilmerkmale aktivieren und festigen – ohne dass die mitunter schwerfälligen Begrifflichkeiten (1-20) im Vordergrund stehen.

3. Diskussion der Praxiserfahrungen mit den kognitiven Stilen und ggf. ihre Optimierung.

Als Beispiel dafür, was sich aus den Überlegungen zum kognitiven Stil nach Punkt 2.1. ergeben kann, sind schließlich folgende Vorstellungen zu Ablauf, Inhalt und Bewertungskriterien anzusehen, die für die Feststellung der **Eignung** zum Konferenzdolmetscherberuf gedacht sind (siehe Tabelle 1):

Prüfungsteile	Inhalt	Am Ende zu beantworten: Vorhandene Ansätze für folgende Eignungskriterien
I. Vorgesprächzu Person und Umgangsformen oder dasselbe als schriftliche Aufgabe vor der mündlichen Prüfung	Gespräch über Berufswunsch: *Warum wollen Sie Dolmetscher werden?* Über Aktuelles aus Politik, Kultur, Wirtschaft: *Was geschieht derzeit in X? Was ist der EU-Grundvertrag?* Zum Hintergrundwissen: Fragen zu Ländern, Kulturen, Personen: *Wofür stehen Thomas Mann oder der Papst?* Ähnliches in der Fremdsprache; Informationsverarbeitungsstil: *Was ist ein Fenster? Was ist eine Verhandlung? Wie könnte man x anders äußern?*	• **Motivation** • **Weltwissen** • Bildung • Muttersprache • **Fremdsprache** • **Mentale Flexibilität** • Umgangsformen, Reaktion, Kommunikativität (s. auch in II)
II. Analyse: Zur Rezeptionsfähigkeit	Hörverstehen: das Thema und die Aussage einer kurzen Äußerung („Geschichte") erkennen und dies begründen; Inhalt bearbeiten: Kürzen, mit anderen Worten ausdrücken; die logische Struktur einer Äußerung erkennen: wie etwa *Einleitung, Thema, Begründung, Lösung, Entfaltung, Abschluss;* dasselbe in der Fremdsprache; Wiederholen des Gehörten nach einer Pause.	• Konzeptualisierung • **Sinn-Erkennung,** Sicht für **Pragmatik** • Strukturierung • Gedächtnisleistung • Paraphrasierung • **Schnelligkeit** • Sinn für kulturgeprägte Redestile

| III. Synthese: Redeproduktion und Charakter | Über vorgegebenes Thema strukturiert reden; dasselbe nach vorgegebenem Ziel *(überzeugen, beruhigen, informieren, ablehnen);* dasselbe nach Empfängertyp *(Abiturienten/Gymnasiasten und Studenten).* Dasselbe in der Fremdsprache | • Sinnvolles spontanes Reden
• Ansätze zu **Rhetorik**
• **Leistungsstreben,** positive „Aggressivität"
• Stress-Resistenz
• Schauspiel-Begabung |
| IV. Dolmetschprobe: Ansätze von Dolmetschkompetenz? | Dolmetschen in die Muttersprache und in die Fremdsprache (beides evtl. als einfaches bilaterales Dolmetschen);Erkennung von Problemen;Selbstbewertung. | • Fähigkeit zum **Kodewechsel**
• **Inhalt**
• Sprache
• Präsentation |

Tabelle 1

Bibliographie

Clauß, Günter (1986): *Wörterbuch der Psychologie.* Köln: Pahl-Rugenstein-Verlag

Bruner, Jerome (1964): „The course of cognitive growth." *American Psychologist* V. 19 (1), 1-15.

Holodnaja, Marina A. (Холодная) (2002): *Когнитивные стили. О природе индивидуального ума. (Die kognitiven Stile. Über die Natur der individuellen Intelligenz),* Moskau (Москва): ПЭР СЭ

Gardner, Riley W. / Holzman, Philip S. / Klein, Gary S. / Spence, Donald P. (1959): „Cognitive controls. A Study of individual consistencies in cognitive behavior." *Psychological Issues.* Monograph 4, Vol. 1, New York.

Holzman, Philip S. (1966): „Scanning: A Principle of reality contact." *Perception and motor Skills,* V. 23, 835-844.

Holzman Philip S. / Gardner Riley W. (1960): „Leveling-sharpening and memory organization." *Journal of Abnormal and Social Psychology,* V. 61 (2),142-145.

Kagan, Jacob (1966): „Reflection - Impulsivity: The generality and dynamics of conceptual tempo." *Journal of Abnormal Psychology,* 1966, V. 71, 17-24.

Kelly, Gerald A. (1955): *The Psychology of Personal Constructs.* Vol. 1 and 2. New York: Norton.

Klein, Gary S. / Gardner, Riley W. / Schlesinger, Hans-Joachim (1962): „Tolerance for unrealistic experience: A study of the generality of cognitive behavior." *British Journal of Psychology,* V. 52 (1), 41-55.

Schroder, Harold M. / Driver, Michael J. / Streufert, Siegfried (1970): „Levels of information processing." Warr, Peter B. (Ed.) *Thought and Personality*. Baltimor: Penguin Books, 174-191.

Witkin, Herman A. (1965): „Psychological differentiation and forms of pathology." *Journal of Abnormal Psychology.* V. 70, 317-336.

Witkin, Herman A. (1978): *Cognitive styles in personal and cultural adaptation.* Washington: Clark University Press.

Hannelore Lee-Jahnke
Genf
Kognition und Qualität.
Überlegungen zu kognitiven Prozessen
in der Translationsdidaktik

> „Verstehen" heißt, etwas in seinem wesensgemäßen Zu-
> sammenhang erkennen, innerlich nachvollziehen (nach-
> leben) und dabei seinen Sinngehalt erfassen bzw. durch
> einen „sinnverleihenden Akt" mit dem Ordnungs- und
> Wertgefüge der erlebten Welt in Beziehung setzen.
> (Hofstätter 1975:341)

0 Einleitung

Qualität und Qualitätssicherung sind heute *buzz-words*, auch in der Lehre[1]. Vorliegender Beitrag befasst sich nicht direkt mit den europaweiten Hochschulran-
kings[2], Akkreditierungs- und Evaluierungsverfahren[3] sondern mit der Lehre
selbst. Daher muss das Ziel der Lehre klar definiert sein, nämlich das Qualifikationsprofil der Studierenden, wozu die Berufsbefähigung[4] (employability) gehört, aber auch alle Charakteristika, die Experten auszeichnen[5]: Effizienz, bereichsspezifisches Wissen (Domänenwissen) und Erfahrung, aber auch Flexibilität. In den letzten Jahrzehnten waren die diesen Kompetenzen zugrunde liegenden kognitiven Prozesse[6] Gegenstand der Forschung, deren Erkenntnisse in
die Lehre einfließen sollten.

In vorliegendem Beitrag werden einige Ergebnisse der Kognitions- und Expertiseforschung herangezogen, um Anregungen für die Gestaltung von Lernumgebungen[7] bei der Ausbildung von Übersetzern zu geben, wobei durchaus auf die
derzeitigen Translationstheorien Bezug genommen wird.

---

[1] Zahlreiche Publikationen zeugen davon. Nennenswert sind dazu wissenschaftliche Veranstaltungen die, wie LICTRA, jeweils den neuesten Stand der Forschung in Sachen Qualität
eruieren. Dazu: Schmitt (1998).

[2] So erstellte z. B. das *Center for Science and Technology Studies* (CEST) in Bern 2003 eine
Champions League der internationalen Forschungsinstitutionen auf der Basis von Publikationen in den wichtigsten Wirtschaftsjournalen.

[3] Vgl. Forstner (2004).

[4] Siehe dazu Forstner in diesem Band.

[5] Dazu: Krems, Josef (1990:80-91).

[6] Dazu: Englund Dimitrova (2005), Kiraly (1995); Krings (1986), Séguinot (1989), Hansen
(2006), Hönig (1995), Kußmaul (1995), Kupsch-Losereit (1994), Lee-Jahnke (2005),
Tirkkonen-Condit (2000).

[7] Wir haben bereits an anderer Stelle darauf hingewiesen (Lee-Jahnke 2007).

1 Ein Blick über den Tellerrand

1.1 Kognition

Kognition wird definiert als „das passive Verstehen, das rein organische Auffassen von Eindrücken", was vermuten lässt, dass es sich um die Bezeichnung eines Prozesses handelt, der vor allen Dingen das Zusammenwirken der beteiligten Wahrnehmungsorgane betrifft.

Zum besseren Verständnis des Zusammenhangs zwischen Kognition und Translation ist ein Blick auf die „Entwicklung" der Translationstheorien hilfreich, welch letztere an sich einen nicht geringen Beitrag zur Qualität leisten sollten[8], versteht man doch in den empirischen Wissenschaften unter Theorie überwiegend ein abstraktes Gedankengebäude, das über die bereits erkannten Gesetze und Regeln hinaus geht und die Möglichkeit eröffnet, zu neuen Erkenntnissen zu gelangen.[9]

1.2 Kognition und Translation: Zwei Welten?

1.2.1 Die Genese der Translationstheorie(n) und das Problem der Nomenklatur

Übersetzen ist bekanntlich ein kommunikativer Vorgang, der sich aber wegen seiner Komplexität gegen einfache Beschreibungsmodelle sperrt. So sind im Laufe der Jahre immer wieder Modelle aus der Linguistik oder aus anderen Disziplinen zur Beschreibung herangezogen worden, ein Tatbestand, der nicht selten verwirrt.[10] Eine dieser Disziplinen ist die Kognitionspsychologie, die der Translationstheorie insbesondere in einem von letzterer kaum abgedeckten und deshalb wenig definierten[11], aber essentiellen Bereich zu Hilfe kommen kann: nämlich im Bereich des Verstehens. Was grundlegend für die Qualität einer Übersetzung sein dürfte.

Da die Kognitionsforschung sich nicht nur auf Teilprozesse beschränkt, sondern den menschlichen Geist in seiner Komplexität betrachtet, haben sich die Kognitionswissenschaftler nicht allein mit der Entwicklung von Modellen und Theorien zur Beschreibung der Funktionsweise des menschlichen Geistes befasst, sondern sie waren auch erfolgreich dabei, diese Modelle durch experimentelle Anordnungen empirisch zu untermauern (Rickheit/Strohner 1993).[12]

---

[8] Diese Formulierung ist hier absichtlich gewählt, da ja eine gewisse „Ratlosigkeit in der Übersetzungstheorie", wie Schneiders (2007:187) das nennt, besteht. Eine dieser „Ratlosigkeiten" bezieht sich auf die Qualitätsvorstellungen.

[9] Vgl. hierzu: Schneiders (2007) mit der Abgrenzung Übersetzungswissenschaft, Übersetzungsmethode und Übersetzungstheorie.

[10] Dazu: Forstner/ Lee-Jahnke (2005).

[11] Dazu: Schneiders (2007: 73).

[12] Dazu: Delisle/ Lee-Jahnke (1998).

Der Übersetzungswissenschaftler sieht sich nunmehr einer Menge von Faktoren und Daten gegenüber, denen *eine* Übersetzungstheorie gerecht werden sollte, was aber leider nicht der Fall ist. Auf dieser Tatsache beruht auch der Eindruck einer gewissen Opazität, der sich bei der Beschäftigung mit dem Stand der Übersetzungswissenschaft fast zwangsläufig einstellt.

Wolfram Wilss machte – vor nunmehr nahezu zwanzig Jahren – darauf wie folgt aufmerksam:

> Die Möglichkeiten für die Integration von Sprachwissenschaft, Kommunikations-
> theorie und Kognitionspsychologie sind noch nicht hinreichend geklärt. Der
> Mensch hat von sich und seiner psychischen Natur noch nicht allzu viel begriffen,
> obwohl unser Handeln nur kontrollierbar wird, wenn wir seine psychischen Struk-
> turen wenigstens einigermaßen kennen. [...] Die Übersetzungswissenschaft ist und
> bleibt letztlich eine Grenzwissenschaft, die durch das oft problematische, gleich-
> zeitig zentripetal und zentrifugal wirkende Kräftespiel zwischen objektiven und
> subjektiven Faktoren charakterisiert ist (Wilss 1988:IX).

Die in den letzten zwei Jahrzehnten geführte Theoriediskussion in der Überset-zungswissenschaft (die analog und zeitgleich zu der Theoriediskussion in der Sprachwissenschaft verlief) zeigt das Dilemma auf: Die Faktoren, die im Über-setzungsprozess eine Rolle spielen, und die allmählich von den Übersetzungs-wissenschaftlern wahrgenommen wurden, sind zu vielfältig, als dass sie zur Zeit ohne weiteres in einem einzigen Theoriegebäude erfasst werden könnten. Das hat zur Folge, dass die Auseinandersetzung der Protagonisten durch das Bestre-ben gekennzeichnet ist, die von ihnen jeweils als relevant erachteten Ge-sichtspunkte, Übersetzung als kommunikative Handlung, als sprachliches Ver-halten, oder als Problemlösungsprozess, in den Vordergrund zu stellen, andere dagegen zu vernachlässigen[13].

Für Wilss lag damals der Grund für diese Misere zum Teil in einer „fast patho-logischen Theoriebesessenheit in der modernen Sprachwissenschaft" (Wilss 1988:3), die auf die Übersetzungswissenschaft projiziert worden sei.[14] Ihm ging es nicht unbedingt um ein Plädoyer gegen eine wie auch immer geartete Sprach-

---

[13] Dazu Wilss (1988:6): „So gerät die übersetzungstheoretische Diskussion immer wieder zu einer Auseinandersetzung über die ‚relevanten' Bezugspunkte mit der besonderen Eigen-art, dass man sich endlos die Köpfe darüber heißreden kann, ob die jeweils in Anspruch genommene Theorieperspektive die richtige ist."

[14] „In fast allen sprachwissenschaftlichen Teildisziplinen redet man seitdem – oft auf ein-schüchternde Weise – von Theorie; man versucht, Theorien oder wenigstens Theorieansät-ze zu entwickeln, polemische Theoriediskussionen zu führen oder gar metatheoretisch [...] zu Theorien Stellung zu beziehen und alles theoretisch nicht fundierte in geradezu ideolo-gischer Manier als ‚vortheoretisch' abzuqualifizieren. Die Untersuchung der sprachlichen Wirklichkeit trat hinter theoretischen Überlegungen, sei es im generativen, valenztheoreti-schen oder sprechakttheoretischen und neuerdings auch im Handlungstheoretischen Kon-text, deutlich zurück. [...] Wer – zu Recht oder zu Unrecht – ein ‚Theoriedefizit' beschei-nigt bekam, galt als diskussionsunfähig; nicht minder überheblich war die ausschließliche Bewertung wissenschaftlicher Arbeit nach dem Grad ihrer ‚Theoriebewusstheit'" (Wilss 1988:3).

oder Übersetzungstheorie, sondern er forderte eine Theorie, die alle an der Sprache beteiligten Faktoren und Ebenen berücksichtige, was jedoch auch heute noch utopisch scheint:

> [...] eine Sprachtheorie, die diesem gewaltigen Anspruch gerecht werden soll, müsste nicht nur eine enzyklopädische Theorie der Wirklichkeit und der ihr zugrunde liegenden Gesetzmäßigkeiten, sondern auch und vor allem eine Theorie der Bewusstseinsinhalte und der ihnen zugrunde liegenden historischen (lebensweltlichen) Prozesse sein; aber von einer solchen Theorie ist die kognitive Psychologie noch ebenso weit entfernt wie von einer Gedächtnistheorie, einer Verhaltenstheorie und einer Lerntheorie (Wilss 1988:4f.)

In der Tat verlagerte sich der Fokus der theoretischen Ansätze einiger Übersetzungswissenschaftler in den letzten Jahren mehr und mehr in Richtung Textverständnisprozesse[15], wobei die Rolle des Übersetzers als Textrezipient und -produzent ins Zentrum des translationswissenschaftlichen Interesses gerückt ist (Kupsch-Losereit 1996:217). Dabei wurden stets unterschiedliche Definitionen für das „Verstehen" geboten. Anders ausgedrückt: Die pragmatische Dimension der Linguistik zog auch in die Translationswissenschaft ein und ließ damit bisherige traditionell-linguistische Ansätze in den Hintergrund treten, weshalb vertreten wird, dass der Prozess des Übersetzens sich nur noch teilweise mit linguistischen Modellen beschreiben ließe.[16]

Eine Folge dieses Perspektivenwechsels ist die Erkenntnis, dass manche traditionell-linguistischen Modelle, wie etwa die Merkmalsemantik, für die Beschreibung des Übersetzungsprozesses, aber auch für die Beschreibung mentaler Vorgänge beim Übersetzen, nicht ausreichen.[17] So wird zumindest von Vertretern der kognitiv – und damit psycholinguistisch – orientierten Übersetzungswissenschaft argumentiert:

> Verstehen ist [...] also nicht eine starre Zuordnung von Text und hierin abgebildeter Realität, sondern ein subjektiv-interaktiver Prozess [...]. Verstehen [...] ist das Resultat kognitiver Prozesse, von Inferenzen, die aus mentalen Schlussfolgerungen, wie z. B. Identität, Ähnlichkeit, Muster feststellen und Problemlösungsoperationen bestehen. Inferenzen setzen Textinhalte mit Erfahrung- sowie Wissensinhalten in Beziehung (Kupsch-Losereit 1996:186f.).

1.3 Die kognitive Wende in der Translation

1.3.1 Scenes-and-Frames Semantics

Das Jahr 1977 brachte eine kognitive Wende, als Charles J. Fillmore einen Aufsatz mit dem Titel „Scenes-and-frames semantics"[18] veröffentlichte. Nach seiner

---

[15] Was aus den Titeln der Werke eindeutig hervorgeht, wie etwa Hermeneutik, bei Stolze, Kognitionswissenschaft, Wilss, Konstruktives Übersetzen, Hönig (1995).

[16] Wobei Kupsch -Losereit sich hier auf Stolze bezieht.

[17] Ganz ab gesehen von der Frage, ob diese Merkmalsemantik überhaupt potent genug sei, der sprachlichen Wirklichkeit einer Sprachgemeinschaft gerecht zu werden.

[18] Daneben erschienen etwa gleichzeitig mit Fillmores Artikel zwei weitere Aufsätze, die die Bedeutung des Gestaltprinzips für die Linguistik explizit betonen: Lakoff: „Linguistic Ge-

Meinung war der damalige „*Zeitgeist in language research*" geprägt von dem
Bedürfnis nach einem „integrated view of language structure, language behaviour, language comprehension, language change, and language acquisition"
(Fillmore 1977:55). Drei Hauptprobleme kennzeichnen, wie er meinte, die damalige wissenschaftliche Befindlichkeit:

1. Soll und kann die Beschreibung der „Bedeutung" als *checklist* formuliert
   werden?

2. Wie ist das zunehmende Interesse an Begriffen wie *frame* oder *scene,* die
   vermehrt nicht nur in der Linguistik, sondern auch in der Kognitionswissenschaft und der Kognitionspsychologie benutzt werden, zu deuten?

3. Wie lassen sich Prozesse des Textverstehens auf befriedigende Art und
   Weise beschreiben?

Fillmores Modell der *Scenes-and-frames semantics* war der ehrgeizige Versuch,
dem genannten Theoriebedürfnis gerecht zu werden, doch räumte er selbst ein,
dass sein Ansatz nichts anderes sein solle als ein:

> tentative first step in seeking a solution to certain problems in semantic theory
> within the framework of concepts that seems to be emerging in a number of disci-
> plines touching on human thought and behavior (1977:79).

Über das Problem der Formalisierbarkeit seines Modells war er sich durchaus
im Klaren, aber trotz dieser Zurückhaltung wird sein Ansatz in zahlreichen Veröffentlichungen zur Übersetzungswissenschaft immer wieder zitiert (Kupsch-
Losereit (1996), Hönig (1995), Kußmaul (1995), Snell-Hornby (1986), Wilss[19]
(1992:122). Der Grund hierfür ist wohl darin zu suchen, dass Fillmores Modell
ein brauchbares Werkzeug abgab, das der Übersetzungswissenschaft bis dahin
gefehlt hatte.

Vom Begriff des Prototyps ausgehend, der von den Semantikern Berlin und Kay
1969 eingeführt und später von der Psychologin Eleanor Rosch 1973 übernommen worden war, entwickelte Fillmore ein holistisches Modell des Sprachver-
stehens, dessen Kernpunkte die Begriffe *scene* und *frame*[20] sind (Fillmore
1977:63)[21]. Er postulierte, dass diese *scenes* und *frames* sich nicht nur gegensei-

---

stalts", und Anttila (1977): „Dynamic fields and linguistic structure: A proposal for a Gestalt linguistics".

[19] Wilss bezeichnet den Ansatz in ebenfalls zeitgeistkonformer Manier sehr schön als *post-
strukturalistische kognitive Semantik*.

[20] Bezüglich der von Fillmore angesprochenen möglichen *scenes* fällt im Übrigen ins Auge,
dass diese von Kultur zu Kultur variieren können.

[21] „I intend to use the word scene – a word I am not completely happy with – in a maximally
general sense, to include not only visual scenes but familiar kinds of interpersonal transactions, standard scenarios, familiar layouts, institutional structures, enactive experiences,
body image; and, in general, any kind of coherent segment, large or small, of human beliefs, actions, experiences, or imaginings. I intend to use the word frame for referring to
any system of linguistic choices (the easiest being collection of words, but also including

tig aufrufen, sondern dass *scenes* auch andere *scenes,* und *frames* auch andere *frames* aktivieren können. Die *scenes* erscheinen nun prototypartig vor dem inneren Auge, dass heißt, die Bedeutung einer sprachlichen Äußerung, eines *frames*, hat einen fokalen Kern und verschwommene Ränder. Des Weiteren betont Fillmore, dass Prototypen im Wesentlichen durch die persönliche Erfahrungswelt determiniert seien.

> On this view, the process of using a word in a novel situation involves comparing current experiences with past experiences and judging whether they are similar enough to call for the same linguistic encoding (Fillmore 1977:57).

Auf Textverständnisprozesse wendet Fillmore sein Modell nun folgendermaßen an:

> The first part of the text activates an image or scene of some situation in the mind of the interpretor (!), later parts of the text fill in more and more information about that situation, give it a history, give it a motivation, embed it in other scenes or situations, and so on. In other words what happens when one comprehends a text is that one mentally creates a kind of world; the properties of this world may depend quite a bit on the individual interpreter's own private experiences – a reality which should account for part of the fact that different people construct different interpretations of the same text (Fillmore 1977:61).

Diese Vorstellungen lassen sich für die Übersetzungswissenschaft nutzbar machen, indem man die Feststellung, dass unterschiedliche Individuen einen Text unterschiedlich auslegen oder verstehen[22], auf verschiedene Kulturen ausweitet, zwischen denen noch viel größere Unterschiede bezüglich bestimmter *scenes,* aber auch *frames* bestehen (sofern man von Eins-zu-Eins-Entsprechungen[23] ausgeht).

Fillmore forderte in seinem Aufsatz eine „more gestalt-like conception" der Verstehensprozesse, wobe i der aus der Psychologie stammende Begriff *Gestalt*[24] besagt, dass das Ganze mehr ist als die Summe seiner Teile. Eine solche holistische Auffassung, wie sie hier von Fillmore vertreten wurde, wird gerne als *esoterische Schwärmerei* abqualifiziert, andererseits verträgt sie sich ganz gut mit dem Prinzip der *Übersummativität des Textes,* das sich ja in der Übersetzungswissenschaft weiterhin einer gewissen Beliebtheit erfreute (vgl. Paepcke 1986, Stolze 1994).

---

choices of grammatical rules or grammatical categories – that can get associated with prototypical instances of scenes."

[22] Was eine Erklärung für die unterschiedliche intra- und interpersonelle Deutung von Texten ist.

[23] Dazu Koller (2004).

[24] Das Konzept wird häufig auch mit dem Ausdruck „Gewahrsein" gleichgesetzt, wobei es dabei um etwas geht, das aktiver ist als Wahrnehmung und passiver als Bewusstsein. Von Gewahrsein wird gesprochen, wenn die Wahrnehmung von dem Wissen begleitet wird, dass wir wahrnehmen (eine Art selbst-bewusstes Wahrnehmen). Vgl. dazu: Blankertz, Stefan / Doubrawa, Erhard (2005). Das Bewusstsein dagegen hat die Tendenz, die Wahrnehmung den eigenen Konzepten, Beurteilungen, Interpretationen, Erinnerungen usw. unterzuordnen. Vgl. dazu auch Schneiders (2007:106).

Es bleibt festzuhalten, dass Fillmores Modell kompatibel mit Modellen aus der Kognitionspsychologie[25] und der Psycholinguistik geblieben ist, die in der Folgezeit zur Beschreibung von Textverständnis- und Textproduktionsprozessen entwickelt wurden (siehe z. B. Kupsch-Losereit 1996, Hönig 1995, Kußmaul 1995).

1.4. Erkenntnisse der Expertiseforschung

Dass Experten mehr Domänenwissen besitzen als Novizen ist hinreichend bekannt, was die Lehre jedoch weit mehr interessiert, ist der Umstand, dass erstere ihr Wissen effektiver anwenden können als Novizen[26], denn selbst wenn Novizen in einem Domänenausschnitt reichhaltiges semantisches Wissen vermittelt wird, können diese damit weniger anfangen als Experten.

Kolodner (1991), der sich mit dieser Problematik eingehend auseinandergesetzt hat, bezeichnet die Erfahrungen, wie Wissen genutzt werden kann, als *episodische Definitionen*, und Experten zeichnen sich gerade gegenüber Novizen durch überlegene episodische Definitionen aus.[27] Ihr Expertiseerwerb ist eine fortgesetzte Verfeinerung episodischer Definitionen, nicht zuletzt durch wiederholte Anwendung ihres domänenspezifischen Wissens. Dies erfolgt bei den Experten durch ihre spezielle erfahrungsbasierte Reorganisation von Wissensstrukturen (vgl. Reimann/Chi 1989).

Bereits 1983 bezog sich Kolodner auf den *Schemaansatz* (vgl. Schank 1982), der zur Erklärung der Abbildung komplexer Wissensformen im menschlichen Gedächtnis geeignet ist. Dabei sind Schemata als Einheiten zu verstehen, die Wissen über Objekte, Situationen, Ereignisse und Handlungen abbilden können, die aber auch dynamisch sind, indem sie situationsspezifisch und damit erfahrungsabhängig adaptiert werden. Sie umfassen die als typisch wahrgenommenen Entitäten und Relationen eines Gegenstandsbereichs.

Außerdem griff Kolodner (1983) speziell den Skriptansatz von Schank (1982) auf, der besagt, dass Skripts unter Maßgabe bestimmter Zielsetzungen und Pläne der Personen auf der Basis elementarer Wissenseinheiten (*Memory Organisation Packets,* MOPs) konstruiert werden. Kolodner nimmt an, dass bei den Experten gerade das Erfahrungswissen in Form von *Episodic Memory Organization Packets* (E-MOPs)[28] gespeichert wird. Doch ist dabei zu unterscheiden zwischen deklarativen Wissenseinheiten, und solchen, die bereichsspezifische E-MOPs

---

[25] Dazu: Gruber/Ziegler (1996:24): Formale Modelle der Episodenspeicherung, die auf Skript-, Frame-, Schema- oder Prototypenansätzen aufbauen.

[26] Gruber/Mandl (1996:18 -34).

[27] I n der Lehre lässt sich immer wieder feststellen, dass ältere Studierende, die z. B. direkt in die Masterstudiengänge einsteigen, auch ohne das grundlegende Bachelorstudium ihr Wissen besser nutzen können.

[28] Dazu: Schank (1982): Ein E-MOP repräsentiert eine generalisierte Episode und enthält damit die generelle Information von Einzelepisoden, die wiederum jeweils durch ihre Abweichungen von der generellen Episode indiziert werden.

(die z. B. in der Medizin Wissen über Krankheiten und Symptome enthalten) sind und die Strategien und Vorgehensweisen repräsentieren. Anwendbares Wissen wird diesen Untersuchungen zufolge im episodischen Speicher in Form von E-MOPs gespeichert. Gleichwohl kann, dank dieser flexiblen Repräsentationsform sowohl deklaratives Wissen[29], prozedurales Wissen[30] als auch konditionales Wissen[31] gespeichert werden[32].

Welche Rolle dabei die heute nachgewiesene Plastizität des Gehirns als Grundlage für die Mechanismen von Gedächtnis und Lernprozessen spielt[33] ist weiterhin Gegenstand der Forschung. Es ist jedoch anzunehmen, dass diese Plastizität eng mit den episodischen Speichern in Verbindung zu bringen ist, gelang es doch Ansermet und Magistretti (2004) nachzuweisen, dass sich die Synapsen, (also jene wesentlichen Elemente für den Informationstransfer zwischen Neuronen), ständig mit der gemachten Erfahrung verändern, was für die Lehre die Annahme erlaubt, dass die Wiederholung von Übungen für eine Speicherung von Wissen im Langzeitgedächtnis höchst sinnvoll ist.[34]

1.4.1 Intelligenz als Determinante kognitiver Leistungen

Intelligenz wird von der Mehrzahl der Experten (vgl. Sternberg 1990) mit relativ umfassenden Konstrukten wie abstraktes Denken, Problemlösen, Metakognition, exekutive Prozesse und Wissen in Zusammenhang gebracht, also als Manifestation komplexer Informationsverarbeitung[35] gesehen.

In der Tat scheint sich eine Theorie der Intelligenz (Mack 1996)[36] nur im Rahmen einer globalen Kognitionstheorie formulieren (Richardson 1993) zu lassen, wobei unter Kognition diejenigen Informationsverarbeitungsprozesse zu verstehen sind, die dem Kreislauf aus Wahrnehmen, Denken und Handeln zugrunde liegen. Aber eine allseits akzeptierte Kognitionstheorie liegt noch nicht vor, weshalb auch noch nicht von einem homogenen und konsistenten Begriff der

---

[29] Darunter wird in der Pädagogik statisches, d. h. Faktenwissen verstanden.

[30] Dabei geht es um Wissen, wie mit einer bestimmten Prozedur oder einem bestimmten Verarbeitungsprozess ein gewünschtes Ergebnis erreicht werden kann. Es ist, im Gegensatz zu deklarativem Wissen, dynamisch.

[31] Spiegelt die Kenntnis darüber wider, unter welchen Anwendungsbedingungen welche Problemlösungsschritte einzusetzen sind (Ruf 2006).

[32] Dazu: Ruf (2006); Burger (2005:46).

[33] Ansermet/Ma gistretti (2004).

[34] Ber eits 1909 hat Cajal (1909-1911) dargelegt: „Les connexions nerveuses ne sont donc pas définitives et immuables, puisqu'il se crée pour ainsi dire des associations d'essai destinées à subsister ou à détruire suivant des circonstances indéterminées, fait qui démontre, entre parenthèses, la grande mobilité initiale des expansions du neurone."

[35] Ackerman (1986) konzipierte ein Modell des Fertigkeitserwerbs, das als Verfeinerung der differentiellen Transferhypothese angesehen werden kann. Von besonderer Bedeutung ist in diesem Modell das Zusammenspiel zwischen allgemeinen und spezifischen Fähigkeiten.

[36] Wolfgan g Mack (1996:92-114).

Intelligenz ausgegangen werden kann. Gleichwohl gibt es durchaus akzeptierte Übereinstimmungen bezogen auf definitorische Attribute der Intelligenz[37].

Als Beispiel für einen Versuch, Intelligenz umfassend zu beschreiben, sei hier auf Sternberg (1984, 1985) verwiesen, der im Rahmen seiner triarchischen Intelligenztheorie[38] folgende Arten von informationsverarbeitenden Komponenten annimmt, die richtungweisend für den Aufbau von Lehrveranstaltungen sein sollten:

1. Metakomponenten[39], die als Kontrollprozesse höherer Ordnung angesehen werden (*planning, monitoring, evaluation*)

2. Performanzkomponenten, die als Prozesse niedrigerer Ordnung fungieren (*stimulus encoding, inferring relations, applying, selective attention, elaboration*)

3. Wissensakquisitionskomponenten, die Prozesse involvieren, die mit dem Lernen und Speichern neuer Information zu tun haben (*selective encoding, selective combination, selective comparison, restructuring*)

Lehrveranstaltungen, die der Projektlehre genügend Platz einräumen, können für sich in Anspruch nehmen, diesen Komponenten vollumfänglich zu entsprechen.[40]

1.4.2 Globale Modelle des Expertiseerwerbs

Für den Expertiseerwerb gibt es verschiedene Modelle[41], auf die hier aus Platzgründen nur selektiv eingegangen werden kann. So unterscheiden Hatano/Inagaki (1986:27) zwischen *Routineexpertise*, die sich durch Automatisierung von Handlungsvorgängen auszeichnet, und *adaptiver Expertise*, die durch Flexibilisierung von Handlungsvorgängen charakterisiert ist.

Es spricht einiges dafür, dass diese beiden Expertiseformen einen Entwicklungsverlauf darstellen und Routineexpertise zeitlich vor dem Entstehen adaptiver Expertise kommt.

In den Befunden unserer eigenen interdisziplinären Forschung[42] scheinen sich gerade jene von Experten automatisierten Teilprozesse und -strategien wider-

---

[37] Dazu: Daniel Goleman (1995:62) bezieht sich auf von Robert Sternberg gemachte Umfragen zur Beschreibung der Intelligenz und hebt dabei eine Definition hervor: „L'aptitude pratique à gérer des relations humaines était un des traits les plus souvents cités." Dazu: Moore/Oaksford (2002).

[38] Methode der ko gnitiven Komponenten (Sternberg 1985).

[39] Entscheidend ist, dass nur die Metakomponenten direkt wirksam sind, während die anderen stets indirekt ablaufen.

[40] Dazu: Forstner/ Lee-Jahnke (2004).

[41] Dazu Patel/Groen (1991): insbesondere was den Kontrast zwischen Wissen und Können anbelangt, die generische Expertise durch Erwerb, bzw. Aufbau adäquater (deklarativer) Wissensrepräsentationen und die spezifische Expertise, die herausragende Handlungskompetenz. Dazu auch: Bromme (1992); Bromme/Strässer (1992).

[42] Dazu: Lehr (2007).

zuspiegeln, die nötig sind, um Probleme der jeweiligen Domäne zu lösen. Die Untersuchung hat darüber hinaus gezeigt, dass durch diese Automatisierung Experten nicht nur Zugang zu mehr Wissen haben, sondern auch Wissen rascher und besser restrukturieren und infolgedessen auf relevante Information schneller zugreifen können[43]. Sie können ferner ihr Wissen effektiver anwenden und darüber hinaus den kognitiven Kontrollaufwand, der nötig ist, um dieses Wissen zugänglich zu machen, reduzieren.[44] Dazu Lehr (2007):

> Die Ergebnisse unseres Experiments weisen auf solche automatisierten Teilprozesse des Übersetzungsprozesses bei unseren Probanden hin, gerade der Prozess einer sprachübergreifenden Assoziation scheint in unserem Fall genutzt zu werden, um überdurchschnittlich schnell für den Übersetzungsprozess relevante Information verfügbar zu machen.

Patel/Groen (1988) differenzierten in ihren Arbeiten im Zusammenhang mit der Vermittlung über das medizinische Expertentum vier Stufen: Anfänger, fortgeschrittene Lerner, generische Experten, Experten, und kamen zu folgenden Ergebnissen:

Bei Personen auf der ersten Stufe ist Wissen in kausalen, präpositionalen Netzwerken organisiert, welches Personen auf der zweiten Stufe bereits in einfachen Netzwerken kompiliert haben. Auf der nächsten Stufe zeichnet sich generische Expertise durch das Entstehen domänenspezifischer Schemata oder Skripts aus, die auf der letzten Stufe durch fallbasierte *instance scripts* angereichert werden.

Auch für die translationswissenschaftliche Lehre ist dieser differenzierte Ansatz von Patel/Groen (1988) von großem Interesse, unterscheidet er doch drei Verlaufshypothesen der Expertiseentwicklung, und zwar:

- Die *Divergenz-Hypothese*, welche besagt, dass mit zunehmender Expertisierung die Unterschiede zwischen Personen mit weniger und jenen mit mehr Intelligenz zunehmen (in der Professionalisierungsforschung wurde ein solcher Zusammenhang vor allem in akademischen Domänen, wie z. B. Mathematik, festgestellt)

- Die *Konvergenz-Hypothese* vertritt, dass mit zunehmender Expertisierung die anfänglichen Intelligenzunterschiede verschwinden würden. Intelligenz und Expertise als Lernprodukt seien also nicht intelligenzabhängig

- Die *Nicht-Interaktions-Hypothese*, der zufolge unterschiedliche Intelligenzniveaus auch unterschiedlichen Expertiseniveaus entsprechen, die sich in der Steigerung der Expertise aber nicht unterscheiden.

Auch seien hier Boshuizen/Schmidt (1992) genannt, die im medizinischen Bereich herausfanden, dass Personen mit zunehmender Erfahrung immer weniger expliziten Bezug auf theoretisches Wissen beim Erstellen von Diagnosen nehmen, dass sie aber das erlernte theoretische Fachwissen dennoch nicht vergessen oder ignorieren, sondern unter generalisierten fallbezogenen Schemata repräsen-

---

[43] Vgl. dazu: En glund-Dimitrova (2005).
[44] Was in einem interdiszip linären Forschungsprojekt nachgewiesen wurde.

tieren, in ihr Erfahrungswissen integrieren und daher in „enkapsulierter" Form nutzen[45]. Entscheidend für die Entwicklung von Expertise ist also, eine Integration von theoretischem Fachwissen und praktischer Erfahrung zu erzielen, was im Modell von Boshuizen/Schmidt (1992) durch Wissensenkapsulierung über Generalisierung des Wissens in Schemata erfolgt.

Es lässt sich zusammenfassend festhalten, dass allen Befunden zur Entwicklung von Expertise gemein ist, dass umfangreiches Fachwissen vonnöten ist, welches aber nur durch zeitaufwendige Erfahrung erworben werden kann. Dabei kommt es nicht allein auf Quantität an, vielmehr geht es um die Qualität der Erfahrung, was für die Translationsdidaktik bedeutet, das eine gezielte Methodik eingesetzt und damit Übungen in regelmäßigen Abständen wiederholt werden.[46]

Die Entwicklung von Expertise ist somit ein komplexer und langwieriger Prozess. Ericsson und Crutcher (1990) sind der Meinung, dass die Übungszeit, die notwendig ist, um ein Spitzenniveau in einer Alltagsdomäne zu erreichen, mit mindestens zehn Jahren intensiver Praxis zu veranschlagen ist. Damit eine Person sich über einen solch langen Zeitraum hinweg mit einer Domäne beschäftigt, sind allerdings günstige Lernbedingungen unumgänglich, auf die nunmehr einzugehen ist.

2 Methoden zur Implementierung von Expertisewissen in die Lehre

2.1. Allgemeine Ziele – Expertenwissen und Qualität

2.1.1 Expertisekriterien[47]

Die *deliberate practice*-Theorie der Expertise (Ericsson et al. 1993) legt nahe, dass jede Person Experte werden kann, vorausgesetzt, es liegen günstige Lerngelegenheiten vor, wie z. B. früher Beginn der Expertisierung im Kindesalter[48], und eine optimal unterstützende soziale Umwelt, die geeignet ist, die extrinsische und intrinsische Motivation über Jahre hinweg aufrechtzuerhalten.

Das Prädikat „Experte" wird dann zugesprochen, wenn Folgendes erfüllt wird (Krems 1995:53):

    1. Effizienz. Experten zeichnen sich dadurch aus, dass sie in einem längeren Zeitraum eine überdurchschnittliche Anzahl von Aufgaben mit unter-

---

[45] Ein expliziter Bezug auf das Theoriewissen ist für Ärzte zumeist nicht mehr erforderlich, aber bei Bedarf durchaus möglich.

[46] So hat es sich über Jahre hinweg als sinnvoll erwiesen, regelmäßig ein sog. „Lastenheft" erstellen zu lassen, in dem sich die Studierenden eingehend mit den textuellen Schwierigkeiten und Problemlösungen *schriftlich* auseinandersetzen. Näheres dazu: Lee-Jahnke (2004).

[47] Dazu: Krems (1990).

[48] Als Beispiel dafür mag die Diskussion über den Zweitsprachenerwerb im Kindesalter gelten.

durchschnittlichem Aufwand (Zeit, Kosten, Fehlerquote usw.) bewältigen.

2. Bereichsspezifisches Wissen. Experten besitzen ein umfangreiches und
   differenziertes Wissen sowohl über Sachverhalte und Gesetzmäßigkeiten
   in einem definierten Sachgebiet als auch über Methoden und Prozeduren
   zur Bewältigung sachgebietsspezifischer Aufgaben- und Problemstellungen.

3. Erfahrung. Voraussetzung dafür, dass jemand Experte wurde, ist eine
   meist langjährige (etwa acht bis zehn Jahre) Auseinandersetzung mit einem Sachgebiet, um das für den Expertenstatus qualifizierende Wissen zu
   erwerben.

Somit bezeichnet Expertise die bereichs- und aufgabenspezifischen Problemlö-
sefertigkeiten einer Person, die sie dazu befähigen, dauerhaft Überdurchschnitt-
liches zu leisten (dazu Forstner 2005:100-101).

Solche Experten sind dann in der Lage, mehr Probleme mit weniger Aufwand
zu lösen, als dies Anfängern und Fortgeschrittenen gelingt. Auch ist ein hoher
Expertisegrad untrennbar mit einem breiten Kompetenzspektrum verbunden.
Als „Experten" gelten insbesondere Personen, die nicht nur im Routinefall, in
der Standardsituation, hohe Leistungen zeigen, sondern die auch in Ausnahmefällen Herr der Lage bleiben (Krems 1990). Darüber hinaus gelingt es Experten,
sich auf eine vergleichsweise große Anzahl unterschiedlicher Anforderungen
einstellen zu können und damit ihre Performanz zu verbreitern.

Dieser Gedanke liegt Spiros (1991) kognitiver Flexibilitätstheorie zugrunde
wenn er betont:

> Experten besitzen eine facettenreiche und vielschichtige Repräsentation ihres
> Wissens und können dieses deshalb in vergleichsweise vielen Kontexten anwen-
> den.

Allerdings ist auch einleuchtend, dass Wissen auch als Ballast wirken kann, der
die Anpassung an veränderte Umgebungsbedingungen eher behindert.[49]

2.1.2 Theorien über die Wissensakkumulation

Staszewsi (1990) erklärt in der *Skilled Memory-Theory* die herausragenden Gedächtnisleistungen von Experten mit Hilfe dreier Prinzipien:

1. Die Enkodierung von Information wird mit zahlreichen komplizierten
   Hinweisen elaboriert, die sich auf bereits vorhandenes Wissen beziehen.

2. Die Entwicklung von Abrufstrukturen; darunter werden vor dem Lernen
   bereits vorhandene Strukturen des Langzeitgedächtnisses (LZG) verstanden, die domänenspezifische *Slots* enthalten und deshalb schnelles Enko-
   dieren erlauben.

---

[49] I n diesem Zusammenhang wird bei Krems unterschieden zwischen Flexibilität und Wis-
sensnutzung (1990:85), Wechsel der Analyseebenen, Strategiewechsel (1990:86).

3. Mit Übung verringert sich die Zeit, die benötigt wird, um Enkodierungs-
und Abrufoperationen durchzuführen[50].

Die *Chunking Theory*[51] (Chase/Simon 1973:60), oft als Rekognitions-
Assoziations-Theorie bezeichnet, versucht, die Fragen nach der Wissensorganisation und dem Rückgriff auf Wissen zu beantworten. Ihr zufolge legen Experten während jahrelangen Übens und Trainings eine große Datenbank an Chunks
an (bekannte und wieder erkennbare Wahrnehmungskonfigurationen). Das
Langzeitgedächtnis ist dabei als Diskriminationsnetz organisiert und erlaubt einen sehr schnellen Zugriff auf die Information. Chunks ermöglichen auch den
Zugang zu Produktionen und Schemata, die im LZG gespeichert sind.

Die *Template Theory*[52] kombiniert Chunkingprozesse mit der Idee der Abruf-
struktur. In dieser Theorie wird angenommen, dass Chunks, die in einer Domäne häufig vorkommen, sich zu komplexeren Datenstrukturen zusammenschlie-
ßen, die *Slots* für Informationen enthalten, die mit kleinen Abweichungen immer wieder auftreten.

Es ist außerdem anzunehmen, dass Experten die bei Anfängern zu beobachten-
den Strategien und Analyseebenen im Zuge ihrer Kompetenzentwicklung nicht
verlieren, sondern durch zusätzliche, aufgabenspezifische Verfahren ergänzen.
Dadurch wird ihr Problemlösungsrepertoire insgesamt breiter und vielschichti-
ger.

Experten scheinen somit besser in der Lage zu sein, von einer bestehenden Hypothese zu einer anderen, plausibleren Alternative und von einer eingeschlage-
nen Problemlösestrategie zu einer besser geeigneten Methode zu wechseln als
Fortgeschrittene oder Anfänger (dazu: Forstner 2005:101). Im Hinblick auf die
Verwaltung von Information im Arbeitsgedächtnis scheint diese Fähigkeit daran
geknüpft zu sein, sowohl relevante Wissensteile aus dem Langzeitgedächtnis
verfügbar zu machen, als auch im Arbeitsgedächtnis bereits vorhandene, aber
irrelevante oder suboptimale Verfahren inhibieren zu können. Während für die
höhere Verfügbarkeit relevanter Informationen gängige Expertisemodelle Erklä-
rungsansätze bieten, z. B. durch die Annahme einer stärkeren Vernetzung von
Expertenwissen oder durch die fallorientierte Repräsentation, ist der Inhibiti-
onsvorgang bislang wenig beachtet worden.

2.2. Spezifische Ziele der Didaktik

Wenn die Grundannahme ist, dass Wissen durch das Individuum aktiv konstruiert wird, dann werden Lernprozesse am effektivsten sein, wenn sie eingebettet sind in den Kontext einer sinnvollen, realen oder authentischen Aufgaben-

---

[50] Was heute wiederum durch die Plastizität des Gehirns erklärt werden kann (vgl. Anser-
met/Magistretti 2004).

[51] Die *Chunk-Theorie* wurde in vielen Expertisedomänen als erklärende Theorie herangezogen.

[52] *Temp late Theory*; Gobet/Simon: Vortrag gehalten an der Colorado University.

stellung mit bestimmten Formen der *guided participation*. Dadurch verändert sich aber die Art des Unterrichts, nämlich von der Kontrolle zur Unterstützung[53], ein Aspekt, der jedem *Tutorial* zugrunde liegt und nach dem jede Lehre aufgebaut sein sollte. Nachstehende Forderungen können bei der Umsetzung dieser Neuausrichtung der Lehre behilflich sein.

1. *Authentizität und Situiertheit*[54] besagt, das Lernende mit realistischen Problemen und authentischen Situationen[55] konfrontiert sein sollten und somit Wissen bereits in Anwendungskontexten erwerben. Aus eben diesem Grunde sind Übersetzungsaufträge mit in der Lehre einzuplanen.[56]

2. *Multiple Kontexte* verlangen, das Lernende Wissen unter multiplen Kontexten erwerben sollen, um Fixierungen auf einen Kontext zu vermeiden; außerdem sollte das Wissen flexibel auf andere Problemstellungen übertragen werden können. In der Translation lässt sich das durch Texte unterschiedlicher Sprachregister zu ein und derselben Thematik verwirklichen.

3. *Multiple Perspektiven* besagen, das Lernende die Möglichkeit erhalten sollen, Probleme aus unterschiedlichen Standpunkten zu betrachten, was ebenfalls die flexible Anwendung des Wissens fördert. Als gute Übung hierfür eignen sich Fachtexte, die zum einen für Fachpersonen und zum anderen für Laien übersetzt werden.

4. *Sozialer Kontext* besagt, das Lernumgebungen kooperatives Lernen und Problemlösen ebenso fördern sollten, wie gemeinsames Lernen und Arbeiten zwischen Lernenden und Experten. Teamarbeit, zu der auch eine gemeinsame Korrektur der Übersetzungen gehört, sollte daher bereits bei Novizen eingesetzt werden.

All diese Forderungen zielen auf eine möglichst große Situiertheit des Lernprozesses[57] ab, die in vielen Fällen heute in der Translationsausbildung noch zu wünschen übrig lässt.

2.3. Ursache und Behebung von Fehlern

2.3.1 Noch ein Blick über einen weiteren Tellerrand: die Psychoanalyse

Die Literatur zur Evaluierung von Translationsleistungen ist so mannigfaltig wie ihre Ansätze[58], dennoch scheint kein Prozedere sämtliche Fehlleistungen bei

---

[53] Dabei werden in Lehre und Forschung drei Aspekte betont: *apprenticeship*, Kooperation und Selbststeuerung.

[54] Dazu: Rothe/Schindler (1996); Ruf (2006:135 -139).

[55] Dazu: Schmitt (1987).

[56] Dazu: C IUTI Forum: Marktorientierte Translationsausbildung (2004).

[57] Zu den Schlüsselkompetenzen im Lehr-Lernprozess (Erbring 2005) wo eine klare Unterscheidung zwischen Sachkompetenz, Methodenkompetenz, Selbstkompetenz und Interaktionskompetenz gemacht wird.

[58] Vgl. Lee-Jahnke (2001).

Translatoren wirklich eruieren zu können, weshalb es sich lohnt auch für diesen Bereich die Erkenntnisse anderer Disziplinen ins Auge zu fassen. Angesprochen sind hier insbesondere jene Fehlerarten, die sich kaum erklären lassen. Fehler, bei denen es aber eindeutig nicht um ein Unverständnis des Textes oder um sprachliche Mängel geht. Es sind dies Fehler, die durch diverse, schwer definierbare „Störquellen", wie Hansen (2006:234) sie nennt, ausgelöst werden.

2.3.2. Fehler als *Aha-Erlebnis*

Um diese „Störquellen", die verschiedenster Natur sein können[59], nachzuvollziehen, sei hier die Hypothese aufgestellt, dass diese Fehler ihren Ursprung im psychischen Bereich haben, und mit dem zusammenhängen, was Lacan[60] mit *Lalangue*, eine Art Ursprache[61], bezeichnet. Diese Hypothese bestätigt sich hauptsächlich bei Lernern, die unsicher sind und an ihrer eigenen sprachlichen und translatorischen Kompetenz zweifeln. Für sie ist Neuerlerntes häufig fremd und, im wahrsten Sinne des Wortes, nur ungenügend „angeeignet", weshalb ihre psychische Komponente stärker zum Tragen kommt, und überall dort, wo „Verständnisknoten" auftreten, etwas projiziert, was nicht vom Ausgangstext sondern von der *Lalangue* intendiert ist. Untersuchungen in diesem Bereich sind noch selten[62], doch geben sie zu Hoffnung Anlass sofern sie auf multidisziplinärer Ebene angelegt sind.

3 Gestaltung von Lernumgebungen

Lernen ist, entsprechend der Auffassung des gemäßigten Konstruktivismus (Maturana 1987) ein generativer Prozess, der im Unterricht von den Lehrenden stark beeinflusst wird, indem Ziele gesetzt werden und indem der Lernprozess überwacht wird, die anfangs stark ausgeprägte Kontrollfunktion der Lehrenden immer mehr zurücktritt und einer Unterstützungsfunktion Platz macht.

Für unsere Zwecke – der Translationsdidaktik – sind drei Ansätze[63] aus dem anglophonen Raum[64] interessant, da sie dank experimenteller Anordnungen eine

---

[59] Dazu: Pavlenko (2005:192 -224) und dort insbesondere Kapitel 7: *Social cognition.*

[60] Dazu: Houballah (2004).

[61] „ *Lalangue* est l'objet de la linguistique en tant qu'elle ǫst responsable de la constitution du sujet, du sujet de l'inconscient. Cette la *lalangue* est cette fois-ci associée au signifiant. *Lalangue* c'est l'ensemble des phonèmes d'une langue donnée, une langue de fait maternelle, avec lesquels le sujet constitue les lettres de son désir, les signifiants de la pulsion." Ansermet/Flournoy (Rundtisch Juni 2007 „Sur l'identité de la parole"), Genf, Société de lecture. (Houballah 2004).

[62] Um sich Qualifikationen anzueignen und bereits vorhandene Qualifikationen weiter zu entwickeln ist es unumgänglich, a) den Ursprung der Störquellen zu eruieren und b) letztere zu beheben.

[63] Eine genauere Darstellung aller drei Ansätze ist einzusehen bei Gerstenmeier/Mandl (1994) und wird uns auch in der Folge noch interessieren.

[64] Dazu: Law/Wong (1996).

maximale Förderung des Expertiseerwerbs vermitteln (Gruber 1996:30ff). Dabei geht es um folgendes:

1. Ansatz: *Anchored Instruction*

In authentischen Anwendungs- und Problemsituationen werden unter Verwendung verschiedener Medien sog. „Anker" gesetzt, was im Lernprozess zu einer intensiven Auseinandersetzung mit „echten" domänenspezifischen Problemen führt. Diese Unterrichtsform, in der reale Projekte, zum Beispiel Übersetzungsaufträge, eingebracht werden, stimuliert die Motivation der Lerner und fördert die Speicherung neu erworbenen Wissens im Langzeitgedächtnis. Darüber hinaus aktiviert diese Lehrmethode auch bereits zuvor erworbenes Wissen (Lee-Jahnke 2007; Schank 1982; Zacks/Hasher 1994).

Methodisch lassen sich bei der *anchored instruction* fünf Phasen ausmachen:

- *Modelling*: die Lehrperson präsentiert ein Projekt und erklärt es
- *Coaching*: Lerner und Lehrperson bearbeiten das Projekt
- *Fading*: Mit zunehmendem Wissen der Lerner zieht sich die Lehrperson zurück
- *Articulation*: Lösungen und Überlegungen werden diskutiert
- *Reflection*: die Lerner vergleichen ihre Lösungen

2. Ansatz: *Cognitive Apprenticeship*

Das Charakteristikum ist hier, dass der Wissenserwerb aktiv zu erfolgen hat, insofern, als er vom Lerner selbst gesteuert wird, aber bedingt, dass dieser in ein konstruktives Umfeld eingebettet und mit einer echten Situation konfrontiert wird. Bei diesem Wissenserwerb spielen die Förderung der Recherchefähigkeit und die Selbstevaluierung eine wichtige Rolle. Ein weiterer Aspekt, der dabei in der Lehre nicht vernachlässigt werden darf, ist das so genannte kooperative Lernen, indem die Interaktion zwischen den Teilnehmern einer Gruppe durch Diskussion gefördert wird. Diese umfasst eine eingehende Diskussion der Probleme und deren Lösungen, die Retrospektion sowie gemeinsame Problemlösungsfindung.

3. Ansatz: *Cognitive Flexibility Theory* [65]

Hier geht es um die Forderung nach Lernumgebungen, in denen bei Lernern multiple und damit flexible Repräsentationen hervorgerufen werden. Es soll auf diese Weise Wissen vermittelt werden, das später in verschiedenen Problemsituationen einsetzbar wird. Als besonders wirksame Form gilt die Technik des *landscape criss-crossing*, wobei derselbe Gegenstand oder Begriff im Lernprozess zu verschiedenen Zeiten, in veränderten Kontexten, unter veränderter Zielsetzung und aus unterschiedlichen Perspektiven beleuchtet wird („die konzeptuelle Landkarte wird kreuz und quer erkundet"). Dadurch gewinnt der Lernge-

---

[65] Dazu: Spiro (1991); Kre ms (1990; 1994).

genstand großen Facettenreichtum, und das erworbene Wissen wird für zahlreiche unterschiedliche Kontexte anwendbar gemacht; gerade das ist es ja, was unter unterschiedlichen Perspektiven gelernt wurde. Ziel ist es, jene Flexibilität zu erreichen, die Experten vor Novizen auszeichnet. Vereinfachungen haben in diesem Lehrstadium keinen Platz, da sich eine Unterforderung der Lernenden auf Vigilanz und Motivation gegenteilig auswirkt. Auch darf die Lehre nicht starr und stereotyp sein, da sonst das Wissen nicht im Langzeitgedächtnis gespeichert wird.[66]

In diesem Zusammenhang sei betont, dass kognitive Flexibilität stets als Kriterium für Expertise genannt wird. Mit kognitiver Flexibilität – im Gegensatz zu kognitiver Rigidität – ist die Fähigkeit einer Person gemeint, ihr verfügbares Problemlösungsrepertoire an das jeweils gegebene situative Anforderungsprofil anzupassen. Dazu gehört sowohl die Re-Adaption an veränderte Bedingungen als auch die Modifikation und Neueinstellung der bestehenden Problemlöseverfahren an gleich bleibende, aber unerwünschte Verhältnisse.

4 Ausblick

Grundsätzlich muss es das Ziel einer jeden Lehre sein, Lernende möglichst schnell zu eigenständiger Wissenskonstruktion und Expertise zu führen und dabei das Problem des Lerntransfers zu bewältigen. Dies kann, wie dargelegt, auf verschiedenen Wegen geschehen, die aber leider in der Translationswissenschaft[67] noch zu selten eingeschlagen werden. Welche der genannten Erkenntnisse und Ansätze auch gewählt werden sollten, wesentlich ist stets, dass in der Lehre die anfänglich starke Kontrolle allmählich zurückgenommen und zu einer Unterstützung durch die Lehrenden wird, um das eigenständige Lernen zu fördern, mit dem Ziel, aus Novizen Experten auszubilden, die sich nicht nur heute, sondern auch morgen auf dem Arbeitsmarkt bewähren können.

---

[66] Dazu: Ansermet/Ma gistretti (2004); Prégent (1990).

[67] Wobei aus Platzgründen hier nicht auf die Rolle eingegangen wurde, die den Spiegelneuronen zukommt. Ferner ist heute noch nicht genügend erforscht, welchen Stellenwert die Spiegelneuronen in der Lehre einnehmen. Ein Aspekt, den es m. E. nach nicht zu unterschätzen gilt, insbesondere in Anbetracht der Fachliteratur die Sprache mit Emotion in Verbindung bringt. Dazu: Rizzolatti (2003, 2005). Dies insbesondere ausgehend von der Tatsache, dass Spiegelneuronen, auf deren Grundlage Verstehen und interpersonale Kommunikation als ein neuronaler Nachahmungsprozess erklärt wird. Über die Bereiche Handlungserkennung, Spracherkennung und Empathie legen die Ergebnisse der Spiegelneuronenforschung eine *Shared Manifold of Intersubjectivity* Hypothese vor. Insgesamt erklären die Spiegelneuronen das Handlungslernen durch Imitation in einem *direct matching mechanism* über motorische Repräsentationen im Gehirn (vgl. Damasio 1995, Moore, 2002, Schneiders, 2006).

Bibliographie

Ackerman, P.L. (1986): „Individual differences in information processing: An investigation of intellectual abilities and task performance during practice." *Intelligence* 10, 101-139.

Ansermet, François / Magistretti, Pierre (2004): *À chacun son cerveau*. Paris: Odile Jacob.

Anttila, Raimo (1977): „Dynamic fields and linguistic structure: A proposal for a *Gestalt* linguistics." *Die Sprache* 23/1, 1-10.

Blankertz, Stefan / Doubrawa, Erhard (2005): *Lexikon der Gestalttherapie*. Wuppertal: Peter Hammer Verlag.

Boshuizen, H. P. / Schmidt, H. G. (1992): „On the role of biomedical knowledge in clinical reasoning by experts, intermediates, and novices." *Cognitive Science* 16, 153-184.

Bromme, Rainer / Rambow, Riklef / Sträßer, Rudolf (1992): „Jenseits von ‚Oberfläche‘ und ‚Tiefe‘: Zum Zusammenhang von Problemkategorisierungen und Arbeitskontext bei Fachleuten des Technischen Zeichnens." Gruber, H. / Ziegler, A. (Hrsg.) : *Expertiseforschung: Theoretische und methodische Grundlagen*. Opladen: Westdeutscher Verlag, 150-168.

Bromme, Rainer (1992): *Der Lehrer als Experte. Zur Psychologie des professionellen Wissens*. Bern: Huber.

Brown, J.S. / Collins, A. / Duguid, P. (1989): „Situated cognition and the culture of learning." *Educational Researcher* 18 (1989), 32-42.

Burger, B. (2005): „Lernen um anzuwenden: zur Förderung des Praxistransfers sozialkommunikativer Kompetenzen." *Wirtschaftspädagogisches Forum*, Bd. 28, Paderborn: Eusl.

Chase, W.G. / Simon, H.A. (1973): „The mind's eye in chess." Chase, W.G. (Hrsg.): *Visual information processing*, New York: Academic Press, 215-281.

Damasio, Antonio (1995): *L'erreur de Descartes, La raison des émotions*. Paris: Odile Jacob.

Delisle, Jean / Lee-Jahnke, Hannelore (1998) (Hrsg.): *Enseignement de la Traduction et Traduction dans l'enseignement*. Ottawa, Les Presses de l'Université d'Ottawa.

Englund Dimitrova, Birgitta (2005): *Expertise and Explicitation in the Translation Process*. Amsterdam/Philadelphia, John Benjamins Publishing.

Erbring, Saskia / Terfloth, Karin (2005): „Lernen statt belehren! Kompetenzorientiertes Lernen und Lehren an der Hochschule." *Das Hochschulwesen* (HSW), 23-29.

Ericsson, K.A. / Crutcher, R.J. (1990): „The nature of exceptional performance." Baltes, P.B. / Featherman, D.L. / Lerner, R.M. (Hrsg.): *Life-span development and behavior*. Vol. 10, Hillsdale, NJ: Erlbaum, 187-217.

Ericsson, K.A. / Smith, J (Hrsg.) (1991): *Toward a general theory of expertise. Prospects and limits*. Cambridge: Cambridge University Press.

Ericsson, K.A. / Krampe, R. T. / Tesch-Römer, C. (1993): „The role of deliberate practice in the acquisition of expert performance." *Psychology Review* 100, 363-406.

Fillmore, Charles (1977): „Scenes-and-Frames Semantics." Zampolli, Antonio (Hrsg.): *Linguistic Structures Processing*. Amsterdam et al.: North Holland, 72-75.

Forstner, Martin (2007): *The Grand Design*. (im Druck).

Forstner, Martin (2007): „Paralipomena zur Diskussion der Qualität von Translationsstudiengängen unter dem Bologna-Regime." (in diesem Band).

Forstner, Martin / Lee-Jahnke, Hannelore (2005): „La traductologie en quête de traducteurs?" *Pour dissiper le flou*, Université Saint Joseph, Beirut: Collection Souces&Cibles, 87-103.

Forstner, Martin (2005): „Bemerkungen zu Kreativität und Expertise." *Lebende Sprachen*, Heft 3, 98-104.

Forstner, Martin / Lee-Jahnke, Hannelore (2004): *Internationales CIUTI-Forum, Marktorientierte Translationsausbildung*, Bern: Peter Lang.

Gerstenmaier, J. / Mandl, H. (1994): „Wissenserwerb unter konstruktivistischer Perspektive." München, *Forschungsbericht* Nr. 33.

Glaser, R. / Bassok, M. (1989): „Learning theory and the study of instruction." *Annual Review of Psychology* 40, 631-666.

Gobert, Fernand (1996): „Expertise und Gedächtnis." Gruber, Hans / Ziegler, Albert (Hrsg.): *Expertiseforschung. Theoretische und methodische Grundlagen*. Opladen: Westdeutscher Verlag, 58-79.

Goleman, Daniel (1997): *L'intelligence émotionnelle*, Paris: Robert Laffont.

Groen, G.J. / Patel, V.L. (1988): „The relationship between comprehension and reasoning in medical expertise." Chi, M.T.H. / Glaser, R. / Farr, M.J. (Hrsg.): *The nature of expertise*, Hillsdale, NJ: Erlbaum, 287-310.

Gruber, Hans (1994): *Expertise. Modelle und empirische Untersuchungen*, Opladen: Westdeutscher Verlag.

Gruber, Hans / Mandl, H. (1996): „Expertise und Erfahrung." Gruber, Hans / Ziegler, Albert (Hrsg.) *Expertiseforschung. Theoretische und methodische Grundlagen*. Opladen: Westdeutscher Verlag.

Gruber, Hans / Ziegler, Albert (Hrsg.) (1996): *Expertiseforschung. Theoretische und methodische Grundlagen*, Opladen, Westdeutscher Verlag.

Hansen, Gyde (2006): *Erfolgreich Übersetzen*, Tübingen: Gunter Narr Verlag.

Hatano, G. / Inagaki, K. (1986): „Two courses of expertise." Stevenson, H. / Azuma, H. / Hakuta, K. (Hrsg.): *Child development and education in Japan*, New York: Freeman, 262-272.

Hönig, Hans (1995): *Konstruktives Übersetzen*. Tübingen: Stauffenburg.

Hofstätter, Peter R. (1975): *Psychologie*. Neuausgabe. Frankfurt a. Main: Fischer.

Houballah, Adnan (2004): „L'inconscient de la langue de l'autre." *Che Vuoi?, Revue de Psychanalyse; La Psychanalyse en traductions*, N° 21, Paris: l'Harmattan, 131-140.

Kandel, Eric (2001): „The Molecular Biology of Memory Storage: A Dialogue between Genes and Synapses." *Science* 294, 1030-1038.

Koller, Werner (2004): „Übersetzungskompetenz als Fähigkeit, Äquivalenz herzustellen." Fleischmann/Schmitt/Wotjak (Hrsg.): *Translationskompetenz*, Tübingen: Stauffenburg, 117-134.

Kolodner, J.L. (1983): „Towards an understanding of the role of experience in the evolution from novice to expert." *International Journal of Man-Machine Studies* 19, 497-518.

Kolodner, J.L. (1991): „Improving Human Decision Making through Case-Based Decision Aiding." *AI Magazin* 12 (2).

Krems, Josef (1990): *Wissensbasierte Urteilsbildung*. Bern: Huber.

Krems: Josef (1995): „Cognitive flexibility and complex problem solving." Frensch, P. / Funke, J. (Hrsg.): *Complex problem solving*, Hillsdale, NJ: Erlbaum, 212-255.

Krings, Hans-Peter (1986): *Was in den Köpfen von Übersetzern vorgeht.* Tübingen: Narr Verlag.

Kupsch-Losereit, Sigrid (1994): „Die Übersetzung als Produkt hermeneutischer Verstehensprozesse." Snell-Hornby/Pöchhacker/Kaindl (Hrsg.), 45-54.

Kupsch-Losereit, Sigrid (1996): „Kognitive Verstehensprozesse beim Übersetzen." Lauer, Angelika / Gerzymisch-Arbogast, Heidrun / Haller, Johann / Steiner, Erich (Hrsg.): *Übersetzungswissenschaft im Umbruch. Festschrift für Wolfram Wilss zum 70 Geb.* Tübingen, 217-228.

Kupsch-Losereit, Sigrid (1998): „Interferenzen." Snell-Hornby/Hönig/Kußmaul/Schmitt (Hrsg.), 167-170.

Kußmaul, Paul (1995): *Training the Translator*. Amsterdam: John Benjamins.

Lakoff, G. (1977): „Linguistic Gestalts." Beach, W.A. / Fox, S.E. / Philosoph, S. (Hrsg.): *Papers from the Thirteenth Regional Meeting, Chicago Linguistic Society*, April 14-16, Chicago Linguistic Society. Chicago, Illinois: University of Chicago, 236-287.

Law, Lai-Chong / Wong, Ka-Ming, Patrick (1996): „Expertise and instructional Design." Gruber, H. / Ziegler, A. (Hrsg.): *Expertiseforschung. Theoretische und methodische Grundlagen*, Opladen: Westdeutscher Verlag, 115-147.

Lee-Jahnke, Hannelore (2001) (Hrsg.): „Aspects pédagogiques de l'évaluation en traduction." *META* 46-2, 258-271.

Lee-Jahnke, Hannelore (2004): „Neue Ansätze in der Translatorenausbildung in einem mehrsprachigen Land." *Translation Studies in the New Millennium*, Vol. 2, Ankara: Bilkent, 169-209.

Lee-Jahnke, Hannelore (2005): „New Cognitive Approaches in Process-Oriented Translation Training. Processus et Cheminements en traduction et interpretation." Lee-Jahnke, Hannelore (Hrsg.), *META*, Vol. 50/2, Les Presses de l'Université de Montréal, 359-378.

Lee-Jahnke, Hannelore (2006): „Translation Training and Tools." *Atlas for Studies and Research*, Vol. 1, N°2, 7-40.

Lehr, Caroline (2007): *Semantische Priming-Effekte bei Übersetzern*, Peter Lang (im Druck).

Mack, Wolfgang (1996): „Expertise und Intelligenz." Gruber, Hans / Ziegler, Albert (Hrsg.): *Expertiseforschung. Theoretische und methodische Grundlagen.* Opladen: Westdeutscher Verlag, 92-114.

Mandl, H. / Gruber, H. / Renkl, A. (1993): „Kontextualisierung von Expertise." Mandl, H. / Dreher, M. / Kornadt, H.J. (Hrsg.): *Entwicklung und Denken im kulturellen Kontext*, Göttingen: Hogrefe , 203-227.

Maturana, H.R. / Varela, F.J. (1987): *Der Baum der Erkenntnis. Die biologischen Wurzeln des menschlichen Erkennens.* Bern: Scherz.

Moore, Simon / Oaksford, Mike (2002): *Emotional Cognition, From Brain to Behaviour*, Amsterdam/Philadelphia: John Benjamins Publishing Company.

Paepcke, Fritz (1986): „Im Übersetzen leben – Übersetzen und Textvergleich." *Tübinger Beiträge zur Linguistik*, 281.

Patel, V.L. / Groen, G.J. (1986): „Knowledge based solution strategies in medical reasoning." *Cognitive Science* 10, 91-116.

Patel, V.L. / Groen, G.J. (1991): „The general and specific nature of medical expertise: A critical look." Ericsson, K.A. / Smith, J. (Hrsg.): *Toward a general theory of expertise. Prospects and limits,* Cambridge: Cambridge University Press, 93-125.

Pavlenko, Aneta (2005): *Emotions and Multilingualism.* Cambridge: Cambridge University Press.

Prégent, Richard (1990): *La préparation d'un cours.* Montréal: University Press.

Reiman, P. / Chi, M.T.H. (1989): „Human expertise." Gilhooly, K.J. (Hrsg.): *Human and machine problem solving,* New York: Plenum, 161-191.

Richardson, K. (1993): *Understanding intelligence* (2nd ed.), Philadelphia: Open University Press.

Rickheit, Gerd / Strohner, Hans (1993): *Grundlagen der kognitiven Sprachverarbeitung: Modelle, Methoden, Ergebnisse.* Tübingen: Francke.

Rizzolatti, Giacomo / Craighero, L. / Fadiga, L. (2003): „The mirror system in Humans." Stamenov, Maxim / Gallese, Vittorio (Hrsg.): *Mirror Neurons and the evolution of brain and language.*Amsterdam, John Benjamins, 37-59.

Rizzolatti, Giacomo (2005): „The morror Neuron System and its function in Humans." Anatomy and Embryology 210, 419-421.

Rosch, Eleanor (1973): „Natural categories." *Cognitive Psychology* 4, 328-350.

Rothe, Hans-Jürgen / Schindler, Marion (1996): „Expertise und Wissen." Gruber, Hans / Ziegler, Albert (Hrsg.) (1996): *Expertiseforschung. Theoretische und methodische Grundlagen.* Opladen: Westdeutscher Verlag.

Ruf, Michael (2006): „Praxisphasen als Beitrag zur Employability." *Das Hochschulwesen* 4, Bielefeld, 135-139.

Ramon y Cajal, Santiago (1909-1911): *Histologie du système nerveux de l'homme et des vertébrés,* Paris: A. Maloine.

Schank, R.C. (1982): *Dynamic memory.* Cambridge: Cambridge University Press.

Schmidt, H.H. / Boshuizen, H.P.A. (1992): „Encapsulation of biomedical knowledge." Evans, D. / Patel, V. (Hrsg.): *Advanced models of cognition for medical training and practice,* Berlin: Springer, 265-282.

Schmidt, F.L. / Hunter, J.E. / Outerbridge, A.N. / Goff, S. (1988): „Joint relation of experience and ability with job performance: test of three hypotheses." *Journal of Applied Psychology* 73, 46-57.

Schmitt, Peter A.(1987): „Fachtexte für die Übersetzer-Ausbildung: Probleme und Methoden der Textauswahl." Ehnert, Rolf / Schleyer, Walter (1987) (Hrsg.): *Übersetzen im Fremdsprachenunterricht: Beiträge zur Übersetzungswissenschaft – Annäherungen an eine Übersetzungsdidaktik. Materialien Deutsch als Fremdsprache.* Regensburg: DAAD, 111-151.

Schmitt, Peter A. (1998l): „Qualitätsmanagement." Snell-Hornby, Mary / Hönig, Hans / Kußmaul, Paul / Schmitt, Peter A. (1998): *Handbuch Translation.* Tübingen: Stauffenburg, 394-401.

Schneiders, Hans-Wolfgang (2007): *Allgemeine Übersetzungstheorie. Verstehen und Wiedergeben.* Romanistischer Verlag: Bonn.

Séguinot, Candace (1989): *The Translation Process.* Toronto: York University. School of Translation.

Snell-Hornby, Mary (1986): *Übersetzungswissenschaft. Eine Neuorientierung.* Tübingen: Francke.

Snell-Hornby, Mary / Pöchhacker, Franz / Kaindl, Klaus (Hrsg.) (1994): *Translation Studies: An Interdiscipline.* Amsterdam: John Benjamins.

Spiro, R.J. / Feltovich, P.J. / Jacobson, M.J. / Coulson, R.L. (1991): „Cognitive flexibility, constructivism, and hypertext: Random access instruction for advanced knowledge acquisition in ill-structured domains." *Educational Technology* 31 (5), 24-33.

Staszewski, J.J. (1988): „Skilled memory and expert mental calculation." Chi, M.T.H. / Glaser, R. / Farr, M.J. (Hrsg) *The nature of expertise*, Hillsdale, NJ: Erlbaum, 71-128.

Staszewski, J.J. (1990): „Exceptional memory: The influence of practice and knowledge on the development of elaborative encoding strategies." Schneider, W. / Weinert, F.E. (Hrsg.): *Interactions among aptitudes, strategies, and knowledge in cognitive performance*, New York: Springer 1990, 252-285.

Sternberg, R.J. (1984): „Toward a triarchic theory of human intelligence." *The Behavioral and Brain Science* 7, 269-287.

Sternberg, R.J. (1985): *Beyond IQ: A triarchic theory of human intelligence*, New York: Cambridge University Press.

Sternberg, R.J. (1990): *Metaphors of Mind. Conceptions of the nature of intelligence*, Cambridge: Cambridge University Press.

Stolze, Radegundis (2003): *Hermeneutik und Übersetzen.* Tübingen: Narr Verlag.

Stolze, Radegundis (1994): „Translatorische Kategorien – Zur Rolle der Linguistik in der Translationsdidaktik." Snell-Hornby/Pöchhacker/Kaindl (Hrsg.): 377- 386.

Tirkkonen-Condit, Sonja (2000): „Uncertainty in Translation Processes." Tirkkonen-Condit/Jääskeläinen (Hrsg.), 123-142.

Wilss, Wolfram (1988): *Kognition und Übersetzen. Zu Theorie und Praxis der menschlichen und der maschinellen Übersetzung.* Tübingen: Narr Verlag.

Wilss, Wolfram (1992): *Übersetzungsfertigkeit. Annäherungen an einen komplexen übersetzungspraktischen Begriff.* Tübingen: Narr Verlag.

Zacks, R.T. / Hasher, L. (1994): „Direct ignoring." Dagenbach, D. (Hrsg.): *Inhibitory processes in attention, memory, and language*, San Diego: Academic Press, 241-263.

Lisa Link
Flensburg
Qualitätssicherung in einem virtuellen Übersetzungsdienst

1 Einleitung

[1]Der Markt für Übersetzungsdienstleistungen ist im Wandel. Die Entwicklungen in diesem Bereich beinhalten zunehmend die Unterstützung durch Informations- und Kommunikationstechnologie. Nach Minako O'Hagan (1996:8-10) stellt die Geschwindigkeit eine der neuen Hauptanforderungen an Übersetzungsdienstleistungen dar. Kürzere Produktionszeiten und Produktlebenszyklen geben den Takt an, an den sich auch Übersetzungsdienstleister anpassen müssen. Die daraus folgenden engen Termine für Übersetzungsprojekte können nur eingehalten werden, wenn in Teams mit unterstützenden Ressourcen gearbeitet wird und wenn der Informationsfluss und Austausch von Ressourcen schnell erfolgt (siehe auch Schubert 1999:1-3). Gleichzeitig zeichnen sich unterschiedliche Ansprüche an eine Übersetzung als Produkt ab - unter bestimmten Voraussetzungen sind Kunden bereit, Qualität g egen Schnelligkeit einzutauschen. Aus diesen Trends entsteht ein Bedarf an neuen Formen der Zusammenarbeit und des Zusammenspiels zwischen den Akteuren und Ressourcen.

Vor diesem Hintergrund wurde vom November 1998 bis zum April 2000 im Studiengang Technikübersetzen an der Fachhochschule Flensburg in einem vom Bundesministerium für Bildung und Forschung geförderten FuE-Projekt (BMBF, Förderkennzeichen aFuE 1702998) ein Softwaresystem-Prototyp für einen virtuellen Übersetzungsdienst (VÜ) entwickelt.

Gerade in einem virtuellen Übersetzungsdienst, in dem die Beteiligten und Ressourcen räumlich verteilt und lediglich über das Internet miteinander verbunden sind, ist eine entsprechende Qualitätssicherung von großer Bedeutung. In dem Projekt VÜ wurde ein Funktionalitätsrahmen entwickelt, in dem die Akteure und deren Aufgaben, die Arbeitsschritte, Ressourcen und Hilfsmittel festgelegt wurden, die für jeden Schritt in der Auftragsabwicklung notwendig sind. Auf diese Weise wurde eine Qualitätssicherung ermöglicht.

Der vorliegende Beitrag stellt die verschiedenen Qualitätsebenen in einem virtuellen Übersetzungsdienst dar und erläutert die entsprechenden Qualitätskriterien. Weiterhin wird aufgezeigt, wie eine Qualitätssicherung in die Arbeitsabläufe eines virtuellen Übersetzungsdiensts integriert werden kann.

---

[1] Dieser Beitrag ist eine punktuell aktualisierte Fassung eines Vortrags auf der TQ2000, Internationale Fachtagung Translationsqualität, in Leipzig 28./29.10.1999.

2 Projektrahmen

Schubert (1997:10-19) stellt in dreizehn Workflow-Szenarien eine Reihe möglicher Arbeitsabläufe in einem (Tele-)Übersetzungsdienst vor. Diese reichen von einem traditionellen Szenario, in dem der Kundenauftrag in einem Übersetzungsbüro von hausinternen Übersetzern durchgeführt wird, bis hin zu einem komplexen Szenario, in dem die Ressourcen des Kunden (z. B. Terminologie, Übersetzungsspeicher) zusammen mit den Ressourcen des Übersetzungsbüros externen Mitarbeitern für die Auftragsabwicklung zur Verfügung gestellt und von anderen externen Mitarbeitern gepflegt und aktualisiert werden.

Basierend auf diesen Szenarien hatte das Projekt VÜ das Ziel, ein prototypisches System für einen Teleübersetzungsdienstleister zu entwerfen und zu entwickeln. Als Zielgruppe wurden kleinere und mittlere Übersetzungsdienstleister gewählt, die auf dem Markt erhältliche Übersetzungshilfsmittel (z. B. Übersetzungsspeicher) im allgemeinen einsetzen, da ihnen im Gegensatz zu größeren Unternehmern die Ressourcen für eigene, maßgeschneiderte Programmentwicklungen fehlen. Die Hersteller von Übersetzerhilfsmitteln bemühen sich zurzeit verstärkt darum, Teamfunktionen und Netzfähigkeit in ihre Produkte einzubauen. Dienstleister können sich jedoch häufig nicht selbst für eine integrierte Produktfamilie eines einzigen Herstellers entscheiden, sondern sind vielmehr gezwungen, die Datenformate und die Ressourcen einzusetzen und miteinander zu verknüpfen, die ihre Kunden verwenden. Daher zielt der virtuelle Übersetzungsdienst auf herstellerübergreifende Systemintegration. In dem Projekt VÜ wurde ein Auftragsabwicklungssystem entwickelt, das vorhandene Software in die Arbeitsabläufe integriert. Dabei wird die Internet-Technik als Bestandteil des Systems für die Kommunikation und den Austausch von Ressourcen und Informationen zwischen dem Kunden, dem Dienstleister und den verschiedenen externen Mitarbeitern genutzt. Ein internes oder unternehmensweites Intranet bietet natürlich dieselben Kommunikationsmöglichkeiten wie das Internet. Wenn im Folgenden vom Internet die Rede ist, ist daher das Intranet immer impliziert.

3 Übersicht über den Aufbau des VÜ

Im Rahmen des Projektes VÜ wurde davon ausgegangen, dass der Kunde, der Teleübersetzungsdienstleister und die externen Mitarbeiter über das Internet miteinander verbunden sind. Ferner wurde vorausgesetzt, dass der Dienstleister bestimmte Hilfsmittel für die Auftragsabwicklung zur Verfügung hat.

In einem Funktionsentwurf wurden zuerst die Übersetzungshilfsmittel, die Rollen und Funktionalitäten in einem virtuellen Übersetzungsdienst festgelegt. In einem weiteren Schritt wurden dann die unterschiedlichen Benutzeroberflächen für die Beteiligten und deren Aktivitäten entwickelt sowie zusätzliche Hilfsmittel identifiziert und integriert. Dabei wurde Wert darauf gelegt, dass der Auftragsablauf einfach und transparent gestaltet wurde, um die Mitarbeiter bei ihrer Arbeit zu unterstützen. Für die Auftragsabwicklung zwischen dem Kunden und dem Übersetzungsdienstleister wurde eine benutzerfreundliche Webseite entwickelt[2].

4 Rollen in einem virtuellen Übersetzungsdienst:

Für den virtuellen Übersetzungsdienst wurden folgende Akteure mit ihren Rollen und Funktionen definiert:

- Kunde
- Virtueller Übersetzungsdienst mit:
  - Übersetzungskoordinator/in
  - Übersetzer/in
  - Korrektor/in
  - MÜ-Nachbearbeiter/in
  - Betreuer/in der Terminologiedatenbank
  - Betreuer/in des Übersetzungsspeichers[3]
  - Bediener/in des maschinellen Übersetzungssystems

In einem konkreten Arbeitsablauf können mehrere Rollen von derselben Person wahrgenommen werden.

5 Übersetzungshilfsmittel

Um den in der Einleitung erwähnten aktuellen Trends sowie den veränderten Anforderungen an eine Übersetzung als Produkt nachzukommen, müssen Übersetzungsdienstleister geeignete Übersetzungshilfsmittel einsetzen. In unserem virtuellen Übersetzungsdienst wurde vorausgesetzt, dass der Teleübersetzungsdienstleister neben einem üblichen Office-Programm MÜ-Software, ein Übersetzungsspeicherprogramm und ein Terminologiedatenbankprogramm zur Verfügung hat.

6 Zusätzliche Hilfsmittel

Neben dem Einsatz von Übersetzungshilfsmitteln benötigt ein virtueller Übersetzungsdienst verschiedene Hilfsmittel für die Verwaltung der Ressourcen. Vor allem muss der Übersetzungskoordinator über einen schnellen Zugriff auf aktuelle Informationen verfügen, die ihn bei seinen Entscheidungen für jeden einzelnen Auftrag unterstützen. Hierfür bieten sich Datenbanken (siehe auch O'Hagan 1996:99) mit detaillierten Angaben z. B. über Mitarbeiter, Kunden, Aufträge und Ressourcen an. In unserem Prototyp können diese Datenbanken von den

---

[2]   Näheres hierzu bei http://www.wi.fh-flensburg.de/ifk/forschung/index.htm.

[3]   Diese Akteure betreuen die Terminologiedatenbank bzw. den Übersetzungsspeicher für alle eingesetzte Software. Zum Beispiel pflegt der Betreuer der Übersetzungsspeicher auch den Übersetzungsspeicher für das maschinelle Übersetzungssystem. Die inhaltlich-sprachliche Terminologiearbeit kann von anderen geleistet werden.

entsprechenden Benutzeroberflächen über Schaltflächen abgefragt und aktualisiert werden.

7 Qualitätssicherung und Qualitätskriterien

Die Qualitätssicherung beginnt bereits bei der Auftragserteilung auf der Webseite. Hier legt der Kunde die Translationsbedingungen in einem Auftragsformular fest, indem er Angaben macht zu:

- Sprachrichtung
- Fachgebiet
- Textsorte
- Übersetzungsqualität

Außerdem können Ressourcen des Kunden wie Terminologie, Übersetzungsspeicher, Glossare und Referenzmaterial als Dateien mit dem Auftrag übertragen und somit zur Verfügung gestellt werden.

Der virtuelle Übersetzungsdienst bietet dem Kunden drei verschiedene Qualitätsebenen der Übersetzung zur Auswahl an:

1. Maschinelle Übersetzung (Rohübersetzung)
2. Überarbeitete maschinelle Übersetzung (für eine Definition von Rapid Post Editing siehe Senez 1998)
3. Qualitätsübersetzung

Um den Kunden darin zu unterstützen, die Auswahl der Qualitätsebenen in Übereinstimmung mit seinen Erwartungen zu treffen, werden die verschiedenen Qualitätsebenen über eine Schaltfläche auf der Webseite erklärt. Die Ebenen lassen sich wie folgt charakterisieren:

Die Qualitätsebene „*Rohübersetzung„* liefert in der Regel nur den groben Informationsinhalt eines Textes. Kunden, die möglichst schnell und kostengünstig eine Übersetzung für ihren eigenen Gebrauch wünschen und keinen Wert auf fachliche Richtigkeit und linguistische Qualität legen, wählen diese Option.

Einen besonderen Kundenkreis stellen MÜ-Stammkunden dar, die z. B. standardisierte Texte (möglichst mit kontrollierter Sprache) erstellen und MÜ-Ressourcen (Wörterbücher und Übersetzungsspeicher) ständig aktualisieren (lassen), um die Funktionalität eines MÜ-Systems (schnelle und kostengünstige Übersetzungslösungen) auszunutzen. Diese Kunden können weitaus bessere Ergebnisse von Rohübersetzungen erwarten (Näheres hierzu bei Pyne/Grasmick 1997).

Die Qualitätsebene „*Überarbeitete MÜ*" bietet eine schnelle Abwicklung der Übersetzung, die auch sprachliche Fehler (z. B. bei Kollokationen) enthalten kann, die jedoch im Gegensatz zu einer Rohübersetzung verständlicher im Sinne von leserfreundlicher ist und fachlich richtig sein muss. Der Kunde verzichtet bewusst auf eine Qualitätsübersetzung, weil ihm der Zeitfaktor wichtiger ist.

Die Qualitätsebene „*Qualitätsübersetzung*" liefert eine fehlerfreie, korrekturge-
lesene, druckreife Übersetzung. Hierzu werden Kunden- bzw. Dienstleister-
Ressourcen eingesetzt und die von geeigneten Fachübersetzern angefertigten
Übersetzungen gemäß DIN 2345 „Übersetzungsaufträge", Abschnitt 7 „Prüfung
der Übersetzung", von einem muttersprachlichen Korrektor mit entsprechenden
Fachgebietskenntnissen vor der Lieferung an den Kunden geprüft.

Den Qualitätsebenen liegen unterschiedliche Kriterien zugrunde:

1. Maschinelle Übersetzung: Die Qualitätskriterien bei einer maschinellen
   Übersetzung beschränken sich auf die entsprechende Einstellung der Sys-
   temparameter im MÜ-Programm (z. B. Sprachrichtung, Fachgebietshie-
   rarchie, Kundenwörterbuch) und auf das Einbinden von geeigneten MÜ-
   Kundenressourcen.

2. Überarbeitete MÜ: Zusätzlich zu den bei der maschinellen Übersetzung
   angegebenen Qualitätskriterien ist die überarbeitete Rohübersetzung von
   groben sprachlichen Fehlern bereinigt, fachlich überprüft und gegebenenfalls korrigiert.

3. Qualitätsübersetzung: Erst bei einer Qualitätsübersetzung müssen die
   Qualitätskriterien *fachliche und sprachliche Richtigkeit* sowie *textsorten-
   gerecht* unter Berücksichtigung der vom Kunden festgelegten Translationsbedingungen erfüllt werden.

8 Qualitätssicherung als Bestandteil der Arbeitsabläufe

Der Ausgangspunkt für den Arbeitsablauf und die Qualitätssicherung sind die
Translationsbedingungen, die der Kunde bei der Auftragserteilung auf der Web-
seite festlegt. Zu den Angaben des Kunden gehören Sprachrichtung, Fachgebiet,
Textsorte und Übersetzungsqualität. Kundenressourcendateien wie Terminolo-
gie, Übersetzungsspeicher, Glossare und Referenzmaterial können von der
Webseite hochgeladen und mit dem Auftrag automatisch übertragen werden.
Der Kunde erteilt den Auftrag durch Klicken auf die Schaltfläche „Absenden".

Alle eingehenden Aufträge und bereitgestellten Kundenressourcen erhält zuerst
der Übersetzungskoordinator, der beim Eingang eines Auftrages durch eine
Meldung am Bildschirm benachrichtigt wird. Nach Bestätigung der Meldung
erscheint automatisch das Auftragseingangsformular. Das Formular enthält alle
Kundenangaben aus der Webseite. Von dieser Oberfläche aus kann der Übersetzungskoordinator per Mausklick unter anderem neue Kunden in die Kundenda-
tenbank aufnehmen, Informationen über frühere Aufträge abrufen, die Datei und
gegebenenfalls Ressourcen an den MÜ-Bediener weiterleiten sowie die Datenbanken für Hilfsmittel und Mitarbeiter anhand der Kundenangaben abfragen.

Im Folgenden wird anhand eines Beispielauftrages für jede Qualitätsebene aufgezeigt, wie in einem virtuellen Übersetzungsdienst die Qualitätssicherung in
die Arbeitsabläufe integriert ist.

9 Arbeitsablauf und Qualitätssicherung bei einer Rohübersetzung

Um hier den Qualitätskriterien bei einer Rohübersetzung zu entsprechen, ist sicherzustellen, dass die Parameter im MÜ-Programm entsprechend den Kundenangaben eingestellt werden und dass geeignete Kundenressourcen, z. B. Übersetzungsspeicher, eingebunden werden. Dies erfolgt durch den MÜ-Bediener.

Das folgende Beispiel schildert den Arbeitsablauf für eine Rohübersetzung mit den Auftragsbedingungen „sofort liefern" und „ohne Kundenressourcen". Die Akteure sind der Kunde, Übersetzungskoordinator, MÜ-Bediener und der Betreuer der Terminologiedatenbank.

Beim Eingang des Auftrages leitet der Übersetzungskoordinator über die Schaltfläche „MÜ-Auftrag" die Ausgangsdatei zusammen mit den Kundenangaben (Ausgangs- und Zielsprache, Fachgebiet, Textsorte) an den Bediener des maschinellen Übersetzungssystems. Der MÜ-Bediener lädt die Ausgangsdatei in das MÜ-System, nimmt die erforderlichen Einstellungen der Software vor und lässt die Datei übersetzen. Nach Beendigung der Übersetzung leitet der MÜ-Bediener über eine Schaltfläche die übersetzte Datei zurück an den Übersetzungskoordinator, der sie an den Kunden verschickt.

Die Liste der unbekannten Wörter, die das MÜ-Programm bei der Übersetzung generiert, wird vom MÜ-Bediener zusammen mit den Kundenangaben per Mausklick an den Betreuer der Terminologiedatenbank weitergeleitet. Der Betreuer der Terminologiedatenbank nimmt die neuen Wörterbucheinträge unter Angabe des Fachgebiets und der Kunden- und Auftragsnummer vor und gibt anschließend die Terminologiedatenbank wieder frei.

10 Arbeitsablauf und Qualitätssicherung bei einer überarbeiteten Rohübersetzung

Bei dieser Qualitätsebene muss der Übersetzungskoordinator geeignete MÜ-Nachbearbeiter und Ressourcen schnell auswählen können. Hierfür stehen ihm detaillierte Datenbanken mit den für die Auswahl entscheidenden Angaben zur Verfügung.

In diesem Beispiel bestellt ein Stammkunde eine überarbeitete Rohübersetzung, ohne Ressourcen zur Verfügung zu stellen. Bei diesem Auftrag sind der Kunde, Übersetzungskoordinator, MÜ-Bediener, MÜ-Nachbearbeiter, Betreuer der Terminologiedatenbank und der Betreuer des Übersetzungsspeichers involviert.

Da der Kunde in unserem Beispiel keine eigenen Ressourcen zur Verfügung gestellt hat, führt der Übersetzungskoordinator beim Eingang des Auftrages eine Abfrage der Hilfsmitteldatenbanken durch. Die Kundenangaben (Sprachrichtung, Fachgebiet, Kunden-Nr. und Textsorte) werden automatisch als Abfragekriterien übernommen; die Abfrage ergibt eine Liste von geeigneten MÜ-Ressourcen. Der Koordinator wählt geeignete Ressourcen aus der Liste (hier z. B. den Übersetzungsspeicher des letzten Auftrags des Kunden aus demselben

Fachgebiet), die dann automatisch mit der Ausgangsdatei und den Kunden- und Auftragsangaben an den MÜ-Bediener geleitet werden.

Auf ähnliche Weise ergibt eine Abfrage der Mitarbeiter-Datenbank, basierend auf Sprachrichtung, Fachgebiet, zeitlicher Verfügbarkeit sowie Qualifikation als MÜ-Nachbearbeiter[4] eine Liste geeigneter Mitarbeiter. Der Übersetzungskoordinator wählt Mitarbeiter aus, die dann automatisch per E-Mail eine Anfrage wegen der Bearbeitung des Auftrages erhalten. Die Auftragserteilung geht dann z. B. an den Mitarbeiter, der als erster die Annahme des Auftrages per E-Mail zurückmeldet.[5]

Der MÜ-Bediener lädt die Ausgangsdatei in das MÜ-System, ändert die Einstellungen entsprechend den Kundenangaben, gibt den Namen des Übersetzungsspeichers ein und lässt die Datei übersetzen. Über eine Schaltfläche leitet er anschließend an den MÜ-Nachbearbeiter die Rohübersetzung, den Ausgangstext, die Liste der unbekannten Wörter und die Übersetzungsspeicherdatei zusammen mit den Kundenangaben weiter.

Der MÜ-Nachbearbeiter überarbeitet die Übersetzung unter Benutzung der mitgelieferten Ressourcen und leitet die fertig überarbeitete Übersetzung an den Übersetzungskoordinator zurück, der sie wiederum an den Kunden weiterleitet. Der aktualisierte Übersetzungsspeicher sowie die neuen Terminologie-Einträge werden vom MÜ-Nachbearbeiter an den Betreuer des Übersetzungsspeichers bzw. den Betreuer der Terminologiedatenbank geschickt. Nach Überprüfung aktualisieren die Betreuer die Ressourcen unter Angabe der Kunden-, Mitarbeiter- und Auftragsnummer, der Qualitätsebene sowie des Fachgebietes und geben anschließend die Ressourcen wieder frei.

11 Arbeitsablauf und Qualitätssicherung bei einer Qualitätsübersetzung

Nachfolgend wird der Arbeitsablauf bei einer Qualitätsübersetzung für einen neuen Kunden dargestellt. Der Kunde hat zusammen mit dem Ausgangstext eine Terminologiedatenbank zur Verfügung gestellt. An diesem Auftrag sind der Kunde, der Übersetzungskoordinator, Übersetzer, Korrektor, Betreuer der Terminologiedatenbank und der Betreuer der Übersetzungsspeicher beteiligt.

Beim Eingang dieses Auftrages für eine Qualitätsübersetzung führt der Übersetzungskoordinator zuerst eine Abfrage der Ressourcendatenbanken durch, um zusätzliche Ressourcen[6] für den Auftrag auszuwählen. Die Kundenangaben

---

[4]   Dorothy Senez (1997) beschreibt die Unterschiede zwischen Übersetzen und dem Nachbearbeiten einer Rohübersetzung.
[5]   Bei größeren Aufträgen wird der Übersetzungsauftrag von mehreren MÜ-Nachbearbeitern bearbeitet.
[6]   Die Entscheidungskriterien für geeignete Ressourcen sind hierarchisch: 1) mitgelieferte Kundenressourcen; 2) Dienstleister-Ressourcen a) aus früheren Aufträgen des Kunden mit demselben Fachgebiet und mit derselben Textsorte; b) aus demselben Fachgebiet; und 4) aus derselben Textsorte.

(z. B. Fachgebiet und Textsorte) werden automatisch als Abfragekriterien bei den Datenbankabfragen angewendet. Die Abfragen ergeben z. B. einen Übersetzungsspeicher eines ähnlichen Textes aus demselben Fachgebiet und einen Auszug aus der dienstleisterinternen Terminologiedatenbank, die zweitrangig zu der Kundenterminologie verwendet wird.

Über die entsprechenden Schaltflächen führt der Übersetzungskoordinator eine Abfrage der Mitarbeiterdatenbank durch. Der Vorgang hierzu erfolgt wie oben unter „überarbeitete Rohübersetzung" beschrieben (Abfrage, Auswahl, E-Mail-Anfrage, E-Mail-Bestätigung der Auftragsannahme). Kriterien für die Auswahl geeigneter Übersetzer sind unter anderem Kenntnisse im Fachgebiet, Sprachkompetenz in der geforderten Sprachrichtung und zeitliche Verfügbarkeit. Bei der Auswahl geeigneter Korrektoren sind muttersprachliche Kompetenz und Sachkenntnisse im Fachgebiet maßgeblich (siehe auch DIN 2345, Abschnitt 7 in Baxmann-Krafft/Herzog 1999:16).

Der Übersetzer bekommt von dem Übersetzungskoordinator den Ausgangstext, die Kundenangaben, die Ressourcen (in diesem Beispiel eine Terminologiedatenbank des Kunden, Terminologie aus dem Dienstleister-Terminologiedatenbank und einen Übersetzungsspeicher), Name des Korrektors und den Termin für die Abgabe der Übersetzung an den Korrektor. Bei der Übersetzung des Textes wird die vorgegebene Terminologie verwendet und der Übersetzungsspeicher eingesetzt. Mögliche neue Einträge für die Terminologiedatenbank werden als „neu" gekennzeichnet in die Datenbank eingegeben. Der Übersetzungsspeicher wird während des Übersetzens eingesetzt und aktualisiert. Nach der Fertigstellung leitet der Übersetzer die Übersetzung mit den aktualisierten bzw. ergänzten Ressourcen über eine Schaltfläche an den Korrektor weiter.

Der Korrektor prüft die fachliche und sprachliche Richtigkeit der Übersetzung, insbesondere die einheitliche Verwendung vorgegebener Kundenterminologie sowie die fachliche und sprachliche Richtigkeit neuer Terminologie und nimmt erforderliche Änderungen im Übersetzungstext und -speicher vor. Der Korrektor leitet die Übersetzung und die Kundenterminologiedatenbank an den Übersetzungskoordinator, der sie dann an den Kunden verschickt; der Übersetzer erhält die korrigierte Fassung der Übersetzung. Die aktualisierte dienstleisterinterne Terminologie und der aktualisierte Übersetzungsspeicher werden an die Betreuer dieser Ressourcen weitergeleitet, durch den verantwortlichen Betreuer aktualisiert und anschließend wieder freigegeben.

12 Fazit

Die oben vorgestellten Beispiele der Auftragsabwicklung zeigen, wie durch standardisierte Arbeitsabläufe das Zusammenspiel von Fachleuten, Übersetzungshilfsmitteln und unterschiedlichen Ressourcen über das Internet organisiert werden kann, um eine Qualitätssicherung in einem virtuellen Übersetzungsdienst zu gewährleisten.

Ein virtueller Übersetzungsdienst kann nur durch Systemintegration weiter automatisiert werden, was allerdings voraussetzt, dass die Systeme offene Schnittstellen bekommen. Viele der gängigen Übersetzerhilfsmittel sind gegenwärtig jedoch nicht entsprechend ausgerichtet. Mit der Entwicklung von neuen Hilfsmitteln, die standardisierte Datenformate und offene Schnittstellen verwenden, wäre es denkbar, dass einige Entscheidungsprozesse und Arbeitsschritte ebenfalls automatisch ablaufen können.

Bibliographie

Baxmann-Krafft, Eva-Maria / Herzog, Gottfried (1999): *Normen für Übersetzer und technische Autoren*. Berlin/Wien/Zürich: Beuth.

Budin, Gerhard (1998): „Maschinelle Übersetzungen." Snell-Hornby, Mary et al. (Hrsg.) (1998): *Handbuch Translation*. Tübingen: Stauffenburg, 387-391.

O'Hagan, Minako (1996): *The Coming Industry of Teletranslation*. Clevedon/ Philadelphia/Adelaide: Multilingual Matters.

Pichler, Wolfram W. (1998): „Dokumentationsmanagement in der Tele-Kooperation." Gräfe, Elisabeth (Hrsg.) (1998): *Herbsttagung 1998 in München*. Stuttgart: tekom, 96-101.

Pyne, Chris / Grasmick, Daniel (1997): „DoVer: MT Information Translation." *Translating and the Computer 19*. London: Aslib.

Schmitt, Peter A. (1998): „Qualitätsmanagement." Snell-Hornby, Mary et al. (Hrsg.) (1998): *Handbuch Translation*. Tübingen: Stauffenburg, 394-399.

Schubert, Klaus (1997): „Remote-Access Translation Services: Software Design with the User in Focus." *Translation and the Computer 19*. London: Aslib.

Schubert, Klaus (1999): „Resource and Workflow Mangement Support in Teletranslation." *Translation and the Computer 21*. London: Aslib.

Senez, Dorothy (1998): „Post-editing Service for Machine Translation Users at the European Commission." *Translating and the Computer 20*. London: Aslib.

Celia Martín de León
Las Palmas de Gran Canaria
Translationsqualität und Kosten-Nutzen-Analyse

Die Kosten-Nutzen-Analyse ist ein Verfahren zur Beurteilung von Projekten, bei dem man kalkuliert, ob der erwartete Nutzen einer Aktion deren berechnete Kosten rechtfertigt. Dieses Verfahren wurde von Levý (1967:1179) als *minimax* Strategie im Bezug auf die Translation beschrieben: Für ein translatorisches Problem wird jene Lösung gewählt, die mit der geringsten Anstrengung die größte Wirkung verspricht.

In diesem Zusammenhang sollte erwähnt werden, dass die Anwendung des Kosten-Nutzen-Modells auf Bereiche, in denen keine quantitative Berechnung des Kosten-Nutzen-Verhältnisses gemacht werden kann, als metaphorische Projizierung zu betrachten ist. So kann das auf die Bereiche Kommunikation und Translation angewendete Kosten-Nutzen-Modell als konzeptuelle Metapher im Sinne der kognitiven Metapherntheorie (vgl. z. B. Lakoff/Johnson 1980, Lakoff 1987, 1993, Johnson 1987) beschrieben werden.

Inwiefern kann nun diese Metapher für die Evaluierung der Translationsqualität von Nutzen sein? Die Entwicklung von effizienteren Translationsmodellen ("more efficient paradigms for translating", Shreve 1997:132) kennzeichnet den erfahrenen Translator gegenüber dem Anfänger. Effizienz (im technischen Sinne, als Verhältnis zwischen der Größe der Leistung und der Größe des Aufwandes) spielt eine wichtige Rolle bei professioneller Translation.

Lässt sich jedoch die Translationsqualität ausschließlich vom Standpunkt der Effizienz evaluieren? Im Anschluss wird die Anwendung von zwei Kosten-Nutzen-Modellen auf die Translation sowie ihre Implikationen für die Qualitätsbewertung diskutiert. Danach wird die Kosten-Nutzen-Analyse als Teil einer *therapeutischen* Evaluierung (Hönig 1995, 1997) erörtert.

1 Kosten-Nutzen und Relevanz

Die Anwendung der Kosten-Nutzen-Analyse auf menschliches Verhalten stützt sich auf die Grundannahme, dass dieses Verhalten grundsätzlich rational ist, das heißt, „that people make decisions rationally by optimizing cost and benefit" (Tirkkonen-Condit 1992:243). Die klassische Wirtschaftslehre geht ebenfalls von dieser Annahme aus, die jedoch empirisch und theoretisch immer mehr in Frage gestellt wird: Menschliche Entscheidungsprozesse werden durch subjektive, emotionale Faktoren entscheidend beeinflusst (vgl. Damasio 1994, Tirkkonen-Condit 1992:244).

Sperber/Wilson ([1986] 1988) gehen in ihrer Relevanztheorie davon aus, dass das Ziel des menschlichen kognitiven Systems die Optimierung des Verhältnisses zwischen dem Aufwand und der Wirkung bei kognitiven Prozessen sei:

> Human cognitive processes, we argue, are geared to achieving the greatest possible cognitive effect for the smallest possible processing effort (Sperber/Wilson 1988:vii).

Diese Annahme entspricht einem kognitiven Modell, nach dem das Denken als Datenverarbeitung konzipiert wird. Sperber/Wilson (1988:71-72) beschreiben nach Fodor (1983) diese Datenverarbeitung als Symbolmanipulation, die bestimmten logischen Regeln folgt.

Um den Begriff der Effizienz in dieses Modell zu integrieren, braucht man ein Kriterium für die Bewertung der Wirkung, das heißt, man muss der Symbolmanipulation einen Sinn – ein Ziel – geben. Wenn kognitive Prozesse kein Ziel haben, können sie nicht als „effizient" beurteilt werden.

> Human beings are efficient information-processing devices. This is their most obvious asset as a species. But what is efficiency in information processing? Efficiency can only be defined with respect to a goal (Sperber/Wilson 1988:46).

Effizienz wird dementsprechend von Sperber/Wilson (1988:46) als Verhältnis zwischen dem Grad des Erreichens eines Zieles und dem Aufwand des Verarbeitungsprozesses definiert. Damit wird die Kognition als wesentlich intentional beschrieben.

Das intentionale Modell der Verhaltensinterpretation ist Teil der Alltagspsychologie (Suchman 1987) und spielt eine wichtige Rolle bei der Kommunikationsorientierung; Intentionalität ist jedoch keine inhärente Eigenschaft der Kognition, sondern etwas, das durch Interaktion und Sprache (durch Enkulturation) gelernt wird: Wir lernen unsere und fremde Handlungen als intentional zu interpretieren, was auch bedeutet, dass Intentionen in Kultur und Sprache immer schon teilweise vorgegeben sind.

> Das Zerschneiden des Verhaltensprozesses in einander folgende Handlungen mit Ziel, Ursache, Beginn und Ende [...], wäre damit eine sozial erlernte, kulturspezifische Verhaltensweise, die der Organisation und Koordination dient, aber nichts über den zugrundeliegenden kognitiven Prozeß aussagt. (Risku 2000:84)

Der Erklärungswert der Relevanztheorie liegt in der Einnahme der Perspektive der Alltagspsychologie. Diese Perspektive ist jedoch nicht universell (siehe Ochs (1976) über die gewöhnliche Nichterfüllung der Maxime der Quantität von Grice (1967) unter den Bewohnern eines Dorfes in Madagaskar) und, wie Suchman (1987) gezeigt hat, bewirkt ihre Zugrundelegung als Erklärungsrahmen eine Verwechslung zwischen den Modellen, mit denen wir unsere Handlungen (vor und nach ihrem Ablauf) beurteilen und den Prozessen, die diese Handlungen in Situation entstehen lassen.

Die Anwendung der Relevanztheorie auf die Translation (Gutt [1991] 2000) bietet das Verhaltensinterpretationsmodell der Alltagspsychologie als Rahmen für die Orientierung der Qualitätsbewertung, gibt aber keinen weiteren Hinweis für diese Bewertung.

> He [Gutt] does not critically evaluate the applicability of relevance theory to concrete instances of translator quality assessment. For example, how and by whom would "rankings of relevance" be determined in particular contexts of translation? (Tirkkonen-Condit 1992:242).

Bei der Anwendung der Relevanztheorie auf die Translation wird die Kosten-Nutzen-Analyse nicht auf die Tätigkeit des Translators, sondern auf die des Translationsrezipienten bezogen. Der Translator sollte seinen Text so gestalten, dass das Verhältnis zwischen der Anstrengung des Rezipienten und der von ihm erlebten kognitiven Wirkung akzeptabel ist.

> [...] if we ask how the translation should be expressed, the answer is: it should be expressed in such a manner that it yields the intended interpretation without putting the audience to unnecessary processing effort (Gutt 2000:107).

In Bezug auf die Bewertung der Translationsqualität bleibt jedoch die Frage, wie die *Bearbeitungsanstrengung* und die kognitive Wirkung, die eine Übersetzung beim Rezipienten bewirkt, zu kalkulieren sind. Wie können wir beurteilen, ob eine Übersetzung die optimale Relevanz erreichen kann? Die Antwort von Gutt (2000) lautet, dass der Translator nur mit Hilfe seiner Intuition die Kenntnisse und Erwartungen der Rezipienten abschätzt, um die Relevanz seiner Translation zu beurteilen.

> [...] whatever decision the translator reaches is based on *his intuitions or beliefs* about what is relevant to his audience. The translator does not have direct access to the cognitive environment of his audience, he does not actually *know* what it is like [...] (Gutt 2000:118, Hervorhebung im Original).

Translatoren haben zwar keinen direkten Zugang zur *kognitiven Umwelt* ihrer Adressaten, sie haben jedoch Kenntnisse über ihre kognitiven Modelle und Begriffsysteme, über ihr Vorwissen und bisherige Erfahrung, d. h. über den möglichen Hintergrund ihrer Sinnkonstruktion bei der Rezeption der Translation. Das erlaubt den Translatoren, bestimmte Hypothesen über diese Rezeption aufzustellen. Solche Hypothesen werden in den meisten Fällen aber nicht detailliert nachgeprüft, was einen Mangel an empirischen Grundlagen für die Aufstellung späterer Hypothesen mit sich bringt.

> The problem with any TQU [Translation Quality Assessment, C. M.] (whether it is based on a theoretical model or on what is believed to be just "common sense") is that it tacitly implies an assessment of a supposed reader's reaction. However, the empirical basis of the reader's putative reaction is often unclear. (Hönig 1998:29)

Die Anwendung der Relevanztheorie auf die Translation bringt jedoch noch eine weitere, tiefergehende Problematik mit sich. McElhanon (2005) hat überzeugend gezeigt, wie Gutts Standpunkt in der Praxis oft noch teilweise im Bereich des Kode-Modells von Kommunikation verbleibt. Obwohl der Ansatz von Gutt davon ausgeht, dass verschiedene Adressaten verschiedene Translationen brauchen (Tirkkonen-Condit 1992:242), und obwohl der Begriff „Relevanz" per definitionem impliziert, dass der Kommunikationserfolg vom kognitiven Hintergrund der Teilnehmer abhängt, wird dieser Ansatz in der Praxis oft als Kode-

Modell von Kommunikation interpretiert, nämlich dann, wenn Translationsqualität an der Quantität der von einem Text zum anderen übertragenen Information gemessen wird.

> This focus on communicative relevance as based upon the quantity of contextual effects, elaborated upon in terms of the SL components in the utterance that are transferred to the TL utterance, draws RT [Relevance Theory, C.M.] back into the domain of decompositional semantics (McElhanon 2005:40).

Und somit kommen wir zu einem Qualitätsbewertungsmodell, das sich auf den Vergleich von Texten und das Kalkül der erfolgreich zwischen ihnen übertragenen Informationen stützt, was wiederum kohärent mit der Definition der menschlichen kognitiven Architektur als Datenverarbeitung und Symbolmanipulation ist. Die Interpretation der Relevanztheorie als Theorie der Informationsübertragung findet vor einem konzeptuellen Hintergrund statt, der das Gehirn als Rechner, den menschlichen Geist als informationsverarbeitendes System konzipiert. So kann Gutts Ansatz im Sinne des Kode-Modells von Kommunikation interpretiert werden, obwohl er sich ausdrücklich von diesem Modell distanziert und nicht nur Dekodierungs-, sondern auch Inferenzprozesse beim Rezipienten annimmt.

2 Translation costs and mutually beneficial outcomes

Die Ansätze von Sperber/Wilson und Gutt gehen von einem technischen Effizienzmodell aus, nach dem das Verhältnis zwischen der Größe der erbrachten Leistung und der Größe des Aufwandes kalkuliert wird. Implizit wird das Datenverarbeitungssystem als Maschine verstanden, die Kosten als Aufwand an Energie. In seiner Anwendung der Kosten-Nutzen-Analyse auf die Translation geht Pym (2004) dagegen von einem wirtschaftlichen Modell aus, das Effizienz als Maximierung des Nutzens für alle Mitglieder einer Gesellschaft definiert.

Pym (2004) beschreibt die Erfolgsbedingungen jeder Kommunikationshandlung als abhängig vom Verhältnis zwischen Kosten und Nutzen, und so projiziert er metaphorisch das Kosten-Nutzen-Modell auf die Kommunikation.

> A fundamental success condition of all communication act is that the mutual benefits from the communication must be greater in value than the transaction cost incurred (Pym 2004:4).

Anders als Gutt (2000), der das Kosten-Nutzen-Modell auf den Datenverarbeitungsprozess der Translationsempfänger bezieht, wendet Pym (2004:2) dieses Modell auf Translation und transkulturelle *(cross-cultural)* Kommunikation im Allgemeinen an. Pym (2004:3) definiert die Erfolgsbedingungen des kommunikativen Handelns als die Kriterien, die dieses Handeln als nützlich für alle Kommunikationspartner beschreiben lassen. Die Anforderung, die Kommunikation sollte für alle an ihr Teilnehmenden nützlich sein, wird als ethisches Kooperationsprinzip dargestellt. In diesem Rahmen erweist sich das Kommunikationsmodell der bloßen Informationsübertragung als zu eng, um dieser Anforderung gerecht zu werden.

For example, what precise benefit might young children gain from being told about the criminal past of their parents? And what of terminally ill patients? To answer these questions, it is not enough to define local success conditions in terms of "understanding the truth" or somesuch (Pym 2004:4).

Nutzen wird bei Pym (2004) nicht einfach als effiziente Informationsübertragung beschrieben, da Kommunikation in einen sozialen Rahmen eingeordnet wird, der breiter und komplexer ist als der eines einfachen (quasi)mechanischen *Gedankentransfers* („local success conditions"). So kann Pyms (2004) metaphorische Projizierung des Kosten-Nutzen-Modells auf die Kommunikation nicht im Sinne des Kode-Modells interpretiert werden.

Was bedeutet diese metaphorische Projizierung nun aber für die Translation? Pym (2004) benutzt systematisch eine Reihe metaphorischer Ausdrücke aus dem Wirtschafts- und Managementbereich (z. B. *transaction costs, high-risk, low-risk, risk management, benefits, trust, cost-effective, expenditure)*, die die Benutzung einer oder mehrerer konzeptueller Metaphern andeuten. Diese Metaphern könnten etwa so lauten:

EINE TRANSLATION IST EINE TRANSAKTION
EINE TRANSLATION IST EINE FINANZIELLE OPERATION
EINE TRANSLATIONSHANDLUNG IST EINE ALLOKATION VON RESSOURCEN

Nach dieser letzten Metapher wird die Translationshandlung als Verteilung von Ressourcen betrachtet: Der Translator verfügt über begrenzte Ressourcen (Zeit, Energie, usw.) und muss sie verschiedenen Verwendungsmöglichkeiten zuweisen. Allokationen können mehr oder weniger effizient sein, sie können verglichen werden, um die jeweils optimale zu finden. Im Rahmen der Wirtschaftswissenschaft entspricht die Allokation der Verteilung der Produktionsfaktoren, während die Distribution sich auf die Verteilung der Konsumprodukte bezieht. Die Arbeit des Translators hat mit der Allokation von Ressourcen zu tun, die Verteilung des Nutzens wird nur teilweise von ihm bestimmt. Die von Pym (2004) gestellte ethische Anforderung, alle Teilnehmer an einer Kommunikationshandlung sollten davon Nutzen haben, richtet sich damit nicht in erster Linie an die Translatoren. „Our ethics hold that there should be benefits for all; our realism realizes that this is not always the case." (Pym 2004:3).

Pym (2004) erörtert nicht direkt das Thema der Translationsevaluierung. Dem von ihm vorgeschlagenen Modell folgend können wir jedoch annehmen, dass die Evaluierung eines Translats sich an ihrem Erfolg im gesamten Kommunikationsprozess, die Evaluierung einer Translationshandlung sich dagegen an der Allokation von Ressourcen orientieren sollte.

A successful translation is one that meets its corresponding success conditions. Successful *translating,* on the other hand, may be distinguished from unsuccessful translating in terms of the way effort is distributed in order to meet those conditions. (Pym 2004:13, Hervorhebung im Original)

Die Verteilung des Aufwandes sollte sich nach Pym (2004:12) an die Verteilung des *Risikos* anpassen, da Texte aus verschiedenen Botschaften bestehen, die un-

terschiedliche Risikograde bergen können. Das Risiko wird als die Wahrscheinlichkeit eines Scheiterns der Kommunikation verstanden. Die Risikoverteilung
eines Textes ist diesem Text nicht immanent, sie hängt immer von den Kommu-
nikationsteilnehmern und der Situation jeder Kommunikationshandlung ab. Im
Bezug auf die Arbeit des Translators sollte der Aufwand so verteilt werden, dass
die Hochrisiko-Botschaften die meisten Ressourcen bekommen.

> Mediators of all kinds should also be trained not to expend excessive effort on
> low-risk or background messages. Indeed, participants of all kinds would benefit
> from accepting low-cost mediation in such cases. This is because any reduction in
> transaction costs increases the range of mutually beneficial outcomes (Pym
> 2004:12).

So kann der Translator nach Pym auch auf die Verteilung des Nutzens einer
Translation einwirken, indem er den Risikograd jeder Botschaft abschätzt und
darauf seinen Aufwand einstellt. Wenn Niedrigrisiko-Botschaften nicht zu viel
Aufwand bekommen, dann sinken die Kosten im Allgemeinen, was von Nutzen
für die Kommunikationspartner sein kann. Darüber hinaus werden auf diese
Weise beim Translationsprozess zusätzliche Ressourcen für Hochrisiko-
Botschaften freigesetzt (Pym 2004:12).

Nach dem von Pym (2004) vorgeschlagenen Translationsmodell kann die Qualität eines Translats an ihrer Erfüllung der Erfolgsbedingungen der Kommunikation gemessen werden, die Bewertung einer Translationshandlung richtet sich
dagegen auf die Verteilung des Aufwandes seitens des Translators. Im Anschluss wird diese Doppelbewertung auf die von Hönig (1995, 1997) getroffene
Unterscheidung zwischen diagnostischer und therapeutischer Evaluierung bezogen.

3 Therapie vs. Diagnose?

Mit Bezug auf die Translationskritik unterscheidet Hönig (1995:123) zwischen
therapeutischen und diagnostischen Urteilen. Urteile über mangelnde Sprachkompetenz eines Translators gehören in die Therapie, die Diagnose bezieht sich
dagegen auf die mögliche Wirkung eines Translats.

> Übersetzungskritik, die diesen Namen auch verdient, sollte immer klar diagnosti-
> zieren, welche Wirkung der übersetzte Text in seinem Umfeld und für seine Rezi-
> pienten hat (Hönig 1995:123).

Die Diagnose hat mit der (möglichen) Translatswirkung in einer Kommunikationssituation zu tun, ist also zielorientiert, die Therapie befasst sich mit den Ursachen eines (möglichen) Scheiterns der Kommunikation, ist also bezogen auf
den Translationsprozess.

Vor diesem Hintergrund lässt sich annehmen, dass eine didaktische Translationsevaluierung von beiden Standpunkten profitieren könnte, indem der Transla-
tionsstudierende eine Orientierung sowohl über den möglichen Erfolg oder Misserfolg seiner Translation wie auch über die Ursachen ihres möglichen Misslin-
gens bekommt, d. h., indem sowohl das Produkt wie auch der Translationspro-

zess evaluiert wird. Die Unterscheidung zwischen Therapie und Diagnose wird jedoch von Hönig (1998) auf zwei entgegengesetzte Perspektiven der Translationsevaluierung bezogen: die des Fremdsprachenunterrichts, dessen Ziel die Beherrschung der Ausgangs- oder Zielsprache ist (therapeutische Evaluierung), und die des Translationsunterrichts, der die Erlangung translatorischer Kompetenzen anstrebt (diagnostische Evaluierung).

> Position A I term *therapeutic:* Why was this error made? And what does this error tell us about the student's linguistic competence (or, rather, incompetence)? [...] Position B I term *diagnostic:* An error has to be perceived as such by a relevant user of the translation (linguists, in that sense, are irrelevant users of translations). If an error cannot be noticed by a relevant user then it is not one (Hönig 1997:27).

Von diesem Standpunkt aus sollte die Qualitätsbewertung von Translationen im professionellen wie auch im didaktischen Bereich immer diagnostisch orientiert sein, da es sich dabei nicht in erster Linie darum handelt, die Sprachkompetenz des Translators zu evaluieren, sondern seine translatorische Kompetenz und den (möglichen) kommunikativen Erfolg seiner Translation. Kußmaul (1995) unterscheidet ebenfalls therapeutische und diagnostische Bewertungskriterien und schlägt vor, letztere als Maßstab für die didaktische Evaluierung von Translationen zugrundezulegen.

> In order to evaluate a translation we do not have to know what went on in the student's mind when producing an error. We can restrict ourselves to the effect the error has on the target reader (Kußmaul 1995:129-130, zit. nach Hönig 1998:29).

Im Rahmen der Translationsdidaktik wäre es m. E. jedoch auch von Nutzen, die Ursachen von *Fehlern* zu erkennen und zu *therapieren.* Wenn wir die therapeutische Evaluierung mit Hönig (1995:123) als Hinterfragen der Ursachen für das (mögliche) Scheitern der Kommunikation betrachten, können wir diese Evaluierung auf die translatorische Kompetenz des Translators im allgemeinen (und nicht nur auf die sprachliche Kompetenz) orientieren, da das Scheitern der Kommunikation nicht immer auf den Mangel an sprachlichen Kenntnissen zurückzuführen ist.

> Unbrauchbare Übersetzungen können aus bester Absicht entstehen, und sie können auch nicht immer auf unzureichende Kenntnisse der Ausgangs- oder der Zielsprache zurückgeführt werden (Hönig 1995:123).

Der Mangel an empirischen Grundlagen für die Abschätzung der möglichen Wirkung eines Translats beim Rezipienten ist nach Hönig (1998:29) der Grund dafür, dass therapeutische und diagnostische Kriterien oft zusammengebracht werden. Empirische Grundlagen fehlen jedoch nicht nur für die Erstellung begründeter Diagnosen, sondern auch für die Entwicklung gezielter translatorischer Therapien. Wenn wir einen holistischen Standpunkt bei der didaktischen Evaluierung von Translationen einnehmen, und die Therapie nicht in engerem Sinne als Evaluierung der Sprachkompetenz, sondern als Analyse und Bewertung der vom Translator angewendeten Makro- und Mikrostrategien (Hönig 1995) verstehen, dann können wir Therapie und Diagnose als einander ergänzende (nicht ausschließende) Ansätze sehen. Die Diagnose – Therapie Dichotomie von Hönig (1995, 1998) wird dabei im Sinne von Pyms (2004) Unterscheidung zwischen erfolgreichem Translat und erfolgreicher Translationshandlung interpretiert.

Beide Ansätze können für die didaktische Qualitätsbewertung von Translationen von Nutzen sein. Im professionellen Bereich der Translation spielt die Evaluierung des Translationsprozesses (Zeit, Energieaufwand, Arbeitsorganisation, Benutzung technischer Hilfen, usw.) offensichtlich ebenfalls eine wichtige Rolle. Es handelt sich dabei nicht nur um die mögliche Wirkung eines Translats, sondern auch darum, die Methoden und die Arbeitsorganisation des Translators zu bewerten, z. B., wie er seine Ressourcen (Zeit, Energie, Information, Technik) verteilt. Die Sprachkenntnisse des Translators sind nur ein Teil seiner Ressourcen, die Verteilung dieser Ressourcen wiederum nur ein Aspekt seiner Makrostrategien.

In dem hier skizzierten Schema spielt das Kosten-Nutzen-Modell eine bescheidenere Rolle als bei Pym (2004), es wird nämlich als Kriterium für die Bewertung der Verteilung von Ressourcen seitens des Translators, nicht aber für den Erfolg des gesamten Kommunikationsprozesses verstanden.

4 Zusammenfassung

In dieser Arbeit sind zwei metaphorische Projizierungen des Kosten-Nutzen-Modells auf die Translation diskutiert worden:

Die erste Projizierung entspricht der Anwendung der Relevanztheorie (Sperber/Wilson 1986) auf die Translation (Gutt ([1991] 2000). Mit der Relevanztheorie bietet Gutt das intentionale Verhaltensinterpretationsmodell der Alltagspsychologie als Rahmen für die Orientierung der Qualitätsbewertung von Translationen, gibt aber keinen weiteren Hinweis für diese Bewertung. Das könnte ein Grund dafür sein, dass die Relevanztheorie in der Translationspraxis oft als Kode-Modell von Kommunikation (und damit die Translation als Informationsübertragung) verstanden wird (McElanon 2005:40). Bei dieser Interpretation der Relevanztheorie besteht die Qualitätsbewertung einer Translation in dem Kalkül von der erfolgreich vom Ausgangs- zum Zieltext übertragenen Information, ein mechanistischer Ansatz, der pragmatische, situationelle, soziale und kulturelle Faktoren beim Translationsprozess außer Acht lässt. Diese Faktoren sind jedoch unentbehrlich auch für eine kognitive Betrachtung der Translation, wenn man die letzten Entwicklungen der Kognitionswissenschaft betrachtet (für einen Überblick siehe z. B. Clark 2001).

Die zweite diskutierte Projizierung des Kosten-Nutzen-Modells auf die Translation ist Teil einer systematischen Übertragung von Begriffen aus dem Wirtschafts- und Managementbereich auf die Kommunikation und die Translation (Pym 2004). Der Ansatz von Pym (2004) lässt sich nicht einfach als Kode-Modell von Kommunikation interpretieren. Pym (2004) wendet das Kosten-Nutzen-Modell erstens auf den kommunikativen Prozess im Allgemeinen an, indem er dessen Erfolg als abhängig vom Verhältnis zwischen dem allgemeinen

Nutzen und den *Transaktionkosten* beschreibt. Zweitens wendet er dieses Modell auf den Translationsprozess an, indem er den Erfolg dieses Prozesses nach der Verteilung der Ressourcen seitens des Translators bewertet.

Die Anwendung des Kosten-Nutzen-Modells auf die Kommunikation bietet ein theoretisches Schema für die Evaluierung von Translats, sein praktischer Nutzen bleibt m.E. aber problematisch: Wie kann der Translator (der Lehrende, der Translationskritiker) das Verhältnis zwischen dem allgemeinen Nutzen und den Kosten kalkulieren? Und selbst wenn diese Kalkulierung unproblematisch wäre, wären die Bewertungskriterien darin ausgeschöpft? Kann die Qualität eines Translats ausschließlich nach dem Kosten-Nutzen-Verhältnis bewertet werden?

Die Anwendung des Kosten-Nutzen-Modells auf den Translationsprozess kann dagegen sehr nützlich für die Evaluierung dieses Prozesses sein. Wenn die Unterscheidung von Hönig (1995, 1998) zwischen therapeutischer und diagnostischer Evaluierung nicht als Dichotomie von sprach- vs. translationsorientierter Bewertung, sondern als Unterscheidung zwischen der Bewertung von Translationsprozess und Translationsprodukt interpretiert wird, kann das Kosten-Nutzen-Modell als Teil einer therapeutischen Evaluierung verstanden werden, nämlich als Bewertung der Verteilung von Ressourcen beim Translationsprozess.

Auf diese Weise wird dem Kosten-Nutzen-Modell ein Raum bei der Evaluierung von Translationen zugeteilt, indem die Effizienz beim Translationsprozess bewertet wird. Das Modell wird jedoch nicht als allgemeiner Rahmen für die Bewertung des Translationsprodukts zugrundegelegt, und somit werden technik- und wirtschaftsbasierte Perspektiven bei der Qualitätsbewertung von Translationen nicht verabsolutiert.

Bibliographie

Clark, Andy (2001): *Mindware. An Introduction to the Philosophy of Cognitive Science.* New York/Oxford: Oxford University Press.

Damasio, Antonio R. (1994): *Descartes' Error. Emotion, Reason, and the Human Brain.* New York: Grosset/Putnam.

Fodor, Jerry (1983): *The modularity of mind.* Cambridge: MIT Press.

Grice, Herbert Paul ([1967] 1975): „Logic and Conversation." Cole, Peter / Morgan, Jerry C. (Hrsg.): *Syntax and Semantics* 3, Speech Acts. New York: Academic Press, 41-58.

Gutt, Ernst-August ([1991] 2000): *Translation and Relevance. Cognition and Context.* Manchester/Boston: St. Jerome.

Hönig, Hans (1995): *Konstruktives Übersetzen. Studien zur Translation* 1. Tübingen: Stauffenburg.

Hönig, Hans (1998): „Positions, Power and Practice: Functionalist Approaches and Translation Quality Assessment." Schäffner, Christina (Hrsg.): *Translation and Quality*. Clevedon/Philadelphia/Toronto/Sydney/Johannesburg: Multilingual Matters LTD, 6-34.

Johnson, Mark (1987): *The Body in the Mind. The Bodily Basis of Meaning, Imagination, and Reason*. Chicago/London: University of Chicago Press.

Kußmaul, Paul (1995): *Training the Translator*. Amsterdam/Philadelphia: Benjamins.

Lakoff, George (1987): *Women, Fire, and Dangerous Things. What Categories Reveal about the Mind*. Chicago: The University of Chicago Press.

Lakoff, George (1993): „The contemporary theory of metaphor." Ortony, Andrew (Hrsg.): *Metaphor and Thought*. Cambridge: Cambridge University Press, 202-251.

Lakoff, George / Johnson, Mark (1980): *Metaphors We Live By*. Chicago/London: The University of Chicago Press.

Levý, Jiri (1967): „Translation as a Decision Process." To Honor Roman Jakobson. *Essays on the Occasion of his Seventieth Birthday*. The Hague/Paris: Mouton, Vol 2, 1171-1182.

McElhanon, Kenneth A. (2005): „From Word to Scenario: the Influence of Linguistic Theories Upon Models of Translation." *Journal of Translation* 1-3, 29-67.

Ochs, Elinor ([1976] 1998: „La universalidad de los postulados conversacionales." Übersetzung aus dem Amerikanischen von Marcos Cánovas. Julio, Maria Teresa / Muñoz, Ricardo (Hrsg.): *Textos clásicos de pragmática*. Madrid:Arco/Libros, 125, 144.

Pym, Anthony (2004): „Propositions on cross-cultural communication and translation." *Target* 16-1, 1-28.

Risku, Hanna (2000): „Situated Translation und Situated Cognition: Ungleiche Schwestern." Kadric, Mira / Kaindl, Klaus / Pöchhacker, Franz (Hrsg.): *Translationswissenschaft. Festschrift für Mary Snell-Hornby zum 60. Geburtstag*. Tübingen: Stauffenburg, 81-91.

Shreve, Gregory M. (1997): „Cognition and the Evolution of Translation Competence." Danks, Joseph H. / Shreve, Gregory M. / Fountain, Stephen B. / McBeath, Michael K. (Hrsg.): *Cognitive Processes in Translation and Interpreting*. Applied Psychology 3. Thousand Oaks: Sage, 120-136.

Sperber, Dan / Wilson, Deirdre ([1986] 1988): *Relevance. Communication and Cognition*. Cambridge/Massachusetts: Harvard University Press.

Suchman, Lucy A. (1987): *Plans and situated actions. The problem of human-machine communication*. Cambridge: Cambridge University Press.

Tirkkonen-Condit, Sonja (1992): „A Theoretical Account of Translation – Without Translation Theory?" *Target* 4:2, 237-245.

Silke Anne Martin
Las Palmas de Gran Canaria
Modell zur Fehlerklassifikation in der Übersetzung

Alle Dozenten, die in der Übersetzerausbildung arbeiten, werden regelmäßig mit dem Problem der Bewertung von Übersetzungsleistungen konfrontiert. Nicht nur der Evaluation von Examensleistungen, sondern vor allem auch der kontinuierlichen Einschätzung von Translationsvorschlägen im Übersetzungsunterricht sollte eine besondere Rolle zukommen, da davon auszugehen ist, dass hier neben grundlegenden Übersetzungsstrategien auch die Kriterien für eine qualitativ adäquate Translation vermittelt werden. Nicht zu unrecht wird seitens der Studierenden oftmals der Vorwurf vorgebracht, die Lehrenden verwendeten keine einheitlichen Beurteilungskriterien, was bei vielen Lernenden eine gewisse Orientierungslosigkeit hervorruft oder auch – auf Grund des Notendrucks – zur unfreiwilligen Anpassung an die Maßstäbe und Vorgaben der jeweiligen Übersetzungsvermittler führt. In der Tat konnte durch Bewertungsstudien (vgl. Schmitt 1997:304ff.) mehrfach nachgewiesen werden, dass jede Prüfungsinstanz ihre eigenen Bewertungsmaßstäbe anwendet und auf diese Weise ein und dieselbe Übersetzung bei der Benotung ganz unterschiedliche Ergebnisse erzielen kann. So hielt Schmitt (ibid.) die Evaluierungsresultate verschiedener Dozenten tabellarisch fest. Aus seiner Darstellung geht hervor, dass die Benotung im deutschen Notensystem bei der Bewertung derselben translatorischen Leistung nicht nur zwischen zwei, sondern gar vier Notenstufen schwankte und somit die Bandbreite zwischen gut und ungenügend (=nicht bestanden) ausfüllte.

Eine von Waddington (1999:274ff.) durchgeführte Umfrage zu Bewertungsrichtlinien von Übersetzungsleistungen, an der sich 52 Dozenten von 20 europäischen und kanadischen universitären Einrichtungen beteiligten, bestätigte das frappierende Ergebnis: An den meisten Hochschulen existieren keine einheitlichen Bewertungsregeln, und es besteht bezüglich der Evaluierung von Übersetzungsklausuren selbst innerhalb ein und derselben Fakultät wenig Austausch zwischen den Lehrenden. Folglich wendet jeder Prüfer seine eigenen Bewertungsmaßstäbe an, denen unterschiedliche Fehleranalysen und Evaluierungsmethoden zugrunde liegen. Somit ist die Unzufriedenheit vieler an Übersetzungseinrichtungen eingeschriebener Studierender bezüglich der fehlenden Einheitlichkeit im Bewertungssystem verständlich.

Daher sollte es in Zukunft zum Postulat jeder Übersetzungsfakultät werden, einheitliche Kriterien zur Fehlerfeststellung und zur Bestimmung der Qualität des Translats auszuarbeiten und zu fixieren. Obgleich die Translatologie zu den jüngeren Wissenschaften zu zählen ist, liegen bereits zahlreiche Ansätze von namhaften Translatologen vor, die u. a. Beiträge zur Begriffsdefinition der angemessenen Translation, zur Bewertung von Übersetzungsleistungen und zur Anwendung von translativen Techniken und Strategien leisten, was die Vereinheitlichung von Fehler- und Qualitätskriterien sicherlich erschweren mag. Meines

Erachtens sind allerdings viele der neueren translationstheoretischen Ansätze durchaus miteinander vereinbar, auch wenn die Übersetzungsproblematik in der Regel von einem anderen Blickwinkel aus fokussiert wird. Aus diesem Grund sollte für die Festlegung von Bewertungsmaßstäben im Übersetzungsunterricht weniger die wissenschaftliche Polemik im Vordergrund stehen als die Einsichtigkeit hinsichtlich der Anwendung bestimmter Übersetzungsstrategien und -kriterien. Einleuchtende Erklärungen, die sich an funktionalistischen Eckpfeilern wie Übersetzungsauftrag, -situation, -empfänger, -zweck usw. orientieren, haben sich in meiner Unterrichtspraxis der letzten Jahre durchweg bewährt.

Für das Fehlerklassifikationsmodell, das im Anschluss vorgestellt wird, wurden jedoch außer funktionalistischen auch andere translationstheoretische Aspekte herangezogen. Dieser Klassifikationsversuch kann im weiteren Sinne zwar auch zur Evaluierung von Examensleistungen eingesetzt werden, jedoch soll er in erster Linie Anwendung im fehlertherapeutischen Bereich finden, d. h. zur Aufdeckung von Translationsschwächen. Er soll somit gezielt zur Entwicklung von Fehlervermeidungsstrategien beitragen. In diesem Zusammenhang ist nicht nur die Berücksichtigung des translatorischen Ergebnisses, sondern auch die Einbeziehung des individuellen Übersetzungsprozesses von grundlegender Bedeutung.

Bei der Ausarbeitung des Fehlerkriterienkatalogs stützte ich mich daher auf die Ergebnisse einer Unterrichtsstudie, die unter Anwendung der Methode des lauten Denkens durchgeführt wurde. An dieser empirischen Untersuchung nahmen vier Studentengruppen teil: deutsche Muttersprachler, spanische Muttersprachler, zweisprachige Studierende sowie eine gemischte Gruppe. Alle Lernenden befanden sich im dritten Studienjahr und verfügten bereits über eineinhalb Semester Übersetzungspraxis im Bereich juristischer Texte. Translationsgrundlage bildete ein notarieller Vertragstext (Immobilienkaufvertrag), der vom Spanischen ins Deutsche zu übersetzen war. Bei der Auswertung der Gruppenprotokolle beschränkte ich mich auf die repräsentativsten Verstöße, wobei bei deren Auswahl insbesondere auf die Gewährleistung der Nachvollziehbarkeit der Fehlerentstehung durch die akustische Aufzeichnung geachtet wurde.

Aufbauend auf diesen analysierten Fehlerprotokollen sowie unter Berücksichtigung diverser übersetzungstheoretischer Ansätze wurde eine „holistische" Fehlerklassifikation aufgestellt, die sowohl translationsergebnisbezogene als auch prozessbezogene Aspekte vereint. Neben der Einbeziehung von ausgangstextanalytischen Kriterien in Anlehnung an Nord (1988) finden auch pragmatische, kognitive, strategische und textsortenbezogene Variablen in dieser Fehlertaxonomie Eingang. Die Aufnahme zahlreicher Aspekte und Unteraspekte macht eine Einteilung in Über- und Unterkategorien erforderlich, wobei sich die Basiskategorien zum Teil an den Textualitätskriterien von Beaugrande/Dressler (1981) sowie am kognitiven ATschema von García Álvarez (2004:266) orientieren.

Die acht Basisfehlerkategorien werden darüber hinaus in drei Bereiche eingeteilt, wobei der erste Bereich diejenigen Defizite der Übersetzung aufgreift, die
auf die fehlerhafte Interpretation bzw. auf das fehlende Erkennen von den Faktoren *Sender- und Empfängerpragmatik, Situation, Kohäsion, Informativität* und
Kohärenz zurückzuführen sind. Der zweite Bereich umfasst die Fehler, die wegen mangelnder bzw. fehlender Anwendung von *Übersetzungsstrategien* und
-techniken entstehen. Auf Grund der bedeutenden Rolle, die der *Intertextualität*
in diesem Bereich zukommt, zählt diese in der Einteilung als eigene Basiskate-
gorie. Bei dem dritten Sektor handelt es sich im Prinzip nicht um eine Fehlerkategorie im eigentlichen Sinne, sondern um einen Versuch, den Einfluss äußerer
und individueller Faktoren auf die *Kognition* beim Translationsprozess zu untersuchen. Das heißt, in dieser Kategorie steht die fehlerverursachende Wirkung
äußerer Umstände und persönlicher und situativer Aspekte im Vordergrund
bzw. die Beeinträchtigung der kognitiven Prozesse durch dieselben.

Im Rahmen dieser Fehlereinteilung wird mit *Pragmatik* ausschließlich auf die
Beziehungen zwischen Sender und Empfänger verwiesen, einschließlich ihrer
Redeabsichten und Wirkungen ihrer sprachlichen Äußerungen. Diese Basisklassifikation soll darüber Auskunft geben, inwieweit es dem Übersetzer als
Sprachmittler gelungen ist, die Intentionen des ausgangssprachlichen Senders in
Übereinstimmung mit den Übersetzungsauftragsvariablen im Zieltext (ZT) hypothetisch wiederzugeben, so dass die gewünschte Wirkung beim Zieladressaten
eintritt, denn es sei betont, dass, wie Hönig (1987:40f.) feststellte, die Wirkung
auf den Empfänger nur rein spekulativer Natur sein kann. Je nach Textsorte sind
die Senderintentionen mehr oder weniger leicht dem AT zu entnehmen.

Prinzipiell wird innerhalb der Pragmatikfehlerkategorie zwischen den Fehlern
unterschieden, die auf das *Nicht-Erkennen* bestimmter sender- und adressateno-
rientierter Variablen im AT zurückzuführen sind und denjenigen, die auf Grund
der *defizitären Produktion* dieser Variablen im ZT entstanden sind. Es wird bewusst an Giles (1992) prozessbezogene Klassifikation angeknüpft und zwischen
einer Verstehensphase und einem Produktionsprozess unterschieden, wobei beide Phasen zeitlich gesehen nicht linear nacheinander ablaufen, sondern wegen
Vor- und Rückgriffen als zyklisch zu bezeichnen sind. Die Produktionsdefizite
sind immer im Zusammenhang mit dem translatorischen Auftrag zu betrachten.

In der Verstehensphase soll ein Fehler unter folgenden Gesichtspunkten analy-
siert werden: Haben die Studierenden die Haupt- bzw. die Nebenintentionen der
AT-Sender erkannt? Oder beruht der Fehler auf dem Nicht-Erkennen der vom
ausgangssprachlichen Sender intendierten Wirkung auf den ausgangssprachlichen Adressaten? Auf Grund der Empfängerorientiertheit wurde ebenfalls die
Variable der Präsuppositionen mit in die Klassifizierung einbezogen. In der
Verstehensphase handelt es sich um diejenigen Verstöße, die wegen des Nicht-
Erkennens der ausgangstextrelevanten Präsuppositionen des oder der ur-
sprünglichen Adressaten zustande gekommen sind.

Der in der Produktionsphase begangene Fehler zeichnet sich durch eine defizitäre ZT-Produktion aus, die in nur unzureichender Weise die Senderintentionen widerspiegelt, wobei die *Beeinträchtigung* sowohl die *Haupt-* als auch die *Nebenintentionen* betreffen kann. Wenn auch nicht immer, so sind diese Produktionsdefizite doch meist mit denjenigen der AT-Verstehensphase verknüpft. In Analogie zur Verstehensphase ist in der ZT-Produktion als Verstoß ebenfalls die Verfehlung der *intendierten Wirkung auf den ZT-Rezipienten* zu werten. Als letzte pragmatische Variable dieser Klassifikation ist der mit der Wirkung des ZT verbundene *negative Einfluss auf die zieltextrelevanten Präsuppositionen des Zieladressaten* zu nennen. Die Beeinträchtigung der Wirkung auf den zielsprachlichen Empfänger geht meist mit der Beeinträchtigung der Präsuppositionen des ZT-Rezipienten einher.

Unter *Situationalität* verstehe ich mit Beaugrande/Dressler (1981:163) diejenigen Faktoren, die dazu beitragen, dass über die akustische oder visuelle Aufnahme eines Textes der Textempfänger eine Verbindung zu einer allgemein bekannten bzw. zu einer bereits erlebten kommunikativen Situation herstellt. Diese Konnexion funktioniert im Grunde über das Erkennen der textexternen Faktoren nach Nord (vgl. 1988:43ff. und 1992). Zu den textexternen Parametern gehören gemäß Nord *Sender, Empfänger, Ort, Zeit, Medium, Kommunikationsanlass* und die *Textfunktionen*, Aspekte, die in der Kategorie der Situationalitätsfehler auch alle, bis auf die unter der Kategorie der Pragmatikfehler bereits subsumierten Senderintentionen, als solche aufgenommen werden.

Bei den Situationalitätsfehlern wird zwischen Verstößen in Bezug auf das Verständnis des AT und der Produktion des ZT unterschieden. Auf diese Weise finden die Nord'schen textexternen Parameter einerseits Anwendung auf das *Nicht-Erkennen der kommunikativen ausgangssprachlichen Situation* und andererseits auf die *defizitäre Produktion bestimmter kommunikativer ausgangs- oder zielsprachiger* Situationselemente. Was die Produktionsebene betrifft, können sowohl ausgangs- als auch zielsprachige Elemente fehlerhaft wiedergegeben werden, da im Einklang mit dem translatorischen Auftrag unter Umständen die Domestizierung ausgangssprachlicher Elemente in zielsprachliche und zielkulturelle erforderlich sein kann.

Auf Grund der diversen, uneinheitlichen Definitionen in der Sprachwissenschaft zum Begriffspaar Kohäsion und Kohärenz und der Abgrenzungsschwierigkeiten, die zwischen beiden Termini bestehen, lege ich mit García Álvarez (2004:157) den Begriff der *Kohäsion* auf den Bereich der textuellen Oberfläche im strukturalistischen Sinne fest. Neben der semantischen Auffassung von Lexik und Grammatik auf *mikrostruktureller Ebene* beinhaltet die Kohäsion gleichzeitig die Interaktion dieser Parameter mit kognitiv-pragmatischen Aspekten (vgl. ibid.), die auch im Rahmen der Kohärenz zu berücksichtigen sind.

Auch bei den Kohäsionsfehlern wird, wie zuvor zwischen Verstehens- und Produktionsphase, d. h. zwischen der *defizitären Interpretation von Kohäsionsbeziehungen im Ausgangstext* (AT) und der *defizitären Produktion von Kohäsi-*

onsbeziehungen im ZT unterschieden. Unter beiden Rubriken werden die gleichen Variablen aufgeführt, wobei kein Anspruch auf absolute Vollständigkeit der möglichen Parameter erhoben werden kann. Auf Ebene der Erfassung der ausgangssprachlichen Kohäsionsbeziehungen wird eine Unterscheidung zwischen der *semantischen Auslegung der Grammatik*, der *Interpunktion*, der *Orthographie*, der *Thema-Rhema-Bezüge* und der *Textphorik*, der *Kollokationen*, der *suprasegmentalen Merkmale* sowie der *Lexik* und *Isotopien* getroffen. Hinsichtlich der semantischen Interpretation der Grammatik wird eine Unterteilung in *Morphosyntax, Präpositionen, Deklinationen* (im Falle eines deutschen AT) bzw. *Kasus* und *Konjugationen* vorgenommen. Was die Fehlinterpretation der Morphosyntax betrifft, so bezieht sich diese u. a. auf die syntaktische Wahrnehmung von Haupt- und Nebensätzen, Relativsätzen, Partizipialkonstruktionen sowie passivisch formulierte Phrasen.

Bei der *defizitären Produktion von Kohäsionsbeziehungen im ZT* handelt es sich aus *strukturalistischer Sicht der Grammatik* um die sogenannten Sprachfehler, die von zahlreichen Autoren meist dichotom den Übersetzungsfehlern gegenübergestellt werden. So gelten Insuffizienzen auf Ebene der *Morphosyntax*, der *Präpositionen*, der *Deklinationen* und *Konjugationen* als Sprachfehler und sind in den meisten Fällen auf unzureichende grammatikalische Kenntnisse zurückzuführen.

Die Kategorie der Informativitätsfehler, welche die meisten Variablen enthält, stellt auf die Kenntnisse des Übersetzers bezüglich des Informationsgehalts bzw. der jeweiligen Realia ab. Zwar ermöglichen die Protokolle des lauten Denkens Aufschluss über die bewusst geäußerten mentalen Prozesse, jedoch bleiben die unbewusst ablaufenden Vorgänge verborgen und können nur hypothetisch erschlossen werden. Im Blickfeld dieser Fehlerkategorie stehen in erster Linie das Wissen des Translators hinsichtlich der Realia der Ausgangs- und Zielkultur, dessen semantische Kenntnisse über ausgangs- und zielsprachige Lexik sowie die Vertrautheit des Übersetzers im Umgang mit Texten einer bestimmten Textsorte sowohl in der ursprünglichen Sender- als auch in der Zieladressatenkultur. Somit ist der Übersetzer bei dieser Einteilung insbesondere in seiner Eigenschaft als Sprach- und Kulturmittler gefragt. Zudem kommen fach- und textsortenspezifische Parameter in dieser Fehlerkategorie explizit zum Tragen.

Die Informativitätsfehler werden demnach in drei große Unterklassifikationen eingeteilt, die defizitäre Kenntnisse des Translators im Hinblick auf die *Realia der AT- und ZT-Kultur bzw. der Ausgangs- und Zielsprache*, auf die *semantische Interpretation der ausgangs- und zielsprachlichen Lexik* betrachten und dessen *unzureichende Kenntnisse in Bezug auf die Textsorte in der Ausgangs- und Zielkultur*. Bei Rechtstexten könnte zusätzlich eine auf den *rechtlichen und gesetzlichen Kontext der jeweiligen Rechtsordnung* abstellende Untergruppe erstellt werden. Die Interdisziplinarität von Rechtstexten erfordert prinzipiell eine getrennte Betrachtung von fach- und allgemeinsprachlichen lexikalischen Fehlern, wobei in Einzelfällen die Unterscheidung zwischen *defizitären allgemein-*

sprachlichen Kenntnissen und *defizitären allgemeinen Kenntnissen der Textsorte* nicht immer eindeutig getroffen werden kann.

Was die defizitären Kenntnisse über die Realia anbetrifft, so wird unterschieden zwischen den *Realia der Ausgangssprache und -kultur* und jenen der *Zielsprache und -kultur.* In Bezug auf die Ausgangssprache und -kultur soll festgestellt werden, ob der Übersetzer die *Notwendigkeit des Explizitätsgrades* der kommunikativen Situation erkennt bzw. ob er in der Lage ist, *implizite im AT enthaltene Informationen* herauszufiltern. Für die ZT-Produktion soll der *adäquate Explizitätsgrad* der Aussage sowie die *Verständlichkeit des Implizitätsgrades für den ZT-Adressaten* vor dem Hintergrund der Kenntnisse des Übersetzers über die Realia der Zielkultur und -sprache beurteilt werden.

Die nächste Informativitätsfehlerquelle stellt die semantische Interpretation der Lexik in AT und ZT dar. Dabei werden sowohl im Bereich der Original- als auch der Zielsprache einerseits die Prototypizitätsvorstellungen des Übersetzers im Hinblick auf bestimmte allgemeinsprachliche Lexik und die Relevanz bestimmter Prototypizitätsmerkmale unterschieden und andererseits schlichtweg die Unkenntnis bzw. das defizitäre Wissen hinsichtlich der Lexik. Was die defizitären Prototypizitätsvorstellungen in der Gemeinsprache anbelangt, so wird auf der ausgangs- und zielsprachlichen Ebene eine Unterscheidung zwischen Unterinterpretation, Überinterpretation und *Fehlinterpretation* getroffen. Unter Unterinterpretation wird die Zuordnung von einer unzureichenden Anzahl von prototypischen Merkmalen zu einem Begriff verstanden, während bei der Überinterpretation einem Begriff mehr typische Eigenschaften zugeordnet werden als dieser besitzt. Mit Fehlinterpretationen sollen diejenigen Begriffsauslegungen bezeichnet werden, bei denen die zugeordneten Begriffsmerkmale nicht mit den wichtigsten Kerneigenschaften übereinstimmen. Falsche Vorstellungen hinsichtlich der *ausgangssprachlichen bzw. zielsprachlichen Wortbedeutung* sowie fehlende Beachtung des *Wortregisters* bestimmter Ausdrücke zählen ebenfalls zu den Fehlerquellen der zweiten Untergruppe.

Die letzte Kategorie der Informativitätsfehler beschäftigt sich mit den mangelnden fachsprachlichen Kenntnissen sowie dem *defizitären allgemeinen Wissen des Translators über die Textsorte* des zu übersetzenden Textes. Dabei wird insbesondere auf die Kenntnisse des Sprachmittlers hinsichtlich der *ausgangs- und zielkulturgebundenen Konventionen* der jeweiligen Textsorte geachtet. Es soll die Wahrnehmung und Interpretation *des ausgangskulturellen Explizitäts- bzw. Implizitätsgrades* sowie dessen Produktion in der Zielkultur beurteilt werden. Das Nicht-Erkennen der der Textsorte inhärenten internen Faktoren wie *Thematik, Inhalt, Aufbau, nonverbale Elemente, Syntax, suprasegmentale Merkmale* und *Lexik* soll ebenso als Fehler gewertet werden wie die inadäquate Wiedergabe derselben im ZT. Bei der Festlegung von lexikalischen Fehlern wird wie bei den allgemeinsprachlichen Kenntnissen von der defizitären semantischen Interpretation der Lexik ausgegangen, die sich von etablierten Prototypizitätsvorstellungen in den abweichenden Merkmalen der ausgangssprachlichen Begriffe unterscheidet. Auf diese Weise wird in Analogie zur Gemeinsprache wiederholt eine Unterscheidung zwischen Unter-, Über- und Fehlinterpretationen getroffen.

Auf Grund der zuvor erwähnten Abgrenzungsschwierigkeiten zwischen den Begriffen Kohärenz und Kohäsion sind gewisse Überschneidungen von beiden Kategorien unvermeidlich. Bei *Kohärenzfehlern* wird auf Verstöße Bezug genommen, die auf der makrostrukturellen Ebene zu suchen sind, d. h. Fehler, die den äußeren Textzusammenhang beeinträchtigen, wobei die Kohärenz nicht nur als dem Text inhärente Eigenschaft, sondern auch als Ergebnis kognitiver Prozesse des Rezipienten betrachtet wird. Durch die Verbindungen und Beziehungen zwischen Begriffen soll dem Empfänger eine sich permanent aktualisierende „Sinnkontinuität" (Lewandowski 1990:546) vor dem Hintergrund eines bestimmten Vorwissens des Adressaten garantiert werden.

Durch die wieder aufgenommene Dichotomie *AT-Verständnis* und *ZT-Produktion* wird bei dieser Fehlerkategorie folglich auch zwischen dem *Nicht-Erkennen von Kohärenzbeziehungen* und der *defizitären Produktion von Kohärenzbeziehungen* unterschieden. Das Dechiffrieren von *Textstrukturen*, von *Stil* und *Syntax, Isotopien* und *funktionalen Beziehungen* der lokutiven Akte stellen die Fehlervariablen beim ausgangssprachlichen Verständnis dar, wobei bei den funktionalen Verbindungen auf die von Hulst (1995:122ff. in García Álvarez 2004:217ff.) vorgeschlagene Einteilung in inhaltsbezogene und interaktionelle Aspekte Bezug genommen wird, die damit auf die über- und untergeordneten Beziehungen zwischen Sätzen abstellt, die funktionalen Charakter besitzen. In dieser Fehlereinteilung sollen diese Beziehungen einerseits auf der Verstehensebene die Analyse des AT bezüglich der Sinnkontinuität und andererseits während der Produktionsphase das Ergebnis des ZT bezüglich des begrifflichen Sinnes beurteilen.

Unter *Strategiefehler* werden alle diejenigen übersetzungsstrategischen Defizite subsumiert, die unter Berücksichtigung der anderen Kategorien des ersten Bereichs und der Übersetzungsauftragsvariablen als fehlerverursachend bezeichnet werden können bzw. teilweise verantwortlich für die im Translat begangenen Verstöße sind. Die Verwendung von inadäquaten Strategien, das bewusste oder unbewusste Unterlassen bestimmter Strategienanwendungen sowie die fehlende Rückgriffsmöglichkeit auf translatorische Übersetzungsstrategien auf Grund mangelnden übersetzungstheoretischen Wissens zählen zu dieser Basisklassifikation.

So zählen die Konzepte der Exotisierung und Domestizierung im Falle einer fehlenden Eins-zu-Eins-Entsprechung zu den möglichen Fehlerquellengefahren. Es können demnach sowohl Fälle von fehlender Exotisierung bzw. Domestizierung auftreten als es auch Textstellen geben kann, anhand derer sich eine *Überdomestizierung* bzw. eine *Überexotisierung* feststellen lässt. Warum auf eine bestimmte Textstelle eine dieser Variablen angewendet wird oder nicht, muss der Textsorte, dem Übersetzungszweck und dem konkreten Übersetzungsauftrag entnommen werden. Neben der fehlenden Exotisierung und der Überexotisierung kann ein Verfremdungseffekt auch durch *fehlende, unvollständige oder inadäquate Paraphrasen* verursacht werden. Auch *inadäquate Neologismen* oder solche, die nicht von den notwendigen *Zusätzen bzw. Zusatzerklärungen* begleitet sind (vgl. Groot 1999:29ff.) können u. U. als zu „exotisch" empfunden werden. Deshalb sollte der Neologismus in fachsprachlichen Texten, vor allem juristischen, mit den den jeweiligen Terminus erklärenden zielsprachlichen Zusätzen oder, je nach „Explizitäts- bzw. Implizitätsgrad", mit dem in Parenthesen angegebenen ausgangssprachlichen Ausdruck versehen werden.

Oft ist ein Strategiefehler auch auf mangelnden Perspektivenwechsel zurückzuführen, wie es bei übermäßig ausgeprägten Top-down-Prozessen, bei der Fixierung auf ausgangssprachliche Strukturen, Formulierungen und Ausdrücken oder bei der Fossilierung von Assoziationen[1] häufig der Fall ist. Zu weiteren Strategiefehlern zählen die Vernachlässigung des Ko(n)textes sowie die Übergeneralisierung, d. h. die Verallgemeinerung einer Aussage. Bei der Vernachlässigung des Ko(n)textes werden Informationen, die dem Textstellenumfeld zu entnehmen wären und Hinweise für die Translationsstrategie und -weise der zu übersetzenden Textstelle enthalten könnten, keine Beachtung geschenkt. Der Fehler in der entsprechenden Textstelle hätte folglich über eine kontextuelle Erschließung vereitelt werden können.

Die nächsten Strategiefehlervariablen betreffen die *Interferenzen* und die *Angst vor Interferenzen*. Unter der Rubrik *Interferenzen* sollen nicht nur diese selbst, sondern auch *inadäquate Analogien* zusammengefasst werden. Mit den Interferenzen werden diejenigen Abweichungen von den sprachlichen Normen bezeichnet, die durch den Einfluss semantischer, phonologischer, grammatikalischer usw. Elemente der Mutter-, der betreffenden Fremdsprache oder einer weiteren Fremdsprache entstanden sind. Dazu zählen meiner Definition zufolge auch Fehler, die auf Polysemie zurückzuführen sind.

Eine wichtige Strategiefehlerquelle stellt zudem der *fehlende Rückgriff auf Recherchematerial* sowie der *falsche Umgang* mit demselben dar. So sind oftmals der fehlende Rückgriff auf *einsprachige Wörterbücher*, der falsche Umgang mit *zweisprachigen Nachschlagewerken* und der fehlende Rückgriff auf weiteres *Intertextualitätsmaterial* für Fehler im ZT verantwortlich. Von fehlendem Recherche- und Intertextualitätsmaterial ist die Rede, wenn seine Hinzuziehung für die adäquate Lösungsfindung hilfreich gewesen wäre. Aber auch die Angst vor der „Wörterbuchgläubigkeit" kann, wie die Studie belegte, zur Entstehung von Fehlern führen.

---

[1]   Die Fehlervariable Fossilierung von Assoziationen ist in Anlehnung an die in der Sprachwissenschaft diskutierte „Fossilierung von Fehlern" (Selinker 1972:215) entstanden. Damit soll auf Assoziationen abgestellt werden, die in Verbindung mit der Lösungsfindung, durch Parallel- oder Hintergrundtexte, durch anderes Intertextualitätsmaterial oder durch das Gespräch mit anderen aktiviert werden. Diese Assoziationen verfestigen sich im Laufe des Denkprozesses und sind für die inadäquate translatorische Lösung mitverantwortlich.

Defizitäre bzw. fehlende Argumentationsstrukturen, die in Transkriptionen von Protokollen des lauten Denkens oder direkt in der Unterrichtsdiskussion beobachtet werden können, sind gleichfalls zu den Strategiefehlervariablen zu rechnen. Die mangelnde Verwendung von Argumentationen, Begründungen und Erklärungen sowie das ausbleibende kritische Abwägen von Pro und Kontra der jeweiligen Vorschläge sind häufig anzutreffende Strategiefehler. Ebenfalls stellt die damit verknüpfte kritiklose Übernahme von translatorischen Lösungsvorschlägen *ohne* Vornahme von *Evaluationen* oder *ohne* Durchführung eines *Akzeptabilitätstests* im Sinne Giles (1992:251ff.) eine große Fehlergefahrenquelle dar.

Unter *Intertextualität* verstehe ich mit Beaugrande und Dressler (1981:182ff.) die Beziehungen zwischen Texten sowie die Interdependenz eines Textes von anderen mit gleichen oder ähnlichen Merkmalen und Funktionen. In Anwendung auf die Übersetzung bietet die Intertextualität Möglichkeiten zur Entschlüsselung ausgangssprachlicher Texte, da vor dem Hintergrund zuvor gehörter bzw. gelesener oder bearbeiteter Texte derselben oder einer verwandten Textsorte der zu übersetzende Text besser verstanden bzw. hinsichtlich der ausgangstextanalytischen Faktoren adäquater interpretiert werden kann. Nicht nur in der Verstehens-, sondern auch in der Produktionsphase des Übersetzungsprozesses ist die Intertextualität von Relevanz, denn auch für die Formulierung des ZTes ist die Zuhilfenahme von Intertextualitätsmaterial oftmals sowohl in formaler und stilistischer Hinsicht als auch für die Verwendung textsortengerechter und konventioneller Lexik durchaus sinnvoll.

Außer *Parallel- und Hintergrundtexten* zählen auch die über *spezialisierte Informanten* bezogenen Informationen sowie diejenigen *Ausdrücke, die aus der Gemeinsprache* stammen und in ein spezielles Fachgebiet übertragen wurden im weiteren Sinne zum Intertextualitätsfundus. Diese Übernahme von gemeinsprachlichen Elementen in einen fachsprachlichen Kontext kann zwar für die Erschließung eines Textes unter bestimmten Umständen sehr hilfreich sein, führt jedoch als Stütze bei der ZT-Produktion häufig zu Konventionsverstößen, da in der Fachsprache der Bedeutungsrahmen eines Terminus in der Regel sehr eingeschränkt ist.

Bei der Betrachtung eines Verstoßes unter den Intertextualitätskriterien wird, unabhängig ob ein Intertextualitätsbezug im Rahmen des AT-Verständnisses oder für die ZT-Produktion hergestellt wurde, zwischen den Fehlern, die durch *Paralleltextmaterial* und denen, die auf Grund von *Hintergrundtexten* verursacht werden, unterschieden. Innerhalb jeder Kategorie wird wiederum getrennt betrachtet, ob der Verstoß wegen der unpassenden *Auswahl von Parallel- bzw. Hintergrundmaterial* oder wegen des *falschen Umgangs* mit demselben entstanden ist. Auch gänzlich fehlende Hinzuziehung von *Intertextualitätsmaterial* wird, wenn auch eher spekulativ, als fehlerverursachender Parameter gezählt. Diese Fehlervariablen werden jeweils in *schriftliche* und *mentale* aufgeteilt. Mit der Unterscheidung soll einerseits auf schriftliches, den Übersetzern verfügbares und vorliegendes Material verwiesen werden, während die mentale Komponente, d. h. die im Kopf gespeicherten Daten aus vorangegangener Textarbeit, vor allem bei mangelnden Rückgriffsmöglichkeiten auf schriftliche Dokumente zum Tragen kommt.

Wie bereits erwähnt, handelt es sich beim dritten Bereich der Fehlerkategorisierung nicht um eine klassische Fehlereinteilung. Mit *Kognitionsfehler* sollen diejenigen Verstöße gegen die „übersetzerischen" und linguistischen Normen bezeichnet werden, welche durch die kognitiven Prozesse des Einzelnen bei der Translation auf Grund äußerer Einflüsse oder persönlicher Faktoren verursacht werden. Zu diesen Faktoren zählen neben idiosynkratischen Merkmalen der Individuen, wie Gedächtnis, Fähigkeiten, Unsicherheit, Weltwissen, Aufmerksamkeit usw., auch Variablen, welche die Übersetzungssituation als solche positiv oder negativ beeinflussen. Hierunter lassen sich beispielsweise bestimmte Emotionen, Zeitdruck und die individuelle Tagesform des Übersetzers subsumieren. *Externe Einflüsse*, wie *Zeit* und *Ort* der Translatanfertigung, *Umfang* des zu übersetzenden Textes, die *Dauer des Translationsprozesses* sowie *fehlende Rückgriffsmöglichkeiten auf Recherche- und Intertextualitätsmaterial* haben indirekt auch Auswirkungen auf die Kognition im Übersetzungsprozess. Deshalb werden diese Faktoren ebenfalls mit einbezogen, obgleich sie nur mittelbar auf den Translationsvorgang einwirken.

Neben diesen äußeren Einflüssen können *situationsbedingte Ungeduld* sowie *positive* als auch *negative Emotionen,* wie *Demotivation, Resignation, Desinteresse* und *Bequemlichkeit* zur Vernachlässigung bestimmter linguistischer oder übersetzerischer Aspekte und somit zur Entstehung von Fehlern beitragen. In der Kognitionsfehlerklassifikation finden zudem *mentale Blockaden* und *Zeitdruck* Berücksichtigung. Unter mentaler Blockade werden hier mit Kußmaul (2000:71ff.) Probleme verstanden, die lange Zeit „im Raum stehen, ohne gelöst werden zu können" und sich in den Protokollen oftmals durch lange Schweigepausen oder aber auch durch wiederholt unverändert verbalisierte Aufnahme von Ideen äußern. Hinsichtlich der Zeitdruckvariablen wird zwischen *eigenem* und *fremdbestimmtem Zeitdruck* unterschieden, wobei ersterer meist auf persönliche Ungeduld zurückzuführen, letzterer für Prüfungssituationen symptomatisch ist.

Außer den genannten Aspekten werden auch die *Tagesform* und allgemeine *idiosynkratische Merkmale* zu den fehlerverursachenden Faktoren gezählt. *Müdigkeit, Krankheit, Konzentrationsschwäche* und *Energielosigkeit* bestimmen die Tagesform mit und können daher unter Umständen Auswirkungen auf die Leistungsfähigkeit und somit auf die Fehlerhäufigkeit haben. Unter den allgemeinen idiosynkratischen Merkmalen werden die Eigenheiten und die besonderen Charakterzüge des jeweiligen Übersetzers zusammengefasst, die unter Umständen für die Entstehung von Fehlern mitverantwortlich sein können wie z. B. *Unsicherheit, Selbstsicherheit, Nervosität* und *Weltwissen*. Bei der Auswahl beschränkte ich mich auf die so wenig spekulativ wie möglich aus den Protokollen ablesbaren Faktoren, die jedoch problemlos erweitert werden können. Da sowohl im Übersetzungsunterricht als auch bei Gruppenarbeiten und -protokollen die *Dominanz* einzelner Studierender z. T. als Fehlerursache nachgewiesen werden konnte, wurde dieser Parameter ebenfalls unter die Kategorie Kognitionsfehler subsumiert.

Abschließend soll darauf hingewiesen werden, dass diese Einteilung in Basis- und Unterkategorien keinesfalls Anspruch auf Vollständigkeit erhebt, sondern unter Berücksichtigung bestimmter übersetzungstheoretischer Ansätze und durch die Auswertung des auditiven Materials der Studie mit den Protokollen des lauten Denkens entstanden ist. Vervollständigungen sind je nach Fachsprachlichkeit des zu übersetzenden Textes, der translatorischen Kompetenz, der fach- und gemeinsprachlichen Kenntnisse der Studierenden durchaus angebracht. Nicht zu vernachlässigen bei der Klassifizierung ist ebenfalls der Umstand, ob es sich im jeweiligen Fall um eine Übersetzung in die Fremd- oder die Muttersprache handelt. Die Zuordnung der einzelnen Verstöße ist außerdem nicht immer eindeutig festlegbar, da in den Protokollen des lauten Denkens sowie auch in der Unterrichtsdiskussion nur bewusste Denkprozesse erfasst und die unbewussten Prozesse folglich nur teil- und ansatzweise reflektiert werden.[2] Deshalb hat die Einordnung der detektierten Fehler in die anhand der Protokolle des lauten Denkens aufgestellten Fehlerkategorien, insbesondere was die die Kognition beeinträchtigenden Faktoren anbetrifft, teilweise nur spekulativen Charakter, da die Klassifizierung in einigen Fällen nur indirekt aus bestimmten Bemerkungen oder Verhaltensweisen abzuleiten ist.

In der Regel findet ein und derselbe Verstoß Eingang in mehrere Kategorien, da er durch diese von verschiedenen Blickwinkeln aus betrachtet wird. Auch innerhalb der Basiskategorien kommt es häufig zu Mehrfacheinträgen unter unterschiedlichen Aspekten. Durch diese vielschichtige Betrachtung eines Fehlers wird dem Lehrenden im Grunde eine genauere Einschätzung von Auswirkung und Ursache desselben erleichtert. Im Vordergrund dieser Einteilung steht im Hinblick auf die anschließende Analyse und therapeutische Behandlung von Fehlern in der Übersetzung vor allem die kombinierte Einbeziehung des translatorischen Ergebnisses und des eigentlichen Übersetzungsprozesses, was die Aufdeckung der Fehlerursache erleichtert. Somit dient die vorgestellte Klassifizierung dem Lehrenden an Übersetzerausbildungseinrichtungen primär für die Unterrichtspraxis, zur Eruierung der Schwächen der Studierenden und Analyse potentieller Fehlerquellen sowie für eine entsprechend orientierte Entwicklung und Vermittlung von Fehlervermeidungsstrategien.

---

[2] Zur Verteilung der Fehler in die Kategorien und zur Erklärung von einzelnen Fehlerbeispielen vgl. Martin (2006: Kapitel 3 und 4.2).

Silke Anne Martin

Bibliographie

Beaugrande, Robert Alain de / Dressler, Wolfgang U. (1981): *Introduction to Text Linguistics*. London. New York: Longman.

García Álvarez, Ana María. (2004): *Principios teóricos y metodológicos para la didáctica del proceso de la traducción directa. Un modelo cognitivo-funcional*. Dissertation. ProQuest UMI 3122581. ISBN 0-493-28731-0.

Gile, Daniel (1992): „Les fautes de traduction: une analyse pédagogique." *Meta* 37, 2, 251-262.

Groot, Gerard-René de (1999): „Das Übersetzen juristischer Terminologie." Groot, Gerard-René de / Schulze, Reiner (1999) (Hrsg.): *Recht und Übersetzen*. Baden-Baden: Nomos, 11-46.

Hönig, Hans G. (1987): „Wer macht die Fehler?" Albrecht, Jörn et al. (Hrsg.) *Translation und interkulturelle Kommunikation*. Bern: Lang, 37-46.

Hulst, Jacqueline (1995): *De doeltekst centraal. Naar een functioneel model voor vertaalkritiek*. Amsterdam: Perspectieven op taalgebruik. Thesis Publishers Amsterdam.

Kußmaul, Paul (2000): *Kreatives Übersetzen*. Tübingen: Stauffenburg.

Lewandowski, Theodor (1990): *Linguistisches Wörterbuch*. Bände 1-3. Wiesbaden, Heidelberg: Quelle & Meyer Verlag.

Martin, Silke Anne (2006): *Fehler in der juristischen Fachübersetzung spanisch-deutsch: Der Immobilienkaufvertrag als Fallstudie*. Dissertation. ProQuest UMI 3214524. ISBN 0-542-63959-9.

Nord, Christiane (1988): *Textanalyse und Übersetzen. Theoretische Grundlagen, Methode und didaktische Anwendung einer übersetzungsrelevanten Textanalyse*. Heidelberg: Julius Groos Verlag.

Nord, Christiane (1992): „Text Analysis in Translator Training." Dollerup, Cay / Loddegaard, Anne (1992) (Hrsg.): *Teaching Translation and Interpreting: Training, Talent and Experience*. Copenhagen Studies in Translation. Amsterdam/Philadelphia: Benjamins, 39-48.

Schmitt, Peter Axel (1997): „Evaluierung von Fachübersetzungen." Wotjak, Gerd / Schmidt, Heide. (1997) (Hrsg.): *Modelle der Translation: Festschrift für Albrecht Neubert*. Frankfurt a. M.: Vervuert Verlag.

Selinker, Larry (1972): „Interlanguage." *International Review of Applied Linguistics* 10, 209-231.

Waddington, Christopher (1999): *Estudio comparativo de diferentes métodos de evaluación de traducción general (inglés-español)*. Tesis Doctoral [ined.]. Madrid: Universidad Pontificia Comillas de Madrid.

Elvira Mertin
Stuttgart
Workflow-Management-System für die Übersetzung von Kunden-information (Onboard-Literatur)

1 Einführung

Die Entwicklung eines Workflow-Management-Systems für die Übersetzung von Kundeninformation war Bestandteil einer Dissertation zum Thema „Prozessorientiertes Qualitätsmanagement im Dienstleistungsbereich Übersetzen" (Mertin 2006). Ziel der Dissertation war, ein wissenschaftlich fundiertes und praktikables prozessorientiertes Qualitätsmanagement-Konzept für den translatorischen Bereich zu entwickeln. Hier einige Kernpunkte dieser Arbeit:

Qualitätsmanagement umfasst nach DIN EN ISO 9000 (2000-12), Pkt. 3.2.8 „aufeinander abgestimmte Tätigkeiten zum Leiten und Lenken einer Organisation bezüglich Qualität". Das Beiwort „prozessorientiert" verweist darauf, dass Qualität nicht erst am Ende eines Übersetzungsprozesses erprüft, sondern der gesamte Übersetzungsprozess so gesteuert wird, dass am Prozessende Qualität entsteht. Der Hinweis auf den Dienstleistungsaspekt soll verdeutlichen, dass die übersetzerische Dienstleistung als Bestandteil eines (industriell gefertigten) Endprodukts und somit als Komponente im Qualitätsmanagement eines Unternehmens betrachtet wird. Folglich muss die Übersetzungsqualität messbar und steuerbar sein.

Ein Workflow-Management-System ist ein IT-basiertes System zur automatisierten Ausführung von mehreren Prozessschritten: Im- und Export in ein und aus einem Translation-Memory-System, Versand und Ablage von Dateien, Zippen und Entzippen sowie Validierung von Dateien, Versand und Überprüfung von Rechnungen, Unterstützung der Prozesssteuerung etc.

Die Vorteile eines Workflow-Management-Systems sind:

- Effizienzsteigerung wegen geringerer Fehleranfälligkeit in den Prozessabläufen
- Effizienzsteigerung durch Verringerung von Warte- und Versandzeiten
- Effizienzsteigerung durch Einsparung von Steuerungskapazität
- verbesserter Kundenservice, weil jederzeit über den Stand der Übersetzung, das Auftragsvolumen und die Termineinhaltung berichtet werden kann
- eignet sich für die Übersetzung von rekurrent-seriellen Texten

Vor der Einführung eines Workflow-Management-Systems wurde der Sprachendienst der DaimlerChrysler AG mit folgender Aufgabenstellung konfrontiert:

- Die Kundeninformation für sämtliche Pkw- und Nfz-Baureihen (ca. 140 Dokumentationen) wurde modularisiert und in einem Content-Management-System ARKI (Autoren-Redaktionssystem für Kundeninformation) gesteuert. Während zuvor z. B. eine Betriebsanleitung (BA) für die S-Klasse zuerst komplett in Deutsch erstellt und anschließend komplett in die jeweiligen Fremdsprachen übersetzt wurde, wird nun pro Thema, z. B. „Räder und Reifen", ein deutscher Ausgangstext für sämtliche zutreffenden Baureihen (z. B. C-Klasse, E-Klasse, CLK, S-Klasse, SLK, SL) erstellt und umgehend in die jeweiligen Fremdsprachen übersetzt. Anschließend wird in ARKI ein so genanntes Publikationspaket, z. B. eine BA für die S-Klasse, in Deutsch und sämtlichen Fremdsprachen generiert und zum Druck versendet.

- Das Jahresvolumen lag bei rund 40.000 Seiten deutscher Ausgangstext. Dies waren rund 360 Aufträge p.a. Der deutsche Ausgangstext wird im Durchschnitt in 13 Fremdsprachen übersetzt.

- Eine BA zählt rund 500 Seiten. Ein BA-Modul zählt im Durchschnitt 3–5 Seiten. Pro BA ergeben sich somit 80–100 Module. Pro Jahr ergeben sich 8.000–13.000 Module im deutschen Ausgangstext. Bei einer Übersetzung in 13 Fremdsprachen steigt die Anzahl der zu steuernden Module auf 100.000–170.000. Eine manuelle Steuerung solch einer hohen Anzahl von Modulen wäre ökonomisch gesehen nicht vertretbar gewesen.

2 Translationswissenschaftliche Ausrichtung

In translationswissenschaftlichen Publikationen wird immer wieder das zwischen Wissenschaft und Praxis bestehende Unverhältnis beklagt:

> Ein Grund für die Theoriefeindlichkeit mancher Übersetzerinnen und Übersetzer ist die Tatsache, dass die meisten Konzepte und Modelle der Übersetzungstheorie ihnen in ihrer inneren Realität niemals begegnen (Hönig 1997[2]: 14).

> Ein Grund für die relative empirische Armut translatologischer Aussagen liegt auch in der nur sehr zögerlichen Bereitstellung konkret belegter praktischer Erfahrungen seitens der zahlreichen aktiven Übersetzer, wenn man einmal von den Terminologielisten absieht, die regelmäßig in den Zeitschriftenspalten veröffentlicht werden. Aber wo sind die ausführlichen und vor allem auch die systematischen Analysen von Übersetzungsprozessen? (Neubert 1997:11).

> Und die Wissenschaft kann ihre Eigenständigkeit auf die Dauer nur bewahren, wenn sie den Nachweis erbringt, dass ihre Grundlagenforschung anwendungsrelevante Resultate liefert (Hönig 1997[2]:16).

Der Leitgedanke der Dissertation lässt sich am besten mit folgendem Zitat zum Ausdruck bringen:

> Gerade deshalb erscheint es sinnvoll, von Zeit zu Zeit daran zu erinnern, dass Wissenschaft kein Gegenentwurf zur Praxis ist, sondern sozusagen die Fortsetzung von Praxis mit anderen Mitteln (Krings 1996:107).

Zur tragenden Theorie der Dissertation wurden die Skopostheorie und der Funktionale Ansatz bestimmt. Die Übersetzungswissenschaft entwickelte sich von der Betrachtung mikrolinguistischer Zusammenhänge zur Betrachtung des Zieltextes als eines Produkts übersetzerischer Tätigkeit, sodann zur Betrachtung des in eine Handlung eingerahmten Zieltextes, danach zur Betrachtung der mentalen Prozesse in der *„ black box"* des Übersetzers und schließlich zur zusammenhängenden Betrachtung des Produkts, der übersetzerischen Abläufe und der Tätigkeit der Prozessbeteiligten. Im prozessorientierten Qualitätsmanagement-Konzept wird eine Weiterentwicklung der bisherigen translationswissenschaftlichen Theorien und Ansätze gesehen (siehe Abb. 2.1).

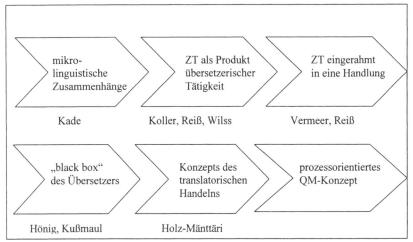

Abb. 2.1: Zusammenfassende Betrachtung in der Entwicklung der Translationswissenschaft

3 Qualitätsmanagement-Konzept

Der eigentliche Auslöser für eine Prozessanalyse kann ein neuer Prozess, ein neues IT-System, ein neues Produkt oder eine jeweilige Änderung im Prozess, im IT-System oder des Produkts sein. In Abhängigkeit davon, ob ein Prozess geändert oder neu konzipiert werden soll, kann der Projektablauf in unterschiedliche Phasen unterteilt werden (siehe Abb. 3.1 und 3.2).

Nicht eindeutig definierte Projekte ufern oft aus, weil neue, verlockende Ziele in das Projekt aufgenommen werden, ohne dass diese mit dem eigentlichen Projektziel abgestimmt werden. Nicht eindeutig definierte Zuständigkeiten und Verantwortungen innerhalb des Projektteams (Arbeitsschritt 1 in Projektphase I) oder nicht klar definierte Projektziele (Arbeitsschritt 2 in Projektphase I) führen zu einem Kompetenzwirrwarr, doppelt ausgeführten oder nicht ausgeführten Arbeiten, zu Spannungen innerhalb des Projektteams und ganz gewiss zu erhöhten Projektkosten und verlängerten Projektlaufzeiten. Eine der wichtigsten Eigenschaften eines Projekts ist der modulare Aufbau. Die Auswahl und die Zusammensetzung einzelner Projektmodule können in Abhängigkeit vom Projektumfang, der zu investierenden Mittel und der anvisierten Zeitspanne variiert werden.

Wird ein neues Produkt oder ein neues IT-System entwickelt, ändert sich zwangsläufig der bisherige Translationsprozess. Eine systematische Prozessanalyse ist vonnöten, so dass im Sinne der präventiven Qualitätssicherung Fehler in der Prozessentwicklung und damit Produkt- und IT-Systemfehler vermieden werden können. Infolge dieser Analyse kann ein neuer Prozess in seiner Entwicklung mehrfach geändert und noch vor der eigentlichen Prozessrealisierung optimiert werden. Im fertigungstechnischen Bereich, insbesondere in der Automobilindustrie, wird zu diesem Zweck eine mittlerweile sehr verbreitete Methode erfolgreich eingesetzt: die Fehler-Möglichkeits- und Einfluss-Analyse (FMEA). Diese Methode kann in entsprechend angepasster Form durchaus auch im translatorischen Bereich eingesetzt werden.

Projektphase I: Festlegung des Projektrahmens	Projektphase II: Voranalyse	Projektphase III: Konzeption des Soll-Prozesses	Projektphase IV: Prozessrealisierung
Arbeitsschritt 1: Projektteam aufstellen	Arbeitsschritt 1: Ist-Prozess-Struktur ermitteln	Arbeitsschritt 1: Fehlersammelliste erstellen	Arbeitsschritt 1: Auswahl des Systemlieferanten
Arbeitschritt 2: Projekt definieren	Arbeitsschritt 2: Kundenanforderungen ermitteln, gewichten und zuordnen	Arbeitsschritt 2: Pareto-Diagramm erstellen	Arbeitsschritt 2: Programmierung und Implementierung des IT-Systems
		Arbeitsschritt 3: Ursache-Wirkungs-Diagramm erstellen	Arbeitsschritt 3: Schulung
		Arbeitsschritt 4: 6-W-Fragetechnik	Arbeitsschritt 4: Realisierung der Änderungsanforderungen
		Arbeitsschritt 5: 3-Mu-Fragetechnik	Arbeitsschritt 5: Pilotierung
			Arbeitsschritt 6: Rollout und KVP

Abb. 3.1: Projektphasen bei einer Änderung der Translationsprozesse (vgl. dazu Bläsing/ Eiche 2002:20, Wagner [2]2003:43f.)[1]

---

[1] Zur Erläuterung der in den einzelnen Arbeitsschritten aufgeführten Methoden siehe Mertin (2006:259–340).

Projektphase I: Festlegung des Projektrahmens	Projektphase II: Voranalyse	Projektphase III: Konzeption des Soll- Prozesses nach FMEA- Methode	Projektphase IV: Prozessrealisierung
Arbeitsschritt 1: Projektteam aufstellen	Arbeitsschritt 1: Ist-Prozess-Struktur ermitteln	Arbeitsschritt 1: Soll-Prozess im Ablaufdiagramm entwerfen	Arbeitsschritt 1: Auswahl des Systemlieferanten
Arbeitsschritt 2: Projekt definieren	Arbeitsschritt 2: Kundenanforderungen ermitteln, gewichten und zuordnen	Arbeitsschritt 2: Prozessbeschreibung (in einer Word-Tabelle) entwerfen	Arbeitsschritt 2: Programmierung und Implementierung des IT-Systems
		Arbeitsschritt 3: Prozessbeschreibung (in einer Word-Tabelle) und Anforderungen an WF erstellen	Arbeitsschritt 3: Schulung
		Arbeitsschritt 4: FMEA durchführen	Arbeitsschritt 4: Realisierung der Änderungsanforderungen
		Arbeitsschritt 5: Soll-Prozess im Ablaufdiagramm und Word-Tabelle modifizieren	Arbeitsschritt 5: Pilotierung
		Arbeitsschritt 6: Hilfsdokumente auflisten und erstellen	Arbeitsschritt 6: Rollout und KVP
		Arbeitsschritt 7: Maßnahmenplan erstellen	

Abb. 3.2: Projektphasen bei der Konzeption und Analyse neuer Translationsprozesse (vgl. dazu Bläsing/Eiche 2002:20, Wagner 2003[2]:43f.)

Die FMEA-Methode wurde in den 60er Jahren von der NASA im Rahmen eines Apollo-Projekts entwickelt (Failure Mode and Effects Analysis – FMEA) und wird seit Ende der 70er Jahre in der deutschen Automobil- und Zulieferindustrie nahezu durchgängig eingesetzt. Der Einsatz dieser Methode wird sowohl von VDA als auch in DIN EN ISO 9004 empfohlen. Die FMEA ist eine formalisierte Methode, die die Vermeidung systematisch auftretender Fehler in den frühen Phasen der Produkt-, System- oder Prozessentwicklung bezweckt, indem Fehlerursachen untersucht und nach Möglichkeit minimiert oder gänzlich beseitigt werden. Infolgedessen können potentielle Prozess-, System- und Produktferti-

gungsrisiken minimiert werden. Anstatt eines Krisenmanagements, das zwangsläufig bei der Einführung neuer Produkte, Systeme oder Prozesse erforderlich
ist, wird ein Risikomanagement betrieben.

Die Vorgehensweise in der FMEA: Zuerst wird ein Prozess bis auf die Arbeits-
schrittebene detailliert beschrieben. Die Arbeitsschritte werden auf mögliche
Fehler analysiert. Anschließend werden Vermeidungs- und Abstellmaßnahmen
definiert und der Prozess (wiederholt) angepasst. Die möglichen Fehler werden
in ein FMEA-Formblatt eingetragen (siehe Abb. 3.3), analysiert und hinsichtlich
ihres Risikos (Auftretens- und Entdeckungswahrscheinlichkeit) bewertet. Die
Vermeidungsmaßnahmen verhindern die Entstehung erkannter Fehlerursachen,
die Abstellmaßnahmen eliminieren entstandene Fehler oder verringern ihre
Auswirkung. Somit werden der Prozess und das Produkt noch vor der Prozess-
und Produktrealisierung optimiert.

Die Vorteile der FMEA-Methode:

• international anerkanntes, systematisches Verfahren zur Entwicklung
  komplexer Prozesse

• Optimierung der Leistungserbringung

• Wissenstransfer über Abteilungsgrenzen, Transparenz von Prozessen

• Entwicklung von Prozessen mit hohem Reifegrad und hoher Prozesssi-
  cherheit – Risikomanagement anstatt eines Krisenmanagements

• Verringerung von Entwicklungs- und Gewährleistungskosten

• vorteilhaft bei Produkthaftungsansprüchen

4 Evaluierung und Lieferantenmanagement-Konzept

Wird die Übersetzung als Teil eines industriell gefertigten Produkts oder einer
Dienstleistung betrachtet, muss die Übersetzungsqualität messbar und steuerbar
sein. Die übersetzungswissenschaftliche Fachliteratur, die Normen und die Veröffentlichungen verschiedener Unternehmen und Behörden wurden auf vorhandene Evaluierungsmethoden analysiert und bewertet.[2]

---

[2] Es wurden Ansätze von Reiß, Koller, Ammann, House, Gerzymisch-Arbogast, Stolze,
     Henschelmann, Kupsch-Losereit, Kußmaul, Hönig, Nord, Schmitt und Horn-Helf sowie
     DIN 2345, DIN EN 15038 (Entwurf) und SAE J2450 geprüft. Des Weiteren wurden die
     Methoden von IBM Translation Center, EU-Übersetzungsdienst, SprachenDienst der Sie-
     mens AG und SAP Language Services analysiert.

FehlerMöglichkeits- und Einfluss-Analyse

Prozessebene 1 Übersetzung Kundeninformation ①	Firma: DaimlerChrysler AG ①	Formblatt- ① Nr.	Datum: ①
Prozessschritt Prozessebene 2: Thema ins TMS importieren und vorübersetzen ①	Abteilung: BS/SD ①	Seite x von x ①	Änderungsdatum: ①
Arbeitsschritt Prozessebene 3 Referenzmaterial auswählen ①	Team: ①		

potentielle Fehler ②	potentielle Folgen ③	potentielle Ursachen ④	Vermeidungsmaßnahmen/ Prüfmaßnahmen ⑤	A ⑥	B ⑦	E ⑧	RPZ ⑨	Abstellmaßnahmen ⑩
aktuelles Transit-Referenzmaterial ist nicht für die Vorübersetzung verfügbar	Vorübersetzungsgrad zu gering	systemtechnisches Versagen	PM: WF informiert SD-Projektmanager bei Unterschreitung des Vorübersetzungsgrades um 30 % im Vergleich zum Vorübersetzungsgrad der Vorversion	5	4	5	100	
		Referenzstruktur wurde verändert und/oder WF-Einstellungen wurden nicht angepasst	keine	5	4	2	40	mittelfristige Überwachung der Auswertung statistischer Daten
	Unterschiedliche Übersetzungen desselben AT	systemtechnisches Versagen	PM: WF informiert SD-Projektmanager bei Unterschreitung des Vorübersetzungsgrades um 30 % im Vergleich zum Vorübersetzungsgrad der Vorversion	5	8	1	40	
		Referenzstruktur wurde verändert und/oder WF-Einstellungen wurden nicht angepasst	keine	5	8	1	40	
Referenzmaterial wird nicht ausgewählt	Übersetzung startet nicht	systemtechnischer Fehler	PM: Fehlermeldung von Transit	4	2	1	8	

Abb. 3.3: FMEA-Formblatt – exemplarisch (vgl. VDA-Band 4, Kapitel System FMEA 2003:27; Bläsing/Eiche 2002:52; angepasst vom DC SD)

Die wissenschaftlichen Grundlagen für die Evaluierung und die Aspektliste von
Gerzymisch-Arbogast (1997:573-576, 1994:52f., 181), die Fehlerklassifikation
von Nord (vgl. 1999²:385f.), das Evaluierungsschema von Schmitt (vgl. 2005),
die SAE J2450 und das Quality Evaluation Tool for Translation von SAP Language Services (vgl. Herold 2005:165) lieferten Anregungen zur Entwicklung
einer eigenständigen Methode – der Evaluierungsmatrix des Sprachendienstes
der DaimlerChrysler AG (siehe Abb. 4.1: EvaluierungsmatrixDas wichtigste
Merkmal dieser Methode ist die Unterscheidung zwischen Fehlerursache und
Fehlerwirkung. Bewertet wird stets die Fehlerwirkung auf den Leser des Zieltextes. Innerhalb eines Projektes des Sprachendienstes der DaimlerChrysler AG
wurden Vorgaben zur Textklasse und entsprechenden Fehlergewichtung sowie
zum Umfang eines repräsentativen Evaluierungsumfangs definiert. Darüber hinaus wurde eine Bewertungstabelle mit Noten und ein Quick Guide für Evaluierende entwickelt. Die Evaluierungsmethode wurde in zwei Pilotphasen (mit und
ohne Lieferantenbeteiligung) erfolgreich getestet und wird nun im Sprachendienst eingesetzt. Bemerkenswert war die Tatsache, dass keine umfassenden
Schulungen für Evaluierende und Lieferanten erforderlich waren. Ein kurze
Einweisung befanden alle Teilnehmer für ausreichend. Das Feedback der Lieferanten zur Evaluierungsmethode war überwiegend positiv. Die Bewertungen
von Lieferanten werden in einem Lieferantenbewertungstool erfasst. Die Ergebnisse einer darauf basierenden statistischen Auswertung werden sowohl bei der
Vergabe von neuen Aufträgen und Auswahl passender Lieferanten als auch für
das Auditing von Lieferanten eingesetzt.

Das wichtigste Ziel in der Qualitätssicherung und Evaluierung von Übersetzungen ist es, ein Lieferantenmanagement-Konzept auszuarbeiten, das eine Lieferung beständig hoch qualitativer Übersetzungen sicherstellt und damit die Effizienz eines Sprachendienstes oder eines Übersetzungsbüros steigert.

5 Fazit

Das Ziel meiner Dissertation, ein wissenschaftlich fundiertes und zugleich praktikables prozessorientiertes Qualitätsmanagement-Konzept im translatorischen
Bereich zu entwickeln, konnte auf Basis konkreter Projekte innerhalb des Sprachendienstes der DaimlerChrysler AG umgesetzt werden. Damit wurde zumindest die Praktikabilität des prozessorientierten Qualitätsmanagement-Konzepts,
meines Erachtens aber auch die wissenschaftliche Fundiertheit dieses Konzepts
aufgezeigt.

			URSACHE															
Fehlermarkierung	**Fehlerkriterium**	**Gewichtung**	Tippfehler	Interpunktion	Rechtschreibung	Grammatik	Sinnfehler	Wort-	Auslassung	Stilfehler	fehl. Textkohärenz	Referenzmaterial	DC SDStyle Guide	DC SDTerminologie	Layout	Typographie	Fehleranzahl	Gesamtwert
Formalsprachliche Kriterien																		
Tp	Tippfehler	2															0	0
I	Interpunktion	2															0	0
R	Rechtschreibung	2															0	0
G	Grammatik	2															0	0
Übersetzungsrelevante Kriterien																		
S	Sinnfehler	2															0	0
W	Wort-/Ausdrucksfehler	1															0	0
A	Auslassung	2															0	0
St	Stilfehler	1															0	0
Tk	fehlende Textkohärenz	1															0	0
Referenzrelevante Kriterien																		
DC-Re	(Transit) Referenzmaterial	2															0	0
DC-SG	DC SDStyle Guide	2															0	0
DC-T	DC SDTerminologie	2															0	0
Formelle Kriterien																		
L	Layout	1															0	0
Ty	Typographie	1															0	0
Auftragsrelevante Kriterien																		
Lesbarkeit des Datenträgers/der Datei		1																
Vollständigkeit der Daten/Dateien		1																
Auftragsbestätigung		1																
Klärung von Fragen		1																
termingerechte Ausführung		2																
termingerechte und/oder transparente Abrechnung		1																
BEWERTUNG:																		

(Zeilenachse: WIRKUNG)

Vorgabe: sich wiederholende Fehler werden nur einmal gezählt

Abb. 4.1: Evaluierungsmatrix, Blatt 1 – Ausgangsversion (Eigenentwurf, im Excel-Querformat)

EVALUIERUNGSMATRIX

Bewertung des Übersetzungsauftrages
Titel:
Auftragsnr.:
Zielsprache:
übersetzt von:
bewertet von:
Auftragsumfang (Seiten/Zeilen):
Vorübersetzungsgrad (in % und Nettoseiten):
Bearbeitungszeitraum (AT/h):

Bibliographie

Bläsing, Jürgen P. / Eiche, Daniel (2002): *Workbook Failure Mode and Effects Analysis.* Ulm: TQU Verlag.

DIN EN ISO 9000 (2000-12): *Qualitätsmanagementsysteme – Grundlagen und Begriffe.* Berlin: Beuth.

DIN EN ISO 9004 (2000-12): *Qualitätsmanagementsysteme – Leitfaden zur Leistungsverbesserung.* Berlin: Beuth.

Gerzymisch-Arbogast, Heidrun (1994): *Übersetzungswissenschaftliches Propädeutikum.* UTB 1782. Tübingen: Francke.

Gerzymisch-Arbogast, Heidrun (1997): „Wissenschaftliche Grundlagen für die Evaluierung von Übersetzungsleistungen." Fleischmann, Eberhard / Kutz, Wladimir / Schmitt, Peter A. (1997) (Hrsg.): *Translationsdidaktik. Grundfragen der Übersetzungswissenschaft.* Tübingen: Narr, 573–579.

Herold, Susann (2005): *Übersetzungsqualität in Lehre und Praxis. Eine Untersuchung zum Qualitätsmanagement in der Übersetzerausbildung an der Universität Leipzig und im Übersetzungsdienst der SAP AG.* Diplomarbeit. Leipzig: IALT, Schmitt / Diederichs.

Hönig, Hans G. (1997[2]): *Konstruktives Übersetzen.* Tübingen: Stauffenburg.

Krings, Hans P. (1996) (Hrsg.): *Wissenschaftliche Grundlagen der Technischen Kommunikation.* Forum für Fachsprachen-Forschung 32. Tübingen: Narr.

Mertin, Elvira (2006): *Prozessorientiertes Qualitätsmanagement im Dienstleistungsbereich Übersetzen.* Leipziger Studien zur angewandten Linguistik und Translatologie, Band 2. Frankfurt a. M.: Peter Lang.

Neubert, Albrecht (1997): „Übersetzungswissenschaft und Übersetzungslehre: Spannungen und Chancen, Hemmnisse und Möglichkeiten, Gegensätze und Gemeinsamkeiten, Isolation und Gemeinsamkeit." Fleischmann, Eberhard / Kutz, Wladimir / Schmitt, Peter A. (1997) (Hrsg.): *Translationsdidaktik. Grundfragen der Übersetzungswissenschaft.* Tübingen: Narr, 3–14.

Nord, Christiane (1999[2]): „Transparenz in der Korrektur." Snell-Hornby, Mary / Hönig, Hans G. / Kußmaul, Paul / Schmitt, Peter A. (1999[2]) (Hrsg.): *Handbuch Translation.* Tübingen: Stauffenburg, 384–387.

SAE J2450 (2001-12): *Translation quality metric.* Warrendale: SAE.

Schmitt, Peter A. (2005): „Evaluierung von Translationsleistungen. Merkblatt zu den Klausur-Korrekturen/Anmerkungen. Grundregeln und Fehlerpunkte/Noten-Tabelle." http://www.paschmitt.de/Index/Informationen/Merkblätter/Richtlinien für Studierende/ Merkblatt zur Qualitätsevaluierung von Klausuren (Bewertungskriterien, Fehlerpunkte/Noten-Tabelle).pdf.

VDA Verband der Automobilindustrie e. V. (2003): *Qualitätsmanagement in der Automobilindustrie. Sicherung der Qualität vor Serieneinsatz. Sicherung der Qualität während der Produktrealisierung. Methoden und Verfahren.* Band 4. Frankfurt a. M.: VDA.

VDA Verband der Automobilindustrie e. V. (^{3}2004): *Grundlagen für Qualitätsaudits. Zertifizierungsvorgaben für VDA 6.1, VDA 6.2, VDA 6.4 auf Basis der ISO 9001.* Frankfurt a. M.: VDA.

Wagner, Karl Werner (^{2}2003) (Hrsg.): *PQM – Prozessorientiertes Qualitätsmanagement. Leitfaden zur Umsetzung der ISO 9001:2000.* München/Wien: Hanser.

Ricardo Muñoz Martín / Tomás Conde Ruano
PETRA Research Group
Granada
Effects of Serial Translation Evaluation

Evaluating, in translation, is a prototypical concept with many extensions. Readers tend to view it as a matter of quality, adequacy, or acceptability, whereas other stakeholders conceive of it as activities, or part thereof, such as proofreading, correcting, revising, editing, assessing, grading, and so on. Means and goals are also different quite often. These circumstances, together with enormously varied personal criteria and standards in evaluators, support the generally accepted view that evaluation cannot be studied in deep. Our aim is to find out whether studying the way subjects actually *perform* evaluations might shed light on some regularities to better understand what is at stake. That is, we are trying to find out whether there is some order in evaluators' subjectivities *through their observable behavior.*

The overarching purpose of this research line is to map intra- and intergroup co-incidences and differences at evaluating translations, and to look for correlations with other parameters, such as age, level of expertise, group orientation, etc. To do so, we operatively define *evaluation* as "the set of activities carried out by a subject which end up with at least an overall qualitative judgment of a text, or a pair of texts, independently of the way subjects envisioned and performed the task". This preliminary study is a piece of descriptive-relational research, for it seeks to depict what already exists in a group or population, and it investigates the connection between variables that are already present in that group or population.

1 Goals and Hypotheses

Evaluating several translations from the same original is pretty unnatural in the market. It actually comes up nearly only in translator training and translator hiring. However, training and hiring are crucial for the industry. Can the repeated activity teach us something about evaluating translations? Does the repetition have an influence on the outcome of the evaluation? Those were the questions raised in this study, which is a part of a larger effort by Tomás Conde, within the activities of the group *Expertise and Environment in Translation* (PETRA).

We wanted to move away from popular approaches to evaluating translations focusing on mistakes, which assign arbitrary values to poorly defined categories. To do so, some concepts had to be operationalized. A text segment is "any portion of a text singled out for analysis". Since evaluators do not only mark mistakes, we defined phenomenon as "what motivates an evaluator to act onto a particular text segment". Phenomena were classified into two groups: 1) normalized phenomena, which include typos, punctuation and spelling, formatting variations, syntax, weights and measurements, and the like, where an authority (in Spanish, normally, RAE) sanctions a proper option; and 2) not normalized phenomena, such as optional word order, register and different interpretations of the original, where appropriateness is a matter of degree.

Phenomena were taken to be more or less salient according to the number of subjects who worked on them. Hence, a text segment where seven evaluators perform an action is thought of as more salient than a text segment where only three evaluators do. Here *saliency* is reduced to phenomena where more than half of the evaluators coincide. Our current data couple each phenomenon with its corresponding action.

An *action* is "any mark introduced by the evaluator on the text". In this study, actions have been limited to those present in the evaluated translation. Therefore, phenomena which are identified but not worked upon go unnoticed. Further, on-line changes which are modified again later, which might be very informative, have not been taken into account either due to current data collection procedures. Hence, in this report each phenomenon is paired by a response from the subject. On the other hand, focusing on marked text segments is a safe criterion to identify phenomena.

Professionals and some teachers often quote the amount of work needed to fix a translation as a criterion to evaluate it, but their actions may entail varying quantities of work depending on their nature (e.g. *conceptual* vs. *grammatical*), systematicity (e.g. *spelling* vs. *correct figures*), and other aspects (such as purpose and relevance, and even the skills of the subject!) which may be specific for each phenomenon. Actions, taken as phenomena indicators and as behavioral units, are informative. The classification of actions into types emerged from observation of the evaluated translations. Our guiding principles were avoiding overlaps and covering as many instances as possible with the fewest categories where behavior can be undeniably understood to follow a certain pattern. Hence, actions have been operationalized in their *quantity,* and in their *types.* There are, certainly, a number of cases where the action includes elements which belong to two different types. In such cases, each one has been counted as more than one action and is reflected in the figures as two different actions.

Actions observed so far can be divided into those made *in the body* of the text and those made *in the margin* (which also include before and after the body of the text). The distinction is relevant because actions in the margin cannot be thought of as aiming to improve the text, but probably to inform another reader of the existence of phenomena in the text, or as personal reminders. This distinction might prove worth to become one of the main parameters in a potential classification of activities within translation evaluation. An effort was made to keep categories symmetrical on both sides, and up to now both actions in the margin and in the body of the texts can be classified into additions, suppressions, changes, marks, annotations, and comments.

An addition is "any procedure which results in adding some alphanumeric chain of symbols to the translation". Suppression is the opposite procedure. Changes imply the combination of both. Marks refer to "any introduction of signs which are not aimed to become part of the translation, and usually consist of symbols, underlining, abbreviations, question marks, etc." Annotations are "alphanumeric chains which do not cross out a translation text segment but might constitute an alternative to it". For example, alternative solutions scribbled in the margin. Comments are annotations which deal with the action or the phenomenon at stake, but do not (only) provide a text segment to substitute some translation fragment. Further, some evaluators chose to code their marks so as to *classify* phenomena in some way. Typically, an underlining system with a three or four color code was used.

This classification is neither homogeneous nor totally sharp, but it responds to the nature of the phenomena pretty well, does not demand a strong heuristic effort, and brings about a considerable reduction of undetermined phenomena (5.99%). Preliminary observation yielded that evaluators did not seem to count on a set of clear or conscious criteria to evaluate translations, and that many of those who professed to adhere to a more or less elaborated set of parameters turned out to apply it rather unevenly in actual practice. However, their actual behavior showed some interesting, statistically significant tendencies. As in the case of action types, we chose to start by obvious quantitative parameters. Hence, we defined *demand* as "the set of conscious and unconscious expectations an evaluator seems to think that a translation should meet" to try to accommodate their various standards. Demand was operationalized from two perspectives: 1) *level,* that is, whether evaluators seem to expect more or less from a translation as reflected in their quality judgments; and 2) *evenness,* or the uniformity or lack of variation in the level of demand. The second perspective may indicate the existence of clear and/or stable criteria for evaluating, or else an attempt to pursue an even-handedness of some sort. Finally, *order effects* were defined as 'any consistent tendency in serial evaluation behavior across evaluators which cannot be explained as a feature of the translations when considered separately'.

2 Materials and methods

35 students in their fourth year of the translation degree at the University of Granada were invited to "assess / correct / proofread / edit / revise four sets of 12 translations each, corresponding to four originals, according to their beliefs and intuition, and to the best of their knowledge." This report presents the data of ten of these subjects, the first set to have been completely analyzed. As for the texts, originals A and C dealt with politics, and B and D, with technical procedures for painting machinery. They had been selected from *The Economist* and from an online technical list, and all four were brief but complete texts which seemed realistic commissions. Translations had been carried out by stu-

dents from an earlier course, and they were chosen amongst those which had not been assigned a very good grade by the teacher, so as to avoid that an excellent rendering would serve as a model for the subjects when evaluating other translations from the same set. The sets were alternatively sequenced, as described above, to prompt subjects to think of them as four separate tasks. Translations within each set were randomly ordered and coded for blind intervention by subjects and the analysts.

Originals and translations were provided as digital files, printouts were provided upon request, and subjects were also allowed to print them out. The only constraints imposed to all subjects alike were the following: They had to (1) process the translations in the order they were given; (2) work on a whole set of translations from the same original in a single session; and (3) classify translations into one of four categories: *very good, good, bad, and very bad.*

We searched for three types of order effects: (1) between sets; (2) within each set; and (3), within each text. Since translations were evaluated in the same order, task effects were analyzed simply by checking changes in the progression through the sets. For set effects, translations were grouped into three subsets, so that subset I includes translations 1-4 from each set, subset II includes translations 5-8, and subset III includes translations 9-12. For effects within translations, originals were divided into three sections (initial, middle, and final) of roughly identical length, and translations were divided accordingly. Data were entered in a Microsoft Access database and later analyzed with SPSS 12.0. Bivariate correlations, frequency and descriptive statistics were the most useful analyses.

3 Results and discussion: subjects profiles

We will first need to describe subjects and their behaviors. The first parameter was final quality judgments, which were assigned numerical values, to allow for computing averages: very bad, 1; bad, 2; good, 3; very good, 4.

	1	2	3	4	5	6	7	8	9	10	11	12	Set aver.
A	2.1	2.2	1.2	1.5	1.6	1.1	2.1	1.6	1.8	2.9	2.1	2.4	**1.883**
B	2.4	2.6	2.7	1.7	2.5	1.9	2.8	2.4	2.6	2.6	2.2	2.2	**2.383**
C	2.2	2.2	1.6	1.2	2.0	2.2	1.3	3.0	2.5	2.3	2.3	1.5	**2.025**
D	3.3	2.2	1.8	1.6	2.6	2.4	2.3	2.0	1.6	2.0	1.9	2.0	**2.141**

Table 1: Average quality judgments

Table 1 displays average quality judgments for the translations. In set A, translations A02 and A10 received the best grades, whereas A03 and A06 got the lowest. The median value of all translations was 2.1. Technical translations got higher grades than "general" ones. Translations' lengths did not correlate with quality judgments, although I05 and I03 tended to think that long translations are good (correlations of 0.295 and 0.291, respectively, significant at 0.05).

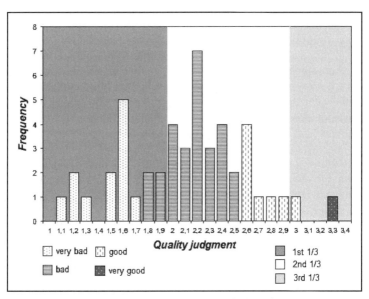

Graphic 1: Frequency of quality judgment averages in the task.

Graphic 1 shows the frequency of average quality judgments in the task, which is close to a fairly typical distribution (Gauss' bell), except for the fact that the curve is displaced to the left, probably because translations were chosen among the worst ones. Only nine translations were deemed *Good* or *Very good* (right columns). When the continuum is divided into three equal periods (1-4), then only two translations reach the highest third (darkest background).

3.1 Demand

3.1.1 Level

Table 2 tries to capture some specifics of subjects' behavior. Correlations between quality judgments by evaluators were statistically significant between I02 and I06 (0.426), I04 and I10 (0.627), I05 and I07 (0.375), and I07 with I08 (0.384) and with I09 (0.596).

Evaluator I03 has the best opinion of the translations (general average, 2.74). Other *generous* or *lenient* evaluators are I04 (2.62 average), I11 (2.45 average) and I07 (2.27 average). On the other hand, I06 is the most *demanding* evaluator (1.52 average), followed by I05 (1.69 average). Graphic 2 shows that subjects can be classified into three groups: I05 and I06 are the most demanding evaluators; I03, I04, I10, and I11 are the lenient; and I02, I07, I08 and I09 are in between. The intermediate group is remarkably homogeneous.

subject/set	A		B		C		D		Total	
	Aver.	s.d.	Aver.	s.d.	Aver.	s.d.	Aver.	s.d.	**aver.**	**s.d.**
I02	2.08	0.996	1.82	0.603	2.25	1.055	2.92	0.669	**2.28**	**0.926**
I03	2.83	0.835	2.64	0.505	2.92	0.669	2.58	0.669	**2.74**	**0.675**
I04	2.42	0.793	2.73	0.786	2.83	0.835	2.50	0.905	**2.62**	**0.822**
I05	1.08	0.289	2.25	0.622	1.67	0.651	1.75	1.138	**1.69**	**0.829**
I06	1.83	0.835	1.50	0.674	1.17	0.389	1.58	0.996	**1.52**	**0.772**
I07	2.25	0.965	2.92	0.793	2.17	0.937	1.75	0.452	**2.27**	**0.893**
I08	2.08	0.900	2.42	0.900	2.33	1.155	2.17	1.030	**2.25**	**0.978**
I09	2.00	0.853	2.92	0.793	2.42	0.793	1.58	0.515	**2.23**	**0.881**
I10	2.67	0.492	–	–	2.33	0.778	–	–	**2.50**	**0.659**
I11	2.25	0.965	2.58	1.084	2.50	0.905	2.45	0.934	**2.45**	**0.951**

Table 2: Quality judgment, per subject and set.

3.1.2 Evenness

Graphic 3 displays average quality judgments per set in the evaluators. I05 seems especially tough in set A (1.08 set average) when compared to general average, and I02 is generous in set D (2.92). On the other hand, I08 is regular throughout the sets (2.25 subject average), followed by I11, I04 and I03, who have better general opinions on the translations. Lenient evaluators (and medium evaluator I08) seem more even than the rest in all texts.

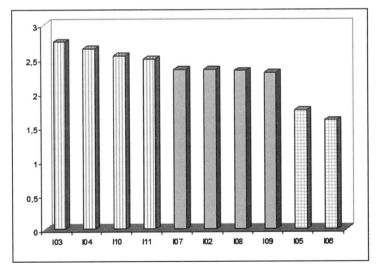

Graphic 2: Quality judgment, per subject

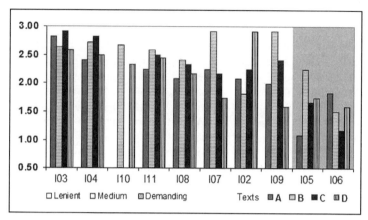

Graphic 3: Set averages of subjects' quality judgments

3.2 Actions

3.2.1 Quantity

The number of actions correlates significantly with quality judgments (-0.535) when considered text by text, but not when analyzed by subjects. The total amount of actions is 11909 (table 3). Within sets, C and D show the largest variations, which may amount up to four times as many actions between translations.

text / set	A		B		C		D	
	aver.	s.d.	aver.	s.d.	aver.	s.d.	aver.	s.d.
01	44.90	21.702	24.00	9.684	27.00	15.727	8.80	5.181
02	37.10	15.366	18.00	5.249	18.20	6.374	15.80	8.664
03	56.80	20.471	16.30	4.347	22.60	8.579	22.70	7.675
04	56.70	25.975	19.90	6.226	29.60	11.138	26.00	5.598
05	42.40	20.250	16.90	4.701	19.80	8.053	10.40	5.296
06	62.70	24.784	22.10	6.557	14.50	10.157	12.50	8.100
07	32.90	15.871	14.90	7.534	24.10	10.682	12.00	6.716
08	47.60	20.007	17.60	8.072	23.40	19.945	16.80	8.257
09	63.30	18.331	18.30	8.433	13.10	7.370	11.70	4.877
10	30.10	17.272	14.60	8.605	13.50	7.706	17.50	7.634
11	37.20	17.561	15.50	7.200	14.50	8.567	17.70	6.701
12	35.30	15.151	17.30	8.629	22.90	9.597	13.40	5.621
set aver.	**45.58**	**19.4**	**17.95**	**7.103**	**20.27**	**10.32**	**15.44**	**6.693**

Table 3: Quantity of actions, per translation

Subjects differ widely in the number of actions carried out (table 4). I02 has done a total of 627 actions, while I10 reached 1877, around three times as many.

set / subject	I02	I03	I04	I05	I06	I07	I08	I09	I10	I11	aver.
A	23.08	59	42.5	62.5	37.58	28.42	26.33	47.83	72.67	55.92	**45.58**
B	8.91	24.92	15.5	30.83	15.83	14	14.67	13.33	30.17	34.5	**20.27**
C	13.75	19.25	20.67	14.67	19.92	11.17	15.58	12.08	25.17	27.25	**17.95**
D	6.5	16.33	13.58	16.33	16.5	11.33	16.25	11.83	28.42	17.33	**15.44**
Total	13	30	23	31	22	16	18	21	39	34	
Nr. actions	**627**	**1434**	**1107**	**1492**	**1078**	**779**	**874**	**1021**	**1877**	**1620**	

Table 4: Quantity of actions, per subject

Graphic 4 displays the average quantity of actions that each subject performed for every set, ordered from left to right in decreasing total quantity of actions. Four out of the five subjects who made more actions were the lenient evaluators, and medium evaluators (clear background) performed fewer actions than demanding ones (dark background). Most medium evaluators also show the smallest differences in the number of actions undertaken between the first and the following sets.

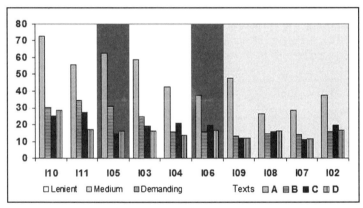

Graphic 4: Set averages for subjects' quantity of actions

3.2.2 Types

Marking is the only type of action which correlates significantly at 0.01 with quality judgments (so does *changes at the margin,* but there were very few cases). Actions co-occur in certain patterns. *Adding in text* strongly correlates with *changing in text* (0.896), *suppressing* (0.864) and *marking* (0.721). Other correlations show emergent profiles of coherent behavior: evaluators seem either to fix the translations for later use (text-oriented), or to provide explanations of their actions to the translator or the researcher (feedback-oriented). Graphic 5 shows the distribution of the five most common actions in the subjects. Subjects I02 and I08 only *classify* phenomena, whereas I03, I04 and I09 focus on *changing, adding, and suppressing in the body of texts.*

actions/subjects	I02	I03	I04	I05	I06	I07	I08	I09	I10	I11	total
Classification	612						821		747		**2180**
Mark				568	636	142	3	2	127	39	**1517**
margin — Addition				1							**1**
margin — Note			22								**22**
Change				54	104						**158**
Addition	2	288	113	150	32	125		99	172	175	**1156**
in text — Suppression		141	134	85	47	65		90	87	206	**855**
in text — Change		962	838	620	212	401		809	727	1151	**5720**
in text — Note	2	28		14	46	46	50	21	17	49	**273**
Doubtful	11	15			1						**27**
Total	**627**	**1434**	**1107**	**1492**	**1078**	**779**	**874**	**1021**	**1877**	**1620**	**11909**

Table 5: Types of actions, per subject

Evaluators I03, I04, I07, I09 and I11 tended to act on the texts by adding, suppressing, and changing text segments. On the opposite pole, I02 and I08 were oriented to offer feedback to another reader. The rest did not seem to have a clear pattern of behavior.

When contrasted to their *level* of demand (Graphic 5), demanding evaluators preferred to just mark phenomena, medium evaluators tended to classify more, and lenient evaluators, to change and suppress.

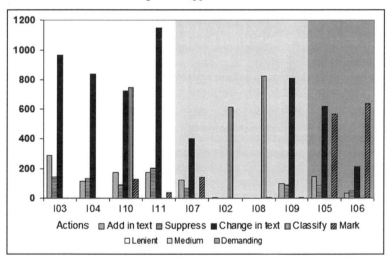

Graphic 5: Types of actions, per subject

Comments did not yield any clear pattern. However, I05 —one of the most demanding evaluators— was the subject who made the most comments (37.5% of all), followed by I10 (14.4%). On the other hand, the subjects who wrote the fewest comments were I04 (1.4%) and I03 (2.8%), the two most lenient sub-jects.

2.3 Summary of subjects' profiles

Evaluators showed consistent tendencies (1) to adopt a given level of demand, and (2) to confront different texts with a certain degree of evenness. Their actions may be (3) more or less abundant, (4) text-oriented or feedback-oriented, and (5) supported with a few or many comments.

Table 6 displays a summary of variables. Column I shows the level of demand, from the most lenient (1) to the most demanding (3). Column II displays the level of evenness in two stages, even (1) and uneven (2). Column III reflects the quantity of actions, from the fewest (1), to the most abundant (3). Column IV ranks subjects from the most feedback-oriented (1) to the most text-oriented (4). Finally, column V ranks subjects according to the number of comments introduced, from the fewest (1) to the most abundant (4).

	demand		actions		
	Level	Even	Quant	Type	Comm
I02	2	1	1	1	3
I03	1	2	3	4	1
I04	1	2	2	4	1
I05	3	1	3	3	4
I06	3	1	2	2	2
I07	2	1	1	3	3
I08	2	2	1	1	1
I09	2	1	2	4	1
I10	1	2	3	1	3
I11	1	2	3	3	2

Table 6: Summary of subjects' characteristics

In brief, demanding evaluators tend to be feedback-oriented, and uneven in their level of demand. Medium evaluators tend to perform few actions, and to be pretty uneven. Lenient evaluators seem more homogeneous: they are text-oriented, perform many actions, and tend to be pretty even in their judgments. Of course, ten evaluators are too few to think that data can hold any consistent truth, but they are interesting since they point to potential consistent tendencies and relationships between variables.

4 Results and discussion: Order effects

4.1 Order effects in the whole task

Graphic 4 above showed that the number of actions decreases dramatically from set A to the rest in all subjects. This is the first and most obvious order effect, and might be due to the lack of experience of the students as evaluators. They would start performing many actions to progressively realize that it meant too much work or that it was unnecessary. Graphic 6 shows that *classifications* were the only type of action that increased from set A through D. The reason was that one of the subjects stopped *changing* and started classifying during the task. This supports the notion that decreasing actions might be due to sujects' adjusting their effort to the task.

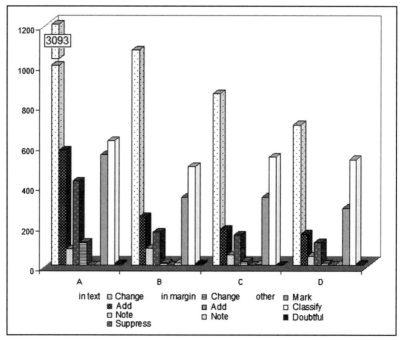

Graphic 6: Type of actions in different sets

Graphic 7 shows that normalized phenomena only account for *ca.* 5% of all actions and that salient phenomena >5 —those singled out by at least 6 out of 10 evaluators— stays around 20% in sets A, C, and D. Text B was the first technical translation and students were not familiar with the subject matter. This might explain the drop in coincidences. The relative increase in normalized phenomena within salient phenomena probably indicates that evaluators felt uncomfortable with the text, since they refrain a little bit from venturing into potentially questionable actions.

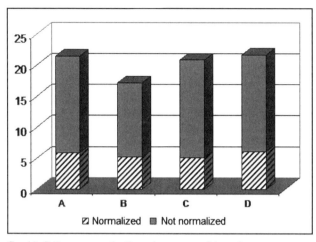

Graphic 7: Percentage of salient phenomena >5 in each set

4.2 Order effects within sets

Table 7 shows the amount of actions in the three subsets within each set. There is a general tendency to reduce the quantity of actions per subset, which may be due to an improvement in efficiency, such as the one we might expect as the product of the use of a macrostrategy. Again, this supports the notion of the evaluators learning how to carry out the task as they were doing it. The exception is set D, where subset III has more actions than subset II, but it also has a lower quality judgment average.

Subsets/Sets	A	B	C	D	Subset ave.
1	1955	974	782	733	**4444**
2	1856	818	715	517	**3906**
3	1659	640	657	603	**3559**

Table 7: Amount of actions per subsets

While there is a tendency for most types of action to appear less in subsets II and III across sets, *suppressions* increase in sets B and D; *additions* and *changes,* in set D; and *classifications* in sets C and D. The increase of suppressions throughout three sets may be taken to indicate that evaluators have a clearer notion about the relevance of the information. The evaluators turned to *classifications* throughout sets C and D, perhaps as a way to spare efforts.

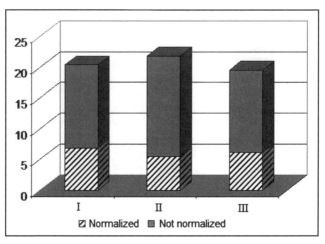

Graphic 8: Percentage of salient >5 phenomena, in each subset

Graphic 8 shows that salient phenomena, i.e., coincidences between subjects' actions, are higher in subset II, probably an indicator of subjects' similar contextualization. On the other hand, the drop in normalized phenomena in subset II might be explained as a bottom in their level of of self-confidence.

4.3 Order effects within the texts

Table 8 shows the relationship between quality judgments and number of actions in different translation sections. Evaluators seem to identify phenomena and perform actions in all sections of the translations, but the further down in the text, the stronger the effect on their judgment of the quality of the translation as a whole. Interestingly, this does not correspond to the percentage of salient phenomena, which drops in central sections, mainly due to the reduction of not-normalized phenomena. Thus, after the first section, these subjects seem to have become more assertive but also less personal, while they feel better with the task in the third section.

The tendency to increasing significance is evident at sentence level, since actions in the first sentences of the translations *do not* correlate with quality judgments. The relationship between quality judgments and actions in translation text segments which received a special typographic treatment or else stood out due to their position in the text, such as titles, headings, captions and the like, showed a lower significance than regular segments. Hence, visual prominence was ruled out as an explanation for first and last sentence results.

Quality judgments are independent of the quantity of actions introduced, when considered by subject. *Lenient* evaluators do perform more actions than *demanding* evaluators, and *medium* evaluators perform the fewest, as shown in graphic 10.

Translations		Pearson	Sig. (bil.)
Segment	outstanding	- 0.324*	0.025
	regular	- 0.525**	0.000
Sentence	first	- 0.057	0.701
	last	- 0.514**	0.000
	rest	- 0.522**	0.000
Section	initial	- 0.411**	0.004
	central	- 0.548**	0.000
	final	- 0.597**	0.000
** Correlation significant at 0.01			

Table 8: Relationship between quality judgment and actions

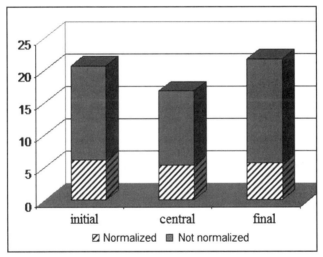

Graphic 9: Percentage of salient phenomena (>5) in initial, central, and final sections of translations

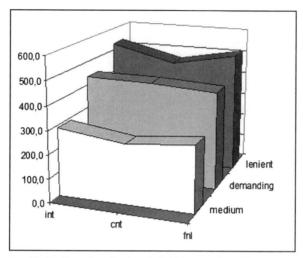

Graphic 10: Quantity of actions in initial, central, and final sections
by lenient, medium, and demanding evaluators

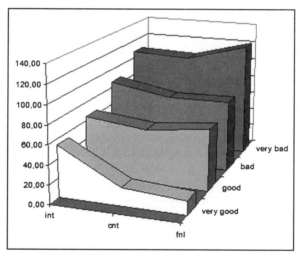

Graphic 11: Quantity of actions in initial, central, and final sections
of translations, per average quality judgment

Another interesting effect can be traced down (graphic 11) when the number of
actions in translations' sections—their initial, middle, and final parts— is corre-
lated to average quality judgments. *Bad* and *Good* translations show a similar
pattern of subjects' behavior, where initial sections contain an amount of actions
which slightly decreases in central sections to minimally rise again in final sec-

tions. *Very Bad* translations, however, show a steady increase in the number of actions across sections, and *Very good* translations present a constant decrease in the number of actions as the text progresses. This might point to an emotional involvement of evaluators.

5 Conclusion

Technical translations had higher quality judgments than general translations. As expected, a higher number of actions usually corresponds to lower quality judgments but some order effects modify these results (see below). We found out that there were statistically significant correlations between some subjects' final quality judgments, usually, in pairs (in a group of ten). A couple of subjects seemed to consistently value information completeness above text length.

Our framework worked pretty well to distinguish between product-oriented and feedback-oriented evaluators as well, since marking, adding, suppressing, and changing in the body of texts do strongly correlate. Intersubject comparison allowed us to distinguish lenient, medium, and demanding evaluators, who showed consistent behavioral trends: Lenient evaluators seemed more even in their demands throughout the task, and performed more actions on the translations, especially changes and suppressions, since they seemed to be product-oriented. Medium evaluators performed the fewest actions, were fairly uneven in their demands, and tended to classify. Demanding evaluators were uneven in their demand and tended to just perform minimal feedback-oriented actions.

As for order effects, salient phenomena increased from one translation set to the next. A nearly constant decrease in the number of actions, with a steep difference between the first and second sets, seems to point to a learning curve whose goal is minimizing effort while performing well in the task. However, these drops do not correlate with final quality judgments. In fact, first sentence actions did not usually affect final quality judgments. Classifications rose towards the end of the task, and so did suppressions, additions, and changes. Since they seem to be closer to product-oriented evaluation, this mode might be thought of as demanding less cognitive effort, perhaps due to the lack of additional metalinguistic, probably conscious demands.

The farther down the text, the stronger the correlation between the number of actions and final quality judgments, an increase paralleled by a constant increase in salient phenomena from one translation set to the next. This might indicate a stronger correlation between salient phenomena and quality judgments than more individual phenomena. This is, perhaps, a starting point for a motivated set of translation evaluation criteria.

At single text level, subjects tended to use the first third of the text for contextualization purposes, as an addressee would do, but away from what might be expected in a professional, who knows that first impressions may have more influence on the reader's opinion. This might be subject of study from a pedagogical perspective, to discern whether specific training improves subjects' performance at the beginning of texts.

In the second third, subjects refrain a little from acting upon not-normalized phenomena. This could be a symptom that subjects may have just developed a macrostrategy or macrostructure with perhaps a number of rules or criteria, and stick to it. Not-normalized phenomena did rise in the third section, where subjects probably felt more confident about their performance and could free mental resources thanks to sticking to their plans. If so, then reducing efforts does not seem incompatible with developing adhoc mental structures to handle evaluations. On the contrary, reduction of not-normalized actions might be a good indicator of the existence of mental constructions of some sort governing or interacting with the evaluation process.

All these are just speculations on the results of ten subjects, but their quantity and nature seem to support the notion that the framework is useful to study translation evaluation. And it does so in such a way that makes it compatible with second generation cognitive paradigms such as situated cognition. In the near future, we will cross-analyze these variables in larger amounts of subjects and also between different groups of population; apart from translation students, we will study professional translators, translation teachers, and addressees. Comments are more than welcome. Full data and colored graphics are available upon request.

Wilhelm Neunzig / Anna Kuznik
Barcelona
**Die Entwicklung eines Fragebogens zur Erfassung
der Übersetzungskonzeption: ein Erfahrungsbericht**

1 Theoretischer Rahmen: das Modell der Übersetzungskompetenz

In dem holistischen Ük-Modell, auf dem die Forschung der Gruppe PACTE (2007: 329) basiert (siehe Abbildung 1), wird die Übersetzungskompetenz als "ein für die Übersetzung notwendiges, primär operatives, aber auch deklaratives Expertenwissen, das sich aus fünf Subkompetenzen sowie psychophysiologische Komponenten zusammensetzt, wobei die strategische Subkompetenz im Mittelpunkt steht" definiert.

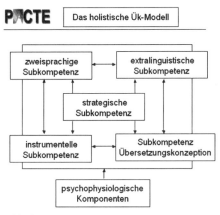

Abb. 1

Die *Subkompetenz Übersetzungskonzeption*, die uns hier interessiert, ist definiert als die Einstellung eines Individuums zu den Prinzipien, die das Übersetzen beeinflussen. Es wurden (deduktiv) sechs Faktoren isoliert, die diese Einstellung reflektieren: Übersetzungseinheit, Übersetzungsprobleme, Übersetzungsschritte, Übersetzungsstrategien, Übersetzungsmethode und -prozeduren und Funktion von Übersetzungsauftrag und Zielleser.

2 Versuchsplan

Wir gehen in unserem Versuch von einer unabhängigen und fünf abhängigen Variablen aus. Die unabhängige Variable ist die Berufserfahrung des Übersetzers, die in Jahren Berufstätigkeit ausgedrückt wird. Die abhängigen Variablen sind: Übersetzungsprojekt, Erkennung von Übersetzungsproblemen, Übersetzungskonzeption, Entscheidungsfindung und Prozesseffizienz.

Das Universum, aus dem wir unsere Stichproben auswählen, besteht aus Fachleuten im Bereich Fremdsprachen. Die Versuchspersonen gehören zwei Berufsgruppen an: Übersetzer und Fremdsprachenlehrer. Die Gruppe der Fremdsprachenlehrer wurde wegen ihrer Nähe zu den Übersetzern gewählt, was uns erlaubt, Störvariablen, wie z. B. Sprachkenntnisse und außersprachliche Kenntnisse, versuchsintern zu kontrollieren bzw. ihren Einfluss auszuschalten. Das Berufsprofil des erfahrenen Übersetzers wird wie folgt definiert: fachlich nicht spezialisierte Übersetzer mit mindestens sechs Jahren Berufserfahrung, wobei die Übersetzung ihre Haupttätigkeit darstellt (mindestens 70 % der Einkünfte). Das berufliche Profil der Fremdsprachenlehrer wird wie folgt definiert: in öffentlichen Sprachschulen arbeitende Fremdsprachenlehrer mit mehr als sechs Jahren Berufserfahrung und ohne Erfahrung im Bereich der professionellen Übersetzung.

Zur Datenerhebung im Rahmen der Variable "Übersetzungskonzeption" wurde beschlossen, einen Fragebogen zu entwickeln, und zwar ausgehend von den Vorstellungen der Versuchsperson bezüglich Übersetzungsziel, -einheit, -probleme, usw. und zwei Übersetzungsmethoden: eine statische Betrachtung des Übersetzungsprozesses (linguistische, literale Konzeption) gegenüber einer dynamisch-äquivalenten Übersetzungsmethode (textuelle, kommunikative bzw. funktionale Konzepte).

3 Entwicklung des Fragebogens

Da die Übersetzungswissenschaft (im Gegensatz zu Psychologie oder Soziologie) keine standardisierten Instrumente für die Datengewinnung zu Verfügung hat, steht die empirische Übersetzungsforschung noch heute vor der Notwendigkeit, spezifische Messinstrumente und Indikatoren zur Operationalisierung ihrer theoretischen Konstrukte zu schaffen und sie auch zu validieren. Unsere Fragenbatterie zur Erfassung der Übersetzungskonzeption musste sich natürlich nach den allgemeinen Gütekriterien für die Entwicklung eines Tests richten: Das Kriterium der Objektivität verlangt, dass die Ergebnisse eines Tests unabhängig vom Untersucher sind. Die Reliabilität betrifft den Grad der Zuverlässigkeit, mit dem der Test ein bestimmtes Merkmal misst und das Kriterium der Validität zielt auf die Genauigkeit, mit der der Test tatsächlich das (und nur das) Merkmal misst, das er zu messen beansprucht.

1. Schritt: Zusammenstellung von Items

Der Entwurf unseres Messinstrumentes begann mit der Zusammenstellung von Aussagen auf der Basis der oben erwähnten sechs Faktoren und der zwei Übersetzungsmethoden. Dabei spielten die Pacte-Mitglieder die Rolle von Experten, die ihre Ansichten zu möglichen Übersetzungskonzeptionen in Form von Aussagen (Items) vorlegten, wie z. B.:

- „Nicht immer ist es unangebracht, ein zweisprachiges Wörterbuch zur Lösung von Übersetzungsproblemen zu benutzen"

- „Wer die Übersetzung in Auftrag gibt, beeinflusst den Übersetzer in seinen Entscheidungen"
- „Ein guter Übersetzer benutzt nur sehr selten ein zweisprachiges Wörterbuch"
- „Rechtstexte sollten eigentlich nur von Anwälten, Richtern bzw. Notaren übersetzt werden"
- „Die Übersetzung eines Textes muss sich nach den Erwartungen des potentiellen Lesers richten".

2. Schritt: Auswahl der geeigneten Items

Nach den Vorgaben der Testwissenschaft wurden aus der Menge der Items diejenigen ausgesondert, die nicht eindeutig formuliert waren. Kriterien der "Item-theory" sind zum Beispiel:

- Keine intime Fragen stellen („Beim Übersetzen fühle ich mich unsicher").
- Vermeiden von vagen Aussagen wie: oft, ziemlich, einige Male, gewisse Relevanz, etc. („Die Informationstechnologie ist ziemlich oft das beste Mittel zum Lösen von Verständnisproblemen").
- Vermeiden der doppelten Verneinung („Nicht immer ist es unangebracht, das zweisprachige Wörterbuch zur Lösung von Übersetzungsproblemen zu benutzen").
- Metasprache vermeiden („Beim Übersetzen können im gleichen Text verschiedene Übersetzungsmethoden zur Anwendung kommen: kommunikativ-dynamische Methode, philologische Methode, Wort-für-Wort-Übersetzung, etc.")

3. Schritt: Festlegen des Skalenniveaus

Die Wahl des Skalenniveaus hat großen Einfluss auf die Wahl der statistischen Tests zur Analyse der Daten. Für unseren Fragebogen wäre eine dichotome Skala, also eine Skala mit nur zwei Werten (ja/nein, stimme ich zu/stimme ich nicht zu) nicht trennscharf genug. Die Skalentheorie warnt auch vor zweidimensionalen Skalen, weil diese sich nicht in numerische Werte umformen lassen: Unser Anfangsgedanke, eine Skala mit drei Kategorien zu verwenden, etwa der Form „stimme ich zu" – „ich habe nicht darüber nachgedacht" – „stimme ich nicht zu", wurde verworfen, da zwei Entscheidungen, zuerst ob man sich die Frage überhaupt gestellt hat und dann ob man zustimmt oder nicht verlangt werden. Für die Einstellungsmessung wird normalerweise eine Likert-Skala verwendet, die zwar ordinalskalierte Merkmale erfasst, aber aus mehreren Aussagen ein intervallskaliertes Merkmal zu erzeugen sucht (siehe Abbildung 2).

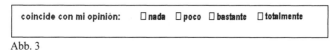

Abb. 2

Wir entschieden uns letztendlich für eine vierstufige, unipolare Likertskala, um die "Tendenz zur Mitte" zu vermeiden (siehe Abbildung. 3).

coincide con mi opinión: ☐ nada   ☐ poco   ☐ bastante   ☐ totalmente

Abb. 3

4. Schritt: *Pretest* zum Eichen des Fragebogens

Die experimentelle Studie der Gruppe Pacte sah 60 Versuchungspersonen vor, 36 professionelle Übersetzer und 24 Sprachlehrer, die für ihre Mitarbeit bezahlt wurden, gerade um an die „richtigen" Testpersonen zur Validierung des Modells „herankommen" zu können. Wir konnten es uns also nicht leisten, nicht „ge-eichte" Instrumente zu verwenden. Wir testeten zuerst unseren Fragebogen mit den anderen Mitgliedern unserer Forschungsgruppe, wobei das Ergebnis zufriedenstellend ausfiel. Ein zweiter Pre-Test wurde dann mit 35 Studenten im vierten Studienjahr durchgeführt, um ungeeignete Items nach den Kriterien der Skalentheorie auszusondern. Ungeeignet sind zum Beispiel Items, bei denen die Verteilung einer homogenen Stichprobe bimodal ist (wir können vermuten, dass die Aussage unklar formuliert ist). Ungeeignet sind auch Items, bei denen die Standardabweichung sehr groß ist (die Befragten bewerten die Aussage nach dem Zufallsprinzip) oder aber sehr klein (das Item misst Selbstverständlichkeiten bzw. es misst gar nichts) (siehe Abbildung. 4).

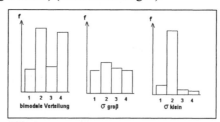

Abb. 4

Nach diesen *Pretests* bestand unser Fragenbogen aus 36 Aussagen, 18 "statischen" Items und 18 "dynamischen" Items und 6 Items pro "Faktor".

5. Schritt: Vorversuch

Aus den genannten Gründen wurde dann ein Vorversuch mit wenigen Versuchspersonen (mit drei Sprachlehrern der staatlichen Sprachenschule (EOI) und drei professionellen Übersetzern) durchgeführt, um den Ablauf des Gesamtversuches mit „geeigneten" VP zu testen.

Dabei wurden den Antworten numerische Werte zugeordnet (totalmente: 3 Punkte, bastante: 2, poco: 1, nada: 0) und ein "Dynamismus"-Index ausgerechnet (Σ dynamische Punkte $-$ Σ statische Punkte). Wir fanden aber keine relevanten Unterschiede zwischen den beiden Gruppen (alle zeigten eine leicht „dynamische Einstellung"), wie aus Abbildung 5 zu ersehen ist. Auch das Aussieben der Items, die von 5 oder mehr Versuchspersonen in gleicher Weise beantwortet und der Items, die von 2 oder mehr Versuchspersonen nicht beantwortet wurden (6 Items) brachte keine Veränderung der Ergebnisse, und auch der Rangsummentest brachte keine Unterschiede.

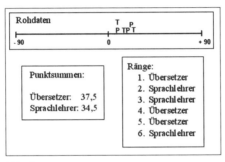

Abb. 5

Ergebnis: Auf den ersten Blick bemerken wir, dass der Fragebogen insgesamt nicht das misst, was wir messen wollten (bei einer so eindeutigen cartesianischen Evidenz werden keine statistischen Tests benötigt).

Erklärung (Hypothese): Der Fragebogen misst die Einstellung von gebildeten Menschen, die im Bereich Fremdsprachen arbeiten und die ständig zwischen zwei Sprachen hin und her wechseln.

Exkurs: Prüfung der Hypothese

Um unsere Hypothese zu überprüfen wurde der Fragebogen von 10 Dozenten der Naturwissenschaftlichen Fakultät ausgefüllt. Bei dieser Stichprobe handelte es sich um vergleichbar gebildete Menschen, die aber nicht ständig zwischen zwei Sprachen hin und her wechseln und sich wahrscheinlich wenig Gedanken über das Übersetzen gemacht hatten, aber doch als „Konsumenten von Übersetzungen" angesehen werden können. Die Ergebnisse waren ähnlich wie die der Übersetzer und Sprachlehrer: Wir mussten also zum Schluss kommen, dass unser Fragebogen das maß, was gebildete Menschen vom Übersetzen halten, er maß wohl Selbstverständliches und war daher für unsere Zwecke nicht geeignet.

Bevor wir diesen Fragebogen verwarfen, haben wir uns nach den Gründen für diese Resultate gefragt – irgendwo mussten wir ja einen Denkfehler begangen

haben, von einer falschen Prämisse ausgegangen sein. Schnell wurde uns klar,
dass wir einen der gravierendsten Fehler begangen hatten, die ein Wissenschaftler (seit Max Webers Zeiten) begehen konnte – wir waren nämlich von einem
Werturteil ausgegangen: Wir hatten ein „dynamisches" Übersetzungskonzept
als etwas an sich Positives betrachtet, aber es geht nicht darum, ob jemand eine
linguistische oder eine dynamische Einstellung gegenüber dem Übersetzen hat,
sondern ob man in seinem Urteil kohärent bleibt: Wir mussten also umdenken.

6. Schritt: Endgültiger Fragebogen und Analysemodell

Wir siebten wiederum die ungeeigneten Items heraus; übrig blieb ein Fragebogen mit 27 Items, von dem wir fünf „Item-Paare" auswählten, die konzeptuell
im Widerspruch standen, z. B.:

Die Übersetzung eines Textes muss sich nach den Erwartungen der potentiellen Leser richten.	Ziel jeder Übersetzung ist die Produktion eines Textes, dessen Form der des Originals möglichst ähnelt.

(Die restlichen 17 Items beließen wir im Fragebogen, sie waren aber lediglich
„Füllfragen" damit die Versuchspersonen das Ziel der Studie nicht sofort durch-
schauten). Die Ergebnisse anhand der Daten des Vorversuchs waren vielversprechend: Die drei Übersetzer und die drei Lehrer zeigten auf den ersten Blick
eine „dynamische" Einstellung gegenüber dem Übersetzen (wobei die Übersetzer eine „dynamischere" Position einnahmen), die „Konsumenten" eine eher
„statische", und Lehrer und Übersetzer schienen ziemlich kohärent in ihren Einstellungen zu sein, was aber bei den „Konsumenten" nicht zu beobachten war.
Außerdem brachte diese Methode Vorteile für das geplante Experiment: Da nur
10 Items analysiert werden mussten, bedeutete dies einen geringeren Zeitaufwand und, was besonders wichtig ist, es konnten die „*Missings*" kontrolliert
werden, d. h., wenn ein Item von einem Probanden nicht beantwortet wurde,
bräuchten wir nur das „Anti-Item" nicht zu berücksichtigen und das Gesamtergebnis bliebe unverzerrt.

Die Analyse zielte auf die Berechnung von zwei Indices, die für unser Projekt
wichtig waren: die Berechnung eines „Dynamismus"-Index und eines Kohärenz-Quotienten.

6.1 „Dynamismus"-Index

Den Antworten wurden dann numerische Werte zugeordnet, unabhängig von
der „dynamischen" oder „statischen" Einstellung: Die Antwort „nada" bekam
einen Punkt, „poco" zwei, „bastante" drei und „totalmente" vier Punkte. Um
den „Dynamismus"-Index für jede VP und jede Versuchsgruppe zu berechnen,
wurden die Ergebnisse jedes Item-Paares in „Dynamismus"-Kategorien umge-

wandelt, die dann numerische Werte zuerteilt bekamen. Bei der Rekategorisierung folgten wir der Maxime nicht „Erbsen zu zählen", sondern relevante Ergebnisse zu bekommen. Wenn ein Proband einem „dynamischen" Item „total" zustimmt (4 Punkte) und dem „Anti-Item" jedoch „ziemlich" zustimmt (3 Punkte), so zeigt er keine dynamische Einstellung, sondern überhaupt keine klare Einstellung. Wir rekategorisierten die möglichen Antwortpaare nach Tabelle 1.

"Dynamismus"- Kategorien und Skalenwerte		
Rohwerte des Item-Paars "dynamisch" ; "statisch"	„Dynamismus"- Wert	Einstellungs- Kategorie
4; 4 / 4; 3 / 3; 4 / 3; 3 / 2; 2 / 1; 1 / 2; 1 / 1; 2	0 „Dynamismus"- Punkte	nicht markiert (D/S)
4; 2 / 3; 2	0,5 „Dynamismus"- Punkte	Dynamische Einstellung (D)
4; 1 / 3; 1	1 „Dynamismus"- Punkt	
2; 4 /2; 3	- 0,5 „Dynamismus"- Punkte	Statische Einstellung (S)
1; 4 / 1; 3	- 1 „Dynamismus"- Punkt	

Tab. 1

6.2 Kohärenz-Quotient

Bei der Analyse der Einstellung gegenüber dem Übersetzungsprozess geht es ja nicht darum, ob man eine dynamische oder statische Einstellung hat (die theoretische Auseinandersetzung welches Konzept das „adäquatere" ist soll hier nicht diskutiert werden) wichtig ist, dass man kohärent bleibt. In einer ersten Analysephase bildeten wir einen „Kohärenz-Rohwert" pro Versuchsperson, ausgehend von den Einstellungskategorien in den fünf untersuchten Itempaaren, wie Tabelle 2 an einigen Beispielen zeigt.

Item-Paar					Summe			"Kohärenz-Rohwert
Par. I	Par II	Par. III	Par. IV	Par. V	Σs	Σ D/S	Σ D	$\|\Sigma s - \Sigma D\|$
D	D	D	D	D	0	0	5	5
D	D/S	D/S	D	D	0	2	3	3
D	S	S	D	D/S	2	1	2	0
S	S	D/S	S	S	4	1	0	4
D/S	D/S	D/S	D	D	0	3	2	2
D	S	S	D/S	D/S	2	2	1	1
S	D/S	D/S	D/E	D	1	3	2	0

Tab. 2

Aus diesen Werten bildeten wir den Kohärenz-Quotienten (3 Kategorien):

$\sum$ 0 – 1: keine Kohärenz, 0 Punkte

$\sum$ 2 – 3: mittlere Kohärenz, ½ Punkt

$\sum$ 4 – 5: Kohärenz, 1 Punkt.

7 Resultate

Wir vergleichen zwei experimentelle Gruppen (Gruppe 1: erfahrene Übersetzer, 35 Versuchspersonen; Gruppe 2: Sprachlehrer an der staatlichen Fremdsprachenschule, 24 VP) und eine Kontrollgruppe: "Konsumenten" von Übersetzungen (10 Dozenten der Physik).

7.1 „Dynamismus"-Index

Aus den Tabellen 3 und 4 lassen sich Mittelwert, Median, Standardabweichung und asymptotische Signifikanz entnehmen:

Ergebnis: Die asymptotische Signifikanz beträgt 0,012 (< 0,05), d. h., die Mittelwerte des Dynamismus-Index bei Übersetzern und Sprachlehren sind unterschiedlich: die Übersetzer zeigen eine signifikant „dynamischere" Einstellung gegenüber der Übersetzung.

	Media	Mediana	Máximo	Mínimo	Desviación típica
ÜBERSETZER	,273	,200	,900	-,200	,204
SPRACHLEHRER	,088	,150	,625	-,400	,261
"KONSUMENTEN"	-,200				

Tab. 3

Estadísticos de contraste [a]

	Dinamisme total mitjà per subjecte
U de Mann-Whitney	259,500
W de Wilcoxon	559,500
Z	-2,511
Sig. asintót. (bilateral)	,012

[a]. Variable de agrupación:
Identificación profesor o traductor

Tab. 4

Die Mittelwerte des Dynamismus-Index bei Sprachlehren und „Konsumenten" von Übersetzungen sind unterschiedlich: die Sprachlehrer zeigen eine klar „dynamischere" Einstellung gegenüber der Übersetzung.

7.2. Kohärenz-Quotient

Aus den Tabellen 5 und 6 lassen sich Mittelwert, Median, Chi-Quadrat-Test zur Signifikanzprüfung entnehmen:

	Recuento	Media	Mediana
ÜBERSETZER	35,00	,37	,50
SPRACHLEHRER	24,00	,27	,50
"KONSUMENTEN"	10,00	,05	,00

Tab. 5

Pruebas de chi-cuadrado

	Valor	gl	Sig. asintótica (bilateral)
Chi-cuadrado de Pearson	3,028[a]	2	,220
Razón de verosimilitudes	4,459	2	,108
N de casos válidos	59		

[a]. 2 casillas (33,3%) tienen una frecuencia esperada inferior a 5.
La frecuencia mínima esperada es 1,63.

Tab. 6

Wilhelm Neunzig / Anna Kuznik

Ergebnis: Es sind keine signifikanten Unterschiede zwischen Übersetzern und Sprachlehrern, was die Kohärenz in ihren Einstellungen zum Übersetzen angeht, festzustellen.

Übersetzer und Sprachlehrer zeigen eine größere Kohärenz in ihrer Einstellung zum Übersetzen als Akademiker, die nicht im Bereich Fremdsprachen arbeiten (inferenzstatistisch nicht untermauert, jedoch evident).

8.3 Kohärenz und Dynamismus

Wir haben die 15 „kohärentesten" Versuchspersonen auf ihren individuellen „Dynamismus-Index" hin untersucht. Sie zeigten eine weit „dynamischere" Einstellung zum Übersetzungsprozess (43) als die restlichen Übersetzer (17). Wir vermuten, dass es wahrscheinlich einfacher ist, bei einer dynamischen Einstellung kohärent zu bleiben, d. h., wenn jemand einen klaren theoretischen (wenn auch impliziten) Bezugsrahmen hat, ist er in seinen Einstellungen kohärenter. Eine schöne Hypothese wäre, dass sich dies positiv auf die Übersetzungsqualität auswirkt.

9 Schlussbemerkungen

In diesem Beitrag haben wir die Entstehung eines Fragebogens im Rahmen der übersetzungswissenschaftlichen Forschung nachvollzogen und die Analysemethode und Indices-Gewinnung vorgestellt. Die Ergebnisse sind zwar interessant aber eher anekdotisch. Interessanter für unser Forschungsziel ist sicherlich das Kreuzen dieser Indices mit anderen Indikatoren, wie zum Beispiel, mit der „Akzeptierbarkeit" der Übersetzung, mit den Ergebnissen der retrospektiven TAPs, etc.

Geplant ist auch eine Faktorenanalyse der Einzelitems zur Isolierung der relevanten Faktoren, die die Einstellung zum Übersetzen beschreiben und ein Vergleich mit den sechs deduktiv aufgestellten Faktoren, die wir oben vorgestellt haben, um nachzuprüfen, ob in diesem Fall Theorie und Realität übereinstimmen.

Interessant wäre auch eine Studie zur Standardisierung der Items anhand einer breiten Befragung von verschiedenen Gruppen: Beschreibung der Mittelwerte, Verteilung, Standardabweichung, Faktorengewicht, etc., um der Forschung eine Grundlage für die Entwicklung spezifischer Fragebögen zur Verfügung zu stellen, z. B. für die Entwicklung eines spezifischen Fragebogens für die Studienplatzvergabe im Rahmen der neuen Master-Studiengängen.

Bibliographie

Estany, A. (1993): *Introducción a la filosofía de la ciencia.* Barcelona: Crítica, Grijalbo Comercial.

Neunzig, W. (2002): „Estudios empíricos en traducción: apuntes metodológicos." *Cadernos de Tradução* X 2002/2, 75-96.

PACTE (2001): „La Competencia traductora y su adquisición." *Quaderns. Revista de Traducció* 6, 39-45.

PACTE (2002): „Exploratory tests in a study of translation competence." *Conference Interpretation and Translation,* 4(2), 41-69.

PACTE (2003): „Building a Translation Competence Model." Alves, F.(Hrsg.) *Triangulating Translation: Perspectives in process oriented research,* Amsterdam, John Benjamins, 43-66.

PACTE (2005b): „Investigating Translation Competence: Conceptual and Methodological Issues." *Meta* vol 50 № 2, 609-619.

PACTE (2007): „Zum Wesen der Übersetzungskompetenz. Grundlagen für die experimentelle Validierung eines Ük-Modells." Wotjak, G. (Hrsg.): *Quo vadis Translatologie? Ein halbes Jahrhundert universitäre Ausbildung von Dolmetschern und Übersetzern in Leipzig.* Berlin, Frank & Timme: 327-343.

Tamayo y Tamayo, M. (1998*): El proceso de la investigación científica.* http://server2.southlink.com.ar/vap/.

Christiane Nord
Heidelberg
**Beziehungskisten: Was die phatische Kommunikation
mit der Translationsqualität zu tun hat**

1 Allgemeines: Die Bedeutung der phatischen Funktion für das Funktionieren der Kommunikation

Die phatische Funktion ist nach Roman Jakobson (1960) für den Kommunikationskanal zuständig, und zwar

(a) für seine Eröffnung (etwa in Titeln und Überschriften, vgl. Nord 1993, durch eine Begrüßung oder eine Selbstpräsentation),

(b) seine Offenhaltung (z. B. durc h Pausenfüller wie *äh*, durch die Diskursorganisation mit Hilfe von Thema-Rhema-Progression oder Konnektoren oder durch metakommunikative Diskurskommentare) und

(c) seine (vorläufige oder endgültige) Schließung durch Reformulieren und Rekapitulieren (z. B. *jedenfalls, wie dem auch sei, zusammenfassend kann man festhalten*) oder Abschiedsformeln wie *Servus, alles Gute dann* oder das unsägliche *Tschüßi*.

Sie erschöpft sich aus meiner Sicht jedoch nicht in diesen formalen Aspekten. Damit die Kommunikation wirklich funktioniert, muss auch die „Chemie" zwischen Sender und Empfänger stimmen, zumindest so weit, wie sie von den Kommunikationspartnern durch ihr Verhalten beeinflusst werden kann. Und dies geschieht durch

(d) die Steuerung der sozialen Beziehung im Kommunikationsakt.

Um letztere soll es im Folgenden gehen. Nominale und pronominale Formen der Anrede, Registerwahl, Zuwendungs- und Diskursmarker und andere Mittel spiegeln einerseits ein vorhandenes, durch Rolle und Status definiertes Verhältnis der Kommunikationspartner wider und tragen andererseits dazu bei, dieses Verhältnis im Prozess der Kommunikation zu festigen oder zu verändern. Die Intention, eine soziale Beziehung zu definieren oder zu gestalten, dürfte in den meisten Kulturen eine Rolle spielen – wie und mit welchen Mitteln dies geschieht, hängt jedoch von kulturspezifischen Konventionen ab. Wenn die phatischen Indikatoren in einer Übersetzung oder Verdolmetschung nicht funktionieren, steht demnach die gesamte Kommunikation auf dem Spiel, und referentielle, expressive oder appellative Intentionen haben kaum eine Chance auf Erfolg.

Trotzdem ist die Erforschung dieses Beziehungsaspekts der phatischen Funktion noch ein relativ junges Forschungsgebiet, das besonders in der Soziolinguistik, der interkulturellen Pragmatik (vgl. Yakovleva 2004), aber auch in der interkulturellen Germanistik untersucht wird. Dabei haben die Forscher/innen oft diachronische Aspekte im Anredeverhalten im Blick (vgl. etwa Besch 1998). Es gibt auch bereits ein paar kontrastive Untersuchungen im Bereich der Wirtschaftskommunikation (z. B. Baxant et al. 1995, Berger 2001). Dabei ist dann das Hauptaugenmerk auf die pronominalen Anredeformen gerichtet (besonders dort, wo mehrere mögliche Anredepronomen zur Verfügung stehen), während nominale Anredeformen selten berücksichtigt werden. Ein interessanter Aspekt ist auch die Frage, wie sich die kulturspezifischen Konventionen der phatischen Funktion in literarischen Texten spiegeln.

Betrachten wir zunächst kurz die möglichen Varianten der sozialen Beziehung zwischen Sender und Empfänger.

2 Varianten der sozialen Beziehung

Theoretisch und schematisch sind drei Varianten denkbar:

(a) eine symmetrische Beziehung zwischen Sender und Empfänger, in denen beide etwa den gleichen sozialen Status inne haben und auf einer partnerschaftlichen Ebene miteinander kommunizieren;

(b) eine asymmetrische Beziehung von oben nach unten, in welcher der Sender auf Grund von Status oder Wissen oder der augenblicklich eingenommenen Rolle (z. B. die Kundin gegenüber dem Warenanbieter) eine höhere Position einnimmt als die Empfänger; und

(c) eine asymmetrische Beziehung von unten nach oben, in welcher der Sender (z. B. der Warenanbieter) von den Empfängern etwas will oder erwartet und diese die Macht haben, es zu gewähren oder zu verweigern.

Nun ist die Wirklichkeit nicht so einfach wie die Theorie: Rollen können in einem Diskurs wechseln (wenn die oder der am Anfang scheinbar Unterlegene plötzlich die Oberhand gewinnt – oder umgekehrt), und Kommunikationspartner können auch eine Beziehung simulieren, die nicht wirklich gegeben ist: Wenn sich beispielsweise ein deutscher Professor gehobenen Alters von Studierenden mit Vornamen anreden und duzen lässt (und dieses Verhalten auch selbst praktiziert), sind natürlich Asymmetrie der Rollen und Distanz nicht aufgehoben, sondern lediglich übertüncht, wie sich in einer negativen Prüfungsbeurteilung dann leicht – und in manchmal für die Studierenden schockierender Weise – herausstellen kann.

Auch kann sich natürlich im Verlauf einer Kommunikationshandlung das soziale Verhältnis der Partner zueinander ändern – entweder von freundlich zu frostig, wenn es zu Miss-Stimmungen gekommen ist, oder auch von distanziert zu freundschaftlich, wenn man sich gut versteht. Dabei sind zuweilen Rituale einschließlich bestimmter Requisiten erforderlich, z. B. um von der formellen zur informellen Anrede überzugehen – der umgekehrte Fall ist interessanterweise nicht vorgesehen (vgl. Lüger 1992).

3 Pronominale Anredeformen als Beziehungsmarker

Die wenigen genannten Beispiele zeigen bereits, wie sehr die Formen der phatischen Kommunikation kulturspezifischen Konventionen unterliegen, und wir wissen, wie unterschiedlich (etwa generationsabhängig, statusabhängig, grup-

penabhängig, regionsabhängig) diese auch in bestimmten Diakulturen sein können. Dabei erfolgt die Bewertung eines Verhaltens immer in Bezug zur Konven-
tion: Wenn Lehrende und Studierende sich generell duzen (oder wenn es nur ein
einziges Anredepronomen gibt), ist die Anrede unmarkiert, und es werden andere Beziehungsmarker benötigt. Jugendliche Leserinnen von aus dem Englischen
übersetzten Mädchenbüchern schließen dann vielleicht messerscharf: „Wenn sie
sich geküsst haben, duzen sie sich!", und manchen Lesern übersetzter Literatur
werden Anredeformen als kulturelle Fremdheitsmarkierungen zugemutet, wie
der Vorspann des Übersetzers von Henning Mankells Buch *Die falsche Fährte*
(2001), Wolfgang Butt, belegt, der sich geradezu entschuldigt, dass er die Anredeformen in seiner deutschen Übersetzung den zielkulturellen Gepflogenheiten
anpasst:

> Der mit den schwedischen Verhältnissen vertraute Leser wird in der vorliegenden
> Übersetzung das in Schweden durchgängig gebrauchte Du als Anredeform ver-
> missen. Es wurde, soweit es sich nicht um ein kollegiales oder freundschaftliches
> Du handelt, durch das den deutschen Gepflogenheiten entsprechende Sie ersetzt,
> auch wenn damit ein Stück schwedischer Authentizität des Textes verlorengeht.

Aber diese so genannte schwedische Authentizität kennen wir doch nur aus früheren Mankell-Übersetzungen, sonst könnten wir ja gleich das Original lesen!
Denken wir denn bei der Lektüre eines übersetzten Romans permanent daran,
dass hier fremdkulturelles Verhalten gespiegelt wird, obwohl doch die fiktiven
Personen auf Deutsch kommunizieren? Denke ich in einem bestimmten Möbel-
haus, wie offenbar die Werbestrategen beabsichtigen, immer an die andere Kultur, aus der die eigentlich in Tschechien oder Polen gefertigten Regale angeblich
kommen, wenn ich lese: „Hier kannst du einen Katalog mitnehmen!" Ehrlich
gesagt, fühle ich mich eigentlich eher plump vertraulich als mit der gebührenden
Achtung für eine immerhin zahlende Kundin behandelt.

4 Nominale Anredeformen als Beziehungsmarker

Neben den pronominalen Anredeformen kennen wir auch nominale Anredeformen in den verschiedensten Kombinationen, die in Tabelle 1 einmal schematisch geordnet und mit deutschen Beispielen versehen sind (in Anlehnung an
Fontanella de Weinberg 1999).

Für den Kulturvergleich spielen nicht nur die Formen, sondern auch die Distribution (d. h. die Stellung am Anfang, im Innern oder am Ende der Äußerung)
und vor allem die Frequenz der Anredeformen eine wichtige Rolle. So habe ich
bei einer kleinen Untersuchung nominaler Anredeformen in der spanischen und
deutschen Literatur (Nord 2007a) festgestellt, dass die deutschen Anredeformen
stärker standardisiert zu sein scheinen als die spanischen. Zum einen gibt es im
Spanischen schon bei den allgemein-generischen Formen eine größere Anzahl
von Varianten (*señor, señora, señorita, caballero, don, doña*), die feinere Abstufungen in Bezug auf das Statusverhältnis zwischen den Gesprächspartnern
erlauben; zum anderen können beliebige qualifizierende Adjektive, Partizipien

und Substantive als Anredeformen gebraucht werden. Ein paar Kostproben aus Übersetzungen spanischer Literatur: *verwünschte Alte, du Teufelsjunge, Strolche, du Schelm, Schamloser, du frecher Wicht, Zigeuner, du Bauchkrüppel, Kranich, Chinese, alter Affe, idiotischer Affe, fahrlässiges Geschöpf, Unbezwingbarer, Japanerchen...* Warum manche dieser nominalen Anreden im Deutschen so unidiomatisch wirken, um es einmal vorsichtig auszudrücken, war auch durch intensives Studium von Grammatiken und Stilistiken des Deutschen nicht herauszufinden (z. B. Sowinski 1973, Engel 1988), was wiederum zeigt, wie sehr dieses Thema vernachlässigt wird.

Appellativa als Anredeformen						Namen	
Ver-wandt-schafts-bezie-hungen	Soziale Beziehungen					Vor-, Kose-, Spitz-name	Famili-en-name[1]
	allgemeine Anrede-nomina	berufs-bezogene Anrede-nomina	bezie-hungs-bezogene Anrede-nomina	status-bezogene Anrede-nomina	Qualifizie-rende An-rede-nomina		
Mama/ Papa Oma/Opa Mann/ Frau[2] Tante/Onkel + Vorname ...	Herr[3] Frau[3] Fräulein[4] Mensch Mann (mein) Junge (mein) Kind ...	Herr Direktor Frau Bundeskanzlerin Herr/Frau Doktor (bei Arzt/ Ärztin) Schwester + Vorname (bei Kranken-schwester) ...	mein (lieber) Freund Liebste(r) Schatz Herr Kollege/Frau Kollegin ...	Hoheit Exzellenz Magnifizenz Spektabilis Hochwürden Herr Direktor Frau Professor(in) Herr Präsident / Frau Präsidentin Herr General ...	du alter Holzkopf Sie Hornochse (du) dumme Kuh / Gans ihr Frechdachse du süßes Ding mein Goldstück	Oskar Sabine Claudia Oliver Rudi Kläuschen Tina Mäuschen ...	Maier Kunze Müller-Lüdenscheid von Trotha ...

Tabelle 1: Nominale Anredeformen im Deutschen

5 Zuwendungssignale als Beziehungsmarker

Ein weiterer interessanter Marker sind so genannte Zuwendungssignale. So etwa wie das einleitende Du, das wir sofort dem WG-Jargon der 70er Jahre zuordnen: *Du, ich find das echt nicht gut jetzt.* Auch hier verursachen Konventionsunterschiede oft Übersetzungsprobleme. Als Beispiel sei hier zunächst ein zu übersetzender Satz aus einem Sprachlehrbuch zitiert, der eine spanische Äußerung mit Zuwendungssignal induzieren soll:

Beispiel 1:

Hör mal, ich sage dir etwas. Hier bringe ich dir ein paar Zeitschriften mit.
(Halm/Moll-Marqués: *Modernes Spanisch*, 78) / Zum Vergleich: Schau doch mal,
ich habe dir hier ein paar Zeitschriften mitgebracht... (vgl. Nord 2003: 10) Aber
dann würde bei der Übersetzung natürlich nicht *Oye, te digo una cosa* heraus-
kommen.

Das nächste Beispiel stammt wieder aus einem literarischen Text und markiert
eine eher förmliche Beziehung. Während der spanische Originaltext wie auch
die englische Übersetzung, nicht zuletzt durch den lateinischen Ausdruck *inter
nos*, distanziert-sachliche Höflichkeit auf einer eher symmetrischen Ebene markieren, klingt die deutsche Anrede *Hören Sie, gute Frau* reichlich herablassend
und steht damit im Gegensatz zu der Bitte um eine vertrauliche Mitteilung. Der
Übersetzungsvorschlag versucht die formelle Distanz zu wahren, ersetzt jedoch
den lateinischen durch einen entsprechenden französischen Ausdruck, der vermutlich für deutsche Leser besser einzuordnen ist.

Beispiel 2:

—Dígame, buena mujer—interpeló a la portera. —¿Podría decirme aquí, en con-
fianza y para *inter nos*, el nombre de esta señorita que acaba de entrar? (Unamuno)

»Hören Sie, *gute Frau*«, redete er die Pförtnerin an. »Könnten Sie mir im Vertrauen, und ganz unter uns, den Namen der jungen Dame nennen, die soeben hier
eingetreten ist?« (18d: 32ff., Ü) (Unamuno-de) /

"My good woman," he began [...], "could you tell me, confidentially and *inter
nos*, the name of the young lady who has just gone in?" (Unamuno-en)

ÜV: Augusto wandte sich an die Concierge. „Entschuldigen Sie bitte...", sagte er,
„könnten Sie mir vielleicht, streng vertraulich und ganz *entre nous*, den Namen
der jungen Dame sagen, die hier eben hineingegangen ist?" (CN)

6 Registerwahl als Beziehungsmarker

Ein dritter Beziehungsmarker ist die Wahl des Registers. Unter *Register* verstehen wir mit Crystal & Davy (1969) die Gesamtheit der syntaktischen, lexikalischen und gegebenenfalls phonologischen Mittel, welche die Sprachverwendung als zu einer bestimmten kommunikativen Situation zugehörig markieren.
Hier soll auf der Grundlage eines Vergleichs von englischen, spanischen und
deutschen Werbetexten (vgl. Nord 2002) einmal nur der Unterschied zwischen
formeller und informeller Beziehung in den Blick genommen werden. Dabei
scheinen sich Anrede und Register komplementär zu verhalten.

Ein Werbetext simuliert ja meist eine erste Begegnung zwischen Menschen, die
sich nicht kennen, wenn man einmal von Serien absieht, in denen ab der zweiten
Anzeige bereits Vertrautheit zwischen Sender und Empfänger vorausgesetzt
wird. In Deutschland ist die obligatorische Anrede zwischen Erwachsenen (ab
ca. 16 Jahren), die sich nicht kennen, die so genannte V-Form (*Sie*); eine Ausnahme stellt nur die allgemeine Bevorzugung der T-Form (*du*) zwischen Ju-
gendlichen des gleichen Alters (zumindest außerhalb der Arbeitswelt) und Stu-

dierenden an Hochschulen dar. In Spanien etwa ist die Verwendung der T-Form (*tú*) wesentlich weiter verbreitet. Alonso-Cortés (1999:4041) zufolge duzen sich generell Kolleginnen und Kollegen, Gleichaltrige, Lehrende und Lernende an der Universität, geduzt werden aber auch Verkäufer/innen, Taxifahrer/innen, Kellner/innen, besonders wenn sie jünger sind als die sprechende Person, wobei in den letzteren Fällen oft eine asymmetrische Anrede festzustellen ist (vgl. auch Matte Bon 1995:I, 244), die in Deutschland nur in ganz speziellen Situationen vorkommt (zum Beispiel zwischen den Eltern erwachsener Kinder und deren Freunden, besonders wenn man sie schon von Kindesbeinen her kennt). Eine kleine Analyse von Stellenangeboten (vgl. Nord 2003:18ff.) zeigt, dass bei der Aufforderung, sich zu bewerben, Texte mit einer direkten Anrede (auch solche, die sich explizit an junge Schulabgänger/innen wenden) im Deutschen generell die V-Form und im Spanischen in der Regel, aber nicht durchgehend, die T-Form verwenden. Im Spanischen ist also in Erstkontaktsituationen durchaus eine Differenzierung der Anrede festzustellen, während im Deutschen in diesen Situationen das Siezen im Prinzip die einzige mögliche Form der Anrede ist, will man sich nicht den Vorwurf plumper Vertraulichkeit zuziehen.

Die Verwendung der Anredeformen in einem Korpus aus je 100 britischen, spanischen und deutschen Werbetexten aus Zeitungen und Zeitschriften (vgl. Nord 2002) entspricht weitgehend dieser „Norm", wie Tabelle 2 zeigt.

Anredeformen	Englisch		Spanisch		Deutsch	
formelle Anrede (*usted/es*, *Sie*)	71	100 %	28	40,0 %	46	77,9 %
vertrauliche Anrede (*tú*, *du*)			40	57,1 %	2	3,4 %
neutrale Anrede	0	0,0 %	2	2,9 %	11	18,7 %
Werbetexte mit Anrede	71	100 %	70	100 %	59	100 %

Tabelle 2: Anredeformen in Werbetexten

Es sieht also so aus, als würden die deutschen Werbetexte eine wesentlich förmlichere Beziehung signalisieren als die spanischen. Wenn wir dagegen die Registerwahl hinzu nehmen, ergibt sich ein ganz anderes Bild. Trotz der formellen Anrede sind die deutschen Texte nämlich durchgehend umgangssprachlich formuliert, während die spanischen Texte in Bezug auf das Register relativ neutral wirken. Am häufigsten sind umgangssprachliche und sogar saloppe Formulierungen in den englischen Texten, in denen ja durch die Anrede allein noch keine Beziehung markiert wird.

Beispiel 3

Nothing on TV. No new message. Off-licence shut. What the hell. – Everything to colour and care for your hair. (Kosmetik)

Men, difficult to buy for? (Mode) / Love the skin you're in. (Gesundheit)

Business travel doesn't have to B A rip-off. (Verkehrsmittel, British Airways)

You ain't seen nothing 'til you've seen our gift guide. If you think you've seen every Christmas gift call for our free Ultimate Gift Guide today. (Mode)

La prensa está de acuerdo: un turismo que parece un deportivo. O al revés.
(Autos)

Invierte sabiendo que en cualquier momento puedes recuperar tu dinero. El
camino para realizar tos sueños sólo lo marcas tú. (Finanzdienstleistungen)

Mausi tot. Gerade noch Herzensbrecher und plötzlich aus die Maus. (Gesundheit)

Wer an der Börse Geld machen will, braucht gute Nerven. Fragen Sie doch einfach mal. (Finanzdienstsleistungen)

Der ideale Platz zum Surfen. debitel gibt Ihnen die Freiheit, sich auch mal abseits
der üblichen Pfade ins Internet einzuloggen. debitel: na, hat's geklingelt? (Tele-
kommunikation)

Tabelle 3 zeigt die Häufigkeit der informellen Registermarkierungen in den
Korpustexten.

Marker	Englisch		Spanisch		Deutsch	
Ellipse	25	25,8 %	7	36,7 %	22	36,1 %
Parenthese	3	3,1 %	1	5,3 %	0	0,0 %
Satzabbruch (Anakoluth)	3	3,1 %	4	21,0 %	5	8,2 %
andere syntaktische Marker	5	5,2 %	1	5,3 %	0	0,0 %
als umgangssprachl. markierte Lexik	14	14,4 %	2	10,5 %	17	27,9 %
als salopp markierte Lexik	8	8,2 %	1	5,3 %	2	3,3 %
sprechsprachliche Formen	31	31,9 %	0	0,0 %	3	4,9 %
Partikeln und Diskursmarker	5	5,2 %	1	5,3 %	10	16,4 %
Interjektionen	3	3,1 %	1	5,3 %	1	1,6 %
andere lexikalische Marker	0	0,0 %	1	5,3 %	1	1,6 %
Gesamt	97	100 %	19	100 %	61	100 %

Tabelle 3: Markierung eines informellen Registers

Die Unterschiede sind jedoch nicht nur quantitativ, sondern auch qualitativ
interessant. Im spanischen Korpus sind mehr als 68 % der Marker syntaktische
Mittel, im englischen Korpus nur 37 % und im deutschen Korpus 44 %. Dafür
sind im englischen und deutschen Korpus die lexikalischen Marker nicht nur
häufiger, sondern auch vielfältiger. Das liegt gewiss zum Teil an der Tatsache,
dass im Englischen und Deutschen die Stilebenen ober- bzw. unterhalb des un-
markierten Mittelfeldes schärfer voneinander abgegrenzt sind als im Spanischen
(vgl. beispielsweise die fünf Formalitätsstufen bei Crystal & Davy 1969:74, die
von *frozen, formal, consultative* bis *casual* und *intimate* reichen). Die unterschiedliche Frequenz und Distribution der Marker muss jedoch auf kulturelle
Konventionen zurückgeführt werden. Auffällig ist der hohe Anteil sprech-
sprachlicher Formen im Englischen.

Übrigens sind nur ganz wenige Werbetexte des Korpus durch ein formelles oder
gehobenes Register gekennzeichnet, wie die folgenden Beispiele zeigen.

Beispiel 4:

It takes more than 8 years for a child's immune system to fully develop. Until then
nothing reduces the symptoms of fever faster or for longer than Nurofen for Children. NUROFEN KNOWS CHILDREN. (Gesundheit)

Thermal S. With the benefits of Vichy thermal spa water to intensively rehydrate your skin. (Gesundheit)

LOEWE obsequia a los compradores de cualquiera de los siguientes modelos... (Elektronikgeräte)

Refinando la perfección. El tweeter con la tecnología Nautilus, que ha hecho merecedores de los más encendidos elogios a los modelos de la Serie Nautilus 800, ha sido ahora incorporada [sic] a la Serie 600 S2. (Haushalt)

Die englischen Beispiele repräsentieren ein *consultative register* (nach Crystal & Davy 1969). Die spanischen Beispiele, bei denen es sich vielleicht um Übersetzungen handelt, klingen fast parodistisch, besonders das letzte, bei dem der sehr gehobene Stil der Situation und der Textsorte unangemessen und daher überzogen erscheint. Im deutschen Korpus sind einige stilistisch unmarkierte Texte belegt, jedoch kein einziger mit einem gehobenen oder literarischen Stil.

Tabelle 4 zeigt die komplementäre Funktion von Anrede und Registermarkierungen.

Beziehungsmarker	Englisch		Spanisch		Deutsch	
formelle Anrede (*usted/es*, *Sie*)	71	41,8 %	28	30,8 %	46	38,3 %
vertrauliche Anrede (*tú*, *du*)			40	44,0 %	2	1,7 %
neutrale Anrede	0	0,0 %	2	2,2 %	11	9,2 %
vertrauliches Register	97	57,0 %	19	20,8 %	61	50,8 %
formelles Register	2	1,2 %	2	2,2 %	0	0,0 %
Korpus	170	100 %	91	100 %	120	100 %

Tabelle 4: Beziehungsmarker

7 Schlussbemerkung

Es gibt noch ganze eine Reihe weiterer Beziehungsmarker, über die nachzudenken der Mühe wert wäre, unter anderem auch die Metakommunikation und ihre zahlreichen Facetten. Die räumliche Beschränkung erlaubt hier jedoch keine erschöpfende Behandlung dieses überaus spannenden Themas. So können diese Überlegungen und die Beispiele lediglich *appetizer* sein, sich mehr mit dieser wichtigen und aus meiner Sicht bisher weder einzelkulturell noch im Kulturvergleich in angemessener Weise gewürdigten Thematik zu beschäftigen. Denn eines können wir ja wohl tagtäglich in unserer eigenen Kommunikation beobachten: An der phatischen Funktion entscheidet sich der Erfolg einer Interaktion, und damit ist ihre Berücksichtigung auch ein Testfall für die Qualität einer Translation.

Bibliographie

Alonso-Cortés, Ángel (1999): „Las construcciones exclamativas. La interjección y las expresiones vocativas." *GDLE* 1999, 2992-4050.

Baxant, Ladislava / Rathmayr, Renate / Schulmeisterová, Magda (1995): *Verhandeln mit tschechischen Wirtschaftspartnern. Gesprächs- und Verhaltensstrategien für die interkulturelle Geschäftspraxis.* Jednání s českými obchodními partnery. Wien: Service.

Berger, Tilman (2001): „Semantik der nominalen Anrede im Polnischen und Tschechischen." Chrakovskij, V. S. / Grochowski, M. / Hentschel, G. (2001) (Hrsg.): *Studies on the Syntax and Semantics of Slavonic Languages. Papers in Honour of Andrzej Bogusławski on the Occasion of his 70th Birthday.* Oldenburg: bis, 39-50.

Besch, Werner (1998): *Duzen, Siezen, Titulieren. Zur Anrede im Deutschen – heute und gestern.* 2. Aufl. (11986). Göttingen: Vandenhoeck & Rupprecht.

Crystal, David / Davy, Derek (1969): *Investigating English Style.* London: Longman.

Engel, Ulrich (1988): *Deutsche Grammatik,* Heidelberg: Julius Groos.

Fontanella de Weinberg, M.a Beatriz (1999): „Los sistemas pronominales de tratamiento usados en el mundo hispano." *GDLE* 1999, 1401-1425.

Bosque Múñoz, Ignacio / Demonte Barreto, Violeta (1999): (Hrsg.): *GDLE – Gramática descriptiva de la lengua española,* Madrid: Espasa Calpe 1999 (RAE – Colección Nebrija y Bello).

Jakobson, Roman (1960): „Linguistics and Poetics." Thomas A. Sebeok (1960) (Hrsg.): *Style in Language.* Cambridge Mass.: MIT Press, 350-377.

Lüger, Heinz-Helmut (1992): *Sprachliche Routinen und Rituale.* Frankfurt/Main etc.: Peter Lang.

Matte Bon, Francisco (1995*): Gramática Comunicativa del español.* Madrid: edelsa.

Nord, Christiane (1993): *Einführung in das funktionale Übersetzen. Am Beispiel von Titeln und Überschriften.* Tübingen: Francke (UTB 1734).

Nord, Christiane (2002): „Über-Reden durch An-Reden. Die phatische Funktion als Mittel zum Appell in englischen, spanischen und deutschen Werbetexten." *Linguistica Antverpiensia* NF 1 (2002), 145-168.

Nord, Christiane (2003): *Kommunikativ handeln auf Spanisch und Deutsch. Ein übersetzungsorientierter funktionaler Sprach- und Stilvergleich.* Wilhelmsfeld: Gottfried Egert Verlag.

Nord, Christiane (2007a): „Ja, mein Herr – o nein, Señorito! Vom Umgang mit Anredeformen in literarischen Übersetzungen aus dem Spanischen." Cuartero Otal, Juan & Emsel, Martina (2007) (Hrsg.): *Brückenschläge. Übersetzen und interkulturelle Kommunikation. Festschrift für Gerd Wotjak zum 65. Geburtstag.* Frankfurt/Main: Peter Lang (im Druck).

Nord, Christiane (2007b): „If you please, sir..." Forms of Address in Literary Translation. Forum (Seoul) (im Druck).

Quirk, R. / Greenbaum, S. / Leech, G. / Svartvik, J. (1985): *A Comprehensive Grammar of the English Language.* Longman: New York.

Sowinski, Bernd (1973): *Stilistik.* Frankfurt/Main: Fischer.

Unamuno, Miguel de: *Niebla.* Madrid: Taurus 1965 (1935) / *Nebel* (Ü: O. Buek, rev. D. Deinhard). München: dtv 1968 / *Mist* (Ü: A. Kerrigan), in Novela/Nivola, Princeton: University Press, 23-246.

Yakovleva, Elena (2004): „Deutsche und russische Gespräche. Ein Beitrag zur interkulturellen Pragmatik." *Germanistische Linguistik* 251. Tübingen: Niemeyer.

Katrin Pieper
Leipzig
Zensur und Untertitelung während des Estado Novo in Portugal

Der folgende Artikel wird sich mit der Beziehung zwischen Zensur und audiovisuellem Übersetzen während des Faschismus in Portugal, dem so genannten *Estado Novo,* befassen. Die Grundlage dieses Artikels ist die Analyse eines einzelnen Filmes, der jedoch beispielhaft ist für die Zensur von Filmen im Allgemeinen. Es wird der Frage nachgegangen, ob Übersetzung als ein Mittel der Zensur angewandt wurde und in welcher Form.

Als Beispiel dient einer der wenigen derjenigen deutschen Filme, die im nationalen Filmarchiv (*ANIM – arquivo national de imagens em movimento*) in Lissabon zu finden sind, und die nach 1945 und während der Diktatur António Oliveira Salazars übersetzt wurden. Es war der Film „Hunde, wollt ihr ewig leben" von Frank Wisbar aus dem Jahre 1959 über die Schlacht von Stalingrad.

Schon in den ersten Szenen sieht man, dass der gesprochene deutsche Text und die portugiesischen Untertitel sich deutlich unterscheiden, und die Vermutung drängt sich auf, dass der Inhalt der Übersetzung bewusst verändert wurde.

1 Kultureller Kontext

1.1 Rezeption in der Ausgangskultur

Die Besonderheit dieses Filmes besteht darin, dass er ein Ereignis darstellt, das nicht allzu weit zurück liegt. Unter den Zuschauern waren mit Sicherheit viele ehemalige Soldaten, die ihre eigenen Erlebnisse und Erinnerungen mit der Handlung verglichen. Die hohe Zahl von Kriegsfilmen in den 1950er Jahren belegt, dass das Thema des Zweiten Weltkrieges auf großes Publikumsinteresse stieß.

Die Intention des Films ist eine möglichst realistische Darstellung historischer Tatsachen. Der Ablauf der Schlacht und die Einkesselung der gesamten 6. Armee mit etwa 250 000 Soldaten um Stalingrad, das Scheitern der Luftversorgung, Hunger und Kälte, die aussichtslose Lage, der Befehl Hitlers, „bis zur letzten Patrone" zu kämpfen und der Konflikt, in dem sich General Paulus befand, zwischen Gehorsam und dem Wissen, dass eine Kapitulation Menschenleben retten könnte, sind gut recherchiert und detailgetreu dargestellt. Die etwas dünne Handlung bewegt sich um den historischen Ablauf herum, Originalaufnahmen vermitteln zusätzlich einen Eindruck von Authentizität.

Die Protagonisten sind recht eindimensional und grob in „Gut" und „Böse" eingeteilt, wobei die einfachen Soldaten aufrechte, gute Kameraden sind, die immer wieder die Sinnlosigkeit des Krieges betonen, das System kritisieren und sogar gegenüber dem Feind menschlich handeln. Die einzig negativen Figuren

sind der überzeugte Nazi Major Linkmann, einige Generäle der Wehrmachts-
führung und an oberster Stelle Hitler persönlich.

Die Protagonisten werden idealisiert dargestellt, es ist nichts von der unglaubli-
chen Brutalität zu spüren, von Menschenrechtsverletzungen, Angst, Repressalien auch in den eigenen Reihen, um die Disziplin aufrecht zu erhalten. Ausgek-
lammert werden auch Judenverfolgung, das Misshandeln und Morden der Zivil-
bevölkerung, also Verbrechen der Wehrmacht, die nicht durch eine „normale"
Kriegsführung zu rechtfertigen sind.

Das Bild der Wehrmacht wird „sauber" gehalten, was in das Schema der Ver-
gangenheitsbewältigung in der Nachkriegszeit passt. Nach 1945 war man bemüht, sich selbst als Opfer eines wahnsinnigen Führers darzustellen um sich von
Schuld freizusprechen. In Politik, Medien und Literatur schuf man bewusst ein
Rechtfertigungsmuster, das unter anderem der Wiederbewaffnung der Bundes-
wehr in den 50er Jahren diente und die vorherrschende „Schlussstrichmentali-
tät" unterstrich.

Das Bild der tapferen Wehrmacht, die lediglich auf Befehl gehandelt habe, wurde erst 1995 mit der Wehrmachtsaustellung relativiert. Das erklärt auch den
Skandal, den diese Ausstellung auslöste.

Auch der Film „Hunde, wollt ihr ewig leben" dient diesem Selbstbild der Nach-
kriegsgeneration und passt sich somit an den Kontext der Ausgangskultur an.
Dennoch hat der Film eine klare pazifistische Tendenz.

1.2 Rezeption in der Zielkultur

In Portugal herrschte damals ein totalitäres Staatssystem, an dessen Spitze der
Diktator Manuel de Oliveira Salazar stand. Er prägte vornehmlich die Ideologie
und Politik des so genannten Estado Novo, des „neuen Staates".

Als der Film 1961 unter dem Titel „O Inferno de Estalinegrado" in die portugiesischen Kinos kam, befand sich Portugal in der Krise. Das Regime hatte zunehmend Probleme, die faschistische Staatsform aufrecht zu erhalten, es regten sich
Protest und demokratische Bewegungen. Die Opposition wurde verfolgt, und
wer sich öffentlich gegen das Regime äußerte, hatte unter Repressalien zu leiden. Die Krise spitzte sich auch in den Kolonien zu, und im März 1961 brach in
Angola der Kolonialkrieg aus.

Die offizielle Ideologie war nationalistisch, rückwärtsgewandt und von einem
restriktiven Katholizismus geprägt. Salazar bezeichnete das System als „autori-
tär" und sah sich selbst als Staatsoberhaupt, das seine „Schäfchen" vor schlechten Einflüssen bewahrt und rechtfertigte damit Maßregelungen für jedes Überschreiten der staatlich gesteckten Norm.

Jedes totalitäre System zeichnet sich durch die Kontrolle der öffentlichen Meinung aus. Zur Ausübung dieser Kontrolle dient die Zensur. In Portugal war sie
fester Bestandteil der Gesellschaft und kontrollierte alle Bereiche des öffentli-

chen Lebens. Sie sollte mit den Worten Salazars für die „higiene do espírito", für die geistige Hygiene sorgen.

Diese sowohl intervenierende, als auch operierende Kontrolle übte ab dem Jahre 1944 der *Secretariado Nacional da Informação* (Propagandaministerium) aus, welcher direkt dem *ministro do conselho*, also Salazar persönlich unterstellt war. Es umfasste die Bereiche Tourismus, Presse, Bibliotheks- und Verlagswesen, Rundfunk, Ausstellungen und Veranstaltungen. Letztere Abteilung, die *Serviços da Inspecção dos Espectáculos* war für Theater- und Kinoveranstaltungen zuständig. Konkret kümmerten sich die Beamten der ab 1957 so genannten *Comissão de Exame e Classificaçao dos Espectáculos* um die Sichtung und Zensur von Filmmaterial. Diese legten die Altersbeschränkung fest und entschieden darüber, ob ein Film überhaupt öffentlich gezeigt werden durfte und in welcher Form.

Sie folgten bei ihren Entscheidungen einem Regelwerk von Zensurkriterien, die grundsätzlich alles verboten, was sich gegen die herrschende Moral, Sittlichkeit sowie gegen die soziale und politische Ordnung richtete.

Im Schnitt kamen etwa 400 ausländische Filme pro Jahr in die portugiesischen Kinos (ca. drei portugiesische Produktionen pro Jahr). Von den Filmen, die der Zensur vorgelegt wurden, fiel etwa die Hälfte der Schere zum Opfer und etwa 10-15 % wurden verboten.

2 Zensur und Untertitelung

2.1 Vorgehen in Zensur und Übersetzung in Portugal

Wollte ein Verleih einen ausländischen Film importieren, legte er der Zensur zunächst eine Kopie zur ersten Sichtung vor. Wurde der Film bereits in dieser Phase abgelehnt, war der Schaden für den Verleih gering, denn er hatte die Filmrechte noch nicht erworben. Oftmals wurde diese erste Kopie bereits vom Verleih geschnitten, um die Chancen zu erhöhen, die Zensur zu passieren. Die Zensoren gaben dann das erste Urteil ab und empfahlen beispielsweise den Film nicht zu importieren oder schätzten ein, dass der Film mit einigen Schnitten die Zensur passieren könne.

Fiel das Urteil positiv aus, ließ der Verleih den Film untertiteln. Das heißt, es wurde eine Liste der Untertitel angefertigt, die wiederum der Zensur vorgelegt wurde. Die Zensoren hatten somit die Gelegenheit, Dialoge zu ändern oder zu streichen. Danach wurden die Untertitel auf das Filmmaterial eingestanzt und der fertige Film nochmals gesichtet. War dann noch etwas am Film auszusetzen, wurde der Verleih angehalten, ganze Szenen mitsamt Untertitel zu streichen.

Der Film erhielt entweder den Vermerk „aprovado", „aprovado com cortes" oder „reprovado".

Waren dem Film Schnitte auferlegt worden, musste der geschnittene Film nochmals vorgelegt werden. Unter Umständen wiederholte sich dieser Vorgang mehrmals, bis er endgültig abgelehnt wurde oder die Zensur passierte. Zunächst verbotene Filme konnten nach einer Umarbeitung nochmals der Zensur vorgelegt werden.

Dieser Form der Vorzensur konnte auch noch eine Nachzensur folgen, und der Film konnte auch noch nach dem Kinostart verboten werden. Dies geschah vor allem, wenn sich unter den Zuschauern Proteste regten.

Die Tatsache, dass in Portugal Filme untertitelt werden, hat unter anderem finanzielle Gründe, steht jedoch zumindest indirekt mit der Zensur im Zusammenhang.

Aufgrund der hohen Analphabetenrate waren etwa 40 % (1950) der Bevölkerung vom Genuss ausländischer Filme ausgeschlossen. Ganz im Sinne der nationalistischen Staatsideologie waren sie auf diese Weise vor „schädlichen Einflüssen" bewahrt. Von der Opposition wurde diese Tatsache „censura analphabeta" genannt.

Letztlich war die Selbstzensur ein wichtiger Faktor, der die Form der Übersetzung stark beeinflusste. Die Übersetzer waren sich natürlich im Klaren darüber, welche Themen und Äußerungen von der Zensur beanstandet würden und gaben der Übersetzung somit eine gewisse Tendenz. Anhand der bestehenden Übersetzung lässt sich heute nicht mehr nachvollziehen, welche Veränderungen ein Akt der Selbstzensur waren oder ob die Zensoren sich selbst die Mühe machten, Dialoge zu verändern.

2.2 Die Grenze zwischen Übersetzung und Bearbeitung

Um zwischen legitimen Abweichungen vom Ausgangstext und einem Akt der Zensur zu unterscheiden, sollte man sich der Grenzen zwischen Übersetzung und Bearbeitung bewusst sein. Michael Schreibers Konzept "zur Differenzierung und Abgrenzung des Übersetzungsbegriffs" ist ein hilfreicher Ansatz, diese Grenzen zu definieren.

Insgesamt lassen sich vier Arten der Veränderung des Ausgangstextes kategorisieren (s. Tabelle 1).

Michael Schreiber geht auf das grundsätzliche Unterscheidungsmerkmal von Varianz und Invarianz des Textsinns ein. Bei der Übersetzung besteht Invarianzforderung, was jedoch aufgrund von sprachlichen und kulturellen Faktoren nicht immer möglich ist. Angestrebt ist jedoch die weitestgehende Invarianz, daher zählen die Übersetzungsverfahren Transformation, Modulation, Expansion und der Ersatz von Kulturspezifika zu den „legitimen" Verfahren.

Eine Besonderheit des Audiovisuellen Übersetzens, bzw. der Untertitelung ist die Anpassung des Zieltextes an die technischen Begebenheiten des Medium Films (nach Schreiber auch Umfeldübersetzung).

Da nur eine begrenzte Zeichenzahl in den ein- oder zweizeiligen Untertiteln Platz findet, muss die Textmasse insgesamt reduziert werden. Ich habe diese

Form der Anpassung die technisch-formale Adaptation genannt. Es handelt sich hierbei um ein durchgängiges Übersetzungsverfahren.

	Möglichst weitgehende Invarianz des Textsinns	Varianz des Textsinns

Invarianzforderung	**Übersetzung**
	
	• Kulturell oder sprachlich bedingte Veränderungen:
	  Transformation
	  Modulation
	  Expansion
	  Ersatz von Kulturspezifika
	
	• Technisch-formale Adaptation:
	  Reduktion
	  Komprimierung
		Fehler
		• Hörverstehensfehler
		• Verständnisfehler
		  (z.B. bei Umgangssprache)
		• Ungerechtfertigte Komprimierung / Reduktion
		• Sonstige

Varianzforderung	X	**Bearbeitung**
		• Ideologische Bearbeitung
		  Mehrvertextung
		  Übertextung,
		  Eliminierung
		• Purifizierung
		  (moralische Gründe)
		  Mehrvertextung
		  Übertextung,
		  Eliminierung

Tabelle 1[1]		**Geschnittene Szenen**

Varianz trotz angestrebter Invarianz liegt bei Fehlern vor. Der Textsinn wird unbewusst verändert, sei es weil der gesprochene Text falsch verstanden wurde (im Falle von „Hunde, wollt ihr ewig leben" lag vermutlich kein Dialogbuch vor), weil dem Übersetzer bestimmte ausgangssprachliche Ausdrücke nicht bekannt waren oder eine Komprimierung oder Reduktion vorgenommen wurde, die aber bereits die Grenze der legitimen Veränderung überschreitet und sinnentstellend wirkt. Für eine Vielzahl von Fehlern lässt sich keine eindeutige Erklärung finden.

Weicht der Textsinn von dem des Ausgangstexts ab und es lassen sich ideologische oder moralische Gründe für die Varianz vermuten, beruht die Veränderung wahrscheinlich auf Varianzforderung. Das heißt, der Textsinn wurde bewusst verändert. Die Grenze zu Übersetzungsfehlern ist nicht immer eindeutig zu er-

---

[1] Begriffe nach Schreiber, Wotjak, Henschelmann.

mitteln. Daher kann es sich in vielen Fällen nur um eine vermutliche Bearbeitung handeln. Auch lässt sich nicht eindeutig sagen, ob es sich bei der Bearbeitung um einen Akt von Selbstzensur seitens des Übersetzers oder um einen bewussten Eingriff des Zensors handelt, oder ob der durch die Zielkultur geprägte Übersetzer vielleicht unbewusst auf ein im Estado Novo unbedenkliches Vokabular zurückgriff.

Im Film „Hunde, wollt ihr ewig leben" lassen sich Bearbeitungen aus ideologischen sowie aus moralischen Gründen feststellen, die sich jeweils in den Bearbeitungsverfahren Mehrvertextung, Übertextung und Eliminierung manifestieren.

2.3 Beispiele

Die folgenden Beispiele belegen, wie der Filminhalt verändert wurde.

Beispiel 1:

KUNOWSKI: Herr Oberleutnant, in Stalingrad ist alles möglich. Da gehen manchmal die Fronten senkrecht durch die Häuser durch. Da gab's hier mal einen Lokus, da war ich jeden morgen so eine viertel Stunde und dachte so über unsere Probleme nach. Eines schönen Morgens komme ich an, sitzt da ein Ivan drauf. Und mit dem bisschen Russisch was ich kann, sag ich: „Mensch, Junge los, hau ab hier" und noch im Weggehen dreht der sich um und sagt: „Nicht mal in Ruhe <u>scheißen</u> lassen einen die Preußen!"	Em Estalinegrado tudo é possível, :: meu tenente! // [...] Eu costumava ir a um «local» :: um quarto de hora por dia... // ...onde pensava sobre os nossos problemas. // Uma manhã cheguei e encontrei lá um russo. // Com o pouco que arranho a língua, :: mandei-o desaparecer dali... // ...e ele, já no caminho da saída, :: voltou-se e disse... // ...Estes prussianos <u>nem</u> «<u>aqui</u>» :: <u>nos deixam em paz</u>» [sic!]. //

Hier liegt ein Fall von Purifizierung vor. Es wurde das Verb „scheißen" vermieden und mit den Worten „nicht einmal hier lassen sie uns in Ruhe" übersetzt. Dies ist nicht das einzige Beispiel für eine Purifikation. Der im Allgemeinen raue Umgangston unter den Soldaten wurde insgesamt abgeschwächt. Der Film verliert dadurch an Expressivität.

Beispiel 2:

[.../FEHLT: GERD: Was tun wir bloß hier in diesem Teil der Welt?	[...]
FUHRMANN: Dass der Russe uns raus haben will, verstehe ich. Dafür kämpfen sogar die Fabrikarbeiter, die Frauen und die Kinder. Wir haben hier nichts verloren.]	[...]

Die kritische Frage einer der Soldaten „Was tun wir bloß in diesem Teil der Welt?" und die Antwort „dass der Russe uns raus haben will, verstehe ich" wurden eliminiert.

Als Bürger eines Kolonialreiches mussten sich die Portugiesen ebenfalls die Frage stellen: „Was tun wir in diesem Teil der Welt". Es ist anzunehmen, dass der Film „Hunde, wollt ihr ewig leben" nur wenige Wochen später, nach dem Beginn des Kolonialkrieges in Angola ganz verboten worden wäre, denn pazifistische Tendenzen wurden dann noch strikter zensiert.

Beispiel 3:

PFARRER BUSCH: Herr Generaloberst, es handelt sich um den Befehl, wonach Verpflegung <u>nur noch an die kämpfende Truppe</u> [.../FEHLT: ausgegeben werden darf.]	Meu major-general, é por causa :: duma ordem que determina... // ...que as tropas combatentes <u>passarão a ter</u> :: <u>preferência na</u> (1) distribuição de mantimentos. //
GENERALOBERST PAULUS: Ja.	[...]
PFARRER BUSCH: Das bedeutet, dass etwa fünfzigtausend Verwundete in den Kellern von Stalingrad zum <u>Tode durch Verhungern</u> verurteilt sind.	Isso significa que os <u>5.000</u> (2) feridos instalados :: nas caves de Estalinegrado... // ficarão <u>em pessima situação</u> (3). //
GENERALOBERST PAULUS: Warum kommen Sie zu mir? Ich kenne einen derartigen Befehl nicht und ich würde ihn auch niemals unterschrieben haben.	E porque veio ter comigo? :: Eu não conheço uma tal ordem... // ...nem a assinaria nunca. //
PFARRER BUSCH: Ich bin von Stelle zu Stelle gelaufen und keiner will damit etwas zu tun haben. Aber einer muss doch für diesen unmenschlichen Befehl verantwortlich sein.	[...] Ninguém se declara responsável... // ...mas alguém deu essa ordem! [....] //
GENERALOBERST PAULUS: Ich weiß nicht wer ihn gegeben hat. Doch lassen Sie mich auch das andere sagen: <u>Kein Krieg ist human. Aber wir sind Soldaten. Auch Sie tragen die Uniform.</u>	[...] Não fui eu, mas deixe-me lembrar-lhe... // <u>...que somos ambos soldados</u> (4). // [...]
PFARRER BUSCH: Es ist unmöglich, diese Leiden länger mit anzusehen.	O que me confrange é tanto sofrimento. //
GENERALOBERST PAULUS: Ich wundere mich über Sie, Herr Pfarrer. <u>Die Kirche betet für den Sieg unserer Waffen, aber wenn dieser Sieg seine unerbittlichen Opfer fordert, dann sagen sie, es darf nicht sein.</u> Wo liegt da der Sinn?	<u>As coisas são como são, padre.</u> // <u>A luta e a vitória não se realizam sem vítimas.</u> (5). // [...]

PFARRER BUSCH: Die Kirche betet für den Frieden und für den Sieg der gerechten Sache. Aber dieser Krieg ist ein Unrecht.

Devemos rezar pela nossa vitória. :: Mas esta guerra é feroz! (6) //

GENERALOBERST PAULUS: Seien Sie vorsichtig mit Ihren Äußerungen. Sie könnten Ihnen als Hochverrat ausgelegt werden.

Veja bem o que diz! O derrotismo nesta :: ocasião equivale a alta traição! //

PFARRER BUSCH: Die Menschen hier sterben für nichts, ihr Opfer ist völlig sinnlos.

Mas a nossa marcha para Estalinegrado :: será precisa? (7) //

GENERALOBERST PAULUS: Pfarrer Busch! Erst eine spätere Zeit wird darüber befinden, wer von uns beiden Recht hat. Unser Opfergang nach Stalingrad ist eine militärische Notwendigkeit. [--] Wie könnte ich leben, ohne diese Überzeugung?

Não nos compete a nós julgar... // os planos e decisões do Estado Maior. // [...]

PFARRER BUSCH: Wäre es nicht tragisch, wenn sich diese Überzeugung als falsch herausstellte? [--] Wird befohlen, Herr Generaloberst!

[...]

In diesem Dialog wurden einige Passagen überschrieben.

Die historische Tatsache, dass die Versorgung verwundeter Soldaten völlig eingestellt wurde, ist somit verwischt. Anstatt dass „Verpflegung nur noch an die kämpfende Truppe" ausgegeben wird, werden in der portugiesischen Version die kämpfenden Soldaten lediglich „bevorzugt"(1). Somit waren sie nicht zum „Tode durch Verhungern verurteilt", sondern „in einer sehr schlechten Lage"(3).

Die Zahl der Opfer wurde um eine Null reduziert(2). Wenn nur eine fehlende Null im Film aufgetreten wäre, würde man von einem Fehler ausgehen. Doch beinahe jede Zahlenangabe von Opfern wurde auf diese Weise verändert, was man als eine systematische Überschreibung deuten muss.

Die Aussage: „Kein Krieg ist human. Aber wir sind Soldaten. Auch Sie [als Pfarrer] tragen die Uniform" wurde untertitelt mit „wir sind beide Soldaten"(4). Die Kritik an der Rolle der Kirche wurde damit aufgeweicht und sagt im Prinzip aus, die Soldaten nun mal Regeln befolgen müssen.

Deutlicher wird die Eliminierung von Kritik im Satz: „Die Kirche betet für den Sieg unserer Waffen, aber wenn dieser Sieg seine unerbittlichen Opfer fordert, dann sagen sie, es darf nicht sein"(5). In der portugiesischen Übersetzung ist zu lesen: „Die Dinge sind, wie sie sind, Herr Pfarrer. Der Kampf und der Sieg erfordern Opfer". Wieder wird eine kritische Haltung durch Schicksalsergebenheit ersetzt.

In der portugiesischen Version antwortet Pfarrer Busch: „Wir müssen für unseren Sieg beten. Aber dieser Krieg ist hart! Der deutsche Satz: „Die Kirche betet für den Frieden und für den Sieg der gerechten Sache. Aber dieser Krieg ist ein Unrecht"(6) wurde überschrieben.

Pfarrer Busch erklärt aufgebracht: „Die Menschen hier sterben für nichts, ihr Opfer ist völlig sinnlos", was untertitelt wurde mit: „Ist unser Marsch nach Stalingrad tatsächlich notwendig?"(7). Die Sinnlosigkeit des Krieges wird im Portugiesischen nicht angeprangert.

Beispiel 4:

GERD: [.../FEHLT: Was] wird werden, Herr Pfarrer?	O que será de nós, meu capelão? //
PFARRER BUSCH: Ich weiß es nicht, aber wir werden viel Zeit haben, es herauszufinden. [.../FEHLT: Vielleicht werden wir lernen aus all diesem.	O nosso destino está nas mãos de Deus. // [...]
KRÄMER: Oder auch nicht.]	[...]

Dieses letzte Beispiel macht die Veränderung der Aussage des Films deutlich: „Unser Schicksal liegt in Gottes Händen" ersetzt die Aufforderung aus der Vergangenheit zu lernen („vielleicht werden wir lernen aus all diesem"). Dies sind die letzten Sätze des Films und daher von besonderer Bedeutung. Sie verdeutlichen die offizielle Staatsideologie: Schicksalsergebenheit an Stelle einer kritischen und pazifistischen Meinung.

3 Zusammenfassung

In einem Ambiente von Repression und staatlichen Reglementierungen wurden einzelne Worte sowie Sätze verändert. Kritische Äußerungen wurden vermieden und ganze Dialogpassagen überschrieben und sogar eliminiert. Das Resultat all dieser Eingriffe ist die Veränderung der Aussage des Films.

Zusammenfassend kann man feststellen, dass drei hauptsächliche Themen beschnitten wurden: Ideologie, Hierarchie und Religion.

In der Übersetzung ist eine allgemeine Entpolitisierung festzustellen. Die Kritik an einem Land, mit dem Portugal während des Zweiten Weltkrieges sympathisiert hatte, konnte von den Zensoren nicht akzeptiert werden. Hinweise auf die Unmenschlichkeit des Nazi-Regimes wurden eliminiert, so dass der portugiesische Zuschauer keine Parallelen zur Ideologie des *Estado Novo* ziehen konnte.

Vom portugiesischen Staatsbürger wurden Gehorsam, Anpassung und das Akzeptieren der militärischen bzw. gesellschaftlichen Ordnung und Hierarchie verlangt, und so wurden in einem Film, in dem gemeine Soldaten eigene Meinungen bilden, ihren Vorgesetzten widersprechen, die Hierarchie aufweichen und in Frage stellen, diese Tendenzen zensiert.

Das letzte Beispiel verdeutlicht auf eindrucksvolle Weise die veränderte Film-aussage: „Unser Schicksal liegt in Gottes Händen". Der Originalfilm verurteilt das faschistische Regime und macht den Fanatismus eines Diktators für die Ka-tastrophe verantwortlich. Durch das Eliminieren der kritischen Aspekte wurde die Kirche, die im *Estado Novo* die Funktion hatte, Werte wie Schicksalserge-benheit und Obrigkeitsgläubigkeit zu vermitteln, betont und avancierte zum Leitgedanken des Films.

Zensur als wichtiger Faktor im Polysystem der Zielkultur beeinflusste die Art und Weise, in der ein Film rezipiert wurde. Von der Selbstzensur des Übersetz-zers, bis hin zur technischen Routine, Szenen zu schneiden, beeinflusste die Staatsideologie den gesamten Prozess bis ein Film in die portugiesischen Kinos gelangte: Übersetzung und Untertitelung dienten der Zensur und zur Manipula-tion der Filmaussage im Interesse der Didaktur.

Bibliographie

António, Lauro (2001): *Cinema e Censura em Portugal*. Lisboa: Biblioteca Museu República e Resistência.

Azevedo, Cândido de (1999): *A Censura de Salazar e Marcelo Caetano*. Lisboa: Editorial Caminho.

Bartov, Omer (1991): „Von unten betrachtet: Überleben, Zusammenhalt und Brutalität an der Ostfront." Wegner, Bernd (Hrsg.): *Zwei Wege nach Moskau*. München: Piper Verlag.

Boll, Bernd / Safrian, Hans (1995):„Auf dem Weg nach Stalingrad." Heer, Hannes (Hrsg.): *Vernichtungskrieg. Verbrechen der Wehrmacht 1941-1944*. Hamburg: Hamburger Edition.

Costa, João Bénard da (1991):. *Histórias do Cinema*. Lisboa: Editorial Europália.

Delabastita, Dirk (1990): „Translation and the Mass Media." Bassnett, Susan / Lefevere, André (Hrsg.): *Translation, History, Culture*. London: Pinters Publishers Limited.

Díaz Cintas, Jorge (2004): „In search of a theoretical framework for the study of audiovisual translation." Orero, Pilar (Hrsg.): *Topics in Audiovisual Translation*. Amsterdam, Philadel-phia: John Benjamins Publishing Company.

Even-Zohar, Itamar (1990): „Polysystem Studies." *Poetics today. International Journal for Theory and Analysis of Literature and Communication*. http://www.tau.ac.il/~itamarez/works/books/ez-pss1990.pdf.

Faulstich, Werner (2005): *Filmgeschichte*. Paderborn: Fink Verlag.

Gottlieb, Henrik (2002): „Untertitel: Das Visualisieren des filmischen Dialogs." Friedrich, Hans-Edwin / Jung, Uli (Hrsg.): *Schrift und Bild im Film*. Bielefeld: Aisthesis Verlag.

Heer, Hannes (1999): *Tote Zonen. Die deutsche Wehrmacht an der Ostfront*. Hamburg: Ham-burger Edition.

Herbst, Thomas (1994): *Linguistische Aspekte der Synchronisation von Fernsehserien*. Tü-bingen: Niemeyer Verlag.

Instituto da comunicação social (1999): *Imprensa, Censura e Liberdade: 5 séculos de história*. Porto: Instituto da Communicação Social e Museu Nacional da Imprensa.

Ivarsson, Jan / Caroll, Mary (1998): *Subtiteling*. Gimrishamn: TransEdit.

Karimi, Kian-Harald (1991): *Das portugiesische Gegenwartsdrama unter der politischen Zensur (1960-1974)*. Frankfurt a. M.: Peter Lang Verlag.

Lefevere, André (1992): *Translation, Rewriting, and the Manipulation of Literary Fame*. London, New York: Routledge.

Luyken, Georg-Michael (1991): *Overcoming language barriers in television: dubbing and subtiteling for the European audience*. Manchester: European Institute for the Media.

Matos-Cruz, José de (2000): „Breve dicionário tipológico do cinema no Estado Novo." Torgal, Luís Reis (Hrsg.): *O Cinema sob o Olhar de Salazar*. Lisboa: Círculo de Leitores.

Ó, Jorge Ramos do (1999): *Os anos de Ferro. O dispositivo cultural durante a „Política do Espírito" 1933-1949*. Lisboa: Editorial Estampa.

Pina, Luís de (1978): *Panorama do Cinema Português. Das Origens à Actualidade*. Lisboa: Terra Livre.

Santamaria, Laura (2001): „Culture and translation. The referential and expressive value of cultural references." Agost, Rosa / Chaume Varela, Frederic (Hrsg.): *La traducción en los medios audiovisuales*. Castelló de la Plana: Universitat Jaume I.

Schildt, Axel (2002): „Modernisierung im Wiederaufbau. Die Westdeutsche Gesellschaft der fünfziger Jahre." Faulstich, Werner (Hrsg.): *Die Kultur der fünfziger Jahre*. München: Wilhelm Fink Verlag.

Schreiber, Michael (1993): *Übersetzung und Bearbeitung: zur Differenzierung und Abgrenzung des Übersetzungsbegriffs*. Tübingen: Gunter Narr Verlag.

Torgal, Luís Reis (Hrsg.) (2000₂): „Propaganda, ideologia e cinema no Estado Novo. A `conversão dos descrentes`." *O Cinema sob o Olhar de Salazar*. Lisboa: Círculo de Leitores.

Toury, Gideon (1995): *Descriptive Translation Studies and beyond*. Amsterdam, Philadelphia: John Benjamins Publishing Company.

Venuti, Lawrence (Hrsg.) (1992): „Introduction." *Rethinking Translation. Discourse, Subjectivity, Ideology*. London, New York: Routledge.

Whitman, Candace (2001): „Cloning cultures: The return of the movie mutants." Agost, Rosa / Chaume Varela, Frederic (Hrsg.): *La traducción en los medios audiovisuales*. Castelló de la Plana: Universitat Jaume I.

Wotjak, Gerd (1982): „Äquivalenz, Entsprechungstypen und Techniken der Übersetzung." Jäger, Gerd / Neubert, Albrecht (Hrsg.): *Äquivalenz bei der Translation*. Leipzig: Enzyklopädie.

Juan-Antonio Prieto-Velasco
Granada
**Improving Scientific and Technical Translations
through Illustrations[1]**

1 Introduction

The new scenarios of professional translation, such as Localization and Web translation are based on innovative audiovisual formats which have recognised the potential benefits of the use of pictorial material in spite of raising new constraints and challenges for translators. Indeed, problem solving has become one of the most important features within the translation process (Kußmaul 2005:378) and consequently, terminology-derived difficulties are among the main worries for student and professional specialized translators.

The new approaches to the study of terminology have posed a more descriptive perspective which includes a series of vehicles for knowledge representation, useful for improving the production of scientific and technical translations and enriching multimedia terminological databases. The terminological subcompetence, as an important part of the specialized translation process, includes two main objectives: to represent specialized knowledge and to transfer it (Rodríguez Camacho 2002). To fulfil both aims, translators may choose among textual resources such as terminological definitions or explanations, denominative resources such as terms and phraseology, and other non-linguistic forms such as illustrations and tables (Monterde 2004:67).

Illustrations, as part of the textual frame, are regarded as a significant means of knowledge representation within the new formats for information which have arisen in the audiovisual scenarios framing the professional activity of translators, technical writers, scientific journalists and translator trainers. In the context of scientific and technical translation, illustrations enable a *visualization process* during which they visually activate pre-stored knowledge structures and their concepts, contribute to the construction of a mental model on the scientific system being represented and help building a link between visual and verbal information. As a result, the inclusion of images and pictorial resources in scientific and technical texts to be translated enhance different cognitive processes leading to more creative translations, and thus more successful translations (Tercedor and Abadía 2005; the relevance of nonverbal text elements in technical translation is also discussed and stressed by Schmitt 2002).

[1] This research is part of the project *PUERTOTERM*: knowledge representation and the generation of terminological resources within the domain of Coastal Engineering, BF F2003-04720, funded by the Spanish Ministry of Education.

2 Assessing scientific and technical translations

From the very beginning of Translation Studies, theorists have been searching for a repertory of evaluation criteria and resources to respectively increase the quality of the translations produced and promote the translator's competence.

Nevertheless, when dealing with the concept of *evaluation* several questions arise: *what is evaluation* and *what is being evaluated.* According to Martínez and Hurtado (2001),

> translation evaluation is relevant in three areas of translation: the evaluation of published translations, the evaluation of professional translators' work and evaluation in translation teaching.

In this regard, evaluation can be considered either as measurement, or as management, the latter being an important element for pedagogical purposes. In the context of evaluation for translation training its formative function is to be remarked.

To answer the question *what is* being *assessed,* Martínez and Hurtado (ibid.) refer to the PACTE research group (Process in the Acquisition of Translation Competence and Evaluation) investigation on the translation competence "and the progression in the acquisition of that competence (levels, threshold of acceptability, etc.)". As far as specialized translation is concerned, student translators need:

> at least a working knowledge of the domain or subject-field concerned i.e., familiarity with the underlying concepts and constructs, and their linguistic interpretation, preferably in both source and target language, thus ensuring the use of accurate terminology and stylistically appropriate phraseology, which comprise the LSP (Korkas and Pavlides 2004).

This is what we call the terminological sub-competence; it can be found under two of the sub-competences which underlie the model of translation competence identified by PACTE (2003) – the extra-linguistic and instrumental sub-competences –,the others being the bilingual, extra-linguistic, strategic, instrumental and knowledge about translation competences. They make reference to subject knowledge in special areas and to procedural knowledge on documentation sources, respectively.

> One of the criteria for measuring translation competence is domain or subject-field specific knowledge, which [...] for specialist translators amounts to a working knowledge of the domain or subject-field" (Korkas and Pavlides ibid.).

Therefore, the terminological sub-competence must be given due consideration, since many of the evaluation criteria used when assessing specialized translations refer to different aspects directly dependent on it and the misinterpretation of the graphic information contained in specialized texts may lead to encyclopaedic errors and documentation management difficulties.

Yet, not only is it important for the translator trainer to assess the level of competence or skills acquired, but also to provide student translators with the means necessary to encourage the learning process and to get them involved so as to understand and solve problems.

3 The role of graphic information in scientific and technical texts

The new implications of the present professional environment invite translator trainers to focus on non-textual information, since the presence of graphic and visual resources is not fortuitous and images direct the reader's attention to a particular aspect of the text.

As a consequence, the use of non adequate illustrations or the misinterpretation of the information visually encoded may lead to translation errors which would pop up in an evaluation task. Our approach focuses on the development of a visualization process which would direct student translators towards an appropriate categorization and understanding of specialized concepts, thus preventing them from placing emphasis on irrelevant aspects as far as the communicative situation and their own needs are concerned. In line with our main aim, illustrations support the promotion of the terminological sub-competence, which implies more successful translations in terms of coherence and cohesion.

According to Tercedor, López and Robinson (2005), images can be classified in accordance with their function within the textual structure and the perception of the user as regards their relationship with the concept they serve. Despite their morphological characteristics, illustrations must be faithful to the elements which are central to the concept and represent the closest conceptual relations; avoid ideological, social and cultural biases and finally be supported by textual descriptions for accessibility reasons.

In addition to these selection principles, there are several functional classifications including a series of common aspects which are also useful for determining the most adequate type of illustration to be used in a given communicative situation (cf. table 1).

From these classifications, where semiotic and cognitive principles are a constant, we have managed to extract two different criteria in order to build up a new classification: iconicity and abstraction.

- Iconicity refers to the degree of resemblance between the real-world entity and the alluded concept.
- Abstraction is the cognitive effort required for an adequate categorization and identification of the concept.

In addition, dynamism has been identified as a third criterion so as to serve the capacity of images to represent a process, either by means of explicit movement or the description of the different stages of development within the process.

Duchastel y Waller (1979)	Levin (1981)	Levie y Lentz (1982)	Alesandrini (1984)	Role
descriptive	Representation		representational	add concreteness
			analogical	show what an object looks like physically
expressive	Decoration	attentional		attract attention embellish the text
constructional	Organization	cognitive		add coherence
functional	Transformation			interrelate concepts
		compensatory		compensate poor readers
		affective		analyze the effect on the audience
logico-mathematical				represent numerical relations
algorithmic	interpretive		arbitrary	clarify complex concepts and phenomena
data display				

Table 1: Convergence of functional classifications of images

As a consequence, the inclusion of images chosen on the basis of the previous criteria and the visual activation of knowledge contributes to the representation of knowledge through graphic information and rapidly evokes the entire conceptual domain represented. The knowledge acquisition and knowledge recall processes run faster, thus balancing the time/effort rate in the translation process and eventually developing the translator's terminological sub-competence, which implies higher quality specialized translations.

4 Visual activation of knowledge: the case of WAVE

The acquisition of subject-field knowledge at a basic level and the development of the terminological sub-competence should become first priority in the teaching of scientific and technical translation, as an adequate learning of superordinate concepts encourages the comprehension of subordinate concepts (Mintzes 2006:6 in Tondji-Simen 2005).

It is our assertion that a good way of enhancing such a sub-competence and to accelerate associated problem-solving tasks is to produce a visualization process in order to increase coherence and produce more terminologically consistent translations.

Our approach comes from the notion that

> l'apprentissage consiste à mettre en rapport les nouvelles expériences et celles
> qu'on connaît déjà. La personne qui comprend un concept est celle qui en a une
> vue d'ensemble et non une vision parcellaire ou fragmentaire (Tondji-Simen
> 2005).

4.1 The visualization process

According to Kußmaul (2005:379),

> in creative translation, visualizations lead to shifts, transpositions, modulations,
> etc., in other words, the translation involves changes when compared with the
> source text, thereby bringing something that is novel.

To produce more creative translations it is a *conditio sine qua non* to achieve complete understanding of the specialized concepts being translated. In our opinion, these pieces of scientific knowledge can be acquired by means of a visualization process, which entails three different stages: (a) the activation of the concepts belonging to the same conceptual frame, (b) the construction of a mental model on the scientific system and (c) the linking of verbal and visual information (cf. figure 1).

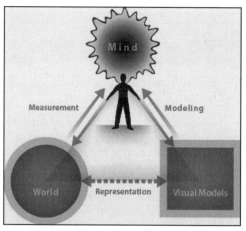

Fig. 1: The visualization process.
Source: Idiagram© http://www.idiagram.com.

The importance of such a visualization process stems from the fact that it provides a way of thinking systemically about to-be-learned information, improving conceptual retention, reducing textual retention and improving problem-solving transfer (Mayer 1989: 58-59). In this regard, visualization constitutes an incredibly effective tool when working with highly dynamic and complex domains (such as, e.g., Coastal Engineering) because

> it can explicitly show all the salient elements of the problem, provides a compli-
> mentary element to linear verbal language, represents more directly the visual

metaphors we think with, provides a tangible thing that explicitly captures the complexity of the problem and gives us a concrete representation to work with (Clemens 2002-2004).

4.2 Activation of terms-concepts belonging to the WAVE frame

In a frame-based organization of specialized fields such as the one used in the *PuertoTerm* project, a dynamic process-oriented frame provides the conceptual clues for the location of sub-hierarchies providing a more adequate representation of specialized fields and supplying a better way of linking terms to concepts (Faber, Márquez and Vega 2005). In this regard, Faber, Márquez and Vega (ibid.) built the so-called Coastal Engineering Event to which the following Wave Frame is subordinate (cf. figure 2).

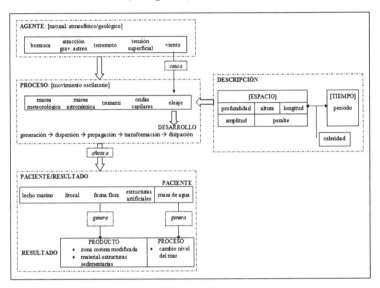

Fig. 2: Conceptual representation of the WAVE Frame

This type of lexical organization has proven really useful for our process-oriented approach to terminology management, thanks to its flexibility, which promotes the transfer of expert knowledge and highlights the role of illustrations as visual activators of the entire system of concepts. "In this respect a frame is rather than a pre-stored, rigid list of features, a dynamic structure which can be tuned according to the different needs of the user" (Martin 2006).

In order to determine the conceptual structure under a certain sub-domain

it is important to include image analysis [...] (since) processing information through graphic input might well condition the later understanding of the information contained in the text (Tercedor and Abadía 2005)

as shown in the following example (cf. figure 3).

Figure 3 represents the WAVE SHOALING concept. At a glance, several inferences can be done: wave shoaling (PROCESS) takes places at the very interaction between the sea (AGENT) and the coastline (PATIENT), it is part of the last stage of development of a wave, dissipation (STAGE OF THE PROCESS), and it is affected by different features such as the water depth (DESCRIPTION).

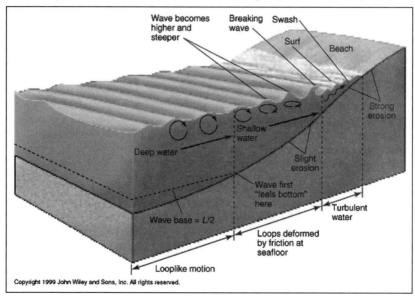

Fig. 3: Image representing the WAVE SHOALING concept. Source: PuertoTerm image databank

4.3 Construction of mental models on the scientific system

The most complete textual analysis must include both extratextual factors (intention, place, time, function, etc.) and intratextual factors (content, presuppositions, lexicon, non-verbal elements, etc.) (Nord 1991). In such analysis, learners should build three types of connections: representational connections between words and verbal representations, representational connections between pictures and visual representations, and referential connections between visual and verbal representations (Mayer and Anderson 1992).

Similarly to what occurs in textual analysis, where a representational link between words and verbal representations is built, the analysis of graphic information must include the building of representational connections between pictures and visual representations. This is a significant step within the visualization process for it enables the construction of a mental model on the scientific system represented, especially when dealing with explanatory illustrations aimed at facilitating the interpretation processes (Mayer and Gallini 1990) (cf. figure 4).

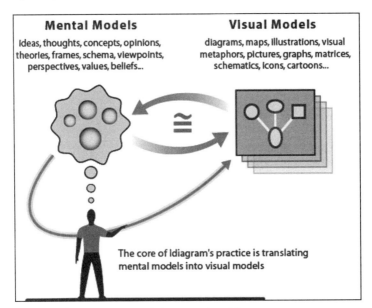

Fig. 4: Translating visual models into mental models.
Source: Idiagram© http://www.idiagram.com

The idea is to translate visual models into mental models and vice versa in order to render conceptual knowledge in such a way that it "accurately reflects the situation in the world" so as to "extend the student translators' intellectual abilities with external representations or models of the problem (Clemens 2002-2004).

The following example represents the WAVE scientific system inferred after the identification of the underlying conceptual structure (cf. .

Fig. 25).

Fig. 5 shows the scientific system representing the generation and development of the WAVE concept. Three specific processes are engaged in the construction of the model: the selection of the pertinent information, its coherent organization and the integration with previously stored relevant knowledge (Mayer 1989:46).

This way student translators are able to interrelate the different pictures in a scientific text to the real-entities they stand in order to determine a set of conceptual relations and establish a model of how the WAVE concept interacts with superordinate, subordinate and coordinate concepts belonging to the same *event* and how the WAVE object works in the real world. The new concepts are to be linked to such existing knowledge by means of referential connections.

These connections should reflect the most relevant aspects of the concepts belonging to the system, encode an accurate not biased state of affairs, objectively describe the situation and act as a mnemonic device. The building of such referential connections is equivalent to building a visual mental model of the system along with verbal interpretations of the cause-and-effect chain in the running of the model (Mayer and Anderson 1992).

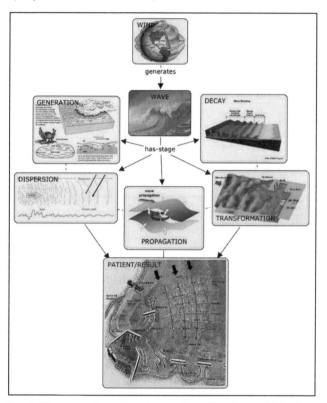

Fig. 5. Wave scientific system. Source: PuertoTerm image databank

4.4 Linking of verbal and visual information

The two major media for communicating scientific information to students are words and pictures, since they improve recall of explanative information, improve creative problem solving, are more effective in improving conceptual recall and problem-solving performance (Mayer and Gallini 1990).

However, it is necessary to establish the link between words and pictures insofar as they both constitute resources for the representation of scientific and technical knowledge. In fact, the contiguity principle states that the effectiveness of multimedia learning "increases when words and pictures are presented contiguously (rather than isolated from one another) in time or space" (Mayer and Anderson 1992).

Faber et al. (in press) argue that linguistic and graphical descriptions of specialized entities play a major role in the understanding process when both types of description converge to highlight the multidimensional nature of concepts as well as the set of conceptual relations typical of a specific subdomain.

In their opinion, the inclusion of images in term entries is based on the conceptual relations activated in the definition of the concept. Similarly, the inclusion of images in scientific and technical texts to be translated encourages the evocation of a set of conceptual relations conveyed both in the illustration itself and in the text.

As a result, a definitional template can be identified from textual information conveying conceptual relations such as IS-A, CAUSED-BY, HAS-LOCATION and DESCRIPTION-OF.

WAVE_____ [**IS-A**], generated by_____ [**CAUSED-BY**], in_____ [**HAS-LOCATION**] with the following characteristics_____ [**DESCRIPTION-OF**].

Table 2: WAVE definitional template

In addition to textual information, illustrations provide a visual focus which reinforces the conceptual relations or slots which make up the concept thanks to the features defining their nature: iconicity, abstraction and dynamism.

The IS-A picture is an iconic illustration, whose high degree of resemblance with the physical entity enables the student to easily recognize the concept; the CAUSE-EFFECT relation is represented by a dynamic image representing the wave generation process and the discrete steps which make it up; the HAS-LOCATION illustration shows the generation area and has a low degree of abstraction; finally, the illustration representing the DESCRIPTION-OF relation (cf. figure 6) has a parts-and-steps structure in order to clear up the different parameters which define the different types of waves: height, direction, wavelength, etc.

The illustrations representing the different slots in the previous visual template should complement the textual information so that student translators can easily identify the conceptual relations and build a mental model in order to better understand the wave process and promote their terminological sub-competence. However, not all illustrations serve this purpose. Images

> should be selected so that they (1) focus on one or more aspects of the core template information [...]; (2) possess the level of iconicity, abstraction, and/or dynamism that best portrays the attribute/s of the concept (Faber *et al.* in press).

The linking of verbal and visual elements is the last stage of the visualization process and allows student translators to interrelate the information presented in the two formats in order to fill in the blank slots existing in text and images in such a way that they complement each other supporting a more complete and accurate acquisition of expert knowledge.

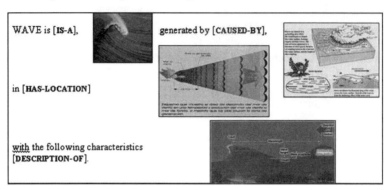

Fig. 6. Wave visual template and slots

5 Conclusions

In this article we have remarked the significant role that illustrations play in the acquisition and transfer of expert knowledge when facing a scientific and technical translation. The research undergone in *PuertoTerm* has revealed the potential of images in the representation of specialized concepts and in specialized knowledge management.

Images contribute to the visual activation of knowledge in multimedia texts initiating a visualization process, which is especially relevant in dynamic domains such as Coastal Engineering. The dynamic configuration of its conceptual structure contributes to the representation of scientific and technical knowledge by means of illustrations.

Images activate the concepts belonging to the frame; enhance the construction of a mental model on how the scientific system in question works, and link verbal and visual information in order to promote understanding. Visualization in scientific and technical texts can lead to changes in the way students think about the material (Mayer 1989: 59) and work with the text to be translated, succeeding in the search for more creative solutions to terminology-derived difficulties.

In conclusion, such a visualization process supports the development of the terminological sub-competence and encourages the production of more terminologically consistent translations and more successful translations in terms of coherence and cohesion. In this regard, we have underlined that the quality of images, measured in terms of adequacy as far as their levels of iconicity, abstraction and dynamism are concerned, is an important element to be considered when assessing a scientific and technical translation.

References

Clemens, Marshall (2002-2004): "Visual modelling and facilitation for complex business problems." http://www.idiagram.com (20/09/06).

Faber, Pamela / León, Pilar / Prieto, Juan Antonio / Reimerink, Arianne (2007): "Linking images and words: the description of specialized concepts." *International Journal of Lexicography*. Oxford Journals (Expected March 2007).

Faber, Pamela / Márquez, Carlos / Vega, Miguel (2005): "Framing Terminology: A process-oriented approach." *META, Translators' Journal* 50 (4). *For a Proactive Translatology*. University of Montreal.

Korkas, Vassilis / Pavlides, Pantelis (2004): "Teaching aspects of LSP (Language for Special Purposes) to non-specialists: A case for background courses in translation studies programmes." *Journal of Specialized Translation* 2. http://www.jostrans.com.

Kußmaul, Paul (2005): "Translation through Visualization." *META, Translators' Journal* 50 (2), 378-391.

Martin, William (2006): "Frame-based lexicons and the making of dictionaries." Proceedings of the XII *Euralex* International Conference on Lexicography. University of Torino. Torino 6-9 September, 2006.

Mayer, Richard (1989): "Models for Understanding." *Review of Educational Research*, vol. 54 (1), 43-64.

Mayer, Richard / Anderson, Richard (1992): "Animation: helping students build connections between words and pictures in multimedia learning." *The instructive* 84 (4), 444-452.

Mayer, Richard / Gallini, Joan (1990): "When is an illustration worth ten thousand words?" *Journal of Educational Psychology* 82 (4), 715-726.

Monterde Rey, Ana (2004): "Importancia de la ilustración para la traducción técnica: estudio en el campo de la aeronáutica." C. Gonzalo García, V. García Yebra *et al.* (eds.). *Manual de Documentación, Terminología y Traducción especializada*. Madrid: Arco/Libros, 259-274.

Nord, Christiane (1991): *Text analysis in Translation: Theory, Methodology and Didactic Application of a Model for Translation-Oriented Text Analysis*. Amsterdam-Atlanta: Rodopi.

Rodríguez Camacho, Emma (2002): "La terminología en la formación de un traductor especializado." Guerrero Ramos, Gloria / Pérez Lagos, Manuel Fernando (2002): *Panorama actual de la Terminología*. Granada: Comares, 307-326.

Schmitt, Peter A. (2002): "Nonverbale Textelemente als Quelle und Lösung von Übersetzungsproblemen." Zybatow, Lew N. (2002) (ed.): *Translation zwischen Theorie und Praxis.Innsbrucker translationswissenschaftliche Ringvorlesungen-I*. Forum Translationswissenschaft, Bd.1, Frankfurt/M.: Peter Lang, 191-213.

Tercedor, María Isabel / Abadía, Francisco (2005): "The role of images in the translation of scientific and technical texts." *META, Translators' Journal* 50 (4). *For a Proactive Translatology*. University of Montreal.

Tercedor, María Isabel / López, Clara Inés / Robinson Bryan (2005): "Textual and Visual Aids for E-learning translation courses." *META, Translators' Journal* 50 (4). *For a Proactive Translatology*. University of Montreal.

Tondji-Simen, René (2005): "Notions essentielles et enseignement de la traduction scientifique et technique." *META, Translators' Journal* 50 (4). *For a Proactive Translatology*. University of Montreal.

Irmgard Rieder
Innsbruck

Das lange Leben der „belonging Federations" – das Internet als Multiplikator von Übersetzungsfehlern

Mit dem doch recht eigenartigen Terminus im Titel soll auf ein Phänomen hingewiesen werden, das wohl vielen Internet-Benutzern immer wieder ins Auge sticht, nämlich die mangelnde Sprach- bzw. Textqualität – vor allem im Englischen. Diese ergibt sich oft aus der Tatsache, dass Nicht-Muttersprachler in blindem Vertrauen auf das in diesem Medium angetroffene Englisch Textteile und Elemente übernehmen und daraus neue Texte produzieren. Die daraus resultierende mangelnde Textqualität ist im Englischen, der de facto Universalsprache in diesem Medium, natürlich am offensichtlichsten, man findet sie aber durchaus auch in anderen Sprachen, auf die hier allerdings nicht eingegangen werden soll – es sei denn als Anregung für entsprechende Untersuchungen für andere Sprachen, die sicher interessante Aufschlüsse bringen könnten.

Anhand einiger Beispiele aus dem Bereich Sport soll nun versucht werden, die Ursachen für schlechte Texte aufzuzeigen und nachzuvollziehen, wie sich die Fehler weiterverbreiten und welche Maßnahmen vielleicht zu einer Reduktion von Fehlern beitragen können. Die folgenden Ausführungen stützen sich im Wesentlichen auf eine Untersuchung, die im Rahmen einer derzeit laufenden Diplomarbeit am Innsbrucker Institut für Translationswissenschaft durchgeführt wurde.

Diese Untersuchung bezieht sich auf ein relativ eng abgestecktes Korpus von Texten, die aufgrund ihrer immer gleich bleibenden Funktion und der immer gleich bleibenden Kommunikationsteilnehmer als „Standardtexte" bezeichnet werden können, nämlich auf Ausschreibungen von internationalen Sportveranstaltungen. Dabei stammen die Daten zur Sportart Klettern aus der bereits erwähnten Diplomarbeit (die sich natürlich nicht nur auf diese eine Textsorte bezieht), die Texte aus den anderen Sportarten wurden als Vergleichstexte ausgesucht und analysiert, um die Aussagen auf eine breitere Basis zu stellen.

Einleitend soll nun die Textsorte „Ausschreibung von Sportveranstaltungen" und das Umfeld, in dem sie auftritt, etwas näher beleuchtet werden.

Im Lauf der letzten 10 – 15 Jahre hat sich im Bereich der Sportverbände und der Organisation von Sportveranstaltungen das Internet zum offiziellen Medium entwickelt, un d die im Rahmen der Wettkampforganisation vorgeschriebene Dokumentation (d. h. Terminkalender, Ausschreibung, Online-Anmeldeformulare, Nennlisten, Startlisten, Ergebnislisten usw.) findet sich – üblicherweise ohne Zugriffsbeschränkung – auf den Websites der internationalen und der nationalen Verbände. Vom Versenden dieser Informationen in gedruckter Form ist man bei den meisten Verbänden abgegangen. Die Netzauftritte der

Verbände sind im Allgemeinen sehr professionell und – je nach Finanzlage der einzelnen Sportarten bzw. Verbände – auch oft sehr aufwändig gestaltet. Als Beispiele sollen hier die Einstiegsseiten der IFSC (Internationaler Kletterverband), sowie die Seiten der FIS (Internationaler Skiverband) und der FIA (Internationaler Motorsportverband) dienen, die trotz vielleicht unterschiedlicher Optik im wesentlichen dieselben Strukturen aufweisen, nämlich die neuesten Nachrichten aus dem Bereich des Verbands und umfangreiche Linkleisten, die zu den einzelnen Bereichen führen (siehe Abbildungen 1-3 auf der CD).

Auf den nächsten Ebenen, die uns zur untersuchten Textsorte führen, unterschieden sich die weiterführenden Seiten teilweise erheblich. Die IFSC (und auch die FIS) zeigen eher nüchterne Listen (siehe Abbildung 4 auf der CD), in denen die verschiedenen Informationen zu den einzelnen Wettkämpfen angeklickt werden können.

Bei den Motorsportlern hingegen findet man die Ausschreibungstexte nur über die Homepages der einzelnen Veranstaltungen, die sehr viel Bildmaterial und Action bieten und so gestaltet sind, dass Textdokumente (in pdf), die nur für Beteiligte, aber nicht für das Publikum wichtig sind, erst über mehrere weitere Menüpunkte angeklickt werden können.

Die Textsorte „Ausschreibung"

Bei dieser Textsorte handelt es sich um eine sehr spezifische Gebrauchstextsorte, die starken Textsortenkonventionen unterliegt, und deren Funktion in der Information über die für den Teilnehmer wichtigen Details eines spezifischen Wettkampfs in seiner Sportart besteht. Dabei kommen natürlich die Aspekte der Fachsprachlichkeit zum Tragen, denn die Texte dienen ausschließlich der Kommunikation zwischen Sportlern (meist auf hohem bis höchstem Niveau) bzw. deren Trainern und Betreuern und den Organisatoren internationaler Wettkämpfe. Die Beteiligten an der Kommunikation sind also alle als Experten in ihrem Bereich zu sehen. Der Aufbau der Information gestaltet sich nach einem allen Beteiligten bekannten Muster und ist meist in Punkte gegliedert, die auch einen selektiven Zugriff auf einzelne Elemente der Gesamtinformation erlauben.

Um die Textsorte an einem Beispiel vorstellen zu können, wurde eine deutschsprachige Ausschreibung für einen Dreiländerwettbewerb im Klettern ausgewählt (siehe Abbildung 8 auf der CD), wobei auf folgende Punkte hingewiesen werden soll:

Das Layout mit Logos von Veranstalterverband, Bewerbsserie und Sponsoren stellt ein typisches Merkmal der Textsorte dar und ist als wesentliches Element der Makrostruktur zu sehen. Die Tatsache, dass dieses Layout meist durchaus aufwändig und sorgfältig gemacht wird, deutet wohl darauf hin, dass die Dokumente als wichtig eingestuft werden, auch wenn man dies nach der sprachlichen Beurteilung manchmal anzweifeln möchte.

Der hier vorliegende deutsche Text zeigt die Spezifika der Textsorte anhand einer Disziplin innerhalb einer spezifischen Sportart, nämlich dem Bouldern als Disziplin des Sportkletterns. Trotzdem enthält der Text hauptsächlich sportartübergreifende und generelle Elemente – sowohl bezüglich der Terminologie als auch der Texttypologie – wobei hier die Textsorte „Einladung" relevant ist. So sind alle auf der linken Seite angegebenen Punkte wie Zeit, Ort, Art der Veranstaltung, Informationen zu Startklassen und Startberechtigung, Anmeldeschluss, Meldeadresse, Startgeld, Hinweise auf Unterkunft und Anreise nicht sportartspezifisch und finden sich sportartunabhängig auf jeder Ausschreibung, egal ob Skifahren, Schwimmen, Fußball oder Motorsport.

Die wenigen sportartspezifischen Elemente sind einige Fachtermini, wie im vorliegenden Text „Isolationsschluss", und „Viererketten der Klettertürme", Wendungen wie „offen" im Zusammenhang mit der Qualifikation, was so viel heißt wie „ohne vorgegebene Startreihenfolge und ohne Zeitvorgabe". Die Angaben „(Intervall, 4 B à 4')", die Sie neben den Zeitangaben für Halbfinale und Finale finden, sind stark komprimierte und nur für Eingeweihte verständliche Angaben über den Durchführungsmodus mit Startreihenfolge und Zeitvorgabe.

In der Praxis gilt der erste Blick auf den Ausschreibungstext dem Datum und dem Ort der Veranstaltung, der nächste meist dem Anmeldeschluss. Die Meldeadresse ist schon nicht mehr so interessant, da für die „offiziellen" Wettkämpfe üblicherweise ein Online-Anmeldesystem auf der Wettkampfseite der Verbände besteht.

In weiterer Folge werden dann die Informationen zum Startgeld, später dann die Übernachtungsmöglichkeiten, Anfahrtsinfos und der Zeitplan angesehen, wobei von Letzterem hauptsächlich die erste Zeit relevant ist – der Rest ergibt sich dann von selbst. Weitere Informationen wie Veranstalter, Ausrichter, Routensetzer, Startklassen oder Startberechtigung müssen zwar aufgrund der Reglements der internationalen und nationalen Verbände in der Ausschreibung enthalten sein, sind aber für den Adressaten des Texts, den teilnehmenden Sportler, nicht wirklich von Bedeutung, da sie generell bekannt sind und in jeder Ausschreibung vorkommen und auch keinen wirklichen Einfluss auf das Anmeldeverhalten des Sportlers haben – wer im deutschen oder österreichischen Bouldercup startet, meldet sich an, egal wer die Routen setzt oder welcher Verein die Veranstaltung organisiert. Somit enthält der Text für den Sportler genau genommen durchaus auch redundante Elemente, die bereits beim Lesen des Veranstaltungstitels implizit enthalten sind. (Dt. Bouldercup, 1. von 3 Wettkämpfen zur dt. Meisterschaft Bouldern 2006)

Zusammenfassend handelt es sich also um einen Text, der in sehr komprimierter Form sehr viel Information enthält, wobei die einzelnen Punkte für die verschiedenen Adressaten wichtiger oder auch weniger wichtig sind. Üblicherweise wird bei Ausschreibungen selten der gesamte Text gelesen, sondern nur einzelne Punkte – meist zu verschiedenen Zeitpunkten.

Im internationalen Sportgeschehen findet sich die hier im Deutschen vorgestellte Textsorte fast ausschließlich in Englisch. Auf diese „internationalen Ausschreibungen" soll nun näher eingegangen werden.

Wie bereits in der Einleitung erwähnt, beziehen sich die in der Folge vorgestellten Untersuchungen auf Ausschreibungstexte für Wettkämpfe auf dem „höchsten" Niveau – d. h. Weltcup bzw. Welt- oder Europameisterschaft. Diese Texte werden zu einem großen Teil von nicht-muttersprachlichen Veranstaltern auf der Basis einer englischsprachigen Vorlage – und vor dem Hintergrund der Terminologie und der üblichen Formulierungen in der Landessprache sowie der Textsortenspezifik – verfasst bzw. redigiert. Dabei lässt sich sehr gut erkennen, dass sich die für die jeweilige Veranstaltung spezifischen Informationen in Terminologie, Stil und Qualität oft deutlich von der Vorlage unterscheiden und somit zu Inkonsistenzen im Bereich Terminologie, Orthographie (hauptsächlich Groß- und Kleinschreibung) und Stil führen und dass Fehler oder „Besonderheiten" in der Vorlage oft durch mehrere Textgenerationen weitertransportiert werden.

Als Bestätigung für diese Aussage sollen anhand einer Textpassage die „besonderen", weil fehlerhaften oder zumindest nicht idiomatischen Elemente und ihr Schicksal über mehrere Textgenerationen beleuchtet werden.

Die untersuchte Textpassage heißt:

> Those competitors for whom their belonging Federations have not applied for an International Licenses, will NOT be allowed to compete

und entspricht dem Passus „Nur mit Nationaler Kletterlizenz", den Sie im deutschen Ausschreibungstext auf der zweiten Seite unter dem Punkt „Startberechtigung" finden.

Wie bereits erwähnt, ist dieser Passus für den Adressaten maximal bei einer ersten Teilnahme an einem Weltcupbewerb relevant, d. h. er wird in der Praxis bestenfalls manchmal überflogen.

Der Text enthält mehrere Fehler, die verschiedenen Fehlertypen zugeordnet werden können. Es gibt einerseits die wohl nicht als besonders idiomatisch zu bezeichnende Formulierung „Those competitors for whom", die als Stilproblem zu sehen ist, andererseits den sehr fragwürdigen Terminus „belonging Federation", ein Terminologieproblem, und schließlich einen eigentlich doch recht offensichtlichen Grammatikfehler „an international Licenses".

Bei der Analyse der insgesamt 102 zum Zeitpunkt der Untersuchung (September 2006) auf der Verbandsseite des internationalen Kletterverbands gespeicherten Ausschreibungen von Welt- und Europacup- sowie Welt- und Europameisterschaftsbewerben der Jahre 2001 – 2006 stellte die Diplomandin fest, dass diese Passage, deren Urheber bzw. Ursprung nicht genauer recherchiert wurde, 43 Mal exakt im vorliegenden Wortlaut enthalten ist. Der Grammatikfehler ist auch in weiteren 12 Ausschreibungen enthalten, wobei in 11 davon der ursprüngliche Wortlaut der Passage beibehalten wird und durch die Auslassung von „be" in der Passivkonstruktion „will not be allowed to compete" noch ein weiterer Fehler dazukommt. Bei der letzten Version bleibt der Wortlaut gleich, es wird nur die Jahreszahl 2006 vor „Licenses" hinzugefügt und – richtigerweise – der Artikel „an" auf „a" geändert, die Übereinstimmung des unbestimmten Artikels mit dem Plural „Licenses" bleibt aber leider aus. Somit kommt man bezüglich des Grammatikfehlers auf einen Multiplikationsfaktor von 55.

Noch mehr Durchhaltevermögen zeigt der „Terminus" „belonging Federation", der sein Entstehen vermutlich dem „zuständigen Verband" oder dessen französischer oder italienischer Entsprechung zu verdanken hat. Nicht weniger als 89 der untersuchten Ausschreibungen übernehmen diesen Ausdruck, obwohl man schon bei einer einfachen Google-Suche feststellen könnte, dass diese Formulierung nur im Kontext der internationalen Kletterwettkämpfe gefunden wird und dass der zuständige nationale Verband in keiner anderen Sportart so bezeichnet wird.

Die 13 Ausschreibungen, in denen der Ausdruck nicht verwendet wird, ersetzen ihn sinngemäß richtig durch „their federations" (5), „your federation", „whose federation" (5) oder „their national federation" (3).

Die etwas umständliche Formulierung „those competitors for whom…" wird in 16 Ausschreibungen anders formuliert, wobei die Versionen „These competitors for whom" (6) „Those competitors from whom" (6) und „The competitors, for whom" (2), leider nicht als Verbesserungsvorschläge gesehen werden können und somit nur 4 Texte bleiben, in denen eine brauchbare Lösung enthalten ist („Competitors without a License" o.ä.).

Bei der Betrachtung der Weiterverbreitung von Fehlern stellen die zeitliche und örtliche Zuordnung der Texte zwei wesentliche Aspekte dar. Dadurch kann nachvollzogen werden, wer wann welchen Text „weiterbearbeitet" hat. Bei den untersuchten Texten stellt man dabei fest, dass der Text im ersten Jahr (2001) von allen nicht-englischsprachigen Veranstaltern – davon 2 in Frankreich, 3 in Italien und je einer in Deutschland, der Schweiz und Malaysien – unverändert übernommen wurde und nur der britische Veranstalter eine korrekte Formulierung wählte. Überraschenderweise wurde dieser korrekte britische Text in weiterer Folge nicht als Vorlage herangezogen, denn auch im folgenden Jahr griff der Großteil der Veranstalter auf den ursprünglichen Text zurück, nur in 2 Ausschreibungen (Singapur und Slowenien) wurde zumindest der Grammatikfehler ausgebessert.

Dafür baute ein österreichischer Veranstalter, der jährlich zwei Bewerbe ausrichtet, in eine seiner Ausschreibungen die schon erwähnte Auslassung „will not allowed to compete" ein, die für diese Veranstaltung bis heute beibehalten wurde. In den Jahren 2003 und 2004 wird zumindest in 7 von 18 bzw. 11 von 19 Texten der Numerus-Fehler korrigiert und 2004 ist es wiederum ein britischer Veranstalter, der den „belonging Federations" nichts abgewinnen kann und eine bessere Formulierung wählt. Diese wird von einem chinesischen Veranstalter im

Jahr 2005 weiterverwendet, während alle anderen auch in diesem Jahr diese recht fragwürdige „Tradition" aufrechterhalten.

Erst im Jahr 2006 geht die Verwendung der „belonging federations" auf 12 von 20 (d. h. 60 % gegenüber den früheren Werten von 80 – 100 %) der Texte zurück. Dies ist wahrscheinlich dem britischen Veranstalter zu verdanken, der den ersten Bewerb des Jahres ausrichtete und dessen Text offensichtlich von mehreren anderen verwendet wurde – leider ohne Kontrolle, denn dieser Text enthielt wieder einen Numerus-Fehler, („competitors whose Federation have not applied"), der inzwischen in 6 Ausschreibungen auf den einschlägigen Websites nachzulesen ist. Insgesamt kann man aus den Ergebnissen dieser Untersuchung feststellen, dass die Veranstalter generell zu größtmöglicher Arbeitsersparnis bei der Erstellung von Ausschreibungstexten tendieren. Dies impliziert vor allem die Wiederverwendung der eigenen Ausschreibung aus früheren Jahren, was die Wiederholung der Fehler in den Folgejahren bei allen „regelmäßigeren" Veranstaltern eindeutig zeigt. Erstveranstalter und solche, die nach einigen Jahren Pause wieder einen Bewerb organisieren, orientieren sich offensichtlich entweder an unmittelbar vorangehenden Bewerben oder an den jeweils letzten Veranstaltern eines Bewerbs der betreffenden Serie, weil sie sich dort wohl am meisten Übereinstimmungen erhoffen.

Nach dieser nun doch etwas längeren Chronologie der Fehler im „Lizenzpassus" soll noch auf einige andere öfter wiederholte Aspekte mangelnder Textqualität in internationalen Ausschreibungstexten eingegangen werden. Dazu sollen die „Probleme" bzw. weniger guten Lösungen in die Kategorien Terminologie bzw. Lexikon, Grammatik, Stil und unrichtige Verwendung von Sprachvarianten eingeteilt werden.

Zunächst zur Terminologie: hier fällt besonders die nicht immer ganz saubere Verwendung der Benennungen „registration", „application" und „entry" für Anmeldung bzw. Nennung auf. Im internationalen Regelwerk des Sportkletterverbands wird hauptsächlich „registration" und „registration form" verwendet, doch kommen die Benennungen „entry form" und „application form" in derselben Bedeutung ebenfalls vor. Interessant sind einige Ausschreibungen, die als nummerierten Punkt „Registration fee" angeben und unmittelbar danach erklären, wie viel die „entry fee" beträgt und wohin sie überwiesen werden soll. Zur „application" wäre zu sagen, dass diese im Regelwerk nur im Zusammenhang mit Bewerbung um die Austragung einer Veranstaltung sowie für den Antrag auf Ausstellung einer internationalen Lizenz verwendet wird, in Ausschreibungstexten aber oft – in vermutlich ungewollter „Erweiterung" des Bedeutungsumfangs für die Anmeldung von Sportlern verwendet wird, und zwar nicht nur bei den Kletterern und im Motorsport, sondern u. a. auch im internationalen Rennrodelsport. Dass die Verwendung von „registration" für Anmeldung vor allem im Klettersport nicht unproblematisch ist, soll hier noch kurz erwähnt werden: bei den Wettkämpfen gibt es nämlich eine zweite „registration", die auch im Deutschen als „Registrierung" bezeichnet wird und den Vorgang der persönlichen Anwesenheitsbestätigung der Kletterer bei Ankunft in der Kletter-halle bezeichnet.

Ein weiterer, im Gegensatz zur Anmeldung allerdings unproblematischer Be-griff, für den relativ viele Benennungen verwendet werden, ist die Siegerehrung, die in den Kletter-Ausschreibungen am häufigsten als „awarding ceremony" und „award ceremony", aber auch als „prize-giving ceremony", „presentation" oder „Trophies" und von französischsprachigen Veranstaltern sogar als „ceremony protocolaire" bezeichnet wird. Bei den beiden ersten Benennungen zeigt sich vor allem im letzten Jahr eine deutliche Tendenz zur „award ceremony", die möglicherweise auf die Verwendung dieser Benennung in allen britischen Tex-ten zurückgeführt werden kann. Mit Ausnahme der „ceremony protocolaire" finden sich alle hier genannten Benennungen auch in den Ausschreibungen für andere Sportarten.

Im Bereich Grammatik und Stil gibt es mehrere inkonsistente Formulierungen, die die Textqualität beeinflussen, unter anderem „isolation opens for ...." im Gegensatz zu „isolation close (oder auch closed) for...", Unstimmigkeiten im Numerus wie z. B. „finals man and women" oder auch die vermischte Verwen-dung von „final" und „finals" in einem Text sowie falsche Numerusverwendung wie in „the competitor's fees will be charged ..." bzw. „the winner of the Junior categories ...." (bezieht sich jeweils auf mehrere Personen) anführen, die je-weils in mehreren Texten vorkommen. In einigen der Texte gibt es auch Prob-leme mit Zeitformen, so u. a. „... shall be send to", (in 4 Ausschreibungen und über 900 Treffer in Google!) aber auch „please sent a mail to..." (kommt nur ein Mal vor, aber 650 Treffer in Google)

In den Bereich Sprachvarianten muss man die Schreibvarianten Bri-tisch/Amerikanisch einordnen, die sehr oft inkonsistent verwendet werden. Die zwei Termini, bei denen die Unterscheidung deutlich wird, sind die in allen Texten vorkommenden „organiser" bzw. „oranizer" und „programme" bzw. „program", die in allen möglichen Kombinationen – jeweils mehrfach – zu fin-den sind.

Die Großschreibung in Überschriften bzw. bei Stichworten im Programm, die prinzipiell eine Frage der Grammatik, aber auch eine Frage des Layouts dar-stellt, wird sehr verschieden und auch innerhalb einzelner Texte oft nicht konse-quent gehandhabt – in manchen Fällen können hier auch Rückschlüsse auf Kon-ventionen in der Muttersprache des Verfassers gemacht werden.

Generell interessant ist auch die Tatsache, dass in manchen Texten die verans-taltungsspezifischen Passagen wie Unterkunftshinweise, Informationen über Abhol- oder Lotsendienste oder auch die Ankündigung der inzwischen üblichen After-Contest-Party sprachlich durchaus in Ordnung sind, während die Fehler im „Standardteil" der Ausschreibung durch Übernahme ohne entsprechende Kontrolle weitergeschleppt werden, weil der „Sprachkundige" nur für die Übersetzung der „neuen" oder für diese Veranstaltung spezifischen Teile eingesetzt wird.

Mit dieser Bemerkung soll die eingehendere Recherche im Bereich Sportklettern beendet und noch ein kurzer Blick auf die Situation in einigen anderen Sportarten gemacht werden. Dazu zuerst einige Beispiele aus dem Motorsport, genauer dem Rallyesport, der sich bezüglich Popularität, Bekanntheit und vor allem auch der finanziellen Situation grundlegend von der Sportart Klettern unterscheidet. Was die beiden Sportarten (mit allen anderen Sportarten) gemeinsam haben, ist ein Terminkalender mit allen Veranstaltungen, über den man zu weiteren Informationen zu den einzelnen Veranstaltungen kommt. Anders als auf der Kalenderseite des Kletterverbands, wo die Ausschreibungen als „Infos" direkt geöffnet werden können, muss man sich auf den Rally-Seiten über Linkleisten und -listen zu den entsprechenden Texten durchklicken, um dann ein ca. 25-seitiges Dokument zu finden, das genauso wie die Kletter-Ausschreibungen auf der Basis einer englischen Vorlage (in diesem Fall das offizielle Rallye-Reglement) erstellt wurde, in die die spezifischen Informationen für die jeweilige Rally „eingearbeitet" werden müssen.

Als Ausgangsdokument für meine Untersuchung wurde die Türkei-Rally 2006 ausgewählt, wobei folgende Punkte auffielen:

Terminologie: Auch im Rallyesport scheint man sich nicht auf eine Benennung für den Begriff Anmeldung/Nennung verständigt zu haben – „entries" und „registration" werden verwendet und in einer Passage kommt auch hier die „application" ins Spiel – nämlich in der Formulierung „if this application is sent by fax, the original must reach the organiser by….."

In einem Vergleichstext (Finnland-Rally 2006) heißt dieser Passus sogar „if this application is sent by fax, the original entry form must reach the organiser by…" was die Inkonsistenz der Terminologieverwendung natürlich besonders deutlich macht.

Obwohl das Basisdokument hier umfangreicher ist und z. B. die Nummerierung der einzelnen Punkte einschließlich der Formulierung der Kapitel einheitlich vorgibt, sind auch hier verschiedene Formulierungen für gleich bleibende Punkte zu finden, wie z. B. „closing date for entries", „final date to receive entries" oder „for receipt of entries", und „close of entries". Der relativ große Textumfang des Basisdokuments führt natürlich zu vielen zu Ungenauigkeiten bei der Anpassung der Textelemente. Dadurch entstehen immer wieder Fehler, vor allem Numerus-Fehler wie z. B. „the group and classes of cars", „on both occasion", „drivers using car which retains" oder „will be refunded to candidate whose entry has not been accepted". Diese letzten Beispiele könnten natürlich auch durch entsprechende Artikel korrigiert werden. Auch inkonsistente Verwendung von diakritischen Zeichen kommen vor, als Beispiel dafür die Liste der vorzulegenden Dokumente, die hintereinander „drivers and co-drivers driving licences", „entrant's licence" und „authorisation from the drivers'ASN" enthält.

Auch die bei der Analyse der Rallye-Ausschreibungen festgestellten Fehler und auffälligen Formulierungen wurden in Google gegengecheckt und ergaben in den meisten Fällen einige Treffer bei anderen Rally-Veranstaltern, was darauf hinweist, dass offensichtlich auch hier nicht ein Standard-Ausgangsdokument, auf dessen Qualität man sich verlassen kann, sondern irgendein von einem anderen Veranstalter bearbeitetes Dokument ohne Rücksicht auf Qualitätsmängel weiterbearbeitet wird, womit wiederum der Multiplikationsfaktor des Mediums Internet zum Tragen kommt. Dass diese zweifelhafte Methode trotz üblicherweise ausreichender finanzieller Ressourcen von sehr vielen Veranstaltern angewandt wird, muss wohl als Beweis für die geringe Bedeutung gesehen werden, die man in diesem Umfeld der Textqualität beimisst – das Dokument soll informieren, es werden nur einzelne Punkte gelesen und es soll ja „nur" verstanden werden (siehe dazu Rieder 2000).

Zum Schluss soll noch ganz kurz auf den alpinen Skisport eingegangen werden, wo sich leider derzeit (September 2006) nicht so viele Ausschreibungen im Netz finden lassen, da sie nach Beendigung der Veranstaltung meist vom Netz genommen werden. Ein Vergleich der Ausschreibungstexte von zwei durchaus traditionsreichen österreichischen Veranstaltungen zeigt jedoch, dass auch in dieser Sportart die Textqualität eher dem Zufall überlassen bleibt. Dem deutschen Text, der in einer vom Österreichischen Skiverband vorgegebenen Formulierung vor allem auch auf juristische Aspekte eingeht, stehen im Englischen zwei qualitativ sehr unterschiedliche Texte gegenüber, die auf keinerlei Kooperation oder „Abkupfern" schließen lassen. In einem Fall kann man den englischen Text durchaus als recht gut einstufen, im zweiten Fall eigentlich nur als Katastrophe – und das bei einem Bewerb mit einem Preisgeld von 100 000 €. Wenn der Veranstalterverband schon vorgegebene Formulierungen in der Ausgangssprache an seine Veranstaltervereine weiterleitet, läge es doch wohl nahe, dass die englischen Versionen durch den internationalen Verband dazugeliefert werden und allen Beteiligten die Peinlichkeiten der Übersetzung durch unqualifizierte Kräfte erspart blieben.

Die Tatsache, dass die Verbreitung sprachlich mangelhafter Ausschreibungstexte im Netz und ihre Verwendung als Vorlage für gleichartige Texte recht verbreitet zu sein scheint, führt – wie hier beschrieben – ganz offensichtlich zur Multiplikation von einmal aufgetretenen Fehlern. Da es sich bei den Produzenten dieser Texte nur sehr selten um ausgebildete Translatoren handelt und außerdem das Bewusstsein für Sprachqualität im Umfeld Sportveranstaltungen nicht sehr stark ausgeprägt ist, kann eine Änderung der Situation nur mit Unterstützung und auf Initiative der zuständigen Internationalen Verbände erfolgen. Die zu Beginn erwähnte Diplomarbeit und die Ergebnisse einer Lehrveranstaltung zur Textqualität im internationalen Sport, die im Wintersemester 2006/2007 in Zusammenarbeit mit dem österreichischen Kletterverband am Institut für Translationswissenschaft in Innsbruck gehalten wurde, sollen „Standardtexte" bzw. Textbausteine vorgegeben und eine Überprüfungsroutine vor Veröffentlichung der Texte im Netz vorbereiten.

Der in dieses Projekt involvierte „Regelreferent" des österreichischen Verbandes hat diese Funktion auch im internationalen Verband inne und es ist geplant, durch Hinweis auf die sprachliche Qualität und Verlässlichkeit der Vorlagen die Qualität der Textsorte zumindest für diese Sportart zu verbessern. Dabei würde das Internet eingesetzt, um die derzeit festzustellenden Mängel in der Textqualität zu reduzieren bzw. zu eliminieren, was längerfristig vielleicht auch in anderen Sportarten Schule machen könnte. Ein Bericht über das Ergebnis des Projekts und die ersten Erfahrungen mit dem geplanten „Textpool" ist für 2008 geplant.

Bibliographie

Rieder, Irmgard (2000): *Internationale Regelwerke - eine wenig beachtete Textsorte im Sport. Textlinguistische und terminologische Untersuchung der deutschen und englischen Regelwerke von Sportarten mit Bezug zum alpinen Raum.* Dissertation. Universität Innsbruck: Institut für Translationswissenschaft.

Die untersuchten Beispiele stammen von folgenden Websites:

FIA - Internationaler Motorsportverband: www.fia.com/

FIL - Internationaler Rodelverband: www.fil-luge.org/

FIS - Internationaler Skiverband: www.fis-ski.com/

IFSC - Internationaler Kletterverband: www.ifsc-climbing.org/

Anja Rütten
Wassenberg/Düsseldorf
Informationstechnologie für Konferenzdolmetscher

„Könnten Sie übermorgen bei uns ein betriebsinternes Expertengespräch dolmetschen? Ganz allgemeine Sachen, Patentanmeldung unseres neuesten Blutdrucksenkungsmittels ... Die 50 Seiten Antragsunterlagen maile ich Ihnen, die pharmazeutischen Details auch. Nur zum Global Strategic Rollout Implementation Plan kann ich Ihnen momentan noch nichts sagen, die Präsentation bekomme ich aber morgen Abend!" Immer kurzfristiger, immer spezieller, immer mehr Informationen – so sieht immer häufiger der Alltag eines Konferenzdolmetschers aus. Was also tun? Einfach weitermachen wie bisher? Oder sich, um Schritt zu halten, möglichst alle Errungenschaften der Digitalisierung zueigen machen, sämtliche Daten aus dem Internet saugen, jedes neue Programm installieren?

Bevor wir uns Gedanken darüber machen, wie wir die Produktionsfaktoren Information und Wissen am besten nutzen, stellt sich aber erst einmal die Frage, was genau Information und Wissen eigentlich für uns bedeuten, was wir haben und was wir brauchen. Wie unsere Kunden machen wir eine Ist- und eine Soll-Bestimmung.

1 Information und Wissen

Macht man sich bei den Informationswissenschaftlern oder auch in anderen Disziplinen auf die Suche nach einer Definition von Wissen oder von Information, so stellt man bald fest, dass die Auswahl überwältigend ist. Filtert man die Elemente heraus, die für die Fragestellung des Informations- und Wissensmanagements im Dolmetschen interessant sind, so lässt sich das folgende Bild herleiten: Wissen ist die Gesamtheit von Kenntnissen und Fähigkeiten einer Person; es ist unabhängig vom Kontext verfügbar und nicht außerhalb des Kopfes kodiert. Information hingegen zeichnet sich dadurch aus, dass sie Wissen ist, das kodiert wurde (also etwa niedergeschrieben oder ausgesprochen) und für die betroffene Person sowohl neu (oder zumindest gerade nicht abrufbar) als auch relevant, also in einem bestimmten Kontext von Nutzen ist. Und gerade diese Unterscheidung ist für das Konferenzdolmetschen maßgebend: Wissen ist verfügbar: sprachliche Ausdrücke und Sachverhalte, die dem Dolmetscher sofort einfallen, egal in welcher Situation, selbst bei starker geistiger Beanspruchung. Informationen hingegen sind das, was fehlt und gleichzeitig benötigt wird. Wie hieß noch gleich *Nockenwelle* auf Spanisch? Wie funktioniert das Mehrwertsteuerkarussell? Je mehr Wissen man hat, desto weniger Informationslücken tauchen auf. Je mehr externe Informationsquellen (Wörterbücher, Kollegen) zurate gezogen werden können, desto geringer ist die Gefahr, dass eine spontan auftauchende Lücke nicht gefüllt werden kann. Diese Überlegungen beschränken sich auf den Bereich des deklarativen Wissens („Wissen, was"). Das prozedurale Wissen („Wissen, wie") bleibt außen vor, denn es bildet die Grundlage des Dolmetschens, die Haupttätigkeit, die ja durch das Informations- und Wissensmanagement gestützt werden soll. In diesem Zusammenhang benötigen wir eine Definition des Begriffs „Management".

2 Management

Geht man von einem Managementbegriff im Sinne von „Handlungen zur bestmöglichen Erreichung von Zielen" und von einem Konferenzdolmetscher als Wirtschaftsunternehmen aus, so lässt sich für das Wissens- und Informationsmanagement für den Dolmetscher Folgendes formulieren:

Der bestmögliche Umgang mit Wissen und Information zur Erbringung einer Dolmetschleistung zur Zufriedenheit des Kunden (gelungene, problemlose Kommunikation), und zwar mit dem Ziel der Gewinnerzielung. Konkret: Wie gelingt es dem Dolmetscher, mit geringstmöglichem zeitlichem und finanziellem Aufwand sämtliches benötigtes Wissen für einen konkreten Dolmetscheinsatz zu erwerben? Oder, realistischer: Wie kann der Dolmetscher in der gegebenen Zeit und mit den vorhandenen Mitteln so viel relevantes Wissen bzw. so viele Informationen wie möglich erwerben?

3 Einschätzung

Dass niemand zwei Mediziner auf einem Orthopädiekongress davon abhält, zwischendurch über die Tücken des Golfsports zu philosophieren, und es deshalb für einen Dolmetscher an sich gar kein unnützes Wissen geben kann (von nicht mit dem jeweiligen Dolmetscheinsatz verbundenen Sprachen und Situationen einmal abgesehen), wird in der Dolmetschliteratur gerne bescheinigt. Dass aber niemand alles wissen kann, ist andererseits auch unumstritten. Es ist daher schwierig zu entscheiden, welches Wissen relevant ist und welches nicht.

Im Nachhinein ist immer klar, welche Begriffe vorkamen und welche Sachverhalte haarklein diskutiert wurden. Vor der Konferenz sieht das anders aus. „Werden die wirklich nur über die Import- und Exportbestimmungen von Bananen reden? Am Ende sitzt da einer, der auf die landwirtschaftlichen Details der Anbaumethoden eingeht? Und da war doch letztens diese Diskussion über Cashew-Kerne. Wie heißen die noch auf Spanisch? Und bestimmt nennen die Spanier das anders als die Vertreter aus Guatemala ..."

Je weniger man im Vorhinein – **ex ante** – über eine Veranstaltung weiß, desto weniger klar ist, ob sich die Investition in Vorbereitungsarbeit lohnt. Bei einem **Null-Szenario** (keine Vorabinformationen verfügbar) ist die Bandbreite an möglicherweise benötigtem neuem Wissen quasi unendlich und die Gewissheit, dass etwas davon gebraucht wird, höchst ungewiss. Bei einem **Eins-Szenario** (100 % der zu dolmetschenden Beiträge sind bekannt) ist das benötigte Wissen vollständig definiert, die Ungewissheit bezüglich des benötigten Wissens geht gegen null. Natürlich liegt die Realität meist irgendwo dazwischen. Aber in jedem Fall ist es sinnvoll, Kosten und Nutzen der Informations- und Wissensarbeit vorher abwägen. Konkret ergeben sich daraus die folgenden Überlegungen, die zu systematischer Informations- und Wissensarbeit mit maximaler Ausbeute führen:

- Je unvorhersehbarer die Inhalte sind, desto allgemeiner sollte das angeeignete Wissen sein, denn damit erhöht sich die Wahrscheinlichkeit, dass man es auch benötigt und der kognitive Aufwand sich lohnt.

- Gleichzeitig ist das Ansammeln von undifferenzierten (vor allem beim Null-Szenario) bis spezifischen Informationsbeständen in digitaler oder Papierform sinnvoll, um im Falle unwägbarer Wissenslücken darauf zurückgreifen zu können. Dadurch kann im „Notfall" (etwa Spontanbeitrag über Arzneikräuter aus dem schottischen Hochland) ein echter Wettbewerbsvorteil entstehen (der durch einen Internetzugang während des Dolmetschens auch wieder aufgehoben werden kann).

Während man im Vornherein nur spekulieren kann und dabei möglichst planvoll vorgehen sollte, so ist erst nach einem Dolmetscheinsatz – **ex post** – völlig klar, ob es sich gelohnt hat, alle Fischsorten der EU-Gewässer in fünf Sprachen zu lernen bzw. ob es vielleicht eine gute Idee gewesen wäre, dies zu tun oder sie zumindest als Information vor Augen zu haben. Um eine etwas handfestere Größe zur Beurteilung der Effizienz der Informations- und Wissensarbeit bzw. der Informations- und Wissensdefizite zu haben, lohnt es sich, verschiedene Kennzahlen zu ermitteln:

- Die Nutzquote:

  Im Vorhinein erarbeitete Informations- und Wissenseinheiten im Verhältnis zu den genutzten Informations- und Wissenseinheiten

- Den relativen Zeitaufwand:

  Aufgewendete Arbeitszeit für Informations- und Wissensarbeit im Verhältnis zu den genutzten Informations- und Wissenseinheiten

- Die relative Zahl der Wissenslücken:

  Die Gesamtdolmetschzeit im Verhältnis zur Zahl der Wissenslücken

Um die Ermittlung dieser Zahlen praktisch durchzuführen, wird hilfsweise auf terminologische Einheiten zurückgegriffen, die im Rahmen der Vorbereitungsarbeit angelegt wurden. Zwar umfasst die Wissensarbeit eines Konferenzdolmetschers weit mehr als reine Terminologiearbeit, aber Terminologie umfasst zumindest potenziell alle semiotischen Ebenen und ist in zählbaren Einheiten organisiert.

Es bleibt die Frage, ob ein solcher Wert gut, schlecht oder mittelmäßig ist. Maßgeblich für einen gelungenen Dolmetscheinsatz ist und bleibt die gelungene Kommunikation. Aber anhand dieser Kennzahlen bekommt der einzelne Dolmetscher eine Vorstellung von den Größenordnungen. Zwar ist jede Konferenz unterschiedlich schwierig und der Schwierigkeitsgrad ist für verschiedene Dolmetscher mit unterschiedlichen thematischen und sprachlichen Schwerpunkten und Wirkungskreisen sehr unterschiedlich. Über die Zeit und mehrere Konferenzen hinweg könnten Tendenzen sichtbar werden. Würde die Ermittlung solcher Zahlen unter Dolmetschern eine übliche Art der Qualitätskontrolle der eigenen Informations-und Wissensarbeit, so könnten aus einer großen empirischen Basis Richtwerte hervorgehen.

Möchte man hingegen Erkenntnisse über Ursachen von Informations- und Wissenslücken und notwendige Konsequenzen erlangen, so muss die *ex-post*-Evaluierung differenzierter erfolgen. Dazu eignet sich eine retrospektive Protokollierung der Lücken anhand eines vordefinierten Bogens, in den aus dem Gedächtnis (während man eine Aufzeichnung der eigenen Verdolmetschung anhört) für jede Lücke aufgezeichnet wird, ob es sich um Lücken auf Ebene der sprachlichen Form, des Inhalts oder der pragmatischen Ebene (situatives Hintergrundwissen) handelt, ob es sich um ein Problem des Ausgangstextverständnisses oder der Zieltextproduktion handelt und wie das Problem gelöst wurde. Bei der Problemlösung gilt es zunächst zu unterscheiden, ob überhaupt eine wissens- oder informationsbasierte Lösung zur Anwendung kam. Dann kann man auf der Wissensebene unterscheiden zwischen der Aktivierung von Passivwissen (ein Ausdruck fällt einem irgendwann eben doch wieder ein oder man wird daran erinnert) und dem Inferenzieren auf der Grundlage von eigenem Wissen (man reimt sich sozusagen etwas zusammen). Wurde das Problem auf der Informationsebene gelöst, so kann die benötigte Information aus eigenen Beständen stammen (Wörterbücher, Glossare, sonstige Aufzeichnungen), aus denen eines Kollegen (der seinerseits etwas nachschlägt oder aus seinem eigenen Wissen „aushilft" und die benötigte Information aufschreibt oder sagt) oder vom Kunden bzw. Redner, der etwas erklärt (sei es im Redebeitrag selbst „das heißt auf Englisch xy – für die Dolmetscher" oder danach in einer Pause).

Anhand einer solchen Eigenprotokollierung kann man feststellen, in welchen Bereichen die meisten Lücken auftreten und auch, welche Problemlösungsmethoden erfolgreich sind und welche nicht. So kommt man unter Umständen zu dem Schluss, dass sich die systematische Aneignung (im Sinne von „Lernen") von Terminologie gar nicht lohnt, weil im Endeffekt alles rechtzeitig nachgeschlagen werden konnte, wohl aber der Erwerb von Nachschlagewerken. Oder umgekehrt, dass das ständige Recherchieren sehr viel Aufmerksamkeit erfordert und daher das gezielte Memorieren Erleichterung bzw. eine qualitativ bessere Verdolmetschung ermöglichen würde (und sei es nur durch eine angenehmere Stimmführung). Oder dass das Arbeiten mit bestimmten, sehr erfahrenen oder spezialisierten Kollegen sehr sinnvoll ist, das allgemeinsprachliche Niveau gesteigert werden sollte oder ein gesteigertes Interesse am politischen Tagesgeschehen das Verständnis verbessern würde. Umgekehrt kann es auch vielleicht auch eine angenehme Feststellung sein, dass viele der aufgetretenen Probleme erfolgreich und für den Kunden unbemerkt gelöst werden konnten.

In jedem Fall dürfte eine solche systematische Selbstüberprüfung anhand einer Aufzeichnung aussagekräftiger und hilfreicher sein als die subjektive pauschale Beurteilung der eigenen Leistung aus dem Gedächtnis und konkretere Anregungen für die künftige Informations- und Wissensarbeit liefern.

4 Optimierung

Um die Informations- und Wissensarbeit rund um das Dolmetschen effizienter zu gestalten, lassen sich eine Reihe relativ allgemein gültiger Prinzipien ausmachen. Solche Prinzipien lassen sich teils mit Hilfe entsprechender Software, teils ohne technische Unterstützung umsetzen.

5 Systematisierung/Ritualisierung

Hierzu zählt etwa der regelmäßige Bezug von Informationen zur langfristigen Wissensmehrung (RSS-feeds, „Word of the day" oder tägliches Zeitunglesen), regelmäßiges Memorieren von einschlägiger Terminologie (mit einer entsprechenden Erinnerungsfunktion), die Systematisierung von Aufzeichnungen (Terminologie soll übersichtlich und zugriffsfreundlich gespeichert und verwaltet werden und auch für Kollegen zugänglich sein.) oder auch die Verwendung von Standardfragen bei mündlichen Briefings (etwa das Stellen der W-Fragen „Wer macht was wann womit und wozu", die Frage nach drei unverzichtbaren Begriffen oder das Abfragen der Kernbotschaft jeder Partei).

6 Erweiterung und Eingrenzung

Hier geht es darum, bei der Recherche so weit wie möglich zu suchen, möglich nichts Relevantes zu übergehen, gleichzeitig aber so eng zu suchen, dass man die relevanten Informationen möglichst schnell findet. Bei der Dokumentenrecherche im Internet bedeutet das beispielsweise, dass man Synonyme, Ober- und Unterbegriffe usw. verwendet, gleichzeitig aber die Ergebnisse verfeinert, indem man die Suche auf bestimmte Herkunftsländer beschränkt oder Ausschlusswörter verwendet (etwa *Feldbusch*, wenn man Informationen über die Stadt Verona sucht). Insbesondere bei der Terminologieprüfung per Suchmaschine ist die Einschränkung der Suche auf Herkunftsländer, in denen die entsprechende Sprache auch gesprochen wird, essenziell, um falsche Übersetzungen oder unübliche Ausdrücke von Nichtmuttersprachlern nicht versehentlich zu übernehmen (Termprofile-Prinzip). Bei der Durchsuchung eigener Terminologiebestände ist die Eingrenzung der Suchergebnisse durch Prioritäten / Beschränkung auf bestimmte Themenbereiche, Veranstaltungen, Sprachen hilfreich (siehe systematische Aufzeichnung weiter oben). Wird man in den eigenen Beständen nicht fündig, so bietet sich die Erweiterung der Suche durch Einschluss mehrerer Quellen (fremde Glossare, Wörterbücher, Internet) oder Ausweitung der Recherche auf mehrere/alle Themen/Veranstaltungen/Sprachen usw. an. Um solche Einstellungen auch während des Dolmetscheinsatzes schnell handhaben zu können, muss der Datenbestand entsprechend strukturiert sein. Sehr unterschiedliche Softwarelösungen wie LookUp, A-Z Finder, die Google-

Desktopsuche oder auch „normale" Terminologieverwaltungssysteme können hier bei der richtigen Anwendung Unterstützung leisten. Ein Allround-Suchsystem für Dolmetschzwecke gibt es bisher nicht.

Ein weiterer Aspekt der Eingrenzung und Erweiterung sind Qualitätskriterien: Positivkriterien können hier sein die Aktualität eines Dokuments, die Muttersprachlichkeit des Autors oder die Zuverlässigkeit der Bezugsquelle.

7 Extraktion

Um aus einer großen Menge von Informationen das Wichtigste herauszufiltern (Informationsextraktion), kann man sich verschiedene Instrumente zu Nutze machen. Das automatische Zusammenfassen bzw. die Extraktion von Textinhalten (Fact Extraction bzw. Abstracting) ist zwar bisher noch nicht so weit entwickelt bzw. verfügbar, dass es in der Praxis von Nutzen sein könnte, im Bereich der Terminologieextraktionssysteme gibt es jedoch bereits brauchbare Ergebnisse, die es unter Zeitdruck ermöglichen, einen ersten Eindruck der verwendeten Terminologie, der am häufigsten verwendeten Termini oder auch verschiedener Termgruppen zu bekommen (etwa Autoterm vom iai Saarbrücken). „Menschliche" Zusammenfassungen kann man sich zumindest in Form von RSS-Feeds, also Kurznachrichten, wie man sie von den meisten Zeitungen beispielsweise auf das Handy bekommen kann, nutzen.

8 Kennzeichnung

Zusätzliche Kennzeichnungen von Informationseinheiten machen diese besser nutzbar. Wenn ein terminologischer Eintrag beispielsweise einem Thema zugeordnet wird, so ist er auch bei der thematischen Vorbereitung einer ähnlichen Sitzung von einem völlig anderen Kunden wieder verwendbar. Wird ihm darüber hinaus noch die genaue Veranstaltung nebst Datum zugewiesen, so kann man sich später ohne viel Aufwand ein Bild davon machen, welche Begriffe genau bei dieser Sitzung verwendet wurden (wodurch dann auch wieder Erinnerungen an Inhalte, Situationen etc. aktiviert werden). Gleiches gilt für die Kennzeichnung von offenen Fragen, die in der Nachbereitung recherchiert werden sollen, wichtigen Termini, die auch in anderen Sitzungen unverzichtbar sind, Verweise auf ähnliche/verwandte/gegensätzliche Begriffe usw. oder auch auf das Vorkommen in Redetexten.

9 Beschleunigung

Gerade für das Beschleunigen bestimmter Arbeitsgänge ist Software ideal. Die **finanzielle bzw. technische Investition** in schnelle und benutzerfreundliche Software und eine übersichtliche Informationsstruktur bietet sich an. Eine einheitliche Oberfläche für alle Arbeitsgänge der Informations- und Wissensarbeit beim Dolmetschen gibt es zwar noch nicht (ein Modell findet sich in Rütten 2007), für Teilschritte gibt es jedoch durchaus schon Hilfe: Elektronische Wörterbücher, Importfunktionen für eigenen Terminologie in die Suchoberfläche dieser Wörterbücher (Acolada UniLex, Pons LexifacePro, Langenscheidt e-Wörterbücher) oder die Schnellrecherche in eigener Terminologie (LookUp). Die automatische Aufnahme von Termini in die Terminologiedatenbank, das Nachschlagen aus dem Text heraus und die übersichtliche Paralleltextanzeige ist im Prinzip aus Translation-Memory-Systemen bekannt, was dann jedoch die Verwendung eben dieser Systeme bei der Bearbeitung von Dokumenten erforderlich macht. Aber auch ohne den Computer lässt sich die eigene Informations- und Wissensarbeit optimieren, etwa durch gezielte Lesetechniken („Querlesen"; Anfang und Schluss lesen, Techniken zur Aktivierung von Passivwissen zu bestimmten Themen).

10 Übersichtlichkeit

Eine übersichtliche Anordnung erleichtert und beschleunigt die Aufnahme von Informationen. Daher sind auch scheinbare Banalitäten wie die Verwendung von Farben für bestimmte Sprachen, Markierungen in Manuskripten und das Ein- und Ausblenden von gerade benötigten bzw. nicht benötigten Sprachen und Themenbereichen oder auch die Sichtbarkeit von Notizen während des Simultandolmetschens wichtig.

11 Selektion

Stehen vor einem Einsatz viele Informationen zur Verfügung, ohne dass klar ist, worüber genau geredet wird (beispielsweise soll das Thema Solarenergie behandelt werden, Redetexte liegen aber nicht vor), so liegt eine wichtige Teilaufgabe des vorbereitenden Informations- und Wissensmanagements in der Auswahl, also in vielen kleinen Entscheidungen darüber, welche Information nützlich sein könnte und welche nicht bzw. wann es sich lohnt, die Ressource Information in das Zwischenprodukt Wissen umzuwandeln, um dann das eine oder das andere bei der Erstellung der Dienstleistung Dolmetschen zu nutzen. Allgemein gesprochen geht es um die **Aufnahmewürdigkeit** von Informationen (aufzeichnen im Datenbestand) und Wissen (memorieren im Gedächtnis) mit Blick auf deren Relevanz für die Kommunikation (Unternehmensziel) im Abgleich mit Kosten und Nutzen. Es ist dieser Mechanismus, der uns hilft, uns nicht zu „verzetteln". Mit Blick auf die Aufzeichnungswürdigkeit von **Information** gilt es folgende Kosten und Nutzen abzuwägen:

   Kosten:

   • finanzieller, zeitlicher, kapazitärer Aufwand der Aufzeichnung

   • auch: zeitlicher und kognitiver Aufwand für eventuelle Prüfung/Differenzierung vor Aufzeichnung (alternativ ungeprüfte Aufnahme)

Nutzen:

- Allgemeingültigkeit (Übertragbarkeit, Nutzungswahrscheinlichkeit)
- Fachspezifität (spezifischer Nutzen, Unersetzbarkeit)
- Erleichterung des Zugriffs und der Bearbeitung (Abruf, Kategorisierung, Memorierung)

Für die Memorierungswürdigkeit von **Wissen** sind im Bereich Kosten und Nutzen relevant:

Kosten:

- kognitiver, zeitlicher Aufwand (leicht zu merken? Anknüpfungspunkte? Kapazitäten?; alternativ: Abrufbarkeit als kodierte Information; passives Erkennen statt aktive Anwendbarkeit)

Nutzen:

- Allgemeingültigkeit (Übertragbarkeit, Nutzungswahrscheinlichkeit)
- Fachspezifität (spezifischer Nutzen, Unersetzbarkeit)
- Erleichterung des Zugriffs

Bekommt man beispielsweise von einem Kollegen ein zwanzigseitiges Word-Glossar zweifelhafter Herkunft zum Thema alternative Energien, so kostet es zunächst einmal weder Zeit noch Geld noch viel Aufmerksamkeit, dieses als Information auf der Festplatte abzulegen. Da es sich um ein ungeprüftes Glossar handelt, wäre eine vorherige Prüfung der Termini sinnvoll, was wiederum Zeit in Anspruch nimmt. Auf der Nutzenseite muss nun geprüft werden, wie wahrscheinlich es ist, dass das entsprechende Vokabular überhaupt in der Konferenz vorkommt (es könnte hier beispielsweise sein, dass nur ein kleiner Teil des Glossars über alternative Energien überhaupt von Sonnenenergie handelt und der Schwerpunkt bei Windkraft lag) bzw. dass es vielleicht bei Folgeeinsätzen nützlich sein könnte (falls man häufiger in der Branche arbeitet oder es sich um ein branchenübergreifendes Thema handelt – alternative Energien etwa werden in der Politik derzeit ausgiebig diskutiert). Auch wenn einzelne Termini vielleicht nicht sonderlich häufig vorkommen, so kann es doch andererseits auch sein, dass es – wenn sie dann einmal verwendet werden – sehr schwierig ist, zu improvisieren (also – um einmal ein anderes Beispielthema zu wählen – etwa einen Oberfeldwebel zu umschreiben). Und zu guter Letzt besteht ein eher praktischer Nutzen der Aufzeichnung von Information schlichtweg in der einfacheren Abrufbarkeit – solange es keinen flächendeckenden Internetzugang gibt, ist es einfach von Vorteil, selbst online verfügbare Informationen auf der Festplatte zu speichern. Im vorliegenden Beispiel spricht also einiges dafür, dieses Glossar zumindest zu „besitzen", da es allerdings weder von Relevanz noch von (erwiesener) Qualität ersten Ranges ist, bietet es sich an, den Datenbestand nicht detailliert zu prüfen oder gar in den eigenen Terminologiebestand zu importieren, sondern ihn gleichsam für alle Fälle in einem separaten Ordner abzulegen. Für dieses Vorgehen spricht auch das wahrscheinliche Vorhandensein von **Alternativen**: Zum Thema Sonnenenergie kann man im Internet zahlreiche einschlägige

Texte aus verlässlichen Quellen in den unterschiedlichsten Sprachen erwarten. Sind hingegen im Fall von weniger gut erschlossenen Themen oder Sprachen die relevanten Information nicht ohne weiteres zu beschaffen oder raubt die Suche nach einigen wenigen Termini bereits 90 % der verfügbaren Vorbereitungszeit, so kann der Kauf eines teuren Wörterbuchs (wenn vorhanden) eine wirtschaftlich sinnvolle Alternative sein.

Ähnliche Überlegungen wie für die Informationsbeschaffung gelten für die Frage des Memorierens. Hier gilt es – falls man sich dafür entschieden hat, sich mit dem Glossar näher auseinanderzusetzen – von Eintrag zu Eintrag zu entscheiden. Was man sich leicht merken kann, wird man eher lernen oder hat es womöglich schon mit dem ersten Lesen memoriert. Einen Ausdruck, der vermutlich in jedem zweiten Satz vorkommen wird oder der nur schwer zu umschreiben ist (siehe oben), lernt man vielleicht auch, wenn er schwieriger ist. Alternativ (etwa bei fehlender Zeit) begnügt man sich damit, auch zentrale Begriffe nachzuschlagen oder gut sichtbar zu notieren.

Bei diesen Selektionsentscheidungen sind wir ebenso wie beim Dolmetschen selbst nach wie vor auf unser Urteilsvermögen angewiesen und können uns nicht auf den Computer verlassen. Wenn man sicher auch intuitiv schon in den meisten Fällen die richtige Entscheidung trifft, so kann eine bewusstere Berücksichtigung der genannten Kriterien im einen oder anderen Fall bestimmt zu einem effizienteren Arbeiten beitragen oder auch helfen, einen ökonomischen Sinn in dem manchmal notwendigen und dennoch unbefriedigenden „gesunden Halbwissen" zu erkennen.

12 Software

Unterstützung durch den Computer gibt es für den Konferenzdolmetscher von heute in mannigfaltiger Weise. In der Terminologieverwaltung konkurrieren die „richtigen" Terminologieverwaltungssysteme wie beispielsweise Multiterm mit ihren sehr differenzierten Eintragsmöglichkeiten mit simultandolmetschtauglicheren Datenbanken, die meist von Dolmetschern selber entworfen wurden, sowie mit dem weit verbreiteten Einsatz von Textverarbeitungs- und Tabellenkalkulationsprogrammen. Im Folgenden soll jedoch diese sehr umfassende Diskussion nicht vertieft werden, sondern es werden vielmehr exemplarisch einige kleine, im Internet frei verfügbare Dienste vorgestellt werden, die auf ihre Art bestechend einfach und sehr nützlich sind.

Termprofile.com beispielsweise ermöglicht es, auf der Basis einer Google-Schnittstelle nach drei Ausdrücken parallel zu suchen (um die Ergebnisse übersichtlich vergleichen zu können). Für jede dieser Suchen kann vorher ausgewählt werden, in welchem Land oder welcher Ländergruppe (englischsprachige bzw. spanischsprachige Länder) gesucht werden soll (um eine muttersprachliche Quelle zu finden). Und darüber hinaus kann durch ein häufiges Wort (etwa *unter*) eine Verhältniszahl ermittelt werden, damit man Trefferzahlen etwa in den Niederlanden und den USA besser vergleichen kann. Möchte man einmal schnell für den gerade dolmetschenden Kollegen einen improvisierten Terminus im Internet überprüfen, so ist dies mit Termprofile.com in relativ kurzer Zeit sehr viel zuverlässiger und differenzierter möglich.

Unter Wortwarte.de werden täglich neue Neologismen samt Fundstelle im Internet vorgestellt; immens praktisch, um sprachlich auf dem Laufenden zu bleiben und gleichzeitig über die mit den Neologismen verbundenen neuen Sachthemen informiert zu sein.

Bootcat wiederum ermöglicht es im Rahmen eines kostenlosen Probekontos auf der Basis von relevanten Google-Fundstellen, zu Schlüsselbegriffen ein Text-korpus zu erstellen, das es ermöglicht, schnell einen inhaltlichen und terminolo-gischen Überblick zu den Stichwörtern *energía solar* auf Spanisch bzw. *Solar-energie* oder *Sonnenenergie* auf Deutsch zu bekommen. Aus einem solchen Korpus kann dann auch noch die Terminologie extrahiert werden.

13 Ausblick

Anwendungen wie die genannten wird es in Zukunft immer häufiger geben; es wird immer einfacher, das Internet auch für sehr spezifische Teiloperationen der täglichen Informations- und Wissensarbeit von Dolmetschern nutzbar zu ma-chen. In der vielzitierten Informationsflut müssen wir vielsprachigen und „hoch-spezialisierten Generalisten" nicht untergehen. Das „Mitmachnetz" Web 2.0 lädt auch die Dolmetscher geradezu dazu ein, sich das Netz zueigen zu machen.

Bibliographie

Birkenbihl, Vera F. (2005): *Das innere Archiv*. 2. Auflage. Offenbach: Gabal.

Der Brockhaus multimedial 2005, Version 7. Mannheim: Bibliographisches Institut & F. A. Brockhaus AG. Mannheim.

Gile, Daniel (1997): „Conference interpreting as a cognitive management problem." Danks, Joseph / Shreve, Gregory M. / Fountain, Stephen B. / McBeath, Michael K. (Hrsg.): *Cognitive processes in translation and interpretation.* Thousand Oaks, London, New Delhi: SAGE Pub-lications, 196-214.

Haller, Johann (2006): *AUTOTERM – automatische Terminologieextraktion Spanisch-Deutsch.* Alberto Gil / Ursula Wienen (Hrsg.): *Multiperspektivische Fragestellungen der Translation in der Romania. Sabest 14.* Frankfurt: Peter Lang, 229-242.

Harms, Ilse / Luckhardt, Heinz-Dirk: *Virtuelles Handbuch Informationswissenschaft - Einfüh-rung in die Informationswissenschaft.* http://www.is.uni-sb.de/studium/handbuch/handbuch.pdf (10.09.2004)

Kalina, Sylvia (1998): *Strategische Prozesse beim Dolmetschen: theoretische Grundlagen, empirische Fallstudien, didaktische Konsequenzen.* Tübingen: Narr.

Kuhlen, R. / Seeger, T. / Strauch, D. (2004a): *Grundlagen der Praktischen Information und Dokumentation, begründet von Klaus Laisiepen / Ernst Lutterbeck / Karl-Heinrich Meyer-*

Uhlenried. 5., völlig neu gefasste Ausgabe. Band 1: Handbuch zur Einführung in die Informationswissenschaft und -praxis. München: K. G. Saur.

Pöchhacker, Franz (2004): *Introducing Interpreting Studies.* London and New York: Routledge.

Probst, Gilbert / Raub, Steffen / Romhardt, Kai (2003): *Wissen managen. Wie Unternehmen ihre wertvollste Ressource optimal nutzen.* 4. Auflage. Wiesbaden: Gabler.

Rütten, Anja (2007): *Informations- und Wissensmanagement im Konferenzdolmetschen.* Sabest 15. Frankfurt: Peter Lang.

Software

A-Z Finder: http://www.a-z-technology.de (13.06.2007).

Bootcat: http://sketchengine.co.uk/ (12.06.2007).

Google Desktop: http://www.desktop.google.de (13.06.2007).

Lookup: Stoll, Christoph: http://www.digilab-online.de/digilab.htm (11.08.2003).

Termprofile: Biermann, Robert / Rütten, Anja: http://www.termprofile.com (13.06.2007).

Wortwarte: Lemnitzer, Lothar / Ule, Tylman: http://wortwarte.de (11.06.2007).

Harald Scheel
Leipzig
Konfrontative Textanalyse
als didaktischer Ansatz zur Qualitätssicherung

Begriffe wie Translationsqualität, Qualitätsmanagement oder -sicherung sind einerseits Entitäten, die sich im *engeren* Sinn auf Produkte des konkreten Übersetzermarktes beziehen. Damit im Zusammenhang stehende Konzepte und Instrumente – wie Normen (ISO, DIN; hier insbesondere die neue DIN 15038), Zertifizierungen, Qualitätsdokumentation, Qualitätslektorat etc. wurden im *Handbuch Translation* insbesondere von Peter A. Schmitt, aber auch anderen Autoren, im Abschnitt „Evaluierung von Translationsleistungen" umfangreich besprochen.

Wenn es an eben dieser Stelle aber auch heißt, es sei

> bedauerlich, dass an den translatorischen Ausbildungsstätten, die routinemäßig die Qualität von Translaten zu beurteilen haben, weder einheitliche Qualitätsmanagement-Verfahren noch annähernd vergleichbare Qualitätsmaßstäbe gelten (Schmitt 1998:398),

so verweist dies andererseits auf ein weiteres Verständnis von Translationsqualität, das auch den Ausbildungsprozess professioneller Übersetzer ausdrücklich mit einschließt.

Hier wiederum rücken m. E. sowohl Fragen des Prozesses der Vermittlung translatorischer Fähigkeiten und Fertigkeiten als auch der Beurteilung der studentischen Produkte (Evaluierung) in den Blickpunkt des Interesses. Die beste Sicherung von Translationsqualität ist nun mal eine exzellente, vielseitige, universitäre (also wissenschaftlich fundierte) und zugleich praxisorientierte Ausbildung.

Die zweifellos vorhandene Komplexität übersetzerischer Entscheidungsprozesse darf keinesfalls dazu führen, dass man den von philologischer Seite immer noch zu hörenden Auffassungen nachgibt, wie „jeder Text ist anders", „man muss von Fall zu Fall entscheiden", „wer Sprachen gut gelernt hat, kann auch gut übersetzen" oder „ein wenig Intelligenz reicht aus" – Auffassungen also, die in ihrem Wesen die Lehrbarkeit des Übersetzens immer noch in Frage stellen.

Ebenso ist ein (selbst an ansonsten hoch geschätzten Einrichtungen immer wieder zu beobachtender und dort viel gepriesener) ausschließlich praktizistisch angelegter Unterricht abzulehnen, der von Freiberuflern gehalten wird, die den zufällig gerade selbst übersetzten Text zwei Tage später den staunenden Studierenden auf den Tisch legen und ihnen die eigene Musterlösung diktieren. Selten führt ein solcher auf die Besprechung von Einzeltatbeständen ausgerichteter Unterricht zu Erkenntnissen, die über den gerade übersetzten Satz bzw. Text hinausreichen.

Dabei lassen sich durchaus z. B. auch Teilbereiche der fachsprachenorientierten, konfrontativ-kontrastiven (Text-)Linguistik gewinnbringend für die Vermittlung von Fähigkeiten, insbesondere aber von translatorischen Fertigkeiten einsetzen. Die Translatologie sollte sich nach Jahren der für eine relativ junge Wissenschaft notwendigen Theoriendiskussion daran erinnern, dass es beim Übersetzen auch viel Regelhaftes unterhalb der Ebene der wissenschaftlich-abstrakten Diskussion um Skopos, Äquivalenz und Adäquatheit gibt, ein empirisch gewonnenes, bisher kaum konsequent aufgearbeitetes Wissensspektrum, das es zu systematisieren und vor allem didaktisch aufzuarbeiten gilt. Nicht umsonst hieß es schon bei den Empfehlungen des Koordinierungsausschusses „Praxis und Lehre" des BDÜ aus dem Jahre 1986 in Bezug auf den Übersetzungsunterricht: „Bei allen Sprachkombinationen müssen praxistypische Textsorten exemplarisch behandelt werden. ... Es sind möglichst viele Textsorten zu behandeln." Übersetzungskompetenz ist nun mal eine überaus komplexe Größe und setzt sich aus „Sprach-, Sach-, Kultur-, Text(sorten), Recherche- und Transferkompetenz zusammen", wie Schäffner (2004:310) zu Recht bemerkt. Erst die Beherrschung all dieser Teilbereiche führt zu dem, was wir „Translationsqualität" nennen.

Wir wollen uns im Folgenden dem Problem der Textsorten näher zuwenden, durch deren mangelhafte Beherrschung es in Lehre – aber auch Praxis – immer wieder zu sogenannten „Ausdrucksfehlern" kommt, wobei diese (leider oft von Lehrkraft zu Lehrkraft variiierende) Fehlerkategorie für Studierende ohnehin wohl die am wenigstens transparente Kategorie darstellt, findet man in ihr doch in der Regel vielfältige und in ihrem Wesen qualitativ völlig unterschiedliche Ungenauigkeiten, die von Verstößen im Bereich der Grammatik (z. B. über- oder unterproportionaler Passivgebrauch in bestimmten Textsorten) über lexikalische Fehler (falsche Stilebene, Inkompatibilität von Kollokationen) bis hin zu Fehlern im Satz- oder Textbau (unübersichtliche Satzgestaltung) reichen.

Textsorten des täglichen Gebrauchs gehören in ihrer schier unüberblickbaren Vielzahl einerseits zum Alltagswissen der Kommunizierenden einer Sprach- und Kommunikationsgemeinschaft. Aufgrund umfangreicher Erfahrungen herrscht im Prinzip ein intuitives Verständnis darüber, welche Textsorten es gibt und wie mit ihnen umzugehen ist. Die Kommunizierenden verwenden dabei in ihrem Alltagssprachgebrauch Textsortenbezeichnungen, die nicht auf einer – falls überhaupt schon vorhandenen, so keinesfalls unumstrittenen – linguistischen Texttypologie basieren und die den verwendeten Texten lediglich aus pragmatischer Sicht zur leichteren Handhabbarkeit zugewiesen wurden. Es besteht im „kommunikativen Tagesgeschäft" keine Veranlassung oder Notwendigkeit, Textsorten gegeneinander mittels verschiedener Merkmale abzugrenzen. Das vage Textsortenwissen ist ausreichend für einen sicheren Umgang mit den jeweiligen Texten (vgl. Heinemann 2000:507). Die (muttersprachlichen) Sprecher verfügen demnach über eine Art intuitiver Textsortenkompetenz. Adamzik (1995:27) meint dazu:

Es ist allgemein bekannt, wer wann und wozu solche Texte produziert bzw. rezipiert, d. h. es ist bekannt, wo man sie finden kann und – das Allerwichtigste – es ist auch bekannt, welche Gestalt sie in etwa haben, welche sprachlichen Merkmale sie kennzeichnen.

Jeder neu zu produzierende Text ist nach Gesichtspunkten der Intertextualität in das bereits bestehende Textkorpus integriert und kann entsprechend seinen Merkmalen vorhandenen Texttypen und Textsorten zugeordnet werden (vgl. Nord 1999:60). Das heißt, die Verwendung sprachlicher Ausdrucksmittel ist sowohl in ihrer Formativ-Bedeutungszuordnung als auch in deren Zugehörigkeit zu ganz konkreten situativen/funktionalen Konstellationsparadigmen sozial normiert. Der in diesen Konstellationen auftauchende Sprecher/Schreiber lernt sie intuitiv in konkreten Kommunikationssituationen, wenn er denn auf diese Situationen trifft. Dass dies auf Textsorten der Alltagskommunikation auch zutrifft, zeigen die Eignungstests – als vielleicht erstes Element der institutionalisierten Qualitätssicherung an unserer Einrichtung – deutlich auf, wo (deutsch-)muttersprachliche Bewerber mit der Zuordnung von Textsortenindikatoren wie „Man nehme" (Kochrezept) oder „Und wenn sie nicht gestorben sind" (Märchen) „Und so frage ich Sie" (Trauung) in der Regel noch die geringsten Probleme haben. Wie aber verhält es sich bei den Textsorten, die gemäß den o. g. Empfehlungen des BdÜ im Unterricht vorzustellen sind (amtliche Verlautbarungen, Patentschriften, Lizenzverträge, Instandhaltungshandbücher, oder juristische Texte, um nur einige zu nennen), Textsorten, die keinesfalls immer zu den Textsorten der Alltagskommunikation gehören und bei deren Übersetzung es eben nicht ausreicht, zu wissen, welche „Gestalt sie in etwa" haben? Hier lassen sich die soeben zitierten, weitgehend aus der germanistischen Forschung stammenden Einschätzungen zum intuitiven Verständnis solcher Texte, gerade auch mit Blick auf qualitätssichernde Systeme im Translationsalltag, keineswegs teilen.

In der Linguistik (i. e. S.) herrscht ohnehin noch immer Uneinigkeit darüber, wie eine Textsorte zu definieren ist. Wenn Isenberg bereits im Jahre 1978 feststellte, dass es sich bei Textsorten im linguistischen Sinn um eine „bewußt vage gehaltene Bezeichnung für jede Erscheinungsform von Texten, die durch die Beschreibung bestimmter, nicht für alle Texte zutreffender Eigenschaften charakterisiert werden kann", handelt, so ist man wohl in der Tat nicht sonderlich weiter gekommen, wenn Heinemann (2000:509) immer noch die „Vagheit und Unschärfe des Begriffs" konstatiert und im Folgenden ausführt, dass sich die Textsortenlinguistik – auch heute noch – zum Ziel setzt, jenes prätheoretische Alltagsverständnis von Textsorten zu explizieren, eine Definition des Begriffs „Textsorte" zu erarbeiten und dabei relevante Merkmale herauszustellen, das Funktionieren einzelner Textsorten unter unterschiedlichen Konditionen zu beschreiben und eine Typologie von Textsorten zu erstellen sowie didaktische Empfehlungen für den Umgang mit praxisrelevanten Textsorten zu geben.

Einigkeit dürfte allerdings wohl darin bestehen, dass Textsortenverstehen und Textsortenproduzieren wesentlich von rekurrent in Erscheinung tretenden Parametern der Kommunikationssituation beeinflusst sind. Adamzik (1995:28) bezeichnet demnach zutreffend Textsorten als „kommunikative Routinen", sich durchaus unsystematisch, nämlich nach dem jeweiligen kommunikativen Bedarf, ausbildende Konventionen oder Schemata zur Bildung bestimmter Texte. Sehr zu Recht sieht sie es als lohnenswerte Aufgabe der Textsortenforschung an, die vorgeprägten Formen oder Muster, nach denen bestimmte Texte erstellt werden, zu untersuchen und spezielle kommunikative Routinen zu beschreiben, mithin also nicht erst auf die Ergebnisse der Texttypologie, die ein auf alle Texte anwendbares System von Kategorien entwickeln soll, zu warten. Für die Ausdehnung eines solchen „pragmatischen" Textsortenverständnisses auf die bilinguale Textkonfrontation ist etwa die Definition von Brinker (2001:135) durchaus hinreichend. Hier heißt es:

> Textsorten sind konventionell geltende Muster für komplexe sprachliche Handlungen und lassen sich als jeweils typische Verbindungen von kontextuellen (situativen), kommunikativ funktionalen und strukturellen (grammatischen und thematischen) Merkmalen beschreiben. Sie haben sich in der Sprachgemeinschaft historisch entwickelt und gehören zum Alltagswissen der Sprachteilhaber; sie besitzen zwar eine normierende Wirkung, erleichtern aber zugleich den kommunikativen Umgang, indem sie den Kommunizierenden mehr oder weniger feste Orientierungen für die Produktion und Rezeption von Texten geben.

Für die Ausbildung von Übersetzern und Dolmetschern ist nun insbesondere die (interkulturelle) Beschreibung eben dieser Textsortenkonventionen, Routinen, konventionalisierten Textablaufmuster (nach Gläser 1990:55) oder wie immer man sie nennen will, von Bedeutung, um jene Fehlerkategorie, die Nord einmal als „kulturelle Fehler, die sich aus nicht-funktionsadäquaten Entscheidungen in Bezug auf die Anpassung des Textes an Normen- und Konventionssysteme ergeben" (Nord 1998:386), zu vermeiden. Diese Textsortenkonventionen haben nach Reiss/Vermeer (1984) drei Funktionen: Sie dienen als Erkennungssignale, lösen entsprechende Erwartungshaltungen beim Leser aus und steuern das Textverstehen.

Göpferich (1995:189 ff.) fügt diesen drei Funktionen eine weitere hinzu, nach welcher Textsortenkonventionen als „Textillokutionsindikatoren" auf der Textebene wirken. Dies ist dann der Fall, wenn Textautoren den Erwartungen an die Gestaltung der jeweils vorliegenden Textsorte gerecht werden, die geforderten Routinen also auch zum Einsatz bringen. Der Leser nimmt sie als solche Textillokutionsindikatoren zwar nur unbewusst wahr (ähnlich den stilistischen Bedeutungen, die sich wohl um jedes lexikalische Mittel ranken), was allerdings im Normalfall der Textproduktion und -rezeption auch gewünscht ist.

Verstößt man als Textautor/Übersetzer allerdings gegen die Konventionen einer Textsorte, so wird die Aufmerksamkeit des Lesers von der Inhaltsebene des Textes abgelenkt, der Text als Exemplar der Textsorte in Frage gestellt und der Autor Sanktionen unterworfen, die Translationsqualität mithin entscheidend eingeschränkt. Textsortenkonventionen fungieren demnach als mehr oder minder verbindliche Richtlinien zur Gestaltung von Texten. Erschwerend für angehende Übersetzer kommt hinzu, dass sie Textsortenkonventionen nicht nur in der Quellensprache erkennen müssen, sondern in der jeweiligen Zielsprache, die mitunter auch eine Fremdsprache darstellen kann, aktiv beherrschen müssen, eine Fähigkeit, die selbst Fachleute bei der Abfassung einschlägiger Fachtexte ihrer Fachbereiche in ihren jeweiligen Muttersprachen nicht immer aufweisen.

Konventionen sind darüber hinaus keine unveränderlichen Standards. Sie resultieren aus langen Entwicklungen, die keinesfalls als in irgendeiner Form abgeschlossen gelten dürfen. Die Sensibilisierung der Studierenden für derartige Normierungen und deren ständige Veränderung und kulturspezifische Ausprägung ist als obligatorischer Bestandteil jeder Übersetzerausbildung anzusehen. Schon Reiß/Vermeer (1984) betonen im Hinblick auf die Entwicklung von Textsortenkonventionen, dass diese kulturgebunden sind und dass gewandelte Einstellungen gegenüber Kommunikationsgegenständen in einer Kultur in veränderten Konventionen zum Ausdruck kommen können.

Göpferich (1995) dagegen sieht in der bloßen hohen Frequenz von neuen Verhaltens- und Ausdrucksweisen einen entscheidenden Faktor für die (Weiter-) Entwicklung von Textsortenkonventionen. Dies geschieht dann, wenn die bewusst oder unbewusst wahrgenommenen Verhaltens- oder Ausdrucksweisen so häufig benutzt werden, dass sie zur Ablösung alter Konventionen führen. Entscheidend dabei ist allerdings, dass, in derselben Situation, die neue Verhaltens- oder Ausdrucksweise Vorteile gegenüber der alten bringt (vgl. Göpferich 1995:156ff.).

Neben gewandelten Einstellungen einer Kulturgemeinschaft zu einem Kommunikationsgegenstand sind auch Personen mit erhöhtem Sprachprestige oder auch einfach gehäufte Interferenzfehler in Übersetzungen weitere potentielle Gründe für die Entwicklung und Veränderung von Textsortenkonventionen (vgl. Göpferich 1995:170ff.). Die permanente Beobachtung dieser Textbausteine gehört demnach zu den immanenten Aufgaben jedes Übersetzers.

Zusammenfassend bleibt auf der Basis des bisher Gesagten festzuhalten, dass für den Übersetzer der Erwerb von Textsortenkompetenz eine entscheidende Rolle spielt. Anhand der exemplarischen Betrachtung von Textsorten wird er in der translatorischen Ausbildung dafür sensibilisiert, dass die Konventionalisierungen in Textsorten in verschiedenen Sprachen/Kulturen unterschiedlich stark ausgeprägt sein bzw. sich auf verschiedene Aspekte beziehen können. Um die entsprechenden Fachtextsorten in der Zielsprache verfassen zu können, müssen die jeweiligen Textsortenkonventionen vom angehenden Übersetzer erlernt und im folgenden Berufsalltag „gepflegt" werden. Der interlinguale Textsortenvergleich bietet dabei im Ausbildungsalltag besonders gute Möglichkeiten, um Konventionen bewusst wahrzunehmen und in der Folge lernen und zielgerichtet anwenden zu können.

Wo nun können Konventionalisierungen vorliegen, wo kann man demnach Studierende auf textsortenbedingte häufige „Ausdrucksschwierigkeiten" hinweisen, um die Qualität der Übersetzung diesbezüglich zu sichern? Hier ist m. E. zunächst die grammatisch-syntaktische von der lexikalisch-semantischen und der textuellen Ebene zu unterscheiden. Die auf der *grammatisch-syntaktischen* Ebene in Erscheinung tretenden Normierungen sind dabei allerdings meist nur in einer bloßen Frequenzerhöhung bestimmter systemimmanenter sprachlicher Mittel begründet. Hier scheint – sieht man sich die ganze Breite des Textsortenspektrums einer Kommunikationsgemeinschaft an – der geringste Wiedererkennungswert vorzuliegen. Häufungen bestimmter sprachlicher Mittel, etwa von Partizipial- oder Gérondifkonstruktionen im Einleitungsteil französischer Resolutionen, wie sie bereits von Thiel vor fast dreißig Jahren (1979) nachgewiesen wurden, bilden ein gern zitiertes Phänomen und sind im Unterricht zugegebenermaßen geradezu ein Paradebeispiel zur Demonstration von Konventionalisierungen, scheinen für den Übersetzeralltag aber eher eine Ausnahme zu bilden.

So bleibt es denn auch oftmals beim Textsortenvergleich in Bezug auf grammatisch-syntaktische Erscheinungen bei Aussagen wie: hohe Passivfrequenz, erhöhter Nominalstil, hoher Anteil pränominaler Attribute bei ebenso hohem Anteil an Relativsätzen oder hoher Anteil adverbialer Nebensätze, um die Besonderheiten deutscher Patentschriften als Beispiel heranzuziehen (vgl. Scheel 1997:154). Auch der Verweis auf Tempusunterschiede (etwa bei Wetterberichten, die im Französischen im futur simple, im Deutschen dagegen verblos oder im Präsens verfasst sind) oder textsortenimmanente Unterschiede bei der Verwendung der Modi (etwa die unterschiedliche Häufung des Imperativs/Infinitivs bei Gebrauchsanweisungen oder Kochrezepten) sind in der Ausbildung absolut notwendig und sensibilisieren die Studierenden natürlich dafür, sich vor jeder Übersetzung grundsätzlich mittels Paralleltexten ein genaues Bild der grammatisch-syntaktischen Sachlage in beiden Sprachen bzw. Textwelten zu machen.

Spektakulärer als derartige Verweise auf bloße erhöhte grammatisch-syntaktische Frequenzen sind allerdings die Fälle, in denen Textsortenkonventionen zu klaren lexikalisch-semantischen Normierungen geführt haben. Hier stößt man bei Lernenden nach Übersetzungsseminaren sehr viel häufiger auf die Meinung, etwas „gelernt zu haben". Gerade die Automatisierung oder zumindest Teilautomatisierung derartiger Einheiten der wiederholten Rede (vgl. Coulmas 1981), die der Übersetzer/Dolmetscher innerhalb von normierten Kommunikationssituationen bzw. Textsorten (Vertragstexte/Erstellung von Patentschriften/Begrüßungsrituale) in ausschließlich oder weitgehend rekurrenter Form reproduzieren muss, ermöglichen es angehenden Übersetzern/ Dolmetschern, sich weitaus stärker auf den Gesamtinhalt des zu transferierenden Textes zu konzentrieren. Die Beherrschung der hier Anwendung findenden Routineformeln gibt gerade Studierenden darüber hinaus das Gefühl einer gewissen Sicherheit, ermöglicht es ihnen, in stärkerem Maße an der Kommunikation teilzunehmen und ist daher auch von hoher psychologischer Wirkung. Die Kommunikationstüchtigkeit des Sprechers hängt eben auch davon ab, inwieweit er auf automatisierte Sprachabläufe zurückgreifen kann. Je größer dieser Vorrat ist, desto wirkungsvoller wird auch seine sprachliche Tätigkeit sein. Ohne einen bestimmten Vorrat verfestigten Sprachmaterials ist eine erfolgreiche Kommunikation dagegen kaum möglich (vgl. Coulmas 1981:105f.).

Besonders interessant wird es aber, wenn bestimmte stereotype Wendungen – vielleicht noch in der Kombination mit normierten grammatisch-syntaktischen Mitteln – zu deutlich sichtbaren konventionalisierten Textablaufplänen führen, also Konventionalisierungen auf der textuellen Ebene vorliegen, wie es bei übersetzungsrelevanten Textsorten wie Vertragstexten, Lizenzverträgen, Patentschriften, Resolutionen etc. der Fall ist. Ein translationsorientierter Textsortenvergleich internationaler Verträge beispielsweise lässt die stark ausgeprägten Textsortenkonventionen sofort erkennen. Einerseits weisen diese Texte eine stets identische Makrostruktur (Überschrift, Präambel, Inhaltsteil, Schlussbestimmungen) auf, andererseits sind eine ganze Reihe textsortenimmanenter Fertigstücke in der Mikrostruktur nachweisbar.

Insbesondere die stereotypisierten Initiatoren und Terminatoren fallen sofort ins Auge:

1. Iniatoren:

> Die Hohen Vertragschließenden Seiten / Die Vertragsstaaten / Die Teilnehmerstaaten... kommen wie folgt überein:... - Les Hautes Parties Contractantes / Les Etats participants ... sont convenu(e)s de ce qui suit : ...
>
> Für den Fall, dass Unterzeichnungsbevollmächtigte benannt werden, lautet die Formel nach deren Aufzählung, die mit einem Komma schließt: ... LESQUELS, après avoir échangé leurs pleins pouvoirs reconnus en bonne et due forme, SONT CONVENUS des dispositions qui suivent : ... - DIESE SIND nach Austausch ihrer als gut und gehörig gefundenen Vollmachten WIE FOLGT ÜBEREINGEKOMMEN:...

Diese beiden Formeln (lexikalische Konventionalisierungen auf textueller Ebene) bilden gewissermaßen den Rahmen für die Präambel, in der bestimmte gemeinsame Ausgangspunkte sowie international gültige Prinzipien des Völkerrechts, zu denen sich beide bzw. bei multinationalen Verträgen alle Seiten bekennen, benannt werden. Die einzelnen Voraussetzungen werden, ganz ähnlich wie in internationalen Resolutionen, ebenfalls formelhaft (grammatische Konventionalisierungen auf textueller Ebene) eingeleitet, wobei im Deutschen Präpositionalfügungen (In Bekräftigung ihres Ziels...; Unter gebührender Berücksichtigung ...) und im Französischen verbale Konstruktionen des Typs participe présent/passé (+ préposition) (Réaffirmant leur objectif; résolus à franchir une nouvelle étape...) vorherrschend sind. Die gesamte Präambel besteht somit aus einem einzigen komplexen Satz, der in Bezug auf das Deutsche auch noch agrammatisch ist.

2. Terminatoren:

Obligatorischer Bestandteil der Schlussbestimmungen und wiederum lexikalisch stereotypisiert sind:

a) die Erwähnung der Geltungsdauer des Vertrages

> (Dieser Vertrag gilt auf unbestimmte Zeit.
>
> Le présent traité est conclu pour une durée illimitée.)

b) der Zeitpunkt des Inkrafttretens

> (Dieser Vertrag tritt am ... in Kraft
>
> Dieser Vertrag tritt in Kraft, sobald...
>
> Le présent traité entrera en vigueur le ...
>
> Le présent traité entrera en vigueur dès que ...)

c) der Zu-Urkund-Vermerk

> (Zu Urkund dessen haben die unterzeichneten Bevollmächtigten ihre Unterschriften unter diesen Vertrag gesetzt.
>
> En foi de quoi, les plénipotentiaires soussignés ont apposé leurs signatures au bas du présent traité.)

d) der Geschehen-Vermerk und Angabe der Sprachen, deren Wortlaut als verbindlich angesehen wird

> (Geschehen in /zu ... am ... in zwei Exemplaren, jedes in deutscher und französischer Sprache, wobei beide Texte gleichermaßen gültig sind.
>
> Fait à ... en deux exemplaires, chacun en langues allemande et française, les deux versions faisant également foi.)

Studierende sollten dazu angeregt werden, übersetzungsrelevante Textsorten bereits im Studium selbstständig zu analysieren, entsprechende Paralleltexte zu sammeln und die fixierten Wendungen konfrontativ zu memorisieren, zumindest aber zu archivieren. Dies ist umso notwendiger, als diese für die jeweiligen Textsorten wichtigen Lexemkombinationen, die eben nicht frei bildbar, sondern vorgefertigt sind, zum häufig fachsprachlichen, peripheren phraseologischen Inventar einer Sprache gehören, aber dennoch nicht – im Gegensatz etwa zu idiomatischen Wendungen oder allgemeinsprachlichen Kollokationen – lexikographisch erfasst sind. Sprachvergleichende, empirische Arbeiten zu schreibspezifischen Routinen sind nach wie vor dringend notwendig. Das unabsehbare Fortschreiten der computergestützten Textverarbeitung – einschließlich der Weiterentwicklung computergestützter Übersetzerarbeitsplätze – der geradezu explodierende Informationsaustausch, der europäische Integrationsprozess und die Globalisierung werden sprachliche Standardisierungstendenzen unzweifelhaft beschleunigen.

Das eigentliche universitäre Problem bei der konfrontativen Beschäftigung mit konventionalisierten sprachlichen Einheiten, seien sie nun grammatisch- syntaktischer, lexikalisch-semantischer, oder textueller Natur, ist dabei ein methodisches. Wie kann man die unübersehbare Fülle verfestigten Sprachmaterials sowohl im Fremdsprachenerwerb als auch in akademischen Studiengängen, die dieser Ausbildungskomponente dringend bedürfen (Übersetzer- und Dolmetscherstudiengänge wohl an erster Stelle), vernünftig vermitteln?

Hierzu wäre zunächst eine überzeugende funktionale Klassifikation notwendig, die es aber bisher u. E. nicht einmal in Ansätzen gibt. So lange eine solche Klassifikation nicht vorliegt, wird man wohl auch weiterhin nichts anderes tun können, als Studierende im Rahmen der Übersetzungskurse für das Problem der Konventionalisierungen zu sensibilisieren. Hier sollten translatologische Darstellungen zu sprachlichen Normen Hand in Hand gehen mit der Demonstration der Wirkung eben dieser Normen im praktischen Übersetzungsunterricht. Dabei muss man sich im Klaren sein, dass die textsortenimmanenten Normierungen nur die Spitze des Eisbergs darstellen. Auf spezielle Kommunikationsgegenstände zugeschnittene, stereotype lexikalische Mehrwortfügungen dürften in noch viel größerem Maße im täglichen Sprachgebrauch Verwendung finden. Hier sind die Grenzen fließend zwischen einfachen Kollokationen, um die man sich seit Bestehen eigenständiger phraseologischer Forschungen immer wieder bemühte, und sprachlichen Stereotypen, situativ fixierten sprachlichen Mitteln, die von einfachen Nominationsstereotypen (das Bündnis für Arbeit – le pacte pour l'emploi) bis hin zu satzwertigen Einheiten (ce n'est pas une mince affaire – das ist gar nicht so einfach) reichen. Studierenden sollte in jedem Fall ein einzellexembezogenes Denken (vor allem in Bezug auf das einfache „Vokabellernen") abgewöhnt werden, ihr Blick für situativ geprägtes Erlernen von Mehrwortfügungen geschärft werden.

Was die Textsortenkonfrontation angeht, so sollte man mit ganz einfachen – gar nicht mal in jedem Fall übersetzungsrelevanten – Textsorten, die dem Sprachnutzer aber geläufig sind, beginnen und die Konventionen dabei betonen. Die Übersetzung des französischen Satzes

> D'autre part, sur le reste de notre pays, le ciel deviendra variable, avec des éclaircies séparées par des passages nuageux donnant des adverses.

durch

> Ansonsten teils heiter, teils wolkig, mit gelegentlichen Schauern

bei der Übersetzung eines französischen Wetterberichts, einer Textsorte also, die wohl kaum einem Studierenden in seinem Übersetzeralltag jemals „unterkommen" wird, bewirkt geradezu Wunder. Bei sich anschließenden zunehmend fachsprachlich orientierten Übersetzungsübungen zu Bedienungsanleitungen, Handelskorrespondenz, Patentschriften, Lizenzverträgen, Zeugnissen, Resolutionen und Vertragstexten festigt sich dann zunehmend die schon beim Wetterbericht blitzartig erkannte Einsicht, dass ein Paralleltextstudium bei der Einarbeitung in eine Textsorte keine theoretische, lediglich in translatologischen Vorlesungen postulierte Prämisse, sondern eine existentielle Grundvoraussetzung für jedes übersetzerische Handeln darstellt.

Übersetzungsrelevante, konfrontative Textsortenanalysen zum Herausfiltern formelhafter Einheiten bzw. kognitiver Bausteine werden immer zum Tagesgeschäft des Übersetzers gehören. In der Ausbildung, um die Menge der „A" am Rand der Klausuren zu verringern, in der Praxis dann, um als kompetenter, mit den „Normen und Gepflogenheiten" des Auftraggebers vertrauter Übersetzer oder Dolmetscher in Erscheinung treten zu können.

Bibliographie

Adamzik, Kirsten (1995): „Aspekte und Perspektiven der Textsortenlinguistik." Adamzik, Kirsten (1995) (Hrsg.): *Textsorten-Texttypologie. Eine kommentierte Bibliographie.* Münster: Nodus-Publ., 11-40.

Brinker, Klaus (2001): *Linguistische Textanalyse: eine Einführung in Grundbegriffe und Methoden.* Berlin: Erich Schmidt.

Coulmas, Florian (1981): *Routine im Gespräch – Zur pragmatischen Fundierung der Idiomatik.* Linguistische Forschungen 29. Wiesbaden: Athenaion.

Gläser, Rosemarie (1979): *Fachstile des Englischen.* Leipzig: Enzyklopädie.

Gläser, Rosemarie (1990): *Fachtextsorten im Englischen.* Tübingen: Narr.

Göpferich, Susanne (1995): *Textsorten in Naturwissenschaft und Technik: pragmatische Typologie – Kontrastierung – Translation.* Forum für Fachsprachen-Forschung, Bd. 27. Tübingen: Narr.

Heinemann, Wolfgang (2000): „Textsorte-Textmuster-Texttyp." Brinker, Klaus / Antos, Gerd / Heinemann, Wolfgang / Sager, Sven F. (Hrsg.): *Text- und Gesprächslinguistik. Ein internationales Handbuch zeitgenössischer Forschung.* Berlin/New York: de Gruyter, 507-523.

Isenberg, Horst: „Probleme der Texttypologie – Variation und Determination von Texttypen." *Wissenschaftliche Zeitschrift der KMU 5/1978,* 565-579.

Nord, Christiane (1999): „Textlinguistik." Snell-Hornby, Mary et al. (Hrsg.): *Handbuch Translation.* Tübingen: Stauffenburg, 59-61.

Reiss, Katharina / Vermeer, Hans J. (1984): *Grundlegung einer allgemeinen Translationstheorie.* Tübingen: Niemeyer.

Reiß, Sonja (1997): *Stereotypen und Fremdsprachendidaktik.* Schriftenreihe Philologia, Sprachwissenschaftliche Forschungsergebnisse 22. Hamburg: Kovac.

Scheel, Harald / Schmitz, Sabine (2005): „Der translationsorientierte Sprachvergleich als didaktisches Instrument. Überlegungen zur Gestaltung eines Übersetzerlehrbuchs." Schmitt, Christian / Wotjak, Barbara (Hrsg.): *Beiträge zum romanisch-deutschen und innerromanischen Sprachvergleich.* Bonn: Romanistischer Verlag, 241-252.

Scheel, Harald (1997): „Zur Makrostruktur deutscher und französischer Patentschriften." Wotjak, Gerd (Hrsg.): *Studien zum romanisch-deutschen und innerromanischen Sprachvergleich.* Frankfurt am Main: Peter Lang, 631-638.

Stein, Stephan (1995): *Formelhafte Sprache*. Beiträge zur Sprachwissenschaft 22. Frankfurt am Main: Peter Lang.

Thiel, Gisela (1979): „Vergleichende Textanalyse als Basis für die Entwicklung einer Übersetzungsmethodik, dargestellt anhand der Textsorte Resolution." Wilss, Wolfram (Hrsg.) *Semiotik und Übersetze*. Tübingen: Narr, 87-98.

Wotjak, Gerd (1980): „Sprachliche Stereotypa im politischen Text." Bochmann, Klaus (Hrsg): *Die Analyse politischer Texte. Theoretische und Methodenfragen*. Wissenschaftliche Beiträge der Karl-Marx-Universität, Reihe Sprachwissenschaft, 103-116.

Wotjak, Gerd (1982): „Äquivalenz, Entsprechungstypen und Techniken der Übersetzung." Jäger, Gert / Neubert, Albrecht (Hrsg.): *Äquivalenz bei der Translation*. Übersetzungswissenschaftliche Beiträge 5, Leipzig : Verlag Enzyklopädie, 113-124.

Wotjak, Gerd (1985): „Techniken der Übersetzung." *Fremdsprachen 29*, 24-34.

Peter A. Schmitt

Leipzig

Der Bologna-Prozess als Chance zur Qualitätssteigerung der neuen Bachelor- und Master-Studiengänge

1 Der Bologna-Prozess: Reform des europäischen Hochschulraums[1]

1.1 Hintergrund

Bologna… vor 1999 hatte man nicht nur im Hochschulbereich andere Assoziationen mit dem Wort *Bologna*: Da dachte man an schöne Arkaden-Architektur und kulinarische Hochkultur, denn aus touristischer Sicht ist Bologna in der Emiglia Romagna eine der ältesten und schönsten Städte Norditaliens, und gastronomisch gilt Bologna sogar als Hauptstadt Italiens. In akademischer Hinsicht ist Bologna bekannt als Stadt mit der ältesten Universität Europas – diese wurde bereits im Jahre 1088 gegründet, und Dante Alighieri und Francesco Petrarca studierten dort Rechtswissenschaft.

Heute ist *Bologna* das Stichwort für die europäische Hochschulreform, als deren Ergebnis unter anderem auch in Deutschland Studiengänge mit den englischen Abschlussbezeichnungen *Bachelor* und *Master* eingeführt wurden. „Reform" ist dabei eine Untertreibung. Was sich in Wahrheit abspielt, ist eine Revolution – der tertiäre Bildungsbereich wird bis 2010 komplett umgekrempelt.[2]

Ausgelöst wurde diese Revolution durch einen Beschluss der europäischen Kultusminister. Diese treffen sich jährlich auf einer Konferenz, und als Resultat der Konferenz in Bologna im Jahre 1999 wurde eine von 29 europäischen Staaten unterzeichnete Erklärung verabschiedet, die als Erklärung von Bologna die Grundlage für den sogenannten „Bologna-Prozess" liefert[3]. Fernziel dieses Prozesses ist eine größere Mobilität von Studierenden und Absolventen europäischer Hochschulen auf dem internationalen Arbeitsmarkt. Voraussetzung hierfür sind vergleichbare Abschlüsse und leichter vergleichbare Ausbildungsinhalte. Hierzu dient in Deutschland ein Bündel von Maßnahmen, die von der Kultusministerkonferenz (KMK) und der Hochschulrektorenkonferenz (HRK) be-

---

[1] Der erste Teil dieses Beitrags basiert auf einem Plenarvortrag auf einer Tagung des Berufsverbands ADÜ Nord (Assoziierte Dolmetscher und Übersetzer in Norddeutschland e. V., 2. ADÜ-Nord-Tage vom 8. bis zum 10. April 2005 in Lübeck. Siehe dazu den ADÜ Nord-Konferenzband *Menschen – Märkte – Möglichkeiten: Sprachmittler zwischen Leben und Leistung* (http://www.adue-nord.de/konferenzen/2005/konferenz.2005.index.html).

[2] Entsprechend gibt es zahlreiche Veröffentlichungen dazu; in Bezug auf translatorische Studiengänge siehe z. B. Stoll (2006) und Schmitz (2006a) sowie die Reaktionen darauf (Kopp 2006) und Schmitz (2006b).

[3] Siehe www.bmbwk.gv.at/medienpool/6816/bologna_dt.pdf.

schlossen und in diversen Dokumenten publiziert wurden[4]. Diese Maßnahmen müssen bis zum Jahre 2009 abgeschlossen sein.

Grundlegend ist die flächendeckende Einführung sogenannter gestufter (konsekutiver) Studiengänge nach dem angelsächsischen Modell: Zuerst wird der akademische Grad *Bachelor* erworben, darauf aufbauend kann durch weiteres Studium der *Master*-Abschluss erworben werden. Dabei spielt es im Prinzip keine Rolle, an welchem Ort und in welchem Fach Bachelor und Master erworben werden – der Charme dieses Modells besteht auch darin, dass man einen naturwissenschaftlich/technischen *Bachelor of Science* (B.Sc.) und einen geisteswissenschaftlichen *Master of Arts* (M.A.) (oder umgekehrt B.A. und M.Sc.) kombinieren kann. So könnte man einen im Fach *Chemical Engineering* in England erworbenen B.Sc. durch einen M.A. ergänzen, indem man in Deutschland einen Masterstudiengang Konferenzdolmetscher absolviert.

Vorgaben sind dabei, dass beide Studiengänge zusammen regulär nicht länger als 5 Jahre dauern und dass man für den Grad *Bachelor* mindestens 3 Jahre studiert haben muss:

> Die Regelstudienzeiten für Bachelor- und Masterstudiengänge ergeben sich aus § 19 Abs. 2–5 HRG und betragen mindestens drei höchstens vier Jahre für die Bachelorstudiengänge und mindestens ein und höchstens zwei Jahre für die Masterstudiengänge. Bei konsekutiven Studiengängen beträgt die Gesamtregelstudienzeit höchstens fünf Jahre. Kürzere Regelstudienzeiten sind aufgrund besonderer studienorganisatorischer Maßnahmen möglich.[5]

Daraus ergeben sich die Modelle 3+1, 3+2 und 4+1, das heißt:

- Bei 3+1 erreicht man nach 3 Jahren den Bachelor und nach einem weiteren Jahr den Master, studiert also insgesamt nur 4 Jahre.
- Bei 3+2 studiert man insgesamt 5 Jahre, davon 2 Jahre im Masterstudium.
- Das Modell 4+1 dauert ebenfalls 5 Jahre, aber man hat frühestens nach 4 Jahren den ersten Abschluss.

In Deutschland favorisiert man das Modell 3+2. Mit diesen Strukturvorgaben wird nicht das individuelle Studierverhalten reglementiert:

> der einzelne Studierende ist [...] nicht gehindert, nach einem vierjährigen Bachelorstudium an einer Hochschule einen zweijährigen Masterstudiengang an einer anderen Hochschule zu studieren.[6]

Relevant ist auch die KMK-Feststellung, dass an einer Hochschule Bachelorstudiengänge

> auch dann eingerichtet werden [können], wenn an der Hochschule kein entsprechender Masterabschluss erworben werden kann.

---

[4] Siehe dazu www.kultusministerkonferenz.de/doku/home.htm?pub und www.hrk.de/de/
    beschluesse/109.php.
[5] Siehe www.kultusministerkonferenz.de/doc/beschl/strukvorgaben.pdf; S. 3.
[6] Siehe www.kultusministerkonferenz.de/doc/beschl/strukvorgaben.pdf, S. 2.

Und dass analog

> Masterstudiengänge auch dann eingerichtet werden [können], wenn an der Hochschule keine entsprechenden Bachelorstudiengänge angeboten werden (ibid.).

Die einzelnen Hochschulen in Deutschland arbeiten momentan mit Hochdruck daran, soweit dies nicht bereits geschehen ist, die internationalen Vereinbarungen und nationalen Vorga ben umzusetzen. Einen kompakten Überblick und gleichzeitig realistischen Eindruck von der Komplexität dieser Studienreform liefern beispielsweise zahlreiche Dokumente auf der Website der Universität Leipzig[7]; dort findet man auch nützliche weiterführende Links zu den einschlägigen Dokumenten der KMK, HRK usw.[8]: Soweit zum Hintergrund.

1.2 Zentrale Begriffe der Studienreform

Betrachten wir kurz einige zentrale Begriffe der neuen Studienpläne, die zum Verständnis des Gesamtsystems und der Einflüsse der Reform auf die Lehrqualität wichtig sind.

Wichtige Elemente sind zum einen die Modularisierung des Lehrangebots und zum anderen eine studienbegleitende Qualitätssicherung durch sog. Modulprüfungen.[9]

1.2.1 Module

Die Modularisierung des Lehrangebots ist die wohl massivste Strukturveränderung im Zuge der Studienreform. Allgemein formuliert ist ein Modul (in diesem Kontext) ein bausteinartiger Verbund aus Lehrveranstaltungen, die thematisch (notfalls nur methodologisch) eine Einheit bilden. Um den Charakter austauschbarer Bausteine zu wahren, sollen Module nicht länger als ein Semester (maximal zwei Semester) dauern und einen möglichst gleichen Arbeitsaufwand erfordern[10].

Typisch besteht ein Modul aus einer Vorlesung, einem flankierenden Seminar und einer Übung, aber auch andere Kombinationen sind möglich (wie etwa zwei Vorlesungen und ein Seminar oder eine Vorlesung und zwei Seminare)[11]. Der Zeitaufwand für die reine Präsenz in der Lehrveranstaltung (also ohne Vor- und Nachbearbeitung) liegt dabei üblicherweise in der Größenordnung von 5 Stun-

---

[7] Siehe www.uni-leipzig.de/studref/.

[8] Siehe www.uni-leipzig.de/studref/grundlagen.html#lit1.

[9] Siehe Leistungspunktsystem und Modularisierung; www.uni-leipzig.de/studref/modularisierung.html.

[10] Dass dies trotz aller Vorgaben, Reglementierungen, Akkreditierungen und Diskussionen in Hochschulgremien weder innerhalb einer Hochschule, noch innerhalb von Deutschland, geschweige denn in ganz Europa einheitlich realisiert wird, ist ein frustrierender und keinesfalls marginaler Aspekt der Reform, der hier gleichwohl nur am Rande erwähnt werden soll.

[11] Einen Eindruck vermittelt beispielsweise der im Internet abrufbare Modulkatalog des IALT; siehe www.ialt.de.

den (d. h. akademische Stunden je 45 Minuten) pro Woche, ein Semester lang (kurz: 5 SWS). Pro Semester gibt es typisch (so auch einheitlich an der Universität Leipzig, UL) drei Module.

Ein Vorteil der Modularisierung (sofern sie gut gemacht ist) besteht darin, dass die Studierenden bestimmte, in ein Modul gepackte Lehrinhalte gegen andere Inhalte austauschen können (sofern die Ausbildungsstätte eine Wahlmöglichkeit bietet). Oder man holt sich den Inhalt eines Moduls an einer anderen Hochschule, beispielsweise im Rahmen eines Auslandssemesters. Derzeit gibt es aber im Bereich der geplanten oder neu implementierten Ü/D-Studiengänge in Europa und innerhalb von Deutschland noch erhebliche konzeptionelle Unterschiede, die gegen das Grundprinzip der Module, also deren Austauschbarkeit und Kompatibilität, verstoßen.

1.2.2 Modulprüfungen

Jedes Modul wird mit einer Modulprüfung abgeschlossen. Mit dem Bestehen dieser Prüfung ist für den Studierenden das betreffende Thema „erledigt" – das bisherige System aus Zwischen- oder Vordiplomprüfungen plus Magister-, Staatsexamen- oder Diplomprüfungen entfällt. Bisher war es möglich, dass ein Langzeitstudierender, der beispielsweise zehn Jahre als Student eingeschrieben ist, erst in der Diplomprüfung wegen mangelnder Eignung und Leistung definitiv durchfällt und dann außer einer Studienbescheinigung keinerlei Abschluss in den Händen hält. Künftig erhalten Studierende studienbegleitend und akkumulierend die Nachweise, dass sie erfolgreich studiert und die geforderten Kenntnisse und Fähigkeiten erworben haben. Der akademische Grad (BA oder MA) wird verliehen, sobald alle Nachweise über die Studienleistungen gesammelt sind.

Zum Sammeln dieser Nachweise bedient man sich bei den neuen Studiengängen des auf europäischer Ebene bewährten European Credit Transfer Systems (ECTS); das ist ein

> Akkumulierungssystem, das auf institutioneller, regionaler, nationaler und europäischer Ebene realisiert werden soll. Das ECTS stellt eines der zentralen Instrumente zur Erreichung der in der Bologna Erklärung definierten Ziele vom Juni 1999 dar.[12]

1.2.3 Leistungspunkte

Statt ECTS spricht man in diesem Zusammenhang eher und besser von *Credit Points* oder schlicht *Credits*, im Deutschen von *Leistungspunkten* (*LP*)[13]. Jedem Modul wird eine bestimmte Anzahl von LP zugeordnet. Grundsätzlich gilt dabei

---

[12] Siehe: www.hrk.de/de/beschluesse/109_276.php?datum=98+Senat+am+10.+Februar +2004+in+Bonn.

[13] Auch hinsichtlich dieser Punktezuweisung gibt es in Europa noch Unterschiede, die die wechselseitige Anrechnung von Studienleistungen und die Mobilität behindern, aber auf dieses Problem gehen wir jetzt nicht ein.

das Prinzip, dass die LP ein Maß für die tatsächliche Arbeitsbelastung der Studierenden sein sollen, welche ein bestimmtes Modul für die Studierenden bedeutet. 1 LP entspricht dabei einem Arbeitsaufwand von 30 Stunden.

Eine Vorlesung mit 1 SWS (also 1 Stunde pro Woche und das über die 15 Wochen eines Semesters) bedeutet also eine Zeitbelastung von 15 Stunden für den Kontaktunterricht. Unterstellt man eine weitere Stunde wöchentlich für Vor- und Nachbearbeitung, so addieren sich zu den 15 Studenten Vorlesungspräsenz weitere 15 Stunden; insgesamt ergibt sich also ein Aufwand von 30 Stunden für diese Vorlesung: Dafür gibt es 1 LP.

Leistungspunkte erhält man jedoch nur nach erfolgreichem Abschluss der Modulprüfung. Besteht ein Studierender eine Modulprüfung (auch nach Wiederholung) nicht, verfallen die LP dieses Moduls. In Leipzig veranschlagt man 300 Arbeitsstunden pro Modul; bei 1 LP pro 30 Arbeitsstunden erwirbt man also für jedes erfolgreich abgeschlossene Modul 10 LP. Bei drei Modulen pro Semester gibt es also 30 LP pro Semester, also 60 LP pro Studienjahr. In einem dreijährigen BA-Studiengang sind also 180 LP zu erwerben, um den Bachelor-Grad zu erwerben. Falls danach noch ein Master angestrebt wird, sind vier weitere Semester mit je drei Modulen je 10 LP zu absolvieren, das heißt, zum Master sind zusätzlich 120 LP nötig.

1.2.4 Akkreditierung

Von privaten Akkreditierungsagenturen[14] wird geprüft, ob die von den Hochschulen konzipierten neuen Studiengänge die Kriterien der KMK erfüllen. Die KMK stellt dazu fest:

> (1) Zur länder- und hochschulübergreifenden Sicherung der Qualität der Hochschulausbildung wird ein Akkreditierungsverfahren eingerichtet. Mit der Akkreditierung wird in einem formalisierten und objektivierbaren Verfahren festgestellt, dass ein Studiengang in fachlichinhaltlicher Hinsicht und hinsichtlich seiner Berufsrelevanz den Mindestanforderungen entspricht. Die Akkreditierung ersetzt nicht die primäre staatliche Verantwortung für die Einrichtung von Studiengängen.
>
> (2) Die Akkreditierung wird durch mehrere untereinander im Wettbewerb stehende Agenturen durchgeführt. Der Zusammenhalt des Akkreditierungssystems erfolgt über eine zentrale Akkreditierungseinrichtung. Staat, Hochschulen und Berufspraxis wirken bei der Akkreditierung sowohl in der zentralen Akkreditierungseinrichtung als auch in den Agenturen zusammen.[15]

Zu beachten ist dabei die Bedeutung der Berufsrelevanz und der Praxis – damit haben die Übersetzer- und Dolmetscher-Institute weniger Probleme als manche andere Institute der philologischen Fakultäten. Hierzu gehört auch die Frage, ob der Studiengang mit den vorhandenen materiellen und personellen Ressourcen realisierbar ist.

---

[14] Näher es dazu siehe unter www.uni-leipzig.de/studref/akkredi.html#agentur.
[15] Siehe: www.kultusministerkonferenz.de/doc/publ/laendakk.pdf.

Wichtig sind dabei Faktoren wie die Lehrkapazität der betreffenden Einrichtung und die maximalen Gruppengrößen bestimmter Lehrveranstaltungstypen: Seminare dürfen an der UL künftig maximal 30-40 Teilnehmer haben, damit die Qualität gesichert ist. Hat man mehr Teilnehmer, muss eine Parallelveranstaltung stattfinden. Hat man für eine Parallelveranstaltung keine Personalkapazität, darf man nicht so viele Studierende zum Studium zulassen. Geprüft wird auch die „Studierbarkeit", also die Frage, ob die Studierenden die obligatorischen Module tatsächlich ohne Überlastung und ohne Überschneidung studieren können.

Ein Problem ist die Finanzierung der Akkreditierung; mit einer sogenannten *Cluster-Akkreditierung* können „affine" Studiengänge im Paket und billiger geprüft und akkreditiert werden.[16] Doch wirft das das Problem auf, welche Studiengänge „affin" zu den Diplom-Übersetzer- und Diplom-Dolmetscherstudiengängen sind: Sind das andere Diplomstudiengänge (wie Chemie, Physik, Maschinenbau) oder andere philologische Studiengänge (mit jedoch völlig anderen Abschlüssen und Konzeptionen, wie Magister, Lehramt)? Im Falle der UL wurden die Ü/D-Studiengänge des IALT in einem Cluster mit anderen philologischen Studiengängen geprüft.[17]

1.2.5 Diplom vs. Bachelor und Master

Im internationalen Vergleich gilt, dass der Diplom-Grad einer Universität einem Master (also M.A., Master of Arts) entspricht und das Fachhochschul-Diplom einem Bachelor. Die Regelstudienzeit bis zum Diplom-Übersetzer betrug bisher – je nach Hochschule – höchstens neun Semester (wie in Leipzig); damit hatte man also ein Master-Äquivalent. Künftig benötigt man zehn Semester bis zum Master. Andererseits kann man bereits nach sechs Semestern mit dem Bachelor auf den Markt gehen. Sofern der Bachelorstudiengang der Bologna-Forderung gerecht wird, der erste berufsqualifizierende Abschluss zu sein, führt die Studienreform zu einer Verkürzung der Studienzeiten.

Angesichts der bereits jetzt bestehenden Vielfalt neuer BA- und MA-Studiengänge und entsprechender Abschlüsse ist es wohl unrealistisch anzunehmen, dass durch Abschaffung des Diploms und Einführung von Bachelor und Master die angestrebte größere Transparenz erzielt wird – ohne genaue Lektüre des sogenannten *Diploma-Supplement* (früher hätte man das im Deutschen als *Zeugnis* bezeichnet) kann man auch künftig nicht wissen, was genau jemand gelernt hat oder können sollte, der Bachelor oder Master ist.[18]

---

[16] Siehe dazu auch die kriti schen Anmerkungen von Martin Forstner in diesem Band.

[17] Durch Auswahl fachlich kompetenter Gutachter, hier also ausgewiesene Translationswissenschaftler und –praktiker, lassen sich die Schwächen der Cluster-Akkreditierung aber weitgehend vermeiden.
Näheres hierzu unter www.uni-leipzig.de/studref/akkredi.html sowie www.uv.ruhr-uni-bochum.de/dezernat1/neu/seiten/mitarbeiter/mitarbeiterlinks/akkreditierung.pdf.

[18] Siehe: Diploma Supplement. www.uni-leipzig.de/studref/ds.html.

Den Arbeitgebern von Übersetzern und Dolmetschern scheint die Bezeichnung des Abschlusses und die interne Struktur des Studiums relativ gleichgültig zu sein – wichtig ist, dass die Bewerber die Erwartungen erfüllen. Um dies festzustellen, verlässt man sich – nach allem, was bisher zu hören ist, sei es im Transforum (siehe dazu Stoll 2004), in der CIUTI (Internationale Konferenz der Universitätsinstitute für Dolmetscher und Übersetzer), auf Tagungen oder im Rahmen persönlicher Kontakte – wie bisher primär auf eigene Einstellungstests.

Bemerkenswert ist dabei, dass sowohl in der Industrie als auch bei Behörden wie etwa dem Bundessprachenamt oder der EU die meisten Bewerber wegen mangelnder muttersprachlicher Kompetenz durchfallen.

1.2.6 Probleme

Probleme bereitet die Studienreform primär, vielleicht sogar ausschließlich, den Hochschulen – also nicht dem Markt. Abgesehen von den bereits skizzierten Problemen im Zusammenhang mit der Akkreditierung eines Studiengangs ist es schon konzeptionell ein Grundproblem, dass der Bachelor zum einen der Regelabschluss sein soll (also der Normalfall) und zum anderen berufsqualifizierend. In der CIUTI vertritt die Mehrheit die Auffassung, dass man in drei Jahren weder einen markttauglichen Fachübersetzer noch einen Konferenzdolmetscher ausbilden könne[19]. Insofern muss der Bachelorstudiengang eine andere Kompetenz vermitteln – strittig ist dabei, welche. Die Ausbildung der unterschiedlichen Kompetenzen eines Fachübersetzers oder Konferenzdolmetschers erfolgt dann erst im Master-Studium. Das bedeutet freilich, dass im Master-Studium eine Praxis-Orientierung erfolgt, während die Grundphilosophie eigentlich die war, dass der Bachelor eher praxisorientiert sein sollte und der Master mehr theorieorientiert.

Auch die konkrete Implementierung der neuen Studiengänge wird eine Menge Probleme bereiten. Schwierig ist zunächst die Übergangsphase, in der im Zuge des Vertrauensschutzes einerseits die noch in Diplomstudiengängen immatrikulierten Studierenden ihr Studium beenden können müssen und andererseits bereits die neuen Studiengänge laufen. In Leipzig wurden beispielsweise zum Wintersemester 2005 Jahr zum letzten Mal Studierende in den Studiengängen Diplom-Übersetzer und Diplom-Dolmetscher immatrikuliert, im Wintersemester 2006 begannen die Bachelorstudiengänge. Bis 2010 laufen beide parallel – das ist organisatorisch und personell eine echte Herausforderung.

Ein weiteres hochschulinternes Problem wird durch die geforderten Modulprüfungen verursacht: Dies verändert die Prüfungsprozeduren gegenüber der bishe-

---

[19] Der European Masters (sic) in Conference Interpreting EMCI sowie der neue European Master in Translation EMT sind Sonderfälle, auf die ich hier nicht eingehen kann; siehe dazu http://www.emcinterpreting.org/ bzw.
http://ec.europa.eu/dgs/translation/external_relations/universities/master_en.htm.

rigen Praxis ganz erheblich.[20] Erschwert wird das durch Haushaltskürzungen und Stellenstreichungen. Steigende Studierendenzahlen bei schrumpfendem Personalbestand in Verbindung mit quantitativ und qualitativ wachsenden Lehrinhalten plus höheren Qualitätserwartungen – das sind inkompatible Faktoren.

Durch Synergieeffekte, Kooperationen und Vermeidung von Redundanzen lässt sich manches kompensieren, aber nicht alles. Lehrveranstaltungen zum Verhandlungsdolmetschen, bei denen zwei Lehrkräfte im Einsatz sind, sind zu teuer in Relation zum Erkenntnisgewinn der Teilnehmer. Hier muss man andere didaktische Lösungen finden oder auf diese Lehrveranstaltungen verzichten. Es wird nötig sein, die Zeiten für Kontaktunterricht zu verringern und von den Studierenden mehr Lernen in Eigenregie zu erwarten. Die Ü/D-Institute werden sich künftig wohl kaum noch den Luxus leisten können, kostbare Personalressourcen auf den Fremdsprachenerwerb in Nichtschulsprachen zu verwenden – man könnte auch sagen: verschwenden, denn Fremdsprachenunterricht auf Anfängerniveau gehört nicht zum Kerngeschäft eines Hochschulinstituts für Translationswissenschaft.[21] An der Universität Leipzig wird die Fremdsprachenausbildung daher ausgelagert an ein Sprachenzentrum. E-Learning und innovative Lehrformen wie etwa das MEUM-Projekt der Universität Hildesheim in Verbindung mit der FH Flensburg sind ebenfalls hilfreich.[22]

Trotz aller Optimierungsmaßnahmen: An manchen Instituten werden die neuen Studiengänge nur dann realisierbar sein, wenn die Studierendenzahlen reduziert werden. Am IALT Leipzig beispielsweise sind die Bewerberzahlen bei den Ü/D-Diplomstudiengängen im Zeitraum 1995-2006 von etwa 150 Bewerbern (auf 90 Studienplätze pro Jahr) auf über 800 gestiegen. Das IALT ist in der glücklichen Lage, durch eine maßgeschneiderte Eignungsfeststellung (mehr dazu in Pkt. 2.2.1) diejenigen Bewerber herausfiltern zu dürfen, bei denen ein erfolgreiches Studium wahrscheinlich ist. Gleichwohl muss die Zahl der Englischstudierenden voraussichtlich um etwa ein Drittel verringert werden.

---

[20] Allerdings trifft nicht zu, was oft befürchtet und kolportiert wird, dass der Prüfungsaufwand dramatisch ansteige. Denn dem Aufwand für die Modulprüfungen ist gegenzurechnen, dass die bisherigen Zwischen- bzw. Vordiplomprüfungem und Diplomprüfungen entfallen.

[21] Diese Erkenntnis mag für die Konzeption der Ü/D-Studiengänge revolutionär sein, aber sie ist nicht neu: Das hat Hans J. Vermeer schon Anfang der 80er Jahre immer wieder betont, vor allem auch im damaligen Koordinierungsausschuss Praxis und Lehre (heute Transforum; s. dazu www.transfoum.de).

[22] Siehe: 2. ADÜ-Nord-Tage 54 Projekt Modulentwicklung Übersetzungsmanagement (MEUM). www.uni-hildesheim.de/~meum/.

2 Qualitätssicherung in den neuen translatorischen Bachelor- und Master-Studiengängen am IALT

Auch wenn Skeptiker nicht müde werden zu behaupten, der Bologna-Prozess sei nur eine getarnte Maßnahme zur Studienzeitverkürzung und Kostensenkung[23] – die europäische Hochschulreform ist eine Maßnahme zur Qualitätsverbesserung: Eine effizientere/flexiblere/bessere Ausbildung resultiert in kompetenteren Absolventen mit besseren Marktchancen. Wenn dies dann letztlich zu weniger Arbeitslosen führt und die mit hohen Arbeitslosenzahlen verbundenen sozialen Probleme und Kosten reduziert, dann umso besser.

Das Ergebnis der Studienreform am IALT sind ein neuer Bachelorstudiengang Translation (Start im Wintersemester 2006/07) und die beiden neuen Masterstudiengänge Konferenzdolmetschen bzw. Translatologie (Start WS 2007/08).[24]

Im Folgenden wird – in gebotener Kürze – skizziert, wie mit einem komplexen und konzertierten System aus Akkreditierung, Eignungsfeststellungsprüfungen und nachgewiesenen Fremdsprachenkenntnissen vor Studienbeginn, Numerus Clausus, Modulprüfungen und Regelungen zu ihrer Wiederholbarkeit, Bachelor- und Masterarbeiten, kompetenter Studienberatung und einer Lehrevaluationsordnung eine hohe Ausbildungsqualität und gute Marktchancen der Absolventen gesichert werden sollen.

2.1 Qualität der Ausbildungseinrichtung und des Studienangebots

2.1.1 Akkreditierung

Die Qualität der neuen Studiengänge an der UL, und mithin auch der neuen Studiengänge am IALT, wurde von der ältesten deutschen Akkreditierungsagentur ZeVA geprüft und akkreditiert. Aufgabe dieser Prüfung und Akkreditierung ist es,

> fachlich-inhaltliche Mindeststandards durch Beurteilung der vorgelegten Konzepte für Bachelor-, Master- und Weiterbildungsprogramme festzustellen und zu überprüfen sowie Ausbildungsfunktion und Studierbarkeit, insbesondere in Hinblick auf die Möglichkeiten des Arbeitsmarktes, zu bewerten. Ihr Ziel ist es, die Qualität der Bachelor- und Masterstudiengänge zu sichern, Transparenz über das differenzierte Studienangebot der Hochschulen herzustellen und nationale sowie internationale Anerkennung der Abschlüsse zu gewährleisten.[25]

Grundlage ist ein

> Begutachtungsverfahren, das sich an internationalen Standards orientiert und für Transparenz sorgt: Studierende, Arbeitgeber, Staat und Gesellschaft erhalten zuverlässige Informationen über Qualität und Profil der Studienangebote. Wissenschaft, Hochschulen und Berufspraxis stellen unabhängige und international aus-

---

[23] Leider muss man auch zugeben, dass die Umsetzung der Reform immer wieder Anlass zu solchen Gedanken liefert.

[24] Näheres dazu siehe www.ialt.de.

[25] Siehe: http://www.zeva.uni-hannover.de/akkred/akkreditierung.htm.

gewiesene Experten für die von der ZEvA betreuten Akkreditierungsverfahren zur Verfügung. (ibid.)

Im Bewertungsbericht der ZeVA wurden die IALT-Studiengänge ausdrücklich gelobt: „Die Übersetzungseinrichtungen der Fakultät sind sehr gut und gewährleisten gute Studienbedingungen". Besonders gelobt wird auch die „berufsnahe" Konzeption der Translationswissenschaft am IALT, ihre „enge Anbindung an die Praxis", die ausgeprägte Internationalisierung, die gute Mischung verschiedener Lehrveranstaltungsformen und die Tatsache, dass die Studiengänge im Bereich Translation „auch viele praktische Übungen umfassen, in denen man das Erlernte anwenden kann.". Insofern werden den neuen Studiengängen Merkmale bescheinigt, die für universitäre Studiengänge keinesfalls selbstverständlich sind und die im *Memorandum* des Koordinierungsauschusses Praxis und Lehre von 1986 als Zielvorgaben formuliert waren.[26] Insofern sind die Mindest-Qualitätsanforderungen an die Rahmenbedingungen des Ü/D-Studiums erfüllt.

2.1.2 CIUTI-Mitgliedschaft

Eine zweite Form des Qualitätsnachweises einer Ü/D-Ausbildungseinrichtung ist die Mitgliedschaft in der CIUTI. Auf den etwa zwei Jahre dauernden Aufnahmeprozess kann und muss hier nicht eingegangen werden[27]; es mag hier der Hinweis genügen, dass ein antragstellendes Institut im Rahmen des CIUTI-Aufnahmeverfahrens Exzellenz in Forschung (!) und Lehre (!) nachweisen muss, und dies – nach derzeitigem Stand der Statuten – sowohl im Bereich (Fach-)Übersetzen als auch im Bereich Konferenzdolmetschen (womit speziell Simultandolmetschen gemeint ist). Zu den dabei zu erbringenden Nachweisen gehören u. a. die Infrastruktur (z. B. Ausstattung der Bibliothek mit aktuellen übersetzungswissenschaftlichen Werken, Technik der Dolmetschkabinen und Computerräume), Kompetenz des Lehrpersonals (z. B. Berufserfahrung der Dolmetscher, wissenschaftliches Renommé der Professoren) und Visibility sowie Standing des Instituts (z. B. durch Publikationen, Tagungen, Präsenz in hochschulexternen Gremien). Begutachtet werden auch Ablauf und Inhalt der Abschlussprüfungen und Aussagen über den Berufseinstieg der Absolventen. Das IALT ist seit 1998 CIUTI-Mitglied.

2.2 Qualität der Studierenden

2.2.1 Eignungsfeststellungsprüfungen

Das IALT war (bereits vor der „Wende") und ist in der glücklichen Lage, aus der Zahl der Studienbewerber mit einer vom Institut maßgeschneiderten Eignungsfest-

---

[26] Das in langen Verhandlungen zwischen den „Praktikern" und „Lehrevertretern" mit oft unvereinbar anmutenden Positionen erarbeitete Dokument erwies sich über zwei Jahrzehnte als richtungsweisend für die Gestaltung von Ü/D-Studiengängen: siehe http://www.transforum. de/Geschiche.php, insbes. „Produktion".

[27] Siehe dazu einfach er www.ciuti.org.

stellungsprüfung geeignet erscheinende Bewerber ausfiltern zu dürfen.[28] Erwähnenswert ist dabei, dass erfahrungsgemäß rund 60 % der Bewerber am Test in ihrer Muttersprache Deutsch scheitern.

Größenordnungsmäßig ging es bisher darum, dass es, wie bereits erwähnt, etwa 800 Bewerber auf rund 100 Studienplätze gab. Bei den bisherigen Diplomprüfungen waren diese Eignungsfeststellungen sehr komplex und der Prüfungsaufwand erheblich; die Auswertung der Prüfungsbögen dauerte pro Bewerber mindestens eine Stunde, bei 800 Bewerbern also 800 Stunden. Unter Annahme eines 8-Stunden-Arbeitstages also 100 Arbeitstage oder ein halbes Jahr. Eine Aufteilung der Auswertung auf mehrere Mitarbeiter verkürzte zwar die Zeitspanne bis zum Vorliegen der Ergebnisse, änderte jedoch nichts an dem prohibitiven Aufwand.

Bei den neuen Studiengängen wurde der Aufwand u. a. dadurch reduziert, dass die Fragebögen mit Blick auf leichte Auswertung optimiert wurden und dass der Test auf muttersprachliche Kompetenz im Deutschen sowie die als Kernfach gewählte erste Fremdsprache beschränkt wurde. Der Zeitaufwand für die Testauswertung wurde dadurch auf rund eine halbe Stunde pro Kandidat halbiert. Zusätzlich wurde die Zahl der Bewerber bzw. Testteilnehmer verringert, indem weitere Qualitätsfilter eingeführt wurden.

2.2.2 Nachgewiesene Fremdsprachenkenntnisse vor Studienbeginn

Translatorische Studiengänge hatten vielerorts seit Jahrzehnten hartnäckig den im Hochschulkontext eher unvorteilhaften Ruf, eine Art Fremdsprachenschule zu sein. Die u. a. von Hans J. Vermeer schon in den 80er Jahren des letzten Jahrhunderts erhobene Forderung, dass Fremdsprachenkenntnisse Voraussetzung eines Translationsstudiums seien und ihre Vermittlung nicht an eine Universität gehörten, war bisher nicht ohne weiteres erfüllbar. Bei den neuen Studiengängen am IALT wird nun verlangt, dass bei Immatrikulation bereits Fremdsprachenkenntnisse auf Abiturniveau nachgewiesen werden müssen. Dies gilt nicht nur für die als Kernfach gewählte erste Fremdsprache, sondern auch für eine etwaige im Wahlbereich gewählte zweite Fremdsprache. Für das Englische gilt dabei das Niveau B2 nach Europäischen Referenzrahmen, für die anderen vom IALT bedienten Sprachen Französisch, Spanisch und Russisch gilt B1.

Ein Prüfungsaufwand entsteht dem IALT dabei nicht; es obliegt den Bewerbern, diesen Nachweis vorzulegen, beispielsweise durch ein Abitur oder ein entsprechendes Zeugnis einer kommerziellen Sprachenschule. Soweit die Kapazität reicht können die nötigen Fremdsprachenkenntnisse vor Studienbeginn am Sprachenzentrum der UL erworben werden.

---

[28] Dies gilt nun nicht nur für den Bachelorstudiengang, sondern auch für den Zugang zu den beiden Masterstudiengängen. Dies relativiert die Vorgabe, wonach man auf irgendeinen Bachelorabschluss irgendeinen Master aufsetzen kann: Wer beispielsweise als Chemiker Konferenzdolmetscher werden will, muss nachweisen, dass er die nötigen Voraussetzungen mitbringt (und zu diesen gehört weit mehr als bloße Fremdsprachenkenntnisse; s. dazu z. B. Überschaer/Schmitt (1997).

Dies hat nicht nur den Effekt, dass dadurch die Bewerberzahlen und der Aufwand für die Eignungsfeststellungsprüfung am IALT verringert werden, sondern auch, dass im Lehrdeputat und Curriculum Kapazität frei wird für Lehrinhalte, für die bisher keine oder kaum Zeit war. Denn sowohl die Translationswissenschaft als auch die Translationspraxis hat sich in den letzten zwei Jahrzehnten bekanntlich dynamisch entwickelt, und es müssen heute sehr viel mehr Inhalte vermittelt werden, um berufsqualifizierte Absolventen zu erzielen. Insofern wird – hoffentlich – durch das Outsourcing des Fremdsprachenerwerbs und die Konzentration auf das Kerngeschäft die Qualität der Ausbildung gesteigert.

2.2.3 Numerus Clausus

Falls mehr Bewerber die Sprachvoraussetzungen erfüllen und die Eignungsfeststellung bestehen, als das IALT aufnehmen kann, so wird über einen entsprechend definierten Numerus Clausus eine weitere Auswahl getroffen. Auch das Bewusstsein um diese zumindest potentielle Hürde dämpft die Bewerberzahlen: Mit Einführung der BA-Studiengänge und diesen Regelungen reduzierte sie sich um 50 % von rund 800 auf rund 400.

2.2.4 Modulprüfungen

2.2.4.1 Grundsätzliches

Die bisherigen Vordiplom- und Diplomprüfungen werden in den neuen Studiengängen ersetzt durch eine Vielzahl studienbegleitender Prüfungen in Form von sog. Modulprüfungen. Das strikte Modul-, also Bausteinkonzept der neuen Studiengänge erleichtert die Kombinierbarkeit von Studieninhalten, auch über Instituts-, Fakultäts- und Universitätsgrenzen hinweg und verbessert damit die Möglichkeit der Studierenden, eigene Interessen, Neigungen und Eignungen im Studium zu realisieren. Sinnvoll eingesetzt, kann das zu einer optimierten Kompetenz der Absolventen und zu besseren Berufsaussichten führen. Diese Kombinierbarkeit der Module verlangt geradezu zwangsläufig danach, dass bei jedem Modul einzeln zu prüfen ist, ob die für dieses Modul spezifizierten Lernziele vom Studierenden erreicht wurden.

Da ein Modul bestimmungsgemäß ein thematisch kohärenter Komplex sein soll, könnte die Modulprüfung am Ende idealiter aus einer einzigen Prüfung bestehen, etwa aus einer Klausur oder einer mündlichen Prüfung. In der Realität lassen sich solch homogene Module nicht immer konstruieren, beispielsweise aus Lehrdeputats- oder Stundenplangründen, sodass Modulprüfungen faktisch oft aus mehr als einer Prüfung bestehen. Bei drei Modulen pro Semester und zwei Prüfungen pro Modul ist also typisch mit sechs Prüfungen pro Semester und Studierendem zu rechnen.

Wird eine Modulprüfung nicht bestanden (ganz oder in Teilen, das ist im Detail in den Prüfungsordnungen und Modulbeschreibungen genau geregelt und soll hier nicht näher ausgeführt werden), so soll der Studierende die Gelegenheit haben,

binnen vier Wochen, also noch im laufenden Semester, diese Prüfung zu wiederholen, um ohne Zeitverlust die – unter Umständen konsekutiven – Lehrveranstaltungen des Folgesemesters besuchen zu dürfen. Besteht der Studierende die Wie-
derholungsprüfung wieder nicht, so kann man unterstellen, dass der betreffende
Studierende die Inhalte des Moduls nicht richtig verstanden und internalisiert hat
und das Modul nochmals besuchen muss. Da die Studiengänge in Jahreszyklen
angelegt sind, kann dieses Modul erst ein Jahr später besucht und nochmals geprüft werden, sodass sich das Studium verlängert. Wird diese zweite Wiederholung erneut nicht bestanden, ist das Studium beendet.

Neben der offensichtlich zeitnahen Qualitätskontrolle bedeutet dieses Verfahren,
dass den Prüfern zur Durchsicht und Korrektur der ersten Modulprüfungen weniger als vier Wochen Zeit bleibt. Bei Studiengängen und Modulen mit wenigen
Teilnehmern ist das wohl kein nennenswertes Problem. In Fächern und Vorlesungen mit dreistelligen Teilnehmerzahlen hingegen stellt sich die Frage, wie man
diese Modulprüfungen konzipiert. Denn erstens müssen sie aussagekräftig sein,
also eine verlässliche Bewertung des studentischen Lernerfolgs auf dem betreffenden Gebiet erlauben. Die Messlatte der Prüfungsinhalte sind die in der betreffenden Modulbeschreibung definierten Lernziele. Das ist insofern weniger trivial als
man vielleicht erwartet, als die Konsequenz, bei dreimaligem Nichtbestehen einer
Modulprüfung exmatrikuliert zu werden, zwar einerseits den Lerneifer beflügeln
könnte, andererseits aber die Wahrscheinlichkeit erhöht, dass an dieser Klippe ge-
scheiterte Kandidaten ihre letzte Hoffnung darin sehen, gegen die Bewertung Ein-
spruch einzulegen. Und bei einem Rechtsstreit muss eine Prüfung in allen Aspekten wasserdicht sein, um Bestand zu haben.

Hinzu kommt die Notwendigkeit, die Modulprüfungsleistungen unter Umständen
in großer Zahl binnen kurzer Zeit in juristisch unangreifbarer Weise zu bewerten.

Noch widriger wird dies durch die Forderung, eine Modulprüfung nach vier Wochen wiederholen zu können: Das Konzipieren der Prüfungsanforderungen,
-aufgaben, -fragen etc. muss also relativ schnell gehen können.

Hausarbeiten wie z. B. Hausübersetzungen, Referate, Klausuren und mündliche
Prüfungen haben alle ihre spezifischen Vor- und Nachteile hinsichtlich Aufwand
(für die Prüfer und Prüflinge), Aussagekraft in Bezug auf die spezifischen abzu-
prüfenden Kompetenzen und juristischer Tragfähigkeit der Ergebnisse.

2.2.4.2 Exkurs: Multiple-Choice-Tests

Im Folgenden möchte ich mich auf einen Spezialfall konzentrieren, der freilich
häufig vorkommt, nämlich das Problem, wie man die Inhalte einer Einführungs-
vorlesung abprüft. Ein besonderes Problem ist das insofern, als es typisch um
dreistellige Teilnehmerzahlen geht. Angesichts der genannten Randbedingungen
der Modulprüfungen bieten sich als Problemlösung die sogenannten Multiple-
Choice-Tests an, im Folgenden kurz MC-Tests. Ihr Vorteil liegt auf der Hand: Sie
sind sehr schnell und eindeutig auswertbar, sogar von Hilfskräften, und dennoch
juristisch tragfähig. Zumindest im Universitätskontext haftet MC-Tests allerdings

der Makel an, dass sie „unwissenschaftlich" und banal seien. Ein Professor, der zugibt, den Lernerfolg seiner Vorlesungen mit MC-Tests abzuprüfen, vertritt eine wenig opportune, weil tendenziell reputationsschädliche, Mindermeinung. Die Rechtsabteilung der UL überprüfte auf Anfrage die Zulässigkeit von MC-Tests für Modulprüfungen und kam zu dem Ergebnis, dass es keinerlei juristische Bedenken gebe.

Ein Nachteil von MC-Tests ist aber in der Tat, dass es damit schwierig bis unmöglich ist, prozedurales Wissen und Kompetenzen abzuprüfen: Die Beschränkung auf deklaratives Wissen bedeutet ganz klar, dass sich MC-Tests nicht für jede Art von Lehrveranstaltung eignen.

Gleichwohl habe ich seit einigen Jahren, nachdem der Bolognaprozess und die Notwendigkeit zahlreicher Modulprüfungen absehbar war, versuchsweise MC-Tests verwendet, um den Lehrerfolg meiner Vorlesungen einschätzen und ihre Inhalte optimieren zu können. Insgesamt hat sich dieses Prüfverfahren eindeutig bewährt und wird nun auch in Modulen der neuen Bachelorstudiengänge eingesetzt.

Wie jeder weiß, der eine deutsche Führerscheinprüfung abgelegt hat oder die Fragen zum „Millionenspiel" kennt, bedeutet das MC-Konzept nicht zwangsläufig, dass es leicht ist, unter den angebotenen Auswahlmöglichkeiten die richtige Wahl zu treffen. Durch wohlüberlegte Fragen und Antwortmöglichkeiten können durchaus fein differenzierte und komplexe Kenntnisse abgefragt werden, was schon allein dadurch geschehen kann, dass nur derjenige die Frage richtig versteht, der über die gewünschten Kenntnisse verfügt. Außerdem können – im Gegensatz zur theoretischen Führerscheinprüfung und zum „Millionenspiel" – die Antwortoptionen in einer Modulprüfung erheblich umfangreicher sein als nur eine Zeile pro Option. Es besteht auch kein Zwang, die Anzahl der Auswahloptionen einheitlich festzulegen und beispielsweise auf vier zu beschränken. Meiner Erfahrung nach reichen aber vier Antwortmöglichkeiten tatsächlich aus, um sowohl ganz präzise das gewünschte Lernziel abzufragen als auch, sofern man dies möchte, einen gewissen Unterhaltungswert einzubauen.[29] Die Evaluierung der Lehrveranstaltungen, in der die Studierenden auch zu ihrer Meinung über die MC-Tests befragt wurden, zeigt, dass es einzelne Stimmen gibt, die MC-Tests zu Lehrveranstaltun-

---

[29] Gewiss ist eine Modulprüfung eine ernste Angelegenheit, aber es ist nicht nur nicht verboten, dass eine Prüfung auch Spaß macht, sondern es ist auch eine in der Testwissenschaft bestätigte Erfahrung, dass Prüfungsleistungen besser sind, wenn die Probanden beim Test eine positive Grundeinstellung zum Test haben. Und diese positive Grundeinstellung wird gefördert, wenn die Probanden in den Antwortoptionen versteckte Anspielungen entdecken, die einen Erheiterungseffekt haben. Wenn man also beispielsweise auf die Frage „Auf wen geht die *stylistique comparée* zurück?" neben Vinay/Darbelnet auch die Antwortoption anbietet „Veuve Cliquot", so schafft man hierdurch für denjenigen, der nicht nur die richtige Antwort, sondern auch Champagnermarken kennt, einen „comic relief". Ich baue solche den Prüfungsstress erleichternden Allusionen auf diverse Lebensbereiche gezielt in die Antworten ein, quasi als Belohnung für solche Kandidaten, die über das bei Translatoren erstrebenswerte breite Weltwissen verfügen.

gen grundsätzlich ablehnen oder die die als „comic relief" eingebauten Antwortoptionen für deplatziert halten, die Mehrheit der Studierenden ist mit diesen Tests
in Form und Inhalt jedoch einverstanden.

2.3 Kompetente Studienberatung und Lehrevaluationsordnung

Zwei Aspekte des Qualitätssicherungskonzepts, die hier nur der Vollständigkeit
halber erwähnt werden sollen, sind die Studienberatung und die Lehrevaluation.

An der UL wurde im Zuge der Studienreform ein mehrstufiges System zur Information von Studieninteressierten, Bewerbern, Studierenden und Absolventen eingeführt. Von der ersten Kontaktaufnahme über Webseiten und Flyer bis hin zum
Career Center soll sichergestellt werden, dass ein Studium an der UL den Neigungen und der Eignung entsprechend erfolgreich absolviert werden kann.[30]

Das letzte Glied in der Kette von Qualitätssicherungsmaßnahmen sind die obligatorischen Befragungen der Studierenden, in denen sie die Lehrveranstaltungen beurteilen können. An der UL wird hierfür statt der früher üblichen aufwändigen
Methoden mit Fragebögen und manueller Auswertung ein Onlinesystem eingesetzt, dass von allen Beteiligten sehr rationell zu benutzen ist und nach Ende des
Beurteilungszeitraums binnen 24 Stunden automatisch die Auswertung mitsamt
allen Diagrammen liefert. Ein Missbrauch ist durch diverse Maßnahmen weitgehend ausgeschlossen.[31] Einzelheiten sind pro Fakultät in einer Lehrevaluationsordnung geregelt, die wiederum ihrerseits der Qualitätskontrolle im Akkreditierungsverfahren unterliegt.

Insgesamt glauben wir am IALT ein kohärentes und praktikables Qualitätssiche-
rungskonzept implementiert zu haben. Etwaige Schwächen werden sich im Laufe
des Alltags herausstellen, doch diese lassen sich gewiss beheben, ggf. durch Ände-
rungssatzungen für die Studien- und Prüfungsordnungen. Im Zuge der Re-
Akkreditierungen der Studiengänge erfolgt jeweils wieder eine Qualitätskontrolle.

---

[30] Ang esichts des Zeitdrucks, in dem diese Neuerungen eingeführt wurden, überrascht es
nicht, dass zumindest an der UL nicht auf Anhieb alles reibungslos klappte; so machte beispielsweise die Implementierung des HIS LFS (Hochschulinformationssystem Lehre Forschung Studium), zu dem auch die Verwaltung und Bereitstellung sämtlicher studienrele-
vanter Daten in einer Datenbank gehört, erhebliche Probleme (Bezeichnend ist, dass (am
28.7.2007) sogar der Aufruf der Website www.his.de/Abt1/HISLSF eine Fehlermeldung
ergibt). Wer sich mit Datenbankdesign auskennt, hat freilich Verständnis dafür, dass es eine nicht geringe technologische Herausforderung ist, wenn über 30.000 Studenten (allein
die Philologische Fakultät der UL hat über 50 neue (!) Bachelor- und Masterstudiengänge)
innerhalb weniger Tage auf dieselbe Datenbank zugreifen und einen Stundenplan erstellen
wollen.

[31] Gleichwohl lässt sich auch hier (wie bei www.meinprof.de) nicht verhindern, dass beispielsweise Studierende, die schlechte Noten erhielten und sich ungerecht behandelt fühlen, dieses Medium nutzen, um ihre Frustrationen mit zuweilen justiziabler Wortwahl zu
ventilieren.

3 Chancen

Die Europäische Hochschulreform macht uns zwar zweifellos große Probleme und birgt Risiken, aber sie bietet auch Chancen. Zugegeben, ohne den äußeren Anstoß der Bologna-Erklärung und der KMK-Weisung, diese Hochschulreform durchzuführen, hätten wir am IALT in Leipzig (und vermutlich die meisten oder gar alle anderen Ü/D-Institute) die Diplomstudiengänge nicht abgeschafft: *Never touch a running system, never change a winning team.* Die Diplomstudiengänge funktionierten gut, die Abschlüsse sind bekannt und – durchaus auch international – anerkannt, die Qualität stimmt im Großen und Ganzen, denn die Absolventen haben gute Marktchancen.

Andererseits: Rund 4000 Jahre lang hat sich für Übersetzer und Dolmetscher nichts Gravierendes verändert – aber die letzten Jahrzehnte und Jahre haben alles revolutioniert. Man muss sich einmal vor Augen halten, dass vor 50 Jahren von Übersetzungswissenschaft noch keine Rede war und wie viel an translationswissenschaftlich relevanter Literatur allein in den letzten Jahren publiziert wurde; dass man noch vor 30 Jahren mit Stift und Papier oder allenfalls mit Schreibmaschine übersetzt hat (s. dazu Schmitt 2003) und wie komplex heute die Workflows von Übersetzungsprojekten sind[32], wie selbstverständlich heute Übersetzer und Dolmetscher mit hochtechnischen Werkzeugen arbeiten. Es ist schwierig, bestehende Studiengänge an so radikal veränderte Bedingungen anzupassen. Die Möglichkeit, radikal aufzuräumen, von Grund auf neue Studiengänge zu konzipieren, die sich ausschließlich an dem orientieren, was hier und jetzt in Theorie und Praxis aktuell und relevant ist, das ist eine Chance, die man nutzen sollte.

---

[32] Man lese beispielsweise die Monographie von Elvira Mertin (2006), um einen Eindruck davon zu bekommen, wie hochgradig komplex und technologiegeladen heutige Übersetzungsprozesse sind und wie fern die fachübersetzerische Realität von der relativen Idylle eines Literaturübersetzers ist.

Bibliographie

Mertin, Elvira (2006): *Prozessorientiertes Qualitätsmanagement im Dienstleistungsbereich Übersetzen.* Leipziger Studien zur angewandten Linguistik und Translatologie Bd. 2. Frankfurt: Lang.

Kopp, Ruth Katharina (2006): „Replik zu: Schmitz, Klaus-Dirk: ,10 Thesen zur Bachelor- und Master-Ausbildung im Bereich Translation' in *Lebende Sprachen* 1/2006, 2–4." *Lebende Sprachen* 4, 193–195.

Schmitt, Peter A. (2003): „Vom TippEx zum Translation Memory: Ein Rückblick." *Sprachrohr. Jubiläumsausgabe 1953-2003.* BDÜ Landesverband Rheinland-Pfalz, 8-14.

Schmitz, Klaus-Dirk (2006a): „10 Thesen zur Bachelor- und Master-Ausbildung im Bereich Translation." *Lebende Sprachen* 1/2006, 2–4.

Schmitz, Klaus-Dirk (2006b): „Anmerkungen zum Leserbrief von Ruth Katharina Kopp." *Lebende Sprachen* 4/2006, 195–196.

Stoll, Karl-Heinz (2004): „Transforum – 20 Jahre Dialog Praxis und Lehre." *Lebende Sprachen* 3/2004, 109-118.

Stoll, Karl-Heinz (2006): „Der Bologna-Prozess im Bereich Übersetzen und Dolmetschen." *Lebende Sprachen* 1/2006, 5–13.

Ueberschär, Ina / Schmitt, Peter A. (1997a): „Dolmetscher(in)(BKZ 8221) und Übersetzer(in)(BKZ 8222) – Teil I". *Arbeitsmedizinische Berufskunde. Sonderbeilage der ASU* (Arbeitsmedizin, Sozialmedizin, Umweltmedizin) 1, I-IV.

Ueberschär, Ina / Schmitt, Peter A. (1997b): „Dolmetscher(in)(BKZ 8221) und Übersetzer(in)(BKZ 8222) – Teil II". *Arbeitsmedizinische Berufskunde. Sonderbeilage der ASU* (Arbeitsmedizin, Sozialmedizin, Umweltmedizin) 2, I-IV.

Klaus-Dirk Schmitz
Köln

Translationsqualität durch Terminologiequalität – wie und wo sollte Terminologiearbeit den Übersetzungsprozess unterstützen

1 Einleitung

Ausgehend von der Analyse des heutigen Übersetzungsmarktes kann festgestellt werden, dass nahezu alle übersetzten Textsorten einen hohen Grad an Fachlichkeit haben und stark mit Fachwörtern durchsetzt sind. Die Adressatengruppe eines Textes will in einem bestimmten Zielmarkt in ihrer jeweiligen Muttersprache angesprochen werden, wobei je nach Fachlichkeitsgrad des Textes der Anteil der fachspezifischen Terminologie unterschiedlich groß sein kann. Oft behandeln (übersetzte) Texte innovative Fachgebiete und Themen, bei denen die zu verwendende Terminologie in der Zielsprache (noch) nicht existiert oder etabliert ist.

In der Praxis zeigt sich deutlich, dass es sich bei Übersetzungsprojekten meist um größere Vorhaben (mit engen Zeitvorgaben) handelt, an denen mehrere Mitarbeiter beteiligt sind. Deshalb ist die Klärung der ausgangssprachlichen Terminologie und die Festlegung der zielsprachlichen Äquivalente vor dem Beginn der Übersetzung nicht nur aus Effizienz-, sondern auch aus Konsistenzgesichtspunkten notwendig. Sonst würden viele Mitarbeiter den gleichen Ausgangsbegriff recherchieren und im (durchaus wahrscheinlichen) Extremfall zu unterschiedlichen zielsprachlichen Entsprechungen kommen, wodurch in keinem Fall die Verwendung einer einheitlichen Terminologie sichergestellt werden kann. Hinzu kommt, dass der Auftraggeber einer Übersetzung oft die Verwendung einer firmen- oder produktspezifischen Terminologie vorschreibt, die von allen am Übersetzungsprozess beteiligten Personen eingehalten werden muss.

All dies macht einerseits deutlich, dass eine korrekte, adäquate und konsistent verwendete Terminologie Voraussetzung für eine qualitativ hochwertige Übersetzung ist, zeigt aber auch, dass die Terminologie an den richtigen Stellen im Übersetzungsprozess eingebunden sein muss.

2 Wie sieht der Übersetzungsmarkt aus?

Betrachtet man Untersuchungen über die Berufspraxis von Übersetzern und den Markt für Übersetzungen (siehe Schmitt 1990, 1993 und 1998), so kann man feststellen, dass ein Großteil der zu übersetzenden Texte folgenden Textsorten zuzuordnen sind:

- Handbücher und Manuale

- Benutzerinformationen
- Systembeschreibungen
- Spezifikationen
- Ausschreibungen und Angebote
- Geschäftsberichte und Verträge
- technisch-wissenschaftliche Berichte und Vorträge
- Normen und Patente
- Gerichtssachen

Die Textsorten sind durch einen hohen Grad an Fachlichkeit gekennzeichnet, der sich unter anderem durch eine starke Verwendung fachsprachlicher Benennungen bemerkbar macht.

Ähnlich häufig findet man in der täglichen Übersetzungspraxis Texte folgenden Typs:

- Geschäftskorrespondenz
- Sitzungsprotokolle
- Zeugnisse und Urkunden
- Werbetexte und PR-Material

Auch diese Textsorten sind mit vielen Fachtermini durchsetzt.

Allgemeinsprachige Texte, schöngeistige Literatur und Comics machen nur einen geringen Prozentsatz der übersetzungsrelevanten Texte aus. So stelle Schmitt (1998:9) fest, „... dass der Anteil professioneller Übersetzer, die vorwiegend oder ausschließlich Belletristik übersetzen, unter 1 % liegt, ...".

Ähnliches kann man auch beobachten, wenn man die Fachgebiete analysiert, mit denen Übersetzer in der Praxis zu tun haben. 76 % der Übersetzer/Dolmetscher arbeiten vorwiegend oder ausschließlich auf technischen Gebieten. Addiert man die weniger stark vertretenen Fächer Wirtschaft (12 %), Recht (6 %) und Medizin (6 %), so muss man feststellen, dass nahezu alle Übersetzer und Dolmetscher in der Praxis Fachtexte bearbeiten.

3 Wie beeinflussen sich Übersetzungsqualität und Terminologiequalität?

Die Analyse des Übersetzungsmarktes zeigt deutlich, dass die in der Praxis zu übersetzenden Texte sowohl bezüglich der Textsorte als auch bezüglich des Fachgebietes durch einen hohen Fachlichkeitsgrad und damit durch eine starke Durchsetzung mit Fachtermini gekennzeichnet sind. Die Erstellung qualitativ hochwertiger Übersetzungen ist deswegen nur möglich, wenn folgende Aspekte der Terminologieverwendung beachtet werden:

- die **Korrektheit** der verwendeten Terminologie
- die **Angemessenheit** der verwendeten Terminologie bezüglich

- Fachgebietsspezifik
- Kundenspezifik
- Projekt- und Produktspezifik
- die **Konsistenz** der verwendeten Terminologie

4 Wie kann man Terminologiequalität erreichen?

4.1 Allgemeine Qualitätsaspekte

Eine grundsätzliche Voraussetzung zur Erreichung eines hohen Grades an Terminologiequalität ist es, dass sich die Methoden und Prinzipien der Terminologiearbeit an etablierten und anerkannten Theorien und Lehrwerken orientieren. Als Standardwerke gelten im deutschsprachigen Raum die Publikationen von Arntz/Picht/Mayer (2004), Felber/Budin (1989), KÜDES (2003) und Wüster (1991[3]), aber auch viele Artikel in Fachzeitschriften wie Lebende Sprachen, Mitteilungsblatt für Dolmetscher und Übersetzer (MDÜ) oder eDITion geben Hinweise auf wichtige Aspekte der Terminologiearbeit. Im internationalen Bereich sind die Arbeiten von Cabré (1998), Sager (1990) und Wright/Budin (1998, 2001) zu erwähnen. Auch die nationale und internationale Normung hat für die Terminologiearbeit wichtige Standards erarbeitet; eine Zusammenstellung wichtiger Normen für die Terminologiearbeit und das Übersetzen findet sich bei Herzog/Mühlbauer (2007).

Neben den Methoden der Terminologiearbeit sind auch die verwendeten Werkzeuge maßgebend für die Terminologiequalität. Während man früher zunächst mit Karteikarten, dann mit der Entwicklung der EDV mit Großrechner-Terminologiedatenbanken und anschließend mit einfachen PC-orientierten Terminologieprogrammen gearbeitet hat, stehen heute ausgereifte und leistungsfähige Terminologieverwaltungssysteme zur Verfügung, die eine systematische und konsistente Erfassung und Nutzung von Terminologie unterstützen. Eine Übersicht über verfügbare Werkzeuge zur Terminologieverwaltung findet sich auf den Internetseiten des Deutschen Terminologie-Portals (DTP 2007) und bei Xlatio (2007).

Bei Auswahl und/oder Anpassung von computergestützten Lösungen zur Terminologieverwaltung sollte in jedem Fall die internationale Norm ISO 12620 (1999) konsultiert werden; hier werden im Detail über 200 unterschiedliche terminologische Datenkategorien beschrieben. Für den Betrieb und die Nutzung eines Terminologieverwaltungssystems sind ebenfalls besondere Aspekte zu berücksichtigen, auf die Schmitz (2004a und 2004b) hinweist. Durch den IT-Einsatz bei der Terminologiearbeit können sich aber auch die Arbeitsmethoden sowie die Möglichkeiten zur Qualitätssteigerung im Bereich der Terminologie ändern.

4.2 Korrektheit der Terminologie

Eine der Grundvoraussetzungen für die Erarbeitung qualitativ hochwertiger Terminologie ist die fachliche und die (fremd-)sprachliche Kompetenz des Terminologen bzw. der Terminologin. Neben diesen beiden Basiskompetenzen darf aber die terminologisch-methodische Kompetenz nicht zu kurz kommen, die auch Recherche-Techniken – heute vorwiegend im Internet – mit einschließt. Entsprechende Aus- und Weiterbildungsangebote für die auf dem Übersetzungsmarkt Tätigen sollten unbedingt genutzt werden, um über die Terminologiekompetenz die Voraussetzung für qualitativ hochwertige Fachübersetzungen zu schaffen.

Eine korrekte Terminologie kann aus Sicht des Autors auf Dauer nur durch Befolgung des begriffsorientierten Ansatzes sichergestellt werden, und zwar sowohl bei der Arbeitsmethodik als auch bei der Konzeption der rechnergestützten Terminologieverwaltung. Vor allem bei mehrsprachigen Terminologiesammlungen, die von mehreren Anwendern und/oder in unterschiedlichen Übersetzungsrichtungen genutzt werden, kann der rein lexikographische oder benennungsorientierte Ansatz vor allem bei größeren Datenmengen den Qualitätsanforderungen nicht standhalten.

Eine gut durchdachte und auf die Themengebiete der Nutzer abgestimmte Fachgebietsklassifikation ist ebenso wie eine nach festgelegten Kriterien formulierte und aussagekräftige Definition eine notwendige Voraussetzung bei der Erarbeitung korrekter terminologischer Einträge. Beide ermöglichen erst die im jeweiligen Übersetzungskontext korrekte und adäquate Auswahl der entsprechenden Termini.

4.3 Angemessenheit der Terminologie

Innerhalb einer (Fach-)Übersetzung müssen die verwendeten Termini bezüglich des behandelten Fachgebiets, des auftraggebenden Kunden, des im Text behandelten Produkts, des geplanten Zielmarktes und der spezifischen Textsorte angemessen sein. Um den Nutzer einer Terminologiesammlung mit den entsprechenden Informationen zur Beurteilung der Angemessenheit versorgen zu können, müssen folgende Datenkategorien bei der Konzeption einer Terminologieverwaltung eingerichtet und bei der Erstellung terminologischer Einträge mit Informationen gefüllt werden:

- Fachgebiet, Klassifikation
- Kunden-, Projekt-, Produkt-Code
- Sprach-, Stilebene
- Geographische Einschränkung
- Normative Verwendung

4.4 Konsistenz der Terminologie

Für die Terminologiequalität ist die Konsistenz der Terminologie besonders wichtig. Hierbei muss zwischen der Konsistenz bei der Erarbeitung von Terminologie und der Konsistenz bei der Verwendung der Terminologie unterschieden werden.

Konsistenz bei der Erarbeitung terminologischer Daten kann im Allgemeinen natürlich dadurch unterstützt werden, dass die Ersteller und Erfasser von terminologischen Einträgen (in Terminologieverwaltungssystemen) nach einheitlichen Methoden ausgebildet wurden, dass entsprechende Richtlinien und Anleitungen (z. B. Terminologie-Leitfaden) vorliegen und befolgt werden, und dass ein Terminologieverantwortlicher den gesamten Prozess überwacht, Problemfälle klärt und periodisch den Terminologiebestand validiert und konsolidiert.

Auch das verwendete Terminologieverwaltungssystem kann die Konsistenz während der Erarbeitung terminologischer Daten unterstützen, indem

- bestimmte Datenkategorien vom System automatisch gefüllt werden (z. B. Datum, Erfasser)
- bestimmte Datenkategorien für die Dauer einer Sitzung mit vorgegebenen Werten besetzt oder als obligatorisch verlangt werden (z. B. Fachgebiet, Kunde, Projekt)
- mögliche Werte bestimmter Datenkategorien in einer Auswahlliste (Pickliste) vorgegeben werden (z. B. Genus, Wortklasse, Fachgebiet, geographische Einschränkung)

Durch diese Vorgaben und Automatismen wird nicht nur die Arbeit der Terminologen erleichtert, es werden auch die gleichen Informationen durch identische Werte kodiert, was eine Grundvoraussetzung für eine effiziente und konsistente Nutzung des Terminologiebestandes darstellt.

Bezüglich der Validierung der terminologischen Einträge kann das Terminologieverwaltungssystem ebenfalls unterstützend eingreifen, indem etwa während der Eingabe einer Benennung darauf hingewiesen wird, ob diese Benennung schon im Datenbestand enthalten ist; der Erfasser muss sich dann – nach Konsultation des bereits existierenden Eintrags – entscheiden, ob es sich um den gleichen Begriff oder um ein Homonym handelt. Ebenso kann die Arbeit des Terminologieverantwortlichen bei der Validierung und Konsolidierung des Datenbestandes durch Bereitstellung ausgereifter Filterroutinen oder Mechanismen zur Kontrolle von potentiellen Doppeleinträgen unterstützt werden.

Die konsistente Verwendung von Terminologie bei der Übersetzung von Fachtexten muss durch das verwendete Terminologiewerkzeug unterstützt werden. So ist der direkte Zugriff auf den Terminologiebestand während der Erstellung einer Übersetzung sowie die automatische Übernahme der gefundenen zielsprachlichen Entsprechung („cut-and-paste") eine Grundvoraussetzung für die Konsistenz, da Termini in einem Text immer gleich verwendet und geschrieben werden. Die Definition von Filtern bei der Recherche in Terminologiebeständen (z. B. bezüglich Fachgebiet, Kunde oder Projekt) unterstützt ebenfalls die immer gleiche Auswahl von für das Übersetzungsprojekt adäquaten Termini und damit die konsistente Verwendung der Terminologie.

Es muss noch erwähnt werden, dass die Einbindung von Terminologiekomponenten in Workbench-Umgebungen (Übersetzungseditor, Übersetzungsspeicher und Terminologieverwaltung) das automatische Nachschlagen von Termini und die automatische Bereitstellung der Ergebnisse der Recherche sicherstellt (siehe auch Abb. 4). Dadurch wird gewährleistet, dass nicht nur die Begriffe recherchiert werden, von denen der Übersetzer meint sie nachschlagen zu müssen, sondern alle im Fachtext enthaltenen Termini.

4.5 Sonstige Qualitätsaspekte

In Ergänzung der aufgeführten Kriterien zur Unterstützung der Korrektheit, Angemessenheit und Konsistenz von Terminologie müssen an dieser Stelle noch zwei generelle Aspekte zur Sicherstellung der Terminologiequalität angeführt werden.

Nur eine gut dokumentierte Terminologie kann die hohen Qualitätsanforderungen im Bereich der Terminologieverwaltung erfüllen. Deshalb ist eine den jeweiligen Anforderungen des Arbeitsumfeldes angemessene Strukturierung und Modellierung der terminologischen Daten notwendig, die entweder durch das gewählte Terminologieverwaltungssystem vorgegeben sein und/oder durch den Terminologieverantwortlichen bei der Konfigurierung des Systems festgelegt werden müssen.

Nur gefundene Terminologie kann die Qualität von Übersetzungen erhöhen bzw. sicherstellen. Deshalb müssen ausgefeilte und leistungsfähige Suchmechanismen implementiert sein, die über definierbare Einstellungen und Einschränkungen (Filterbedingungen) die im jeweiligen Übersetzungskontext benötigte Terminologie den Nutzer zur Verfügung stellen. Da Übersetzer (fast) immer unter Zeitdruck arbeiten, wird ein Terminologiebestand nur dann in der Praxis konsultiert werden, wenn die Bedienung des Systems einfach ist und die Ergebnisse der Recherche schnell verfügbar sind.

5 Terminologiearbeit im Übersetzungsprozess

5.1 Allgemeine Aspekte

Als erste Annäherung zur Bedeutung und Positionierung der Terminologiearbeit innerhalb des Übersetzungsprozesses mag Abbildung 1 dienen (vgl. ISO NWIP 2005:10). Aus der vereinfachten Darstellung der einzelnen Phasen eines Übersetzungsprojektes ist ersichtlich, dass die Terminologiearbeit (*terminology management*) in allen Phasen des Projektes eine adäquate Berücksichtigung finden muss, von der Projektspezifikation über die eigentliche Übersetzung bis hin zur Überprüfung und endgültigen Auslieferung des zielsprachlichen Textes.

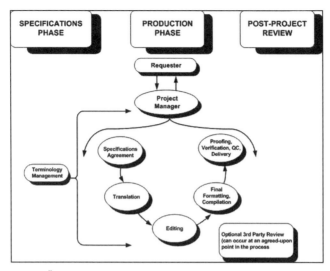

Abb. 1: Übersetzungsprozess nach ISO NWIP 2005

5.2 Terminologiearbeit vor dem Übersetzungsprozess

Vor der Erteilung eines Übersetzungsauftrages spezifizieren Auftraggeber (*requester*) und Übersetzungsdienstleister (*provider*) in einer Vereinbarung die organisatorischen und inhaltlichen Rahmenbedingungen des Übersetzungsprojektes (vgl. zurückgezogene DIN 2345 1998:8ff.). Ähnliche Spezifikationen finden sich auch in der neuen DIN EN 15038 2006.

Aus Sicht der Terminologiearbeit gehört zu den organisatorischen Spezifikationen die Festlegung, ob und in welchem Format der Auftraggeber Terminologiebestände für den Übersetzungsauftrag bereitstellt und ob und in welchem Format der Übersetzungsdienstleister auftragsrelevante Terminologie erarbeitet und dem Auftraggeber mit der fertigen Übersetzung übermittelt. Die Bereitstellung von Terminologie durch den Auftraggeber und die Erarbeitung von Terminologie durch den Übersetzungsdienstleister haben Einfluss auf die Preisgestaltung und häufig auch auf die Spezifikation der Verwendung bestimmter Hard- oder Software (z. B. die Verwendung eines bestimmten Terminologieverwaltungsprogramms).

Zu den inhaltlichen Spezifikationen eines Übersetzungsauftrages ist der Wunsch des Auftraggebers zu rechnen, bei der Übersetzung eine bestimmte firmen- oder produktspezifische zielsprachliche Terminologie zu verwenden. Diese sollte dem Übersetzungsdienstleister vor Beginn des Übersetzungsvorhabens zusammen mit dem ausgangssprachlichen Text und anderen Unterlagen übergeben werden.

Es muss an dieser Stelle mit allem Nachdruck darauf hingewiesen werden, dass eine gut erarbeitete und dokumentierte Terminologie ein wichtiger Bestandteil des gesamten Informationsentwicklungsprozesses ist. Sauber und eindeutig definierte Begriffe sowie konsistent und einheitlich verwendete Benennungen sind Grundvoraussetzungen für gute ausgangssprachliche Texte. Deshalb muss schon während des Erstellungsprozesses von Texten Terminologiearbeit betrieben werden; Autoren und technische Redakteure müssen ähnlich wie Übersetzer während des Textproduktionsprozesses Zugriff auf fachgebiets- und firmenspezifische Terminologie haben. Qualitativ hochwertige ausgangssprachliche Texte mit wohldefinierter und konsistenter Terminologie unterstützen nicht nur den intendierten Nutzer des ausgangssprachlichen Textes im heimischen Markt, sie unterstützen auch die Personen, die diese Texte in andere Sprachen übertragen müssen. Die Fehlerquote bei Übersetzungen wird damit ebenso reduziert wie der Aufwand beim Auftraggeber, vielfache Rückfragen von Übersetzern (für jede Zielsprache) bei unklarer Terminologie zu beantworten. Feneyrol (2005:29) stellt zu recht fest:

> Für international operierende Unternehmen besteht einer der wichtigsten Schritte zur Qualitätssicherung von Übersetzungen darin firmenspezifische, mehrsprachige Terminologiebestände aufzubauen.

Unabhängig davon, ob der Auftraggeber Terminologie bereit stellt oder nicht, sollte aus dem bisher Ausgeführten deutlich geworden sein, dass qualitativ hochwertige translatorische Produkte – nicht nur im Bereich der Fachtextübersetzungen – ohne Terminologiearbeit und Terminologieverwaltung nicht erstellt werden können. Deshalb muss jeder professionelle Übersetzungsdienstleister, und das gilt auch für freiberuflich arbeitende Einzelübersetzer, eine (rechnergestützte) Lösung zur Terminologieverwaltung einrichten und nutzen. Auf die Konzeption, Einrichtung und Nutzung von Terminologielösungen kann an dieser Stelle ebenso wie auf die theoretischen und methodischen Aspekte der Terminologiearbeit nicht eingegangen werden. Hier sei nur auf die einschlägigen nationalen und internationalen Normen sowie die relevante Literatur wie etwa Arntz/Picht/Mayer 2004, Küdes 2003, Wright/Budin 1998 und 2001 oder Schmitz 2004a verwiesen.

5.3 Terminologiearbeit als erster Schritt des Übersetzungsprozesses

Abbildung 2 (Melby/Schmitz/Wright 2005) veranschaulicht die einzelnen Aufgaben (*tasks, phases*) des Übersetzungsprozesses, die beteiligten Personen (*human resources*) sowie die involvierten Datenbestände (*information resources*).

In der Vorbereitungsphase (*preparation phase*) eines Übersetzungsprozesses spielt die Terminologiearbeit eine bedeutende Rolle, besonders wenn mehrere Personen(gruppen) an dem Übersetzungsvorhaben beteiligt sind. Zunächst müssen die evtl. durch den Auftraggeber bereitgestellten Terminologiebestände analysiert werden, was vor allem das Format, die Sprachen und die Abdeckung der Terminologie des zu übersetzenden Textes betrifft.

Liegen die Terminologiebestände nicht in genau dem Format des Terminologie-verwaltungsprogramms vor, das auch im Rahmen des Übersetzungsprojektes benutzt wird, so müssen die Bestände konvertiert werden, wobei sicherlich in Zukunft verstärkt auf genormte Austauschformate (z. B. TBX) zurückgegriffen werden kann, die dann von den involvierten Terminologieprogrammen unter-stützt werden. Es ist in fast allen Fällen davon abzuraten, das Terminologiever-waltungssystem des Auftraggebers (parallel) zu verwenden, wenn es nicht mit den anderen im Übersetzungsprozess verwendeten Werkzeugen wie Editoren, Übersetzungsspeichern oder eigenen Terminologiesystemen kompatibel ist oder mit ihnen kommunizieren kann.

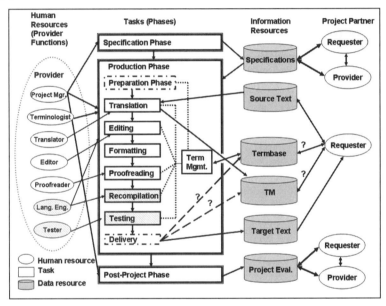

Abb. 2: Aufgaben, Daten und Personen im Übersetzungsprozess, vgl. Melby/Schmitz/ Wright 2005

Kann der Auftraggeber die projektrelevante Terminologie nur in der Ausgangs-sprache bereitstellen, so sollte bei größeren Übersetzungsprojekten mit mehre-ren beteiligten Übersetzern auf jeden Fall vor Beginn des eigentlichen Überset-zens die zielsprachliche Terminologie erarbeitet und festgelegt werden. Ge-schieht dies nicht, so kann sich der Gesamtaufwand für die terminologische Re-cherche erheblich erhöhen und die konsistente Verwendung von Terminologie im Zieltext nicht sichergestellt werden, da mehrere Übersetzer das gleiche ter-minologische Problem bearbeiten müssen und schlimmsten Falls zu unter-schiedlichen Ergebnissen kommen.

Deckt die vom Auftraggeber bereitgestellte Terminologie nicht den gesamten Fachwortbestand des ausgangssprachlichen Textes ab, so ist analog zu den im Folgenden beschriebenen Schritten zu verfahren.

In vielen Übersetzungsprojekten wird der Auftraggeber keine Terminologie bereitstellen (können). In derartigen Fällen ist – wie oben schon beschrieben – Terminologiearbeit vor dem eigentlichen Beginn der Übersetzung notwendig. Bei dieser Form der Terminologiearbeit geht es zunächst darum, die terminologischen Problemfälle in dem zu übersetzenden Textmaterial zu identifizieren. Dies kann entweder durch einen erfahrenen Übersetzer geschehen, der die potentiellen terminologischen Fragestellungen des gesamten Übersetzerteams „voraussehen" kann, oder durch den Einsatz von (einsprachigen) Terminologie-Extraktionsprogrammen, die die im Text enthaltenen Fachwörter herausfiltern (siehe hierzu u. a. Lieske 2002 oder Witschel 2004). Derartige Extraktionsprogramme liefern im Idealfall eine umfassende Liste von so genannten Term-Kandidaten, die aber in jedem Fall von einem Terminologen oder Übersetzer überprüft und bereinigt werden muss. Manche dieser Programm können auch einen Abgleich mit dem bei Übersetzungsdienstleister bereits vorhandenen Terminologiebestand vornehmen und so die Kandidaten ausschließen, die schon terminologisch geklärt wurden.

Nachdem die für den anstehenden Übersetzungsauftrag relevanten terminologischen Problemfälle (human oder maschinell) identifiziert wurden, beginnt die eigentliche Terminologiearbeit mit der Klärung der ausgangssprachlichen Begrifflichkeiten und der Festlegung der zielsprachlichen Benennungen. Die Ergebnisse dieser vorbereitenden Terminologiearbeit sollte in Terminologieverwaltungsprogrammen festgehalten und dadurch allen am Übersetzungsprozess beteiligten Personen (und Werkzeugen) bereitgestellt werden.

Die aus Esselink 2000 übernommene und adaptierte Darstellung des Prozessablaufes bei der Softwarelokalisierung (Abbildung 3; siehe hierzu auch Reineke/Schmitz 2005) macht noch einmal die wichtige Stellung der Terminologiearbeit vor dem eigentlichen Lokalisieren bzw. Übersetzen deutlich.

5.4 Terminologiearbeit während des Übersetzungsprozesses

Wurde die für den Übersetzungsauftrag oder den Auftraggeber relevante Terminologie vorher erarbeitet und geklärt, so kann diese von allen am Übersetzungsprozess beteiligten Personen während der eigentlichen Übersetzung effizient genutzt werden. Hierzu werden in der Regel Terminologieverwaltungssysteme eingesetzt, die idealerweise mit den anderen Werkzeuge kommunizieren sollten, die beim Erstellen der Übersetzung benutzt werden. Derartige Werkzeuge sind vor allem Übersetzungseditoren (auch Textverarbeitungsprogramme oder Desktop-Publishing-Programme) und Übersetzungsspeicher (Translation-Memory-Programme).

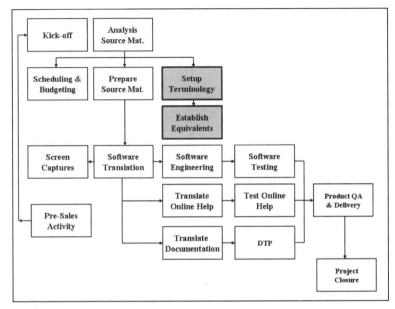

Abb. 3: Prozessablauf bei der Softwarelokalisierung, vgl. Esselink 2000:18

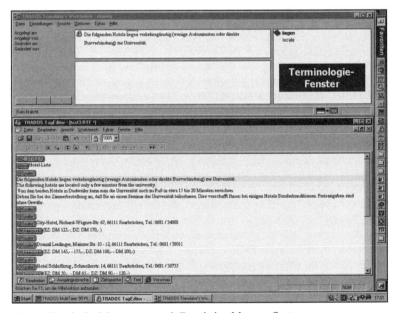

Abb. 4: Terminologiekomponente mit Translation-Memory-System

Bei Übersetzungseditoren muss der Zugriff auf Terminologie während des Formulierens der Übersetzung möglich sein, ohne den Editor verlassen zu müssen. Gefundene zielsprachliche Äquivalente sollten bequem und automatisch in den Zieltext übernommen werden können. Und wird – wie beispielsweise bei Texten mit aufwändigem Layout – der Zieltext durch Überschreiben der Ausgangstext-Datei erstellt, sollte auch der gesuchte Terminus durch einfaches Markieren an das Terminologieverwaltungsprogramm zur Recherche übermittelt werden können.

Beim Einsatz von Translation-Memory-Programmen bietet sich die Möglichkeit, (alle) Benennungen des Ausgangstextes direkt und automatisch im Terminologieverwaltungssystem nachzuschlagen und die Ergebnisse dem Übersetzer (in einem eigenen Bildschirm-Fenster) anzubieten. Hierzu muss die Suchkomponente über einen Mechanismus zur unscharfen Suche (Fuzzy-Suche) verfügen, da die Benennungen im Ausgangstext in flektierter Form, im Terminologiesystem hingegen in der Grundform vorkommen. Ein oft unterschätzter Vorteil einer derartigen automatischen Suche ergibt sich dadurch, dass auch Termini mit ihren Übersetzungen angeboten werden, von denen der Übersetzer glaubt, das zielsprachliche Äquivalent zu kennen und die er sonst nicht nachgeschlagen hätte, die aber im aktuellen Übersetzungsprojekt oder für den spezifischen Auftraggeber anders übersetzt werden müssen.

Es muss hier im Zusammenhang mit Translation-Memory-Systemen unbedingt darauf hingewiesen werden, dass durch den Einsatz derartiger Systeme nicht auf eine Lösung zur Terminologieverwaltung verzichtet werden kann. Translation-Memory-Systeme sind ungeeignet zur Verwaltung von Terminologie, da die benötigten Datenkategorien zur Dokumentation und Klassifizierung von Begriffen und Benennungen nicht zur Verfügung stehen, und man kann – besonders bei umfangreichen Übersetzungsspeichern – nicht davon ausgehen, dass selbst bei identischen ausgangssprachlichen Sätzen (100-Prozent-Matches) die im zielsprachlichen Segment enthaltenen Termini in jedem Übersetzungskontext korrekt sind.

Auch während der eigentlichen Übersetzung kann es vorkommen, dass trotz der terminologischen Vorbereitung punktuell auftretende Terminologieprobleme ad hoc gelöst werden müssen. Hierzu muss am Übersetzerarbeitsplatz die Möglichkeit bestehen, terminologische Recherchen schnell und effizient durchzuführen, etwa durch den Zugriff auf das Internet, auf bereits übersetztes Material (im gleichen Fachgebiet oder für den gleichen Auftraggeber) oder auf durch den Auftraggeber bereitgestellte Zusatzinformationen. Es versteht sich von selbst, dass der Übersetzer für diese Fälle zumindest über ein methodisches Grundwissen im Bereich der Terminologiearbeit verfügen muss.

Das durch die punktuelle Terminologiearbeit recherchierte Material sollte einfach und schnell in das Terminologieverwaltungssystem eingebracht (Schnelleingabe) und danach allen am Übersetzungsprozess Beteiligten zeitnah zur Verfügung gestellt werden können. Besonders der letztgenannte Aspekt kann nur durch moderne Systemarchitekturen von Terminologieverwaltungsprogrammen (z. B. Terminology-Server) geleistet werden, wenn in größeren Projekten die einzelnen Übersetzer nicht am gleichen Ort sitzen und im Extremfall über den gesamten Globus verteilt sind.

5.5 Terminologiekontrolle als letzter Schritt des Übersetzungsprozesses

Während der Überprüfung der Übersetzung und im Rahmen der Qualitätskontrolle des Übersetzungsproduktes ist selbstverständlich auch die korrekte und konsistente Verwendung der (vom Auftraggeber vorgegebenen) Terminologie zu beurteilen. Auch hierbei muss ein Zugang zum Terminologieverwaltungssystem bestehen, um einerseits die korrekte Terminologie nachzuschauen und andererseits auch die im Terminologiebestand enthaltene, evtl. ad hoc während der Übersetzung erarbeitete Terminologie zu korrigieren. Für die Terminologiekontrolle können auch (semi-)automatische Verfahren eingesetzt werden, die die im Text verwendete mit der im Terminologiebestand enthaltenen Terminologie abgleichen und auf Fehlverwendungen hinweisen.

Im Rahmen der Terminologiekontrolle können auch selbst korrigierende Programme Verwendung finden, die – ähnlich wie die Autokorrektur bei der Rechtschreibprüfung in Textverarbeitungssystemen – falsch verwendete Terminologie durch korrekte Benennungen ersetzen. Hierzu ist es notwendig, dass der verwendete Terminologiebestand begriffsorientiert organisiert ist, dass neben den korrekten auch abzulehnende Benennungen aufgenommen sind und dass der Status von Benennungen etwa durch Attribute wie „bevorzugt", „erlaubt" oder „abgelehnt" gekennzeichnet ist. Ähnlich könnten auch Attribute wie „Regionale Verwendung", „Stilebene" oder „Auftraggeber" bei einer automatischen Terminologiekontrolle und -korrektur Verwendung finden. Ein derartig klassifizierter Terminologiebestand kann auch schon bei der Erstellung und Redaktion von ausgangssprachlichen Texten oder direkt beim Schreiben der Übersetzung zur Qualitätssicherung beitragen.

5.6 Terminologiearbeit nach dem Übersetzungsprozess

Ist der eigentliche Übersetzungsprozess abgeschlossen und kann der zielsprachliche Text an den Auftraggeber ausgeliefert werden, so ist je nach Spezifikation des Übersetzungsauftrags Terminologie mitzugeben. Ob für diese Leistung Kosten in Rechnung gestellt werden (können), muss bei der Auftragsvergabe geklärt worden sein. Betreibt der Übersetzungsdienstleister eine unternehmenseigene umfassende Terminologieverwaltung, in der nicht nur die auftragsspezifische Terminologie enthalten ist, so muss das Terminologieverwaltungssystem Filtermechanismen bereitstellen, die es ermöglichen, nur die für das Übersetzungsprojekt relevanten Einträge zu exportieren. Beim Export sind die bereits in 5.3 angesprochenen Formatspezifikationen und Austauschstandards zu berücksichtigen.

Hat der Auftraggeber keine eigene Terminologielösung implementiert oder keine Terminologie vor Beginn des Übersetzungsprozesses mitgeliefert, und ist die Weitergabe von Terminologie im Übersetzungsauftrag nicht explizit gefordert, so kann der Übersetzungsdienstleister dennoch auftrags- oder kundenspezifische Terminologie etwa in Form von (gedruckten) Glossaren oder zweisprachigen Wortlisten aufbereiten und dem Auftraggeber anbieten. Dies kann eine Zusatzleistung des Übersetzungsdienstleisters sein, die entweder weitere Einnahmequellen erschließt oder den Kunden stärker an das Übersetzungsbüro bindet.

Gibt es in der „*Post-Project-Phase*" (siehe Abb. 2) im Rahmen der Evaluierung des Übersetzungsprojektes eine Rückmeldung des Auftraggebers, so müssen die terminologierelevanten Aspekte der Evaluierung in den Terminologiebestand des Dienstleisters eingepflegt werden. Auch wenn diese Aufgabe oft vernachlässigt wird, da schon neue Übersetzungsprojekte in Bearbeitung sind, die viele Ressourcen binden, so gehört dieser wichtige Schritt doch noch mit zur gesamten Terminologiearbeit innerhalb des Übersetzungsprozesses und ist ganz entscheidend für eine längerfristige qualitativ hochwertige Terminologielösung beim Übersetzungsdienstleister.

6 Fazit

Abschließend bleibt festzustellen, dass in der täglichen Übersetzungspraxis fast alle zu bearbeitenden Texte durch einen hohen Fachlichkeitsgrad und eine starke Durchsetzung von Fachtermini gekennzeichnet sind. Qualitativ hochwertige Übersetzungsleistungen sind deswegen nur zu erreichen, wenn die erforderliche Terminologie ein ebenso hohes Qualitätsniveau erreicht. Die aufgezeigten Methoden, Arbeitsweisen und Werkzeuge erhöhen die Qualität der Terminologiearbeit und stellen die notwendigen Anforderungen an die Terminologiequalität sicher. Betrachtet man den gesamten Übersetzungsprozess, so bleibt festzuhalten, dass die einzelnen Schritte eines Übersetzungsvorhabens ohne Terminologiearbeit nicht zu leisten sind. Besonders in den Phasen der Vor- und Nachbereitung von Übersetzungsaufträgen spielt die Terminologie eine entscheidende Rolle zur Qualitätssicherung. Terminologiearbeit sollte aber nicht erst beim Übersetzungsdienstleister beginnen; schon während des Informationsentwicklungsprozesses (beim Auftraggeber) sollte professionelle Terminologiearbeit betrieben werden, damit nicht nur die Texte in der Ausgangssprache terminologisch sauber und konsistent sind, sondern damit auch der Rückfrage- und Rechercheaufwand beim Übersetzungsdienstleister geringer und translatorische Endprodukte qualitativ hochwertiger und professioneller erstellt werden.

Bibliographie

Arntz, Rainer / Picht, Heribert / Mayer, Felix. (2004): *Einführung in die Terminologiearbeit.* Hildesheim: Olms.

Cabré, M. Teresa (1998): *Terminology: Theory, methods and applications.* Amsterdam/Philadelphia: Benjamins.

DIN 2345 (1998): *Übersetzungsaufträge.* Berlin: Beuth.

DIN EN 15038 (2006): *Übersetzungs-Dienstleistungen – Dienstleistungsanforderungen; Deutsche Fassung EN 15038:2006.* Berlin: Beuth.

DTP (2007): *Deutsches Terminologie*-Portal. http://www.termportal.de, 27.7.2007.

Esselink, Bert (2000): *A Practical Guide to Localization.* Amsterdam/Philadelphia: Benjamins.

Felber, Helmut / Budin, Gerhard (1989): *Terminologie in Theorie und Praxis.* Tübingen: Narr.

Feneyrol, Cchristian (2005): „Übersetzen und Lokalisieren für den US-Markt." *technische Kommunikation* 05/2005, 26-31.

Herzog, Gottfried / Mühlbauer, Holger (2007): *Normen für Übersetzer und technische Autoren.* Berlin: Beuth.

ISO 12620 (1999): *Terminology – Computer applications – Data categories.* Genf: ISO.

ISO NWIP (2005): *Translation Management – Part 1: Translation Process.* Genf: ISO.

KÜDES = Konferenz der Übersetzungsdienste europäischer Staaten (2003): *Empfehlungen für die Terminologiearbeit.* Bern: Schweizer Bundeskanzlei.

Lieske, Christian (2002): „Pragmatische Evaluierung von Werkzeugen für die Term-Extraktion." Mayer, Felix / Schmitz, Klaus-Dirk / Zeumer, Jutta (2002) (Hrsg.): *eTerminology – Professionelle Terminologiearbeit im Zeitalter des Internet.* Köln: Deutscher Terminologie-Tag, 109-131.

Melby, Alan K. / Schmitz, Klaus-Dirk / Wright, Sue Ellen (2005): *Translation Process – Phases, Tasks and Resources.* Manuskript. Provo/Kent/Köln.

Reineke, Detlef / Schmitz, Klaus-Dirk (Hrsg.) (2005): *Einführung in die Softwarelokalisierung.* Tübingen: Narr.

Sager, Juan C. (1990): *A Practical Course in Terminology Processing.* Amsterdam/Philadelphia: Benjamins.

Schmitt, Peter A. (1990): „Was übersetzen Übersetzer? – Eine Umfrage." *Lebende Sprachen* 3/1990, 97-106.

Schmitt, Peter A. (1993): „Der Translationsbedarf in Deutschland. Ergebnisse einer Umfrage." *Mitteilungsblatt für Dolmetscher und Übersetzer MDÜ* 4, 3-10.

Schmitt, Peter A. (1998): „Marktsituation der Übersetzer." Snell-Hornby, Mary / Hönig, Hans / Kußmaul, Paul / Schmitt, Peter A. (Hrsg.) (1998): *Handbuch Translation.* Tübingen: Stauffenburg, 5-13.

Schmitz, Klaus-Dirk (1994): „Überlegungen zum Einsatz und zur Evaluierung von Terminologieverwaltungssystemen." *Lebende Sprachen* 4/94: 145-149.

Schmitz, Klaus-Dirk (1998): „Terminologieverwaltungssysteme – Einsatzbereiche, Typen und Produkte." ASTTI (Hrsg.) (1998): *Equivalences 97 – Computerwerkzeuge am Übersetzer-Arbeitsplatz: Theorie und Praxis. Die Akten: Zürich, 25.-26. September 1997.* Bern: ASTTI, 171-181.

Schmitz, Klaus-Dirk (2004a): „Terminologiearbeit und Terminographie." Knapp, Karlfried et al. (Hrsg.) (2004): *Angewandte Linguistik – Ein Lehrbuch.* Tübingen/Basel: Francke, 435-456.

Schmitz, Klaus-Dirk (2004b): „Die neuen Terminologiedatenbanken: online statt offline." Mayer, Felix / Schmitz, Klaus-Dirk / Zeumer, Jutta (Hrsg.) (2004): *Terminologie und Wissensmanagement.* Köln: Deutscher Terminologie-Tag, 180-189.

Schmitz Klaus-Dirk (2006): „Terminology and Terminological Databases." K eith Brown (Editor-in-Chief) (2006): *Encyclopedia of Language & Linguistics, Second Edition*, volume 12. Oxford: Elsevier, 578-587.

TBX (2007): *TBX – Termbase Exchange.* http://www.lisa.org/standards/tbx/ (1.7.2007).

Witschel, Hans Friedrich (2004): *Terminologie-Extraktion* (= Content and Communication 1). Würzburg: Ergon.

Wright, Sue Ellen / Budin, Gerhard (eds.) (1998, 2001): *Handbook of Terminology Management.* Vol. I and Vol. II. Amsterdam/Philadelphia: Benjamins.

Wüster, Eugen (1991[3]): *Einführung in die allgemeine Terminologielehre und terminologische Lexikographie.* Bonn: Romanistischer Verlag.

Xlatio (2007): *Das Leipziger Tor zur Welt des Übersetzens und Dolmetschens.* http://www.xlatio.de/, 27.7.2007.

Klaus Schubert
Flensburg
Fachübersetzen – gelenkte Kommunikation

1 Lenkung

Dass Übersetzer nicht frei formulieren, sondern ihr Werkstück anhand eines vorgegebenen Ausgangstextes schreiben, ist eine Selbstverständlichkeit. Der Ausgangstext steuert die Übersetzer bei der Erstellung des Zieltextes sehr stark. Der lenkende Einfluss des Ausgangstextes auf den Zieltext ist Thema der Translationswissenschaft, wenn über Begriffe wie Äquivalenz, Adäquatheit, Zielgruppenorientierung, Skopos oder Kulturfilter diskutiert wird. Sehr allgemein betrachtet, handeln diese Diskussionen von zwei widerstreitenden Faktoren: Erstens muss ein Zieltext irgendwie „dasselbe" ausdrücken wie der Ausgangstext, weil er nur dann als Übersetzung gelten kann, und zweitens gibt es Einflüsse der unterschiedlichsten Art, die Anlass sind, im Zieltext bisweilen nicht in jeder Hinsicht genau dasselbe wie im Ausgangstext zu schreiben.

Neben dem Ausgangstext wirken zahlreiche weitere Einflüsse lenkend auf die Tätigkeit des Übersetzens. Hierzu zählen so heterogene Faktoren wie grammatische und sprachtypologische Unterschiede zwischen Ausgangs- und Zielsprache, kulturelle Unterschiede zwischen Ausgangs- und Zielgesellschaft, gesetzliche Vorschriften, Auftraggebervorgaben, Normen, Best-Practice, Dokumentsortenkonventionen und Zielgruppenorientierung. All diese Größen üben lenkende Einflüsse unterschiedlichen Verbindlichkeitsgrads und unterschiedlicher Nachhaltigkeit die Übersetzerarbeit aus. Das kommunikative Handeln von Übersetzern ist in diesem Sinne eine Form der gelenkten Kommunikation. Der vorliegende Beitrag geht der Frage nach, wie diese Lenkung erfasst und in einem translationswissenschaftlichen oder in einem allgemeineren, kommunikationswissenschaftlichen Modell widergespiegelt werden kann. Das Augenmerk richte ich auf die Fachübersetzung.

2 Prozess

Wenn das fachübersetzerische Handeln zum Untersuchungsobjekt gemacht wird, sind zwei recht unterschiedliche Objekte zu unterscheiden: der innere und der äußere Übersetzungsprozess. Der innere Handlungsverlauf ist der mentale Prozess, der beim Übersetzen im Kopf der Übersetzer abläuft. Der äußere Handlungsverlauf ist die Abfolge von Tätigkeiten und Arbeitsschritten, die ein einzelner Übersetzer ausführt, aber auch die Weitergabe des Werkstücks von einem Bearbeiter zu einem anderen und insbesondere die begleitende Kommunikation, die mit der Übergabe eines Auftrags oder eines Werkstücks einhergeht.

Natürlich sind der innere und der äußere Übersetzungsprozess eng miteinander verknüpft. Man kann jedoch die These wagen, dass sie nicht einfach gleichzeitig oder parallel stattfinden, sondern dass es sich um nah miteinander verbundene Prozesse handelt, die alternierend ablaufen. Dabei ist der äußere Prozess unmittelbar beobachtbar, der innere weitenteils nicht.

Die Beobachtbarkeit des äußeren Übersetzungsprozesses ist ein ganz konkretes Faktum. Ein nichtteilnehmender Beobachter oder sogar eine Kamera kann festhalten, wann ein Fachübersetzer welchen äußeren Arbeitsschritt verrichtet: den Auftrag per Telefon oder E-Mail entgegennehmen, mit dem Auftraggeber verhandeln und eine Abmachung treffen, die Ausgangsdatei herunterladen und öffnen, den Text sichten, in Büchern nachschlagen, im Internet recherchieren, mit Fachleuten telefonieren und E-Mails austauschen, Terminologie aus dem Text herausziehen, Terminologiearbeit betreiben, Fachwortschatz im Terminologiemanagementsystem erfassen, das Ausgangsdokument in die Übersetzerarbeitsumgebung laden, den Übersetzungsspeicher darüber laufen lassen, sich die Wiederholungsquote anzeigen lassen, übersetzen, das Layout bearbeiten, die Rohübersetzung zur Korrektur senden, sie zurückerhalten, sie durchsehen und schlussredigieren, die Übersetzung an den Auftraggeber senden, eine Rechnung ausstellen und absenden und so weiter. Diese Liste ist keineswegs vollständig. Sie wird schon dann komplexer und verschachtelter, wenn, wie beim Fachübersetzen ja sehr üblich, statt eines Einzelübersetzers ein Team zusammenarbeitet. Sie wird auch dann umfangreicher, wenn einzelne Tätigkeiten ausgegliedert und als sekundäre Arbeitsgänge (Schubert 2007:9) an andere Fachleute untervergeben werden, beispielsweise an Terminologen, oder wenn zusätzlich Tätigkeiten nichttranslatorischer Art mit dem Übersetzungsprozess verknüpft sind, etwa Arbeitsschritte der technischen Illustration, die beispielsweise dazu dienen könnten, lokalisierungsungünstig gespeicherte Bildbeschriftungen für die Übersetzertätigkeit zugänglich zu machen.

Diese Aufzählung von Schritten ist nicht mehr als ein wenig systematischer Versuch, einige der denkbaren Tätigkeiten in einer denkbaren Reihenfolge zu nennen. Da der äußere Übersetzungsprozess wie hier angedeutet aus einer Kette von Arbeitsschritten besteht, ist er Gegenstand der Arbeitsorganisation. Deren Hauptansatzpunkte sind insbesondere die Ressourcen und Hilfsmittel der fachübersetzerischen Arbeit, die Übergabepunkte, an denen Werkstücke von einem zum anderen Teammitglied weitergegeben wird, und die übergabebegleitende Kommunikation. Angesichts solcher Eigenschaften wird der äußere Übersetzungsprozess häufiger von berufspraktischer als von translationswissenschaftlicher Seite untersucht.

Der innere, mentale Prozess ist unmittelbarer Beobachtung nicht zugänglich. In der oben gegebenen Aufzählung äußerer, beobachtbarer Arbeitsschritte versteckt sich der essenzielle Teil des mentalen Prozesses in dem kleinen Wort „übersetzen". Als genuin geisteswissenschaftliche Disziplin wendet sich die Translationswissenschaft zunächst dem inneren Übersetzungsprozess zu (z. B. Krings 1986, 1988; Gerloff 1988; Esser 1990; Lörscher 1991; Hönig 1995;

Kußmaul 2005), während arbeitsorganisatorische Fragestellungen bislang meist jenseits ihres Horizonts liegen.

3 Techniken

Für die Analyse des mentalen Übersetzungsprozesses muss die Translationswissenschaft aufgrund der Natur des Objekts Anleihen bei geistes- und sozialwissenschaftlichen Nachbardisziplinen machen, die Methoden zur indirekten Erschließung menschlicher Denkvorgänge und menschlichen Verhaltens entwickelt haben, insbesondere bei der Psychologie und der Soziologie. Aus dem sozialwissenschaftlichen Repertoire im engeren Sinne stammen die Methoden der Introspektion und der Retrospektion. Jenen Bereichen der Sozialwissenschaften, die sich darum bemühen, naturwissenschaftliche Experimentaltechniken auch für den eigenen Objektbereich nutzbar zu machen, sind verschiedene Methoden der Tätigkeitsaufzeichnung entlehnt.

Bei der Introspektion wird die Methode des lauten Denkens eingesetzt, bei der Versuchspersonen beim Übersetzen handlungsbegleitend aussprechen, was sie überlegen und denken. Die Aussagen werden aufgenommen und in so genannten Protokollen des lauten Denkens festgehalten. Bei der Retrospektion werden die Gedankengänge nachträglich formuliert und protokolliert (Jääskeläinen 1998/2001; Kußmaul 2005; Hansen 2006). Zu den Methoden der Tätigkeitsaufzeichnung gehören unterschiedliche Techniken, bei denen die Beobachtung so weit es irgend geht an den mentalen Übersetzungsprozess herangetragen wird. Da Fachübersetzerarbeit am Rechner stattfindet, bestehen hierzu gute Voraussetzungen. Gängige Techniken sind die automatische Protokollierung der Rechnerbedienung und die Blickbewegungsregistrierung. Bei der Protokollierung der Rechnerbedienung wird jede Tastenbetätigung, jede Mausbewegung und jede weitere Bedientätigkeit der Übersetzenden durch ein Softwaresystem festgehalten und zusammen mit dem im Zuge der beobachteten Tätigkeit erstellten Zieltext aufgezeichnet (Jakobsen 1999; Göpferich 2005). Bei der Blickbewegungsregistrierung wird durch eine Kamera aufgezeichnet, auf welcher Stelle des Bildschirms der Blick der Übersetzenden wann und wie lange ruht, was Rückschlüsse darauf zulässt, welche Textpassage und welche Ressourcen in anderen Bildschirmfenstern wie lange betrachtet wurden. Natürlich lassen sich mehrere dieser Beobachtungstechniken kombinieren, sodass beispielsweise erfasst werden kann, worauf der Blick ruht und was unmittelbar danach geschrieben wird.

Diese Methoden sind selbstverständlich keine unmittelbare Beobachtung des Mentalen. Sie werden daher auch in der Translationswissenschaft durchaus kritisch gesehen (Salevsky 2002:246). Sie sind jedoch ein sinnvoller Versuch, durch eine Vielzahl von Methoden und Techniken den mentalen Übersetzungsprozess nicht nur an seinem Ergebnis und auch nicht nur durch die unsichere Filterung der Selbstreflexion greifbar zu machen.

4 Integration

Der innere, mentale Übersetzungsprozess und der äußere, arbeitsorganisatorische erscheinen auf den ersten Blick als zwei so unterschiedliche Gegenstände, dass die Frage berechtigt ist, worin der Sinn einer Zusammenschau liegen soll. Und doch sind beide Prozesse untrennbare Teile ein und desselben Handlungsverlaufs, zu dem sie alternierend beitragen. Ein Untersuchungsansatz, der den Gesamtprozess ins Auge fasst, ist daher ohne weitere Begründung legitim. Ich möchte dennoch weitere Belege anführen, die dafür sprechen, eine integrative, Mentales und Organisatorisches umfassende Gesamtsicht anzulegen. Die Belege sind von unterschiedlicher Art. Der eine Typ stützt eine deduktive Vorgehensweise, der andere eine induktive.

Ein deduktiver Ansatz ist die Verifikation oder Falsifikation einer aufgestellten Hypothese anhand empirischer Beobachtungsfakten. Einen Beleg dieser Art sehe ich in folgender Überlegung. In mehreren Arbeiten (Schubert 2003:228, 2007:248) stelle ich die These auf, dass sich fachkommunikatives Handeln – und damit auch das Handeln von Fachübersetzern – in den vier Dimensionen *fachlicher Inhalt, sprachlicher Ausdruck, technisches Medium* und *Arbeitsprozesse* beschreiben lässt. Diese These verknüpft sehr traditionelle, altehrwürdige Dimensionen, Inhalt und Sprache, die an den Kern des menschlichen Denkens und Kommunizierens rühren, mit recht neuen und, wie man annehmen darf, recht kurzlebigen wie Mikrofonen, Kopfhörern, Dateiformaten, Satzspiegeln, Hypertextstrukturen und Fragen der Arbeitsorganisation und der Unterstützung der Arbeit durch Geräte und Softwaresysteme. Im Grunde hat jedoch eine solche Zusammenstellung stark unterschiedlicher Größen durchaus Tradition (vgl. Schubert 2007:251). In vielen der Kommunikationsmodelle der Sprach- und Kommunikationswissenschaft wird neben Inhalt und Sprache auch die Kommunikationssituation gestellt. Die situativen Faktoren sind gerade jene, die ich hier detaillierter in den Dimensionen des technischen Mediums und der Arbeitsprozesse beschreibe. Auf die Frage der Kommunikationsmodelle komme ich unten zurück.

Ein induktiver Ansatz ist die Ableitung eines generischen Musters aus empirischen Fakten. Auf diesem Gebiet gibt es Studien, die beim Arbeitsprozess ansetzen und die Organisation der Arbeit untersuchen (Holz-Mänttäri 1992, Risku 2004). Andere Studien analysieren die mithilfe von Softwaresystemen durchgeführte Organisation der Arbeit und damit zugleich die Lenkung des Handelns durch diese Systeme und ziehen von diesen Fakten aus eine theoretische Linie bis in die traditionelleren Felder der Translationswissenschaft. Mit Vorarbeiten von Twellaar (2004) beschreitet Mertin (2006) diesen Weg anhand der Fragestellungen des Arbeitsprozessmanagements beim Fachübersetzen durch große Teams und seiner Unterstützung durch Workflow-Management-Systeme.

5 Modelle

Die lenkenden Einflüsse, die das fachübersetzerische Handeln leiten, treten erst nach und nach in das Blickfeld der Translationswissenschaft, wobei es nicht überrascht, dass zunächst die Einflüsse erfasst werden, die im Bereich der beiden traditionellen Dimensionen fachlicher Inhalt und sprachlicher Ausdruck liegen, und erst später die neuartigen lenkenden Einflüsse aus technischem Medium und Arbeitsprozessen.

Die Translationswissenschaft entsteht Mitte des 20. Jahrhunderts, zunächst als Wissenschaft vom Übersetzen, während das Dolmetschen erst etwas später in den Blickpunkt rückt. Der Initialimpuls zur Herausbildung einer neuen, mit der Translation befassten Disziplin ist die große, unerwartet aufgetretene Aufgabe der maschinellen Übersetzung (Fedorov 1953/1968:6; Kade 1968:7; Wilss 1988:2; Gerzymisch-Arbogast 2002:18). Damit geht eine Hinwendung zu Methoden der Linguistik einher, die ihrerseits auf die maschinelle Übersetzung mit einem Formalisierungsschub reagiert. Der Verselbstständigung der Translationswissenschaft geht ein extradisziplinäres Interesse an Übersetzungen voraus, das vor allem aus dem Bereich der Literaturwissenschaft und der Theologie herrührt. Über diese Textsortenausrichtung geht die entstehende Translationswissenschaft hinaus, indem sie sich, auch hierin parallel zur maschinellen Übersetzung, recht umfassend mit Fachtexten beschäftigt.

Neben der Reaktion auf die maschinelle Übersetzung und der Hinwendung zu Fachtexten ist eine wichtige Innovation in der jungen Translationswissenschaft das Forschungsinteresse am Prozess des Übersetzens, das ergänzend oder sogar ersetzend zu der bis dahin vorherrschenden Untersuchungsrichtung hinzutritt, die sich vor allem mit dem übersetzten Text befasst hatte. Diese Neuausrichtung ist ein Reflex der Prozessorientierung der maschinellen Übersetzung. Auch in der literaturwissenschaftlichen Übersetzungsforschung wird derselbe Gedanke geäußert (Levý 1967) und in der fachtextbezogenen Translationswissenschaft rezipiert (Reiß 1976/1993, 1981/2000; Kußmaul 1986/1994). Hieran schließt sich eine translationswissenschaftliche Richtung an, die das Übersetzen als Entscheidungsprozess, als eine Form kommunikativen Handelns oder als eine in Regeln beschreibbare Abfolge von Arbeitsschritten betrachtet. Gerzymisch-Arbogast und Mudersbach (1998) konzentrieren sich dabei auf methodisches Vorgehen im inneren, mentalen Prozess des Übersetzens. Zu einem Zeitpunkt, zu dem ihr darin in der Translationswissenschaft kaum jemand folgen mag, bezieht Holz-Mänttäri (1984, 1988) in interessanter Weise Faktoren des äußeren Übersetzungsprozesses und damit lenkende Einflüsse aus der Dimension der Arbeitsprozesse in ihre Überlegungen ein.

Quellen für Erklärungsmodelle sind jedoch nicht nur innerhalb der Translationswissenschaft zu suchen. Auch Modelle der Fachkommunikation oder ganz allgemein der sprachlichen Kommunikation sind aufschlussreich. Eine Durchsicht ausgewählter einschlägiger Modelle habe ich vorgelegt (Schubert 2007:217-240). Sie umfasst elf Kommunikationsmodelle und modellähnliche kommunikationswissenschaftliche Überlegungen. Dabei zeigt sich, dass im Laufe der sprachwissenschaftlichen Diskussion des 20. Jahrhunderts zunächst die Dyade der mündlichen Kommunikation gesehen wird, dann davon abgeleitet auch die schriftliche Kommunikation, dann die Triade der translatorisch vermittelten zweisprachigen Kommunikation, dann die Bedeutung speziellen Wissens für die Fachkommunikation und erst in jüngerer Zeit lenkende Einflüsse wie Verstehensvoraussetzungen der Zielgruppe (Inhalt und Sprache), Zeit- und Platzbegrenzungen (technisches Medium), Auftraggebervorgaben (Inhalt, Sprache, Medium, Arbeitsprozess) und gesetzliche und behördliche Vorschriften (Inhalt, Sprache, Medium).

Die Bedingungen und Umstände einer so stark gelenkten Kommunikationsform wie des Fachübersetzens lassen sich, wie die hier skizzierte Analyse zeigt, nicht mit den Mitteln einer einzigen, auf eine der Dimensionen des fachkommunikativen Handelns gerichteten Disziplin umfassend beschreiben. Daher erscheint mir ein übergreifender, auf einsprachige wie auf translatorische, auf mündliche wie auf schriftliche Kommunikationsformen ausgerichteter Ansatz vielversprechend.

Bibliographie

Esser, Ulrich (1990): „Gedächtnis – interdisziplinäre Schnittstelle zwischen Psychologie und Übersetzungswissenschaft." Salevsky, Heidemarie (Hrsg.): *Übersetzungswissenschaft und Sprachmittlerausbildung*. Bd. 1. Berlin: Humboldt-Universität, 83-87.

Fedorov, Andrej Venediktovič (1968): *Osnovy obščej teorii perevoda*. 3. bearb. Aufl. (1. Aufl. 1953 u.d.T. *Vvedenie v teoriju perevoda*.) Moskva: Vysšaja škola.

Gerloff, Pamela A. (1988): *From French to English: A Look at the Translation Process in Students, Bilinguals, and Professional Translators*. Diss. Cambridge, Mass.: Havard – Ann Arbor: University Microfilms International.

Gerzymisch-Arbogast, Heidrun (2002): „Ansätze der neueren Übersetzungsforschung." Best, Joanna / Kalina, Sylvia (Hrsg.): *Übersetzen und Dolmetschen. Eine Orientierungshilfe*. UTB 2329. Tübingen/Basel: Francke, 17-29.

Gerzymisch-Arbogast, Heidrun / Mudersbach, Klaus (1998): *Methoden des wissenschaftlichen Übersetzens*. UTB 1990. Tübingen/Basel: Francke.

Göpferich, Susanne (2005): *Praktische Handreichung für Studien mit lautem Denken und Translog*. Graz: Karl-Franzens-Universität.
http://www.susanne-goepferich.de/Handreichung.pdf (05.02.2007).

Hansen, Gyde (2006): „Entscheidungsprozesse, Anstöße und Aktivierungsreize bei Introspektion in Übersetzungsprozesse." Heine, Carmen / Schubert, Klaus / Gerzymisch-Arbogast,

Heidrun (Hrsg.): *Text and Translation: Theory and Methodology of Translation*. Jahrbuch Übersetzen und Dolmetschen 6. Tübingen: Narr, 3-16.

Holz-Mänttäri, Justa (1984): *Translatorisches Handeln*. Suomalaisen Tiedeakatemian Toimituksia / Annales Academiae Scientiarum Fennicae B 226. Helsinki: Suomalainen Tiedeakatemia.

Holz-Mänttäri, Justa (1988): „Was übersetzt der Übersetzer? Zu Steuerfaktoren der Translatorhandlung und ihrer theoretischen Erfassung." Arntz, Reiner (Hrsg.): *Textlinguistik und Fachsprache*. Studien zu Sprache und Technik 1. Hildesheim/Zürich/New York: Olms, 375-392.

Holz-Mänttäri, Justa (1992): „Entwicklungen in der Theorienbildung über professionellen Textbau: vom Instruktionsausführenden zum Projektmanager." Salevsky, Heidemarie (Hrsg.): *Wissenschaftliche Grundlagen der Sprachmittlung*. Frankfurt a. M. u. a.: Lang, 119-128.

Hönig, Hans G. (1995): *Konstruktives Übersetzen*. Studien zur Translation 1. Tübingen: Stauffenburg.

Jääskeläinen, Riitta (1998): „Think-Aloud Protocols." Baker, Mona mit Malmkjær, Kirsten (Hrsg.): *Routledge Encyclopedia of Translation Studies*. Neue Aufl. 2001. London/New York: Routledge, 265-269.

Jakobsen, Arnt Lykke (1999): „Logging target text production with Translog." Hansen, Gyde (Hrsg.): *Probing the Process in Translation*. Copenhagen Studies in Language 24. Copenhagen: Samfundslitteratur, 9-20.

Kade, Otto (1968): *Zufall und Gesetzmäßigkeit in der Übersetzung*. Beihefte zur Zeitschrift Fremdsprachen 1. Leipzig: Enzyklopädie.

Krings, Hans P. (1986): *Was in den Köpfen von Übersetzern vorgeht*. Tübinger Beiträge zur Linguistik 291. Tübingen: Narr.

Krings, Hans P. (1988): „Blick in die 'Black Box' – Eine Fallstudie zum Übersetzungsprozeß bei Berufsübersetzern." Arntz, Reiner (Hrsg.): *Textlinguistik und Fachsprache*. Studien zu Sprache und Technik 1. Hildesheim/Zürich/New York: Olms, 393-411.

Kußmaul, Paul (1986): „Übersetzen als Entscheidungsprozeß. Die Rolle der Fehleranalyse in der Übersetzungsdidaktik." Snell-Hornby, Mary (Hrsg.): *Übersetzungswissenschaft – eine Neuorientierung*. 2. Aufl. 1994. UTB 1415. Tübingen/Basel: Francke, 206-229.

Kußmaul, Paul (2005): „Translation through Visualization." *Meta* 50 [2], 378-391.

Levý, Jiří (1967): „Translation as a Decision Process." *To Honor Roman Jakobson*. Janua linguarum, Series maior 32. The Hague: Mouton, 1171-1182.

Lörscher, Wolfgang (1991): *Translation Performance, Translation Process, and Translation Strategies*. Tübingen: Narr.

Mertin, Elvira (2006): *Prozessorientiertes Qualitätsmanagement im Dienstleistungsbereich Übersetzen*. Leipziger Studien zur angewandten Linguistik und Translatologie 2. Frankfurt a. M. u. a.: Lang.

Reiß, Katharina (1976): *Texttyp und Übersetzungsmethode*. 3. Aufl. 1993. Heidelberg: Groos.

Reiß, Katharina (1981): „Type, Kind and Individuality of Text. Decision Making in Translation." *Poetics Today* 2 [4], 121-131 – wieder: Reiß, Katharina (2000): „Type, Kind and Individuality of Text. Decision Making in Translation." Venuti, Lawrence (Hg.): *The Translation Studies Reader*. London/New York: Routledge, 160-171.

Risku, Hanna (2004): *Translationsmanagement. Interkulturelle Fachkommunikation im In-formationszeitalter.* Translationswissenschaft 1. Tübingen: Narr.

Salevsky, Heidemarie (2002): *Translationswissenschaft. Ein Kompendium.* Bd. 1. Frankfurt a. M. u. a.: Lang.

Schubert, Klaus (2003): „Integrative Fachkommunikation." Schubert, Klaus (Hrsg.): *Überset-zen und Dolmetschen: Modelle, Methoden, Technologie.* Jahrbuch Übersetzen und Dolmet-schen 4/I. Tübingen: Narr, 225-256.

Schubert, Klaus (2007): *Wissen, Sprache, Medium, Arbeit. Ein integratives Modell der ein- und mehrsprachigen Fachkommunikation.* Forum für Fachsprachen-Forschung 76. Tübingen: Narr.

Twellaar, Hendrika (2004): *Workflow-Management in der Übersetzungsindustrie.* Diplomar-beit. Flensburg, Fachhochschule Flensburg, Studiengang Technikübersetzen, Schubert.

Wilss, Wolfram (1988): *Kognition und Übersetzen. Zu Theorie und Praxis der menschlichen und der maschinellen Übersetzung.* Konzepte der Sprach- und Literaturwissenschaft 41. Tü-bingen: Niemeyer.

Uta Seewald-Heeg
Anhalt
Evaluation der Übersetzungsleistung maschineller Werkzeuge und Möglichkeiten der Qualitätssicherung

1 Einleitung

[1]Angesichts des hohen Übersetzungsbedarfs sowie des gleichzeitig geringen Zeitbudgets zur Abwicklung großer Übersetzungsaufträge haben sich maschinelle Übersetzungswerkzeuge – sowohl den Humanübersetzer unterstützende als auch vollautomatisch arbeitende Systeme – in der Übersetzungsbranche inzwischen fest etabliert.

Systeme, für die bis Mitte der neunziger Jahre noch Spezialhardware erforderlich war, sind mittlerweile für PC-Plattformen verfügbar und werden in der Regel inzwischen sogar ausschließlich für diese Computerklasse vertrieben und weiterentwickelt. Gleichzeitig ist das Angebot an Übersetzungssystemen und -werkzeugen in den vergangenen Jahren beträchtlich angestiegen. Mit der Produktvielfalt ist jedoch keineswegs auch ein Anwachsen der Leistung der angebotenen Systeme zu beobachten. Gerade im Bereich der vollautomatischen Übersetzungssysteme kann die Mehrzahl der Produkte für eine qualitativ hochwertige Übersetzung ökonomisch kaum sinnvoll eingesetzt werden (sieht man einmal von der mangelnden Akzeptanz auf Seiten der Übersetzer ab, stark fehlerbehaftete Texte nachzubearbeiten). Die Ergebnisse der von Nübel/Seewald-Heeg (1998) sowie von Seewald-Heeg/Ziezolt (1999) durchgeführten Evaluationen vollautomatisch arbeitender maschineller Übersetzungssysteme, die nachfolgend kurz resümiert werden sollen, belegen dies.[2]

Auf der Grundlage der aus den Evaluationen gewonnenen Ergebnisse werden Möglichkeiten des effektiven Einsatzes maschineller Übersetzungssysteme im Workflow der professionellen Übersetzung aufgezeigt, die zur Qualitätssicherung der Übersetzung beim professionellen Einsatz dieser Systeme beitragen. Dabei spielt eine weitere Kategorie von Übersetzungswerkzeugen, Translation-Memory-Systeme, eine besondere Rolle, die – nun zwar auf einer anderen Ebene – ihrerseits Fragen der Qualitätssicherung aufwerfen.

---

[1] Dieser Beitrag ist eine punktuell aktualisierte Fassung eines Vortrags auf der TQ2000, Internationale Fachtagung Translationsqualität, in Leipzig 28./29.10.1999.

[2] Mittlerweile werden von verschiedenen Herstellern zwar Nachfolgeversionen angeboten, einige Systeme sind ganz vom Markt verschwunden, wieder andere hinzu gekommen, doch grundsätzliche Verbesserungen hinsichtlich der Übersetzungsqualität wurden nicht erzielt, auch wenn einzelne Fehlerquellen durch zusätzliche Regeln oder die Bearbeitung der Systemwörterbücher behoben wurden.

2 Evaluation vollautomatischer Übersetzungssysteme

2.1 Ansätze zur Evaluierung von Übersetzungssystemen

Obschon Evaluationen maschineller Übersetzungssysteme so alt wie die maschinelle Übersetzung selbst sind, liegen bislang keine verbindlichen Methoden zur Evaluierung automatischer Übersetzungssysteme vor. Ausgehend von den von der ARPA beauftragten Evaluationen sind verschiedene Evaluationsparameter entwickelt worden, die die maschinell erstellte Übersetzung nach Kriterien wie Adäquatheit (*adequacy*), Flüssigkeit des Stils (*fluency*) und Informativität (*informativeness*) bewerten (vgl. White et al. 1994). In Abhängigkeit vom Evaluierungsziel haben sich drei wesentliche Evaluationsansätze herausgebildet, die mit *Adequacy Evaluation, Diagnostic Evaluation* und *Performance Evaluation* (Hirshman/Thompson 1998) oder *Progress Evaluation* (King 1995) bezeichnet werden. Während die Untersuchung der Leistungsfähigkeit eines Systems hinsichtlich eines vom Hersteller definierten Zwecks bzw. einer bestimmten Aufgabe im Mittelpunkt der Adäquatheitsevaluierung steht, in die auch Fragen der Bedienbarkeit sowie der Kaufpreis eingehen, steht bei der diagnostischen Evaluation die linguistische Leistungsfähigkeit der Systeme im Vordergrund. Bei diesem Evaluationstyp werden Test-Suites zur Bestimmung der Ausgabequalität der Übersetzungssysteme hinsichtlich einzelner linguistischer Phänomene eingesetzt und eine auf der Basis von Fehlertypen erstellte Klassifikation von Fehlern zur Bewertung herangezogen. Im Rahmen der diagnostischen Evaluation wird auch berücksichtigt, in welchem Maße der Benutzer durch Wörterbuchpflege und Systemeinstellungen Übersetzungsfehler beheben kann. Bei dem als Progress- oder Performanzevaluation bezeichneten Evaluationstyp schließlich liegt der Akzent auf den technischen Leistungsmerkmalen maschineller Übersetzungssysteme, die vor allem bei der Systementwicklung von Bedeutung sind.

Die nachfolgend skizzierten Evaluationen maschineller Übersetzungssysteme mit der Sprachrichtung Englisch-Deutsch (Nübel/Seewald-Heeg 1998) und Deutsch-Französisch (Seewald-Heeg/Ziezolt 1999) sind relativ zu den drei genannten Verfahrenstypen zwischen der Adäquatheits- und der diagnostischen Evaluation einzuordnen. Zentral für die Evaluierungen der getesteten Systeme war der Einsatz von Test-Suites, die jeweils ausgewählte linguistische Phänomene enthielten. Als Qualitätskriterium diente die grammatische Korrektheit der Ausgabe der Systeme. Die Bewertung der Übersetzungsergebnisse fand auf der Grundlage der von der ARPA entwickelten *Fluency Evaluation Methodology* statt, bei der muttersprachliche Sprecher der Zielsprache die Übersetzungsergebnisse intuitiv auf ihre Korrektheit hin überprüfen. Die Evaluierung wurde als Black-Box-Evaluierung (vgl. Gilb/Finzi 1988) durchgeführt, eine Notwendigkeit angesichts der Tatsache, dass die Hersteller im Allgemeinen keinen Einblick in die inneren Abläufe und softwaretechnischen Realisierungen der Produkte gewähren.

2.2 Ergebnisse der Evaluation maschineller Übersetzungssysteme

Die Auswahl der in die Evaluation einbezogenen Systeme mit der Sprachrichtung Englisch-Deutsch erfolgte nach einem Filterprinzip. In einer Testphase, die der eigentlichen Evaluierung voranging, wurden von den auf dem Markt ermittelten Systemen (ohne Einsatz systematisch zusammengestellter Testmaterialien) alle von den Testpersonen als sehr mangelhaft eingestuften Systeme ‚ausgefiltert'. Auf diese Weise wurden durch Ausschluss sechs Systeme ermittelt, die in die Evaluation einbezogen wurden: Logos 7.8.3 (Logos), Personal Translator (PT) plus '98 (Linguatec, IBM), Power Translator Pro 6.5 (Globalink), Systran PROfessional für Windows 2.0 (Systran), T1 Professional (Langenscheidt, L&H) sowie Transcend 1.2 (Intergraph). Testkorpora für Instruktionsformen, syntaktische Koordinationen, Komposita und Nebensätze von jeweils 300 bis 400 Sätzen bildeten das Testmaterial, das zu etwa 25 % aus konstruierten Testsätzen und zu 75 % aus authentischem Textmaterial aus Handbüchern, Bedienungsanleitungen und Web-Seiten zusammengesetzt war.

412 Instruktions-sätze	PT plus	Trans-cend	T1	LOGOS	Power Translator	Systran
Bewertung 1	124	32	113	135	34	110
Bewertung 2	220	223	176	228	248	216
Bewertung 3	68	146	109	47	124	84
Bewertung 4	0	11	14	2	6	2
Summe	412	412	412	412	412	412
Rangfolge nach 1	2	6	3	1	5	4
Bewertung 1	30,10 %	7,77 %	27,43 %	32,77 %	8,25 %	26,70 %
Bewertung 2	53,40 %	54,13 %	42,72 %	55,34 %	60,19 %	52,43 %
Bewertung 3	16,50 %	35,44 %	26,46 %	11,41 %	30,10 %	20,39 %
Bewertung 4	0,00 %	2,67 %	3,40 %	0,49 %	1,46 %	0,49 %
Σ 1+2	83,50 %	61,89 %	70,15 %	88,11 %	68,45 %	79,13 %
Rangfolge n. Σ 1+2	2	6	4	1	5	3

Tab. 1: Ergebnisse der Übersetzung von Auszügen aus Instruktionstexten. (Bewertung 1: „Satz vollständig korrekt übersetzt"; Bewertung 2: „Untersuchtes Phänomen korrekt übersetzt, jedoch andere Fehler im Satz enthalten"; Bewertung 3: „Untersuchtes Phänomen falsch übersetzt"; Bewertung 4: „Satz falsch übersetzt, Fehlerquelle nicht identifizierbar").

Die Ergebnisse, die bei der Übersetzung des Kopus aus Instruktionssätzen erzielt wurden (vgl. Tab. 1), lassen sich exemplarisch zur Darstellung der linguistischen Leistungsfähigkeit der Systeme heranziehen, auch wenn abhängig vom getesteten linguistischen Phänomen die jeweils prozentual ermittelten Ergebnisse der Systeme Unterschiede aufweisen.

Der Prozentsatz der als vollständig korrekt übersetzt bewerteten Sätze (Bewertung 1) liegt in diesem Fall im Maximum nur knapp über 30 % und wird von den Systemen Logos und Personal Translator erreicht. Betrachtet man daneben auch jene Sätze, in denen das untersuchte linguistische Phänomen, im vorliegenden Fall also die Instruktionsform, von den Systemen zwar korrekt übersetzt wurde, der Satz aber andere Übersetzungsfehler enthält (Bewertung 2), so steigt die Zahl auf 80 % bis 90 % an (Logos erzielt hier rund 88 %, Personal Translator rund 84 %). Diese prozentualen Angaben sind allerdings nur bedingt aussagekräftig: Der Nachbearbeitungsaufwand, den ein mit „2" bewerteter Text verursacht, lässt sich nur schwer aus ihnen ableiten. Aufgrund der Tatsache, dass die in diesen Sätzen enthaltenen Fehler von der nicht korrekten Wahl eines Lexems bis hin zu komplizierten syntaktischen Fehlern reichen können, weist die erforderliche Nacharbeit der Sätze in ihrem Zeitaufwand unter Umständen große Unterschiede auf.

Das methodische Vorgehen im Rahmen der hier zitierten Evaluierung sah bewusst keinerlei Bearbeitung des Lexikons der Übersetzungssysteme vor. Die Test-Suites wurden allein unter Zugriff auf die Systemwörterbücher übersetzt, mit denen die Systeme von Herstellerseite ausgestattet sind. Es ist allerdings davon auszugehen, dass die Übersetzungsergebnisse verbessert werden können, wenn in das Wörterbuch fachspezifische Termini oder nicht berücksichtigte Lesarten einzelner Lexeme aufgenommen werden. Ein entsprechendes Experiment belegt dies: Einzelne Kapitel eines Software-Übungsmaterials (Cincom 1999) wurden mit dem Personal Translator 2000 Office plus, der Nachfolgeversion des in die Evaluation einbezogenen Systems der Firma Linguatec, in einem ersten Durchgang zunächst ohne vorherige Aufnahme zusätzlicher Lexeme ins Wörterbuch übersetzt. Das Übersetzungsergebnis wurde mit dem Ergebnis des zweiten Testlaufs verglichen, bei dem vorab eine Reihe von Termini und softwarespezifischer Ausdrücke, wie z. B. *one button mouse, two button mouse, three button mouse, Launcher* usw., in das Wörterbuch aufgenommen wurden. Die Qualität der übersetzten Textsegmente, die neben komplexen parataktischen Strukturen auch zahlreiche Segmente mit jeweils nur einem Wort enthielten (Überschriften, Abbildungsbeschriftungen), konnte im zweiten Durchgang durch die vorausgehende Lexikonpflege erhöht werden (vgl. Bsp. (1)[3]). Der Prozentsatz der vollständig korrekt übersetzten Sätze stieg von nur 12,7 % im ersten Durchgang (was deutlich unter der ermittelten 30 %-Marke der 1998 durchgeführten Evaluation liegt) auf 23,4 % im zweiten Durchgang an.

(1)   QT-Satz: <u>Bring up</u> the <Window> menu and manipulate the
                                          current *window.*

      ZT-Satz, 1. Druchgang: <u>Bringen Sie</u> das <window> Menü <u>herauf</u> und ma
                                          nipulieren Sie das aktuelle Fenster.

      ZT-Satz, 2. Druchgang: <u>Aktivieren Sie</u> das <window> Menü und manipu
                                          lieren Sie das aktuelle Fenster.[4]

---

[3]   QT: „Quelltext"; ZT: „Zieltext".
[4]   Interpunktion und Graphie entsprechen der Ausgabe des Personal Translator 2000 Office plus.

An diesem Beispiel ist zu erkennen, dass das Wörterbuch für die Übersetzungsleistung eines Systems zentral ist. Dabei ist nicht allein die Zahl der Einträge im Wörterbuch von Bedeutung, sondern auch das Maß, in dem ein Benutzer Fachwörterbücher auswählen, Filter anwenden und neue Einträge hinzufügen kann. Durch fachspezifische Einstellungen am Wörterbuch, die Besonderheiten des zu übersetzenden Dokumentes reflektieren, lässt sich der Zugriff eines maschinellen Übersetzungssystems auf das Wörterbuch in gewissem Umfang steuern. Wenn terminologische Einträge im Wörterbuch mit einer Sachgebietskennung versehen und gleichzeitig Angaben über die Sachgebietszuordnung eines zu übersetzenden Dokuments möglich sind, können Ambiguitäten aufgrund von Homonymien zwischen terminologischen und nicht-terminologischen Lesarten einzelner Lexeme oder konzeptuell verschiedenen Lexemen vom System aufgelöst werden.

Da die Wörterbuchschnittstelle des Systems Transcend von Intergraph weder eine solche sachgebietsspezifische Zuordnung von Wörterbucheinträgen, noch eine Spezifikation der zu übersetzenden Dokumente unterstützt und somit kein Hilfsmittel zur Auflösung von Homonymien bereitstellt, fällt dieses System von vornherein zur Übersetzung qualitativ hochwertiger Übersetzungen aus.

Ein weiteres Kriterium, das bei der Übersetzung instruktiver Sätze von Bedeutung ist (vgl. Seewald-Heeg 1998), liegt in der vom Benutzer zu spezifizierenden Art der Übersetzung des englischen Imperativs ins Deutsche, der hier entweder infinitivisch (Bsp. *Den Cursor positionieren*) oder imperativisch (Bsp. *Positionieren Sie den Cursor*) realisiert werden kann. Außer Transcend bietet auch Power Translator diese Möglichkeit nicht und übersetzt englische Imperative im Deutschen stets imperativisch, weshalb auch der Einsatz dieses Systems für qualitativ hochwertige Übersetzungen, die instruktive Textteile enthalten, unzweckmäßig ist. Systran, das eine entsprechende Auswahloption auch nicht enthält und für instruktive Texte daher ebenfalls nur mit Einschränkungen geeignet ist, bietet neben der Angabe des Sachgebiets, in das ein zu übersetzender Text einzuordnen ist, darüber hinaus auch die Möglichkeit, den Dokumenttyp (Abstrakt, Korrespondenz, Journalismus, Stückliste, Sitzungsprotokoll, Patente, Prosa, Umgangssprache, Benutzer- oder Bedienungsanleitung) des zu übersetzenden Textes zu bestimmen. Ein Einfluss der selektierten Dokumentart auf die Übersetzung konnte in unterschiedlichen Testläufen mit demselben Testmaterial allerdings nicht nachgewiesen werden.

Die aus den Evaluierungsergebnissen ableitbare Rangfolge der Systeme platziert Logos und Personal Translator in die Gruppe der leistungsstärksten Übersetzungssysteme, Systran und T1 relativ dazu in das Mittelfeld. Deutlich schwächer sind Power Translator und Transcend, die somit die leistungsschwächste Gruppe der getesteten Systeme bilden.

Zwar erlauben die Ergebnisse Aussagen zur linguistischen Leistungsfähigkeit der Systeme, doch kann damit noch keine abschließende Beurteilung zur Eignung der Systeme für unterschiedliche Aufgaben vorgenommen werden. Erst eine genaue Benutzermodellierung, die neben dem fachlichen Einsatzfeld auch Möglichkeiten der Einbindung der Systeme in den bestehenden Arbeitsablauf berücksichtigt, kann hier zu präziseren Einschätzungen führen.

Insgesamt lässt sich aber festhalten, dass mit einem Prozentsatz von maximal rund 30 % vollständig korrekt übersetzter Sätze (vgl. Tab. 1) beim Einsatz der Systeme für qualitativ hochwertige Übersetzungen stets mit einem relativ hohen Posteditionsaufwand zu rechnen ist. Dieser entfällt oder kann deutlich reduziert werden, wenn die Übersetzung eines Textes allein der Ermittlung der Relevanz des betreffenden Dokuments für gegebene Fragestellungen oder der groben Informationserschließung dient.

Evaluierungsergebnisse maschineller Übersetzungen, die auf eine konkrete Sprachrichtung Bezug nehmen, erlauben keine Schlüsse hinsichtlich der Leistungsfähigkeit derselben Systeme mit der umgekehrten Sprachrichtung oder gar mit einem anderen Sprachpaar. Da Übersetzungssysteme, in denen Englisch als eine der Sprachen eines Sprachpaars berücksichtigt ist, bessere Absatzmöglichkeiten auf dem bestehenden Markt vorfinden, investieren die Entwickler bislang in Sprachpaare mit Englisch als Quell- oder Zielsprache mehr als etwa in Sprachpaare wie Französisch-Deutsch oder Spanisch-Deutsch.

So fielen denn auch die Ergebnisse der ausschließlich mit einem konstruierten Testkorpus durchgeführten Evaluierung der Systeme Logos, Power Translator (Globalink) und Reverso (PROject MT) mit der Sprachrichtung Deutsch-Französisch (Seewald-Heeg/Ziezolt 1999) im Vergleich zu der von Nübel/Seewald-Heeg (1998) durchgeführten Evaluation deutlich schwächer aus. Die Summe der aus vollständig korrekt übersetzten Sätzen und Sätzen, in denen das jeweils zu überprüfende linguistische Phänomen zwar richtig übersetzt wurde, im Satz aber dennoch Fehler enthalten waren, belief sich hier nur auf rund 67 %, wobei keine signifikanten Unterschiede zwischen Logos, Power Translator und Reverso festgestellt werden konnten.[5]

3 Translation-Memory-Systeme

3.1 Konsistenz- und Effizienzsteigerung durch den Einsatz von Translation-Memory-Systemen

Aufgrund des Nachbearbeitungsbedarfs, der den obigen Erläuterungen zufolge bei 70 % der Sätze vorliegt, hat sich im professionellen Bereich, hier vor allem auf dem Gebiet der Software-Lokalisierung, zur Übersetzung qualitativ hochwertiger Texte der Einsatz von Translation-Memory- oder Satzspeichersystemen durchgesetzt. Systeme dieses Typs erzeugen selbst keine Übersetzung, sondern stellen Editoren bereit, in denen Ausgangstext und Übersetzung jeweils parallel angezeigt und anschließend einander zugeordnet abgespeichert werden können,

---

[5]   Die Systeme Personal Translator von Linguatec und T1 von Langenscheidt, die seit Frühjahr 2000 auch für das Sprachpaar Französisch-Deutsch erhältlich sind, waren zum Zeitpunkt der Evaluierung noch nicht verfügbar.

so dass sie bei weiteren Übersetzungen als Referenzmaterial, das automatisch in den Zieltext eingefügt werden kann, zur Verfügung stehen.

Die meisten Translation-Memory-Systeme sind mit einer komfortablen Terminologieverwaltungskomponente ausgestattet, auf die während des Übersetzens im Texteditor über eine Schnittstelle zugegriffen werden kann, so dass die in einem Satz jeweils enthaltene Terminologie bei der Übersetzung im Editor angezeigt wird.

Da die Funktionsweise von Translation-Memory-Systemen in erster Linie auf dem Vergleich von Übersetzungseinheiten (in der Regel Sätzen) mit dem Referenzmaterial basiert, können Translation-Memory-Systeme Übersetzer vor allem dort nutzbringend unterstützen, wo Textmengen mit hohem Anteil an Wiederholungen (Sätze, syntaktische Strukturen) innerhalb eines Textes sowie relativ zum vorhandenen Referenzmaterial vorliegen. Die Wiederverwendung bereits übersetzten Materials trägt auf diese Weise zur Konsistenz der Übersetzung bei, da gleiche ausgangssprachliche Textpassagen im Zieltext auch mit gleichen Übersetzungen wiedergegeben werden. Somit leistet ihr Einsatz bei repetitiven Texten immer auch einen Beitrag zur Qualitätssicherung der Übersetzung.

Translation-Memory-Systeme können aber auch dann nutzbringend eingesetzt werden, wenn der Anteil an Wiederholungen von Sätzen oder Syntagmen eher gering ist, der Text jedoch einen hohen Anteil an Terminologie enthält. Durch die Einbindung der Terminologiekomponente in das Translation Memory wirkt sich der Einsatz des Translation-Memory-Systems insbesondere auch auf die Konsistenz der Terminologie eines Textes aus. Dadurch, dass die Termini während der Übersetzung automatisch visuell bereitgestellt werden, führen Translation-Memory-Systeme selbst dann zur Effizienzsteigerung, wenn die zur Verfügung stehenden Funktionen zum automatischen Einfügen der zielsprachigen Termini nicht genutzt werden und die Schnittstelle zur Terminologie lediglich als terminologisches Wörterbuch verwendet wird, das die für einen Satz jeweils relevante Terminologie ohne spezielle Benutzereingriffe bereitstellt.

Obschon die Qualität einer Übersetzung beim Einsatz eines Translation Memory primär vom Übersetzer abhängt und die Übersetzungsqualität (etwa unter dem Gesichtspunkt grammatikalischer Korrektheit) somit nicht das Ergebnis der Übersetzungsleistung des Translation-Memory-Systems ist, kann die jeweils spezifische Funktionsweise eines Translation-Memory-Systems auch Auswirkungen auf die Gesamtqualität einer Übersetzung haben, was nachfolgend kurz skizziert werden soll.

3.2 Wiederverwendung übersetzten Materials

Bei Texten, die relativ zum vorhandenen Referenzmaterial des Satzarchivs einen hohen Anteil an Wiederholungen aufweisen, resultiert die Effizienzsteigerung der Übersetzungsleistung aus dem automatischen Auffinden der im Satzarchiv enthaltenen Sätze, die identisch mit dem jeweils zu übersetzenden Satz sind oder aber mit relativ geringen Modifikationen in den Zieltext übernommen werden können. Dieses Auffinden geschieht mit Suchalgorithmen, die einen Satz eines Quelltextes unter Anwendung statistischer Verfahren mit den entsprechenden quellsprachlichen Einträgen der Datenbank vergleichen. Translation-Memory-Systeme zeichnen sich dadurch aus, dass die Systeme auf eine Suchanfrage nicht nur vollständige Übereinstimmungen, sogenannte 100 %-Matches, liefern, sondern auch Sätze finden, die Abweichungen gegenüber dem zu übersetzenden Text aufweisen (vgl. Tab. 2). Die Ermittlung der Identität oder Ähnlichkeit eines Satzes zu einem Satz des Referenzmaterials erfolgt bei den auf dem Markt angebotenen Translation-Memory-Systemen mit Hilfe sogenannter unscharfer Suche, die auf der Basis von Fuzzy-Logic-Algorithmen ermöglicht wird. Die konkrete Realisierung eines solchen Suchalgorithmus variiert allerdings von System zu System, so dass die vom System berechnete Ähnlichkeit abhängig vom jeweiligen Translation Memory unterschiedliche Werte ausweist, die dem Benutzer meistens in Form von Prozentwerten angegeben werden. In der Regel basieren die Algorithmen auf Wort- und Buchstabenfolgen (z. B. Trigrammen). Die Berücksichtigung syntaktischer Kriterien beim Vergleich von zu übersetzendem Satz und Referenzsatz zeichnet die Entwicklung der Translation-Memory-Systeme der Firmen Xerox und Zeres aus, die mittlerweile nicht mehr weiterentwickelt und vertrieben werden.

Referenzsatz			
This chapter is an introduction to X11 operations.			
Nr. **Testsatz**	**Match-Wert in %**		
	T1	**PT**	**TWB**
1 *This chapter **gives** an introduction to X11 opera-tions.*	87	91	89
2 *This chapter is an introduction to operations **of** X11.*	66	93	88
3 *X11 operations **are introduced in** this chapter.*	12	53	0
4 *X11 introduction This **an** chapter is **an** to opera-tions.*	100	97	71

Tab. 2: Retrievalergebnisse von T1, Personal Translator (PT) und Translator's Workbench (TWB).

Sieht man einmal davon ab, dass die Angabe von Werten zur Darstellung der Ähnlichkeit eines zu übersetzenden Satzes mit einem im Translation Memory gespeicherten Satz von System zu System Unterschiede aufweist (vgl. Tab. 2) und somit für die Frage bedeutungsvoll ist, ob einem Benutzer bereits übersetztes Material zur Wiederverwendung angeboten wird oder nicht (vgl. Tab. 2, Nr. 3), muss ferner ein besonderes Augenmerk auf die von einem System als vollständig identisch bewerteten Sätze, also die 100%-Matches, gerichtet werden. Ein Vergleich der Bewertung der Ähnlichkeit von Quelltext (Testsatz) und Referenzmaterial, die von der Translator's Workbench (TWB), dem Translation-

Memory-System der Firma Trados, und den Satzarchivmodulen der Übersetzungssysteme T1 von Langenscheidt und Personal Translator (PT) von Linguatec berechnet wurde, macht deutlich, dass 100%-Matches nicht in jedem Fall dazu geeignet sind, automatisch, d. h. ohne Kontrolle in den Zieltext übernommen zu werden (siehe hierzu auch Seewald-Heeg/Nübel 1999), stellt doch eine Permutation der Elemente des Referenzsatzes keine Identität des zu übersetzenden Satzes dar. Besonders deutlich wird dies anhand der Veränderung der Position der Negationspartikel in Bsp. (2), das bei T1 ein 100%-Match darstellt.

(2)   I **do not** drink wine, but I drink beer.

       I drink wine, but I **do not** drink beer.

Die hier zitierten Beispiele lassen erkennen, dass Konsistenzsicherung und Qualitätssteigerung keine Automatismen beim Einsatz von Translation-Memory-Systemen sind. Eine Evaluierung der Retrievalleistung solcher Systeme ist daher erforderlich, um qualifizierte Einschätzungen über die Aussagekraft von Match-Werten einzelner Systeme machen zu können.

4 Qualitätssicherung durch den Einsatz integrierter Systeme

Selbst wo große Textmengen mit hoher Wiederholungsrate vorliegen, muss beim Einsatz von Translation-Memory-Systemen stets ein bedeutender Anteil von Textsegmenten neu übersetzt werden. An dieser Stelle lassen sich nun vollautomatische Übersetzungssysteme im Arbeitsprozess mit Translation-Memory-Systemen kombinieren. Translation-Memory-Systeme, die über eine Analysefunktion verfügen, die auf einen zu übersetzenden Text angewendet werden kann, bieten in der Regel die Möglichkeit, Sätze zu exportieren, für die im Referenzmaterial keine Übersetzungen vorliegen, so dass sie in einer separaten Datei verarbeitet werden können. Eine solche Datei kann dann in das maschinelle Übersetzungssystem importiert, dort maschinell übersetzt und anschließend wieder an das Translation Memory zurückgeführt werden. Die als „maschinell übersetzt" markierten Sätze werden dem Übersetzer im Übersetzungsprozess vom Translation Memory dann ebenso als mögliche Kandidaten für die Übersetzung vorgeschlagen wie auch im Referenzmaterial enthaltene Segmente, die eine bestimmte Ähnlichkeit im Vergleich zum zu übersetzenden Segment aufweisen. Auf diese Weise können korrekte automatisch erstellte Übersetzungen wie auch solche, die nur geringfügige Korrekturen erfordern, vom Übersetzer genutzt werden. Sätze, die eine zu umfangreiche Postedition notwendig machen, können hingegen unmittelbar verworfen werden. Da der Übersetzer über jeden Satz, der vom automatischen Übersetzungssystem erstellt wird, befinden muss, wirkt sich eine Integration von maschineller Übersetzung und Translation-Memory-Technologie gegenüber der reinen maschinellen Übersetzung mit anschließender Postedition qualitätssichernd auf das Übersetzungsergebnis aus, weil der Übersetzer überhaupt nur jenen Anteil an maschinell übersetzten Sätzen berücksichtigt, durch den er in seiner Arbeit effizient unterstützt wird.

Eine der hier beschriebenen Architektur ähnliche Systemkonfiguration ist beispielsweise bei der Firma Baan im Einsatz, wo mit dem Übersetzungssystem
Logos und dem Translation-Memory-System Transit von STAR eine Integration
eines maschinellen Übersetzungssystems mit einem Translation Memory erfolgt
ist (vgl. Andrés-Lange 1998). Ein ähnlicher konzeptioneller Weg wird bei den
Systemen T1 und Personal Translator durch die Integration eines Satzarchivs in
die automatische Übersetzung beschritten. Dabei ist allerdings zu berücksichtigen, dass die Satzarchivkomponenten dieser beiden Systeme in ihrer Funktionalität weit hinter professionellen Translation-Memory-Systemen zurückbleiben.

5 Resümee

Wie die Evaluationen vollautomatischer Übersetzungssysteme gezeigt haben,
erfordern derzeit selbst die unter linguistischen Gesichtspunkten leistungsfähigs-
ten Systeme einen hohen Posteditionsaufwand, sofern als Ergebnis eine qualitativ hochwertige Übersetzung angestrebt wird. Mit Systemen, die nur eingeschränkt Möglichkeiten der Wörterbuchpflege bieten, lassen sich keine hoch-
wertigen Übersetzungen erstellen, weil die Erfassung von Terminologie und der
Zugriff auf Fachwörterbücher zentrale Voraussetzungen für die Qualität maschineller Übersetzung sind (siehe hierzu Geldbach/Seewald-Heeg 2006). Da
aber auch bei extensiver Wörterbuchpflege stets ein erheblicher Posteditionsaufwand anfällt, haben sich in der Praxis inzwischen Translation-Memory-
Systeme durchgesetzt. Ihre Kombination mit vollautomatischen Übersetzungssystemen stellt eine Möglichkeit der Qualitätssicherung beim Einsatz maschineller Übersetzung dar, da der Übersetzer bei der Präsentation der maschinell
übersetzten Sätze durch das Translation Memory gleichsam wie ein Filter wirkt,
indem er Sätze, die einen hohen Posteditionsaufwand erfordern, von vorne he-
rein verwerfen kann, und an die Stelle einer aufwändigen Postedition eine Neu-
übersetzung durch den Humanübersetzer tritt.

Bibliographie

Andrés-Lange, Carmen (1998): „Tying the Knot. How Baan wed machine translation to
translation memory – and survived the honeymoon." *Language International* 10/5, 34-36.

Cincom (1999): *Introduction to Smalltalk with VisualWorks, Version 5i.* Cincinnati: Cincom.

Geldbach, Stefanie / Seewald-Heeg, Uta (2006): „MÜ ist so gut wie ihre Funktionalität, Prä-
und Postedition." *MDÜ (Mitteilungen für Dolmetscher und Übersetzer)* 4/2006, 21-33.

Gilb, Tom / Finzi, Susannah (1988): *Principles of software engineering management.* Massa-
chusetts: Addison-Wesley.

King, Margaret / Falkedal, Kirsten (1990): „Using test suites in evaluation of machine translation systems." *COLING 90*, vol. 2, 211-216.

Hirshman, Lynette / Thompson, Henry S. (1998): „Evaluation." Zampolli, Antonio / Varile, Giovanni (1998) (Hrsg.): *Survey of the State of the Art in Human Language Technology.* Studies in Natural Language Processing. Cambridge: Cambridge University Press.

King, Margaret (1995): „The Evaluation of Natural Language Processing Systems." *Swan 21 Proceedings*, Genf, 97-105.

Nübel, Rita / Seewald-Heeg, Uta (Hrsg.) (1998): *Evaluation of the Linguistic Performance of Machine Translation Systems / Evaluation der linguistischen Performanz maschineller Übersetzungssysteme.* Proceedings of the Konvens-98 Workshop in Bonn / Beiträge des Workshops auf der Konvens-98 in Bonn. St. Augustin: Gardez! Verlag.

O'Connell, Theresa A. (1998): „Sensitivity, Portability and Economy in the ARPA Machine Translation Evaluation Methodology." *Workshop 'EAGLES and Current Evaluation Practices'*, Genf, URL: http://www.cst.ku.dk/projects/eagles2/2ndworkshop/annprog2.html (Juni 2000).

Seewald-Heeg, Uta (1998): „Linguistic Features of Instructional Texts and their Treatment by Machine Translation Systems." Weber, Nico (Hrsg.) (1998): *Machine Translation: Theory, Applications, and Evaluation. An Assessment of the State-of-the-Art.* St. Augustin: Gardez! Verlag, 137-166.

Seewald-Heeg, Uta (1999): „Translation-Memory-Module automatischer Übersetzungssysteme." *LDV-Forum* 1/2, 16-35.

Seewald-Heeg, Uta / Ziezolt, Ute (1999): „Die Syntax des Adjektivs als Testparameter zur Evaluation maschineller Übersetzungssysteme für die Sprachrichtung Deutsch – Französisch." Wotjak, Gerd (Hrsg.): *Studien zum romanisch-deutschen und innerromanischen Sprachvergleich.* Frankfurt am Main: Peter Lang, 691-702.

White, John S. et al. (1994): „The ARPA MT evaluation methodologies: Evolution, lessons, and further approaches." *Technology partnerships for crossing the language barrier. Proceedings of the first conference of the Association for Machine Translation in the Americas.* Columbia, Maryland, 193-205.

White, John S. / Taylor, Kathryn B. (1998): „A Task-Oriented Evaluation Metric for Machine Translation." *Proceedings of the First International Conference on Language Resources and Evaluation*, Granada.

John Wrae Stanley, Jr.
Köln
Über die Möglichkeiten und Grenzen von digitalen Prüfungen in Übersetzungskursen

> *„Es läuft jetzt einer mit den Augen durch drei, vier Blätter und stößt nicht einmal an, wird aber nicht gewahr, welche Wacken und Klötze da gelegen sind, wo er jetzt darüber hingehet wie über ein gehobelt Brett, wo wir haben müssen schwitzen und uns ängsten, ehe denn wir solche Wacken und Klötze aus dem Wege räumeten, auf daß man könnte so fein daher gehen. "*
>
> (Luther, Sendbrief vom Dolmetschen, 1530)

1 Hintergrund

Deutschland befindet sich seit einigen Jahren in einem bedeutenden wirtschaftlichen, sozialen und politischen Wandel. Dieser Wandel hat auch weit reichende Änderungen in den Hochschulstrukturen mit sich gebracht. Insbesondere die Einführung der BA- und MA-Studiengänge und die durch die schwache wirtschaftliche Konjunktur bedingte rückläufige staatliche Förderung haben eine starke Auswirkung auf das Arbeitsleben der Lehrkräfte an Hochschulen. Denn es gibt eine steigende Anzahl von Studierenden, deren Kenntnisse vor dem Studium (z. B. für MA-Studiengänge) und Fortschritte während und am Ende des Studiums durch Prüfungen gemessen werden müssen, und einen schrumpfenden Lehrkörper, der diese Prüfungen erstellen, durchführen und bewerten muss. Der dadurch entstandene Druck wird seitens der Hochschulverwaltung durch das Interesse, die Studienzeit zu reduzieren, und seitens der Studierenden wegen der Einführung von Studiengebühren merklich erhöht.

Wegen der zeitlichen Engpässe, die durch diese Umstrukturierungsprozesse an den deutschen Hochschulen verursacht wurden, suchen viele Lehrkräfte energisch nach Möglichkeiten, ihre begrenzte und doch sehr beanspruchte Arbeitszeit effektiver zu nutzen; viele erhoffen sich von den digitalen Medien die nötige Unterstützung. Durch den Einsatz dieser Medien in Lehre und Evaluierung versprechen sich viele eine bessere ? höhere Effizienz im Unterricht und in Prüfungen, zudem eventuell noch eine höhere Objektivität in der Bewertung von Leistungen.

2 Bestandsaufnahme und Ausgangslage

Die Fragen, die zu der Beschäftigung mit diesem Thema führten, entsprangen der konkreten Situation am Institut für Translation und Mehrsprachige Kommunikation der Fachhochschule Köln. Auch wenn die hier dargestellten Probleme und Lösungen vermutlich genereller Natur sind und auf analoge Situationen übertragbar sind, so ist doch der Hintergrund im Auge zu behalten.

Die Auseinandersetzung mit digitalen Medien am ITMK bringt eine Reihe von Fragen mit sich. Es gibt Fragen technischer Natur. Diese drehen sich um die praktische Realisierbarkeit bestimmter Vorhaben. Ist es möglich, nicht nur Textdateien, sondern auch Audio- und Videodateien anzuwenden? Wie werden sie hochgeladen und gespeichert, und wie gestaltet sich der Zugang seitens der Studierenden zu diesen Dateien? Ist es möglich, auch interaktive Programme und Tools – wie z. B. Chatting oder Class Blogs – einzusetzen? Nachdem diese Fragen ansatzweise geklärt sind, stellen sich die Fragen pädagogischer Natur mit einer neuen Dringlichkeit. Wie benutzt man diese Medien innerhalb und außerhalb des Unterrichts? Welche pädagogische Wirkung hat ein bestimmtes Tool? Fördert es ein selbständiges Lernen, das sich wiederum im Präsenzunterricht einbinden lässt, oder verselbständigt es sich bzw. leitet es zu einer Vernachlässigung des jeweiligen Moduls? Wie kann man die verschiedenen digitalen Möglichkeiten in ein produktives Zusammenspiel bringen, dessen Mehrwert den Mehraufwand rechtfertigt?

Eine informelle Befragung der Lehrkräfte am ITMK im Sommer 2006 ergab folgendes Bild: etwa ein Drittel des Lehrpersonals benutzt schon digitale Medien im Unterricht. Die Plattform, die hier eingesetzt wird, ist Ilias. Etwa 18 Lehrkräfte stuften das Ausmaß ihrer Anwendung digitaler Medien als „Anreicherung" ein, zwei bis drei als „Integration". Keine Lehrkraft hat bis jetzt das Niveau „Virtualisierung" erreicht.[1]

Obwohl einige Lehrkräfte am ITMK den digitalen Medien mit einer prinzipiellen Ablehnung begegnen, steht ihnen die Mehrheit aufgeschlossen gegenüber. Sie sehen die Anwendung digitaler Medien als zukunftsorientiert und erhoffen sich durch ihren Einsatz eine Verbesserung der Qualität der Lehre (aktiver, kooperativer, individueller, problemorientierter), eine Verlagerung der Verantwortung auf die Studierenden, eine räumliche und zeitliche Flexibilisierung des Studiums mit individueller Schwerpunktsetzung, einen verstärkten Lehraustausch mit entsprechender Bündelung von Ressourcen, und vor allem eine ver-

---

[1] In Anlehnung an Claudia Bremer (2007) werden die folgenden Szenarien gebraucht, um das Ausmaß und die Intensität der Anwendung von digitalen Medien zu charakterisieren. „Anreicherung" beschreibt das niedrigste Niveau, in dem zusätzliche, die Präsenzlehre begleitende Informationen und Unterrichtsmaterial auf einem Server zur Verfügung gestellt werden. Die zweite Stufe wird „Integration" genannt; hier werden wesentliche Informationen durch digitale Medien vermittelt. Die dritte und höchste Stufe heißt dann „Virtualisieren"; auf diesem Niveau bilden die digitalen Medien das eigentliche Kommunikationsmittel. Dies bedeutet, dass fast alle Informationen digitalisiert und online zur Verfügung gestellt werden. So werden z. B. sowohl die Lektüre und Texte für den Kurs als auch andere Medien und Tools wie Filme, Videos und Videostreams von Vorlesungen und Vorträgen von Lehrkräften selbst online gestellt, um den Unterrichtsstoff zu vermitteln; interaktive Medien wie Foren und Blogs können eingesetzt werden, um die selbständige Auseinandersetzung mit dem Stoff zu fördern, und der Präsenzunterricht wird dazu gebraucht, um Materialien und offene Fragen zu diskutieren.

stärkte Vermittlung von Schlüsselqualifikationen für die Informationsgesell-
schaft. Es steht also zweifelsohne fest, dass in der Zukunft die digitalen Medien
immer öfter und mit einem immer breiter werdenden Anwendungsgebiet eingesetzt werden.

Die wachsende Bereitschaft, sich mit digitalen Medien zu beschäftigen und sie
im Unterricht einzusetzen, führt fast notwendigerweise zur Frage ihrer Einsetzbarkeit in Form digitaler Prüfungen. Die substanzielle Entlastung, die computergestützte Prüfungen der Lehrkraft an jedem Institut prinzipiell bieten, kann
nur Interesse wecken. Wenn eine bestimmte Lehrkraft digitale Medien im Unterricht schon eingesetzt hat, ist durch die Digitalisierung des Unterrichtsstoffes
einerseits und andererseits durch die schon erarbeitete Vertrautheit der Lernenden mit den digitalen Medien eine gewisse Vorarbeit für computergestützte Prüfungen bereits geleistet. So scheint es nur einen kleinen Sprung von dem Einsatz
der digitalen Medien im Unterricht zu den computergestützten Prüfungen zu
geben.

Doch der Schein täuscht. Die praktische Beschäftigung mit digitalen Medien im
Unterricht erfordert nur relativ geringe Vorkenntnisse: Diese lassen sich am
Besten durch den praktischen Umgang mit den Anwendungen und die dadurch
veranlasste Recherchierarbeit erwerben. Im Gegensatz zu diesem „Learning-by-
Doing" ist der Einsatz computergestützter Prüfungen durch die Notwendigkeit
gekennzeichnet, einen theoretisch fundierten Plan im Voraus erarbeitet zu haben, der schon vor dem Einsatz in Hinblick auf technische Sicherheitsfragen
und rechtliche Aspekte untersucht werden muss.

Dieser Unterschied ergibt sich aus der rechtlichen Lage. Hier ist es unabdingbar,
eine eindeutige Beziehung zwischen einer Leistung und dem Prüfling, der diese
Leistung hervorgebracht hat, zu gewährleisten. Darüber muss abgesichert werden, dass keine Fremdleistung durch einen Dritten im Spiel ist – eine Bedingung, die im Rahmen von webbasierten Prüfungen nicht immer leicht zu erfüllen ist. Auch muss dafür gesorgt werden, dass im Falle einer technischen Störung während der Prüfung alle relevanten Daten gespeichert bleiben und die
Prüfung – wenn auch mit einer zeitlichen Verzögerung – fortgeführt werden
kann.

Hinzu kommen Überlegungen noch heiklerer Natur, wenn die Prüfung nicht nur
am Computer durchgeführt, sondern auch vom Computer (d. h. automatisch)
ausgewertet werden soll. In diesem Falle ist es rechtlich unabdingbar, dass eine
absolute Transparenz im Hinblick auf jeden für die Note relevanten Bewer-
tungsschritt gewährleistet ist. Dies bedeutet, dass jede für die Endnote relevante
Einzelhandlung (meistens in der Form einer Antwort auf die jeweilige Prüfungs-
frage) des Prüflings als solche festgehalten wird und die darauf bezogene Ein-
zelbewertung des Computers sich rekonstruieren lässt. Darüberhinaus müssen
die verschiedenen Schritte, die zu der Erstellung der Gesamtnote führen, völlig
transparent bleiben, so dass jeder Berechtigte die Berechnung der Endnote im
Nachhinein nachprüfen kann. Da digitale Prüfungen für fast alle Hochschulen in

Deutschland noch eine Neuheit sind, müssen sie in der Regel vom jeweiligen Prüfungsausschuss sowie dem zuständigen Prüfungsamt genehmigt werden. Unsere Erfahrung am ITMK an der Fachhochschule Köln hat gezeigt, dass solche Anträge durchaus genehmigungsfähig sind; da es sich hier aber um ein *territorium novum* handelt, werden die vorgeschlagenen Prüfungen strengstens und unter allen möglichen Blickwinkeln überprüft.[2]

Aber es sind nicht nur die rechtlichen Rahmenbedingungen, die dazu führen, dass computerbasierte Prüfungen strenger durchdacht werden müssen, sondern diese Notwendigkeit liegt auch zum Teil an dem Medium selbst. Wenn nämlich ein Computer eine Prüfung auswerten soll, muss schon im Voraus programmiert werden, was bewertet wird beziehungsweise was als Fehler zählt, wie viele Punkte bei jedem Fehler und bei jeder Fehlerklasse abgezogen werden, und wie die verschiedenen Werte zusammengerechnet werden, wobei Wiederholungsfehler und dergleichen berücksichtigt werden müssen. Wegen der mechanischen Natur der Vorgehensweise des Computers kann er selbst keine Korrekturen im Bewertungsprozess selbst vornehmen, falls unerwartete Ergebnisse auftreten sollen; der eigentliche Prüfer (der Mensch) kann nur auf Grund einer nachträglichen Fehleranalyse Korrekturen vornehmen, indem er gegebenenfalls das Bewertungsprogramm oder die Ergebnisse selbst modifiziert. Da beide Verfahren sehr diffizile, unhandliche Angelegenheiten sind, ist eine Situation, in der das Nachbessern nötig wäre, zu vermeiden.

Es liegt also sowohl an der Neuheit als auch an der Beschaffenheit des Mediums selbst, dass besondere Vorsicht bei der Planung computergestützter Prüfungen geboten ist.

3 Der kritische Ansatz

Das Gebot, besondere Vorsicht in der Planung von digitalen Prüfungen walten zu lassen, führt hier zu einem kritischen Ansatz im Kant'schen Sinne. Denn Kant verstand seine kritischen Untersuchungen als eine Art Propädeutik, die durch das genaue Erforschen des menschlichen Denkvermögens bestimmen soll, wo die Grenzen der menschlichen Erkenntnisse liegen (Kant 1956: B 869). Ähnlich wie bei Kant, der das „grundlose Tappen und leichtsinnige Herumstreifen" (Kant 1956: B XXXI) durch das kritische Geschäft vermeiden wollte, müs-

---

[2] Die hier besprochenen Sicherheitsmaßnahmen und rechtliche Bedingungen, die bezüglich digitaler Prüfungen berücksichtigt werden müssen, bilden natürlich keine vollständige Liste. So weit ich weiß, gibt es noch keine eingehende Behandlung des Themas, die den Anspruch auf Vollständigkeit erhebt. Der hier gemachte Vorschlag, der lediglich die wichtigsten Aspekte ansprechen soll, basiert auf eigener Erfahrung und zum guten Teil auf „common sense". Allerdings fand ich die Fachtagung zu Computergestützten Prüfungen an der Universität Bremen am 21. Nov. 2005 äußerst informativ; die Beiträge sind durch Videoaufzeichnungen dokumentiert. Siehe http://mlecture.uni-bremen.de/extern/zmml/eklausurbremen-11-2005/. Gelegentlich findet man hilfreiche Beiträge bei: http://checkpointelearning.de/, und das in Bonn ansässige Forum für e-learning-Fragen bietet auch die Möglichkeit, konkrete Fragen zu erörtern (siehe http://www.etesting-forum.de).

sen wir auch das „learning by doing" in Bezug auf digitale Prüfungen so weit
wie möglich umgehen. Unsere Suche ist zwar keine Fahndung nach Erkenntnissen *a priori*, und dennoch geht es hier um eine strukturelle Untersuchung des
„Denkvermögens" des Computers an und für sich, um zu bestimmen, welche
analytischen Verfahren er anwendet. Das Verständnis dieser Prozesse soll uns
dann in die Lage versetzen, die Möglichkeiten und Grenzen computergestützter
Evaluierungen von Übersetzungen zu eruieren.

4 Das digitale Denkvermögen

Das Evaluieren einer Übersetzung ist die schwierigste Evaluierungsaufgabe, die
ein Computer übernehmen könnte. Es ist daher sinnvoll, mit dieser höchsten
Stufe anzufangen und von dieser aufschlussreichen Analyse ausgehend zu bestimmen, welche Prüfungsfunktionen ein Computer in einem Übersetzungskurs
übernehmen kann.

So weit ich sehen kann, haben die meisten Übersetzungswissenschaftler den von
dem so genannten „Georgetown-IBM experiment" 1954 eingeleiteten Traum
von Maschinenübersetzungen aufgegeben. Dennoch spielt die Zielvorstellung,
einen Computer samt dazugehöriger Software zu entwickeln, der hochqualitative Übersetzungen von Texten aus einer natürlichen (menschlichen) Sprache in
eine andere produzieren könnte, eine (nicht nur historisch gesehen) entscheidende Rolle in der Entwicklung der Übersetzungswissenschaft. Ein bedeutender
Forscher, dessen Forschung von diesem Traum profitierte, war Otto Kade. Sein
Verständnis vom Übersetzen und sein darauf ruhender Begriff von „Äquivalenz", der viele von uns heutzutage recht mathematisch anmuten mag, wurden
„erst" von der „Forschung auf dem Gebiet des Maschinenübersetzens" angeregt
(Kade 1968: 7). Wie manche Forscher in dieser „neuen" Disziplin, die sich
Übersetzungswissenschaft nennt, hat Kade einen etwas ahistorischen Ansatz,
und sicherlich hätte eine Beschäftigung mit manchen Denkern der europäischen
Tradition (ich denke hier insbesondere an Leibniz und seine *scientia generalis –
characteristica*) seinem etwas naiven „Herumstreifen" engere Grenzen gesetzt
(vgl. Stanley 2008). Dennoch ist Kade für uns von Interesse, da er seinen Anstoß von Forschern auf dem Gebiet des Maschinenübersetzens nahm und zugleich den entscheidenden Wink auf die Schwäche der von ihm übernommenen
Forschungsrichtung gab.

Kades ontologische Auffassung und darauf resultierendes Verständnis von
Sprachen ist in vieler Hinsicht identisch mit denen der Antike. Denn ähnlich wie
Aristoteles (siehe Stanley 2005:50-56) und Augustinus (vgl. Stanley 2005:61-
76) geht er davon aus, dass die „Denkergebnisse" „unterschiedlicher sprachlicher Kodifizierung" und „unterschiedlicher Denkformen" „gleich" sind, da „die
objektive Wirklichkeit als absolut gültige Bezugsgröße für alle gleich ist" (Kade
1968:67). Natürlich hat sich das europäische Denken seit der Antike weiterentwickelt und dabei ein viel adäquateres Verständnis von den eben erwähnten
„Denkergebnissen" und seine wechselseitige Abhängigkeit von sowohl „sprach-

licher Kodifizierung" als auch „unterschiedlicher Denkformen" entfaltet. Für unsere Zwecke können wir sagen, dass der Begriff „Bedeutung", der Ende des 19. Jahrhunderts und Anfang des 20. Jahrhunderts eine in diesem Zusammenhang wichtige erläuternde Funktion übernahm, der Höhepunkt dieser Entwicklung darstellt, und es ist genau dieser Begriff, der für Kade Probleme bereitet:

> Wir maßen uns jedoch nicht an, die Übersetzbarkeit mit der vorliegenden Arbeit als wissenschaftlich nachgewiesen zu betrachten; denn dazu wäre das Wesen der sprachlichen Bedeutung und ihrer Relation zur sprachlichen Form zu bestimmen. Gerade das aber sind Probleme, für die die Sprachwissenschaft noch keine befriedigende, als gesichert zu betrachtende Lösung gefunden hat (Kade 1968: 16).

Wegen ihrer zentralen Rolle möchte ich nun genau die Frage nach der „sprachlichen Bedeutung" aufgreifen. In dieser Angelegenheit möchte ich mich auf den Phänomenologen Edmund Husserl, dessen Ausführungen über das Wesen der Sprache in den *Logischen Untersuchungen* eine unmittelbare Wirkung auf Heidegger und Gadamer und dadurch auf die Hermeneutik des 20. Jahrhunderts ausgeübt hat, beziehen.

Husserls Überlegungen gehen immer von dem Standpunkt des Bewusstseins aus: Als Phänomenologe drehen sich seine „Wesensforschungen" immer um strukturelle Gegebenheiten im Bewusstsein. Wenn also nach dem Wesen der Sprache und der sprachlichen Bedeutung gefragt wird, bemüht sich Husserl um eine Beschreibung dieser Phänomene als im Bewusstsein gegeben. Ein für Husserl wesentliches Element der Sprache oder der sprachlichen Bedeutungen, dem in der Analyse Rechenschaft getragen werden muss, kann vielleicht am Besten als die Idealität oder Geistigkeit der Sprache bezeichnet werden. Damit ist die Art und Weise, wie wir im Normalfall Gesprochenes oder Geschriebenes wahrnehmen, gemeint – nämlich als unmittelbare Bedeutungen statt als Zeichen- oder Lautkomplexe.[3]

In seinen *Logischen Untersuchungen* versucht Husserl, ein Fundament der reinen Logik am Leitfaden der Sprache zu entwickeln. Diese Bemühungen führen zu der Notwendigkeit, „das Verhältnis von Ausdruck und Bedeutung zu analytischer Klarheit zu bringen" (Husserl 1980: II/1, 14), was wiederum zu einer Auseinandersetzung mit folgendem Begriffsgeflecht führt: das Zeichen als Anzeichen oder Anzeige; sprachlicher Ausdruck als ein Zeichen, das bedeutet und dadurch bezeichnet.

Für Husserl ist der Zeichenbegriff der Oberbegriff. Das Wesen eines Zeichens liegt in seiner Verweisfunktion, dass es als „ein Zeichen für etwas" fungieren kann (Husserl 1980: II/1 23). Entscheidend für unsere Zwecke ist die Feststellung, dass nicht jedes Zeichen „eine Bedeutung [hat], einen ,Sinn', der mit dem

---

[3] Um dies zu verdeutlichen: Beobachten Sie sich selbst, wie Sie einerseits „Wie geht es Ihnen?" und andererseits „Nan nga def?" wahrnehmen. Mit großer Wahrscheinlichkeit wird der Zeichenkomplex in Wolof ganz anders auf Sie wirken als die deutsche Entsprechung – ein Unterschied, der in Bezug auf die gesprochene Sprache noch unmittelbarer wirkt (cf. Stanley 2005:135ff).

Zeichen ‚ausgedruckt' ist" (ebenda); es gibt also einen wesentlichen Unterschied zwischen Zeichen, die bedeuten, und Zeichen, die keine immanente Bedeutung haben. Die erste Gruppe nennt Husserl die der „bedeutsamen Zeichen" oder „Ausdrücke" (Husserl 1980: II/1 30), die zweite Kategorie die des „Anzeichens" oder der „Anzeige" (Husserl 1980: II/1 24).

Die zweite Kategorie schließt die erste ein, und wir behandeln sie deshalb zuerst. Phänomenologisch gesehen wird das Anzeichen oder die Anzeige durch seine „Gegenständlichkeit" ausgezeichnet. Damit ist gemeint, dass das Wahrnehmen eines Anzeichens immer an reellen Elementen im Bewusstsein (an Farben und Formen) haftet und dass das Zeichen selbst als ein Gegenstand (im weitesten Sinne des Wortes) oder ein Teil desselben aufgefasst wird, der in einem gegebenen oder vermuteten Sachverhalt steht (cf. Husserl 1980:II/1 25). Dies bedeutet, dass das Anzeichen einen dinghaften Charakter hat und seine Verweisfunktion nur deshalb erfüllen kann, weil es in einem Verweiszusammenhang steht. In dem Versuch zu eruieren, worauf ein Anzeichen zeigt, versucht man den Verweiszusammenhang zu (re)konstruieren, wobei alle anderen Elemente, die ebenfalls als Anzeichen dienen, einen dinghaften Charakter haben.

Bedeutsame Zeichen dagegen – die Ausdrücke – weisen eine andere Verweisstruktur auf. Auch die bedeutsamen Zeichen sind Zeichen, sie sind aber Zeichen, die etwas „ausdrücken" (cf. Husserl 1980:II/1 23). Das, was sie ausdrücken, ist ihre Bedeutung, sprich: Das bedeutsame Zeichen zeigt direkt auf die entsprechende sprachliche Bedeutung. *Diese Bedeutung haftet aber nicht am reellen Inhalt* – das heißt, es gibt kein im Bewusstsein gegebenes Dinghaftes, das mit der Bedeutung gleichgesetzt werden oder diese adäquat abbilden könnte. Stattdessen gibt es „Geistiges", das Wahrnehmen leicht und die Phantasievorstellungen stark leitet (cf. Stanley 2005:117ff). Husserl beschreibt das Verfahren wie folgt: Die bedeutsamen Zeichen rufen psychische Erlebnisse hervor, die wiederum ermöglichen, dass sinngebende Akte – der Bedeutung folgend – vollzogen werden. Diese bewerkstelligen die Beziehung zu dem entsprechenden Gegenständlichen in der Anschauung, falls vorhanden (cf. Husserl 1980:II/1 37). So weisen die bedeutsamen Zeichen und ihre sprachlichen Bedeutungen eine ganz andere Verweisstruktur auf als die Anzeichen. Während die Verweisstruktur der Anzeichen immer „dinghaft" bleibt – sprich: sich von Gegenständlichem zu Gegenständlichem bewegt – initiiert der Ausdruck (der nur bei Störungen *als* ein Zeichen wahrgenommen wird) eine psychische Handlung, die notgedrungen über die geistige Bedeutung seinen Weg nimmt und erst dadurch die gegenständliche Beziehung schafft.

Um die Relevanz dieser Ausführungen über Husserls Verständnis von Zeichen und Sprachen zu verdeutlichen, vergegenwärtigen wir uns die ursprüngliche Fragestellung. Es geht hier darum, die Möglichkeiten und Grenzen von digitalen Prüfungen in Übersetzungskursen zu bestimmen. Da es das höchste Niveau der Evaluierung darstellt, die Qualität einer Übersetzung selbst zu ermitteln, fingen wir mit dieser Aufgabe an. Kade wies auf die zentrale Rolle der sprachlichen

Bedeutungen in der Übersetzung hin; Husserl verdeutlicht diese Rolle. Denn eine menschliche Sprache funktioniert nur mittels der Bedeutung, welche die gegenständliche Beziehung erst ermöglicht. Dies bedeutet, dass Humanübersetzen das Verstehen der von dem entsprechenden Zeichen ausgedrückten sprachlichen Bedeutung voraussetzt. Jetzt kehren wir zu der Frage nach dem „Denkvermögen" des Computers zurück: Wie gestaltet sich sein Umgang mit Zeichen bzw. wie übersetzt ein Computer?

Bekanntlich beruhen die Verarbeitungsprozesse des Computers letztendlich auf sehr kleinen Flächen im Arbeitsspeicher, die mit Strom geladen werden können. Wenn diese Flächen als Speichereinheiten gebraucht werden, um Information zu verwalten, werden sie „bits" genannt; meistens werden diese in Gruppen von 8 organisiert, die dann „bytes" heißen. Diese Speichereinheiten sind binär, was bedeutet, dass sie auf der Basis der Zahl 2 funktionieren; dies ergibt sich aus der Tatsache, dass jede Speichereinheit nur zwei Möglichkeiten hat, Information zu speichern: entweder ist sie mit Strom geladen oder nicht. Die Verarbeitungsprozesse funktionieren nur dann, wenn eine komplizierte Reihe von Kommandos erstellt wird, um das Ein- und Ausschalten der Speichereinheiten zu steuern. Alles, was der Benutzer an der Bildschirmoberfläche sieht, lässt sich letztlich auf die Verwaltung dieser kleinen Speichereinheiten reduzieren.

Unten finden Sie ein dem Internet-Eintrag „Assemblersprachen" entnommenes Beispiel von einer einfachen Operation, die am Computer durchgeführt werden kann. Das Kodierungssystem für den Prozessor und den Arbeitsspeicher wird „Maschinensprache" genannt. Zahl „1" bezeichnet die geladenen, die Zahl „0" die ungeladenen Speichereinheiten. Die Programmiersprache hier heißt „Assembler". Sie wird in die Maschinensprache übersetzt, um verschiedene Funktionen im Arbeitsspeicher (das Laden und Entladen von Flächen) zu steuern:

Aufgabe:	Addiere	3	und	4
Maschinensprache:	00011010	0011		0100
Assemblersprache:	ADD	3		4

Natürlich ist inzwischen eine Vielfalt an Programmiersprachen wie Basic, Pascal, C, C++, Cobol, Fortran, etc. entwickelt worden, aber das Kodierungssystem, mit dem der Computer arbeitet, bleibt die Maschinensprache, und alle Funktionen des Computers müssen in diese Sprache übersetzt werden. Daraus folgt, dass dieses Beispiel im Wesentlichen das „Denkvermögen" des Computers darstellt.

Wenn wir nun Husserls Zeichenverständnis hier anwenden, ist der Kontrast zum Umgang der Menschen mit Sprachen auffällig. Der Computer bleibt eindeutig im Bereich des Zeichens als Anzeichen. Durch das Produzieren und Löschen von komplizierten Zeichenketten ist er in der Lage, hoch entwickelte Aufgaben zu lösen; durch den Vergleich von Zeichenketten ist er sogar in der Lage, Prüfungen – Zeichenketten, die Menschen mithilfe eines Computers erstellt haben –

zu bewerten. Wichtig zu merken ist aber, dass in all diesen Funktionen der Computer sich in einer Verweisstruktur bewegt, die im Husserlschen Sinne „dinghaft" bleibt: Ein „Aufstieg" zu den Bedeutungen und dem damit verbundenen produktiven Denken bleibt ihm versperrt.

5 Die Grenzen von digitalen Prüfungen in Übersetzungskursen

Was impliziert dies nun für den Einsatzbereich von digitalen Prüfungen in Übersetzungskursen? Da das Übersetzen notwendigerweise eine Beschäftigung mit Bedeutungen voraussetzt, ist das Übersetzen eine von den Tätigkeiten, die „der Computer nie lernen wird" (Gadamer 1990:V). So gesehen sind Prüfungen, die ein *prozessorientiertes* Evaluieren benötigen, nicht digital abbildbar bzw. lassen sich nicht in ein Kodierungssystem des Computers übersetzen. Versuche, sich über diese Grenze hinweg zu setzen, bleiben in meinen Augen ein „grundloses Tappen und leichtsinniges Herumstreifen". Die sprachlichen Bedeutungen der Ausdrücke können nicht in dem Kodierungssystem berücksichtigt werden, und dieser „Klotz" wird einer bleiben, den wir nicht „aus dem Wege" räumen können.

Auch das produktorientierte Bewerten von Übersetzungen gestaltet sich schwierig. Das Evaluieren des Computers basiert auf dem Vergleich von Zeichenketten. Bekanntlich „kann es nicht *die* Übersetzung geben" (Koller 2004:57): Ein für eine Übersetzungsprüfung typischer Ausgangstext – auch Fachtext – erlaubt eine praktisch unbegrenzte Anzahl von Übersetzungen, besonders wenn die jeweilige Übersetzung zwecks der digitalen Evaluierung auf die genaue Zeichenkette reduziert werden muss. Der Aufwand, der für das Programmieren bzw. das Vorbereiten des Computers in diesem Fall nötig wäre, lässt sich kaum rechtfertigen, vor allem deshalb, da die Evaluierungen prinzipiell fehlerhaft bleiben werden.[4]

6 Die Möglichkeiten von digitalen Prüfungen in Übersetzungskursen

Obwohl es oft passiert, soll diese Grenzsetzung keineswegs zu einer prinzipiellen Ablehnung der digitalen Medien führen. Nicht nur Textverarbeitungssysteme, digitale Wörterbücher und Translation-Memory- Programme, sondern auch das Internet bieten enorme Hilfeleistungen für diejenigen, die hochqualitative Übersetzungen zeitnah liefern wollen; wenn diese Medien im Unterricht eingesetzt werden, ist gewährleistet, dass die Studierenden zumindest Gelegenheit gehabt haben, sich hiermit vertraut zu machen. Auch ein Class Blog kann produktiv sein, besonders wenn man ein auf Diskurs basiertes Evaluierungsverfahren im Sinne von Malcom Williams (vgl. Williams 2004) fördern möchte.

Aber auch in Übersetzungsprüfungen selbst können die digitalen Medien eingesetzt werden. Wenn bekannt wird, dass eine Lehrkraft eine entsprechend

---

[4] Ich möchte mich ganz herzlich bei dem Experten Prof. Karsten Wolf (vgl. Wolf 2007) für seine wertvollen Hinweise bedanken.

schwierige Prüfung mit spezifischen Fachtermini am Computer mit Internetzugang durchführt, wirkt dies als Motivation dafür, Terminologiearbeit durch das Paralleltextsuchen etc. im Voraus zu üben; darüber hinaus kann die Lehrkraft in vielen Fällen durch ein deduktives Verfahren eruieren, wie effizient der Umgang des jeweiligen Studierenden mit dem Internet war. Während dies oft keinen direkten Einfluss auf die Note hat, kann es in darauf folgenden Gesprächen zu sehr hilfreichen Hinweisen für die Studierenden führen, wie sie sich zu besseren Übersetzern und Übersetzerinnen bilden können.

Wenn die Prüfung am Computer durchgeführt wird, kann der Computer auch in Bezug auf das Evaluieren hilfreich sein – nur nicht für die Evaluierung der Übersetzung *als Übersetzung* sondern lediglich für die zieltextabhängige Kritik. Auch wenn ein Überblick über das neue Fachgebiet „Automated Essay Scoring" zeigt, dass dieser Wissenschaftszweig nicht allzu weit gekommen ist (vgl. Kukich 2007) kann man manche hier eingesetzten Tools ohne großen Aufwand einsetzen. Kukich erwähnt „*lexical-grammatical* errors", wie z. B. „word specific usage errors such as 'pollutions'" (Kukich 2007: 26), und Word bietet die Möglichkeit, einen Text auf Orthographie, Grammatik, Satzbau und Interpunktion zu überprüfen. Vor allem wenn eine Lehrkraft unter Zeitdruck arbeitet, kann diese Art computergestützte Evaluierung eine erste Hilfestellung leisten, die insbesondere die Objektivität der Bewertung verbessern kann.

7 Fazit

Dieser Beitrag bietet Lehrkräften ein begriffliches Schema, das ihnen helfen könnte, sinnvolle Entscheidungen bezüglich des Einsatzes von computergestützten Prüfungen in ihren Übersetzungskursen zu treffen. Husserls Unterscheidung zwischen „Zeichen als Anzeichen" und „bedeutsamen Zeichen" liefert m. E. ein klares Kriterium, welches in diesen Überlegungen zu besonnenen Entscheidungen verhelfen kann. Wenn das Bewerten einer Prüfung sich auf das Vergleichen von Zeichenketten reduzieren lässt, ist der Einsatz von Computern prinzipiell möglich und oft sehr effektiv und sinnvoll. Wenn aber die Evaluierung den verständnisvollen Umgang mit sprachlichen Bedeutungen voraussetzt, ist der Computer nicht in der Lage, diese zu unternehmen: Für den Computer bleiben sprachliche Bedeutungen Klötze, die er nicht aus dem Weg räumen kann.

Bibliographie

Gadamer, Hans-Georg (1990[6]): *Wahrheit und Methode*. Tübingen: Max Niemeyer Verlag.

Husserl, Edmund (1980[6]): *Logische Untersuchungen*. Tübingen: Max Niemeyer Verlag.

Kade, Otto (1968): *Zufall und Gesetzmäßigkeit in der Übersetzung*, Beiheft 1 zur Zeitschrift Fremdsprachen. Leipzig: VEB Verlag Enzyklopädie.

Kant, Immanuel (1956): *Kritik der reinen Vernunft*. Bd. 37a in: *Philosophische Bibliothek*. Hamburg: Felix Meiner Verlag.

Koller, Werner (2004[7]): *Einführung in die Übersetzungswissenschaft*. Wiebelsheim: Quelle und Meyer Verlag.

Luther, Martin (1530): „Sendbrief vom Dolmetschen." Störig, Hans Joachim (1973[2]) (Hrsg.): *Das Problem des Übersetzens*. Darmstadt: Wissenschaftliche Buchgesellschaft.

Stanley, John (2008): „Leibniz' Contribution to the Development of Hermeneutics." Busche, Herbertus (2008) (Hrsg.): *Departure from Modern Europe*. Hamburg: Felix Meiner Verlag.

Stanley, John (2005): *Die gebrochene Tradition – Zur Genese der philosophischen Hermeneutik Hans-Georg Gadamers*. Würzburg: Königshausen & Neumann.

Williams, Malcolm (2004): *Translation Quality Assessment – An Argumentation-Centred Approach*. Ottawa: University of Ottawa Press.

Internet-Quellen

„Assemblersprachen". http://www.computer-almanach.de/programmier sprachen.html (04.09.2006).

Bremer, Claudia: „eLearning." http://bremer.cx/koeln/material/folien1.pdf (21.06.2007).

Kukich, Karen: „Beyond Automated Essay Scoring."
www.pearsonkt.comresPubAutEssayGrad.shtml (22.06.2007).

Wolf, Karsten: „Messung komplexer Kompetenzen im eAssessment."
http://mlecture.uni-bremen.de/extern/zmml/eklausur-bremen-11-2005/ (23.06.2007).

Helena Tanqueiro
Barcelona
Der Autor als (Selbst)Übersetzer kultureller Markierungen in seinen Originalwerken

Das Studium literarischer Übersetzungen kulturell markierter Texte ist zweifellos von großer Wichtigkeit für die translatorische Forschung, dabei stellt sich aber das konzeptuelle Problem der Generalisierbarkeit und besonders der Relevanz der Schlussfolgerungen: Unser Forschungsziel ist ja nicht die Beschreibung der (oft traurigen) Realität, sondern die Suche nach einem Idealzustand. Unsere Ergebnisse sind oft nicht „objektiv" genug, es gibt einfach zu viele „Störvariablen", die wir schlecht kontrollieren können: Der Übersetzer könnte einen schlechten Tag gehabt haben, war in Zeitnot oder ist für das Übersetzen völlig unbegabt. Wir bräuchten ein Studienobjekt, das uns „objektiv" erlaubt, Folgerungen für das literarische Übersetzen im Allgemeinen ziehen zu können.

Wir schlagen vor, uns auf ganz spezifische Übersetzungen zu konzentrieren, auf „privilegierte Übersetzungen" von Autoren, die ihre Werke selbst übersetzt haben, also auf so genannte „Selbst-Übersetzer", denn bei der Analyse dieser Werke können wir davon ausgehen, dass der Faktor „Subjektivität des Übersetzers" auszuschließen ist. Die Graphik (Abbildung 1) zeigt unser Studienobjekt innerhalb der literarischen Übersetzungsforschung (vgl. Tanqueiro 2004:34).

An der Universitat Autònoma de Barcelona leite ich die Forschungsgruppe AUTOTRAD und aus verschiedenen Fallstudien und Befragungen von Selbstübersetzern (letztens, zum Beispiel, von Jorge Semprún) kamen wir zu dem Schluss, dass der Selbstübersetzer sich in seinen Übersetzungen nicht als Autor sieht, der sein Werk nach Belieben verändern kann, sondern als Übersetzer handelt. Für uns sind dann Selbst-Übersetzungen ein „privilegiertes" Studienobjekt:

- da die Selbstübersetzung ein besonderer Fall innerhalb der Dialektik Autor-Text / Übersetzer-Text darstellt, weil von ein und derselben Person die Aufgaben übernommen werden, die normalerweise von zwei Personen durchgeführt werden (vgl. Tanqueiro 2000:58)

Ein besonderer Fall in der Dialektik:

$\text{Autor} / \text{Werk}_{AT} \rightarrow \text{Übersetzer} / \text{Werk}_{ZT}$

ist die Selbstübersetzung:

$\text{Autor} [/ \text{Werk}_{AT} \rightarrow \text{Übersetzer} /] \text{Werk}_{ZT}$

- da der Selbstübersetzer im Normalfall wirklich zweisprachig und bikulturell ist
- da die Autorität des Selbstübersetzers nicht in Frage gestellt werden kann, weil er ja der Autor des Originals ist und daher den Originaltext wohl

nicht fehl interpretieren wird (hier wird ein wichtiger Störfaktor bei jeder empirischen Forschung im Bereich der literarischen Übersetzung eliminiert, die erwähnte Subjektivität de Übersetzers)

• da die Lösungsvorschläge des Selbstübersetzers zum Einen als Modell für Übersetzungen in dritte Sprachen und zum Anderen auch als Referenz für literarische Übersetzungen im Allgemeinen dienen können und auch im Rahmen der Übersetzungsdidaktik relevant sind.

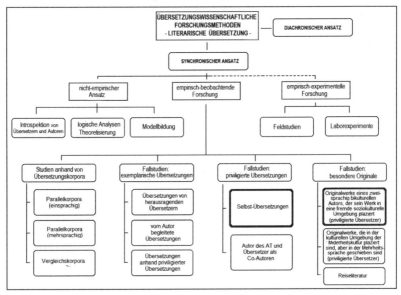

Abb. 1

Die folgende Graphik (Abbildung 2) zeigt uns am Beispiel *Memorial do Convento* von José Saramago den Normalfall einer literarischen Übersetzung, bei der der Autor lediglich als Bereitsteller des Originaltextes für die Übersetzung fungiert und auch den Spezialfall einer Selbstübersetzung (Eduardo Mendoza) bzw. einer Gemeinschaftsübersetzung von Autor und Übersetzer (*El Aleph* von Jorge Luis Borges), die als Referenz für Übersetzungen in andere Sprachen dienen und die, unseres Erachtens, als „privilegiertes Studienobjekt" betrachtet werden können.

In unserem Beitrag wollen wir uns jedoch auf einen besonderen Fall der Selbstübersetzung konzentrieren und zwar auf zweisprachig-bikulturelle Autoren, die ihr Originalwerk in eine dem Ausgangstextleser fremden soziokulturellen Umgebung platzieren, wie es zum Beispiel bei Sostiene Pereira (Erklärt Pereira) von Antonio Tabucchi der Fall ist. Es ist ein auf Italienisch geschriebener Roman, dessen Handlung aber in Portugal verläuft. Ähnliches gilt auch für Amor

de Baobá von Soleiman Cassamo, der auf Portugiesisch, der Kommunikationssprache, seine mozambikanische Kultur vorstellt (siehe Abbildung 3).

Original	ASprache	Bezugs-kultur	Beziehung des Autors zur Kultur des AT	Sprache der Übersetzung zum Bsp.	Rolle des Autors im Übersetzungsprozess
José Saramago Memorial do Convento	**A** (Portug.)	**A** (portug.)	**A** (Portug.)	**C 1** (Italien.) **C 2** (Span.)	Autor des Originaltextes
Eduardo Mendoza Restauració	**A** (Katalan.)	**A** (katalan.)	**A** (Katalan.)	**C 1** (Span.) **C 2** (Portug.)	priviligierter Übersetzer (Selbstüb.) Modell für die Übersetzer
Jorge Luis Borges El Aleph	**A** (arg.Span.)	**A** (argent.)	**A** (argent.)	**C 1** (Engl.) **C 2** (Deutsch)	Mit-Übersetzer (Co-Autor) Modell für die Übersetzer

Abb. 2

Original	ASprache	Bezugs-kultur	Beziehung des Autors zur Kultur des AT	Sprache der Übersetzung zum Bsp.	"Traditionelle Rolle des Autors im Üb.–Prozess
Antonio Tabucchi Sostiene Pereira	**A** (Italien.)	**A** (portug.)	**A + B** zweisprachig, bikulurell	**B** (Portug.) **C 2** (Span.)	Autor des Originaltextes Autor des Originaltextes
Soleiman Cassamo Amor de Baobá	**A** (Portug.)	**B** (ronga)	**A + B** zweisprachig, bikulurell	**B** (Ronga) **C 2** (Span.)	Autor des Originaltextes Autor des Originaltextes
Pep Subiròs La rosa del desert	**A** (Katalan.)	**B** (Beber)	Sicht von "aussen"	**B** (Beber) **C 2** (Span.)	Autor des Originaltextes Autor des Originaltextes

Abb. 3

Dasselbe gilt jedoch nicht für *La rosa del desert* von Pep Subiròs, einem katalanischen Autor, der die maghrebinischen Kulturen liebevoll, aber „von außen
beschreibt", und der seine Sichtweise (Subirós 1993:35) explizit markiert: „No
espero res (...) Ser només un foraster, un *voyeur*, curiós, però indiferent" („Ich
erwarte nichts (...) Ich will nur Fremder sein, ein *Voyeur*, neugierig, aber indif-
ferent."). Diese Sichtweise finden wir auch bei Autoren, die sich zwar mit
„Land und Leuten" voll identifizieren, aber weder zweisprachig noch bikulturell
sind. George Orwell, zum Beispiel, der in *Hommage to Catalonia* seine Erlebnisse als Spanienkämpfer niederschrieb, markiert für jeden Leser verständlich,
dass er das Land „von außen beschreibt": Er weigert sich, zum Beispiel, aus einem „Porrón" zu trinken, weil ihm dieses Gefäß an eine Urinflasche erinnert; in
der direkten Rede spricht er auf „Indianerspanisch": „Yo sé manejar fusil. No sé

manejar ametralladora. Quiero aprender ametralladora. (...)". Die Reiseliteratur ist eine Textgattung, die sicherlich bei der Beschreibung des „Fremden" für die literaturwissenschaftliche Forschung von großem Interesse ist, und deren Ergebnisse ihrerseits für die Übersetzungswissenschaft relevant sein könnten.

Unserer Auffassung nach steht der zweisprachige und bikulturelle Autor dieser Werke bei der Behandlung von Kulturspezifika vor einem ähnlichen Problem wie ein Übersetzer: Er muss seinen Lesern (bei *Sostiene Pereira*, Italiener) alles Spezifische der beschriebenen Kultur (hier, die portugiesische) näher bringen, damit diese ein unverzerrtes Bild der fremden Kultur übermittelt bekommen. Außerdem hat Tabucchi, was für uns besonders interessant ist, einen Roman *Requiem* (Lissabonner Requiem) auf Portugiesisch geschrieben, dessen Handlung auch in Portugal verläuft. Eine parallele Lektüre beider Texte zeigt uns ganz klar, dass Tabucchi zwei verschiedene Strategien verwendet, um die portugiesische Kultur zu beschreiben, in Abhängigkeit von seinen italienischen bzw. portugiesischen Lesern, wobei die italienische Version als Vorbild für die Behandlung kultureller Markierungen bei der Übersetzung in eine dritte Sprache dienen müsste und eigentlich auch für die Übersetzung verschiedener Aspekte der portugiesischen Kultur in anderen Werken portugiesischer Autoren, und sogar, extrapolierend, für die literarische Übersetzung ganz allgemein (siehe Abb. 4).

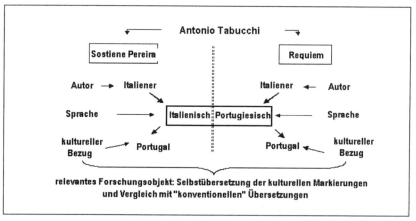

Abb. 4

Um unsere Hypothese zu überprüfen haben wir auf die Übersetzungen beider Romane ins Spanische zurückgegriffen, es ergab sich ja der glückliche Zufall, dass beide Romane von den gleichen zwei Übersetzern übertragen wurden. Unserer Hypothese zufolge müssten bei der spanischen Version des *Sostiene Pereira*, für die Antonio Tabucchi ja die meisten Probleme der Übersetzung kultureller Markierungen selbst gelöst hat, diese Markierungen „besser", „kohärenter" ´rüberkommen´, als dies bei der spanischen Version von *Requiem* der Fall ist, bei der die Übersetzer anscheinend Probleme haben, sich vom „*Holy Original*" zu lösen. Im Falle des *Sostiene Pereira* müsste theoretisch der portugiesische Übersetzer in seinem portugiesischen Text, in seiner „Retroversion" die „Übersetzungsstrategien" Tabucchis rückgängig machen, was auch eindeutig der Fall ist.

Und nun ein kleines Beispiel, das uns diese Überlegungen verdeutlichen sollte, die Übersetzung des Toponyms „Largo" (kleiner Platz):

> Italienisches Original: „Poi scese fino alla *piazzetta della cattedrale*, aspettò un taxi e si fece portare alla stazione." (*Sostiene Pereira*, S. 103)

> Spanische Übersetzung: „Después bajó hasta la *pequeña plaza de la catedral*, e-speró un taxi e hizo que le llevaran hasta la estación." (S. 86f).

> Portugiesische Übersetzung: „Depois desceu até ao *Largo da Sé*, esperou um táxi e mandou seguir para a estação. „ (S. 105).

Antonio Tabucchi gibt offensichtlich in seinem italienischen Original dem Toponym „Largo da Sé" nicht den Wert einer kulturellen Markierung, aber eine Taxifahrt muss ja irgendwo beginnen, um dem Text die nötige Kohärenz zu geben: Tabucchi markiert in seiner „Übersetzung" lediglich, dass die Taxifahrt im Stadtzentrum begann. Die spanischen Übersetzer übernehmen den „Übersetzungsvorschlag" Tabucchis und der Text bleibt verständlich und kohärent. Der portugiesische Übersetzer wird diese Übersetzungsprozedur rückgängig machen, er weiß, dass seine Leser den „Largo da Sé" besser platzieren werden als etwa „a pequena praça da Sé".

Vergleichen wir dies nun mit einer ähnlichen Stelle aus *Requiem*:

> Portugiesisches Original: „... e desembocámos no *Largo dos Prazeres*. Os ciganos estavam mesmo à entrada do cemitério (...) O *Largo* estava deserto e os ciganos dormiam estendidos no chão." (*Requiem*, S.27).

> Spanische Übersetzung: „... y desembocamos en el *Largo dos Prazeres*. Los gitanos estaban justo a la entrada del cementerio (...) El *Largo* estaba desierto y los gitanos dormitaban tumbados en el suelo." (S. 26).

Der „Largo dos Prazeres" wird von den Übersetzern als Toponym, als kulturelle Markierung angesehen und beibehalten, der Text wird aber inkohärent: „largo" bedeutet auf Spanisch „lang" und suggeriert dem Leser eine lange Straße, etwa eine Avenue, die von den Lissabonner Zigeunern als Schlafplatz (sic!) ausgewählt wird und nicht den „kleinen Platz" am Stadtrand vor dem Friedhof. Es wäre sicherlich besser gewesen, sie hätten Tabucchis Strategie befolgt und etwa von „una pequeña plaza delante del cementerio" gesprochen.

Es gibt zahllose Beispiele für diese so interessante Situation (natürlich nicht nur bei der Behandlung von Toponymen, sondern von jeder Art kultureller Markierung), besonders in zweisprachigen Kulturen, wie die katalanische. Eduardo Mendoza, einer der bedeutendsten katalanischen Schriftsteller, der aber primär auf Spanisch schreibt, aber sehr „lokalgebundene" Themen wählt, akzeptiert an vielen Stellen die Rolle des Mediators (Mendoza ist ein besonderer Fall unter unseren besonderen Fällen, er schreibt ja auf Spanisch, aber seine Leser sind nicht nur kastilische Spanier bzw. Lateinamerikaner, sondern auch Katalanen, die halt einen ihrer besten Schriftsteller in der Originalsprache lesen wollen; er hat auch ein Theaterstück, *Restauració*, auf Katalanisch geschrieben und dann selbst ins Spanische übersetzt; außerdem hat er 15 Jahre lang an der UNO als Übersetzer gearbeitet). Jedenfalls akzeptiert er explizit seine Rolle als Übersetzer kultureller Markierungen (aus *La ciudad de los prodigios,* Die Stadt der Wunder):

> Esta pensión, a la que Onofre Bouvila fue a parar apenas llegó a Barcelona, estaba situada en el *carreró del* Xup. Este carreró, cuyo nombre podría traducirse por 'callejuela del aljibe', iniciaba a poco de su arranque (...) De este muro manaba constantemente un líquido espeso y negro (...)

Der Name der Gasse, in der sich die Pension befindet, ist im Katalanischen eine Onomatopöie (xup-xup ist für Katalanen das Geräusch des blubbernden Wassers). Da im Spanischen diese Lautmalerei nicht bekannt, aber für das Verständnis des Co-textes wichtig ist, beschließt Mendoza, dies seinen spanischsprachigen Lesern in einem Nachsatz zu erklären: „Diese Gasse, deren Name wir mit ‚Gasse der Zisternen' übersetzen könnten, (...)".

Die Autoren, die – aus welchen Gründen auch immer – sich dazu entschließen, in ihren Werken eine ihren Lesern fremde Kultur widerzuspiegeln, repräsentieren also einen besonderen Fall, einen Fall sui generis von Selbstübersetzern: Sie stehen vor der Notwendigkeit, parallel zur Schaffung ihres fiktiven Universums, die Bezüge auf konkrete Aspekte der fremden Kultur mental zu 'übersetzen', um ihren Lesern das Verständnis zu erleichtern und ihnen die Kultur unverfälscht näher zu bringen (gerade zwischen nahverwandten Sprachen ist die Gefahr besonders groß, durch „direktes" Übersetzen schwerwiegende Fehler, *cultural fallacies,* zu begehen). Diese Autoren übernehmen also, wenigstens was die Behandlung von Kulturspezifika angeht, in ihrem Originalwerk die Aufgaben eines interkulturellen Mittlers, das heißt, die Aufgaben eines Übersetzers.

Die Analyse der Behandlung der kulturellen Markierungen und der Lösungen der Selbstübersetzer hat uns zu einer Autor–Leser zentrierten Definition von „kulturellen Markierungen in literarischen Werken" geführt, die, unseres Erachtens, die Definition von Nord (1997:34) präzisiert:

> Unter „kultureller Markierung" verstehen wir alle Bezeichnungen, Ausdrücke und intertextuelle Bezüge, deren konnotative Bedeutung bzw. affektive Ladung (im Kontext des jeweiligen Werkes bzw. im Co-text des Segmentes) von dem Autor nur mit den Zugehörigen des Kulturkreises, an die sich der Autor wendet, implizit geteilt werden und von den Lesern eines anderen Kulturkreises entweder nicht verstanden werden oder bei diesen falsche Assoziationen erwecken.

Diese Definition erlaubt es, zwischen „echten" und „pseudo"-Kulturspezifika zu unterscheiden, zwischen denen, die für das Verständnis der fremden Kultur wichtig sind und kulturellen Bezügen, die nur dazu dienen, die Handlung zu beschreiben. Das Toponym „Largo da Sé" wird im obigen Beispiel nur deswegen benutzt, weil die Handlung in Lissabon stattfindet und jemand, der ein Taxi nehmen will, ja irgendwo einsteigen muss, daher verzichtet Tabucchi auf die Benutzung des Toponyms in seinem italienischen Originalwerk. In *La ciudad de los prodigios* stehen wir vor einer anderen Situation: „Onofre Bouvila iba bordeando el mar en dirección a la Barceloneta" (S. 30), heißt es. Eduardo Mendoza teilt nur mit seinem katalanischen Leser die Konnotationen, die dieser Stadtteil Barcelonas erweckt und für das Textverständnis wichtig sind, da sich die Hauptperson seines Romans dort niederließ. Er muss daher seinem spanischsprachigen Leser die kulturelle Konnotation (es handelt sich um eine alte Fischer-Siedlung, die außerhalb der Stadtmauern lag) verdeutlichen: „La Barceloneta era un barrio de pescadores que había surgido durante el siglo XVIII fuera de las murallas de Barcelona" (S. 32).

Zum Abschluss noch einige Worte zu dieser bedeutenden Gruppe von Autoren, die in der Kommunikationssprache, in der fälschlicherweise so genannten Kultursprache, die eigene (minderheitliche) Kultur beschreiben, ein Studienobjekt, mit dem wir uns aber in der Forschungsgruppe AUTOTRAD noch nicht beschäftigt haben, das jedoch interessante Ergebnisse bringen könnte, interessante Ergebnisse nicht nur für die Übersetzungswissenschaft selbst, sondern auch für andere Disziplinen wie Soziolinguistik oder Anthropologie. Diese afrikanischen, asiatischen oder lateinamerikanischen Autoren „übersetzen" auch „im Kopf" die eigene Kultur, stellen uns ihre Kultur so vor, wie sie sie gerne verstanden wissen würden, unverfälscht, ohne den eurozentristischen Filter der „Wissenschaft", ein reicher, „objektiver" Fundus, so scheint es mir, nicht nur in Bezug auf unsere „kulturellen Markierungen".

Abbildung 5 zeigt uns, zusammengefasst, die Intervention des Autors als (Selbst-)Übersetzer kultureller Markierungen in seinen Originalwerken.

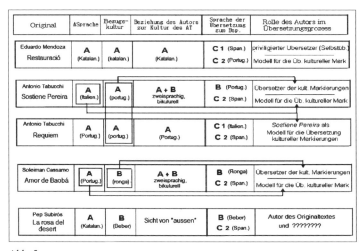

Original	ASprache	Bezugs-kultur	Beziehung des Autors zur Kultur des AT	Sprache der Übersetzung zum Bsp.	Rolle des Autors im Übersetzungsprozess
Eduardo Mendoza Restauració	A (Katalan.)	A (katalan.)	A (Katalan.)	C 1 (Span.) / C 2 (Portug.)	privilegierter Übersetzer (Selbstüb.) / Modell für die Üb. kultureller Mark
Antonio Tabucchi Sostiene Pereira	A (Italien.)	A (portug.)	A + B zweisprachig, bikulturell	B (Portug.) / C 2 (Span.)	Übersetzer der kult. Markierungen / Modell für die Üb. kultureller Mark
Antonio Tabucchi Requiem	A (Portug.)	A (portug.)	A (Portug.)	C 1 (Italien.) / C 2 (Span.)	*Sostiene Pereira* als Modell für die Übersetzung kultureller Markierungen
Soleiman Cassamo Amor de Baobá	A (Portug.)	B (ronga)	A + B zweisprachig, bikulturell	B (Ronga) / C 2 (Span.)	Übersetzer der kult. Markierungen / Modell für die Üb. kultureller Mark
Pep Subirós La rosa del desert	A (Katalan.)	B (Beber)	Sicht von "aussen"	B (Beber) / C 2 (Span.)	Autor des Originaltextes und ????????

Abb. 5

Bibliographie

Cassamo, S. (1997): *Amor de Baobá*. Lisboa: Editorial Caminho.

Mendoza, E. (1986): *La cuidad de los prodigios*. Barcelona: Seix Barral.

Nord, C. (1997): *Translating as a Purposeful Activity. Functionalist Approaches Explained.* Manchester: St. Jerome Publishing.

Orwell, G. (1938): *Hommage to Catalonia*. New York: Jovanovich Publishers, 1980.

Subirós, P. (1993): *La Rosa del dessert*. Barcelona: Destino.

Tabucchi, A.(19944): *Requiem*. Lisboa: Quetzal Editores.

Tabucchi, A. (1992): *Requiem*. Tradução de Sergio Vecchio. Milano: Feltrinelli.

Tabucchi, A. (1994): *Réquiem*. Traducción de Carlos Gumpert e Xavier González Rovira. Barcelona: Anagrama.

Tabucchi, A. (1994): *Sostiene Pereira*. Milano: Feltrinelli.

Tabucchi, A. (1995): *Sostiene Pereira*. Traducción de Carlos Gumpert e Xavier González Rovira. Barcelona: Anagrama.

Tabucchi, A. (1996): *Afirma Pereira*. Tradução de José Lima. Lisboa: Quetzal Editores.

Tanqueiro, H. (2000): „Self-translation as an extreme case of the author-work-translator-work dialectic." Beeby, A. / Ensinger, D. / Presas, M.(Hrsg.): *Investigating Translation*. Amsterdam: John Benjamins Publishing Compagny, 55-65.

Tanqueiro, H. (2004): „A pesquisa em Tradução Literária – proposta metodológica." *Polissema*, Revista de letras do ISCAP, n° 4, 20-40.

Marcus Ullrich
Leipzig
Linear C: Ein verteiltes CBT/LMS
für die qualitative Optimierung der Sprachausbildung

1 Was ist Linear C?

Linear C[1] ist ein Beitrag im Rahmen eines Promotionsprojektes zur mittlerweile nahezu allgegenwärtigen Fachsparte des *E-Learning*. Es handelt sich um ein *Learning Management System* (*LMS*), welches neben den allgemeinen Anforderungen an eine moderne E-Learning-Plattform auch die programmiertechnischen Implementierungen für die Umsetzung speziell für den Übersetzungsunterricht definierter Lernziele abdecken soll.

Ziel ist eine qualitative Optimierung der Lehre, besonders vor dem Hintergrund gegenläufiger Faktoren wie zunehmende Studentenzahlen, weniger Lehrpersonal, mehr und komplexere Lehrinhalte aufgrund wachsender Marktanforderungen und einer geradezu exponentiellen Zunahme an translationswissenschaftlichen Forschungsergebnissen – und dies bei gleicher oder (im Fall der dreijährigen Bachelorstudiengänge oder des ein- bis zweijährigen Euromaster in Translation) sogar kürzerer Studiendauer. Hinzu kommt, dass die neuen Bachelor- und Masterstudiengänge (zumindest am IALT) einen relativ hohen Anteil an Selbststudium vorsehen (pro Semester-Modul 210 von 300 Arbeitsstunden; nur 90 sind Präsenzunterricht).

Der Begriff Computer Based Training System (CBT) ist älter und allgemeiner und steht generell für ein E-Learning-System, das auf Computern läuft. Unter einem Learning Management System ist aus heutiger Sicht eine zentral verwaltete E-Learning-Plattform zu verstehen, welche gleichzeitig und interaktiv mehreren angemeldeten Benutzern zur Verfügung steht und Lerninhalte aus EDV-technischer Sicht somit konsistent über alle Benutzer zu Verfügung stellen kann. Diese auch als Lerndaten bezeichneten Inhalte werden in der Regel zentral auf einem Datenbankserver, auch als Data Management System (DMS) bezeichnet, abgelegt und können nach Bedarf in die jeweiligen Medien integriert werden. Einige derzeitig abrufbare LMS im deutschsprachigen Raum sind beispielsweise das an der Universität Köln entwickelte ILIAS[2], das speziell für sprachliche Inhalte konzipierte System EGON an der TU Chemnitz[3] oder das in Mannheim entwickelte *Progr@mm*[4] als Grammatikspezialisierung.

---

[1] Die Ähnlichkeit mit den Bezeichnungen für zwei altmykenische Keilschriftsysteme ist rein zufälliger Natur.
[2] Siehe: http://www.ilias.de.
[3] Siehe: http://www.tu-chemnitz.de/phil/gf/.
[4] Siehe: http://www.ids-mannheim.de/gra/progr@mm.html.

2 Kurzer Umriss der Funktionsweise von Linear C

Wie auch andere *Learning Management Systeme* besteht Linear C aus mehreren
Komponenten. Auf oberster Ebene erfolgt zunächst eine Unterteilung in das so
genannte *Backend*, also die Serverkomponenten, und in das sogenannte *Frontend*, also der eigentlichen Schnittstelle zum Benutzer. Im Backend sind die
Komponenten angesiedelt, welche Lerninhalte oder auch technische Funktionen
wie Chat und Messaging den angemeldeten Benutzern zur Verfügung stellen
und zentral verwalten. Das Backend ist das Betätigungsfeld der Administratoren. Lernende und Autoren von Lerninhalten kommen mit ihm nur indirekt über
das Frontend, also das lokale Netzwerk bzw. Internet in Kontakt. Auf dem derzeitigen Entwicklungsstand besteht das Backend aus drei Serversystemen, welche eng kollaborieren: Dem Kommunikationsserver, welcher in erster Linie das
Management der synchronen Kommunikationsflüsse steuert, einem FTP-Server
(FTP steht für *File Transfer Protocol*), auf dem Lerndaten größerem Umfangs
(z. B. graphischen Inhaltes) abgelegt werden und einem Datenbankserver, in
dem die schnellen und flexiblen, in erster Linie jedoch textuellen Lerninhalte
gespeichert werden. Das Backend ähnelt in seinem Aufbau also stark dem eines
klassischen Learning Management Systems wie z. B. *ILIAS*, kommt jedoch im
Gegensatz zu diesem ohne den sonst gebräuchlichen HTTP-Server (HTTP steht
für *Hypertext Transfer Protocol*) aus, da das System in seinen wichtigsten Bereichen auf die sonst üblichen HTML/PHP-Seiten verzichtet.

Das Linear C-Frontend im weitesten Sinne besteht aus einem Verwaltungstool,
einem Autorentool und der eigentlichen Benutzeroberfläche, mit deren Hilfe die
Lerninhalte den Lernenden zugänglich gemacht werden. Das Verwaltungstool
unterstützt in erster Linie die Administratoren bei allgemeinen Verwaltungsauf-
gaben, die nicht direkt, bzw. nur vergleichsweise aufwendig mit den Verwaltungstools des Datenbankmanagementsystems und des FTP-Servers umzusetzen
sind. Aufgaben des Verwaltungstools sind beispielsweise:

• Das Anlegen und Verwalten von Benutzerkonten

• Die Definition von Lerngruppen aus angelegten Benutzern

• Der Upload und das Löschen von Lerninhalten

• Das Anlegen und Verwalten von Chaträumen, Blogs und Diskussionsfo-
  ren

Das Autorentool ermöglicht Betreuern von Lerngruppen die Erstellung eigener
Lerneinheiten (Übungen, Prüfungen), die später von den Lernenden abgearbeitet
und vom System ausgewertet werden können. Die Inhalte dieser Lerneinheiten
werden in XML-Dateien abgespeichert, wobei nach Form und Inhalt bezüglich
des Speicherortes unterschieden wird (Form auf FTP, Inhalt in Datenbank). Die
Lerninhalte müssen nach der Erstellung in das System hochgeladen und einzelnen Benutzern oder Benutzergruppen zugeordnet werden, eine Synchronbear-
beitung, ähnlich wie bei *Microsoft Frontpage* ®, ist derzeit noch nicht umgesetzt.

Die eigentliche Clientanwendung ist die Arbeitsplattform für die Lernenden. In ihr werden die LC-spezifischen Lerninhalte sowie die allgemeinen Lerninhalte dargestellt. Zu diesem Zweck wurde der Client mit einem eigenen HTML- und PDF-Viewer ausgestattet.

Neben der Darstellung der eigentlichen Lerninhalte stehen noch einige zusätzliche Hilfsmittel zur Verfügung, die einerseits eine benutzerseitige Verwaltung der Lerninhalte und andererseits die interaktive Bearbeitung sowie die synchrone und asynchrone Kommunikation der Lernenden untereinander ermöglichen. Zu diesen Hilfsmittel zählen unter anderem:

- Online-Wörterbuch
- Lernobjekt- und benutzerspezifische Notizen
- Benutzerspezifische Favoriten
- Systeminterner Chat
- Instant Messaging System
- Interaktiver Lernobjektzugriff (mehrere Benutzer)
- Evtl. E-Mail-Client

Im Gegensatz zum Autorentool kann der eigentliche Client nur im Onlinemodus betrieben werden, da grundsätzlich eine Anbindung an die jeweilige Lerndatenbank notwendig ist. Hilfsmittel wie das Online-Wörterbuch oder die Notizmöglichkeiten sollen nicht nur als Hilfsmittel „nebenher" laufen, sondern auch fest in die Lernobjekte integriert werden, so dass eine Nutzung aus dem zu bearbeitenden Text möglich ist. Nicht geplant ist die Entwicklung einer eigenen Translationsengine, da einerseits eine derartige Entwicklung den zeitlichen Projektrahmen sprengen würde und andererseits leistungsfähige Systeme von in dieser Hinsicht erfahrenen Entwicklern bereits existieren. Derzeitig wird geprüft, ob und in welchem Umfang eine Fremdentwicklung in das LC-System eingebunden werden kann.

3 Widerspiegelung lernpsychologischer Forderungen in Linear C

Die Lernpsychologie war seit den 1960ern von einem steten Wandel geprägt. Der Paradigmenwechsel vom (Neo-)Behaviorismus zum Kognitivismus (Kognitive Wende) und später zum Konstruktivismus stellte auch die Autoren und Entwickler von E-Learning-Plattformen vor neue Anforderungen. Wäre noch für ein elektronisches Lernsystem, welches behavioristische Forderungen umsetzt, eine rein sequentielle Darbietung der Lerninhalte in Textform ausreichend, stände dieses jedoch im Widerspruch zu kognitivistischen Forderungen nach Einbindung von Bild, Ton, Dialogen und Vernetzung der Lerninhalte. Die Gestaltung moderner LMS und auch von Linear C folgt den Konzepten des *Explorativen Lernens* (Lernen durch selbständiges Erkunden) und des *Gruppenlernens*, welche schon dem kognitivistischen Grundgedanken entspringen. Der konstruktivistischen Idee der generellen Ablehnung von Instruktion widerspricht

Linear C jedoch schon auf der Basis seiner Konzeption als *Blended Learning System*. Um den Anforderungen des explorativen Lernens und vor allen Dingen auch denen des Gruppenlernens gerecht werden zu können, wurden die folgenden grundsätzlichen Leistungsmerkmale eingebaut bzw. sollen eingebaut werden:

- Benutzerdefinierte Favoriten
- Benutzerdefinierte Lernnotizen
- Benutzerdefinierte Verlinkung der Lerninhalte   } Exploratives Lernen
- Dynamische Einbindung des Wörterbuches
- Dynamische Einbindung der Hilfefunktionen

- Interaktiver Lernobjektzugriff für Hilfestellungen
- Chat   } Gruppenlernen
- Instant Messaging

Die erfolgreiche Umsetzung dieser Leistungsmerkmale bedingt wiederum ein zentrales System mit zentralen Steuereinheiten bezüglich der Kommunikation und der Benutzer- und Lerndatenhaltung.

Eine letztendliche konsequente Umsetzung konstruktivistischer Forderungen würde in die Programmierung einer interaktiven Simulation führen. In wie weit diese umsetzbar wäre und in welchem Verhältnis der ungleich höhere Entwicklungsaufwand zum erzielten Nutzen stehen würde, ist jedoch fraglich. Nicht zuletzt muss in diesem Zusammenhang auch über die Anforderungen an die Autoren der Lerninhalte gedacht werden, welche schon allein den zeitlichen Rahmen eines Semesters sprengen würden.

4 Technische Anforderungen an ein modernes Learning Management System

Aus den im vorherigen Abschnitt dargestellten Leistungsmerkmalen resultieren technische Anforderungen, welche die Möglichkeiten einer Einzelplatzanwendung bei weitem übersteigen und im Bereich der Datenkomplexität durchaus mit EDV-Systemen aus dem Profit-Bereich konkurrieren können. Diese Komplexität leuchtet schnell bei Betrachtung der Tatsache ein, dass ein LMS mehrere Tausend Benutzer mit entsprechenden Stammdaten, Berechtigungen usw. zuzüglich der Lerndaten standortübergreifend verwalten muss. Daraus resultieren natürlich entsprechende Anforderungen an die Leistungsfähigkeit der Hardware auf Seiten des Serversystems. Aber auch im Bereich der Software haben sich in den letzten Jahren Standards und Quasistandards etabliert, welche teilweise auch für kommerzielle Software gelten:

- Graphische Benutzeroberflächen
- Netzwerkfähigkeit (TCP/IP)

- Client–Server–Strukturierung (Arbeitsteilung)
- Skalierbarkeit
- Multimediafähigkeit
- Plattformunabhängigkeit
- Kompatibilität mit E–Learning–Standards

Der Begriff *Skalierbarkeit* ist in diesem Zusammenhang als eine Unterteilung des Systems in optionale und obligatorische Komponenten zu verstehen. Obligatorische Komponenten sind für die Lauffähigkeit unabdinglich und werden grundsätzlich installiert, optionale Komponenten können vor der Installation vom Verwalter aus- bzw. abgewählt werden. Den Punkten *Multimediafähigkeit* und *E-Learning-Standards* sind die Abschnitte 6 und 9 gewidmet.

5 Gemeinsamkeiten und Unterschiede zwischen Linear C und einem klassischen LMS

5.1 Datenhaltung

Ein heute gebräuchliches LMS setzt die technischen und inhaltlichen Anforderungen an ein solches System in erster Linie durch die Nutzung mehrerer technischer Modelle und Standards um. In Linear C, wie auch in vielen anderen LMS, werden die Lerndaten in einer Datenbank gespeichert. Der logische Aufbau der meisten Datenbanken folgt heute noch dem relationalen Datenbankmodell, auch wenn dieses mittlerweile durch das objektorientierte Datenbankmodell oder Mischformen abgelöst wird. Auch Linear C folgt mit der derzeitigen Verwendung des Microsoft SQL-Server Express Edition diesem Modell, welcher (wenn auch nicht ausschließlich) das relationale Datenbankmodell und somit auch die Datenbanksprache *SQL (Structured Query Language)* unterstützt. Hinsichtlich der Lerndatenhaltung gibt es also eher Gemeinsamkeiten als Unterschiede zwischen beiden Systemansätzen.

5.2 Datenübertragung

Größer sind die Unterschiede bezüglich der Datenübertragung: Während bei klassischen Lernplattformen die Übertragung der Daten mehrheitlich über einen HTTP-Server erfolgt, liest das Clientprogramm die Daten direkt aus der Datenbank und macht sie in entsprechenden GUI-Objekten sichtbar. Somit entfällt auch im Backend letztendlich ein Server ersatzlos. Ein weiterer Unterschied ist die Kommunikation der Serverkomponenten im Backend untereinander. Während beim HTML/PHP-basierten System die „leeren" HTML-Seiten zunächst durch PHP-Skripte mit den Daten aus dem Datenbankserver gefüllt werden und *anschließend* komplett an die angeschlossenen Clients versendet werden, werden speicherplatzintensive Lernobjekte (z. B. Grafiken) über die Datenbank auf den FTP-Server referenziert, d.h. der Client fragt zunächst in der Datenbank nach dem Speicherort eines Lernobjekts und lädt dieses, sobald der Speicherort bekannt ist, vom FTP-Server. Theoretisch könnten auch komplexe Objekte direkt in der Datenbank gespeichert werden, da Datenbankspeicherplatz jedoch relativ zu FTP-Speicherplatz recht teuer ist, wurde das zuvor beschriebene Modell gewählt.

6 Grenzen einer HTML-basierten Gestaltung und Anzeige von Lernobjekten

Da die HTML in erster Linie für die Textgestaltung- und Verlinkung konzipiert wurde, bieten die graphischen Gestaltungsmöglichkeiten, die dieses Tagging-System beinhaltet, relativ wenige Möglichkeiten Bilder und andere Grafiken möglichst frei und mit wenig Aufwand in eine Internetseite zu integrieren. Die meisten HTML-Tags beziehen sich lediglich auf die Strukturierung von Hyperlinks, das Layout der HTML-Seite und die Textformatierung. Abgesehen von dem Umstand, dass graphische Objekte in den meisten Browsern nur durch eine Kapselung in so genannte *Divisions* pixelgenau auf einer HTML-Seite positioniert werden können, ist ein programmiertes Zeichnen oder gar die Einbindung fertiger Vektorgrafiken nur mit entsprechenden Browser-Aufsätzen (Plug-In) möglich. Das dynamische Ändern solcher gekapselten Inhalte während des Anzeigens der HTML-Seite muss durch clientseitige Skripte (i.d.R. JavaScript) gesteuert werden und erfordert damit zusätzliches Knowhow und zusätzlichen Programmieraufwand, dessen Resultate dennoch nicht grundsätzlich auf allen Browsern sichergestellt werden können. Wenn zusätzlich noch eine dynamische Dateneinbindung erfolgen soll, müssen serverseitige PHP-Skripte verwendet werden, welche den Komplexitätsgrad noch weiter steigern. Trotz intensiver Nutzung der letztgenannten Möglichkeiten können bestimme Effekte bezüglich der Darstellung mit diesen Standardmethoden nicht oder nur umständlich umgesetzt werden:

- Steuerbare Z-Achsen-Überlagerung
- Drehung graphischer Objekte um einen bestimmten Winkel
- Zeichnen von Rahmen, Linien und anderen geometrisch-graphischen Objekten z. B. in der Art der Word-Autoformen
- Dynamische Anpassung von Grafikformatierungen
- Vektoranimationen

Prinzipiell sind selbst die Gestaltungsmethoden vieler moderner Textverarbeitungsprogramme denen eines Internetbrowsers überlegen. Die Entwickler des linguistischen Trainingssystem Progr@*mm* haben vielleicht auch aus diesem Grund auf die Verwendung von Java-Applets, kleinen Java-Programmen, welche recht unkompliziert in eine HTML-Seite eingebunden werden können, zurückgegriffen. Diese Java-Applets bieten ihrerseits nahezu alle Möglichkeiten der Programmiersprache Java und machen die Verwendung komplexer Skripte auf der HTML-Seite überflüssig.

Trotz der letztgenannten Vorteile unterliegt ein Java-Applet jedoch noch gewissen Einschränkungen. An erster Stelle wäre in diesem Zusammenhang das Berechtigungskonzept der Programmiersprache Java, oft auch als *Sandbox* bezeichnet, welches beispielsweise Dateizugriffe auf die lokale Festplatte des jeweiligen Rechners, z. B. für Zwischenspeicherungen oder systemnahe Operationen aus dem Internetbrowser heraus erschwert (was ja eigentlich auch sinnvoll ist). Desweiteren muss der verwendete Browser natürlich auch die jeweilig verwendete Version der Java-Laufzeitumgebung (*JRE*) implementieren um das jeweilige Applet sicher verarbeiten zu können.

7 Allgemeine Lerninhalte in Linear C

Die Lerninhalte von Linear C werden in vier große *Hauptkategorien* unterteilt:

(1) Übersichten
(2) Virtuelle Vorlesungen
(3) Virtuelle Übungen
(4) Virtuelle Prüfungen

Der Interaktionsgrad nimmt von (1) nach (4) zu, während die Datenkomplexität abnimmt oder, anders ausgedrückt, Übersichten und virtuelle Vorlesungen sind auf die möglichst effiziente und auch quantitativ umfangreiche Verteilung von Informationen ausgelegt, während Übungen und Vorlesungen der Verfestigung und letztendlichen Verifikation erworbenen Wissens dienen, also eine Vielzahl von Benutzeraktionen erfordern, welche freilich auch programmiert werden müssen.

Aus diesem Grund unterscheidet sich ein beträchtlicher Teil der Lerninhalte in Linear C zunächst nicht wesentlich von den Lerninhalten anderer LMS. Schon allein aus Kompatibilitätsgründen ist es notwendig, Standard-Anzeigeformate wie HTML oder PDF zu implementieren. Auf diese Weise wird es möglich, schon vorhandene Lerninhalte von Fremdsystemen relativ leicht zu importieren. Des Weiteren ist die HTML nach wie vor ein mächtiges Tool, wenn es darum geht, komplexe Dokumentstrukturen entsprechend bestimmter Informationen zu verlinken, so dass sie für die Erstellung von Lernobjekten, deren Zweck die schnelle Vermittlung massiver Informationen ist, durchaus effizient sein kann. Den Stärken der HTML bezüglich Textformatierung- und Verlinkung stehen leider ihre Schwächen in der freien Formatierung von Graphiken und in den Beschränkungen der Möglichkeiten der Reaktion auf *Ereignisse*, i.d.R. Benutzeraktionen, gegenüber. Diese sind nur mit zusätzlichen Skriptprogrammierungen und selbst mit diesen nur eingeschränkt zu erreichen.

8 Linear C-spezifische Lerninhalte

Bei der Formatierung Übungen und Prüfungen geht Linear C andere Wege. Um alle Möglichkeiten moderner *Graphical User Interfaces* (*GUI*) nutzen zu können werden diese Lernobjekte in ihrer Struktur bei Aufruf aus XML-Dateien erstellt und mit Inhalten aus der Lerndatenbank gefüllt. Im Offline-Modus, also i.d.R. bei der Erstellung im Autorentool, werden auch die Inhalte im XML-Format gespeichert und können theoretisch(!) sogar direkt durch Editieren der XML-Dateien manipuliert werden.

Der graphische Aufbau der interaktiven Übungen und Prüfungen ähnelt aus Benutzersicht eher dem einer Powerpoint-Präsentation, als einer HTML-Seite. Text ist nur noch *ein* Mittel der Informationseinbettung, nicht mehr jedoch das primäre Medium. Die einzubettenden Steuerelemente können einfacher Natur sein und den Standard-Steuerelementen des jeweiligen Betriebssystems entsprechen (z. B. Textfelder, Auswahlfelder, Buttons, Labels u. a.) entsprechen oder auch komplex strukturiert sein (z. B. Multiple Choice Container, Lückentextfelder u. a.). Eine zentrale Rolle spielt die interaktive Hilfe. Sie ist aufgabenbezogen und kann, beispielsweise bei zu übersetzenden Textfragmenten, mehrstufige Hilfestellungen geben, die sich in ihrer Konkretheit steigern. Eine Bewertung der Übungen kann also nicht nur über die Anzahl richtig gelöster Aufgaben im Verhältnis zur Gesamtzahl der Aufgaben pro Übungseinheit erfolgen, sondern die letztendlich festgelegte Bewertung kann auch wieder durch eine häufige Beanspruchung der interaktiven Hilfe verschlechtert werden.

9 E-Learning-Standards und resultierende Fragestellungen für Linear C

Lernen und damit auch E-Learning sind interdisziplinäre, internationale und interkulturelle Phänomene, insbesondere, wenn es um das Erlernen einer Fremdsprache geht. Insbesondere die Interdisziplinarität ist dabei in zweifacher Hinsicht zu berücksichtigen, da sie sich nicht nur auf die zu vermittelnden Sprachen, sondern auch auf die Forschung innerhalb der an der Entwicklung von E-Learning-Plattformen beteiligten Disziplinen (z. B. Lernpsychologie/Didaktik, Informatik, Linguistik) bezieht.

Um die internationale Zusammenarbeit bei der (Weiter-)Entwicklung von E-Learning-Systemen zu koordinieren und transparenter zu machen wurden von verschiedenen Organisationen und Behörden, beispielsweise die IEEE oder die Advanced Distributed Learning Initiative (ADL) Standards entwickelt, die vor allen Dingen einen kompatiblen Austausch von Lerndaten zwischen sonst oft sehr heterogenen Systemen gewährleisten sollen. Ein wichtiger Standard, der auch z. B. von ILIAS umgesetzt wird ist das *Sharable Content Object Reference Model* (*SCORM*), welcher von der ADL entwickelt wurde. Im *SCORM* wird beispielsweise der Aufbau bestimmter Lernobjekte (*Content Aggregation Model*), Eigenschaften wie Schwierigkeitsgrad, Lernzieldefinitionen, Benutzernavigation durch die Lerninhalte und deren programmiertechnische Umsetzung festgelegt. Für die Lernenden bringt das zunächst den Vorteil mit sich, dass der Aufwand für das Neuerlernen des Umganges mit verschiedenen Systemen reduziert wird. Der Fokus des Wissenserwerbsprozesses wird also weg von der Lernumgebung hin zu den Lerninhalten gelenkt. Für die Autoren bedeutet der Standard in erster Linie Arbeitsersparnis, da dem Standard konforme Lerninhalte unabhängig vom System wiederverwendet werden können. Bei Lerninhalten aus älteren Systemen, die in der Regel nicht SCORM-kompatibel waren, entfällt diese Option jedoch.

Standards haben jedoch auch ihre Schattenseiten, erstens bezüglich des Lernvorganges: Mit Forderungen nach einem „genormten" Aufbau der Lernobjekte und der Entwicklung eines Modells für die Standardisierung von Lernabläufen wird ein mehr oder minder starker Einfluss auf den eigentlichen Wissenserwerbsprozeß des Individuums genommen. Konstruktivistische Lerntheoretiker würden das mit Sicherheit ablehnen. Allerdings muss an dieser Stelle gesagt werden, dass jedes E-Learning-System genau diese Einflussnahme auch ohne Standards schon beinhaltet, was schon allein in der Tatsache begründet ist, dass jedes Programm prinzipiell nur ein formales Modell ist. Ein weiteres Problem ist die Tatsache, dass SCORM sich auf LMS bezieht, welche in der Regel nach der typischen HTML/PHP-Struktur aufgebaut sind. In der technischen Umsetzung dieser Browserapplikationen und einer Standalone-Anwendung wie Linear C existieren bezüglich der programmiertechnischen Umsetzung des SCORM einige Lücken, da SCORM nicht grundsätzlich außerhalb des Browsers angewendet werden kann. Desweiteren muss auch grundsätzlich die Frage geklärt werden, wie weit SCORM mit übersetzungswissenschaftliche Anwendungen und Lernzielstellungen kompatibel und auf diese anwendbar ist, bzw. es müssen noch Handlungsalternativen entwickelt werden, falls die Umsetzung absolut konformer Lösungen zu aufwendig wird. Letztendlich können diese Überlegungen durchaus zu der Fragestellung führen, ob denn eine Lernumgebung für die Fachübersetzerausbildung, also ein relativ spezialisiertes Tool, einen so allgemeinen Standard wie das SCORM überhaupt umsetzen muss. Generell können Standards auch Innovation hemmen, und nicht zuletzt Microsoft hat am Beispiel des Internetexplorers mit ASP- und ASPX-Seiten gezeigt, dass die Missachtung von Standards durchaus auch ein erfolgreiches Konzept sein kann.

Hannelore Umbreit
Leipzig
**Neue Aspekte im übersetzerischen Umgang
mit literarischen Titeln –
Bemerkungen zur Qualität von Titelschöpfungen am
Beispiel von Werken der russischen Gegenwartsliteratur**

1

Sprachkünstlerische Texte geraten bei ihrer Entstehung stets in ein literarisch-kulturelles Kontinuum. Um sich als Entität in diesen Kosmos aus vorgängigen und zeitparallelen Werken zu integrieren und zugleich im schnelllebigen Prozess immer neuer literarischer Produktionen abzuheben, identifizierbar zu werden, braucht der künstlerische Text Grenzsignale prä- und posttextueller Art. Zum prätextuellen Titelkomplex gehören neben der eigentlichen Werkbenennung noch Untertitel, Epigramme und Widmungen, den posttextuellen Finalkomplex bilden primär Chrononyme und Toponyme, also Angaben zu Entstehungszeit und -ort des Textes. Dabei unterscheiden sich nicht nur die Funktionen von Titel- und Finalblock insgesamt, sondern auch die Wertigkeit und Obligatheit ihrer jeweiligen Bestandteile ganz erheblich. Zugleich stehen alle prä- und posttextuellen Elemente wieder insofern im Kontrast zum Werktitel, als sie nur im Zusammenspiel wirken und lediglich eine einzige strategische Ausrichtung besitzen: nach innen, zum Text hin.

Die zentrale Rolle im Verbund beider Ensembles gebührt zweifellos dem eigentlichen Titel. Nur er besitzt als Mikromanifest des gesamten künstlerischen Textes ein duales Wirkungspotential: Der Titel kann für sich genommen den Text nach außen repräsentieren, und er kann ihn nach innen strukturieren, kann Schlüsselelement der gesamten Textkonstitution sein. Dabei steht es dem Titelstifter frei, eine Wirkungsrichtung zu Lasten der anderen zu fokussieren oder aber ein Gleichgewicht anzustreben. Binnen- und Außenaspekt funktionieren in sehr komplexen, bei weitem noch nicht sicher erhellten Zusammenhängen, sowohl im Hinblick auf ihre wechselseitige Bedingtheit als auch bezüglich der sprachlichen Mittel und Strukturen ihrer Realisierung.

Die in mehrfacher Hinsicht exponierte Rolle des Titels macht ihn zum zentralen Untersuchungsgegenstand einer Titelforschung, die in der russischen linguistisch-literaturwissenschaftlichen Tradition nicht nur – begründet durch das Grundsatzwerk „Поэтика заглавий" von Сигизмунд Кржижановский (Кржижановский 1931) – seit langem existiert, sondern darin auch besonders fest verankert ist, was nicht zuletzt zu tun hat mit der Spezifik der Wahrnehmung von Literatur, von Dichtung und Dichtern im gesellschaftlichen Diskurs Russlands. Ihre unübersehbare Intensivierung in den letzten Jahren verdankt die russische Titelforschung vornehmlich einer ganzen Reihe jährlich abgehaltener nationaler wissenschaftlicher Konferenzen an der Staatlichen Geisteswissenschaftlichen Universität Moskau und der Staatlichen Universität Twer. Die auf dieser Grundlage entstandenen Sammelbände – unter denen besonders Андреева/Иванченко/Орлицкий 2005 hervorzuheben ist – reflektieren den aktuellen Stand der Meinungsbildung zu den verschiedensten linguistischen, literaturwissenschaftlichen und übersetzerischen Aspekten literarischer Titelgebung. Bereits in Arbeit ist eine Gesamtbibliografie aller Werke der russischen Titelforschung (siehe dazu beispielsweise Весёлова/Орлицкий/Скороходов 1997), des Weiteren soll das initiierte Großprojekt eines elektronischen Wörterbuchs die Titel russischer Lyrikausgaben der letzten drei Jahrhunderte erfassen und annotieren.

Mit diesem geradezu boomartigen Aufschwung in der russischen Titelforschung geht zugleich ein inhaltlicher Paradigmenwechsel einher. Zweifellos dominiert in weiten Teilen noch immer eine retrospektive Betrachtungsweise, wie sie auch in internationalen Titelbetrachtungen vorherrscht: Die bereits im literarisch-kulturellen Kontinuum vorhandenen Produkte der Titelstiftung – заглавия – werden als gegeben genommen, in ihrem jeweiligen Werkbezug oder miteinander verglichen, interpretiert, rezeptionshistorisch kommentiert und Strukturtypen zugeordnet, wobei etwa Klassenbildungen wie „Genretitel", „Personagetitel", „Namenstitel" „Situierungstitel", „Konzepttitel" oder „Zyklisierungstitel" eine Rolle spielen. Analog zur Entwicklungsgeschichte der Übersetzungswissenschaft setzt sich jedoch zunehmend eine prospektive Betrachtungsweise durch, die in ihren zumeist empirisch-psychologischen Studien den Prozess der Generierung von Titeln – озаглавливание – und damit die Urheber literarischer Namensgebung in den Mittelpunkt rückt. Befragt werden, wiederum vergleichbar mit den übersetzungswissenschaftlichen Protokollen lauten Denkens, Autoren unterschiedlicher Alters-, Geschlechts- und Genregruppen nach den Strategien, von denen sie sich bei der Titelschöpfung leiten lassen, beziehungsweise den Gelungenheitskriterien, die sie bewusst oder unbewusst befolgen. Interessant für unsere Betrachtung ist die Tatsache, dass die Autoren die Qualität ihrer Titelschöpfungen tendenziell weitaus weniger in der Binnensteuerung, also in der Spezifik der Vernetzung von Titel und Text suchen. Vielmehr kreisen die ermittelten Gelungenheitskriterien um zwei Zentren, die zweifellos der Außenwirkung von Titeln zuzuordnen sind, nämlich: способность привлечь внимание /Erheischung von Interesse; Auffälligkeit/ zum einen und запоминаемость /Einprägsamkeit, Prägnanz/ zum anderen (vgl. dazu beispielsweise Иванченко/Сухова 2005). Was zugleich bedeutet: Die Titelstifter sehen als Bewertungsinstanz für die Gelungenheit / die Qualität ihrer Titelstiftungen weniger den Experten, der per Analyse unter Rückgriff auf ein wissenschaftliches Instrumentarium Titel-Text-Relationen klassifiziert, logisch-sprachliche Grundstrukturen in Titeln systematisiert oder intertextuelle Bezüge zwischen verschiedenen Titel nachweist. Auffälligkeit und Einprägsamkeit als prospektive rezeptionspsychologische Phänomene stellen nämlich auf den „nativen Leser", den Werknutzer ab. Titel erscheinen nicht mehr ausschließlich als künstlerische, kulturträgerische Schöpfungen an und für sich, die bisher in der russischen Titelforschung gern nach „künstlerischen" Kategorien wie художественная ценность /künstlerischer Wert/, рефлективность /etwa: Interpretationsvolumen/ oder соотнесённость с текстом /Textbezug des Titels/ bewertet wurden, sondern als strategische, werbetechnische Instrumente, deren Ziel in der positiven Beeinflussung der verschiedenen Phasen der Kontaktaufnahme des Werknutzers zum Werk besteht. Auffälligkeit der Titelgebung soll möglichst bereits im Erstkontakt aus dem potentiellen Leser einen realen Leser, oder richtiger: Käufer machen, Einprägsamkeit wiederum in einem späteren literarischen Diskurs schnelle Identifizierbarkeit und sicheres Referieren auf das Werk garantieren.

Diese Prioritätensetzung steht zweifellos im Zusammenhang mit der Verwendung künstlerischer Wortproduktionen als literarischer Ware auf einem Buchmarkt. Unter den Bedingungen des kommerziellen Literaturbetriebs und -vertriebs muss nicht mehr der Leser das Buch, sondern das Buch seinen Leser suchen. Und diesen Weg zum Leser findet es kaum je noch von allein. Er wird ihm gebahnt durch den Einsatz eines ganzen Arsenals an betriebswirtschaftlich kalkulierten, werbetechnisch optimierten Instrumenten, die den Titel in erster Linie als nach eigenen Gesetzen funktionierenden, relativ selbständigen sprachlich-psychologischen Marker für den käuflichen Text behandeln und Titelgebung primär als Bedienung einer Schwellenfunktion sehen: Die Gestaltung des Titels kann dem Leser Zugang zu dem betreffenden Werk suggerieren oder ihn umgekehrt vor der Rezeption zurückschrecken, zu anderen Titeln greifen lassen. Und den Titel in einigen Fällen so weit verselbständigen, dass er sich von seinem Ursprungswerk löst und zu einem eigenen emblematisch-formelhaften Mikrotext wird. Wobei nicht unwichtig ist, dass mit einer Titelgebung keinerlei Haftung für die Erfüllung der Verheißungen in der späteren Lektüre verbunden ist.

2

Die Schwellenfunktion des Titels kompliziert sich natürlich bei Übersetzungsliteratur, deren Titelgebungen ja aus anderen literaturhistorischen Traditionen, anderen kulturellen Konventionen und letztendlich auch anderen Wirkungspotentialen sprachlicher Mittel und Strukturen erwachsen. Häufig bilden gerade literarische Titel besonders hoch konzentrierte Kondensate der via Sprache vermittelten Selbstwahrnehmung eines Soziums. Demnach erscheint es nur zu natürlich, wenn sich die Übersetzungswissenschaft, und hier insbesondere Christiane Nord (z. B. Nord 1990, 1991, 1998 und 2004) in zahlreichen Studien dem Phänomen der Betitelung und der Titelübertragung zuwendet, wenn anhand übersetzungskritischer Fallstudien herausgearbeitet wird, welche Kompetenzkomponenten der Übersetzer für die umfassende Analyse der verschiedenen

Funktionsschichten eines Originaltitels aufbieten muss, welche Operationen deren adäquate zielsprachige Rekonstruktion erfordert.

Dabei wird vorausgesetzt:

- dass Titel fremdsprachiger literarischer Werke per Übersetzung in die Zielsprache und Zielkultur gelangen (Christiane Nord spricht in Nord 1998:294 sogar von Titelübersetzung als exemplarischem Translationsvorgang)
- dass sich Originaltitel und Translat nur insoweit unterscheiden dürfen, als dies die oben erwähnten kulturell-sprachlichen Konventionsunterschiede rechtfertigen
- dass der Urheber der Textübersetzung und der Urheber der Titelgebung ein und dieselbe (Übersetzer-)Person darstellen

Sicher sind diese drei Annahmen für die übersetzungswissenschaftliche Modellbildung notwendig und für wesentliche Teilbereiche der Praxis literarischen Übersetzens auch zutreffend. Insbesondere, wenn es um die Subklasse der unselbständigen Titel geht, also um Benennungen literarischer Texte, deren Publikationsweise in Form von Sammelband- oder Zeitschriftenbeiträgen keine eigenständige Buchausgabe etabliert. Den Status quo auf dem übersetzerischen Tätigkeitsfeld der selbständigen Titelgebungen prägen heute allerdings wesentlich die beiden folgenden – durchaus nicht widerspruchsfreien – Gegebenheiten:

1. Im Rahmen des professionellen literarischen Transfers realisiert sich die Urheberschaft für eine Übersetzung letztendlich erst über deren Verwertung. Urheberrecht und Verwertungsrecht fallen jedoch nicht zusammen.

2. Die Disparatheit von Urheberschaft und Verwertung geht einher mit einer hoch spezifischen Abgrenzung der Rechte, Verantwortlichkeiten und Risiken zwischen dem Verwerter, also dem Verleger als Auftraggeber einer literarischen Übersetzung, und deren Urheber, also dem Übersetzer.

Einen neuralgischen Punkt, an dem sich die Interessensphären beider Personengruppen in spezieller Weise kreuzen, bildet der Werktitel. Die Kriterien seiner funktionalen Übersetzung geraten in Wechselwirkung mit dem Bedingungsgefüge kommerzieller Textverwertung, das anders geartete Qualitätsmaximen einbringt, die wiederum nur sehr bedingt in den Prozess einer translatorischen Titelwiedergabe integrierbar sind. Was zur Folge hat, dass die (kommerzielle) Schwellenfunktion des Titels die funktionale Titelübersetzung vielfach außer Kraft setzt und stattdessen nicht-übersetzerischen Titelsubstitutionen Vorschub leistet. Mit der Konsequenz, dass im Gegensatz zum Gesamtwerk, für dessen Übertragung der Übersetzer urheberrechtliche Verantwortung trägt und urheberrechtlichen Schutz genießt, die übersetzte Titelversion lediglich transitorischen Status besitzt. Heißt es doch in einer Standardfassung des Normvertrags für literarische Übersetzer – hier zitiert aus einem Vertragsexemplar des Wallstein

Verlages vom 19.09.2005 – zumeist unter § 3 „Rechte und Pflichten des Verlags":

> Titel, Ausstattung, Buchumschlag, Auflagenhöhe, Auslieferungstermin, Ladenpreis und Werbemaßnahmen werden vom Verlag nach pflichtgemäßem Ermessen unter Berücksichtigung des Verlagszwecks sowie der im Verlagsbuchhandel für Ausgaben dieser Art herrschenden Übung bestimmt.

Die damit festgeschriebene Abspaltung der Titelstiftung vom Gesamtprozess der übersetzerischen Werkübertragung ist ein Faktum, das sowohl den übersetzerischen Umgang mit Titeln als auch deren übersetzungswissenschaftliche Interpretation beeinflusst.

Das in seiner Massivität zumindest für die Übersetzungsrichtung Russisch – Deutsch neue Phänomen der Benennung übersetzungsliterarischer Werke durch Titelersetzung statt Titelübersetzung entlastet den Übersetzer nämlich keineswegs von einer – bisweilen ausgesprochen komplexen – Arbeitsaufgabe, sondern bewirkt nach unserer Beobachtung eine Akzentverschiebung im Ensemble der übersetzerischen Kompetenzen: Besonderen Stellenwert erlangt nun die metatextuelle oder explanatorische Kompetenz, also die Fähigkeit des Übersetzers, nicht nur eine in jeder Hinsicht adäquate zielsprachige Titelversion zu erarbeiten, sondern durch extrem hohe bewusste Durchdringung die Gesamtheit an Beweggründen, Arbeitsschritten und textbezogenen Konsequenzen der übersetzerischen Lösung für Andere nachvollziehbar zu machen unter der erschwerenden Bedingung, dass diese „Anderen" der Ausgangssprache oft nicht kundig sind.

So umfasste beispielsweise diese explanatorische Kompetenz bezüglich der Interpretation des Originaltitels (OT) und der Schöpfung des Zieltitels (ZT) für den folgenden Fall nach unseren Aufzeichnungen mehr als 25 Erläuterungen und Begründungen.

(1)

Jekaterina Sadur

Originaltitel: „Пере лётные работы"

Übersetzungstitel: /*SuchFindeArbeiten*/

Wie ist OT strukturiert?   Attribut-Nomen-Wortgruppe

Ist OT orthografisch korrekt realisiert?   nein /Leerzeichen an Präfix-Fuge

Ist OT grammatisch korrekt realisiert?ja

Ist OT funktionalstilistisch markiert?   nein

Ist OT semantisch korrekt?   nicht usuelle Verbindung

Grund für semantische Grenzwertigkeit?   Attribut

Sind Defekte des OT selbsterklärend? nein

Finden OT-Defekte Erklärung im Text?   ja

Wie werden Defekte im OT erklärt?   als Teil des Sujets

Rolle der OT-Defekte im Text?   Schlüssel zur Sinnkonstituierung

(Die vierjährige Heldin geht täglich an Werkstatt vorüber, auf deren Aushänge-schild Переплётные работы der Buchstabe п fehlt, wodurch aus „Buchbindear-beiten" wörtlich „Über flugarbeiten" werden. Heldin sinniert, was diese Werkstatt wohl herstellt: Flügel, damit Menschen „überfliegen" können. Am Ende des Ro-mans /der Kindheit ; der Illusionen/ wird fehlender Buchstabe von Handwerkern eingeklebt; der Herr der geheimnisvollen Flügelwerkstatt erweist sich als schlich-ter Buchbinder.)

Bezeichnet OT mit seinen Defekten kulturspezifische Erscheinung? - nein

Könnte bezeichnete Erscheinung auch Teil der zielsprachigen Kultur sein? - ja

Muss Spiel mit Defekten im ZT rekonstruiert werden? - ja

Sind gleiche Mittel verwendbar? - nein, Wechsel zu Kompositum

Ist orthografischer Defekt im ZT strukturell analog rekonstruierbar? - nein

Ist sinntragende Rolle des orthografischen Defekts rekonstruierbar? - ja

Welche alternativen Mittel erlauben Rekonstruktion?
                                        - Groß- und Kleinschreibung

Ist semantische Grenzwertigkeit im Zieltitel strukturell analog rekonstruierbar? - nein

Welche alternativen Mittel sind zur Rekonstruktion einsetzbar?
                                        - lexikalischer Bestand des Kompositums

Haben Modifikationen im ZT „SuchFindeArbeiten" Textkonsequenzen?   - ja

(Statt des heraus gefallenen Buchstabens enthält Werkstatt-Aushängeschild in zielsprachiger Textversion zwei vertauschte und orthografisch falsch realisierte Buchstaben.)

Sind mit ZT-Modifikation semantische Weiterungen verbunden? - ja

(anderer Zweck der Flügel: Mittel leichteren Suchens und Findens)

Wie viele Textstellen sind von semantischer Modifikation betroffen? - neun

Sind alle mit ZT „SuchFindeArbeiten" abdeckbar? - ja

Verändert ZT-Modifikation insgesamt Sinnstiftung des Textes? - nein

Ist funktionale Übersetzung „SuchFindeArbeiten" in Zielkultur titelfähig? - ja

Ist funktionale Übersetzung „SuchFindeArbeiten" in Zielkultur titelwirksam? - ja

Verletzt ZT „SuchFindeArbeiten" Titelschutzrechte? - nein

In diesem Zusammenhang ließe sich nun fragen:

- Ist die Verdrängung der Titelübersetzung durch Titelsubstitution also eine Folge ungenügender explanatorischer Überzeugungskraft des Übersetzers oder eine Notlösung für übersetzerisch mangelhafte Varianten?

- Handelt es sich möglicherweise gar nicht um Substitutionen, sondern um behutsame Bearbeitungen oder Glättungen zwar „richtiger", aber ungefäl-lig-sperriger übersetzerischer Titelversionen?

- Und wer sind überhaupt diejenigen, die nicht nur darüber befinden, ob die übersetzerische Titelgebung zum endgültigen Buchtitel wird, sondern an-derenfalls die Substituttitel stiften?

- In welchem Maße ist der Übersetzer bei Titelsubstitution noch inhaltlich und formal-rechtlich am Prozess der Benennung des von ihm übertragenen Werks beteiligt?

Unsere Erhebungen offenbaren folgende Befunde:

a) Die Verdrängung von Titelübersetzungen durch Substitutionen geht nicht ursächlich auf unplausible übersetzerische Lösungen zurück. Paradoxerweise tritt häufig das Gegenteil ein: Je plausibler der Übersetzer seine Titelgebung in all ihren Konsequenzen erklären kann, umso eher fällt vielfach die Entscheidung zugunsten einer Substitution: Man weiß dadurch, ob man die Ersetzung riskieren kann und was dabei gegebenenfalls an Verlusten in der Verzahnung Titel-Text einzukalkulieren ist. So erschien das im Beispiel (1) genannte Werk unter dem Substitut-Drucktitel „Das Flüstern der Engel".

b) Titelsubstitute sind keine im Hinblick auf einzelne Gestaltungsmerkmale optimierte Übersetzungen. Substitution meint, was es sagt: Ersetzung durch eine zielsprachige Fassung, die in keinem Aspekt mehr regelhaft auf die Original-Titelgebung beziehbar ist.

(2)

Polina Daschkowa

Originaltitel: „Исполнитель"

Übersetzungstitel: /Der Vollstrecker/ /Der Exekutor/

Substitut-Titel: „Du wirst mich nie verraten"

c) Die von der Übersetzungswissenschaft zu Recht betonte Kulturbindung der Original-Titelgebung erscheint nicht als Hauptauslöser von Neubetitelungen. Die substituierten übersetzerischen Lösungen sind vielfach frei von Kulturspezifika respektive anderen sprachlichen Gestaltungselementen, die zielsprachige Verstehenshemmnisse aufbauen könnten. Oder der Anspruch an das kulturhistorische Vorwissen der Empfänger ist bereits in der Ausgangskultur gleichermaßen hoch bzw. noch höher.

(3)

Grigori Pasko

Originaltitel: „Canimus surdis. Мы поём глухим"

Übersetzungstitel: /Canimus surdis. Wir singen für Taube/

Substitut-Titel: „Die rote Zone. Ein Gefängnistagebuch"

d) Auch der Versuch, Titelsubstitution mit bevorzugten syntaktischen Titelklischees der Ausgangssprache – im Russischen etwa Einwort-Strukturen, Attribut-Nomen-Gruppen oder Präpositionalkomplexen – in ursächlichen Zusammenhang zu bringen, gelingt nur ansatzweise. Gerade freie Substitutionen bedienen sich nämlich im Deutschen sehr gern der genannten Grundmuster. Ebenso sind zahlreiche akzeptierte übersetzerische Titellösungen nachweisbar, die diese vermeintlich „typisch russische" syntaktische Strukturierung übernehmen.

(4)

Michail Jelisarow

Originaltitel: „Ногти"

Übersetzungs-Drucktitel: „Die Nägel"

e) Bilden weder Kulturspezifika, noch ausgangssprachliche Zwänge oder übersetzerische Schwächen die Hauptauslöser für Titelsubstitutionen, so steht zu
vermuten, dass die Neubenennungen in erster Linie die Schwellenfunktion des
Titels bedienen sollen. Der geltend gemachte marktspezifische Zuschnitt der
Titelsubstitute geht dabei auffallend oft mit einer konzeptuellen Verflachung
einher. Die Substitutversionen setzen zwar auf die distinktiv-phatische Funktion
von Titeln (Nord 1998), tragen in ihrer augenfälligen Unverbindlichkeit jedoch
zu einer Schablonisierung, Unifizierung und Zyklisierung im Titel-Kontinuum
der zielsprachigen Kultur bei.

Nachweisbar sind insbesondere folgende Typen von Veränderungen gegenüber
dem Original:

- Nivellierung soziologischer, alters- und wissensspezifischer Marker des
  Originaltitels

  (5)

  Dmitri Bawilski

  Originaltitel: „Едоки картофеля"

  (intertextueller Bezug auf den Titel eines Gemäldes von Vincent van Gogh)

  Übersetzungstitel: /Die Kartoffelesser/

  Substitut-Titel: „Das was wir Frühling nennen"

- Nivellierung von Genrebegriffen des Originals

  (6)

  Sigismund Krzyżanowski

  Originaltitel: „Сказки для вундеркиндов"

  Übersetzungstitel: /Märchen für Wunderkinder/

  Substitut-Titel: „Lebenslauf eines Gedankens"

- Anknüpfung an vermutetes Durchschnittswissen und tradierte Klischees
  der Zielkultur von der Ausgangskultur

  (7)

  Polina Daschkowa

  Originaltitel: „Место под солнцем"

  Übersetzungstitel: /Ein Platz unter der Sonne/

  Substitut-Titel: „Club Kalaschnikow"

- Aufgreifen etablierter zielsprachiger Titelpräzedenzen (in Form syntaktischer Muster oder lexikalischer Schlüsselwörter)

  (8)

  Sergej Gandlewski

Originaltitel: „НРЗБ"
Übersetzungstitel: /UEZ/Unentz./
Substitut-Titel: „Warten auf Puschkin"
Präzedenz: "Warten auf Godot"

- Ausspielen von Elementen einer Kulturexotik bzw. kultureller Verfremdung

  (9)

  Polina Daschkowa

  Originaltitel: „Эфирное время"

  Übersetzungstitel: /Sendezeit/Auf Sendung/

  Substitut-Titel: „Russische Orchidee"

- Ausblendung werbestrategisch negativ besetzter Konzepte (wie beispielsweise ‚Arbeit', ‚medizinische Krankheitsbilder' oder ‚Körperlichkeit')

  (10)

  Polina Daschkowa

  Originaltitel: „Кровь нерождённых"

  Übersetzungstitel: /Das Blut der Ungeborenen/

  Substitut-Titel: „Lenas Flucht"

Die russische Titelforschung nennt dieses Gefüge konzeptueller Leitlinien стандарты редакционно-издательской конвенции (beispielsweise Давыдов 2005:208) /Lektorats- und Herausgabekonventionen; von Lektoren und Verlegern konventionell befolgte Standards/. Der Begriff umreißt zugleich den Kreis der Personen, die primär Substitut-Titel stiften und durchsetzen. Mit welcher Selbstverständlichkeit, ja Rigorosität dies geschieht oder wie sehr sich umgekehrt Verwerter literarischer Übersetzungswerke unter allen Umständen der Originaltitelgebung und ihrer übersetzerischen Rekonstruktion verpflichtet fühlen, scheint nach unseren Beobachtungen stärker von der Hausnorm bestimmt als etwa vom literarischen Genre oder dem Status des Autors abhängig. Das belegen neben der Tatsache, dass einige Verlage alternative Normverträge ohne den oben zitierten § 3 verwenden, auch zahlreiche Beispiele eines bewussten Festhaltens an übersetzerischen Titellösungen, selbst wenn diese im Vergleich zum Original in einem oder mehreren Bedeutungsaspekten (Nord 1998 unterscheidet zwischen metatextueller, phatischer, referentieller, expressiver und appellativer Funktion) zunächst wirkungseingeschränkt erscheinen.

(11)

Igor Sachnowski

Originaltitel: „Насущные нужды умерших"

Übersetzungs-Drucktitel: „Die vitalen Bedürfnisse der Toten"

Die Einbindung des Übersetzers in den Prozess der Titelsubstitution, sein Zustimmungs- oder Vetorecht ist als weitgehend ungeregelt zu bezeichnen. Was besonders schwer wiegt angesichts der Tatsache, dass das Problem Titelübersetzung versus Titelsubstitution nicht nur das übersetzerische Qualitätsmanagement tangiert, sondern zugleich die Deutungs- und Bewertungskraft von Übersetzungskritiken. Dem Werknutzer, sei er nun Leser oder Kritiker, bleibt ja verschlossen, ob ein Drucktitel auf übersetzerische Rekonstruktion des Originals oder auf bewusste Substitution zurückgeht und wer als Urheber dieser freien Titelersetzung fungiert. Was wohl verschmerzbar wäre, würden nicht Urteile über die Qualität literarischer Übersetzungen gern exemplarisch an der Titelwiedergabe festgemacht. Was beispielsweise der nachfolgend zitierte Beginn einer Rezension (Schlott 2003) belegt:

> Um die Kritik an der Titelbezeichnung vorzunehmen: „Die Nägel" (russ. Gvosti) assoziieren ein ganz anderes semantisches Feld, auf dem die beiden Protagonisten, Alexander Gloster und Serjosha Bachatow, zwischen psychiatrischer Anstalt und unduldsamer Gesellschaft ihr schreckliches Überleben organisieren. Es sind vielmehr die „Fingernägel" (russ. nogti), die Bachatow einmal im Monat abknabberte, die Nagelstücke solange im Mund aufbewahrte, bis er die zehn Hornhalbmonde auf eine Seite der „Komsomolzkaja prawda" spuckte.

3

Die Verdrängung von Übersetzung durch freie Substitution im Bereich der wortkünstlerischen Titelgebung bliebe nun ein Spezialfall des literarischen Übersetzens, hätte sie nicht – insbesondere für das Russische – eine Konsequenz, mit der sich jeder Übersetzer, selbst der so genannte technische, sowohl in der Übersetzungsrichtung Fremdsprache-Deutsch als auch Deutsch-Fremdsprache konfrontiert sieht. Und zwar immer dann, wenn – wie in russischen Texten fast ausnahmslos aller Sorten besonders häufig der Fall – das Original in den verschiedensten Textzusammenhängen Werktitel zitiert, deren autorisierte zielsprachige Entsprechungen es zu ermitteln gilt. Was relativ problemlos in wenigen automatisierten Operationsfolgen unter Nutzung zumeist eines Hilfsmittels, nämlich des Internets, gelingt, wenn die zielsprachige Titelstiftung per Übersetzung generiert wurde. Selbst in Fällen einer funktional-stilistischen Bearbeitung enthält der übersetzte Titel noch genügend objektive Marker, um ihn allein durch Aktivierung interner (sprachlicher) Wissensbestände dem Original ohne weiteren inhaltlichen Abgleich zuzuordnen.

(12)
Boris Jewsejew
Originaltitel: „Слух"
Übersetzungs-Drucktitel: „Ganz Ohr"

(13)

Boris Jewsejew

Originaltitel: „Мощное   падение   вниз   верхового   сокола,   видящего
стремительное приближение воды, берегов, излуки и леса"
Übersetzungs-Drucktitel: "Der Sturzflug des Falken"

Die komplette Loslösung einer Titelsubstitution vom Original mit ihrer unvor-
hersagbaren Beliebigkeit erzwingt hingegen selbst bei vorausgesetzter hoher
Recherchekompetenz im Qualitätsmanagement des Übersetzers stets Arbeitsschritte, die sowohl nach ihrem Umfang als auch nach der Art der heranzuzie-
henden Informationsquellen oder den Erfolgsaussichten ihrer Nutzung kaum
operationalisierbar scheinen. Sie funktionieren ausschließlich über den Rückgriff auf externe Wissensbestände, die sich nicht in einer überschaubaren Systematik gut kategorisierter Typen von Hilfsmitteln finden. Um die Ermittlung
des Substitut-Titels überhaupt in Gang zu setzen, um die auf der Grundlage diverser Suchhypothesen in multiplen trial-and-error-Serien ermittelte Teilinfor-
mationen zu einem sicheren Resultat zu verdichten, ist eine investigative Kompetenz erforderlich, der ein ausgeprägt heuristisches Element eignet. Etwas also,
das der regelgewohnte allgemeinsprachliche oder technische Übersetzer erst
bewusst   entwickeln   muss.   Und   dessen   übersetzungswissenschaftlich-
psychologische Durchdringung gleichermaßen noch aussteht.

Bibliographie

Андреева А.Н. / Иванченко Г.В. / Орлицкий Ю.Б. (2005) (ред.-сост.): *Поэтика заглавия.
Сборник научных трудов.* Москва – Тверь: Лилия Принт.

Весёлова Н.А. / Орлицкий Ю.Б. / Скороходов М.В. (1997): *Поэтика заглавия:
Материалы   к   библиографии.   Литературный   текст: Проблемы   и   методы
исследования.* Вып. 3. Тверь: Лилия Принт. 158-180.

Давыдов Д.М. (2005): „Заголовочно-финальный комплекс в наивном тексте.
Постановка вопроса и предварительные замечания." Андреева/Иванченко/Орлицкий
(2005). 206-209.

Иванченко Г.В. / Сухова Т.Б. (2005): „Авторские стратегии создания заглавия."
Андреева/Иванченко/Орлицкий (2005). 8-17.

Кржижановский С.Д. (1931): *Поэтика заглавий.* Москва: изд-во Никитинские
субботники.

Nord, Christiane (1990): „Funktionsgerechtigkeit und Loyalität. Überlegungen zum Übersetzungsproblem ‚Titel und Überschriften'." Spillner, Bernd (1990) (Hrsg.): *Sprache und Politik. Kongressbeiträge zum 19. Jahrestag der GAL.* Frankfurt a. M./Bern/New York/Paris:
Peter Lang, 138-139.

Nord, Christiane (1991): „Der Buchtitel in der interkulturellen Kommunikation. Ein Paradigma funktionaler Translation." Tirkkonen-Condit, Sonja (1991) (Hrsg.): *Empirical Re-*

search in *Intercultural and Translation Studies. Selected Papers of the TRANSIT Seminar.* Tübingen: Narr, 121-130.

Nord, Christiane (1998): 82. „Buchtitel und Überschriften." Snell-Hornby, Mary / Hönig, Hans G. / Schmitt, Peter A. (1998) (Hrsg.): *Handbuch Translation.* Tübingen: Stauffenburg, 292-294.

Nord, Christiane (2004): „Die Übersetzung von Titeln und Überschriften aus sprachwissen-schaftlicher Sicht." Kittel, Harald (2004) (Hrsg.): *Übersetzung – Translation – Traduction. Internationales Handbuch zur Übersetzungsforschung.* Frankfurt a. M.: Peter Lang, 573-579.

Schlott, Wolfgang (2003): „Rezension ‚Michail Jelisarow (2003): Die Nägel. Roman. Leipzig: Reclam'." *Wespennest.* Sonderheft 132 – Russland, 82.

Verzeichnis der zitierten Buchausgaben

(1)   Jekaterina Sadur (1999): *Das Flüstern der Engel.* Frankfurt a. M.: Suhrkamp Verlag.

(2)   Polina Daschkowa (2005): *Du wirst mich nie verraten.* Aufbau Verlag Berlin.

(3)   Grigori Pasko (2006): *Die Rote Zone. Ein Gefängnistagebuch.* Göttingen: Wallstein Verlag.

(4)   Michail Jelisarow (2003): *Die Nägel.* Leipzig: Reclam Verlag.

(5)   Dmitri Bawilski (2003): *Das was wir Frühling nennen.* Berlin: Aufbau Verlag.

(6)   Sigismund Krzyżanowski (1991): *Lebenslauf eines Gedankens.* Leipzig/Weimar: Gustav Kiepenheuer Verlag.

(7)   Polina Daschkowa (2002): *Club Kalaschnikow.* Berlin: Aufbau Verlag.

(8)   Sergej Gandlewski (2006): *Warten auf Puschkin.* Berlin: Aufbau Verlag.

(9)   Polina Daschkowa (2003): *Russische Orchidee.* Berlin: Aufbau Verlag.

(10)   Polina Daschkowa (2004): *Lenas Flucht.* Berlin: Aufbau Taschenbuch Verlag.

(11)   Igor Sachnowski (2006): *Die vitalen Bedürfnisse der Toten.* Leipzig: Reclam Verlag.

(12)   Boris Jewsejew. *Ganz Ohr,* in: (13)

(13)   Boris Jewsejew (2004): *Der Sturzflug des Falken.* Wien: Verlagshaus Pereprava.

Marc Van de Velde

Gent

Wenn Genauigkeit nicht gleich Qualität ist.
Zur Übersetzung von Maßeinheiten in expressiven Texten

Einführung

In diesem Beitrag will ich mich mit der Frage befassen, wie Übersetzer beim Umsetzen von englischen Maßeinheiten in fiktiven Texten umgehen.

Ich will dabei versuchen, den Inhalt des von Peter A. Schmitt (1999:299) in diesem Zusammenhang eingeführten Begriffs der „zweckadäquaten (Un)Genauigkeit" genauer zu bestimmen.

Meinen Ausgangspunkt bilden dabei die niederländische, französische und deutsche Übersetzung von Richard Bachs Erzählung *Jonathan Livingston Seagull*. Die Textwahl ist dadurch bestimmt, dass der Autor, ein ehemaliger Pilot, die Flugversuche, die Jonathan Livingston Seagull und die anderen Möwen machen, detailliert und relativ „technisch", d. h. auch mit genauen Angaben über Fluggeschwindigkeiten und zurückgelegte Strecken beschreibt. Wieviel Bedeutung der Autor diesem Aspekt zumisst, mag hervorgehen aus inhaltlichen Bemerkungen wie: „The subject was speed, and in a week's practice he learned more about speed than the fastest gull alive" (Bach 1972a:172:15) und daraus, dass die relativ kurze Erzählung mehr als 50 solcher Angaben enthält.

Der Vergleich von Übersetzungen aus drei verschiedenen Sprachen ermöglicht es, zu untersuchen, inwieweit die Übersetzungsentscheidungen als sprachabhängig oder sprachunabhängig betrachtet werden können.

Den Hauptteil bildet die eingehende Beschreibung, wie die Übersetzer bei der Umsetzung von miles, feet und inches vorgehen.

Abschließend gehe ich auf die Frage ein, inwieweit die angewandten Vorgehensweisen als zweckmäßig betrachtet werden können und die Qualität der Übersetzung beeinflussen.

1 Die Übersetzung der Maßeinheiten

Es zeigt sich, dass die Übersetzer von *Jonathan Livingston Seagull* im Regelfall die englischen Einheiten in SI-Einheiten umsetzen, wie das übrigens als üblich für fiktive Texte betrachtet wird (Schmitt 1999:298). Ausnahmen bestätigen diese „Regel".

1. 1 Nicht-SI-Einheiten

1.1.1 Die ursprüngliche Einheit wird beibehalten

In der niederländischen und der deutschen Übersetzung wird bei *mile* einige Male die ursprüngliche Einheit übernommen. Die okkasionelle Wahl dieser

Übersetzungsmöglichkeit wird in diesen beiden Sprachen dadurch erleichtert, dass ein etymologisch verwandtes Wort, mijl bzw. Meile, zur Verfügung steht. Problematisch ist, dass nicht gesichert ist, dass der Leser diesen mehrdeutigen Begriff (vgl. z. B. Van Dale 2005:2157 fürs Niederländische oder Duden 2003:1066 fürs Deutsche) richtig interpretiert und sich also eine genaue Vorstellung von der beschriebenen Geschwindigkeit bzw. Entfernung macht.

Auffallend ist, dass die Übersetzer auf dieses Verfahren nur bei modifizierten Maßangaben zurückgreifen.

Zum einen geht es um Modifikationen wie *a single, a half (mile)*:

(1)	E	instantly they stood together <u>a half-mile</u> away (90)
	D	im selben Augenblick schwebten sie beide <u>eine halbe Meile</u> weit entfernt (74)
(2)	E	he twisted his wings, slowed to **a single mile** per hour above stall (46)
	N	hij draaide zijn vleugels en liet zijn snelheid teruglopen tot <u>een enkele mijl</u> boven zijn omtreksnelheid (46)

Die Entscheidung für die Übernahme der ursprünglichen Einheit in (1) dürfte dadurch erklärt werden, dass auf diese Weise Umrechnungsprobleme umgangen werden können, konkret, dass die deutsche Übersetzerin, die von einem Umrechnungsfaktor 1 *mile*: 1,6 Kilometer ausgeht (vgl. 1.2.1.2), die Verwendung einer Kommazahl vermeiden kann. Da der niederländische Übersetzer beim Umrechnen von einem Verhältnis 1:2 ausgeht, muss für den Gebrauch von *mijl* in (2) eine andere Erklärung gesucht werden. Hier dürfte der Grund für die Übernahme in der Schwierigkeit liegen, die Konzepte *a single* und *twee (kilometer)* adäquat miteinander zu verbinden.

Zum anderen geht es bei den Modifizierungen um das der Zahl ihre Präzision nehmende *a* in *a hundred / a thousand miles*:

| (3) | E | he learned to sleep in the air, setting a course at night across the offshore wind, covering <u>a hundred miles</u> from sunset to sunrise (36) |
| | N | hij leerde te slapen in de lucht, na 's nachts een koers te hebben uitgezet op de landwind, en zo <u>een paar honderd mijl</u> af te leggen van zonsondergang tot zonsopgang (36) |

| (4) | E | they're <u>a thousand miles</u> from heaven (62) |
| | N | ze zijn nog <u>duizenden mijlen</u> van de hemel af (63) |

Die (nur hier zu verzeichnende) Übersetzung von *a hundred* durch *een paar honderd* in (3) und *a thousand* durch *duizenden* in (4), die bei der Umrechnung in Meter erklärbar gewesen wäre, müsste wohl als Kontamination von *een paar honderd meter / duizenden meter* en *honderd/duizend mijl* erklärt und somit als Übersetzungsfehler betrachtet werden.

1.1.2 Der Übersetzer verwendet eine vergleichbare Nicht-SI-Einheit

Die deutsche Übersetzerin ersetzt *inch* einmal durch *Zoll*, eine veraltete deutsche Längeneinheit mit einer Größe von 2,3 bis 3 Zentimeter (vgl. Duden 2003:1862):

> (5)   E   <u>an inch</u> from his right wingtip flew the most brilliant white gull in the world (65)
>
>   D   <u>kaum einen Zoll</u> entfernt von ihm segelte wie schwerelos und oh ne eine einzige Feder zu rühren die reinste, strahlendste Möwe der Welt (54)

Um zu betonen, dass es sich um eine geringe Entfernung handelt, fügt sie verdeutlichend noch ein *kaum* hinzu.

Der französische Übersetzer verwendet einmal für die *mile* die französische Bezeichnung *lieu(e)* im Ausdruck *à mille lieux* (eigentlich *lieues*):

> (6)   E   they're <u>a thousand miles</u> from heaven (62)
>
>   F   ils sont <u>à mille lieux</u> du Paradis (58)

Wie beim niederländischen *mijl* in (2) – (3) stellt sich auch hier die Frage, ob dem deutschen bzw. französischen Leser diese Maßeinheiten geläufig sind und ob sie sich also eine mehr oder weniger genaue Vorstellung von der Entfernung machen können, wie sie im Original beschrieben ist.

Problematisch ist bei *lieue* überdies, dass die kürzeste Variante dieser Maßeinheit etwa 4 Kilometer beträgt (vgl. Le Nouveau Petit Robert 2006:1456), was bedeutet, dass sie nicht annähernd mit der *mile* (1,6 km) übereinstimmt. Aber andererseits wird der Ausdruck *à mille lieues/lieux* auch in übertragener Bedeutung verwendet, um eine große Entfernung zu bezeichnen, und in diesem Sinne ist die Übersetzung vergleichbar mit den unter 1.3 beschriebenen situationellen Umschreibungen.

1.2 SI-Einheiten

In den drei untersuchten Übersetzungen findet sich kein einziger Fall mit einer Übersetzung einer Maßangabe aufgrund der – häufig eine Kommazahl ergebenden – genormten Umrechnungswerte. In den meisten Fällen bilden die üblichen Umrechnungswerte zwar die Grundlage, das Ergebnis wird aber abgerundet. Ab und zu scheinen aber auch andere (falsche) Umrechnungswerte zugrundegelegt worden zu sein.

Da die Übersetzer durch a modifizierte Maßzahlen (a hundred, a thousand...) oft nicht anders umrechnen als nichtmodifizierte, gehe ich auf diesen Aspekt nicht systematisch ein.

1.2.1 Abrundungen

Die Standardlösung ist die, dass der Übersetzer auf eine volle Zahl abrundet. Diese Abrundung kann aber auf verschiedenen Ebenen stattfinden.

1.2.1.1 Abrundung des Ergebnisses der Umrechnung

Für diese präziseste Form der Abrundung bietet die französische Übersetzung zwei Beispiele.

Im einem Fall liegt der Grund in der Modifizierung der Maßzahl: wenn er in der Übersetzung für *a half-mile* eine volle Zahl verwenden will, bleibt dem Übersetzer keine andere Wahl als die Abrundung auf *un kilomètre*:

    (7)   E   instantly they stood together a half-mile away (90)

            F   instantanément, ils réapparurent ensemble à un kilomètre de là (84)

Warum er im anderen Fall vom genormten Umrechnungswert für den *inch* (42x 0,0254 = 106,86 cm) ausgeht, ist unklar:

    (8)   E   inside a limited body that had a forty-two-inch wingspan (58)

            F   pris au piège d'un corps limité par les trois dimensions, ayant une envergure d'un mètre sept centimètres (55)

1.2.1.2 Abrundung des Umrechnungswertes

Ganz üblich ist es, nicht von genauen, sondern von annähernden Werten der Maßeinheiten (vgl. die Liste mit „häufig benötigte(n) grobe(n) Umrechnungsfaktoren zum Kopfrechnen" im *Handbuch Translation* (Snell Hornby et al. 1999:415-16)) auszugehen.

Beim *foot*, wo üblicherweise auf 0,3 Meter abgerundet wird, ist es in den drei untersuchten Übersetzungen das üblichste Verfahren. Es ist in den konkreten Kontexten darüber hinaus unproblematisch, weil die Umrechnung immer eine volle (und meistens auch noch eine runde) Zahl ergibt:

    (9)   E   without warning, Chiang vanished and appeared at water's edge fifty feet away (55)

            N   en zonder waarschuwing verdween Tsjang en op precies hetzelfde moment stond hij vijftien meter verder (58)

    (10)   E   ... for a dive from eight thousand feet (27)

           N   ... voor een duikvlucht vanaf vierentwintighonderd meter hoogte (27)

           F   ... pour repartir en piqué d'une hauteur de deux mille quatre cents mètres (25)

           D   ... zum Sturzflug aus zweitausendvierhundert Metern ... (21)

    (11)   E   there in the night, a hundred feet in the air (24)

           N   en daar in het donker, op dertig meter hoogte (25)

           F   et soudain, la, dans la nuit, à trente mètres de la surface des flots (21)

           D   doch die Möwe Jonathan, die in dreißig Meter Höhe durch die Nacht flog... (17)

Bei der *mile* und dem *inch* ist die Umrechnung etwas komplizierter.

Beim *inch* ergibt die Abrundung auf 2,5 Zentimeter bei ungeraden Zahlen eine – unerwünschte – Kommazahl, was dazu führt, dass insbesondere der französische Übersetzer eine etwas gröbere Abrundung bevorzugt, dabei aber zwischen 2 und 3 Zentimetern schwankt:

(12)   E   <u>an inch</u> from his right wingtip flew the most brilliant white gull in the world (65)

        F   à <u>deux centimètres</u> de son bout de plan droit volait le plus étince lant de tous le goélands blancs du monde (66)

(13)   E   their wingtips moving <u>a precise and constant inch</u> from his own (46)

        F   leurs rémiges ramant avec précision et régularité à <u>trois centimètres</u> des siennes (35)

Für die *mile* wird üblicherweise von einem Verhältnis 1 *mile* : 1,6 Kilometer ausgegangen (vgl. Snell Hornby et al. 1999:415). Nur die deutsche Übersetzerin gebraucht diesen Faktor gelegentlich in Fällen, in denen das Umrechnungsergebnis eine runde Zahl ergibt:

(14)   E   covering <u>a hundred miles</u> from sunset to sunrise (36)

        D   so vermochte er zwischen Sonnenuntergang und Sonnenaufgang <u>hundertsechzig Kilometer</u> zurückzulegen (30)

(15)   E   at <u>two hundred fifty miles</u> per hour he felt that he was nearing his level-flight maximum (51)

        D   bei <u>vierhundert Stundenkilometern</u> spürte er, daß er sich seiner Höchstgeschwindigkeit im Horizontalflug näherte (45)

Der französische Übersetzer rundet (weil das das Kopfrechnen erleichtert?) auf 1,5 Kilometer ab, der niederländische (möglicherweise aufgrund einer Verwechslung mit der nautischen Meile von 1,852 Metern) auf 2 Kilometer.

Berücksichtigen wir diese Unterschiede weiter nicht, dann können wir feststellen, dass der niederländische und der französische Übersetzer regelmäßig von dieser Art von Abrundungen Gebrauch machen:

(16)   E   <u>seventy miles</u> per hour, <u>ninety</u>, <u>a hundred and twenty</u> and faster still (25)

        F   <u>cinq</u>, <u>cent-quarante cinq</u>, <u>cent quatre-vingt kilomètres</u> à l'heure (24)

(17)   E   a seagull <u>*at two hundred fourteen miles per hour*</u>! (26)

        N   een zeemeeuw met <u>vierhonderdachtentwintig kilometer</u> per uur! (27)

(18)   E   covering <u>a hundred miles</u> from sunset to sunrise (36)

        F   … et pouvait, entre le crépuscule et l' aube, parcourir <u>quelque</u>
               <u>cent cinquante kilomètres</u> (34)

Nicht vom Original aus motivierte Modifikationen finden sich mitunter in der
niederländischen Übersetzung:

(19)   E   in just six seconds he was moving <u>seventy miles</u> per hour (15)

        N   in amper zes seconden vloog hij <u>meer dan honderdveertig</u>
               <u>kilometer</u> per uur (20)

(20)   E   to flap up to <u>fifty</u> (20)

        N   ze bewegen tot <u>een honderd kilometer</u> per uur (20)

1.2.1.3 Doppelte Abrundung

Nicht selten rundet der Übersetzer auch noch das Ergebnis der Berechnung aufgrund des von ihm gewählten vereinfachten Umrechnungsfaktors (siehe 1.2.1.2)
ab.

Dieses Ergebnis ist fast immer eine (mehr oder weniger nahe) runde Zahl (Zeh-
ner, Hunderter, Tausender):

(21)   E   as loud as he could scream it, from <u>five hundred feet</u> up (83)

        N   zo hard hij kon schreeuwde hij het uit, van <u>tweehonderd meter</u>
               hoogte af (83)

        F   par le cri qu'il poussa à <u>deux cents mètres</u> de hauteur (76)

(22)   E   at <u>two hundred seventy-three</u> he thought he was flying as fast as
               he could fly (51)

        N   toen hij de <u>vijfhonderdvijftig</u> haalde, dacht hij dat dit de grootste
               snelheid was die hij kon halen (51)

        F   <u>à quatre cents</u>, il estima qu'il était impossible d'aller plus vite
               (47)

        D   <u>bei vierhundertfünfzig</u> hatte er das äußerste erreicht und war fast
               etwas enttäuscht (45)

(23)   E   <u>seventy miles</u> per hour, <u>ninety, (a hundred and twenty</u> and faster
               still) (25)

        D   <u>hundert Kilometer</u> Stundengeschwindigkeit, <u>hundertfünfzig,</u>
               (<u>hundertneunzig</u> und noch mehr) (20)

(24)   E   in just six seconds he was moving <u>seventy miles</u> per hour (15)

        F   en moins de sept secondes il atteignait les <u>cent dix kilomètres</u> à
               l'heure (15)

(25)   E   <u>a hundred forty miles</u> per hour! And under control (25)

F   deux cents kilomètres à l'heure! Et tout bien contrôlé! (24)

D   zweihundert Kilometer in der Stunde in voller Flugbeherrschung!
         (20)

(26)   E   ticking of at two hundred twelve miles per hour, eyes closed (26)

        F   Jonathan Livingston le Goéland fonça, les yeux fermés, à la vi
                 tesse de trois cent quatre-vingts kilomètres à l'heure (25)

(27)   E   a seagull at *two hundred fourteen miles per hour*! (26)

        F .   un goéland volant à trois cent soixante kilomètres à l'heure! (25)

Modifizierungen wie *plus de* bzw. *bijna* heben die Abrundung auf eine niedrige-
re bzw. höhere runde Zahl in gewissem Sinne wieder auf:

(28)   E   likewise Charles-Roland Gull flew the Great Wind to twenty-four
                 thousand feet (79)

        F   Charles-Roland le Goéland se fit porter par les ondes du grand
                 vent de la montagne à plus de sept mille mètres d'altitude (75)

(29)   E   they came across the Flock's Council Beach at a hundred thirty-
                 five miles per hour (77)

        N   ze vlogen over het Vergaderstrand van de Vlucht met bijna
                 driehonderd per uur (78)

Obwohl weitere Detailkritik zu einzelnen Umrechnungen möglich wäre, be-
schränke ich mich auf eine allgemeine Bemerkung über die Konsistenz der Ab-
rundungsergebnisse. Aufgrund des Vergleichs dieser Ergebnisse lassen sich in
den drei Übersetzungen zahlreiche Inkonsequenzen feststellen, sowohl relativ,
wenn man also verschiedene Maßzahlen miteinander vergleicht, als auch absolut, bei verschiedenen Vorkommen derselben Maßzahl. Vgl. z. B. die französische Umrechnung für 212-214 *miles* in (25)-(26) oder für 70 miles in (16) und
(24).

Diese Feststellungen legen den Schluss nahe, dass die Übersetzer sich zwar auf
einen Umrechnungsfaktor festlegen, bei der Abrundung aber keine deutliche
Strategie anwenden, sondern von Fall zu Fall und mit schwankender Genauigkeit entscheiden.

1.2.1.3

Einen ähnlichen Effekt wie die Abrundung/Modifikation erzielt der Übersetzer
durch die Verwendung einer nicht präzisen Maßzahl wie *trentaine/tiental* in:

(30)   E   a hundred feet in the sky he lowered his webbed feet (13)

        N   op enkele tientallen meters hoogte liet hij zijn poten met de
                 zwemvliezen wat zakken (13)

        F   à une trentaine de mètres d'altitude, il abaissait ses pattes palmées
                 (11)

1.2.2 Anderer Umrechnungsfaktor / andere SI-Einheit

Beim *inch* und bei der *mile* setzen die Übersetzer einige Male „einfach" eine SI-Einheit ein, ohne aber die Maßzahl umzurechnen.

Für den *inch* dürfte der Grund dafür, ihn durch eine im SI-System relativ vergleichbare Einheit, den Zentimeter zu ersetzen (vgl. „DPI"), im ebenfalls geringen Umfang dieser Maßeinheit liegen:

(31) E an inch from his right wingtip few the most brilliant white gull in
          the world (65)

      N op een centimeter afstand van zijn rechtervleugel vloog de
         mooiste en witste meeuw die hij ooit gezien had (65)

Handelt es sich überdies um eine modifizierte oder unpräzise Maßangabe, dann wird eine Umrechnung faktisch unmöglich, und es bleibt dem Übersetzer, wenn er eine volle Maßzahl verwenden will, kaum eine andere Möglichkeit übrig als auf den mehr oder weniger äquivalenten Zentimeter (oder auf die noch kleinere Einheit Millimeter) umzuschalten (und eventuell noch eine Modifikation hinzuzufügen):

(32) E a long grey streak firing a few inches above the beach (84)

      F et il passait, comme un long éclair gris, à quelques centimètres
         au-dessus de la plage (82)

      D …schoß ein paar Zentimeter über dem Sand waagrecht dahin (73)

(33) E a single wingtip feather, he found, moved a fraction of an inch,
         gives a smooth sweeping curve at tremendous speed (27)

      N door één enkele slagpen een fractie van een centimeter te
         bewegen kon hij met een geweldige snelheid toch een prachtige
         soepele bocht maken, vond hij (27)

      F une seule rémige, découvrit-il, déplacée d'une fraction de centi
         mètre lors d'un vol à très grande vitesse, permettait un virage
         souple et majestueux (26)

      D verstellte er nur eine einzige Feder an der Flügelspitze um wenige
         Millimeter, so erreichte er auch bei großen Geschwindigkeiten
         eine weiche, fließende Kurve (22)

Die *mile* wird in der niederländischen und deutschen Übersetzung etliche Male durch den Kilometer ersetzt:

(34) E and that isn't flying a thousand miles an hour, or a million, or
         flying at the speed of light (55)

      N en dat is niet (tweeduizend per uur,) of een miljoen, of zo snel als
         het licht (58)

      D und das bedeutet nicht, daß du in der Stunde tausend (oder hun
         derttausend) Kilometer zurücklegen kannst. Selbst wenn du mit
         der Geschwindigkeit des Lichts fliegen würdest (49)

Der niederländische Übersetzer ersetzt die *mile* durch Kilometer bei *a million*, der deutsche bei *a thousand*. Bei der anderen Maßangabe gehen sie unterschiedlich vor: Der niederländische Übersetzer geht, wie üblich (vgl. 1.2.1.2), vom Umrechnungsfaktor 2 aus und macht aus *a thousand miles* zweihundert Kilometer, der deutsche seinerseits macht aus *a million miles* hunderttausend Kilometer. Hieraus wird deutlich, dass die beiden Übersetzer die *million* nicht buchstäblich, sondern eher symbolisch für eine sehr große Entfernung interpretieren, wobei der „mathematische" Unterschied zwischen Übersetzung und Original in den Hintergrund tritt. Dass es der deutschen Übersetzerin nicht sehr auf Genauigkeit ankommt, zeigt übrigens auch die Gleichsetzung von *a thousand miles* mit 1000 Kilometern.

Anders gelagert ist (35) mit der sehr genauen Geschwindigkeitsangabe im Original:

(35) E he was flying now straight down, at two hundred fourteen miles per hour (25)

        D er flog jetzt abwärts mit über zweihundert Kilometern pro Stunde (21)

Die Gleichsetzung (wenn auch mit Modifikationen) von *mile* und Kilometer bedeutet eine Halbierung der (im Original absolut beeindruckenden!) Geschwindigkeit und ist definitiv ein Fehler.

1.2.3 Abrundungen mit Umrechnungsfehler

Wohl am einfachsten als Flüchtigkeitsfehler sind den Abrundungen zugrundeliegende falsche Umrechnungen zu bezeichnen in:

(36) E inside a limited body that had a forty-two-inch wingspan (58)

        N In een beperkt lichaam, dat een vlucht had van zestig centimeter (59)

(37) E he was still scorching along at a hundred and sixty miles per hour (26)

        F et il montait encore à cent quarante kilomètres à l'heure (25)

1.3 Situationelle Umschreibungen

Eine drastischere Verschiebung als die Abrundung ist die Ersetzung der Maßangabe durch einen situationellen Ausdruck mit Elementen wie *Abstand, Entfernung, Höhe, hoch*, die aus dem Ko- oder Kontext heraus interpretiert werden müssen.

In einem Fall wird nicht nur in der deutschen, sondern auch in der französischen Übersetzung auf eine solche Umschreibung zurückgegriffen für die Übersetzung der modifizierten Maßangabe *a single mile*:

(38) E he twisted his wings, slowed to a single mile per hour above stall (46)

        F il cambra ses ailes, ralentissant jusqu'à la limite de la perte de vitesse (35)

D er drehte die Flügel und verlangsamte seinen Flug <u>fast bis zum Stillstand</u> (31)

Der Grund kann in der Schwierigkeit gesucht werden, gleichzeitig *mile* durch Kilometer zu ersetzen und ein passendes Äquivalent für die Modifikation *single* zu finden. (Vgl. auch (2) für eine andere Lösung des Problems in der niederländischen Übersetzung.)

Alle übrigen Fälle stammen aus der deutschen Übersetzung.

In ganz seltenen Fällen sind im direkt Vorangehenden genügend Informationen enthalten und kann die situationelle Umschreibung als synonym zu der Maßangabe betrachtet werden:

> (39) E (in just six seconds he was moving seventy miles per hour...) and all ten times, as he passed through <u>seventy miles</u> per hour, he burst into a churning mass of feathers... (20)
>
>   D (schon nach sechs Sekunden schoß er mit einer Geschwindigkeit von mehr als hundert Stundenkilometern abwärts...) und jedesmal zerflatterte er <u>bei der hohen Geschwindigkeit</u> (16)

Deshalb ist der Effekt hier als minimal zu betrachten. Das ist aber der Ausnahmefall. Meist ist es dem Leser überlassen, die Umschreibung selber zu interpretieren.

> (40) E the Flock was roused from sleep by his cry, as loud as he could scream it, from <u>five hundred feet</u> up (83)
>
>   D sein Jubel riß den Schwarm aus dem Schlaf. <u>Aus großer Höhe</u> er klang sein machtvoller Schrei (72)

> (41) E they came across the Flock's Council Beach at <u>a hundred thirty-five miles</u> per hour (77)
>
>   D <u>pfeilschnell</u> überflogen sie den Versammlungsplatz des Schwarms (67)

> (42) E and dropped in a dive to <u>a hundred ninety miles</u> per hour (46)
>
>   D ... und ließ sich in einen <u>rasenden</u> Sturzflug fallen (31)

Gewiss ist eine richtige Interpretation der einzelnen Umschreibungen nicht immer ausgeschlossen; aber auch hier stellt sich die Frage, ob vergleichsweise eine Umschreibung von 135 *miles* in (41) als *pfeilschnell* und im Vergleich eine von 190 als *rasend* in (42) angemessen genannt werden kann.

Jedenfalls wird der Charakter des Textes durch die Frequenz der Eingriffe geändert, wie sich ganz deutlich zeigt im folgenden Fragment mit gehäuften situationell umschriebenen Maßangaben:

> (43) E it happened that morning, then, just after sunrise, that Jonathan Livingston Seagull fired directly through the centre of Breakfast Flock, ticking off <u>two hundred twelve miles</u> per hour, eyes closed, in a great roaring shriek of wind and feathers ...By the time he had pulled his beak straight up into the sky he was still

scorching along at a hundred and sixty miles per hour. When he
had slowed to twenty... (26)

D   und so geschah es, daß die Möwe Jonathan an jenem Morgen,
       kurz nach Sonnenuntergang, im rasenden Sturzflug wie ein Schuß
       durch das Zentrum des Möwenschwarms knallte, ein schreckli-
       ches kreischendes Bündel aus Luftwirbeln und Federn...Als er
       den Schnabel wieder hochgereckt hielt, flitzte er immer noch
       pfeilschnell dahin,) und als er endlich die Geschwindigkeit genü-
       gend verlangsamt hatte... (21)

Und ohne weiteres als inkorrekt ist die Übersetzung in (44) zu betrachten, wo
fifty feet away und *weit entfernt* wohl keineswegs als gleichbedeutend betrachtet
werden können.

(44)   E   without warning, Chiang vanished and appeared at water's edge
              fifty feet away (55)

       D   ... und tauchte im gleichen Augenblick weit entfernt an der Küste
              auf (49)

1.4 Auslassung

Noch einen Schritt weiter als bei der situationellen Umschreibung geht die
deutsche Übersetzerin, wenn sie die Maßangabe einfach auslässt. Dass die Beschreibung dadurch an Präzision verliert, ist wohl klar.

(45)   E   flashing one hundred and fifty miles per hour past his instructor
              (75)

       D   er schoß an seinem Lehrer vorbei (65)

(46)   E   the wing strain now at hundred and forty miles per hour wasn't
              nearly as hard as it had been before at seventy (25)

       D   der Anprall des Flugwindes auf die Flügel war nicht annähernd so
              stark wie vorher (20)

3 Zusammenfassung und Bewertung

In den untersuchten Übersetzungen zeigt sich eine große Variation in der Wiedergabe der englischen Maßeinheiten, von der Übernahme der ursprünglichen
Maßeinheit zur völligen Auslassung. Die von Schmitt beschriebene „zweckmä-
ßige (Un)genauigkeit" tritt also auf jeden Fall in viel mehr Erscheinungsformen
auf als in den in seinen Beispielen vorkommenden Abrundungen.

Die Variation findet sich bei den drei untersuchten Maßeinheiten *mile, foot* und
inch, sei es dass die Problematik aufgrund der zugrundeliegenden Umrechnungsfaktoren zum Teil unterschiedlich ist und weitere Modifizierung der Maßzahl die Wahl des Umsetzungsverfahrens mit beeinflussen kann. Sie ist auch,
wiederum mit Unterschieden, sowohl innerhalb der jeweiligen Übersetzungen
festzustellen als zwischen ihnen. Das heißt also einerseits, dass alle drei Übersetzer nicht eine, sondern unterschiedliche Übersetzungsverfahren anwenden,
andererseits, dass die am meisten gebrauchten Verfahren in den drei Überset-

zungen vorkommen und also global als sprachunabhängig bezeichnet werden können.

Neben der Variation lassen sich zwischen den Übersetzungen aber auch – wichtige – Gemeinsamkeiten feststellen.

Zunächst gilt Schmitts Feststellung, dass in fiktiven Texten normalerweise eher umgerechnet wird (1999:298), auch für die untersuchten Übersetzungen. Und weiter konkretisiert sich die Ungenauigkeit bevorzugt in Abrundungen, insbesondere im Gebrauch runder Zahlen.

Trotz dieser Gemeinsamkeiten zeigt sich aber auch ein großer Unterschied zwischen der niederländischen und französischen Übersetzung einerseits und der deutschen andererseits, in dem Sinne, dass die deutsche Übersetzerin anders als ihre Kollegen einen nicht unbedeutenden Teil der Maßangaben durch situationelle Umschreibungen oder einfach nicht übersetzt.

Hierin zeigen sich deutlich unterschiedliche Auffassungen darüber, „welche Komponenten des Ausgangstexts bei der Übersetzung zu bewahren sind" (Albrecht 1998:265), hier also konkret, welchen Stellenwert die Maßangaben im Text haben, allgemeiner aber auch – wie jedes beliebige Fragment gleich zeigt – darüber, wie viel Freiheit sich ein Übersetzer erlauben kann.

Wenn unterschiedliche Ausgangspunkte für möglich gehalten werden, dann heißt das auch, dass es keine absolute Beurteilung der Adäquatheit der festgestellten Ungenauigkeit geben kann, dass, wie Albrechts Unterscheidung von Funktionsadäquatheit und Zweckadäquatheit (1998:265) zeigt, letztendlich sogar andere Adäquatheitsbegriffe im Spiel sein können.

Aus den häufigen Auslassungen und situationellen Umschreibungen in ihrer Übersetzung kann geschlossen werden, dass die Maßangaben für die deutsche Übersetzerin, die nicht nur als Übersetzerin, sondern auch als Schriftstellerin tätig war, (vgl. „Jeannie Ebner") relativ unbedeutend sind und sie ihren Text damit nicht ‚überfrachten' will.

Aber auch vor diesem Hintergrund bleibt zu fragen, nach welchen Kriterien sie jeweils entscheidet, eine Maßangabe (ungenau) umgerechnet, situationell umschrieben oder überhaupt nicht in die Übersetzung zu übernehmen. Eine Systematik ist nicht zu erkennen, so dass die deutsche Übersetzung in puncto Maßangaben als nicht gerade konsistent betrachtet werden muss.

Der niederländische und der französische Übersetzer messen der Beibehaltung der Maßangaben deutlich mehr Wert bei und schließen sich also stärker dem Original und, wie schon in der Einführung angedeutet, auch wohl Bachs Intentionen an.

Aufgrund der angestrebten Invarianz kann ihre Übersetzung also global als funktionsäquivalenter bezeichnet werden. Dass bedeutet aber noch nicht, dass alle beschriebenen Übersetzungsverfahren als gleich ‚zweckäquivalent' betrachtet werden können.

Dass Auslassungen und situationelle Umschreibungen in eine stärker invarianz-
orientierte Auffassung nicht gerade passen, liegt auf der Hand. Generell auszuschließen sind sie aber auch nicht. So kann eine situationelle Umschreibung im
Einzelfall nicht nur auf der Mikro-Ebene des Textfragments dem Adäquatheits-
kriterium entsprechen, z. B. wenn der Kontext genügend Informationen für ihre
Interpretation enthält oder wenn eine Modifizierung der Maßangabe ihr ihre genaue Bedeutung nimmt und also eine Umrechnung erschwert oder sogar unmöglich macht (vgl. (38) oder (39)). Die gehäufte Anwendung dieses Verfahrens
wie in (43) dagegen führt dazu, dass sich der Charakter des Textes ändert und
die so entstehende Ungenauigkeit kann auf der Makro- oder Textebene nicht
mehr als adäquat betrachtet werden. Dass das bei einfacher Auslassung noch
stärker der Fall ist, liegt auf der Hand.

Aus dem Fehlen von Auslassungen und dem äußerst seltenen Vorkommen von
situationellen Umschreibungen in ihren Übersetzungen kann geschlossen werden, dass auch der niederländische und der französische Übersetzer diese Verfahren global als nicht adäquat betrachten.

Die okkasionelle Beibehaltung der Nicht-SI-Einheit oder einer vergleichbaren
SI-Einheit durchbricht, wenn sie auch den Leser auf der Mikro-Ebene kaum stören dürfte, auf der Makro-Ebene die Einheit des Textes. Hier besteht, wie in
1.1.1 und 1.1.2 gezeigt wurde, überdies die Gefahr, dass für den Leser Interpre-
tationsprobleme entstehen können. Dass keiner der Übersetzer von diesem
Übersetzungsverfahren häufig Gebrauch macht, ist aus dieser Sicht leicht verständlich.

Bei Abrundungen ist es schwer, ein allgemeines Urteil zu fällen. Tatsache ist,
dass in fiktiven Texten im Allgemeinen extreme Genauigkeit nicht angestrebt
wird, was sich darin zeigt, dass die Verwendung von Kommazahlen insgesamt
vermieden wird und dass, was auch bei Bach der Fall ist, oft runde Zahlen bevorzugt werden. Die Abweichung von dieser allgemeinen Tendenz, wie sie im
Original hin und wieder zu beobachten ist, muss dann wohl als bewusst gekennzeichnet werden.

So gesehen können Abrundungen als ein geeignetes Verfahren betrachtet werden und dürfte es an sich eher unwichtig sein, ob wie in (16) bzw. (24) 70 miles
zu 105 oder zu 110 Kilometern umgerechnet werden. Und die Neigung, noch
stärker als im Original runde Zahlen zu gebrauchen, mag als eine besondere
Form der Nivellierung oder Generalisierung gelten, wie sie allgemein für Übersetzungen typisch zu sein scheint.

Wichtig dagegen bleibt, dass der Übersetzer insbesondere bei genauen Zahlen
die Intention des Autors berücksichtigt; und auf jeden Fall sollten immer die
Verhältnisse zwischen den Zahlen stimmen. Wenn sich durch inkonsequente
Umrechnungen und/oder Abrundungen eine wenn auch geringe Verringerung
der Geschwindigkeit in eine Erhöhung ändert (vgl. (26) – (27)), kann dies gegen
die Logik des Textes verstoßen und ein Textfragment im Extremfall sogar un-

verständlich werden. In diesem Punkt geht der niederländische Übersetzer etwas bewusster und präziser mit dem Original um als der französische.

Zusammenfassend: Die Beurteilung der „zweckadäquaten (Un)genauigkeit" hängt mit allgemeinen Auffassungen über die Anforderungen zusammen, die an Übersetzungen gestellt werden. Wenn auch absolute Konsequenz in der Anwendung der gewählten Ausgangspunkte unmöglich sein dürfte, so kann eine Übersetzung doch danach beurteilt werden, wie bewusst und wie präzise der Übersetzer auch mit kleineren Elementen des Ausgangstextes wie Maßangaben umgeht und wie konsequent er dabei vorgeht. In dem Sinne kann der niederländischen und der (etwas weniger präzisen) französischen Übersetzung, im Vergleich zur deutschen, ein deutlich höheres Maß an bewusstem Umgang mit dem untersuchten Phänomen und an Konsistenz, und also auch an Qualität zugeschrieben werden.

Bibliographie

Albrecht, Jörn (1998): *Literarische Übersetzung. Geschichte, Theorie, kulturelle Wirkung.* Darmstadt: Wissenschaftliche Buchgesellschaft.

Bach, R. / Munson, R. (1970a): *Jonathan Livingston Seagull.* London: Turnstone Press.

Bach, R. / Munson, R. (1970b): *Die Möwe Jonathan.* Ins Deutsche übertragen von Jeannie Ebner. Berlin/Frankfurt/München/Wien: Ullstein.

Bach, R. / Munson, R. (1972): *Jonathan Livingston Seagull.* Geautoriseerde Nederlandse vertaling door Lennaert Nijgh. Naarden: Strengholt.

Bach, R. / Munson, R. (1973): *Jonathan Livingston le goéland.* Traduit de l' Américain par Pierre Clostermann. Flammarion.

„DPI." http://www.fotocommunity.de/info/DPI.

Duden 2003: *Duden Deutsches Universalwörterbuch.* Mannheim/Leipzig/Wien/Zürich: Dudenverlag 2003[5.]

„Jeannie Ebner." http://de.wikipedia.org/wiki/Jeannie_Ebner.

Petit Robert (2006): *Le Nouveau Petit Robert.* Paris : Dictionnaires Le Robert 2006.

Schmitt, Peter A. (1999): „Maßeinheiten." Schnell-Hornby et al. (1999[2]): 298-300.

Schnell-Hornby, M. et al. (Hrsg.) (1999[2]): *Handbuch Translation.* Tübingen: Stauffenburg Verlag.

Van Dale 2005: *Van Dale Groot Woordenboek van de Nederlandse Taal.* Utrecht/Antwerpen: Van Dale Lexicografie 2005[14].

Gabriele Vollmar
Reutlingen
**Damit die Qualität nicht in der Übersetzungsflut untergeht.
Ein Modell für eine pragmatische Qualitätssicherung
bei Übersetzungsprojekten**

[1]Das Informationszeitalter, in dem wir leben, ist auch das Zeitalter der Globalisierung und damit der Übersetzung. Dies beschert der Übersetzungsbranche, vor allem bei den technischen Übersetzungen, bereits seit einigen Jahren ein rasantes Wachstum, dessen Geschwindigkeit aller Voraussicht nach in den nächsten Jahren noch zunehmen wird. Die technische Dokumentation und deren Übersetzung in die Sprachen der Weltmärkte ist Bestandteil des Kerngeschäftes von Industrieunternehmen geworden; Produkt und Begleitdokumentation in der jeweiligen Landessprache müssen zeitgleich auf den Markt oder vielmehr die verschiedenen nationalen Märkte kommen – und dies bei immer kürzer werdenden Entwicklungszyklen neuer Produkte. Damit wächst der Druck, eine immer größere Menge an Text zeitsparend und kosteneffizient zu übersetzen. Dies geht nur zu oft auf Kosten der Übersetzungsqualität: Für eine gründliche Prüfung fehlen in der engen Projektplanung sowohl Zeit als auch Geld. Doch die Entscheidung „Qualität oder Termintreue" muss kein Dilemma sein. Einen möglichen Ausweg stellt das im Folgenden vorgestellte Modell einer pragmatischen Qualitätssicherung dar, wie es seit Anfang 1999 bei der transline Deutschland Dr. Ing. Sturz GmbH getestet wird.

1 Das Szenario

Die pragmatische Qualitätssicherung (im Folgenden: PQS) wird ausschließlich bei Übersetzungsprojekten angewandt, bei denen Übersetzungen inklusive eines Komplettlektorats von anderen vertrauenswürdigen und evaluierten Übersetzungsbüros als Unterauftragnehmer eingekauft werden.

PQS wird nicht angewandt bei Übersetzungen von:

- einzelnen Freelancern
- neuen und noch nicht evaluierten Übersetzungsbüros

Die Berechnung der Evaluierung erfolgt automatisch mittels einer Datenbank auf „Lotus Notes"-Plattform. Dieser wiederum liegt ein Excel-Spreadsheet zugrunde, mit dessen Hilfe die beschriebenen Operationen ebenso durchgeführt werden können. Vorteil der Datenbank-Lösung ist lediglich, dass ein automatischer Export der Evaluierungs-Ergebnisse in die Übersetzer-Datenbank möglich ist. Näheres dazu im Folgenden.

---

[1] Dieser Beitrag ist eine punktuell aktualisierte Fassung eines Vortrags auf der TQ2000, Internationale Fachtagung Translationsqualität, in Leipzig 28./29.10.1999.

2 Eine zweistufige Qualitätsprüfung

Die PQS erfolgt in zwei Stufen: Zuerst wird vom verantwortlichen Projektmanager ein formaler Qualitätscheck durchgeführt. Der Prüfer muss hierzu weder in der Ausgangs- noch in der Zielsprache über Sprachkenntnisse verfügen.

Besteht die Übersetzung den formalen Qualitätscheck, folgt der eigentliche sprachliche Qualitätscheck durch einen qualifizierten Revisor. Diese Revision kann sowohl durch einen internen als auch durch einen externen Revisor im jeweiligen Zielland stattfinden.

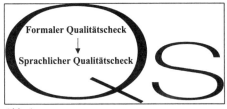

Abb. 1

3 Der formale Qualitätscheck

Der formale Qualitätscheck findet unmittelbar bei Eingang der Übersetzung statt. Der für das Übersetzungsprojekt verantwortliche Projektmanager prüft die „Lieferung" auf

- Vollständigkeit (z. B.: Wurden auch Kopf- und Fußzeilen übersetzt?)
- Formatierung (z. B.: Wurde das Kundenlayout korrekt überschrieben?)

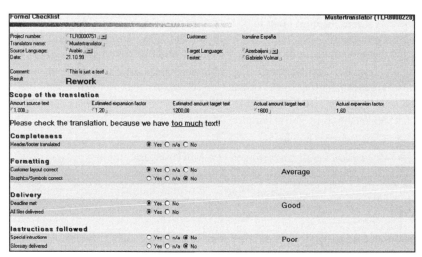

Abb. 2

Außerdem werden Aussagen zur Lieferzuverlässigkeit des ausführenden Büros sowie zu dessen Zuverlässigkeit beim Befolgen besonderer Anweisungen, wie z. B. Beachten vorgegebener Textlängen, gemacht.

In jeder dieser Kategorien erhält das Übersetzungsbüro eine Bewertung, die von „Good" über „Average" bis „Poor" gehen kann, je nachdem wie viele der Anforderungen mit „Nein" beantwortet wurden (s. Abb. 2). Diese Bewertungen werden vom zugrunde liegenden Programm automatisch berechnet. Fällt eine dieser Bewertungen „Poor" aus, ist das Gesamtergebnis des formalen Qualitätschecks ein „Rework". Dies bedeutet im Normalfall, dass die gesamte Übersetzung sofort mit der Bitte um Nachbesserung an das Übersetzungsbüro zurückgeht. Die Spielräume im Rahmen eines Übersetzungsprojektes sind zumeist zu eng, um minderwertige Qualität um den Preis eigener aufwendiger Nacharbeiten zu akzeptieren!

Der Prüfer gibt außerdem den Umfang des Ausgangstextes in Wörtern sowie die bei der Sprachkombination zu erwartende Expansion an. Das Programm errechnet dann den zu erwartenden Umfang des Zieltextes. Der Prüfer gibt den tatsächlichen Umfang des Zieltextes ein, und das Programm errechnet die tatsächliche Expansion der vorliegenden Übersetzung. Über- oder unterschreitet die konkrete Expansion die theoretisch zu erwartende um mehr als 30 %, ergeht eine entsprechende Warnung an den Prüfer. Da beim Übersetzen häufig die Datei des Ausgangstexts überschrieben wird, kann eine hohe ZT-Expansion ein Indiz dafür sein, dass versehentlich AT-Passagen im ZT stehen geblieben sind. Eine hohe Expansion kann natürlich auch das Resultat prohibitiv weitschweifiger ZT-Formulierungen sein. Eine Unterschreitung der erwarteten ZT-Länge kann ein Indiz dafür sein, dass Textpassagen versehentlich nicht übersetzt wurden.

Diese Warnung bedingt nicht unbedingt ein Überarbeiten durch das beauftragte Übersetzungsbüro, aber beim Bemessen des Umfangs der sprachlichen Prüfung sollte diese Warnung berücksichtigt werden (s. im Folgenden).

Ist der formale Qualitätscheck abgeschlossen, generiert das Programm einen entsprechenden Eintrag direkt in der Übersetzerdatenbank mit den Ergebnissen der Evaluierung in den Kategorien:

* Vollständigkeit/Formatierung
* Lieferzuverlässigkeit
* Zuverlässigkeit beim Befolgen von Anweisungen

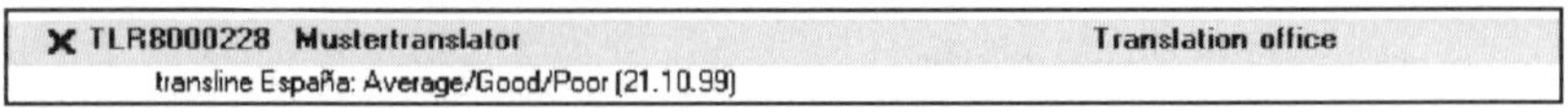

Abb. 3

Damit ist eine laufende und differenzierte Evaluierung aller Übersetzungsbüros gewährleistet und kann bei der Vergabe neuer Übersetzungsprojekte problemlos berücksichtigt werden.

4 Die Stichprobe

Nur wenn eine Übersetzungslieferung den formalen Qualitätscheck bestanden hat, wird der eigentliche sprachliche Qualitätscheck mittels einer Stichprobenkontrolle durchgeführt. Der Umfang der Prüfung bemisst sich nach:

- dem Status des Übersetzungsbüros
- den definierten Qualitätsanforderungen des Kunden
- den Ergebnissen des vorangegangenen formalen Qualitätschecks (s.o.)

Wir unterscheiden folgende Status-Kategorien:

- Trainee – Übersetzungsbüros, die gerade die mehrstufige Bewerbungsprozedur durchlaufen haben und erste kleinere Projekte bearbeiten
- Junior – Übersetzungsbüros, die sich als zuverlässig erwiesen haben und bereits einige Projekte mit guten Evaluierungen abgeschlossen haben
- Senior – Übersetzungsbüros, die seit Jahren allen Anforderungen, sei es Termintreue oder Sprachqualität, in hohem Maße gerecht werden
- Suspended – Büros, deren Leistungen nicht zufriedenstellend sind

Der Status der Übersetzungspartner wird vor dem Hintergrund der laufenden Evaluierung in regelmäßigen Abständen überprüft und, falls erforderlich, entsprechend angepasst. Für diese Überprüfungen wurden keine konkreten Zeiträume festgelegt, da hierbei auch die Anzahl der gemeinsamen Projekte sowie deren Umfang und Komplexitätsgrad eine entscheidende Rolle spielen. Der verantwortliche Ressourcenmanager entscheidet vor dem Hintergrund seiner Erfahrung von Fall zu Fall. Eine Statusaktualisierung sollte allerdings mindestens einmal im Jahr stattfinden.

Der Umfang der Qualitäts-Prüfung einer Übersetzung beträgt:

- Trainee-Büros: 100 % des Gesamtumfangs der Übersetzung (Komplettlektorat)
- Junior-Büros: 5 % des Gesamtumfangs der Übersetzung
- Senior-Büros: 1 % des Gesamtumfangs der Übersetzung

Um bei der im Hinblick auf die Quantität des „Prüfgutes" beschränkten Prüfung trotzdem zu möglichst repräsentativen Aussagen zu kommen, werden einzelne Stichproben gezogen, die jeweils einen Stichprobenumfang von 500 Wörtern haben. Dies bedeutet, dass auf der Basis mehrerer kleinstmöglicher noch sinnvoll zu prüfender Texteinheiten die eigentliche Sprachprüfung an verschiedenen Stellen im Gesamttext stattfindet.

Ein Beispiel:

Der Gesamtumfang einer Übersetzung beträgt 30.000 Wörter, das ausführende Übersetzungsbüro hat den Status „Junior". Hieraus ergibt sich ein Gesamtumfang der vorzunehmenden Prüfung von 1500 Wörtern, d. h., es müssen im Text verteilt insgesamt drei Stichproben à 500 Wörter gezogen werden. Die Textstellen werden von einem kleinen Tool nach dem Zufallsprinzip ermittelt. Der verantwortliche Projektmanager kontrolliert allerdings vor dem Weiterleiten der Prüfung an den Revisor noch einmal, ob sich die ausgewählten Textstellen unter formalen Gesichtspunkten für eine Prüfung eignen.

Der von Projektanfang an im Normalfall sehr präzise bekannte Umfang der im Rahmen der PQS vorzunehmenden Prüfung erlaubt es dem Projektmanager, bereits beim Erstellen des Workflow und bei der Kalkulation des Übersetzungsprojekts die für die Prüfung notwendige Zeit sowie die zu erwartenden Kosten genau mit einzuplanen.

5 Der sprachliche Qualitätscheck

Die beim sprachlichen Qualitätscheck maximal erlaubte Fehlerpunktezahl beträgt 2 % des Prüfungsumfangs. In unserem Beispiel wären dies also bei einem Prüfungsumfang von 1500 Wörtern maximal erlaubte 30 Fehlerpunkte.

Die Fehlerpunkte errechnen sich anhand von Fehlerkategorien. Wir unterscheiden kritische Fehler, grobe Fehler und leichte Fehler. Fehler werden je nach Fehlerkategorie unterschiedlich gewichtet.

a. Ein kritischer Fehler führt unter allen Umständen zu dem Ergebnis „Überarbeiten" sowie der Benotung „Poor" für das Übersetzungsbüro; er wird deshalb mit der maximal erlaubten Fehlerpunktezahl +1 bewertet. Ein kritischer Fehler kann sein:

- ein Fehler, der Textunverständnis zur Folge hat
- ein Fehler, der Textmissverständlichkeit an sensibler Stelle zur Folge hat
- ein grober Fehler an exponierter Stelle
- ein wiederholter grober Fehler

b. Ein grober Fehler wird mit fünf Fehlerpunkten gewertet. Ein grober Fehler kann sein:

- ein Fehler, der Textmissverständlichkeit zur Folge hat
- ein leichter Fehler an exponierter Stelle
- ein wiederholter leichter Fehler
- eine frühere Korrektur wurde nicht beachtet

c. Zur dritten Fehlerkategorie, dem leichten Fehler, werden alle diejenigen Fehler gezählt, die nicht in die Kategorien „Kritisch" oder „Grob" fallen; leichte Fehler werden mit je einem Fehlerpunkt gewertet, in der Fehlerart „Stil" sogar nur mit einem halben Fehlerpunkt.

Neben den unterschiedlichen Fehlerkategorien differenziert der sprachliche Qualitätscheck noch unterschiedliche Fehlerarten. Dies sind:

- Vollständigkeit (Auslassungen und Hinzufügungen im ZT)

- Verständnis (Missverständnis des AT)
- Terminologie (z. B. Nichtbeachten der Fachterminologie, unkorrektes Über-nehmen von Zahlen, Formeln, Eigennamen usw., nicht-DIN-gerechte Transliteration von Abkürzungen, physik., math. Einheiten)
- Rechtschreibung, Grammatik, Zeichensetzung
- Stil (Nichtbeachten einer der Textkategorie angemessenen Sprache, eventuell Nichtbeachten eines Style Guide)

- Konsistenz (nichtkonsistente Verwendung der Fach- oder Firmenterminologie)

Die unterschiedlichen Fehlerarten haben unterschiedlich bemessene Toleranzgrenzen. Bei unserem Beispiel eines Prüfungsumfangs von 1500 Wörtern verteilen sich die daraus resultierenden maximal erlaubten 30 Fehlerpunkte wie folgt auf die Fehlerarten:

- Vollständigkeit: 1
- Verständnis: 2
- Terminologie: 8
- Rechtschreibung, Grammatik, Zeichensetzung: 7
- Stil: 7
- Konsistenz: 5

Würde der Revisor in unserem Beispiel einen groben Verständnisfehler anmerken, bedeutete dies ein Überarbeiten der Übersetzung, da zwar die insgesamt erlaubte Fehlerpunktezahl von 30 Fehlerpunkten unterschritten, aber in der Fehlerart „Verständnis" die erlaubte Fehlerpunktezahl von 2 Punkten überschritten wäre. Relevant für das binäre Ergebnis der Prüfung „Passed" oder „Rework" sind neben der Gesamtfehlertoleranz auch die Einzeltoleranzen in den verschiedenen Fehlerarten (s. Abb. 4).

Language Checklist

Project number:	TLR0000751	Customer:	transline España
Project manager:	Ryan Sturz		
Translator's name:	Joe Test		
Source Language:	Arabic	Target Language:	Azerbaiani
Date:	22.10.99	Tester:	Gabriele Vollmar

Amount Words:	1500

Category of mistakes	Minor	Serious	Critical	Total	Max. points allowed
Completeness	0	0	0	0	1
Understanding	0	1	0	5	2
Terminology	0	0	0	0	8
SGT	0	0	0	5	7
Style	0	0	0	0	6
Consistency	0	0	0	0	4
			Total	10	28

Result	Rework
Valuation	Average
Comment:	

Abb. 4

Für die Evaluierung des Übersetzungsbüros hingegen wird lediglich die Gesamtsumme der Fehlerpunkte herangezogen. Dabei werden folgende Benotungen vergeben:

- „Very good" bei weniger als 10 % der maximal erlaubten Fehlerpunkte

- „Good" bei weniger als 30 % der maximal erlaubten Fehlerpunkte

- „Average" bei weniger als 50 % der maximal erlaubten Fehlerpunkte

- „Poor" bei mehr als 50 % der maximal erlaubten Fehlerpunkte

Wie die Bewertungen des formalen Qualitätschecks erscheint auch diese Bewertung als Eintrag direkt in der Übersetzerdatenbank und liefert so wichtige Informationen für die laufende Evaluierung der Übersetzungsbüros sowie wichtige Anhaltspunkte bei der Vergabe neuer Projekte (s. Abb. 5).

X TLRB000228 Mustertranslator	Translation office
transline España: Average/Good/Poor (21.10.99)	
transline España: Very Good (22.10.99)	

Abb. 5

6 Quality failed – sorry!

Besteht eine Übersetzung einen der beiden Qualitätschecks nicht, entscheidet der Projektmanager zusammen mit dem Revisor darüber, ob die gesamte Übersetzung zum Überarbeiten an das ausführende Übersetzungsbüro zurückgeschickt wird.

Die dem Votum zugrunde liegenden weitgehend objektivierten Parameter ermöglichen es dem Projektmanager, die Entscheidung gegenüber dem Übersetzungsbüro klar darzustellen. Eine für beide Seiten unangenehme Situation wird außerdem durch den Einsatz eines Vordrucks „Quality failed" entemotionalisiert.

Darüber hinaus bietet die differenzierte Evaluierung dem betroffenen Übersetzungsbüro die Möglichkeit zu kontinuierlicher Verbesserung der eigenen Leistung. Sie kann so wichtiger Bestandteil des Qualitätssicherungssystem des beauftragten Übersetzungsbüros werden. Ein Lernprozess wird in Gang gesetzt, der zu einer deutlich höheren Qualität „von Anfang an" führt.

Die überarbeitete Übersetzung wird erneut dem formalen und dem sprachlichen Qualitätscheck unterzogen. Dabei werden die Stichproben des ersten Prüfungsdurchgangs erneut geprüft sowie zusätzliche Stichproben gezogen. Der Gesamtumfang der Prüfung kann nach dem Ermessen des verantwortlichen Projektmanagers sowie gegebenenfalls des zuständigen Revisors und in Anbetracht des Ergebnisses „Quality failed" der ersten Prüfung höher bemessen werden.

7 Einbindung in den Workflow

Idealerweise wird die zweistufige Qualitätsprüfung nicht erst als Abschluss des gesamten Übersetzungsprojektes durchgeführt, sondern bereits anhand von Teillieferungen noch während des Projektes. Dadurch erhält das beauftragte Übersetzungsbüro bereits sehr früh in der Übersetzung das notwendige Feedback über die Qualität und kann entsprechende Nachbesserungen oder Korrekturen sofort durchführen bzw. für die noch nicht übersetzten Partien bereits berücksichtigen. Fehler können vermieden und müssen nicht nach Abschluss der Gesamtübersetzung zeit und kostenaufwendig behoben werden (s. Abb. 6).

Der Endtermin für die Lieferung der Übersetzung an den Kunden kann eingehalten werden – und dies bei (trotz) geprüfter Qualität!

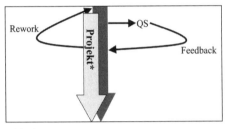

Abb. 6

8 Fehler tolerieren

Natürlich kann die dargestellte PQS keine 100%ige Sicherheit bieten (dies kann freilich auch kein Komplettlektorat). Sie kann aber eine Möglichkeit sein, unter weitgehender Einhaltung eines oft allzu engen Kosten- und Zeitrahmens Übersetzungen im Hinblick auf eine tolerierbare Fehlerzahl zu prüfen: Qualität ist ein relativer, kein absoluter Begriff. Das pragmatische Herangehen an die Prüfung bedeutet allerdings ein Verabschieden vom Prädikat „Sehr gut" als anzustrebendes Nonplusultra der Qualität zugunsten eines „Gut genug". Dies stellt immer einen Balanceakt zwischen notwendigem Vertrauen und möglicher Kontrolle, aber auch zwischen Objektivität und Subjektivität dar. Im Sinne einer schnellen, rationellen, transparenten, klar darstellbaren und immer nachvollziehbaren und wiederholbaren Prüfung und Evaluierung ist eine möglichst weitgehende Objektivierung der Prüfungsparameter und -maßstäbe notwendig und wünschenswert. Trotzdem darf man dabei nie vergessen, dass wir es mit Sprache, also einem lebenden, lebendigen und damit (trotz aller Bemühungen um controlled language etc.) auch zutiefst subjektiven Medium zu tun haben. Wir sollten uns deshalb immer der jedem Ansatz zur Objektivierung und Standardisierung wie auch dem im vorangegangenen dargestellten Modell inhärenten Unzulänglichkeit(en) bewusst sein.

Annette Weilandt
Stuttgart
Terminologiearbeit hat Tücken.
Praktische Terminologiearbeit im Großunternehmen

Ein Unternehmen investiert in Terminologiearbeit, um die Qualität der
mehrsprachigen Dokumentation durch konsistente Terminologie zu verbessern,
den Übersetzungsprozess zu erleichtern und damit letztendlich die Kosten zu
senken. Dabei ist es wichtig, dass Terminologiearbeit nicht nur in den Fremdsprachen im Zuge der Übersetzung betrieben wird, sondern sie muss bereits bei
der Erstellung der deutschen Ausgangstexte ansetzen. Eindeutige und konsistente Ausgangstexte reduzieren die Rückfragen der Übersetzer und die Reklamationen der Nutzer. Außerdem hilft eine einheitliche Unternehmenssprache,
Missverständnisse in der internen und externen Kommunikation zu vermeiden.

Bei der praktischen Terminologiearbeit gibt es jedoch Probleme und Konflikte,
die die konsequente Verfolgung und damit die Umsetzung der oben genannten
Ziele erschweren. Dies soll anhand eines praktischen Beispieles, einem abtei-
lungsübergreifenden Terminologieprojekt bei DaimlerChrysler, verdeutlicht
werden. Für dieses Projekt gelten die folgende Bedingungen: Die Terminologie
wird in einer begriffsorientierten Terminologiedatenbank erfasst. Jeder Begriff
(zur Terminologie siehe DIN 2330 und DIN 2342) bekommt eine eindeutige ID.
Die Begriffe werden in der Datenbank von Autoren beantragt, die die Unternehmensliteratur erstellen. Die deutschen Benennungen und Begriffe werden
von Terminologen geprüft bzw. definiert. Anschließend werden sie in fünf Zielsprachen übersetzt. Die Begriffe werden erst nach der Übersetzung zur Nutzung
freigegeben.

Ganz am Anfang stellt sich die Frage, wann überhaupt ein solches Projekt aufgesetzt werden kann. Ein günstiger Zeitpunkt ist zum Beispiel die Einführung
eines neuen Dokumentationssystems und die Dokumentation neuer Fahrzeug-
baureihen. Grundsätzlich gibt es aber auf jeden Fall lange Übergangszeiten, bis
die Terminologiefestlegung vollständig greift, da die Dokumentation einer Bau-
reihe durchschnittlich 10 Jahre Bestand hat. Wurde ein günstiger Einführungs-
zeitpunkt gefunden, sollte als nächstes geprüft werden, ob im Unternehmen bereits Terminologiebestände existieren, die als Grundbefüllung der Terminologiedatenbank verwendet werden können. Die entsprechenden Bestände müssen
zuerst auf ihre Qualität und Eignung für die Befüllung der Terminologiedatenbank geprüft werden. Diese Prüfung ist sehr wichtig, denn sonst verursacht eine
spätere Bereinigung eines ungeeigneten Datenbestandes am Ende mehr Arbeit
als mit der automatischen Befüllung gespart wurde.

Nach einem erfolgreichen Start treten auch während der Arbeit am Projekt Fragen und Probleme auf, die verschiedenste Aspekte der Terminologiearbeit be-

treffen und die zum Teil aus den Arbeitsbedingungen resultieren. Wie bereits erläutert werden bei dem hier vorgestellten Projekt Begriffe von den Autoren beantragt. Diese Arbeitsweise führt zu einer eher punktuellen Terminologiearbeit, da die Terminologen hauptsächlich diejenigen Begriffe (und ihre Benennungen) festlegen und prüfen, die die Autoren gerade benötigen. Oft sind jedoch eine themenbezogene Terminologiefestlegung und die Erarbeitung von Begriffssystemen für bestimmte Themenfelder sinnvoller. Durch die punktuelle Arbeit kommt es auch zu mehr Änderungen an eigentlich bereits festgelegten Benennungen. Eine themenbezogene Terminologiearbeit sollte wenigstens parallel zur Autorenbeantragung erfolgen.

Außerdem bestehen bei der Terminologiefestlegung auch Konflikte in Bezug auf die Nutzer und Zielgruppen der Terminologie. So ist für Autoren zum Beispiel ein möglichst geringer Arbeitsaufwand bei der Dokumentation durch die Terminologie wichtig. Übersetzer dagegen benötigen eine möglichst genaue Differenzierung der Begriffe und ihrer Benennungen, um sie eindeutig übersetzen zu können. Hier muss genau überlegt werden, an welcher Stelle welcher Aufwand den größten Nutzen bringt.

Ein weiterer schwieriger Punkt ist der Zeit- und Kostendruck, der in der Praxis grundsätzlich herrscht. Terminologiearbeit muss sorgfältig und mit hoher Qualität durchgeführt werden, damit auch wirklich eine bessere Textqualität erreicht wird. Eine Beschleunigung der Terminologiearbeit ist nur bedingt möglich, da sonst die Qualität leidet. Dennoch ist ein häufig erhobener Anspruch von Nutzern und Vorgesetzten, dass die Terminologie möglichst schnell und zu geringen Kosten zur Verfügung steht. Alle Kompromisse, die aus Zeit- und Kostengründen eingegangen werden, beeinträchtigen jedoch am Ende das Ergebnis. Wichtig ist auch, dass Terminologie nicht voreilig zur Verwendung freigegeben wird, da dadurch im Prozess nur unnötige Änderungsschleifen entstehen. Ein Terminologiebestand, der zur Nutzung freigegeben wird, sollte bereinigt, geprüft und konsistent sein. Außerdem müssen auch alle Beteiligten in der Terminologieanwendung geschult und ggf. durch Systeme unterstützt werden.

In einem großen Unternehmen gibt es viele verschiedene Prozesse und Zielgruppen, deren Anforderungen ein Terminologiebestand erfüllen muss. Allein die Erstellprozesse in der Dokumentation und die technischen Bedingungen für die verschiedenen Textsorten der Unternehmensliteratur sind zahlreich und müssen bei der Terminologiefestlegung beachtet werden. Das bringt insbesondere in Bezug auf die Konsistenz Schwierigkeiten mit sich. So beginnen beispielsweise die ersten Dokumentationen für die Werkstattliteratur bereits zwei Jahre vor der Markteinführung einer neuen Fahrzeugbaureihe und werden in 19 Zielsprachen übersetzt. Das Marketing legt jedoch die endgültigen Benennungen für bestimmte Systeme in diesem Fahrzeug erst sechs Monate vor Markteinführung fest, so dass es zwangsläufig zu Inkonsistenzen in der Terminologie kommt. Benennungen, die vom Marketing festgelegt wurden und sehr gut klingen, sagen unter Umständen einem Mechaniker in der Werkstatt nicht viel, so dass bei der Terminologiearbeit im Unternehmen auch die verschiedenen Zielgruppen beachtet werden müssen. Es ist daher wichtig, dass im Unternehmen eine zentrale Stelle für die Terminologiearbeit verantwortlich ist, die auf unterschiedliche Anforderungen, Prozesse und Zielgruppen eingehen kann und möglichst eine Lösung mit dem größten Nutzen für alle Prozessbeteiligten findet.

Eva Wiesmann
Bologna/Forlì
Qualität der Rechtsübersetzung – der Beitrag von JUSLEX

In meinem Beitrag setze ich mich im Wesentlichen mit zwei Fragen auseinander: mit der Frage, wodurch die Qualität von Rechtsübersetzungen beeinflusst wird, und mit der Frage, inwieweit die für RechtsübersetzerInnen konzipierte und entwickelte Datenbank JUSLEX zur Qualität von Rechtsübersetzungen beitragen kann. Dazu muss zunächst der Begriff der Qualität näher ins Auge gefasst werden.

1 Zum Begriff der Qualität

Der Begriff der Qualität ist v. a. in der betriebswirtschaftlichen Literatur definiert und zunächst auf Produktions- und dann auch auf Dienstleistungsbetriebe angewandt worden. Heute wird Qualität i. d. R. nicht als ein absoluter, sondern als ein relativer Begriff betrachtet. Die Relation wird dabei im Allgemeinen zum Kunden und zum Zweck hergestellt. Man geht mit anderen Worten davon aus, dass die Qualität eines Produkts bzw. einer Dienstleistung dann gegeben ist, wenn es bzw. sie den Kundenanforderungen gerecht wird, die wiederum an den Zweck des Produkts bzw. der Dienstleistung geknüpft sind. Entsprechend wird Qualität nach ISO 8402 bzw. ISO 9004-2 als die „Gesamtheit von Eigenschaften und Merkmalen eines Produkts oder einer Dienstleistung" definiert, „die sich auf deren Eignung zur Erfüllung festgelegter oder vorausgesetzter Erfordernisse beziehen" (Schmitt 1999:394). Qualität betrifft dabei nicht nur das Produkt bzw. die Dienstleistung allein, sondern auch dessen Herstellung bzw. deren Erbringung, d. h. die Auftragsabwicklung. Insofern impliziert Qualität auch Professionalität.

Was die Abwicklung von Übersetzungsaufträgen anbelangt, so ist für die Gewährleistung der Qualität die neue DIN EN 15038 von besonderer Bedeutung, die die DIN 2345 abgelöst hat, nach der sich der Dienstleister registrieren kann und für die eine Zertifizierung eingerichtet worden ist (vgl. Witzel 2007). Daneben gibt es die Möglichkeit der Zertifizierung nach DIN EN ISO 9000:2000, die eine Auditierung des Dienstleisters vorsieht (vgl. Monteiro 2004:8).

2 Wodurch wird die Qualität von Rechtsübersetzungen beeinflusst?

Auch für die Qualität von Rechtsübersetzungen sind der Kunde (Empfänger) und der Zweck (der Übersetzung) maßgebend, doch wird die Qualität von Rechtsübersetzungen darüber hinaus noch von einer Reihe von weiteren Faktoren beeinflusst: von den involvierten Rechtsordnungen, dem anwendbaren Recht, der Funktion und dem rechtlichen Status der Übersetzung und von dem zu übersetzenden Text selbst mit dessen Funktion und dessen rechtlichen Status, die ihm vom Autor verliehen worden sind. Abhängig von der jeweiligen Faktorenkonstellation, die die Übersetzungssituation ausmacht, sind also unterschiedliche Qualitätsmaßstäbe aufzustellen. Insofern ist Qualität auch in Bezug auf die Rechtsübersetzung ein relativer Begriff.

Es macht beispielsweise einen Unterschied,

1. ob ein staatliches Gesetz zum Zweck der Rechtsvergleichung übersetzt wird oder um die Kenntnis der jeweiligen Rechtsnormen sowie die Rechtsanwendung zu ermöglichen

2. ob ein Vertragsentwurf übersetzt wird, um den betroffenen Ausländer zu informieren oder um Recht in einer anderen Rechtsordnung zu begründen

3. und ob schließlich ein endgültiger Vertrag zum Zweck des Urkundenbeweises übersetzt wird oder ein Vertragsentwurf zum Zweck einer Einigung der Parteien über die Vertragsinhalte.

Ein staatliches Gesetz ist von der Textfunktion her grundsätzlich ein performativer Text, ein Text also, mit dem nicht so sehr über Recht gesprochen als vielmehr rechtlich gehandelt wird. Wird ein solches staatliches Gesetz, beispielsweise das Zivilgesetzbuch der Italienischen Republik (Codice Civile), zum Zweck der Rechtsvergleichung übersetzt, sagen wir ins Deutsche, dann sind in jedem Fall zwei Rechtsordnungen involviert, die italienische Ausgangsrechtsordnung und eine deutschsprachige Zielrechtsordnung wie z. B. die Rechtsordnung der Bundesrepublik Deutschland. Die Übersetzung zum Zweck der Rechtsvergleichung impliziert, dass die Empfänger die Juristen der Zielrechtsordnung sind, in unserem Beispielfall also die bundesdeutschen Juristen. Als Funktion, die eine solche – mit Patti (2007) demnächst vorliegende – Übersetzung erfüllt, kommt nur die informative in Frage. Die Übersetzung informiert die bundesdeutschen Juristen über italienisches Recht. Der vom rechtlichen Status her maßgebliche Text ist und bleibt das italienische Original. Diesem Original ist die Übersetzung untergeordnet.

Anders verhält es sich dagegen, wenn das besagte performative staatliche Gesetz zu dem Zweck übersetzt wird, die Kenntnis der jeweiligen Rechtsnormen und die Rechtsanwendung zu ermöglichen. Für den Codice Civile gibt es auch eine solche Übersetzung (Bauer et al. 2004). Sie wurde in der ersten Ausgabe bereits 1987 für die zweisprachige italienische Region Südtirol angefertigt. Es ist also in diesem Fall wie auch in allen anderen Fällen, in denen ein staatliches Gesetz zu dem genannten Zweck übersetzt wird, nur eine Rechtsordnung involviert, die Rechtsordnung des zu übersetzenden staatlichen Gesetzes. Die Empfänger sind die Juristen der betreffenden Rechtsordnung, aber nicht nur sie. Hinzu kommen als Empfänger die Bürger, die in dem Staat – im Fall von Südtirol in der Region – leben, für die die Rechtsordnung gilt. Auch hinsichtlich ihrer Funktion und ihres rechtlichen Status unterscheidet sich eine Übersetzung zu diesem Zweck von einer Übersetzung zum Zweck der Rechtsvergleichung. Ebenso wie das Original ist auch die Übersetzung ein performativer Text und ist dem Original vom rechtlichen Status her gleichgestellt.

Die genannten Unterschiede wirken sich wesentlich auf die Methode der Übersetzung aus. Bei der Übersetzung eines staatlichen Gesetzes zum Zweck der Rechtsvergleichung kommt es auf die Verdeutlichung der Unterschiede zwischen den Rechtsordnungen zweier Staaten an, weshalb tendenziell verfremdend übersetzt werden muss, insbesondere auf der terminologischen Ebene. Außerdem können mehr oder weniger umfangreiche Kommentare erforderlich sein, um die begrifflichen Unterschiede zwischen den zwei involvierten Rechtsordnungen deutlich zu machen. Dient die Übersetzung eines staatlichen Gesetzes hingegen dazu, die Kenntnis der jeweiligen Rechtsnormen und die Rechtsanwendung im selben Staat zu ermöglichen, dann müssen Original und Übersetzung i.d.R. gleichermaßen zur Auslegung herangezogen werden und dazu sind im Vorfeld die Voraussetzungen zu schaffen. Eine wichtige Rolle hierbei spielt die Normierung der Terminologie. Zu den Begriffen der betreffenden Rechtsordnung werden zwei- oder mehrsprachige Benennungen geprägt. In Südtirol ist dafür die Paritätische Terminologiekommission verantwortlich, die sich die im Rechtsinformationssystem BISTRO[1] dokumentierte terminologische Vorarbeit der Europäischen Akademie Bozen zunutze macht. In anderen Staaten mit zwei- oder mehrsprachigen Gesetzen, z. B. in der Schweiz, werden die Übersetzungen nicht erst im Nachhinein angefertigt, sondern die Gesetze entstehen gleichzeitig in den betroffenen Sprachen. Die Methode ist hier also die des co-drafting (vgl. ausführlich Šarčević 1997:95ff.).

Zur Verdeutlichung der terminologischen Unterschiede, die sich aus den beiden Methoden ergeben, seien zwei Übersetzungen von Art. 1453 Codice Civile gegenübergestellt, die Übersetzung für Bürger und Juristen aus Südtirol (Bauer et al. 2004) und meine eigene, die angesichts dessen, dass Patti (2007) zum Zeitpunkt der Verfassung meines Beitrags noch nicht erschienen war, mit Blick auf bundesdeutsche Juristen angefertigt wurde.

> Nei contratti con prestazioni corrispettive, quando uno dei contraenti non adempie le sue obbligazioni, l'altro può a sua scelta chiedere l'adempimento o la risoluzione del contratto, salvo, in ogni caso, il risarcimento del danno. (Art. 1453 Codice Civile)

> Erfüllt bei **Verträgen mit wechselseitigen Leistungen** einer der Vertragsteile seine Verpflichtungen nicht, kann der andere nach seiner Wahl die Erfüllung oder die **Aufhebung des Vertrages** verlangen, in jedem Fall unbeschadet des Ersatzes des Schadens. (Übersetzung für Bürger und Juristen aus Südtirol)

> Erfüllt bei **gegenseitigen Verträgen** einer der Vertragsteile seine Verpflichtungen nicht, kann der andere nach seiner Wahl die Erfüllung oder die **Auflösung des Vertrages** verlangen, in jedem Fall unbeschadet des Ersatzes des Schadens. (eigene Übersetzung)

Bei den unterschiedlichen Zwecken der Übersetzung eines Vertragsentwurfs – Information des betroffenen Ausländers vs. Begründung von Recht in einer anderen Rechtsordnung – kommt als entscheidender Faktor das anwendbare Recht

---

[1] Siehe: http://dev.eurac.edu:8080/cgi-bin/index/index.en.

ins Spiel, ansonsten sind die Faktoren der Übersetzung jeweils die gleichen: es sind zwei Rechtsordnungen involviert, der Empfänger ist in erster Linie ein Anwalt oder Notar der Zielrechtsordnung und in zweiter Linie dessen Mandant, der rechtliche Status wird erst beim endgültigen Vertrag relevant. Ein Vertragsentwurf ist ein Schritt, der, sofern der Entwurf die von beiden Parteien gewollten Regelungen enthält, mit oder ohne nachträgliche Änderungen zum Abschluss eines endgültigen Vertrags führt. Insofern ist ein Vertragsentwurf von der Textfunktion her ein informativer Text und bei Verträgen mit Auslandsbeteiligung informiert er die ausländische Partei durch die gleichfalls informative Übersetzung über den Willen der inländischen Partei oder besser über den von der inländischen Partei in ihrer Sprache festgehaltenen Willen beider Parteien. Der endgültige Vertrag dagegen ist ein performativer Text. Bei Verträgen mit Auslandsbeteiligung muss der performative Text jedoch nicht unbedingt der Originalvertrag sein, auch wenn das i. d. R. der Fall ist. Es kann vielmehr von den Parteien festgelegt werden, dass der übersetzte Vertrag oder besser der auf der Grundlage der Übersetzung des Vertragsentwurfs entstandene Vertragstext der performative Text ist. Diese Festlegung wird von den Parteien über die Regelung des anwendbaren Rechts getroffen, die auch schon im Vertragsentwurf enthalten ist und die der Rechtsübersetzerin bzw. dem Rechtsübersetzer den entscheidenden Hinweis auf die Methode der Übersetzung gibt. Für die Übersetzung eines Vertragsentwurfs zu Informationszwecken ist die Ausgangsrechtsordnung maßgeblich, für die Übersetzung eines Vertragsentwurfs zur Begründung von Recht in einer anderen Rechtsordnung hingegen die Zielrechtsordnung. Im ersten Fall ist verfremdend, im zweiten Fall einbürgernd zu übersetzen.

Zur Verdeutlichung ein Fall aus meiner übersetzerischen Berufspraxis. Ein Deutscher, der mit einer Italienerin zusammen eine Eigentumswohnung in Italien gekauft und für die Verbindlichkeit der Italienerin gegenüber der Bank gebürgt hatte, wollte sich nach der Trennung im Zusammenhang mit dem Verkauf des ihm gehörenden Anteils an die Italienerin durch eine Hypothek oder eine Grundschuld absichern und ließ von einem deutschen Notar eine entsprechende Klausel vorbereiten, die ins Italienische zu übersetzen und in Italien in den endgültigen notariellen Kaufvertrag einzufügen war. Es handelt sich also um einen Fall, in dem zwar nicht ein ganzer Vertragsentwurf, aber immerhin eine Klausel davon, zu dem Zweck übersetzt werden sollte, Recht in einer anderen Rechtsordnung zu begründen, in dem Fall in der italienischen. Der betreffende Text lautet wie folgt:

> Da eine Rückgabe der Bürgschaft von Herrn ___ gegenüber der ___ für die Verbindlichkeit von Frau ___ anlässlich des Kaufes der Immobilie in ___ (___) derzeit nicht möglich ist, bestellt Frau ___ an dem ihr gehörenden Anteil und dem in dieser Urkunde erworbenen Anteil an der vorbezeichneten Wohnung eine **Grundschuld/Hypothek** in Höhe von ___ Euro für Herrn ___ und bewilligt und beantragt deren Eintragung in das Grundbuch auf ihre Kosten. Herr ___ ist verpflichtet, die **Grundschuld/Hypothek** nach Rückgabe der Bürgschaft durch die

___ löschen zu lassen. Alle insoweit anfallenden Kosten (v.a. Notar, Grundbuch) trägt Frau ___.

Der Punkt, auf den es mir hier ankommt, ist der, in dem von der Grundschuld und der Hypothek die Rede ist. In der italienischen Rechtsordnung gibt es keine entsprechende begriffliche Differenzierung. Angesichts des Zwecks, zu dem die Übersetzung anzufertigen war, ist dies jedoch völlig irrelevant. Auf den endgültigen notariellen Kaufvertrag, in den die Klausel Eingang finden sollte, war italienisches Recht anwendbar und der alleinige Zweck der Klausel war der einer angemessenen Absicherung des deutschen Verkäufers. Wäre auf den endgültigen notariellen Kaufvertrag hingegen bundesdeutsches Recht anwendbar gewesen und hätte die Übersetzung zur Information der italienischen Käuferin gedient, dann hätte eine Lösung für die begriffliche Differenzierung gefunden werden müssen, z. B. eine Übersetzung von *Hypothek* mit *ipoteca* und von *Grundschuld* mit *debito fondiario*.

Was schließlich die Übersetzung eines endgültigen Vertrags zum Zweck des Urkundenbeweises anbelangt, so liegt der wesentliche Unterschied im Vergleich zur Übersetzung eines Vertragsentwurfs zum Zweck einer Einigung der Parteien über die Vertragsinhalte darin, dass Fehler im Text nur in einem sehr begrenzten Rahmen behoben werden dürfen. Nach den Richtlinien zur Urkundenübersetzung des BDÜ beispielsweise dürfen Schreibfehler im Original, die in der Übersetzung in Originalschreibweise wiedergegeben werden, nicht berichtigt werden (vgl. Bundesverband der Dolmetscher und Übersetzer 1993). Eine Ausnahme gilt lediglich für offensichtliche Orthographiefehler. Andere als offensichtliche Orthographiefehler dürfen RechtsübersetzerInnen allenfalls dann verbessern, wenn der Autor, nachdem er um Korrektur gebeten worden war, den Fehler im Original ausgebessert hat (vgl. Bundesverband der Dolmetscher und Übersetzer 1990). Bei der Übersetzung eines Vertragsentwurfs, durch die eine Einigung der Parteien über die Vertragsinhalte herbeigeführt werden soll, hingegen ist der Kunde für den Hinweis auf Fehler im Original und für die Behebung der Fehler in der Übersetzung dankbar (zu einer differenzierten Behandlung der verschiedenen Fehler vgl. Rayar 1999), denn letztlich sind diese übersetzerischen Eingriffe dem Zweck des Vertragsentwurfs dienlich.

Zusammenfassend lässt sich festhalten, dass Qualität der Rechtsübersetzung Angemessenheit in Bezug auf die Übersetzungssituation ist. Dazu gehört auch, aber nicht nur der Kunde mit seinen Anforderungen, die in jedem Fall mit den anderen die Übersetzungssituation mitbedingenden Faktoren kompatibel sein müssen. Bei institutionellen Zwecken der Rechtsübersetzung wie der Schaffung, Begründung, Anwendung und Durchsetzung von Recht beispielsweise kann die Funktion der Übersetzung nicht prospektiv festgelegt werden, sondern sie liegt von vornherein fest (vgl. hierzu Wiesmann 2004:107f.). Die Übersetzung einer EG-Verordnung ist immer performativ, die Übersetzung von Urkunden zum Zweck des Urkundenbeweises dagegen ist immer informativ. Darauf hat der Kunde keinen Einfluss.

3 Inwieweit kann JUSLEX zur Qualität von Rechtsübersetzungen beitragen?

JUSLEX ist eine Datenbank, die für RechtsübersetzerInnen konzipiert und an der Scuola Superiore di Lingue Moderne per Interpreti e Traduttori der Universität Bologna in Forlì programmtechnisch entwickelt worden ist. Das Eintragsmodell ist das Ergebnis meiner Dissertation (Wiesmann 2004) und präsentiert sich wie folgt:

Lemma *grammatikalische Angabe*	Synonym bzw. Variante
AS-RO (- RS): *Fachgebiet* Anmerkungen → Quelle →	Anmerkungen → Quelle →
Definition mit Quelle zur Vertiefung → Kontext → Kollokationen/Phraseologismen → Verweise →	
ZS-RO (- RS): Ä bzw. Ü Übersetzung *grammatikalische Angabe* Note → Fonte →	

Zu jeder Einheit, die in die Datenbank aufgenommen wird (Lemma) und die sowohl eine terminologische – z. B. *Grundkapital, società* – als auch eine phraseologische Einheit – z. B. *das Grundkapital aufbringen, La Società ha durata fino al* ___ – sein kann, wird eine grammatikalische Angabe (n. n. sg. bei *Grundkapital*, n. f. sg. bei *società*, koll. bei *das Grundkapital aufbringen* und phras. bei *La Società ha durata fino al* ___) sowie eine Fachgebietsangabe (im Beispielfall *Gesellschaftsrecht* bzw. *diritto societario*) geliefert und über die Ausgangsrechtssprache (deutsch, italienisch, usw.) hinaus auch die Ausgangsrechtsordnung (bei den genannten Beispielen Deutschland und Italien) angeführt. Außerdem ist zu jeder Einheit – mit Ausnahme der mit „phras." gekennzeichneten festen, an Textpositionen geknüpften phraseologischen Einheiten – eine Definition mit Quelle angegeben, die ggf. durch über die Definition hinausgehende Informationen zur Vertiefung erweitert wird. Bei *Grundkapital* lautet die Definition z. B.

> Eigenkapitalbetrag der Aktiengesellschaft oder der Kommanditgesellschaft auf Aktien, der in der Satzung fest beziffert ist, der bei der Gründung der betreffenden Gesellschaft von den Aktionären mindestens aufzubringen ist und der in der Folgezeit besonderer rechtlicher Bindung unterliegt.

bei *das Grundkapital aufbringen* hingegen

> (insbesondere) sämtliche Aktien übernehmen und sich damit zur Leistung von Einlagen in Höhe des gesamten Grundkapitals verpflichten; (aber auch) die Einlagen effektiv leisten.

Beide Definitionen wurden auf der Grundlage der Einträge des Deutschen Rechts-Lexikons (Tilch/Arloth 2001) erstellt, die erste auf der Grundlage des

Eintrags zu *Grundkapital*, die zweite auf der Grundlage des Eintrags zu *Kapitalaufbringung*.

Zudem wird zu jeder Einheit ein Kontextbeispiel geliefert und es werden die sie betreffenden Kollokationen (koll.) bzw. Phraseologismen (phras.) genannt. Die als eigener Eintrag in JUSLEX erfasste Kollokation *das Grundkapital aufbringen* wird also auch unter dem Eintrag zum Terminus *Grundkapital* angeführt, während der als eigener Eintrag in die Datenbank aufgenommene Phraseologismus *La Società ha durata fino al* ___ gleichfalls unter dem Eintrag zum Terminus *società* erscheint. Auch Verweise, insbesondere zu terminologischen oder phraseologischen Einheiten mit ähnlichen oder anderen Bedeutungen, sieht das Eintragsmodell vor und natürlich Übersetzungen, zu denen – abgesehen von der grammatikalischen Angabe – jeweils die Zielrechtssprache und darüber hinaus die Zielrechtsordnung genannt sind und die mit einem Hinweis darauf versehen werden, ob es sich um ein Volläquivalent, ein annäherndes Äquivalent, ein Teiläquivalent oder einen Übersetzungsvorschlag handelt. Wie bei der ausgangssprachlichen Einheit und bei den ggf. dazu angeführten Synonymen bzw. Varianten können auch zur zielsprachlichen Einheit, d. h. zur Übersetzung, Anmerkungen und Quellenangaben vorgesehen sein. Bei der Übersetzung finden darin auch rechtsvergleichende Anmerkungen ihren Platz (zum Eintragsmodell vgl. ausführlich Wiesmann 2004:301ff. und 397ff.).

Zur Qualität von Rechtsübersetzungen trägt JUSLEX m.E. insbesondere durch Folgendes bei:

a) Trennung von Rechtssprachen und Rechtsordnungen

Rechtssprachen sind das Produkt von Rechtsordnungen. Es gibt keine rechtsordnungsübergreifende deutsche, italienische, englische, französische, usw. Rechtssprache. Abhängig davon, aus welcher deutsch-, italienisch-, englisch-, französisch-, usw. -sprachigen Rechtsordnung der Empfänger kommt, muss anders übersetzt werden.

Die Übersetzung für den italienischen *amministratore* z. B. lautet für Südtirol bei Kapitalgesellschaften Verwalter und bei Personengesellschaften *Geschäftsführer*, für Deutschland kommen als Übersetzungen hingegen *Vorstandsmitglied* bei der Aktiengesellschaft und *Geschäftsführer* bei der Gesellschaft mit beschränkter Haftung in Frage, wobei bei anderen Gesellschaftsformen Geschäftsführer im Sinne von „geschäftsführungsbefugter Gesellschafter" verwendet werden kann.

Trennung von Rechtssprachen und Rechtsordnungen bedeutet dabei nicht allein die getrennte Angabe der Rechtssprache und der Rechtsordnung, sondern auch die unabhängige Erstellung der Einträge für die verschiedenen Rechtsordnungen sowie deren programmtechnisch getrennte Verwaltung. Durch die unabhängige Eintragserstellung kann jeder rechtsordnungsbezogene Teil (z. B. der italienische) durch Einträge aus mehr als einer anderen Rechtsordnung (z. B. aus der bundesdeutschen, der österreichischen, der Schweizer und der italienischen

Rechtsordnung mit Blick auf Südtirol) ergänzt werden. Dank der programmtechnisch getrennten Eintragsverwaltung ist es erstens möglich, teiläquivalente
Begriffe wie „inadempimento" (italienisches Recht) und „Nichterfüllung" (bundesdeutsches Recht) angemessen, insbesondere über die je unterschiedlichen
Definitionen („mancata o inesatta esecuzione della prestazione dovuta dal debi-
tore" bzw. „Nichterbringung der Leistung durch den Schuldner" – vgl. Galgano
2004:205 bzw. Tilch/Arloth 2001:2736) zu erfassen, zweitens die Äquivalenzre-
lationen übersetzungsbezogen zu verdeutlichen (*indadempimento* kann nicht nur
mit *Nichterfüllung*, sondern je nach Kontext auch mit *Schlechterfüllung* übersetzt werden, daher sind beide Übersetzungen als Teiläquivalente gekennzeichnet; *Nichterfüllung* dagegen kann nur mit *inadempimento* übersetzt werden, daher findet der Benutzer von JUSLEX hier die Kennzeichnung als annäherndes
Äquivalent; Volläquivalenz hingegen ist nur gegeben, wenn sich zwei Benennungen auf denselben Begriff beziehen, und das ist nur bei Rechtsordnungen
mit zwei oder mehreren Rechtssprachen der Fall), drittens die für RechtsübersetzerInnen primären Informationen in den Vordergrund zu stellen (wenn ein
italienischer Text für bundesdeutsche Empfänger übersetzt werden soll, dann
interessiert eine Information über mögliche Übersetzungen für Südtirol, Österreich oder die Schweiz nicht) und viertens mehrere Rechtssprachen übersichtlich zu verwalten (was der Benutzer sieht ist immer nur eine Sprachenkombina-
tion).

b) Präsentation nicht nur von Definitionen, sondern ggf. auch von darüber hin-
ausführenden Informationen zur Vertiefung

Damit RechtsübersetzerInnen die begrifflichen Unterschiede verstehen, sich für
oder gegen die Verwendung eines Teiläquivalents entscheiden und ggf. einen
Kommentar zur Übersetzung liefern können, müssen ausführliche Informationen zu den Begriffen geliefert werden. Im Fall von *inadempimento* und *Nichterfüllung* wäre das über die Definition hinaus

> L'inesatta esecuzione della prestazione è equiparata ad un inadempimento ex art.
> 1218 Codice Civile. In entrambi i casi, il debitore inadempiente deve risarcire il
> danno che il suo inadempimento abbia cagionato al creditore. La prestazione di
> una cosa viziata (purché non si tratti di un aliud), invece, è regolarmente consid-
> erata come adempimento comportante, nell'ambito della compravendita, l'es-
> peribilità delle azioni estimatorie (vgl. Galgano 2004:206 und BISTRO)

bzw.

> Im Rahmen der Leistungsstörungen unterscheidet man zwischen Nichterfüllung
> wegen Unmöglichkeit oder Verzugs und Schlechterfüllung, d. h. fehlerhafte Er-
> füllung. Der Unterschied besteht darin, dass bei einer Nichterfüllung wegen Un-
> möglichkeit oder Verzugs an die Stelle der Leistung ihr subjektiver Wert tritt,
> während dem Gläubiger bei der Schlechterfüllung der Ersatz des Äquivalenz- und
> Integritätsinteresses zusteht. Die Schlechterfüllung wird auch als positive Forde-
> rungsverletzung, positive Vertragsverletzung oder Schlechtleistung bezeichnet
> (vgl. BISTRO).

Die Trennung von Definition und Informationen zur Vertiefung erlaubt es zudem, die wichtigsten Informationen (nämlich die Definition) in den Vordergrund zu stellen, bei Bedarf weitere Informationen (zur Vertiefung) zu erlangen und in der Datenpräsentation übersichtlich zu bleiben.

c) Unterbreitung von eigens gekennzeichneten Übersetzungsvorschlägen

Durch die Unterbreitung von eigens gekennzeichneten Übersetzungsvorschlägen (für das bundesdeutsche Recht z. B. Vorstandsmitglied bzw. *Geschäftsführer mit besonderen Befugnissen* für *amministratore delegato, Kassationsgerichtshof* für *Corte di Cassazione* und *Klage- und Ladeschrift* für *atto di citazione*) wird erstens verdeutlicht, dass zwischen den Begriffen unterschiedlicher Rechtsordnungen keine Äquivalenz oder nur eine Teiläquivalenz gegeben ist, zweitens wird ein Beitrag zur Verbreitung eingebürgerter oder einbürgerungswürdiger Übersetzungen geleistet und drittens wird die Vielfalt unterschiedlicher Übersetzungen verringert.

d) Erfassung nicht nur von Terminologie, sondern auch von Phraseologie

Zur angemessenen, der Übersetzungssituation gerecht werdenden Übersetzung der Terminologie gehört auch eine ebenso angemessene Übersetzung der Phraseologie, wobei auch für die Phraseologie ggf. Übersetzungsvorschläge unterbreitet werden. Die italienische Kollokation *versare i 2,5/10* beispielsweise, der als Teiläquivalent im bundesdeutschen Recht *die Mindesteinzahlungen auf die Einlagen leisten* gegenübersteht, kann mit *die Mindesteinzahlungen von 25 Prozent auf die Einlagen leisten* übersetzt werden. Als Übersetzung für den italienischen Phraseologismus *È costituita una società per azioni con la denominazione ___* hingegen, für den das deutsche Teiläquivalent *Die Gesellschaft ist eine Aktiengesellschaft unter der Firma ___* lautet, kann als Übersetzung *Es ist eine Aktiengesellschaft unter der Firma ___* gegründet vorgeschlagen werden.

e) Berücksichtigung des Gebrauchs

JUSLEX ist eine Datenbank, in der die verwalteten Einheiten nicht nur fachlich (v. a. durch die Angabe des Fachgebiets und die Informationen zum Begriff), sondern auch sprachlich (insbesondere durch Kontextbeispiele und die Angabe von Kollokationen und Phraseologismen) kontextualisiert werden. Dadurch wird dem Gebrauch der terminologischen und phraseologischen Einheiten im Rechtstext Rechnung getragen. Einen weiteren Beitrag zur Berücksichtigung des Gebrauchs leistet die Erfassung und ggf. unterschiedliche Übersetzung polysemer Einheiten. Rechtssprachliche Terminologie ist facettenreich und Polysemie ist – wie die Beispiele Geschäftsführung und società zeigen – keine Seltenheit. Da Polysemie mit unterschiedlichen Übersetzungen verbunden sein kann, muss dies für Rechtsübersetzerinnen und Rechtsübersetzer verdeutlicht werden. *Geschäftsführung* ist

(insbesondere) jede zur Förderung des Zwecks der Gesellschaft bestimmte, für die Gesellschaft vorgenommene Tätigkeit (**Geschäftsführung (1)**) (aber auch) das Organ, das die Geschäftsführung innehat (**Geschäftsführung (2)**)

(und insofern vor allem) die Geschäftsführer der Gesellschaft mit beschränkter Haftung (**Geschäftsführung (3)**)

und die drei möglichen Übersetzungen für Geschäftsführung lauten (1) *gestione sociale* bzw. *gestione della società*, (2) *organo amministrativo* bzw. *amministrazione* und (3) *amministratori*.

Società wiederum ist

(fondamentalmente) il soggetto giuridico, cioè l'ente economico, il centro di imputazione di diritti e di obblighi, autonomo rispetto ai suoi soci e dotato di propri elementi distintivi, costituito tramite il contratto di società o contratto sociale che prende il nome di atto costitutivo (**società (1)**)

(ma anche) il contratto di società o contratto sociale con il quale, in genere, due o più soggetti stabiliscono di esercitare insieme, fornendo i mezzi economici necessari, un'attività economica al fine di ripartirne i benefici e costituiscono la società intesa come soggetto giuridico (**società (2)**)

woraus sich die Übersetzungen mit 1. *Gesellschaft* und 2. *Gesellschaftsvertrag* bzw. *Gründungsvertrag* ergeben. Das Eintragsmodell ist damit benennungsorientiert, was aber – wie deutlich geworden sein dürfte – nicht heißt, dass der Begriff vernachlässig würde. Die Benennung ist vielmehr lediglich der zum Begriff führende Ausgangspunkt.

JUSLEX, so kann abschließend festgehalten werden, stellt für potentielle Übersetzungssituationen Informationen zur Verfügung, durch die dem Empfänger und der Rechtsordnung, für die jeweils übersetzt wird, Rechnung getragen werden kann und die es letztlich erlauben, dem Zweck der Übersetzung und den von der betreffenden Übersetzungssituation abhängigen Methoden gerecht zu werden.

Bibliographie

Bauer, Max et al. (2004): *Codice Civile – Italienisches Zivilgesetzbuch*. Bozen: Athesia.

Bundesverband der Dolmetscher und Übersetzer (1990) (Hrsg.): *Urkundenübersetzungen – Richtlinien, Rechtsnormen, Empfehlungen*. Seminar des BDÜ-Landesverbands Saar vom 17.11.1990. Seminarmappe.

Bundesverband der Dolmetscher und Übersetzer (1993): „Richtlinien zur Urkundenübersetzung." *MDÜ* 6, 17-19.

Galgano, Francesco (2004): *Diritto privato*. Padova: Cedam.

Patti, Salvatore (2007) (Hrsg.) (im Druck): *Codice Civile. Italienisches Zivilgesetzbuch*. München: Beck (in Gemeinschaft mit Giuffrè/Mailand).

Rayar, Louise (1999): „The quality of source texts." Tomaszczyk, Jerzy (1999) (Hrsg.): *Aspects of Legal Language and Legal Translation. European Legal Culture – Communication 1*. Lódź: Lódź University Press, 157-170.

Šarčević, Susan (1997): *New Approach to Legal Translation*. The Hague/London/Boston: Kluwer Law International.

Schmitt, Peter A. (1999): „Qualitätsmanagement." Snell-Hornby, Mary et al. (1999) (Hrsg.): *Handbuch Translation*. Schriften des BDÜ 2. Tübingen: Stauffenburg, 394-399.

Tilch, Horst / Arloth, Frank (2001) (Hrsg.): *Deutsches Rechts-Lexikon in drei Bänden*. München: Beck.

Wiesmann, Eva (2004): *Rechtsübersetzung und Hilfsmittel zur Translation. Wissenschaftliche Grundlagen und computergestützte Umsetzung eines lexikographischen Konzepts*. Forum für Fachsprachen-Forschung 65. Tübingen: Narr.

Witzel, Jutta (2007): „Vertrauen ist gut, ist Prüfung besser? Konformitätsbewertung und Zertifizierung auf Basis der EN 15038:2006." *MDÜ* 1, 15-17.

Wolfram Wilss
Saarbrücken
Der Übersetzer: ein „Experte fürs Allgemeine"?

1 Einleitung

Es gibt Fragen, an denen sich die Profession der Sprachmittler seit Jahrzehnten die Zähne ausbeißt, und dazu gehört vor allem die Frage: Wer ist der bessere Sprachmittler, der Fachmann mit entsprechender Fachausbildung und mit mehr oder minder fundierten Fremdsprachenkenntnissen (die Muttersprache nicht zu vergessen) oder der Sprachmittler mit entsprechender Sprachmittlerausbildung und mit mehr oder minder fundierten Fachkenntnissen?

Eine schlüssige, konsensfähige Antwort auf diese Frage hat bisher weder die Ausbildung noch die Berufspraxis einschließlich ihrer Fachverbände gefunden. M.W. zum ersten Mal wurde diese Frage bei einer BDÜ-Tagung „Begegnung zwischen Praxis und Lehre – Ausbildung zum Übersetzer und Dolmetscher" 1970 in Wiesbaden (Bäse 1970) diskutiert. Dort stellte sich bei den Anwesenden, Vertretern der Bundesbehörden, Sprachendienste, der Wirtschaft und der Universitätsinstitute Heidelberg, Mainz/Germersheim und Saarbrücken, in aller Schärfe die Frage nach dem richtigen Leitbild für die zukünftige Ausbildung von Sprachmittlern. Sollte die bisherige Konzeption in zwei sprachlichen Fächern (Erst und Zweitsprache) und in einem eher randständigen Sachfach/ Ergänzungsfach (Technik, Wirtschaft, Recht) weitergeführt werden? Oder war das Gebot der Stunde ein ganz anderer Zukunftsentwurf, nämlich die Schwerpunktbildung auf Fachwissen mit einer randständigen sprachlichen Ausbildung, die nur in dem Maße zum Zuge kommen sollte, wie sie für den Erwerb einer fachsprachlichen Übersetzungskompetenz mit textspezifischen Übersetzungsstrategien, Übersetzungsmethoden und Übersetzungstechniken erforderlich war? Diese Grundsatzfrage wurde in Wiesbaden nicht entschieden, ebenso wenig die Frage nach einer eventuellen Doppelqualifikation mit gleichrangiger Gewichtung von Sprach und Sachkompetenz. Aber dass sich die Ausbildungsseite und die Berufspraxis diesem Problem früher oder später würden stellen müssen, war damals zumindest in Umrissen klar.

Im Jahr 1983 veranstaltete der BDÜ, diesmal in Köln, eine weitere Tagung. Aufgrund einer einstimmig gefassten Resolution setzte der BDÜ einen Koordinierungsausschuss (KA) „Praxis und Lehre" ein, „dessen vordringliche Aufgabe es ist, eine kontinuierliche und einheitliche Behandlung aller Fragen und Probleme zu ermöglichen, die die Aus und Fortbildung des Dolmetscher und Übersetzernachwuchses und die Anforderungen der Berufspraxis betreffen". Der KA verabschiedete 1986 das „BDÜ-Memorandum", das für den hier diskutierten Zusammenhang aufschlussreich ist. Die Kontroverse – Sprachler mit Fachkenntnissen oder Experte mit Fremdsprachenkenntnissen – aufgreifend, empfahl der KA kurzerhand zwei alternative Studiengänge, einen Studiengang mit zwei

Sprachfächern und einer (angemessenen) Sachfachausbildung und einen zweiten mit einem Sprachfach und einem gleichrangigen nichtsprachlichen Sachfach. Letzteres „wird als Nebenfach studiert und ist nicht notwendig mit dem Fachübersetzen verknüpft". Dass der KA mit diesem Programm den ohnedies an Ressourcenengpässen leidenden Universitätsinstituten einen Bärendienst erwiesen hat, bedarf keiner Worte. Das uns beschäftigende Problem muss anders angegangen werden.

Als Ausgangspunkt dient die (vordergründig) triviale Feststellung, dass ein Übersetzer beim Übersetzen mit Problemen unterschiedlicher Art rechnen muss. Diese Probleme rühren daher, dass Sprachen und Kulturen nicht, jedenfalls nicht vollumfänglich, auf der Basis von Eins-zu-Eins-Entsprechungen aufeinander abbildbar sind. Diese Feststellung ist übersetzungspraktisch und übersetzungswissenschaftlich (übersetzungsunterrichtlich) von Belang, weil sich damit die von einem Übersetzer zu fordernden (Kern)Qualifikationen angeben lassen: Er muss die situativ richtigen Strategien, Methoden und Techniken des Übersetzens kennen und möglichst objektive Kriterien für die Beurteilung des Wirkungs-verhältnisses von Ausgangstext und Zieltext besitzen.

2 Wissensressourcen

Aus der Textgebundenheit des Übersetzungsprozesses resultiert die übersetzungspraktisch und übersetzungsunterrichtlich zentrale Frage, wie Übersetzen als funktional bestimmter Transfer abläuft und welche Rolle dabei die übersetzungsprozessual maßgebenden Variablen, der Ausgangstextsender und seine Mitteilungsabsicht, der Übersetzer und seine den Transfer steuernden Wissensbereiche und Zieltextvorstellungen sowie der Zieltextempfänger und seine qualitativen Zieltexterwartungen, spielen. Wissenspsychologisch gesprochen, geht es darum, deklaratives und prozedurales Wissen kontextangemessen zu aktivieren. Unter deklarativem Wissen (Wissen, was) sind die vom Übersetzer abrufbaren sprachlichen, außersprachlichen und soziokulturellen Wissenspotentiale zu verstehen. Prozedurales Wissen (Wissen, wie) bezieht sich auf die Fähigkeit, aus der Menge der verfügbaren Informationen jenes Wissen auszuwählen, das für die erfolgreiche Erledigung des jeweiligen Übersetzungsauftrags erforderlich ist.

Ein Übersetzer, der langsam arbeitet oder zeitweise gar nicht vorankommt, lässt Wissensdefizite erkennen. Er muss, bildlich gesprochen, „Tiefenbohrungen" im Sinne eines deep level of processing vornehmen. Er kommt mit einer „flachen" Verarbeitungsebene (shallow level of processing) nicht zum Ziel. Den beiden Verarbeitungsebenen entsprechen unterschiedliche Bewusstseinsgrade; diese wiederum haben eine Auswirkung auf die Art und Weise der kognitiven Verhaltensorganisation. „Flache" Informationsverarbeitungsprozesse sind nur dann möglich, wenn ein Übersetzer besonders „tief" gespeicherte und fest verankerte Wissensbestände aus seinem Langzeitgedächtnis relativ mühelos abrufen kann; umgekehrt sind „tiefe" Verarbeitungsprozesse dann notwendig, wenn sich ein

Übersetzer mehr oder minder mühsam die erforderlichen Wissensbestandteile zusammensuchen muss, die er braucht, um mit einem Übersetzungsproblem fertigzuwerden. (So habe ich in den 50er Jahren einmal Stunden damit zugebracht, um in einer deutsch-englischen Übersetzung für den deutschen Begriff „Festkörperphysik" das damals in den einschlägigen Lexika noch nicht verzeichnete Äquivalent 'solid state physics' ausfindig zu machen.) Langsame, unerfahrene Übersetzer haben keinen Zugang zu Optionen, die dem schnellen, erfahrenen Übersetzer die Arbeit erleichtern. Deshalb muss der Übersetzungsunterricht (die „Angewandte Übersetzungswissenschaft") mehr Augenmerk als bisher auf die wechselseitige Abhängigkeit von Schnelligkeit des Vorgehens und Qualität des Produkts richten (s. u.).

Dafür braucht der Übersetzer ein berufspraktisch bestimmtes Wissenspotential, das einen nicht hoch genug einzuschätzenden Beitrag zur Bewältigung seiner Aufgaben leistet. Wissen ist ein wesentliches Element unserer manuellen und/oder kognitiven Tätigkeit. Wissen ist gleichsam der „Leuchtturm im Datenmeer". Das Vorhandensein oder Nichtvorhandensein von Wissen entscheidet i. d. R. über Erfolg oder Misserfolg unserer Aktivitäten. Dies gilt für das Übersetzen in besonderem Maße, weil der Übersetzer im Spannungsfeld von zwei Sprachen und Kulturen steht, wo doch die Beschäftigung mit einer Sprache und einer Kultur oft schon mehr als genug Probleme aufwirft.

Der Übersetzer, der über differenzierte Wissensinventare verfügt – gleichgültig, ob aus dem internen Wissensspeicher (Langzeitgedächtnis) oder einem externen Speicher (Datenbank) abrufbar –, kann sein Vorgehen so organisieren, dass es, wie später zur Sprache kommen wird, den Charakter von Routineprozessen annimmt. Routine stellt, wie Luhmann in seinem Aufsatz „Lob der Routine" (1971) überzeugend dargelegt hat, ein erhebliches Maß an kognitiv-assoziativer Antriebsenergie dar und ermöglicht in bestimmtem Umfang eine quasi-kybernetische (quasi-algorithmische) Selbststeuerung unseres Verhaltens. Der sozusagen natürliche Status, den wir der Routine zusprechen, erklärt sich aus der Selbstverständlichkeit, mit der wir uns in ihr eingerichtet haben.

Wissensinventare sind verdichtete und – im Rahmen unserer Möglichkeiten kategorialen und begrifflichen Denkens – systematisierte, geordnete Erfahrungen. Über Wissen ist in der psychologischen Fachliteratur sehr viel, über Wissen als Voraussetzung effizienten Übersetzerverhaltens relativ wenig (Systematisches) geschrieben worden. Wissen ist keineswegs nur Beweismittel zur Begründung von Feststellungen (Hypothesen) in der wissenschaftlichen Diskussion. Wissen hat, wie angedeutet, eine zentrale Funktion in allen kognitiven Vorgängen, die mit Sachverhaltsklärung und Sachverhaltstransfer, mit Problemlösen, mit Routine, mit Intuition und mit Zukunftsgestaltung zu tun haben. Nicht nur das, was wir wissen, sondern auch das, was wir nicht wissen (aber vielleicht in Erfahrung bringen können), bestimmt unser Verhalten. Da der Übersetzer, abgesehen von besonders glücklichen (oder besonders monotonen) Arbeitsumständen, nicht weiß, welches Wissen er wann braucht, muss er den Wissenserwerb und die

Wissensaktualisierung als eine Kulturtechnik begreifen, die ein entsprechend trainiertes Gedächtnis voraussetzt.

3 Gedächtnisfunktionen

Wie jede mentale Aktivität, so beruht auch das Übersetzen auf dem Vorhandensein und der Leistungskraft des Gedächtnisses (Wilss 1992). Ein gut funktionierendes Gedächtnis – im Zusammenwirken von „gewusst, was", „gewusst, wie" und in wachsendem Maße „gewusst, wo" (Internet-Surfing) – ist unser geistiges Hauptkapital; es ist das Bindeglied zwischen Wahrnehmungs und Denktätigkeit und macht unsere hochkomplexen übersetzerischen Leistungen unter ständig wechselnden Konstellationen (Text[sorten]bedingungen, Auftragsspezifikation etc.) möglich. Besäßen wir kein Gedächtnis, das den Wissensinput oder zumindest Teile davon zugriffsfreundlich ordnet, könnten wir unsere Erfahrungsinhalte und die Ergebnisse unserer Lernprozesse nicht aufbewahren (jedenfalls nicht auffindbar aufbewahren); wir wären also der Möglichkeit beraubt, Wissensarsenale aufzubauen, Wissensbausteine in vergleichbar raumzeitlichen Zusammenhängen zu reaktivieren und uns auf diese Weise mit unserer Umwelt, unserer textuellen und nichttextuellen, problemlösungsorientiert oder routiniert auseinanderzusetzen. Unser Gedächtnis ist die Voraussetzung für jede Art intelligenter Leistung; es ist die Grundlage aller Informationsprozesse; es ist unsere Hauptinformationsquelle, die umso ergiebiger sprudelt, je mehr Informationen dort in wohl organisierter Form abgelegt sind. Das Gedächtnis ist omnipräsent, es ist unser „inneres Auge"; überall werden Gedächtnisleistungen zum In-Gang-Setzen und zur Koordinierung neuer Aktivitäten zwingend gebraucht. Wir benutzen das Gedächtnis Tag und Nacht; selbst unsere Träume sind das Ergebnis von (nichtkontrollierbaren) Gedächtnisaktivitäten.

Allerdings ist das Gedächtnis, wie wir zu unserem Leidwesen jeden Tag feststellen können, nicht unbegrenzt aufnahmefähig. Diese Begrenzung wird wenigstens teilweise dadurch kompensiert, dass das Gedächtnis auf abstrakte Informationsspeicherung und Informationsverarbeitung eingerichtet ist. Damit ist gemeint, dass wir Informationen zu Informationsblöcken und Informationsmustern (Schemata) zusammenfassen können, ein Umstand, der eine erhebliche Gedächtnisentlastung bewirken kann, die neuerdings durch die Heranziehung computertechnologischer Hilfen (sog. „Gedächtnisschoner") begünstigt wird (s. u.).

Ein gutes Beispiel für die Schematisierung der Sprachverwendung, der intralingualen und der interlingualen, sind Verbalstereotypen (Coulmas 1981), die wir in unserer Alltagskommunikation und in unserer Fachkommunikation zu Hunderten verwenden und die deshalb ein nicht zu unterschätzender Bestandteil unserer kommunikativen Kompetenz sind. Dazu im Folgenden ein paar Beispiele:

- Alltagskommunikation:
  Guten Morgen!, Guten Appetit!, Wie geht's?, Na, so was!, Schwamm drüber!, So einfach ist das!, Keine falsche Bewegung!, Freie Fahrt!

• Fachkommunikation:

Dabei handelt es sich um ...; Dabei kann man davon ausgehen, ...; Dabei lässt sich
der Nachweis führen, ...; Dabei ist zu (muss man) bedenken, ...; Dabei hat sich
gezeigt, ...: Dabei muss man sagen, ...; Dabei ist (jedoch) unverkennbar, ...; Dabei
lässt sich zeigen, ...; Dabei hat sich ergeben , ...; Dabei muss man sich vor Augen
halten, ...; Dabei ist zu beachten, ...

Solche Standardkonfigurationen, denen außersprachliche Standardsituationen
entsprechen, erleichtern den Aufbau von Wissensframes, die natürlich gedächt-
nismäßig viel leichter beherrschbar sind als freie Formulierungen, die außerhalb jeder Schematisierung stehen. Die KI-Forschung hat daraus den Schluss
gezogen, dass es darauf ankommt, (zunächst) die invarianten Eigenschaften von
Kommunikationssituationen zu erfassen, um so wenigstens zu den elementaren
Stufen der Informationsverarbeitung einen programmierbaren Zugang zu finden.

Wie (gut oder schlecht) das Gedächtnis arbeitet, kann man u.a. dadurch feststellen, dass man den Ablauf von Übersetzungsprozeduren beobachtet – entweder
prospektiv im Rahmen der Methode des Lauten Denkens oder retrospektiv
durch einen Vergleich einer Übersetzung mit dem Original (Fehleranalyse). Dabei zeigt sich immer wieder, dass das Gedächtnis nur dann effektiv in Aktion
treten kann, wenn sich das erworbene Wissen in transparenten Gedächtnisspuren verfestigt hat. „Chaotische" Gedächtnisspuren taugen nicht viel, nicht nur
weil sie einen relativ geringen „Überlebenswert" besitzen, sondern weil sie die
Entwicklung professioneller übersetzerischer Qualifikationen eher behindern als
unterstützen. Wenn wir z. B. vom Übersetzer als „Profi" sprechen, meinen wir
ja nicht, dass jemand einen bestimmten Text besonders gut und/oder besonders
schnell übersetzen kann, sondern dass er mit gleich bleibender Qualität einzel-
textübergreifend und einzelsituationsübergreifend arbeiten kann. Die Qualifikation eines Übersetzers erweist sich gerade daran, dass er sein Wissen auf möglichst viele Texte und in den einzelnen Texten auf möglichst viele Textsegmente
anwenden kann und damit ein Verhalten an den Tag legt, das er in der tagtäglichen Übersetzungsarbeit praktizieren muss, um nicht als Stümper abgestempelt
zu werden. Die Qualifikation eines Übersetzers wird also entscheidend durch
die Qualität seiner Gedächtnisaktivität bestimmt. Deren Effizienz beruht, wie
erwähnt, im wesentlichen darauf, dass er mit externen Gedächtnishilfen souverän
umgehen kann.

4 Kompensationsstrategien

Man muss nicht exotische Sprach und Kulturgemeinschaften bemühen, um
massenhaft Beispiele zu finden, die zeigen, dass Kompensationsstrategien nötig
sind, wenn man einen Zieltext formulieren will, der Wirkungsgleichheit mit
dem Ausgangstext aufweist. „All languages leak", hat Sapir gesagt. Immer
wenn nach den lexikalischen, morphologischen, idiomatischen, syntagmatisch-
syntaktischen und soziokulturellen Normen der Zielsprache ein Direkttransfer
nicht möglich ist, muss der Übersetzer darauf vorbereitet sein, auf Ausdrucks-

verschiebungen auszuweichen, deren Effektivität davon abhängt, ob Kompensationsbewusstsein und Kompensationsvermögen so aufeinander zugeordnet sind, dass Problemlösungsaktivitäten den gewünschten Erfolg haben.

Wie jeder Problemlöser, so stellt auch der mit einem Problem konfrontierte Übersetzer eine Hypothese über den einzuschlagenden Lösungsweg auf und versucht dann, auf der Basis heuristischer Probierbewegungen eine für seine Zwecke geeignete Kompensationsstrategie aufzubauen. Problemlösen verfolgt das Ziel, Ungewissheiten, Unsicherheiten, Blockaden in der Ausführung einer Übersetzung schrittweise zu eliminieren. Dabei werden oft, vor allem bei Problemen mit einem „offenen" Problemraum, alternative Möglichkeiten in Betracht gezogen. Kompensationsstrategien werden immer dann virulent, wenn sich eine Arbeitssituation als „defekte Gestalt" präsentiert, wenn ein Orientierungsdefizit besteht, welches Spannung und Unbehagen erzeugt. Kompensationsstrategien haben Filterfunktion; sie sind eine Art Terrainsondierung, in deren Verlauf aus Intransparenz Transparenz wird. Wissen und Erfahrung entscheiden darüber, ob ein Übersetzer eine bestimmte Situation als Aufgabe empfindet, für die bereits ein Lösungsmechanismus existiert, oder ob er darin ein Problem sieht, für das noch eine Lösung gefunden werden muss (Dörner 1979). Im letzteren Fall gibt es zwei Komplikationsfaktoren: Entweder stehen für die Lösung eines Problems nicht genug Daten zur Verfügung, dann geht dem eigentlichen Problemlösen eine Datenrecherchierphase voraus; oder es sind genug (u. U. mehr als genug) Daten vorhanden, aber sie sind nicht so geordnet, dass sie zügige Problemlösungsoperationen zulassen.

Ihrem Wesen als intelligenzbasierte Heurismen entsprechend sind Problemlösungsoperationen Suchprozesse; diese setzen voraus, dass der Übersetzer weiß, wonach er sucht und wie er das Gesuchte findet. Allerdings sind nicht alle Suchprozesse gleichermaßen effektiv. D. h., Problemlösen ist ohne die konstruktive Leistung des erkennenden Subjekts (wie man beim Internet-Surfing feststellen kann) nicht vorstellbar. Es liegt nahe, dass der Übersetzer, wenn er ein Problem möglichst ökonomisch in den Griff zu bekommen versucht, erst einmal in seinem Gedächtnis nachforscht, ob er nicht zu einem früheren Zeitpunkt dasselbe oder ein ähnliches Problem gelöst hat. Wenn dieser Suchprozess positiv ausgefallen ist, überträgt er die damals praktizierte Problemlösung auf die neue Problemsituation. Allerdings ist bei Problemlösungen in einem offenen Problemraum ein solcher Fall eher die Ausnahme als die Regel.

So wie viele Problemlösungen, so stellt auch das Übersetzen eine Art transformation of arrangements dar, welche immer wieder neue Problemlösungsverfahren erfordert, weil sich sowohl „Arrangement"-Konstellationen als auch „Transformations"-Bedingungen ständig ändern. Man kann die eigene Übersetzungspraxis nur begrenzt als ein Reservoir an heuristisch bewältigten Übersetzungsfällen ansehen, die gesicherte, gleichsam regulative, auf neue Übersetzungssituationen problemlos anwendbare Lösungsmechanismen darstellen. Gemeinsam ist allen Problemlösungsverfahren, dass sie drei zentrale Merkmale aufweisen:

1. Zielgerichtetheit: Jeder Mensch hat bei jeder Problemlösung, gleichgültig, ob er sie professionell oder nichtprofessionell ausführt, ein Lösungsziel vor Augen.

2. Zerlegung des Gesamtziels in Teilziele: Die Aufstellung von Teil oder Zwischenzielen ist vor allem bei der Lösung von komplexen Problemen wichtig, wo der Problemlöser mit einer großen Zahl von Lösungsbedingungen und Lösungsfaktoren rechnen und Fehlschritte oder große Umwege einkalkulieren muss.

3. Arbeitsprogramm: Es dient der Bestimmung und Abstimmung der Arbeits-schritte, die notwendig sind, um die Hindernisse, mit denen der Weg zum Ziel gepflastert ist, wegzuräumen.

5 Routine

Es entspricht dem Wesen der geistig-intellektuellen Natur des Menschen, dass in seinem kognitiven Kalkül neben reflexiven, problemlösungsbestimmten Bewusstseinsleistungen auch routinisierte Formen der Informationsverarbeitung vorkommen. Letztere kann man als wissens- und erfahrungsbasierte automatische/automatisierte Fertigkeiten bezeichnen. Dass der Mensch, wo immer er kann (und oft auch da, wo dies nicht zulässig ist), diese Art von Fertigkeiten praktiziert, können wir bei vielen alltäglichen Verhaltensweisen beobachten. Die Erklärung dafür ist, dass der Mensch im Umgang mit seiner Umwelt möglichst arbeitssparend vorgehen will. Dies gilt nicht nur für manuelle, sondern auch und in erheblichem Umfang für kognitive Tätigkeiten. Darin spiegelt sich das von Gehlen (1957) thematisierte, ganz natürliche Streben nach „Entlastung". D. h., wir sehen unser Verhalten unter dem Blickwinkel möglichst effektiver „Minimaxstrategien" oder „optimaler Input/Output-Relationen".

Beim Übersetzen liegt ein intellektuelles Entlastungsstreben vor, wenn der Übersetzer bestimmte sprachliche Verhaltensweisen immer wieder „abschreibt" und sich damit ganz bewusst auf die Legitimität und Wirksamkeit routinierter zielsprachlicher Textverfertigungsverfahren verlässt, die den Übersetzungsprozess sozusagen „entprozeduralisieren". Diese Art von Prozessökonomie ist an vier Bedingungen geknüpft:

1. Es muss eine wie immer geartete, formale oder funktionale Isomorphierelation zwischen ausgangssprachlichen und zielsprachlichen Ausdruckspotentialen bestehen, die es erlauben, auf eine Übersetzungsprozedur mehr oder minder einfache Korrespondenzregeln anzuwenden.

2. Der Übersetzer muss in der Lage sein, das von ihm im Laufe seiner Ausbildung und/oder seiner Berufspraxis akkumulierte Wissen kontextunabhängig einzusetzen.

3. Routinisiertes Übersetzen stützt sich auf „topische Arsenale" oder Möglichkeiten der „topisierten Rede", mit deren Hilfe der Übersetzer seine Tätigkeit ökonomisch organisieren kann.

4. Der Übersetzer muss wissen, wann und wo Routine sinnvoll ist und wie er sich von Routinearbeit entlastet, indem er auf maschinelle Übersetzungshilfen zurückgreift, die den Berufsalltag zumindest des technischen Übersetzers in wachsendem Maße bestimmen (s.u.).

5 Qualität vs. Schnelligkeit

Die Quadratur des Kreises beim Übersetzen ist das Verhältnis von Qualität und Schnelligkeit. I. d. R. ist der Übersetzer das letzte Glied in einem oft komplexen Kommunikationsprozess, und den Letzten beißen die Hunde bekanntlich zuerst. So kommt es, dass der ständige Mahner in der Berufspraxis seit jeher die Uhr ist; insofern ist die Uhr ein Stück der Kulturgeschichte der internationalen Kommunikation. Alle Übersetzer, jedenfalls seitdem sie einen eigenen Berufsstand darstellen, laufen der Zeit hinterher. Sie müssen ständig jonglieren zwischen Termineinhaltung und Qualität, und oft genug erfahren sie neuerdings, dass der Termin der Qualität den Rang abzulaufen begonnen hat, ein Umstand, der die intensive Diskussion von Qualitätssicherungsmaßnahmen verständlich macht. Vielerorts ist heute nicht die Qualität, sondern die schnelle Verfügbarkeit einer Übersetzung das wichtigste Kriterium für effizientes Übersetzerverhalten, weil das Postulat „Fast is smart" die gesamte Berufspraxis dominiert und der Arbeitstag des Übersetzers von den Terminwünschen des jeweiligen Kunden diktiert wird. Jeder, der seinen Lebensunterhalt mit Übersetzen verdient, weiß, dass schnelle Auftragserledigung, schnelles (Weiter-)Lernen, schnelle Recherchen und schnelle Entscheidungsprozesse unverzichtbare Voraussetzungen sind, wenn man unter ständigem Zeitdruck seine Arbeit qualitativ zufriedenstellend erledigen will. Das Motto „Zeit ist Geld" gilt auch für die Übersetzungspraxis.

Es ist bekannt, dass die moderne Gesellschaft Schnelligkeit außerordentlich schätzt; sie ist geradezu geschwindigkeitsbesessen. Wer die Geschwindigkeit kontrolliert, hat die Macht; wer am schnellsten ist, regiert. Es gibt heute Manager, die sagen, ihnen genüge es, wenn ihre Mitarbeiter in etwa 70 % der Fälle, die sie zu bearbeiten haben, mit ihren Entscheidungen richtig liegen, solange diese Entscheidungen nur schnell getroffen werden. Es ist besser, ungefähr recht zu haben und „suboptimale" Entscheidungen zu treffen, als langsam zu sein, weil es viel teurer ist, in der globalen Konkurrenz (vorübergehend) zurückzufallen, als gelegentlich einmal einen Fehler zu korrigieren. Zeit ist nicht nur Geld, sie kostet auch Geld. Langsamkeit verursacht in der Sprache der Betriebswirte „Opportunitätskosten". Eingeklemmt zwischen der „Fast-to-market"-Forderung und der „Safe-to-market"-Forderung muss der Übersetzer einen akzeptablen Kompromiss suchen, der allerdings dadurch erschwert wird, dass der Übersetzer überwiegend mit einem breiten Aufgabenspektrum konfrontiert ist und sich selten spezialisieren kann.

6 Recherchierarbeit

Der Mangel an Spezialisierungsmöglichkeiten, der dem Übersetzer den nicht unbedingt positiv gemeinten Ruf des „Experten fürs Allgemeine" eingebracht hat, steht in krassem Widerspruch zu der Erfahrung, dass heute der Einzelne, will er nicht als Dilettant abgestempelt werden, i. d. R. nur ein Fachgebiet beherrscht, wobei dieses unterschiedlich eng oder breit definiert sein kann.

Besonders ausgeprägt ist der Trend zur Spezialisierung bei den Ingenieurberufen, wie man aus dem regelmäßig erscheinenden Berufsindex der FAZ ersehen kann. Dementsprechend hat sich der Stellenmarkt für Ingenieure in den letzten Jahren deutlich verbessert. Besonders Ingenieure mit (englischen) Fremdsprachenkenntnissen sind eine harte Konkurrenz für Übersetzer geworden, und wenn nicht alle Anzeichen täuschen, wird sich diese Entwicklung, und dies nicht nur bei Ingenieuren, sondern auch bei anderen Fachleuten mit Fremdsprachenkenntnissen, in den kommenden Jahren verstärken.

Das grundlegende Prinzip der Recherchearbeit ist Datenspeicherung mit Hilfe elektronischer Datenspeicher, die eine „Verdichtung" oder eine „Verflüssigung" der Übersetzerpraxis ermöglichen. Ein Übersetzer, der mehr weiß als ein anderer und mit externen Speichern ökonomisch umgehen kann, hat einen Wettbewerbsvorteil, weil der wissensgepflasterte Weg zum Ziel geradlinig ist, ohne gleichermaßen zeitraubende und ergebnislose Recherchephasen. Extern (und intern) gespeichertes Wissen ist allerdings nur dann von Nutzen, wenn der Übersetzer im entscheidenden Moment rasch darauf zugreifen kann. Nichtabrufbares Wissen, auch „träges Wissen" genannt, ist wertlos. Wissen taugt nur etwas, wenn die gespeicherten Wissensbestände geordnet (strukturiert) sind, wenn der Übersetzer mit Hilfe seines Gedächtnisses dieses Ordnungsprinzip beherrscht und wenn er ständig im Auge behält, dass Gedächtnisspuren nicht starr sind, sondern sich laufend verändern, weil sie durch neue Informationen „überschrieben" werden. Was der Übersetzer braucht, um sein Wissen effektiv einsetzen zu können, ist gleichsam ein Wissen über Wissen (Metawissen).

Die Strukturiertheit von Wissen ist eine wesentliche Voraussetzung für seine Wiederauffindbarkeit (information retrieval). Wiederauffindbarkeit wiederum ist das Kriterium für den Unterschied zwischen Information und Wissen. Ein Großteil der vom Übersetzer tagtäglich aufgenommenen Informationen wird nicht zu Wissen verarbeitet, sondern gleitet gleichsam an seinem Langzeitgedächtnis vorbei. Für den Übersetzer ist es ein großes Problem, dass er nicht alles wissen kann, was für ihn wissenswert ist, dass er Schwierigkeiten hat, zwischen objektiv Wissenswertem und Nichtwissenswertem zu unterscheiden, und dass er längst nicht alles, was er in mehr oder minder deutlicher Form weiß, aktualisieren kann, weil er nicht rekonstruieren kann, an welcher Stelle er das fragliche Wissen in seinem Gedächtnis abgelegt hat. Dieses Problem ist heute aktueller denn je. Deshalb gehört es, wie angedeutet, zu den (Kern-)Qualifikationen des Übersetzers, dass er im Zeitalter extremer Quantitäten ein Grundverständnis darüber besitzt, wie wissensbasierte Prozesse initiiert, durchgeführt und erfolgreich abgeschlossen werden, und das nicht nur auf den Gebieten, die ihm vertraut sind, sondern auch und vor allem auf ihm bislang unbekanntem Terrain.

Der gegenwärtigen Wissensexplosion ist mit rein quantitativen Mitteln und kumulativen Methoden nicht beizukommen. Es gibt offenbar keinen Wissensspeicher, der mit zunehmender Größe eine entsprechende Steigerung seiner Leistungsfähigkeit aufweist. Im Gegenteil. Früher oder später sieht sich der Übersetzer mit dem Dilemma sich gegenseitig blockierender Informationsströme konfrontiert (evident bei Veröffentlichungen in den Größenordnungen von ca. 100.000 bis mehreren 100.000 Wissenseinheiten pro Jahr und Fachgebiet). Die physischen und psychischen Möglichkeiten des Menschen, ständig neue Informationen aufzunehmen und zu verarbeiten (ohne die inzwischen zu Wissen transformierten Informationen wieder zu vergessen; die sog. „Halbwertzeit" des Wissens ist eine Illusion), ist begrenzt. Der Mensch ist ein Wesen, das gezwungen ist, durch selektives Vorgehen (z. B. Suchabfragen im Internet) ein ökonomisches Kalkül zu praktizieren und vorhandenes Wissen auf das Wesentliche zu reduzieren, bevor er es sinnvoll in seine Arbeitswelt integrieren kann und damit vermeidet, den Überblick zu verlieren.

Übersetzen ist bekanntlich ein kommunikativer Sonderfall, bei dem es darum geht, zwei Ausdrucksinventare, ein ausgangssprachliches und ein zielsprachliches, intertextuell und kontextuell aufeinander zuzuordnen. Kalkül und Strategie des Übersetzens manifestieren sich zwischen Ausgangstext(autor) und Übersetzer einerseits und zwischen Übersetzer und Zieltext(leserschaft) andererseits. Aus dieser kommunikativ schwierigen Konstellation folgt, dass man Übersetzen als eine spezifische Form wissensbasierter Sprachverwendung zu verstehen hat. Dabei bestimmt sich der Erfolg der Übersetzertätigkeit mehr an der progressiven Integration alter und neuer Erkenntnisse und Orientierungen als an vorgefassten Meinungen über Übersetzungstheorie und Übersetzungspraxis („Übersetzen Sie, was dasteht!"). Für den Übersetzer kommt es darauf an, so beweglich zu sein, dass er mit dem Tempo des Umschlags von Wissen in einer von Globalisierung und Informationstechnologie geprägten Welt mithalten kann und dass neue Begriffe wie „Kundenzufriedenheit", „Kundenbindung", „Best Practice", „Second-best Practice", „Marketing" oder DIN 2345 keine Fremdwörter für ihn sind.

7 Maschinelle Übersetzungshilfen

Dass der Computer als Vielzweckgerät den Arbeitsplatz des Übersetzers (und in wachsendem Maß auch den des Dolmetschers) grundlegend verändert, ist heute opinio communis. Er ist nicht nur für den Aufbau von terminologischen Datenbanken unentbehrlich; ebenso wichtig ist seine Funktion als Sammelstelle von sog. Textbausteinen morphologischer, phraseologischer und syntaktischer Art, die für das Erscheinungsbild technischer und verwaltungssprachlicher Texte konstitutiv sind. Dafür hat sich der Terminus „Translation Memories" eingebürgert. Auf sie konzentriert sich heute das Interesse der MgÜ-Forschung (MgÜ

= maschinengestützte Übersetzung) nicht nur deshalb, weil die interaktionsfreie maschinelle Übersetzung zumindest vorläufig, wenn nicht langfristig eine „Vision" mit schwer prognostizierbaren Erfolgschancen bleiben wird, sondern auch weil „Translation Memories", jedenfalls auf dem Gebiet hochstandardisierter Texte (z. B. in der Software-Übersetzung), nahezu unbegrenzt erweiterungsfähig sind (Freigang 1996). Dies ist deshalb wichtig, weil

> producing a high quality translation remains time-consuming and costly. Companies that need to produce manuals in many languages are turning to computational linguistics for new ways to reduce the time spent on translation and still achieve good quality manuals in several languages (Financial Times, 22./23.2.1997, 11).

Für den Übersetzer freilich sind „Translation Memories" nicht nur Anlass zur Freude. Sie sind in Gefahr, in ihrer beruflichen Existenz auf eine Art „Standby-Modus" (Bolz 1999:85) reduziert zu werden mit dem Auftrag, die ihnen zur Übersetzung übergebenen Texte unter dem Aspekt einer hochgradig apparativen Schreibpraxis zu optimieren – auf die Gefahr hin, dass sie in den „Translation Memory"-Netzwerken verschwinden. Das bedeutet, dass die angestammte Rolle des Übersetzers als eines interlingualen/interkulturellen Kommunikators nur erhalten bleibt, wenn die Übersetzung hochstandardisierter Texte langsam, aber sicher aus dem Arbeitsfeld des Übersetzers verschwindet.

Neben den „Translation Memories" – die vor allem von TRADOS Stuttgart (TRADOS = Translation of Documentation Software) entwickelt wurden (Kingscott 1999) – ist die „Multimediatisierung" heute die wichtigste Form der Unterstützung des Übersetzers durch die Computertechnologie. „Multimediatisierung" heißt, dass die (Welt-)Gesellschaft heute die Möglichkeit hat, auf der Basis der weltweiten Computervernetzung Informationen der verschiedensten Art über einen Medienverbund in Sekundenschnelle von einem Ort der Erde an einen anderen zu transportieren.

Der Impulsgeber für die moderne Informationstechnologie ist das mehrfach erwähnte Internet, „das Netz der Netze", das sowohl für die Weitergabe eigener Daten als auch zur Sammlung und Auswertung fremder Daten dient. Die Nutzung des Internet ist heute in der übersetzerischen Berufspraxis noch eher die Ausnahme als die Regel. Der Grund: Die Übersetzerprofession beherrscht (noch) nicht den Umgang mit dem Internet; sie zögert, sich damit auseinanderzusetzen, weil sie Vorteile und Nachteile, Chancen und Risiken der Internetnutzung noch nicht abschätzen kann. Man ahnt allenfalls, und das gilt vor allem für ältere Übersetzer und Lehrkräfte, dass man für das Verständnis des dem Internet zugrunde liegenden Prinzips eine neue Sicht der Dinge braucht, die etwas mit Systemvernetzung, Interdependenz und Mensch/Maschine-Interaktion zu tun hat und die Globalisierung von Kommunikationsprozessen ermöglicht (Forstner 2000).

Für das Übersetzen galt bisher das Prinzip der „High Skill(s), Low Cost, Low Tec". Das scheint sich in bestimmten Bereichen der Übersetzungspraxis zu ändern, vor allem auf dem Gebiet der „Billigtexte" (Software-Übersetzung). Es gibt neuerdings Möglichkeiten, das auf dem ganzen Erdball verteilte Potential an Übersetzern so zu vernetzen und zu bündeln, dass am Horizont ein internationaler Arbeitsmarkt für Übersetzer sichtbar wird, der sich an dem Prinzip „High Skill(s), Low Cost, High Tec" orientiert (Wilss 2000).

8 Schlussbemerkung

Im Verlauf der bisherigen Ausführungen sollte klar geworden sein, dass die Frage, wer der bessere Übersetzer ist, der Fachmann mit Fremdsprachenkenntnissen oder der Sprachler mit Fachkenntnissen, von untergeordneter Bedeutung ist. Entscheidend ist, was der einzelne Übersetzer kann (employability). Dabei spielt die Fähigkeit zum Erkennen von verhaltensprägenden und verhaltensordnenden Mustern als einer besonderen Form „nachhaltigen Wissens" (Kornwachs 1999; s. auch Detzer et al. o.J.) eine wichtige Rolle. Für den Übersetzer, der immer zwischen dem Ausgangstext und dem im Entstehen befindlichen Zieltext hin und her springen muss, gilt, dass die Grenzen des eigenen Wissens die Grenzen der eigenen Leistungsfähigkeit und seiner Belastbarkeit sind.

Bibliographie

Bäse, H.J. (Hrsg.) (1970): *Begegnung zwischen Praxis und Lehre. Die Ausbildung zum Übersetzer und Dolmetscher.* Wiesbaden: Brandstetter.

Bolz, N. (1999): *Die Konformisten des Andersseins.* München: Fink.

Coulmas, F. (1981): *Routine im Gespräch. Zur pragmatischen Fundierung der Idiomatik.* Wiesbaden: Athenaion.

Detzer, K.A. et al. (o.J.): *Nachhaltiges Wirtschaften. Expertenwissen für umweltbewußte Führungskräfte in Wirtschaft und Politik.* Augsburg: Kognos

Dörner, D. (1979): *Problemlösen als Informationsverarbeitung.* Stuttgart: Kohlhammer.

Forstner, M. (2000): „Zwischen globalisierter Kommunikation und kultureller Fragmentierung – zur Rolle der Translatoren in der neuen Informations und Kommunikationswelt." Wilss, W. (Hrsg.): *Weltgesellschaft – Weltverkehrssprache – Weltkultur. Globalisierung vs Fragmentierung.* Tübingen: Stauffenburg. 139-183.

Freigang, K.-H. (1996): „Software-Lokalisierung. Ein Gegenstand übersetzungswissenschaftlicher Reflexion?" Lauer, A. et al. (Hrsg.): *Übersetzungswissenschaft im Umbruch. Festschrift für Wolfram Wilss zum 70. Geburtstag.* Tübingen: Narr. 135-146.

Gehlen A. (1957): *Die Seele im technischen Zeitalter. Sozialpsychologische Probleme in der industriellen Gesellschaft.* Hamburg: Rowohlt.

Kingscott, G. (1999): „New strategic direction for TRADOS." *Language and Documentation* 2/1999: 6-11.

Kornwachs, K. (Hrsg.) (1999): *Nachhaltigkeit des Wissens.* Brandenburgische Technische Universität Cottbus, Lehrstuhl für Technikphilosophie.

Luhmann, N. (1971): „Lob der Routine." Luhmann, N.: *Politische Planung. Aufsätze zur Soziologie von Politik und Verwaltung.* Opladen: Westdeutscher Verlag. 113–142.

Wilss, W. (1992): *Übersetzungsfertigkeit. Annäherungen an einen komplexen übersetzungspraktischen Begriff.* Tübingen: Narr.

Wilss, W. (2000): *Wandlungen eines Universitätsinstituts. Vom „Dolmetscherinstitut" zur „Fachrichtung Angewandte Sprachwissenschaft sowie Übersetzen und Dolmetschen" der Universität des Saarlandes.* ANNALES UNIVERSITATIS SARAVIENSIS. Philosophische Fakultät, Band 14. St. Ingbert: Röhrig Universitätsverlag.

Gerd Wotjak
Leipzig
Was heißt das eigentlich:
ein Text, ein Translat funktioniert?

Kann man dann, wenn ein Translat funktioniert, davon ausgehen, dass wir es mit dem Produkt einer angemessenen, korrekten, qualitätskonformen translatorischen Handlung zu tun haben? Wer aber stellt dann fest, dass das Translat wirklich funktioniert: der Translator selbst, der Auftraggeber oder vielmehr eine wie auch immer zu leistende Rückkopplung zu den Rezipienten dieses Zieltextes/ZT? Muss das Translat vom ZT-Rezipienten (sofern er zum Adressatenkreis gehört) gemäß dem vom Auftraggeber gestellten oder u. U. auch vom Translator selbst determinierten Translationsskopos verstanden werden? Muss in einem solchen Fall bspw. das Translat sich lesen wie ein weiterer Originaltext, der als Paralleltext durch einen fachlich-thematisch kompetenten ZT-Sender faktisch auch unabhängig vom Ausgangstext/AT geschaffen worden sein könnte? Reicht es, um vom Funktionieren eines Translats zu sprechen, dass die ZT-Rezipienten diesen Text und das mit dessen Abfassung verfolgte Handlungsziel verstehen? Kann die Bezugnahme auf den AT wirklich einfach ausgeblendet oder doch weitgehend relativiert werden? Immerhin ist das Verstehen ohnehin sehr relativ zu sehen und mag u. U. sogar allein die Wahrnehmung der mit dem translatorischen Handeln, der ZT-Produktion, verfolgten Zwecksetzung schon ausreichend sein, um dem Translat eine hinreichende Qualität zu bescheinigen?

Wir glauben, dass es durchaus auch für die thematisierte Qualitätsproblematik relevant ist, wenn wir uns den hier aufgeworfenen theoretisch komplexen und komplizierten Fragestellungen ohne Anspruch auf wesentlich neue Einsichten im Folgenden in einer tentativen Zusammenschau zuwenden. Dabei wird u. a. auch auf solche nicht konsensuell einheitlich bzw. hinreichend klar bestimmte Bezeichnungen/Begriffe einzugehen sein, wie auf die *Textfunktion*, die *funktionskonstante* bzw. – *variante Übertragung* und – wie könnte es bei über 40 Jahren Leipziger Schule auch anders sein – auch auf die von letzterer postulierte *kommunikative Äquivalenz* selbst.

1

Angesichts der Dominanz des Paradigmas der Allgemeinen Funktionalen Übersetzungswissenschaft (Nord 1997, 2002) und nicht zuletzt der Skopostheorie von Vermeer (1996) gehört das Reden von Funktion wie Funktionieren sowie vom Skopos und der nicht ernsthaft zu bezweifelnden Zweckbestimmtheit jeden Handelns und mithin auch des translatorischen (u. a. Holz-Mänttäri 1984) offenbar ganz selbstverständlich zum guten Ton des neueren übersetzungswissenschaftlichen Diskurses. Dabei kann man das Interesse an einer funktionalen Beschreibung auch außerhalb des Translationsbezugs, etwa ganz allgemein bei der Beschreibung sprachlicher Phänomene, angefangen von grammatischen bis hin zu textbezogenen Untersuchungen (vgl. dazu u. a. Wotjak 2006a), deutlich weiter zurückverfolgen bzw. etwa zeitgleich als verstärkt appliziertes methodisches Herangehen beobachten. Es ist wohl auch kein Zufall, sondern diesem Zeittrend geschuldet, dass vereinzelt auch in der Leipziger Schule in den frühen 70er Jahren von *funktionaler Äquivalenz* gesprochen wurde, wobei diese hier – wohl nicht zuletzt auch auf Grund der diagnostizierten Vieldeutigkeit/ Vielschichtigkeit des Funktionsbegriffes – später im Konsens dann durch die kommunikative Äquivalenz ersetzt wurde.

1.1

Ungeachtet der zunehmenden Popularität des Umgangs mit „Funktion" und der Relevanz dieses Terminus für die Beschreibung translatorischen Handelns im Sinne etwa der vermittelnden Position von Christiane Nord mit ihrem „Rettungsversuch" für die vom Bannstrahl Vermeerscher Skoposargumentation getroffene, „entthronte" Ausgangstextberücksichtigung als formulierte Loyalität gegenüber dem Sender des AT und dem Skopos des Auftraggebers, scheint es u. E. durchaus noch angebracht, den Aspekten im Einzelnen kurz nachzugehen, die als Bestimmungsmerkmale für „Funktion" Pate gestanden haben dürften, leider aber nicht im Detail beschrieben worden sind.

Es ist wohl kein Zufall, sondern liegt im Wesen der Translation wie generell jeglicher sprachlich-semiotischer interpersoneller Kommunikation begründet, dass unter dem Blickwinkel des Gelingens bzw. Glückens der entsprechenden kommunikativen wie übergeordneten sozialen Interaktionshandlungen der mitgeteilte Inhalt und die Funktion der materialisiert vorliegenden Äußerung, des Kommunikats, besonders akzentuiert wurden.

Will der Translator bei offenbar gar nicht so seltener funktionskonstanter Übertragung und unter Beachtung der Loyalität gegenüber dem AT-Sender einen angemessenen, soll heißen, funktionierenden ZT produzieren, so muss er sich von der Form, d. h. den sprachlich-syntaktischen Strukturen und dem Designationspotenzial der Einzellexeme lösen. Er muss versuchen, den im AT in seiner konkreten situativen Einbettung ermittelbaren *kommunikativen Sinn* zu erschließen, beginnend mit einzelnen Sätzen/Sprechakten über Teiltextpassagen bis hin zu der Funktion, die als hierarchisch dominierende Illokution dem ganzen Text als Textfunktion zugeordnet werden kann und die im Sinne einer Top-Down-Prozedur (Neubert 1985) als Vorgabe für die ZT-Produktion ermittelt werden sollte.

Auf dieser Grundlage wären geeignete Vertextungsmöglichkeiten der Zielsprache/ZS, einschließlich weiterer üblicher semiotischer Mittel, zur AT-Kommunikat-orientierten und damit kommunikativ angemessenen ZT-Produktion zu mobilisieren. Nicht zufällig dient bspw. auch die Funktion morphosyntaktischer Mittel und nicht deren Form als Tertium comparationis für den übersetzungsorientierten Sprachvergleich, muss als simples Beispiel darauf geachtet werden, dass bspw. spanische Tempusformen, wie etwa das Futur, die

Funktion einer Modalitätsangabe wahrnehmen können, für die im Deutschen dann bspw. Modalverben zum Einsatz kommen müssen (vgl.1).

(1)

No matarás. Du sollst nicht töten. Serán las 8. Es mag/dürfte wohl 8 Uhr sein.

Offenbar ist die Bezeichnung *Funktion* hier sinngemäß ersetzbar durch das kognitiv-inhaltsmäßige Pendant, in diesem konkreten Fall durch „Ausdruck von Modalität" bzw. generischer durch „Konzeptualisierung eines bestimmten Sachverhalts", eines Ausschnitts aus dem Kontinuum der Designatsdomäne, unserem geteilten Weltwissen, bzw. hier als Konzeptualisierung der Einstellung/Stellungnahme des Senders zum betreffenden referierten Sachverhalt. Dabei bleibe an dieser Stelle dahingestellt, ob sich in diesem Kontext Funktion und Darstellungsfunktion im Sinne etwa von Bühler 1934 bzw. allgemein semantischer Gehalt/lexikalische Bedeutung decken oder nur partiell überschneiden, bzw. ob es Sinn machen könnte, für Funktion eine abweichende Bestimmung als komplementäre Sinnkomponente anzustreben.

1.2

Gewiss handelt es sich bei der obigen Funktionsbeschreibung nur um eine von mehreren Begriffsbestimmungen dieser vielschichtigen Bezeichnung; so finden wir – dies erscheint in verschiedenen Diskursen im Umfeld der Entwicklung der translatorischen Kompetenz belegt – *Funktion* bspw. mit Bezug auf den Text ebenso wie auf die diesen konstituierenden einzelnen lexikalischen Zeichen, etwa im Kontext des Organonmodells der Zeichenfunktionen, die K. Reiss 1983 zur Entwicklung ihrer zumindest in der Translatologie Furore machenden Texttypologie als Grundlage dienten (vgl. auch die Funktionstypologie von Nord 2003; dazu G. Wotjak 2006a).

Bevor wir hier kurz das Grundwissen um Zeichen- wie Textfunktionen knapp rekapitulieren, seien einige wenige Funktionsbestimmungen aus dem Bereich linguistischer Beschreibungen, insbesondere der Grammatiktheorie, angeführt.

Offenbar dominierend dürfte unter Funktion verstanden werden „... das Beabsichtigte, die kommunikative Intention, die hinter dem Gebrauch einer sprachlichen Einheit steht" (Malo Farenkia 1999:17). Dabei beziehen wir uns mit kommunikativer Funktion stets auf die Ebene der Rede im Gegensatz zum Sprachsystem, wobei sich auf beiden Ebenen (die Ebene der Norm im Sinne von Coseriu 1955 wollen wir hier vernachlässigen) kleinere Einheiten herauskristallisieren lassen.[1]

Eine strikte Unterscheidung von kommunikativer Funktion und den Systembedeutungen der sprachlichen Mittel, mit denen sie umgesetzt wird, dürfte schwer

---

[1] „Texte als sprachliche Makrozeichen lassen sich in zweierlei Hinsicht in kleinere Einheiten zerlegen, nämlich, ausgehend von der kommunikativen Funktion, in Gliederungseinheiten der Rede und nach strukturellen Gesichtspunkten in Gliederungseinheiten des Sprachsystems." (O. Kade 1980:18).

fallen, ist doch davon auszugehen, dass nach L´vovskaya (1997:17) die verbale Kommunikation sich nicht durch Sätze oder andere formale sprachliche Mittel vollzieht, sondern in Gestalt von durch diese materiellen Mittel ausgelösten mentalen Operationen (oder, anders gesagt, ausgehend von der Weltsicht und der Kommunikationsabsicht des Senders, mithilfe sprachlicher Mittel). Kommunikative Funktionen, die viele Gemeinsamkeiten mit den Illokutionen der Sprechakttheorie aufweisen[2], können in Texten u. a. durch kommunikative Mikrofunktionen umgesetzt werden, also durch Sinneinheiten/Informationsbündel oder gar intensional-intentionale kognitive Primitiva, die „wesentliche Teilvorgänge" benennen, „aus denen sich menschliche Äußerungsakte zusammensetzen" (Engel 1990:104). Mit Vilar (2006) „Übersetzungsrelevante Textbeschreibung anhand der Mikrofunktionsanalyse: Ausdruck der Möglichkeit" handelt es sich bei den *Mikrofunktionen*/MF um die kleinsten kommunikativen Einheiten unterhalb der Satzgrenze, die eine bestimmte Äußerungsabsicht manifestieren (dazu u. a. auch Vilar 2007).

Dabei wären diese MF nicht zu identifizieren mit den „kommunikativen Minimaleinheiten" bei Zifonun et al. (1997:88ff), bei denen es um kontextunabhängige, selbstständige Einheiten geht, „die für sich alleine die jeweilige kommunikative Funktion realisieren können". Vilar hingegen fasst unter solchen MF sowohl die kontextunabhängigen als auch die kontextabhängigen Einheiten zusammen, wie sie sich aus einem konkreten Text ergeben.

1.3

Im Hinblick auf das Zeichenmodell von Bühler (2) haben wir es zum Einen mit der *Symptom- bzw. Ausdrucksfunktion* des sprachlichen Zeichens als Bezug auf die Relation Sender - Zeichen und dem in der Zeichenverwendung offensichtlich werdenden Niederschlag von Senderprädispositionen und -charakteristika zu tun; hierzu bildet das texttypologische Pendant bei Reiss der expressive Text.

Zum Zweiten geht es um die letztlich wohl für alle Zeichen prototypische *Symbol- bzw. Darstellungsfunktion*, mit der Bezug genommen wird auf die Semantik und die semiotische Relation zwischen dem Zeichen als bilateralem Gebilde aus Inhalts- und Ausdrucksebene (dazu detailliert zur Darstellung des kommunikativen Potenzials lexikalischer Einheiten in G. Wotjak 1991; 2006b) und dem damit Denotierten, Designierten, dem thing meant oder aber auch dem konzep-

---

[2]   Weigand (1989:182) findet kritische Worte zur bisherigen Sprechakttypologie und spricht sich u. a. für die Funktionsbeschreibung unter kombiniertem Einsatz von illokutiven und perlokutiven Sprechakten aus. „So sind Sprechaktverben häufig kommunikativ vage, können nicht nur eine, sondern verschiedene kommunikative Funktionen bezeichnen (z. B. *meinen, to ask*), oder sie sind zum einen Ausdruck für die kommunikative Funktion allein, wie *fragen, behaupten*, zum anderen Ausdruck für kommunikative Funktion und Proposition zusammen, wie *einladen*, das die Illokution der Bitte wie die propositionale Bedeutung des Besuchens und zusätzlich wohl noch einen gewissen sozialen Faktor der Art und Weise ausdrückt." (Weigand 1989:49).

tuellen Wissen davon; als Texttyp konstituierende Funktion erscheint hier die informative bei Reiss und die referenzielle bei Nord (2003).

Schließlich haben wir es auch noch mit der Relation Zeichen und Zeichenbenutzer / hier Empfänger zu tun, die von Bühler als *Auslöse-* oder *Appellfunktion* bezeichnet wurde und in der Texttypologie von Reiss als appellative Funktion ihren Niederschlag gefunden hat, andernorts aber mit weitgehender Deckung als direktive bzw. auch als inzitative Funktion bezeichnet wurde.

(2)

Symptom-/Ausdrucksfunktion ➜ Relation Sender/S-Zeichen/Z ➜ R(S,Z)

Symbol-/Darstellungsfunktion ➜ Relation Zeichen/Z-Referent/R ➜ R(Z,R)

Appell-/Auslösefunktion ➜ Relation Zeichen/Z-Empfänger/E ➜ R(Z,E)

(Zeichenfunktionen nach Bühler 1934).

1.4

Neben in Zeichenfunktionen und Textfunktionen tritt der Funktionsbegriff bekanntlich u. a. auch noch allgemeiner mit Bezug auf die kommunikativen Funktionen von Sprache (und weiterer semiotischer Mittel) auf, wobei sich diverse Überschneidungen ergeben und unter Kommunikativem automatisch auch Kognitives subsumiert erscheint. Auch hier sei nur knapp und ohne Wichtung in der Reihung an solche Funktionen erinnert wie:

a) die *phatische* bzw. *Kontaktfunktion,* d. h. die Verwendung sprachlicher und weiterer semiotischer Mittel zur Herstellung und Aufrechterhaltung des interpersonellen Kontakts als Grundvoraussetzung für das Funktionieren der sozialen Interaktion. Dabei kommt der Pflege der wichtigsten kommunikativen Maxime nach Grice, der *Kooperativität,* besondere Bedeutung zu, will doch der Sender sein eigenes Gesicht wahren und muss er diese Schutzfunktion als Face-Saving auch für seinen Interlokutor beachten.

b) Die *informative Funktion* als automatischer Grundbestandteil allen Kommunizierens, da selbst beim Small Talk als typischer Ausprägung der phatischen Funktion immer zugleich auch ein minimaler, wenig informativer Sachverhaltsbezug hergestellt wird, d. h. eine Evokation von geteiltem Sachverhaltswissen/Vorwissenstatbeständen über das gemeinsame lexikalische Bedeutungswissen gewährleistet wird. Dabei kann ein Text selbst dominant informativ sein, so bspw. auch als *instruktiver Text,* etwa bei Lehrbüchern/Lexika, bzw. auch überlagert werden durch eine appellativinzitative Funktion, so wenn an sich instruktive Texte als Bedienungsanleitungen, Werkstatthandbücher, Kochrezepte, Beipackzettel als Informationsgrundlage für den Vollzug präsupponierter perlokutiver Handlungen durch den Empfänger fungieren.

c) Die *appellativ-inzitative (direktive) Funktion,* wobei es in diesem Fall dem Sender darum geht, den Empfänger des Kommunikats zu einer bestimmten reaktiven Handlung zu bewegen; dabei kann diese gewünschte, angewiesene, ja befohlene perlokutive Handlung des Senders sowohl sprachlich-kommunikativ erfolgen als auch keine kommunikative bzw. kommunikativ gestützte/begleitete Handlung sein, etwa wenn der im Werbetext beworbene Gegenstand tatsächlich zur Kaufhandlung durch den Empfänger führt oder diesen zumindest dazu bewogen hat, einen Kauf näher ins Auge zu fassen. Dabei ist die festzustellende Auslösefunktion des Kommunikats abgelöst von dem tatsächlichen Glücken der insinuierten oder klar und deutlich sprachlich-semiotisch explizierten perlokutiven Handlungszwecksetzung für den Empfänger. Wir wissen, dass ein Kommunikat sehr wohl verstanden sein kann, wiewohl auf einen sprachlichen Reiz wie *Gib mir den Apfel!* nicht unbedingt auch eine tatsächliche Übergabe an den Sender als Reaktion auf diese Aufforderung erfolgt[3]; ebenso kann eine Werbebotschaft auch dann als erfolgreich vermittelt gelten, wenn die Kaufhandlung selbst ausbleibt. Kann man aber in einem solchen Fall davon sprechen, dass ein solcher Text funktioniert, wenn er doch offensichtlich nicht zu einer angemessenen Reaktion der Empfänger auf den zugrunde gelegten Handlungsskopos des Auftraggebers, vermittelt durch den Translator, geführt hat? Trifft den Translator dafür eine direkte Schuld, weil er bspw. den ZT nicht hinreichend als unmissverständliche Werbebotschaft gemäß den ZS-kulturspezifischen Gepflogenheiten des üblichen Werbediskurses gestaltet hat? Hat er es bspw. versäumt, im Text eindeutige materialisierte direktive Sprechaktindikatoren zu verwenden? Oder hat er sich in der kommunikativen Strategieauswahl vertan, d. h. hätte er, anstatt direkte Sprechakte, hier also direktive Sprechaktindikatoren zu verwenden, lieber auf indirekte Sprechakte rekurrieren sollen?

Auch *ein Text, der keine materialisierten dire*ktiven Sprechaktindikatoren/Aufforderungen in Gestalt entsprechender Verben oder Imperativkonstruktionen enthält, und scheinbar als rein informativer Text daherkommt, kann – wie die Werbepraxis etwa bei hochtechnisierten Produkten wie PCs, Handys, etc. zeigt – durchaus werbewirksam sein. Damit kann er dem zugrunde gelegten Handlungsskopos des Appellierens an den Kaufwunsch der Empfänger gerecht werden, möglicherweise sogar als gewissermaßen kommunikativ indirekt-appellativer Text mit eindeutiger informativer Textfunktion / illokutiv-diskursiver Sprechakt-Charakteristik noch effizienter als ein Text, in dem sich eine mehr oder minder große Anzahl sprachlicher Illokutionssignale des AUFFORDERNs findet.

---

[3] So bei Bloomfield 1933, der als prominenter Vertreter des sprachlichen Behaviorismus mit der Bezeichnung *displaced* verdeutlicht, dass die Reaktion auf einen Reiz allein nicht ausreicht, um davon zu sprechen, dass die Bedeutung, der kommunikative Sinn, der Äußerung vom Empfänger verstanden wurde.

Bereits in diesem Kontext aber wird besonders deutlich, dass es gilt, die kommunikative Funktionszuweisung, etwa als übergeordnete Handlungsskopossetzung, von der dem Text zuerkennbaren dominanten Illokution/Funktion zu unterscheiden, was im Einzelnen keineswegs so leicht fällt und möglicherweise auch nicht von allen Forschern als zweckmäßig erachtet werden dürfte. Würde doch damit die Textfunktion als am materialisierten Vertexteten ablesbare hierarchisch dominante illokutiv-diskursive Funktionsgebung durch den Sender bestimmt und als komplementäre und letztlich entscheidende Funktionszuweisung das mit der Textverwendung verfolgte Handlungsziel erscheinen. Dieses würde damit als das im engeren Sinne *Gemeinte* inferiert erscheinen, das im Wesentlichen aus dem Vertexteten vor dem Hintergrund des Mitverstandenen, des koaktivierten geteilten Weltwissens erschlossen wird und den mit dem Text durch den Sender verfolgten und oft nicht direkt materialisierten Handlungszweck ausmacht. Im konkreten Fall scheinbar informativer Werbetexte erschließt der Empfänger die Werbeabsicht u. a. aus der Lokalisierung dieser Texte, etwa in Werbepausen der TV, aus der formalen Textgestaltung, aber eben auch aus seinem Interaktionswissen, demzufolge man gut beraten ist, auch noch so objektiv-informativ erscheinende Textaussagen auf den ihnen zugrunde liegenden Handlungszweck hin, hier meist auf deren etwaigen kommerziellen Zweck, zu hinterfragen. Dabei ist etwa bei der *Gestalt*ung von Autowerbung durchaus eine kulturbedingt abweichende Priorisierung von Aspekten des beworbenen Autos zu beobachten, so dass die gewählten Detailinformationen bspw. im Portugiesischen stärker auf das Äußere: Farbe, schnittig-elegantes Design zielen, beim Deutschen mehr auf technische Leistung und gegebenenfalls auch auf ökologische Aspekte Wert gelegt wird.

d) Die *expressive Funktion*, bei der der Sender eigene Bewertungen und Emotionen unbewusst oder in der Regel in schriftlicher Kommunikation bewusst, intentional zum Ausdruck bringt und damit u. U. beabsichtigt, dass sich der Empfänger mit den vertexteten expressiv-konnotativen Elementen solidarisiert. Hierunter dürfte wohl auch die etwa von Jakobson herausgestellte *poetisch-ästhetische*, aber auch die nicht zu vernachlässigende *ludische* Funktion von Kommunikation subsumiert werden.

e) Die wegen ihrer geringen Frequenz wohl eher zu vernachlässigenden kommunikativen Aspekte der *impressiven Funktion* und des Exothesierens, d. h. der nicht unbedingt einen Interlokutor voraussetzenden Gefühlsentladung des Senders, womit es sich um einen Sonderfall handelt, da Kommunikation immer das aktive Zusammenwirken von mindestens einem Sender und einem Empfänger voraussetzt.

1.5

Aus dem Dargelegten dürfte als vorläufiges Fazit festgehalten werden, dass das Sprechen von Funktion im Kontext etwa von Funktionskonstanz/-varianz, Textfunktion, kommunikativen Mikrofunktionen etc. einer vertiefenden Analyse hinsichtlich dessen bedarf, was darunter im konkreten Fall zu verstehen ist. Für die funktionskonstante, aber auch für die funktionsvariante Übertragung, wie sie bspw. von Nord herausgestellt wird, ist es bspw. durchaus von großem Interesse, auf welches Verständnis von Funktion denn nun bei solchen Texten rekurriert wird, die mehr oder weniger eindeutig und direkt bzw. indirekt, aber doch nicht weniger klar, den appellativen, direktiven Texten zuzuordnen sind. Es scheint hier wohl einleuchtend, dass die kommunikativ-diskursive Funktionszuweisung zum Kommunikat als Äußerung in einer gegebenen Begleitsituation über die im Text dominante illokutive Funktionszuweisung dominiert.

Vielleicht könnte ein Rekurs auf die u. E. weniger beachtete Unterscheidung zwischen einem *Translats-* und einem *Translationsskopos* mit Nutzen zur Klärung der dem entsprechenden Text zuzuweisenden Funktion herangezogen werden: offenbar geht es dabei weniger um die Textfunktion im Sinne der Darstellung einer hierarchisch dominanten Illokution (dazu u. a. Brandt/Rosengren 1992; Wüest 2005), also letztlich um materialisierte, vertextete Sprechaktfunktionen, illokutive Funktionen des Sprachtextes im Sinne von Jäger (1986), sondern vielmehr stets um die eine solche Textfunktion überschreibende kommunikativ-diskursive Textverwendungszielsetzung, also die eigentliche kommunikative, handlungsskoposbezogene Prägung des Kommunikats in einer bestimmten Begleitsituation, der EGO-HIC-NUNC-Deixis im Sinne von Bühler.

1.5.1

Nur en passant sei angemerkt, dass wir weniger vom Tanslatskopos, sondern vielmehr eher vom Translationsskopos sprechen würden, denn eine Zwecksetzung steht eben nur der Handlung zu, während dem Produkt einer solchen Handlung dann wiederum eine aus dem Äußerungskontext zu inferierende kommunikative Sinnerfüllung durch den Sender zugeschrieben wird. Letztere allerdings dürfte sich weder mit der Sinnerfüllung eines anderen Empfängers für den gleichen ZT vollständig decken noch mit der Sinnerfüllung durch die Empfänger des dem Translat bei funktionskonstantem „loyalen" Übertragen zugrunde liegenden AT, noch mit der Sinngebung durch den AT-Autor (dazu schon Wotjak 1985).

Wir haben es in der Kommunikation in der Tat stets mit einem gewissen Verlust/Fading bzw. u. U. auch mit einem individuell-subjektiven Zugewinn an im Gehirn des betreffenden Rezipienten evozierten Sachverhaltsfaktoren, einschließlich der Einstellungen und Bewertungen derselben, zu tun. Der durch den Sender und damit auch durch den Translator als Quasisender intendierte Effekt deckt sich per definitionem nicht vollständig mit dem durch den je individuellen Rezipienten realisierten kommunikativen Wert/Effekt und dies nicht einmal in einer in einem gemeinsamen soziokulturellen Hintergrund lebenden (Para-) Kulturgemeinschaft. Umso weniger ist eine vollständige Deckungsgleichheit seitens der in einem abweichenden soziokulturellen Hintergrund lebenden Kommunikations- wie Sprachgemeinschaft anzunehmen, zumindest was die diesen Hintergrund enger tangierenden Alltagswissensphänomene angeht. Nach Kade ([1964]/1968) könnte dieser Umstand – wie in (3) dargestellt – repräsentiert werden:

(3)

Sender/S ➜ i ~~ e [Translator] ➜ i´ ~~ e´ [Empfänger/E]

i= intendierter kommunikativer Effekt

e= realisierter/aktualisierter kommunikativer Effekt

Dabei darf aber nicht übersehen werden, dass dank der über wiederholte Kommunikationshandlungen sozialisierten und usualisierten sprachlichen, aber auch sonstigen semiotischen Zeichen (etwa Piktogramme) und des möglichen Rekurses auf ein geteiltes Welt- und ein Begleitsituationswissen, zumindest ein gewisser gemeinsamer Durchschnitt zwischen der *Sinngebung* durch einen Sender und der *Sinnerfüllung* durch die Rezipienten postuliert werden kann (vgl. dazu Wotjak 1985; 2006b). Der durch den Auftraggeber, also *fremd bestimmte* oder aber durch den Translator selbst aus der gesamten Kommunikationsanalyse unter Einbeziehung des gemutmaßten Zweckes der kommunikativen AT-Handlung erschlossene, *eigen bestimmte Translationsskopos*, der als Richtgröße für die prospektive ZT-Produktion gilt, dürfte sich ebenfalls als mental-kognitive Größe fassen lassen und damit vergleichbar sein der im Kopfe eines konkreten Textrezipienten evozierten Sinnerfüllung. Letztere ist somit zu betrachten als ein mehr oder minder komplexes Bewusstseinsphänomen, als Ergebnis eines mehr oder wenig komplexen Verstehensprozesses, in dem textindizierte wie –induzierte geteilte Weltwissenstatbestände/Bewusstseinstatsachen als anteilig koaktiviertes Szenenwissen ebenso evoziert werden wie allgemein kognitive Konfigurationen. Bei diesem Verstehensprozess spielt auch die konkrete situativ-diskursive Einbettung in die EGO-HIC-NUNC-Deixis, einschließlich vorhandenen bibliographischen Empfängerwissens über Sendereinstellungen, also inferiertes spezifisches wie auch generisches Situationswissens, eine nicht zu vernachlässigende Rolle bei der Sinn(re)konstruktion im einzelnen Rezipientenhirn.

1.5.2

Leider erlaubt es der hier zur Verfügung stehende Raum nicht zu hinterfragen, was genau damit gemeint wird, wenn von einem *funktionskonstanten* Übertragen des AT gesprochen wird. Aus dem bisher Dargelegten scheint einleuchtend, dass mit Funktion hier nicht einfach auf die Textfunktion, sprich die dominante illokutive Funktion, Bezug genommen wird, sondern vielmehr zumeist auf die kommunikativ-handlungsmäßige Funktion, die der AT-Produktion als übergeordnete Zwecksetzung vorgegeben ist, also auf die *Textverwendungsfunktion*, den AT-Verwendungsskopos. Dabei kann davon ausgegangen werden, dass sich oft genug keine relevanten Diskrepanzen zwischen beiden Arten von „Textfunktionen", grob zwischen illokutiven wie perlokutiven Funktionen, ergeben, so dass die der Texttypologie zugrunde gelegte Zeichenfunktion[4] durchaus von translatorischer Relevanz erscheint und mit Bezug auf die tatsächlich relevante Funktionsbestimmung[5] sinnvoll von funktionskonstantem respektive -variantem Übertragen gesprochen werden kann.

1.6

Es scheint, wenn in diesem Kontext überhaupt die *kommunikative Äquivalenz* für erwähnenswert betrachtet wird[6], dass letztere wohl allenfalls bei einem funktionskonstanten Übertragen als mögliches Erklärungsdesiderat herangezogen werden könnte, wohingegen bei einem durch den Skopos gleichermaßen gedeckten/gerechtfertigten, ja geforderten funktionsvarianten Übertragen der ZT von vornherein nur als heterovalente Bearbeitung/Adaptation (dazu SCHREIBER 1993) erscheint. Wir wollen und können an dieser Stelle nicht näher auf die Korrektheit einer solchen Behauptung eingehen. Immerhin wollen wir aber darauf verweisen, dass man kommunikative Äquivalenz und Heterovalenz als komplementäre Zustandsbeschreibungen für den erreichten Grad an Kongruenz von AT-Sinnerfüllung und ZT-Sinnerfüllung, also als graduelle und zugleich komplementäre Größen verstehen muss. Dabei ist kaum je davon auszugehen, dass ein ZT tatsächlich zu 100 % die gleichen Bewusstseinstatbestände sowohl in denotativ-referenzieller als auch in konnotativ-bewertender Hinsicht evoziert, wie dies der AT in den Hirnen der AT-Rezipienten tut. Es geht also allgemein wohl stets darum, dass eine möglichst weitgehende Deckungsgleichheit angestrebt wird, wobei es im Konkreten sehr schwer fällt exakt zu bestimmen, wann ein ZT bspw. weniger als etwa die Hälfte an kommunikativ äquivalenten Sinnkonstruktionen im Hinblick auf den AT aufweist, also damit letztlich als dominant heterovalent zu betrachten wäre.

1.6.1

Hier ist eine weitere konkrete Forschung angebracht, wobei die drei aufs engste miteinander verflochtenen Komponenten des kommunikativen Sinnes zu beachten und möglicherweise textsortenspezifisch/textillokutionsgemäß spezifisch zu wichten wären (vgl. dazu Wotjak 2005):

---

[4] Text wird hier als Makrozeichen mit verschiedenen Teilillokutionen verstanden, aus denen eine hierarchisch dominant sein dürfte; dazu auch Brandt / Rosengren 1992.

[5] Vergleichbar dem etwas konkreter bestimmten / bestimmbaren kommunikativen Sinn - dazu im Detail: Wotjak 2005, 2006b.

[6] Die pauschalisierende und grob vereinfachende Stigmatisierung dieses Konzepts bzw. die gänzliche Verdrängung der kommunikativen Äquivalenz durch die Skopostheorie stellt nach unserer Auffassung einen Faktor dar, der den Erkenntnisfortschritt wie die „Schlagkraft" der sich in internen Querelen selbst schadenden jungen Translatologie beeinträchtigt.

- Vertextetes (Gesagtes/Versprachlichtes und weitere semiotische Materialisierungen = posé),

- Mitverstandenes/supposé und

- Gemeintes als das, was der Sender mit der Textverwendung hat bewirken/erreichen wollen.

In jedem Fall aber hieße es, dem postulierten Qualitätsmaßstab der kommunikativen Äquivalenz nicht gerecht zu werden, wenn der Translator im ZT nicht mit nachweisbarem Erfolg darum bemüht wäre, erwartbare Defizite/Divergenzen in den Verstehensvoraussetzungen der ZT-Rezipienten[7] durch zusätzliche explikative Vertextungen zu kompensieren. Es ist also nicht so, dass sich kommunikative Äquivalenz und Beachtung kulturbedingter ZT-Spezifika ausschließen würden, sondern vielmehr kann nur bei deren ausdrücklicher Berücksichtigung eine wirklich weitgehend kongruente kommunikative Sinnkonstruktion/Sinnerfüllung durch die ZT-Rezipienten mittels des ZT/Translats erzielt werden. Nur dann kann im Sinne der Leipziger Schule davon die Rede sein, dass der ZT wirklich funktioniert, d. h. dass er die im AT vorgegebene Sachverhaltsreferenz wie auch den gleichermaßen vorgegebenen Handlungsskopos, die kommunikative Textverwendungsfunktion, erfüllt.

1.6.2

Dabei wird durch die Leipziger Schule in der Tat die funktionskonstante Übertragung insofern priorisiert, als der Translator nicht fremdbestimmt agiert, d. h. alle für die Übertragung relevanten Informationen über den Handlungszweck der AT-Verwendung (das Gemeinte), dessen dominierende Textfunktion und dessen Mitteilungsgehalt (als das Vertextete/Explizite und das Mitverstandene/Implizite) aus dem AT entnimmt. In diesem Fall wird der Translator zunächst, d. h. sofern nicht fremdbestimmte andere Zwecksetzungen etwas Anderes angeraten erscheinen lassen, eine möglichst weitgehende kommunikative Äquivalenz bei der ZT-Produktion unter Berücksichtigung der ZT-Rezipientenerwartungen und –vorwissenstatbestände anstreben. Da jedoch eine *Bearbeitung* als heterovalente Wiedergabe nicht grundsätzlich ausgeschlossen werden kann/sollte, stellt die Leipziger Schule nicht per se in Abrede, dass es fremdbestimmt zu einer veranlassten funktionsvariierenden Übertragung kommen kann bzw. allgemein ein ZT entsteht, der auftraggeberadäquat heterovalent gegenüber dem AT ist.

1.6.3

In der Tat ist zu bezweifeln, ob die eingeführte Unterscheidung in funktionskonstantes vs. –variantes Übertragen hier tatsächlich immer der Unterscheidung in kommunikativ äquivalente vs. heterovalente ZT-Produktion angemessen er-

---

[7] Vgl. die Brechung der Pragmatik, auf die Neubert schon [1965] / 1968 hingewiesen hat – dazu Wotjak 2006b.

scheint. Dabei dürfte es sich, wie bspw. bei dem oft bemühten Beispiel angeb-lich funktionsvarianten Übertragens bei der translatorischen Umwandlung eines für die fachinterne Experten-Experten-Kommunikation bestimmten AT in einen populärwissenschaftlichen ZT/Translat, letztlich um ein zu problematisierendes Verständnis von Funktionsvarianz handeln: denn inwiefern ist die hier dominan-te informative Funktion des AT wirklich durch den populärwissenschaftlichen ZT verändert worden? Inwiefern dürfte eine dafür eventuell annehmbare Spezi-fikation als instruktiv-informativer Text schon als hinreichend für die Annahme einer tatsächlichen Funktionsvarianz gelten? Ist zudem auszuschließen, dass der entsprechende populärwissenschaftliche ZT nicht doch weitgehend kommunika-tiv äquivalent sein könnte zum AT, der für die fachinterne Experten-Experten-Kommunikation verfasst wurde? Immerhin wird hier neben dem *Gemeinten* (das bei der Vermittlung von themenspezifischem Fachwissen gegen Null tendiert) doch auch der *Mitteilungsgehalt* weitgehend gewahrt, auch wenn sich dabei notwendige Veränderungen und eine Verschiebung der Relation von Explizitem und Implizitem zwischen AT und ZT ergeben.

Noch offensichtlicher wird, dass zwischen kommunikativer Äquivalenz respek-tive Heterovalenz und funktionsvariantem vs. –konstantem Übertragen keine 1:1-Entsprechung postuliert werden kann, wenn wir etwa das Beispiel der Re-sümee-Übertragung betrachten. Wir glauben, dass hier das Maß der Relationie-rung von eplizierem und mitverstandenem, impliziten Vorwissen sehr deutlich, ja so deutlich verschoben ist, dass wir getrost von einer heterovalenten Bearbei-tung sprechen können, wiewohl sich in beiden Fällen die informative Funktion (im Unterschied zu Quantität und vielleicht auch Qualität des Mitgeteilten) nun wirklich nicht geändert hat. Damit könnte allerdings nach unserem Verständnis der Nutzen einer solchen Ausdifferenzierung in funktionsvariantes und funkti-onskonstantes Übertragen/Übersetzen am Ende selbst hinterfragt werden müs-sen.

2

Kehren wir abschließend und ohne eine endgültige Festlegung, wohl aber mit deutlich präferiertem Heranziehen der – graduellen – Deckungsgleichheit der kommunikativen Sinnkonstruktionen von AT-Rezipienten und ZT-Rezipienten und damit einem AT-geleiteten Translationsskopos, zur eingangs gestellten und dem Beitrag als Titel vorangestellten Frage zurück, wann und auf Grund wel-cher konkreten, d. h. intersubjektiv validierbaren, konsensuell vereinbarten Be-stimmungen wir davon sprechen können, dass der ZT, das Translat, funktioniert. Liegt kein vom AT-Verwendungsskopos deutlich abweichender, durch den Auf-traggeber des ZT fremdbestimmter abweichender translatorischer Handlungs-skopos vor[8], so können wir wohl dann davon sprechen, dass der ZT kommuni-

---

[8]   Hier wäre eine detailliertere Auflistung realiter erwartbarer und frequenter translatorischer
      Handlungsskopoi sehr wünschenswert, die mit dem aus dem AT-Kommunikat zu inferie-
      renden ursprünglichen kommunikativen Handlungsskopos zu kontrastieren wären.

kativ wie interaktionsmäßig in der Gemeinschaft der ZT-Rezipienten funktioniert, wenn damit bei diesen eine weitgehend deckungsgleiche kommunikativ-illokutive und diskursiv-situativ-perlokutive Sinnkonstruktion erfolgt wie dies

a) durch das AT-Kommunikat bei den AT-Rezpienten geschieht

b) die Gewährleistung des fremdbestimmt abweichenden Translationsskopos durch den Auftraggeber als abweichendes Gemeintes/perlokutive Handlungszwecksetzung für die ZT-Verwendung erfordert

Ein ZT funktioniert als Translat also zunächst insofern, als damit der aus dem AT inferierte bzw. auftraggeberbestimmte kommunikative Textverwendungsskopos gewahrt wird. Nach Überzeugung der Leipziger Schule ist neben der ZT-Realisierung des Gemeinten aber auch noch eine sehr weitgehende Deckungsgleichheit des Mitgeteilten für die Annahme einer funktionsadäquaten ZT-Gestaltung relevant. Dies wiederum impliziert für den Translator eine deutliche Berücksichtigung des AT, insoweit er nicht seitens des Auftraggebers explizit von dieser Verpflichtung befreit wird.

Dabei ist die Frage, inwiefern man im Hinblick auf das ZT-Produkt von einer *Übersetzung* oder einer *Bearbeitung* sprechen sollte, letztlich weniger relevant, könnte in Abweichung von der terminologischen Festlegung *Übersetzung* = weitgehend kommunikative Textgestaltung, *Bearbeitung* = dominant heterovalente ZT-Gestaltung unterschiedslos immer von Übersetzungen gesprochen werden, ohne dass damit allerdings der Bezug auf den Grad der erzielten Deckungsgleichheit der kommunikativen Sinnerfüllungen durch die ZT-Rezipienten grundsätzlich obsolet wäre.

Wird im Extremfall nur die Wahrung des Gemeinten und dabei insbesondere des vom Auftraggeber vorgegebenen Translationsskopos, als Messlatte für das translatorische Handeln angesehen, so entsteht notgedrungen ein ZT, dem es an hinreichender Kongruenz hinsichtlich des Mitteilungsgehaltes des als Informationsangebots dienenden AT mangelt.

Wir schließen allerdings nicht kategorisch aus, dass allein eine solche Skoposadäquatheit als ausreichend betrachtet werden könnte dafür, dass der ZT funktioniert, wiewohl es nach unserem Verständnis wohl auch quantitativ mehr ZT geben dürfte, die nur insofern funktionieren, als sie auch noch weitere Komponenten des kommunikativen Wertes mit berücksichtigt haben.

In jedem Fall aber dürfte ein ZT nur dann sich wie ein unabhängig produzierter Originaltext/Paralleltext der ZS lesen, wenn neben diesen inhaltlichen Funktionskriterien (in graduellen Abstufungen) auch formale Kriterien, neben Layoutvorgaben bspw. vor allem Textsortenkonventionen, kommunikativ angemessen berücksichtigt werden. Auch hierfür findet sich mit der von H. Schmidt Anfang der 90er Jahre postulierten *kommunikativen Angemessenheit* schon ein wichtiger Bezugspunkt in der Leipziger Schule. Diesem sollte auch bei der Bewertung der Qualität von Übersetzungen neben den dominant wohl stets zu priorisierenden

674 *Gerd Wotjak*

inhaltlichen Aspekten durchaus ausreichend und vom Übersetzungsauftrag abhängig unterschiedlich gewichtet[9] Aufmerksamkeit geschenkt werden.

Bibliographie

Bloomfield, L. (1933): *Language*. New York: Henry Holt.

Brandt, M. / Rosengren, I. (1992): „Die Illokutionsstruktur von Texten." *Zeitschrift für Literaturwissenschaft und Linguistik* 22, 9-51.

Bühler, K. (1934): *Sprachtheorie*. Jena: Fischer.

Coseriu, E. (1955): „Determinación y entorno. Dos problemas de una lingüística del hablar." *Romanistisches Jahrbuch* 7, 29-54.

Engel, U. (1990):„Kommunikative Grammatik?" *Muttersprache*, 99-115.

Holz-Mänttäri, J. (1984): *Translatorisches Handeln. Theorie und Methode*. Annales Academiae Scientiarum Fennicae B 226. Helsinki: Suomalainen Tiedeakatemia.

Jäger, G. (1986): „Die sprachlichen Bedeutungen – das zentrale Problem bei der Translation und ihrer wissenschaftlichen Beschreibung." Jäger, G / Neubert, A. (Hrsg.): „Bedeutung und Translation." *Übersetzungswissenschaftliche Beiträge* 9. Leipzig: Enzyklopädie, 5-66.

Kade, O. (1968): „Zufall und Gesetzmäßigkeit in der Übersetzung." Beiheft I zu *Fremdsprachen*. Leipzig: Enzyklopädie.

Kade, O. (1980): *Die Sprachmittlung als gesellschaftliche Erscheinung und Gegenstand wissenschaftlicher Untersuchung*. Leipzig: Enzyklopädie.

L´vovskaya, Z. (1997): *Problemas actuales de la traducción*. Granada: Método Ediciones.

Malo Farenkia, B. (1999): *Sprechaktkompetenz als Lernziel: Zur Didaktik einer kommunikativen Grammatik im Fach Deutsch als Fremdsprache*. Frankfurt et. al: Peter Lang.

Neubert, A. (1968): „Pragmatische Aspekte der Übersetzung." Beiheft II zu *Fremdsprachen*. Leipzig: Enzyklopädie, 21-34.

Neubert, A. (1985): „Text and Translation." *Übersetzungswissenschaftliche Beiträge* VIII. Leipzig: Enzyklopädie.

Nord, C. (1997): *Translating as a Purposeful Activity. Functionalist Approaches Explained*. Manchester: St Jerome.

Nord, C. (2002): *Fertigkeit Übersetzen. Ein Selbstlernkurs zum Übersetzenlernen und Übersetzenlehren*. Alicante: Editorial Club Universitario.

Nord, C. (2003): *Kommunikativ handeln auf Spanisch und Deutsch. Ein übersetzungsorientierter funktionaler Sprach- und Stilvergleich*. Wilhelmsfeld: Egert Verlag.

Reiss, K. (1983): *Texttyp und Übersetzungsmethode: Der operative Text*. Heidelberg: Groos.

---

[9] Schon bei den Leipzigern finden sich dazu mit den Realisationsformen *Rohübersetzung, Arbeitsübersetzung* und *druckreife Übersetzung* drei divergierende, bislang nur unzureichend beachtete Vorgaben.

Schmidt, H. (1992): „Übersetzungsverfahren – Metamorphose eines traditionellen Begriffs." Salevsky, H. (Hrsg.): *Wissenschaftliche Grundlagen der Sprachmittlung. Berliner Beiträge zur Übersetzungswissenschaft.* Frankfurt et. al: Peter Lang, 129-139.

Schreiber, M. (1993): *Übersetzung und Bearbeitung. Zur Differenzierung und Abgrenzung des Übersetzungsbegriffes.* Tübingen: Narr.

Vermeer, Hans- J. (1996): *A skopos theory of translation.* Heidelberg: Textcontext-Verlag.

Vilar Sánchez, K. (2003): „Wer die Wahl hat, hat (nicht ungedingt) die Qual. Die funktionale Textanalyse als Wegweiser bei der Wahl textadäquater Mittel." *Estudios Filológicos Alemanes.* 3. Sevilla, 79-98.

Vilar Sánchez, K. (2006): *Übersetzungsrelevante Textbeschreibung anhand der Mikrofunktionsanalyse: Ausdruck der Möglichkeit.* (zum Druck eingereicht).

Vilar Sánchez, K. (2007) (Hrsg.): *Mikrofunktionen in Arbeitsverträgen deutsch-spanisch.* Bern: Peter Lang. (CD ISBN 978-3-03911-314-9).

Weigand, E. (1989): *Sprache als Dialog: Sprechakttaxonomie und kommunikative Grammatik.* Tübingen: Niemeyer.

Weinrich, H. (1993): *Textgrammatik der deutschen Sprache.* Mannheim et al.: Dudenverlag.

Wotjak, G. (1985): „Illokution und Perlokution in translationslinguistischer Sicht." *Linguistische Arbeitsberichte/LAB* 47. Leipzig (Sektion TAS), 38-48.

Wotjak, G. (1991): „Zum kommunikativen Potential lexikalischer Einheiten." *Deutsch als Fremdsprache*, H. 1 (1991). Leipzig, 3-10.

Wotjak, G. (2005): „Que se passe-t-il dans la déverbalisation du message?" Eric Castagne (Hrsg.): *Intercompréhension et inférences/ Intercomprehension and Inferences. Actes du colloque international d'EUROSEM 2003.* Presses Universitaires de Reims. (=Collection Inter-Compréhension Européenne, vol. 1). Université de Reims, 289-329.

Wotjak, G. (2006a): „Zur Beschreibung der Inhaltsebene sprachlicher Zeichen. Im Spannungsfeld zwischen Sprachverwendung und Sprachbesitz: Rede(Text)-, Norm- und Systembedeutungen." Dietrich, W. / Hoinkes, U. / Roviró, B. / Warnecke, M. (Hrsg.): *Lexikalische Semantik und Korpuslinguistik.* Narr: Tübingen (Tübinger Beiträge zur Linguistik 490), 67-94.

Wotjak, G. (2006b): *Las lenguas, ventanas que dan al mundo.* Salamanca: Universidad.

Wotjak, G. (2007): „Wie den Textsortenkonventionen auf die Schliche kommen?" Fuchs, V. / Störl, K. (Hrsg.): *Akten der Stilistiktagung Greifswald, Mai 2006.* Frankfurt et al.: Lang (im Druck).

Wüest, J. (2005): „Die Illokutionshierarchie als Grundlage des Textsortenvergleichs." Schmitt, C. / Wotjak, B. (Hrsg.): *Studien zum romanisch-deutschen und innerromanischen Sprachvergleich.* Akten der Leipziger Tagung vom Oktober 2003. Bonn: Romanistischer Verlag, Bd.1, 371-380.

Zifonun, G. / Hoffmann L. / Strecker, B. et al. (1997): *Grammatik der deutschen Sprache.* Berlin: de Gruyter (3 Bände).

Autoren in diesem Band und auf der CD

Baumann, Prof. Dr. Klaus-Dieter
IALT
Universität Leipzig
klaudiebau@aol.com

Bastian, Dr. Sabine
Institut für Romanistik
Universität Leipzig
sbastian@uni-leipzig.de

Behr, Dorothée
GESIS-ZUMA
Mannheim
dorothee.behr@gesis.org

Bendixen, Dr. Bernd
IALT
Universität Leipzig
bendixen@uni-leipzig.de

Benecke, Bernd
Bayerischer Rundfunk
München
Bernd.Benecke@brnet.de

Budin, Prof. Dr. Gerhardt
Zentrum für Translationswissenschaft
Universität Wien
gerhard.budin@univie.ac.at

Chmiel, Dr. Agniezka
Department of Translation Studies
Adam Mickiewicz University
Poznan, Poland
mol@poczta.icpnet.pl

Conde Ruano, Tomás
Universidad de Granada
tomas.conde@yahoo.es

Didaoui, Mohammed
Section arabe de traduction
UNO Genf
mdidaoui@yahoo.com

Duflou, Veerle
Hogeschool Gent
veerle.duflou@hogent.be

Emsel, Dr. Martina
IALT
Universität Leipzig
emsel@rz.uni-leipzig.de

Ende, Anne-Kathrin
IALT
Universität Leipzig
ende@rz.uni-leipzig.de

Fassbender, Dirk
Europäische Kommission
Generaldirektion Kommunikation
Brüssel
Dirk.Fassbender@ec.europa

Forstner, Prof. Dr. Dr. h.c. Martin
FASK Germersheim
Universität Mainz
forstner@uni-main.de

Galinski, Dr. Christian
Infoterm - International Information Centre
for Terminology
christian.galinski@chello.at

Garcia Alvarez, Dr. Ana Maria
Facultad de Traducción e Interpretación
Universidad de Las Palmas de Gran Canaria
agarcia@dfm.ulpgc.es

Gerisch, Gordon
Universität Leipzig
GordonGerisch@gmx.de

Gerstner, Johanna
Leipzig
johanna.gerstner@m2media.de

Göpferich, Prof. Dr. Susanne
Institut für Theoretische und Angewandte
Translationswissenschaft
Karl-Franzens-Universität Graz
susanne.goepferich@uni-graz.at

Gross-Dinter, Ursula
Sprachen & Dolmetscher Institut
München
u.gross@aiic.net

Hagemann, Dr. Susanne
FASK Germersheim
Universität Mainz
hagemann@uni-mainz.de

Hauser, Gerlind
Max-Planck-Institut für
Evolutionäre Anthropologie
Leipzig
hauser@eva.mpg.de

Hofer, Gertrud
Institut für Übersetzen und Dolmetschen
Zürcher Hochschule Winterthur
gertrud.hofer@zhwin.ch

Ippensen, Anna
Köln
Kontakt via Sylvia.Kalina@fh-koeln.de

Ivanova, Vessela
IALT
Universität Leipzig
ivanova@rz.uni-leipzig.de

Jimenéz Hurtado, Dr. Catalina
Facultad de Traducción e Interpretación
Universidad Granada
cjimenez@ugr.es

Jung, Linus
Facultad de Traductióne e Interpretación
Universidad Granada
ljung@ugr.es

Jüngst, Dr. habil. Heike
IALT
Universität Leipzig
juengst@rz.uni-leipzig.de

Jurewicz, Magdalena
Institut für Angewandte Linguistik
Adam Mickiewicz Universität
Pozna, Polen
magdalena-jurewicz@wp.pl

Kalina, Prof. Dr. Sylvia
FH Köln
Sylvia.Kalina@fh-koeln.de

Kingscott, Geoffrey
Geoffrey Kingscott Consultants Limited
Nottingham
geoffrey.kingscott@btopenworld.com

Krüger, Dr. Elke
IALT
Universität Leipzig
ekrueger@rz.uni-leipzig.de

Kupsch-Losereit, Dr. Sigrid
FASK Germersheim
Universität Mainz
kupsch.hd@t-online.de

Christopher Kurz
SDL International
München
ckurz@sdl.com

Kutz, Dr. habil. Wladimir
IALT
Universität Leipzig
kutz@rz.uni-leipzig.de

Kuznik, Anna
Universitat Autònoma de Barcelona
Kontakt via willy.neunzig@uab.es

Lee-Jahnke, Prof. Dr. Dr. h.c. Hannelore
CIUTI-Präsidentin
ETI Genf
Hannelore.Lee-Jahnke@eti.unige.ch

Lehr, Caroline
Ecole de Traduction et d\'Interprétation
Université de Genève
lehrcar3@etu.unige.ch

Link, Lisa
Internationale Fachkommunikation/
Technikübersetzen
Fachhochschule Flensburg
link@fh-flensburg.de

Martin de Leon, Dr. Celia
Facultad de Traducción e Interpretación
Universidad de Las Palmas de Gran Canaria
cmartin@dfm.ulpgc.es

Martin, Dr. Silke Anne
Facultad de Traducción e Interpretación
Universidad de Las Palmas de Gran Canaria
amartin@dfm.ulpg.es

Mertin, Dr. Elvira
DaimlerChrysler AG
Corporate Language Management
Stuttgart
elvira.mertin@daimlerchrysler.com

Mügge, Uwe
Global Translation Solutions, Medtronic
info@muegge.cc

Muñoz Martin, Dr. Ricardo
Departamento de Traducción e Interpretación
PETRA Group, Universidad de Granada
rmm@ugr.es

Neunzig, Dr. Wilhelm
Universitat Autònoma de Barcelona
willy.neunzig@uab.es

Nord, Prof. Dr. Christiane
Heidelberg
cn@christiane-nord.de

Osolnik Kunc, lekt. mag. Viktorija
Philosophische Fakultät
Universität Ljubljana
viktorija.osolnik-kunc@guest.arnes.si

Péch, Olívia
Eötvös Loránd Universität Budapest
pech_oli@t-online.hu

Pieper, Katrin
Universität Leipzig
kppp@gmx.net

Prieto-Velasco, Juan-Antonio
University of Granada
japrieto@ugr.es

Reischert, Mirjam
Facultad de Traducción e Interpretación
Universidad de Granada
Kontakt via ivanova@rz.uni-leipzig.de

Rieder, Dr. Irmgard
Institut für Translationswissenschaft
Universität Innsbruck
irmgard.Rieder@uibk.ac.at

Rodrigues, Prof. Dr. Isabel
Faculdade de letras
Universidade do Porto
irodrig@letras.up.pt

Rothe, Horst
Universität Leipzig
horst.rothe@rz.uni-leipzig.de

Rütten, Anja
Anja Rütten Sprachmanagement /AIIC
ruetten@sprachmanagement.net

Sánchez, Dr. Ida Sonia
Instituto de Traductología
Universidad Nacional de Tucumán
idasonia@yahoo.com.ar

Sánchez, Karin Vilar
Facultad de Traducción e Interpretación
Universidad de Granada
Kontakt via ivanova@rz.uni-leipzig.de

Scheel, Dr. Harald
IALT
Universität Leipzig
scheel@rz.uni-leipzig.de

Schmitt, Prof. Dr. Peter A.
IALT
Universität Leipzig
schmitt@uni-leipzig.de

Schmitz, Prof. Dr. Klaus Dirk
FH Köln
klaus.schmitz@fh-koeln.de

Schubert, Prof. Dr. Klaus
FH Flensburg
schubert@fh-flensburg.de

Seibel, Claudia
Facultad de Traducción e Interpretación
Universidad Granada
cseibel@ugr.es

Seewald-Heeg, Prof. Dr. Uta M.
Fachbereich Informatik
Hochschule Anhalt
seewald@heeg.de

Stanley, Dr. John
FH Köln
john_wrae.stanley@fh-koeln.de

Tabares, Dr. Encarnación
IALT
Universität Leipzog
tabares@rz.uni-leipzig.de

Tanqueiro, Dr. Helena
Universitat Autònoma de Barcelona
Helena.Tanqueiro@uab.es

Ullrich, Marcus
Universität Leipzig
ullrichm@rz.uni-leipzig.de

Umbreit, Dr. Hannelore
IALT
Universität Leipzig
umbreit@rz.uni-leipzig.de

Velde, Prof. Dr. Marc
Departement Vertaalkunde
Hogeschool Gent
marc.vandevelde@hogent.be

Vogler, Daniela
Universität Leipzig
daniela.vogler@gmail.com

Vollmar, Gabriele
VOLLMAR Wissen+Kommunikation
Reutlingen
info@wissen-kommunizieren.de

Weilandt, Annette
DaimlerChrysler
Stuttgart
annette.weilandt@daimlerchrysler.com

Wiesmann, Dr. Eva
SSLMIT Forlì
Universität Bologna
wiesmann@sslmit.unibo.it

Wilss, Prof. (em.) Dr. Dr. h.c. Wolfram
Saarbrücken

Wotjak, Prof. Dr. Gerd
IALT
Universität Leipzig
wotjak@ rz.uni-leipzig.de

Leipziger Studien zur angewandten Linguistik und Translatologie

Diese Reihe hat ihre Wurzeln zum einen in der von Prof. Dr. Rosemarie Gläser gegründeten Reihe "Leipziger Fachsprachen-Studien" (LFS), die nicht fortgeführt wird, zum andern in der "Leipziger Schule der Übersetzungswissenschaft" und der seit 1956 an der Universität Leipzig bestehenden Übersetzer- und Dolmetscherausbildung. Im Gegensatz zu der explizit auf Fachsprachen fokussierten bisherigen LFS-Reihe bietet diese Reihe ein Forum für das erheblich größere Themenspektrum, das charakteristisch ist für die Forschung und Lehre am Institut für Angewandte Linguistik und Translatologie (IALT) seit der Wende. Die Analogie des Reihentitels zum Namen des Instituts ist insofern Programm. Gleichwohl bedeutet dies und die Nennung von Leipzig im Titel nicht, dass hier ausschließlich Arbeiten von Personen publiziert werden, die in Leipzig im Allgemeinen und am IALT im Besonderen arbeiten. Es soll lediglich signalisieren, dass die Reihe in Leipzig angesiedelt ist und dass die Schriften dieser Reihe den inhaltlichen und wissenschaftlichen Kriterien des IALT entsprechen: Arbeiten von hochrangiger Qualität in Inhalt, Form und Sprache, die einen jeweils relevanten Beitrag zur Wissenschaft, Forschung, Lehre und Praxis im Bereich des Übersetzens und Dolmetschens leisten. Ein Aspekt dieses Konzepts ist es, dass hier nicht nur bereits bekannte Personen vertreten sein sollen, sondern dass auch herausragende Nachwuchswissenschaftler und Nachwuchswissenschaftlerinnen ihr Debut in der Forschungsgemeinschaft geben können.

Leipziger Studien zur angewandten Linguistik und Translatologie

Herausgegeben von Peter A. Schmitt

Band 1 Gerd Wotjak (Hrsg.): 50 Jahre Leipziger Übersetzungswissenschaftliche Schule. 2006.

Band 2 Elvira Mertin: Prozessorientiertes Qualitätsmanagement im Dienstleistungsbereich Übersetzen. 2006.

Band 3 Eberhard Fleischmann: Postsowjetisches Russisch. Eine Studie unter translatorischem Aspekt. 2007.

Band 4 Brigitte Horn-Helf: Kulturdifferenz in Fachtextsortenkonventionen. Analyse und Translation. Ein Lehr- und Arbeitsbuch. 2007.

Band 5 Peter A. Schmitt / Heike E. Jüngst (Hrsg.): Translationsqualität. 2007.

www.peterlang.de

Lew N. Zybatow (Hrsg.)

Sprach(en)kontakt – Mehrsprachigkeit – Translation

Innsbrucker Ringvorlesungen zur Translationswissenschaft V
60 Jahre Innsbrucker Institut für Translationswissenschaft

Frankfurt am Main, Berlin, Bern, Bruxelles, New York, Oxford, Wien, 2007.
XXXI, 338 S., zahlr. Abb.
Forum Translationswissenschaft. Herausgegeben von Lew N. Zybatow. Bd. 7
ISBN 978-3-631-56055-6 · br. € 56.50*

Die Innsbrucker Ringvorlesungen zur Translationswissenschaft, die sich
inzwischen zu einem wichtigen internationalen interdisziplinären Forum zu den
Grundlagen der Translatologie entwickelt haben, lockten im WS 2005/06 erneut
namhafte Übersetzungswissenschaftler und Mehrsprachigkeitsforscher an den
grünen Inn nach Innsbruck. Die hier präsentierte V. Innsbrucker Ringvorlesung
„Sprach(en)kontakt – Mehrsprachigkeit – Translation" stand im Zeichen des
60. Jubiläums des Innsbrucker Instituts für Translationswissenschaft sowie des
neuen Innsbrucker Forschungsschwerpunkts „Mehrsprachigkeit". Es wurden
Grundfragen der Translation im Zusammenhang mit der Frage der Entwicklung
der individuellen Mehrsprachigkeit, dem Erhalt der kollektiven Mehrsprachigkeit
und des flexiblen Erwerbs von Dritt- und Mehrsprachenkompetenz von
Übersetzern und Dolmetschern und eines eigens dazu entwickelten Moduls
EuroComTranslat diskutiert. Die translationswissenschaftlichen Vorlesungen
galten neben den Grundlagen dem Vergleich der Translationswissenschaft in
den USA und Europa sowie der multimedialen Translation. Damit setzt auch die
V. Innsbrucker Ringvorlesung ihr Bemühen fort, den interdisziplinären Dialog
der Translationswissenschaft an der Schnittstelle „Sprache – Kognition –
Kultur – Translation" voranzutreiben.

Frankfurt am Main · Berlin · Bern · Bruxelles · New York · Oxford · Wien
Auslieferung: Verlag Peter Lang AG
Moosstr. 1, CH-2542 Pieterlen
Telefax 0041(0)32/3761727

*inklusive der in Deutschland gültigen Mehrwertsteuer
Preisänderungen vorbehalten
Homepage http://www.peterlang.de